信息技术服务标准体系（ITSS 4.0）

基础标准	服务 分类与代码	服务产品基本要求	服务级别协议指南	服务质量评价指标	服务定额规范	从业人员能力范围

服务管控

服务管理 | 通用要求 | 实施指南 | 技术要求 | 治理 | 通用要求 | 实施指南 | 绩效评价 | 审计导则 | 数据治理

监理 | 总则 | 基础设施工程监理 | 软件工程监理 | 信息化工程安全监理 | 运行维护监理 | 应用系统数据中心工程监理 | 工程监理规范 | 监理工作量度量规范

服务安全

服务安全规范

服务安全审计指南

服务安全治理指南

采用国家其他标准

……

服务业务

通用要求 / 服务规范

面向IT的服务（IT-oriented Service）

咨询设计通用要求 | 集成实施通用要求 | 运行维护通用要求

知识库管理规范 | 系统集成规范 | 交付规范

规划设计指南 | 系统部署与交付规范 | 应急响应规范

通用标准库设计要求 | | 数据中心规范

数据资源规范 | | 桌面及外设规范

容灾规划设计规范 | | 应用系统服务规范

IT驱动的服务（IT-driven Service）

云服务运营通用要求 | 数据服务通用要求 | 互联网服务通用要求

基础设施服务 | 数据加工处理 | 数字化营销

平台服务

应用服务

服务外包

服务交付保障

数据（信息）保护规范

呼叫中心运营管理规范

发包方项目管理规范

……

服务对象

数据中心 | 数据中心建设（采标）| 数据中心运营 | 数据中心服务 | 终端 | 终端分类指南 | ……

实施指南

行业和领域应用	金融	央企	电信	电力	石化	教育	广电	政务	……

图 1　ITSS 体系 4.0 框架图

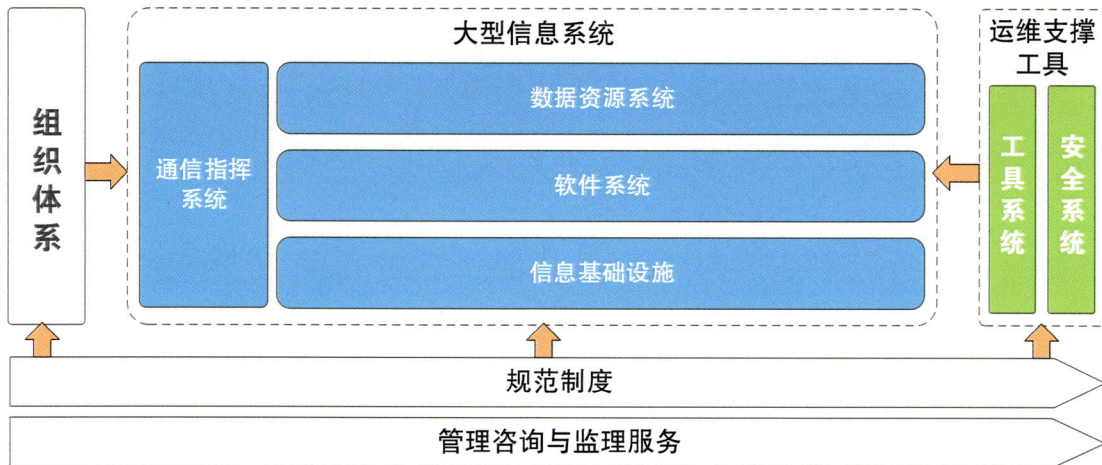

组织体系

大型信息系统

通信指挥系统 | 数据资源系统 | 软件系统 | 信息基础设施

运维支撑工具

工具系统 | 安全系统

规范制度

管理咨询与监理服务

图 2　大运维体系总体架构

分析展示应用层

运维可视化系统	移动运维系统

信息运营数据中心 | 流程数据 | 指标数据 | 管理数据 | 运行数据 | ......

企业服务总线

应用层

配置管理数据库	监控告警系统	自动作业系统	运维服务管理系统	知识管理系统

微服务层

信息集中采控平台	数据流实时处理	**基础数据层** 关系型数据库+非关系型数据库+分布式基础架构	数据处理与数据分析

大型信息系统

通信指挥系统	业务数据资源
	业务软件层

	平台应用支撑层 企业云（云计算管理平台&容器仓库&KVM）	基础应用支撑层

基础应用支撑层: | 操作系统 | 数据库 | 中间件 | 容器 |

基础架构

计算资源	网络资源	存储资源	安全资源	数据中心机房

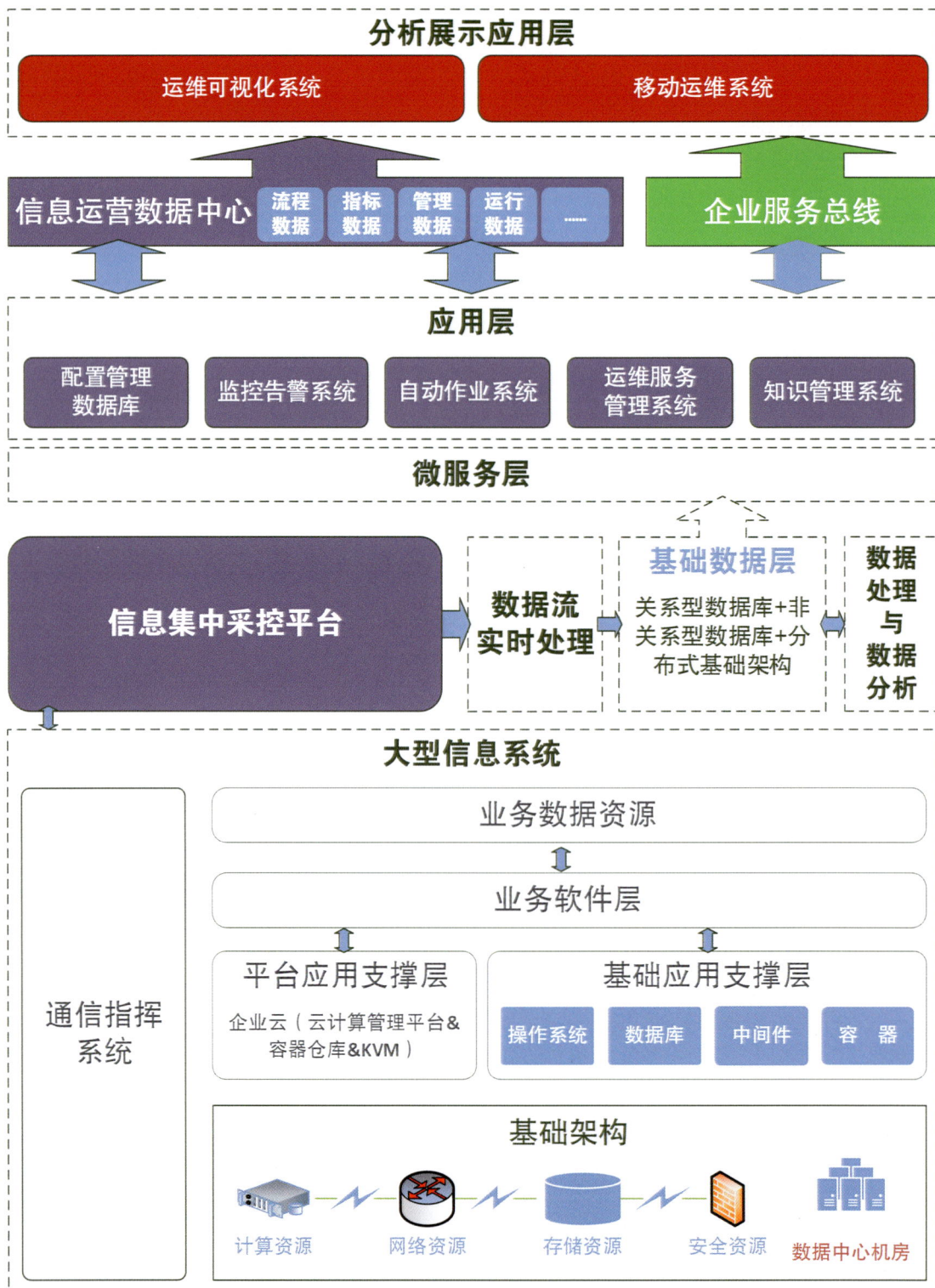

图 3　大运维体系技术框架

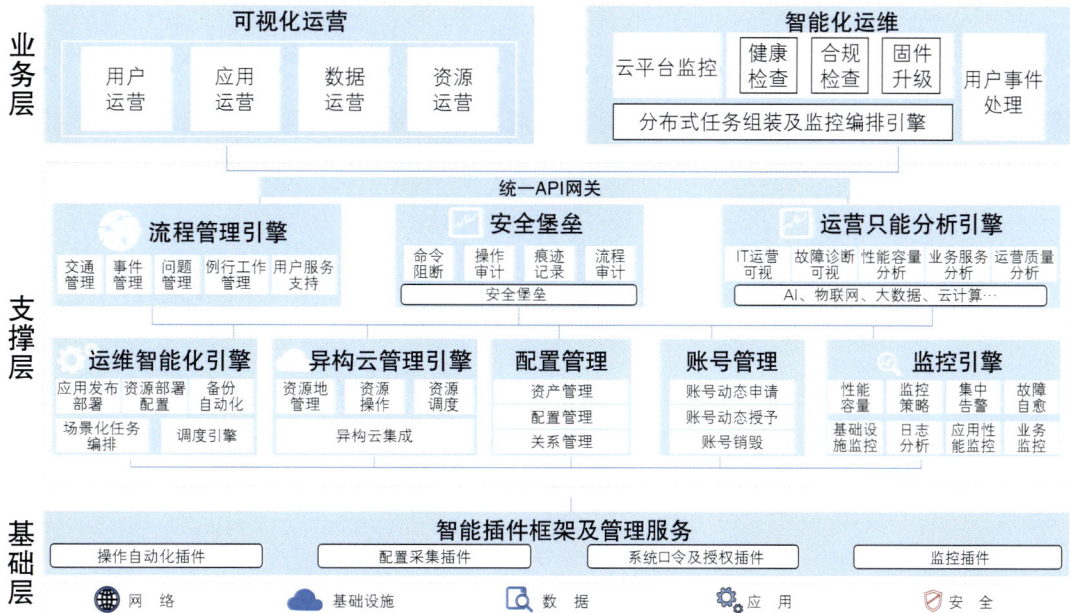

业务层

可视化运营

| 用户运营 | 应用运营 | 数据运营 | 资源运营 |

智能化运维

云平台监控 | 健康检查 | 合规检查 | 固件升级 | 用户事件处理

分布式任务组装及监控编排引擎

统一API网关

流程管理引擎

交通管理 | 事件管理 | 问题管理 | 例行工作管理 | 用户服务支持

安全堡垒

命令阻断 | 操作审计 | 痕迹记录 | 流程审计

安全堡垒

运营只能分析引擎

IT运营可视 | 故障诊断可视 | 性能容量分析 | 业务服务分析 | 运营质量分析

AI、物联网、大数据、云计算……

支撑层

运维智能化引擎

应用发布部署 | 资源部署配置 | 备份自动化

场景化任务编排 | 调度引擎

异构云管理引擎

资源地管理 | 资源操作 | 资源调度

异构云集成

配置管理

资产管理

配置管理

关系管理

账号管理

账号动态申请

账号动态授受

账号销毁

监控引擎

性能容量 | 监控策略 | 集中告警 | 故障自愈

基础设施监控 | 日志分析 | 应用性能监控 | 业务监控

基础层

智能插件框架及管理服务

操作自动化插件 | 配置采集插件 | 系统口令及授权插件 | 监控插件

网络 | 基础设施 | 数据 | 应用 | 安全

图 4　大运维管理平台架构

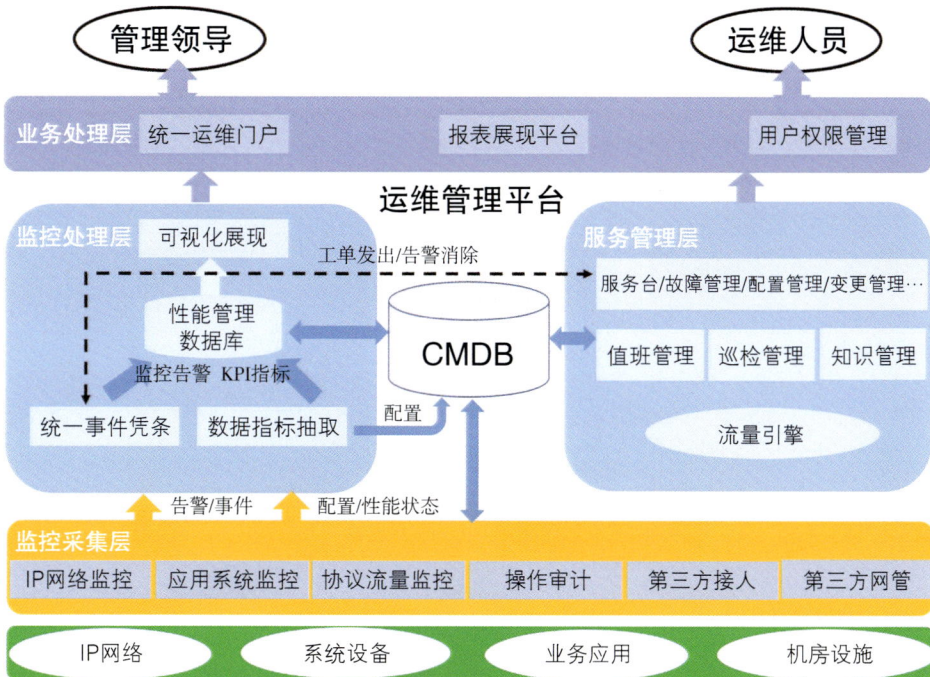

图 5　基础设施运维管理平台的监控架构图

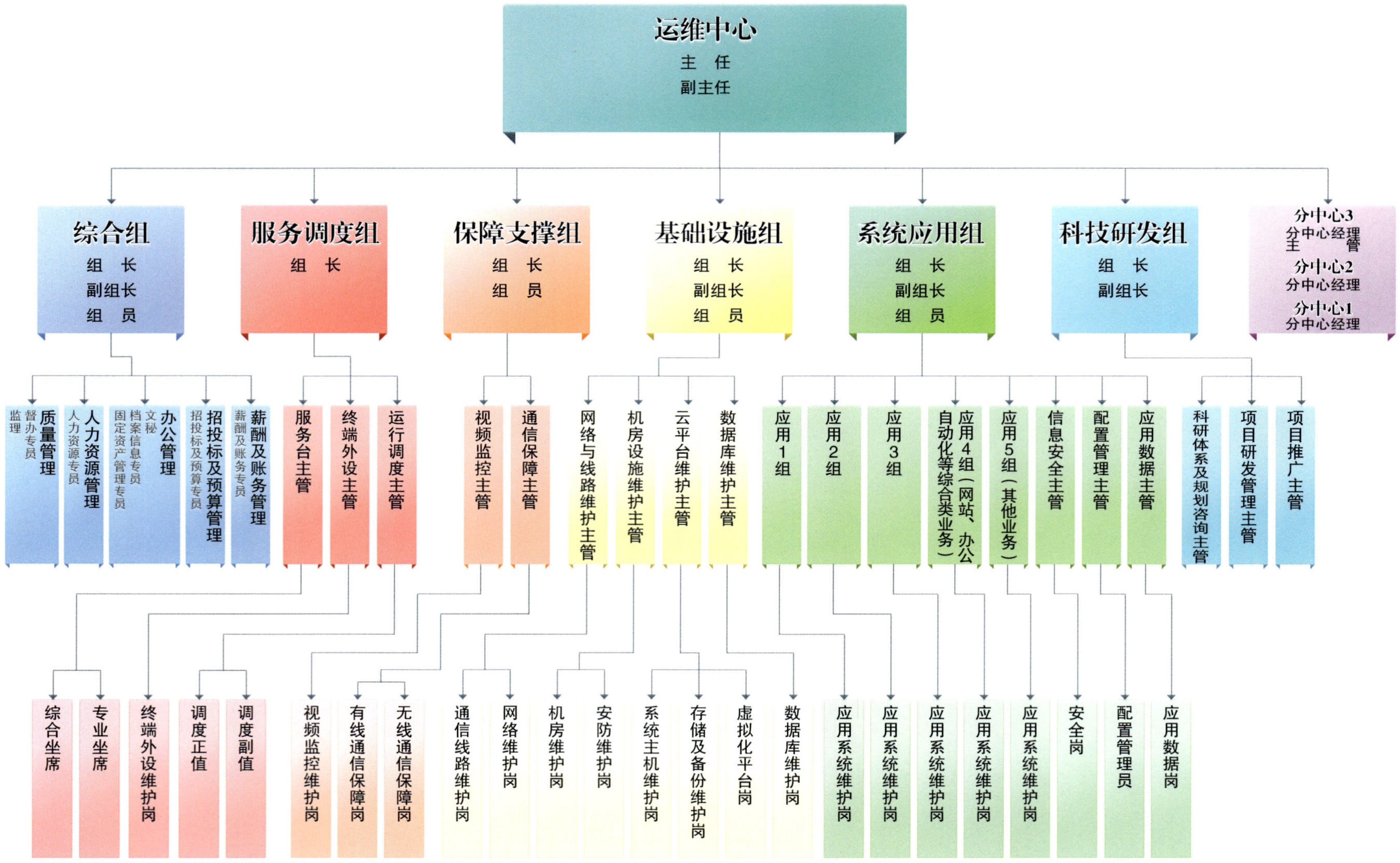

图 6　大运维组织的岗位设置架构图

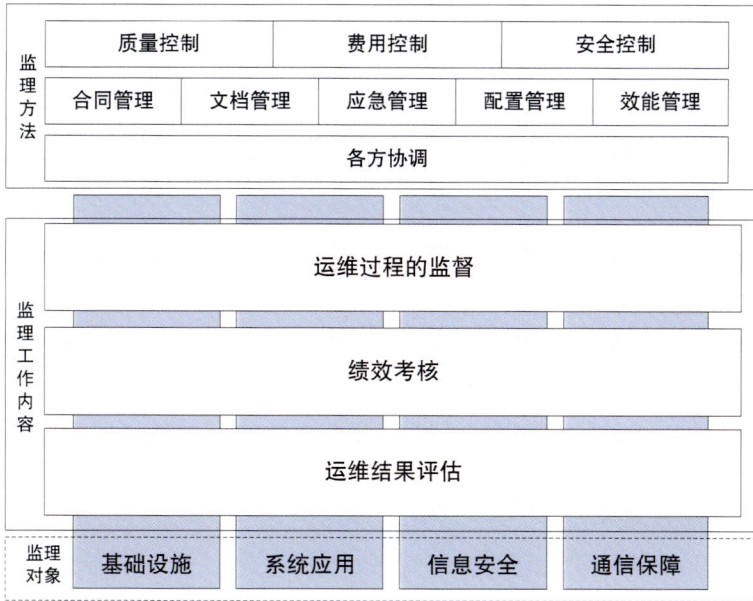

图7 运维监理工作图

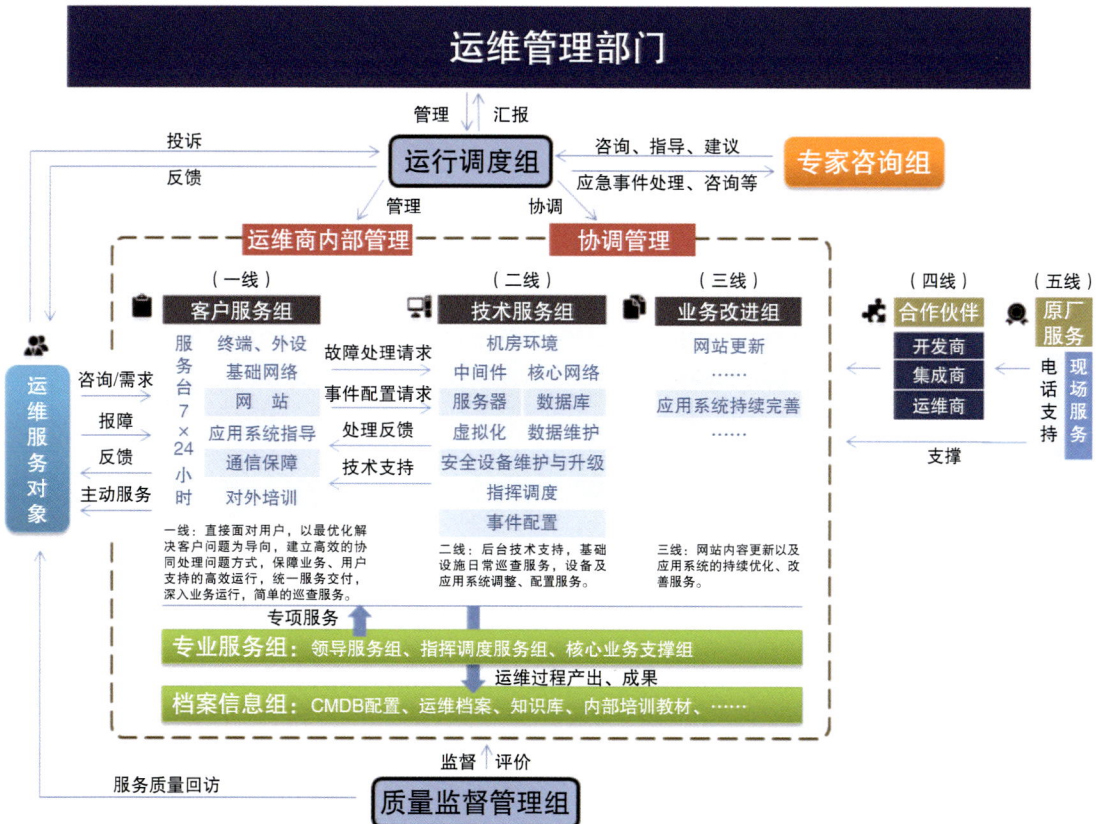

图8 某行业大运维体系组织架构

大运维体系安全系统的运维架构

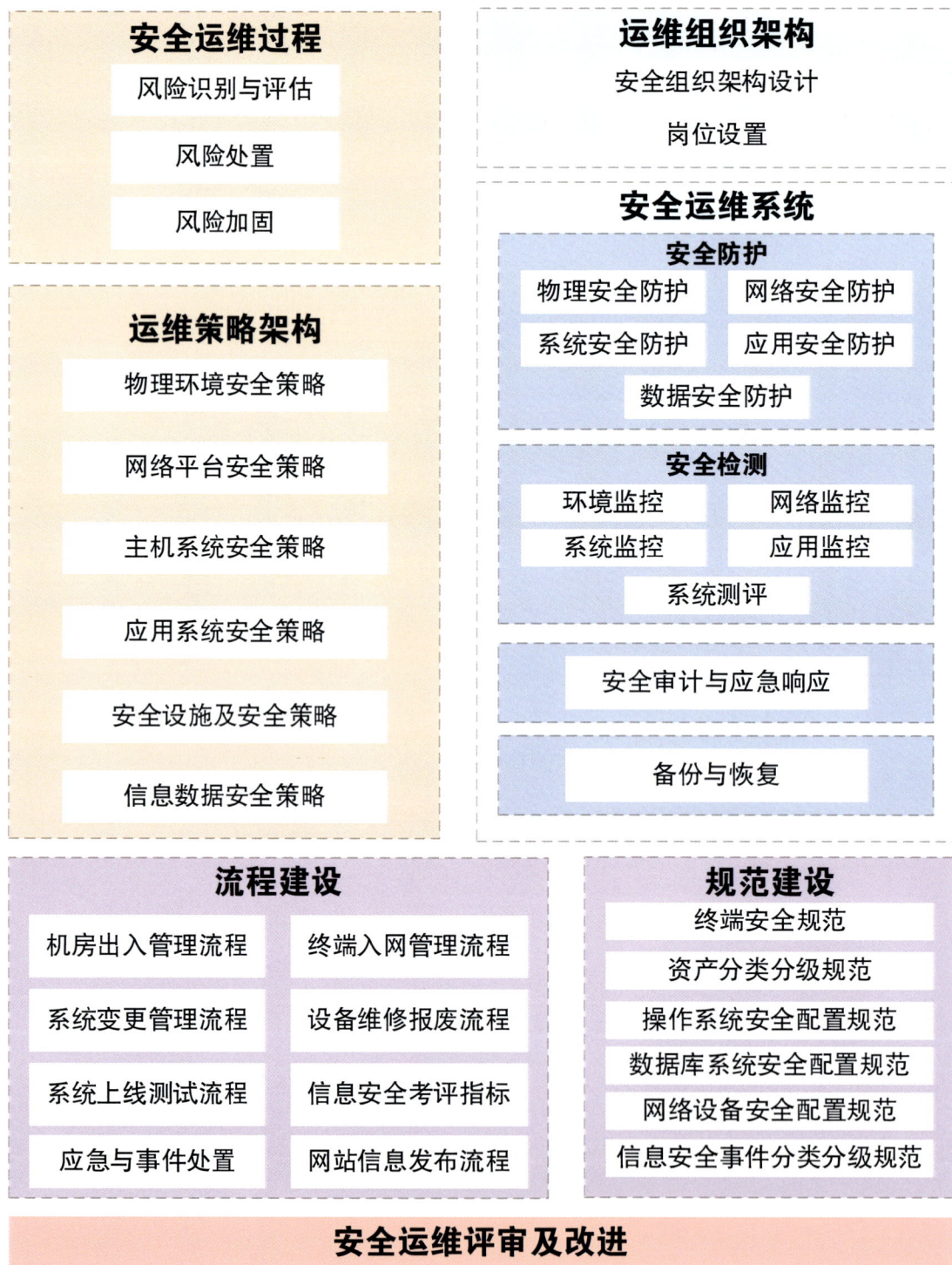

安全运维过程
- 风险识别与评估
- 风险处置
- 风险加固

运维组织架构
安全组织架构设计

岗位设置

运维策略架构
- 物理环境安全策略
- 网络平台安全策略
- 主机系统安全策略
- 应用系统安全策略
- 安全设施及安全策略
- 信息数据安全策略

安全运维系统

安全防护
物理安全防护	网络安全防护
系统安全防护	应用安全防护
数据安全防护	

安全检测
环境监控	网络监控
系统监控	应用监控
系统测评	

安全审计与应急响应

备份与恢复

流程建设
机房出入管理流程	终端入网管理流程
系统变更管理流程	设备维修报废流程
系统上线测试流程	信息安全考评指标
应急与事件处置	网站信息发布流程

规范建设
- 终端安全规范
- 资产分类分级规范
- 操作系统安全配置规范
- 数据库系统安全配置规范
- 网络设备安全配置规范
- 信息安全事件分类分级规范

安全运维评审及改进

图 9　安全系统的运维架构

信息运维全景展示平台

| 运维服务指标展示 | 运维数据质量分析 | 统一报表展示 | 对象运行状态监控展示 | 运行态势分析 | 通知与短信管理 |

信息运维统一门户

| 新闻公告 | 用户服务中心 |

调度管理应用

| 运行调度管理 | 作业计划管理 | 调度值班管理 |

服务管理应用

服务交付管理

- 服务目录管理
- 服务级别管理
- 服务报告管理

服务支持管理

- 服务台管理
- 事件管理
- 问题管理
- 变更管理
- 发布管理
- 服务支撑管理

运维管理应用

- 巡检管理
- 移交管理
- 故障管理
- 隐患管理
- 资源申请管理
- 备品备件管理
- 供应商管理

信息安全管理应用

- 网络安全管理
- 主机安全管理
- 应用安全管理
- 行为审计管理
- 合规管理
- 安全监测
- 态势监测

知识管理应用

| 知识收集子系统 | 知识组织子系统 | 知识传播子系统 |

IT资源管理应用

| 对象管理 | 对象拓扑管理 | 监控及告警管理 | 性能管理 | 统计分析 | 配置管理 |

终端管理应用

| 终端配置管理 | 终端安全管理 | 终端网速管理 |
| 终端健康评价 | 综合信息展示 |

数据中心管理应用

| 设施监控 | 资产管理 | 容量管理 |
| 能效管理 | 变更管理 | 报表管理 |

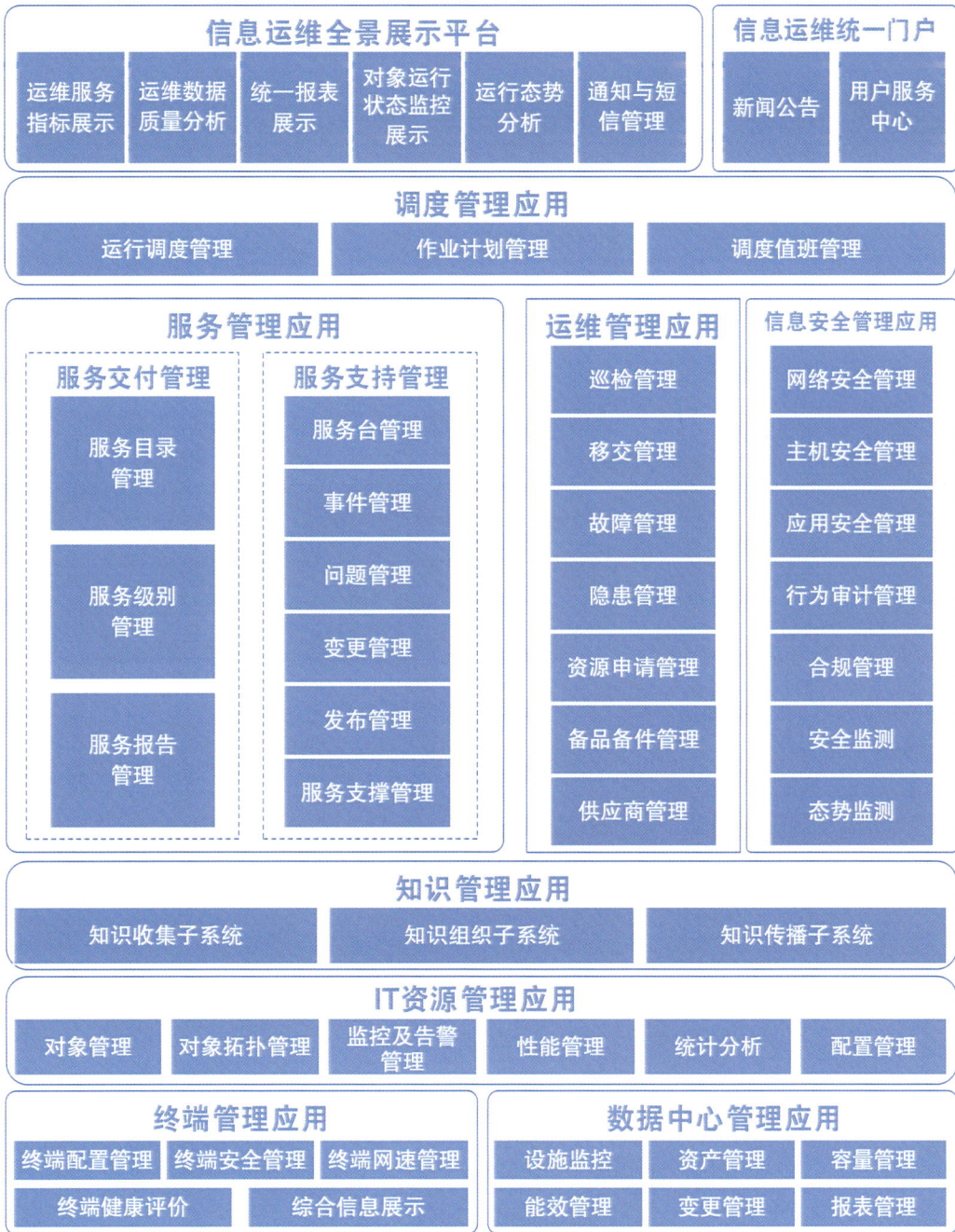

图 10　某行业运维应用架构

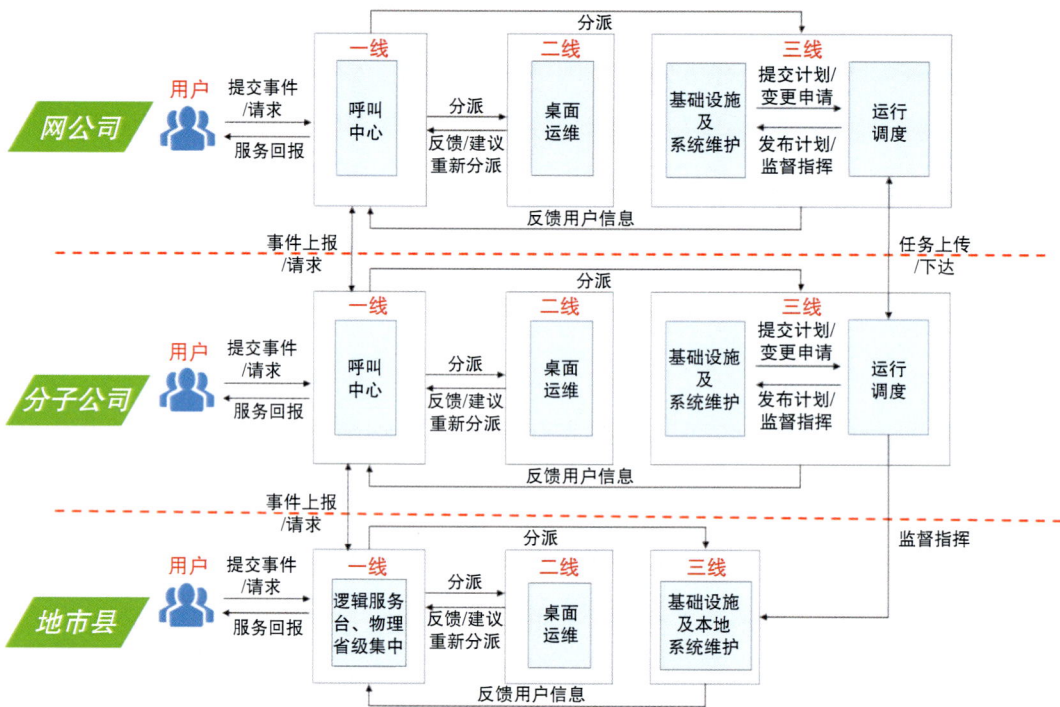

图 11 "网省调度 三线服务"示意图

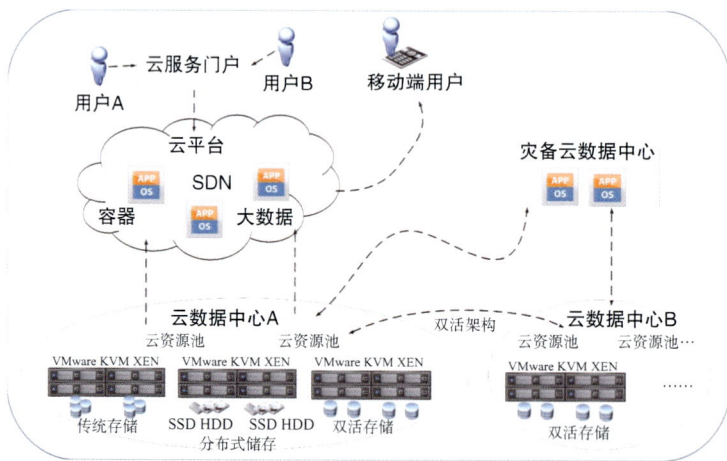

图 12 大型信息系统云平台架构图

本书由广西公安计算机通讯技术研究所组织编写。

鸣谢单位

华为技术有限公司

宏景科技股份有限公司

烽火通信科技股份有限公司

北京奇安信科技有限公司

北京电信易通信息技术股份有限公司

深圳市海邻科信息技术有限公司

广州华资软件技术有限公司

苏州科达科技股份有限公司

北京广通信达软件股份有限公司

广西联信科技顾问有限责任公司

广西通信规划设计咨询有限公司

广西博联信息通信技术有限责任公司

广西亚速商贸有限责任公司

广西润生计算机有限公司

广西金普威信息系统有限公司

广西南宁市伟斌众业信息技术有限公司

广西专家咨询服务协会信息专业委员会

广西智慧城市发展研究中心

大型信息系统运行维护体系规划、建设与管理

叶显文　主编

牟翔　区杰　周伟霖　副主编

科学出版社

北　京

内 容 简 介

本书旨在为推动大型信息系统运行维护体系的建设与发展而献出微力。

全书共13章，以大型信息系统运行维护体系为主线，涵盖了大型信息系统运行维护体系规划、建设与管理的全方位内容。

本书紧贴实际、面向应用、深入浅出、图文并茂、重于实用，本书可供各省（区、市）、各部门的信息系统运行维护管理机构、各级信息系统运行维护建设与管理人员、技术人员、各类信息系统工程设计与建设企业等参考，也可作为大中专院校相关专业师生的参考材料。

图书在版编目（CIP）数据

大型信息系统运行维护体系规划、建设与管理/叶显文主编.—北京：科学出版社，2019.6 （2020.5重印）

ISBN 978-7-03-061655-5

Ⅰ.大… Ⅱ.叶… Ⅲ.信息系统–系统管理 Ⅳ.G202

中国版本图书馆CIP数据核字（2019）第116808号

责任编辑：孙力维 杨 凯/责任制作：魏 谨
责任印制：张 伟

北京东方科龙图文有限公司 制作
http://www.okbook.com.cn

科学出版社 出版
北京东黄城根北街16号
邮政编码：100717
http://www.sciencep.com

北京盛通商印快线网络科技有限公司 印刷
科学出版社发行各地新华书店经销

*

2019年6月第 一 版 开本：787×1092 1/16
2020年5月第二次印刷 印张：38 1/2 插页：4
字数：880 000

定价：99.00元
（如有印装质量问题，我社负责调换）

序

党的十八大以来，以习近平同志为核心的党中央高度重视信息化发展，加强顶层设计和总体布局，做出了建设网络强国的战略决策，更加深入有效地推动了各行各业的信息化发展，为决胜全面建成小康社会、开启全面建设社会主义现代化国家新征程提供了强大动力。

正是基于网络强国的战略部署，我国政府主管部门、企事业单位，尤其是金融、通信、交通、商业、医疗、物流等各领域主动适应数字经济发展需要，以及数字化、网络化、智能化的发展潮流，广泛应用大数据、云计算、人工智能等新一代信息技术，建成了一批规模庞大、跨地域性、网络结构复杂、业务种类多、数据量大、用户多的大型信息系统。信息系统基础建设达到前所未有的规模。这些大型信息系统承载着各行各业的重要业务和数据以及推动业务融合与转型升级的重要使命，成为治国理政、社会运行的重要支撑，是关乎国家安全的国之重器。

对这些大型信息系统进行有效运维和管理，并不断升级改造，促使其更好地发挥效能，是众多信息技术主管（CIO）的重要职责。总体而言，通过强化与规范运行管理工作，采用现代先进技术，实现巡检工作自动化、运行态势可视化、故障处理闭环化、安全风险可控化、日常运维规范化，确保大型信息系统关键设备运营管理和数据信息安全稳定运行，为企业与机构信息资源的存储、保护和应用，及其业务调整创新和核心运营提供高可用性的、持续可靠的服务支撑，这是 CIO 们的共识。当前，大型信息系统的运维管理体系面临巨大的挑战：数据量急速膨胀，能耗压力大，高可用性指标要求高，业务可持续性需求更迫切，管理复杂度更高……为此，如何做好运维管理工作，向运维管理要效益，如何化解信息系统运维管理出现的新难题，确保这些大型信息系统安全、可靠、持续、经济、低耗与高效地运行，已成为政府和企事业单位主管普遍关注的话题。

广西壮族自治区公安厅党委结合广西实际，将科技信息化建设提升至基础性、战略性、全局性地位，围绕"一年打基础、两年有变化、三年上台阶"、"在中西部争一流，在全国争上游"的工作目标，敢为人先，开拓进取，打造了公安大型信息系统集中运维的广西模式；建成全国首个省级公安机关运维中心，将厅机关百余个信息系统运维项目整合成 30 余个集中运维项目，借鉴国际先进的 DevOps 和 ITIL 理念，形成规范化、自动化、一体化的运维架构，为公安信息化建设提供了强有力的支撑。

正是基于我国首创省级公安大型信息系统集中运维模式的创新探索，广西壮族自治区公安厅组织相关专家及这一独创运维模式的参与者、建设者，认真编写了《大型信息系统运行维护体系规划、建设与管理》一书，系统地梳理了新时期大型信息系统运维管理提出的新需求，收集了当前有关大型信息系统运行维护体系建设的新做法，阐述了大型信息系统运行维护体系建设与发展的新动态、新思维，全面总结了广西公安大型信息系统集中运维模式的规划、建设和管理经验，为各行各业大型信息系统的运维管理提供了非常有益的借鉴和参考。

作为国内第一本大型信息系统运行维护体系规划、建设与管理的专著，《大型信息系统运行维护体系规划、建设与管理》一书观点前瞻、面向实际、深入浅出、图文并茂、重于应用。我期待该书的出版，能够为各行各业信息系统运维管理机构、各级信息系统运维建设与管理人员、技术人员，以及各类信息系统工程设计与建设企业提供学习参考，期待该书的发行能对我国大型信息系统运维管理水平的提高有所裨益。

中国工程院院士　吴建平

前　言

今天，谁在信息化上占据制高点，谁就能够掌握先机、赢得优势、赢得安全、赢得未来。没有信息化就没有现代化。党的十八大以来，以习近平同志为核心的党中央高度重视信息化发展，加强顶层设计、总体布局，做出了建设数字中国的战略决策。这为中华民族带来了千载难逢的机遇，数字中国开启了我国信息化发展新征程。

大型信息系统对社会发展与国计民生起了举足轻重的作用，堪称国之重器。大型信息系统是以信息技术和通信技术为支撑，规模庞大，分布广阔，采用多级网络结构，跨越多个安全域，处理海量的、复杂且形式多样的数据，提供多种类型应用的大系统。

大型信息系统是我国信息化事业的栋梁，大型信息系统运行维护体系（简称大运维体系）为大型信息系统的高效、可靠、健康、经济、安全运行保驾护航。要确保大型信息系统安全、可靠、持续、经济、低耗与高效地运行，必须做好运行管理工作。要做好运行管理工作，必须建立高效、规范的大运维体系。只有将规范和流程引入到运行环境中，让每个运维技术人员一丝不苟地按规范做，让经常做的事情制度化，让制度化的事情标准化，让标准化的事情规范化，才能构建完善规范的运维体系，提升运维管理水平。在建立健全大运维体系的过程中，要不断引入运行管理的新理念、新技术与新方法，实现节能、高效、简化管理的目的，改善系统的运维质量，保证大运维体系安全稳定运行。

大运维体系的运行管理，实际上指的是对大运维体系各系统及运行设备的管理，它包括为业务和分析系统提供数据安全存储、可靠运行支撑的信息系统基础设施（包括运行环境、网络、存储、服务器）和通用软件（操作系统、数据库、中间件）等软、硬件系统的组合平台，还包括与使用该设备的人员进行沟通和交流的过程。它的一个基石就是对用户、软件和系统设备的支持。

大型信息系统运维管理已经成为各行各业各企业（机构）领导和信息服务部门普遍关注的问题。这是一个随着信息技术的深入应用而产生的新课题。目前，如何对大型信息系统进行更有效的运维管理，这方面的知识积累和应用技术还比较少。对大运维体系这一领域的研究和探索，将具有广阔的发展前景和很大的现实意义。

我们作为大型信息系统运行维护体系的建设者，学习了一些省（区、市）与相关部门开展大型信息系统运行维护体系建设的经验，收集了有关大型信息系统运行维护体系的相关资料，选择了一些大型信息系统运行维护体系建设的典型案例，加上我们的体会把它编写成一本反映大型信息系统运行维护体系规划、建设与管理的专著。本书力求全面阐述大型信息系统运行维护体系的基础技术、总体结构、应用系统与建设管理；力求回答好什么叫大型信息系统运行维护体系、为什么要建设大型信息系统运行维护体系、建设一个什么样的大型信息系统运行维护体系、怎样建设一个大型信息系统运行维护体系这几个问题。希望本书的出版能对建设大型信息系统运行维护体系起到参考与启迪的作用。我们把本书作为一份习作，献给国家、献给社会、献给同行；同时，对我们自己也是一种鼓励和鞭策。

本书共13章，包括：大运维体系概论、大运维体系的总体规划、大运维体系的组织与管理、大运维体系的信息基础设施、大运维体系的指挥通信系统、大运维体系的软件系统、大运维体系的数据资源系统、大运维体系的安全系统、大运维体系的管理咨询与监理服务、大运维体系的工具系统、"大智移云"新技术在大运维体系的应用、大运维体系建设的典型案例、敢为人先　打造公安大型信息系统集中运维的广西模式。全书以大型信息系统运行维护体系为主线，涵盖了大型信息系统运行维护体系规划、建设与管理的全方位内容。

本书观点前瞻、面向实际、深入浅出、图文并茂、重于应用。　可供各省（区、市）、各部门的信息系统运行维护管理机构、各级信息系统运行维护建设与管理人员、技术人员、各类信息系统工程设计与建设企业等参考，也可作为大中专院校相关专业师生的参考材料。

本书在编写的过程中得到了广西专家咨询服务协会信息专业委员会、广西智慧城市发展研究中心、广西通信规划设计咨询有限公司、广西联信科技顾问有限责任公司、华为技术有限公司、宏景科技股份有限公司、烽火通信科技股份有限公司、北京奇安信科技有限公司、北京电信易通信息技术股份有限公司、深圳市海邻科信息技术有限公司、广州华资软件技术有限公司、苏州科达科技股份有限公司、北京广通信达软件股份有限公司、广西博联信息通信技术有限责任公司、广西亚速商贸有限责任公司、广西润生计算机有限公司、广西金普威信息系统有限公司、广西南宁市伟斌众业信息技术有限公司的帮助和指导；得到了刘裕森、黄耿、韦武廷、谭庆彪、陈健威、黄海平等同志从选题、编目、插画、绘图到录入、修改、制版、审校的具体帮助，对上述单位和同志一并表示衷心感谢。

由于大型信息系统运行维护体系规划、建设与管理的题材新颖、范围广泛，涉及现代信息技术的各个门类和多个学科，具有技术管理、经济管理、组织管理、工作协调等多项业务职能；而且，我国的大型信息系统运行维护体系建设起步的时间不长，还需要随着事业发展和技术进步而不断完善。在这些方面，我们虽然有所感悟，但限于水平，书中难免会有缺点和错误。恳请各级领导和同行及读者批评指正，对我们提出宝贵意见，不胜感激。

《大型信息系统运行维护体系规划、建设与管理》编委会

2019 年 3 月

目　录

第 1 章 大运维体系概论

忽如一夜春风来，千树万树梨花开。——唐朝　岑参

当今世界，信息技术创新日新月异，谁在信息化上占据制高点，谁就能够掌握先机、赢得优势、赢得安全、赢得未来。没有信息化就没有现代化。党的十八大以来，以习近平同志为核心的党中央高度重视信息化发展，加强顶层设计、总体布局，做出了建设数字中国的战略决策。"忽如一夜春风来，千树万树梨花开"，这为中华民族带来了千载难逢的机遇，数字中国开启了我国信息化发展新征程。

大型信息系统是我国信息化事业的栋梁、国家的重器，大型信息系统运行维护体系（简称大运维体系）为大型信息系统的高效、可靠、健康、经济、安全运行保驾护航。

1.1　我国信息化发展新征程

数字中国是新时代国家信息化发展的新战略，是满足人民日益增长的美好生活需要的新举措，是驱动引领经济高质量发展的新动力，涵盖经济、政治、文化、社会、生态等各领域信息化建设，包括"宽带中国"、"互联网＋"、大数据、云计算、人工智能、数字经济、电子政务、新型智慧城市、数字乡村等内容，推动信息化发展更好造福国家和人民，为决胜全面建成小康社会、开启全面建设社会主义现代化国家新征程提供强大动力。

1.1.1　新时代国家信息化发展的新战略、新成就 [1]

国家互联网信息办公室发布的《数字中国建设发展报告（2017）》（以下简称《报告》）分析了数字中国面临的形势，评估总结了自党的十八大以来数字中国建设取得的重大成就与基本经验，提出了下一步努力的方向，是一份指导和推动我国信息化更好地服务经济社会发展的重要报告。《报告》指出，数字中国开启我国信息化发展新征程。建设数字中国，是贯彻落实习近平新时代中国特色社会主义思想特别是网络强国战略思想的战略举措；是抢抓信息革命机遇构筑国家竞争新优势的必然要求；是推动信息化发展更好地服务经济社会发展，加快建成社会主义现代化强国的迫切需要。

1. 数字中国顶层设计架构完成

五年来，党中央、国务院相继出台《国家信息化发展战略纲要》、《"十三五"国家信息化规划》等重大战略规划，确定了数字中国建设发展的路线图和时间表，确定了新时代数字中国建设的总目标、三大战略任务、六个主攻方向，确定了"十三五"时期数字中国建设的十个方面重大任务和十二项优先行动。国家将加快推动经济社会的数字化、网络化、智能化进程，开启我国信息化发展新征程。

（1）新时代数字中国建设的总目标。数字中国建设的总目标是坚持与实现"两个一百年"奋斗目标同步推进，全面支撑党和国家事业发展，促进经济社会均衡、包容和可持续发展，为国家治理体系和治理能力现代化提供坚实支撑；明确数字中国建设要贯彻以人民为中心的发展思想，把增进人民福祉作为信息化发展的出发点和落脚点，让信息化更好造福人民，如图 1.1 所示。

1）此节数据来源于《数字中国建设发展报告（2017）》和《"十三五"国家信息化规划》国发〔2016〕73 号 -20161215。

新时代数字中国建设的总目标

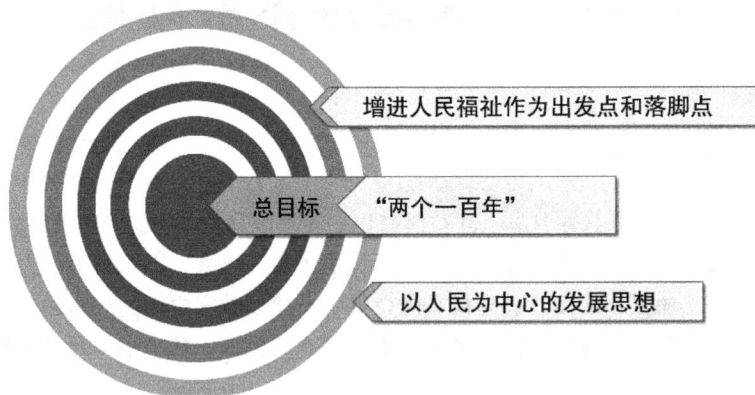

图 1.1 新时代数字中国建设的总目标

（2）数字中国建设的三大战略任务如图 1.2 所示。

三大战略任务

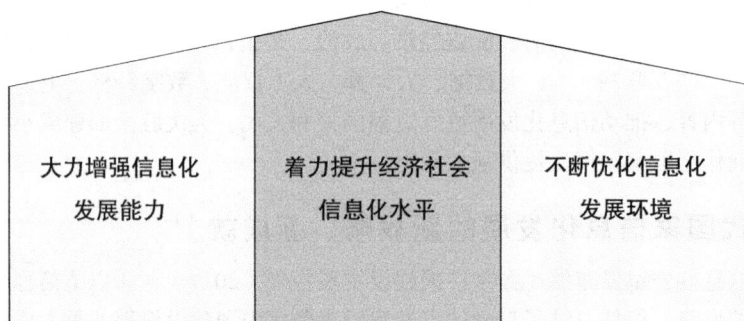

图 1.2 数字中国建设的三大战略任务

（3）数字中国建设的六个主攻方向如图 1.3 所示。

六个主攻方向

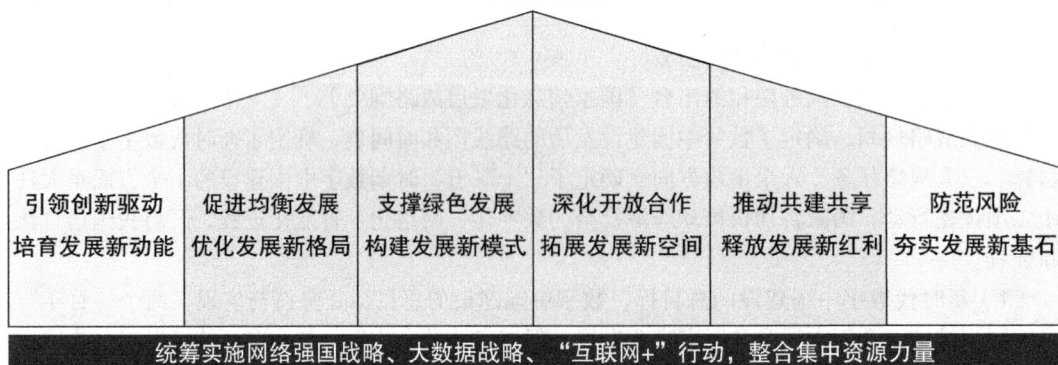

图 1.3 数字中国建设的六个主攻方向

（4）"十三五"时期数字中国建设的十个方面重大任务如图 1.4 所示。

十个方面重大任务

① 构建现代信息技术和产业生态体系	⑥ 形成普惠便捷的信息惠民体系
② 建设泛在先进的信息基础设施体系	⑦ 打造网信军民深度融合发展体系
③ 建立统一开放的大数据体系	⑧ 拓展网信企业全球化发展服务体系
④ 构筑融合创新的信息经济体系	⑨ 完善网络空间治理体系
⑤ 支持善治高效的国家治理体系	⑩ 健全网络安全保障体系

图 1.4 "十三五"时期数字中国建设的十个方面重大任务

（5）"十三五"时期数字中国建设的十二项优先行动如图 1.5 所示。

十二项优先行动

① 新一代信息网络技术超前部署行动	⑦ 网络扶贫行动
② 北斗系统建设应用行动	⑧ 新型智慧城市建设行动
③ 应用基础设施建设行动	⑨ 网上丝绸之路建设行动
④ 数据资源共享开放行动	⑩ 繁荣网络文化行动
⑤ "互联网+政务服务"行动	⑪ 在线教育普惠行动
⑥ 美丽中国信息化专项行动	⑫ 健康中国信息服务行动

图 1.5 "十三五"时期数字中国建设的十二项优先行动

2. 数字中国建设取得重大成就

各地区、各部门坚决贯彻党中央、国务院决策部署，扎实工作，开拓创新，推动数字中国建设取得历史性成就，发生历史性变革。

这五年，信息领域部分核心技术创新突破。集成电路、操作系统等基础通用技术加速追赶，人工智能、大数据、云计算、物联网等前沿技术研究加快，量子通信、高性能计算等取得重大突破。

这五年，新一代信息基础设施实现跨越式发展。移动通信在 2G 跟随、3G 突破、4G 赶超的基础上，有望实现 5G 引领，建成了全球最大的固定光纤网络、4G 网络，IPv6 规模部署提速，天地一体化信息网络加快构建。

这五年，数字经济拓展经济发展新空间。"互联网＋"行动深入推进，新技术、新业态、新模式不断涌现，分享经济蓬勃发展，网络零售、移动支付交易规模位居全球第一，数字经济规模位居全球第二。互联网、大数据、人工智能与实体经济深度融合，有力推动制造业等实体经济转型升级、提质增效，促进供给侧结构性改革。

这五年，网信军民融合发展向纵深推进。网络强国和信息强军一体设计、统筹推进，一批重大任务落地实施，一批事关全局和长远的重大工程加快研究部署。北斗卫星导航系统核心技术、产业发展、导航定位精度得到大幅提升。

这五年，人民群众获得感显著增强。我国网民数量达到7.72亿，网络提速降费力度持续加大，人民群众用得上、用得起、用得好的网络和信息服务日益增多。"互联网+政务服务"让信息多跑路、群众少跑腿，持续优化营商环境。网络扶贫行动加快弥合数字鸿沟，不断增强贫困地区和贫困人口自我发展的内生动力。

这五年，我国在推动全球互联网发展中发挥更加积极的作用。连续成功举办四届世界互联网大会，习近平总书记提出的"四项原则"、"五点主张"特别是网络主权、网络空间命运共同体等治网理念日益成为国际社会广泛共识。倡导发起《二十国集团数字经济发展与合作倡议》、《"一带一路"数字经济国际合作倡议》，推动共建共享数字丝绸之路，欢迎世界各国搭乘中国数字经济发展的快车，为全球互联网发展提供了中国经验、中国方案。

3. 数字中国发展指标实现速度质量双提升

截至2017年底，《"十三五"国家信息化规划》确定的国内信息技术发明专利授权数、光纤用户占宽带用户的比率、固定宽带家庭普及率、贫困村宽带网络覆盖率等4项指标已经提前完成。总的来看，数字中国建设发展取得明显成效，"十三五"信息化发展主要指标完成情况良好，重大任务和重点工程进度符合预期。

1）信息技术与产业方面

2017年，信息产业规模保持平稳较快增长，规模以上电子信息制造业同比增长13.8%，手机、微型计算机、网络通信设备、彩电等主要电子信息产品的产量居全球第一，电子信息制造业加速转型升级。软件和信息技术服务业继续呈现稳中向好运行态势，收入和效益同步加快增长，2017年完成收入5.5万亿元，同比增长13.9%，实现利润总额7020亿元，同比增长15.8%。技术创新能力大幅提升，信息技术发明专利授权数达16.7万件，已超额完成规划确定的2020年目标。通信业保持较快发展，电信业务总量达27557亿元，同比增长76.4%。

2）信息基础设施方面

宽带网络普及持续推进，网络提速效果明显。2017年，三家基础电信企业固定宽带接入用户数达3.49亿户，全年净增0.51亿户；4G用户总数达到9.97亿户，全年净增2.27亿户，固定宽带家庭普及率提前完成2020年目标。高速宽带用户占比大幅提升，100Mbps及以上接入速率的固定互联网宽带接入用户达1.35亿户，占总用户的38.9%，占比较上年提高22.4个百分点。电信普遍服务深入推进，网络扶贫网络覆盖工程成效明显，全国农村宽带用户达0.94亿户，同比增长25.8%，贫困村宽带网络覆盖率已经提前完成2020年目标。

3）数字经济方面

分享经济、信息消费蓬勃发展，新产品、新服务、新业态大量涌现，居民消费结构不断升级，2017年全年信息消费规模达4.5万亿元，同比增长15.4%。电子商务保持迅猛发展，成为拉动消费需求、发展现代服务业的重要引擎。网络零售额达7.18万亿元，同比增长32.2%。信息化和工业化融合发展水平进一步提高，重点行业数字化、网络化、智能化取得明显进展，关键工序数控化率达到46.4%。

4）信息服务方面

社会信息化水平持续提升，信息惠民便民利民深入发展。2017年，我国网民规模达7.72亿，较2016年增加0.41亿人。全国社会保障卡持卡人数达10.88亿人。电子诉讼占比同比增长3个百分点。电子政务推动公共服务更加便捷均等。

1.1.2 信息化是引领发展赖以生存的基础环境

今天，信息化不仅是实现目标的手段方式，而且是引领中国经济社会创新发展赖以生存的基础环境。当前，随着信息技术从单点技术突破迈向体系化创新，信息基础设施从行业设施迈向无所不在的综合性战略性设施，信息化正从政府提升履职效率、民众获取公共服务的外延性手段，内化为增强国家现代化治理能力，满足人民美好生活需求的内生性动力源。信息化在中华民族伟大复兴、全面建成小康社会的历史进程中，日益展现出全局性、战略性作用，成为新时代发展的容器与土壤。习近平总书记指出，没有信息化就没有现代化。不能置身于信息化洪流中抢抓发展机遇，就如同缺失了滋养的无源之水和无本之木，难以实现创新发展。建设数字中国，加快推动信息化发展，将成为激发创新创业活力，推动新技术、新产业、新模式、新业态蓬勃发展的基础环境。

信息化已经不是独立发展的简单自变量，而是成为深化体制机制改革、激发经济社会活力的复杂因变量。随着信息化向纵深发展，信息化与经济社会的物理变化渐渐引发更多的化学反应。信息化不再是曲高和寡的独立变量，而凭借其打破信息垄断、消除不对称、动态优化要素配置等属性和特点，深度融入经济社会发展，对传统的分业监管、准入监管、条块分管管理运作机制产生根本性影响，倒逼体制机制改革，与经济社会转型发展形成密不可分的交织关系。通过合理设计、有效规范利益协调机制和激励机制，全面激发市场、社会和政府的活力，将更大范围、更深层次释放信息化红利，让信息化成为大变革时代经济社会转型的承载者、推动者和见证者。

信息化已经使信息技术与经济的关系从"工具"变为"平台"。以大数据的价值发现为标志，信息技术与经济的关系正从"工具"阶段走向"平台"阶段。在"工具"阶段，信息技术主要作为存储、计算和通信的辅助工具，例如会计电算化、智能卡、ERP（企业资源计划）等。今天，信息化使信息技术的角色正从"站着帮忙"变成"躺下来做平台"。信息技术和信息网络作为经济发展的基础设施（平台）的作用更为突出，各种平台的商业模式更为盛行。经济活动的各环节正在被数字化、网络化、智能化和平台化，传统产业不断被重构，新产品、新业态不断涌现。共享经济、网络直播等新业态多是以信息技术应用和大数据挖掘为中心，以平台方式重构交易模式和企业核心竞争力，并给社会文化、政府监管、法律法规带来新挑战。未来，数字经济将深刻影响经济发展，从某种程度上可以说"不数字，无经济"。政府和企业从现在开始就要预判信息技术和网络发展态势，并以其为平台优化、重构自身的业务流程，提高竞争力。

1.1.3 在新的历史起点上开创信息化发展新局面

今天，全球信息化发展面临的环境、条件和内涵正发生深刻变化。从国际看，世界经济在深度调整中曲折复苏、增长乏力，全球贸易持续低迷，劳动人口数量增长放缓，资源环境约束日益趋紧，局部地区地缘博弈更加激烈，全球性问题和挑战不断增加，人类社会对信息化发展的迫切需求达到前所未有的程度。同时，全球信息化进入全面渗透、跨界融合、加速创新、引领发展的新阶段。信息技术创新代际周期大幅缩短，创新活力、集聚效应和应用潜能裂变式释放，更快速度、更广范围、更深程度地引发新一轮科技革命和产业变革。物联网、云计算、大数据、人工智能、机器深度学习、区块链、生物基因工程等新技术驱动网络空间从人人互联向万物互联演进，数字化、网络化、智能化服务将无处不在。现实世界和数字世界日益交汇融合，全球治理体系面临深刻变革。全球经济体普遍把加快信息技术创新、最大程度释放数字红利，作为应对"后金融危机"时代增长不稳定性和不确定性、深化结构性改革和推动可持续发展的关键引擎。

从国内看，我国经济发展进入新常态，正处于速度换挡、结构优化、动力转换的关键节点，面临传统要素优势减弱和国际竞争加剧双重压力，面临稳增长、促改革、调结构、惠民生、防风险等多重挑战，面临全球新一轮科技产业革命与我国经济转型、产业升级的历史交汇，亟需发挥信息化覆盖面广、渗透性强、带动作用明显的优势，推进供给侧结构性改革，培育发展新动能，构筑国际竞争新优势。从供给侧看，推动信息化与实体经济深度融合，有利于提高全要素生产率，提高供给质量和效率，更好地满足人民群众日益增长、不断升级和个性化的需求；从需求侧看，推动互联网与经济社会深度融合，创新数据驱动型的生产和消费模式，有利于促进消费者深度参与，不断激发新的需求。

同时，我国信息化发展还存在一些突出短板，主要是：技术产业生态系统不完善，自主创新能力不强，核心技术受制于人成为最大软肋和隐患；互联网普及速度放缓，贫困地区和农村地区信息基础设施建设滞后，针对留守儿童、残障人士等特殊人群的信息服务供给薄弱，数字鸿沟有扩大风险；信息资源开发利用和公共数据开放共享水平不高，政务服务创新不能满足国家治理体系和治理能力现代化的需求；制约数字红利释放的体制机制障碍仍然存在，与先进信息生产力相适应的法律法规和监管制度还不够健全；网络安全技术、产业发展滞后，网络安全制度有待进一步完善，一些地方和部门网络安全风险意识淡薄，网络空间安全面临严峻挑战。

综上所述，"十三五"时期是信息化引领全面创新、构筑国家竞争新优势的重要战略机遇期，是我国从网络大国迈向网络强国、成长为全球互联网引领者的关键窗口期，是信息技术从跟跑并跑到并跑领跑、抢占战略制高点的激烈竞逐期，也是信息化与经济社会深度融合、新旧动能充分释放的协同进发期。必须认清形势，树立全球视野，保持战略定力，增强忧患意识，加强统筹谋划，着力补齐短板，主动顺应和引领新一轮信息革命浪潮，务求在未来五到十年取得重大突破、重大进展和重大成果，在新的历史起点上开创信息化发展新局面，以建设数字中国的新战略开启我国信息化发展新征程。

1.2 大型信息系统的定义与特点

我国实行改革开放 40 年来，各类机关团体、事业与企业单位建设了数以千万的信息系统，尤其是大型信息系统对社会发展与国计民生起了举足轻重的作用，堪称国之重器。

1.2.1 大型信息系统的概念

随着应用领域的拓宽，国家政府部门、企业、通信、金融、交通等领域中的大系统已经发展到了前所未有的规模。这些不断涌现的大规模系统解决了很多难题，如国土安全、通信、交通运输等，已经成为保障国家安全、通信、开展业务的重要组成部分。随着信息技术的广泛深入应用，计算机技术、通信技术、信息处理技术、控制技术等应用到这些大系统中，出现了物联网、电子政务网、网上银行、工业控制系统等大型信息系统。

大型信息系统可以定义为：以信息技术和通信技术为支撑，规模庞大，分布广阔，采用多级网络结构，跨越多个安全域，处理海量的、复杂且形式多样的数据，提供多种类型应用的大系统。

（1）从大型信息系统所居的业态来看，大型信息系统是信息技术进入国家政府部门、企业、通信、金融、交通、医疗、工业控制等社会政治、经济、生活的各个重要领域，提升国家现代化进程的基础设施，是信息技术在对社会发展与国计民生起了举足轻重作用的结果。

（2）从大型信息系统组成的角度来看，大型信息系统是由人员、计算机硬件、计算机软件、网络、通信设备，以及各种规章制度组成的人机交互系统。

（3）从大型信息系统使用者的角度看，大型信息系统是用来实现各种功能的，其作用在于支持使用者完成信息的收集、处理、存储、分发。

（4）从大型信息系统功能的角度来看，大型信息系统有一个目标，具有多种功能，功能之间又存在种种信息联系，构成一个有机的整体，形成一个功能结构。

物联网、智慧城市、电子政务网、大型企业内网、大型赛事安全保障系统、工业控制系统、公安系统、金融系统、民航系统、电力系统等都是典型的大型信息系统。由于大型信息系统自身存在多种安全脆弱性，易遭受来自内部和外部的攻击，需要在系统整个生命周期的各个阶段，采取全天候的运行维护和安全防护措施，以确保其安全可靠地工作。

1.2.2 大型信息系统的特点

大型信息系统作为一种典型的大系统有六个特点，如图 1.6 所示。

1. 规模庞大

大型信息系统包含的独立运行和管理的子系统甚多。例如，大型赛事的安全保障系统，包括分散在全国各地的数百个指挥中心，上百个场馆和核心指挥中心之间通过双链路互联，分指挥中心与核心指挥中心之间建立万兆连接，各场馆通过交换设备和千兆链路接入所属的分指挥中心。

2. 跨地域性

大型信息系统分布广阔，部署不集中。例如某银行系统，有上万个网点分布在全国各个省市，上百个网点分布在海外；在物流系统中，通常订货方和接受订货方一般不在同一场所，发货人和收货人不在同一个区域等，这种在场所上相分离的企业或人之间的信息传送需要通过所处不同地域的系统来完成。

3. 网络结构复杂

大型信息系统一般采用多级网络结构、跨越多个安全域、网络关系复杂、接口众多。例如，大型企业的内网包含总部、研究院、研究所三级网络，鉴于业务和管理的需要，各研究所划分为独立的安全域，接受研究院的管理，研究院作为独立的安全域接受总部的管理。同时大型企业内网通常涉及对敏感信息或涉密信息的传输、访问、存储等，通常在企业内部网络划分多个不同级别的安全域，保障对信息资源的访问控制。

4. 业务种类多

大型信息系统提供的应用种类繁多，业务的处理逻辑复杂，各种业务之间的关联关系复杂。例如大型企业内网，每一家单位的科研生产网除了部署门户网站、ERP 系统、OA 办公系统、物资采购系统、财务系统、科研管理系统等自行独立管理和使用的业务系统外，还部署了各类管理系统，例如公文流转系统、网络会议系统、电子邮件系统等，各类业务系统之间存在着信息流转。

5. 数据量大

大型信息系统处理的业务和信息量大，存储的数据复杂、内容多且形式多样。例如，政府、银行、证券等行业，平均每家企业存储数据总量已经超过 1PB，存储数据量最高的证券领域的大型信息系统，平均存储数据量已经近 4PB。

6. 用户多

大型信息系统的使用者多，角色多，对系统的访问、操作多。例如银行系统，每天包括分散在总行、分行、支行的银行工作人员，以及分布在全国各地的用户等使用者访问系统，完成各种交易、操作。

大型信息系统的特点

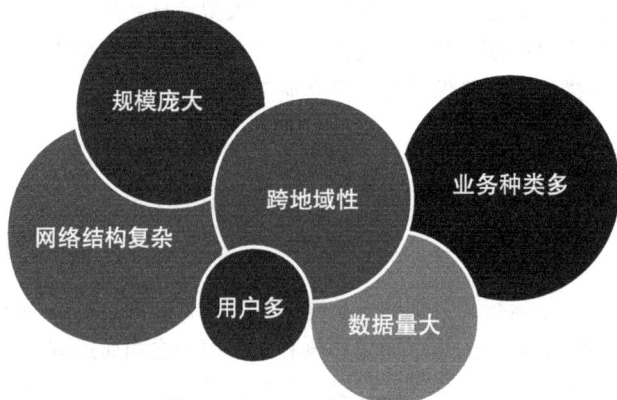

图 1.6 大型信息系统的特点

1.3 大型信息系统分布的业态与业务技术指标

目前，对于哪些信息系统属于大型信息系统，国家未有一个明确的界定标准。对具有什么样的量化数字才能界定为大型信息系统，也没有一个统一的业务技术指标。在本节，我们将就自己的调查、了解与认识，对大型信息系统分布的业态与业务技术指标进行探讨性论述，供读者参考。

1.3.1 大型信息系统分布的业态

我国大型信息系统总量不多，但是政治、经济地位重要，对国计民生举足轻重。它们主要分布在：省部级的国家首脑机关和重要职能部门，关系国计民生的国属与省属、市属的大型国企，国家的 5 大类 36 项超级工程，民营企业 500 强等。

1. 政治地位重要

（1）目前，国务院所属机构中，正副部级机构大于 55 个。中央级、部级、副部级的首脑机关和重要职能部门（交通、公安、财政、工商……）的核心业务都是由大型信息系统来承载。

（2）中国大陆有 22 个省，4 个直辖市，5 个自治区。省级、副省级、计划单列市的首脑机关和重要职能部门（交通、公安、财政、工商……）的核心业务一般是由大型信息系统来承载。

2. 国计民生所系

（1）现在，由国务院国资委代表国资委履行出资人职责的企业，也就是一般意义上大家所指的中央企业有 102 家，如中国石油化工集团、中国长江三集团、中国一重集团有限公司、中国南方电网……它们掌握着国家的经济命脉，更是民生的支柱，其核心业务都是由大型信息系统来承载。

（2）地方骨干企业，在 39 个工业大类行业中，有 37 个行业分布有大型工业企业近 2000 家。大型企业数量排在前五位的行业是：通信设备和计算机及其他电子设备制造业、交通运输设备制造业、化学原料及化学制品制造业、黑色金属冶炼及压延加工业、纺织业。如上汽通用五菱有限公司、东风柳汽有限公司等，它们掌握着地方的经济命脉，也是民生的支柱，其核心业务基本上由大型信息系统来承载。

3. 超级圆梦工程

中国桥、中国路、中国车、中国港、中国网这 5 大类 36 项超级工程，如天津港——全球航道等级最高的人工深水第一大港、秦皇岛港——全球最大的煤炭码头、港珠澳大桥、西气东输工程、"八横八纵"大容量光纤通信网工程等，这36项超级工程核心业务都是由大型信息系统来承载，这一个个圆梦工程编织起中华民族伟大复兴的中国梦。

4. 民营企业之魂

2018年8月29日，全国工商联发布了2018中国民营企业500强榜单。华为投资控股有限公司、苏宁控股集团有限公司、正威国际集团有限公司位列2018中国民营企业500强前三名，这是我国民营企业之魂。民营企业500强中有88家制造业企业，占了主导地位，这些企业的核心业务基本上是由大型信息系统来承载。

1.3.2 大型信息系统业务技术指标

目前，关于大型信息系统的业务技术指标，国家未有一个界定的标准。我们将就自己的调研，提出探讨性意见，供读者参考。

（1）投资大，超一亿元以上信息系统（不含土建投资），年运维费2000万元以上。

（2）机房面积大，有2500平方米以上。大型信息系统机房之一瞥如图1.7所示。

图1.7 大型信息系统机房之一瞥

（3）机房建设达到GB 50174-2017《数据中心设计规范》A级标准。

（4）机柜有500个以上，各种服务器的数量有500个以上。

（5）网络复杂，通信保障系统5个以上，核心节点100个以上，终端外设2500个以上。

（6）应用广，核心应用系统100个以上。

（7）数据存储量大，达100TB以上。

（8）数据中心可用性在99.9%～99.99%以上，年度宕机时间9小时以下。商业银行大型信息系统的数据中心可用性要求为99.99%。

（9）数据中心的灾难备份达到业务层面，万一系统崩溃的时候不但能够恢复数据，还能持续业务。灾难备份区域的设置实现异地灾难备份。

（10）投入人员多，长年驻场运维人员 200 人以上。

1.4 大型信息系统运维体系

要确保大型信息系统安全、可靠、持续、经济、低耗与高效地运行，必须做好运行管理工作。要做好运行管理工作，必须尽快建立高效、规范的大运维体系。只有将规范和流程引入到混乱的运行环境中，让每个运维技术人员一丝不苟按规范做，让经常做的事情制度化，让制度化的事情标准化，让标准化的事情规范化，才能构建完善规范的运维体系，提升运维管理水平。在建立健全大运维体系的过程中，要不断引入运行管理的新理念、新技术与新方法，实现节能、高效、简化管理的目的，改善系统的运维质量，保证大运维体系安全稳定运行。

大运维体系的运行管理，实际上指的是对大运维体系各系统及运行设备的管理，它包括为业务和分析系统提供数据安全存储、可靠运行支撑的信息系统基础设施（包括运行环境、网络、存储、服务器）和通用软件（操作系统、数据库、中间件）等软、硬件系统的组合平台，还包括与使用该设备的人员进行沟通和交流的过程。它的一个基石就是对用户、软件和系统设备的支持。

1.4.1 大运维体系的概念

信息系统运行维护管理是信息工程界热门的话题之一。随着信息系统建设的不断深入发展，信息系统的运维管理、特别是大型信息系统运维管理已经成为各行各业各企业（机构）领导和信息服务部门普遍关注和不堪重负的问题，这是一个随着信息技术的深入应用而产生的新课题。目前，如何对大型信息系统进行更有效的运维管理，这方面的知识积累和应用技术还比较少。对大运维体系这一领域的研究和探索，将具有广阔的发展前景和很大的现实意义。

1. 信息系统运维管理

信息系统运维管理，是指企业（机构）信息系统管理部门采用相关的方法、手段、技术、制度、流程和文档等，对信息系统运行环境（硬件环境、软件环境、安全环境等）、信息系统、业务系统和运维人员进行的综合管理。

2. 大型信息系统运维管理

大型信息系统运维管理，是指重要企业（机构）的大型信息系统管理部门采用相关的方法、手段、技术、制度、流程和文档等，对大型信息系统运行环境（硬件环境、软件环境、安全环境等）、信息系统、业务系统和运维人员进行的综合管理。

大型信息系统规模庞大、跨地域性、网络结构复杂、业务种类多、数据量大、用户多，在运维管理中采用的方法、手段、技术、制度、流程和文档都比普通信息系统更加复杂、更加严格、更加规范。

1.4.2 大运维体系面临的挑战

大型信息系统数据量的爆炸式增长以及信息化应用的不断深入，正在促使信息系统与业务的不断融合，同时也在促使传统的大运维体系不断进行升级、改造。但是，即使扩容、改造后的大运维体系，仍然难以跟上时代的步伐。传统的大运维体系正在面临一场巨大的挑战，这些挑战主要来自以下几方面：

1. 数据量急速膨胀

几年前，企业（机构）大型信息系统的数据量只有几 TB，但是随着信息化应用的不断深入以及数据、应用系统的逐步集中，几百 TB、PB 级数据量的企业（机构）正在逐步增多。而且，由于很多法规都要求业务数据保存周期要长达数年，甚至有些企业（机构）的业务数据需要保存几十年，庞大的数据量和需求增长使传统大运维体系场地、设备面临非常大的压力。一些企业（机构）的大运维体系场地中已经塞满服务器，但仍不能满足需求。

2. 能耗压力大

目前，国内大运维体系的运营成本中，电费通常占到大运维体系实际运营成本的 50% 以上。在国外，大运维体系的总用电量和信息系统用电量比值为 1.8 左右，国内一般为 2.5，甚至达到 3，高耗电量带来运营成本的急剧攀升。

3. 管理压力大

目前，大型信息系统的业务种类繁多、设备复杂、应用面广、跨市跨省。为了保证这些大运维体系的正常运行，企业（机构）的大运维体系都配备发电机组、UPS、灭火器、精密空调等设备，具有 7×24 小时运行、监控服务等功能。为了提高运营、服务质量，不少企业还将大运维体系外包给数十家专业运维服务商。因此，给大运维体系带来非常大的管理压力。

4. 高可用性压力

相对传统的中小型信息系统，大型信息系统业务要求很高，可用性在 99.9% ~ 99.99% 以上，年度宕机时间为 9 小时以下。商业银行大型信息系统的数据中心可用性更高，要求为 99.99%。这么高的可用性，给大运维体系带来非常大的可用性压力。

5. 业务连续性压力

大型信息系统承载着大量的服务器、存储设备、应用系统和数据，而且，数据和业务、应用系统正在呈现集中化发展趋势。但目前除了金融、电信、航空行业外，其他行业的企业（机构）在灾难恢复时间目标和灾难恢复点目标上并没有很严格的规定，也没有进行必要的信息系统灾难恢复建设。即使在那些已经进行信息系统灾难恢复建设的企业（机构）当中，一些企业（机构）也都只做了同城的灾难备份，缺乏预防、应对大规模、大范围灾难的能力。部分企业（机构）缺乏专项的应急演练和灾难恢复预案的变更、维护，无法真正反映信息系统和大运维体系的灾难恢复能力。

1.4.3 大运维体系运维的主要内容

大型信息系统运维的主要内容和普通的信息系统工程基本上是一样的，但是，大型信息系统规模庞大、跨地域性、网络结构复杂、业务种类多、数据量大、用户多。它的地位重要，关系国计民生；业务繁忙、责任重大，这是普通的信息系统远不能比拟的。

大型信息系统主要包括基础设施、网络及硬件系统、基础支撑软件系统、业务应用软件系统、指挥通信系统、信息资源、信息安全保障系统以及相关标准规范等组成部分。相对而言，大型信息系统运维的主要内容也可划分为基础设施运维、指挥通信系统运维、软件系统运维、信息资源系统运维、系统安全运维等组成部分，每一项组成部分都具有自身独立的运维目标及重点工作，同时又相辅相成、不可分割。运维的组织将围绕着运维的内容进行规划，在大型信息系统中不少单位采取了依据上述运维内容进行的运维外包服务分包招标，并引入运维总包服务管理的模式进行工作。

1. 基础设施运维

大运维体系基础设施运维的对象主要包括基础环境、硬件设施、网络环境等。

（1）基础环境：包括机房供配电系统、机房 UPS 系统、机房空调系统、机房弱电系统、机房消防系统等，维持机房安全正常运转，确保机房环境满足信息系统设备运行要求的各类设施。

（2）硬件设施：信息系统所涉及的相关硬件，如服务器设备、安全设备、存储备份设备、音视频设备、终端设备及其他相关设备等。

（3）网络环境：信息系统内部、信息系统与外部连接的网络及网络设备，包括内部局域网、互联网、网络线路，以及路由器、交换机入侵检测设备、负载均衡设备等。

2. 指挥通信系统运维

大运维体系指挥通信系统运维的对象主要包括视频会议、有线通信、无线通信、应急通信车等。

（1）视频会议：利用会议电视设备，通过传输信道在两地或多地同时举办可视、可听、可讲的会议。伴随着信息通信技术的快速发展，目前的视频会议系统是一种集计算机、网络通信、演播控制、多媒体、会场环境等技术于一体的会务自动化管理系统，强大高效的会议功能为参会人员提供了身临其境的电视会议服务，已成为党政机关、电力、消防等专业行业日常管理工作中的重要手段，使用非常频繁。

（2）有线通信：通过送话器把声音换成相应的电讯号，用导电线把电讯号传送到远离说话人的地方，然后再通过受话器将这一电讯号还原为原来的声音的一种通信方式。它具备通话性能好、使用方便、费用低廉等优点，是人们日常交往活动中不可缺少和不可替代的通信方式。随着移动电话的普及，有线电话应用已经减少。有线电话在指挥通信中，特别是公安、消防、交通、火车、港口、矿业等指挥调度要求较高的行业，仍然扮演着不可或缺的角色。

（3）无线通信：相对有线通信而言，将需要传送的声音、文字、数据、图像等电信号调制在无线电波上经空间和地面传至对方，利用无线电磁波在空间传输信息的通信方式。优点是不需要架设传输线路，不受通信距离限制，机动性好，建立迅速；缺点是传输质量不稳定，信号易受到干扰或易被截获，易受自然因素影响，保密性差。

（4）应急通信车：利用先进的大功率广播指挥系统、车体、卫星通信设备、无线通信系统、自动伺服系统、图像采集和处理系统、供电及配套系统、车内办公和控制系统、车载定位系统、数据采集系统、强光照明技术等，实现由车载的单兵图传或车载的卫星系统回传到通信指挥车或直接回传到前线、后方的指挥中心进行通信联络、现场指挥调度等功能，该系统目前是党政机关、公安、消防部门针对大型现场指挥、群众疏散、抢险救援所采用的综合移动平台，是现代通信技术及其他高科技技术的综合运用。

3. 软件系统运维

大运维体系软件系统运维是指业务应用系统的软件在开发完成投入应用后，为改正软件中隐含的错误，或为提高应用系统软件的适应性、可靠性和完善应用系统功能，对应用软件系统进行的软件工程活动。

软件系统运维在信息系统生命周期中有着举足轻重的作用，它是软件生命周期中耗费最多、延续时间最长的活动，占信息系统开发的比重越来越高，为此，运维费用与开发费用比值也越来越大。应用系统软件由于运维不善或某种程度的不易维护，常常造成有些应用系统软件提早结束其生命周期，造成资源的极大浪费。因此，要想延长应用系统软件的生命周期，充分发挥应用系统软件的作用，就应做好应用系统软件运维这项基础性工作。

应用软件系统是信息系统的灵魂，没有软件的支持，信息系统将一事无成。在传统的软件产品生命周期中，应用软件系统运维往往受关注程度较低，但运维阶段却是服务于用户并接受用户反馈意见的最直接的阶段，维护工作是否及时、有效将直接影响用户的使用和应用系统软件的声誉。因此，有必要研究应用软件系统运维的规律，理解其概念和内涵，以提高应用软件系统的运维水平，保障信息系统可靠、安全、低成本运行。

应用软件系统运维是信息系统软件工程的一项重要内容，在应用软件系统的规划设计阶段就应开展软件可维护性的设计工作，通过针对可维护性的体系结构分析，将维护性的要求反映在软件需求和设计上，保障应用系统的可维护性。应用软件系统运维被视为信息系统软件生命周期的一个独立阶段，它与应用软件系统开发环节中的需求分析、设计、编码和测试息息相关。

4. 信息资源系统运维

信息及数据资源是大型信息系统管理的对象与结果，信息系统在运行过程中会不断产生并积累各类数据，反映组织发展过程中有关的组织状态、特征、行为、绩效，是组织生存和发展的重要战略性资源。

大运维体系的信息资源系统运维包括数据资源的全过程管理活动，是对各种形式数据进行收集、整理、存储、分类、排序、检索、计算、统计、汇总、加工和传输等一系列活动的总称。从制度的角度来看，主要有日常管理流程和应急管理制度等。从技术上来看，主要有备份技术、恢复技术、数据利用技术等。

信息数据资源的运维包括建立数据运行与维护的各项管理制度，规范运行与维护业务流程，有效开展运行监控与维护、故障诊断排除、数据备份与恢复、归档与检索等，保障数据库正常运行，使信息系统可持续稳定运行。

信息数据资源运维的对象包括数据文件、数据管理系统和存储介质。

（1）数据文件：数据文件是数据资源的物理表现形式，通常以文件的形式存储在存储介质上。

（2）数据管理系统：数据管理系统是实现数据收集、更新、存储的管理系统，如操作系统、数据库管理系统等。其中，数据库管理系统是数据资源运维过程中的主要管理对象。

（3）存储介质：存储介质是存储数据的物理载体，包括磁带、磁盘、U 盘、光盘等 。

5. 系统安全运维

大运维体系的系统安全是指保障计算机和相关设备以及设施（含网络）的安全、运行环境的安全、保护信息的安全，实现计算机功能的正常发挥，以维护计算机信息系统的安全运行。所谓系统的安全必须能事先估计可能出现的威胁并制定相应的预防措施，防止蓄意或意外破坏网络、硬件及文件，防止蓄意滥用软硬件，防止信息盗窃，保护数据正确完整，提供灾难恢复，实现授权用户在需要时可以增、删、改、查信息系统内容的功能。系统安全包括实体安全、运行安全、信息安全和人员安全等几个部分。

（1）实体安全：实体安全也称物理安全，指保护计算机设备、设施（含网络）及其他载体免遭地震、火灾、水灾、雷电、噪声、外界电磁干扰、电磁信息泄露、有害气体和其他环境事故（如电磁污染等）的破坏。实体安全包括环境安全、设备安全和媒体安全三个方面。

（2）运行安全：运行安全的目标是保障系统能连续、正常地运行。运行安全包括系统风险管理、审计跟踪、备份与恢复、应急四个方面的内容。

（3）信息安全：信息安全是指防止信息资产被故意或偶然的非法授权泄露、更改、破坏，或信息被非法辨别、控制，确保信息的可用性、完整性、保密性、可控性。针对计算机信息系统中信息存在的形式和运行特点，信息安全包括操作系统安全、数据库安全、网络安全、病毒防护、访问控制、加密与鉴别七个部分 。

（4）人员安全：人员安全是指计算机使用人员的安全意识、法律意识及安全技能等。

1.5　"大智移云"新技术在大运维体系的应用

1.5.1　"大智移云"的概念

"大智移云"是大数据、智能化、移动互联网和云计算的统称,如图1.8所示。当前,以"大智移云"为代表的网络信息技术日新月异,成为创新最活跃、应用最广泛、辐射带动作用最大的技术创新领域。

大数据是指所涉及的数据量规模巨大到无法通过目前主流软件工具,在合理时间内撷取、管理、处理,并整理成企业经营决策有用的信息,具有数据体量大(Volume)、数据类型多样(Variety)、价值密度低、商业价值高(Value)、处理速度快(Velocy)等特点。

智能化是指通过各种信息传感设备,如射频识别(RFID)、红外感应器、全球定位系统、激光扫描器、气体感应器等,实时采集任何需要监控、连接、互动的物体或过程等各种需要的信息,与互联网结合形成的一个巨大网络,其目的是实现物与物、物与人,所有的物品与网络的连接,方便识别、管理和控制,开启了一系列以"智慧"为目标的应用战略。

移动互联网是一种通过智能移动终端,将移动无线通信技术与互联网技术、平台、商业模式和应用结合并实践的活动总称,包含终端、软件和应用三个层面,出现了移动社交、移动广告、手机游戏、手机电视、移动定位服务、手机搜索、移动支付、移动电子商务等新型的业务模式,具有用户体验至上、整合社会资源、营销自动化、社交商务的特点。

云计算是一种按使用量付费的服务模式,包括软件即服务(SaaS)、平台即服务(PaaS)和基础设施即服务(IaaS)三个服务模式,通过互联网同时向众多用户提供多种满足用户需求的信息技术服务,具有资源配置动态化、需求服务自助化、网络访问便捷化、服务可计量化和资源虚拟化等特征。

大智移云新技术

图1.8　"大智移云"的概念

1.5.2　"大智移云"打造发展新引擎

"大智移云"是新一代产业发展的大潮流、大趋势,把"大智移云"作为发展的首位产业,是站在了这个新时代的前沿,先人一步、抢占先机,将会形成具有无限潜力的经济增长点。

"大智移云"是产业互联网的重要技术载体和推动力。云计算、大数据等信息技术交融渗透,改变着人们的生活,掀起了新一轮的产业变革。"智能化"包括物联网和大数据挖掘支撑的用户体验,移动互联网、物联网的结合,又使大数据的产生与收集成为可能。"大智移云"彼此相互关联,移动互联网和物联网的应用需要云计算支撑,大数据的深入分析和挖掘反过来助推移动互联网和物联网的发展,使软硬件更加智能化。

"大智移云"是互联网时代新兴产业业态,是一项全新的系统工程。基于其科技化、智能化的信息手段，"大智移云"更是一个综合支撑发展平台，通过大数据、智能化、移动互联网和云计算，使各产业、各领域深度融合发展，为发展战略性新兴产业提供强大的支撑，引领传统产业转型升级。可以说，"大智移云"正深刻地影响经济社会发展，将引领新的产业格局发展，掀起新一轮产业革命。

1.5.3 "大智移云"新技术在大运维体系的发展趋势

大运维体系的集中化使得核心网络更加复杂，管理难度增大，面临着数据量急速膨胀、运营成本高昂、能耗大、安全性差、业务连续能力低等一系列挑战。因此，引入新理念与新技术，向自动化、虚拟化、数据化、绿色化（节能减排）发展，构建新一代大运维体系已经是势在必行。

1. 自动化

自动化是大运维体系工作的升华。运维自动化不单纯是一个维护过程，更是一个管理的提升过程，是运维的最高层次。运维自动化是指通过将日常运维中大量的重复性工作（小到简单的日常检查、配置变更和软件安装，大到整个变更流程的组织调度）由过去的手工执行转为自动化操作，从而减少乃至消除运维中的延迟，实现"零延时"的运维。基于流程化的框架，采用运维监控和诊断优化工具及运维流程自动化工具，预先将事件与流程相关联，一旦监控到系统发生性能超标或宕机，会触发相关事件以及事先定义好的流程，自动启动故障响应和恢复机制。

大运维体系的自动化管理，可以帮助管理人员有效管理和控制基础设施，并且充分利用和管理业务信息，从战略、应用和运营等方面实现管理优化。它通过自动化技术使得管理操作自动化，从而有效减少人工操作，将一些高级的专业技能固化为可自动执行的操作，让大运维体系的管理人才从繁杂的日常维护工作中解放出来，使整个体系的维护工作更加简单和规范。

大运维体系的自动化管理机制包括三方面的自动化需求，即系统自动化、网络自动化以及批量作业调度的自动化。这三部分的自动化管理工具应能进行相互集成，协同工作，达到大型信息系统运维体系管理的高度自动化要求。

大运维体系采用智能的自动化管理软件，以实现对大运维体系自动化监控及自动化操作，实现单点监测、远程控制和自动操作各种软硬件系统资源。自动化管理可根据每个网络环境预先定义的或客户化政策来监视和恢复故障资源，从而最大限度地减少故障对于业务的影响，如当发现逻辑单元（LU）会话断开后，可以自动重起逻辑单元（LU）会话。自动化管理作业能对大运维体系批量作业进行调度管理，保证关键批处理作业的按时正确运行。它通过预先计划的方式对大运维体系的工作负荷进行调度管理。它可以管理、规划批处理工作，提供包括作业启动、跟踪、再启动、恢复等管理服务，提供作业恢复功能，并及时向操作员报警。

对于很多大型信息系统运维体系管理者来说，网络是一个看得见也摸得着，但就是不知道内在情况的"黑盒子"，虽然对于主干网络来说，我们可以通过网络拓扑图来进行掌握，但是对于整体网络而言，它的变化我们是无从知晓的。当大运维体系进行整合之后，一方面网络设备的密度会加大，另一方面，网络设备与网络设备之间关联的复杂程度也会增加。大运维体系的自动化管理能够对关键的网络设备提供实时有效的监控以及故障和潜在故障的快速定位，同时能够把这些信息真实有效地传递给大型信息系统运维体系管理者。

2. 虚拟化

虚拟化是一个广义的术语，它是指计算元件在虚拟的而非真实的基础上运行，是一个为了简化管理、优化资源的解决方案。如同空旷、通透的写字楼，整个楼层几乎看不到墙壁，用户可以用同样的成本构建出更加自主适用的办公空间，进而节省成本，发挥空间最大利用率。这种把有限的固定的资源根据不同需求进行重新规划以达到最大利用率的思路，在信息工程领域就叫做虚拟化技术。

虚拟化技术可以扩大硬件的容量，简化软件的重新配置过程。CPU的虚拟化技术可以单CPU

模拟多 CPU 并行，允许一个平台同时运行多个操作系统，并且应用程序都可以在相互独立的空间内运行而互不影响，从而显著提高计算机的工作效率。

虚拟化技术对各种各样的资源，如操作系统等软件资源，CPU、硬盘、路由器等硬件资源，进行抽象隐藏一些细节性的维护后形成逻辑资源，可不受物理资源配置、地域实现等因素影响，而被访问和使用。随着云计算技术的到来，大运维体系都会首先选择虚拟化技术以节省硬件资源投资，集中管理，提高资源的利用率，降低运维成本，提升企业信息安全水平。

虚拟化给大运维体系带来了诸多好处，如提高服务器利用率、降低服务器数量、减少能耗等。虚拟化将在服务器和电脑上变得更普遍，传统的物理环境将逐步迁移到一个与虚拟化混合的环境或完全虚拟的环境，如服务器虚拟化、存储虚拟化、网络虚拟化、桌面虚拟化等。

3. 数据化

大数据概念的冲击，使人们认识到信息系统积累的各种数据有着"洞悉过去、预测未来"的价值。这些有关硬件的、有关系统的、有关业务的或是有关用户行为的数据，犹如宝藏一样，可以在数据层面和业务层面提供各种量化指标，评价业务绩效和员工绩效，形成数据化运维，将异常变为可控，正常变为卓越。运维自动化为运维数据化提供了准备，也正是因为有了运维数据化，才可进一步实现运维的智能化。

4. 绿色化

运行和冷却大运维体系数据中心所需要的能耗很大，往往占到整个大型信息系统总能耗 20%以上。节能减排是全社会的责任和目标，大运维体系管理者和运维者更是责无旁贷，可以通过"大智移云"技术降低磁盘转速，对使用硬盘与空量硬盘的配比、制冷设备与设备的组成、机房设计、电力分配、带宽分配、机柜使用率等多方面进行优化，降低大运维体系的能耗。

新兴技术将对信息系统的基础架构建设、组织与合作的方式带来深刻的影响，进而影响到运维服务管理的流程、规范、知识与技能，同时带动运维软件产品市场的激烈竞争。

第 2 章　大运维体系的规划

> 谋定而后动，知止而有得。—— 孙子

要确保大型信息系统安全、可靠、持续、经济、低耗与高效地运行，必须做好运行维护管理体系的规划。要做好运行管理工作，必须尽快建立高效、规范的运维体系。只有将规范和流程引入到混乱的运行环境中，让每个运维技术人员一丝不苟地按规范做，让经常做的事情制度化，让制度化的事情标准化，让标准化的事情规范化，才能构建完善规范的运维体系，提升运维管理水平。在建立健全运维体系的过程中，要不断引入运行管理的新理念、新技术与新方法，实现节能、高效、简化管理的目的，改善系统的运维质量，保证大型信息系统安全稳定运行。

大型信息系统的运维管理，实际上指的是对大型信息系统各系统及运行设备的管理，它包括为业务和分析系统提供数据安全存储、可靠运行支撑的 IT 基础设施（包括运行环境、网络、存储、服务器）和通用软件（操作系统、数据库、中间件）等软、硬件系统的组合平台，还包括与使用该设备的人员进行沟通和交流的过程。它的一个基石就是对用户、软件和系统设备的支持。

本章将从人员、流程、技术等三个方面，从运行管理任务和机构与基本制度、数据资源管理、运行日常管理、基础设施管理、运行管理的新理念等方面来阐述如何做好大型信息系统运行维护管理体系的规划。

2.1　建设目标和建设任务

2.1.1　大运维体系的建设目标

大运维体系建设的目标就是通过强化与规范运行管理工作，采用现代先进技术，实现巡检工作自动化、运行态势可视化、故障处理闭环化、安全风险可控化、日常运维规范化。确保大型信息系统安全稳定运行，为系统的关键设备运行管理和数据信息安全，提供可持续的有力保障；为实现企业（机构）信息资源的存储、保护和应用，以及企业（机构）的核心运营提供高可用性的、持续可靠的服务支撑。

2.1.2　大运维体系的建设任务

大运维体系建设的任务包括：运维管理队伍建设，建立科学、严格的管理维护制度，建设高效、灵敏的信息化运维管理体系，建立规范标准的信息化运维管理流程，结合国情引入信息技术基础设施库（ITIL）等先进的管理方法，对大型信息系统进行 7×24 小时监控和运行维护，实行大运维体系的集中化管理，做好应急管理、提高系统可用率。

（1）运维管理队伍建设，在大运维体系运维过程中人员因素应该是首要考虑的因素。无论多么先进的设备和技术，如果没有人进行管理是不能很好地发挥作用的。因此大型信息系统在建设过程就必须考虑队伍建设问题，如果等大型信息系统从"建设期"转入"维护期"才考虑队伍建设，那就太迟了，不利于提高运行管理效率。大运维体系要配备专责运维人员，划分合理的角色，明确职责。

（2）建立科学、严格的管理维护制度，对管理权限、维护记录、运行日志等方面做出规定；

建立通畅的反馈机制，使研发、客户服务、运行形成良性循环。

（3）建设高效、灵敏的信息化运维管理体系，由无序服务向有序服务转变。

（4）建立规范标准的信息化运维管理流程，由职能管理向流程管理转变。

（5）结合国情引入 ITIL（Information Technology Infrastructure Library，信息技术基础设施库）等先进的管理方法，提高运维效率，提高管理水平和服务质量。

（6）通过资源整合与管理、安全以及能源管理等新技术的采用，由被动管理向主动管理转变，对大型信息系统进行 7×24 小时监控和运行维护。

（7）推行集中、统一的信息化运维管理模式，实行大运维体系集中化管理，由分散管理向集中管理转变。将大运维体系监控和管理维护纳入整体集中监控和运维，使大运维体系高效、安全、稳定运行。

（8）做好应急管理、提高系统可用率。建立完善的运行管理专项应急预案，明确运维人员在技术、管理、业务、安全等方面的职责，把责任落实到岗、落实到人；定期进行预案演练并根据演练结果，及时更新预案；配备核心应用和关键设备的备品备件，以备出现突发事件时尽快更换，及时修复，缩小影响、减少停运时间、提高可用率。

2.2　建设原则与规划原则

2.2.1　大运维体系的建设原则

（1）坚持"统一领导，统一规划，统一标准，统一建设，信息共享，面向服务，面向用户"的指导方针，推进规范化、标准化建设，建立一体化的运维体系。

（2）坚持以需求为导向，从需求上找准切入点，从企业（机构）系统运维的实际情况出发确定重点体系建设的内容，在实用性方面下工夫，不做表面文章，不搞花架子工程。

（3）坚持采用现代信息技术中的先进成熟技术，保证技术支撑系统的安全性、可靠性、可扩充性、易维护性和开放性。

（4）遵循系统工程建设的规律，对企业（机构）运维体系进行自顶而下的详细设计和科学论证，加强项目的过程管理，规范过程文档。

2.2.2　大运维体系的规划原则

为保证达到企业（机构）运维体系的建设目标和要求，在体系规划中应坚持以下原则：

1. 先进性、标准性

采用流行的、前瞻性的标准规范和方法论，以及先进成熟的技术，保证运维体系的先进性和稳定、高效地运行，选用符合国际标准的技术和产品，保证技术支撑系统的一致性，并保证在以后的发展过程中能够适应信息技术的发展趋势。

2. 经济性、实用性

根据运维体系建设的实际应用需求进行方案和系统的设计，选用性价比高的产品，建设好的系统应该既能够满足体系建设的应用需求，又能适应将来应用需求的扩展，使系统能够方便地升级，充分地保护原有的投资。

3. 开放性

技术支撑系统使用符合 OSI（开放式系统互联）标准的技术和通信协议，采用国际和国家标准的网络规范，充分考虑与软件、硬件的兼容性，使得符合国际标准的不同厂商的产品可以无缝添加。

4. 可扩展性

体系建设采用的实现技术和产品必须标准化，系统结构及设备应易于扩展，技术和产品发展具有良好的可持续性、可扩充性，将来能够方便平滑地对原有系统进行升级和更新。

5. 可持续改进性

体系的设计必须包括自身的可持续改进机制，包括体系的规划计划、风险评估、监督检查和分析改进的流程，确保体系始终保持良好的规范性、前瞻性和适应性以指导运维工作，避免体系本身变成一成不变的文档。

6. 安全性

体系的设计和系统的建设应具有足够的安全性，能够防止来自系统内部的恶意破坏及来自系统外部的恶意攻击；能有效地防止因人为误操作带来的影响。应采用有效的安全防范措施和安全手段，保证系统的完整性和机密性，并对信息访问和系统操作提供有效的权限认证。此外，还应建立有效的容灾、容错等风险保障机制，对雷击、火灾等意外，以及人为误操作等不可预知的问题应有良好的预防和恢复措施。

2.3 建设应用的政策、规范及标准

2.3.1 相关的主要政策、法规

· 《国家信息化发展战略纲要》（2016 年 7 月）发布。

· 《"十三五"国家信息化规划》（国发〔2016〕73 号）。

· 《国家发展改革委、公安部、财政部、国家保密局、国家电子政务内网建设和管理协调小组办公室关于进一步加强国家电子政务网络建设和应用工作的通知》（发改高技〔2012〕1986 号）。

· 《国家中长期科学和技术发展规划纲要（2006—2020 年）》。

· 《国务院关于修改 < 中华人民共和国计算机信息网络国际联网管理暂行规定 > 的决定》（1997 年 5 月 20 日）。

· 《计算机信息网络国际联网安全保护管理办法》（公安部令第 33 号，公安部 1997 年 12 月 30 日发布）。

2.3.2 相关的主要规范、标准

· ISO/IEC 20000—1：2011《信息技术服务管理第 1 部分：服务管理体系要求》。

· ISO/IEC TS 25011《信息技术—系统与软件质量要求和评价（SQuaRE）服务质量模型》。

· GB/T 22080-2016/ISO/IEC 27001：2013《信息技术　安全技术　信息安全管理体系要求》。

· ISO/IEC 27002《信息技术　安全技术　信息安全控制操作规范》。

· ISO/IEC CD 27003《信息技术　安全技术　信息安全管理体系实施指南》。

· ISO/IEC 27004《信息技术　安全技术　信息安全管理　测量》。

· ISO/IEC 27005：2018《信息技术　安全技术　信息安全风险管理》。

· GB/Z　15629.1-2000《信息技术　系统间远程通信和信息交换　局域网和城域网　特定要求　第 1 部分：局域网标准综述》。

· GB/T 30850.1-2014《电子政务标准化指南　第 1 部分：总则》。

· GB 17859-1999《计算机信息系统安全保护等级划分准则》。

· GB/T 3482-2008《电子设备雷击试验方法》。

- GB 4943.1–2011《信息技术设备　安全　第 1 部分：通用要求》。
- GB 4943.23–2012《信息技术设备　安全　第 23 部分：大型数据存储设备》。
- GB 50303–2015《建筑电气工程施工质量验收规范》。
- GB 50311–2016《综合布线系统工程设计规范》。
- GB 50312–2016《综合布线系统工程验收规范》。
- GB 50348–2004《安全防范工程技术规范》。
- GB/T 8567–2006《计算机软件文档编制规范》。
- GB/T 9385–2008《计算机软件需求规格说明规范》。
- GB/T 9386–2008《计算机软件测试文件编制规范》。
- GB/T 15532–2008《计算机软件测试规范》。
- GB/T 114394–2008《计算机软件可靠性和可维护性管理》。
- GB 50174–2017《数据中心设计规范》。
- GB/T 29264–2012《信息与技术服务　分类与代码》。
- SJ/T 11623–2016《信息技术服务　从业人员能力规范》。
- GB/T 33136–2016《信息技术服务　数据中心服务能力成熟度模型》。
- GB/T 33850–2017《信息技术服务　质量评价指标体系》。
- SJ/T 11691–2017《信息技术服务　服务级别协议指南》。
- GB/T 36463.1.1–2018《信息技术服务　咨询设计第 1 部分：通用要求》。
- SJ/T 11674.1–2017《信息技术服务　集成实施　第 1 部分：通用要求》。
- SJ/T 11674.2–2017《信息技术服务　集成实施　第 2 部分：项目实施规范》。
- SJ/T 11674.3–2017《信息技术服务　集成实施　第 3 部分：项目验收规范》。
- GB/T 28827.1–2012《信息技术服务　运行维护　第 1 部分：通用要求》。
- GB/T 28827.2–2012《信息技术服务　运行维护　第 2 部分：交付规范》。
- GB/T 28827.3–2012《信息技术服务　运行维护　第 3 部分：应急响应规范》。
- SJ/T 11564.4–2015《信息技术服务　运行维护　第 4 部分：数据中心规范》。
- SJ/T 11564.5–2017《信息技术服务　运行维护　第 5 部分：桌面及外围设备规范》。
- ITSS.1–2015《信息技术服务　运行维护服务能力成熟度模型》。
- SJ/T 11693.1–2017《信息技术服务　服务管理第 1 部分：通用要求》。
- SJ/T 11435–2015《信息技术服务　服务管理技术要求》。
- GB/T 34960.1–2017《信息技术服务　治理　第 1 部分：通用要求》。
- GB/T 34960.2–2017《信息技术服务　治理　第 2 部分：实施指南》。
- GB/T 34960.3–2017《信息技术服务　治理　第 3 部分：绩效评价》。
- GB/T 34960.4–2017《信息技术服务　治理　第 4 部分：审计导则》。
- GB/T 19668.1–2014《信息技术服务　监理　第 1 部分：总则》。
- GB/T 19668.2–2017《信息技术服务　监理　第 2 部分：基础设施工程监理规范》。
- GB/T 19668.3–2017《信息技术服务　监理　第 3 部分：运行维护监理规范》。
- GB/T 19668.4–2017《信息技术服务　监理　第 4 部分：信息安全监理规范》。
- GB/T 33770.1–2017《信息技术服务　外包　第 1 部分：服务提供方通用要求》。
- SJ/T 11445.2–2012《信息技术服务　外包　第 2 部分：数据（信息）保护规范》。
- SJ/T 11673.3–2017《信息技术服务　外包　第 3 部分：交付中心规范》。
- SJ/T 11445.4–2017《信息技术服务　外包　第 4 部分：非结构化数据管理与服务规范》。
- SJ/T 11690–2017《软件运营服务能力通用要求》。

・GB/T 34941−2017《信息技术服务　数字化营销服务　程序化营销技术要求》。

・GB/T 24405.1−2009《信息技术　服务管理　第 1 部分：规范》。

・GB/T 24405.2−2010《信息技术　服务管理　第 2 部分：实践规则》。

2.3.3　信息系统运维管理标准

运维服务管理是对信息系统整个生命周期的管理，包括信息技术部门内部日常运营管理及面向用户服务的管理。因此，信息系统运维服务管理涉及人、组织架构、管理、流程及技术等诸多方面，是围绕着技术、人和业务流程三个基本元素展开的。业务目标是保证信息系统正常、可靠、高效、安全地运行，为业务部门提供优质服务。技术指各种管理手段；人员指信息技术支持部门各级员工及面向的用户；流程指信息系统运维的各种业务过程。因此，信息系统运维需要遵照一定的规范、标准对运维服务的人员、技术、流程进行组织、量度和控制，这几个方面相互协调、配合才能够提高运维服务的效率和质量。

目前，行业内对大型信息系统运维的相关规范、标准体系、最佳实践和成熟的方法论不少，较为典型的信息系统运维管理标准有 ISO/IEC 20000、ITIL、COBIT、ITSS 等。

1.ISO/IEC 20000

1）ISO/IEC 20000 的概念

2001 年，英国标准协会（BSI）在国际 IT 服务管理论坛（IT SFM）年会上正式发布了以 ITIL 为核心的 IT 服务管理英国国家标准 BS 15000；随后 2002 年 BS 15000 被提交国际化标准组织（ISO），申请成为 IT 服务管理国际标准，ISO 通过快速通道的方式批准了 ISO 20000 的标准决议，于 2005 年 12 月 15 日由国际化标准组织（ISO）和国际电工委员会（IEC）正式发布 ISO/IEC 20000，是 IT 服务管理领域的第一个国际标准。

ISO/IEC 20000 标准着重于通过"IT 服务标准化"来管理 IT 问题，即将 IT 问题归类，识别问题的内在联系，然后依据服务水准协议进行计划、推行和监控，并强调与客户的沟通。该标准同时关注体系的能力，体系变更时所要求的管理水平、财务预算、软件控制和分配。

2）ISO/IEC 20000 标准的内容

ISO/IEC 20000 标准共分为两部分内容：

（1）ISO/IEC 20000-1。Information technology-Service managemenT Part-1：Specification（IT 服务管理标准规范，认证要求）：定义了服务提供者交付管理服务的需求；促进了组织采用流程整合的方法，有效地交付管理服务以满足业务和客户的需求。

（2）ISO/IEC 20000-2。Information technology-Service managemenT Part-2：Code of practice（IT 服务管理最佳实践）：为审核人员提供行业一致认同的指南，并且为服务提供者规划服务改进或通过 ISO/IEC 20000-1：2005 审核提供指导。实践指南描述了服务管理流程的最佳实践，这些服务管理流程为组织在一定环境中开展业务提供了最佳实践指南，包括提供专业服务、降低成本、调查和控制风险。

3）ISO/IEC 20000 标准的特点

ISO/IEC 20000 标准能够使服务者了解如何提高他们交付给内部或外部客户的服务质量，如何有效进行服务管理从而提供高水准的客户服务和较高的客户满意度。

ISO/IEC 20000-2 描述了 IT 服务管理流程质量标准。这些服务管理流程为组织在一定环境中开展业务提供了最佳实践指南，包括提供专业服务、降低成本、调查和控制风险。

ISO/IEC 20000-2 推荐服务管理者采用一致的术语和统一的方法进行服务管理，这可以作为改进服务交付的基础，并有助于服务提供者建立一个服务管理框架。

ISO/IEC 20000-2 为审核人员提供指南，并可为组织规划服务的改进提供帮助，以便组织通过 ISO/IEC 20000-1 认证。

4）ISO/IEC 27001

信息安全管理实用规则 ISO/IEC 27001 的前身为英国的 BS 7799 标准，该标准由英国标准学会（BSI）于 1995 年 2 月提出，并于 1995 年 5 月修订而成。1999 年 BSI 重新修改了该标准。BS 7799 分为两部分：第一部分 BS 7799-1，信息安全管理实施规则；第二部分 BS 7799-2，信息安全管理体系规范。

第一部分对信息安全管理给出建议，提供给负责在其组织启动、实施或维护安全的人员使用，该标准为开发组织的安全标准和有效的安全管理做法提供公共基础，并为组织之间交往提供信任；第二部分说明了建立、实施和文件化信息安全管理体系（ISMS）的要求，规定了根据独立组织的需要应实施安全控制的要求。

2000 年，国际标准化组织（ISO）在 BS 7799-1 的基础上制定通过了 ISO 17799 标准。BS 7799-2 在 2002 年也由 BSI 重新进行了修订。ISO 组织在 2005 年对 ISO 17799 再次修订，BS 7799-2 也于 2005 年被采用为 ISO 27001：2005。

2.ITIL/ITSM

1）ITIL

◆ ITIL 的概念

ITIL 即信息技术基础架构库（Information Technology Infrastructure Library），由英国中央计算机与电信总局 CCTA（Central Computing and Telecommunications Agency）在 20 世纪 80 年代为解决 "IT 服务质量不佳" 的问题，组织开发了一套提高 IT 架构有效管理、经济使用支撑业务运行的 IT 资源的标准——ITIL，现由英国商务部 OGC（Office of GovernmenT Commerce）负责管理，主要适用于 IT 服务管理（ITSM）。20 世纪 90 年代后期，ITIL 的思想和方法被广泛引用，并进一步发展，可以说 ITIL 已经成为 IT 服务管理领域全球广泛认可的最佳实践框架。

ITIL 为组织的 IT 服务管理实践提供了一个客观、严谨、可量化的标准和规范，组织的 IT 部门和最终用户可以根据自己的能力和需求定义自己所要求的不同服务水平，参考 ITIL 来规划和制定其 IT 基础架构及服务管理，从而确保 IT 服务管理能为企业的业务运作提供更好的支持。对组织来说，实施 ITIL 的最大意义在于把 IT 与业务紧密地结合起来了，从而让组织的 IT 投资回报最大化。

◆ ITIL 的核心模块

ITIL 的核心模块是 "服务管理"，这个模块一共包括 10 个流程和一项职能，这些流程和职能又被归结为两大流程组，即 "服务提供" 流程组和 "服务支持" 流程组。其中，服务支持流程组归纳了与 IT 管理相关的一项管理职能及 5 个运营级流程，即事故管理、问题管理、配置管理、变更管理和发布管理；服务提供流程组归纳了与 IT 管理相关的 5 个战术流程，即服务级别管理、IT 服务财务管理、能力管理、IT 服务持续性管理和可用性管理。

◆ ITIL 的版本

从 1980 年至今，ITIL 经历了 3 个主要版本：

（1）ITIL v1（1986—1999 年）。原始版，主要基于职能型的实践，开发了 40 多卷图书。

（2）ITIL v2（1999—2006 年）。ITIL v2 版，主要基于流程型的实践，共有 10 本图书，包含 7 个体系，分别是服务支持、服务提供、实施服务管理规划、应用管理、安全管理、基础架构管理及 ITIL 的业务前景。它已成为 IT 服务管理领域全球广泛认可的最佳实践框架。

（3）ITIL v3（2004—2011 年）。基于服务生命周期的 ITIL v3 版整合了 v1 和 v2 的精华，与时俱进地融入了 IT 服务管理领域当前的最佳实践。ITIL 的 2011 年版本使用了 5 个主要书面指导文件，分别论述了信息技术服务的服务战略、服务设计、服务转换、服务运营、服务的持续改进。涉及 4 个职能：服务台、运营管理、应用管理、技术管理；以及 26 个流程：事件管理、事故管理、请求实施、问题管理、资产和配置管理、变更管理、发布与部署管理、服务级别管理、连续性管理、可用性管理、能力管理、IT 服务财务管理、信息安全管理、服务报告管理、业务关系管理、供应商管理、知识管理、服务目录管理、战略制定、需求管理、服务组合管理、评估、服务验证与测试、转换规划与支持、访问管理。

◆ ITIL 的基本特点

ITIL 提供了一个指导性框架，这个框架可以保留组织现有 IT 管理方法中的合理部分，同时增加必要的技术，并且方便了各种 IT 职能间的沟通和协调。ITIL 不是一套理论模式，而是以全球的最佳实践经验为依据，基于高质量、合理定义、可重复流程等运作，确立的可持续改进的计划。组织实施 ITIL，有助于：

（1）完善 IT 服务管理。在 ITIL 的各个流程管理中，可以直接与各个业务部门相互作用，实现对业务功能及流程进行重新设计，降低成本，缩短周转时间，提高质量和增进客户满意度。

（2）增进业务与 IT 的整合。使信息系统部门能够对发生在财务、销售、市场、制造等业务上的流程改变，做出及时反应。某些情况下，还导致了一些相关组织机构的诞生，如变更委员会、紧急变更委员、内部的业务经理等，以增进业务与 IT 的整合。

（3）实现业务支持的精确性和前瞻性，帮助组织能够快速做出决策，并缩短反应时间。就 IT 部门来讲，在投资回报方面，参考 ITIL 来考虑 IT 投资，就很容易定义期望的收益，并对收益进行度量。

（4）加强 IT 团队的相互信赖。可以明确地建立一支担有共同责任和义务的、多技能的、跨组织的合作团队。由于相互信赖程度的加深，用户与 IT 人员之间将不再会互相指责，而形成相互促进的形式，改变其"救火队"的形象。

2）ITSM

◆ ITSM 的概念

ITSM（IT Service Management，IT 服务管理）起源于 ITIL，ITSM 是一套帮助企业对 IT 系统的规划、研发、实施和运营进行有效管理的方法论。这套标准已经被欧洲、美洲和澳洲的很多企业采用。

ITSM 只是一套方法论，其最终的实施还是要依靠相应的工具和经验。以前更多的是关注技术，例如很多客户也采用了网络管理、系统管理等管理工具，但技术只保证了服务的质量和效率，标准流程则负责监控 IT 服务的运行状况，人员素质则关系到服务质量的高低。而 ITSM 最强调的就是流程、人员和技术三大要素的有机结合。

◆ ITSM 的三要素及目标

（1）ITSM 的三要素。ITSM 结合了高质量服务不可缺少的流程、人员和技术三大要素，使 ITSM 成为企业 IT 管理人员管理企业 IT 系统的法宝和利器。"IT 服务管理"是一套面向过程、以客户为中心的规范的管理方法，它通过集成 IT 服务和业务，协助企业提高其 IT 服务提供和支持能力。

① 流程（Process）：对服务的规划、开发和部署进行管理和支持。

② 人员（People）：设计服务，定义流程。

③ 技术（Product）：实现流程的自动化，电子化，并监测服务。

可以形象地把 ITSM 称作 IT 管理的"ERP 解决方案"。从组织层面上来看，它将企业的 IT 部门从成本中心转化为服务中心和利润中心；从具体 IT 运营层面上来看，它不是传统的以职能为中心的 IT 管理方式，而是以流程为中心，从复杂的 IT 管理活动中梳理出那些核心的流程，比如事故管理、问题管理和配置管理，将这些流程规范化、标准化，明确定义各个流程的目标和范围、成本和效益、运营步骤、关键成功因素和绩效指标、有关人员的责权利，以及各个流程之间的关系。

（2）ITSM 的目标。实现 ITSM 的目标有以下 3 个：

① 以客户为中心提供 IT 服务。

② 提供高质量、低成本的服务。

③ 提供的服务是可准确计价的。

◆ ITSM 基本特点

（1）共性：ITSM 是一种基于 ITIL 标准的信息化建设的国际管理规范。ITIL 体系提供了"通用的语言"，为从事 ITSM 的相关人员提供了共同的模式、方法和同样的术语，使用户和服务提供者通过有共性的工具深入讨论用户的需求，很容易达成共识。

（2）中立：ITSM 为 IT 管理提供了实施框架，这样可以让用户不会受制于任何单独的服务提供商。ITSM 不针对任何特殊的平台或技术，也不会因下一代操作系统的发布而改变。

（3）实用：ITSM 是一种以流程为导向、以客户为中心的方法，它在兼顾理论和学术的同时，非常注重实用和灵活。

3.COBIT

成立于 1969 年的美国信息系统审计与控制协会（ISACA），于 1996 推出了用于"IT 审计"的知识体系 COBIT（Control Objectives for Information and related Technology，信息系统和技术控制目标），COBIT 包含 34 个信息技术过程控制，并归集为 4 个控制域：IT 规划和组织（Planning and Organization）、系统获得和实施（Acquisition and Implementation）、交付与支持（Delivery and Support）以及信息系统运行性能监控（Monitoring）。目前已经更新至 5.0 版。COBIT 是一个在国际上公认的、权威的安全与信息技术管理和控制的标准，它提出了一个 IT 管理责任的广阔范围，它在商业风险、控制需要和技术问题之间架起了一座桥梁，以满足管理的多方面需要。目前，COBIT 已经被视为 IT 治理、控制和保证公认的最佳实践集合，该标准体系已经在世界一百多个国家的重要组织和企业中运用，指导这些组织有效利用信息资料，有效地管理与信息相关的风险。

4.ITSS 标准体系

1）ITSS 的概述

ITSS 是 Information Technology Service Standards 的缩写，中文意思是信息技术服务标准，是在我国工业和信息化部、国家标准化管理委员会的领导和支持下，由 ITSS 工作组研制的一套 IT 服务领域的标准库和一套提供 IT 服务的方法论，全面规范了信息技术服务产品及其组成要素。

ITSS 分会是在工业和信息化部、国家标准化管理委员会的联合指导下工作，ITSS 标准体系是我国 IT 服务行业最佳实践的总结和提升，也是我国从事 IT 服务研发、供应、推广和应用等各类组织自主创新成果的固化。

2）ITSS 的核心内容

◆ ITSS 组成要素及生命周期

ITSS 规定了 IT 服务的组成要素和生命周期，并对其进行标准化，其核心内容充分借鉴了质量管理原理和过程改进方法的精髓，其原理如图 2.1 所示。

（1）IT 服务的组成要素：人员（People）、流程（Process）、技术（Technology）和资源（Resource），简称 PPTR。

· 人员：指提供 IT 服务所需的人员及其知识、经验和技能要求。

· 过程：指提供 IT 服务时，合理利用必要的资源，将输入转化为输出的一组相互关联和结构化的活动。

· 技术：指交付满足质量要求的 IT 服务应使用的技术或应具备的技术能力。

· 资源：指提供 IT 服务所依存和产生的有形及无形资产。

（2）生命周期：由规划设计（Planning & Design）、部署实施（Implementing）、服务运营（Operation）、持续改进（Improvement）和监督管理（Supervision）5 个阶段组成，简称 PIOIS。

· 规划设计：从客户业务战略出发，以需求为中心，参照 ITSS 对 IT 服务进行全面系统的战略规划和设计，为 IT 服务的部署实施做好准备，以确保提供满足客户需求的 IT 服务。

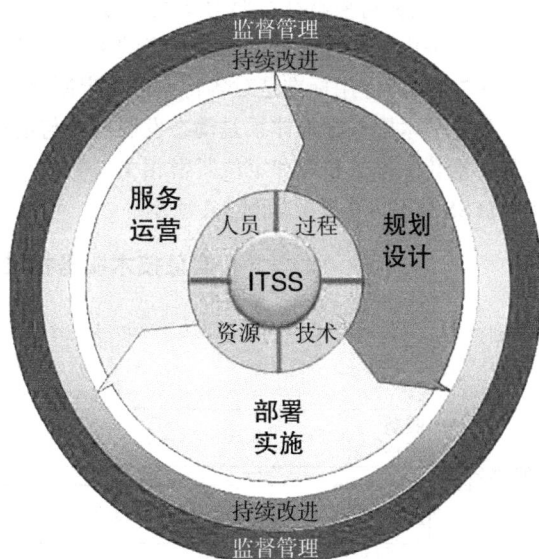

图 2.1 ITSS 原理图

· 部署实施：在规划设计基础上，依据 ITSS 建立管理体系、部署专用工具及服务解决方案。

· 服务运营：根据服务部署情况，依据 ITSS，采用过程方法，全面管理基础设施、服务流程、人员和业务连续性，实现业务运营与 IT 服务运营融合。

· 持续改进：根据服务运营的实际情况，定期评审 IT 服务满足业务运营的情况，以及 IT 服务本身存在的缺陷，提出改进策略和方案，并对 IT 服务进行重新规划设计和部署实施，以提高 IT 服务质量。

· 监督管理：本阶段主要依据 ITSS 对 IT 服务质量进行评价，并对服务供方的服务过程、交付结果实施监督和绩效评估。

◆ ITSS 标准体系 4.0 内容

ITSS 依据上述原理制定了一系列标准，是一套完整的信息技术服务标准体系。ITSS 体系主要从产业发展、服务管控、业务形态、实现方式、服务安全、内容特征和行业应用等 7 个方面考虑，分为基础标准、服务管控标准、服务业务标准、服务外包标准、服务安全标准、服务对象特征和行业应用标准。ITSS 标准体系框架内容如下所述：

（1）基础标准旨在阐述信息技术服务的业务分类和服务原理、服务质量评价方法、服务人员能力要求、服务定额规范等。

（2）服务管控标准是指通过对信息技术服务的治理、管理和监理活动，以确保信息技术服务的经济有效。

（3）服务业务标准按业务类型分为面向 IT 的服务标准（咨询设计标准、集成实施标准和运行维护标准）和 IT 驱动的服务标准（服务运营标准），按标准编写目的分为通用要求、服务规范和实施指南等类型，其中通用要求是对各业务类型的基本能力要素的要求，服务规范是对服务内容和行为的规范，实施指南是对服务的落地指导。

（4）服务外包标准是对信息技术服务采用外包方式时的通用要求及规范。

（5）服务安全标准重点规定事前预防、事中控制、事后审计服务安全以及整个过程的持续改进，并提出组织的服务安全治理规范，以确保服务安全可控。

（6）服务对象特征按照对象类型分为数据中心和终端。数据中心围绕数据中心的建设、运营和外部服务内容和行为进行规范；终端主要定义终端分类指南等。

（7）行业应用标准是对各行业进行定制化应用落地的实施指南。

信息技术服务标准体系是动态发展的，与信息技术服务相关的技术和产业发展紧密相关，同时也与标准化工作的目标和定位紧密相关。

ITSS 体系 4.0 框架如图 2.2 所示。

信息技术服务标准体系（ITSS 4.0）

| 基础标准 | 服务分类与代码 | 服务产品基本要求 | 服务级别协议指南 | 服务质量评价指标 | 服务定额规范 | 从业人员能力规范 |

| 服务管控 | 服务管理 | 通用要求 | 实施指南 | 技术要求 | 治理 | 通用要求 | 实施指南 | 绩效评价 | 审计导则 | 数据治理 |
| | 监理 | 总则 | 基础设施工程监理 | 软件工程监理 | 信息化工程安全监理 | 运行维护监理 | 应用系统数据中心工程监理 | 工程监理规范 | 监理工作量度量规范 |

服务安全			服务对象				服务外包
服务安全规范	通用要求 / 服务规范	面向IT的服务（IT-oriented Service）			IT驱动的服务（IT-driven Service）		服务交付保障
服务安全审计指南		咨询设计通用要求	集成实施通用要求	运行维护通用要求	云服务运营通用要求	数据服务通用要求	互联网服务通用要求	数据（信息）保护规范
服务安全治理指南		知识库管理规范	系统集成规范	交付规范	基础设施服务	数据加工处理	数字化营销	呼叫中心运营管理规范
采用国家其他标准		规划设计指南	系统部署与交付规范	应急响应规范	平台服务			发包方项目管理规范
		通用标准库设计要求		数据中心规范	应用服务			
……		数据资源规范		桌面及外设规范				……
		容灾规划设计规范		应用系统服务规范				

| 服务对象 | 数据中心 | 数据中心建设（采标）| 数据中心运营 | 数据中心服务 | 终端 | 终端分类指南 | …… |

实施指南

| 行业和领域应用 | 金融 | 央企 | 电信 | 电力 | 石化 | 教育 | 广电 | 政务 | …… |

图 2.2   ITSS 体系 4.0 框架图

◆ ITSS 信息技术服务分类与代码

信息技术服务分类与代码提出了信息技术服务的定义、范围和活动的类型，该标准规定了信息技术服务的分类与代码，该标准的研究成果已应用于工业和信息化部《软件产业统计制度（修订版）》及 GB/T4754-2011《国民经济行业分类》。

该信息技术服务分类如图 2.3 所示。

该标准适用于信息技术服务的分类、管理和编目；也适用于信息技术服务的信息管理、信息交换及统一核算，供科研、规划、统计等工作使用，作为各类信息技术服务信息系统进行信息交换的准则。

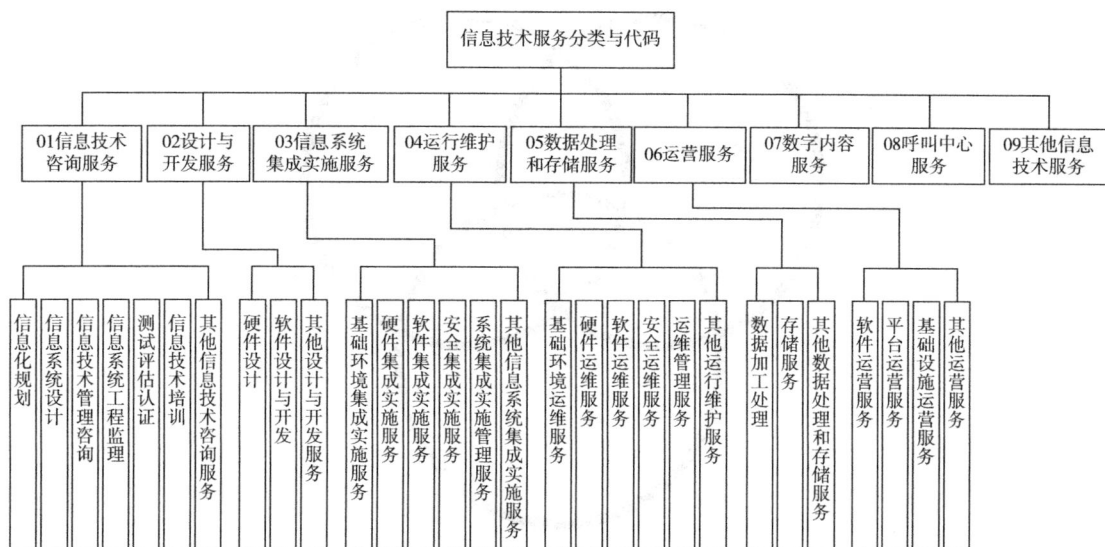

图2.3 信息技术服务分类与代码图

3）ITSS 特点

ITSS 为信息化对各行业的支撑提出标准化要求，将 CMMI、ITIL、COBIT、eSCM 等当今国际领先技术实践融于其中。在指导各行业管理 IT 对业务支撑具有灵活性、规范性及优化管理成本等优势。ITSS 涵盖了 IT 服务组成要素及 IT 服务全生命周期所需标准，其核心特点可概括为"全面性"和"权威性"，主要体现在：

（1）全面覆盖：ITSS 全面覆盖了 IT 服务的组成要素、IT 服务的全生命周期，同时也覆盖了咨询、设计与开发、信息系统集成、数据处理和运营等 IT 服务的业务类型。

（2）统筹规划：ITSS 是一套体系化的标准库，其研发过程是从体系的规划设计着手，并按照"急用先行、成熟先上"原则而制定的。

（3）科学权威：ITSS 是严格按照《中华人民共和国标准化法》、《中华人民共和国标准化法实施条例》的要求，遵循公平、公开、公正的原则而研究制定的系列国家标准，用于指导 IT 服务行业的健康发展。

（4）全面兼容：ITSS 是在充分吸收质量管理原理和过程改进方法精髓的基础上，结合我国国情、由政府主管单位主导、以企业为主体、产学研用联合研发的，同时与 ITIL、CMMI、COBIT、eSCM、ISO/IEC 20000、ISO/IEC 27001 等国际最佳实践和国际标准兼容。

5.DevOps

互联网经济的兴起，使得软件研发的需求、开发、测试、部署和运维等价值链上的人员不得不以更加紧密的方式协作起来，加速价值的流动、交付和反馈。DevOps 能够提高公司业绩，实现开发、QA、IT 运维、信息安全等各职能环节的目标，有助于提高开发人员的生产率，打破企业和组织中存在的根本的、长期的冲突，打破恶性循环，加速业务价值流动，提高反馈效率，促进持续学习和改进。

1）什么是 DevOps？

DevOps，Development 和 Operations 的组合词（即研发运维一体化），是当前业内针对信息技术运营相对成熟和先进的方法论和最佳实践经验的总结，它并不仅仅是某一套工具，而是一种包含了一系列基本原则和实践的方法论和工具的集合，用于促进开发、技术运营（运维）和质量保障（QA）团队之间的沟通、协作与整合（见图 2.4）。

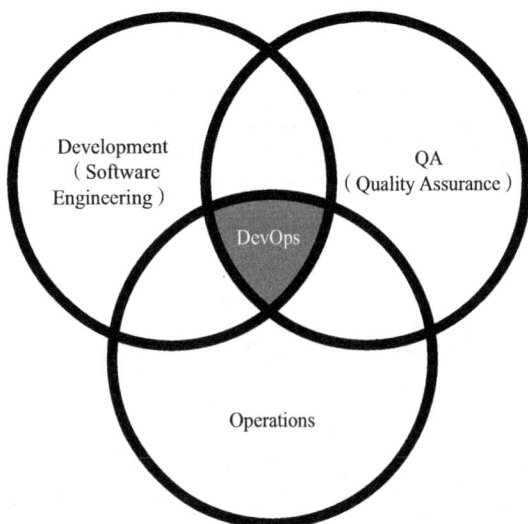

图 2.4   DevOps

实际上，"Ops"所指的运维人员是包括：系统工程师、系统管理员、操作人员、发布工程师、DBA、网络工程师、安全专业人员以及其他各种分支角色的总称和岗位。"Dev"用作开发人员的简写，但实际上它更广泛，意味着"参与开发的所有人"，其中包括开发、QA 和其他类型的岗位。

简单来说，DevOps 的宗旨就是消除两个传统上孤立的团队（开发团队和运营团队）之间的壁垒。有些组织甚至没有独立的开发团队和运营团队，工程师可能身兼两职。利用 DevOps，这两个团队可以携手合作，共同提高开发人员的生产力，同时增强运营的可靠性。他们力求频繁沟通、提高效率，并改善客户服务的质量。他们能够完全掌控自己的服务，并且经常越过自己的既定角色或职能的传统工作范畴，思考最终用户的需求以及解决这些需求。

最后，将 DevOps 归纳为三点：

（1）DevOps 是一种强调沟通与协作的软件交付过程，它包括产品管理，软件开发及运营等各个方面。

（2）DevOps 将软件集成、测试、部署以及基础设施的变更自动化。

（3）它的目标是建立一种文化和环境，使得软件的构建、测试、交付更快，更频繁，更可靠。

2）DevOps 核心三原则

实现 DevOps 有三原则：

（1）流动原则：加快从开发、运维到交付给客户的流程。流动原则，就是要建立从开发到运维之间的快速、平滑的、能向客户交付价值的工作流、价值流。通过持续加强工作内容的可视化，减小每批次大小，缩短批次等待间隔，内建质量以防止缺陷向下游传递，从而增强流动性。

流动原则的目标是，在缩短代码从变更到生产环境上线所需的前置时间的同时，提高服务的质量和可靠性，其主要运用的是精益原则中的价值流技术。

（2）反馈原则：快速反馈价值流状况，建设更加安全可靠的工作交付体系。流动原则使工作能够在价值流中从左往右快速流动，而反馈原则则是在从右往左的每个阶段中能够快速、持续地获得工作反馈，从而建立安全、可靠的工作系统。

通过在整个价值流和组织中建立快速、频繁、高质量的信息流，包括反馈和前馈回路，可以让系统更安全，及早发现问题，消除问题，并创造出组织级的学习氛围。

（3）持续学习与实验原则：打造一种高信任的文化和科学的工作方式，并将对组织的改进和创新作为日常工作的一部分。持续学习与实验原则要建立持续学习与实验的问题，持续提升个人技能，进而转化为团队和组织的财富。

在高效组织中，要求并积极地促进学习。工作系统是动态的，员工在日常工作中通过实验来做出新的改进。

技术价值流的核心是建立高度信任的文化，强调每个人都是持续学习者，必须在日常工作中承担风险，通过科学的方式改进流程和开发产品，从成功和失败中积累经验教训，从而识别有价值的想法，摒弃无用的想法。所有局部经验都会快速转化为全局性改进，帮助整个组织尝试和实践新技术。通过为日常改进预留时间，从而进一步促进和保障学习。

2.4 大运维体系的结构

2.4.1 大运维体系的总体结构

大型信息系统运维体系包含了人员、过程、资源和技术四大要素，主要由以下九大部分组成：组织体系、规范制度、信息基础设施、指挥通信系统、软件系统、数据资源系统、安全系统、管理咨询与监理服务以及工具系统。九大核心组成部分及其之间的关系如图 2.5 所示。

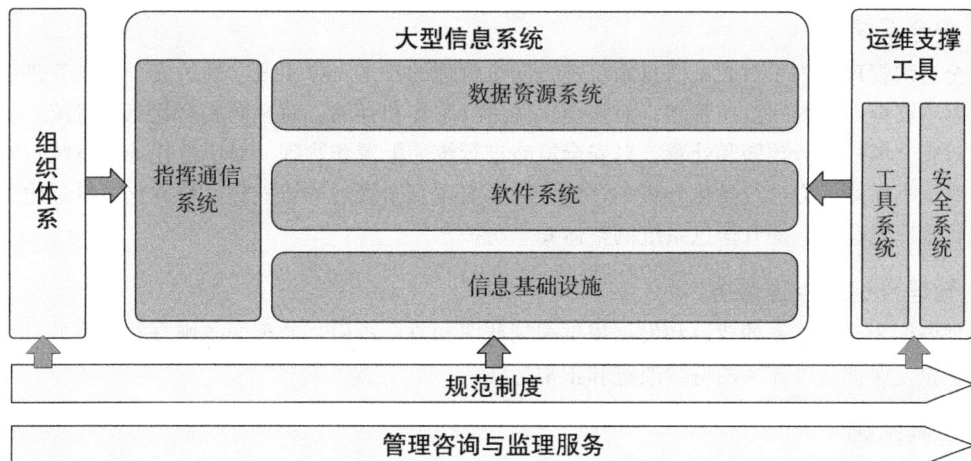

图 2.5 大运维体系总体架构

1. 组织体系

在人类社会，任何体系的建立，其核心均离不开"人"。大型信息系统规模和数据量庞大，用户数量众多，结构复杂，并且在大型信息系统所属的企业（组织）内，随着业务的发展，硬件服务器、应用复杂性将呈现指数级的增长，业务服务质量要求、监控要求等也将加大运维人员的工作量，与此同时，运维人员的规模则可能会相对稳定。如何在已有人员规模的基础上，满足业务发展要求同时，还要去创造更高的效益，是运维组织在组织层面需要面对的难题。一个完善的、有着良好持续改进机制的组织体系是大运维体系的核心。

2. 规范制度

运维工作组织严密、角色环节众多、技术复杂、技术系统关联紧密，需要完善的技术、管理和工作标准、制度来对整个过程和流程进行规范化、标准化。

3. 信息基础设施

信息基础设施是大运维体系的载体和运维对象，主要包括：

（1）机房动环设施：机房门禁、防火设备、精密空调等。

（2）硬件设备：计算设备、存储设备、网络设备和安全设备等。

（3）软件平台：数据库、中间件、操作系统、虚拟化平台等。

4. 指挥通信系统

指挥通信系统在企业（机构）内承担着监控指挥、调度通讯、视讯会议等重要功能，在企业（机构）中起到信息传输枢纽的作用。

5. 软件系统

支撑企业（机构）业务正常开展、稳定运转的各个业务系统，这些系统跨地域、跨部门、跨流程、相互之间关联复杂，构成了企业（机构）赖以发展的大型信息系统。

6. 数据资源系统

软件系统支撑着企业（机构）业务的正常运行，在软件系统上产生和积累的数据就是企业的核心和价值所在。大型信息系统数据量庞大，增长速度快，需要有统一的架构、完善的流程、标准的规范和先进的系统对数据资源进行管理、抽取、加工、分析和挖掘。大型信息系统产生的数据一般包括主数据、过程数据、日志数据以及元数据，且数据资源应是分域分类进行管理。

7. 安全系统

安全运维管理是用于对大型信息系统进行安全管理的技术支撑手段，通过安全运维管理系统，实现对网络安全设备统一监控管理、对安全事件进行采集和存储、对全局安全状态进行统一分析和呈现、对安全风险进行预警和处置、对安全策略进行统一配置和管理、对应急任务进行统一安排和协同、对运维保障能力进行量化分析和评估，从而实现安全管理的智能化、精确化、科学化、可视化，简化管理复杂度，提升信息系统的整体安全防护水平。

8. 管理咨询与监理服务

管理咨询为运维体系的建设和发展提供规划蓝图和方向指引，监理服务则是对运维的过程进行监督和管控，保证运维体系的持续改进和正常运转。

9. 工具系统

随着系统规模逐渐扩大，系统关联性逐渐复杂，传统的手工操作的运维方式也不能适应大型信息系统，针对规模庞大、用户量庞大、结构复杂的大型信息系统开展运维工作必须依赖信息化的技术支撑工具。其核心包括管理运维域基础主数据的配置管理数据库（CMDB）、对运维对象状态进行实时监控的监控告警系统、对运维对象进行操作和支持故障自愈的自动作业系统、支撑日常运维工作和管理工作的运维服务管理系统、支撑组织内部知识搜集、对信息运维领域数据进行抽取、分析和展现的运维可视化系统、检索的知识管理系统以及使得运维工作更加便利化和简洁化的移动运维系统。

2.4.2　大运维体系的技术框架

大运维体系的技术架构如图2.6所示。

1. 信息集中采控平台

主要作用是采集信息运维域的各种基础数据，例如各个基础设施对象的基础信息数据、实时状态数据和日志数据，并将采集获得的数据经过大数据平台的数据流实时处理进入平台中存放，同时在平台中经过大数据处理与分析后的数据也实时存入大数据平台中，作为基础数据统一对外提供。

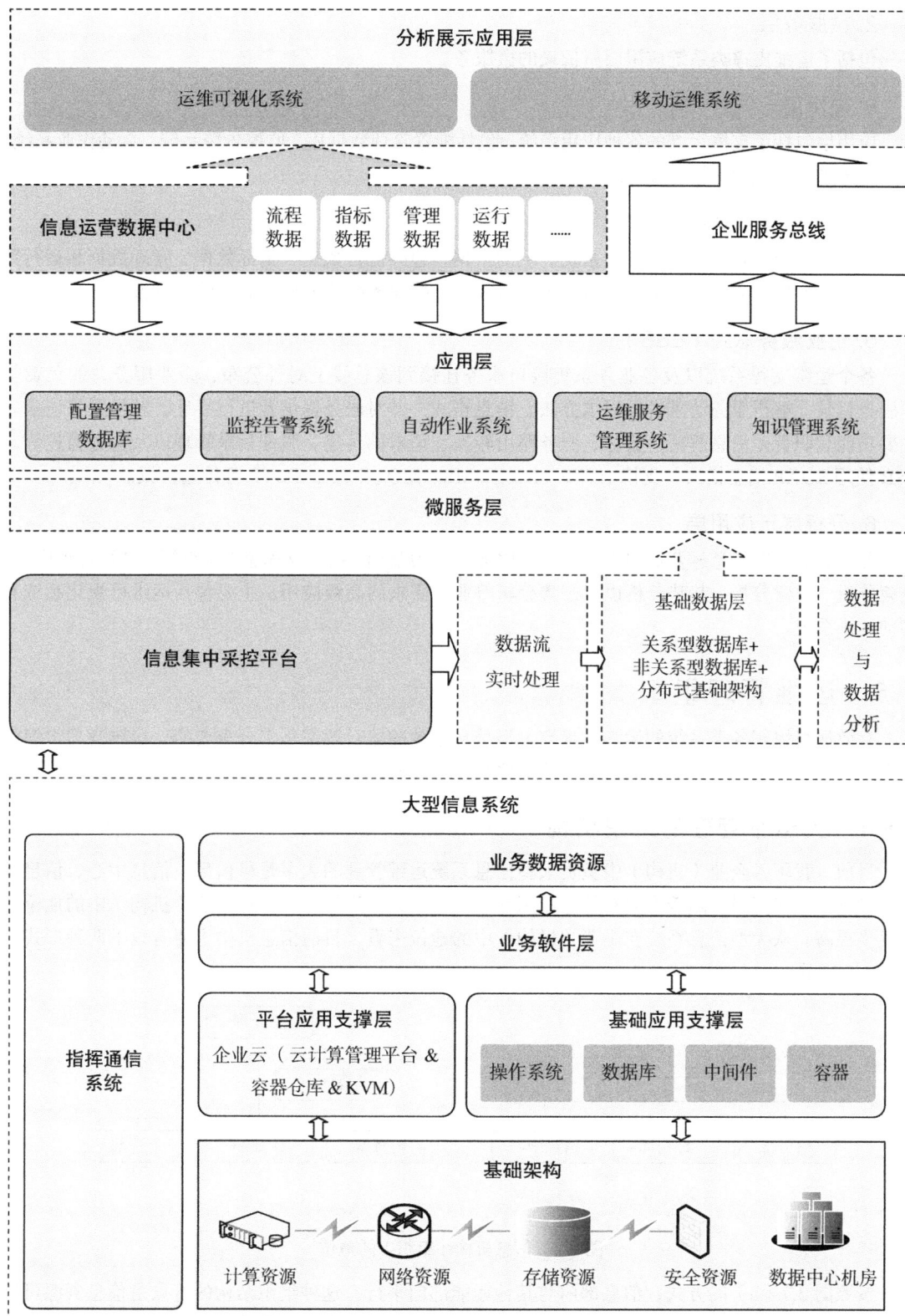

图 2.6 大运维体系技术框架

2. 微服务层

包括了运维支撑类系统应用层所依赖的微服务。

3. 应用层

应用层包括了支撑运维的各种应用系统，包括配置管理数据库、监控告警系统、自动作业系统、运维服务管理系统和知识管理系统等。

4. 信息运营数据中心

汇集了应用层各个运维支撑类系统产生的数据，包括流程数据、指标数据、管理数据和运行数据等，这些数据在数据中心进行分析处理后将成为支撑业务决策分析和展示的运营数据。

5. 企业服务总线（ESB）

各个运维支撑系统以及各业务系统接口服务挂接到该总线上对外公布，企业服务总线负责管理服务目录，解析服务请求者的请求方法、消息格式，并对服务提供者进行寻址，转发服务请求。主要功能和职责是消息解析、验证、服务路由转换、请求的传递、服务目录管理以及服务监控等。ESB 使用 SOAP 消息格式，支持 HTTP（S）、JMS、MQ、FTP、SMTP 等传输协议。

6. 分析展示应用层

分析展示层以信息运营数据中心和企业服务总线为基础，提供支撑企业（组织）进行移动应用、决策分析、运营分析、趋势分析以及态势分析等业务需求的高级应用，主要包括运维可视化系统和移动运维系统。

2.5   运维管理组织

有效地组织好各类系统的运维对提高大型信息系统的运行效率是十分重要的，运维管理组织的建立与大型信息系统在企业（机构）中的地位是分不开的。

2.5.1   大运维管理的组织机构

目前，我国各企业（机构）中负责大型信息系统运维管理的大多是科信部、信息中心、信息部等信息管理职能部门。随着人们对信息作用的认识提高，大型信息系统在企业（机构）中的地位也在逐步提高。从大型信息系统在企业（机构）中的地位来看，目前信息机构主要有以下两种形式，如图 2.7 所示。

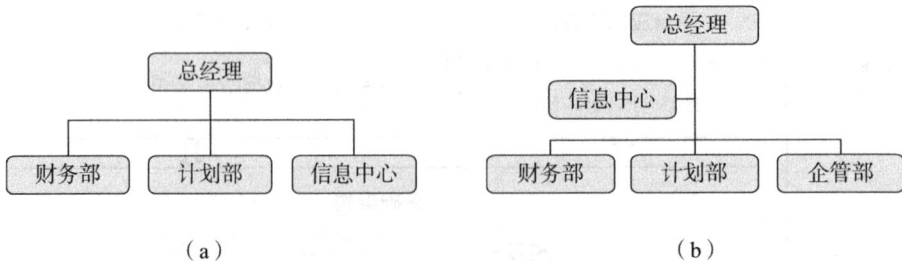

图 2.7   信息机构在组织中的地位

按照图 2.7（a）的方式，信息部门与其他职能部门平行。这种组织结构的特点是信息资源可以为整个企业（机构）共享，但是由于系统运维中有关的协调和决策工作受到本身在组织内部所处地位的影响，而导致对信息处理的决策能力较弱。

按照图 2.7（b）的方式，信息中心在总经理（或行政机构首长）之下、各职能部门之上。这种组织结构的特点是有利于信息资源的共享，并且在系统运维过程中由于本身所处地位较高而便于进行协调和决策，但往往容易出现脱离管理或服务较差的现象。

由于目前计算机、网络、通信等各项技术的发展，客户／服务器体系结构的运用，大型信息系统在组织中的地位最好是将上述两种方式结合在一起，各尽其责。信息中心主任最好是由组织中的副总经理（或行政机构副首长）兼任（CIO），这样更有利于加强对组织内部各种信息资源的管理。

此外，作为企业（机构）信息化的重点领域，大型信息系统的地位在企业（机构）信息化中显得越来越重要。保障 IT 对业务的强有力的支持，大型信息系统经理（或主任）"随需而生"。过去，企业（机构）信息化的工作一般由科信部、信息中心、信息处等部门直接管辖，但现在，这一局面也在"随需而变"。大型信息系统经理（或主任）这一新的岗位人群正在悄然形成，他们也成为了企业（机构）信息化团队中，特别是 CIO 的重要支持力量。

2.5.2　大运维的人事管理

1. 人员管理的重要性

在运维管理中人员因素应该是首要考虑的因素。因为 ITIL 的应用实际上是一个管理活动，特别依靠人的积极参与来完成。在管理过程中，可能涉及人员的职能、利益、思维模式、工作方式等的转换，产生的误解、消极和阻力不容忽视。因此，除了在制度安排、企业（机构）文化方面的工作以外，更要采取多方面措施做好人员的管理，包括服务意识培训、ITIL 运维技能培养、发展规划和激励等方式。

由于大型信息系统本身所体现的运用先进的技术为管理工作服务的特点，其工作中必然要涉及多方面的、具有不同知识水平及技术背景的人员。这些人员在大型信息系统中各负其责、互相配合，共同实现系统的功能。这些人员能否发挥各自的作用，他们之间能否互相配合、协调一致，是大型信息系统运维管理成败的关键之一。大型信息系统主管人员的责任就在于对中心的所有人员进行科学的组织管理。如果主管人员不善于进行这样的组织及管理工作，就谈不上实现运维管理的现代化和科学化。在这种情况下，整个大型信息系统的运维管理必然会出现混乱。人员管理的好坏是大型信息系统发挥作用的关键，没有好的人员管理与有效的分工协作，大型信息系统集中化管理将是一句空话。因此，在大型信息系统运维管理工作中，首先是人的管理，其次才是设备、软件、数据的管理。

2. 人员的角色划分

大型信息系统的运维管理可以根据管理方式进行合理的角色划分，一般分为三类：

（1）以需要管理的物理结构为分界，设置不同的管理角色。可以设置为机房管理、网络管理、系统管理、数据库管理、应用管理、安全管理、备份管理、客户技术支持等。

（2）按照应用划分，将管理员按不同的应用划分为不同的组，例如：系统组、网络组、应用服务组等，从系统管理到应用管理全面负责。

（3）前面两种兼而有之，客户服务、技术支持按照应用划分，其他的管理按照第一种方式。

每种方式各有利弊，要根据企业（机构）的实际情况选用。一般设置有机房管理员、网络管理员、系统管理员、数据库管理员、程序员、安全管理员、备份管理员、应用管理员、技术支持经理、客户服务经理等。

3. 人员管理的内容

人员的管理包括 3 个方面：

（1）实行系统定岗管理。明确规定每个人的工作岗位、工作任务及职权范围，尽可能确切地规定出各类人员的各项业务活动中应负的责任，应做的事，办事的方式，工作的次序。简单地说，要有明确的授权。

（2）实行跟踪控制管理。对于每个岗位的工作要有定期的检查及评价，为此，对每种工作都要有一定的评价指标。这些指标应该尽可能有定量的尺度，以便检查与比较。这些指标应该有一定的客观的衡量办法，并且要真正按这些标准去衡量各类工作人员的工作，即必须有检查和评价。

（3）实行素质能力管理。为运维人员创造出能力素质、资源支持、程序方法等多方面条件，要在工作中对运维人员进行培训，以便使他们的工作能力不断提高，工作质量不断改善，从而提高整个系统的效率。

4. 人员的责任及其绩效评价要点

大型信息系统中应制定各类人员的工作标准，明确职责，将责任落实到人。应建立完善运维指标体系，引入服务评价体系，建立一个能够量化的运维目标，其工作的评价标准应是所负责的应用系统在管理中发挥的作用及其效益。这样不仅能够务实地提高运维管理人员的服务质量和管理水平，也能够对团队工作的成绩进行肯定，提高运维人员的工作成就感。

大型信息系统中各类人员（例如中心主管、系统管理、网络管理、应用管理、机房管理等）的主要职责任务与绩效评价要点是：

（1）大型信息系统主管人员的责任是负责整个大型信息系统相关的物理基础设施、软件/硬件的选型与运维，同时还要负责大型信息系统外围团队的所有日常管理和运营工作。组织各方面人员协调一致地完成中心所担负的信息处理任务、掌握中心运维的全局，确保大型信息系统的IT关键设备和装置能安全、稳定和可靠运维；保证系统结构的完整，确定系统改善或扩充的方向，并按此方向组织系统的修改及扩充工作，以便使信息系统真正符合管理决策的需要，为管理决策者服务，使大型信息系统真正发挥作用。其工作的评价依据应是整个大型信息系统在管理中发挥的作用及其效益。

（2）系统管理员的责任是在主管人员的组织之下，按照系统规定的工作规程进行日常的运维管理。负责管辖范围内各类系统的硬件设备和支撑软件调试、升级和维护工作，保证信息系统的安全、稳定运维。负责信息系统运维中的技术指导和故障的处理工作。做好分管应用系统的运维指标统计和考核工作。系统是否安全正常地运行，月运行率、可用率是否达到考核要求是对他们工作的最主要的衡量指标。

（3）网络管理员的责任是在主管人员的组织之下，按照规定的工作规程进行日常的运维管理。负责所管辖范围内广域网、局域网的调试、升级和维护工作，保证网络的通畅、安全、稳定运行。负责指挥和协调各方做好网络系统运维工作，认真做好网络的运维管理。负责信息网络运维中的技术指导和故障的处理工作。做好分管网络系统的运行指标统计和考核工作。网络是否安全正常地运行，月运行率、可用率是否达到考核要求是对他们工作的最主要的衡量指标。

（4）应用管理员的责任是在主管人员的组织之下，按照系统规定的工作规程进行日常的运维管理。负责企业（机构）单位应用服务系统的相关设备运行维护管理。负责应用系统的推广实施、升级。做好分管应用系统的运行指标统计和考核工作。系统是否安全正常地运行，月运行率、可用率是否达到考核要求是对他们工作的最主要的衡量指标。

（5）机房管理员在主管人员的组织之下，按照系统规定的工作规程进行日常的运行管理。负责机房的运行管理监控工作，定时巡检机房基础设施。负责大型信息系统管辖范围内信息设备的缺陷管理。负责大型信息系统管辖范围内信息设备的台账管理和统计工作。按时清扫机房责任区域，保持环境整洁。做好分管机房监控系统的运行指标统计和考核工作。系统是否安全正常地运行，月运行率、可用率、设备完好率与设备消缺率是否达到考核要求是对他们工作的最主要的衡量指标。

5. 人员的培训

大型信息系统一般都采用了比较先进的技术和新型的 ITIL 管理模式，几乎所有的相关人员都需要通过边使用边学习的方式才能做好所担负的工作，因此，在大型信息系统的运行管理中，对人员的培训工作，是不可缺少的。从长远来看，这种工作将使系统具有不断发展不断完善的巨大潜力。无论对管理还是专业技术、生产技能、辅助人员来说，都必须把学习、培训和提高专业素质及业务能力作为自己工作不可缺少的部分。

大型信息系统的主管人员，应该鼓励并组织各类人员进行知识更新和技术学习。给予时间、创造条件，采用包括自培和请进来、走出去的学习培训模式，使他们能够在完成日常工作的同时，在业务知识和工作能力上不断有所进步。

各类相关人员的知识更新或业务学习，无疑应该围绕运维管理工作的需要来进行。例如，了解所负责系统的总目标、特点、业务处理方式、业务处理需要等情况，这对于运维管理人员尤为重要。在市场营销业工作的计算机技术人员应该逐步了解营销类的业务工作，在企业（机构）工作的信息系统工作人员则应该逐步了解所在企业（机构）的生产及管理情况。另一方面，对于从管理部门来的工作人员，则应该逐步了解信息系统的基本构造、原理及使用方法，此外，对于各类人员都需要在工作中进行基本思想方法及工作方法的训练及培养。这包括：信息和信息系统的基本观点，信息系统为管理工作服务的基本观点，系统地全面地考察问题的思想方法，重视人在信息系统中的作用的基本观点等；同时，还应该养成严格遵守操作规程及工作步骤的工作习惯。

总之，在大型信息系统中，对各类运维人员的管理及培养，是一个不可忽视的重要问题。

2.5.3　大运维的流程管理

大运维管理是基于流程框架展开的，这里的流程是指信息系统运维管理的各种业务过程。

1. 大运维流程管理的目标

大运维管理流程的目标是：

（1）标准化：通过流程框架，构建标准的运维流程。

（2）流程化：将大部分运维工作流程化，确保工作可重复，并且这些工作都能有质量地完成，提升运维工作效率。

（3）自动化：基于流程框架将事件与运维管理流程相关联，一旦被监控的系统发生性能超标或宕机，会触发相关事件及事先定义好的流程，可自动启动故障响应和恢复机制；此外，还可以通过自动化手段（工具）有效完成日常工作，如逻辑网络拓扑图、监控、硬件备份等。

2. 流程化管理的内容与做法

1）流程化管理的内容

（1）流程结构管理。保证运维岗位履职的人员做正确的事，工作有效益。

（2）流程活动管理。保证运维岗位履职的人员正确地做事，工作有效率。

（3）流程组织管理。保证运维岗位履职的人员负责地做事，工作态度积极。

2）流程化管理的做法

（1）把运维管理技术要求转换为具体明确、通俗易懂的运维流程图和流程说明文件，对运维管理技术要求进行直观化和精细化描述，其中流程说明文件可转化成维护指南或作业指导书。

（2）组织运维流程或作业指导书的现场培训、教练、辅导，提升作业人员运维流程的熟练程度及实施技巧。

（3）讨论探索简化、优化运维流程，以在保证安全稳定运行的情况下，提高工作效率。

（4）通过流程实践活动，要不断改进和创新运维流程，促使流程周期的延续。

（5）建立健全流程贯彻执行跟踪体系。建立完善运维岗位工作流程标准贯彻执行跟踪台账，随时掌握流程执行的移位状况。

3. 运维管理流程的内容

信息系统运维管理流程主要包括事件管理、事故管理、问题管理、配置管理、变更管理、发布管理和知识管理等。

1）事件管理

事件管理负责记录、快速处理信息系统运维管理中的突发事件，并对事件进行分类分级，详细记录事件处理的全过程，便于跟踪了解事件的整个处理过程，并对事件处理结果统计分析。事件是指引起或有可能引起服务中断或服务质量下降的不符合标准操作的活动，不仅包括软硬件故障，而且包括服务请求，如状态查询、重置口令、数据库导出等，因此又叫事故服务请求管理。

事件管理流程的主要目标是尽快恢复信息系统正常服务并减少对信息系统的不利影响，尽可能保证最好的质量和可用性，同时记录事件并为其他流程提供支持。事件管理流程通常涉及事件的侦测记录、事件的分类和支持、事件的调查和诊断、事件恢复及事件的关闭。

2）事故管理

事故管理包括对引起服务中断或可能导致服务中断、质量下降的事件的管理，这包括了用户提交或由监控工具提交的事故。事故管理不包括与中断无关的正常运营指标或服务请求信息。事故管理的主要目标是尽快恢复正常的服务运营，并将对业务的影响降到最低，从而尽可能保证服务质量和可用性要求。

事故管理的流程包括事故识别和记录、事故分类和优先级处理、初步支持、事故升级、调查和诊断、解决和恢复、事故关闭等。

3）问题管理

问题管理包括诊断事故根本原因和确定问题解决方案所需要的活动，通过相应控制过程，确保解决方案的实施。问题管理还将维护有关问题、应急方案和解决方案的信息，以减少事故的数量和降低影响。问题管理流程的目标是通过消除引起事故的深层次根源以预防问题和事故的再次发生，并将未能解决的事故影响降到最低。

问题管理的流程包括问题检测和记录、问题分类和优先级处理、问题调查和诊断、创建已知错误记录、解决问题、关闭问题、重大问题评估等。

4）配置管理

配置管理包括负责识别、维护服务、系统或产品中的所有组件，以及各组件之间关系的信息，并对其发布和变更进行控制，建立关于服务、资产及基础设施的配置模型。配置管理的目标是对业务和客户的控制目标及需求提供支持；提供正确的配置信息，帮助相关人员在正确的时间做出决策，从而维持高效的服务管理流程；减少由不合适的服务或资产配置导致的质量和适应性问题；实现服务资产、IT配置、IT能力和IT资源的最优化。

配置管理的流程包括管理规划、配置识别、配置控制、状态记录和报告、确认和审核等。

5）变更管理

变更管理负责管理服务生命周期过程中对配置项的变更。具体对象包括管理环境中与执行、支持及维护相关的硬件、通信设备、软件、运营系统、处理程序、角色、职责及文档记录等。变更管理流程的目标包括对客户业务需求的变化做出快速响应，同时确保价值的最大化，尽可能减少突发事件、中断或返工；对业务和IT的变更请求做出响应，使服务与业务需求相吻合。

变更管理的流程包括创建变更请求、记录和过滤变更请求、评审变更、授权变更、变更规划、协调变更实施、回顾和关闭变更等。

6）发布管理

发布管理负责规划、设计、构建、配置和测试硬件及软件，从而为运行环境创建发布组件的集合。发布管理的目标是交付、分发并追溯发布中的一个或多个变更。发布管理的流程包括发布规划，发布设计、构建和配置，发布验收，试营运规划沟通、准备和培训，发布分发和安装等。

7）知识管理

知识管理贯穿于整个服务管理生命周期。广义的知识管理涉及知识管理策略，知识的获取、存储、共享和创新等多个环节。本书仅规定与运维知识识别、分类、提交、过滤、审核、发布、维护等相关的流程细节。知识管理的目标是确保在整个服务管理生命周期中都能获得安全可靠的信息和数据，从而提高组织运维管理决策水平。

知识管理的流程包括知识识别和分类、初始化知识库、知识提交和入库、知识过滤和审核、知识发布和分享、知识维护和评估等。

2.5.4　管理制度的建立与实施

1. 管理制度的组成

完善的管理制度是运维管理的保障。大型信息系统的基本规章制度包括三方面：管理规范、技术规范、操作指南（或作业指导书）。

（1）管理规范：管理规范是从规范管理人员及用户行为出发的各种制度、规定、办法与奖惩措施。

（2）技术规范：是规范运维人员在运行维护过程中各种行为的规定、规范与工作流程，如《应用服务管理规定》、《机房管理规定》、《信息系统运行管理规程》、《数据备份策略》。

（3）操作指南：指导运维管理人员及用户管理使用各种网络与信息系统的操作指南与用户手册，如《网站简易维护指南》、《信息门户使用指南》、《OA系统安装使用手册》、《生产 MIS 作业指导书》、《服务器安装手册》等。

可以看出，在企业（机构）大型信息系统发展到一定阶段，它的建设重点应该要从系统实施转向以应用运维提升为主，运维质量保障、安全机制变得重要起来，这时除了技术的保障以外，制度保障越显得重要。

2. 管理制度的建立

作为大型信息系统主管人员，应首先是一位管理专家，其次才是技术专家。由此，建立完善的运维制度是最主要的工作内容，是企业（机构）信息化有效执行和监督的立足点。大型信息系统本身管理不好，就不可能为业务部门提供满意的信息服务，业务部门对信息部门的满意度就会低，满意度低又会影响 IT 投资及新项目的开展，使信息部门陷入困境。所以建立高效规范的运维机制，是大型信息系统主管走向战略管理的第一步。对于大型信息系统来说，可从以下几个方面来进行，使运行管理制度化。

（1）转变运维观念，树立规范化意识。树立只有建立制度化的运维意识，才能在日常繁杂琐碎的工作中有效区分任务的优先级，将有限的资源投入到最能满足"客户"需要的工作中，减少与用户直接接触的成本开支。

天下大事必作于细。那么，如何保证运维工作的"无微不至"呢？方法是把运维工作和制度化紧紧地捆绑到一起。没有规矩，不成方圆，运维工作很琐碎，关键在于规范而不是创新。只有各类运维人员一丝不苟、老老实实按规范做，才能够把事情做好。

同时，建立运维制度非常重要，但是有了制度还要有人去执行，要强化执行制度比建立制度更重要的观念和意识。因此，对于大型信息系统来说，即使由于人力、财力非常有限，难以系统建设ITIL 流程，但是制度化的 ITIL 运维思想的引入仍然是必要的。

（2）建立事件处理流程，强化规范执行力度。流程是最重要的，因为流程是管理的基础：在管理的过程中，针对同一问题的具体实施步骤可能不同，但流程是不会改变的。

首先需要建立故障和事件处理流程，利用运维管理系统或表格工具等记录故障及其处理情况，以建立运维日志，并定期回顾从中辨识和发现问题的线索和根源，提取经典"案例"形成知识库。建立每种事件的规范化处理指南，减少运维操作的随意性，在很大程度上降低故障发生的概率。

其次采用基于工作流技术实现的流程管理，它具有以下优点：

① 每个员工的工作在流程中有明确定义，方便进行工作量化管理。

② 管理者可以监控所有工作流程的执行状态，实现闭环管理和精确管理。

③ 增强业务各环节的协作能力，使业务运作更加顺畅。

④ 及时发现业务瓶颈，以便改善业务流程。例如，运用 ITIL 模型运维的故障和事件处理，就是一个采用基于工作流技术实现流程管理的常见例子。

故障和事件处理流程图如图 2.8 所示。

（3）设立服务台，引入优先处理原则。设立服务台以确定服务要求和运维目标，要求企业（机构）定义服务台的关键流程，不仅仅定义流程是什么，还包括它们是如何运作的，还要指出每个流程对企业（机构）有什么影响和意义。贯彻 ITIL 中的 IT 服务台及服务级别协议思想，例行的事就有人处理了；有了服务级别协议，制定事件处理优先级次序，就可把事件再细分为例行事件和例外事件。

（4）最后要引入运维服务评价管理。大型信息系统建立完善运维绩效评价标准，给各类人员负责管理的系统或者客户服务建立一个能够量化的运维目标，这样不仅能够务实地提高服务质量和管理水平，也能够在目标达成后作为团队工作改进的成绩得到肯定，提高运维人员的工作成就感。

为保证运维目标的实现，作为系统管理人员要定期检查系统运行情况，发现问题及时处理，而大型信息系统的负责人除了要负责监督系统运行外，还要对本部门各类人员的工作进行检查和监督，积极做好各类人员的管理工作，只有这样才能保证大型信息系统为各层管理服务，充分发挥大型信息系统的作用。

3. 管理制度

大型信息系统启用后，便进入长期的使用、运行和维护期。为保证系统运行期正常工作，就必须明确制定信息系统运维的各项规章制度，建立和健全信息系统管理体制，保证系统的工作环境和系统的安全，只有这样才能保证信息系统为各层管理服务，充分发挥信息资源的作用。

1）运行管理规定

在大型信息系统运行管理中，制度建设是一道必要的保障。信息化不能一蹴而就，一化就灵，信息化不是万能的，还要靠制度去保障、去规范使用者的操作行为。换一句话说，只有用严格的制度去约束人的行为，才能杜绝随意性。

系统的运行是长期的，而不是突击性的，同时大多数情况下都处于正常工作状态，所以随着时间的推移，运行管理常常被忽视，例如，无票操作、不按规程操作、小问题不在乎等。其实，管理本身就不是突击性的，要使每一个操作系统的人养成遵守管理制度的习惯。对运行中的异常情况要做好记录、及时报告，以便得到及时处理，否则可能酿成大问题，甚至出现灾难性故障。

系统中的数据是企业（机构）极其宝贵的资源，任何情况下不得以非正常方式修改系统中的数据。例如，未经许可擅自用工具软件直接修改数据是绝对禁止的。

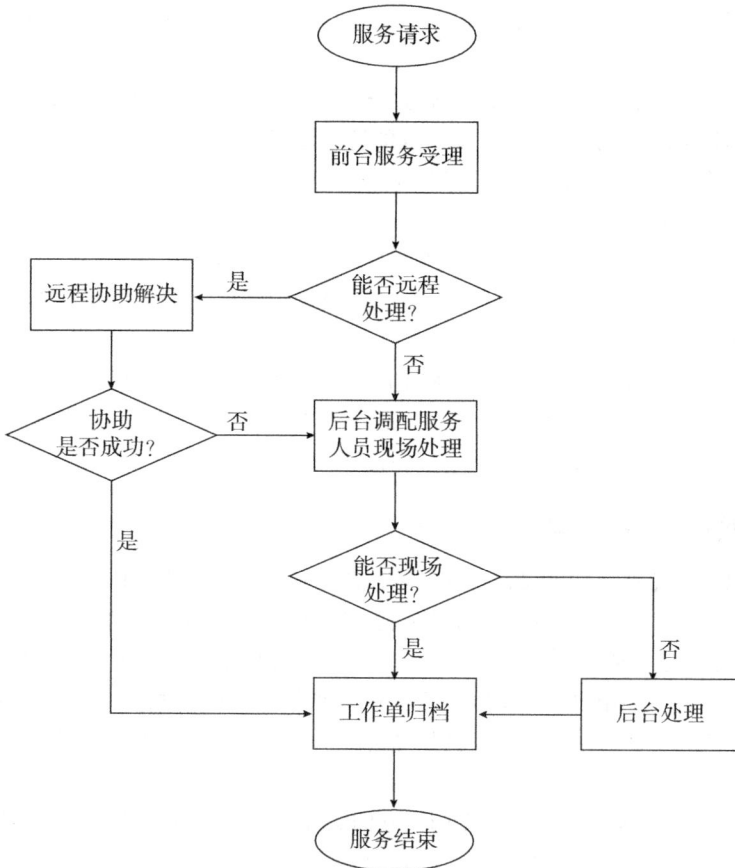

图 2.8　故障和事件处理流程图

　　数据备份是保证系统安全的一个重要措施，它保证在系统发生故障后能恢复到最近发生的时间点上。对数据的重要修改前也应有相应的备份功能，以便保证系统数据的绝对安全。

　　为了保障大型信息系统各种设备、信息系统的安全、可靠运行，保证数据信息安全，规范运行维护管理工作，提高运行管理水平，要根据企业的实际情况，制定大型信息系统的运行管理规定。在规定中要明确运行管理职责，将责任落实到人。并对值班和巡检管理、工作票与作业管理、设备管理、事件与缺陷管理、安全管理、人员进出管理、机房环境管理、运行报告管理等方面提出相关要求。

　　2）基本的运维管理制度

　　各类大型信息系统业务各异，职能不同，其运行管理制度也不尽相同。一般其基本的运维管理制度包括机房管理、网络管理、系统和应用管理、安全管理、存储备份管理、故障管理、技术支持工具管理、人员管理及质量考核等制度。各类制度具体内容应需而定，如网络管理制度需覆盖网络的接入管理、用户管理、配置管理及网络日常运行管理和应急处理等。安全管理制度需覆盖包括机房设施、网络、主机、数据库、中间件、应用软件、数据信息的安全管理、其他机密资源和人员的安全管理以及安全事件的应急处理等。

　　（1）网络管理制度：包括网络的准入管理制度、用户管理制度、网络的配置管理制度、网络的运行／监控管理制度等。

　　（2）系统和应用管理制度：包括对主机、数据库、中间件、应用系统的配置管理制度、运行／监控管理制度、数据管理制度等。

（3）安全管理制度：包括网络、主机、数据库、中间件、应用软件、数据的安全管理制度及安全事故应急处理制度等。

（4）存储备份管理制度：包括备份数据的管理制度和备份设备的管理制度等。

（5）故障管理制度：包括对故障处理过程的管理制度、故障处理流程的变更管理制度、故障信息利用的管理制度及重大故障的应急管理制度等。

（6）技术支持工具管理制度：包括对日常运行维护、平台、响应中心、运维流程管理平台、运行维护知识库、运维辅助分析系统等的使用、维护的有关制度等。

（7）人员管理制度：包括对运行维护人员的能级管理制度、奖惩制度、考核制度、系统外部人力资源使用的管理制度等。

（8）质量考核制度：制定相关制度，对以上各类制度的执行情况进行考核。

随着信息化应用内容的不断发展，一些旧的运行管理制度可能不适应新发展的要求，必须进行不断改进，制定相适应的新的管理制度，逐步完善管理机制。

2.5.5 运维服务质量监控

运维服务质量跟踪监控非常重要，管理者可以监控所有工作流程的执行状态，及时发现业务瓶颈，以便不断改善业务流程，并实现闭环管理和精确管理。运维服务质量跟踪监控主要有以下内容：

（1）盯住服务目标要求。大型信息系统制定服务目标要求，即为用户承诺标准化的服务质量和对运维人员的服务要求。用户的每次服务请求和运维人员的服务过程，都将在运维管理系统中建立服务档案，或用表格工具等记录故障及其处理情况，以建立运维日志，并定期回顾从中辨识和发现问题的线索和根源，并一直被实时监控，直到问题得到圆满的解决。

（2）盯住运维服务活动承担岗位。专门设立的服务监督员，负责受理客户的投诉及服务请求，跟踪监督各类人员按照服务控制程序优质、高效地实施服务内容。

（3）盯住服务响应时限。每一个服务流程将建立标准的时限要求，如果超出规定时限，服务监督员或热线人员会提醒或督促相关人员。

（4）盯住服务环节。及时了解服务细节，实时反馈服务状况。每天由专人负责对用户进行回访，回访率应在10%以上。

（5）盯住用户满意指数和市场满意程度。每年两次定期进行用户和市场满意率调查。通过网站或问卷调查，对服务效果进行评估。

通过对用户回访及满意率问卷进行评估，查找大型信息系统提供的服务与用户的要求还有多少差距？需要改进的地方有哪些？据此制定整改方案，期待通过新一轮整改持续完善。只有不断提升用户的满意率，在现有业务上提供令人满意的高质量服务，才能满足用户日益增长的服务需求。

2.6 大运维体系的信息基础设施运维规划

大运维体系的信息基础设施运维的范围包含系统涉及的所有设备及环境，主要有基础环境、硬件设备、网络设备、基础软件等。

2.6.1 信息基础设施运维的管理总体框架

信息基础设施运维的管理总体框架由基础设施、运维的对象、运维的内容、运维的制度、运维的人员等几部分组成。

1. 基础设施运维的对象

基础设施运维的对象主要包括基础环境、硬件、网络等。

（1）基础环境：主要包括信息系统运行环境（机房、设备间、配线室、基站、云计算中心等）中的空调系统、供配电系统、通信应急设备系统、防护设备系统（如消防系统、安全系统）等，能维持系统安全正常运转，确保机房环境满足信息系统运行要求的各类基础设施。

（2）网络：主要包括通信线路、通信服务、网络设备及网络软件。通信线路即网络传输介质，主要有双绞线、同轴电缆、光纤等；通信服务即网络服务，网络控制的核心是通过运行网络操作系统，提供硬盘、文件数据及打印机共享等服务功能；网络设备即计算机与计算机或工作站与服务器连接时的设备，主要包括网络传输介质互连设备（T型连接器、调制解调器等）、网络物理层互连设备（中继器、集线器等）、数据链路层互连设备（网桥、交换机等）、应用层互连设备（网关、多协议路由器等），以及跨层的入侵检测器、负载均衡器等；网络软件是指支撑网络设备运转的软件。

网络运维的四个对象是紧密关联的，例如，运维人员在面对用户反映"网络不通"问题的时候，往往会发现问题可能不是出在通信线路上，而是由通信服务、网络设备或网络软件引起的。网络运维中的关键不是针对具体设施对象的管理，而是能够满足网络运维需要的快速定位问题。

（3）硬件：主要包括服务器、安全设备、存储备份设备、音视频设备、终端设备及其他相关设备等，其中最为关键的是服务器设施，包括Web服务器、应用服务器、邮件服务器、文件服务器、FTP服务器、DHCP服务器、DNS服务器、打印传真服务器、数据库服务器、域服务器等。对于不同规模的信息系统其服务器的分布也不尽相同，大中型企业可能采取多个服务器集群完成文件服务器的任务或采用基于云计算的分布式服务器管理模式。

2. 基础设施运维的内容

基础设施运维主要包括信息系统设施的例行操作运维、响应支持运维、优化改善运维和咨询评估运维等内容。

3. 基础设施运维的制度

基础设施运维应建立健全的制度体系并依照执行，具体制度按照运维对象主要有机房管理制度、网络基础设置管理制度、子网管理制度、数据存储设施管理制度、基础软件管理制度等；按照运维过程管理主要有设施运维人员和岗位职责管理制度、外来维护人员管理制度、运维记录管理制度、设备巡检、维护作业计划管理制度等。

4. 基础设施运维的人员

基础设施运维的人员包括管理人员、技术支持人员和具体操作人员。

2.6.2　信息基础设施运维的内容

信息基础设施运维的内容可分为日常巡检、故障处理、运行维护、优化升级改造。

1. 日常巡检

日常巡检是指设施运维人员通过预定的（如巡检、监控、备份、应急测试、设备保养等）例行服务，以及时获取运维对象状态，发现并处理潜在的故障隐患，保证信息系统设施的稳定运行。

（1）设施监控。设施监控是指通过各类工具和技术，对设备的运行状态进行记录和分析，从而及时发现故障，以便于进行故障的诊断与恢复。设施监控的内容主要包括设备状态、运行状况和变化情况等。

（2）预防性检查。预防性检查是在信息系统设施监控的基础上，为保证信息系统设施的持续正常运行，运维部门根据设备的监控记录、运行条件和运行状况进行检查及趋势分析，以便及时发现问题并消除和改进。主要包括性能检查和脆弱性检查两个方面。

（3）常规操作。常规操作运维是对信息系统设施进行的日常维护、例行操作，主要包括定期保养、配置备份等，以保证设备的稳定运行。

2. 故障处理

故障处理是运维人员针对服务请求或故障申报而进行的响应性支持服务，故障处理响应是指由于不可预测原因导致服务对象整体或部分功能丧失、性能下降，触发将服务对象恢复到正常状态的服务活动。事件驱动响应的触发条件包括外部事件、系统事件和安全事件三种。外部事件指为信息系统设施运行提供支撑的、协议获得的、不可控、非自主运维的资源，如互联网、租赁的机房等由服务中断引发的事件；系统事件指运维标的物范围内的、自主管理和运维的系统资源服务中断引发的事件；安全事件指安全边界破坏、安全措施或安全设施失效造成的安全等级下降和用户利益被非法侵害的事件。

3. 运行维护

运行维护是指组织为处置和管理运维服务事件所采取的措施和行为。信息系统设施运维是指导致或即将导致信息系统设施运行中断、运行质量降低或需要实施重点时段保障的事件。

4. 优化升级改造

优化升级改造是指运维人员通过提供调优改进，达到提高设备性能或管理能力的目的。优化改善运维包括适应性改进、纠正性改进、改善性改进和预防性改进四种类型。

（1）适应性改进：是指在已变化或正在变化的环境中可持续运行而实施的改造。

（2）纠正性运维：是指在已变化或正在变化的环境中对发生的缺陷和不良的指标实施的纠正。

（3）改善性运维：是指根据信息系统或相关设备的运行需求或设计缺陷，采取相应改进措施，以增强安全性、可用性和可靠性。

（4）预防性运维：是指监测和纠正系统运行过程中潜在的问题或缺陷，以降低系统风险，满足未来可靠运行的需求。

2.7　大运维体系的指挥通信设施运维规划

指挥通信设施在大型信息系统中的地位极其重要，它作为业务承载的高速公路，数据运行的神经系统，其通信平台必须能提供可靠稳定、先进高效的多种电信级服务。它支持应用系统数据通信要求，满足用户各项业务需求，并能适应未来技术的发展。大运维体系的指挥通信设施运维的范围包含系统涉及的所有的通信设备及环境，主要有视频会议、有线通信、无线通信、应急通信车等。

2.7.1　指挥通信设施运维的管理总体框架

指挥通信设施运维的管理总体框架由指挥通信设施运维的对象、运维的内容、运维的制度、运维的人员等几个部分组成。

1. 指挥通信设施运维的对象

指挥通信设施运维的对象主要包括视频会议、有线通信、无线通信、应急通信车等。

2. 指挥通信设施运维的内容

指挥通信设施运维主要包括指挥通信设施的例行操作运维、响应支持运维、优化改善运维和咨询评估运维等内容。

3. 指挥通信设施运维的制度

指挥通信设施运维应建立健全的制度体系并依照执行，具体制度按照运维对象主要有通信机房管理制度、通信网络管理制度、子网管理制度、通信数据存储设施管理制度、通信软件管理制度等；按照运维过程管理主要有通信设施运维人员和岗位职责管理制度、外来维护人员管理制度、运维记录管理制度、设备巡检、维护作业计划管理制度等。

4. 指挥通信设施运维的人员

指挥通信设施运维的人员包括管理人员、技术支持人员和具体操作人员。

2.7.2 指挥通信设施运维的内容

指挥通信设施运维的内容有日常巡检、周期性维护、应急故障响应、备品备件替换。

1. 日常巡检

系统日常巡检是对系统进行现场检查，及时发现包括硬件设备、通信网络、系统软件出现的隐患，以减少系统发生故障的概率，保证系统的稳定运行。并通过巡检发现潜在的隐患。在完成日常维修保养工作后，将详细填写专门的维修保养记录工单，生成巡检报告，说明维修保养过程中碰到的问题、症状及对故障的判断、处理方法、保养维修后的工作状态等内容，并由维修保养人员和业主签字确认后存档。

2. 周期性维护

周期性维护是定期对系统设备进行常规设备养护工作。在养护工作中及时发现问题，防患于未然，减少设备的故障率，延长设备的使用寿命。在故障发生之前，及时检测到故障的先兆，将故障解决在萌芽初期，尽量避免故障发生后应急抢修情况的发生。对于某些特殊情况，要根据具体情况进行相关的养护措施，在进行定期的养护前，将协调好各方面的工作，确保养护工作的正常进行。

3. 应急故障响应

通过日常巡检、周期性养护工作，在一定意义上保证了系统能够正常地运行，但在系统运行的过程中，必然存在突发性的故障，所以在运营服务中还需要进行故障抢修。当系统设备突然出现故障后，在要求的时间内到达现场进行抢修，并建立专门的抢修流程和制度，按设备故障的分类划分不同的响应级别，对不同的响应级别采取不同的响应措施。同时建立报修抢修响应机制和故障抢修全程跟踪机制，争取以最快的速度排除故障。如遇特殊原因不能及时修复应及时向用户说明原因，并尽快修复，恢复系统工作。对重大节假日（活动日）、重大任务和恶劣天气等原因需要，应提前对重点设备进行巡检，排查故障隐患，并安排专职人员全面保障。

4. 备品备件替换

在日常维护中，如果遇到设备质量问题而现场无法立即处理的，需要通过备品备件来替换故障设备，以保障指挥通信系统的正常使用。

2.8 大运维体系的软件系统运维规划

大运维体系的软件系统运维是指软件系统在开发完成投入使用后，对软件系统进行的改正性维护、适应性维护、完善性维护、预防性维护等软件工程活动。

2.8.1 软件系统运维的概念

1. 改正性维护

软件系统交付使用后，会有一部分隐藏的错误被带到运行阶段来，在某些特定的使用环境下才会暴露出来。为了识别和纠正这些错误、改正软件系统性能上的缺陷、排除实施中的误使用，所进行的诊断和改正错误的过程，就是改正性维护。

2. 适应性维护

随着计算机和IT的飞速发展，新的硬、软件配置或数据环境可能发生变化，为了使软件系统适应这种变化，对软件系统所进行的修改过程，就是适应性维护。

3. 完善性维护

在软件系统的使用过程中，用户往往会对软件提出新的功能与性能要求。为了满足这些要求，需要修改或再开发软件，以扩充软件功能、增强软件性能、改进加工效率、提高软件的可维护性，对软件系统所进行的维护活动叫做完善性维护。

在维护阶段的最初阶段，改正性维护的工作量较大。随着错误发现率的大幅降低并趋于稳定，就进入了正常使用期。然而，由于改造的要求，适应性维护和完善性维护的工作量逐步增加。在几种维护活动中，完善性维护所占的比重最大。

4. 预防性维护

预防性维护是为了提高软件系统的可维护性、可靠性等，为进一步改进软件打下良好基础。即采用先进的软件工程方法对需要维护的软件或软件中的某一部分（重新）进行设计、编制和测试。

2.8.2　软件系统运维的管理总体框架

软件系统运维主要包括需求驱动、运维过程管理、运维内容管理、运维支撑要素等方面。

1. 需求驱动

软件系统运维是由用户需求驱动的，其目的是为了更好地满足用户的改正性、适应性、完善性、预防性需求。所以，软件系统运维是一项始于用户需求并服务于用户需求的活动。用户需求变化驱动软件运维，从而驱动软件系统的发展变化。

2. 运维过程管理

软件系统运维过程并不是简单地读源程序、修改源程序的过程，而是一个软件再定义、开发、测试、修改、发布、验收评价的过程。首先提出运维要求，然后对运维内容进行分析、分类，调查现有系统，确定修改范围，确定运维人员，修改现行信息系统，测试所做修改和测试整个系统，测试完成后再次投入正常运行。

3. 运维内容管理

软件系统运维的内容主要包括日常运维、缺陷诊断与修复、变更管理、补丁程序管理、系统恢复管理、发布管理、版本管理等。软件系统运维管理必须满足软件系统ITIL、ISO 20000、ISO 27001等规范要求。

4. 运维支撑要素

（1）运维管理部门：具体管理软件系统运维，审批软件运维申请，确定运维报告，评价运维工作并制定运维规则。

（2）运维管理人员：主要包括软件运维工程师、系统管理员、技术服务经理等。软件运维工程师负责软件的运维，解决信息系统使用中软件问题的维修、更新、安装等，对系统应用过程中与业务相关的问题进行把关，从业务角度提出修改或优化意见，此类人员由系统使用部门的业务骨干或领导兼任，他们同时负责运维的组织和协调工作；系统管理员对运维申请组织评价，系统管理员应尽可能地相对稳定；技术服务经理组织如何进行修改，由熟悉计算机编程的软件技术人员担任。

（3）运维管理设施：包括软件系统运维所需要的基础环境、网络设备、硬件设备和基础软件等。

（4）运维管理制度：完善的管理制度是运维管理的保障。软件系统运维的基本规章制度包括管理规范、技术规范、操作指南（或作业指导书）三方面。

2.8.3 软件系统运维的内容

1. 日常运维

1）日常运维的内容

软件系统日常运维的主要内容包括：监控、预防性检查、常规操作。

（1）软件系统监控的主要内容有：进程状态、服务或端口响应情况、资源消耗情况、日志、数据库连接情况、作业执行情况等。

（2）软件系统预防性检查的主要内容有：典型操作响应时间、系统病毒定期查杀、口令安全情况、日志审计、分析、关键进程及资源消耗分析、队列等。

（3）软件系统常规操作的主要内容有：日志清理，启动、停止服务或进程，增加或删除用户账号，更新系统或用户密码，建立或终止会话连接，作业提交，软件备份等。

2）日常运维流程

日常运维是指按照软件系统运维服务协议定时、定点、定内容重复进行的软件系统的常规维护活动。

日常运维的常规操作包括查阅系统日常运行记录，处理运行过程中的随机事件，对不能解决的事件申请维护处理；对日常维护中发现的系统缺陷，申请转入缺陷诊断与修复流程；同时做好日常运行报告的编制工作，将日常运行报告与日常运行过程中产生的其他文档一并归档备查。

3）日常运维活动

软件系统的日常运维活动主要包括例行测试维护和定期测试维护。

（1）例行测试维护。开展例行测试前应先制定测试计划及准备测试用例，按计划依据用例执行测试；对测试结果进行分析，对需更新或修改的测试结果申请运维处理；对软件系统运维后若发现有缺陷不能解决，则申请进入缺陷诊断与修复；例行维护完成后应编制例行维护报告，并与例行运维过程中产生的文档一并归档。

（2）定期测试维护。定期测试维护指按照软件系统开发或提供厂商规定的维护周期进行软件系统的测试与维护活动。定期测试维护的周期依据软件系统的使用手册和运行规范设定。其周期一般有周测试维护、月测试维护和季度测试维护三种基本类型。不同周期的测试内容详略程度可有所不同。

定期测试维护开始前应先查阅软件系统日常运行记录；对定期测试记录进行分析，对有需要维护的信息系统功能则申请进行维护处理；维护后发现系统存在缺陷，则申请转入缺陷诊断与修复流程；定期测试维护完成后应编制定期测试维护报告，并与定期测试运维过程中产生的文档一并归档。

2. 缺陷诊断与修复

1）软件系统缺陷的概念

软件系统缺陷是指软件系统中存在的某种破坏正常运行能力的问题、错误，或者隐藏的功能缺陷。从软件系统产品内部看，缺陷是软件系统产品开发或运维过程中存在的错误；从软件系统产品外部看，缺陷是信息系统所需实现的某种功能的失效或违背。

一旦发现软件系统缺陷，就要设法找到引起缺陷的原因，分析其对信息系统产品质量的影响，然后确定缺陷的严重性和处理这个缺陷的优先级。各种缺陷所造成的后果是不一样的，有的仅仅是不方便，有的可能是灾难性的。一般问题越严重，其处理优先级就越高，缺陷的严重性通常分为微小的、一般的、较严重的、严重的四种。

2）软件系统缺陷诊断与修复

发现软件系统缺陷后，要尽快修复。小范围内的错误不及时修复，可能会扩散成大错误，导致后期修改工作更多，成本也更高。软件系统缺陷发现或解决得越迟，软件系统运维的成本就越高。

按照软件系统开发提供的测试检查方法、测试检查工具或第三方测试工具，按测试规范对软件系统进行缺陷诊断与修复。对于诊断流程发现的缺陷按缺陷诊断和处理办法能够解决的缺陷问题在此流程范围内解决。缺陷诊断与修复流程主要包括如下方面：

（1）接受问题申请后，应对问题进行初步诊断。

（2）经检查分析，对属于异常的缺陷进行修复，对属于常见问题的缺陷则进行技术支持。

（3）对不能修复的异常缺陷申请重大缺陷处理。

（4）缺陷诊断与修复完成后应编制缺陷诊断与修复报告，并同缺陷诊断与修复过程中产生的文档一并归档。

3. 变更管理

软件系统最终的目的是要满足用户需求，而用户的需求总是在不断地变化，用户的一个需求变更作为一个新需求，等到一个新的迭代周期开始的时候将新变更需求引入，软件系统所有的规划、分析设计、实现、测试、部署都根据新的需求变更进行更新，形成一个周而复始的软件系统迭代变更过程。

软件系统变更流程是信息系统运维的基本控制流程之一。软件系统应具有独立的变更管理功能，负责控制信息系统运行及运维过程中发生的变化，相应地指定级别足够高的相关人员负责变更管理，负责制定变更计划，监督变更实施等工作。信息系统软件变更管理应从工具和流程两个层面紧密地结合在一起，选用适当的软件来支持和管理变更管理流程。

软件系统变更流程主要包括如下方面：

（1）软件变更申请提出后需要整理，并判断哪些需要重点讨论后再做决策，重点讨论时要解决并消除变更需求及变更之间的冲突，从业务部门出发，从合法性的角度审核变更需求，确定变更需求，确定被批准的变更需求的优先级，决定变更实施的计划安排。

（2）对于不完善的软件变更申请需整理后重新提交申请。

（3）经批准同意的软件变更实施后应进行变更信息发布，所有与软件运维相关的变更均应在授权下实施，除少数紧急特例外，任何变更在使用前都要经过测试，为需要进行的测试提供所需的测试环境，评估并公布软件变更对业务部门的影响，应根据具体的需求定时向负责变更实施的员工及受变更影响的最终用户通报被批准实施的变更申请及计划实施的项目。

（4）建立变更管理制度，规范变更管理过程，并形成文档。将变更过程中产生的文档归档，变更历史记录应与变更实施分析及分析后产生的变更管理报告紧密地结合在一起使用，并作为改进变更管理流程的重要工具。

4. 补丁程序管理

补丁程序管理指为修复原有软件系统在功能和易用性上的问题，对信息系统原有程序或存在的漏洞进行修改和补充形成的程序，通常可自由安装和卸载。如何有效安装信息系统软件补丁、管理好补丁是软件系统运维管理的重要内容。软件系统补丁管理涉及业务、流程、管理和技术，是软件系统运维整体框架中不可缺少的组成部分之一，是提高软件系统整体可维护性和安全性必不可少的组成部分。

补丁程序管理主要是对制作完成的信息系统软件补丁进行检测、发布、跟踪，运维人员获取并安装软件系统补丁程序。补丁程序管理流程包括：现状分析、补丁跟踪、补丁分析、部署安装、疑难处理、补丁检查六个环节，同时由于补丁程序管理是一个长期、周而复始的工作，因此这些工作又形成一个环状的流程，其中既有事件驱动工作，又有例行工作。

5. 系统恢复管理

系统恢复管理是针对已不能正常运行的软件系统执行恢复安装的管理。它属于维修性质的服务管理，通常涉及恢复安装与发布的原因分析、检查、审核、用户沟通、过程跟踪、记录、测试，以及测试的关闭等流程。对软件系统实施恢复安装操作后，使软件系统尽快正常、稳定运行。

软件系统恢复管理流程的要点如下：

（1）系统恢复申请被提出。

（2）分析软件系统故障原因。

（3）恢复安装前检查，恢复系统后测试。

（4）对恢复安装过程进行跟踪、确认。

（5）系统恢复申请单、故障原因分析记录、恢复安装记录等过程文档存档。

6. 部署管理

部署管理负责对软件系统的网络环境、服务器、操作系统环境、运行平台软件及相关的变更文档等进行规划、设计、构建、配置和测试，以便为实际运行环境提供稳定的支持，并负责将新的或变更的程序补丁和数据库补丁迁移到运行系统中。其主要目标是保证软件系统能正常稳定地运行。软件系统部署类型包括：主部署、服务包部署、紧急补丁包部署等。软件系统部署管理主要包含以下内容：

（1）部署规划、设计。

（2）设计验证。

（3）硬件实施。

（4）构建软件产品。

（5）实施、运行及优化。

软件系统部署时要指定专人负责部署工作，建立部署结构，编写草稿，说明软件已完成的功能和已达到的性能、尚未解决的各种问题、运行环境、操作方法、部署内容的清单等（文档、安装包、数据包等）。清单一定要完整，体现软件系统开发工作的完整性。功能描述要遵循用户需求中的轻重次序，提高用户认可度。对现有问题的说明要客观，说明解决问题的成本。

7. 版本管理

在软件系统运维的过程中，许多因素都有可能导致对软件的需求、文档、源程序等内容进行修改，小的可能只是对某个源文件中某个变量的定义改动，大到重新设计程序模块甚至可能是整个需求的变动，会形成众多的软件版本，所以有必要进行信息软件系统版本的管理。

版本管理是软件配置管理的核心功能。所有置于配置库中的元素都应自动予以版本标识，并保证版本命名的唯一性。版本在生成过程中，自动依照设定的使用模型自动分支、演进。除了系统自动记录的版本信息以外，为了配合软件开发，运维流程的各个阶段还需要定义、收集一些元数据（Metadata）来记录版本的辅助信息和规范开发流程。

2.9 大运维体系的数据资源系统运维规划

数据是大型信息系统管理的对象与结果。它在运行过程中会不断累积产生各类海量的数据，反映系统发展过程中有关的组织状态、特征、行为、绩效，是系统生存和发展的重要战略性资源。数据资源系统由数据文件、数据管理系统、存储介质、数据元等构成，它类型众多、规模海量、技术复杂，运维保障任务繁重。

2.9.1 数据资源系统运维的管理概念

数据资源系统运维管理包括数据资源运行维护的全过程管理活动，是对各种形式数据进行收集、整理、存储、分类、排序、检索、统计、汇总、加工和传输等一系列活动的总称。

从制度的角度来看，主要有日常管理流程和应急管理制度等；从技术的角度来看，主要有数据备份技术、数据恢复技术、数据管理技术、数据利用技术等。

数据资源系统的运维包括建立数据运行与维护各项管理制度，规范运行与维护业务流程，有效开展运行监控与维护、故障诊断与排除、数据备份与恢复、归档与检索等，保障数据资源处于高可用状态，使系统可持续稳定高效地运行。

2.9.2 数据资源系统运维的管理对象

数据资源系统运维的对象主要有数据文件、数据管理系统、存储介质和数据元，具体如下：

（1）数据文件。它是数据资源的物理表现形式，通常以文件的形式存储在存储介质上。数据文件存放着在数据库存储的数据，一个数据文件仅与一个数据库联系，一个数据库的数据文件包含全部数据库数据。

（2）数据管理系统。它是实现数据收集、更新、存储的管理系统，如操作系统、数据库管理系统等。其中，数据库管理系统是数据资源系统运维过程的主要管理对象。

（3）存储介质。它是存储数据的物理载体，包括磁带、磁盘、U盘、光盘等。

（4）数据元。它是数据标准的重要组成部分，是数据资源系统管理的基础工作，具有查询、导入、新增、修改、废弃等功能。

2.9.3 数据资源系统运维的管理内容

1.按工作流程角度划分

按工作流程的角度可将数据资源系统运维工作分为数据接入、数据处理、数据组织、数据服务、数据治理、数据载体管理和数据备份等几个方面。

2.按工作性质角度划分

按工作性质的角度可将数据资源系统运维内容分为例行操作、响应支持、优化改善、咨询评估等四个方面，主要涉及的工作内容如下：

（1）例行操作。例行操作运维是指数据运维人员通过预定的例行服务（如巡检、监控、备份、应急测试、设备保养等），及时获取运维对象状态，发现并处理潜在的故障隐患，保证数据系统的稳定运行，包括设施监控、预防性检查、常规操作、资产与配置维护、数据服务、缺陷管理等。

（2）响应支持：

① 响应技术：包括应急保障和故障处置。

② 响应支持作业：响应支持作业是运维人员针对服务请求或故障申报而进行的响应性支持服务，包括变更管理、故障管理等。响应支持作业根据响应的前提不同，分为事件驱动响应、服务请求响应和应急响应。

（3）优化改善：优化改善运维是指运维人员通过提供调优改进，达到提高设备性能或管理能力的目的。优化改善运维包括适应性改进、纠正性改进、改善性改进和预防性改进四种类型。

（4）咨询评估：咨询评估运维指运维人员根据数据资源系统应用服务的整体状况，提供数据资源管理、处理、服务的咨询评估服务，并提出存在或潜在的问题和改进建议。咨询评估作业包括被动性咨询服务、主动性咨询服务。被动性咨询服务是根据需求对服务对象进行现状调研和系统评估，识别服务对象的运行健康状况和弱点，并提出改进建议；主动性咨询服务是根据数据资源系统运维的特点和运行需求，对服务对象的运行状况、运行环境进行分析和系统评估，提出改进或处理的建议和方案。

2.9.4　数据资源系统运维的管理流程

数据是大型信息系统管理的对象与结果，是大型信息系统在运行过程产生的各类初始、缓存、中转或最终的资源。数据资源系统的业务流程是比较复杂的，它一般包括数据接入、数据处理、治理和组织、数据服务几个部分。通过 ETL 数据抽取工具或者部门间共享交换平台将内部数据和外部数据接入，经过数据接入、处理、治理和组织等步骤，生成原始库，再通过数据关联及重组生成相应的资源库、主题库、知识库和业务库，为最终的业务系统服务。

1. 数据接入

大型信息系统在数据接入有数据量大、数据种类多、数据类型不统一等特点，为了开展之后的数据处理、治理、组织，为大型信息系统提供数据服务，还需进行数据探查、数据定义、数据读取和数据转换，对数据属性、数据实体和数据事务关联关系等进行勘探，最终汇集接入才可开展下一步的数据处理工作。

2. 数据处理

数据处理是按照接入阶段的数据定义，对杂乱的数据进行处理，提升价值密度，为数据智能应用实现数据增值、数据准备、数据抽象。

大型信息系统的数据具有普遍的大数据特点：规模巨大、类型多样、高速流转、复杂多变、质量参差不齐、价值密度高低不一。数据处理是指基于数据的特性，以数据应用为导向，逐步对数据进行萃取，提炼数据价值，并形成对上层提供数据服务的能力。数据处理主要包含数据提取、数据清洗、数据关联、数据比对、数据标识、数据分发等环节。

3. 数据治理

数据治理指的是以数据资产管理为核心，在数据管理和使用层面上的规划、监督和控制，其范畴涵盖了数据资产、数据标准、数据质量、数据安全、元数据、数据生命周期等管理的相关政策、组织、流程和工具。

通过规范化的数据治理保证数据资源的透明、可管、可控，完善数据标准的落地、形成完整的数据资源目录、规范数据处理流程、提升数据质量、保障数据的安全使用、促进数据流通与价值提炼。

4. 数据组织

数据组织根据大型信息系统的使用目的分类建库的要求，对数据资源形成标准统一、流程规范组织方案，并满足各业务部门业务专题数据落地建库需求，强化组织内部关联，实施数据使用优先级策略。

数据组织主要包括原始库、资源库、主题库、知识库、业务库、业务要素索引库等。

5. 数据服务

数据服务是提供数据的访问和管理能力，包括原始库、资源库、主题库、业务库、知识库、元数据、数据资源目录等数据。

2.9.5　数据载体管理维护

1. 数据存储技术

在大型信息系统中，由于数据源的多样且异构、数据量庞大、关联性复杂、数据处理的实时性要求高，因此需要运用大数据的处理技术进行数据的存储管理，涉及的技术主要有内存数据管理、分布式 SQL 查询引擎、分布式并行计算、全文检索引擎、多样性海量存储架构。

2. 数据处理系统运维管理

数据库是一个单位或是一个应用领域的通用数据处理系统，它存储的是属于业务系统有关数据的集合。数据库中的数据是从全局观点出发建立的，按一定的数据模型进行组织、描述和存储，其结构基于数据间的自然联系，从而可提供一切必要的存取路径，且数据不再针对某一应用，而是面向全组织，具有整体的结构化特征。

数据库中的数据是为众多用户所共享其信息而建立的，已经摆脱了具体程序的限制和制约。不同的用户可以按各自的用法使用数据库中的数据，多个用户可以同时共享数据库中的数据资源，即不同的用户可以同时存取数据库中的同一个数据。数据共享性不仅可以满足各用户对信息内容的要求，同时也可以满足各用户之间信息通信的要求。

数据库文件是存储数据资源的主要形式，目前常用的数据库管理系统有 Oracle、SQL Server、MySQL 等。

2.9.6　数据资源备份

系统运行会不断累积产生各类数据，这些数据是非常重要的资源，数据一旦因存储介质损毁或误操作等原因出现丢失，都将严重影响软件系统的正常运行，造成巨大的损失。因此，为了尽可能降低数据丢失的风险，需要采取系列的措施保障数据的安全性，常用的方法就是对数据资源进行备份。数据备份就是为防止系统出现操作失误或系统故障导致数据丢失，而将全系统或部分数据集合从应用主机的磁盘或阵列复制到其他的存储介质的过程。

数据备份系统由硬件和软件组成，硬件是用于存放数据的物理介质和运行备份软件的平台，软件主要是通用或专用的备份管理软件。在选择备份硬件时，应考虑介质的容量 / 费用、备份速度、数据的易保管性和硬件的可维护性。在选择备份软件时，应考虑软件的可操作性、可用性；软件的备份管理策略是否健全；备份软件对系统性能的影响程度；软件的可扩充性及运行费用等。好的备份硬件是完成备份工作的基础，而备份软件则是保证备份硬件充分发挥其效能的前提。

2.9.7　大数据资源管理、开发与利用

随着信息技术的高速发展，人们积累的数据量急剧增长，数据处理能力也越来越强，从数据处理时代到微机时代，再到互联网络时代，现如今已演变为大数据挖掘与分析的时代。大数据带来了机遇与挑战，尤其在收集了巨量数据后，已无法用人脑来推算、估测，或者用单台的计算机进行处理。怎样去优化整合、分析这些数据，占领大数据发展的至高地，是当前数据资源开发与利用的主要方向。

2.10　大运维体系的安全系统运维规划

大型信息系统的安全运维管理系统，能够对网络安全设备统一监控管理，对安全事件集中采集和存储、对全局安全状态进行统一分析和呈现、对安全风险进行预警和处置、对安全策略进行统一配置和管理、对应急任务进行统一安排和协同、对运维保障能力进行量化分析和评估，从而实现网络安全

管理的智能化、精确化、科学化、可视化，简化管理复杂度，提升信息系统的整体安全防护水平。

2.10.1 大运维体系安全系统的运维架构

信息系统安全运维框架主要由安全运维组织、安全运维策略、安全运维系统、安全运维流程及规范、安全运维评审及改进组成。运维组织的设立，是安全运维工作开展的有力保障。它依赖于安全运维系统，遵循安全运维流程及规范，制定合规性的安全运维策略，同时对服务进行有效的评审并持续改进，实现自我纠错、逐步提升。安全系统的运维架构如图2.9所示。

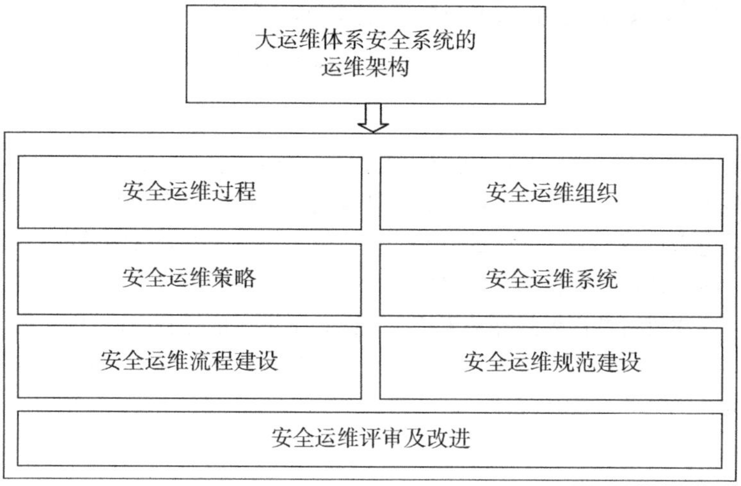

图 2.9 安全系统的运维架构

1. 安全运维组织

根据大运维体系建设的要求，应建立包括决策层、管理层和执行层的三层信息安全管理的组织体系架构，并对三个层面涉及的部门、角色的安全职责进行明确划分，进一步健全信息安全管理责任制。

2. 安全运维策略

安全运维策略体系作为信息安全保障体系的核心，是各级单位开展信息安全工作的主要目标和依据，主要包括总体方针和分项安全策略两部分内容。

总体方针是指导所有信息安全工作的纲领性文件，也是信息安全决策机构对信息安全工作的决策和意图的表述，主管运维部门应制定安全总体方针，并且该总体方针应围绕行业的发展战略，以网络安全等级保护等国家各类合规性标准、行业信息安全保障体系建设指南、ISO 27001的"安全策略"为依据，阐述信息安全保障体系建设的目的、适用范围、安全定义、体系结构、安全原则、关键性成功因素和声明等内容，使得该"安全方针"成为安全工作的总体指导性文件，所有的安全规划、安全建设、安全管理行为等都必须遵循总体方针的要求。

3. 安全运维系统

安全运维系统要按照"一个核心、三个维度、四个过程"的设计思路，即以CA体系建设为核心，从安全域、系统层次、威胁路径三个维度进行安全防护设计，从而最终建设具备防护、检测、响应和恢复能力的动态安全防护体系。

4. 安全运维流程及规范

安全运维流程和规范是指规定信息安全运行维护工作的具体内容，规范信息安全运行维护工作方式和次序的一系列文件。流程和规范的作用是将信息安全维护工作规范化和标准化,保障信息安全策略和规章制度有效落实并便于审查。

5. 安全运维评审及改进

安全运维评审和改进包括运维评审及持续改进,其中运维评审的主要目的是对安全运维的过程进行有效性评估。传统行业各项业务对安全的要求越来越高。如何提高安全运维有效性、降低运营成本是组织迫切需要解决的问题。安全运维有效性的提高,要以对安全运维有效性客观评估为基础。

2.10.2 大运维体系安全系统的运维过程设置

安全系统的运维过程设置包括风险识别与评估、风险处置、安全加固等几个方面。

1. 风险识别与评估

信息部门应把风险评估作为一项常规化周期性的工作,建立日常自评估和周期性专业评估机制。借鉴业界领先的风险评估框架和方法,针对选定的范围进行一次全面、科学的信息安全风险评估,在识别重要信息资产所面临的风险的同时,摸索总结出一套符合实际情况的风险评估规范,建立风险评估规范,为后续风险评估的开展提供依据。

信息部门每年至少进行两次风险评估工作,风险评估主要依托各级信息部门自身的技术力量开展自我评估,如力量不足可选择拥有国家“信息安全风险评估服务资质”的单位提供技术支持,将风险评估工作作为技术服务进行外包。

2. 风险处置

目前,信息部门一般自身尚没有足够的资源和能力对安全事故作出反应,而网络安全的发展日新月异,谁也无法实现一劳永逸的安全服务,所以当紧急安全问题发生时,一般技术人员又无法迅速解决的时候,及时发现问题、解决问题就必须依靠应急响应技术来实现。

信息部门系统大集中模式在提高了工作效率和投资效率的同时,无疑同样面临着巨大的安全运维压力,为了能够提高对意外安全事件的迅速响应和处置能力,各级单位可根据自身实际情况聘请拥有“国家应急响应服务资质”的安全服务商承担应急响应工作,加强信息安全保障能力。

3. 安全加固

系统安全是信息安全中的基础组成部分,关键数据和信息直接由系统平台提供。支持分布式计算环境中不断增长的系统平台面临的各种安全威胁,包括数据窃取、数据篡改、非授权访问等。这时就需要专业的安全服务以保障运行和存贮在这些系统平台上的数据的机密性、完整性和可用性。

系统安全加固是指通过一定的技术手段,提高操作系统或网络设备安全性和抗攻击能力,通常这些技术手段,只能为实施这项技术的这一台主机服务。

2.11 大运维体系的管理咨询与监理服务规划

大型信息系统规模庞大、跨地域性、网络结构复杂、业务种类多、数据量大、用户多等特点决定了运维管理的复杂性。为了保证运维工作的有效性、安全性和可靠性,引入专业的管理咨询与监理服务管理团队可以为企业(机构)带来事半功倍的效果。咨询团队可以结合企业(机构)实际情况,根据最新的国际标准提供最优的解决方案和建议。运维监理团队的主要作用就是将相关的制度、流程进行有效落地,并可以把执行情况和优化建议不断反馈给咨询团队,经过不断计划 - 执行 - 检查 - 改进,使大型信息系统的运维体系进入一个不断改进的良性循环。因此,为做好大型信息系统的运维管理,引入专业的咨询管理和运维监理势在必行。

2.11.1 大运维体系管理咨询的目标、思路与内容

大运维体系管理咨询是指由专业的第三方咨询单位，利用自身的专业技术知识，结合行业、领域内成功的运维管理咨询和实施经验，以信息系统运维管理目标为基础，在充分分析企业（机构）运维体系及运维管理现状的前提下，依据企业（机构）未来的 IT 运行规划，为其量身设计运维管理体系。

1. 大运维体系管理咨询的目标

大运维体系管理咨询服务的目标是：

（1）使运维管理由单纯技术管理向综合管理转变。

（2）建立科学的运维绩效评价体系，由粗放管理向精细管理转变。

（3）实现集中、统一的信息化运维管理，实现集中运维管理。

（4）建设统一、高效、规范的运维管理体系，实现流程管理。

（5）采用先进、高效的信息化运维管理工具，实现主动运维管理。

（6）实现管理咨询的三大目标：

① 质量目标：即达到预期的效果。

② 成本目标：为达到质量目标，项目开支在费用和预算约束范围内。

③ 时间目标：即按项目进展计划开展咨询工作，按合同约定时间提交咨询报告。

2. 大运维体系管理咨询的建设思路

按照信息化运维管理理论、方法和标准，结合组织实际和建设需要，遵循立足需求、统一规划、保障重点、分步实施、务求实效的原则，建立一套融合组织、制度、流程、人员、技术的信息化运维管理体系，建立组织机构，制定规章制度，规范管理流程，明确职责分工，强化技术支撑，实现对网络及信息系统的综合管理监控和日常技术支持，快速响应和及时解决信息系统运行过程中出现的各种问题和故障，确保网络及信息系统正常、稳定、高效运行。

3. 大运维体系管理咨询的主要内容

第三方咨询团队在大运维体系管理咨询方面的主要内容有如下几点：

（1）运维模式选择咨询。

（2）运维组织架构咨询。

（3）运维岗位职责规划。

（4）运维管理制度规划。

（5）运维管理流程规划。

（6）运维绩效考核规划。

（7）运维预算管理规划。

（8）运维管理技术规划。

2.11.2 大运维体系的监理服务

通过运维监理服务可以将大运维体系的建设成果有效落地实施，并在实施中不断反馈优化调整建议，为大运维体系保驾护航。

1. 大运维体系监理服务目标

大运维体系的监理服务主要有两大目标，一个是确保运维工作按计划进行，一个是不断完善运维管理。

1）运维工作按计划进行

从运维中心层面上，运维监理为了确保运维管理的目标、要求以及各项决策、工作、措施的贯彻落实，推动运维的顺利进行，同时进一步提高企业（机构）的运维工作效率，结合实际，运维监理将协助企业（机构）按照既定的规划、年度计划推动运维工作的按时开展。

从各个岗位层面上，运维监理将监督作业计划的按时按质完成，确保日常巡检、故障处理、应急管理能按既定计划进行，及时发现隐患，及时完成故障处理，促进运维工作由被动管理向主动管理转变。

2）完善运维管理

运维体系的完善是一个逐步过程，各方配合的默契程度也是随着时间和工作的不断深入而逐渐加强的。在运维工作的开展过程中，监理应该注重工作流程和制度的优化。运维监理应该定期根据企业（机构）对于运维工作的最新工作部署，并结合之前的工作经验，对确立的各项运维制度流程进行完善，使得监理工作更加高效、更加切合实际。同时对信息系统运维管理工作中存在的问题和风险提出监理意见及解决办法，并协助企业（机构）规避和有效处理运维过程中出现的各类问题。

在运维公司方面，监理应不断地与业主和运维公司探讨更加合理的工作方式，通过不断地改进工作，使得各方工作分工更加明确，相互之间的配合更加默契，工作流程更加优化，工作效率进一步提高。监理应定期组织运维公司进行运维工作总结，并根据整改要求和意见，以相应的通知方式，督促运维商进行整改，以提高下期的运维工作质量。

2. 大运维体系监理服务的任务

运维监理作为项目第三方监督机构，针对信息化运维的全生命周期提供质量、风险以及沟通协调的监督，同时配合企业（机构）开展运维服务质量考核工作，对各运维服务商的运维服务质量提供第三方的评估意见，为企业（机构）信息化运维服务工作提供公正、客观的监督服务，确保信息化运维活动的正常开展。

监督服务整体工作任务是"四控、五管、一协调"。"四控"指的是质量控制、投资控制、进度控制与安全控制；"五管"指的是合同管理、文档管理、应急管理、配置管理、效能管理（运维事前能力、事中考核、事后评价）；"一协调"是指运维各方工作协调。

1）质量控制

每日对采购单位运维岗位人员日常工作规范、工作质量及制度制定情况进行监督。对运维工作的关键点和关键流程进行重点监控，重要工序环节旁站记录，参与系统变更评估方案和施工方案的评审。根据用户满意度管理制度，制定调查计划，组织实施用户满意度调查，出具调查报告。接受、记录运维工作相关投诉并协调处理，落实运维体系内部各项奖惩制度的执行。跟进监督实施方案及会议决策的落实情况。对运维事故进行处置责任判定，提交整体处置情况与整改报告。

2）投资控制

依据合同约定开展运维服务费用支付审核工作。

根据信息系统运维预算体系规划和信息系统运维预算核算管理流程，对采购单位信息系统运维费用进行测算，并提出优化建议。

3）进度控制

依据合同开展对运维服务商的进度控制工作。

4）安全控制

根据《运维安全管理制度》，制定具体的运维安全实施方案，每日监督各运维岗执行，每周提交安全监理巡查记录，每月提交整体运维安全情况报告与改进建议。

5）合同管理

协助用户拟定信息系统运维合同的各类条款，参与用户和运维服务商的谈判活动；及时分析合同的执行情况，并进行跟踪管理；协调运维服务商与运维服务商的有关索赔及合同纠纷事宜。要求运维服务商根据合同提供相关实施方案，审核确认实施方案符合合同要求。拟定信息系统运维的合同管理制度，其中应包括合同草案的拟定、会签、协商、修改、审批、签署、保管等工作制度及流程；协助用户拟定信息系统运维合同的各类条款，参与用户和运维服务商的谈判活动；及时分析合同的执行情况，并进行跟踪管理；协调运维服务商与运维服务商的有关索赔及合同纠纷事宜。

6）文档管理

审核运维管理过程中产出的各类文档，保证各类文档真实、规范、齐全。依据合同要求提交监理过程监督工作中产出的各类文档。

信息系统运维文档是项目参与各方主体从事信息系统运维实施及运维管理过程中产出的信息文档的总和。在信息系统运维过程中，能及时、准确、完善地掌握与信息系统运维有关的大量信息，处理和管理好各类运维实施信息，是信息系统运维管理的重要工作内容，也是运维监理单位监督管理的重要内容。

7）应急管理

完善和监督应急管理工作，保障突发事件得以妥善处置。

8）配置管理

对系统变更、配置、发布三项流程进行监督，确保过程准确可控。配合企业（机构）开展运维配置基线管理，实现运维配置的可视化、流程化管理。配合企业（机构）引入运维配置基线管理机制，组织各运维服务商完成初始基线的整理。当运维基线发生变更后，运维服务商要及时申报变更结果，监理方配合企业（机构）完成配置基线的变更和记录。

9）效能管理

实施效能管理，评价运维服务的效率、质量和成本。

10）纠纷协调

协助协调项目各相关单位、机构、部门之间的工作关系；协助协调项目各集成单位、网络运营商、原厂商之间的工作关系；协助协调项目各建设方在项目实施过程中产生的各类纠纷和矛盾。

2.12　大运维体系的工具运用要点

人、流程和工具是开展运维工作必不可少的核心三要素，大型信息系统的结构和规模决定了其在企业（机构）中的核心地位和关键作用，而其结构的复杂、规模的庞大又决定了其运维工作的复杂性和艰巨性，除了需要有一批具备相当专业技术能力的人员和一整套规范严密的组织结构、制度流程外，还必须借助专业、成熟、先进的技术工具方能对其开展有效运维，确保其稳定地运行，并为企业（机构）持续创造价值。

无论对于专业的运维技术人员或管理人员来说，技术工具都必不可少，先进、贴合企业（机构）实际的技术工具可以提高工作效率、减少人工投入、减轻工作负担、降低运维成本，起到事半功倍的效果；同时，还能以数据化、可视化的方式支撑管理者的决策和运营、促进业务的改进和完善，最终达到的效果是使整个运维体系运转顺畅、系统运行稳定、业务持续发展。

随着近年来，国内外信息运维行业的迅速发展，信息运维领域的工具十分丰富，从不同的角度可对运维工具进行不同的分类。

1. 按商业性质分类

按工具的商业性质划分，运维工具可以划分为开源工具和商用工具两大类。开源工具使用者主要是中小企业（机构）和互联网公司。开源产品的横向扩展能力强，具有分布式、轻量级、模块化的特点，能够赋予用户更大的自主权和灵活性。不过由于开源软件的操作复杂、界面简陋、功能相对有限，对于企业（机构）运维人员的素质要求比较高。商用工具虽然价格昂贵，但是相比开源工具拥有更加强大的功能和美观的界面，使用操作更加简单和人性化。不同行业对信息系统运维管理的需求各有特色，运维工具厂商会在通用型运维工具之外推出行业解决方案，而针对更加个性化的需求则会进行相应的定制。

2. 按发展趋势分类

按照工具的发展趋势来看，传统的运维工具侧重运维的"管理"，即对过程的管理、对资源对象的管理、对对象状态的管理等，称为IT运维管理（ITOM，即IT Operations Management）类的工具，而随着运维发展的深入，企业（机构）对信息系统运维管理提出了更高的要求，其对运维的需求已不仅仅是追求系统的稳定和健康运行，以运维数据指导业务和决策是ITOM发展到一定阶段的必然产物，也因此，IT运维分析（ITOA：IT Operations Analytics）类的工具逐渐开始涌现。ITOA是指运用大数据分析技术，通过收集、处理和分析运维数据，识别信息系统中潜在的风险和问题，协助企业（机构）进行业务决策，而具备ITOA相关功能的工具则称为ITOA工具。但ITOA工具与传统的ITOM工具间的关系并非是割裂的，相反，企业（机构）进行大数据分析所需要的数据正是来源于原有的ITOM工具，即ITOA必须建立在传统运维的基础之上，两者的发展应当是相辅相成的。

3. 按功能分类

传统的划分是运维人员和管理人员按照其使用惯例，将运维工具按功能和作用划分为五大类：对运维对象实时状态进行监控的监控类工具、对运维对象和服务对象进行过程管理的运维管理类工具、对运维资源的属性和关系进行管理的资源管理类工具、对信息系统各层级进行安全保障管理的信息安全类工具和提高运维实操工作效率的自动作业类工具。

随着信息运维行业的发展，越来越多企业（机构）的信息运维部门发现：为实现某一单一的运维业务（例如监控或运维流程管理）而上线单一的工具，随着大型信息系统的愈发复杂，久而久之，运维的工具系统也愈发的孤岛化和烟囱化，运维这些"运维工具"反而增加了运维人员的负担。因此，越来越多的企业（机构）倾向于将运维工具一体化、微服务化和场景化，将运维管理甚至运维分析的功能以松耦合、可扩展、可拔插、可定制的方式整合为一个一体化、一站式的运维平台提供给运维人员和管理人员。

（1）监控类工具。一个组织的大型信息系统是由各种各样复杂的设备和软件组成，无法获知这些对象的状态对其运维就无从谈起，运维人员的核心工作之一就是要了解它们运行的状态如何、有哪些隐患，以便进行维护，确保这些软硬件资源的正常运转从而确保业务系统的正常稳定运行。所谓"知己知彼百战不殆"，监控工具是运维的"眼睛"，其主要任务就是如何高效、精准、实时地做到"知"。

（2）运维管理类工具。对规模庞大、复杂、跨地域的大型信息系统开展运维工作势必需要依靠各种完善的机制和流程使得各种岗位的技术人员和相关资源可以高度紧密地配合和协调。而运维管理类工具则是采用信息化的技术手段将运维体系的各种制度、流程、规范进行固化，通过对各种流程的各个环节的管控，来确保运维工作得以正常、有序、高效地开展。

（3）资源管理类工具。资源管理类工具作用是对运维的对象进行管理。一般包括配置管理数据库、IT资源管理系统和IT资产管理系统。

（4）信息安全类工具。在运维工作过程中，信息安全主要是关注如何快速安全接入企业（机构）内部 IT 业务系统而不用担心数据安全、信息安全的问题；如何管理授权运维人员账号，并审计运维人员操作。信息安全类工具是为了在有限资源的情况下能最大化支撑 IT 运维管理系统，实现信息安全和 IT 运营绩效。

（5）自动作业类工具。自动作业类工具主要包括传统的、针对日常运维场景的、自动执行自编写脚本的自动作业系统和近年来较为热门的、针对运维开发（DevOps）的、自动执行程序构建、测试和部署的持续集成与持续部署（CI/CD）平台。

第 **3** 章　大运维体系的组织与管理

> 精细管理的本质意义就在于它是一种对战略和目标分解细化和落实的过程。
>
> —— 泰勒

大运维体系架构是支撑大型信息系统运维的基本组织，是连接整个运维组织、人员、资源、技术、环境等基本要素的基本条件。形成一整套"统一、规范、灵活、智能"的大运维体系才能对大型信息系统形成有效支撑，提升运维管理核心战斗力。

3.1　大运维体系概述

大型信息系统是我国信息化事业的栋梁、国家的重器，而大运维体系为大型信息系统的高效、可靠、健康、经济、安全运行保驾护航。

3.1.1　运维体系组织与管理的特点

近年来，随着信息技术的不断更迭，信息系统从底层基础支撑，到上层应用开发模式均发生了翻天覆地的变化，可以预见未来硬件服务器、应用复杂性将呈现指数级的增长，对业务服务质量要求、监控要求也在不断提高。特别在大型信息系统的运行环境下，对运维组织与管理架构的内涵和要求越来越高，主要体现在以下几个方面：

（1）组织架构随着运维的信息系统的增多而越发庞大与复杂。运维队伍人员岗位职能覆盖全面，分工明确，权责分明，打破吃大锅饭不利于个体绩效考核的平均主义；具备应用特性与技术工种特性；高效运转，关键岗位互有备岗，可以轮岗；每个岗位有相应的上升空间及职业规划方向。

（2）运维管理的智能从"管理"向"服务"，从"静态"向"动态"方向转变。随着运维的发展，以及各企事业单位大数据的要求，信息系统逐步实现数据集中，"运维开发一体化"（DevOps）的概念逐步被引入大运维体系中，它是开发、技术运营和质量保障的交集。运维开发需要从需求、架构、开发、测试、发布、实施、运维整个流程来考量，将开发与运维的壁垒打通。

（3）随着信息系统间的交互越来越多，运维组织管理与协调愈发困难。人员管理趋向于集中化，信息系统资源统一管理、分配、协调，以 ITIL 相关管理流程贯穿整个运维体系，日常运维管理制度、规范、指南等以此为核心执行落地。统一规范岗位职责、权限、操作范围，使运维人员的各项运维操作都有据可依、便于管控，避免分散运维时流程相互脱节或缺失。

（4）从"人工"向"自动化、智能化"方向转变。随着系统运行环境的越来越复杂，运维人员需要管理的系统、应用越来越多，运维管理对技术的依赖越来越大。传统依赖人力和经验开展的运维工作，逐步转变为依托统一运维管理平台实施一体化、自动化、智能化运维。

综合以上情况，传统的运维组织架构已无法有效支撑大型信息系统的运维管理，需要形成一整套大运维体系进行管理。

3.1.2　大运维体系的管理架构

大运维体系管理架构应包含管理目标、管理职能、管理主体、管理对象、管理流程、管理标准、管理制度和管理规范及工具等几个部分。大运维体系管理架构如图 3.1 所示。

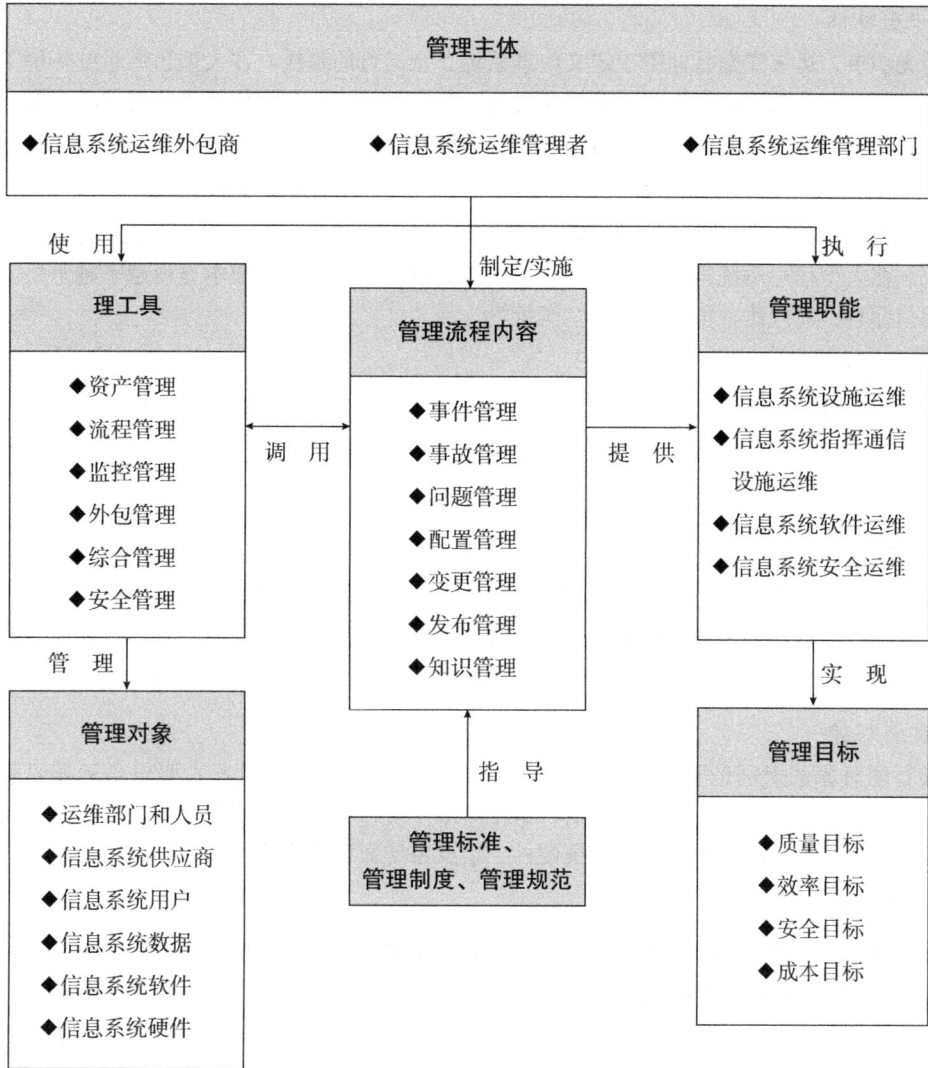

图 3.1 大运维体系管理架构

1. 管理目标

大型信息系统运维管理目标定义了运维管理工作的定位与发展方向，描绘了实施运维管理工作的总体蓝图。合理明确的目标有助于在开展大型信息系统运维工作中找准定位，明确方向与工作措施。从总体上看，目标主要包括：质量目标、效率目标、安全目标和成本目标四项。

1）质量目标

运维管理首要目标是保障 IT 业务、服务的高质持续可用。特别在大型信息系统的环境下，运维管理工作不仅局限于系统内部是否可用，而且聚焦到了系统承载的业务、服务与用户体验层面。主要指标有系统可用性、系统健康度、服务体验质量、服务满意度等。

2）效率目标

运维效率目标是运维管理目标不可或缺的部分。只有高效的运维才能适应信息系统的不断更迭，实现信息系统的稳定运行。特别在大型信息系统环境下，当信息系统出现故障时，如何快速响应与恢复业务尤为关键。效率目标的主要指标有：故障响应率、故障解决率、系统更新周期等。

3）安全目标

安全无小事，运维安全目标用于定义信息系统安全运行的基线。在大型信息系统环境下，运维安全管理已不是一个孤立的动作，而是需要构建一套完整的安全防护体系进行管控。安全目标的主要指标有：补丁安装率、漏洞扫描覆盖率、安全事件发生次数等。

4）成本目标

运维费用是运维管理工作的基础保障，随着信息系统规模的不断增大，信息系统运维费用也在不断增长。在大型信息系统运行环境下，如何有效地控制和保障运行成本显得越来越重要。成本目标的主要指标有：能效比、单位服务成本度量等。

2. 管理职能

运维管理职能用于定义运维工作的内容与范围。在大型信息系统环境，运维管理职能也在不断丰富与深化，主要包括基础设施的运维、通信系统的运维、软件的运维、数据的运维、安全的运维等几个部分。

3. 管理主体

运维管理主体用于定义运维管理的组织结构。在大型信息系统环境下，运维管理的主体不仅包括运维管理部门内部，还包括了运维外包服务商、运维监督服务商、维保服务商及专家咨询团队等多个部分。只有这些主体的相互配合才能有效保障大型信息系统的稳定高效运行。

4. 管理对象

运维管理对象的识别是明确运维目标与任务的基础，运维管理对象主要包含所需要服务的人员、物品与单位。在大型信息系统环境下，运维对象主要包括运维部门和人员、信息系统供应商、信息系统用户、信息系统软件、信息系统硬件、信息系统数据等几个方面。

5. 管理流程

运维管理流程的好与坏决定了运维服务的质量和效率。运维部门需要随时追踪运维技术的演进、用户需求的变化，不断优化作业流程，强化流程管理。在 IT 服务管理领域中，ITIL（IT Infrastructure Library，IT 基础架构库）已成为现行的行业标准，它是从大量企业的 IT 服务管理经验中总结出来的最佳实践。大型信息系统运维管理也充分借鉴了 ITIL 中的十大核心流程及一项管理职能，通过制定、实施各类运维管理流程，管理主体能按照流程基线如流水线般执行各项运维管理职能，从而提高效率、降低风险、提升运维质量。

6. 管理标准、管理制度和管理规范

管理标准、管理制度和管理规范是运维体系落地的基准和保障，它直接指导运维管理流程的制定和管理职能的执行，因此，制度建设是否合理，落实是否到位，直接影响信息化安全运维的效果。通常制度建设需要通过国家、行业、企业、实施部门四个层级来分解制定，将各项要求落实到最终执行文件中。大型信息系统运维管理制度主要从安全、运维、人员管理、绩效考核等角度出发，参考国际标准、行业经验，建立相应的流程制度文档，完成管理制度体系框架的建立，包括：规章制度、操作流程、指导说明、记录表单四级制度文档。

7. 管理工具

"工欲善其事，必先利其器"。有了完善的信息化运维管理制度，再运用信息化手段，搭建 IT 运维一体化管理平台，建立 IT 运维、监督、评审和持续改进的流程化管理模式，使各项运维操作有流程、留痕迹、可审计。实现信息化运维管理由职能管理向流程管理转变，提升 IT 运维一体化管理的效率和科技服务水平。大型信息系统运维管理平台建设主要围绕综合展现可视化、安全控

制、运维管理、监控管理、运营分析等功能板块来展开。

3.2　大运维管理平台

大型信息系统具有网络环境结构复杂、设备数量大、运维人员多、业务系统依赖度高等特点，单纯靠人力的传统运维方式已无法满足大型信息系统运维的要求，众多管理环节要求运维工作趋于自动化、流程化、集中化和智能化。因此，大型信息系统运维的组织与管理必须依托一套全功能、高智能大运维管理平台进行支撑运行，将基础设施、应用软件、通讯系统、资产、人员等环节集中整合到统一的管理平台，为大型信息系统提供全方位精细监控、预警分析、自动部署、资产管理及流程管控等功能。

3.2.1　大运维管理平台的任务

实现与云计算的无缝对接，通过标准化、规范化、精细化控制运维的管理过程，将对设备、资源、应用、采购、流程等进行有效的整合，即以配置管理数据库（CMDB）为核心，集视、监、管、控一体化 IT 综合运维管理平台，为云数据中心提供稳健的 IT 运维服务。

3.2.2　大运维管理平台的特点

大运维管理平台有以下五个特点：

1. 支持大规模网络

针对大规模行政机构、金融单位、企业的区域性、纵向性特征，系统支持提供贴合实际应用的多级管理方案，使管理平台可以做到分级管理和集中管理的有机统一。

2. 高度模块化

管理平台采用分层、模块化的设计技术，模块与模块、层与层之间松散耦合。它具有三方面优势：一是模块之间的松散耦合使其具备反应灵活快捷、适应能力强的特点；二是模块内部实现了优化整合，能够高效率地完成本模块各项功能；三是企业可以按需购买业务模块构建适合企业自身情况的运维平台，最大化保证投资收益。

3. 零编码配置

管理平台依托灵活性、轻量级的架构，实现日常 IT 运维业务的核心业务功能模块，在绝大多数情况下"零编码"即可实现用户个性化。

4. 开放性

管理系统可以融合第三方网管系统的资源信息、监控信息、告警信息以及机房环境监控信息等，再通过管理系统提供的分析处理引擎统一处理、可视化工具统一集中展现。第三方系统只需将要集成的数据依据规范写入信息总线，信息总线再根据数据的类别推送到不同的业务模块进行加工即可。

5. 支持二次开发

管理平台有灵活的开放 API 接口，用户可扩展开发所需的功能。一般情况下利用系统提供的图形化工具编写脚本或规则即可，如 IT 事件关联分析、工单流转规则定义等。对于复杂的业务，可以利用系统提供的软件开发工具包进行扩充。

3.2.3　大运维管理平台的架构

大运维管理平台可按照"云计算"服务的三层架构，由基础层、支撑层、业务层组成。如图 3.2 所示。

1. 基础层

基础层主要包含大型信息系统的基础架构，即运维的对象，包括网络、基础设施、数据、应用以及安全。除此之外，基础层还提供了智能插件框架与管理服务，主要包含操作自动化插件、配置采集插件、系统口令及授权插件、监控插件等公共的基础服务。基础层的作用是对基础架构的各个对象进行运维和管理，并为上层的应用提供基本的公共组件。

2. 支撑层

支撑层以松耦合的方式提供处理业务逻辑的各种核心组件、模块和基础应用，这些组件和模块均设计为微服务的结构，通过统一的 API 网关进行管理和供上层调用。该层主要包含支撑 ITOM（IT Operation Management，IT 运维管理）工作流类应用的流程管理引擎、支撑 ITOA（IT Operation Analytics，IT 运维分析）应用的运营智能分析引擎、支撑自动化作业应用的运维智能化引擎、支撑虚拟化资源池管理的云管理引擎和支撑对象状态监控的监控引擎五个核心组件，以及安全堡垒、配置管理和账号管理三个公共的核心应用。

1）流程管理引擎

流程管理引擎是为提供流程类处理功能的开发而设计的，其包括的模块主要有：流程加载、流程执行和数据同步。流程管理引擎支撑的基础应用主要有变更管理、事件管理、问题管理、例行工作管理和用户服务支持等涉及复杂流程管理的应用。

2）运营智能分析引擎

运营智能分析引擎主要运用大数据分析处理技术，根据自定的 KPI 指标将企业（机构）信息运维域的数据按照自建的模型进行汇总、转换和分析。其支撑的基础应用主要有：IT 运营可视、故障诊断可视、性能容量分析、业务服务分析、运营质量分析和 AI、物联网、大数据和云计算等运维分析（ITOA：IT Operation Analytics）类的应用。

3）运维智能化引擎

运维智能化引擎是为提供脚本处理类功能的开发而设计的，其支撑的基础应用主要有：应用发

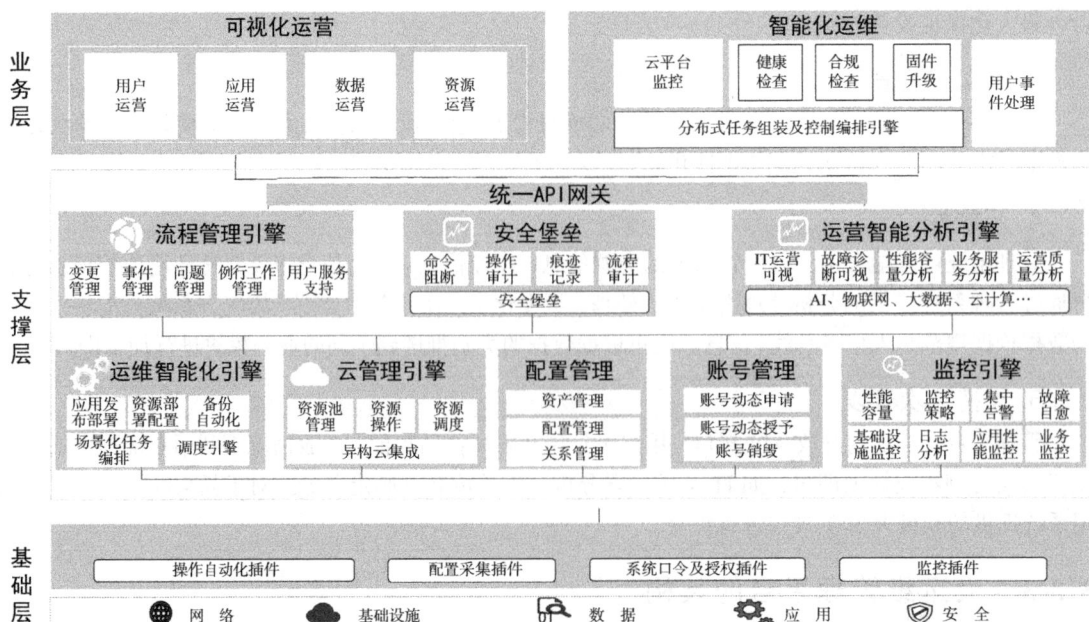

图 3.2   大运维管理平台架构

布部署、资源部署配置、备份自动化、场景化任务编排和调度引擎等自动作业相关的应用。

4）云管理引擎

云管理引擎为企业（机构）提供云计算的能力，主要包括：分布式计算管理、分布式存储管理、分布式网络管理。其支撑的基础应用主要有：资源池管理、资源操作、资源调度和异构云集成等。

5）监控引擎

监控引擎是为提供监控相关功能的开发而设计的，主要提供对象数据实时采集和汇总的能力，其支撑的基础应用主要有：性能容量、监控策略、集中告警、故障自愈、基础设施监控、日志分析、应用性能监控和业务监控等。

6）安全堡垒

安全堡垒是企业（机构）信息安全运维的核心应用，它在整个企业（机构）的 IT 架构中起到保驾护航的作用。其主要模块有：命令阻断、操作审计、痕迹记录、流程审计和安全堡垒。

（1）命令阻断：在发现危险的操作命令执行之前，自动将其进行终止，防止其对系统造成破坏。

（2）操作审计：对运维实施过程中的关键操作步骤进行核查和审计。

（3）痕迹记录：对运维实施过程中的每一次登录进行记录。

（4）流程审计：对运维实施过程中的各个流程环节进行核查和审计。

（5）安全堡垒：对运维堡垒机进行管理和控制，防止其被作为攻击的源头。

7）配置管理

配置管理的载体一般为配置管理数据库，即 CMDB，是与信息系统所有组件相关的信息库，它包含企业（机构）的 IT 基础架构配置项的详细信息以及这些配置项之间的关系，其核心应用主要有：资产管理、配置管理和关系管理。

（1）资产管理：管理各种 IT 资产，包括硬件设备、软件组件和 IT 资源。

（2）配置管理：对纳入管理的各种 IT 资产的配置项配置信息（参数）进行管理。

（3）关系管理：对配置项之间的关系进行管理。

8）账号管理

账号管理是信息运维中最为频繁的操作之一，也是最早实现信息化的应用，账号管理为企业（机构）提供账号管理相关功能的开发支持。其主要模块有：账号动态申请、账号动态授予和账号销毁。

（1）账号动态申请：管理账号自助、自动申请。

（2）账号动态授予：管理账号中权限的分配以及账号的授予。

（3）账号销毁：管理账号的生命周期。

3. 业务层

业务层将支撑层提供的基础应用和组件进行更深一步的整合和编排，为运维人员提供各种自动化、智能化的顶层应用系统以使得运维工作得以高效、有序地开展。同时，业务层还基于支撑层输出的大数据计算能力和云计算能力提供各种顶层的可视化分析应用系统以支撑高层的决策和运营。根据系统的分类，可将业务层的系统划分为可视化运营和智能化运维两大领域。

1）可视化运营

它主要面向高层提供数据分析类应用以支撑决策和运营，主要包括用户运营、应用运营、数据运营和资源运营等应用。

（1）用户运营：展示面向业务系统用户服务相关的监测和分析数据，主要从用户服务的角度进行统计和分析，例如一线解决率、用户满意度、问题解决率、工单的趋势等。

（2）应用运营：展示面向业务系统运维相关的监测和分析数据，主要从业务系统的角度进行统计和分析，例如系统可用率、系统健康度等。

（3）数据运营：展示面向数据运维相关的监测和分析数据，主要对业务系统中数据的质量进行统计和分析，例如数据的完整性、数据的正确性、数据的一致性等。

（4）资源运营：展示面向信息系统基础架构对象的监测和分析数据，基础架构对象包括基础硬件、基础软件、安全设备、网络链路等资源，例如设备的故障率、设备或软件的运行趋势等。

2）智能化运维

它包括了云平台监控、健康检查、合规检查、固件升级、用户事件处理和分布式任务组装及控制编排引擎。

（1）云平台监控：对企业（机构）私有云或混合云的 IaaS 层、PaaS 层和 SaaS 层中的资源进行监控。

（2）健康检查：通过自定义脚本的编排，对运维对象的健康度进行定期自动检查。

（3）合规检查：通过自定义脚本的编排，对运维对象的配置合规性进行定期自动检查。

（4）固件升级：管理并向硬件设备推送升级的程序包。

（5）用户事件处理：对用户上报的事件和问题的流程管控。

（6）分布式任务组装及控制编排引擎：支持将多个脚本编排成为流程，并支持流程的嵌套。

3.3   大运维体系的组织

随着信息运维技术及模式的不断发展，传统运维组织架构存在管理被动、粗放、运维资源难共享、运维效率低、响应速度慢等问题，未来将很难满足大型信息系统运维管理的要求。

大运维体系推行集中、统一的信息化运维管理模式，向集约化、精细化管理转变，集中运维模式的特点在于运维资源的集中和共享，减少事件处理环节，缩短事件响应时间。

3.3.1   大运维体系的组织架构

大运维体系通过统一集中管理，能够加强运行管理的可控性，降低安全风险，提高管理效率和管理质量；并且有利于上级单位对基层部门的系统应用情况进行统一监控和集中管理。在集中运维的模式下，对于信息系统的可用率和运行率等要求更高，提升信息运行保障能力成为大运维体系需要重点解决的问题。

1. 大运维组织的岗位设置

大运维体系的组织要保障运维一线工作的效率和质量，岗位的设置必须具备科学合理性，涵盖一线的全部业务。下面展示一个大运维组织的岗位设置，其架构如图 3.3 所示。

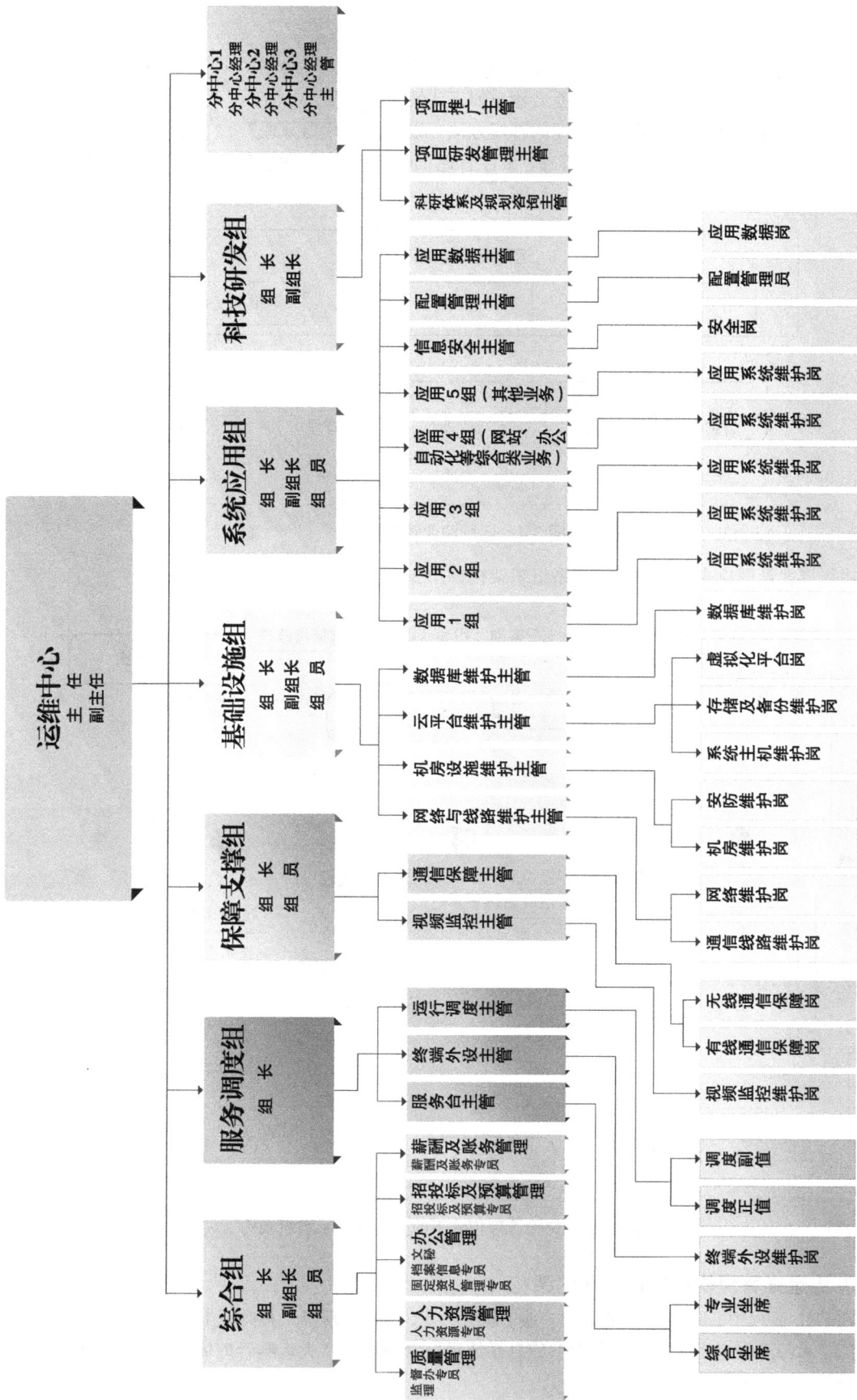

图3.3 大运维组织的岗位设置架构图

2. 运行调度管理模式

信息系统运行调度管理模式将有效地推进信息运维集中化、专业化，实现从面向设备、以技术为核心的运维方式向面向业务、以服务为核心的方式转变。

运行调度管理模式借鉴了生产调度的管控方法，以"作业计划管理"、"运行监控与分析"、"运维调度指挥"为核心，通过请求管理、事件管理、问题管理、变更管理、发布管理等流程开展，实现"统一调度、规范运行"的目标，如图 3.4 所示。

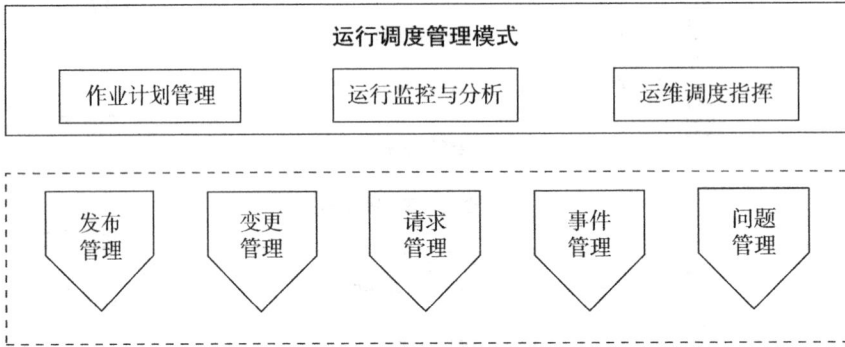

图 3.4   运行调度管理模式

运行调度管理模式下的大运维体系组织架构如图 3.5 所示。

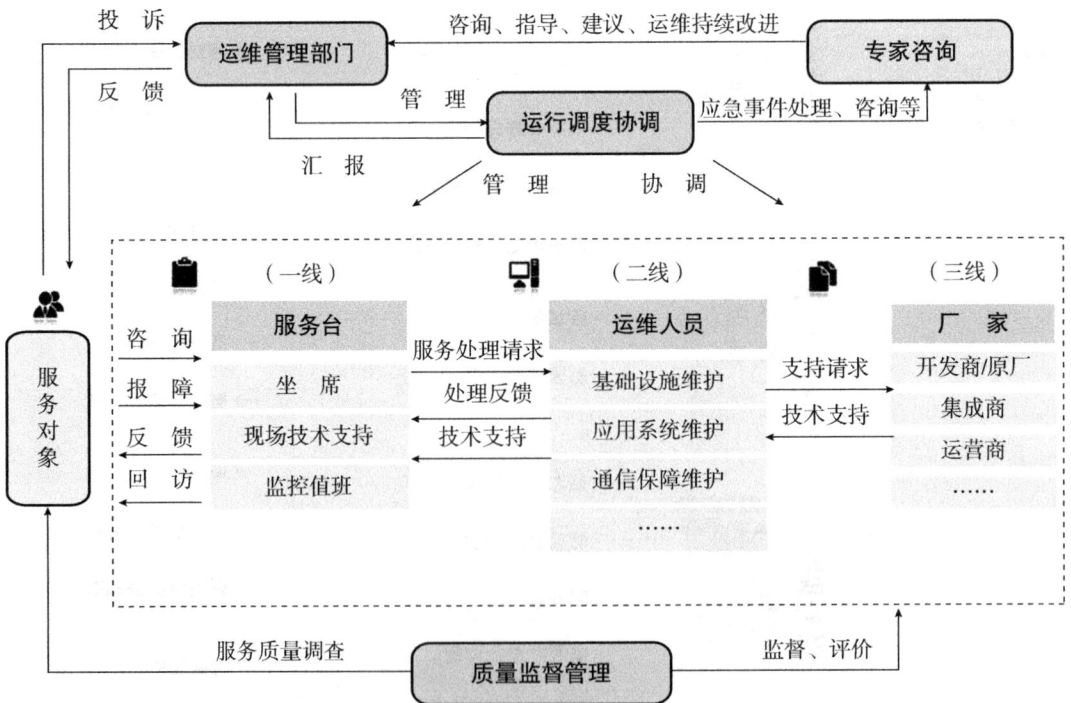

图 3.5   运行调度管理模式下的大运维体系组织架构

3. 大运维管理体系支撑团队的架构

在 ITIL 流程中，IT 支持人员分为一线（服务台）、二线（现场工程师或 IT 供应商）、三线（开发原厂工程师或专家团队）。结合大型信息系统运维管理特点，大运维管理体系支撑团队架构分为一线（服务台、调度值班工程师）、二线（桌面终端/基础设施/应用系统/通信保障等运维工程师）、三线（平台维护、系统管理员、开发厂家等）。大运维管理体系支撑团队架构如图 3.6 所示。

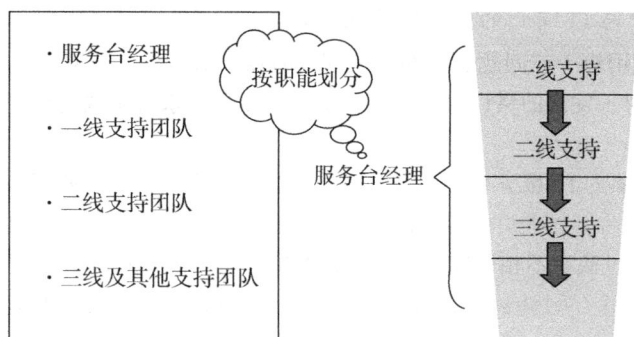

图 3.6　大运维管理体系支撑团队架构

3.3.2　服务台的作用、类型与职责

满足用户和企业（机构）的业务目标，需要建立起一个集中处理客户或用户相关问题的联系点。这个联系点对于 IT 服务管理来说就是 IT 服务台。

1. 服务台的概念

服务台（Service Desk）又称服务支持中心，在 IT 服务管理中扮演着重要的角色。信息系统的建设大致分为规划和设计、开发（购买）测试、实施、运营和终止等 5 个阶段。而前 3 个阶段从时间的角度来看，只占硬件和软件生命周期的 20%，其余 80% 的时间基本上是对系统进行运营。如果整个 IT 的运营管理做得不好，那么花费大笔投资建立起来的系统功能再强也没有用，它对企业（机构）的价值贡献也将微乎其微。

如今，IT 部门都面临着提高服务质量和降低服务成本的双重压力。而现实中 IT 部门往往处于一种被动的工作模式，花费了大量的时间去忙于应付各种"救火"式的工作，无暇顾及服务质量和服务成本方面的目标，以下是 IT 部门日常工作中存在的几种情形：

（1）不停地充当消防员，四处忙于解决各种问题。

（2）同样的问题重复地出现，而没有得到根本性的解决。

（3）用户对 IT 服务部门的信任和认知程度较低。

（4）呼叫响应质量和响应时间不稳定。

（5）经常发生不协调的和未记录的变更。

伴随着用户需求的不断提升及企业服务业务的全球化发展，能否为用户提供高水平的、整齐划一的服务成为企业（机构）重要的竞争优势。IT 服务的高质量、高效率成为有效支撑业务的根本，服务台在 IT 服务管理中有着重要的意义，它可以简单地解释为顾客服务和服务提供方之间的"统一接口"。

2. 服务台的作用

从服务台的功能来看，对内它是服务接受、状态监视、任务分派的发起者，对外则代表服务团队整体，作为单一联系点来统一受理用户的服务请求，并在规定时间内为用户直接解决相关问题，如遇复杂问题则转交二线支持，同时还需跟踪解决情况并及时反馈以便最终解决用户问题。服务台作为 IT 服务组织中的一项职能，不仅负责处理事件、问题和用户的询问，同时还为其他活动和过程提供接口，这些活动和过程包括处理用户请求、进行服务访问控制、维护用户关系、监视服务级别、维护配置管理的完整性，以及对基础设施的监视和维护等。此外，IT 服务台还要对服务过程和结果进行记录，以便分析总结，提高问题解决速度。

1）服务台是用户与 IT 部门的首次联系点

（1）当客户（或用户）有问题、抱怨或疑问的时候，服务台先要对所有来自客户（或用户）的问题进行记录，即对于发出的错误报告、服务请求、变更请求等事故进行记录，起到"记录台"的作用。

（2）作为一个成熟的 IT 服务台，还能够在无需联系专家的情况下处理一些用户询问，服务台建立的知识库成为服务台工作人员的得力助手，服务台成为一台"应答机"。

（3）IT 服务台通过截取不相关问题和容易回答的问题，将那些真正必要的呼叫请求转到二线和三线支持，充当了一个"过滤器"，这样可以有效地降低其他 IT 服务支持部门的负担，提高了IT 服务运作的整体效率。

（4）作为一个首次联系点，服务台在处理用户请求时应该具备一定的专业性，从而确保用户不需要无休止地寻求解决问题的方法。服务台应当准确迅速地了解用户的需求，改善用户体验，提高用户满意度，成为"用户关系管理中心"。服务台的应用措施和技术包括结构化询问技术、详细了解用户和跟踪用户、维护用户数据库和在用户中推广服务台等。

2）服务台是用户与 IT 部门的唯一联系点

（1）对于用户来说，服务台作为唯一联系点，用户在碰到任何问题或需要支持时应当呼叫服务台。用户提出的问题和疑问，服务台的一项重大任务就是确保这些问题和疑问在 IT 部门的可达性。用户呼叫被处理的方式可由电话系统（PABX，内部程控交换机）进行监控，产生相应的报告，并由服务台将各种需要提交的问题进行分类，提交给相应的 IT 服务支持小组进行处理。此时 IT 服务台就成为一个"路由器"。

（2）服务台作为唯一联系点还需要与第三方硬件和软件的维护供应商进行联系。在 IT 服务运作出现故障或因用户提出新的服务请求而需进行有关变更时，服务台通常需要负责与供应商联络以维修或替换有关的软硬件组件。这时服务台就成为用户与供应商的"联络点"。

（3）对于用户来说，服务台跟踪用户的事故请求，并将其提交给后台支持，当事故处理完毕，再由服务台宣布事故的完成，并将处理的结果记录到数据库中。对于用户的其他服务请求，服务台都要进行相应的记录，并记录处理的结果。服务台可以形象地称为用户服务请求的"终结者"。

（4）从 IT 部门来说，服务台还是用户的主要信息来源。这既可以以消极的方式（如提供一个公告牌）进行，也可以以积极的方式（E-mail、屏幕上显示的联机消息或屏幕求助消息）进行。服务台需要通过各种努力来通知用户当前或预期发生的错误，特别是在他们受到影响之前。服务台还应当向用户提供有关新的和现有的服务项目、服务级别协议的供应以及订购程序和成本等方面的信息。服务台还可结合变更管理及配置管理的信息向用户提供软件补丁分发和软件发布等信息。此时IT 服务台就成为 IT 部门面向用户的一个"发布台"。

总体来说，IT 服务台首先可以统一规范管理并同时处理大量的 IT 请求，还为用户的变更请求、维护合同、服务级别管理、配置管理、可用性管理和持续性管理等提供接口，避免因找不到特定技术人员而耽误时间的情况，从而降低运营成本；其次还可以通过对服务台的管理，建立知识库，明确服务人员绩效考核等，来提高 IT 的整体支持效率。

3. 服务台的类型

在系统组织中，服务台的类型、技术水平及组织结构依赖于组织的 IT 服务相关的很多因素，因此对于服务台的构建来说，并没有什么放之四海而皆准的通用方法和要求。随着用户业务的变化，响应服务请求和处理事件的方式也随之变化，而这些对服务台的灵活性也提出了新的要求。因此，对于组织来讲，选择适合于自身的服务台类型是十分必要的。常见的服务台类型包括：集中式服务台、分布式服务台、虚拟式服务台。

1）集中式服务台（Centralized Service Desk）

由一个服务中心集中处理所有的服务请求，即作为所有用户的单一联系点，单独设立一个服务台来处理用户在业务应用系统方面的问题，是职能分离的集中式服务台。在集中服务台模式下，所有用户呼叫由一个物理上集中的服务台统一接收和记录。用户呼叫被区分为与技术或业务应用相关的呼叫，服务台处理这两类请求的方式有：由物理上的一个实体对两类呼叫进行统一处理，或由集中的两个不同实体分别对两类呼叫进行处理。适用于 IT 部门同时负责 IT 服务和 IT 服务支持的情况。如图 3.7 所示。

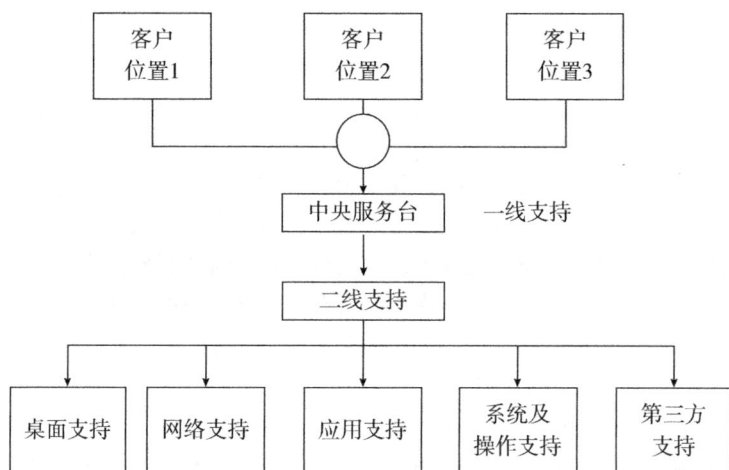

图 3.7　集中式服务台

2）本地式 / 分布式服务台（Local or Distributed Service Desk）

通常将服务台划分为多个本地服务台分布在多个地方，这将导致服务台难以管理。在分布式服务台结构中，多个服务台分布在不同的地点以支持具有不同文化背景的本地用户使用，如图 3.8 所示。实现方式有：

（1）中央联系点。所有用户请求提交中央联系点，再分发给本地支持小组。

（2）本地联系点。每个区域业务与特定的服务台联系。

（3）呼叫中心。通过一个集中的免费电话，根据语音提示选择特定的支持小组。

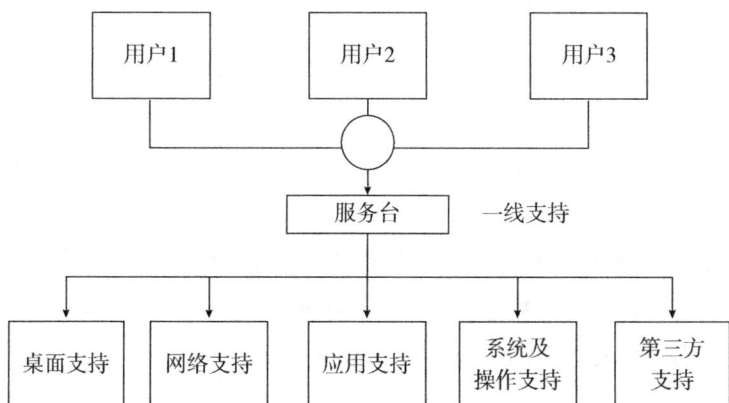

图 3.8　本地式 / 分布式服务台

3）虚拟式服务台（Virtual Service Desk）

虚拟式服务台利用远程通讯技术整合分布各地的服务台网络。比如，整合遍布世界不同时区的服务台能为用户提供 24 小时的服务。各地服务台相互交错，功能就像一个单一实体，用户并不知道服务台的具体位置。它没有实质性的位置，因此，这种服务台模式不能为用户提供现场支持服务。

4. 服务台的职责

服务台的主要目标就是协调客户（用户）与 IT 服务部门之间的关系，为 IT 服务运作提供支持，从而提高用户的满意度。服务台属于一项服务管理职能而非过程，因此，它没有严格有序的日常运营过程，只是针对用户的请求或根据服务级别协议的要求进行一些日常运作活动。通常服务台的主要工作内容包括：

（1）响应用户呼叫。对于用户发出的错误报告、服务请求、变更请求等事件进行记录和处理。

（2）提供信息。服务台是为用户提供 IT 服务信息的主要来源，一般可以采用电话、布告栏、电子邮件、屏幕消息等方式为用户提供有关错误、故障或新增服务等方面的信息。

（3）用户需求管理和用户关系管理。服务台不仅仅是用户请求响应中心，同时也是用户关系管理中心，因此服务提供方应采取必要的措施和使用适当的技术，对服务台进行有效管理，从而使服务台可以准确迅速地了解用户的需求，改善用户体验，提高用户满意度。

（4）供方联络。在 IT 服务运作出现故障，或因用户提出新的服务请求而需进行有关变更时，服务台通常需要负责与供方进行联络，以维修或替换有关的软、硬件部件。

（5）日常运作管理。服务台承担日常运作管理任务包括数据备份与恢复、磁盘空间管理、建立新用户、管理用户口令等。

（6）基础设施监控。利用相关工具对 IT 基础设施的运作情况进行监视，一旦检测到故障已经发生或即将发生，就应立即评估这种故障对关键设备可能产生的影响，并在必要时将故障报告事件管理部门。

5. 服务台人员的职责和技能要求

服务台人员的职责和技能要求主要分为以下四类：

（1）呼叫中心服务台（Call centers）：呼叫中心只记录呼叫，并不处理呼叫。这些呼叫记录转移给其他专业部门，由他们对用户的呼叫进行处理。在很多呼叫中心，记录和转移呼叫由自动化的语音系统完成，这时，可能不需要任何服务台人员。

（2）非技能型或呼叫记录性服务台（Unskilled or Call recording Service Desks）：非技能型服务台人员负责记录用户呼叫，以通用的词汇描述用户呼叫，同时将呼叫转移给相关的部门。非技能型服务台人员在记录用户呼叫和事件（Incedent）方面非常专业，但对于呼叫的处理缺乏经验。

（3）技能型或问题解决型服务台（Skilled or Problem solving Service Desks）：技能型或问题解决型服务台人员具备解决用户事件的专业素质。他们通常借助文档化的解决方案和积累的经验解决大量用户的事件，把不能解决的事件转移给专业技术支持团队。

（4）专家型服务台（Expert Service Desks）：专家型服务台人员具备全面的 IT 知识和经验，能独立处理绝大部分的事件。

6. 服务台与其他支持团队人员交互的工作流程与职责

1）服务台与其他支持团队人员交互的具体工作流程

服务台与其他支持团队人员交互的工作流程如图 3.9 所示。

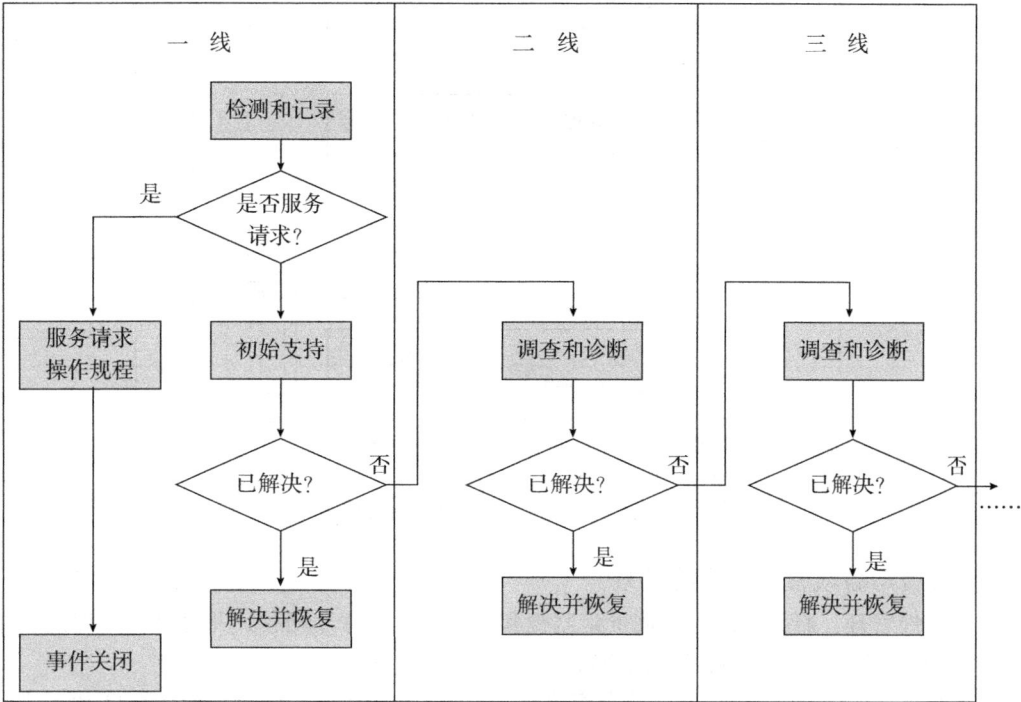

图 3.9 服务台与其他支持团队人员交互的工作流程

2）服务台与其他支持团队人员交互的职责

服务台与其他支持团队人员交互的主要职责包括：

（1）接听电话和接收邮件等服务申告。

（2）记录。

（3）对服务进行分类。

（4）判断服务优先级。

（5）对服务进行升级判断。

（6）对能力范围内的服务申告尝试解决。

（7）将无法解决的问题分派给相应的技术支持人员，协调二、三线支持团队。

（8）对解决的问题形成知识并录入知识库。

（9）为其他流程提供信息。

（10）对服务进行跟踪、督促，跟用户保持沟通，开展用户满意度调查。

（11）对已解决的服务进行闭环。

（12）协助提供服务报告。

服务台是连接用户及 IT 部门的一个信息交换平台，它能够起到双向信息反馈作用。因此，服务台与许多服务管理过程有着紧密的联系，为服务支持和服务交付中诸多过程提供了有效支撑，如图 3.10 所示。

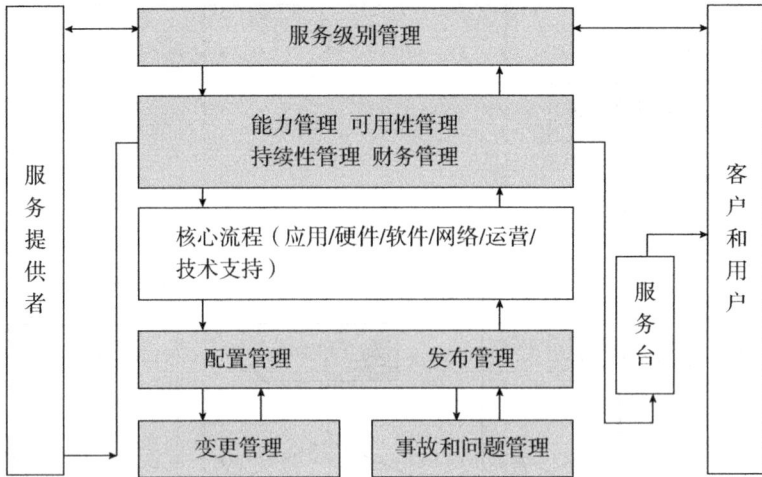

图 3.10　服务台与各类服务管理过程的关系

7. 服务台与各项管理工作的关系

（1）事件管理：服务台的主要职责是监视和记录有关事件和问题，并对事件处理请求作出反应，因此事件管理是与服务台关系最为密切的过程。

（2）发布管理和变更管理：服务台负责收集用户的变更请求和向用户发布有关 IT 服务方面的信息，因此，服务台能为发布管理和变更管理的顺利运作提供支持。

（3）配置管理：当服务台记录有关事件和问题时，需要验证呼叫者及相关的 IT 配置项，因此服务台的运作需要结合配置管理过程。

（4）服务级别管理：服务台在处理用户请求时应该以服务级别协议作为双方协调的依据，服务级别协议中所确定的服务级别目标是期望达到的结果，也是 IT 部门必须提供的服务质量要求，因此，服务台应该根据服务级别协议对用户进行期望管理。

3.3.3　一线技术支持团队的作用、类型与职责

1. 一线技术支持团队的作用

一线技术支持团队的作用有以下三点：

（1）作为直接面对、最先受理用户请求的接口，过滤无关问题，解决用户终端的部分重复性事件，确保二、三线得到更高的处理效率。

（2）对内进行任务分派、过程监督、资源协调，是信息通信、运维关系的枢纽。

（3）对外为其他活动和过程提供接口，维护用户关系。

2. 一线技术支持团队的类型

一线技术支持团队主要包括服务台坐席、现场技术支持、调度值班，一线技术支持团队在运维体系架构中的支撑关系如图 3.11 所示。

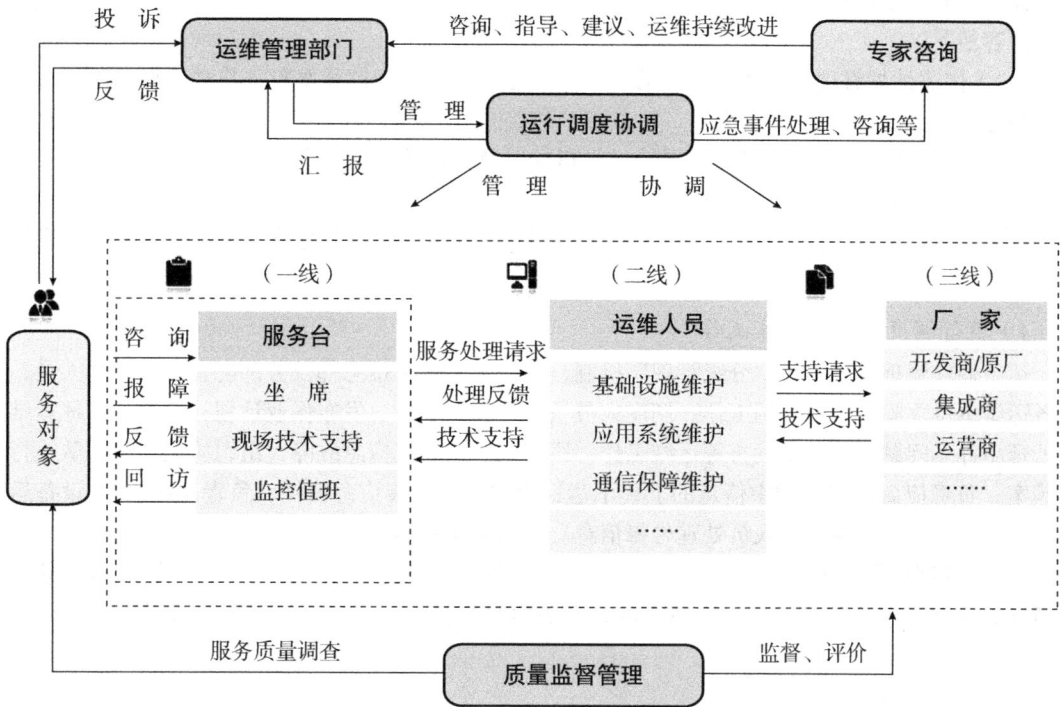

图 3.11 一线技术支持团队在运维体系架构中的支撑关系

3. 一线技术支持团队的职责

1）服务台坐席

（1）执行值班，接听服务热线电话，熟练运用平台系统受理故障报修、服务请求、服务建议等事项。

（2）负责所有信息服务请求和事件的登记、分派、跟踪、督办、回访。

（3）了解用户所申报问题或需求，记录工单；负责用户服务请求和事件的初步处理，以及事件升级上报工作。

（4）负责在事件解决后，与用户确认事件，进行满意度调查，关闭事件。

（5）了解掌握运维最新公告。

（6）对交接班产生的问题及时记录、汇报、总结、跟踪。

（7）受理投诉并上报。

（8）协助编制服务台相关报表、报告。

2）现场技术支持

（1）响应及处理服务台分派的事件及服务请求。

（2）处理计算机终端、外设及相关的事件。

（3）负责计算机终端及外设的日常巡检。

（4）配合二线技术支持人员完成事件处理，为二线技术支持人员提供现场情况，并做好与用户的现场沟通工作。

3）调度值班

运行调度管理是对信息运维作业的计划安排，对信息系统、IT 设备实施运行状态及运维作业的监控、组织、指挥和协调，主要包括作业计划管理、运行监控与分析、运行调度指挥等业务事项，具体内容如下：

（1）作业计划管理：对作业计划的收集、汇总和协调、审批及发布，并对计划的执行情况进行跟踪监督、上报。

（2）运行监控与分析：对信息系统运行指标以及运维活动指标进行统一运行监控、检查、评估与分析，识别潜在问题并进行预警。

（3）运行调度指挥：对重大变更、故障处理、应急演练和应急抢修等作业的执行过程进行协调跟踪及指挥。

4）运行调度管理的具体工作

运行调度管理模式实行"分级管理"机制，在集中运维单位总部及分部配备运行调度人员，加强各运维单位之间的统筹协调工作。调度人员负责编制、审核、发布作业计划；协调、指挥运维人员处理事件、问题、变更及发布等运维工作；跟踪及协调处理应急故障，组织协调运维团队执行应急预案；负责应急处置协调中信息的上传下达；组织指挥开展应急演练；负责系统级IT设备运行状态监控，处理或督促运维人员处理告警信息。具体工作内容包括：

（1）调度值班：开展7×24小时轮班，记录值班日志；交接班，交接内容为汇总服务台话务情况、工单情况、信息系统运行等情况；开展每日早会、每周周会，对上一天或上一周的运行情况进行统计分析、汇报。

（2）设备及系统监控：

① 机房巡检：对信息机房温度、湿度、电源等环境进行检查。

② 信息系统巡检：对信息系统可用性进行轮巡检查。

③ 信息安全监控：对网络运行状态实施监控。

④ 信息设备监控：对信息设备运行状态、告警情况进行监控。

（3）系统可用性检查：对应用系统定时轮巡，把在监控和巡检中发现的异常情况、告警、隐患等情况记录下来，启动事件管理流程，通知人员响应处理。

（4）运行分析：开展运行调度分析，通过值班日志、周报、月报、故障报告等内容对存在问题进行分析，提出整改建议。

（5）作业计划管理：负责收集、汇总作业计划，协助调度正值审核计划申请合规性、计划可行性，发布作业信息，按日、按周、按月进行管控。调度副值负责作业执行情况的跟踪、监督、上报，严格实现闭环管控。重大作业计划加强信息通报、监督。

（6）运行调度指挥：调度人员对系统投退运、复杂变更、故障处理、应急演练和应急抢修等作业的执行过程进行协调跟踪及指挥，调度指挥工作开展涉及事件管理、问题管理、变更管理、发布管理、应急管理。事件管理中的调度指挥主要包括：

① 在巡检与监控中发现的故障、隐患、缺陷等，负责发起和登记事件，初步判断事件等级、事件定位，分派运维人员进行处理。

② 服务台人员受理的事件如涉及多个运维专业的事件或无法确定分派的事件，则向调度进行反馈。

③ 协助服务台对事件进行分级、判断，协助定位和任务分派。

④ 如发生重大或影响面广的故障，协助确认故障发生时间、影响范围、故障现象，形成初步故障定位和处理意见，通知运维人员进行处置响应，跟踪故障处理进度，协助指挥协调运维资源。根据情况启动相应的应急预案，在处理过程中，向业务主管、各干系人通报故障信息及人员响应到位情况、处理进度、恢复事件、故障原因等。同时协同服务台及时告知用户业务影响情况。流程如图3.12所示。

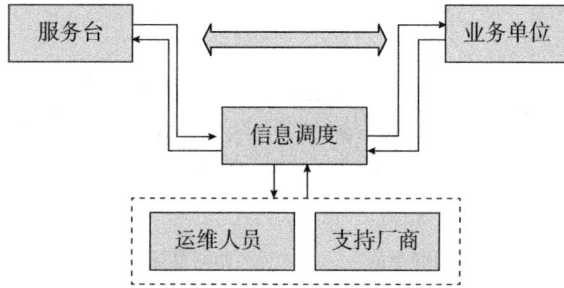

图 3.12 事件管理中的调度指挥流程

5）问题管理中调度指挥的工作职责

问题管理调度指挥的工作职责主要包括：

（1）负责把在日常运行工作中识别、分析到的问题，登记提交至问题管理。

（2）对涉及信息系统缺陷或涉及跨业务、跨专业的问题组织处理。

（3）负责对问题审核、分析和判断，将问题分派给问题分析专家处理，对问题处理进行协调。

（4）协助督办问题处理，将结果记录、上报，对问题进行闭环处理。

问题管理中的调度指挥流程如图 3.13 所示。

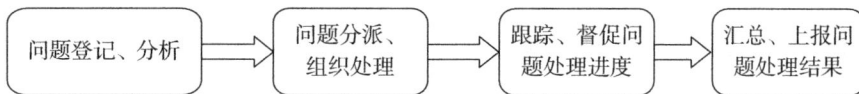

图 3.13 问题管理中的调度指挥流程

6）变更管理中调度指挥的工作内容

变更管理中调度指挥的工作内容主要包括：

（1）变更申请人发起变更时应确定变更类型，调度人员协助变更经理进行确认。

（2）根据不同的变更类型（简单变更、标准变更、复杂变更、紧急变更），执行不同的流转策略，协助或配合变更经理协调变更过程中涉及的相关资源。

（3）涉及重大、紧急变更时，协助组织开展变更实施。

7）发布管理中调度指挥的工作内容

发布管理中调度指挥的工作内容主要包括：

（1）涉及生产环境上信息系统软件版本的变更，完成变更审批后，通过发布管理流程开展变更实施工作。

（2）在发布管理流程中，发布实施人员设计、构建和配置发布，发布经理审核和批准发布后，告知调度，调度副值负责协同服务台针对发布后可能出现的业务影响做好应对准备。

8）应急管理中调度指挥的工作内容

应急管理中调度指挥的工作内容主要包括：

（1）组织指挥各运维人员参与应急演练，通过演练完善信息运维应急预案。

（2）组织各运维人员参与编制和维护应急预案。

（3）指挥各专业运维人员执行信息运维应急预案。

应急管理中的调度指挥流程如图 3.14 所示。

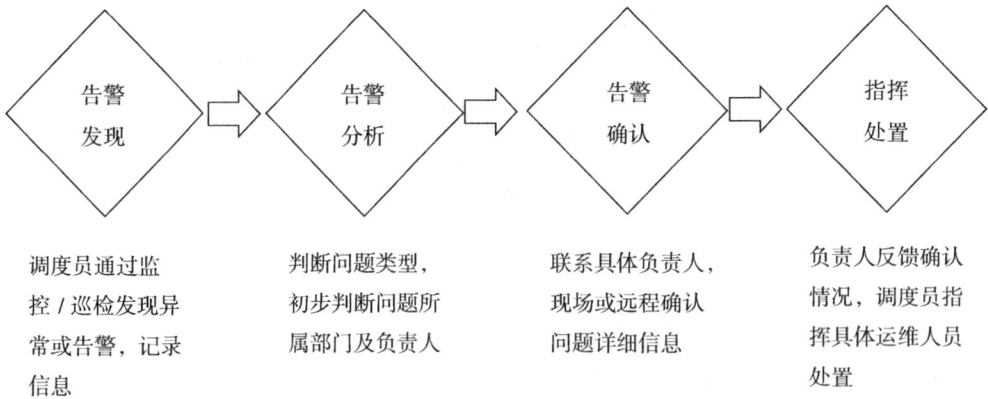

告警发现	告警分析	告警确认	指挥处置
调度员通过监控 / 巡检发现异常或告警,记录信息	判断问题类型,初步判断问题所属部门及负责人	联系具体负责人,现场或远程确认问题详细信息	负责人反馈确认情况,调度员指挥具体运维人员处置

图 3.14   应急管理中的调度指挥流程

3.3.4   二线技术支持团队的作用、类型与职责

1. 二线技术支持团队的作用

（1）具备比一线更高的技术、业务能力和经验,响应一线分派的任务,是用户日常业务恢复的主要技术支撑。

（2）协助三线处理更复杂、更高难度的问题。

2. 二线技术支持团队的类型

二线技术支持团队按专业划分可包括基础设施（机房 / 网络 / 通信线路等）维护、应用系统维护、通信保障维护、数据资源维护、安全系统维护等岗位。二线技术支持团队在运维体系架构中的支撑关系如图 3.15 所示。

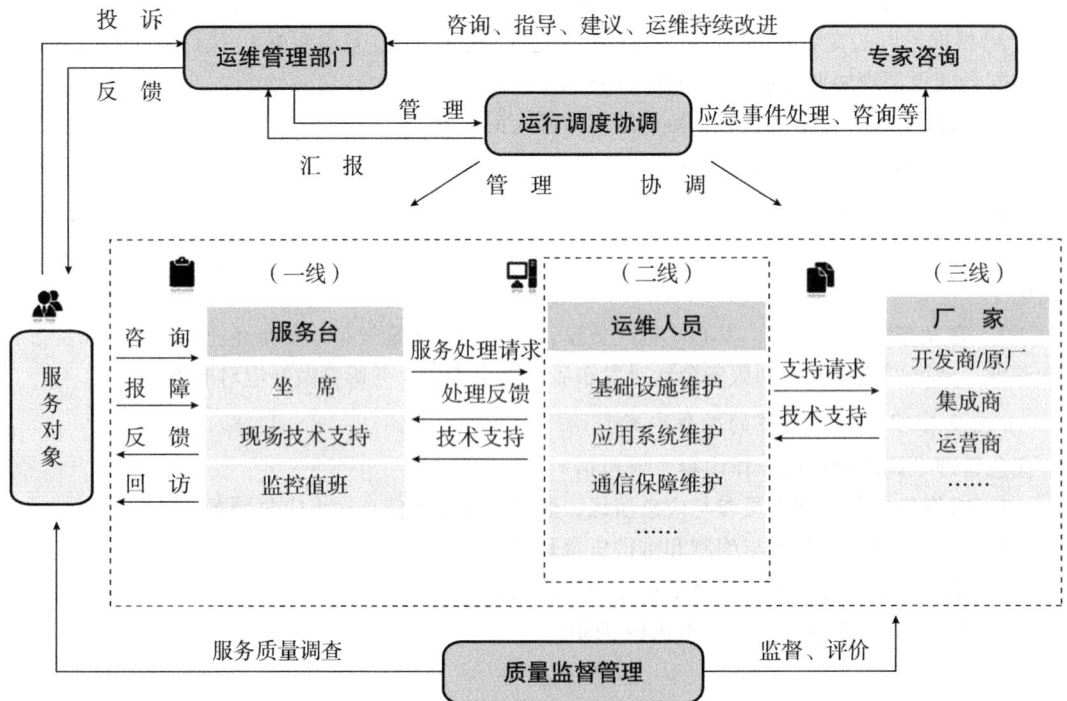

图 3.15   二线技术支持团队在运维体系架构中的支撑关系

3. 二线技术支持团队的职责

1）机房维护职责

机房维护职责主要包括：

（1）机房环境巡检与清理：每日监控机房环境监控系统，对各机房运行情况进行运行状态监控，确保环境监控系统工作稳定正常，出现故障时可以快速进行短信故障告警；定期清洁机房天花板与地板通道；定期检查机房天花板、墙壁、管线槽等各进出通道，防治鼠患；定期进行机房防火、防水检查，及时发现并清理灾害隐患。

（2）供配电系统巡检与维护：整理编制各机房配电系统图纸，完善各路配电柜标识，确保基础维护资料的准确性；当出现系统变更时，应及时更新相关的基础图纸及资料；每日对配电电缆进行巡查，对线路混乱部分进行清理，检查各机房 UPS 系统运行状态、负载变化情况；每月检查 UPS 系统电池使用情况，检查是否存在电池漏液、壳体变形等故障隐患；并定期对电池进行充、放电测试，确保 UPS 系统的正常运行；定期检查柴油机系统运行状况，确保柴油机的油量、水箱水位正常，并定期对柴油机系统进行启停测试。

（3）综合布线维护：对各机房内部综合布线系统及区网主干布线系统进行整理测试，理清各布线路由走向信息，并对线路路由进行明确标示；定期整理机房内部布线，发现线路凌乱、标签不明的情况应及时通知相关责任单位进行整改。

（4）定期对机房空调系统运行状态进行例行检测，检查控制器显示的温度和相对湿度值与实际值是否相符；查看有关报警日志信息，确保空调系统的正常运行，如有异常报警须及时采取相应措施进行应急处理，并及时通知机房或者值班人员进行故障处理，同时及时通知空调专业或水电科进行应急处理。

2）网络维护职责

网络维护职责主要包括：

（1）故障处理：发生网络故障时，要求即时对故障进行排除，按设备服务级别进行具体响应处理，故障处理完成后提交故障处理维护报告，如涉及设备及配置变更，需要同时更新相应的网络基础资料，包括网络拓扑图、设备 / 链路管理表格和配置文件。

（2）日常巡检：每日对维护范围内的网络资源进行巡检，每月 1 次对网络设备运行状况、网络流量进行分析并形成详细的运行情况分析报告，对于有隐患、有单点故障的地方，及时和用户沟通，提出解决方案；日常针对网络路由及交换设备的配置资料进行备份、漏洞检测和修复、定期日志检查和分析，以保证整个业务系统的正常运行。

（3）网络链路的监控和维护：连通性、链路流量等。

（4）网络链路状况分析：健康性、安全性、负载分析等。

（5）提供网络基础架构技术支持，提供系统部署或故障排查时的现场技术指导，提供基础架构升级改造的网络现场技术支持。

3）应用系统维护职责

应用系统维护职责主要包括：

（1）应用系统日常维护：包括日志备份、异常进程处理、定期重启等日常维护操作，确保系统的正常运行。

（2）应用系统巡检与监控：检查系统功能模块运行情况，反馈系统存在的问题及潜在风险。

（3）应用系统消缺，确保系统性能正常。

（4）响应服务台的派单，对用户报障 / 服务请求、系统告警、巡检发现的系统故障进行处理，确保恢复系统应用。

（5）提供数据处理及日常工作技术支持。

（6）协助业务流程调整、业务功能完善，系统性能调优等工作。

4）通信保障职责

通信保障职责主要包括：

（1）负责视频图像信息数据库与综合应用系统、视频监控运行维护管理系统的维护，保证视频监控、视频应用、视频监控运维等设备及系统业务的正常运行。

（2）负责为各无线通信设备提供运维及技术保障服务，配合对各类重大通信保障提供技术支持。

（3）负责为视频会议系统、扩音系统、中控等有线通信保障设备提供运维及技术保障服务，配合对各类重大通信保障提供技术支持。

5）数据资源维护职责

数据资源维护职责主要包括：

（1）协助制定数据安全访问控制策略。

（2）根据制定的应用系统业务数据结构目录规范，开展数据结构整理清洗服务。

（3）负责日常数据处理和数据维护支持，根据系统数据应用需求进行数据接收、录入、核查、传输、更新、储存和归档等工作。

（4）跟踪应用系统数据结构变更需求，执行应用数据方面的变更流程。

6）安全系统维护职责

安全系统维护职责主要包括：

（1）负责安全系统巡检，隐患排查。

（2）协助内部安全审计、做好信息安全风险管控。

（3）负责网络安全维护，包括防火墙入侵防护、网络安全管理、计算机病毒防范、防黑管理等。

（4）负责信息系统日常安全事件应急处置。

3.3.5　三线专家团队的作用、类型与职责

1. 三线技术支持团队的作用

（1）处理二线无法解决的技术性问题，涉及平台级、原代码等问题。

（2）作为信息系统运维的最后一道屏障，确保高难度问题得以解决，保障业务的持续、安全运行。

（3）为运维团队提供技术培训，促进整体运维能力提升。

2. 三线技术支持团队的类型

三线技术支持团队包括平台维护专家或顾问、系统管理员、原厂技术支持人员等。三线技术支持团队在运维体系架构中的支撑关系如图 3.16 所示。

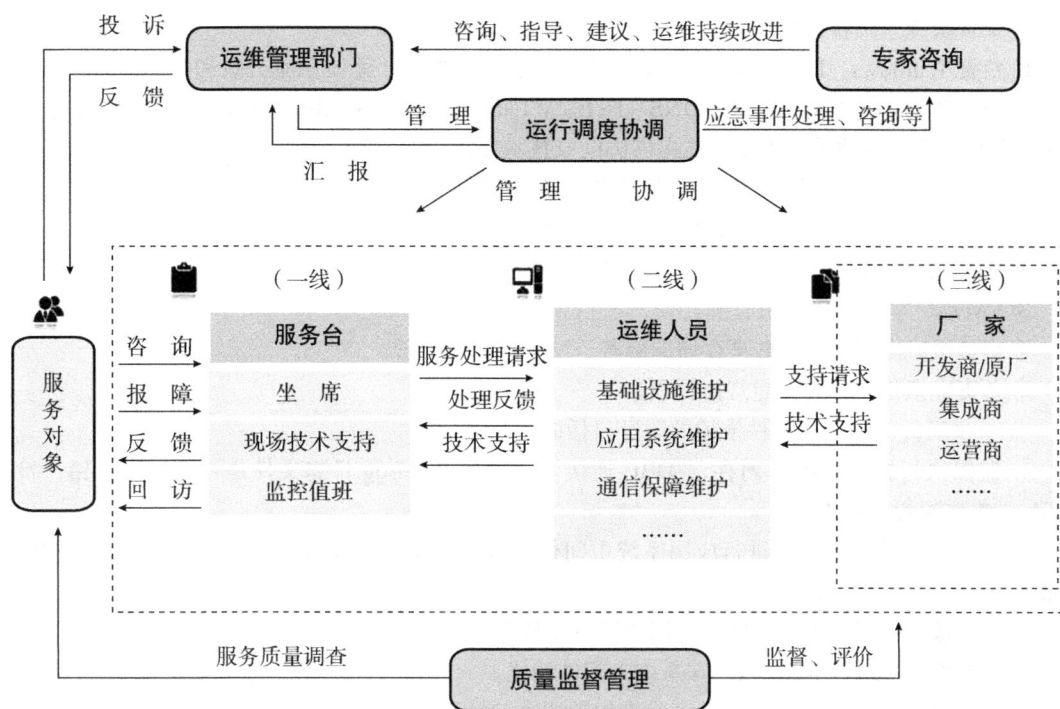

图 3.16 三线技术支持团队在运维体系架构中的支撑关系

3. 三线技术支持团队的职责

1）平台维护专家职责

平台维护专家的岗位又分为数据库维护、系统主机维护、虚拟化维护、中间件维护、存储及备份维护等。

（1）数据库维护。负责 Oracle、MS SQL Server 等数据库的安装、配置、优化、监测、备份、补丁安装、系统版本升级等工作，保障其能正常运作，并提供数据库相关文档。数据库维护还包括安装补丁服务、性能评估及调优、数据库优化和数据库紧急救援服务及技术支持等。

① 安装补丁服务：提供安装修正性补丁服务，实施前进行测试，保证数据安全。

② 性能评估及调优：根据数据库情况评测应用性能，评估系统中存在或潜在的问题，并提出建议方案，保证数据库高效运行。

③ 数据库优化：在数据库无法以最佳状态运行的情况下，须对其参数进行优化。

④ 数据库紧急救援服务及技术支持。

（2）系统主机维护。系统主机维护的职责包括以下几项：

① 负责系统主机监控与巡检：监控主机硬件运行情况、主机运行环境情况、主机 CPU 使用率、内存使用率等。

② 负责系统主机日常维护：服务器系统的优化、系统数据备份、定期日志检查和分析。

③ 负责系统主机故障报修：发生服务器设备硬件故障后向保修厂商报修，并跟踪报修进展与结果。

④ 系统故障诊断和修复。

⑤ 主机集群的安装、优化、系统配置、故障诊断和修复。

⑥ 提供 Linux 系统、Windows 系统等操作系统技术支持。

⑦ 负责系统基础软件维护。

⑧ 负责 Windows、Linux 系统的安装、配置、优化、监测、系统版本升级和补丁安装等服务。

⑨ 负责系统服务（例如 Web、DNS、FTP、WINS、DHCP、Samba 等）的安装、配置、监测、优化、备份等非开发性质的工作，并提供协助或技术支持。

（3）虚拟化维护。虚拟化维护的职责包括以下几项：

① VMware vSphere 软件的安装、升级和维护。

② VMware 高可用、监控、备份、迁移等功能维护。

③ VMware 模版和虚拟机管理。

④ 虚拟机、虚拟网络及共享存储的部署、变更和故障处理。

⑤ 负责虚拟化资源与性能监控管理。

（4）中间件维护。中间件维护的职责包括以下几项：

① 监控执行线程、JVM 内存、JDBC 连接池，检查 WebLog 日志文件是否有异常报错，检查 WebLog 集群配置是否正常。

② 诊断、定位故障点，进行应用系统中间件的故障定位，并及时排查，同时考虑系统中间件冗余备份，保证系统恢复。

③ 定期备份中间件系统文件，定期清理系统日志。

④ 定期给 Sphere、WebLogic 等系统中间件调优。

（5）存储及备份维护。存储及备份维护的职责包括以下几项：

① 负责存储及备份设备日常巡检：定期进行存储设备日志检查与分析。

② 监控存储交换机设备状态、端口状态、传输速度。

③ 监控记录磁盘阵列、磁带库等存储硬件故障提示和告警，并及时解决故障问题。

④ 对存储的性能（如高速缓存、光纤通道等）进行监控。

⑤ 负责存储资源分配：包括日常存储容量分配和回收、存储光纤交换机 ZONE 划分与 LUN 配置、设备日常巡检、预防性健康检查、故障监控服务。

⑥ 负责存储及备份设备故障报修：发生存储设备的硬件故障后向保修厂商报修，并跟踪报修进展与结果。

⑦ 提供基础架构升级改造的系统、存储技术支持服务，协助应用系统部署或故障排查。

⑧ 提供数据备份、数据备份恢复服务，在系统 / 应用软件程序升级、补丁修复、配置参数变更等重大操作前进行及时有效的数据备份。

⑨ 定期进行备份数据测试以及恢复测试。

⑩ 协助备份系统的规划部署和日常备份系统监测工作。

2）系统管理员职责

（1）全方面负责所属应用系统业务及应用管理。

（2）负责监控、审核职责范围的应用系统事件、问题、配置、变更、发布等流程执行。

（3）负责组织开展所属应用系统运行状态巡检、监控工作。

（4）负责所属应用系统需求变更管理。

（5）负责组织开展所属应用系统应急保障工作。

（6）负责组织开展所属应用系统培训管理工作。

（7）负责所属应用系统数据处理、分析及日常技术支持。

（8）负责组织开展所属应用系统测试支持、代码审计、版本控制工作。

（9）负责组织开展所属应用系统缺陷处理、系统流程调整、系统功能调整、性能调优等工作。

（10）负责所属应用系统风险管理工作。

（11）负责组织开展所属应用系统重大事件处置协调、分析、总结、汇报等工作。

3）开发厂商技术支持人员职责

（1）提供系统后台支持及代码维护。

（2）对一、二线处理不了的故障提供技术支持，协助故障定位和处理。

（3）根据服务级别协议为相关技术支持人员提供技术培训。

（4）配合系统管理员开展缺陷评审、高级巡检方案设计、信息系统调优等技术支持工作，提出建设性建议。

（5）提供系统性能诊断和调优技术支持。

（6）协助完成日常业务需求处理和专项工作。

3.3.6　大运维体系中的运维监理

大型信息系统由于其规模庞大、跨地域性、网络结构复杂、业务种类多、数据量大、用户多等特点，建设单位往往没有足够的人力资源和技术力量，从技术服务规范的层面来对运维工作进行监督、改进和落实。另外，大型信息系统往往包含多家运维商，运维人员众多，在管理和协调上需要耗费大量的资源成本。

通过引进运维监理，依据国家有关法律法规、标准规范和监理合同，对业主提供的运行维护服务实施监督管理，提升运维服务质量，实现运维工作标准化、规范化，是提升大型信息系统运维监督管理和持续改进的有效途径。

大型信息系统运维监理的作用如下：

（1）解决用户在大运维情况下的协调难题。

（2）解决用户在运维过程中信息不对称的问题。

（3）解决信息系统运维期用户单位直属人力资源的不足。

（4）解决用户单位在运维工作中专业技能方面问题。

（5）解决用户单位在运维管理经验和突发事件处理经验方面的不足。

因此，在信息系统工程中引入监理制度是极为必要的，这也是提高信息系统运维效率、质量、技术性能、延长大型信息系统使用周期的可靠保证。

通过科学的方法，运维体系的监理服务主要实现有两大目标，一个是确保运维工作按计划进行，一个是不断完善运维管理。

鉴于工程监理的地位和作用的重要性，国家制定了一套标准加以规范。在大运维体系中如何引入监理机制，做好监理工作，本书将在第9章中予以全面阐述。

3.4　大运维体系的管理流程

大型信息系统是以信息技术和通信技术为支撑，规模庞大，分布广阔，采用多级网络结构，跨越多个安全域，处理海量的、复杂且形式多样的数据，提供多种类型应用的大系统。大型信息系统运行维护体系（简称大运维体系）为大型信息系统的高效、可靠、健康、经济、安全运行保驾护航。

3.4.1　大运维体系管理流程的特征

1.管理流程的概念

流程是用于实现特定目标的一系列有组织的活动，它获得一个或多个定义的输入，然后将它们变成定义的输出。活动之间不仅有严格的先后顺序限定，而且活动的内容、方式、责任等也都必须有明确的安排和界定，以使不同活动在不同岗位角色之间进行转手交接成为可能。活动与活动之间在时间和空间上的转移可以有较大的跨度。

ITIL 将 IT 服务管理分为十个核心流程和一项管理职能。这十个核心流程分别是服务级别管理、IT 服务财务管理、容量管理、IT 服务持续性管理、可用性管理、配置管理、变更管理、发布管理、事件管理、问题管理。"一项管理职能"指的是服务台职能。每个 ITIL 流程都包括五大要点：流程目标、基本概念、主要活动、好处与风险，以及关键绩效指标与报表。ITIL 把这十个核心流程和一项管理职能划分为两组：前五个流程属于服务交付流程，后五个流程和服务台职能属于服务支持流程。其中服务交付流程主要面向为服务付费的机构和个人用户。它的任务是根据组织的业务需求，对服务能力、持续性、可用性等服务级别目标进行规划和设计，同时还必须考虑到实现这些服务目标所需要耗费的成本。服务支持流程主要面向用户，确保用户得到适当服务以支持组织的业务功能，确保 IT 服务提供方所提供的服务质量符合服务级别协议（SLAs）的要求。这五个流程属于运营层次的服务管理流程。

2.IT 流程的特点

（1）目标性：有明确的输出（目标或任务）。这个目的可以是一次满意的用户服务，也可以是一次及时的数据库检查等。

（2）内在性：包含于任何事物或行为。所有事物与行为都可以用这样的句式来描述：输入的是什么资源，输出了什么结果，中间的一系列活动是怎样的，流程为谁创造了怎样的价值。

（3）整体性：至少由两个节点组成。流程，顾名思义，有一个流转的意思隐含在里面。至少有两个节点，才能建立结构或者关系，才能进行流转。

（4）动态性：从一个节点到另一个节点。流程不是一个静态的概念，它按照一定的时序关系徐徐展开。

（5）层次性：组成流程的节点本身也可以是一个流程。流程是一个嵌套的概念，流程中的若干节点也可以看作子流程，可以继续分解。

（6）结构性：流程的结构可以有多种表现形式，如串联、并联、反馈等。这些表现形式的不同，往往给流程的输出效果带来很大的影响。

3. 大运维体系管理流程的主要特点

（1）流程牵涉面广。主要涉及三个方面：地域、部门和技术。

① 大运维体系流程节点分散在不同地点，类似电信运营商、电网企业，以及自上而下的政府机构的信息系统等，这些信息系统的使用者并不限定于某个区域，而是非常分散且沟通相对困难，日常的主要业务流程管理通过信息系统实现。这要求信息系统的流程管理能反映业务的全局，每个节点包括工作任务、工作内容、人员职责、流程图及步骤说明、报告内容等信息外，还需熟知相关的以及之前发生的所有信息，信息系统在处理相关流程时不仅需要体现之前处理情况，还需能够关联该业务的所有信息。

② 大型信息系统跨部门综合应用的情况越来越多，类似多部门联合共建的卫星遥感数据与资源、环境科学数据资源的相关应用系统，涉及国土资源、林业、水利、农业、气象、测绘等不同部门，一个管理流程需要适应不同部门的架构和要求。

③ 大运维体系的流程技术问题涉及面广，数据库、存储、网络、通信、有线、无线、环控等都会涉及，往往一个问题需要多个工程师通力合作，共同处理。在流程初期有可能技术专业判断有误，需要流程及时调整，甚至有不同专业工程师同时处理一个环节或节点的情况，这就要求信息流程管理中的技术处理具备相当的灵活性。

（2）执行效率要求高。大型信息系统大都涉及政务、公众服务等方面，例如：政府的政务审批系统、企业的 CRM 系统、业务运营商的 BOSS 系统等，牵涉用户量动辄数十万，上百万用户，都是关乎民生的信息系统。运维流程执行要求效率高，特别是涉及故障事件、问题、变更等方面的流程，不仅执行效率要求高，对各岗位之间的相互协同也提出较高要求。

（3）流程复杂。大型信息系统流程涉及部门、岗位、人员多，执行过程中层级变换频繁，流程复杂。很多复杂的流程在执行过程中，发现需要触发一个子流程来解决现有流程中存在的问题，待子流程结束后，流程才能继续往下执行，或是引发一个同步流程，两个流程同时执行，最终结果由两个流程的结果来确定，这要求系统流程设计时有足够的灵活性，同时要符合运维规范的基本要求，目的是在确保达到服务级别的情况下，降低服务运营成本。

3.4.2　服务目录与服务级别管理

1. 服务目录

1）服务目录的概念

服务目录是 ITIL 中非常重要的概念，是服务组合的一个组成部分。在服务组合中有三个要素，分别是服务策划、服务目录和退役的服务。

（1）服务策划：所有在考虑中或开发中的服务，对用户来说还不可用。

（2）服务目录：所有可用的服务，包括已经可以部署的服务。

（3）退役的服务：所有已经被淘汰的或退役的服务。

其中服务目录的作用就是来界定 IT 服务提供商所能提供的 IT 服务的范围。下面举工作实例来为大家解释服务目录的定义：在工作中经常除了要处理各种计算机、网络设备、服务器和一些应用的故障外，当用户遇到复印机故障、电话通讯故障、传真机故障等小问题也向 IT 部门求助，甚至有的运维管理人员反映，在企业（机构）中只要与电有关的事情都是 IT 部门的事。这种情况合理吗？如果出现这种情况，以 ITIL 的观点来看，原因在于 IT 组织没有提出一个明确的服务目录，即"我能提供哪些服务"。做对的事情比把事情做对更重要，无论做什么事，首先要界定做事的范围，避免出现做了本不该做的事情的情况。

2）服务目录设定的目的

为 IT 服务提供文件资料和建立其他服务管理组成的基础，它通过提供一个包含所有协定服务的信息来源，来保证这些信息对所有的授权人具有广泛的可用性。本质上，它清晰地定义了从 IT 组织可得到什么服务，以及按商业目标和需求定位那些服务。服务目录的目的主要有两个：

（1）管理服务目录的信息，并保证这些信息的准确性。

（2）保证服务目录支持所有其他服务管理流程对服务目录信息的演变的需求，包括所有的接口和从属信息。

3）服务目录管理的工作范围

（1）产生并维护一个准确的服务目录。

（2）服务目录与整个服务目录的接口、依赖关系和一致性。

（3）所有的服务与支持的组件之间的接口和依赖关系。

4）服务目录管理的作用

（1）保证对 IT 服务有一个共同的理解，并改进服务提供商与用户之间的关系。

（2）使服务提供商更加关注用户成果。

（3）改进其他服务管理流程的效力和效率。

（4）改进知识、关注每一个服务的业务价值。

5）服务目录管理的要点

（1）协商并归档服务定义，描述每个服务的相关部分。

（2）与服务组合管理协商服务组合和服务目录的内容。

（3）产生和维护一个准确的服务目录以及它的内容。

（4）与业务部门和 IT 服务连续性管理流程保持联系。

（5）做好与支持团队、供应商、服务资产与配置管理流程的接口。

（6）做好与业务关系管理和服务级别管理流程的接口。

6）服务目录定义的信息

（1）服务名称：提供一个简单的描述，最好与用户认知的名称相同。

（2）服务描述：这是一个服务文字描述，用用户能够理解的语言书写，避免专业术语。

（3）支持联络点：用户可以在这里找到关于服务的咨询或报告。

（4）负责的经理：列出对服务负责的联系人。

（5）客户／用户：列出使用该服务的用户范围。

（6）详细说明：某些项并不需要所有这些元素，但在详细说明中包含可能的元素。如：

① 输入：硬件、软件、基础架构、用户输入等。

② 输出：从用户观点认为的最终服务产品、要求或内容。

③ 用户可能需要支付额外费用。

④ 可以享受该服务的时间范围。

⑤ 服务可用性目标。

⑥ 提供的支持服务标准或要求。

⑦ 对于启动、改变或中止服务的条件。

7）服务目录的功能

（1）服务目录的设计中包括了服务成功的度量标准，它能为服务的结果度量提供一个基准，这有助于识别在运维过程中需要改善的方面。

（2）服务目录辅助服务台管理人员定义在运维过程中所服务的范围，能基于事件对业务功能的影响帮助识别事件的优先级。一个良好的服务目录能够帮助用户识别有效的服务和服务的界限。

（3）在运维组织中，服务目录以同样的方式向所有或大多数用户提供一个标准级别的服务支撑。对于大多数用户而言，服务目录成为实际上的服务等级协议（SLAs），只有那些特别的用户才需要一个与众不同的服务等级，而且这个 SLAs 只需要定义与标准服务目录有什么不同即可。一些服务于内部的运维组织，对于服务目录有着更加迫切的需求。

8）服务目录的样例

运维服务部门负责与相关业务或用户部门沟通，制订《服务目录》。《服务目录》应定义所有服务，并包含服务名称、服务目标或标准、联系接口、服务提供时间、安全方面的考虑和安排。《服务目录》是运维提供的服务内容的汇总，企业（机构）与用户签署 SLAs 时应参考《服务目录》，企业（机构）应该根据当前的服务能力对《服务目录》进行更新与维护。可参照表 3.1 和表 3.2。

表 3.1　服务目录模板

服务名字	
描　述	在这，你将找到一个服务提供商提供的服务的简要概述。描述应包含客户友好的服务描述和它的好处
支持联系	对于更多的信息或者请求服务提供联系信息。Web 链接和其他附加的信息也应体现在这里
责任经理	提供负责服务或这方面事情的经理的名字
用　户	识别最常使用服务的客户组。可以详细或概述
详细描述	
输　入	硬件、软件和所需要的客户信息
输　出	最终产生的详细内容
默认的、可选的和排除的项目	服务总是包含的、可选的和永不提供的项目
服务时间	服务有效的小时数
性能标准	正常运行时间统计、质量控制和最终产品的规定，对于服务的性能度量是有用的
启动、更改或中止服务的客户规程	客户如何请求一个服务、更改他们已经收到的服务或者中止服务
费用（如果适用）	任何费用信息或者关于是否支付费用的简要声明

表 3.2　服务目录样例

管理人员的桌面支持	
描　述	IT 为支持的公司的软件产品提供桌面支持。如 MS Office 和 Windows 操作系统。也提供软件包安装、计算机配置、病毒防护、网络配置和硬件支持。这个支持通过电话或在线服务是有效的
支持联系	用户应拨打 555-1222 号码联系 IT 帮助台来发起一个支持的请求
责任经理	Greg Richards
用　户	该服务的用户包括财务和商业服务的人员，也包括支持生产和运输方面的接待和管理人员。车间里的专门的桌面需求由应用组或硬件支持来处理
详细描述	
输　入	软件和版本、资产信息、客户联系信息、全面的问题描述包括需要的任何错误信息。对于新的安装和配置，输入为资产和所需软件的详细资料
输　出	问题被解决或按照需要升级。结果将关系到客户的满意度。一个最终的关于所交付的服务的报告
默认的、可选的和排除的项目	All campus supported software is included in desktop support. A current list of supported software is listed on our Web site.Software required for business purposes that is not standard is supported for individual units （such as Peachtree for Accounting）.Software or other technology items not related to business purposes（personal or entertainment-related programs）are not supported and may be removed while resolving the problem
服务时间	桌面支持从周一至周五，早 8 点到晚 5 点有效
性能标准	70% 的呼叫在首次呼叫中解决。剩余的 30% 中，60% 在首次在线访问中解决。如果一个呼叫在电话呼入的最初 20 分钟内不能解决，该呼叫将升级到在线服务。如果在线服务决定这是硬件问题或网络问题，那么立即作适当的升级处理。未解决的问题会被升级到第三级支持或适当的卖主那里
启动、更改或中止服务的客户规程	Customer can request service by simply calling the IT Help Desk
费用（如果适用）	No charges apply to the department for this service.Licensing fees for software or hardware repair not out-of-warranty may have costs associated with it

2．服务级别管理

1）服务级别管理的内容

服务级别管理流程通过在 IT 服务提供部门与用户之间建立有效沟通的业务关系，并对信息技术服务运维绩效进行协商、监控和报告，确保实现双方协商确定的用户满意等级，且使企业（机构）提供的信息技术服务得到持续的维护和改进。服务级别管理包括对下列文档的设计、协商和维护：

（1）服务级别协议：由IT服务提供部门和用户之间签订的描述包含将要提供的一项或多项服务内容的协议。例如：对关键系统和重要系统的服务承诺、承诺的事故恢复时间、与用户的安全责任边界等。

（2）运营级别协议：是与某个内部IT部门就某项IT服务所签订的协议。例如：UPS可用率、空调故障恢复时间等。

（3）支持合同：与外部供应商就某项服务的供应所签订的合同，确保为用户提供的服务水平能够满足服务级别协议要求。

2）服务级别管理的目标

（1）使用用户能够理解的术语，在服务级别协议中对所要提供的信息技术服务进行清晰描述。

（2）整合企业为用户提供信息技术服务所需要的各种要素，并在相关文档中对服务项目中各种要素进行清晰描述。

（3）持续维护和改进IT服务质量，使IT战略与业务需求一致。

（4）监控、衡量、汇报IT服务交付水平并制定服务改进计划，以一种可控的方式改进信息技术服务的交付。

3）服务级别管理流程中的角色

服务级别管理流程中定义三种角色：服务级别管理流程负责人、服务级别经理、协议维护人。服务级别管理流程负责人和服务级别经理可由同一人担任。

（1）服务级别管理流程负责人。从宏观上对流程运行情况进行监控，确保服务级别管理流程在各部门间被正确地执行。当流程不能够适应企业（机构）实际情况时，流程负责人必须启动分析研究，找到解决方案并进行改进，实现流程的稳定运行和可持续提高。具体职责包括：

① 确定服务级别管理流程的衡量指标。

② 确保服务级别管理流程符合企业（机构）实际状况和企业（机构）IT发展战略。

③ 总体上管理和监控流程，建立服务级别管理流程实施、评估和优化机制。

④ 确保服务级别管理流程有效、正确地执行，当流程不能够适应企业（机构）的情况时，必须及时进行分析、找出缺陷、进行改进，从而实现可持续提高。

⑤ 保持与其他流程负责人的定期沟通。

⑥ 负责流程运行质量的监控管理，向企业（机构）负责。

（2）服务级别经理。服务级别经理具体职责包括：

① 设计服务级别协议（SLAs）模板。

② 与用户商谈，就信息技术服务级别需求达成一致，并签署服务级别协议或服务合同。

③ 参与上游供应商谈判，就供应商支持合同UC的服务内容达成一致。

④ 监控服务级别协议的履行程度和监控服务改进计划实施进度和效果。

⑤ 定期组织企业（机构）信息技术服务交付水平的回顾并督促改进计划的实施，确保服务交付等级达到SLAs要求。

（3）协议维护人。协议维护人协助服务级别经理完成具体工作，包括：

① 建立和维护服务级别协议（SLAs）。

② 参与支持合同UC的建立并进行回顾。

③ 定期生成用户服务报告及流程管理报告，提交给服务级别经理。

④ 提出对服务级别管理流程和SLAs的改进建议，并组织制定服务改进计划。

4）服务级别管理流程

（1）服务级别管理具体流程如图3.17所示。

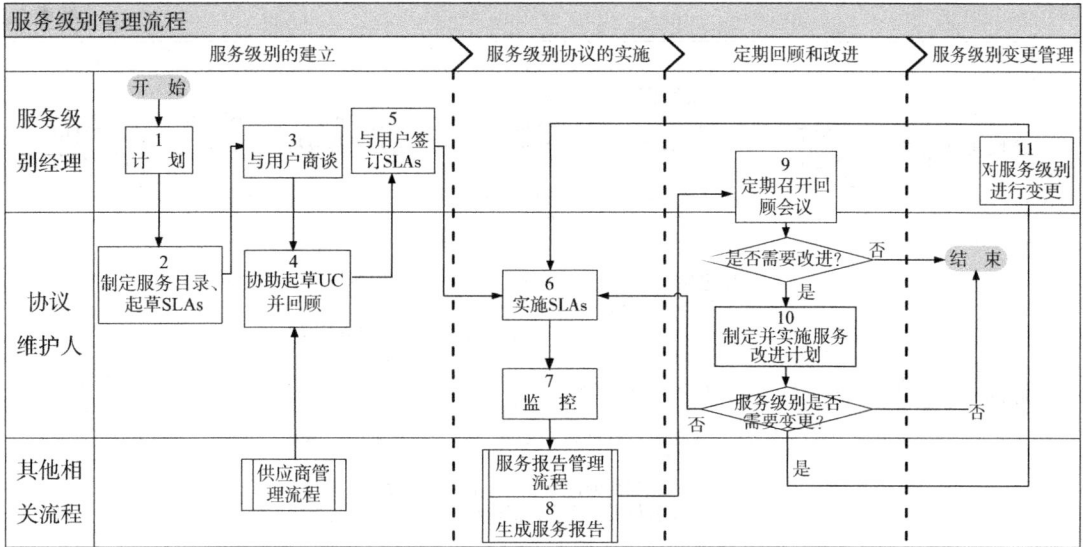

图 3.17 服务级别管理流程

（2）服务级别管理流程的详细步骤见表 3.3。

表 3.3 服务级别管理流程的详细步骤描述

步 骤	输 入	步骤描述	输 出
1. 计 划	用户的业务需求、服务级别需求	① 了解用户的业务需求 ② 参考历史数据和建议、掌握实际服务交付能力	
2. 制定服务目录、起草服务级别协议	用户业务需求、已达成共识的服务级别需求、服务级别协议模板	① 根据目前所提供的服务制定服务目录 ② 根据服务目录填充服务级别协议内容，包括： 　· 定义信息技术服务衡量方法和衡量指标 　· 定义衡量指标的目标值 　· 定义每项服务衡量指标的监控频率和方法，制订监控方案 ③ 与相关人员对服务目录、服务级别协议进行修订确认	① 服务目录 ② 服务级别协议 SLAs ③ 监控方案
3. 与用户商谈	服务目录、服务级别协议、监控计划和方法	① 与用户商谈、修订服务目录和服务级别协议内容； ② 商谈、修订服务目录和服务级别协议过程中需要及时与上游供应商、技术部和开发部等部门技术人员沟通 ③ 回顾、调整监控方案	① 用户认可的服务目录 ② 服务级别协议 ③ 监控方案
4. 协助起草 UC 并回顾	得到企业（机构）认可的服务目录、服务级别协议	① 根据服务级别协议对现有的与供应商签订的支持合同 UC 进行回顾 ② 协助相关人员制定出缺失的支持合同 UC，或对现有的支持合同 UC 进行修订	经过回顾的 UC 和 SLAs
5. 与用户签订 SLAs	经过回顾的 UC 和 SLAs	与用户正式签订服务级别协议	签订的服务级别协议
6. 实施服务级别协议	签订的服务级别协议、监控计划和方法	① 实施支持合同、交付服务级别协议中规定的服务 ② 进行日常工作记录和相关数据的整理	
7. 监 控	监控方案、日常数据	① 根据服务级别协议和支持合同中的相关指标规定对日常工作进行监控和记录 ② 确保日常数据的有效性，以保证能定期提供协议中规定的报告	监控及日常工作过程中所记录的相关数据

步　骤	输　入	步骤描述	输　出
8. 生成服务报告	监控及日常工作过程中所记录的相关数据	依据服务报告管理流程： ① 识别 SLAs、UC 中规定的应交付的报告，识别出每项服务报告所需数据，进行数据分析和服务表现趋势分析，编写服务报告 ② 将所有报告进行整合，按照 SLAs、UC 规定的时间和频率按时递交公布服务报告	递交给用户服务报告和内部管理报告
9. 定期回顾	递交给用户的服务报告	① 定期与用户对服务表现、交付能力、服务级别指标完成程度等进行全面回顾，如果未达到服务级别要求则立即制订改进计划并落实，此外，应确定用户服务需求是否有变化 ② 每年底在签署新的 SLAs 协议之前，组织 SLAs/UC 回顾会议，用户、内部运维支持部门和外部供应商共同对服务内容、服务级别目标进行全面回顾： ・对服务进行识别、包括范围变更、新业务需求等 ・制定会议议程时间表进行交付服务总结 ・对收集数据进行分析、讨论并记录待改进项 ・如果协议需要变更，依据相应管理流程进行变更	服务级别回顾会议纪要
10. 制定并实施服务改进计划	回顾会议纪要	当用户的服务需求变化后，如果需要对服务级别协议进行变更，依据流程步骤 11 进行；如未对服务级别协议进行变更则继续依照流程步骤 6 实施 SLAs	服务改进计划
11. 对服务级别进行变更	回顾会议纪要	① 根据实际需要，服务级别经理可以发起对服务级别进行变更。服务级别协议处在企业（机构）变更管理流程的控制范围之内（服务级别协议属于一种配置项 CI） ② 如涉及对现有运行环境及配置项的变更，则依据变更管理流程提交变更请求进行相应的审批实施 ③ 服务级别变更后，与用户沟通并得到其认可 ④ 得到认可后，依据步骤 6 继续实施 SLAs	变更后的服务级别协议

5）服务级别管理在 IT 服务管理流程中的角色

服务级别管理在 IT 服务管理流程中扮演了一个中心角色，如图 3.18 所示，它与其他服务支持和服务交付流程都有密切的联系。服务级别管理流程充当企业（机构）与用户之间沟通的一座桥梁，在不需要用户陷入技术实现细节的情况下，与用户协商确定用户所需的信息技术服务需求并文档化（即形成 SLAs 协议）。此后在企业（机构）内部，依据 SLAs 协议将用户的业务需求转化为各个部门和流程需要实现的具体技术活动。

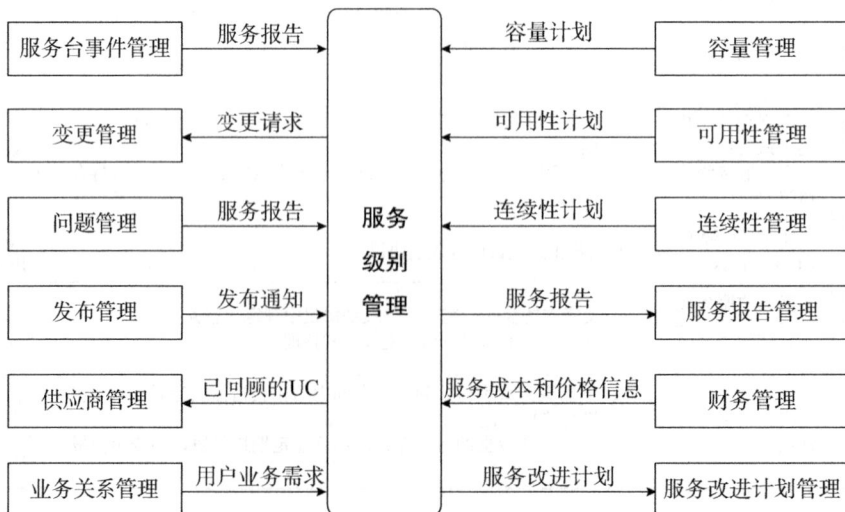

图 3.18　服务级别管理在 IT 服务管理流程中的角色

通过服务级别管理，可以达到以下效果：

（1）IT 服务可以被恰当地设计以满足定义在服务级别需求中的期望。

（2）服务绩效可以测量和评估。

（3）如果服务需要收费，可以让用户在服务质量和响应成本之间选择恰当的平衡点。

（4）IT 部门可以更好地控制成本。

（5）更好地管理用户满意度。

（6）减少用户和 IT 部门之间的误会和疏忽。

3.4.3　IT 服务财务管理

1.IT 服务财务管理概述

IT 服务财务管理是在提供深入了解 IT 服务管理流程的基础上，对 IT 恢复运作的费用及成本重新分配进行正确管理的程序，其目的是帮助 IT 部门在提供服务的同时加强成本效益核算，以便合理利用 IT 资源、提高效益及财务资源使用的有效性。

2.IT 服务财务管理流程

在 IT 部门内，IT 服务财务管理流程通过以下三个主要流程得以实施，即预算、会计核算和计费，如图 3.19 所示。

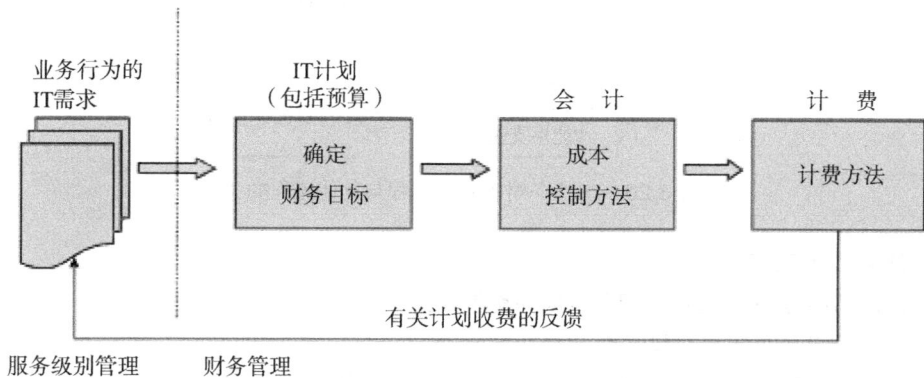

图 3.19　IT 服务财务管理流程

1）预算

预算是控制资金支出的活动，包括定期协商以确认未来的预算（通常是每年，或每季度）和当前预算的日常监督及调整。预算模式包括：

（1）递增预算（增量预算）：根据头一年的预算进行调整以反映预期的增量，从而得到新的预算。

（2）重新预算（零基预算）：忽略过去的经验，根据预算成本调整资源需求，对每一项支出进行评估，决定该项支出是否应该发生以及应该支出多少。此预算方法较费时，通常隔几年使用一次。

2）核算

核算是指对 IT 服务运作过程中产生的各种效益和成本进行确认、计量和报告的过程，并与预算对比，作为监控预算编号流程的一部分。核算模式包括：直线法、加速折旧法、按照使用情况折旧法。成本的分类包括：

（1）直接成本：与某项 IT 服务具有特定和专属关系的成本，如上网所租用的电话线路。

（2）间接费用：与某项 IT 服务不具有特定和唯一相关关系的成本，包括设施、支持服务（如网络管理）以及管理费用（时间）。

（3）固定成本：独立于产品数量的成本，包括投资于硬件、软件和建筑物方面的成本。

（4）变动成本：随着产品数量的变化而发生变化的成本，包括人力成本、耗材等。

（5）资本性成本：组织中用于购买长期使用的资产的成本。

（6）运营成本：与有形的生产资料无关的日常成本，包括硬件和软件维护费用、质保费等。

3）结算

结算是负责向使用 IT 服务的用户收取相应费用的子流程，服务计费子流程包括计费对象的确定和计费方法的选择。计费子流程的顺利运作需要以 IT 服务会计核算系统为基础。对 IT 服务收费是可选的，许多组织选择将 IT 服务提供商视为成本中心。结算方式包括：不结算、象征性结算和按照实际结算。结算方法包括：按照成本、成本加利、现行比率、市场价格和固定价格。

IT 服务财务管理流程与其他流程的关系如图 3.20 所示。

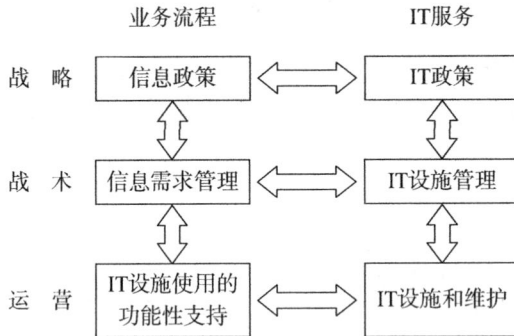

图 3.20 IT 服务财务管理流程与其他流程的关系

3. 财务管理报告

财务管理流程必须针对以下问题定期提交报告：

（1）IT 服务的总体成本和效益。

（2）针对每个 IT 部门、平台或其他相关单位的成本分析。

（3）与财务管理系统相关的成本。

（4）对未来投资的规划。

（5）成本降低的机会。

4. 财务管理绩效指标

财务管理绩效指标主要包括：

（1）实施流程带来的成本节约。

（2）用户对结算模式的反馈。

（3）预算和实际的成本差距。

（4）是否所有成本都核算在内。

3.4.4 容量管理

1. 容量管理的概念

容量管理能够帮助组织机构以合理的成本实现并维持支持他们业务所需的 IT 服务容量要求。

因此，容量管理流程与需求管理流程的关系非常密切，可以说容量是根据需求来进行确定的。容量管理流程的目的是以符合成本效益和及时的方法去保证 IT 服务和 IT 基础架构的容量级别，达到或超过当前或将来业务的需求。

容量管理对业务的价值在于：通过降低与容量 - 绩效相关的故障和问题，来改进 IT 服务的绩效和可用性；保证以符合成本效益的方式提供要求的可用性和绩效；通过保证所有的容量 - 绩效相关的服务级别被满足来改进用户满意度和用户生产力；通过主动的容量管理活动来支持有效的、高效的设计和转换。

相比之下，大型信息系统的容量管理要复杂得多。在一个大型系统中对一个部件的升级成本通常要比简单环境中的成本低，但是在大型系统中通常会有大量的待更新设备，而大量的部件在采购的时候，部件的平均成本可以大大降低。因此，容量管理可以作为输出给采购部门，来确保与设备供应商达成划算的交易。

容量管理流程需确保整个组织的容量需求被满足，例如升级组织中所有台式设备的成本可以轻易地超过主机升级的成本。容量管理需要认真做好规划，以确保台式设备在可预见的未来有足够的容量来运行业务要求的应用。

2. 容量管理的内容

容量管理包括三方面的内容：

（1）业务容量：业务容量管理需要把业务需求和业务计划转换为对 IT 服务和 IT 基础架构的需求，并保证将来的业务对 IT 服务的需求能够及时地被量化、设计、计划和实施。比如大家非常熟悉的一年一度的双十一，现在已经成为各大电商的节日。为了确保在双十一时能够最大化满足用户的需求，电商的 IT 部门都要在双十一到来之前就做好容量规划，即把业务的需求转换为对 IT 基础架构的需求，如增加服务器、增加带宽、增加用户人员等，以满足双十一时的突出业务增长需求。

（2）服务容量：服务容量要关注目前正在使用的这些 IT 服务的绩效和容量。IT 管理人员要经常关注服务容量指标，以确保当前 IT 服务绩效是令用户满意的。

（3）组件容量：组件容量需要关注单个的技术组件的绩效、使用率和容量。IT 管理人员要对重要组件进行重点监控，比如 12306 的订票系统中的在线订票组件、机房电源负荷等。

3. 容量管理的措施

为了做好容量管理的工作，需要采取如下措施：

1）建立标准化的容量管理程序

将项目目标分解为管理办法发布、关键容量指标库制定以及关键容量指标监控三个子目标，从流程制度上规范各对象容量管理的目标和方法。

制定大型信息系统的容量管理办法，该办法需明确容量管理的范围、涉及容量管理的一系列管理过程和环节，明确各参与方的工作内容和职责，制定容量管理程序，主要包括以下内容：

（1）关键容量指标的建立、修改、监控、关闭等过程，明确信息化系统的需求、设计、开发、投产、运行等过程中关键容量指标的管理职责。

（2）信息系统规划中关键容量指标的应用过程，与信息系统管理相关办法相结合，明确信息系统变化、各类活动影响对于关键容量指标变化的管理过程。

（3）明确在达到系统容量指标阈值的情况下，对系统进行优化、扩容以及业务应对等活动进行的规范和管理环节，明确容量变化时各系统应采取的措施。

2）关键容量指标（KCI）的制定

信息系统容量管理是一个循序渐进、不断优化的过程，分批次对重要对象进行业务容量分析，做好关键容量指标的制定。戴明环（PDCA）的模式很容易应用在容量管理上：计划、实施、检查、改进。按批次有计划进行、实施关键容量指标库的建设、在生产运行中检查指标库中的数据、不断地改进、优化指标库中的关键指标。

容量管理覆盖的目的是从管理上将主要系统纳入管理范围。

大型信息系统的容量管理内容很多，需按计划、分批次进行管理的覆盖，建立容量指标库，容量管理初期，部分公共性的指标（如数据库、中间件等）优先纳入指标库管理范围。关键容量指标数据分为两个层次进行优化：

（1）公共指标：如数据库、中间件、批处理、实时交易等，目前由专人或专门的系统进行管理，对这部分的数据统一收集和优化。

（2）逐个细化：按系统对业务影响的优先级，分批将信息系统逐个纳入管理。在这个过程中，容量管理人员需要弄清楚各个系统的物理架构、逻辑架构、数据架构，逐步深化、摸索影响业务容量指标的系统指标，根据已有数据进行分析，找出最关键的系统容量指标。

各项业务活动都会对相关应用系统的容量产生影响，要利用容量指标库，厘清各种活动对于系统的影响程度，提前做好应对；容量指标的监控容量指标库的建立，为下一步进行容量指标监控奠定基础。

关键容量指标制定时，先根据最表面的业务应用场景为系统制定关键业务指标，再逐步深化分析影响业务指标的系统容量指标，逐步完成对该系统的容量数据的采集，为后期的模型建立数据基础，关键容量指标的完成标准是建立关键容量指标容量库。

4. 容量指标的监控

结合业务规划，根据关键容量指标进行数据分析，建立关键容量指标的监控和预警体系，为下一步进行容量模型的分析建立基础。容量指标的监控，主要包括以下几个方面：

（1）关键容量指标库数据采集：通过从各个系统或软件定期收集相应的数据，导入数据库，根据不同容量指标反应的容量状况，数据采集的频率有所差别。对于性能影响较大的数据，需要采取实时或准实时的方式进行，对于容量影响不明显的数据，则可将频率放宽，如天、周、月等。

（2）实时监控：对于变化频繁的关键指标，以实时的方式收集数据，经过计算后可直接反映到面板上，提供给值班人员、监控人员进行监控，同时具备报警功能，满足报警策略后即进行邮件、短信等报警。

（3）预测报告：根据运营产能规划，定期自动生成容量报告，具备一定的预测功能，即输入业务量预估后，自动进行容量影响分析，提供给容量管理人员进行分析，更好地对各类活动、扩容需求等进行数据支撑。

（4）容量管理的实施离不开管理层的承诺与支持，所以一定要保证与高层管理者进行有效的沟通，以确保容量管理的实现。

3.4.5 连续性与可用性管理

连续性与可用性管理的目的是确保在满足 SLAs 的前提下达到承诺给用户的服务可用性和持续性，增强 IT 基础设施的弹性。

1. IT 服务连续性与可用性的协商

由 IT 管理部门评估并以书面形式明确服务连续性和服务可用性的风险，再与相关方确认和协商服务连续性和可用性需求，这些要求需要考虑适用的业务计划、服务需求、SLAs 和风险。协商的服务连续性和可用性需求至少包括以下几方面：

（1）需要提供服务的关键业务功能。

（2）可量化的、可描述的可用性需求。

（3）用户要求的业务运作时段，以及允许的 IT 服务中断时间。

2. 分析可用性与业务持续性的资源

IT 管理部需根据 IT 服务连续性与可用性协商的结果，对现有服务系统的可用性与业务持续性的资源进行分析和评估，分析内容主要包括：

（1）现有 IT 基础设施的配置状况和可用性水平，及当前系统对服务可用性和连续性需求的满足程度（包括对潜在问题的确认，存在的薄弱环节及其分类，事件或灾难发生时可使用的能力或有限的应急服务等）。

（2）在非计划的 IT 服务中断发生时，对所要求的服务功能所产生的可量化影响。

（3）为满足可用性和连续性要求所需要的额外资源和成本（包括计划外的后期支出，供应商收取的额外成本等）。

（4）有关技术支持、接口、人员技能等角色、职责和要求。

（5）与信息安全相关的 IT 基础设施、工作环境、人员、规程等要求。

（6）可用性标准无法实现的情况下的影响（包括法律法规、标准以及外部环境的要求和影响，供应商提供服务的水平以及因其变更、中断造成的影响等）。

（7）确定可用性标准（可靠性、可维护性）及评价准则。

（8）安全标准的级别，以及对应的角色和职责。

3. 创建连续性与可用性方案

IT 管理部门应根据 IT 服务连续性与可用性协商的结果，结合资源评估分析结果，拟制服务连续性和可用性实施方案。方案需根据用户业务优先级、服务级别协议和评估的风险制定，并与服务级别协议的目标保持一致。拟制的方案应考虑以下内容：

（1）IT 服务连续性和可用性方案考虑可用性的要求和目标以及对服务和系统组成的关系。

（2）应清晰地区分 IT 服务连续性和可用性方案的责任，并计划对每个目标采取措施。

（3）备份服务恢复所需的数据、文件、软件、设备和必要人力资源，在重大服务失败或灾难时，需要保持快速有效。

（4）针对服务的连续性和可行性方案的变化需求，服务部应组织相关部门评估其影响。服务连续性与可用性方案至少包括以下内容：

① 明确启动服务连续性与可用性方案的条件。

② 在服务重大损失情况下要执行的程序，或对程序的引用。

③ 方案启动时的可用性目标。

④ 恢复的安全性要求和质量标准。

⑤ 当无法访问正常服务地点时，获取服务连续性方案、联系清单和配置管理数据库的方式。

⑥ 返回正常工作状态的方法；服务连续性与可用性方案的变更受变更管理控制。

4. 连续性与可用性方案的监控与测试

定期开展 IT 服务连续性方案的测试。使相关人员能够理解调用和执行方案的角色与职责，并能异地访问 IT 服务连续性文件。

定期组织对服务连续性和可用性方案进行评审，并根据业务需求的变化及时调整方案的内容和目标，确保从普通到重大服务失效的任何环境下都能满足与用户协商的要求。

当业务环境或操作服务环境发生重大变化时，应重新组织评审、修订服务连续性和可用性方案，通过能力管理和配置管理活动，评价所有服务组成的有效性，提前知晓可能的、潜在的问题，并采取预防措施。

对服务连续性和可用性方案中内容和目标的变更，应及时组织相关部门按变更管理程序的要求进行评估、验证和确认，确保变更的效果及满足SLAs的要求。

应定期对可用性信息进行测量和记录，对方案之外的不可用性进行调查和评估，并采取适当的纠正或预防措施，需要测量的可用性信息包括：

（1）监控和记录服务的可用性、服务准确的历史数据。

（2）与SLAs中定义的项目相比较，识别不符合SLAs有效目标的事项。

（3）记录不符合的项目，并组织评审。

（4）考虑、评估供应商的影响。

（5）预计未来的可用性。

3.4.6 事件管理

事件是指发生的对IT体系某一环节运行造成影响的事件，包括系统崩溃、软件故障、任何影响用户业务操作和系统正常运作的故障，以及影响业务流程的情况，事件也包括一个用户的请求。对日常性运维工作中出现的突发事件（即日常运行维护管理平台自动发现并产生的告警事件）和由用户/维护人员报告的事件会转入事件管理范畴。

事件管理目的是规范IT事件流程处理部门记录、跟踪和处理结果。管控IT服务中断的事件和非标准服务请求，快速帮助用户解决或升级事件，提高用户体验和满意度；建立重大IT事件的管理流程，达到事件状态透明化，保障事件处理的效率和质量；进行IT事件的统计和汇总，提供IT日常运营管理所需信息，为工作优化和考量提供参考依据。

1. 事件管理的角色及职责

事件管理的角色及职责详见表3.4。

表3.4 事件管理的角色及职责

角色名称	实际岗位	角色定义及职责说明
用户	——	角色定义：信息系统的直接使用人员，是运维中心的服务对象 职责说明： ①负责事件申告 ②配合服务台进行满意度回访
服务台	综合坐席、专业坐席	角色定义：服务台是运维中心对外服务的窗口，指服务台客服人员 职责说明： ①负责受理用户事件申告 ②负责按规范录入事件单 ③负责对优先级为紧急、高级别的事件进行电话通知事件经理、值班工程师 ④负责分析及处理能力所及范围内事件 ⑤负责将自己处理的事件处理结果及时向用户反馈，以确认事件是否解决 ⑥负责分派服务台受理的及监控自动产生的事件单给相应的运维工程师 ⑦负责对运维事件处理情况进行跟踪、督办 ⑧负责进行用户满意度回访 ⑨负责关闭事件单
运维工程师	各岗位运维人员	角色定义：保障信息系统正常运行的维护人员 职责说明： ①负责在系统巡检发现异常时，按工单录入规范填写事件单，并将该事件单分派给相应工程师进行处理 ②负责分析、处理由服务台分派或其他途径分派的事件单 ③负责将无法处理的事件向事件经理汇报 ④负责将事件处理结果及时向用户反馈，以确认事件是否解决 ⑤负责将事件处理结果向服务台反馈

角色名称	实际岗位	角色定义及职责说明
事件经理	运维主管或指派专人承担	角色定义：对运维事件进行统筹管理并推动解决的人员 职责说明： ① 负责协助服务台、运维工程师对事件优先级进行定级 ② 负责协助运维工程师对其无法处理的事件进行分析，组织资源处理 ③ 负责分析、判断事件是否需要升级为问题 ④ 负责定期分析是否存在重复性事件，将其转为问题
值班工程师	当班的值班人员	角色定义：对运维过程中复杂运维事件或事件经理无法解决的事件给予资源协调，组织并推动事件处理的人员 职责说明： ① 协助服务台、运维工程师或事件经理对事件优先级进行定级 ② 负责按事件优先级要求通知相关干系人 ③ 负责组织或参与事件分析、处理 ④ 协助运维工程师、事件经理判断事件是否需要升级（优先级升高或事件转化为问题） ⑤ 负责检查、督促事件经理分析重复性事件，转化为问题跟进 ⑥ 负责组织或配合事件经理协调事件处理过程中涉及的相关资源
运维监理	值班监理或指定监理人员	角色定义：对运维全过程进行监督管理的第三方独立个体 职责说明： ① 负责对超时未解决的运维事件进行通报 ② 负责对运维事件的统计和分析

2. 事件优先级的定义

事件优先级用于确定事件相对重要的类别，表示事件优先获得资源并得到处理的优先顺序。

事件优先级由事件的影响度和紧急度决定。影响度是指业务影响面，通常通过受影响的用户数量、可能造成的业务损失等来判断。紧急度是指事件需要被解决或能够容忍被延迟解决的速度，通常通过信息系统的重要程度来判断。详见表 3.5 ~ 表 3.7。

表 3.5　事件影响度表

编　号	影响度	说　　明
1	高	VIP 用户、业务影响到运维范围内二分之一及以上用户
2	中	业务影响到运维范围内二分之一以下 3 人以上
3	低	个别用户　（1 ~ 3 人）

表 3.6　事件紧急度表

编　号	紧急度	说　　明
1	紧　急	信息安全事件、核心应用系统、核心基础设施故障、VIP 计算机终端故障
2	高	重要应用系统、重要基础设施故障
3	中	一般应用系统、一般基础设施故障、非 VIP 用户计算机终端故障
4	低	服务请求、第三方维保

表 3.7　事件优先级对应表

事件优先级对应		影　响　度		
		高	中	低
紧急度	紧　急	紧　急	高	中
	高	高	中	中
	中	中	中	低
	低	中	低	低

不同事件优先级对应不同的事件响应时限和解决时限，详见表 3.8。

表 3.8   事件优先级对应时限表

优先级	优先级定义	响应时限	解决时限	事件升级说明	上报范围
紧 急	VIP 用户申报；信息安全事件、核心应用系统、核心基础设施故障且业务影响到运维范围内二分之一及以上用户	15 分钟	4 小时	在故障处理期间，每个小时发送一次故障处理进展情况短信	事件经理（电话、短信）组内主管（电话、短信）运维部门领导（电话、短信）企业分管领导（电话、短信）值班监理（短信）
高	信息安全事件、核心应用系统故障、核心基础设施故障且业务影响到运维范围内二分之一以下用户；重要应用系统、重要基础设施故障且业务影响到运维范围内二分之一以上用户	30 分钟	8 小时	工程师电话了解或现场了解优先级达到高级及以上级时；超过 4 小时未能解决，且无有效解决方法时	事件经理（电话、短信）组内主管（电话、短信）运维部门领导（短信）值班工程师（电话、短信）值班监理（短信）
中	信息安全事件、核心应用系统故障、核心基础设施故障且影响个别用户（1～3 人）；重要应用系统、重要基础设施故障且业务影响到运维范围内二分之一以下用户；一般应用系统、一般基础设施故障、非 VIP 用户计算机终端故障业务且影响到运维范围内二分之一以下用户；服务请求或第三方维保且业务影响到运维范围内二分之一及以上用户	45 分钟	24 小时	工程师电话了解或现场了解优先级达到高及以上级别时；超过 12 小时未能解决，且无有效解决方法时	事件经理（短信）组内主管（短信）运维部门分管领导（短信）
低	一般应用系统、一般基础设施故障、非 VIP 用户计算机终端故障且影响个别用户（1～3 人）；服务请求或第三方维保且业务影响到运维范围内二分之一以下用户；服务请求或第三方维保且影响个别用户（1～3 人）	60 分钟	48 小时	工程师电话了解或现场了解优先级达到中级及以上级别时；超过 36 小时未能解决，且无有效解决方法时	无

3. 事件管理流程

（1）事件管理具体流程如图 3.21 所示。

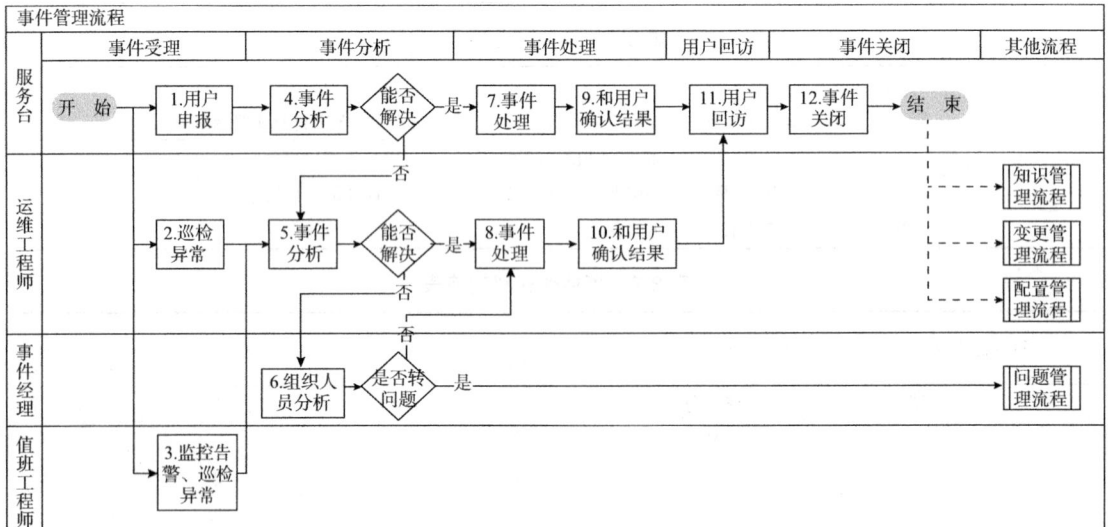

图 3.21   事件管理流程

（2）事件管理流程说明详见表3.9。

表3.9 事件管理流程说明

流程环节	参与角色	流程说明
事件受理 （1，2，3）	服务台	① 接受用户的事件申告，对事件进行确认，负责在IT服务管理系统中新建事件单 ② 按照工单录入规范、事件优先级定义要求正确填写相关信息 ③ 如无法判断事件优先级，应向值班工程师及时汇报
	运维工程师	① 对巡检中发现的事件，负责在IT服务管理系统中新建事件单 ② 按照工单录入规范、事件优先级定义要求正确填写相关信息 ③ 如无法判断事件优先级，应向事件经理及时汇报
	值班工程师	① 对监控中发现的事件，负责新建事件单 ② 按照工单录入规范、事件优先级定义要求正确填写相关信息
事件分析 （4，5，6）	服务台	① 对事件进行分析，判断能否解决事件，如果不能，则把事件单分派给运维工程师 ② 对于高或紧急优先级事件须立即通知值班工程师及事件经理，由值班工程师组织协调处置
	运维工程师	对事件进行分析，判断能否解决，如果不能，则向事件经理汇报
	事件经理	① 事件经理组织相关人员对需要其介入的事件进行分析，得出解决方案 ② 如果事件需要转换化为问题，则通知该事件处理人员，启动问题管理流程
事件处理 （7，8，9，10）	服务台	对能力所及范围内的事件进行处理
	运维工程师	① 对能力所及范围内的事件进行处理 ② 如无法处理事件，则应及时向事件经理汇报
用户回访（11）	服务台	对用户进行满意度回访
事件关闭（12）	服务台	① 确认事件解决后关闭工单 ② 如果是高优先级或紧急，则先通知事件经理和值班工程师，告知事件处理结果，再关闭事件工单

4. 事件管理与其他流程关系

1）与问题管理流程的关系

在事件处理过程中，出现以下情况会进入问题管理流程：

（1）解决时长超时限：事件处理过程无法按照规定时限解决，需要转为问题管理进行处理。

（2）解决难度过大：故障、缺陷等解决难度过大，且需要投入更多资源参与解决的，转为问题管理流程进行处理。

（3）趋势分析：对事件进行统计和定期分析，如在一定时间段内某类事件频繁发生或快速增长，则转为问题管理进行根源性原因分析，降低或杜绝在以后的过程中再次出现。

2）与变更管理流程的关系

在事件处理过程中，可能需要对涉及的相关配置项（硬件、软件等）进行必要的变更（新增、废除、替换等）才能解决事件，经处理人确认并发起变更流程。

事件与变更是相互影响关系，事件处理可能触发变更流程，而变更也可能导致事件产生。

3）与配置管理流程的关系

事件处理过程中，有可能需要从配置管理数据库中查询相关IT资源配置项的属性和配置项间的关联关系来协助事件的解决。如将事件处理定位到某个配置项，则将事件与该配置项关联，涉及微小风险、影响度极低或无影响的配置项可直接进行配置变更操作。

4）与知识管理流程的关系

事件解决后，事件经理、运维工程师负责对解决事件的思路、方法进行总结，提炼有价值的知识内容提交知识库进行共享。

3.4.7 问题管理

1. 问题的来源

问题是指导致事件产生的原因，许多事件往往是由同一个问题引起的。问题的来源主要有以下几种：

（1）已经处理的事件，经过回顾分析后，可能形成一个问题。

（2）重大事件，虽然经过紧急处理恢复服务，但未找到根本原因，也形成一个问题。

（3）对于趋势性事件的分析，并形成问题。

问题管理的主要活动实质上就是分析事件的根本原因，找出解决方案，把事件的影响最小化，并通过找到已发生事件或潜在事故的根本原因来减少事件的数量或消除事件的再次发生。

2. 问题的特征

问题通常具有如下特征：

（1）一组具有一定关系的已结束的事件。

（2）一个重大事件的根本原因找出后即成为已知错误。

3. 问题管理的角色及职责

问题管理的角色及职责详见表 3.10。

表 3.10 问题管理的角色及职责

角色名称	角色定义及职责说明
用 户	角色定义：业务系统的直接使用人员，是运维中心的服务对象 职责说明：配合服务台进行满意度回访
运维工程师	角色定义：保障业务系统正常运行的维护人员 职责说明： ① 负责分析、处理问题 ② 负责对无法处理的问题向问题经理汇报
问题经理	角色定义：对问题进行统筹管理并推动解决的人员 职责说明： ① 负责审核运维工程师提交的问题，是否是有效问题 ② 负责协助运维工程师对其无法处理的事件进行分析，组织协调相关人员讨论分析，形成问题解决方案 ③ 负责判断是否需要发起变更或发布 ④ 负责问题解决确认和问题关闭
值班工程师	角色定义：对运维过程中的具体事务合理组织协调相关资源并推动处理的人员 职责说明： ① 负责组织或参与问题分析 ② 负责组织或配合问题经理协调问题处理过程中涉及的相关资源
监 理	角色定义：对运维全过程进行监督管理的第三方独立个体 职责说明： ① 负责对问题处理的督办 ② 负责对问题的统计和分析

4. 问题分级

问题的优先级是问题负责人解决问题的参照标准，管理层应优先协调资源解决关键优先级问题。详见表 3.11。

表 3.11 问题优先级表

编 号	代 码	描 述
1	紧 急	影响因素： ① 影响到关键业务 ② 影响范围极大 ③ 紧迫程度最高 ④ 问题处理后可大幅节省投资、人力，有效提高服务质量和维护效率
2	高	影响因素： ① 影响到较关键业务 ② 影响范围较大 ③ 紧迫程度较高 ④ 问题处理后可有效节省投资、人力，一定程度提高维护质量
3	中	影响因素： ① 对关键业务影响不大，但影响到非关键业务 ② 有一定影响范围，但影响范围不大 ③ 问题处理后对维护质量和效率有一定提高
4	低	影响因素： ① 影响到非关键业务 ② 影响范围很小 ③ 问题处理后对维护质量和效率提升有限

5. 问题管理流程

1）问题管理流程的介绍

问题管理流程着重于消除事件或减少事件发生，确定事件的根本原因，其流程如下：

（1）定期分析事件，找出潜在问题，调查问题以找出原因，制定解决方案、变通方法或提出预防性措施，以消除产生原因，或在重发时使其影响力最小化。

（2）记录解决方案、变通方法、预防性措施，根据需要添加到知识库中。

（3）提出变更请求，对问题解决方案进行评估，通过提出变更请求对该方案进行测试和实施。

（4）问题必须进行事后回顾以找出改进机会或总结预防性措施，包括改进事件监测、找出技能差距和文档资料改进等。

问题管理流程可以按照不同领域的问题（如网络、主机、中间件、数据库、应用等）由相关领域的技术支持专家来处理，原则上这些专家可以是二线支持专家。他们在负责接受来自一线支持人员的支持请求的同时，也负责对以往事件进行分析，找出事件产生的根本原因，从而确定解决方案，消除这些根本原因，最终使此类事件不再发生；此外，他们还要从发生的事件中找出事件的发展趋势或潜在可能发生的问题，主动提供预防性措施，提高系统可靠性，降低运维成本。

2）问题管理流程的步骤

问题管理流程如图 3.22 所示。

系统运维工程师可以依据一套规范的问题管理流程去处理日常运维问题，使问题的处理有一个规范的闭环管理过程，以提高运维服务质量和用户满意度。

3）问题管理流程说明

问题管理流程说明详见表 3.12。

4）问题管理流程的注意事项

问题管理流程的注意事项有如下几项：

（1）问题经理每周统计问题解决情况，对于未闭环的问题须催办问题负责人。

（2）针对连续两星期状态未变更的问题，催办问题负责人，同时收集问题负责人意见，评估是否需要组织相关人员对问题进行分析讨论。

（3）每月最后一周统计本月未处理问题，同时催办问题负责人，确保问题及时解决关闭。

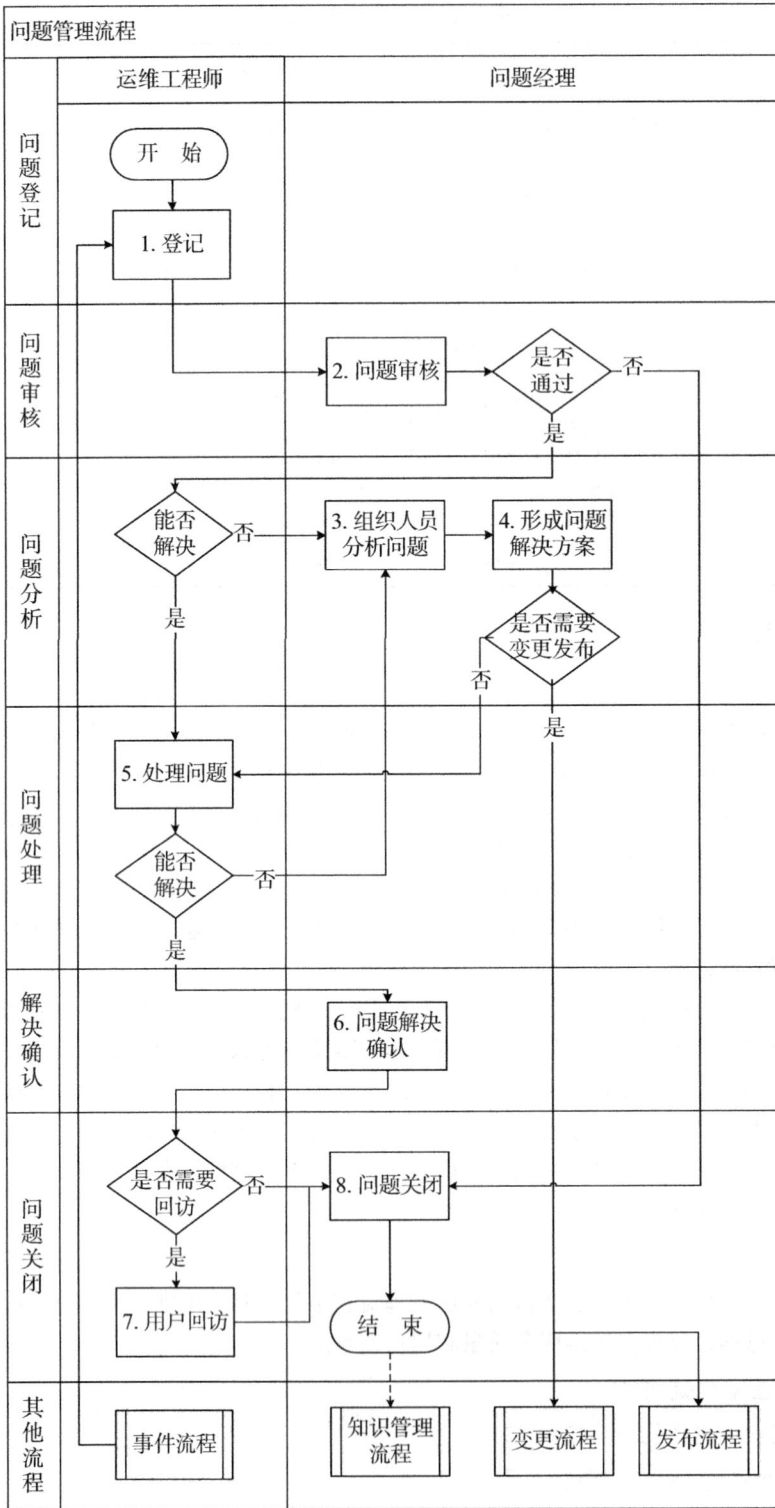

图 3.22 问题管理流程

问题管理流程

	运维工程师	问题经理

问题登记

开 始

1. 登记

问题审核

2. 问题审核

是否通过 → 否

是

问题分析

能否解决 → 否

是

3. 组织人员分析问题 → 4. 形成问题解决方案

是否需要变更发布

否   是

问题处理

5. 处理问题

能否解决 → 否

是

解决确认

6. 问题解决确认

问题关闭

是否需要回访 → 否 → 8. 问题关闭

是

7. 用户回访

结 束

其他流程

事件流程   知识管理流程   变更流程   发布流程

图 3.22 问题管理流程

表 3.12 问题管理流程说明

流程环节	参与角色	流程说明
问题登记（1）	运维工程师	问题可以来源于事件，或系统巡检发现异常，或是重复性事件，均由运维工程师进行问题录入
问题审核（2）	问题经理	审核问题描述是否正确、是否按照规范填写、问题内容是否符合要求，即是否符合事件转问题的原则
问题分析（3）	运维工程师	分析问题是否能解决，如果不能则向问题经理汇报
	问题经理	组织相关人员分析讨论，形成问题解决方案，判断是否需要变更发布，如果需要，则启动变更或发布流程
	值班工程师	配合问题经理分析讨论，协调相关资源
问题处理（4，5）	运维工程师	处理问题，在处理过程中如果发现超出自己能力范围，则向问题经理汇报
	问题经理	问题经理再次组织相关人员分析讨论，形成新的解决方案
解决确认（6）	问题经理	确认问题处理结果
问题关闭（7，8）	运维工程师	问题处理完成后，如果问题是从服务台受理用户电话而来的，建议回访用户，如果是重复事件分析而来或巡检系统发现的问题，则不需要回访
	问题经理	关闭问题，并判断该问题的处理方法及过程是否有价值，有则启动知识管理流程，提交到知识库

5）问题管理与其他流程的关系

问题管理与其他流程的关系如下：

（1）问题可以从事件转化而来。

（2）问题解决的前提是对系统进行变更或发布，可启动相应的变更或发布管理流程，当变更或发布流程结束后，再继续对问题进行验证和闭环。

（3）如果问题的处理方案和处理过程具有一定价值，可以在问题处理结束后，启动知识管理流程，将其录入到知识库。

3.4.8 变更管理

变更是指对生产或运维环境中的配置项所作的增加、修改或移除操作，包括硬件设备及零配件的更换、迁移变动等作业；系统软件安装、部署、迁移及参数变动等作业。

变更请求通常由于问题的解决方案中需要对生产环境进行某些改变而产生，变更请求来源于问题管理环节或由用户提交。变更管理通过一个单一的职能流程来控制和管理整个信息系统运行环境中的一切变更，目的是确保在 IT 服务变动的过程中能够有标准的方法来有效地监控这些变动，降低或消除因为变动所造成的影响，并对可能造成的业务中断进行有效的管理，确保变更有序进行。

1. 变更管理的角色及职责

变更管理的角色及职责详见表 3.13。

2. 变更类型

变更根据业务影响范围大小、变更的风险大小等因素分为标准、重大、紧急三类，并定义相应处理流程。变更类型详见表 3.14。

3. 变更管理流程

（1）变更管理具体流程。变更管理具体流程如图 3.23 所示。

表 3.13　变更管理的角色及职责

角色名称	实际岗位	角色定义及职责说明
运维工程师	实际运维人员	角色定义：保障信息系统正常运行的维护人员 职责说明： ① 负责发起变更，填写变更申请单和变更实施方案 ② 负责变更测试、实施和关闭
变更经理	专人承担（一般为小组长）	角色定义：对变更过程进行统筹管理并推动进行的人员 职责说明： ① 负责对变更进行定级 ② 负责组织变更委员会对重大或紧急变更进行审核 ③ 负责判断是否需要变更测试 ④ 负责确认变更结果和通知值班工程师
变更委员会	建议包括运维部门领导、配置管理主管、专业工程师和业务主管，当发生紧急变更时，成员至少包含运维部门领导和专业工程师	负责审核重大或紧急变更
值班工程师		角色定义：对运维过程中的具体事务合理组织协调相关资源并推动处理的人员 职责说明： ① 负责组织或配合变更经理协调变更过程中涉及的相关资源 ② 协助变更经理对变更进行定级
运维监理	值班监理或指定监理员	角色定义：对运维全过程进行监督管理的第三方独立个体 职责说明： ① 负责对变更过程的监督 ② 负责对变更的统计和分析

表 3.14　变更类型

变更级别	定　义	审核人
标准变更	指业务影响范围较小、紧急程度较低、实施风险较小、经常发生、有着基本固定流程、并已被授权可直接执行的变更	无
重大变更	指业务影响范围较大、实施风险较高、实施较复杂的变更	变更委员会
紧急变更	指紧急程度较高（需要在某个时间内完成实施）、即将或正在影响业务运行，需要尽快实施的变更	变更委员会

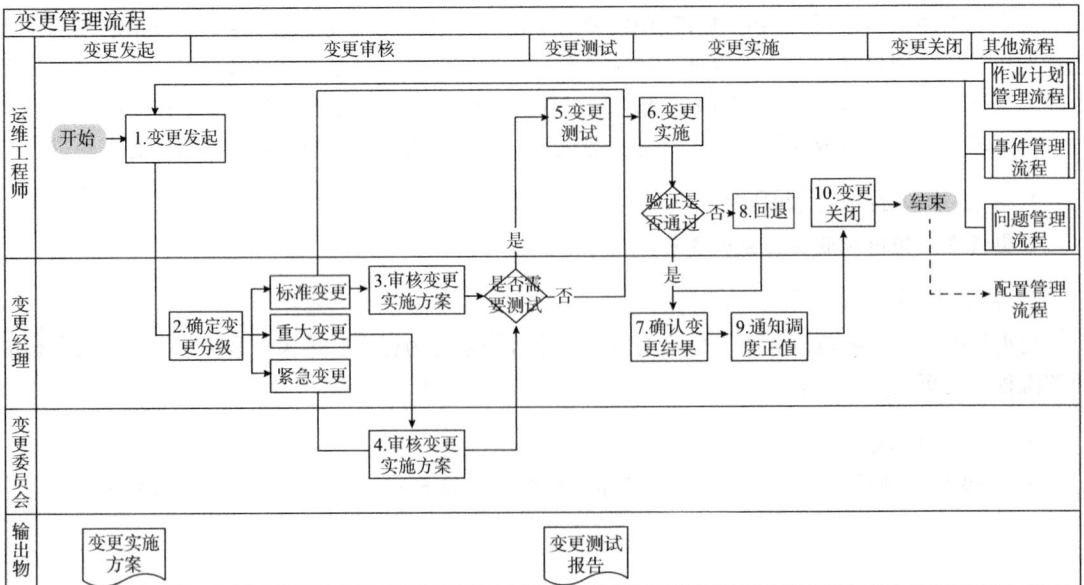

图 3.23　变更管理流程

（2）变更管理流程说明。变更管理流程说明详见表 3.15。

表 3.15　变更管理流程说明

流程环节	参与角色	流程说明
变更发起	运维工程师	① 变更来源于事件、问题、作业计划，运维工程师负责填写变更工单 ② 初步判断变更类型 ③ 如果是标准或紧急变更，则在变更工单里简要填写实施方案，如果是重大变更，则提交实施方案独立文档
变更审核	变更经理	① 审核变更 ② 确定变更类型，如果是标准变更，则告知运维工程师直接实施变更，如果是重大或紧急变更，则组织变更委员会进行审核 ③ 判断是否需要变更测试
	变更委员会	审核重大或紧急变更
	值班工程师	协助变更经理对变更进行定级
变更测试	运维工程师	在测试环境上对变更进行测试，生成变更测试报告
变更实施	运维工程师	① 实施变更，变更完成后进行验证 ② 如果不通过则回退 ③ 向变更经理汇报变更结果
	变更经理	确认变更结果，并通知值班工程师
变更关闭	运维工程师	① 对变更工单进行填写闭环 ② 如果变更顺利实施没有回退，则在变更关闭后启动配置管理流程

4. 变更管理与其他流程的关系

（1）与事件管理流程的关系：事件的解决可能需要启动变更管理流程来实现，而实施变更过程也可能导致事件产生。

（2）与问题管理流程的关系：问题的解决可能需要启动变更管理流程来实现。

（3）与配置管理流程的关系：变更实施过程中，有可能需要从配置管理数据库中查询相关 IT 资源配置项的属性和配置项间的关联关系来协助变更的实施。如将根本原因定位到某个配置项，则将变更与该配置项关联，涉及的配置项改变，须根据配置管理流程要求在配置管理数据库中进行更新。

3.4.9　发布管理

1. 发布管理的介绍

发布管理的目的是设计和实施有效的流程来分发和安装 IT 系统的变更，确保正确的、被授权的和经过测试的配置项能导入实际运作环境，并保证相应的服务级别。在 ITIL 中对发布的定义是指经过测试并导入实际应用环境的新增或改进的配置项的集合。发布内容包括系统软件上线、软硬件设备移交、软件版本更新、大批量数据改动、服务级别、文档等。

2. 发布管理的目标

发布管理的目标具体包括：

（1）软硬件的规划、协调和实施。

（2）为分发和部署而设计和实施有效的程序。

（3）确保与变更相关的软硬件安全可追溯，且只有正确的、被授权的、经过测试的版本才能被部署。

（4）确保软件的原始备份被安全地存放在最终软件库中，并且在配置管理数据库中得到及时更新。

通过正规的实施变更流程及测试确保应用系统的质量。

3. 发布管理流程的角色及职责

发布管理流程的角色及职责详见表 3.16。

表 3.16 发布管理流程的角色及职责

角色名称	实际岗位	角色定义及职责说明
配置管理主管	专人负责	角色定义：对配置进行统筹规划和决策的管理人员 职责说明： 负责发布管理流程的归口管理工作
运维工程师	各专业运维工程师	角色定义：具体实施发布过程的人员 职责说明： ① 负责编制月度作业计划、制定发布内容 ② 负责提前向发布经理提出发布申请 ③ 负责制定发布方案 ④ 负责对发布内容进行测试，形成测试报告 ⑤ 负责将发布方案、测试报告作为发布工单的附件一起提交给发布经理审核 ⑥ 负责及时向发布经理汇报发布实施的情况 ⑦ 负责验证发布内容的正确性和可靠性 ⑧ 负责在发布结束后通知调度值班 ⑨ 负责关闭发布，填写完结发布工单 ⑩ 发布结束后如果没有发生回退，负责通知配置管理员更新相关配置信息
发布经理	专人承担（一般为小组长）	角色定义：对整体发布活动进行统筹管理的人员 职责说明： ① 负责审核所有项目的发布请求，把控整体发布计划、准备、测试和实施工作 ② 负责决策发布是否要回退 ③ 负责确认发布结果
监 理	值班监理或指定监理员	角色定义：对运维全过程进行监督管理的第三方独立个体 职责说明： ① 负责对发布活动过程进行监督 ② 负责定期统计分析发布活动

4. 发布管理流程及说明

（1）发布管理流程如图 3.24 所示。

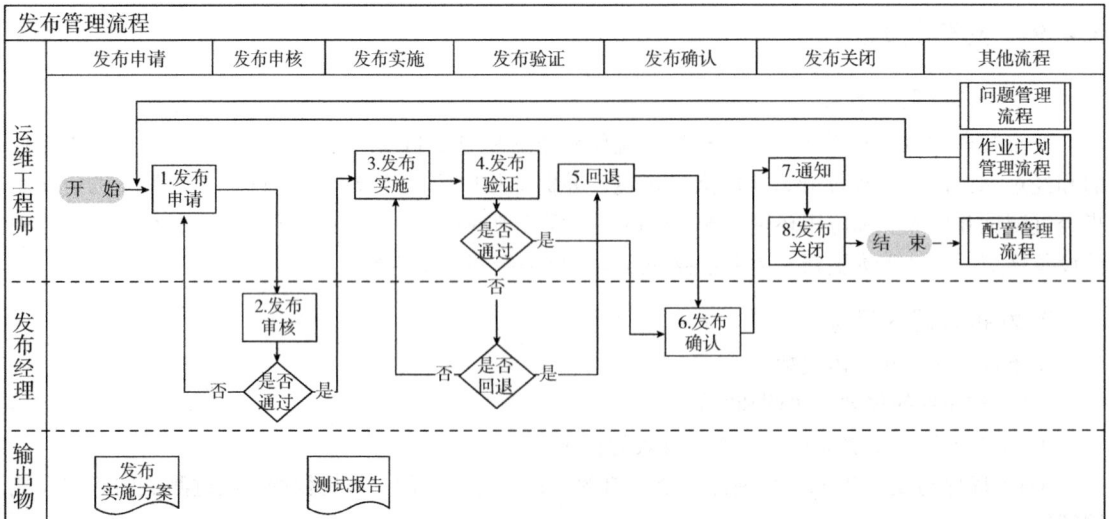

图 3.24 发布管理流程

（2）发布管理流程说明详见表3.17。

表 3.17 发布管理流程说明

流程环节	参与角色	流程说明
发布申请（1）	运维工程师	① 填写发布申请，包括发布时间、操作人、操作内容等 ② 提交发布方案（包含回退步骤）、测试报告等
发布审核（2）	发布经理	① 对发布计划、方案进行评审 ② 如果方案存在缺陷，则立刻终止发布计划
发布实施（3）	运维工程师	根据发布方案进行实施；如在发布过程中遇到任何不在操作方案内且未经审批的操作内容，需及时与发布经理沟通，获得发布经理同意后，方可开展实施；如在发布后验证不通过，重新检查发布实施过程和相关发布材料，确保发布准确无误
发布验证（4,5）	运维工程师	对发布后的内容进行验证。验证内容包括：业务逻辑方面、功能方面、性能方面、与IT基础设施其他部分的兼容性等，无论验证是否通过，均要向发布经理汇报；如果需要回退，则进行回退操作
	发布经理	判断是否需要回退，并将决定告知运维工程师
发布确认（6）	发布经理	对发布结果进行确认
发布关闭（7,8）	运维工程师	将发布结果告知相关业务单位或部门，关闭发布，填写完结发布工单

5. 发布管理流程与其他流程的关系

（1）与问题管理流程的关系：问题的解决需要进行软件程序版本发布来实现，待完成发布后再将问题关闭。

（2）与变更管理流程的关系：发布是软件程序版本变更中的特殊类型，属于软件程序版本的更新，直接启动发布管理流程，无需执行变更管理流程。

（3）与配置管理流程的关系：配置管理提供产品版本的信息，通过了解配置项间的关系和依赖性以及组件、服务功能和端到端服务的状态变化，能够评估发布测试对其他服务的影响。发布实施后，需要发起配置管理流程，在配置管理数据库中更新已发生变更的配置项信息。

3.4.10 配置管理

1. 配置管理的概念

配置管理是服务管理的一个核心流程，目的是能确保应用系统以及其运行环境中所有IT设备/系统及其配置信息得到有效完整的记录和维护，包括各IT设备/系统之间的物理和逻辑关系，从而为实现有效服务管理奠定基础。

配置管理着重于管理生产环境中所有必须控制的组成元素，并为其他相关流程（如事件管理等）提供信息，使这些流程更有效地运行，从而确保应用系统环境的完整性和稳定性。如事件管理人员和问题管理人员需要利用配置管理流程提供的信息进行事故和问题的调查和分析等。

配置管理数据库（CMDB）保存各系统组件之间的关系（包括与该系统组件相关的事件、问题、变更等信息）、系统中所有设备的清单（包括这些设备的物理位置、设备的基本参数、设备的使用者、设备所支撑的业务等信息）以及IT部件之间的从属关系、依赖关系等。CMDB最基本的单元是配置项，配置项包括的范围很广，可以是一台应用服务器，也可以是应用服务器上部署的一项具体应用（如某个网站等）。CMDB保存着最全面的IT资产状况，这些数据用于支持运维体系中的其他服务管理流程，因此可以将配置管理流程理解成对一个数据中心的维护流程。

2. 配置管理流程的角色及职责

配置管理流程的角色及职责详见表3.18。

表 3.18　配置管理流程的角色及职责

角色名称	实际岗位	角色定义及职责说明
配置管理员	实际运维人员	角色定义：对配置项进行识别、定义、记录和配置过程监控的人员 职责说明： ① 负责识别、定义所负责系统的配置项 ② 负责记录所负责系统的配置项状态 ③ 负责定期编写《配置项分类定义表》 ④ 负责协助配置经理建立 CMDB ⑤ 负责控制和维护配置项
配置经理	专人承担（一般为小组长）	角色定义：对配置过程进行管理的人员 职责说明： ① 负责组织创建所属项目或业务域的 CMDB ② 负责更新 CMDB ③ 负责定期审计 CMDB ④ 负责定期编写《配置管理报告》
配置主管	配置管理主管	角色定义：对配置进行统筹规划和决策的管理人员 职责说明： ① 负责配置管理流程的归口管理工作 ② 负责 CMDB 的整体规划设计 ③ 负责审核各项目提交的 CMDB 入库申请 ④ 负责组织收集汇总各项目的配置项，组织开展整体配置库审计 ⑤ 负责审核配置管理活动产出的相关报告
监　理	值班监理或指定监理员	角色定义：对运维全过程进行监督管理的第三方独立个体 职责说明： ① 负责对配置活动过程进行监督 ② 负责定期统计分析配置变更活动

3. 配置管理流程及说明

（1）配置管理流程如图 3.25 所示。

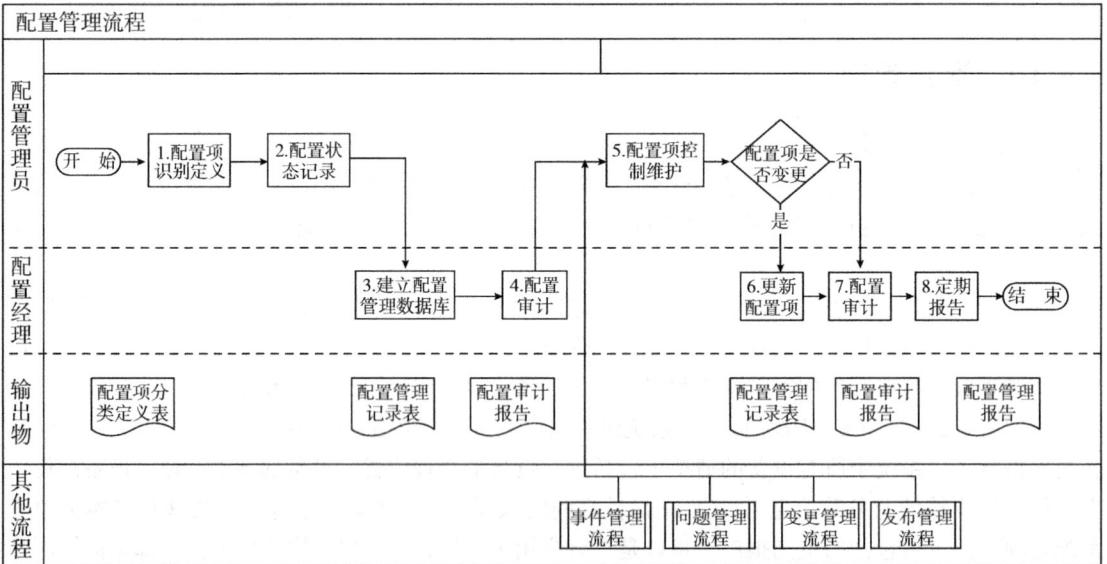

图 3.25　配置管理流程

（2）配置管理流程说明详见表 3.19。

表 3.19 配置管理流程说明

流程环节	参与角色	流程说明
配置项识别定义（1）	配置管理员	对与本项目相关的配置项进行识别，完成《配置项分类定义表》，主要包括：配置项的分类、定义、属性和配置项之间的关联关系
配置状态记录（2）	配置管理员	收集相关的配置项的状态信息，并根据收集的配置项状态信息录入《配置项分类定义表》
建立配置管理数据库(3)	配置经理	① 建立项目配置管理数据库，包含硬件库和软件库 ② 记录 CMDB 创建过程，填写《配置管理记录表》
配置审计（4）	配置经理	① 验证配置项是否齐全和命名标识是否符合规范、变更记录及版本是否正确、存放位置是否正确等 ② 检查配置项的内容是否符合相关规范及配置项性能是否符合设计需求 ③ 形成《配置审计报告》
配置项控制维护（5）	配置管理员	对配置项进行过程监控。当发生配置项变更的时候，向配置经理提出配置项变更信息
更新配置项（6）	配置经理	更新配置项，确保其与实际状态相符，并记录到《配置管理记录表》
配置审计（7）	配置经理	① 定期对配置项的准确性进行审计，确保配置项信息和实际一致，从而确保配置信息的完整性，在配置管理范围内进行核对和更新，形成《配置审计报告》。 ② 通常情况下每半年进行一次配置审计和验证，但当发生重大变更或新的服务上线后，需要额外进行配置审计
定期报告（8）	配置经理	定期整理配置管理数据库的信息，编写《配置管理报告》。报告应包括：配置项最新版本、配置项的位置和软件主要版本的位置、相互依赖关系、版本历史

4. 配置管理流程与其他流程的关系

配置管理流程与其他流程的关系如图 3.26 所示。

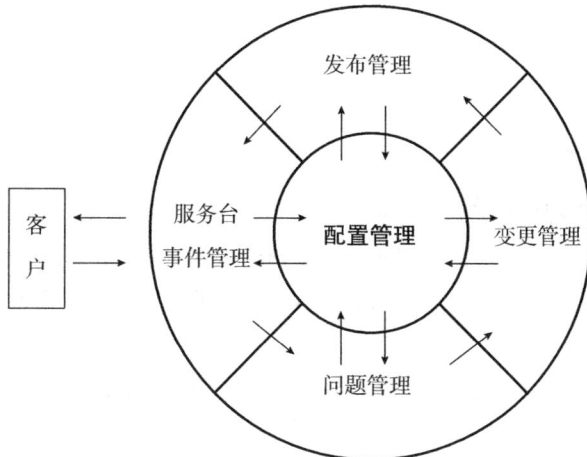

图 3.26 配置管理与其他流程之间的关系图

服务支持的五大流程和服务台职能都依赖于配置管理（图 3.26）。当用户向服务台提出一个事件请求之后，服务台首先通过配置管理查看有无相应的解决方案。如果有，则解决用户的相关疑问；如果没有，则触发事件管理流程。事件管理流程通过配置管理查看相应的数据以解决用户提出的问题。事件管理流程在处理事件的过程中根据需要触发相应的问题管理流程。问题管理流程通过配置管理查看系统当前的配置，并发现事件发生的根本原因，确保同样的事件不再发生。对于需要变更的问题，则在问题管理流程中触发变更管理流程。系统发生变更之后，必须触发发布管理流程。变更管理和发布管理都需要更改 CMDB。

（1）与事件管理流程的关系：在事件处理过程中，有可能需要对系统的某个配置项进行变更，则启动配置管理流程。

（2）与问题管理流程的关系：在问题处理过程中，有可能需要对系统的某个配置项进行变更，则启动配置管理流程。

（3）与变更管理流程的关系：变更管理流程结束后，如果已经对系统的某个配置项成功变更，则启动配置管理流程，进行相应的记录变更。

（4）与发布管理流程的关系：在发布管理过程中，有可能需要对系统的某个配置项进行变更，则启动配置管理流程。

3.4.11　服务报告管理

1. 服务报告管理的概念

服务报告管理主要负责根据各流程日常记录的数据生成所需的服务报告，主要包括三种报告：定期向用户代表汇报的服务报告、内部管理报告、服务改进计划相关报告。

用户服务报告管理目的是通过对各流程产生的报告进行有效的管理，并产生经协商、及时、可靠、准确的服务报告，以支持决策和有效沟通。服务报告应及时、清晰、可靠和简明，便于分析、决策和有效沟通。因此 IT 服务管理的其他各流程需要准确记录日常工作产生的数据，为服务报告管理流程提供支持，确保其能够采集到编制报告需要的数据。

2. 服务报告的内容

服务报告主要包括以下内容：

（1）执行服务级别目标的绩效。

（2）违反 SLAs、安全管理要求等不合规项和结论。

（3）工作量特征，包括工作量和周期性变化。

（4）报告主要事件及变更。

（5）定期趋势信息。

（6）用户满意度分析。

3. 服务报告管理流程的角色及职责

服务报告管理流程需要将其输出的报告按时提交给报告审批人进行审批并及时将各类报告分发给相关人员。服务报告管理流程涉及三种角色，分别是服务报告经理、服务报告审核人和服务报告编写人，相对应职责详见表 3.20。

表 3.20　服务报告管理流程的角色及职责

角　色	职　责	职能岗位
服务报告经理	① 编写维护服务报告清单 ② 服务报告归档保存	运维部门经理 / 项目经理
服务报告审核人	① 根据用户和体系管理需要提出服务报告要求 ② 确保向用户提交及时有效的服务报告 ③ 指定人员编写服务报告 ④ 受理客户 / 用户对服务报告的反馈	运维部门领导 / 各部门经理
服务报告编写人	① 收集服务报告所需资料 ② 根据服务报告清单按时编写服务报告	一线 / 二线工程师

4. 服务报告管理流程及各节点活动描述

（1）服务报告管理流程如图 3.27 所示。

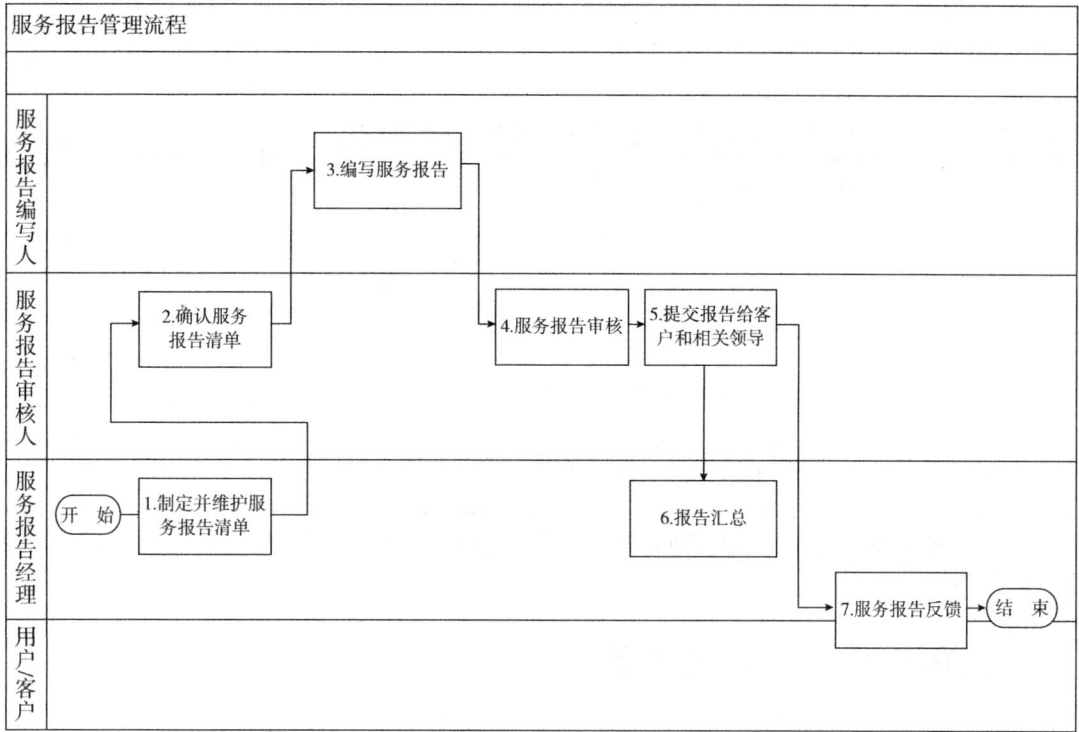

图 3.27 服务报告管理流程图

（2）服务报告管理流程各节点活动描述见表 3.21。

表 3.21 服务报告管理流程各节点活动描述

活　动	描　述	责任人	输　入	输　出
1. 制定并维护服务报告清单	① 服务报告经理人员根据与用户签订的服务级别协议定义为用户提供的服务报告内容和周期，并就此与内部各个业务部门主管、用户或用户代表沟通达成共识 ② 对内部用户的服务报告内容和周期可根据与内部管理需要定义，服务报告经理人可与内部各个业务部门主管进行沟通达成共识 ③ 提交给管理层的报告内容和周期可根据 IT 服务管理体系以及管理层的要求进行定义 ④ 服务报告经理根据服务报告需求汇总，编写服务报告清单并提交给服务报告审核人确认 ⑤ 服务报告经理负责维护服务报告清单，每次更新需得到服务报告审核人的确认	服务报告经理	服务级别协议 运行级别协议 支持性合同 管理需求	服务报告清单（草稿）
2. 确认服务报告清单	服务报告审核人负责确认服务报告清单	服务报告审核人	服务级别协议 运行级别协议 支持性合同 管理需求 服务报告清单（草稿）	服务报告清单
3. 编写服务报告	① 服务报告编写人依据服务报告清单的频率要求，按时采集报告所需数据，生成相应的服务报告（初稿） ② 服务报告的格式遵循 SLAs/OLA/UC 中约定的格式，如无约定，应采用企业制定的格式 ③ 报告中数据应准确完整，可作为报告的附件提交	服务报告编写人	服务报告清单	报告原始数据 服务报告（初稿）
4. 服务报告审核	① 服务报告审核人对报告的内容、分析结果的正确性和有效性进行审核 ② 不符合要求的报告返回给报告编制人重新编制报告	服务报告审核人	服务报告（初稿）	审核后的服务报告

续表 3.21

活　动	描　述	责任人	输　入	输　出
5. 提交报告给用户和相关领导	① 服务报告审核人将符合要求的服务报告提交给相应的用户和相关领导，并交给服务报告经理进行存档 ② SLAs/OLA/UC 中有约定的，必须采用约定方式提交	服务报告审核人	审核后的服务报告	服务报告（正式）
6. 报告汇总	① 服务报告经理对提交的报告进行汇总，存档并比对是否有未按时提交的服务报告 ② 若存在未按时提交的服务报告，则通知相应的服务报告编写人及时提交	服务报告经理	审核后的服务报告（初稿）	汇总后的服务报告
7. 服务报告反馈	① 服务报告提交后，由服务报告经理跟踪客户/用户及相关领导的反馈 ② 服务报告经理需受理服务报告的反馈意见，及时给予响应，并与报告编制人共同对报告内容持续进行改进	服务报告经理	提交的服务报告用户和相关领导的反馈	不符合及纠正预防

通过服务报告管理流程可以生成能够准确反映目前服务状况的报告，为后续服务的提升和改进提供参考依据。

3.5　大运维体系的服务管理

运维服务管理的目的是确保提供的运维服务满足用户所需的服务质量，能够令用户满意，寻找服务实施过程中存在的问题和缺陷，为服务改进活动的有效实施提供目标和方向，进而保证组织的服务质量稳定可控并持续提升。

3.5.1　运维服务评估

1.IT 运维服务管理和支撑能力分类

用 IT 运维服务和管理成熟度来测度各企业所具备的 IT 运维服务支撑能力和管理能力。

IT 运维服务支撑能力体现为企业 IT 部门承担自运维工作时自身所具备的 IT 基础设施和 IT 应用系统的运行维护技术、工具和方法的储备，并以此为基础对部门内各类运维服务用户所能提供的支撑能力。一般情况下，这些能力主要体现在资产管理能力、监控管理能力和安全管理能力等方面。相关能力的详细内容如下：

（1）资产管理能力：主要体现在对资产管理信息的覆盖程度和管理信息分析能力。资产管理能力支持对各类 IT 基础设施和应用系统的类型、归属、费用、使用情况等资产相关信息的维护和统计工作，实现 IT 资产生命周期管理，支持对 IT 资源投资和维护的辅助决策。

（2）监控管理能力：主要体现在对被监控实体的覆盖程度、管理信息的实时处理能力和智能化分析能力。监控管理能力支持对 IT 基础设施和应用系统的监控，对资源进行直观呈现和调度、对告警进行实时处理、对故障进行预警，具体能力包括视图管理、配置管理、故障管理和性能管理等。

（3）安全管理能力：主要体现在对不同安全管理内容、范围的支持能力。安全管理能力支持通过权限控制、访问和操作日志、通信和操作管理等方法，实现信息安全事件管理、风险评估和等级保护。

IT 运维服务管理能力着重体现为对部门内部具备的运维服务，以及采购的外包运维服务的管理能力。一般情况下，这些能力主要体现在流程管理能力、综合管理能力和外包管理能力等方面：

（1）流程管理能力：主要体现在流程的覆盖程度、规范性。流程管理能力支持采用各类电子化手段将 IT 运维服务支撑系统、IT 运维部门和人员、IT 用户等角色有机地联系在一起，保证整个

IT运维活动规范、有序、闭环地执行。流程管理包括服务台能力以及配置管理、变更管理、事件管理、问题管理、发布管理、服务级别管理、知识管理、财务管理、供应商管理、值班管理、作业计划管理、考核管理、应急预案管理和培训管理等各管理流程。

（2）综合管理能力：主要体现在信息分析统计能力和决策支持能力。综合管理能力在资产管理、监控管理、安全管理、流程管理和外包管理等能力的基础上，实现IT整体运维信息统计分析，并对管理决策提供支持。

（3）外包管理能力：主要体现在对外包服务的过程控制和结果控制能力。外包管理能力对外包IT运维服务的质量、效果和过程实施控制。

IT运维服务管理和支撑能力如图3.28所示。

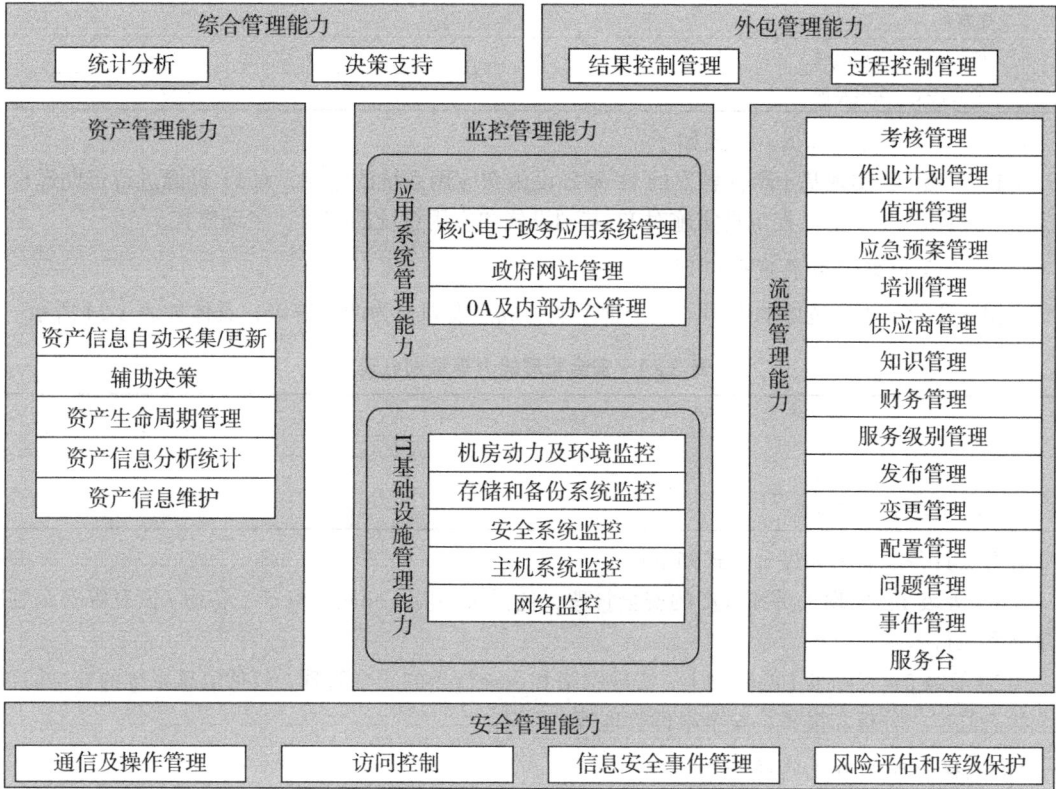

图3.28 IT运维服务管理和支撑能力图

2.IT运维服务管理和支撑能力等级划分

1）资产管理能力成熟度等级划分

在覆盖所有IT资产管理信息的前提下，依据所实现的IT资产管理能力的不同，资产管理能力成熟度划分为两个等级，具体如表3.22所示。

表3.22 资产管理能力成熟度等级划分表

支撑能力 \ 等级分类	等级1	等级2
静态资产信息管理	√	√
动态资产信息管理		√

各等级具备的能力和提升方式如下：

（1）等级1：实现静态资产信息的维护、资产信息的分析统计、资产生命周期管理并支持辅助决策。

（2）等级2：在等级1的基础上实现资产信息的自动采集和更新。

2）监控管理能力成熟度等级划分

依据监控管理的主动性和实时性程度的不同，监控管理能力成熟度划分为两个等级，具体如表3.23所示。

表3.23　监控管理能力成熟度等级划分表

等级分类 支撑能力	等级1	等级2
被动监控、定期巡检	√	√
主动监控、实时监视		√

各等级具备的能力和提升方式如下：

（1）等级1：实现基于事件触发的IT基础设施和应用系统的监控，对IT资源进行定期巡检。

（2）等级2：借助监控工具实施对IT基础设施和应用系统的实时、主动监控。

3）安全管理能力成熟度等级划分

依据安全管理内容范围的不同，安全管理能力成熟度划分为两个等级，具体如表3.24所示。

表3.24　安全管理能力等级划分表

等级分类 支撑能力	等级1	等级2
人员、资产安全管理	√	√
网络、系统行为安全管理		√

各等级具备的能力和提升方式如下：

（1）等级1：实现人员和资产的安全管理，包括对环境、介质、资产、备份/恢复等安全制度的建立和执行。

（2）等级2：在等级1的基础上，实现网络和系统行为的安全管理，包括信息系统的安全防护、安全状态监控、分析和报告，安全事件管理等。

4）流程管理能力成熟度等级划分

依据流程管理的规范化程度以及信息化支持程度的不同，流程管理能力成熟度划分为两个等级，具体如表3.25所示。

表3.25　流程管理能力等级划分表

等级分类 支撑能力	等级1	等级2
流动规范化	√	√
流程信息化		√

各等级具备的能力和提升方式如下：

（1）等级1：基于规范的流程开展IT运维活动，但流程尚未信息化。

（2）等级2：可以通过信息化手段对IT运维的业务流程提供支持。

5）综合管理能力成熟度等级划分

依据其实现的综合管理能力范围的不同，综合管理能力成熟度划分为两个等级，具体如表3.26所示。

表 3.26 综合管理能力等级划分表

支撑能力 等级分类	等级 1	等级 2
统计分析	√	√
决策支持		√

各等级具备的能力和提升方式如下：

（1）等级 1：实现统计分析能力。

（2）等级 2：在等级 1 的基础上实现决策支持的能力。

6）外包管理能力成熟度等级划分

依据对服务外包控制程度的不同，外包管理能力成熟度划分为两个等级，具体如表 3.27 所示。

表 3.27 外包管理能力等级划分表

管理能办 等级分类	等级 1	等级 2
结果控制管理	√	√
过程控制管理		√

各等级具备的能力和提升方式如下：

（1）等级 1：实现对外包服务质量和效果的控制。

（2）等级 2：在等级 1 的基础上实现对外包服务提供过程的控制。

3.IT 运维服务管理和支撑能力组合

对于 IT 运维服务管理和支撑能力的评估，可以通过对定义的 6 个维度的不同等级进行界定。不同维度、不同等级的 IT 运维服务管理和支持能力可以灵活组合以适应不同企业的不同应用场景。

IT 运维的几种典型场景，以及在这些场景下相应的 IT 运维服务管理和支撑能力的组合详见表 3.28。

（1）场景 1：具备静态资产信息管理能力，对 IT 资源实施被动监控和定期巡检，实现对人员和资产的安全管理。基于规范的流程开展 IT 运维活动，但流程尚未信息化，具备统计分析的能力。

（2）场景 2：具备静态资产信息管理能力，对 IT 资源实施被动监控和定期巡检，实现对人员和资产的安全管理。基于规范的流程开展 IT 运维活动，但流程尚未信息化，具备统计分析的能力，可实现对外包结果的控制管理。

（3）场景 3：具备静态资产信息管理能力，对 IT 资源实施被动监控和定期巡检，实现对人员和资产的安全管理，可通过信息化手段对 IT 运维的业务流程提供支持，具备统计分析的能力，并可实现对外包结果的控制管理。

（4）场景 4：具备静态资产信息管理能力，对 IT 资源实施被动监控和定期巡检，实现对人员和资产的安全管理，可通过信息化手段对 IT 运维的业务流程提供支持，具备统计分析和决策支持的能力，并可实现对外包的结果和过程的控制管理。

（5）场景 5：具备静态和动态资产信息管理能力，对 IT 资源实施主动监控和实时监视，实现对人员和资产的安全管理，以及对网络和系统行为的安全管理，可通过信息化手段对 IT 运维的业务流程提供支持，具备统计分析和决策支持的能力，可实现对服务外包的结果和过程的控制管理。

在 IT 运维服务管理和支撑能力提升过程中，各企业（机构）可从上述五个场景中选取之一作为其基线场景，并可根据实际需求在该基线场景的基础上增、减相应的能力。此外，除了上述典型场景对应的能力组合方式外，各企业也可根据实际需求灵活采取其他组合方式。

表 3.28　IT 运维的典型场景和相应的能力组合表

IT 运维的典型场景 管理和支撑能力		场景 1	场景 2	场景 3	场景 4	场景 5
资产管理	静态资产信息管理	√	√	√	√	√
	动态资产信息管理					√
监控管理	被动监控、定期巡检	√	√	√	√	√
	主动监控、实时监视					√
安全管理	人员、资产安全管理	√	√	√	√	√
	网络、系统行为安全管理					√
流程管理	流程规范化	√	√	√	√	√
	流程信息化			√	√	√
综合管理	统计分析	√	√	√	√	√
	决策支持				√	√
外包管理	结果控制管理		√	√	√	√
	过程控制管理				√	√

3.5.2　运维服务追溯

运维服务追溯是通过检查、测量、分析，对之前工作的回顾。其目的是确保运维服务的质量能满足用户所需，寻找为用户服务实施过程中存在的问题和缺陷，为服务改进活动的有效实施提供目标和方向，进而保证服务质量的稳定可控并持续提升。

1. 检　查

运维服务的检查分为体系建设整体检查和运维阶段检查两部分。

1）体系整体检查

对质量管理体系的执行情况进行检查，采用管理评审与内部审计两种方式。

（1）管理评审是最高管理者对质量管理体系的现状以及方针和目标的贯彻落实、实现情况进行的正式评估，管理评审一年执行一次。管理评审的目的是通过对服务体系运行的适宜性、充分性和有效性进行评估，确定服务体系的改进方向。管理评审的输入包括内审报告、各项指标检查、用户满意度调查报告等。

（2）内部审计是由内审团队依据质量管理体系文件和标准，对活动和过程进行检查，评估自身的质量管理体系是否符合质量方针、程序和管理体系及相应法规的要求，确保体系的持续有效。在执行内部审计时应制定专门的内审检查表，内审半年执行一次。按照首次会议、现场审核、确定审核结论、末次会议、出具审核报告的过程进行实施。执行上结合内部审计，针对阶段性质量管理工作进行检查、总结、评估和改进。

2）运维阶段检查

运维阶段检查是进行质量检查的有效手段。将应遵循的标准或规范分解成一个个检查点，在检查过程中逐一进行核对。

（1）运维服务质量管理检查。运维服务质量管理检查点设置如下：

① 是否根据企业（机构）业务模式及能力，制定了运维服务管理范围。

② 是否有对运维服务管理手册的管理。

③ 是否制定了企业（机构）运行维护业务组织架构及各岗位职责。

④ 是否针对企业（机构）的运行维护服务，制定了企业（机构）运维服务管理方针。

⑤ 是否制定了企业（机构）运维服务目标。

⑥ 企业（机构）运维服务目标是否与企业（机构）的业务相结合，并通过程序持续改进而不断提高绩效。

⑦ 管理层是否与相关部门及时有效地沟通，在企业（机构）中积极贯彻实施运维服务管理体系，达到持续改进的目的，从而实现运维服务管理目标。

⑧ 各部门总监是否组织相关部门按照 PDCA（即计划（plan）、执行（do）、检查（check）、处理（action））的要求，通过对所属业务的规划，适时优化和提供资源，以计划、实施、监控、评审和改进运维服务的交付过程。

（2）运维服务能力质量检查。运维服务能力是通过运维体系、能力整体策划、实施、检查、改进形成的。所以对于运维服务能力的质量检查，主要是针对 PDCA 的循环进行，PDCA 是否有效地运作，决定了运维服务能力能否真正地提升。运维服务能力质量检查点如下：

① 企业（机构）是否对运行维护服务能力进行了整体策划。

② 企业（机构）是否实施运行维护服务能力管理和按服务等级协议（SLAs）规定交付服务内容提供必要的资源支持，保证交付质量满足服务等级协议（SLAs）的要求，对运行维护服务结果、服务交付过程以及相关管理体系进行监督、测量、分析和评审实施改进。

③ 是否根据企业（机构）自身业务定位和能力建立了组织级运维服务目录。

④ 是否每年根据企业（机构）运维计划和能力制定了《年度运维服务能力管理计划》。

⑤ 企业（机构）是否考虑了提供运行维护服务所需要的企业（机构）各方面的能力，包括但不限于人力资源、备品备件采购、支撑系统等。

⑥ 项目部、运行维护部规划了现有运维服务对象能力水平，是否根据《能力管理手册》的要求制订了运维能力指标体系计划。

（3）运维服务人员能力质量检查。为满足运行维护业务的开展，保证和提升运维服务人员的能力，根据运行维护业务的年度经营目标，需要在人员招聘、人员储备、人员培训和人员的绩效管理等方面进行检查确认，保证人员能力活动的落实和年度经营目标的完成。运维服务人员能力质量检查点如下：

① 人力管理部是否在每年年初，根据企业（机构）维护业务的年度经营目标，评估现有的人力资源状况，提出全年的人力资源计划，包括人员招聘、人员储备、人员培训和人员的绩效管理。

② 是否编制了《运维服务相关岗位职责说明》。

③ 是否在《运维服务相关岗位职责说明》中，包括了对岗位结构、知识、技能、经验的要求。

④ 员工入职后，是否必须通过新员工培训，掌握基础的工作技能和工作程序后方可上岗。

⑤ 新员工培训是否包含以下内容：职业道德教育；运维服务和项目管理基本理论培训；有针对性的网络技能培训；商务礼仪培训，包括拜访礼仪、电话礼仪、邮件书信礼仪等；工具的使用培训；服务与沟通技巧培训。

⑥ 是否针对所有员工，每年定期评审每个员工的绩效，并组织有关部门采取相应的改进措施。

⑦ 人力管理部是否按照人力资源管理的要求，对运行维护员工进行适当的教育、培训、技能和经验的记录，与运维服务相关的各部门负责定期对培训、绩效等结果进行评估、分析和报告。

（4）运维服务能力资源质量检查。为了提供有效的运维服务，确保与其匹配的资源能够得到高效利用，对工具、服务台、知识库、备件库等四个方面进行检查。运维服务能力资源质量检查点如下：

① 是否在提供运维服务时，使用了正确的运维工具，保证了运维体系流程和标准的确实落地。

② 使用的运维工具中，是否包括了监控工具和过程管理工具。

③ 是否建立了《服务台管理制度》并得到实施，发现问题进行改进，保证服务的及时性和质量。

④ 是否建立了《备件库管理制度》并得到实施，确保备件可用。

⑤是否建立了《知识库管理制度》并得到实施，确保知识在组织内得到有效的使用。

（5）运维服务技术能力质量检查。为了促使企业（机构）的运维人员对其服务过程中的业务需求进行总结，形成一个良好的技术管理机制，指导服务团队、研发团队开展工作，提高服务水平，为其他管理流程提供支持，对技术研发、发现问题、解决问题等三个方面进行检查。运维服务技术能力质量检查点如下：

①是否每年对企业（机构）业务和市场进行分析，制定了研发规划，形成了计划文档并实施。

②是否在研发规划中规定了执行部门。

③运行维护部和技术开发组是否根据需求和优先级编制研发计划，年初报总经办审批，年末需在管理评审会上汇报计划执行完成情况。

④是否对发现问题的技术进行了研究，形成了相应的研究成果。

⑤是否对解决问题的技术进行了研究，形成了相应的研究成果。

⑥是否对当年的研发成果进行了有效评估。

⑦项目部和运行维护部是否通过例会等各种手段，普及并总结企业（机构）相关技术工具的使用，由运行维护部经理定期汇总、提交管理层进行决策、编制、研发及推广。

（6）过程质量检查。为规范化运行维护服务的日常工作流程，对以下 8 个过程进行质量检查：

①服务级别管理。

②服务报告管理。

③IT 服务财务管理。

④事件管理。

⑤问题管理。

⑥配置管理。

⑦变更管理。

⑧发布管理。

2. 项目级质量审计

在运维的开展过程中，对执行情况符合度进行检查，是典型的过程检查，而非事后检验。

1）运维启动检查

运维服务启动阶段是重要的里程碑，需要进行质量检查，确保运维工作有一个良好的开始。

运维启动阶段质量检查点如下：

①质量经理、质量专员是否在项目策划阶段介入，了解项目信息。

②是否根据运维服务目录和项目服务的需要，制定了运维服务目录，并形成了合同的一部分。

③在运维启动时，是否与用户共同进行了运维启动会议，明确了运维的目标、服务内容、服务时间及主要人员，并形成会议纪要。

④在运维启动阶段，企业（机构）质量管理部是否为运维分配了专职的 QA 人员。

⑤在运维启动阶段，是否根据配置管理要求建立了项目的配置库。

2）运维计划检查

运维计划阶段主要是针对运维规划工作的质量进行检查。运维计划阶段质量检查点如下：

①是否编制了《运维服务项目计划》，在计划中明确了运维服务的主要工作、人力资源投入、考核要求、运维工具的使用、服务报告提交的形式及频率等。

②质量经理是否会同运维经理共同制定项目质量保证计划。

③是否根据各项工作过程，结合运维实际需要修订形成了运维的工作流程，如：事件、问题、服务台、变更、发布等流程。

④ 是否制定了运维审计计划。

⑤ 是否制定了运维质量保证培训计划。

⑥ 是否制定了运维质量审计检查表。

⑦ 是否制定了服务质量评估标准，并有相关计算公式。

3）运维监控检查

运维监控是为了确保项目工作得到有效落实，同时需要检查运维监控的工作是否得到落实。运维监控阶段质量检查点如下：

① 运维经理是否针对运维服务计划中的要求，检查各项工作的完成和质量，确保计划的落实，并有相应的文档记录。

② 项目经理是否定期召开运维例会，检查各项工作的完成情况，针对实施中的困难和问题进行协调解决，确保项目目标和 SLAs 的达成。

③ 运维中发现的问题是否得到了记录、跟踪、解决，直到关闭。

④ 是否运维组织了运维用户的回访活动，了解用户对运维的满意度。

⑤ 是否对运维审计结果进行了有效的改进和执行。

4）运维总结检查

运维总结是运维阶段性目标的重要阶段，为确保运维不断改进，需要进行阶段性总结工作的检查。运维阶段性总结质量检查点如下：

① 是否召开了运维总结会议，与项目干系人共同确认了运维阶段性目标的达成。

② 是否对运维用户进行年度用户满意度调查，了解用户对整个运维的满意程度。

③ 是否对运维成员进行了考核，确保运维成员的绩效得到客观体现。

④ 是否形成了运维文档清单，纳入到组织过程资产库。

3. 测　量

测量是基于设计阶段定义的质量评估指标，进行数据的收集与对比。进行计算时应注意定义每个指标的计算方法，根据指标的重要程度设置相应的权重值，最终以加权平均的方式得到整体评估结果。用于测量计算的手段包括 Excel、软件评估平台等。

4. 分　析

通常采用帕累托分析法和鱼骨图分析法来深度分析评估结果中分值较低的指标。

1）帕累托分析法

帕累托分析法是将导致某种结果的各种可能原因按照其数量之大小倒序排列，找到主要原因供决策者参考，用于从众多任务中选择有限数量的任务以取得显著的整体效果。由于质量评估指标众多，对每一个指标进行分析是费事费力的事情，因此应用帕累托分析法来找到影响 80% 效果的那20% 的指标，从而明确工作的重点。

2）鱼骨图分析法

鱼骨图分析法是通过头脑风暴的方法将影响问题特性的因素找出来，将它们与特性值一起，按相互关联性整理成层次分明、条理清楚并标出重要因素的图形，它是一种透过现象看本质的分析方法。鱼骨图分析法用于帕累托分析之后，对发现的影响重大的指标进行深层次的原因挖掘。针对IT 运维服务，可从人员、资源、技术、过程这四个要素来进行分析。

3.5.3　运维服务改进

1. 运维服务改进管理的目的

运维服务改进管理过程以达到以下目的：

（1）识别运维服务工作中存在的问题，并提出整改措施。

（2）对现有流程执行的差距进行分析，找出差距，能够更好地适应服务需求。

（3）通过服务改进管理，提高运维服务工作的适应性和管理水平。

2. 运维服务改进角色

运维服务改进的角色及职责如表 3.29 所示。

表 3.29　运维服务改进的角色及职责

角色名称	实际岗位	角色定义及职责说明
服务改进负责人	专人承担（一般为小组长）	角色定义：负责对运维服务评估、分析、改进的具体负责人 职责说明： ① 制定必要的服务改进计划和程序 ② 审阅服务报告，识别出改进意见 ③ 采取纠正和预防措施以满足运维服务的持续改进 ④ 定期进行服务改进评审并适时召开部门会议 ⑤ 确定所有评审和审核的改进计划，且确保计划的改进措施配备了足够的资源 ⑥ 负责授权改进计划 ⑦ 组织讨论与改进措施相关的问题 ⑧ 监控改进，确保改进顺利进行 ⑨ 审阅服务报告，识别出改进意见 ⑩ 协助服务策划
客　　服	服务台	角色定义：负责对服务台管理 职责说明： ① 收集用户反馈 ② 收集服务报告 ③ 进行用户满意度调查
运维服务负责人	专人承担（一般为小组长）	角色定义：对整体运维服务进行管理的人员 职责说明： ① 根据制定的改进计划具体实施 ② 收集各流程中的过程测量指标

3. 运维服务改进流程

运维服务改进流程如图 3.29 所示。

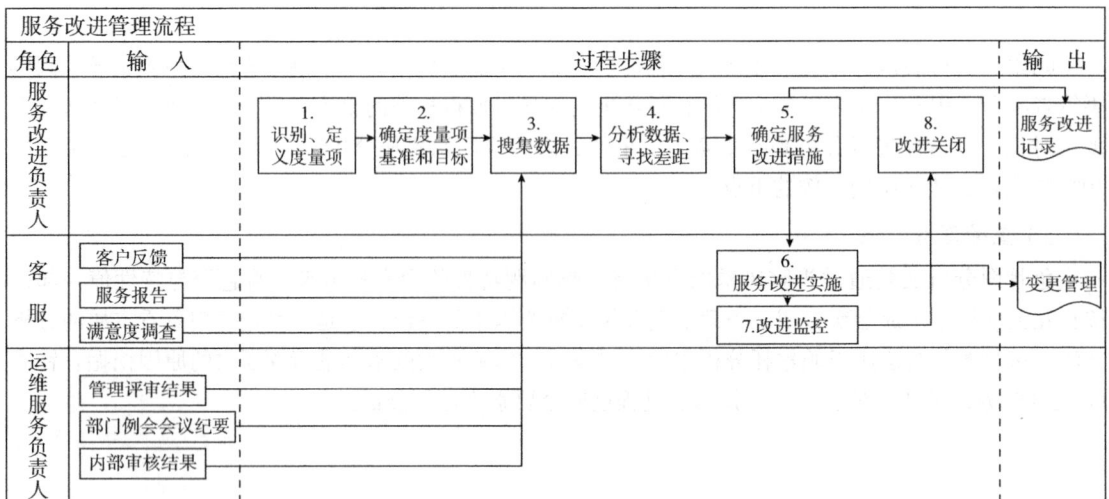

图 3.29　运维服务改进流程图

4. 运维服务改进流程说明

运维服务改进流程说明如表 3.30 所示。

表 3.30　运维服务改进流程说明

流程环节	参与角色	流程说明
识别、定义度量项（1）	服务改进负责人	服务管理负责人员确定需要衡量的要素，识别各程序文件所定义的测量指标，识别出服务质量、服务效果、服务成本、服务流程的执行效率等
确定度量项基准和目标（2）	服务改进负责人	服务管理负责人明确需要改进的问题，建立各度量项的基准和改进的目标
收集数据（3）	服务改进负责人、客服、运维服务负责人	客服、运维负责人将各自收集的数据以报告形式发送给服务改进负责人，并提供改进建议 首先必须搜集服务过程中的数据，根据既定的目的和目标来搜集资料，此时获得的是最原始的数据和资料。搜集数据需要在适当的时候进行监控。对持续服务改进加以监控的主要目的是为了保证质量。因此，监控必须关注服务、流程、工具、配置项的效果
分析数据寻找差异（4）	服务改进负责人	服务改进负责人对收集的数据进行合理的处理后和之前建立的度量项目进行对比，确定服务差距、趋势以及服务对业务的影响。必要时可邀请各流程负责人一起参与分析
确定服务改进措施（5）	服务改进负责人	服务改进负责人运用获得的信息对服务进行优化、提高和修改，发现问题并提出改进服务的解决方案，填写《服务改进记录》，并把《服务改进记录》提交给服务负责人
服务改进实施（6）	服务改进负责人	根据通过审核后的服务改进方案，安排实施。实施过程需要符合《变更管理程序》。在这一步执行完后，重新建立一个新的基准和目标，然后在这个基准上开始新一轮的服务改善循环
改进监控（7）	服务改进负责人	质量管理部跟踪服务改进方案实施进行情况，在必要的时候，及时调整改进方案，使改进达到最佳效果 如果服务已经达到改进的效果，服务负责人填写《服务改进记录》的验证信息
改进关闭（8）	服务改进负责人	改进方案实施结束后，进入下一个服务改善循环

运维服务改进流程输出：《服务改进记录》、《年度服务改进计划》。

3.6　大运维体系的应急管理

大运维体系的应急管理包括应急准备、应急预案和应急演练。

3.6.1　应急准备

1. 建立应急响应组织

运行维护服务的组织由相关利益方组成，包括服务需方、服务供方、分包方、供应商等。

应在运行维护服务组织基础上建立应急响应组织，要求如下：

（1）应急响应组织的人员应属于运行维护服务组织的人员，也可包括其他机构的专家和人员。

（2）应规定运行维护服务及应急响应所有相关利益方的角色及职责，并为关键角色提供备份人选。应明确：

① 应急响应责任者：可由服务需方的信息化部门最高管理者担任，统筹协调应急响应工作。

② 现场负责人：由应急响应责任者授权，负责应急事件监测与预警、应急处置等现场工作。

③ 分组负责人：可在组织内成立多个分项小组并设定负责人，承担应急响应中各专业性工作。

④ 值班人员：组织内承担现场值守工作的人员。

（3）应就应急响应服务的范围、要求等与相关利益方达成一致，确定沟通流程和方式，并形成记录。

（4）运行维护过程中涉及组织和人员的变更应与相关利益方达成一致，并形成记录。

（5）应建立对应急响应组织内人员的考核机制，明确考核指标及方法。考核至少每年进行一次，以确保组织能持续满足应急响应要求。

2. 制定应急响应制度

组织应制定应急响应制度，明确应急响应的目标、原则、范围以及各项管理制度，并要求：

（1）与相关利益方就应急响应制度达成一致。

（2）定期对应急响应制度进行评审。

（3）在组织战略、业务流程、用户要求等发生重大变化时对应急响应制度进行调整。

3. 风险评估

组织应按照确定的方法和流程对重要信息系统实施风险评估，确保组织了解其在运行维护过程中的关键活动、所需资源、限制条件及信息系统面临的各种风险要素。组织应了解当风险演变为应急事件时所产生的影响和后果，以及信息系统服务中断所带来的损失。

组织应授权组织内或组织外的服务供方进行风险识别，并将授权通知到所有相关利益方。

被授权的服务供方应结合具体的信息系统现状和要求，从技术和管理等方面确定风险要素。

应对风险要素进行评估，形成风险评估报告，报告内容应包括：

（1）结论摘要。

（2）背景及现状。

（3）风险要素。

（4）识别出的风险及风险分析。

（5）建议的应对措施。

（6）应在需方授权范围内对风险评估报告进行评审和沟通，并达成一致。

4. 改进方案

对于识别出的各种风险，组织应该制定明确的控制策略，必要时应对信息系统进行升级改造。可供选择的风险控制策略包括：风险规避、风险转移、风险降低、风险接受。

根据风险评估报告，组织应该形成改进方案并实施，以利于：

（1）降低风险转变为应急事件的可能性。

（2）缩短应急事件的持续时间。

（3）限制应急事件的影响范围。

5. 划分应急事件级别

（1）参考要素：应急事件分级的主要参考要素为信息系统的重要程度、信息系统服务时段、信息系统受损程度。

（2）重要程度：重要程度主要应考虑信息系统所支撑的业务的重要性，以及信息系统内信息资产的重要性和信息系统服务的重要性。

（3）服务时段：服务时段主要应考虑应急事件发生时系统提供服务的状态。

（4）受损程度：受损程度主要应考虑应急事件发生时信息系统功能和性能等方面的影响程度。

6. 级别划分

对可能发生的应急事件进行级别划分。

组织应结合自身的业务要求，对应急事件级别对应的响应时间、处置完成时间等达成一致。

组织应根据应急事件级别配置响应的保障措施，如人员、资金和设备等。

7. 应急响应预案制定

1）预案制定与评审

组织应根据应急事件级别制定应急响应预案。

应急响应预案可以分为总体预案和针对某个核心系统的专项预案。

应急响应预案的格式应该能够为应急响应组织进行系统恢复操作提供快速明确的指导。

应急响应预案应该明确、简洁，易于在紧急情况下执行，并使用检查列表。

2）应急响应预案的内容

（1）应急响应预案的编制目的、依据和适用范围。

（2）具体的组织体系结构及人员职责。

（3）应急响应的监测和预警机制。

（4）应急响应预案的启动。

（5）应急事件级别及对应的处置流程、方法。

（6）应急响应的保障措施。

（7）应急预案的附则。

（8）服务需方应组织对应急响应预案进行评审，并与相关利益方达成一致。

8. 预案发布

经过评审确认的应急响应预案，应由应急响应责任者负责发布。应急响应预案应进行版本控制。

9. 培　训

组织应制定应急响应培训计划，并组织相关人员参与。应急响应预案应作为培训的主要内容。

培训应使得组织及人员明确其在应急响应过程中的责任范围、接口关系，明确应急处置的操作规范和操作流程。

培训应至少每年举办一次。

10. 演　练

为检验应急响应预案的有效性，同时使相关人员了解运行维护预案的目标和内容，熟悉应急响应的操作规程，组织应进行应急演练，应急演练内容应包括：

（1）预先制定演练计划、演练脚本。

（2）演练的整个过程应有详细的记录，并形成报告。

（3）演练不能影响业务的正常运行。

（4）为提升应急响应能力，组织可采用无脚本演练。

（5）必要时，组织可根据演练的效果对应急响应预案进行完善。

3.6.2　应急预案

1. 应急预案设定的原则

数据中心基础设施运维应急预案应遵循以下原则：

（1）数据中心基础设施运维应急预案应当遵守国家相关法律法规，遵守数据中心所在地区的行政法律法规。

（2）数据中心基础设施运维应急预案在保障人员生命安全的前提下，积极承担应尽的社会责任，优先确保涉及民生的信息服务安全、畅通。

（3）数据中心基础设施运维应急预案要做到统一领导，分级指挥，充分利用现有资源，突出保障重点。

（4）数据中心基础设施运维应急预案的信息发布应当及时、准确、客观、全面，要积极主动，准确把握，避免猜测性、歪曲性的信息披露等。

2. 应急体系建设

各类数据中心应针对本数据中心基础设施运维的特点，建立基础设施运维应急预案体系，应急体系建设原则如下：

（1）总则：包括基础设施运维应急预案体系目的、工作原则、编制依据和适用范围。

（2）数据中心基础设施运维应急预案组织指挥体系及职责：包括组织机构和职责、组织体系框架描述。

（3）数据中心基础设施运维应急预案的预防和预警机制：包括对预防机制、预警监测、预防预警行动、预警分级和发布的介绍。

（4）数据中心基础设施运维应急预案的应急响应：说明应急响应的阶段划分、应急响应各阶段的工作内容和要求。

（5）数据中心基础设施运维应急预案的后期处置：包含情况汇报和经验总结、奖惩评定及表彰。

（6）数据中心基础设施运维应急预案的保障措施：从信息资源、人力资源、财力资源、物力资源四个方面，说明为应对突发或重要事件所应配备的资源及相应的管理办法。

（7）附则：包括名词术语和缩写语、预案的管理与更新、沟通与协作、制订与解释部门等内容。

3. 应急预案制定

数据中心基础设施运维，要提前制定针对本数据中心的相关应急预案。数据中心基础设施运维应急预案的制定，要注意以下几个方面：

1）针对性

数据中心基础设施运维应急预案，是针对可能发生的事故，为迅速、有序地开展应急行动而预先制定的行动方案，因此，应急预案应结合危险分析的结果。

（1）针对数据中心基础设施运维重大危险源。重大危险源是指在数据中心园区内或周边，长期地或是临时地生产、搬运、使用或贮存危险性物品，且危险物品的数据等于或超过临界量的，重大危险源历来就是数据中心运营监管重点对象，比如数据中心周边的施工现场、化工厂、加油站、供气中心等均是数据中心周边的重大危险源。

（2）针对可能发生的各类事故，在编制应急预案之初，需要对数据中心运营管理过程中可能发生的各类事故进行分析和研究，结合可能发生的各类事故的发生概率、损失大小等，在此基础上编制数据中心基础设施运维预案，才能保证应急预案更广范围的覆盖性。

（3）针对数据中心基础设施运维关键的岗位和地点，不同的数据中心，即便同一数据中心不同生产岗位，所存在的风险大小都往往不同，特别是在柴油发电机、高压机房等，都存在一些特殊或关键的工作岗位和地点。

（4）针对薄弱环节：各类数据中心的薄弱环节，主要是指数据中心为应对重大事故发生而存在的应急能力缺陷或不足方面，数据中心基础设施运维部门在编制预案时，必须针对生产经营的重大事故应急救援过程，人力、物力、救援装备等资源是否可以满足要求而提出弥补措施。

（5）针对重要入驻单位：重要的入驻单位或自用重要系统应当编制专门的预案，重要的入驻单位或自用重要系统往往关系到国计民生，一旦发生事故，其造成的影响或损失往往不可估量，因此，针对这些重要的入驻单位或自用重要系统应当编制应急预案。比如政府、金融等领域，数据中心基础设施运维有必要对如此重要领域的用户做专门的应急预案。

2）科学性

应急救援工作是一项科学性很强的工作，编制应急预案必须以科学的态度，在全面调查研究的基础上，实行领导和专家结合的方式，开展科学分析和论证，制定出决策程序和处置方案以及应急手段先进的应急反应方案，使应急预案真正的具有科学性。

3）可操作性

应急预案应具有实用性和可操作性，即发生重大事故灾害时，有关应急组织、人员，可以按照应急预案的规定，迅速、有序、有效地开展应急救援行动，降低事故损失。

4）完整性

（1）功能完整。数据中心基础设施运维应急预案中，说明有关部门应履行的应急准备、应急响应职能和灾后恢复职能，说明为确保履行这些职能而应履行的支持性职能。

（2）应急过程完整。数据中心基础设施运维应急预案应包括应急管理工作中的预防、准备、响应、恢复四个阶段。

（3）适用范围完整。数据中心基础设施运维应急预案要阐明该预案的使用范围，即针对不同事故性质可能会对预案的适用范围进行扩展。

5）可读性

易于查询，语言简洁、通俗易懂，层次及结构清晰。

6）相互衔接性

各类针对各种场景的数据中心基础设施运维应急预案，应相互协调一致、相互兼容。

7）规范性

数据中心基础设施运维应急预案的版本号建议采用"Vx.y.z（年份）"的形式表示。其中，"V"：表示版本，是"version"的简写；"x"：大版本更新，结构变化，每次更新数值加1；"y"：具体更改，部分内容的修正，每次更新数值加1；"z"：文字修改，奇数为包含对上一版修改记录的稿子，偶数为对上一版修改稿的定稿；"年份"：最新修改年限，如"2014"代表最新修改发生在2014年。x、y、z均为非负整数。每当x加1时，y和z应清零。

4. 应急预案之物资管理

为了提升数据中心基础设施运维质量，加强数据中心自有应急服务保障物资和装备的管理，确保数据中心各类业务保障工作的顺利开展，依据国家法律、行业规范，各类数据中心应制定适合本数据中心的基础设施运维应急物资管理办法。

1）应急物资管理原则

（1）数据中心基础设施运维应急物资，是指用于数据中心应对突发事件的业务保障和业务恢复工作所需的通信装备、电源设备、辅助装备、后勤保障装备和个体防护装备等。

（2）应急物资管理遵循"统筹管理、科学分布、合理储备、统一调度、分级负责"的原则。

2）应急物资的存储

数据中心基础设施运维应急物资存储工作，应遵循"统筹规划、分区储备、保障急需、方便调度、专业管理"原则。

根据数据中心基础设施运维保障需要，各数据中心基础设施运维部门要选用固定的应急物资存储地点，确保应急物资"灵活、方便、快捷"地存储和调用。

各储备点应满足以下要求：

（1）交通便利，供电可靠，周围没有明显的安全隐患，不易受洪涝、山体滑坡等影响。

（2）满足"四防"要求：防盗、防火、防水、防潮。

（3）储备点需设置操作维护空间，便于应急设备的检修、测试等。

3）应急物资的维护

（1）数据中心基础设施运维相关应急物资的日常维护工作，由数据中心应急物资储备部门负责，应参照各数据中心相关维护规程制定具体的应急物资维护细则并严格执行。

（2）数据中心基础设施运维相关应急物资储备部门，要加强应急物资维护管理，根据储备物资的有效期和质量要求对储备物资进行保养和适时轮换，确保应急物资的可用性和完好率。

（3）数据中心应急保障车辆应制定专门的安全生产管理办法，车辆的保养和检修频次应高于车辆保养手册的要求，五年以上车辆应将保养里程或者时间减少一半以上。

（4）数据中心应急保障设备至少应每年检修和保养一次，各类重型设备应每半年在本数据中心灾害高发季节之前及结束之后进行检修和保养一次。

（5）专业管理部门牵头负责应急物资，特别是备品备件的性能检查和升级，至少应每半年进行应急物资的软件、硬件与数据中心现行设备的同步更新和升级。

（6）数据中心各级基础设施维护部门应提出应急物资维护支出预算，对执行情况进行跟踪。

（7）数据中心应急物资报废按照《数据中心固定资产管理办法》有关固定资产报废的相关规定执行。数据中心各级基础设施运维部门应在应急物资报备时上报物资报废情况。

3.6.3 应急演练

为确保数据中心基础设施维护工作的顺利开展，保障数据中心基础设施安全、机房设备稳定运行，进一步验证安防、消防、动力、空调、综合监控等系统在突发情况下的运行状态，为各项操作规程和应急预案的编制奠定基础，提升维护人员的现场实际操作能力和应急能力，日常的应急演练显得尤为重要，各类数据中心应当重视应急演练，切实防患未然。

1. 应急演练的目的和意义

为提高数据中心发生突发安全生产事故时维护人员的快速反应能力，检验及维护在非正常状态下的组织能力，缩短处理事故的时间，减少事故状态下的经济损失，各类数据中心应当本着"安全第一，预防为主"的方针，组织进行数据中心基础设施应急演练。通过数据中心意外事件的实战演练，为日后数据中心基础设施故障处理积累经验。通过应急演练，查找目前存在的薄弱环节，采取措施进行补救和提高，以保证在意外状态下正确快速地处理异常状况，保证数据中心基础设施安全运行。数据中心各专业应急演练，应参照应急演练的总体部署。

2. 应急演练的组织原则

1）制定详细的应急演练方案

凡事预则立，不预则废。数据中心基础设施运维之应急演练亦是如此，基础设施运维各专业应密切结合本专业实际，制定详细的应急演练计划，对可预见的场景应提前做好应急演练部署。应急演练方案应包括以下内容：

（1）应急演练目的和意义。阐述清楚本次应急演练针对的场景，验证的内容，目的及意义，如：为检验数据中心空调系统功能是否正常，监测末端精密空调机组漏水监控功能是否正常，考察空调维护人员漏水应急预案的响应时间，开展本次演练。

（2）应急演练时间安排。明确演练启动筹备会时间，各参演单位参演人员就位时间，启动时间及终止时间等信息。

（3）应急演练地点。应急演练中涉及的主要区域，指挥调度区、演练观摩区、演练操作区、总结点评区等，重要区域是否需要戒严和人员疏散等，应予详细的描述。

（4）应急演练涉及的系统及设备。明确本次演练涉及的所有系统及设备（包含可能间接影响的系统及设备）。

（5）参演人员架构及职责分工。明确本次演练的组织架构及人员分工，包括应急演练总指挥，各专业现场指挥，操作员，观察员，记录员等人员的姓名、职责、位置、联系方式、应急联系方式等信息。

（6）应急演练场景描述。描述清楚本次应急演练涉及的应急场景，如：模拟数据中心末端空调风机故障引发动环监控报警，设备无法正常启用，导致机房局部产生温高。维护人员需紧急关闭该机组并关闭相应的阀门，开启备用机组。

（7）演练实施步骤。是应急演练方案中的主要内容，明确描述演练中所有涉及的环节、每一步应急操作详细内容、出现的现象、下一步指令和操作。确保参演人员可按此进行逐步操作，此外，还应明确描述应急演练中突发情况操作步骤。

（8）应急演练的工作要求：

① 所有参演人员应做到听从指挥，严格按照操作流程执行操作，意外情况做到及时上报，并采取有效措施防止意外事件继续发展。

② 所有人员应严格遵守职责分工，演练过程中密切关注设备异常情况，发现异常及时记录和报告。

③ 现场人员均按照演练计划中各类指令进行下一步操作。

2）应急演练严格落实

按照数据中心演练计划，基于上述详实的演练方案，在演练执行的过程中要认真落实，严格监控演练各环节的落实情况，不断优化此类应急演练的方案和流程，将数据中心应急演练工作常态化，随时保持警惕，真正做到"平战结合"。

3）应急演练经验总结和提升

应急演练执行完毕后，善于总结，将成功的经验及方法及时总结归纳，及时输出应急演练报告，重要文献应纳入数据中心文档库、资料库、案例库。在演练过程中发现的问题及时给出解决方案并落实解决，应急演练过程中的优秀参演维护单位和部门应予以表彰。

3. 应急演练小结

应急演练工作的开展，是数据中心基础设施运维中不可或缺的重要部分。演练执行过程中加强"四点"管理，即抓住重点、克服难点、控制节点、保证终点；要求"科学运维、智慧演练"。

数据中心基础设施应急演练，应围绕各项工作的目标要求，增强应急演练工作的计划性和主动性，坚决贯彻"12个有"：各项应急演练工作开展之前要"有目标、有计划、有要求"，应急演练工作开展之中要"有人抓、有人管、有落实"，"有制度、有流程、有手段"，应急演练工作完成之后要"有总结、有考核、有提升"。

3.7　大运维体系的知识管理

运维知识包括日常运维工作中遇到的问题及解决方案；可以提升工作效率的经验方法；信息系统故障排查方法、分析原理、解决方案；信息系统的应用技巧及经验；行业内先进 IT 技术的介绍、阐述、感悟等。

知识库则是由知识来组成的仓库，也就是信息系统在建设、运维、应用期间的知识积累。

1. 知识管理的作用

知识管理的作用有以下几点：

（1）将原有知识分类整理，将具体知识进行规范化，按照管理流程发布到知识库管理系统。

（2）构建知识管理权限系统，将运维工程师、管理人员、审核人员组织起来，形成知识共享且安全的知识添加、审核、发布、浏览、应用等系统。

（3）实现知识日常积累，建立知识日常积累机制，划分并确定知识管理流程，保证知识库常用常新。

（4）把支持运维工作的信息、知识管理起来，提高工作效率、保证工作质量、降低工作成本。

（5）通过知识管理，建立起知识库管理系统；整理出运维过程中产生的知识、常用的知识、基础知识、员工的工作经验和总结等知识内容；确定这些知识内容的管理方式；通过知识库管理平台、组织和制度逐步使知识管理走向正规化。

2. 知识库管理的目标

知识库管理的目标有以下几点：

（1）实现知识共享：IT 运维人员常常重复解决用户的相同问题，如果多数问题及其解决方案都可以从知识库中简单、方便地获取，那么 IT 运维人员将从重复性的工作中解放出来，得以着手解决其他新的问题，从而达到提升工作效率、降低 IT 运维成本的目的。

（2）实现知识转化：知识库的建立要极大地促进知识转化，有利于提高 IT 运维部门整体水平。

（3）避免知识流失：知识共享同时也意味着避免信息孤岛和知识流失，许多隐性知识集中在岗位工作人员的脑子里，一些 IT 运维的操作或故障解决方法可能起初只有开发人员知道，知识库管理可以有效避免由人员流失造成的知识流失。

3.7.1   知识管理架构

大型信息系统要正常运转，离不开大量的运维工作。运维工作需要很多专业技术人才，要做好信息系统的运维需要掌握多学科、多门类的专业技能。运维工作不强调人才对一门技术有多专、有深度，但要有广度。出于成本的考虑，运维管理部门不可能聘入所有专业知识领域的人才，需要的是通用人才。本节主要介绍运维工作所需的知识管理架构。

信息系统运维知识可以分为三大部分：运维技术、测试和开发，以及运维管理系统。

1. 运维技术

运维技术包含的技术非常广泛，按照网络层的设计可以将运维技术分为客户端、外部层、集群技术类、应用服务层、网络层、基础服务类、操作系统层、基础设施层八大类内容。

（1）客户端，包括 DNS 地址解析、浏览器的使用、安全策略。这部分需要掌握一些浏览器技术，知晓如何提高浏览器并发数、避免静态资源在 Cookie 上传。当域名解析不出来的时候，知道如何分析，确认是否是客户端的问题。

（2）外部层，包括第三方 CDN，云计算和外包等。CDN 网络优化技术在信息系统应用层使用已非常普及，云计算的基础知识也需要掌握，尤其是与各种外包服务交流沟通的技巧，以便在遇到自己不了解的技术时也可以通过外包找到答案，善于利用这些求助对象。

（3）集群技术，包括负载均衡、集群管理。掌握四层和七层的负载均衡技术、开源的 LVS（IP 负载均衡）、商业的 F5 这些集群技术，有助于对网络流量进行优化。

（4）应用服务层，包括 Web 应用、数据层、文件存储、分布式层等。这部分与业务应用关系密切，业务是否正常运转通常在这方面表现，往往信息系统出现故障，第一时间就是在应用层面上表现出来。掌握这部分的一些技术，有助于快速查找问题根源，比如一些业务监控接口的设计、流量分析技术、服务和安全监控手段等。

（5）网络层，包括从接入到汇聚、核心的所有网络技术，主要有网关设备、防火墙、路由器、IPsec VPN、三层交换、二层交换等。网络技术是运维里的三大技术之一，是实现所有设备互联互通的基础技术，因而网络工程师要求必须配备此项技术。网络工程师不仅要掌握各种网络技术，还需懂得如何监控网络，掌握各种监控软件的使用方法，利用软件实现对网络的自动监控。

（6）基础服务类，包括各种管理平台：日志收集平台、自动化部署平台、Job 管理平台、项目管理、电子邮件、DHCP 等。这些技术可以通过各种监控软件来完成，所以掌握 Zabbix、Kerberos 等管理软件是非常有必要的，可以利用这些软件对信息系统进行管理。

（7）操作系统层，信息系统由大量的服务器组成，而这些服务器大部分是 Linux 的操作系统，只有掌握了这些系统常用的操作，才能完成各种应用业务部署，并能够在出现问题的时候查看服务器的运行状态。

（8）基础设施层，主要是设备的上下架、IDC 的托管，要求做好对网络配置、设备标注、资产录入、操作系统安装、机房巡检等运维工作。基础设施层的数据准确性直接决定了未来运维工作的有效性，尤其是在发生故障的情况下，错误的基础数据会增加排查故障的难度，甚至会误导排查的方向。

2. 测试和开发

运维的工作包括测试和开发两个部分。运维部门针对某种业务或者网络进行性能测试、故障模拟测试、新业务开展测试等，需要掌握一些常见的测试方法，并在测试时设计好测试方案，尤其要避免对信息系统正在运行的业务造成影响。运维工作中有时需要开发管理软件，以提升运维效率，减少复杂重复的人力。往往很多大型信息系统的维护人员根据自己的管理风格和喜好来设计开发一些小型运维软件，这种做法将全面提升信息系统运维的自动化管理水平，也将利于后期的运维。测试和开发是运维工作的重要部分，掌握一些常用的开发软件和测试方法是非常必要的。

3. 运维管理系统

运维管理系统是运维工作的有力抓手，比如 ITSM、ITIL、IT Service CMM 等，可以有效提升运维的管理水平。大型运维管理部门通常会聘请运维咨询团队进行管理咨询，利用他们专业的管理知识和先进的管理经验，使信息系统运维管理水平得到质的提升。

3.7.2　知识管理角色

根据知识库管理需求设定以下几种管理角色：运维人员、技术专家委员会、运维管理部门经理、知识库管理员，具体职责如下：

1. 运维人员

（1）对技术实施过程进行记录和整理，根据知识管理办法进行知识收集、分析、生成和使用。

（2）运维人员在提交知识内容前，需在云服务平台知识库内进行搜索，在确认无重复知识内容的情况下，填写并提交知识库内容。

（3）对知识管理流程提出改进、优化建议。

2. 技术专家委员会

（1）对运维人员提交的知识内容进行初审，确保知识的准确性、有效性和可用性。

（2）对知识管理流程提出改进、优化建议。

3. 运维管理部门经理

（1）对知识进行审批，确保知识可以用于实际生产中，并且不会出现破坏性的副作用。

（2）监督知识质量、深度，其中包括知识信息的更新。

（3）加强知识集成，产生新的知识，促进知识共享的过程。

4. 知识管理员

对知识库进行维护，包括知识的更新、报废，知识类型的添加、删除等。

3.7.3　知识管理流程

1. 知识管理具体流程

知识管理流程主要包括知识收集、知识评审、知识审批、知识发布、知识使用管理五个步骤。知识管理流程如图 3.30 所示。

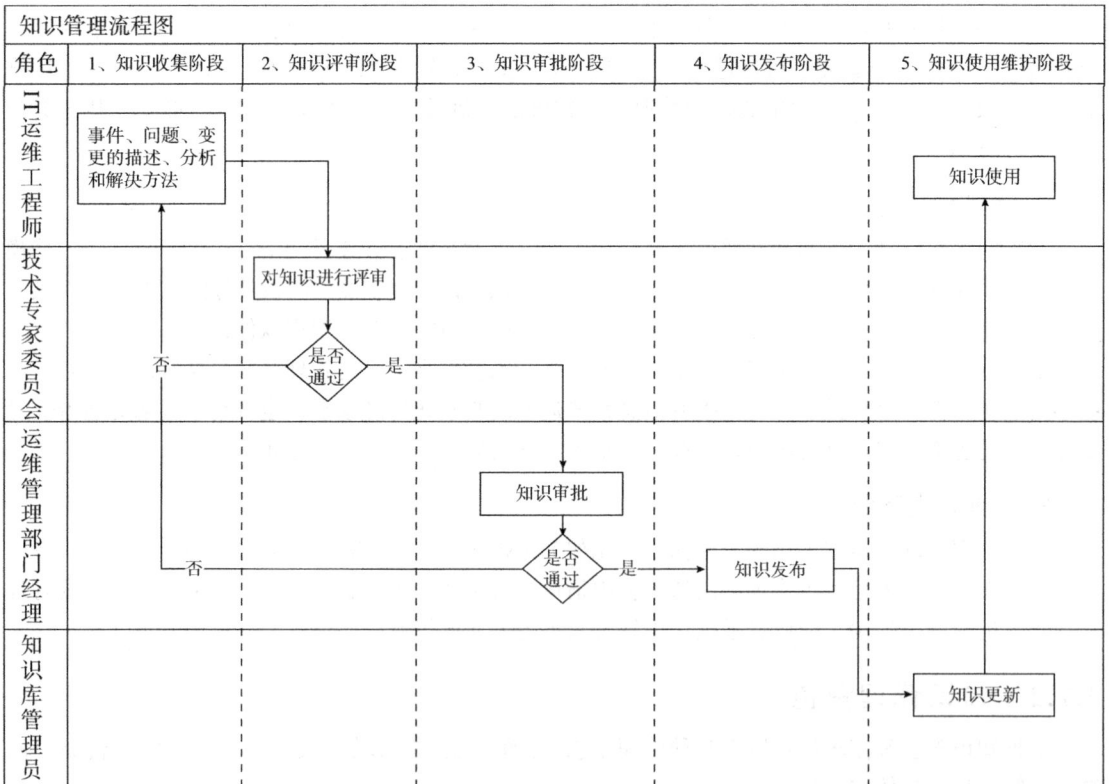

图 3.30　知识管理流程图

2. 知识收集及分类

根据事件分析结果、问题分析结果、变更分析、业务变化、用户手册及相关的说明文档进行知识收集。

1）知识收集的条件

只有满足以下要求的知识才具备收集条件：

（1）拟提交的知识库具体内容需经实际操作验证。

（2）如存在多个解决方案的情况，则需先说明具体方案的特点和描述。

（3）知识库内容的分类按照企业（机构）服务目录的类别进行分类。

知识可按技术服务对象的不同进行分类，分为客户端、外部层、集群技术类、应用服务层、网络层、基础服务类、操作系统层、基础设施层八大类，便于运维人员查找运用。

2）知识收集的形式

知识的收集主要通过以下几种形式：

（1）故障处理报告：指的是运维人员在给用户处理问题时，针对问题产生的原因而做出的分析，以及解决问题时使用的方法或策略、工具等信息。工程师在问题处理完毕后书写故障报告，经过运维管理部门审批，上传至知识库相应的目录。

（2）巡检报告：指的是运维人员在巡检过程中，对可能会在未来影响用户的问题或者隐患进行分析，所得出的这类问题或隐患的表现形式、症状以及将来可能造成的损失等信息。运维人员需要书写巡检报告，及时与用户沟通，同时将此信息完整地记录并且上传至知识库管理系统相应的目录。

（3）日常监控：指的是运维人员在日常监控的过程中，对发现的问题进行分析所得出的发生原因和可行的解决方案。工程师在问题处理完毕后书写问题记录，经过运维管理部门审批，上传至知识库相应的目录。

（4）使用支持：指的是运维人员在日常技术支持过程中，对遇到的问题进行分析所得出的问题发生原因和可行的解决方案，工程师在问题处理完毕后书写问题记录，经运维管理部门审批后，上传至知识库相应的目录。

（5）工作信息贡献：在工作中搜集到对工作有支持作用的相关信息。信息经运维管理部门负责人审阅整理后放入文件管理的相应目录中。

运维人员在提交知识时，需对知识的分类进行判断，并选择与知识相对应的分类。

3. 知识评审

技术专家委员会针对运维人员收集的知识进行评审，需要对知识的正确性、可用性、严谨性进行验证和审核，确保知识的准确、可用和有效。对于不准确的知识给出修改建议，待修改后对知识进行重新评审。如果通过审核，则由运维人员将此知识提交到知识库，由运维管理部门经理进行审批。

4. 知识审批

运维管理部门经理针对运维人员提交的技术文档进行审批，以保证该文档的实际生产可用性，且不会出现有破坏性的副作用。如果审核不通过，则运维人员需对提交审核的信息再次进行完善和确认，直到通过为止。

5. 知识发布

运维人员提交知识后，由运维管理部门经理经过审批然后进行发布，将知识纳入到知识库管理中，需记录新知识建立的时间、提交人、审核人、审核通过的时间，以及新知识适用范围等信息，以供工程师在实际的工作中查询使用。

6. 知识使用维护

知识经过发布以后直接储存到知识库管理系统，供所有运维人员在实际事件处理过程中参考和使用。

（1）知识库管理员应根据行业动态、技术更新、业务实际情况等定期维护知识库，判断知识是否需要更新，是否需要报废。知识库管理员可以通过知识库管理系统实现修改、删除知识。

（2）知识库使用人员均可对知识管理流程以及运维平台知识库管理提出良好的意见和建议，以便运维管理进一步修改完善。

（3）知识库使用人员还可对知识库中的知识进行评价，并提出改进意见，以确保知识准确、有效、可用。

（4）知识库中包含大量有价值的技术文档和项目经验，因此知识库管理人员要定期针对知识库进行有效的备份。

（5）知识库要真正成为技术人员的必备手册，知识库中的内容必须随着技术和业务的发展不断地进行更新，一方面要确保知识库中的知识可以指导运维工作，另一方面也需要运维人员贡献自身积累的知识。

7. 知识管理的关键问题

（1）知识管理必须与日常运营相结合。知识管理不能独立于日常运营工作之外，而必须与之紧密结合，并以解决实际运营工作中的问题、实现效益为标准来判断知识管理的成效。

（2）知识管理需要有企业制度和文化对其提供保障。没有人贡献知识，就谈不上知识管理。但要贡献知识就必须解决个人贡献与个人竞争的矛盾，而这样的矛盾和问题只有通过制度或机制来保障：一方面强制贡献，另一方面提供激励和奖励。同时贡献的知识还需经过刷选、评估、优化、淘汰等处理，这也需要得到知识推荐的机制保障。

（3）利用技术平台固化知识管理。IT 技术的发展为海量的知识管理提供了跨时间、跨空间的手段，能解决其他手段解决不了的知识海量存储、知识失忆、知识信息远程查询、远程交流协作、随时随地在线学习等问题，促使知识管理的很多功能得以实现；但是，知识管理不能只停留在一些制度和组织活动上，应减少因人员与组织的变动而使知识、知识管理的方法和过程也随之流失的风险。

3.8 大运维体系的监督管理

大运维体系的监督管理可以分为质量管理和风险管理两个部分。

3.8.1 质量管理

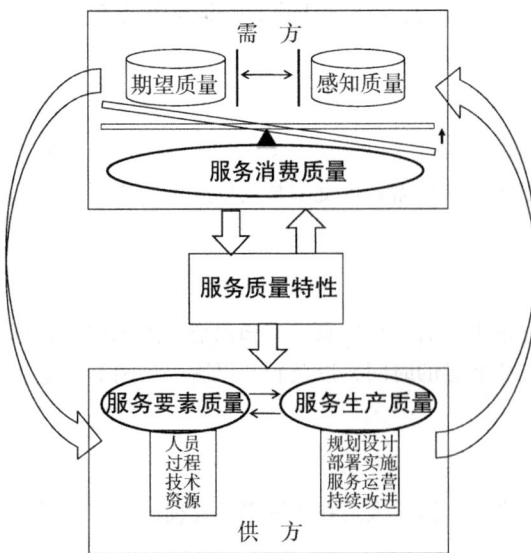

图 3.31 信息技术服务质量模型图

1. 运维服务质量的要素

运维服务质量涉及服务供方的服务要素质量和服务生产质量，也涉及服务需方的服务消费质量。

（1）服务要素质量。服务要素质量包含人员、过程、技术、资源等方面的质量。

（2）服务生产质量。服务生产质量包含服务生产过程中的规划设计、部署实施、服务运营、持续改进等方面的质量。

（3）服务消费质量。服务消费质量包含需方所期望的服务质量和在使用服务过程中所实际感知的质量。

运维服务质量模型由服务要素质量、服务生产质量、服务消费质量和服务质量特性构成，如图 3.31 所示。

2. 服务的需方与供方

服务需方根据期望质量对信息技术服务提出服务质量要求。服务供方在服务生产过程中和服务提供过程中，通过对服务要素质量和服务生产质量的控制来确保服务质量满足需方的要求。服务需方则在服务消费过程中通过感知质量来衡量服务质量的满足程度。

服务需方的期望质量通过服务质量特性体现，感知质量通过服务质量特性评价体现。服务质量特性决定服务供方的服务要素质量和服务生产质量应满足的服务质量要求。

服务需方通过服务质量特性的评价指标对服务质量进行评价，将感知的服务质量与期望的服务质量进行比较，得到服务消费质量。服务供方对其服务进行持续改进，从而使服务需方的感知质量达到期望质量的要求。

3. 服务质量的主要指标与评价

服务要素质量影响服务生产质量，服务生产质量依赖服务要素质量。

1）服务质量指标

参照 ITSS（Information Technology Service Standards，信息技术服务标准），服务质量可按层次分解为特性和子特性。信息技术服务质量可以通过服务质量的各类特性及其子特性来进行评价。ITSS 定义了一个分层的信息技术服务质量评价模型，评价指标是对服务质量特性及其子特性的描述。各特性及其子特性可以通过对应的评价指标来进行评价，如表 3.31 所示。

表 3.31　服务质量评价模型

特　性	子特性	评价指标内容
安全性	可用性	信息输入与输出
	完整性	信息的安全状态比例
	保密性	保密策略的健全性与有效性
		泄密事故发生情况
可靠性	完备性	服务项实现的完整度
	连续性	重大事故发生情况
		事故（不包括重大事故）发生情况
		服务按时恢复的事件比例
		服务的可用程度
		关键业务应急就绪度
	稳定性	服务人员的稳定性
		信息技术服务的稳定程度
	有效性	服务报告及时提交率
		首问解决率
		解决率
	可追溯性	追溯运行维护服务的历史
响应性	及时性	及时响应率
		及时解决率
	互动性	互动沟通机制
		服务报告提交率
		投诉处理率
有形性	可视性	服务可见程度
	专业性	工具的专业性
		服务流程的专业性
		人员的专业性

特　　性	子特性	评价指标内容
有形性	合规性	服务的依从性
		服务交付物的呈现规范性
友好性	主动性	主动进行服务监控
		主动进行服务趋势分析
	灵活性	需求响应灵活性
	礼貌性	服务语言、行为、态度规范

对复杂服务测量所有特性实际上是不可能的，也是不符合实际的。评价活动应当基于评价目的、服务范围和性质而对评价的项进行适当取舍。

建立一套完整的服务质量评价指标，使企业能从用户感知的角度出发，来评价服务的质量。

2）指标评价过程

通过确定需求、指标选型、实施评价、评价结果的使用四个步骤对服务质量进行评价，质量评价过程如图 3.32 所示。

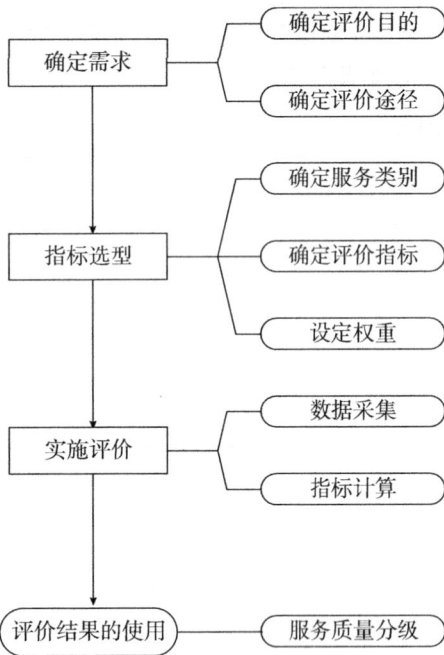

图 3.32　质量评价过程

3）评价方法

（1）确定评价目的。无论是需方、供方，还是第三方在发起信息技术服务质量评价时，不同的评价目的对期望的评价结果的要求不同，需综合考虑评价的整体场景、指标的选用、权重的设置及结果的应用等因素。主要评价目的包括：

① 由需方发起的，针对某个信息技术服务项目的质量情况进行评价，从而对服务供方在此项目上的服务效果进行评价。

② 由供方发起的，针对自身所提供的所有信息技术服务项目的质量情况进行评价，从而分析差异，改进供方组织的服务能力。

③ 由第三方（例如行业监管机构）发起，针对某行业或某类型的信息技术服务项目进行客观公正评价，并得出在行业内或某服务类型的评价对比结果。

因此在进行信息技术服务质量评价时，宜先确定评价目的。

（2）确定评价途径。评价的发起组织，可以根据评价目的需要及自身实施能力，选择不同的评价途径：

① 评价发起方可以通过自身资源执行评价过程，侧重于自身期望的评价结果。

② 评价发起方可以委托专业机构进行评价，以期望获得供方、需方及社会认可的评价结果。

4）质量指标选型

（1）确定服务类别。根据 ITSS 定义的六类信息技术服务分别是：信息技术咨询服务（代码：01）、设计与开发服务（代码：02）、信息系统集成实施服务（代码：03）、运行维护服务（代码：04）、数据处理和存储服务（代码：05）、运营服务（代码：06）。评价方须依据被评价方的业务类型选择相对应的服务类别。

（2）确定评价指标。对于不同类别的信息技术服务，本标准为其定义了不同的评价指标；服务类别一经确定，与其相对应的评价指标也随之确定。

对评价指标的任何裁决结果，不应作为具有公示力的质量评价。

（3）设定权重。信息技术服务质量评价指标体系中涉及的权重包括特性权重、子特性权重以及指标权重。各指标的权重设定可考虑不同行业对各个服务特性关注程度的不同，而根据实际情况进行设定。当某种服务类别在同一行业内进行服务质量评比时，应采用统一的指标权重值设定方案，以使服务质量评价结果具有可比性。

3.8.2 风险管理

风险管理贯穿运维管理的始终，运维风险源于任何运维项目中都存在的不确定性，风险管理的目标是提高运维积极事件的概率和影响，降低运维消极事件的概率和影响。运维风险管理包括：风险规划管理、风险识别、实施定性及定量风险分析、风险规划应对、风险控制等过程，如图3.33所示。

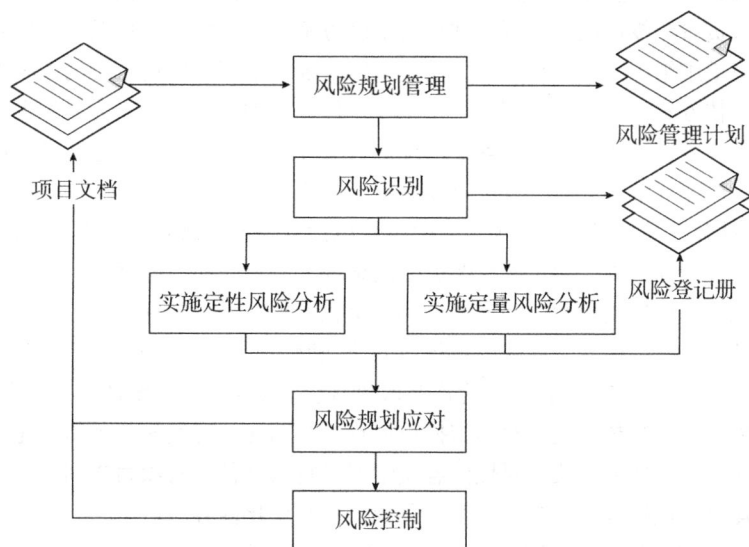

图3.33 风险管理过程图

大型信息系统的运行数据、用户数据高度集中，服务对象构成复杂，物理分布广泛，所提供服务与个人、企业利益乃至国民经济信息戚戚相关。信息系统服务一旦中断，所带来的危害仅用经济损失来度量还远远不够。从狭义上说，这将导致服务质量下降；从广义上说，会影响社会、国家的政治经济稳定。

1.运维风险的特征和分类

（1）大型信息系统运维风险具有以下特征：影响面积大、风险的不确定性、风险评估或防范手段不足、难度量、易扩散。

（2）根据风险的成因，运维服务风险可以分为两类：

① 技术风险：包括使用计算机硬件、软件、网络等系统所引发的不利情况，比如系统宕机、软件缺陷、程序错误、操作失误、硬件故障、安全漏洞、性能容量不足、监控不力、应急恢复、技术支持不到位等诸多内容。

② 管理风险：包括系统数量繁多、系统间关联关系复杂、业务处理环节众多、业务关联性强、人员技能和运维管理不到位、制度流程缺陷等内容。

运维项目中的风险是指运维中实施风险应对计划、跟踪已识别风险、检测残余风险、识别新风险和评估风险过程的有效性。项目经理指导成员开展风险分析工作，将风险项记录在《风险登记册》中。根据风险概率、影响程度和风险等级，制定风险的应对策略与措施，并确定责任人或责任部门。风险的应对策略包括：规避、转移、减轻、接受。项目经理对每个风险项进行跟踪，记录的风险状态有：未发生、已规避、已发生三种。项目经理定期对"未发生"状态的风险重新进行评估，以确定其概率、影响度和优先级是否发生了变化，及时更新《风险登记册》。

2．风险管理的侧重点

运维服务按照实施内容及维护对象可分为：应用软件新版本上线、系统软件升级及部署、硬件部署及升级、网络部署及升级、系统及架构优化调整、安全管理策略部署及调整等。针对不同种类的 IT 运维实施项目主要风险及风险管理侧重点又有所不同，具体如下：

（1）应用软件新版本上线。此类风险主要包括应用软件缺陷、操作失误、性能容量不足、监控、应急恢复、应急系统关联性等。因此，在应用软件测试阶段，运维人员需要提前介入，了解应用软件版本的变化内容，预先评估变化可能带来的对性能容量、日常运维、监控、应急预案方面的影响。在测试阶段运维人员参与投产演练，制定详细的实施方案，完成风险评估及风险应对措施的制定，对重大风险及应对措施组织专家进行评审。实施方案需要考虑多个应用系统的关联关系。在投产实施阶段采用双人复核方式，对实施步骤指令化，投产操作自动化以规避人为操作失误，同时做好业务验证及技术验证。项目上线后对性能容量情况进行后评估，对项目中问题和风险进行回顾，总结优化和改进建议，梳理日常运维监控及应急预案更新变化内容。

（2）系统软件升级及部署。此类项目风险主要包括系统软件缺陷、操作失误、性能容量不足、监控、应急恢复等。运维人员在测试阶段要关注测试环节的覆盖面、准确度，尽可能地多发现产品隐患，重点关注比对生产环境和测试环节的差异，全程重视对系统软件厂商的管理，包括：要求厂商及时发布高危补丁情况、产品重要缺陷报告、同业问题、问题解决进展等用于跟踪，项目投产前回顾未关闭问题并提供风险评估，持续推进产品改进优化，参与投产方案评估及投产现场支撑保障，在投产实施阶段采用双人复核方式，对实施操作流程进行固化，对实施步骤指令化，投产操作自动化以规避人为操作失误。项目上线后对性能容量情况进行后评估，对项目中问题和风险进行回顾，总结优化和改进建议，梳理日常运维监控及应急预案更新变化内容。

（3）硬件部署及升级。此类项目风险主要包括硬件故障、硬件微码缺陷、操作失误、机房布局及供电规划、高可用性部署等。项目经理需重点关注硬件设备的机房布局及供电是否合理，是否满足冗余配置及高可用性要求，是否满足可扩展要求，新环境部署上线前需要与生产环境隔离，加强设备监控检查，确保新环境搭建操作不影响现有生产环境。重视对硬件厂家的管理，要求厂家参与方案评估及现场支持，及时发布产品缺陷报告，如有必要则要求厂商准备重要备件在现场热备。项目实施后及时更新配置文件，对新设备跟踪监控分析性能容量情况，对置换硬件如磁盘等存储设备需重点关注原有数据的清理。

（4）网络部署及升级。此类项目风险主要包括软件缺陷、硬件故障、安全漏洞、冗余配置、负载均衡、防火墙策略、操作失误等。项目经理需重点关注防火墙策略是否符合现有安全及网络规范、是否完整，检查网络配置是否与现有配置冲突，进行联通性验证、技术验证、业务功能验证，关注网络负载均衡、冗余配置，评估网络流量，重视对网络设备及软件厂商的管理，要求厂商参与方案评估及现场支持，及时发布产品缺陷报告，项目实施后及时更新网络配置文件。

（5）系统及架构优化调整。此类项目风险主要包括实施前未详细评估、软件缺陷、性能容量不足、监控不力、应急恢复等。设计系统重大架构调整类项目在项目可行性调研阶段需谨慎评估，着重进行定量分析，确定业务影响，在有条件的情况下进行同业调研，重点关注优化调整后性能容量、负载均衡、高可用性等，重大架构调整考虑分批分阶段实施。项目上线后对性能容量情况进行后评估，梳理日常运维监控及应急预案更新变化内容。

（6）安全管理策略部署及调整。此类项目风险主要包括软件缺陷、性能容量、安全漏洞等。把握"最小授权"的原则，充分评估安全策略部署对系统性能的影响。项目上线后对性能容量情况进行后评估，将安全策略在技术规范中明确，并考虑实现自动化部署，以确保新增系统或设备安全管理策略的一致性。

总之，通过加强项目风险管理，运维管理可以有效把控 IT 运维实施的风险，更好地完成服务目标，尽可能地减少对 IT 系统稳定运行的影响。

3.9　大运维体系的供应商（运维商）管理

在供应商使用的初期，运维管理部门应当和供应商协调，建立供应商运作机制和管理组织，相互在业务衔接、作业规范等方面建立合作框架。在这个框架的基础上，各自按时按质按量完成自己应当承担的工作。在供应商服务的整个期间，供应商应当尽职尽责，完成用户规定的运维服务工作。采购企业的运维管理部门应当按合同的规定，严格考核检查供应商执行合同、完成运维服务任务的情况。既充分使用、发挥供应商的积极性，又进行科学的激励和控制，保证供应商的运维服务工作顺利健康地进行。

3.9.1　供应商评价

对于供应商评价方式有两种，一是结果，二是过程。

供应商评价是完善外包管理、提高外包服务质量的有效途径。依据考核评价体系对供应商进行每季度、每半年、全年的工作考评，同时结合外包合同相关条款对供应商全年工作进行奖罚以及优化下一年度运维工作。

将供应商服务过程纳入事件、问题、变更、资产、知识库等管理流程，使他们的服务规范化和标准化。同时，服务过程中产生的工单，将作为翔实的过程原始数据为供应商考核提供依据，为下一阶段供应商的选择、优化、外包资金的使用提供数据支持。

1. 对供应商考核的要点

供应商考核时注重以下问题：

（1）依据合同中规定的运维服务级别协议（SLAs）和组织对供应商的管理制度，制定合理的绩效考核办法。

（2）绩效结果与合同挂钩，用以促进运维工作质量和效率的提高，以及提升服务商的履约程度。

2. 对供应商考核的流程

供应商考核的具体流程如图 3.34 所示。

设定绩效目标 〉〉 巡视检查 〉〉 提取考核数据 〉〉 填制考核表 〉〉 汇总上报考核表 〉〉 分析整改 〉〉

图 3.34　考核流程示意图

考核流程说明如下：

（1）设定绩效目标。管理者与供应商共同设定一个达成共识的绩效目标，为评价做最充分的准备。表 3.32 是对运维供应商设定的绩效目标的简单例子。

表 3.32 供应商运维服务评价表

一级指标	标准分	二级指标	标准分	指标类型	指标说明	查证方法	备 注
系统运行稳定性	100	系统运行故障	20	定量指标	按以下情况进行扣分,扣分不设下限: 有证据证明是因供应商原因(包括安全漏洞、功能缺陷、代码缺陷、兼容性问题、实施问题等)导致的系统运行故障,每发生一次,扣5分	根据信息系统实际运行情况取得	故障指未引起安全运行事件的信息系统运行异常 若因故障导致安全运行事件,则参照安全运行事件指标进行评价 因运维管理部门或第三方导致的延迟或质量问题,或不可抗力(如封网、机房环境等)不参与评价
		安全运行事件	20	定量指标	按以下情况进行扣分,扣分不设下限: 有证据证明是因供应商原因(包括安全漏洞、功能缺陷、代码缺陷、兼容性问题、实施问题等)导致的安全运行事件,每发生一次,扣5~20分(根据事件严重程度判定)	根据信息系统实际运行情况取得	安全运行事件类别包括:系统故障事件、有害程序事件、网络攻击事件、信息破坏事件、信息内容安全事件、灾害性事件、失泄密事件和其他安全运行事件 因运维管理部门或第三方导致的延迟或质量问题,或不可抗力(如封网、机房环境等)不参与评价
运维服务支持度	100	故障响应	20	定量指标	按以下情况进行扣分,扣完即止: ① 发生系统运行故障时,不能根据技术服务要求及承诺及时提供电话应急支持或现场技术支持,每发生一次,扣3分 ② 发生系统运行故障时,不能在规定时间内恢复正常运行,每发生一次,扣5分 ③ 故障排除后,不能按时提交《故障处理及分析报告》,每发生一次,扣2分	以信息系统实际运行情况及供应商提交的有关记录、分析文档作为依据	因运维管理部门或第三方导致的延迟或质量问题,或不可抗力(如封网、机房环境等)不参与评价
		现场驻点服务	20	定量指标	按以下情况进行扣分,扣完即止: ① 现场驻点维护人员无故不在运维管理部门指定驻点场所,每缺席一次,扣2分 ② 现场驻点维护人员不按照运维管理部门服务规范要求执行,被运维管理部门书面通报后仍拒绝改正,每发生一次,扣1分 ③ 非工作时间(双休日、法定节假日、夜间等)无法联系上供应商值班工程师或未在规定时间内赶到现场的,每累计发生三次,扣1分,情节严重者,需承担所造成的影响	根据信息系统实际运行情况取得	
		服务交付	10	定量指标	根据运维管理部门要求提交各类报告或文档,各类报告或文档应在各个服务周期结束后10日内完成交付,若未按时交付,每份扣1分	以监理考核为准	
		定期巡检服务	10	定量指标	按以下情况进行扣分,扣完即止: ① 无故未在约定时间进行定期巡检服务,每发生一次,扣1分 ② 有证据证明供应商未在定期巡检中发现已发生的系统运行异常,每发生一次,扣4分	以供应商提交的《巡检服务报告》及信息系统实际运行情况作为依据	

备注:
① 扣分标准包括但不仅限于上述列表中所列项,如果有未列入但实际影响到整体运维服务质量的事件发生,应参照上表结合实际情况执行扣分。
② 运维服务每6个月作为一个评价周期。每一个评价周期独立计分,满分为100分。考核分数将折算作为年度供应商评价结果。
③ 上一个评价周期结束后,考核基准分重置为100分,进入下一个评价周期。
④ 运维管理部门或委托运维监理依据所列各项评价指标,要求在每个考核周期后的30个工作日内完成对供应商运维服务质量考核评价,供需双方对考核得分结果进行签字确认。

（2）巡视检查：指不定期对供应商进行工作检查。

（3）提取考核数据：经常查看考核数据，按月提取考核数据。

（4）填制考核表：将巡查和提取的数据填入考核表。

（5）汇总上报考核表：将各设备、各系统、各供应商等考核数据汇总上报。

（6）分析整改：分析考核结果，提出整改建议。

3.9.2　供应商激励

激励是指管理者为了使被管理者按照自己设定的程序或要求进行操作，以便取得预定的绩效而对被管理者实施的物质或精神上的奖励或惩罚措施。

在大型信息系统中，供应商的服务管理范围被扩大，横向延伸到运维服务的各个环节，纵向纵深至用户的末端组织（例：市、镇、乡单位或分公司）。组织与供应商之间已经超越了买卖关系，形成了双方共同努力、谋求共赢的战略合作伙伴关系。在这种前提下，组织对供应商的关注程度被提高，甚至将供应商纳入了日常的管理，对供应商的激励就是对其实施有效管理的手段之一。

对供应商实施有效的激励，有利于增强供应商之间的适度竞争，保持供应商之间的适度竞争，保持对供应商的动态管理，提高供应商的服务水平，降低企业（机构）采购的风险。

1. 建立供应商业绩评价

建立供应商业绩评价是建立供应商激励机制的基础，它对供应商的激励提供了信息支持。

供应商业绩评价包括供应商信息的收集、业绩评价方法、评价及分析工具、评价组织与人员等方面的内容。其中，供应商信息的收集主要是收集供应商为用户供应过程中所产生的各种信息，包括组织、人员、专业性、负责质量、价格、工作配合。业绩评价方法指进行评价时采用的方法，一般有定性评价和定量评价两种（一般多采用定量评价）。评价及分析工具包括数学模型的采用、权变理论的应用、加权平均法的应用等。

用户应建立对供应商进行业绩评价和管理的组织部门，并配置适宜的、拥有评价工作需要的专业技能的人员。另外，对供应商进行行业绩评价的周期选择也非常重要，周期太短则信息有限，评价结果不能说明供应商的实际业绩水平；周期太长又会使供应商对业绩评价失去兴趣，难以发挥评价的作用。

2. 建立供应商激励标准

激励标准是对供应商实施激励的依据，制定对供应商的激励标准需要考虑如下因素：

（1）采购服务的种类、数量、采购频率、采购政策、货款的结算政策等。

（2）供应商的服务能力、专业人员数量。

（3）供应商所属行业的进入壁垒。

（4）供应商的需求，重点是现阶段供应商最迫切的需求。

（5）是否有替代品。

考虑上述因素的主要目的是针对不同的供应商，为其提供量身定做的激励方案，以达到良好的激励效果。

3. 激励的方式

按照实施激励的手段不同，可以把激励分为两大类：正激励和负激励。所谓正激励，就是根据供应商的业绩评价结果，为供应商提供的奖励性激励，目的是使供应商受到这样的激励后，能够"百尺竿头，再进一步"。负激励则是对业绩评价较差的供应商提供的惩罚性激励，目的是使其"痛定思痛"，或者将该供应商淘汰。

1）正激励的表现形式

常见的正激励有如下七种表现形式：

（1）延长合作期限，把企业与供应商的合作期限延长，可以增强供应商业务的稳定性，降低其经营风险。

（2）增加合作份额，提高供应物资的数量，可以增加供应商的营业额，提高其获利能力。

（3）增加物资类别，增加合作的物资种类，可以使供应商一次送货的成本降低。

（4）供应商级别提升，能够增强供应商的美誉度和市场影响力，增加其市场竞争力。

（5）书面表扬，能够增强供应商的美誉度和市场影响力。

（6）颁发证书或锦旗，为供应商颁发优秀合作证书或者锦旗，有助于提升其美誉度。

（7）现金或实物奖励。

2）负激励的表现形式

常见的负激励也有七种表现形式：

（1）缩短合作期限，即单方面强行缩短合作期限。

（2）减少合作份额。

（3）减少物资种类。

（4）业务扣款。

（5）降低供应商级别。

（6）依照法定程序对供应商提起诉讼，用法律手段解决争议或提出赔偿要求。

（7）淘汰，即终止与供应商的合作。

4. 激励方式的选择

在供应商业绩评价的基础上，按照得分多少对供应商进行分级。对于同类供应商，按照数量的多少，选择排名第一至三名的给予正激励，排名倒数第一至三名的给予负激励（一般被激励的供应商不超过同类供应商总数的30%）。各种激励方式适用于不同的供应商，例如：

1）正激励的方式

在正激励中，适用不同激励方式的供应商有：

（1）延长合作期限，适用于合作期限较短的供应商。

（2）增加合作份额，适用于具备更大服务供应能力、急于扩大营业额的供应商。

（3）增加服务类别，适用于能够提供更多服务内容且服务质量和能力符合标准、增加服务内容有助于降低其成本的供应商。

（4）供应商级别提升，适用于尚未达到战略合作伙伴级别的供应商（供应商级别的提升要逐步进行，不可越级提升）。

（5）书面表扬，可以是对供应商个人的表扬，也可以是对供应商单位的表扬，可以直接将书面表扬发至供应商单位，也可以向当地媒体提出，向社会公开表扬。

（6）颁发证书或锦旗，适用于对荣誉较为看重的供应商，可每年进行一次，最好由企业专程送达。

（7）现金或实物奖励，适用于对企业作出重大贡献或特殊贡献的供应商，一般由企业副总经理以上的领导提出。

2）负激励的方式

由于负激励是一种惩罚性激励手段，一般用于业绩不佳的供应商。实施负激励的目的在于提高供应商的积极性，改进合作效果，维护企业利益不受损失。

5. 激励时机的确定

对供应商的激励一般在对供应商业绩进行一次或多次评价之后，以评价结论为实施依据。激励时机一般为以下几种：

（1）市场上同类供应商的竞争较为激烈，而现有供应商的业绩不见提升时。

（2）供应商之间缺乏竞争，服务提供相对稳定时。

（3）供应商缺乏危机感时。

（4）供应商对企业（机构）利益缺乏高度关注时。

（5）供应商业绩有明显提高，对企业（机构）效益增长贡献显著时。

（6）供应商的行为对企业（机构）利益有损害时。

（7）按照合同规定，企业（机构）利益将受到影响时。

（8）出现经济纠纷时。

（9）需要提升供应商级别时。

（10）其他需要对供应商实施激励的情况。

特别需要注意的是，在对供应商实施负激励之前，要查看该供应商是否有款项尚未结清，是否存在法律的风险，是否会对企业（机构）的运维造成重大影响，是否会对大部分供应商产生负面影响，以避免因激励而给企业（机构）带来麻烦。

6. 激励的确定与实施

激励由企业（机构）的供应商管理部门根据业绩评价结果提出，由部门经理审核，报分管副总经理批准（涉及法律程序和现金及实物奖罚、证书和锦旗的激励报企业总经理审批）后实施。

实施对供应商的激励之后，要高度关注供应商的行为，尤其是受到负激励的供应商，观察对他们实施激励前后的变化，作为评价和改进供应商激励方案的依据，以防出现各种对企业（机构）不利的问题。

3.10 大运维体系的运维费用管理

大运维体系的运维费用管理包括硬件运维费用管理、应用软件运维费用测算、运维商成效评估等。

3.10.1 硬件运维费用管理

硬件运维费用测试参考数据分析结果及行业数据，可引入设备规模调整因子，即随着硬件数量增长，硬件运维费用随之增长，但其增长速度低于设备数量增长速度。

以某企业为例，硬件运维费用测算模型为：

$$硬件运维费用 =（二线工作量标准 \times 二线综合单价 + 三线工作量标准 \times 三线综合单价）$$
$$\times 设备数量 \times 设备规模系数$$

其中

$$设备规模系数 = A \times \ln（设备数量）+ B$$

式中 A 和 B 的取值根据不同设备数据回归获得。

（1）以小型机为例，根据历史数据统计的规模数据分布如表 3.33 所示。

表 3.33　小型机设备数量分布（单位：台）

设备类型	最小值	P10	P25	P50	P75	P90	最大值
小型机	26	48	77	106	149	230	259
对应系数	1.10	1.05	1.00	0.95	0.90	0.85	0.80

采用回归分析（见图 3.35），得到用于计算设备规模系数的回归方程为：

设备规模系数 = −0.128ln（设备数量）+1.5361

R^2 大于 0.9，表明该方程与实际数据高度匹配。

小型机

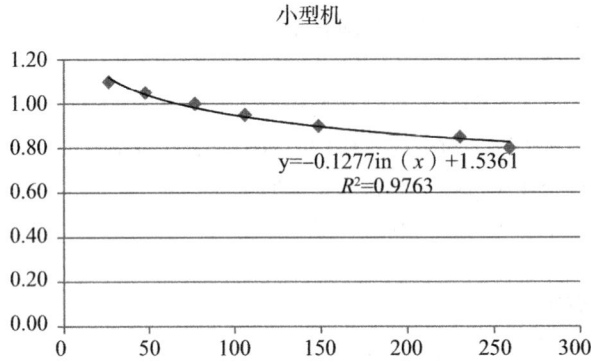

图 3.35　小型机设备规模系数回归曲线

采用此公式对相关硬件运维费用测算，得到原运维费用与测算费用对比，如表 3.34 所示。

表 3.34　小型机原费用与测算费用对比

小型机	设备数量	原费用	测算费用	偏差率
分部 2	51	146.08	150.88	3.28%
分部 3	32	130.00	142.02	9.25%
分部 4	46	220.15	230.28	4.60%
分部 5	26	35.00	39.17	11.91%
企业 1	170	380.00	333.91	−12.13%
企业 2	139	285.44	258.18	−9.55%
企业 3	61	590.25	596.10	0.99%
企业 4	90	177.60	170.52	−3.99%
企业 8	238	1018.25	850.90	−16.44%
企业 10	103	330.45	311.57	−5.71%
企业 11	128	321.51	294.19	−8.50%
企业 12	117	46.17	42.78	−7.35%
企业 13	85	20.00	19.35	−3.26%
企业 14	155	312.65	278.43	−10.95%
企业 15	107	198.00	185.72	−6.20%
企业 16	259	648.00	534.49	−17.52%
企业 17	120	262.80	242.64	−7.67%
企业 18	230	435.82	366.10	−16.00%
企业 19	141	60.00	54.16	−9.73%
企业 20	115	178.00	165.32	−7.13%
企业 21	74	30.00	29.56	−1.48%
企业 22	103	300.00	282.86	−5.71%
企业 26	75	51.00	50.16	−1.65%
合　计	2665	6177.17	5629.27	−8.87%

通过表 3.34 可以看出，测算结果相对历史费用，最大核减为 17.52%，最大核增为 11.91%，

整体核减为 8.87%。

（2）各类设备数量分布统计。采用此方法，统计各类设备数量分布，如表 3.35 所示。

表 3.35 各类设备数量分布（单位：台）

设备类型	最小值	P10	P25	P50	P75	P90	最大值
小型机	26	48	77	106	149	230	259
PC 服务器	74	162	617	1142	1651	2299	3460
存储系统	5	11	29	61	108	162	216
SAN 交换机、路由器	6	10	23	38	50	62	93
磁带库	1	2	4	11	18	26	50
路由器和交换机	82	245	1163	2286	3678	5600	11004
负载均衡设备	2	8	15	23	29	39	67
防火墙	5	16	52	119	224	378	831
入侵检测 / 防御设备	3	10	17	35	62	106	180
网站防御系统	1	2	2	4	7	11	16
其他安防设备	5	12	27	48	71	119	438
桌面设备	500	949	10000	23991	33565	50318	97894

采用回归分析方法，获得各类设备规模系数计算公式如图 3.36 ～ 图 3.46 所示。

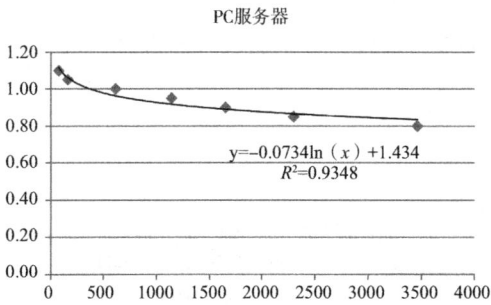

图 3.36 PC 服务器规模系数回归曲线

$y=-0.0734\ln(x)+1.434$
$R^2=0.9348$

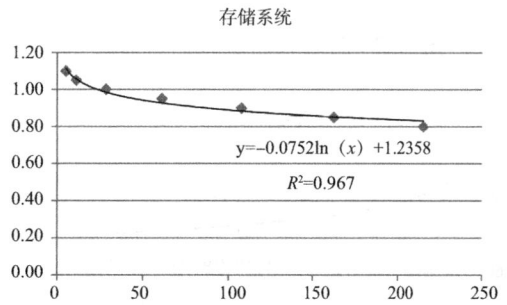

图 3.37 存储系统规模系数回归曲线

$y=-0.0752\ln(x)+1.2358$
$R^2=0.967$

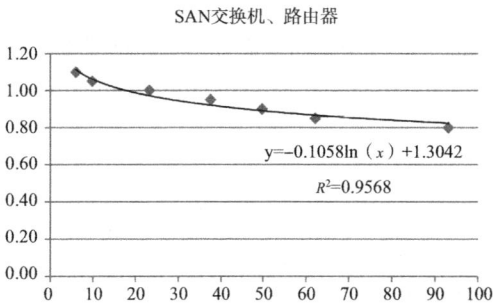

图 3.38 SAN 交换机、路由器规模系数回归曲线

$y=-0.1058\ln(x)+1.3042$
$R^2=0.9568$

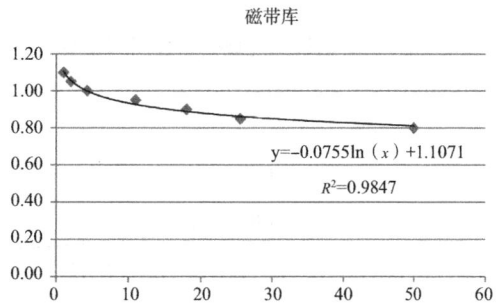

图 3.39 磁带库规模系数回归曲线

$y=-0.0755\ln(x)+1.1071$
$R^2=0.9847$

路由器和交换机

$y=-0.0599\ln(x)+1.3848$

$R^2=0.9452$

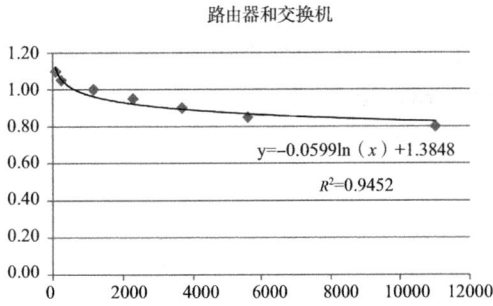

图 3.40   路由器和交换机规模系数回归曲线

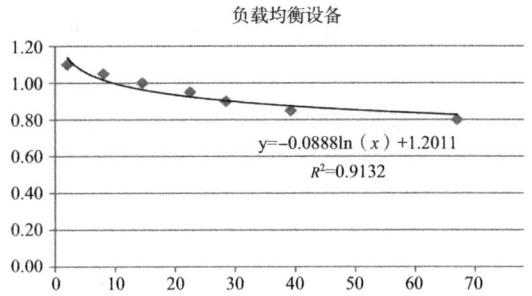

负载均衡设备

$y=-0.0888\ln(x)+1.2011$

$R^2=0.9132$

图 3.41   负载均衡设备规模系数回归曲线

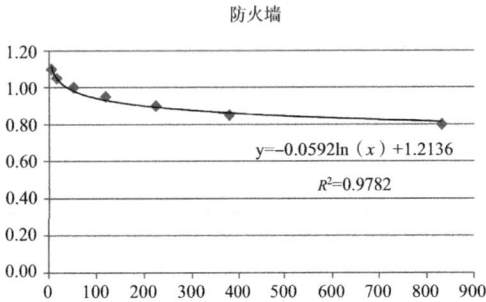

防火墙

$y=-0.0592\ln(x)+1.2136$

$R^2=0.9782$

图 3.42   防火墙规模系数回归曲线

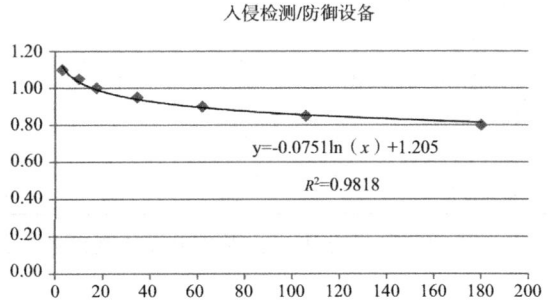

入侵检测/防御设备

$y=-0.0751\ln(x)+1.205$

$R^2=0.9818$

图 3.43   入侵检测/防御设备规模系数回归曲线

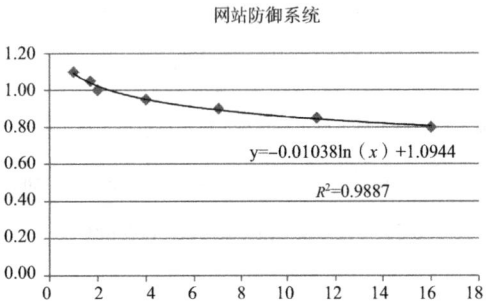

网站防御系统

$y=-0.01038\ln(x)+1.0944$

$R^2=0.9887$

图 3.44   网站防御系统规模系数回归曲线

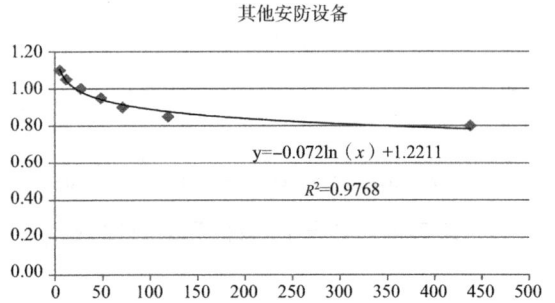

其他安防设备

$y=-0.072\ln(x)+1.2211$

$R^2=0.9768$

图 3.45   其他安防设备规模系数回归曲线

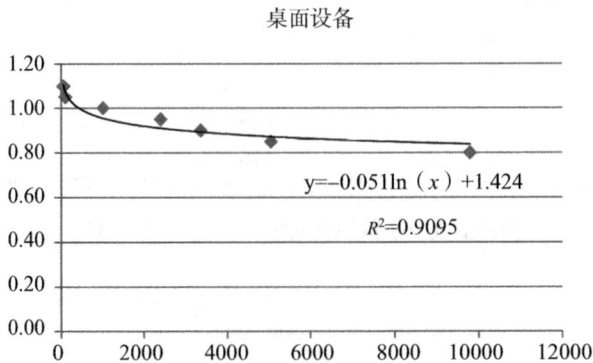

桌面设备

$y=-0.051\ln(x)+1.424$

$R^2=0.9095$

图 3.46   桌面设备规模系数回归曲线

（3）测算费用与原费用的比较。采用规模调整系数后，测算费用与原费用比较如表3.36所示。

表3.36 各类设备测算费用与费用比对（费用单位：万元）

设备类型	样本数	原费用	测算费用	最大核减	最大核增	整体偏差
小型机	23	6177.17	5629.27	17.52%	11.91%	−8.87%
PC服务器	24	2642.45	2471.06	16.01%	11.98%	−6.49%
存储系统	22	3273.47	2999.27	16.73%	11.51%	−8.38%
SAN交换机、路由器	18	1675.33	1605.95	15.20%	11.43%	−4.14%
磁带库	16	565.50	531.01	18.63%	10.71%	−6.10%
路由器和交换机	19	2838.42	2636.99	14.11%	15.00%	−7.10%
负载均衡设备	16	570.23	517.65	17.31%	13.94%	−9.22%
防火墙	16	479.50	439.35	18.30%	11.86%	−8.37%
入侵检测/防御设备	17	869.37	787.18	18.45%	12.26%	−9.45%
网站防御系统	12	359.30	331.27	19.39%	9.44%	−7.80%
其他安防设备	16	1141.04	1036.78	21.68%	10.52%	−9.14%
桌面设备	20	2689.15	2475.38	16.21%	10.71%	−7.95%
合　计		23280.92	21461.17	21.68%	15.00%	−7.82%

由表3.36可知，测算方法最大核减21.68%，最大核增15.00%，整体核减7.82%。

（4）采用上述方法，对硬件运维费用测算结果如表3.37所示。

表3.37 各类设备新旧费用比对（费用单位：万元）

设备类型	样本数	原费用	测算费用	整体偏差
小型机	31	9467.00	8627.73	-8.87%
PC服务器	31	7277.81	6516.91	-10.46%
存储系统	31	8927.85	8047.65	-9.86%
SAN交换机、路由器	31	906.79	820.79	-9.48%
磁带库	31	409.99	363.94	-11.23%
路由器和交换机	30	501.50	444.82	-11.30%
负载均衡设备	31	1967.25	1785.28	-9.25%
防火墙	30	454.95	402.58	-11.51%
入侵检测/防御设备	27	91.40	80.78	-11.62%
网站防御系统	28	435.00	389.07	-10.56%
其他安防设备	31	260.13	231.15	-11.14%
桌面设备	31	13603.18	12057.30	-11.36%
合　计		44302.84	39768.00	-10.24%

由表3.37可知，测算费用整体核减10.24%。

3.10.2　应用软件运维费用测算

在国内信息行业的应用软件运维费用与该系统用户规模及接口数量相关。

应用软件运维费用测算模型一般为：

应用软件运维费用 =∑ 每个业务平台（二线工作量标准 × 二线综合单价
+ 三线工作量标准 × 三线综合单价）× 用户/接口复杂度调整因子

其中，用户/接口复杂度因子取值如表3.38所示。

表 3.38 用户 / 接口复杂度系数

用户 / 接口复杂度	系 数
1	0.8
2	0.9
3	1.0
4	1.1

表 3.38 中用户 / 接口复杂度根据该系统的用户规模等级及接口规模等级确定，其对应关系如表 3.39 所示。

表 3.39 用户 / 接口复杂度对应表

用户 / 接口复杂度	1	2	3	4
1	1	1	2	3
2	1	1	2	4
3	2	2	3	4
4	3	4	4	4

在表 3.39 中，横轴的 1 ~ 4 表示用户规模等级，纵轴 1 ~ 4 表示接口规模等级，而表格中的数据为用户 / 接口复杂度等级。用户规模和接口规模等级可以根据相关系统历史数据计算获得。

1. 营销系统用户 / 接口数量分布

以营销系统为例，对不同单位用户和接口数量分布进行统计，获得数据如表 3.40 所示。

表 3.40 营销系统用户 / 接口数量分布

类 型	P25	P50	P75
用户规模	8397	19939	32160
接口规模	23	30	49

根据表 3.40 数据，可以将用户规模小于 P25（即 8397）的系统用户规模复杂度定义为 1，将用户规模大于等于 P25 但小于 P50 的系统用户规模复杂度定义为 2，以此类推，可确定 1 ~ 4 级用户规模复杂度的取值范围，同理可以确定接口规模复杂度的取值范围。

采用测算方法对营销系统进行费用测算，得到 20 个有效样本的原费用与测算费用对比，如表 3.41 所示。

表 3.41 营销系统原费用与测算费用对比（费用单位：万元）

营销系统	原费用	测算费用	偏差率
企业 1	600.00	600.00	0.00%
企业 2	611.91	550.72	−10.00%
企业 3	303.45	273.11	−10.00%
企业 5	440.00	352.00	−20.00%
企业 6	980.00	1078.00	10.00%
企业 7	535.69	482.12	−10.00%
企业 9	860.00	946.00	10.00%
企业 10	364.82	401.31	10.00%
企业 11	400.28	360.25	−10.00%
企业 12	499.00	499.00	0.00%
企业 13	356.80	321.12	−10.00%

营销系统	原费用	测算费用	偏差率
企业 14	1665.00	1831.50	10.00%
企业 15	724.17	796.59	10.00%
企业 17	477.00	381.60	−20.00%
企业 20	457.55	366.04	−20.00%
企业 22	369.60	369.60	0.00%
企业 23	396.21	396.21	0.00%
企业 24	268.80	241.92	−10.00%
企业 25	457.00	365.60	−20.00%
企业 26	144.20	115.36	−20.00%
合　计	10911.48	10728.04	−1.68%

2. 典型应用测算结果对比

采用类似方法，可以得到财务管控、门户系统、ERP 等典型应用原费用与测算费用对比，如表 3.42 ~ 表 3.44 所示。

表 3.42　财务管控系统原费用与测算费用对比（费用单位：万元）

财务管控	原费用	测算费用	偏差率
企业 1	653.00	718.30	10.00%
企业 2	451.54	406.39	−10.00%
企业 3	286.60	286.60	0.00%
企业 6	541.79	541.79	0.00%
企业 7	261.50	235.35	−10.00%
企业 8	158.00	126.40	−20.00%
企业 9	1184.00	1302.40	10.00%
企业 10	53.76	48.39	−10.00%
企业 11	373.14	373.14	0.00%
企业 12	248.20	273.02	10.00%
企业 13	311.00	342.10	10.00%
企业 14	225.00	202.50	−10.00%
企业 15	257.30	283.03	10.00%
企业 16	365.00	401.50	10.00%
企业 17	264.00	290.40	10.00%
企业 18	285.00	228.00	−20.00%
企业 19	350.00	315.00	−10.00%
企业 21	351.00	386.10	10.00%
企业 22	260.00	260.00	0.00%
企业 23	189.50	151.60	−20.00%
合　计	7069.33	7172.00	1.45%

表 3.43　门户系统原费用与测算费用对比（费用单位：万元）

门户系统	原费用	测算费用	偏差率
企业 1	55.00	44.00	−20.00%
企业 4	247.54	222.79	−10.00%

门户系统	原费用	测算费用	偏差率
企业 5	57.00	45.60	−20.00%
企业 6	490.00	539.00	10.00%
企业 7	36.98	29.58	−20.00%
企业 8	117.68	117.68	0.00%
企业 9	158.00	173.80	10.00%
企业 10	82.87	91.16	10.00%
企业 11	36.13	32.52	−10.00%
企业 12	88.30	88.30	0.00%
企业 13	171.02	188.12	10.00%
企业 14	62.70	50.16	−20.00%
企业 15	63.18	56.86	−10.00%
企业 16	63.00	69.30	10.00%
企业 17	100.00	80.00	−20.00%
企业 18	248.00	272.80	10.00%
企业 19	94.20	84.78	−10.00%
企业 21	20.00	18.00	−10.00%
企业 22	36.20	28.96	−20.00%
企业 23	110.50	88.40	−20.00%
企业 24	59.68	47.74	−20.00%
企业 25	126.00	113.40	−10.00%
企业 26	26.65	26.65	0.00%
合　计	2550.63	2509.60	−1.61%

表 3.44　ERP 系统原费用与测算费用对比（费用单位：万元）

ERP	原费用	测算费用	偏差率
企业 1	840.00	840.00	0.00%
企业 2	633.22	569.90	−10.00%
企业 3	458.80	367.04	−20.00%
企业 4	853.00	853.00	0.00%
企业 5	470.00	376.00	−20.00%
企业 8	729.00	729.00	0.00%
企业 9	1020.00	1122.00	10.00%
企业 11	598.69	658.56	10.00%
企业 12	615.40	676.94	10.00%
企业 13	502.00	502.00	0.00%
企业 14	686.00	754.60	10.00%
企业 15	581.60	523.44	−10.00%
企业 16	573.00	630.30	10.00%
企业 17	488.00	439.20	−10.00%
企业 18	307.80	246.24	−20.00%
企业 19	401.60	321.28	−20.00%
企业 21	460.00	368.00	−20.00%
企业 22	199.00	159.20	−20.00%
企业 24	239.80	215.82	−10.00%
合　计	10656.91	10352.52	−2.86%

通过上述数据可知，原费用与测算费用对比，最大核减为 20%，最大核增为 10%，整体核减为 1.37%。详细数据如表 3.45 所示。

表 3.45　各系统原费用与测算费用比对（费用单位：万元）

系统名称	样本数	原费用	测算费用	偏差率
营销系统	20	10911.48	10728.04	−1.68%
财务管控	20	7069.33	7172.00	1.45%
门户系统	23	2550.63	2509.60	−1.61%
ERP	19	10656.91	10352.52	−2.86%
合　计		31188.36	30762.16	−1.37%

3.10.3　运维商成效评估

1. 运维商成效评估的概念

信息系统运维是指采用信息技术手段及方法，依据服务级别要求，对信息系统的运行环境、基础环境、硬件、软件及安全提供的各种技术支持和管理。运维通常有运行和维护两层含义，考虑到国家大型信息系统企业（机构）的实际管理需求及现状，本文提到的运维偏向于维护层面，不涉及运行。

由于不同系统投入的运维资源及所需服务级别存在较大差异，因此，对于运维工作的成效不应简单地根据服务水平高低进行评估，而应该根据该系统所需（即预期）服务水平与实际获得服务的差异进行评估。

根据美国著名学者帕拉休拉曼（A.Parasuraman）、莱特汉摩尔（Zeithaml）和贝瑞（Berry）提出的服务质量差距模型（SERVQUAL），可以清晰地找到运维服务差距的主要来源，如图 3.47 所示。

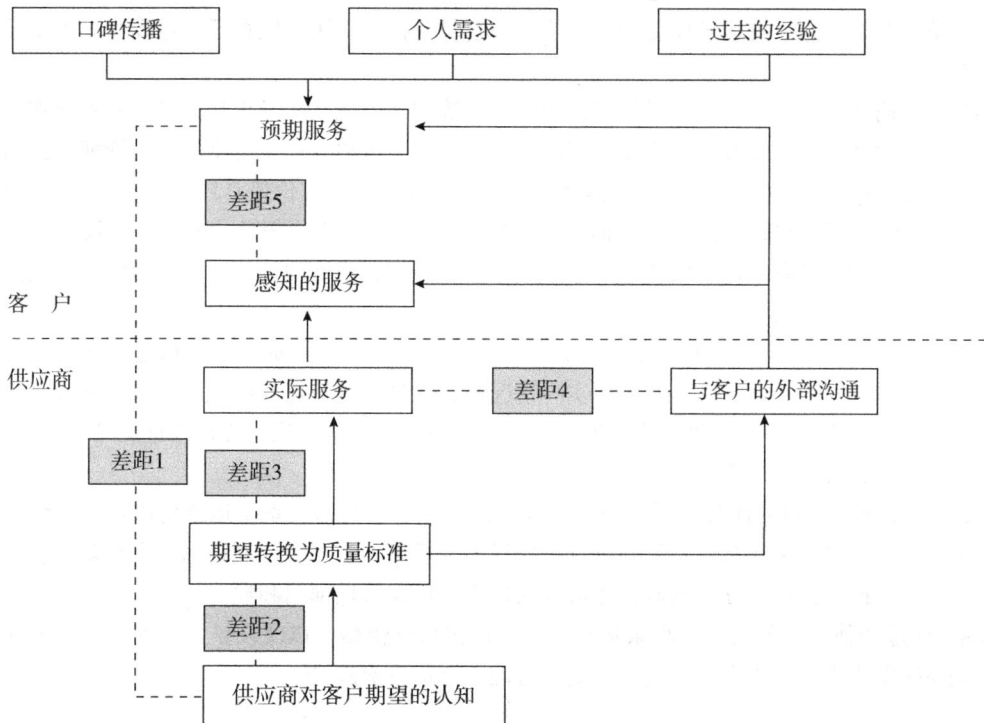

图 3.47　服务质量差距模型

服务质量差距模型显示，差距 4 和差距 5 反映了实际服务水平与用户期望的差距，而差距 1 至差距 3 是产生差距 4 和 5 的内部原因。其中，通过用户满意度调查可以获得对差距 5 的认知；通过比较实际的服务级别与系统交付时承诺的服务级别（通常记录在服务水平协议中）之间的差异，可以获得对差距 4 的认知；而差距 1 至差距 3 的偏离程度通常是由运维管理体系的成熟水平决定的，可以通过引入 ISO20000、CMMI-SVC 等标准认证或评估获得对这些差距的客观认知。

狭义的运维商成效评估就是对运维的效果进行客观评价，主要体现在用户满意度、服务级别协议达成情况这两个维度。但是，为了更好地发现问题并对运维工作持续改进，运维商成效评估不应仅仅体现运维的结果，同时也需关注运维的过程。因此，在本文中将运维商成效评估定义为遵循法定或公允的标准和程序，运用科学、可操作的方法，建立特定指标体系，通过定量定性分析，对特定信息系统的运维过程和运维结果做出客观、准确的综合评判。

2. 运维商成效评估的维度

除了运维服务差距，运维带来的经济效益也是运维商成效评估关注的重点，因此，本文中运维商成效评估的维度包括用户满意度、运维水平（服务级别协议达成情况）、运维管理水平和经济效益四个方面。

3. 运维商成效评估的目标

本文中的运维商成效评估的对象是特定的信息系统，而不是组织或运维团队。运维商成效评估的目标是真实地反映信息系统运维成效现状，以直观的方式呈现评估结果，并作为查找运维工作短板、持续改进运维工作，提升运维服务质量的有效工具。

4. 运维商成效评估的意义

大型信息系统是国民经济的基础设施，大型信息系统运维是全面提高大型信息系统设备健康水平和技术先进水平，保证大型信息系统信息系统安全、优质、经济运行，促进大型信息系统信息化的重要手段。为了更好地开展及改进国家大型信息系统的信息系统运维工作，本文结合管理实践，针对大型信息系统信息系统运维项目的特点建立一套较为科学实用、兼顾运维过程和运维结果的指标体系和方法。

通过运维商成效评估，能够了解目前大型信息系统的运维现状，发现在运维过程中存在的一些问题，有针对性地进行持续改进，实现大型信息系统企业（机构）设备运维的精益管理，提高信息系统整体运维管理水平，对大型信息系统运维工作具有重要意义。其价值具体体现在以下四个方面：

（1）保障信息系统安全稳定运行和业务高效运转。日益积累的信息化系统为建设数据提供物理基础；为高效的信息系统运维服务支撑体系奠定坚实基础；规范的运维评估指标体系，则保障信息系统运维保障机制，确保系统持续、稳定、安全地运行。

（2）完善信息系统运维工作是在成效评估后的优化管理工作。成效评估通过对整个运维建设过程各阶段工作的追溯，对运维全过程的实际情况与预计情况进行比较研究，衡量、分析与预测偏离的程度，说明项目成功和失败的原因。对具有共性或重复性的运维项目提出改进意见和补救措施，从而使今后的项目可以大受裨益。

（3）增强项目实施的社会透明度和管理部门的责任心。把信息系统运维商成效评估纳入项目基本建设程序，决策者和执行者预先知道自己的行为和后果，事后要受到评估的审查，就会认真努力地去工作，因此后评估能够起到监督和检查的作用，增强管理部门和项目执行人的责任心。

（4）通过评估指标的反馈，积累基础资料，提供科学依据，以便调整和完善投资政策和发展规划，提高决策水平，改进未来的投资计划和管理，增加投资效益。

第 **4** 章　大运维体系的信息基础设施

信息基础设施，国之重器、系统之躯、运行摇篮。——佚名

信息系统基础设施是大型信息系统的重器，是大型信息系统运行的基础，是大型信息系统工作的支撑，是大型信息系统的重要组成部分。它承载着大型信息系统后台服务的重担，肩负着使应用系统产生营运效益的职责，吸纳了大型信息系统 60% 以上的投资。信息系统基础设施包含基础设施涉及的所有设备及环境，主要有基础环境、硬件设备、网络设备、基础软件等。这些基础设施规模庞大、设备品系复杂、维护难度极大，运维保障的责任重于泰山。

大型信息系统必以大型基础设施为重要支撑，大型基础设施必以大运维体系来保驾护航。本章将从介绍大型信息系统基础设施的结构与特点入手，围绕基础设施运维的管理框架，全面地阐述基础环境、硬件设备、网络设备、基础软件等运行维护的要点与基本措施。

4.1　大型信息系统基础设施的结构与特点

4.1.1　大型信息系统基础设施的结构

大型信息系统基础设施在不同行业的结构各异，但是规模十分庞大、设备品系也十分复杂。为了便于说明，本文以某行业的省级大型信息系统基础设施的结构为例作简要说明。

如图 4.1 所示，大型信息系统基础设施由各类品系复杂的网络设备、应用服务器、数据库服务器、存储设备、安全设备、负载均衡设备、传输设备、视频会议设备、移动设备，以及完善的机房基础环境组成，中间以结构化的综合布线系统将各个组成部分相连接。这些基础设施分布于各个市、县，数据传输跨区域，结构复杂。它以省级管理中心为核心点，十几个市级分中心和 100 多个县级分中心作为二、三级管理中心，支撑整个大型信息系统的运行。

1. 网络系统的部署

基础设施的网络系统由核心层、汇聚层、接入层组成。

（1）核心层。核心层构成网络系统的中枢，在基础设施的网络系统中地位举足轻重。核心层主要包括核心路由器和核心交换机等设备，负责进行数据的快速转发以及路由表的维护。在大型信息系统中，核心层采用双核心、双链路建设方案，以保障业务数据安全、可靠的传输。

（2）汇聚层。汇聚层连接接入层节点和核心层中心，上传下达、集束发送。它连接着大量的接入层设备，承载着数据汇聚的工作，使信息在工作站接入核心层前先做汇聚，以减轻核心层设备的负荷。汇聚层具有实施策略、安全、工作组接入、虚拟局域网（VLAN）之间的路由、源地址或目的地址过滤等多种功能。在大型信息系统中，汇聚层采用双汇聚、双链路建设方案。

（3）接入层。接入层的主要功能是完成用户流量的接入和隔离，一般直接连接于终端的服务器、电脑或者无线设备等，使得用户能够接入网络进行访问业务。在大型信息系统中，接入层一般采用单设备、双链路上行至汇聚的方式连接网络。

基础设施的网络系统分为四个等级：一级网、二级网、三级网以及基层网，利用波分复用（DWDM）技术将分布于各个市、县等地方单位的各个节点紧密相连。采用 BGP、OSPF、

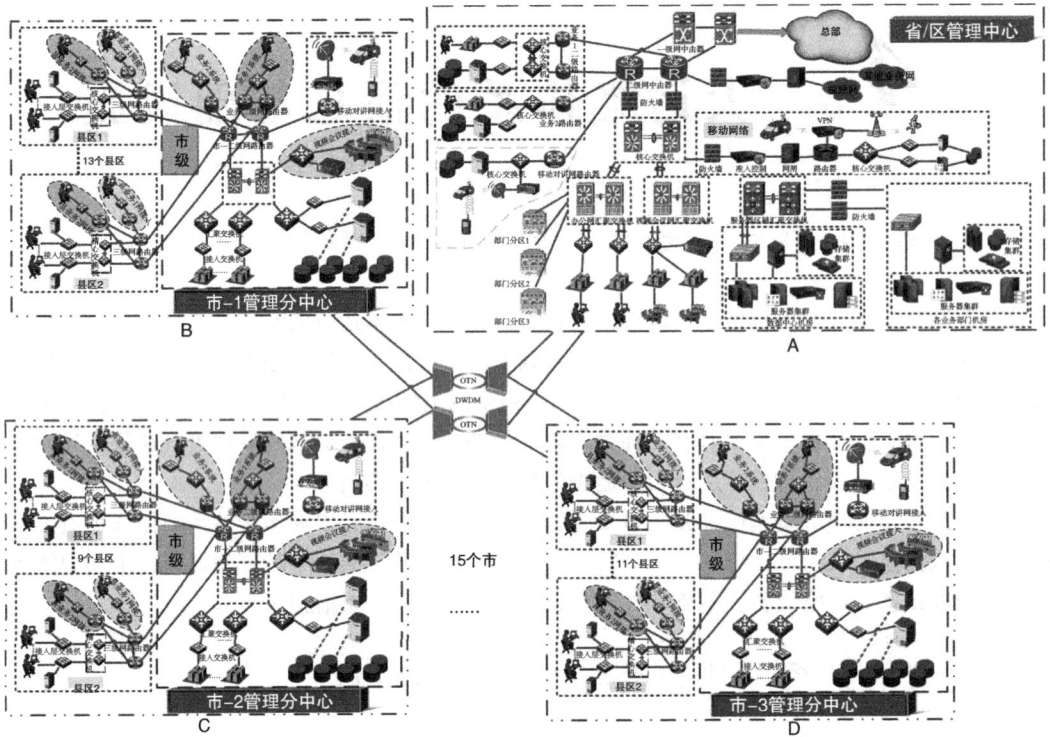

图 4.1   某行业的省级大型信息系统基础设施结构图

MPLSVPN、GRE 等通信技术协议，将各个业务网运行于同一个物理架构中，实现业务隔离和统一运维。同时，利用防火墙、网闸、加密机、准入控制等安全设备，满足各个业务网之间的数据交互需求。基础设施网络系统的整体拓扑如图 4.2 所示。

2. 机房系统的部署

机房系统是大型信息系统基础设施的襁褓，是基础设施运行的环境，是大型信息系统运行的支撑。机房系统包括机房装修、UPS 系统、配电系统、门禁系统、综合布线系统、防雷接地系统、消防报警及气体消防系统、空调新排风系统、监控系统、屏蔽系统、KVM 系统等。机房系统架构图、实体布局图如图 4.3、图 4.4 所示。

3. 服务器、存储设备的部署

服务器和存储设备是大型信息系统基础设施业务系统运行和数据存储的载体。服务器主要分为以下几个级别：入门级服务器、工作组服务器、部门级服务器、企业级服务器；按照结构类型又可以分为：塔型服务器、机架式服务器、刀片服务器、机柜式服务器。大型信息系统中一般采用企业级的机架式、刀片服务器。为了满足大型信息系统发展的新需求，出现了采用超融合、虚拟化、云计算、云备份等新技术的集群服务器。在业务方面，根据不同业务网的用户需求，以管理中心为大型信息系统中心节点，市、县管理中心为分节点。主要的业务系统集中部署在管理中心，不同的业务在不同的应用服务器与数据库服务器中运行，服务器中大量的数据通过光纤交换机连接到后台的存储设备中。各个市、县区以及各部门的用户，使用终端 PC（电脑）通过网络访问对应的业务系统，读取后台存储数据，完成各自不同的业务操作需求。服务器、存储设备拓扑结构如图 4.5、图 4.6 所示。

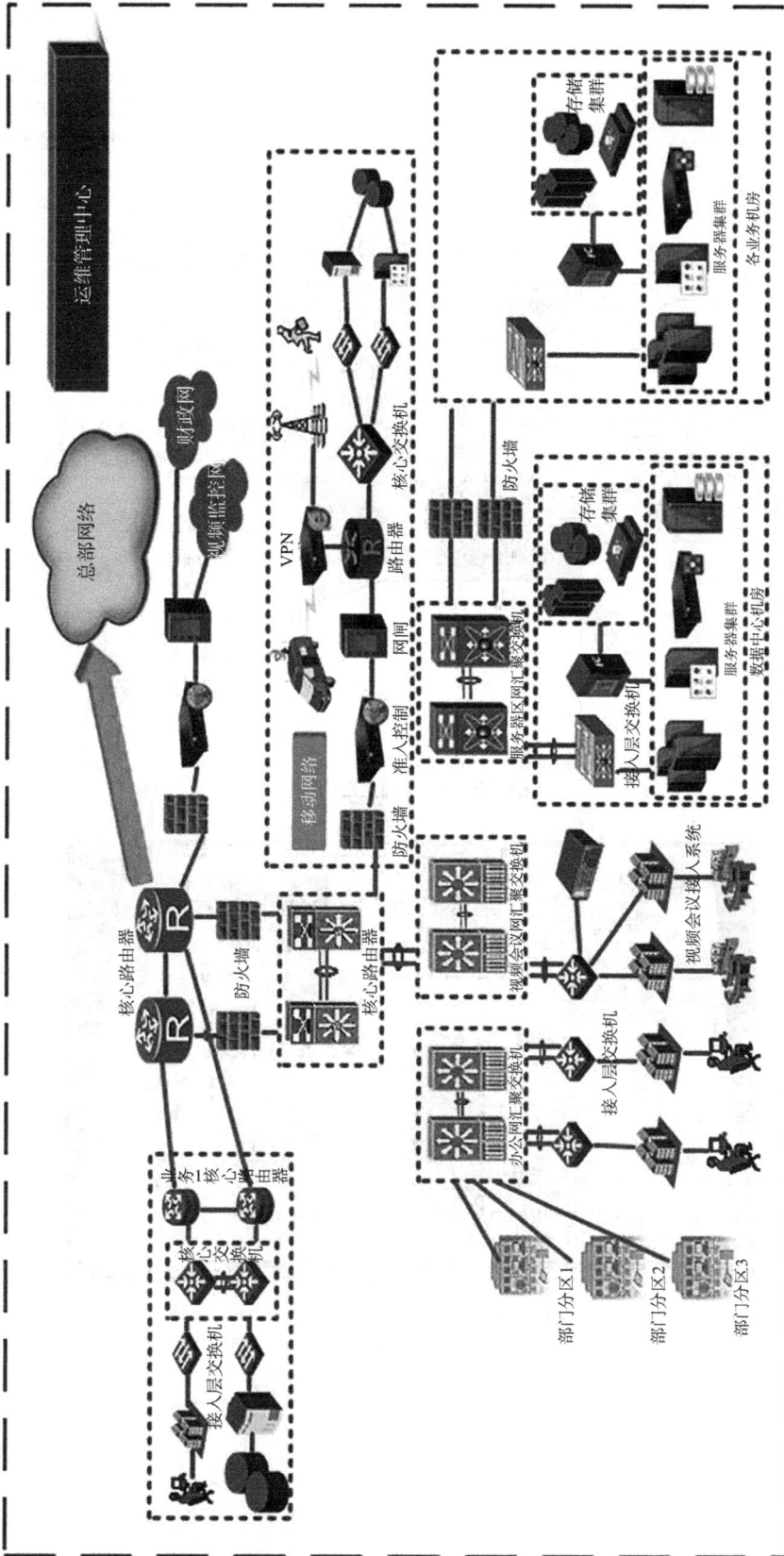

图 4.2 基础设施网络结构拓扑图

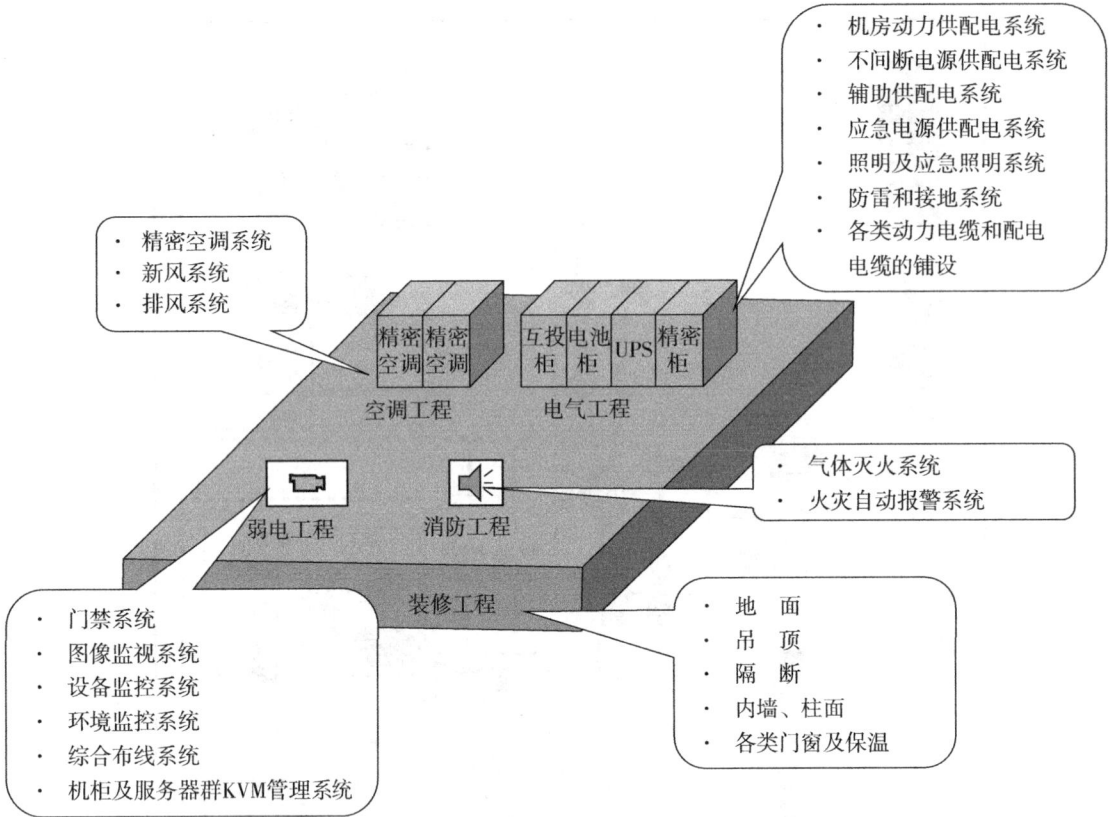

图 4.3   机房系统架构图

- 机房动力供配电系统
- 不间断电源供配电系统
- 辅助供配电系统
- 应急电源供配电系统
- 照明及应急照明系统
- 防雷和接地系统
- 各类动力电缆和配电电缆的铺设

- 精密空调系统
- 新风系统
- 排风系统

- 气体灭火系统
- 火灾自动报警系统

- 门禁系统
- 图像监视系统
- 设备监控系统
- 环境监控系统
- 综合布线系统
- 机柜及服务器群KVM管理系统

- 地　面
- 吊　顶
- 隔　断
- 内墙、柱面
- 各类门窗及保温

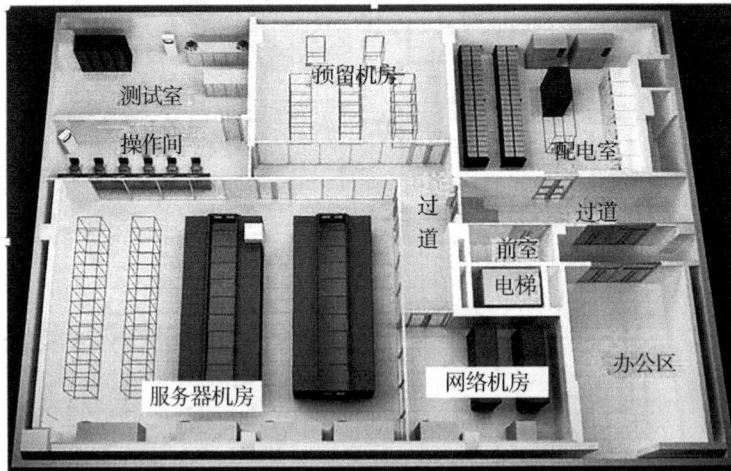

图 4.4   机房系统实体布局图

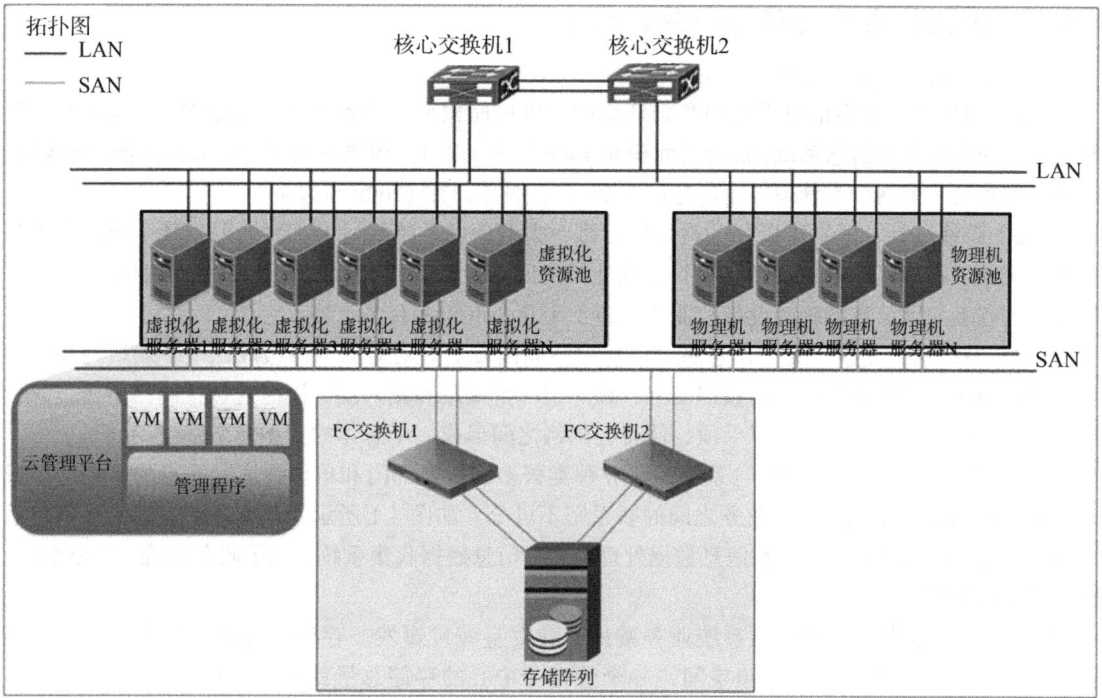

图 4.5 服务器、存储设备拓扑图 1

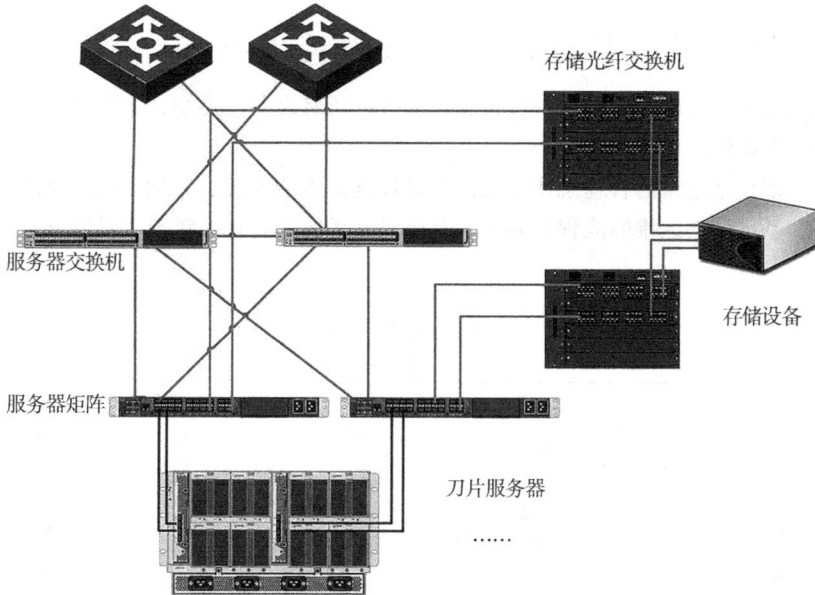

图 4.6 服务器、存储设备拓扑图 2

4. 安全设备的部署

安全设备是大型信息系统的保镖，它提供整个内部网络的安全和其他网络的接入功能，使用户可以访问其他网络，也使得其他网络人员可以根据需求访问内网资源。常见安全设备有防火墙、网闸、VPN 设备、加密机、上网行为管理设备等。

4.1.2 大型信息系统基础设施的特点

大型信息系统基础设施有以下特点：

（1）规模大。大型信息系统的基础环境中，机房面积大，设备种类及数量多。图4.1所介绍的某行业的省级大型信息系统，机房总面积在4000平方米以上，包含的网络设备有路由器、交换机、网闸、防火墙、上网行为管理等设备超过1600台，服务器在12000台以上。

（2）跨地域性。区别于以往的地域性运维，大型信息系统的运维不再局限于某个单位或者某个市，突破了物理隔离的地域性，使得不同地域的网点能够得到有效的统一管理。如图4.1所示，某行业的省级大型信息系统的设备和业务分布于十几个市和一百多个县。

（3）网络结构复杂。大型信息系统由众多不同区域不同功能的网络组成，每个局域网都有独立的拓扑架构，还有独立的路由数据交互，核心层、汇聚层和接入层。同时通过控制路由器，开放接口，对接防火墙，控制网闸等手段，使得各网络之间形成一个总体的大型网络系统。

（4）业务种类多。大型信息系统的业务种类繁多，每个部门和单位按实际需求的不同又形成了许多不同的业务系统，各个业务之间的联系密不可分。如图4.1所示，某行业的省级大型信息系统的业务种类高达130多个，有信息数据处理系统、信息数据收集系统、电子政务系统、办公系统、软件应用系统等。

（5）数据量大。大型信息系统业务繁忙，数据呈海量爆发。存储内容具有复杂、多样性等特点，还为云计算平台提供存储空间，一个管理分中心的存储总量就达到1PB以上。

（6）用户多。由于业务系统多，网点分布广，内部数据共享性大，从而形成多用户访问，同时在线访问递增。针对不同业务需求，网络吞吐量大，用户访问量往往超过1500人次。

4.2 大型信息系统基础设施的运维管理框架

大型信息系统基础设施运维的范围包含系统涉及的所有设备及环境，主要有基础环境、硬件设备、网络设备、基础软件等。

信息系统基础设施运维的管理总体框架由基础设施运维的人员、基础设施运维的对象、基础设施运维的内容、基础设施运维的流程和制度、基础设施运维的管理系统与工具这五个部分组成，如图4.7所示。

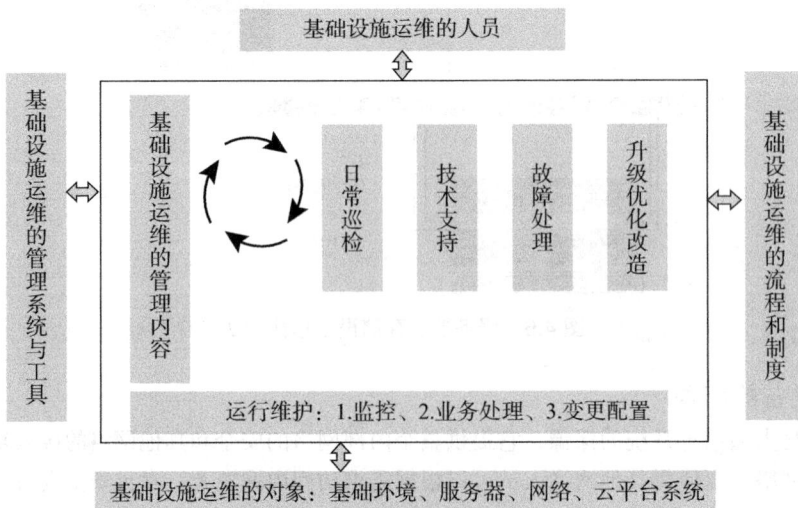

图4.7 基础设施的运维管理框架

4.2.1　基础设施运维的对象

基础设施运维的对象主要包括基础环境、服务器、网络、云平台系统等。

1. 基础环境

基础环境主要包括信息系统运行环境（机房、设备间、配线室、基站、云计算中心等）中的空调系统、供配电系统、通信应急设备系统、防护设备系统（如消防系统、安全系统）等，还包括能维持系统安全正常运转，确保机房环境满足信息系统运行要求的各类基础设施。

2. 服务器

服务器的构成包括处理器、硬盘、内存、系统总线等，主要类型包括 Web 服务器、应用服务器、邮件服务器、文件服务器、FTP 服务器、DHCP 服务器、DNS 服务器、打印传真服务器、数据库服务器、域服务器等，是基础设施业务系统运行的载体。服务器根据业务系统的不同，安装的操作系统也有所不同，一般安装的操作系统有 Windows 系统、Linux 系统、Ocenter 系统。不同规模的信息系统其服务器的分布方式也不尽相同，大型企业可能采取多个服务器集群完成文件服务器任务的方式或采用基于云计算的分布式服务器管理模式。

3. 网　络

网络包括通信线路、通信服务、网络设备、网络软件及网络管理。

通信线路即网络传输介质，主要有双绞线、同轴电缆、光纤等；通信服务即网络服务；网络设备即计算机与计算机或工作站与服务器之间连接的设备，主要包括网络传输介质互连设备（T 型连接器、调制解调器等）、网络物理层互连设备（中继器、集线器等）、数据链路层互连设备（网桥、交换机等）、应用层互连设备（网关、多协议路由器等），以及跨层的入侵检测器、负载均衡器等；网络软件是指支撑网络设备运转的软件；网络管理是指通过对网络的运行状态进行监测和控制，使其能够有效、可靠、安全、经济地提供服务。

4. 云平台系统

云平台是新一代大型信息系统不可或缺的基础设施，它基于硬件的服务，是承载虚拟化、云计算等技术运行的一个平台系统。云平台成为目前信息系统基础设施的主流，具有自动化、虚拟化和服务弹性的特点，能为最终用户提供更快与更好的 IT（信息技术）服务。

4.2.2　基础设施运维的流程和制度

完善的运维流程和制度，是大型信息系统基础设施运维顺利进行的前提。所有驻场人员受运维中心指派，接受运维中心的管理，遵守运维中心的各项规章制度。

1. 基础设施运维的流程管理

基础设施运维的流程主要包含问题管理流程、事件管理流程、变更管理流程、文件发布管理流程，各个管理流程简述如下。

1）问题管理流程

（1）目的。问题管理的实质就是分析事件，找出解决方案，把事件的影响最小化，并迅速找到已发生事件或潜在事故的原因，减少事件的数量或消除事件的再次发生。问题管理流程适用于在业务系统运维过程中，通过对问题原因的识别、分析、处理直至关闭，最小化影响业务的服务管理活动。

问题的优先级是问题负责人解决问题的参照标准，管理层应优先协调资源解决关键优先级问题，基础设施运维问题优先级见表 4.1。

表 4.1 基础设施运维问题优先级

序号	代码	描述
1	紧急	影响因素： ① 影响到关键业务 ② 影响范围极大 ③ 紧迫程度最高 ④ 问题处理后可大幅节省投资、人力，有效提高服务质量和维护效率
2	高	影响因素： ① 影响到较关键业务 ② 影响范围较大 ③ 紧迫程度较高 ④ 问题处理后可有效节省投资、人力，一定程度提高维护质量
3	中	影响因素： ① 对关键业务影响不大，但影响到非关键业务 ② 有一定影响范围，但影响范围不大 ③ 问题处理后对维护质量和效率有一定提高
4	低	影响因素： ① 影响到非关键业务 ② 影响范围很小 ③ 问题处理后对维护质量和效率提升有限

（2）流程图。基础设施运维问题流程如图 4.8 所示。

① 问题登记：

·问题来源于事件、日常运维巡检过程中发现的问题或日常工作中发现的重复性或难以解决的事件。

·问题登记可以由事件负责人将事件转为问题，也可以由问题发现人直接登记。

·谁登记，谁负责跟进该问题处理全过程。

② 问题审核：

·问题经理主要负责审核问题描述是否正确，是否按照规范填写，问题内容是否符合要求，即是否符合事件转问题的原则。

·如果问题负责人无法独立解决，问题经理组织相关人员对问题进行讨论分析，形成解决方案，共同解决问题。

③ 问题处理：

·根据形成的问题解决方案判断是否需要进行变更，如果不需要，则直接处理问题，如果需要，则启动变更管理流程。

·问题负责人在处理问题过程中如果发现不能独立完成或难以解决，则汇报给问题经理，问题经理组织相关人员进行讨论分析，形成新的解决方案。

④ 问题关闭：

·问题负责人判断该问题是否需要回访用户，如果该问题是从服务台受理用户电话而来，建议回访。

·如果是重复事件分析而来或巡检系统发现的问题，则不需要回访。

·最后，问题经理关闭问题，并判断该问题的处理方法和过程是否有价值，如有价值则提交到知识库。

2）事件管理流程

事件管理是为了减少或消除那些存在或可能存在于 IT 服务中的干扰因素给 IT 服务带来的影响，以确保用户可以尽快恢复正常工作。事件管理范围包括在运维服务工作中产生的操作咨询和故障处理，主要内容如下：

（1）服务请求和操作咨询。在业务系统使用过程中，配置和使用等操作咨询。

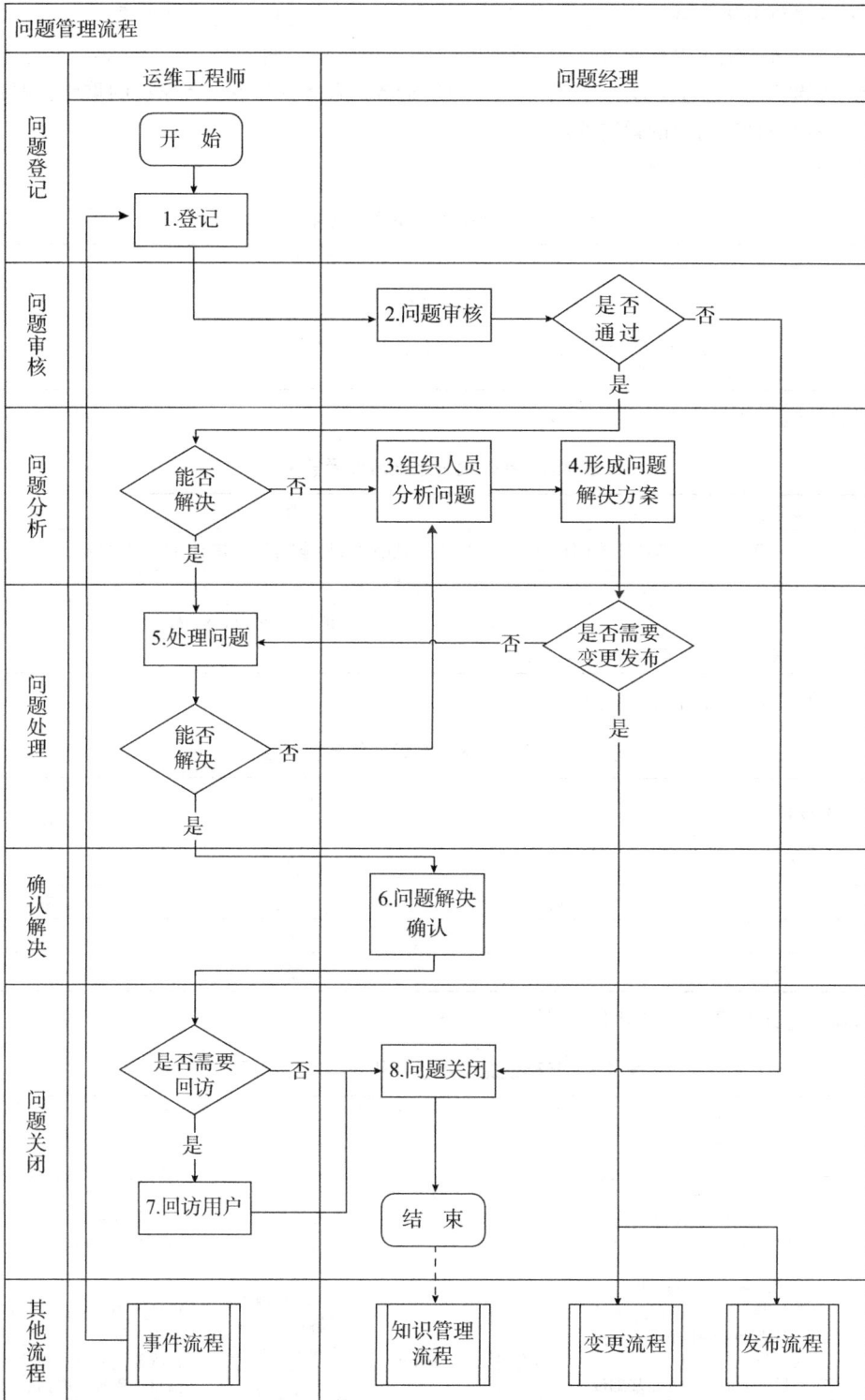

图 4.8　基础设施运维问题处理流程图

（2）故障处理。故障处理即对业务系统和相应的硬件故障进行处理。

事件优先级定义事件优先获得资源并得到处理的优先顺序，用于衡量事件所影响业务的严重程度。通过建立事件升级机制，让高层领导及时了解在运维服务过程中发生的问题。

定义事件的优先级主要根据事件的"影响度"和"紧急度"两者组合决定。影响度是指受影响业务系统的关键程度，通过受影响的用户数量、可能造成的业务损失或业务系统的重要程度来决定；紧急度是指解决事件所需要的紧迫性。

① 基础设施运维事件影响度见表4.2。

表4.2　基础设施运维事件影响度

序　号	影响度	说　明
1	高	VIP用户、业务影响到运维范围内二分之一及以上用户
2	中	业务影响到运维范围内二分之一以下、3人以上
3	低	个别用户　（1～3人）

② 基础设施运维事件紧急度见表4.3。

表4.3　基础设施运维事件紧急度

序　号	紧急度	说　明
1	紧　急	信息安全事件、核心应用系统、核心基础设施故障、VIP计算机终端故障
2	高	重要应用系统、重要基础设施故障
3	中	一般应用系统、一般基础设施故障、非VIP用户计算机终端故障
4	低	服务请求、第三方维保

③ 基础设施运维事件优先级见表4.4。

表4.4　基础设施运维事件优先级对应

事件优先级对应		影响度		
		高	中	低
紧急度	紧　急	紧　急	高	中
	高	高	中	中
	中	中	中	低
	低	中	低	低

④ 基础设施运维事件优先级对应时限见表4.5。

表4.5　基础设施运维事件优先级对应时限

优先级	优先级定义	响应时限	解决时限	事件升级说明	上报范围
紧　急	① VIP用户申报 ② 信息安全事件、核心应用系统、核心基础设施故障且业务影响到运维范围内二分之一及以上用户	15分钟	4小时	在故障处理期间，每小时发送一次故障处理进展情况短信	事件经理（电话、短信） 组内主管（电话、短信） 运维部门领导（电话、短信） 公司分管领导（电话、短信） 值班监理（短信）
高	① 信息安全事件、核心应用系统故障、核心基础设施故障且业务影响到运维范围内二分之一以下用户 ② 重要应用系统、重要基础设施故障且业务影响到运维范围内二分之一以上用户	30分钟	8小时	工程师电话了解或现场了解优先级达到高级及以上级别时；超过4小时未能解决，且无有效解决方法时	事件经理（电话、短信） 组内主管（电话、短信） 运维部门领导（短信） 值班工程师（电话、短信） 值班监理（短信）

优先级	优先级定义	响应时限	解决时限	事件升级说明	上报范围
中	① 信息安全事件、核心应用系统故障、核心基础设施故障且影响个别用户（1～3 人） ② 重要应用系统、重要基础设施故障且业务影响到运维范围内二分之一以下用户 ③ 一般应用系统、一般基础设施故障、非 VIP 用户计算机终端故障且业务影响到运维范围内二分之一以下用户 ④ 服务请求或第三方维保且业务影响到运维范围内二分之一及以上用户	45 分钟	24 小时	工程师电话了解或现场了解优先级达到高级及以上级别时；超过12 小时未能解决，且无有效解决方法时	事件经理（短信） 组内主管（短信） 运维部门分管领导（短信）
低	① 一般应用系统、一般基础设施故障、非 VIP 用户计算机终端故障且影响个别用户（1～3 人） ② 服务请求或第三方维保且业务影响到运维范围内二分之一以下用户 ③ 服务请求或第三方维保且影响个别用户（1～3 人）	60 分钟	48 小时	工程师电话了解或现场了解优先级达到中级及以上级别时；超过36 小时未能解决，且无有效解决方法时	无

（3）流程说明。事件管理流程始于事件的接收和记录，终于事件的解决，主要包含以下内容。

① 事件受理。服务台接收用户报单或运维工程师在巡检系统过程中发现异常时，均可以启动事件管理流程，根据工单录入规范在 IT 管理系统上录单，并进行分派。工单信息的准确性和完整性是该环节的关键。

② 事件分析：

·服务台对事件进行分析，如果事件优先级是高或者紧急，则先通知事件经理和调度值班，再判断是否能独立解决，如果不能，则将事件单分派给运维工程师。

·运维工程师对事件进行分析，判断是否能独立解决，如果不能，则向事件经理汇报。

·事件经理组织相关人员分析事件，得出解决方案。运维工程师再根据解决方案处理事件，如果需要转为问题，则启动问题管理流程。

·在实际处理过程中可能会存在一个特殊情况，即处理好当前事件的前提是需要对系统进行变更或发布，而变更或发布管理流程的时间跨度往往大于事件处理时限，所以需要先和用户沟通，关闭事件，启动问题管理流程对该事件进行持续跟踪，再启动需要的变更或发布管理流程。

（4）事件处理。服务台或运维工程师对事件进行处理，在过程中如需和用户沟通，应注意沟通技巧和通话效率，并尽可能将事件处理过程在 IT 管理系统上记录下来，为导入知识库做储备。

3）变更管理流程

（1）目的。变更管理流程可帮助所有实施 IT 变更的人员有一套规范的分步流程去更新或升级IT 业务系统，从而将因变更引起的对 IT 环境的影响降到最小，提高 IT 业务系统和服务的质量。

（2）适用范围。变更管理流程适用于与业务系统运维服务项目有关的一个或多个配置项实施变更的管理。变更管理流程涵盖与业务系统相关的所有变更，包括以下几个方面：

① 主机系统。

② 电脑、服务器。

③ 业务系统。

④ 所有中间件，包括数据库。

⑤ 客户端（客户端相关设备的批量变更，遵循本变更过程。

⑥ 网络设备。

⑦ 相关安全系统。

⑧ 通信设备及其软件。

（3）不适用范围。变更流程适用范围不包括以下内容：

① 尚处于开发阶段的业务系统的变更。

② 不需要服务项目组介入的由用户控制的行为动作。

③ 已有固定流程的轻微变更，包括口令更改，PC 申请维护升级报废，个人用户 IP 地址申请更改，入网申请，邮箱申请等。

④ 变更所需要的开发。

⑤ 单个用户终端的变更，由授权工程师直接执行变更。

⑥ 直接连接客户端的桌面端网络设备的变更，由授权工程师直接执行变更。

（4）变更分级。根据变更的风险大小给变更分级，变更等级见表 4.6。

表 4.6　基础设施运维变更等级

变更级别	定　　义	审核人
标准变更	指涉及影响范围较小（不影响业务的运行）、紧急程度较低（不需要立即实施）、实施风险较小（不会带来重大后果）、实施较简单的、经常发生、有着基本固定流程并已被授权可直接执行的变更 　　变更类型与技术支持合同相关，如有合同定义，则以合同定义为准	无
重大变更	指涉及影响范围较大（影响业务的运行）、实施风险较高（操作实施失误会导致较大影响）、实施较复杂的变更	变更委员会
紧急变更	指紧急程度较高（需要在某个时间内完成实施）即将或正在影响业务运行，需要尽快实施的变更	变更委员会

（5）变更分类。变更可按照设备和技术类型进行分类，以便分配任务，见表 4.7。

表 4.7　基础设施运维变更分类表

中类服务名称	小类服务名称	服务项
基础环境运维服务	空调系统、供配电系统、发电机、UPS 系统、消防系统、安全系统等设备	UPS 系统保养
		精密空调保养
		基础环境其他日常保养
		基础环境故障处理
硬件运维服务	网络运维服务（内外网、专线、拨号网络、VPN 及路由器、交换机、防火墙、入侵检测、负载均衡、语音设备等）	网络故障处理
		网络重大事件现场配合服务
	主机运维服务（PC 服务器、小型机等）	主机故障处理
		主机重大事件现场配合服务
	存储运维服务（磁盘阵列、统一存储等）	存储系统调整
		存储数据迁移
		存储故障处理
		存储重大事件现场配合服务
硬件运维服务	桌面运维服务（台式电脑、笔记本电脑、瘦客户端、与电脑连接的外设设备、网络端口、涉密终端、办公软件、杀毒软件、工具软件、驱动程序）	桌面支持
		桌面软件安装
软件运维服务	基础软件运维服务（操作系统包括 Windows 等，数据库包括 Oracle、SqlServer 等，以及中间件）	基础软件故障
		基础软件应急处理
		基础软件部署
		基础软件备份与恢复
		基础软件性能调优
		基础软件安全检测

中类服务名称	小类服务名称	服务项
软件运维服务	应用软件运维服务	应用软件数据抽取监控
		应用软件异常响应
		应用软件故障处理
		应用软件应急处理
		应用软件部署
		应用软件数据查询、统计、转换
		应用软件性能调优
		应用软件接口维护
		应用软件功能完善

（6）基础设施运维变更流程图。基础设施运维变更流程如图4.9所示。

（7）变更流程说明。通过变更管理流程，可以让所有实施业务系统变更的人员有一套规范的分步流程去更新或升级业务系统，从而保证将变更对业务系统环境的影响降到最小，提高业务系统和服务的质量，为业务的快速发展提供更优质的运维服务。

变更管理流程主要包含以下内容：

① 提出变更。运维工程师提出变更请求，填写变更工单。这个环节也可以是由事件流程和问题流程触发引起。变更工单申请环节信息的准确性和完整性是该环节的关键。

② 审核变更。该环节由变更经理先确定变更分级，如果是标准变更，则由运维工程师直接实施变更，如果是紧急变更，则需由变更实施人员编写实施方案，并提交给变更委员会审核。

③ 测试变更。运维工程师对变更内容在测试环境进行测试，输出测试报告，确保变更内容的可行性和安全性。

④ 实施变更。运维工程师在正式环境具体变更操作，变更实施完成后对结果进行验证，如果验证不通过，则回退操作，如果验证通过，则将变更结果汇报给变更经理确认。

⑤ 变更关闭。变更经理确认完毕，运维工程师对变更工单进行闭环，工程师如在实施变更过程中发现实施方案不够完善，则对实施方案进行修改优化。

4）文件发布流程管理

（1）总则。为规范大型信息系统管理制度文件编制、审批流程，保证文件的有效性和适用性，特制定本管理办法。本制度适用于大型信息系统运维体系文件。

综合组负责制度文件的归口管理工作，各组组长负责本组对接业务范围内文件编制的组织协调工作，运维中心主任和各组组长组成评审组，负责文件的评审工作，运维中心主任负责文件的审批工作。

（2）编制发布流程：

① 文件编制。按照各组业务范围，组长负责组织协调文件的编制和组内审核工作。

② 文件评审。

·确定评审会日期，提前三个工作日将受审文件和评审记录表发送至评审组成员处。

·收集评审意见并填写答复意见。

·召开评审会，文件编制者负责就会前收集到的问题进行解释答复。

·形成评审决议，若所提意见修改关闭后试运行，则进入下一步骤；若所提意见修改后重新评审，则转入第一步骤。

·根据评审意见修改文件。

变更管理流程				
	运维工程师	变更经理	变更委员会	输出物
提出变更	开 始 → 1.提出变更请求			变更工单
审核变更	3.编写变更实施方案	2.确定变更分级 → 标准变更 / 重大变更 / 紧急变更	4.审核变更实施方案	
		是否需要测试（是/否）		
测试变更	5.测试变更			变更测试报告
实施变更	6.实施变更 / 验证是否通过（是/否） / 7.退回	8.确认变更结果		
变更关闭	9.变更关闭 → 结 束			变更工单
其他流程	事件流程 / 问题流程 / 配置流程			

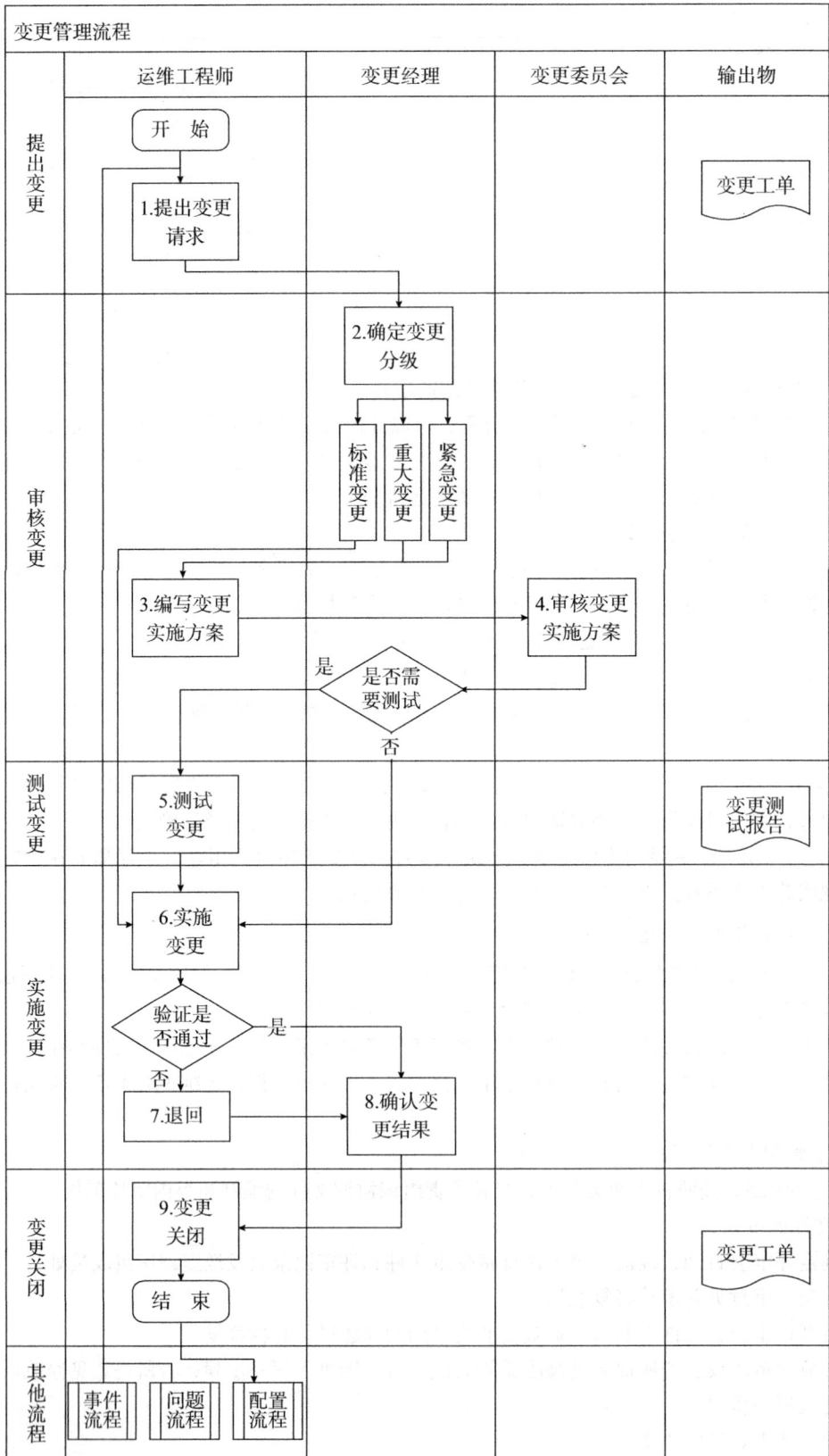

图 4.9　基础设施运维变更流程图

③ 文件审批：文件编制者填写文件审批表，交由运维中心主任审批发布文件。

④ 文件发布：由综合组负责在平台发布文件，并打印装订存档，做好版本记录。文件发布具体流程如图 4.10 所示。

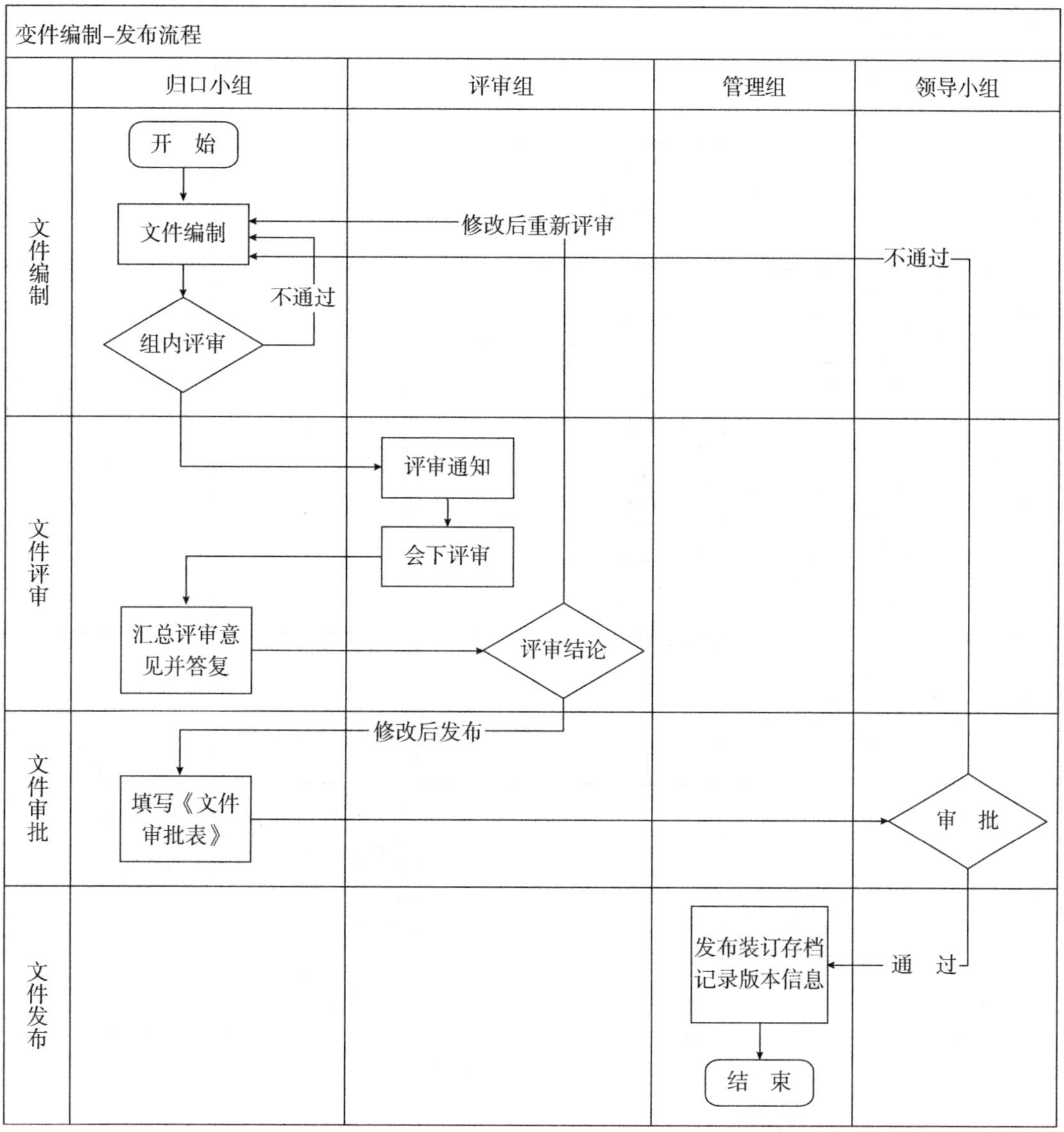

图 4.10　文件发布流程图

（3）文件变更流程：

① 变更申请：由组长填写变更申请表，含变更原因、内容等。

② 变更审批：文件变更由各组组长和运维中心主任审批。

③ 变更执行：变更得到批准后，由组长组织人员完成文件的修改工作。

④ 文件评审：同"编制发布 - 评审"流程。

⑤ 文件审批：同"编制发布 - 审批"流程。

⑥ 文件发布：同"编制发布 - 发布"流程。

文件变更具体流程如图 4.11 所示。

文件变更–发布流程	归口小组	评审组	综合组	运维中心
变更申请	开始 → 变更审请			
变更审批		变更审批		
变更执行	修改文件 ← 通过	修改后重新评审	不通过	
文件评审	汇总评审意见并答复	评审通知 → 会下评审 → 评审结论		
文件审批	填写《文件审批表》			审批
文件发布			发布装订存档记录版本信息 ← 通过 结束	

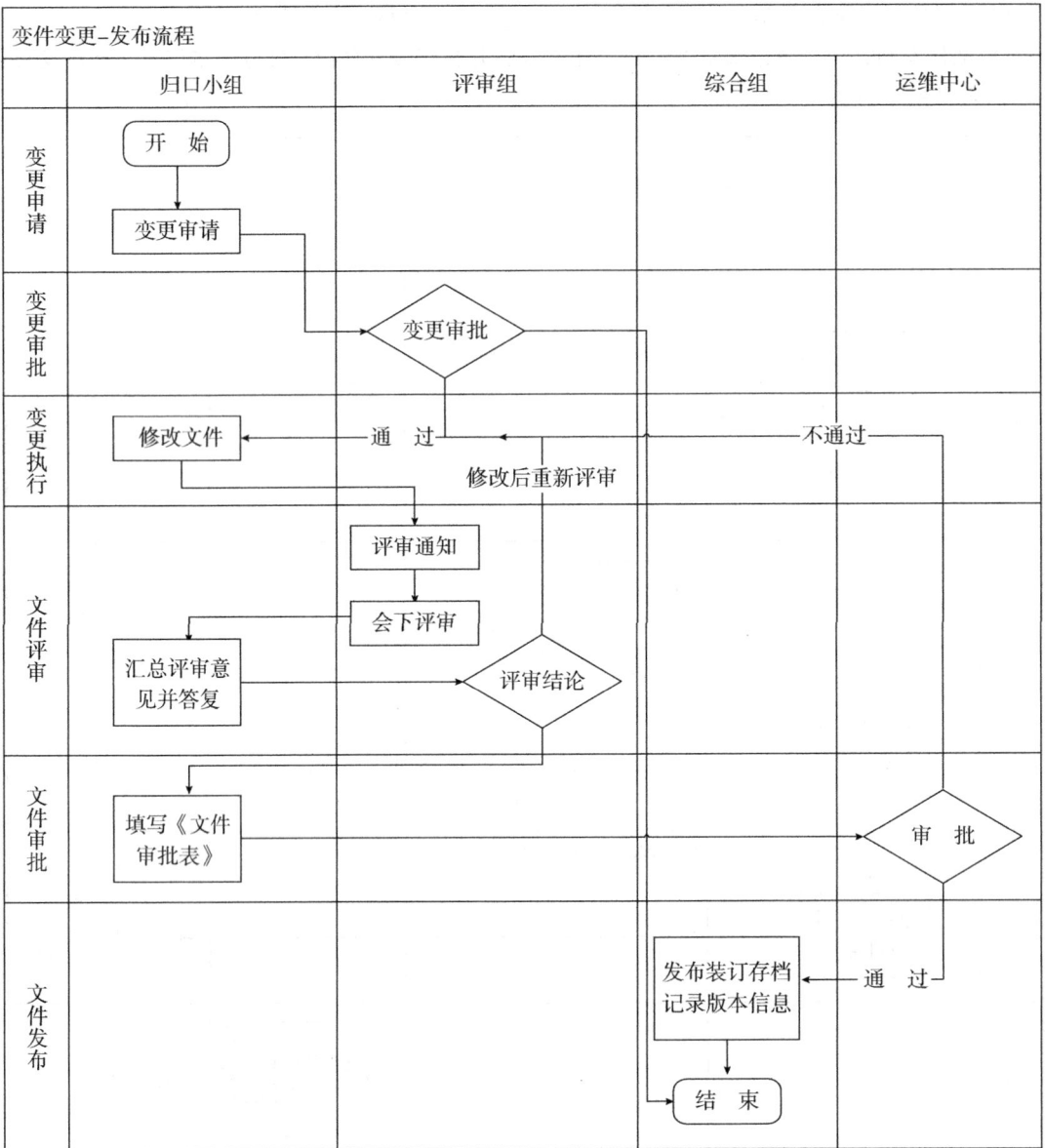

图 4.11 文件变更流程图

2. 基础设施运维的管理制度

基础设施运维的管理制度主要包括驻场管理制度、内务管理制度、机房管理制度。

1）驻场管理制度

（1）总则：

① 目的。为规范驻场人员管理，保证运维团队稳定及工作成效，确保运维工作顺利开展，特制订本制度。

② 范围。本制度适用于运维中心全体驻场人员。

③ 职责。综合组负责运维人员的归口管理工作，负责审核人员资质，负责与入场人员面谈；运维中心用人部门主管负责入场人员的面试工作和团队建设工作；监理负责驻场人员的绩效考核工作。

（2）入场管理：

① 服务提供单位必须按合同要求向运维中心派驻规定数量且满足资质要求的运维人员。

② 运维中心用人部门主管进行面试，面试合格后综合组与其进行面谈，通过方可安排上岗。面试不合格者，退回原单位。

③ 入场人员受单位委派需持委派证明、个人身份证、学历证、毕业证、相应岗位要求的资格证书、职称证书原件，交综合组核验。

④ 运维中心综合组负责为面试合格者办理入场手续。入场人员需配合综合组填写《驻场人员入场登记表》、《项目参与人员保密承诺书》及办理其他入场手续。

（3）驻场管理：

① 所有驻场人员受运维中心指派，须接受运维中心的管理，遵守运维中心的各项规章制度。

② 各服务提供单位须协助运维中心保证驻场人员的稳定性。

（4）离场管理：

① 驻场人员如需离场，服务提供单位须至少提前一个月向运维中心提交《驻场人员离场申请表》。

②《驻场人员离场申请表》获批前，驻场人员应照常驻场工作，履行岗位职责。如驻场人员擅自离场，运维中心将追究对应服务提供单位的责任。

③《驻场人员离场申请表》获批后，服务提供单位在一周内须尽快调派其他人员入场与离场人员办理交接工作。

④ 申请离场人员应认真做好工作交接，填写《驻场人员离场工作交接表》。如因离场人员未做好工作交接而影响运维中心工作，运维中心可追究服务单位的责任。

2）内务管理制度

为了使大家有一个干净舒适的办公环境，提高工作效率，所有岗位员工必须遵守如下规定：

（1）禁止出现在办公区域抽烟、用餐、饮酒等破坏工作环境的行为。

（2）穿着统一工装，保持衣冠整洁，男士不留长发、不留胡须，女士打扮适度。

（3）办公区域禁止喧闹嬉戏、长时间接打私人电话，相互沟通放低音量，勿影响他人办公。

（4）不迟到，不早退，不无故长时间离开工位，不串岗。

（5）工作时间禁止上网聊天、玩游戏、打瞌睡，禁止做与工作无关的事情。

（6）遵守行为规范，注意礼貌用语。

（7）保持个人工位及周围的干净整洁，不要在桌面摆放除必要办公物品以外的杂物，并根据《卫生值日表》打扫卫生。

3）机房管理制度

（1）谢绝无关人员进入机房，非机房工作人员应在征得机房负责人的同意后，方可进入机房，并在《出入登记簿》上登记，注明日期、时间、姓名、原由等。进入机房后，必须由机房工作人员陪同，并服从机房工作人员安排，遵守机房各项管理制度。

（2）进入机房后，注意保持机房卫生。

（3）进入机房后必须随手关门，确保机房安全。

（4）各类设备、物品出入机房都必须填写申请表，经主管领导签字同意方可出入。

（5）进入机房设备必须是机房用设备，非机房用设备严禁进入。

（6）各类设备进入机房，需凭申请表在机房负责人的安排下，放置在机房指定位置。各类设备搬出机房，需凭申请表在机房负责人的监督下搬离机房，双方分别签字确认。

（7）设备更新时，凭申请表在机房负责人的监督下，进行设备更新或更换，并保证现用设备的安全和运行正常，双方分别签字确认。

4.2.3　基础设施运维的内容

大型信息系统基础设施运维内容主要包括日常巡检、运行维护、故障处理、技术支持、优化升级改造等内容。

1.日常巡检

日常巡检是指大型信息系统基础设施中的设备在运行一定时间后，运维人员通过预定的（如巡检、监控、备份、应急测试、设备保养等）例行服务，及时获取运维对象状态，发现并处理潜在的故障隐患，保证信息系统基础设施的稳定运行。

1）巡检

巡检包括对设备的外观、声响、内部整洁、运行情况、系统状态、系统日志等方面进行全面检测，并在巡检完成后形成完善的设备运行报告。同时将巡检报告形成设备档案系统，方便运维人员日后对设备进行日常管理，也可以通过巡检制度将在整个基础设施运行中易出现问题的环节进行提前备份，防微杜渐，做到预防为先。

2）预防性检查

预防性检查是在基础设施监控的基础上，为保证基础设施的持续正常运行，运维部门根据设备的监控记录、运行条件和运行状况进行检查和趋势分析，以便及时发现问题并消除和改进，主要包括性能检查和脆弱性检查两个方面。

3）常规操作

常规操作是对信息系统基础设施进行日常维护和例行操作，主要包括定期保养、配置备份等，保证设备的稳定运行。

2.运行维护

运行维护支撑着大型信息系统基础设施正常运作，主要包括日常的业务处理和对基础设施设备的监控，以及对网络系统、业务系统或设备做出变更和配置等。

1）业务处理

主要针对基础设施日常运维系统中的业务需求进行处理，如网络变更需求、链路带宽变更需求、服务器性能变更需求、基础环境调整、方案处理等。需求来源主要通过以下几种方式获取：电话信息、用户反映、文件要求、项目建设需求以及运维人员针对系统和设备运行状态提出的要求。通过处理这些日常业务，为整体基础设施提供良好的运行环境。

2）设施监控

设施监控是指通过各类工具和技术，对网络系统、业务系统和物理设备的运行状态进行记录和分析，从而及时发现故障，以便进行故障诊断与恢复。设施监控的内容主要包括设备状态、运行状况和变化情况等。

3）变更和配置

运维人员针对日常运维中用户提出或者系统设备自身的变更需求进行配置，遵循变更流程管理进行变更配置。

3.故障处理

大型信息系统基础设施发生故障后，各岗位人员应及时响应处理，恢复网络和业务系统正常运行，保障系统不受影响，并在事后整理形成故障报告，归档列入知识库档案，为后续的运维工作打下扎实基础，也为后续的优化升级改造提供指导，指出系统的不足之处。故障处理的目标是尽快恢复正常的服务运行，并将故障对业务所造成的负面影响降至最低，从而确保数据的完整性得到保障，使损失降至最低。故障处理包括故障发现、故障修复和故障的存储与查询等。

1）故障发现

通过故障检测或巡检、人工上报等方式发现故障，对故障信息进行处理，并保存至故障数据库。根据故障的严重程度可以将故障等级分为以下级别：

① 一般故障：设备发生局部故障，使其性能降低，但未影响主要业务功能。

② 简单故障：设备不能完成其主要功能，但未对其他系统或设备造成影响。

③ 重要故障：设备不能完成其主要功能，影响到部分业务的提供。

④ 严重故障：亟待解决的故障，否则系统或设备将无法运行。

针对不同的故障等级，修复时间要求依次减少，以保障系统稳定运行。

2）故障修复

对可修复的故障进行人工修复；对不可修复的故障，需及时寻找替代设备和方法，第一时间恢复系统正常运行。

3）故障的存储与查询

将故障设备、故障发生时间、故障修复时间、故障现象和故障可能原因形成完整的故障报告保存至数据库。此外，可以按照系统、设备类型、故障时间进行故障的查询统计。

4. 技术支持

技术支持是指运维人员为了更好地服务基础设施运维，对系统和设备方面产生的问题提供帮助和解决。主要包括方案技术支持、项目建设技术支持、远程技术支持等。

1）方案技术支持

方案技术支持是指运维人员帮助用户审核各方面有关基础设施的方案，如改造方案、升级方案、采购方案等，给出专业性建议，检查方案可行性，查漏补缺，为进一步完善基础设施提供保障。

2）项目建设技术支持

随着技术的发展，基础设施也需要不断建设发展。运维人员除了进行日常运维之外，还需要根据各个系统的现状，专业性地对入场的项目建设进行审核，判断项目建设的有效性，并给出改进建议。

3）远程技术支持

远程技术支持是指当各分管理中心或者其他部门单位出现当地无法解决或者无法确定的问题或者故障时，管理中心运维人员需要及时有效地进行远程技术支持，保障大型信息系统基础设施整体的稳定运行。支持方式可分为以下几种：值班电话、专线电话、电子邮件、网络远程诊断和网络远程排障等。

5. 优化升级改造

在基础设施运行维护过程中，最重要的是发现系统中存在的问题和隐患，进行优化整改，以达到改善基础设施系统、减少故障率、降低维护工作难度、提高系统整体运行效率的目的。优化升级运维包括适应性改进、纠正性改进、改善性改进和预防性改进四种类型，优化工作具体如下。

1）策略优化

对系统策略和网络系统进行优化设计，制定调整系统策略优化、网络拓扑优化、安全域规划与配置、IP规划、VLAN优化等策略，并根据实际情况调整与实施。

2）安全咨询服务

为大型信息系统提供系统集成咨询等相关安全咨询服务，运维人员根据系统运行的需求，可提供网络、服务器、存储设备、基础环境等系统的咨询评估服务，并提出存在或潜在的问题和改进建议。咨询评估作业包括被动性咨询服务、主动性咨询服务。被动性咨询服务是根据需求对服务对象进行现状调研和系统评估，识别服务对象的运行健康状况和弱点，并提出改进建议；主动性咨询服务是根据应用系统的特点和运行需求，对服务对象的运行状况、运行环境进行分析和系统评估，提出改进或处理的建议和方案。

3）安全检测

对网络设备、服务器操作系统、数据库系统、应用软件系统的安全策略和安全配置进行检查和测试，从中获得相关的信息，并发现系统面临的威胁以及存在的安全性隐患。

4）漏洞扫描

对服务范围内的服务器、网络设备、安全设备、数据库进行全面漏洞扫描，发现系统面临的威胁以及存在的安全风险，并提交相关过程文档和加固建议。

5）安全加固

根据操作系统安全评估和漏洞扫描中发现的问题，对服务器、网络设备、数据库系统等安全漏洞进行修补，加强安全配置、安全加固处理。

6）安全整改服务

根据各相关安全检查单位的安全测评报告和风险告知书要求，对大型信息系统基础设施完成相应安全整改，并对基础设施完成第三方的各类安全检测及检查工作。

7）系统集成咨询服务

为大型信息系统基础设施检查及评估现有和将来的信息化要求，提出切合实际应用的规划书，并为大运维系统基础设施的信息化建设提供建设性建议和报告。

4.2.4 基础设施运维的人员

基础设施运维的服务器、网络、存储、操作系统、机房设施等系统应匹配相应的运维人员，根据基础设施架构技术，要求运维团队人员具备和学习相关IT技能。

1. 运维团队

1）运维团队的转变

大运维环境下，运维团队人员的结构和技能水平都应该做出改变。从平台规划到部署，都会影响到现有运维团队，要求现有运维人员适应新的技术和流程，这是一个思想转变和技术转变的过程。只有转变，才能够适应大型信息系统的基础设施运维。

2）运维团队结构

运维团队根据传统数据中心运维人员进行重新调整，涉及服务器、操作系统、存储、备份与恢复、网络等技术岗位。运维团队根据管理平台技术架构进行调整，分别设置平台服务经理、平台运维小组、服务器基础设施运维小组、存储系统运维小组、网络系统小组、备份及恢复小组、机房维护小组等，各小组由2～3人组成。

（1）平台服务经理职责和要求：

① 负责整个运维团队的管理工作、团队内运维人员之间和对外的沟通协调工作。

② 负责组织平台解决方案的推广、培训。

③ 负责平台服务请求、投诉、建议、需求的接收与处理。

④ 负责平台持续运维、持续更新。

⑤ 具备全面的 IT 技术。

⑥ 精通沟通协调、咨询、问题处理。

⑦ 精通需求分析。

⑧ 精通解决方案推广、培训。

（2）平台运维小组职责和要求：

① 负责管理平台配置、优化、监控、故障处理。

② 负责资源规划与管理、资源生命周期管理。

③ 负责平台自动化流程和工具的配置、管理、优化。

④ 负责服务、门户、服务列表、自动化配置工具、脚本的维护与更新。

⑤ 负责服务订单管理与监控，保证云服务顺利交付。

⑥ 精通管理平台、虚拟化、自动化工具与脚本。

⑦ 精通网络、存储、安全、软件定义网络、软件定义存储。

⑧ 精通跨数据中心、多用户环境下的运维与技术支持。

（3）服务器岗位人员职责和要求：

① 负责物理服务器、虚拟机、操作系统的配置与管理。

② 创建虚拟机及模板，管理及测试模板。

③ 服务器自动化配置与部署。

④ 服务器的部署，包括服务器与存储、服务器与网络的连接配置。

⑤ 服务器系统优化与更新。

⑥ 精通多种虚拟化技术，如 VMware ESXi、KVM、XEN、Microsoft Hyper-v 等。

⑦ 精通各种 X86 架构服务器、存储架构、网络架构，与存储和网络小组协调合作。

⑧ 精通 Windows、Linux 各个版本操作系统的配置与管理。

⑨ 熟悉软件定义存储、软件定义网络。

（4）存储岗位人员职责和要求：

① 负责提供存储资源给平台及存储系统维护。

② 配合运维小组进行存储资源容量管理。

③ 负责存储服务配置与管理。

④ 精通存储系统架构、RAID 技术、RAID2.0 技术。

⑤ 精通存储最佳性能配置。

⑥ 精通精简配置、数据压缩与重删、快照等原理。

⑦ 精通不同 Hypervisor 与存储的连接与配置。

⑧ 熟悉软件定义存储。

⑨ 熟悉存储技术。

（5）网络岗位人员职责和要求：

① 负责整个基础网络配置与维护。

② 负责整个网络安全。

③ 负责整个网络技术支持与优化改善。

④ 精通网络技术、虚拟化网络。

⑤ 精通网络安全。

⑥ 熟悉软件定义网络。

（6）备份岗位人员职责和要求：

① 负责备份与容灾系统的维护。

② 负责为租户提供备份服务。

③ 精通备份技术。

④ 熟悉虚拟化软件基本知识。

（7）机房岗位人员职责和要求：

① 负责环控系统的维护。

② 负责视频监控系统的维护。

③ 负责空调系统的维护。

④ 负责 UPS 供电系统的维护。

⑤ 负责整个机房管理的维护。

⑥ 熟悉精密空调的维护技术。

⑦ 熟悉 UPS 操作流程。

⑧ 熟悉环控系统、监控系统的操作流程。

⑨ 熟悉机房维护制度。

（8）服务台人员职责和要求：

① 服务台功能。服务台作为 ITIL 服务平台的一个核心，主要实现以下功能：

·登录所有事件，包括用户报障或服务请求（突发事件，服务需求等）。

·对服务状态进行监控，及时把服务申请的处理状况反馈给用户。

·对已经处理完毕的服务申请进行确认，采集用户的反馈信息并关闭该服务申请。

·审核服务申请或者故障申请，对于不需要进行处理的申请，可以拒绝。

·对服务记录信息进行维护和管理，填写服务影响范围和严重程度，维护服务记录信息。

·对需要进行服务补单的，进行服务补单。

·跟踪服务申请的处理进度和状态，对需要进行干预的服务，申请进行服务干预。

·对服务申请按照类别进行数据统计。

·确定和协调必要的动作来处理相关事件，进行初始支持。

·对事件进行调查和诊断，把事件的影响降至最小，并确保快速恢复至正常服务水平。如事件无法解决，则将事件转发，必要时进行事件升级。

② 服务台人员的主要职能和技术要求：

·呼叫管理：建立统一报障受理平台，通过语音交换设备和统一故障受理热线，统一受理用户有关信息化应用的服务需求，并对需求处理情况予以督办、回访。

·工单管理与档案、知识库收集：服务台管理流程受理用户报障或业务办理，填写《运维工作单》，提交事件或问题管理流程转发各维护岗位处理，并同时接收事件或问题管理流程返回的《运维工作单》，归档收集至知识库。

·跟踪处理进度，确保服务时效，及时进行用户回访，调查用户满意度。

·熟悉基础设施相关 IT 技能。

·熟悉基础设施运维制度。

·熟悉各个岗位相关工作。

2. 人员要求

基础设施运维团队重要岗位人员要求见表 4.8。

表 4.8　人员要求

岗位名称	人员资质、工作经验、工作职责	是否驻场	工作时间
平台服务经理	① 学历及工作年限要求：要求大学本科以上计算机类专业学历或同等学历；要求 3 年以上网络管理维护经验 ② 认证要求：要求为 CISCO CCNP/H3CSE/ 华为 HCDP 同级别或以上认证（提供复印件，原件备查） ③ 工作经验要求：要求熟悉 CISCO 路由器 / 交换机、深信服上网行为管理、华为路由器 / 交换机、H3C 路由器 / 交换机，服务器，存储设备，机房系统等 ④ 工作职责：按照用户需求提供项目管理 / 流程管理、绩效考核、项目跟进把控、产出物等运维管理服务	是	5×8 小时按采购方工作时间要求到岗
网络维护工程师	① 学历及工作年限要求：资质要求为大学本科以上计算机类专业学历或同等学历 ② 认证要求：资质要求为 CISCO CCNP/H3CSE/ 华为 HCDP 同级别或以上认证（提供复印件，原件备查），如有其他厂商，应同级别或更高级别 ③ 工作经验要求：要求 3 年以上网络管理维护经验，提供网络系统维护服务 ④ 工作职责：作为非工作日现场值班人员，参与采购单位运维中心日常值班	是	5×8 小时驻场维护
虚拟化平台维护工程师	① 学历及工作年限要求：资质要求为大学本科以上计算机类专业学历或同等学历 ② 认证要求：虚拟化驻场工程师资质要求为 VMWARE VCP 或其他同级别认证及以上认证（提供复印件，原件备查） ③ 工作经验要求：资质要求为 3 年以上虚拟化系统管理维护经验 ④ 工作职责：作为非工作日现场值班人员，参与采购单位运维中心日常值班	是	5×8 小时驻场维护
机房维护工程师	① 学历及工作年限要求：资质要求为大学本科以上计算机类专业学历或同等学历 ② 认证要求：要求提供相关电气化认证或智能化机房工程认证（提供复印件，原件备查） ③ 工作经验要求：要求 3 年以上机房维护经验，包含主流艾默生 UPS，施耐德 ④ 工作职责：作为非工作日现场值班人员，参与采购单位运维中心日常值班	是	5×8 小时驻场维护
服务台服务人员	① 学历及工作年限要求：资质要求为大学本科以上计算机类专业学历或同等学历 ② 认证要求：有信息化运维服务台经验和计算机操作能力，有良好的用户情绪管理能力，协助用户进行日常值班处理事务，提供呼叫管理、工单管理、档案、知识库收集 ③ 工作经验要求：至少 1 年呼叫中心工作经验，至少 1 年计算机行业客户服务工作经验 ④ 工作职责：作为非工作日现场值班人员，参与采购单位运维中心日常值班	是	7×24 小时驻场

4.2.5　基础设施运维的工具

　　大型信息系统基础设施的建设与运维已经走向智能化运维，脱离了繁琐的人力运维。依靠更多的运维工具能够帮助运维人员更好地进行运维工作，减少人力资源，提高工作效率，降低故障率。目前常用的运维工具包括运维管理的 IT 运维服务管理系统，资源管理的配置管理数据库、IT 资源管理系统和 IT 资产管理系统，以及保护信息安全的防火墙或一体化安全网关、入侵检测系统、入侵防御系统等。有关内容详见本书第 10 章。

4.3　大型信息系统基础设施的网络系统

　　网络系统是大型信息系统基础设施运行的神经系统，是承载大型信息系统数据高速传输的通道，是大型信息系统基础设施数据传输和转发的载体。网络系统的主要作用是将大型信息系统中的主机系统、应用系统、存储系统、管理系统、安全系统和容灾系统等部分有机结融为一个整体。

4.3.1　基础设施网络系统的架构和技术要求

　　基础设施的网络系统包括其架构和技术要求，本节将从这两方面入手并展开阐述。

1. 网络系统的架构

　　基础设施的网络系统有不同的划分方式，主要包括按网络系统的结构层次划分和按网络系统的地位和重要程度划分。

1）按网络系统的结构层次划分

大型信息系统网络系统的每个网络，一般采用核心层、汇聚层、接入层三层结构。

网络结构管理中心和管理分中心结构层次基本一致。

（1）核心层。主要包含核心路由器、核心交换机、安全边界等设备，起到数据快速转发和路由连通的作用，采用双链路、双核心的架构，保证网络的冗余性。采用的技术有双平面、虚拟化（VSS\CSS\IRF）等技术。

（2）汇聚层。主要设备为汇聚交换机、汇聚接入交换机，起到融汇数据以减轻核心层设备负荷的作用，一般也采用双链路、双汇聚的架构。采用的技术有虚拟化（VSS\CSS\IRF\VRRP）等技术。

（3）接入层。主要设备为接入层交换机，直接对接服务器和终端 PC，接入量大，根据接入区的不同需求，采用以下架构和技术：

① 办公区接入：单接入，双链路上行，配置 Vlan 隔离，静态路由等技术。

② 服务器区接入：双链路，双链路上行，配置虚拟化（VSS\CSS\IRF）Vlan 隔离和静态路由等技术。

基础设施网络系统整体架构拓扑如图 4.12 所示。

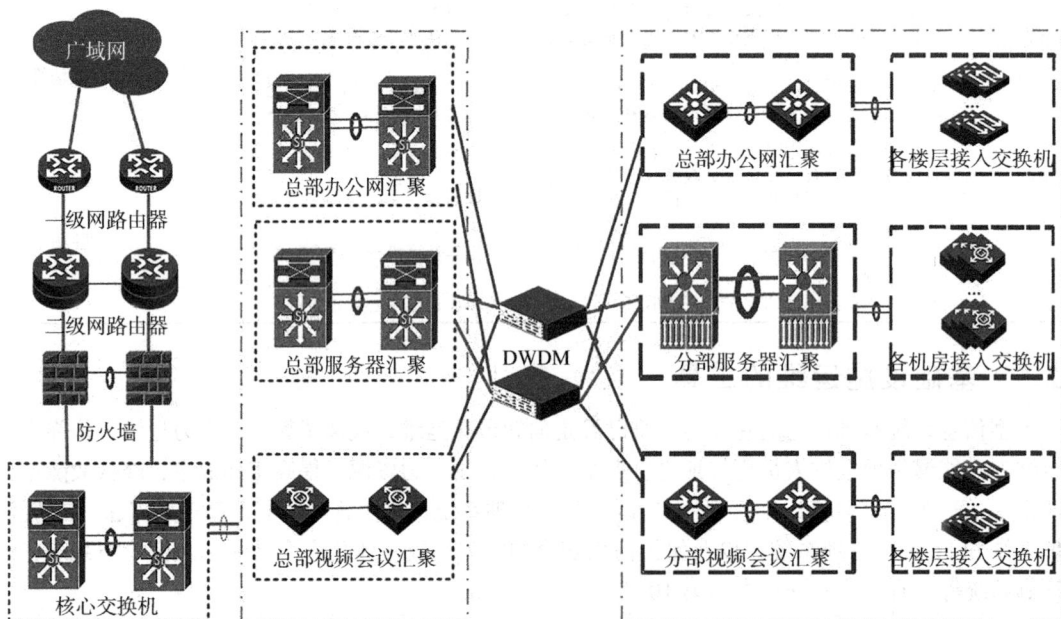

图 4.12　基础设施网络系统架构拓扑图

2）按网络系统的地位和重要程度划分

根据整体网络架构的地位和重要程度不同，网络系统又可以分为主干网（一级网）、城域交换网（二级网）、接入网（三级网）和基层网四部分。

（1）一级网。一级网是整体网络的核心，是连接各个城域网的信息高速公路，是网络系统的关键，它能够实现各个城域网之间信息的快速交互，保障远距离、高带宽、大容量的数据传输业务。

一级网下联全省各市相关单位，结构为两条千兆双线、双设备互备，路由协议主要采用BGP、OSPF 及 MPLSVPN 协议。

（2）二级网。二级网将各个市的网点相连接，实现数据的高速传输和信息资源共享。

二级网上联一级网核心线路为万兆，路由协议主要为 BGP 协议；下联全省各市相关单位，结构为两条千兆双线、双设备互备，路由协议采用 BGP、OSPF 及 MPLSVPN 协议。

（3）三级网。接入网将各个县级单位、社区的基层网相连接，上行连接于二级网，实现数据的高速传输和信息资源共享。

（4）基层网。主要为各个办公节点或者机房内部的网络，负责承载各个业务系统的数据交互和传输。

2. 网络系统的技术要求

网络系统的设备和技术要求如下。

1）设备要求

网络设备分为四个等级：企业级、部门级、工作组级、入门级。为了满足大型信息系统网络上大量数据转发和网络流量的需求，一般核心和汇聚都选用企业级的设备，支持万兆数据传输，接入层根据接入需求选用部门级的万兆接入或者工作组级。

2）技术要求

核心路由层面上采用口字型相连，双平面技术，两条互联链路应同时运行于两个不同的运营商链路，以满足冗余设计，避免出现单点、单链路故障。另外，应采用 BGP 和 OSPF 等协议搭建网络，配置 BFD 检测机制。核心交换机或汇聚交换机应配置网关和上行路由，并根据需求配置相应安全控制策略。

4.3.2 基础设施网络系统的监控

网络系统是一个结构复杂的系统，如何保证一个网络的可用性就成为信息中心在 IT 方面关心的焦点。网络设备种类繁杂、网络接入无法控制、无法随时监控服务器应用状态等问题都成为潜在的安全隐患。因此，需要结合现有运维管理平台和监控软件，为大型信息系统网络信息系统提供不间断的监控。

1. 网络管理平台

1）网络管理平台的特点

网络管理模块定位于对网络和业务应用实施深度而全面的监控，把网络拓扑发现、资源管理、设备管理、终端管理、性能管理、故障分析、异常流量监测等融为一体，通过可视化、仪表化、智能化的网络导航管理模式，将复杂的网络管理工作简单化、人性化，让网管软件带动用户熟悉网络，大大降低用户的使用门槛，为用户提供简单、高效、安全的网络管理解决方案。网络管理平台的特点如下：

（1）简约性。产品开箱安装即可使用，系统配置简单高效，能够快速准确地发现网络的拓扑结构，实时监控网络的运行状态，及时反应网络事件，帮助用户建立网络管理系统的全局导航体系，为网管人员提供基于 IT 管理的一站式服务。

（2）智能化。产品智能引导用户的使用模式，自动发现网络及其承载的服务，自动配置监控对象和性能阈值，具有智能化故障分析与告警引擎。当发现故障时及时告警，进行自动处理。

（3）多维度。多角度、细颗粒度的监控网络和服务，可以帮助管理员全面掌握 IT 设备的运行情况，从路由、设备、终端、流量、故障等多种角度管理网络。

（4）全局观。将用户的所有关注点进行组织和展现，帮助管理员一瞥之间掌控网络运行全局。

（5）宽屏化。平台能够将合理的信息集中在一个宽幅界面上展示，满足领航员快速检索信息的需求。

（6）个性化。系统能根据需要建立具有个性化特色的网络管理中心，管理人员可以订制自己的个性化监控界面。

基础设施运维管理平台的监控架构如图 4.13 所示。

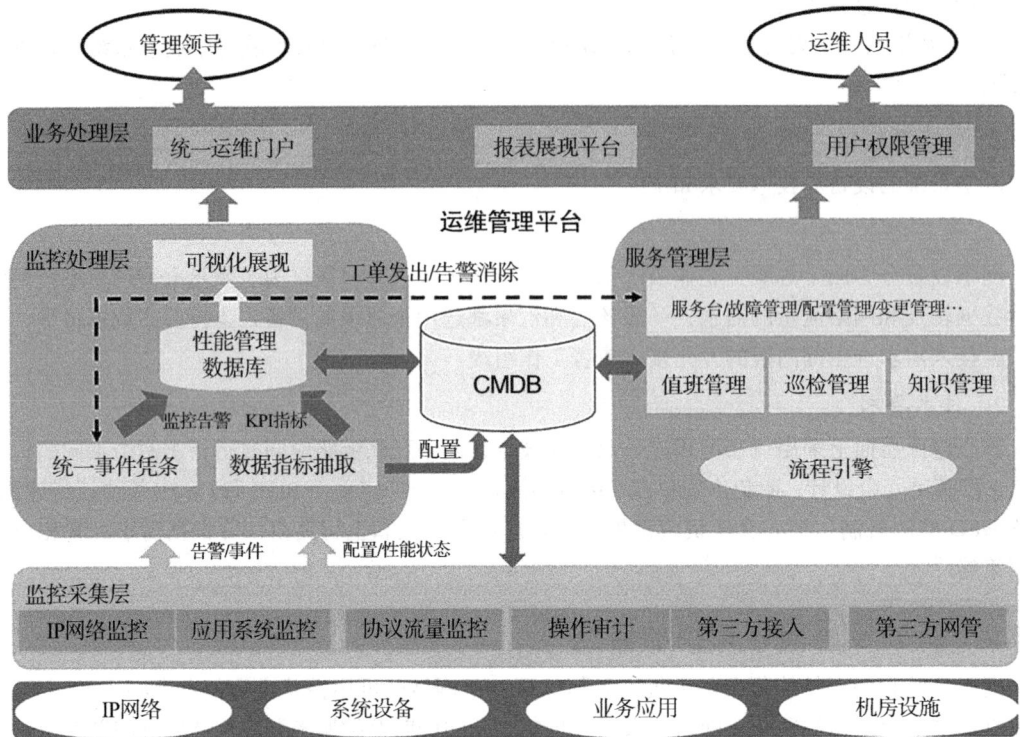

图 4.13　基础设施运维管理平台的监控架构

2）运维管理平台各模块功能

（1）IT 运维管理平台：

① 多层模块化、可持续拓展的 IT 运维平台，无缝集成底层监控工具。

② 实时运行监控展现，实现 IT 运行的可视化。

③ 通过统一事件平台，智能驱动故障预警机制。

④ 基于 ITIL 规范的运维流程化管理。

⑤ 资产和配置管理库，帮助用户直观建立 IT 资源台账和相互关系。

⑥ 运维统计分析、量化考核，提供可持续的优化依据。

（2）网络监控：

① 自动、准确、及时发现各类异构复杂网络的拓扑结构。

② 可持续监视、报告网络的运行情况。

③ 提供网络运行状态和性能的多角度分析与统计。

④ 拦截非法接入，保障网络系统安全。

⑤ 监控异常流量和端到端的流量分析统计等。

（3）业务监控：

① 深度监测业务应用及其支持平台的运行状况。

② 从应用可用性、系统资源占用和性能指标三个层面建立性能基线及故障预警机制。

③ 提供应用总控视图、应用关联视图、部件详细视图的展现方式，实现从全局到局部的自由切换。

④ 设备的故障定位。

（4）流量协议分析：

① 通过接收网络设备的各类 Flow 数据，对网络协议级流量进行细颗粒度、持久的分析。

② 支持对基础协议、应用协议、数据包特征的全局分析。

③ 支持对网络设备端口流量的协议级分析；支持对网络中节点流量的自动化排名和会话分析。

④ 通过定义网络逻辑区域，对区域内、区域之间的流量进行分析。

⑤ 支持对异常特征流量的预警。

（5）操作审计：

① 统一设备管理，集中操作网关。

② 用户认证授权管理，细颗粒度操作命令控制。

③ 外部工具支持，不改变用户现有运维习惯。

④ 精确、完整的操作过程回溯。

⑤ 审计报表、日志管理。

2. 面向网络的一体化管理

1）网络设备管理

网络管理系统主监控界面主要分成上、下、左、右、中五个显示区域，这些区域不仅能够提供实时的底层网络、设备、系统、网络边界安全保障、告警事件列表及 IP 资源管理等功能，同时每个区域也可以把各功能管理项获取的底层数据按照 IT 基础设施内在的关联关系，根据运维人员的使用习惯进行人性化的重新整合呈现，从而一改过去传统网管生硬的专业指标分割罗列的风格。此系统满足用户所见即所得的客户化需求，帮助用户实现统一综合管理的目标。网络设备管理界面如图 4.14 所示。

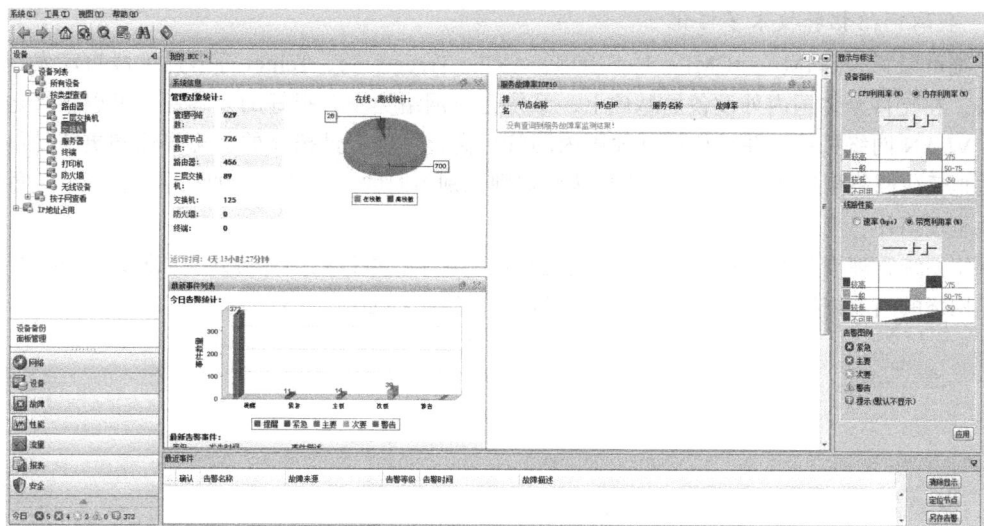

图 4.14 网络设备管理界面

2）网络设备运行状况

除了集成网络拓扑、配置、性能、故障、安全、流量典型管理功能之外，系统从管理人员的角度出发，把平时经常关注的设备监测视图进行重新组织显示，可以通过系统进行查看。这样一来，系统不仅可以展现当前各种设备性能排名比较图表，还可以从整体上把握 IT 基础架构的运行情况。网络设备运行状况如图 4.15 所示。

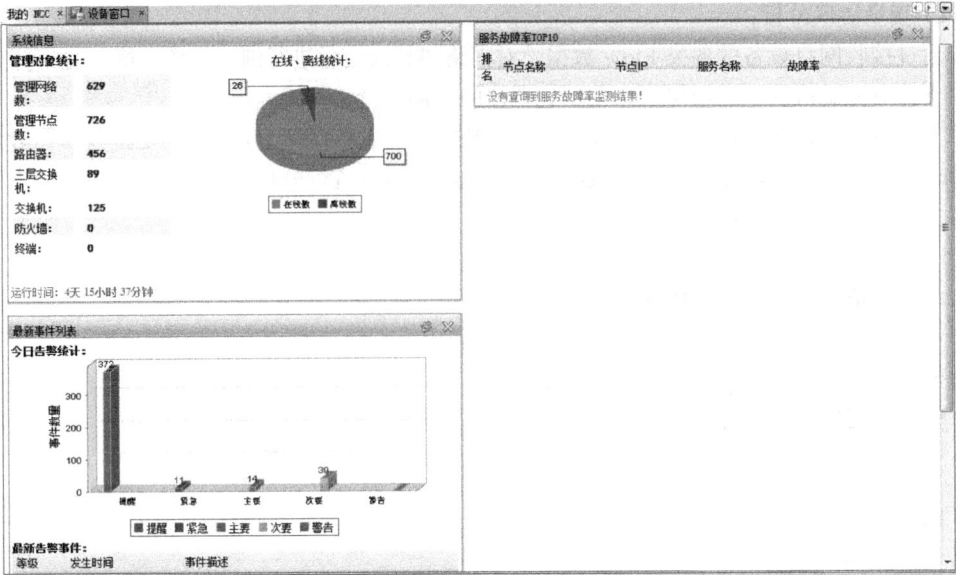

图 4.15　网络设备运行状况图

3. 网络拓扑呈现

网络拓扑呈现有以下特点:

1）可兼容的设备种类全面

作为一款系统级、平台级的网络管理系统,网络管理模块可以很好支持多厂商的网络设备。

2）获取网络拓扑技术多样化

系统可以通过 SNMP、ICMP、NetBIOS、ARP、Traceroute、Telnet 等多种手段自动发现、识别设备。在支持众多国内外设备的基础上,系统还对网络类型有很好的兼容性,可以很好地发现 VPN、VLAN 网络拓扑,并且相比其他国内网管厂商,可以提供拓扑的动态跟踪和更新功能,更加有效地反应网络拓扑现状。系统还支持按照规则识别不同的设备类型(如三层交换机),能够更准确地呈现拓扑。

网络系统管理借鉴国外网络拓扑动态发现和跟踪技术,可以用多种方式获取网络拓扑,准确地展现出网络的当前拓扑情况。运维管理平台显示的网络拓扑如图 4.16 所示。

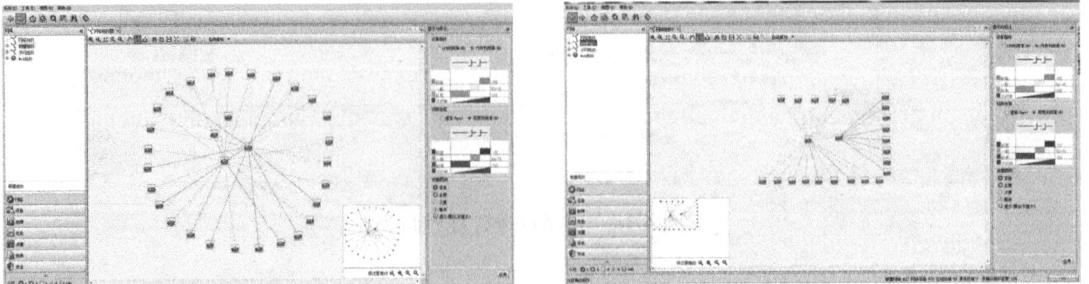

图 4.16　运维管理平台显示的网络拓扑图

3）拓扑显示视图多样

拓扑显示支持物理拓扑、逻辑拓扑、子网拓扑等多种显示方式。

① 网络物理拓扑。反映被管网络实际连接的二层网络拓扑图,方便用户直观掌控网络的实际

连接情况，如图 4.17 所示。

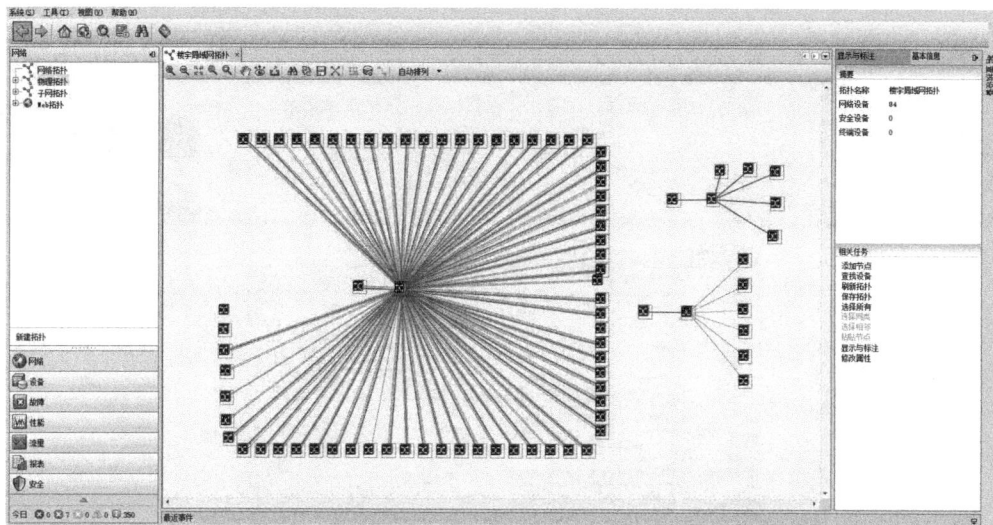

图 4.17 网络物理拓扑图

② 网络逻辑拓扑。反映被管网络各个子网之间的连接关系拓扑图，方便用户从 IP 层逻辑组织网络的管理，如图 4.18 所示。

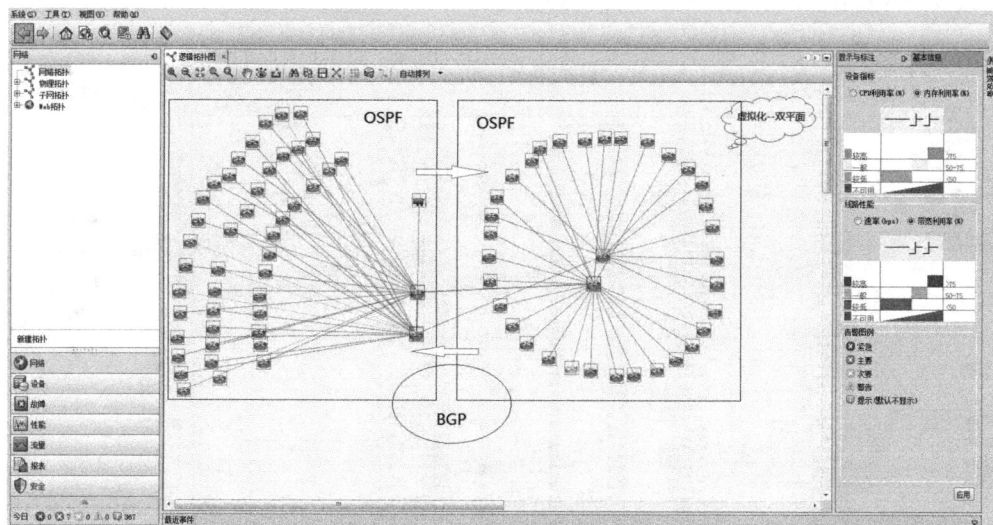

图 4.18 网络逻辑拓扑图

4）全面实时的设备管理

（1）网络设备管理快照。系统支持拓扑的主动刷新功能，可以轻松点击被监控设备进入设备运行监控界面，浏览网络设备状态的 CPU、内存、链路流量等当前运行参数。若设备出现告警事件或阈值告警，则网络拓扑图上相关网络设备节点图标会以不同的颜色显示，提示管理员进行处理。设备管理显示如图 4.19 所示。

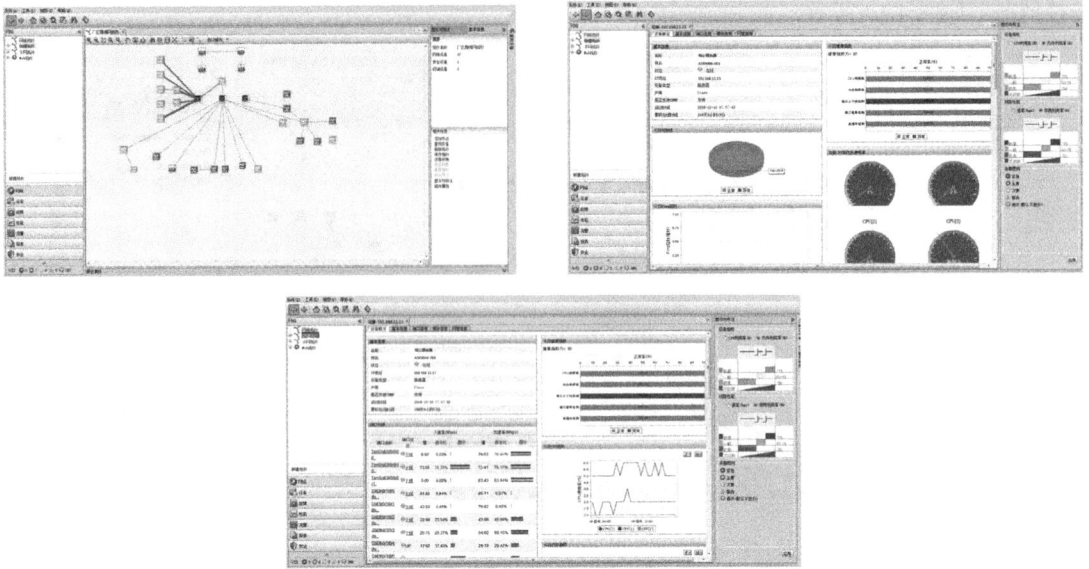

图 4.19　网络设备管理快照图

（2）直观清晰的设备列表。设备管理将系统所发现的所有设备以列表形式展现出来，用户可以方便地查看到设备的名称、类型、IP 地址、MAC 地址。用户既可以查看所有设备，也可以按类型查看或按子网查看。网络设备列表如图 4.20 所示。

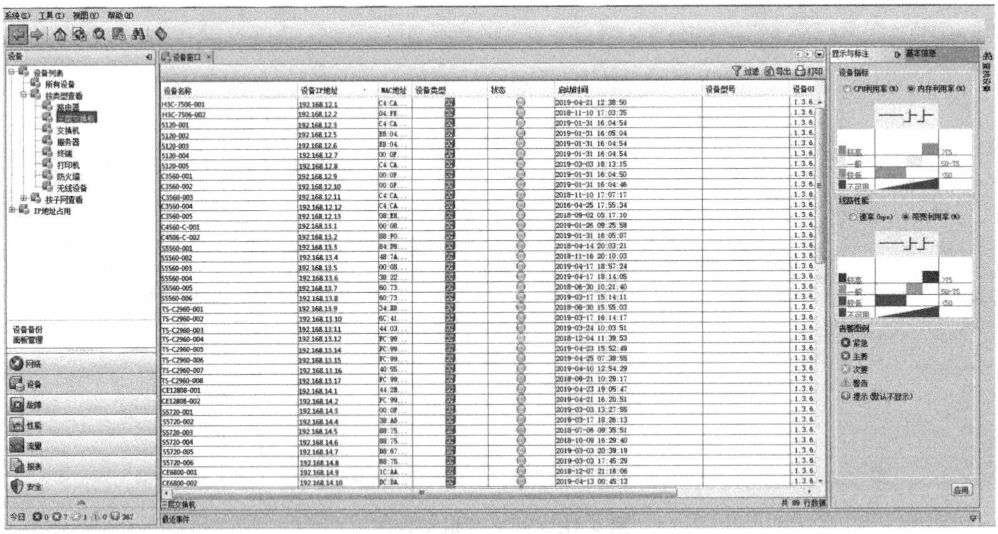

图 4.20　网络设备列表

5）设备配置备份和恢复

网络管理模块集成主流厂商网络设备的配置备份功能，管理员可以设置备份策略，根据管理员配置的策略，系统自动将网络设备的配置信息备份到备份服务器上，减少设备出现故障时进行设备配置恢复的时间。系统还可提供手动备份功能，方便管理员随时备份设备配置。而对于非主流厂商设备，可以通过 TCL 脚本编写交互工具的方式获取相应设备配置备份，从而实现兼容性的扩展。

当配置变更造成网络不稳定时，管理员可以对自动备份或人工保存的设备配置恢复到变更前状态，即选择之前备份好的配置文件进行一键还原，此过程需要设备自动重启完成恢复过程。

6）设备信息分析统计

系统可以帮助用户统计网络设备和终端设备的详细信息，不仅包括设备名称、别名、厂商、型号等基本信息，还包括设备端口的类型、端口号、IP 地址、MAC 地址、端口速率、端口状态、端口绑定的 VLAN 以及对端端口的详细信息，此外还支持 SNMP 设备的端口各类出入栈二层桢传输统计情况，如丢包率、错包率等，如图 4.21、图 4.22 所示。

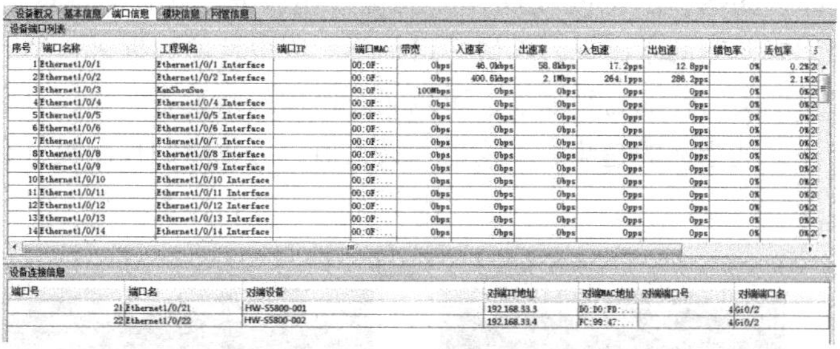

图 4.21　网络设备端口信息图

图 4.22　网络信息图

除上述基本信息和端口信息外，系统还可提供动态的网管信息展现，如端口列表、ARP 表、TCP/UDP 表、转发表、CDP 表、STP 表、设备部件表等，如图 4.23 所示。

图 4.23　网络设备协议信息图

7）网络性能监测

网络系统的健康直接影响到网络的服务质量，因此监测网络性能，及时挖掘性能瓶颈，优化资源性能是网络管理人员的一个重要任务。网络管理模块管理平台提供完善的被管理网络数据采集、分析、统计和报表功能，能够通过 SNMP、ICMP 等采集方式，对网络设备的 CPU、内存、流量等运行性能指标进行轮询采集，并支持对各类采集器进行启停、阈值、告警等修改控制。通过实时采集数据分析，保持对网络性能和设备性能的跟踪和趋势分析。

监测所有网络设备当前运行负荷状况，包括当前 CPU 利用率、当前内存利用率、入流速、出流速、入包速率、出包速率，当网络设备的端口流量、丢包率、错包率、ping 延时和丢包等运行参数超过预设阈值时，能在拓扑图上根据用户定义阈值以醒目颜色显示。同时，系统提供对主机操作系统 CPU、内存和硬盘使用情况的实时监控。此外，系统还提供对典型 Web 服务的可用性监控，如 HTTP/HTTPS、FTP、DNS、DHCP、LDAP 等常见应用服务，并且支持对主机和 Web 服务监控的阈值告警功能。在实时监测的基础上，系统还可提供对历史性能数据进行统计分析功能。

使用网管系统提供的实时性能监视功能，可以实时监控网络设备的端口流量和丢包率等性能指标，并能够方便地给出这些指标的趋势、平均值和最大值，为故障的预测提供有力的分析工具，如图 4.24 所示。

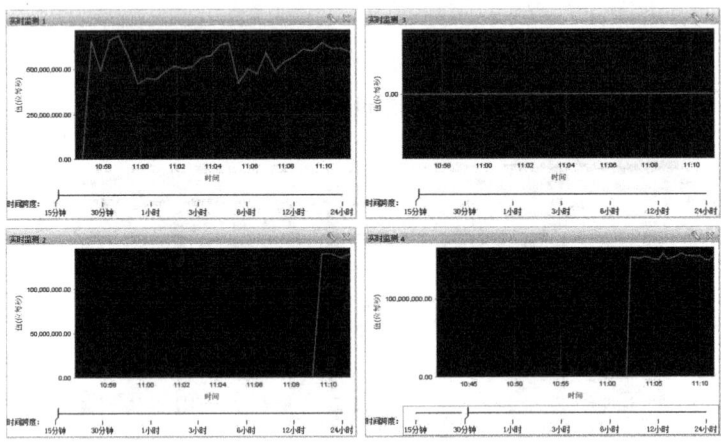

图 4.24 网络设备流量监控图

8）流量分析

传统的各类服务应用所要求的网络资源与今天交互式应用所需资源不可同日而语。多媒体应用，如视频会议和 IP 电话等更需要充足资源的支持以保障可用性。

网络设备通过软件旁路实现对流量的实时分析，当流量数据采集到流量之后，系统会对流量数据进一步分析，提取有效的数据信息，具体的处理过程如下：

① 数据过滤。可以通过地址、端口、协议等条件设置数据过滤器，过滤不需要的干扰数据。

② 流向分析。对数据包包头或者 xFlow 的包信息进行解码，获取数据包的流向信息，用于分析数据的来源和目的地，通过分析矩阵获取每个网络节点的流向情况。

③ 层次分析。系统对数据包进行 1～7 层的划分，用于分析全局的数据流量。

④ 协议分析。系统采用 CSPAE 分析引擎进行协议级别的数据分析。

⑤ TCP/UDP 数据流分析。可以分析大多数常见 TCP/UDP 协议，包括 HTTP、POP3、SMTP、FTP、SNMP、DNS 等常见协议。

⑥ 应用分析。系统会对一些动态协议进行应用级别的 7 层包头分析，从而可以掌握 BitTorrent、eDonkey、MSN 等 P2P 和即时通讯协议的流量情况。

协议分析、网络流量分析如图 4.25、图 4.26 所示。

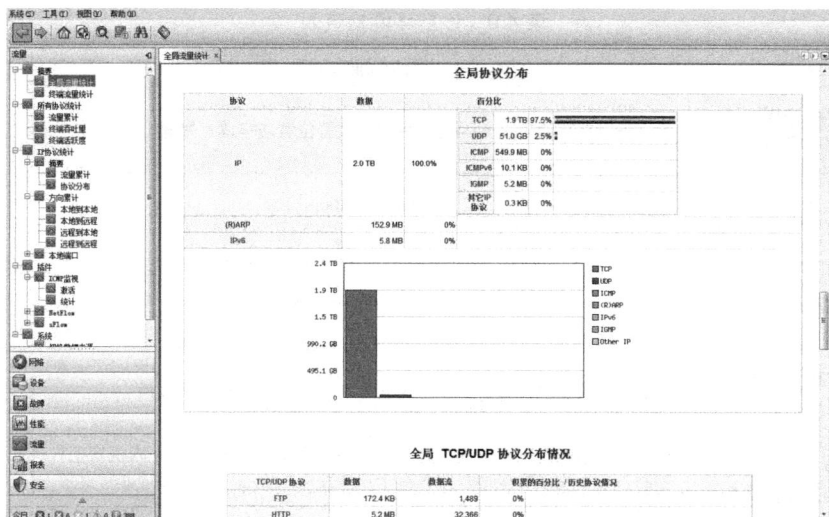

图 4.25 协议分析图

图 4.26 流量分析图

4.3.3 基础设施网络系统的日常运维操作

大型信息系统稳定运行一方面依赖于完备的网络规划，另一方面，通过日常维护和监测发现设备运行隐患也是非常必要的。日常巡检主要包括设备环境检查、设备基本信息检查、设备运行检查及接口内容检查等。

需要对检查情况进行详细记录，针对发现的问题进行分析和处理，并记录相关问题隐患，具体计划参考内容如下。

1. 设备环境检查

设备运行环境正常是保证设备正常运行的前提，设备环境检查项见表4.9。

表 4.9 设备环境检查表

序 号	检查项	评估标准和说明	检查结果
1	设备位置摆放是否合理、牢固	设备应放在通风、干燥的环境中，放置位置应牢固、平整	□合格 □不合格 □不涉及
2	机房温度状况	·工作温度：0℃ ~ 40℃（0m² ~ 1800m²） ·存储温度：-40℃ ~ +70℃	□合格 □不合格 □不涉及
3	机房湿度状况	工作相对湿度：5%RH ~ 95%RH，非凝露	□合格 □不合格 □不涉及
4	机房内空调运行是否正常	空调可持续稳定运行，使机房温度保持在设备可承受范围内	□合格 □不合格 □不涉及
5	接地方式及接地电阻是否符合要求	一般要求机房的工作地、保护地、建筑防雷地分开设置，因机房条件限制，可采用联合接地。尤其对于户外使用的设备，设备接地非常重要，如果未接地容易造成雷击损坏	□合格 □不合格 □不涉及
6	电源连接是否正常可靠	电源线应正确连接到设备的指定位置上，且连接牢固。设备的电源指示灯应绿色常亮	□合格 □不合格 □不涉及
7	供电系统是否正常	要求供电系统运行稳定 ·额定电压范围：100V AC ~ 240V AC；50/60Hz ·最大电压范围：90V AC ~ 290V AC；45Hz ~ 65Hz	□合格 □不合格 □不涉及
8	设备的散热风道是否有异物遮挡	设备周围不得有杂物堆积，两台设备的散热间距建议大于等于1U	□合格 □不合格 □不涉及
9	设备的散热是否正常	设备的电源模块和风扇模块散热风道是否一致；设备的散热风道与机柜的散热风道要一致	□合格 □不合格 □不涉及
10	风扇模块运行是否正常	查看风扇模块的指示灯，正常应绿色慢闪	□合格 □不合格 □不涉及
11	设备运行是否正常	查看设备的SYS指示灯，正常应绿色慢闪	□合格 □不合格 □不涉及

2. 设备基本信息检查

检查设备的基本信息，例如软件版本、补丁信息、系统时间等是否正确，以此检查设备基本运行情况，系统软件等情况，见表 4.10。

表 4.10 设备基本信息检查表

序 号	检查项	检查方法	评估标准	检查结果
1	设备运行的版本	执行查看版本命令	子卡PCB版本号、软件版本号与要求相符	□合格 □不合格 □不涉及
2	检查软件包	执行查看启动配置命令	设备正在使用及下次启动时要加载的产品版本软件和配置文件的文件名正确	□合格 □不合格 □不涉及
3	检查补丁信息	执行查看补丁命令	补丁文件必须与实际要求一致，建议加载最新的补丁文件	□合格 □不合格 □不涉及
4	检查系统时间	执行查看时间命令	时间应与当地实际时间一致（时间差不大于5分钟），便于故障时通过时间精确定位 如果不合格，请执行命令，修改系统时间或者配置NTP同步网络时间	□合格 □不合格 □不涉及
5	检查配置正确性	执行查看配置命令	通过查看当前生效的配置参数，验证设备配置是否正确	□合格 □不合格 □不涉及

3. 设备运行检查

检查设备的运行情况，例如子卡运行状态、设备复位情况、设备温度等是否正常，见表4.11。

表 4.11 设备接口检查表

序 号	检查项	检查方法	评估标准	检查结果
1	风扇状态	执行查看风扇状态命令	"Status"为"Normal"表示正常	□合格 □不合格 □不涉及
2	电源状态	执行查看电源状态命令	"State"为"Supply"表示正常	□合格 □不合格 □不涉及
3	设备温度	执行查看温度命令	"Status"为"Normal"表示正常	□合格 □不合格 □不涉及
4	CPU 状态	执行查看 CPU 使用情况命令	"Status"为"Non-overload"表示正常	□合格 □不合格 □不涉及
5	内存占用率	执行查看内存命令	"Status"为"Non-overload"表示正常	□合格 □不合格 □不涉及

4. 接口内容与设备运行状态检查

（1）检查设备的接口信息，如接口协商模式、接口配置、接口状态等是否正确，见表4.12。

表 4.12 设备接口检查表

序 号	检查项	检查方法	评估标准	检查结果
1	检查接口错包	执行查看接口命令	业务运行时，要检查接口有无错包，包括 CRC 错包等	□合格 □不合格 □不涉及
2	接口协商模式	执行查看协商模式命令	接口协商模式正确，两边接口要一致，不能有半双工模式	□合格 □不合格 □不涉及
3	接口状态	执行查看端口关闭命令	接口的 Up/Down 状态满足规划要求	□合格 □不合格 □不涉及

（2）检查设备的整体运行状态是否正常，见表4.13。

表 4.13 状态检查表

序 号	检查事项	检查内容
1	操作系统运行版本	查看系统运行版本是否有变动
2	系统运行时间	查看系统在线时间是否有异常，是否异常重启
3	设备环境告警	检查设备单板、风扇、电源及平台告警提示是否出现异常
4	系统日志检查	查看系统出现异常日志时间
5	端口运行状态检查	查看主要端口运行状态、端口错误计数器
6	CPU 利用率	检查设备 CPU 利用率
7	内存使用率	检查设备内存利用率
8	路由协议运行情况检查	检查路由协议运行情况

5. 日常运维工作

网络系统日常运维工作要求如下：

（1）监控与维护局域网：例如，设备管理网络、服务器区管理网、数据库心跳管理网、部门内网、部门外网、互联网等，同时为二、三级网提供技术支持。

（2）故障处理：发生网络故障时，要求即时对故障进行排除，按设备服务级别进行具体响应处理，故障处理完成后，提交故障处理维护报告。若涉及设备和配置变更，则需要同时更新相应的网络基础资料，包括网络拓扑图、设备、链路管理表格、配置文件。

（3）日常巡检：每日对维护范围内的网络资源进行巡检，每月一次对网络设备运行状况、网络流量进行分析，并形成详细的运行情况分析报告。对于有隐患、有单点故障的地方，及时和用户沟通，提出解决方案。日常针对网络路由和交换设备的配置资料备份、漏洞检测和修复、定期日志进行检查和分析，以保证整个业务系统的正常运行。

（4）网络链路的监控和维护：连通性、链路流量等。

（5）网络链路状况分析：健壮性、安全性、负载分析等。

（6）提供与网络有关的拓扑图、示意图等相关图文资料的维护修订。

（7）提供网络基础架构技术支持：各部门搭建与用户实际环境一致的上线前环境，在各业务系统部署或故障排查时，提供现场技术指导，提供基础架构升级改造的网络现场技术支持。

4.3.4 基础设施网络系统的故障处理方法

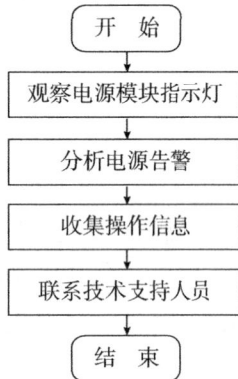

图 4.27 电源故障详细处理流程图

1. 常见故障

针对当前大型信息系统在网时间长、重要设备多、线路复杂等特点，针对下列常见网络故障制定相应的处理方案。

1）设备电源故障

（1）故障定位流程：电源故障详细处理流程如图 4.27 所示。

（2）操作步骤：

① 观察电源模块指示灯状态：电源模块面板指示灯含义可参考相关设备手册，从面板指示灯能大致判断出电源的故障类型。

② 查询并判断电源告警原因：通过命令查询到电源模块存在告警，可按照表 4.14 操作处理。

表 4.14 设备电源告警说明表

电源告警类型	告警说明	建议操作
Communication failed between power and CMU	电源与 CMU 通信故障	更换电源，如果仍存在问题，尝试更换监控板
Fans For Cooling The Power Supply Module Failed	电源内部风扇故障	① 将故障的电源断电 ② 更换电源模块
Power Partial Failure	电源模块内部故障	请联系技术支持人员
Over-input-voltage occurred on the power module	电源模块输入过压	① 检查环境的外部供电是否正常 ② 若仍存在告警，则更换电源模块
Under-input-voltage occurred on the power module	电源模块输入欠压	① 检查环境的外部供电是否正常，不正常则需要修复外部电路 ② 若仍存在告警，请与技术支持人员确认是否更换电源模块
The power module was installed but not powered on	电源模块在位但未上电	① 检查环境的外部供电是否正常 ② 若供电正常，则更换电源模块
Over-output-voltage occurred on the power module	电源模块输出过压	① 检查环境的外部供电是否正常，不正常则需要修复外部电路 ② 若仍存在告警，则更换电源模块

电源告警类型	告警说明	建议操作
The output of the power module failed	电源模块输出故障	① 检查环境的外部供电是否正常，不正常则需要修复外部电路 ② 若仍存在告警，则更换电源模块
The power module supply failed	电源模块供电故障	① 检查电源模块的风扇是否被防尘网堵住无法散热，如果防尘网被堵住则需要清洗防尘网 ② 检查系统以及机房的通风是否正常，如果环境温度较高，则需要改善环境通风 ③ 检查环境的外部供电是否正常，不正常则需要修复外部电路 ④ 若仍存在告警，则更换电源模块
The actual power exceeded the rated power	电源实时功率超过额定功率	① 查看是否使用标准电源，如果不是请执行步骤②，如果是请执行步骤③ ② 更换标准电源 ③ 联系技术支持人员

（3）收集如下信息并反馈给技术支持人员处理：

① 设备底层诊断日志信息。

② 设备电源状态信息。

③ 设备电源系统日志信息。

④ 设备目前监控告警信息。

⑤ 设备监控告警历史信息。

⑥ 设备显示装置信息。

⑦ 电源模块点灯状况。

⑧ 日志文件以及诊断日志文件。

2）风扇模块指示灯红色常亮或红色闪烁

（1）故障现象：风扇模块指示灯红色常亮或红色闪烁。

（2）可能原因：

① 风扇模块没有完全插入风扇槽位。

② 风扇叶被异物卡住或者风扇叶灰尘较多导致堵转。

③ 风扇模块本身故障。

（3）故障处理步骤：

① 查看设备上风扇模块是否插牢，风扇模块支持热插拔，重新拔插一下风扇模块。

② 请拔出风扇模块，查看风扇叶是否被异物卡住或者灰尘较多。如果风扇叶被卡住，请小心取出卡住风扇叶的异物；如果风扇叶灰尘过多，请用毛刷除去风扇叶上的灰尘。

③ 使用相同型号正常工作的风扇模块替换插入该风扇槽位，如果故障消失，说明风扇模块本身有故障，请更换新的风扇模块。

3）风扇噪声大

（1）故障现象：设备运行正常，且无风扇告警，但是风扇噪声大。

（2）可能原因：风扇转速过快。

（3）故障处理步骤：

① 执行命令，查看风扇转速。

② 如果风扇转速过高，执行命令，调整风扇的转速。

③ 如果执行以上步骤后，故障仍未排除，需更换新风扇。

4）设备端口故障

（1）故障现象：设备端口显示关闭，查看接口状态。

（2）常见原因：

① 电缆故障。

② 本端接口和对端接口协商失败。

③ 本端和对端接口双工模式不一致。

（3）故障处理步骤：

① 检查电缆状态。在接口视图下执行命令查看电缆状态，如果显示状态不是"OK"，例如，显示"Open"或"Short"，请更换电缆。

② 检查两端接口的自协商配置。如果对端接口为自协商模式，请在本端接口视图下执行命令"restart"，并重启接口；如果对端接口是非自协商模式，且配置了速率，请在本端接口视图下执行命令，配置接口速率，使其和对端接口速率保持一致。

③ 检查两端接口的双工模式配置。

5）接口丢包故障

（1）故障现象：接口传送报文出现丢包现象。

（2）常见原因：

① 物理连线故障（如网线插头未插紧，接触不良等）。

② 对端发送报文设备传输报文长度过小。

③ 对端发送报文设备传输报文长度过大。

（3）故障处理步骤：执行命令，查看出现故障的接口报文统计信息，以确认丢包类型。

① 如果丢包类型为 crc 错误报文，且报文数量相对于报文统计总数较少，请检查物理连线接头是否松动或物理连线是否有损坏，发现异常请及时拧紧连线接头或更换传输介质（光纤、铜缆、光模块、网线），最后在接口视图下执行命令 restart，重启接口。

② 如果丢包类型为 runts 报文，请检查本端接口接收的报文长度。

· 如果接收报文长度小于 64 字节，请检查对端设备发送的报文长度是否正常。出现对端设备发送报文长度异常时，需要修改对端设备相应配置。

· 如果报文正常（报文长度大于或等于 64 字节），请执行命令"restart"，重启本端设备接口。

③ 如果丢包类型为 giants 报文，请检查本端接口接收的报文长度，并执行相关命令，可查看字段 The Maximum Frame Length，该字段表示接口允许通过的最长帧。比较接收报文长度和 The Maximum Frame Length 字段两者数值大小。

· 如果接收报文长度大于 The Maximum Frame Length 数值，请在接口下执行相关命令，配置接口允许通过的最长帧，使之大于或等于接收报文长度。

· 如果接收的报文长度过大（即报文长度大于命令可配置的最大值），请在对端发送报文的设备上执行"mtu mtu"，减小对端接口的最大传输单元数，使之小于或等于 The Maximum Frame Length 数值。

④ 如果丢包类型为 discard，请检查报文转发接口上是否配置了接口队列的队列整形功能，报文转发出接口速率是否低于流量带宽。

例如，设备出现丢包现象的接口是 10GE1/0/1，该接口接收到报文后，会经过 10GE1/0/2 接口转发出去。如果在 10GE1/0/2 接口配置了指定接口队列的队列整形功能，或者 10GE1/0/2 接口速率低于流量带宽，当 10GE1/0/1 接口接收到报文后，部分报文将无法转发出去，造成报文的丢弃。

· 如果报文转发接口配置了指定接口队列的队列整形功能，用户可执行命令，调整队列整形参数。

·如果报文转发接口速率低于流量带宽，可通过以下几种方式提高接口速率或者增加可使用的带宽：当接口的当前配置或者协商的速率未达到接口可提供的最大速率时，使用命令配置更高的速率；更换更高速率的接口，比如将 GE 接口更换为 10GE 接口；使用链路聚合技术，将多个物理接口捆绑为一个逻辑接口以增加带宽。

6）光模块故障

① 光模块故障一般是收发光衰耗过大，导致对端设备收光偏低而对端设备端口不能 UP，或收光偏低而本端设备端口不能 UP。

② 不是原厂模块，无法正常识别。

7）整机不能正常启动

① 电源线故障，接头没有插紧，或接触不好，造成设备不能通电启动。

② 机房温度过高，设备死机。

③ 进出风口过滤网积累灰尘过多导致设备散热不好。

8）BGP 路由常见故障

（1）BGP 邻居不能正常建立：

① 端口上应用的 ACL 中包含禁止该端口的条目。

② 更新接口被关闭或者 BGP 中未配置策略。

（2）BGP 邻居参数不匹配。输入相关命令，查看 BGP 邻居参数是否相匹配，若不匹配，则对比两者参数，使用相关命令和相同配置。

（3）BGP 路由频繁震荡：

① 链路不稳当，频繁 UP/DOWN，导致 BGP 邻居频繁 UP/DOWN。

② BGP 路由发布的路由网段对应的 IGP 路由频繁 UP/DOWN。

（4）路由走向不对。由 BGP 路由发布有误引起，可能是路由发布的 MED 值设置不对，或者是明细与汇总发布错误。

9）OSPF 路由常见故障

（1）OSPF 邻居建立不正常：

① 端口上应用的 ACL 中包含 deny IP 协议号 89 的条目。

② 区域号（area）不匹配。

（2）OSPF 路由频繁震荡：router-id 冲突，在 OSPF 域中存在多个相同 router-id 的设备。

（3）OSPF 路径走向不对：

① OSPF 域中 COST 值设置不合理。

② OSPF 路由配置不当，导致未优选。

2. 典型故障

针对大型信息系统承载业务重要性、业务恢复时间要求高的特点，需制定应急故障处理预案，便于运维人员在遇到相关故障时能沉着冷静判断，合理有序处理，根据各故障类型，制定一级、二级、三级应急处理预案。

1）一级网故障处理措施

一级网由两台核心路由器作为一、二级边界，上联顶层上行，下联二级网汇聚路由器，双挂在二级网路由器上。

当发现访问一级网业务中断时，解决步骤如下：

（1）到二级网路由器设备查看设备的 CPU、内存使用是否正常；查看 LOG 日志信息是否有记录错误信息。

（2）到二级网路由器设备查看相应端口，查看物理端口和协议是否都是 UP。如果出现端口是 DOWN 的，首先测试链路是否正常，若链路有问题，则立即更换链路。若链路没有问题，而是端口有问题，则立即更换端口，把链路调整到备用端口上去，即可解决问题。

（3）如果物理端口正常，物理端口和协议都 UP，立即 ping 对端设备互联 IP，检查直链是否能够 ping 通，以此判断端口是否有问题。若不通，则需要在设备上拔插一下光纤，看问题是否解决；如果问题继续存在，立即调用备用端口解决问题。

（4）如果直链链路没有问题，并能够 ping 通对端设备互联 IP，则立即检查 BGP 协议是否正常。查看邻居是否建立，若邻居建立，则查看 BGP 路由表是否正常，相关的路由是否存在；若邻居没有建立，则立即检查相关设备的配置，看是否发生改变。如果配置有问题，则立即修改配置，解决问题；如果配置没有问题，则尝试刷新 BGP 进程。如果问题仍不能解决，请立即联系相关维护人员协助排查，同时通知厂家处理。如果邻居正常，查看路由是否正常，是否有上行路由下发，若路由有问题，立即查看引起问题的原因，然后解决问题；若还不能解决，请立即联系厂家处理。

（5）如果核心软件正常，是设备硬件（包括主机、风扇、电源、主控板、业务板）有问题时，应采取以下措施：

① 告知值班人员，向厂家协调备件。

② 进行硬件更换，并查看所更换的硬件是否正常运行。

2）二级网故障处理措施

大型信息系统网络系统中，二级网（城域网）均已实现双设备双链路冗余，二级网两台接入路由器均与总核心两台二级网接入路由器采用口字形的互联方式；各二级网接入路由器间 IGP 协议采用 OSPF，BGP 协议采用 IBGP，与一级网的两台二级网接入路由器采用 EBGP 实现路由冗余，并通过 BGP 的 MED 属性实现业务流量分流（数据用第一台路由器的城域网线路，视频用第二台路由器的城域网线路）。

（1）当发现某一条城域网链路没有流量时的解决步骤如下：

① 登录故障对应的路由器（注：因为是双链路，可通过另一条链路登录），查看设备的 CPU、内存使用是否正常；查看 LOG 日志信息是否有记录错误信息。

② 查看路由器的相应端口，看物理端口和协议是否都是 UP，如出现端口是 DOWN 的，首先确认端口是否有问题，可以通过重新拔插接口或更换端口进行测试；若确认路由器侧端口没有问题，则联系提供链路的运营商，安排人员到现场对传输设备侧进行检查、排障，解决问题。

③ 如果物理端口正常，物理端口和协议都 UP，立即 ping 对端设备互联 IP，检查直链是否能够 ping 通，若不通，则联系提供链路的运营商，安排人员到现场进行链路检查、排障，解决问题。

④ 如果直链链路没有问题，且能够 ping 通对端设备互联 IP，则立即检查 BGP 协议是否正常：查看邻居是否建立，若邻居建立，则查看 BGP 路由表是否正常，相关路由是否存在；若邻居没有建立，则立即检查相关设备的配置，看是否发生改变。如配置有问题，则立即修改配置解决问题；如果配置没有问题，则可以尝试刷新 BGP 进程，若问题还不能解决，需同时通知厂家处理。如邻居正常，则查看路由是否正常，是否有上行路由下发，若路由有问题，立即查看引起问题的原因，解决问题；若还不能解决，要立即联系厂家处理。

⑤ 如果路由器软件正常，是设备硬件（包括主机、风扇、电源、主控板、业务板）有问题时，应采取以下措施：

·向相关人员反馈故障情况，向厂家协调备件。

·进行硬件更换，并查看所更换的硬件是否正常运行。

（2）当发现当地运营商两条城域网链路没有流量时的解决步骤如下：

① 立即打电话到出现故障的运营商，联系当地值班人员，确认机房或路由器、传输设备是否有掉电情况。

② 登录总核心两台路由器，查看相应地市端口，看物理端口和协议是否都是 UP，如出现端口是 DOWN 的，首先确认端口是否有问题，重新拔插接口或更换端口进行测试，若确认路由器侧端口没有问题，联系提供链路的运营商，安排人员到现场对传输设备侧进行检查、排障，解决问题。

③ 如果物理端口正常，物理端口和协议都 UP，立即 ping 对端设备互联 IP，检查直链是否能够 ping 通，若不通，联系提供链路的运营商，安排人员到现场进行链路检查、排障，解决问题。

④ 如果直链链路没有问题，且能够 ping 通对端设备互联 IP，则立即检查 BGP 协议是否正常。查看邻居是否建立，若邻居建立，则查看 BGP 路由表是否正常，相关路由是否存在；若邻居没有建立，则立即检查相关设备的配置，看是否发生改变。如配置有问题，则立即修改配置解决问题。如果配置没有问题，则可以尝试刷新 BGP 进程，如问题还不能解决，需同时通知厂家处理。如邻居正常，则查看路由是否正常，是否有上行路由下发，若路由有问题，立即查看引起问题的原因，解决问题；若还不能解决，请立即联系厂家处理。

⑤ 如果路由器软件正常，是设备硬件（包括主机、风扇、电源、主控板、业务板）有问题时，应采取以下措施：

·及时与相关人员反馈情况，向厂家协调备件。

·进行硬件更换，并查看所更换的硬件是否正常运行。

3）三级网故障处理措施

目前，大型信息系统网络系统三级网均已实现双设备双链路冗余，各三级网的两台二级网接入路由器均与二级网的两台二级网接入路由器采用口字形的互联方式，采用 OSPF 动态路由协议。

当发现某一条链路没有流量时的解决步骤如下：

① 登录故障对应的分、县局路由器（注：因为是双链路，可通过另一条链路登录），查看设备的 CPU、内存使用是否正常；查看 LOG 日志信息是否有记录错误信息。

② 查看路由器的相应端口，看物理端口和协议是否都是 UP，如出现端口是 DOWN 的，首先确认端口是否有问题，可以通过重新拔插接口或更换端口来进行测试，若确认路由器侧端口没有问题，则联系提供链路的运营商，安排人员到现场对传输设备侧进行检查、排障，解决问题。

③ 如果物理端口正常，物理端口和协议都 UP，立即 ping 对端设备互联 IP，检查直链是否能够 ping 通，来确定端口是否有问题。若不通，则联系提供链路的运营商，安排人员到现场进行链路检查、排障，解决问题。

④ 如果直链链路没有问题，且能够 ping 通对端设备互联 IP，则立即检查 OSPF 协议是否正常。查看邻居是否建立，若邻居建立，则查看 OSPF 路由表是否正常，相关的路由是否存在；若邻居没有建立，则立即检查相关设备的配置，看是否发生改变。若配置有问题，立即修改配置解决问题；如果配置没有问题，则可以尝试刷新 OSPF 进程，若问题还不能解决，同时通知厂家处理。如果邻居正常，查看路由是否正常，是否有上行的路由下发，如路由有问题，立即查看引起问题的原因，解决问题。如还不能解决，请立即联系厂家处理。

⑤ 如果三级网路由器软件正常，是设备硬件（包括主机、风扇、电源、主控板、业务板）有问题时，应采取以下措施：

·向相关人员反馈，向厂家协调备件。

·进行硬件更换，并查看所更换的硬件是否正常运行。

4.4　大型信息系统基础设施的服务器

服务器指的是运行在网络基础上的高性能计算机，承载着业务系统的运行和业务数据的集中处理，它侦听网络上其他计算机提交的服务请求，并提供相应的服务。服务器主要分为以下几个级别：入门级服务器、工作组服务器、部门级服务器、企业级服务器，大型信息系统基础设施一般采用部门级服务器和企业级服务器。

1. 入门级服务器

这类服务器是最基础的一类服务器，也是最低档的服务器。一般与普通电脑配置相似，这类服务器所包含的服务器特性并不是很多。主要采用 Windows 或者 NetWare 网络操作系统，可以充分满足办公室型的中小型网络用户文件共享、数据处理、Internet 接入及简单数据库应用的需求。入门级服务器所连的终端比较有限（通常为 20 台左右），并且稳定性、可扩展性以及容错冗余性能较差，仅适用于没有大型数据库数据交换、日常工作网络流量不大，无需长期不间断开机的小型企业。

2. 工作组服务器

工作组服务器是一个比入门级服务器高一个层次的服务器，但仍属于低档服务器。它只能连接一个工作组的用户（50 台左右），网络规模较小，功能较全面，可管理性强，且易于维护。它多数采用 Intel 服务器 CPU 和 Windows/NetWare 网络操作系统，也有一部分采用 UNIX 系列操作系统，可以满足中小型网络用户数据处理、文件共享、Internet 接入及简单数据库应用的需求。

3. 部门级服务器

这类服务器属于中档服务器，一般都是支持双 CPU 以上的对称处理器结构，具备比较完整的硬件配置，如磁盘阵列、存储托架等。部门级服务器可连接 100 个左右的计算机用户，适用于对处理速度和系统可靠性要求高一些的中小型企业网络。它的最大特点就是，除了具有工作组服务器全部特点外，还集成了大量的监测及管理电路，具有全面的服务器管理能力，可监测如温度、电压、风扇、机箱等状态参数，结合标准服务器管理软件，使管理人员可以及时了解服务器的工作状况。同时，大多数部门级服务器具有优良的系统扩展性，使得用户在业务量迅速增大时能够及时在线升级系统，充分保护了用户的投资。它是企业网络中分散的各基层数据采集单位与最高层的数据中心保持顺利连通的必要环节，一般为中型企业的首选，也可用于金融、邮电等行业。

4. 企业级服务器

企业级服务器属于高档服务器，采用 4 个以上 CPU 的对称处理器结构，一般还具有独立的双 PCI 通道和内存扩展板设计，具有高内存带宽、大容量热插拔硬盘和热插拔电源、超强的数据处理能力和群集性能等。企业级服务器适合运行在需要处理大量数据、高处理速度和对可靠性要求极高的金融、证券、交通、邮电、通信或大型企业。它一般用于联网计算机在数百台以上、对处理速度和数据安全要求非常高的大型网络。企业级服务器的硬件配置最高，系统可靠性也最强。

4.4.1　服务器的运行要求

服务器作为基础设施中不可或缺的一项重要设施，其运行要求如下：

① 机房的温度和湿度。温度应保持在 20±5℃，相对湿度应保持在 45% ~ 65%。

② 机房卫生。应保证机房和信息设备的整洁；严禁在机房内使用或存放易燃、易爆、腐蚀性、挥发性物品；机房门外严禁堆放杂物和易燃、易爆物；严禁在机房内吸烟和乱丢烟头，严禁在机房内吃食物或存放食物及个人用品。

③ 所有服务器必须配备 UPS 和应急电池，并且保证无人看守的电力正常供应，严禁在机房内私自配接电器，UPS 应妥善保养，每 3 个月放电一次。

④ 定期检修信息设备和附属设施，检修的项目涉及服务器、交换机、集线器、中继器、路由器、防火墙、配线架、网线、UPS 电源电池等公用网络实体，在出现异常征兆或故障情况下可进行临时检修，临时检修包括检查、分析、确定故障设备或故障部位，并进行应急维修。

⑤ 定期更新服务器安全补丁，升级计算机杀毒软件，并进行杀毒，另外，安装服务器应用软件的同时，需要做好服务器系统和应用软件的安全工作。

⑥ 无特殊情况下，服务器需关闭网络外部接入与打印服务、QoS、终端服务、授权服务、消息列队服务、远程存储、证书服务等其他暂时不用的服务。

⑦ 服务器操作系统需设置安全策略，策略设定后要进行有效性检查，确保有效执行，应禁止匿名 / 默认账户登录或严格限制访问权限。

4.4.2　服务器的运行维护

为保证服务器稳定运行，保障业务系统的顺利运行，相关运维要求如下。

1. 日常巡检

服务器的日常巡检内容见表 4.15。

表 4.15　服务器巡检内容

序　号	巡检监控管理内容
1	CPU 性能管理
2	内存使用情况管理
3	硬盘利用情况管理
4	系统进程管理
5	主机性能管理
6	实时监控主机电源、风扇的使用情况及主机机箱内部温度
7	监控主机硬盘运行状态
8	监控主机网卡、阵列卡等硬件状态
9	监控主机 HA 运行状况
10	主机系统文件系统管理

每月需对服务器系统的运行情况进行汇总，把已解决的问题和不能解决的问题归纳总结，形成运维报告，并录入知识库中。

2. 日常维护

针对平时服务器的日常维护和对运行于服务器上的系统维护见表 4.16、表 4.17。

表 4.16　服务器日常维护内容

序　号	服务器主机维护服务	服务内容描述
1	日常维护	服务器系统的优化、系统数据备份、漏洞检测和修复、定期日志检查和分析
2	硬件故障报修	发生服务器设备的硬件故障后，向保修厂商报修，并跟踪报修进展与结果
3	系统恢复	系统故障诊断和修复
4	主机集群维护	主机集群的安装、优化、系统配置、故障诊断和修复
5	系统技术支持	Linux 系统技术支持、Windows 系统技术支持等服务

表 4.17 服务器系统维护内容

序 号	基础软件维护服务	服务内容描述
1	操作系统维护	负责 Windows、Linux 系统的安装、配置、优化、监测、系统版本升级和补丁安装等服务
2	系统服务维护	负责系统服务（例如 web、dns、ftp、wins、dhcp、samba 等）的安装、配置、监测、优化、备份等非开发性质的工作，并提供协助或技术支持

3. 性能管理和资源监控

性能管理和资源监控是主机系统维护的重要内容，通过性能管理和资源监控可以及时掌握主机系统的运行现状，对主机系统资源作出科学规划。对主机的卷资源、文件系统、内存资源、CPU资源进行监控，可以了解上述资源的利用情况，必要时向用户提出升级扩容计划，保证主机系统拥有充足的资源，能够满足业务系统的运行要求。

（1）卷资源监控。通过对主机系统中卷资源的监控与预测，确定系统中的卷资源是否需要扩展，并且确认系统的卷资源是否会在较短的时间内用完，如果是，则提出书面报告，购买新的硬盘设备以扩展系统卷资源。

（2）文件系统资源监控。通过对主机系统中文件系统资源的监控与预测，确定系统中的文件系统资源是否需要扩展，并且预测系统的文件系统资源是否会在较短的时间内用完，如果是，则对文件系统进行扩展，并记录在案，以备日后参考。

（3）内存资源监控。对内存资源的监视是为了更好地了解内存的使用情况，当系统出现例如比较慢之类的问题时，可以提出有效的解决办法，随着用户业务的增加和用户端的增加，需要对内存的使用提出预测。如果需要扩展内存资源，则提出书面报告，购买新的内存进行扩展。

（4）CPU 资源监控。对 CPU 资源进行监控的目的是为了更好地了解 CPU 的使用情况，当系统出现例如比较慢之类的问题时，可以提出有效的解决办法，随着用户业务的增加和用户端的增加，需要对 CPU 的使用提出预测。如果需要扩展 CPU 资源，则提出书面报告，购买新的 CPU 进行扩展。

（5）异常监控。工程师在现场对系统异常进行监控，以便尽可能早地发现问题或者潜在问题。

4. 协助数据库管理

主机上运行 Oracle 数据库，因此主机系统维护人员和数据库系统维护人员之间的协调互助是非常必要的。这种协调主要表现在以下几个方面：

（1）当数据库维护人员发现数据库出现异常时，主机系统维护人员需提供足够的帮助，共同确定数据库异常的原因，主要是确认该异常是否由主机方面的错误引起，从而尽量在最短的时间内解决问题。

（2）当数据库维护人员发现表空间出现短缺时，主机系统维护人员应该及时为数据库管理员划出裸盘，并修改裸盘属性，以备数据库使用。具体步骤如下：

① 按照数据库管理员要求的大小划出一个逻辑卷。

② 修改该卷卷组的属性。

③ 输出该卷组。

④ 在另外一台计算机输入该卷组。

5. 备 份

服务器岗位工程师除了检查用户主机系统、存储系统对整个操作系统的备份情况外，还要按时定期对系统重要文件进行分别备份，以便在整个系统崩溃时能够尽快恢复相关数据。

（1）操作系统的备份。由于备份软件只能对操作系统的文件进行备份，不能对系统进行灾难备份，建议每月使用操作系统自身的系统进行备份。文件备份策略中，定义备份的内容是小型机上的所有文件，建议系统管理员在每月第一个工作日的晚上手动启动进行一次系统全备份，并确保备份操作正确完成。

（2）数据库数据的备份。备份服务器数据库在备份策略中制定的 policy—oracle 实现备份，由备份软件 NetWorker 或 veritas 调用 rman 脚本执行数据库的在线备份，确保备份正确完成。

（3）数据库归档日志的备份。Oracle 日志记录对 Oracle 数据库所做的所有数据操作，如果对数据库全备份以后的日志都做过备份，当系统出现故障时，就能将 Oracle 数据库的数据恢复到最近的状态，将数据的丢失减到最少。因此，为了实现 Oracle 数据库的准实时备份，必须每日备份 Oracle 日志。根据用户系统每天产生的日志文件，可每天执行多次备份。可通过 veritas 备份软件调用 Oracle 的 rman script 备份，产生 rman 数据库备份的备份日志，查看这些信息可以了解整个备份系统的备份情况。

为了保证数据库的完整恢复，建议日志文件不要放在磁盘阵列。一般数据文件备份、临时文件备份、数据备份等均应注意数据保留周期。

由于大量的历史数据均采用归档性的一次性备份处理，不再进行相应的定期安全自动备份，这就必须要考虑对一次性归档备份数据的安全保护问题。为了减少备份的总数据量和备份时间，我们必须针对当月数据进行安全自动备份，而对历史数据只进行归档性的一次性备份，对重要数据、时间长的数据进行异地保存，并需要复制磁带，防止磁带损坏。

4.4.3 服务器的故障处理

服务器的故障一般包括硬件故障、软件故障、入侵与攻击，以及其他不可预料的未知故障等。下面对硬件故障和软件故障做简要说明。

1. 硬件故障

1）电缆连接

注意计算机及各外设之间连接是否良好，不要无故拔插电缆，如果出现计算机不能识别某个设备的情况，有可能是电缆的接触问题。

2）硬件状态指示灯

如果发现系统工作不正常，可以观察硬件状态指示灯的情况。开机后系统将自动完成自测试、诊断及引导启动代码。检测顺序大致为：高速缓存、中央处理器、总线、内存、I/O 设备，当检测到相关的硬件时，对应的指示灯会亮。

硬盘、软盘、磁带机及光盘驱动器自检时，能从前面板上看到相应的灯亮一下，表明系统已经识别到上述设备。相反，如果某驱动器的自检灯没亮，很可能是该设备有问题。

3）硬盘故障

若出现硬盘无法识别故障，可以从以下几个方面考虑：

（1）重新拔插硬盘电源和数据线缆，注意是否有接触不良的问题。

（2）更换硬盘至原先可正常检测到的槽位，如果仍然检测不到，则可能存在硬盘损坏故障。

（3）若检测到硬盘数量不正确时，首先确定参数是否设置正确，然后再排除问题。

（4）硬盘背板故障。

（5）磁盘控制器可能存在故障。

2. 软件故障

主机系统无法正常操作，命令无法正常执行或者系统频繁报错，都有可能是由操作系统故障引起的。软件故障情况错综复杂，下面列举几个常见案例的故障处理方法。

（1）检查网卡是否能正常工作，可以从网卡是否正常加载、网卡 IP 设置是否正确、系统路由是否设置正确三个方面进行检查确认：

① 检查网卡是否正常加载。通过命令可以判断网卡是否正常加载，如果通过命令可以显示网络接口（eth0、eth1等）的配置信息，表示系统已识别到网卡驱动程序，检测到网络设备，网卡加载正常。

② 检查网卡 IP 设置是否正确。检查网卡的软件设定，比如 IP 是否配置，配置是否正确，确保 IP 的配置和局域网其他计算机配置没有冲突。

③ 检查系统路由表信息设置是否正确。检查系统的路由表设置是否正确，如果一个操作系统有两块网卡，两块网卡设置的 IP 又不在一个网段，则需要特别注意系统路由表的设置。

（2）检查 DNS 是否设定正确，可以从配置文件进行检查确认。

（3）检查服务是否正常打开，可以通过命令或者查看功能面板的方式检测服务是否开启。首先查看服务的端口是否打开，然后通过对端口和服务配置文件的层层检查，最后找到问题根源。

（4）检查访问权限是否打开，可以从本机防火墙、强制访问控制策略两方面入手，进行检查确认。当某些服务不能访问时，一定要检查是否被本机防火墙屏蔽了，可以通过指令查看配置策略。例如，不能访问某台 Linux 服务器提供的 WWW 服务时，通过检查发现系统网络、域名解析都正常，服务也正常启动，通过检查服务器的服务器策略配置发现策略有问题，修改策略，解决问题。

（5）检查局域网主机之间联机是否正常，可以通过 ping 自身 IP、ping 局域网其他主机 IP、ping 网关地址来确认局域网是否连接正常。

通过上面五个步骤的检查，系统自身的问题已经基本排除，接下来需要扩展到主机之外的网络环境。检查网络之间的连通是否存在故障，可以先通过 ping 命令测试局域网主机之间的连通性，然后 ping 网关，检测主机到网关的通信是否正常。

3. 系统无法启动

导致系统无法启动的原因有很多，常见的原因有以下几种：

（1）文件系统配置不当，文件错误或丢失，导致系统错误，无法启动。

（2）非法关机导致文件系统破坏，系统无法正常启动，内核崩溃，从而无法启动。

（3）系统引导程序出现问题，丢失或者损坏，导致系统无法引导启动。

（4）硬件故障，比如主板、电源、硬盘等出现问题，导致系统无法启动。

从这些常见的故障可知，导致系统无法启动的原因主要有两个，硬件原因和操作系统原因。对于硬件出现的问题，只需通过更换硬件设备即可解决；而对于操作系统出现的问题，虽然问题可能千差万别，但是在多数情况下都可以用相对简单的方法来恢复系统。

4. 其他故障的一般解决方案

（1）如果是系统的引导程序出现问题，可以通过光盘引导的方式进入系统修复模式，然后修改对应的引导程序或者重新安装引导程序。

（2）如果系统内核崩溃或者丢失，同样可以先进入光盘系统，然后加载系统，最后重新编译内核。

（3）如果出现了最坏的情况，文件系统破坏严重，同时内核也崩溃，此时重新安装系统反而比较容易。在这种情况下可以通过工具先将系统上有用的数据和文件备份转移到其他设备，然后对整个文件系统进行重新安装。

4.5 大型信息系统基础设施的机房系统

大型信息系统机房主要由布局（结构装修）、供配电系统、空调新排风系统、消防系统、动力环境监控系统、安全防范系统、综合布线系统等部分组成。机房系统组成架构如图 4.28 所示。

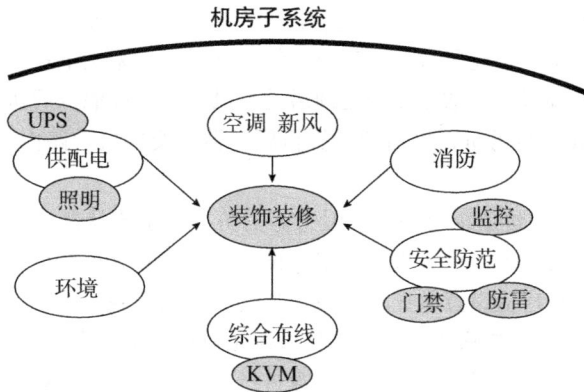

图 4.28 机房系统组成架构图

4.5.1 机房的组成

1. 功能分区

大型信息系统机房的组成应根据系统运行特点及设备运行要求确定,一般宜由主机房、辅助区、支持区和行政管理区等功能区组成。机房面积可根据计算机设备数量或占地面积进行估算。

(1)主机房。主机房是用于电子信息处理、存储、交换和传输设备的安装及运行的建筑空间,包括服务器机房、网络机房、存储机房等功能区域。

主机房面积 = $[5 \sim 7]$ × 设备底面积

(2)辅助区。辅助区是用于电子信息设备和软件的安装、调试、维护、运行监控和管理的场所,包括进线间、测试机房、监控中心、备件库、打印室、维修室等区域。

辅助区面积 = $[0.2 \sim 1]$ × 主机房面积

(3)支持区。支持区是保障完成信息处理过程和必要的技术作业的场所,包括变配电室、柴油发电机房、UPS 室、电池室、空调机房、动力站房、消防设施用房、消防和安防控制室等。

支持区面积 = $[0.2 \sim 1]$ × 主机房面积

(4)行政管理区。行政管理区是用于日常行政管理及用户对托管设备进行管理的场所,包括工作人员办公室、门厅、值班室、更衣间和用户工作室等。

2. 机房子系统的组成

(1)布局。机房在布局结构上应设独立的出入口,当与其他部门共用出入口时,应避免人流、物流交叉;宜设门厅、休息室和值班室。人员出入主机房和基本工作间应更衣换鞋。机房与其他建筑物合建时,应单独设防火分区。计算机房安全出口不应少于两个,并尽可能设于机房两端。机房装修包括地板、吊顶、墙壁装修以及隔断、防火金属门建设。机房装修要体现机房区域的特点,从内部看,要重点体现高科技的工作环境、严谨的科学气氛、简洁大方的装修线条、庄重典雅的装修色彩,以及以人为本的环保装修理念。机房装修要严格按照国家相应的标准规范执行。

(2)供配电系统。根据运行负荷的重要程度确定供电电源等级。机房电气系统包括机房区的动力、照明、监控、通讯、维护等用电系统,按负荷性质分为计算机设备负荷和辅助设备负荷,计算机设备和动力设备应分开供电。供配电系统的组成包括配电柜、动力线缆、线槽及插座、接地防雷、照明箱及灯具、应急灯、照明线管。应独立设置计算机设备专用配电柜和辅助设备配电柜。

雷击一般分为直击雷和感应雷,在机房防雷系统设计中主要避免感应雷,在配电柜进线侧面的三条火线、一条零线分别并联一个过电压保护装置。

（3）空调新排风系统。根据机房环境及设计规范要求，主机房和基本工作间均应设置空气调节系统，其组成包括精密空调、通风管路、新风系统。流送回风采用下送上回、上送下回、上送侧回等方式。新风宜采用经温湿度、洁净度预处理后的新风，与回风混合后送入机房。

机房是热密度高的环境与场所，里面的计算机服务器、交换机、路由器、存储等 IT 类设备，对机房的环境有较高的要求。

（4）消防系统。机房消防系统由烟感、温感等消防报警系统及自动灭火系统组成。根据《数据中心设计规范》（GB50174），计算机主机房应设置气体消防灭火系统。一般工作间、辅助间可采用水消防措施。同时，机房应设置火灾自动报警装置和应急广播。

（5）动力环境监控系统。机房动力环境监控系统是对机房中的空调设备、UPS 设备、配电柜、空调水管有无漏水、机房环境的温湿度等环境参数进行集中监测管理的系统，是机房管理人员实现机房科学管理的重要手段，其组成包括空调系统监控、UPS 系统监控、配电系统监控、漏水监测系统、温湿度监测系统。一套好的机房环境监控系统是机房硬件环境系统建设的有利补充，对保障计算机设备正常运行十分必要。

（6）安全防范系统。机房安全防范系统是保障机房安全的重要措施。它对机房内的重点区域进行实时图像监视和录像，对出入口实施门禁控制管理和考勤管理，对有可能发生入侵的场所实施报警管理。机房安全防范系统由图像监控系统、门禁系统、防盗报警系统等子系统构成。各子系统之间实行一定的联动管理控制，以实现更优化的安全防范控制。

（7）综合布线系统。机房综合布线系统是架构在机房内部的网络高速路，它连接着机房内部的众多网络设备，并支持语音、图像、数据等传输。综合布线系统由水平子系统、垂直子系统、管理子系统、设备间子系统和工作区子系统构成。机房内的综合布线主要为水平布线，但 IDC 机房中也多采用多模光纤作为数据主干。目前的综合布线系统多采用超五类或六类系统，按材质又可分为屏蔽系统和非屏蔽系统。

3. 机房布局

机房布局是整个机房的基础，它主要起着功能区划分的作用，不仅包括一般机房装修所需要的铺设抗静电地板、安装微孔回风吊顶，还包括为放置机架、设备等预留空间等。机房布局主要包括以下两方面：

（1）空间设计：要求做到安全可靠，功能区明确，分布合理，使用方便。

（2）建筑装潢：防水防潮防霉，洁净美观。

机房布局效果如图 4.29 所示。

图 4.29 机房布局效果图

4.5.2 机房设施技术标准及总体要求

1.机房设施技术标准

大型信息系统机房设施各组成部分应按照《数据中心设计规范》（GB 50174-2017）A 级技术标准进行建设，按照《数据中心基础设施施工及验收规范》（GB 50462-2015）进行施工与验收，平时的运维工作参照《计算机场地通用规范》（GB/T 2887）、《计算机场地安全要求》（GB/T 9361）进行。

2.机房设施建设总体要求

大型信息系统机房是整体基础设施运行的载体，是信息化网络系统的数据中心，应为计算机和网络系统的可靠运行提供符合规范的环境条件。在温度、湿度、洁净度、电性能、电磁场强度、防火性、承重能力、防静电能力、抗干扰能力、防漏、防雷、接地等各项指标均应满足设备运行要求。设计和规划应符合国家有关标准、规范、规定，同时参照国际先进规范。

机房系统的整体建设应遵循技术先进、整体规划、布局合理、经济适用、安全可靠、质量优良、降低能耗、可扩展性等原则。

4.5.3 机房供配电系统简介和运维要求

1.UPS（不间断电源系统）简介

UPS（Uninterruptible Power System），即不间断电源，是一种含有储能装置，以逆变器为主要组成部分的恒压恒频的不间断电源。主要用于给单台计算机、计算机网络系统或其他电力电子设备提供不间断的电力供应。当市电输入正常时，UPS 将市电稳压后供应给负载使用，此时的 UPS 就是一台交流市电稳压器，同时它还向机内电池充电；

当市电中断（事故停电）时，UPS 立即将机内电池的电能，通过逆变转换的方法向负载继续供应 220V 交流电，使负载维持正常工作，并保护负载软件、硬件不损坏。UPS 设备通常对电压过大和电压太低都提供保护。

随着计算机信息系统的广泛普及，对供电质量提出了越来越高的要求，由此在机房中安装 UPS（不间断电源）供电系统变得越来越普遍，对于大型信息系统来说更是必不可少。一个设计良好的 UPS 供电系统能给负载提供优质电源，对机房的安全性、可靠性和可管理性起了很大作用。UPS 实体如图 4.30 所示。

图 4.30　UPS 实体图

2.UPS 系统运行维护

1）UPS 的日常巡检

（1）检查卫生环境、温湿度状况。

（2）检查 UPS 运行状态，记录各种运行数据，包括电压、电流、频率、功率、带载率等。

（3）观察 UPS 风扇有无异响，运行是否正常。

（4）观察 UPS 主机内部有无异响、震动。

（5）观察 UPS 输入、输出柜各进出线开关状态（检查项同普通开关柜）。

（6）观察电池外观有无明显鼓胀、渗液或开裂。

（7）日常巡检工作由值班人员进行，巡检状况均记录在《日常巡检记录表中》。

2）巡检频次

巡检频次为每日一次。

3）UPS 设备在不同周期的维护内容

（1）季度维护（主要进行放电测试）：

① 除进行月维护的项目外，还应对 UPS 的电池进行放电。

② 电池组应放电至额定容量的 60%～70%，并记录放电后再次充满时的后备时间。

③ 不可同时对相同负荷的两路 UPS 进行放电，且放电测试间隔应大于 48 小时。

④ 对 UPS 设备进行整体除尘。

⑤ 巡检工程师填写《UPS 系统维护记录》。

（2）年检维护（主要进行电气部件紧固操作）：

① 除进行 UPS 季度检的项目之外，还应对整体 UPS 设备进行紧固操作。

② 联系 UPS 厂家对 UPS 的内部参数进行校对，对内部器件进行检查测试。

③ 年检操作必须关机进行，关机后应对 UPS 内部进行放电操作。

④ 由于旁路仍有部分带电，应对带电部分作出明显标记，以警示维护人员。

⑤ 巡检负责人填写《UPS 系统维护记录》。

4）各组成部分维护内容

（1）供配电：

① 输入输出配电柜及线缆：测量输入输出开关、线缆载流量的实际值和 UPS 显示值的区别。查看线缆外观有无破损，线缆交叉的情况，连接点的温度是否正常。

② 查看线缆是否存在局部过热，通风是否良好。

（2）UPS 主机。每三个月对 UPS 主机进行一次保养维护检查，内容如下：

① 外观检查：面板显示、按健、指示灯、风扇运行是否正常。

② 设备内部电感、电解电容和功率线的外观检查。

③ 设备内部各功率部件及电路板信号线的物理连接检查。

④ 检查模块、电路板、轨导、连接端子的键是否出现氧化。

⑤ 检查设备清洁程度，特别是设备内部的积尘及其他物质。

⑥ 设备绝缘检查。

⑦ 设备运行环境检查：设备通风及散热是否良好、环境温度、设备有无水患可能。

⑧ UPS 运行参数检查：整流器、逆变器、静态旁路、负载运行参数是否正常，检测值与实际测量值是否有偏差（不超过 5%）。

⑨ 检查所有电源保险丝、隔离开关的完好程度及是否安装牢固。

⑩ 每季度定期检测 UPS 输入线电压、输入频率、输入电流谐波成分、输入功率因数、效率、输出相电压、输出频率、输出火线 - 零线波形、蓄电池充电电流等参数，应符合相关国家要求。

对每台 UPS 电池组进行不低于电池容量 50% 的放电测试，并对每台 UPS 电池组的电池内阻进行检测，查看直流熔断器和蓄电池连接条的压降或温升是否有异常变化。

每年定期用真空吸尘器清扫 UPS 主机内的各部件或用提供低压空气流吹风机清除外来的残渣和灰尘。

对 UPS 主机风扇定期进行逐步更换，每年更换量不少于总量的 20%。运行 5 年以后逐步更换滤波电容。定期巡检尽量以观察、测量为主，减少停机。

（3）蓄电池维护。

① 电池目检项目：

·电池外观检查：外观是否变形、渗漏，安全阀周围有无液体。

·电池端柱是否有腐蚀、爬酸现象或有过热痕迹；电池槽和盖是否损坏。

·电池绝缘检查，当电池达到使用年限时，提前通知用户。

·电池电压测量：检查充电电压是否和电池数量相匹配。

·电池端子连接是否稳固，视情况进行电池表灰尘处理。

② 仪器测量：

·测量和记录电池系统的直流浮充电压，此时也可选择测量和记录交流纹波电压。

·测量每一个电池端柱与接地间的直流电压，以发现不正常的接地，测量和记录取样电池的温度、每个电池的浮充电压以及系统均衡充电电压。

③ UPS 主机内部进行电池自检。UPS 主机满足以下条件时方可进行电池自检：

·电池接触器闭合。

·电池处于浮充状态；整流、逆变通讯正常。

·电池状态正常；整流器工作正常。

·市电电压正常。

·逆变器正常供电。

·负载功率大于指定的电池曲线设定的电池自检功率。

·UPS 不处于联合供电状态。

如果在自检过程中，出现上述条件任意一条不满足，系统将退出自检，转入均充状态；按"停止手动自检"可以中止自检过程，电池转入均充状态；待电池自检全部结束后也转入均充状态。

3. 配电系统简介

配电系统主要对设备进行供电，包含 UPS 配电柜、各机房内的机柜列头柜、机柜 PDU 供电系统、配电箱以及其他部分，是机房的重要组成部分。

将电力系统中从降压配电变电站（高压配电变电站）出口到用户端的这一段系统称为配电系统。配电系统是由多种配电设备（或元件）和配电设施所组成的变换电压和直接向终端用户分配电能的一个电力网络系统。供配电柜实体图如图 4.31 所示。

图 4.31　供配电柜实体图

4. 配电系统运行维护

1）机房的 UPS 配电柜、各机房内的机柜列头柜

（1）每日巡检工作：

① 各柜内是否有虫鼠活动的痕迹，如有则进行诱杀。

② 各配电柜指示灯标志是否清晰，灯具是否正常工作。

③ 检查各配电柜液晶显示屏显示是否正常。

④ 如发现故障或隐患，现场能够处理就现场解决，否则将故障隐患上报。

（2）每月一次巡检各配电柜液晶显示屏、每根电缆的接头是否连接牢固，是否存在锈蚀现象，用红外感温仪检查每根电缆接头是否存在过热现象。

（3）每月一次巡检电缆外皮是否存在破损情况，如发现故障或隐患，现场能够处理就现场解决，否则将故障隐患上报。

（4）每季度一次模拟断电演练，检查配电屏是否正常报警，演练结束后是否能自动结束报警。

（5）运维服务内容：

① 配电柜带电清洗维护。

② 检查部分触点、接线柱等有无氧化锈蚀。

③ 用手触摸设备外壳，感觉温度是否异常。

④ 设备内部有无异常声音。

⑤ 清理绝缘子表面沉积物质等。

⑥ 接线柱加固，标签更换。

⑦ 测试输入输出频率、电流电压等。

2）机柜 PDU 供电系统

（1）每月两次现场巡检，主要检查各机柜承重架是否存在变形现象，机柜安装是否牢固，是否存在摇晃现象，检查各机柜安装承板是否安装牢固，如不牢固应及时进行加固。

（2）每月两次现场带电检查 PDU，主要检查接线柱线缆接口是否连接牢固，是否存在锈蚀现象，并检测每个机柜 PDU 的电压、电流等数据，防止 PDU 过载工作，并用手触摸 PDU 外壳，检查是否存在过热现象。如发现故障或隐患，现场能够处理就现场解决，否则将故障隐患上报。

（3）提供每年四次设备外壳除尘服务。

（4）运维服务内容：

① 检查电缆接头有无发热变色，接地线有无锈蚀（焊接点是否正常）。

② 检查电源的主回路电压是否正常。

③ 检查端子排是否损伤，导体是否歪斜，导线外层是否破损。

3）配电箱

（1）每日巡检：

① 各柜内是否有虫鼠活动的痕迹，如有则进行诱杀。

② 各配电柜指示灯标志是否清晰，灯具是否正常工作。

③ 如发现故障或隐患，现场能够处理就现场解决，否则将故障隐患上报。

④ 每月一次巡检各配电柜每根电缆的接头是否连接牢固，是否存在锈蚀现象，用红外感温仪检查每根电缆接头是否存在过热现象。

⑤ 每月一次巡检电缆外皮是否存在破损情况，如发现故障或隐患，现场能够处理就现场解决，否则将故障隐患上报。

⑥ 每季度一次模拟断电演练，检查配电屏是否正常报警，演练结束后是否能自动结束报警。

（2）运维服务内容：

① 配电柜带电清洗维护。

② 检查部分触点、接线柱等有无氧化锈蚀。

③ 用手触摸设备外壳，感觉温度是否异常。

④ 设备内部有无异常声音。

⑤ 清理绝缘子表面沉积物质等。

⑥ 接线柱加固，标签更换。

⑦ 测试输入输出频率、电流电压等。

4.5.4　机房安全防范系统简介和运维要求

机房安全防范系统主要监控机房整体运行环境，实时监控机房状态，保障机房运行环境的安全，主要包含视频监控系统、门禁系统、红外防盗系统。

1. 视频监控系统

视频监控系统主要实现对机房内视频监控的统一管理。视频监控系统由摄像头、硬盘录像机、交换机组成，其系统架构如图 4.32 所示。

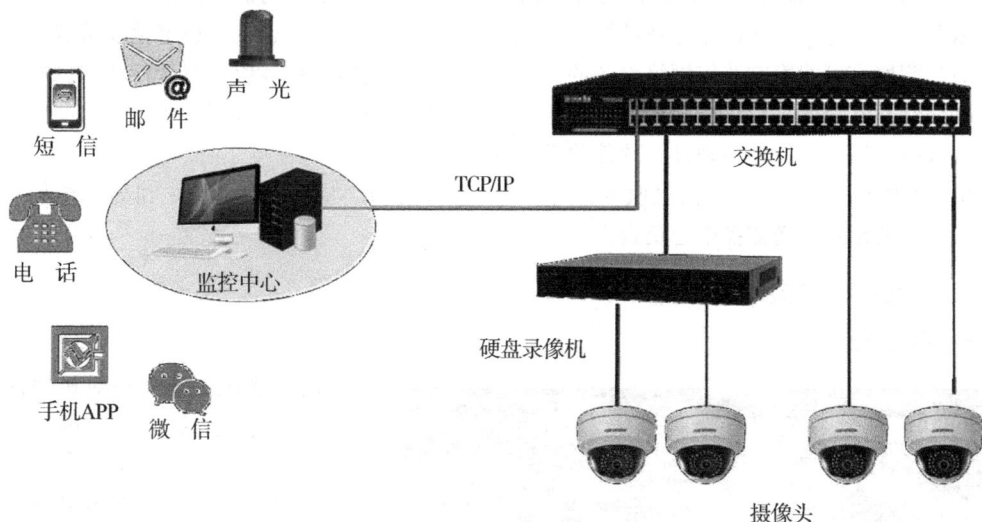

图 4.32　机房视频监控系统架构图

机房视频监控的实现方式如下：在机房出入口等重要区域安装网络摄像头，经交换机通过 IP 网络传输图像数据至监控中心统一管理，或者在前端用硬盘录像机采集网络摄像头的图像数据，再通过 IP 网络传输到监控中心进行统一管理。

机房视频监控系统直观实体布局如图 4.33 所示。

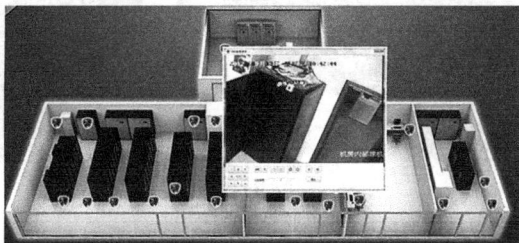

图 4.33　机房视频监控系统实体布局图

视频监控系统运行维护流程：

（1）每季度一次设备除尘、清理，扫净监控设备上的尘土，对摄像机、防护罩、门禁、监控采集模块等部件要卸下彻底吹风除尘，之后用无水酒精棉将各部件擦干净，调整摄像头清晰度，防止由于机器运转、静电等因素将尘土吸入监控设备机体内，确保机器正常运行。同时检查监控机房通风、散热、净尘、供电等设施。室外温度应在 -20℃ ~ +60℃，相对湿度应在 10% ~ 100%；室内温度应控制在＋5℃ ~ ＋35℃，相对湿度应控制在 10% ~ 80%，给机房监控设备提供一个良好的运行环境。

（2）根据监控系统各部分设备的使用说明，每月检测其各项技术参数和监控系统传输线路质量，处理故障隐患，协助监控主管设定使用级别等各种数据，确保各部分设备各项功能良好，能够正常运行。

（3）对容易老化的监控设备部件每月进行一次全面检查，一旦发现老化现象应及时更换、维修，如视频头、采集模块等。

（4）对易吸尘部分，每季度定期清理一次，如监视器、漏水检测主机、门禁主机等暴露在空气中的设备，由于屏幕的静电作用，会有许多灰尘被吸附在监视器表面，影响画面的清晰度，要定期擦拭监视器，校对监视器的颜色和亮度。

（5）对长时间工作的监控设备，每月定期维护一次，如硬盘录像机长时间工作会产生较多的热量，一旦其电风扇有故障，则会影响散热，使得硬盘录像机工作异常。

（6）对监控系统和设备的运行情况进行监控，分析运行情况，及时发现并排除故障。如网络设备、服务器系统、监控终端及各种终端外设。桌面系统的运行检查、网络及桌面系统的病毒防御。

（7）每月定期对监控系统和设备进行优化，合理安排监控中心的监控网络需求，如带宽、IP地址等限制。提供每月一次的监控系统网络性能检测，包括网络的连通性、稳定性及带宽的利用率等；实时检测所有可能影响监控网络设备的外来网络攻击，实时监控各服务器运行状态、流量及入侵监控等，对异常情况进行核查并处理。根据用户需求进行监控网络的规划、优化；协助处理服务器软硬件故障，以及进行相关硬件、软件的拆装等。

（8）提供每月一次的定期信息服务，每月第一个工作日，应将上月抢修、维修、维护、保养记录表以文档的形式报送监控中心负责人。

2．门禁及红外防盗系统

1）门禁系统

图 4.34　机房系统门禁效果图

门禁系统主要实现对机房内重要门的有效监视，并管理门的开启与关闭，保证授权人员自由出入，限制未授权人员的进入，对暴力强行侵入的行为及其他异常情况予以报警；同时对进入人员代码、出入时间、出入门号码进行登记存储与管理，以实现对出入事件或人员的有效检索，最终目的是保证防护区域内的安全，实现智能化管理。机房系统门禁效果如图 4.34所示。

门禁系统由读卡器（指纹机）、控制器、磁力锁、感应卡等几部分组成，系统实现拓扑如图 4.35 所示。

本系统由网络 IC 卡控制器、外接感应卡读卡器（指纹机）、电锁等构成，具体实现方式如下：通过将外接在门上的电锁、门磁以及墙上的出门按钮、读卡器分别接入网络 IC 卡控制器的对应接口，再由网络 IC 卡控制器采用 TCP/IP 协议与监控中心进行通信。

网络 IC 卡控制器接受读卡器由现场总线发送过来的刷卡数据，网络连通时采用 TCP/IP 协议

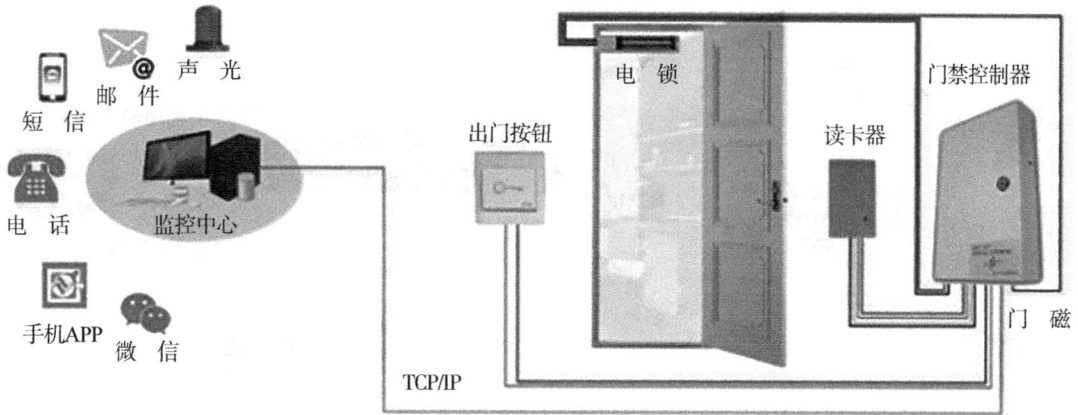

图 4.35 机房门禁系统拓扑图

发送至监控中心，认证持卡人身份、可通行区域以及时间后，将是否开门的信号回传给监控主机，最后控制电锁开闭。网络中断时，也可由监控主机内部储存的卡资料来判断持卡人是否能够在网络中断时进入机房。实时完成刷卡、认证、控制开门等一系列动作，完成机房维护人员的分片分区分时段管理，并能完成机房巡检时间查询，综合管理门禁安全。外接的门磁还能判断是否未刷卡开门（非法入侵），可对任何非法进入机房的行为第一时间通过控制器发送到监控中心并发出声音报警、短信报警或 E-mail 报警等。

机房门禁系统直观的实体布局如图 4.36 所示。

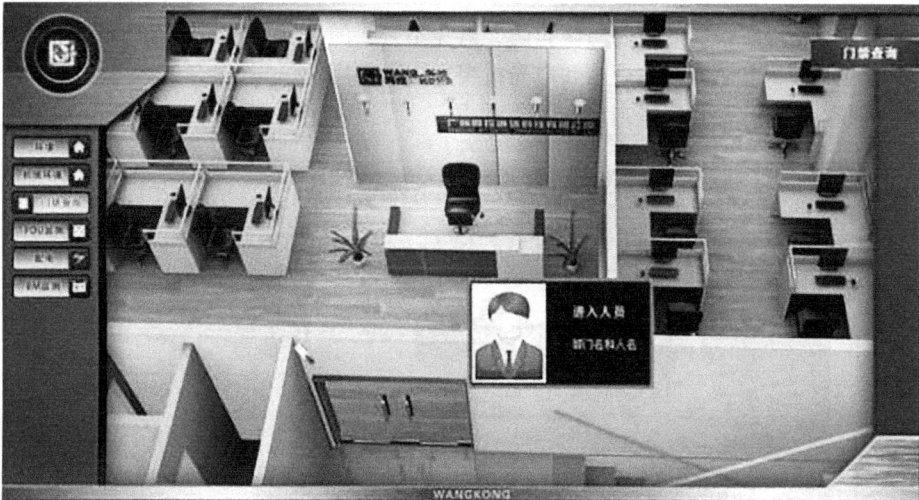

图 4.36 机房门禁系统实体布局图

2）红外防盗系统

红外防盗监测主要实现对进出机房的人员情况进行监测。红外防盗监测由通用输入模块、嵌入式监控主机、红外传感器、布撤防键盘组成，其系统拓扑如图 4.37 所示。

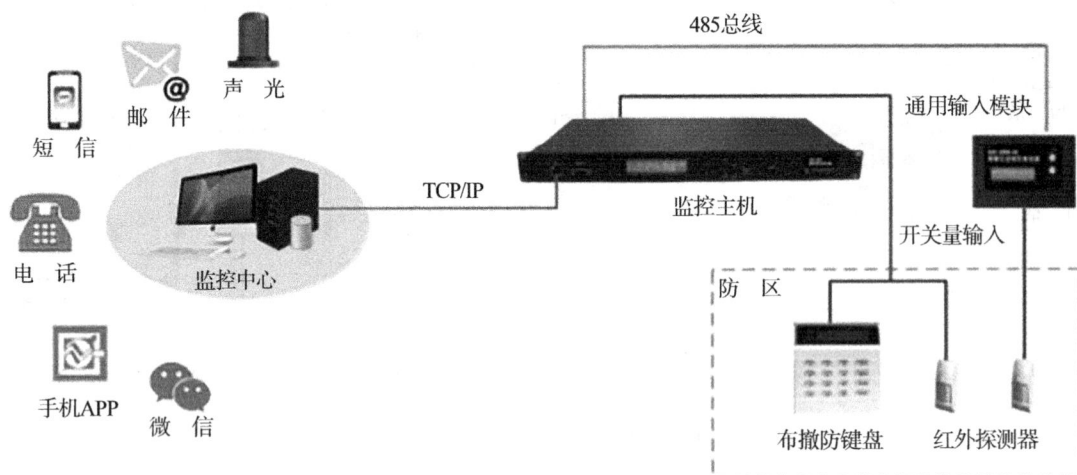

图 4.37 机房红外防盗系统拓扑图

本监控由通用输入模块、红外传感器、布撤防键盘和监控主机构成，具体的实现方式如下：在机房门窗合适位置（如门的斜对面）安装红外传感器，并接入监控主机开关量输入接口，或者接入通用输入模块后经 RS485 总线和监控主机连接。当红外监测到有人移动，系统马上告警，并通过图形、电话语音、短信和声光报警方式通知用户。

另外也可以通过配置布撤防键盘设置防区，通过监控中心管理红外防盗，在工作人员进入时，输入密码撤防，所有工作人员撤出时防区布防，避免不必要的报警。若非法人员闯入，系统马上产生告警，并通过图形、电话语音、短信和声光报警方式通知用户。

机房红外防盗系统的直观实体布局如图 4.38 所示。

图 4.38 机房红外防盗系统实体布局图

3. 安全防范系统运行维护

1）定期巡检服务

对机房监控与报警、门禁系统、楼宇入侵报警监控系统、楼宇出入口控制系统、停车场管理系统、楼宇视频安防监控系统、智能通道闸（道闸门）等安防系统管理软件前端设备的在线情况进行巡检记录：

（1）每日登录安防系统对前端设备进行巡检，如发现故障或隐患，现场能够处理就现场解决，否则将故障隐患上报。

（2）每月一次对安防系统的数据、配置进行备份。

（3）每月两次现场设备巡检，主要检查前端设备是否安装牢固，并对线缆进行连通性检查，如发现故障或隐患，现场能够处理就现场解决，否则将故障隐患上报。

（4）每季度两次对前端设备进行功能性测试，并出具检测报告。

（5）对主要核心设备，如监控视频存储情况定期进行录像查询、回放等功能测试。保障视频录像质量。定期对服务器相关数据进行备份（如门禁、消费系统、停车场管理系统等）。

（6）每季度进行一次设备除尘、清理工作，例如，扫净监控设备上的尘土，清洁视频监控存储阵列的灰尘，清洁核心设备服务器和存储阵列散热风扇的尘土，确保机器能够正常运行。

（7）对视频监控系统设备的运行情况进行监控，分析运行情况，及时发现并排除故障，半年向用户提交一份系统运行状态和维保记录。

（8）根据采购方的安防系统，对经常出现的情况或者有可能出现故障的地方及时提出日常维护和日常使用建议。

2）例行维护服务

（1）每季度进行一次设备除尘、清理工作，例如，扫净监控设备上的尘土，清洁视频监控存储阵列的灰尘，清洁核心设备服务器和存储阵列散热风扇的尘土，确保机器能够正常运行。前端摄像机采用自清洁雨刮方式对镜头进行简易清洁。

（2）定期对门禁读卡器进行巡检，发现故障问题立即处理。

（3）定期对消费系统服务器数据进行备份和垃圾清理，对消费管理系统进行电脑病毒查杀服务升级等。

（4）对易吸尘设备每季度定期清理一次。例如，监视器暴露在空气中，由于屏幕的静电作用，会有许多灰尘被吸附在监视器表面，影响画面的清晰度，要定期擦拭监视器，校对监视器的颜色及亮度。

4.5.5　机房综合布线系统简介和运维要求

1. 综合布线系统简介

综合布线系统是为了顺应发展需求而特别设计的一套布线系统。对于现代化机房来说，就如同人体内的神经，它采用一系列高质量的标准材料，以模块化的组合方式，把语音、数据、图像和部分控制信号系统用统一的传输媒介进行综合，并经过统一的规划设计，综合在一套标准的布线系统中，因此选择一套高品质的综合布线系统是至关重要的。

综合布线系统既使内部语音和数据通信设备、交换设备及其他信息管理系统彼此相连，又使这些设备与外界通信网络相连接。综合布线系统是智能化建设数字化信息系统的基础设施，是将所有语音、数据等系统进行统一规划设计的结构化布线系统，为办公提供信息化、智能化的物质介质，支持将来语音、数据、图文、多媒体等综合应用。综合布线效果如图4.39所示。

2. 综合布线系统运行维护

（1）每年四次清除机柜内外综合布线系统上的灰尘。

（2）每月两次检查综合布线桥架的平整度，如果发生变形、支架螺丝脱落等与安装图纸不相符合的情况，应立即修复。检查各配线架耦合器是否安装牢固，配线架线缆接口是否有杂物，主干光缆在可视范围内是否存在破损情况，线缆模块是否插入牢固，光纤跳线是否存在弯曲半径过大的情况，如弯曲半径过大，则可能发生光纤纤芯断裂的情况。如发现故障或隐患，现场能够处理就现场解决，否则将故障隐患上报。

图 4.39 综合布线效果图

（3）每月两次整理布线，发现线路凌乱，标签不明的情况应及时进行整改。检查机房内双绞线上、面板上、配线架、跳线上的标签，将脱落的标签补全，将粘连不牢的标签固定好，更换损伤的标签。

（4）每季度两次使用性能测试仪对未使用的信道进行抽检，测试方法为永久链路测试和所用跳线的性能测试，并出具测试报告。

（5）随时根据要求进行线缆调整。

4.5.6 机房消防系统简介和运维要求

1. 机房消防系统简介

机房消防系统是整体机房安全运行的盾牌。从对火警的探测系统来看，它应具有温感、烟感探测器；对于灭火系统来说，大型机房采用的是管网式气体灭火系统，这就要求在整体机房的设计和施工中，必须规划钢瓶空间和管道，从而实现全方位报警和分区灭火，最大限度地提高对抗火灾的防范能力，可以与消防公司联合完成。机房消防报警和控制系统如图 4.40 所示。

机房灭火系统禁止采用水、泡沫及粉末灭火剂，适宜采用气体灭火系统，目前采用最多的是七氟丙烷灭火系统，可分为管网式与预制式。

管网式七氟丙烷灭火系统主要部件包括储存灭火剂容器、储存启动气体容器、容器阀、单向阀、连接管、安全泄压阀、选择阀、信号反馈装置、集流管、电磁阀、压力显示器、管路和喷嘴。

2. 机房消防系统运行维护

1）管网系统的检查和保养

每月对气体管网进行巡检，查看管网表面油漆有无脱落、锈蚀，支架是否松动，喷嘴处有无杂物堵塞，周围是否有遮挡物挡住喷嘴。

2）控制系统的检查和保养

（1）每月巡检探测器、手动报警按钮和警铃的外观以及其工作状况。

（2）每月巡检火灾自动报警控制器、显示器的功能。

（3）每月对报警控制器、各消防控制线路接线箱进行清洁保养。

（4）每半年对报警控制器、各消防控制线路接线箱内的电气元件进行清洁保养。清洁有关继电器的触点并清除氧化物。

（5）每半年对备用电源进行 1～2 次充放电试验，以及主、备电源切换试验。检查内容包括消防报警主机。

（6）每月对部分探测器进行清洗，并对各回路探测器选取一部分进行驱动检测（联动功能、报警功能与信号反馈功能）。

（7）每月选取部分探测器进行模拟烟雾试验，检查其联动功能。

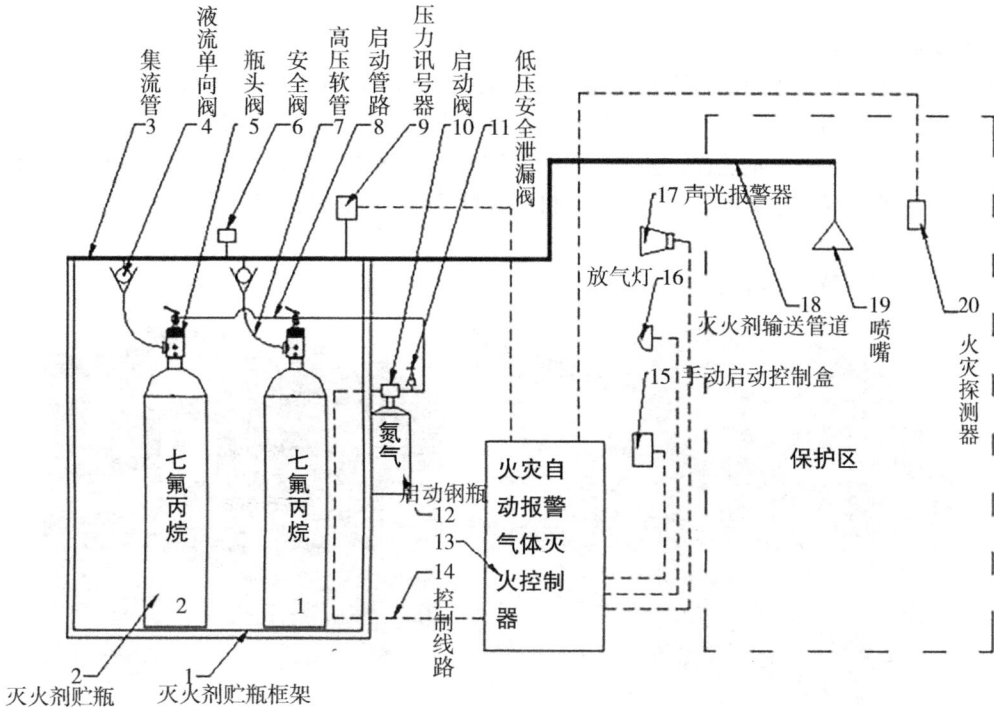

图 4.40　消防报警和控制系统图

3）储存装置的检查和保养

（1）对选择阀、气流单向阀、高压软管、电磁阀驱动装置等全部组件进行外观检查，观察有无碰撞或损坏变形，表面是否锈蚀。

（2）对气瓶间进行清扫，对瓶组进行清洁保养，检查照明灯，确认应急照明是否正常工作。

（3）每日检查灭火剂储瓶压力是否在正常区域，有无泄漏。

（4）每月检查启动钢瓶电磁装置是否正常，检查驱动瓶压力是否正常，有无泄漏。

（5）检查驱动管路有无脱落，对发生的故障问题及时处理。

（6）每月对系统的检查记录和调试记录进行整理存档。

4.5.7　机房空调系统简介和运维要求

1. 机房空调系统简介

机房空调系统主要包括恒温恒湿空调系统、新排风系统和防尘系统。为了确保设备的可靠运行，要求机房保持一定的温度和湿度，同时机房需要补充新风，形成外部循环。此外，还必须控制整个机房里尘埃的数量，使之达到一定的净化要求。机房空调系统如图4.41所示。

图 4.41　机房空调系统图

机房专用空调设备制冷系统形式多样，可以根据工程项目的特点选用不同的制冷系统。机房专用空调机组制冷系统的主要冷却形式有风冷式、水冷或乙二醇水冷式、冷冻水式、双冷源系统等，制冷量是风冷型单机 5.5 ~ 200kW，水冷型单机 5.5 ~ 200kW。一般而言，在选择冷源形式时，需要参考的内容包括系统投资、系统效能、运营和维护成本，以及所在地气候条件等。

2. 冷通道系统简介

目前，信息系统机房机柜的布置大多采用冷热通道分离设计。这样设计的好处是大体区分了冷热风，比冷热通道交错设计的制冷效果更佳。但是由于冷热通道没有完全封闭，冷风和热风还是会在机柜列的末端或者顶部大量混合，这样会导致两个问题：机柜进风温度升高、空调回风温度降低。机柜进风温度升高将导致空调冷量白白浪费，机柜散热受到影响；空调回风温度降低将导致空调效率降低。

解决这两个问题最简单有效的办法就是采用封闭冷通道方案，如图 4.42 所示。

图 4.42　冷通道系统示意图

机房精密空调是针对现代电子设备机房设计的专用空调，它的工作精度和可靠性较高。

3. 机房空调系统运行维护

1）日常巡检内容。

（1）查看设备机房内的回风温度、湿度。

（2）查看空调机有无异响。

2）日常巡检频次

日常巡检频次为每日一次。

3）空调系统在不同周期的维护内容

（1）季度维护：

① 进行日常维护的所有维护项目。

② 擦拭机组外壳（不要用强腐蚀物或强化学物质，可用干净的纱布蘸上中性洗涤剂擦拭）。

③ 检查室外风机有无抱死、破损，运转情况是否正常，并清除积灰（夏季每月清除一次，每周检查）。

④ 清洗空气过滤网（空气过滤网不要等到报警后再更换，应根据机房中空气质量状况定期进行更换）。

⑤ 对制冷管路上各接口进行检查，观察是否有油迹，螺纹接口如果有油迹可用扳手进行紧固。

⑥ 检查压缩机高低压参数，根据检查情况补充或释放制冷剂。

⑦ 当有备用电源时，在使用前要检查电源相序是否与市电一致。

⑧ 由设备专业工程师进行空调全面健康检查，并提交检查报告。

⑨ 巡检工程师按规定填写《空调维护记录表》。

（2）年度维护：

① 进行季度维护的所有维护项目。

② 对所有电器接线端子进行检查，不应有松动。

③ 检查高压控制器、高压压力开关的动作是否良好。

④ 由巡检工程师按规定填写《空调维护记录表》。

4）各组成部分维护内容

需维护保养的设备元件包括过滤网、皮带、风机、压缩机、电路板、室外电机、室外调速器、氟利昂等。每三个月进行一次保养维护检查，巡检内容如下：

（1）制冷系统：

① 压缩机工作声音是否正常；油镜油位是否正常。

② 压缩机吸气排气压力是否正常。

③ 制冷管路阀门（液管、气管、压缩机吸入及排出口阀门）是否打开。

④ 热力膨胀阀开启是否正常。

⑤ 压缩机转向及供电相序是否反相。

⑥ 吸气管路、排气管路、回液管路和压缩机机体温度是否正常。

⑦ 干燥过滤器前后端有无温差。

⑧ 管路（含储液罐）是否有漏油痕迹。

⑨ 视液镜水分指示是否正常。

⑩ 蒸发器盘管是否脏污。

⑪ 冷凝器翅片是否脏污，冷凝器风机工作是否正常。

⑫ 冷凝器压力开关／风机调速设置是否正确。

（2）送风系统：

① 检查风机皮带轮和电机皮带轮的平面度。

② 检查室内风机皮带张紧度。

③ 检查室内风机轴承工作是否正常，声音有无异常。

④ 检查室内风机叶轮转动是否正常。

⑤ 检查室内风压开关、过滤网压差开关设定值是否正确，清洁风机，检查空气过滤网是否脏污，检查所有门板是否可靠。

（3）电气系统：

① 每半年拧紧所有接线端子。

② 检查各交流接触器吸合、分断是否正常。

③ 检查所有过流保护是否正常，整定值是否正常。

④ 检查主电源线电压、相电压、各相电流。

⑤ 手动启动制冷／除湿、加热、加湿功能，检查电流是否正常。

（4）控制系统：

① 检查控制器初始设置是否正常。

② 检查温湿度探头是否偏差。

③ 检查显示器工作是否正常。

④ 检查所有数据及模拟输入、输出是否正常。

（5）加湿系统：

① 检查加湿器进水电磁阀和排水电磁阀动作。

② 检查加湿器的蒸气排出管是否畅通。

③ 检查蒸汽凝结水排水是否正常。

④ 检查加湿罐结垢情况，清洗或更换。

⑤ 检查加湿器的进水过滤器，检查加湿器的溢水、排水盘。

⑥ 检查加湿器排水是否泄漏。

⑦ 检查冷凝器排水是否泄漏。

（6）管路系统：

① 检查制冷管道保温和包扎是否完好，检查所有管路定位是否完好。

② 检查室内外机连接电缆老化情况是否满足空调运行需要。

③ 检查空调送风和回风管路 / 通道是否通畅。

（7）给水、排水系统：

① 检查给水系统是否正常，加湿进水电磁阀的进水过滤网是否脏堵。

② 检查排水是否通畅。

维护保养完成后要求维护人员出具维护报告，记录各项技术数据，并提出意见和建议，提供运行数据分析报告，报告需要相关人员签字认可。

4.5.8　机房动力环境监控系统简介和运维要求

1. 机房动力环境监控系统简介

机房动力环境监控系统主要是对机房所有设备和环境进行集中监控和管理，其监控对象包括机房的各个子系统：动力系统、环境系统、消防系统、安防系统、网络系统等。机房监控系统基于网络综合布线系统，采用集散监控，在机房监视室放置监控主机，运行监控软件，以统一的界面对各个子系统进行集中监控。机房监控系统实时监视各系统设备的运行状态及工作参数，发现部件故障或参数异常，即时采取多媒体动画、语音、电话、短消息等多种报警方式，并记录历史数据和报警事件，提供诊断建议和远程监控管理以及 Web 浏览等功能。机房动力环境监控系统结构如图 4.43 所示。

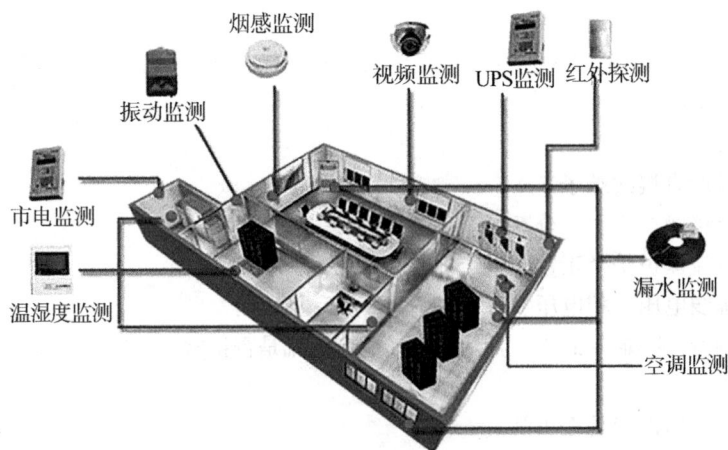

图 4.43　机房动力环境监控系统结构图

1）系统架构

机房动力环境监控系统由监控中心平台、中心机房动力环境监控和模块化机房微环境监控三大部分组成，其基本结构如图4.44所示。

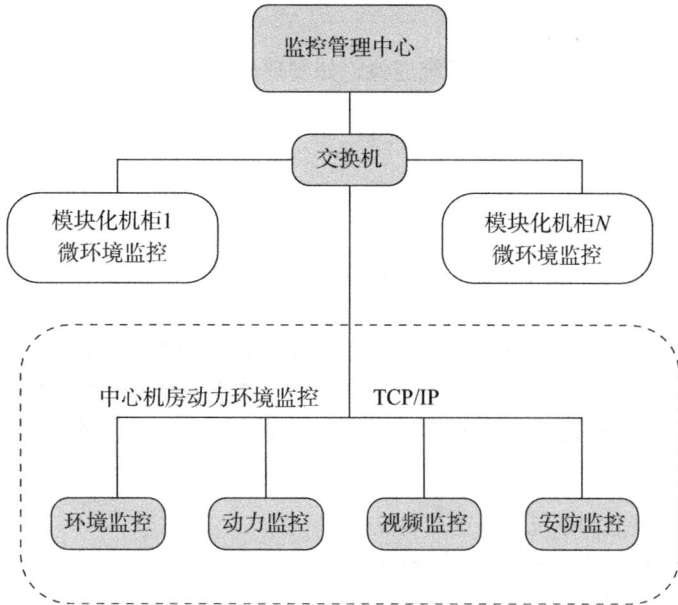

图 4.44　机房动力环境监控系统架构图

（1）监控中心。监控中心主要由监控管理系统软件和监控管理服务器组成，监控管理系统软件分成几个功能模块，如监控中心管理软件、门禁管理系统模块、视频管理系统模块、组态图编辑模块、电话语音报警模块、短信报警模块等。监控管理系统软件将采集到的所有实时数据进行集中管理并实时报警，对各类报警内容统一作出响应。

监控中心管理软件与各模块组内监控主机之间通过网络连接，采用主从方式通过 TCP/IP 通讯协议相互通讯，从而取得各设备的实时数据。为保障系统实时性，系统采用多线程方式，同时与各端口的设备通讯，便于对事件做出即时响应。

监控中心管理软件采用完全图形化的用户界面，可以有组织地管理模块组内各种设备。监控中心机房还可采用主备监控服务器的方式，监控主机可以将报警信息、参数、实时监测数据分布存储于主备服务器中。

（2）前端动环监控系统。前端动环监控系统由安装于中心机房和各个模块化机房的监控主机和各类采集模块组成，以满足各机房不同监控功能的要求。监控主机采用新型现场监控单元网络监控主机和智能设备监控器。这些设备采用嵌入式系统，能够将采集的信息处理后通过标准接口上行传送到监控中心，能够提供各种数字量的输入、输出，以及模拟量的输入，同时具有很大的扩展潜力。

系统通过网络监控主机连接各环境量的采集器，如温湿度变送器、通用输入模块采集各类环境温湿度数据、各类电压、电流数据，以及各类开关状态数据等；通过通用输入模块接入各漏水、烟感、门磁等采集探测器，可实现对漏水系统和消防烟雾报警的监控；通过智能设备监控器可完成对UPS 电源、空调等智能设备各类监控量数据的采集，并把这些监测数据上行传送给监控中心。

通过门禁控制器监视并管理门的开启与关闭，保证授权人员自由出入，限制未授权人员的进入，对暴力强行侵入的行为及其他异常情况予以报警。

通过安装在重要出入口或重要位置的前端高质量的网络摄像机采集前端视频信号，并直接通过网络传输到监控中心 PC 服务器上，实现监视和控制录像存储功能。

通过监控主机、各类监测模块和智能设备监控器，对分布在不同地方的各类模块组的监测数据量实现现场实时监测与控制，集中统一管理和监控。

2.动力环境监控系统运行维护

1）日常巡检内容

（1）每日登录环境监控系统进行系统巡检，如发现故障或隐患，现场能够处理就现场解决，否则将故障隐患上报。

（2）每月两次现场设备巡检：

① 主要检查各传输模块接线端子是否稳固，检测各模块箱数据采集是否及时流畅（例如，断开模块再接入，查看数据传输是否及时）。

② 主要检查传感器是否安装牢固，接头是否牢固，是否存在锈蚀现象，检测数据采集是否及时流畅（例如，断开接头再接入，查看数据传输是否及时）。

③ 主要检查各控制模块接线端子是否稳固，安装箱是否牢固，电源模块是否过热，检测各模块箱数据采集是否及时流畅（例如，断开模块箱再接入，查看数据传输是否及时）。

④ 每季度两次对传输模块、前端探测器、传感器、控制模块进行功能性测试。

2）定期服务内容

（1）定期检查环境监测系统软件运行状况。

（2）定期测试环境监测系统硬件与线路运行是否正常。

（3）定期测试前端感应器功能情况，模拟漏水、高温、高湿等情况测试设备功能是否正常。

4.5.9 其他系统简介和运维要求

1.机房屏蔽系统

1）屏蔽系统简介

机房的安全性和保密性要求较高，必须做好信号屏蔽，信号屏蔽是机房装修的重要内容之一。在无屏蔽的情况下，电子设备会受到直击雷或间接雷等强电磁干扰源的影响，导致无法工作或出现异常，最严重时会出现损坏，这是比较常见的电磁干扰现象。另外一种现象就是，人们在打雷时听收音机、看电视或者使用电脑，收音机会出现"吱啦"的噪声，电视机或电脑会出现图像抖动等，这些都是因雷电造成的电磁干扰。具体的应对措施包括使用屏蔽产品，并且可靠接地，将外界的电磁干扰阻隔在外，将内部设备产生的电磁波阻隔在内，这样便构成一个等电位体，能够有效屏蔽电磁干扰。机房屏蔽系统结构如图4.45所示。

图4.45 机房屏蔽系统结构图

2）屏蔽系统运行维护

（1）每日巡检屏蔽门开合是否顺畅，波导通风窗是否正常工作。

（2）每月一次检查各滤波器安装是否稳固，有无松动或人为破坏情况，检查屏蔽机房内各设备运行情况。

（3）每季度一次检查空闲滤波器是否还能正常工作。

2.KVM 系统

KVM 系统可大幅提高机房管理的效能性、安全性与可用性，成为机房工程里不可缺少的一部分。对于建筑环境内的网络管理者而言，KVM 解决方案可有效规划运用机房内昂贵且有限的空间和设备。除此之外，不论建筑是何种规模，KVM 系统都可直接从机房或任何与网络连接的据点提供完整的 IT 结构管理，因此成为当今企业机房管理最佳选择。KVM 系统结构如图 4.46 所示。

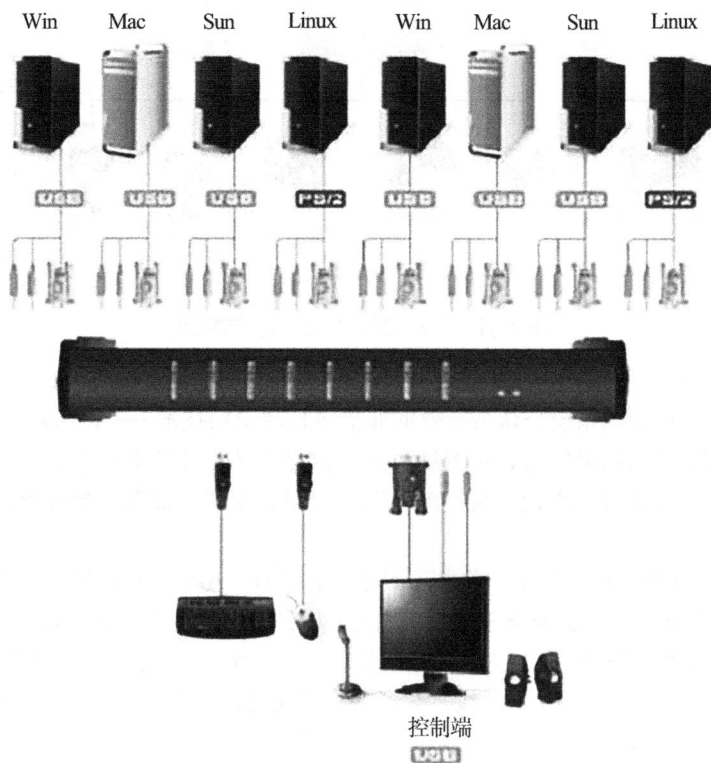

图 4.46 KVM 系统结构图

KVM 系统要求：电子机架式基于 IP 网络管理，即插即用设计，支持热插拔，兼容各种硬件设备，可支持多种品牌计算机和服务器；适用于 Netware、Win95/98/2000/ME/XP/NT、Unix、OS/2 等各种操作系统和应用软件；可适配 VGA、SVGA 和 XGA 等各种分辨率显示器；有自动扫描、热键切换和 OSD 菜单等强大功能；可实现多用户全通道的管理。

3. 资产管理系统

1）RFID 管理

RFID 管理是机房运维工作中最常接触的资产管理系统。

RFID 电子标签管理分为有源电子标签和无源电子标签的管理。资产管理系统采用现今公认最有效的非接触自动识别技术——RFID（射频识别）技术，对资产的入库、申领、盘点、使用寿命周期进行全面有效的管理，详细记录资产的申购、领用、维护、报废等管理的全过程，实现高效可靠的固定资产管理。系统构成主要包括中心数据服务器、手持机 PDA、手机 APP、RFID 标签、条码、二维码等。资产管理 RFID 系统结构如图 4.47 所示。

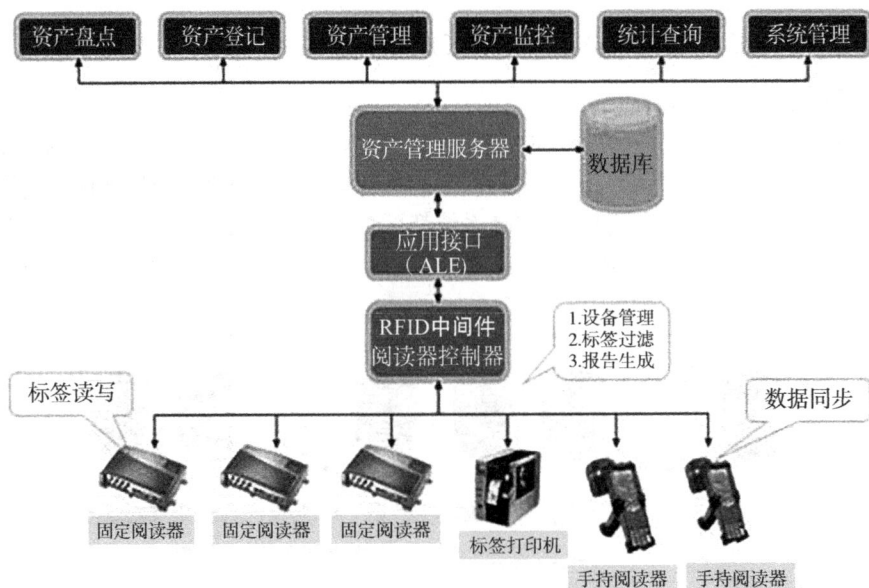

图 4.47 资产管理 RFID 系统结构图

（1）有源电子标签管理。针对贵重资产采用有源电子标签管理，读取方式为主动式；有源电子标签采用现在资产管理系统公认最有效的非接触自动识别技术——RFID（射频识别）技术，有源电子标签拥有较长的读取距离，可容纳较大的内存容量，可以用来存储读取器传送来的一些附加信息。有源电子标签可详细记录资产的申购、领用、维护、报废等全过程，实现高效可靠的固定资产管理。

（2）无源电子标签管理。对于一些电子产品，如电脑、相机、打印机等资产采用无源电子标签管理，读取方式为被动式；无源电子标签采用现在资产管理系统公认最有效的非接触自动识别技术——RFID（射频识别）技术，能够对资产的入库、申领、盘点、使用寿命周期进行全面有效管理，详细记录资产的申购、领用、维护、报废等全过程，实现高效可靠的固定资产管理。

2）系统流程

RFID 资产管理系统将计算机、一体机、移动硬盘、打印机、传真机、桌椅等资产信息录入系统并分配 RFID 标签，对资产所属部门、领用人进行登记，并将数据写入对应的标签内。通过手持阅读器或手机 APP 扫描即可快速完成资产管理与盘点工作，大大节约了人力物力，提高了资产管理效率，同时为相关管理部门提供快速的资产查询与查找工具。

3）RFID 资产管理系统运行维护

（1）每日登录系统进行系统巡检，如发现故障或隐患，现场能够处理就现场解决，否则将故障隐患上报。

（2）每月两次现场设备巡检，主要检查读写器数据采集是否及时、流畅，RFID 标签是否安装牢固，如发现故障或隐患，现场能够处理就现场解决，否则将故障隐患上报。

（3）每月一次对管理设备进行数据备份、配置备份。

（4）每季度一次模拟系统崩溃，并进行模拟系统恢复。

4.5.10　机房基础设施常见故障处理

机房基础设施常见故障主要包括机房供配电系统故障、机房空调系统故障、机房安防及动环系统故障、机房消防系统故障、机房综合布线系统故障。

1. 机房供配电系统故障处理

1）机房长时间断电故障处理

当机房发生市电无通知突然停电或电源异常时，首先应立即与水电科联系，确认停电时间，同时检查 UPS 电源剩余的后备时间，确保 IT 设备正常运行。

若接到通知确定停电时间不超过 5 分钟，则不用开启柴油发电机。

若接到通知停电时间超过 30 分钟但不到 1 个小时，则立即开启柴油机。柴油发电机只负载精密空调，机柜设备由 UPS 负责。

若接到通知停电时间超过 2 小时，应通知系统运维组，开始进行非核心系统应用停止工作，并进行断电作业。

若检查发现为本供电系统故障时，立即开启柴油发电机，并通知相关维护人员到达现场进行维护，对于恢复时间无法确定的，要立即通知领导。

恢复供电后，要严格按照操作流程逐步恢复供电，避免瞬间电流过大导致设备损坏。

2）交流配电屏故障处理

当电源系统发生交流故障时，应及时检查交流配电屏输入和各分路空开输出情况，观察交流工作状态指示灯或交流电压表和电流表数值，通过指示灯判断交流输入的状态，通过观察电压表和电流表判断交流电的供电质量。对于小系统没有电压和电流表指示的交流配电单元，用万用表测量其电压，并用交流钳形表测量电流数值，如果发现异常情况，应及时采取相应的解决方法和检修措施。对于三相用电设备，当三相交流电发生缺相时，应从交流输入线输入端查起，判断交流输入电压是否缺相，若输入端没有缺相，再对本交流配电屏进行检查。

3）直流配电屏故障及分析

当负载保险熔丝或电池保险熔丝发生故障告警时，要对蓄电池和负载的保险进行检测，判断保险是否正常，告警信号是否有误。当直流屏压降大于 500mV 时，也应对相应的保险座及连接排进行测量和检修，设法降低直流配电屏内压降。当直流负载电流或电池充放电流参数显示有误时，应对电流采样霍尔传感器件进行检测或调整，必要时进行更换。

4）开关整流电源故障及分析

开关电源模块发生故障时，应首先关掉该开关电源模块，检查交流输入电压。如果输入有问题，应对交流配电屏做相应检测，确保交流输入正常后，再对开关电源模块进行检修。开关电源模块输出电压过低无法调节时，应首先检查输出电流，判断是否由于输出电流过大引起了稳压限流。开关电源开机时若出现输入短路现象，一般情况是由交流输入防雷器件损坏引起，或者是由开关电源主振管损坏引起。在更换开关电源模块时需要注意，新开关电源模块开机前应与直流供电系统脱离，待新开关电源模块参数设置正确并工作稳定后，再投入直流供电系统中工作。

5）蓄电池故障及分析

电池组发生故障时，应首先测量电池的端电压，判断电池的充电电压是否正常。电池故障是否与开关电源设备有关，如果无关，则应解决密封阀控蓄电池故障。解决故障时，必须先处理一组蓄电池，待其并入供电系统正常运行后，再处理另一组蓄电池，以确保直流供电系统供电安全稳定地运行。

6）监控单元故障及分析

当监控出现失控或死机的现象时，开关电源模块会出现浮充电压输出过高、输出限流造成蓄电池放电的现象，从而导致电池组失去管理功能，充电电压也会随着开关电源模块输出直流电压的升高而升高。当监控单元出现远程无法通信时，应首先通过近程通信好坏来判断监控模块，当本地良好而远程不好时，检查调制解调器是否已进行初始化，监控模块监控器入口码参数设置是否正确。更换监控模块与更换开关电源模块一样，在未设置参数之前不能将监控模块投入系统工作。设置参数时必须注意以下几个参数：电池组的容量和组数、电池的充电值管理、电池充电限流值、电池温度补偿系数、系统均充电压值、周期、时间、系统浮充电压值、时钟和日期。

2. 机房空调系统故障处理

首先确定空调发生故障的机房位置，然后确定该机房是否有冗余空调，如有则马上开启冗余空调，并通知相关空调维护部门进行空调维护。

结合相关单位维护空调的过程中处理故障的经验，处理空调故障应抓住以下几个主要部分：

1）机房漏水故障

（1）发现漏水故障时，第一目击者应立即通知运维小组进行处理，若发现为空调排水管故障，则立即停用故障空调，清理机房内积水，并立即通知相关维护人员到达现场进行维护。

（2）若为墙体或楼内排水管、消防水管渗水，则应立即通知其他部门进行修理，并及时清理机房内的积水。

2）空气处理系统

（1）空调出现"LOSS OF AIR FLOW"告警：

① 电源相序不正确或电源缺相。

② 风机交流接触器损坏，不能正常工作。

③ 过流继电器保护，检查电源正常后，恢复过流保护。

④ 风机电机烧坏，重新绕线圈并查明烧坏原因，若无经验则送检或更换。

⑤ 风机保险丝烧坏。

⑥ 若以上几条均正常，则可能为控制线路故障。对于00型，应先检查按钮开关SS的触点是否接触良好，继电器线圈是否完好无损，以及触点是否良好，若无24V电压，则检查T5变压器是否损坏，坏则更换之。

（2）空调出现"CHANGE AIR FILTERS"告警，一般原因为空气过滤网太脏，提醒清洁或更换空气过滤网。

（3）压缩机低压侧结霜：

① 空气过滤网太脏，制冷系统能量无法交换。

② 风机出现故障致使送风量不足。

（4）面板无显示：

① 控制变压器损坏，修理或更换。

② 熔丝烧坏，更换熔丝。

③ 稳压电源板损坏，查明是否稳压管损坏，或者是否压敏电阻被击穿。

④ 主控板损坏，修理或更换。

3）风冷冷凝器

（1）风机不运转：

① 不需要运行。

② 风机电机烧毁。

③ 调速控制板损坏。

④ 风机轴承损坏，导致过流保护。更换轴承时，应注意转子与定子间隙，千万别偏离中心，致使转子与定子扫堂而烧毁电机线圈。

⑤ 压缩机交流接触器常开触点接触不良或其信号线不良。

⑥ 若是通过压力继电器控制冷凝风机，应检查压力继电器是否良好。

⑦ 风机交流接触器故障。

（2）室内压缩机没有运行而室外冷凝器风机不停运转：

① 压缩机需要运行而没有运行，交流接触器常开触点动作导通，信号送至室外冷凝器，控制室外风机的交流接触器通电，从而导致风机运行。

② 冷凝器的温控器的温度设置不对。

③ 温控器的触点动作不良。

4）加湿器部分

（1）空调处于加湿状态，石英灯管亮，加湿供水管却无法出水：

① 水压不足，检查供水管。

② 检查加湿电磁阀是否有 24V 直流电，若有则为加湿电磁阀坏，更换之；若无 24V 直流电，则检查 Q6 双相可控硅是否良好，不良则更换；若 Q6 双相可控硅完好，则应检查光电耦合器是否完好，不良则更换；若光电耦合器完好，则为驱动电路故障，应更换主控板。

（2）空调面板显示加湿，但加湿石英灯不亮：

① 加湿灯管损坏，需更换。

② 手动恢复加湿安全按钮（在加湿盘底下）保护动作。

③ 检查对应加湿器的交流接触器是否动作，若没有动作，检查交流接触器线圈是否开路，是否有 24V 交流电压，若线圈开路则更换交流接触器；若无 24V 交流电压，则检查 Q4 双相可控硅是否完好，不良则更换；若 Q4 双相可控硅完好，则检查光电耦合器是否完好，不良则更换；否则为驱动电路故障，应更换主控板。

④ 检查对应加湿器的交流接触器触点是否完好，交流接触器机械部分是否卡死，若是则更换交流接触器。

⑤ 检查对应加湿器的电源熔丝。

5）加热部分

（1）空调面板显示加热，但电极不加热：

① 用万用表测试电极电阻值，开路则更换。

② 检查与电加热有关的交流接触器是否动作，检查交流接触器线圈是否开路，不良则更换。是否有 24V 的交流电压，若无则检查其 Q1、Q2、Q3 双相可控硅是否完好，不良则更换，否则检查其光电耦合器是否完好，不良则更换；若良好，则为驱动电路故障，应更换主控板。

（2）空调面板不显示加热而电极发热：

① 检查与加热极有关的交流接触器触点是否被粘住，致使加热极通电。

② Q1、Q2、Q3 双相可控硅至少有一只损坏或被触发导通，交流接触器线圈导通 24V 交流电，致使电加热器通电。

6）制冷系统

（1）面板显示制冷，实际上并不制冷或制冷效果不好：

① 控制系统不要求制冷。

② 与压缩机相关的熔断器至少有一只损坏，压缩机的过流保护器动作，致使压缩机无法正常工作。

③ 接触器的触点接触不良或线圈烧坏，需更换；若接触器完好，测试交流接触器线圈两端是否有 24V 电压，若无则检查高低压保护装置是否动作；若高低压装置未动作，则检查 T5 变压器输出是否正常，不正常表示 T5 损坏，需更换；若正常则检查驱动电路，若无问题则表示主控制板损坏，应更换主控板。

④ 压缩机的高低压阀片至少有一片损坏，此时可以通过压缩机的机械运行观察，观察压缩机哪一边震动较剧烈，较剧烈那边的对边管体的阀片有损坏，打开气罐盖检查高低压阀片，若有损坏则更换；若无损坏则为活塞密封不严引起串气或为活塞连杆断，应卸下压缩机，打开压缩机，全面检查压缩机的故障，根据具体情况进行处理，若无能力处理，一般要求更换压缩机。

⑤ 压缩机因排气压力过高而引起高压继电器动作，一般有以下几种原因：

· 冷凝器太脏。

· 压力传感器损坏。

· 室外风机损坏。

· 制冷系统的干燥过滤器或节流膨胀阀阻塞。

· 系统里有不凝性气体，系统里的制冷剂过多。

· 室外冷凝器风机的控制板损坏。

· 与压缩机相关的交流接触器常开触点接触不良，致使无信号传到冷凝器。

根据现场具体情况给出具体的处理方案。

⑥ 系统本身缺少制冷剂，查明原因重新加注制冷剂。

⑦ 供液电磁阀打不开，一般有以下几种原因：

· 供液电磁阀的线圈烧坏。

· 电磁阀无 24V 电压。

· Q8 或 Q12 三端双相可控硅开关管损坏。

· Q8 或 Q12 的驱动电路损坏，若为集成块坏，则更换集成块，否则建议更换整个控制板。

⑧ 干燥过滤器脏堵，检查其进出口的温差是否较大，若是则为堵塞，重新更换新的干燥过滤器。

⑨ 节流膨胀阀开口太小，重新调整。

⑩ 送风或回风不畅，重新调整送风或回风系统。

（2）制冷系统的吸气压力低，过热度高（吸气压力一般为 5kS／cm 左右）：

① 系统里有水分或脏物，检查干燥过滤器的进出口有无较大温差，检查视镜的颜色（变为黄色说明系统内有水分）。

② 过热度调高了，膨胀阀的配置失效，重新调整膨胀阀或更换。

③ 制冷剂少了，测试压缩机的工作电流或观察视镜是否有气泡。

④ 干燥过滤器堵塞，也可观察视镜里是否有气泡。

（3）制冷系统的吸气压力高，过热度低：

① 膨胀阀座渗漏过大，检查阀座，必要时更换膨胀阀。

② 过热度调低了，重新调整膨胀阀。

③ 系统里有水分、脏物或脑状物，用氮气清洗系统。

④ 外平衡管受阻，检查压缩机是否出汗。

（4）制冷系统的吸气压力低，过热度低：

① 干燥过滤器脏堵，检查干燥过滤器，必要时进行更换。

② 蒸发器的气流分布不均匀或不良，检查气流情况并做出处理。

③ 蒸发器里有残余的油垢或太脏,查明原因并做出处理。

3. 机房安防及动环系统故障处理

机房监控系统(机房视频监控系统、机房动力环境监控系统等)进入调试阶段、试运行阶段以及交付使用后,都有可能出现一些故障现象,这些故障现象可能导致系统不能正常运行,或使系统达不到设计要求的技术指标,从而使整体性能和质量不理想,下面介绍几种机房监控系统常见故障以及处理方法。

1)电源不正确引发的设备故障

电源不正确有以下两种可能:

(1)供电线路或供电电压不正确、功率不够(或某一路供电线路的线径不够,降压过大等)。

(2)供电系统的传输线路出现短路、断路、瞬间过压等(特别是因供电错误或瞬间过压导致设备损坏的情况时有发生)。

2)线路故障

由于某些线路,特别是与设备相接的线路处理不好,出现断路、短路、线间绝缘不良、误接线等现象,导致设备(或部件)损坏、性能下降或设备本身未损坏但反映出的故障原因是在设备(或部件)上。特别是某些接插件的质量不良,连线的工艺不好,更是出现此类故障的常见原因。

在这种情况下,应根据故障现象冷静进行分析,判断在若干条线路中有哪些线路的连接出现了问题,从而缩小故障范围。例如,一台带三可变镜头的摄像机图像信号是正常的,但镜头无法控制,则只需要检查镜头控制线,而不必检查视频输出线。

3)设备或部件质量问题

一般来说,经过认真选择的已商品化的设备或部件不会出现质量问题。即使出现问题,也往往发生在系统已交付使用并运行相当长时间之后。除了产品自身质量问题外,最常见的故障原因是设备调整不当。例如,摄像机后截距的调整是要求非常细致的精确工作,若不认真调整,就会出现聚焦不好或在三可变镜头各种操作时发生散焦等问题。另外摄像机上一些开关和调整旋钮的位置是否正确,是否符合系统的技术要求,解码器编码开关或其他可调部位设置正确与否,都会直接影响设备本身的正常使用或影响整个系统的正常性能。

4)设备(或部件)与设备(或部件)之间连接不正确

(1)阻抗不匹配。如视频接在一个阻抗为高阻的监视器上,就会出现图像很亮、字符抖动或字符时有时无的现象。

(2)通信接口或通信方式不对。这种情况往往发生在控制主机与解码器或控制键盘等有通信控制关系的设备之间。多半是由于选用的控制主机与解码器或控制键盘等不是同一个厂家的产品所造成的,一般来说,不同的厂家所采用的通信方式或传输的控制码是不同的,所以主机、解码器、控制键盘等应选用同一个厂家的产品。

(3)驱动能力不够或超出规定的设备连接数量。例如,控制主机所对应的主控键盘和副控键的数量是有规定的,超过规定数量将导致系统工作异常。例如,解码器云台工作电源功率比实际云台低,就无法驱动云台。

5)云台的故障

一个云台在使用后不久就运转不灵或根本不能转动,是云台常见的故障。这种情况的出现除了产品质量的因素外,主要是由以下原因造成的:

(1)只允许将摄像机正装(即将摄像机装在云台转台的上部)的云台,在使用时采用了吊装的方式(即将摄像机装在云台转台的下方)。在这种情况下,吊装方式导致云台运转负荷加大,因而使用不久就会导致云台的传动机构损坏，甚至烧毁电机。

（2）摄像机及其防护罩等总重量超过云台的承重。特别是在室外使用的云台，往往防护罩的重量过大，常会出现云台转不动（特别是垂直方向转不动）的问题。

（3）室外云台因环境温度过高、过低、防水、防冻措施不良而出现故障甚至损坏。

6）操作键盘对摄像机和云台遥控故障

这个故障是由距离过远，控制信号衰减太大，解码器接收到的控制信号太弱引起的，应在一定的距离上加装中继盒以放大整形控制信号。

7）监视器的图像对比度太小、图像淡

这种现象若非控制主机及监视器本身的问题，则是由传输距离过远或视频传输线衰减太大引起的。在这种情况下，应加入线路放大和补偿的装置。

8）图像清晰度或色饱和度故障

这个故障是由图像信号的高频端损失过大，以致 3MHz 以上频率的信号基本丢失造成的。这种情况或因传输距离过远而中间又无放大补偿装置，或因视频传输电缆分布电容过大，或因传输环节中在传输线的芯线与屏蔽线间出现集中分布的等效电容造成。

9）色调失真

这是在远距离的视频基带传输方式下容易出现的故障现象，主要原因是由传输线引起的信号高频段相移过大。这种情况下，应加相位补偿器。

10）主机对图像的切换不干净

这种故障现象的表现是在选切后的画面上叠加其他画面的干扰，或有其他图像的行同步信号的干扰。这是因为主机的矩阵切换开关质量不良，达不到图像之间隔离度的要求。如果采用的是射频传输系统，也可能是系统的交扰调制和相互调制过大而造成的。

一个大型的与防盗报警联动运行的电视监控系统，是一个技术含量高且构成复杂的系统。各种故障现象虽然都有可能出现，但只要把好所选用的设备和器材的质量关，严格按标准和规范施工，针对出现的故障现象，冷静分析和思考，"对症下药"，不盲目地大拆大卸，都能较快解决问题。

4. 机房消防系统故障处理

1）火灾自动报警系统

火灾自动报警系统容易出现的问题、产生的原因及简单的处理方法如下：

（1）线路故障：

· 产生原因：绝缘层损坏，接头松动，环境湿度过大，造成绝缘性能下降。

· 处理方法：用表检查绝缘程度，检查接头情况，接线时采用焊接、塑封等工艺。

（2）探测器误报警，探测器故障报警：

· 产生原因：环境湿度过大，风速过大，粉尘过大，机械震动，探测器使用时间过长，器件参数下降等。

· 处理方法：根据安装环境选择适当灵敏度的探测器，安装时应避开风口和风速较大的通道，定期检查，根据情况清洁和更换探测器。

（3）手动按钮误报警，手动按钮故障报警：

· 产生原因：按钮使用时间过长，性能参数下降或按钮人为损坏。

· 处理方法：定期检查，对损坏的按钮及时更换，以免影响系统运行。

（4）报警控制器故障：

· 产生原因：机械本身器件损坏报故障或外接探测器、手动按钮问题引起报警控制器报故障、报火警。

·处理方法：用表或自身诊断程序检查机器本身，排除故障，或按上文（1）、（2）处理方法，检查故障是否由外界引起。

2）气体灭火系统

常见的故障有：

（1）钢瓶内的灭火剂过期或压力不足；无备用灭火剂钢瓶组。

（2）启动钢瓶压力不足。

（3）气体灭火系统与自动报警系统不能联动，消防控制室不能远程控制气体灭火系统。

（4）气体灭火系统受保护空间外无喷气时的警示标志，无报警灯和警报装置。

5.机房综合布线系统故障处理

1）故障排除

再好的系统都有出现故障的可能性，在机房运行之初就有必要制定周全的故障排除预案，当然在机房运行的任何时候制定故障排除预案也都是有价值的。

在网络管理系统、电子配线架软件报警或接到故障投诉后，当班管理人员应立即进行故障确认并将故障对机房运行的影响降至最低。在故障发生后，至少需完成以下工作：

（1）确认故障现象，初步判定故障所发生的位置（精确至链路/信道），并将故障缩小至综合布线范围，通知相应的代维机构/部门来修理。

（2）在代维人员尚未到达前，根据预案使用备品备件进行线路应急修复，先保障信息传输畅通无阻，再交给维护人员进行完善的修复。

（3）对故障情况及时进行记录，记录手段包括文字和故障位置的照片。这些记录需长期保存，并定期进行统计和分析，确定综合布线系统的整改计划。

在故障排除过程中，当班管理人员的综合布线水平对于排除故障是至关重要的。养兵千日用兵一时，如果在平日里对机房管理人员进行综合布线水平和故障排除技能的反复训练，并备足所需的备品备件，准备好必要的应急工具和材料，就能大大缩短故障定位时间和平均故障时间，并为专业维护人员修复线路提供有价值的参考意见。

2）系统整改

系统整改是指增加、减少和更改综合布线缆线。这一阶段的工作类似于在信息机房内进行一次新的综合布线工程，难度在于系统整改不能影响机房的正常工作。

为此，有必要参照综合布线工程的管理方法进行施工准备和安装调试：

（1）综合布线系统在整改前应填写变更单，附施工图纸后报批，在获得批准后整改方可实施。

（2）在整改过程中，应先抽出所有的废弃缆线（包括双绞线和光缆）和跳线，然后再添加新的缆线和跳线。

（3）施工人员应事先制定完善的施工方案，在尽量短的时间内完成自己的工作，把对机房内温湿度、粉尘等因素的影响降至最低。

4.6 大型信息系统基础设施的云平台

随着云计算技术的不断发展与成熟，云平台系统成为大型信息系统的新一代IT基础设施，通过云计算技术和虚拟化技术提供自动化、弹性、敏捷的资源池，并提供IT基础设施的集中化管理。云平台系统可以大大降低应用系统扩展、部署的成本，缩短应用系统上线的时间，为最终用户提供更快更好的IT（信息技术）服务。

4.6.1 云平台服务模式

云计算是一种能够通过网络以便利的、按需付费的方式获取计算资源（包括网络、服务器、存储、应用和服务等）并提高其可用性的模式，这些资源来自一个共享的、可配置的资源池，并能够以最省力和无人干预的方式获取和释放。这种模式具有五个关键功能，还包括三种服务模式和四种部署方式[3]。

云计算的三种服务模式分别是 SaaS、PaaS 和 IaaS。SaaS 是指软件即服务，通过 Internet（互联网）方式为用户定制应用程序，用户可以通过各种瘦客户端访问且不用管理任何云计算基础设施。PaaS 是指平台即服务，将软件开发平台作为一种服务。IaaS 是指基础设施即服务，用户可以通过 Internet 得到网络、存储等基本计算资源，用户可以自定义操作系统、存储空间、CPU（中央处理器）、内存等。

4.6.2 云平台技术架构

大型信息系统基础设施经历了从大规模集中式计算的大型机，到 Unix 小型机和 PC 服务器的 C/S（Client/Server，客户 / 服务器模式）、B/S（Browser/Server，浏览器 / 服务器模式）架构的变迁，目前正经历大规模集中化的云计算架构阶段。在这个阶段，借助虚拟化技术、分布式技术、云管理平台技术，将 IT 基础设施整合成为一个规模超大的云资源池，最终用户或者租户可以从云资源池中随时随地获取所需的资源，从而大大提升业务系统的敏捷度，降低 TCO（Total Cost of Ownership，总拥有成本）消耗，提供更优的业务性能与用户体验。

大型信息系统云平台架构图如图 4.48 所示，它包含多个云数据中心，实现同城云数据中心数据双活和异地容灾。云数据中心的云资源池由计算资源池、网络资源池和存储资源池组成，通过计算资源虚拟化、软件定义网络和软件定义存储架构，提供无单点故障、无单点瓶颈、弹性扩展、性能线性增长的云服务。最终用户通过云服务门户申请并使用云服务，也可以通过移动端获取云服务。

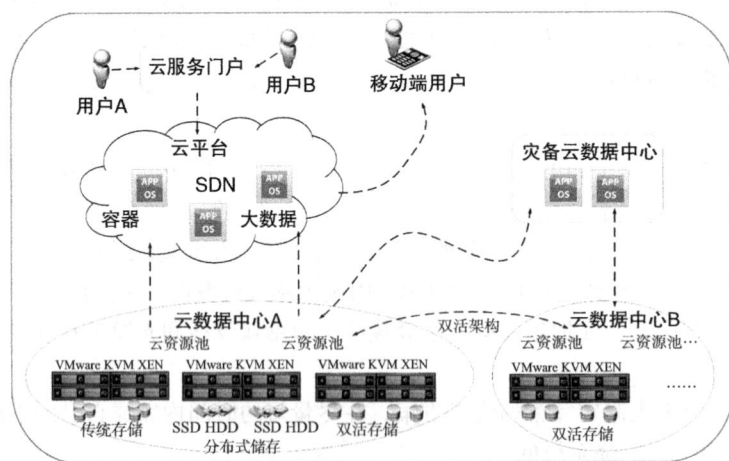

图 4.48 大型信息系统云平台架构图

云平台逻辑架构包含基础设施、云管理、云资源、云服务四部分，通过云管理平台对云资源进行运维与运营，并对外提供云服务，如图 4.49 所示。

云平台技术架构涉及服务器、存储、网络、云安全、虚拟化技术、超融合架构、云管理平台等技术。

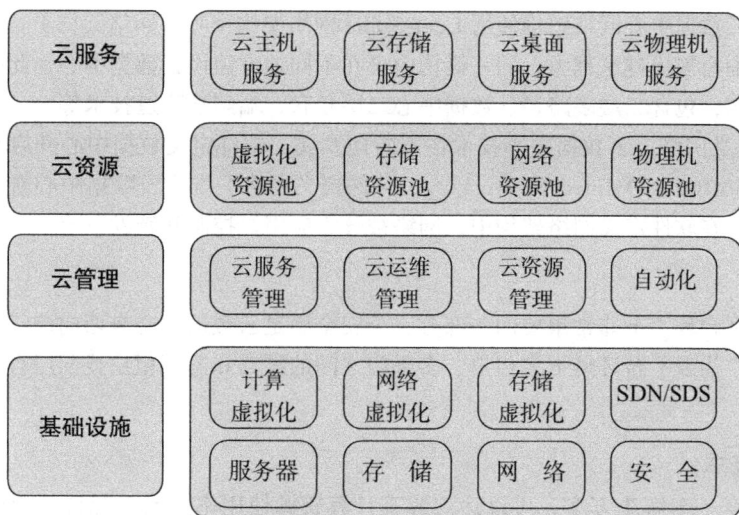

图 4.49 云平台逻辑架构

1. 服务器

云平台计算资源通常由企业级 X86 架构服务器提供，具备高性能 CPU 和大容量内存的特点。常见的企业级 X86 服务器有刀片服务器与机架式服务器，满足业务系统的高可靠、高性能要求，以及虚拟化、高性能计算要求。作为云平台虚拟化服务器，除了配置高性能 CPU 和大容量内存外，还根据实际需求配置 RAID（Redundant Arrays of Independent Drives，独立磁盘构成的具有冗余能力的阵列）适配器、HBA（Host Bus Adapter，主机总线适配器）、iSCSI（Internet Small Computer System Interface，Internet 小型计算机系统接口）硬件 HBA、融合网络适配器、1GbE 或 10GbE 以太网卡、GPU 加速卡等。

2. 存 储

云平台存储资源由存储系统提供，存储系统架构包含传统存储架构和分布式软件定义存储架构，使用 DAS 存储（Direct Attached Storage，直接附加存储）的场景较少，目前分布式软件定义存储是虚拟化场景下的趋势。

（1）传统存储架构。传统存储架构主要使用 SAN（Storage Area Network，存储区域网）和 NAS（Network Attached Storage，网络附加存储），目前大多数存储系统为了统一存储，同时支持 SAN 与 NAS，存储系统控制器具备可横向扩展特性。传统存储架构基于 RAID 或者 RAID2.0 技术，并具备自动存储分层、QoS（Quality of Service，服务质量）、数据重删与压缩等高级特性。

（2）软件定义存储。软件定义的存储（SDS）是一个不断进化的概念，在现阶段看来，是指存储资源由软件自动控制，通过抽象、池化和自动化将标准服务器的内置存储、直连存储、外置存储或云存储等存储资源整合起来，实现应用感知，或者基于策略驱动的部署、变更和管理，最终达到存储即服务的目标。软件定义存储包含两个部分，一部分是控制平面，基于策略或者基于应用的存储资源分配、变更和管理，另一部分是数据平面，负责数据的存放、处理和优化 [4]。

3. 网 络

云平台网络资源由网络系统提供，网络系统是云平台架构中不可或缺的部分，大型信息系统网络架构随着云计算普及也在不断变革。

（1）传统网络架构。在传统的 IT 基础设施架构下，数据中心网络架构使用的是传统的三层架构，随着虚拟化技术的大规模使用，数据中心内部的东西向流量取代南北向流量，在数据中心占据主导位置，此时云数据中心网络架构使用 Leaf-Spine 网络架构（叶脊网络架构）。

随着云数据中心规模越来越大，同一机构内会在不同地方建设云数据中心，此时云数据中心采用大二层网络架构，包含二层多路径、数据中心二层互联、端到端隧道技术等。

（2）软件定义网络。云数据中心技术在不断地发展，软件定义数据中心开启了云计算中心的新时代，SDN（Software Defined Networking，软件定义网络）作为云数据中心新架构软件定义数据中心的一部分，在软件定义网络架构中，网络被分为应用、控制和转发三层。

4. 云安全

云安全是云平台环境下非常重要的一部分，云安全满足云数据中心东西向流量的访问控制和深度报文检测需求，为云平台环境下多租户、多部门之间的隔离和不同租户或部门自定义安全策略提供解决方案。

5. 虚拟化技术

虚拟化技术是一个解决方案，可以达到提高计算资源使用率、灵活配置与管理计算资源的目的。X86 平台虚拟化技术是在物理资源层上引入虚拟化层，此虚拟化层为虚拟机监控器（Virtual Machine Monitor，VMM），也称为 Hypervisor。Hypervisor 运行在真实的物理环境上，即宿主机或物理机，通过 Hypervisor 虚拟出来的平台叫做客户机或虚拟机，在虚拟机运行的操作系统叫做客户机操作系统。

虚拟化技术的演变过程可以分为软件模拟、虚拟化层翻译、容器虚拟化三个阶段。其中，虚拟化层翻译又可以分为：软件捕获翻译，即软件全虚拟化；改造虚拟机系统内核加虚拟化层翻译，即半虚拟化；硬件支持的虚拟化层翻译，即硬件支持的全虚拟化。目前虚拟化软件（Hypervisor）的发展趋势是基于硬件支持的方案，也称为硬件支持的全虚拟化方案，不仅虚拟化 CPU 指令有硬件解决方案，虚拟化 I/O 通信和网络通信也有硬件解决方案，例如 VT-d 和 VT-c。

基于硬件支持的虚拟化软件（Hypervisor）方案，既满足高效率要求，也满足技术先进性要求，保证云平台架构在相当一段时间内处于主流技术架构中。目前使用范围较广的 Hypervisor 是 VMware ESXi、Kernel-based VM（KVM）和 XEN。

（1）VMware ESXi。VMware 是最早发布 X86 虚拟化软件的公司，VMware 的虚拟化解决方案是 VMware vSphere，其包含 VMware Hypervisor（ESXi）与 VMware vCenter Server（虚拟化集中管理与虚拟化高级功能）。ESXi 虚拟化引擎产品具备成熟、稳定、兼容性优异等特点。VMware 虚拟化软件从发布至今，一直占据着虚拟化软件市场的最大份额。

（2）KVM。KVM（Kernel-based Virtual Machine）是由以色列公司 Qumranet 开发的。KVM 在 2007 年 2 月被正式合并到 Linux 2.6.20 内核中，成为内核源代码的一部分。KVM 包含一个为处理器提供底层虚拟化、可加载的核心模块 kvm. ko（kvm-intel. ko 或 kvm-amd. ko），使用 QEMU(QEMU-KVM)作为虚拟机上层控制工具，KVM 不需要改变 Linux 或 Windows 系统就能运行。目前，KVM 是 OpenStack 平台上首选的虚拟化引擎，是开源解决方案的主流选择。

（3）XEN。XEN 是最早的开源虚拟化引擎，由剑桥大学开发，半虚拟化的概念也是 XEN 最早提出的。XEN 因为推出的时间比较长，兼容性、稳定性都不错。

6. 超融合架构

HCI（Hyper Converged Infrastructure，超融合架构）是指超融合基础架构，其在同一套设备（如 X86 服务器）内包含计算、网络、存储和服务器虚拟化等。超融合架构具备独立、易扩展的特点，消除了传统架构的竖井式结构。

7. 云管理平台

云管理平台是云架构中最重要的组件之一。在私有云环境中，云管理平台具备物理设备管理、资源管理、运营管理、门户管理、运维管理等功能。云服务模式下的多租户/部门管理、租户订单管理、流程审批管理、自定义自动化配置功能、资源使用及计费管理、应用编排管理、报表等功能都是通过云管理平台实现的。

大型信息系统云平台综合以上技术为大型信息系统提供一个稳定、可靠的基础设施平台。它有自动化与智能化运维、横向可扩展、高性能、高可靠、灵活弹性服务、快速部署的特点，比传统基础设施平台更加适合新一代大型信息系统。

4.6.3 云平台技术要求

大型信息系统基础设施云平台对服务器集群、存储架构、网络架构、虚拟机、云管理平台等有严格的技术要求，具体要求需要根据业务需求而定，以下内容为大型信息系统云平台通用技术要求。

1. 服务器集群

云平台服务器通常是指用于部署虚拟化软件（Hypervisor）的物理服务器（企业级服务器），根据不同虚拟化软件的兼容性列表选择相应的物理服务器。在云平台中，服务器通常以集群方式组建，为云平台提供计算资源。云平台服务器 CPU、内存、硬盘等具体要求如下：

（1）CPU。CPU（中央处理器）是计算资源的核心，要求支持 Intel VT-x 或 AMD-V，根据虚拟机配置的不同要求，物理机服务器通常配置为 2 路或者 4 路，为保证足够性能通常要求 CPU 主频 2.0GHz 及以上。

（2）内存。大型信息系统中，云平台物理服务器要求足够的内存资源，通常要求部署虚拟化软件（Hypervisor）的物理服务器配置 512GB 及以上的内存。

（3）硬盘。云平台物理服务器通常配置两块硬盘驱动器（HDD），并设置为 RAID1，用来安装虚拟化软件（Hypervisor）。如果使用分布式存储架构，应根据不同分布式存储软件的要求配置一定比例的 HDD 与 SSD（固态硬盘）。

（4）I/O 设备。云平台物理服务器通常配置两块双口万兆以太网卡，满足业务数据流量与管理流量需求，配置两块单口或双口 8G 或 16G 速率的 HBA 卡，满足连接 SAN 共享存储需求。

（5）其他。云平台物理服务器要求具备可扩展 I/O 插槽，满足业务增长需求或其他需求，例如为云平台服务器增加 GPU 加速卡等。

2. 存储架构

大型信息系统云平台的存储架构通常是传统的 SAN 和 NAS，使用统一存储系统，每套存储系统拥有两个及以上控制器，并具备横向扩展能力。对于业务连续性要求非常高的业务系统，通常配置异地双活存储架构。

大型信息系统云平台不仅需要支持传统存储架构，还需支持分布式软件定义存储架构，支持横向扩展和海量数据并发处理。

3. 网络架构

大型信息系统网络架构要求支持 Leaf-Spine 网络架构，异地云数据中心采用大二层网络架构，包含二层多路径、数据中心二层互联、端到端隧道技术等。

大型信息系统网络架构除支持目前云平台主流网络架构外，还需支持 SDN。在软件定义网络架构中，网络被分为应用、控制和转发三层，软件定义网络将控制层面与数据层面分离，从而实现网络流量的灵活控制，让网络成为一种可灵活调配的资源。

4. 虚拟机

虚拟机拥有 CPU、内存、硬盘、I/O 设备等资源，可以运行独立完整的操作系统。虚拟机有兼容性、隔离性、封装性、硬件独立性等技术要求。

（1）兼容性。虚拟机运行的操作系统称为客户机操作系统，要求虚拟机兼容主流 Windows 与 Linux 操作系统，兼容主流设备驱动程序，兼容传统 SAN、NAS 存储架构，兼容分布式存储架构。

（2）隔离性。虚拟机运行在物理服务器上，单台物理服务器上的多台虚拟机共享物理服务器的资源，要求在单台物理服务器上的多台虚拟机之间保持独立与隔离；各个虚拟机使用独立的操作系统，独立的数据空间，某个虚拟机发生意外关闭或操作系统崩溃时不影响其他虚拟机。

（3）封装性。虚拟机相关的虚拟硬件资源、操作系统与应用程序封装在单独的目录内，支持将虚拟机从一台物理服务器转移到另一台物理服务器或从一个数据存储转移到另一个数据存储中，并保持虚拟机正常可用，支持将虚拟机镜像文件存储在标准数据存储上。

（4）硬件独立性。虚拟机对其所在的物理服务器保持硬件独立，虚拟机支持配置与其所在物理服务器相同或类似的服务器组件，例如 CPU、内存、网卡等。

5. 云管理平台

云管理平台实现对物理资源的抽象与统一管理，能够以按需、动态可扩展、多租户方式提供云服务。云管理平台要求支持异构资源的统一管理、灵活分配调度、生命周期管理，包括资源的生产、分配、扩展、迁移、回收，同时具备运营与运维功能。

4.6.4 云平台系统运维

1. 云平台运维要求

大型信息系统云平台的运维与传统的基础设施架构下的运维有所不同，它对运维管理、运维技术水平等有更高的要求。

（1）集中运维管理要求。大型信息系统的数据中心由传统数据中心演变为云数据中心。随着不断实施业务系统上云，云数据中心的规模也越来越大，根据业务可靠性需求，云数据中心通常分布在不同地点，有同城云数据中心和异地云数据中心，通过云平台为不同业务部门提供满足不同需求的云服务。云平台运维涉及跨机房、跨地域，与不同部门、不同厂家的沟通协调，处理各种各样的服务请求，因此需要一个专业的运维部门负责整个云平台的集中运维与管理。

（2）高水平运维技术要求。云平台技术架构涉及多方面技术，包含服务器、存储、网络、虚拟化、安全等技术。既包含传统的技术架构，又包含新的技术架构，例如，软件定义存储、软件定义网络。因此，要求云平台运维人员具备多种技能，例如，作为云平台运维人员，除了精通各种虚拟化技术、云管理平台外，还要熟悉操作系统、网络技术、存储技术等。

（3）要求具备管理异构化、虚拟化和大数据能力。云数据中心内存在大量异构化系统，服务器基本是 X86 架构的，但是不同厂家的服务器操作与管理存在差异。传统存储系统架构因厂家而异，云数据中心可能存在多个厂家的存储设备。基于分布式软件定义存储架构的存储系统，也存在因厂家而异的情况，例如 VMware VSAN、NUTANIX、CEPH、GlusterFS、华为 Fusion Storage 等。网络系统方面，传统架构上各个厂家技术基本一样，但网络设备的横向虚拟化与纵向虚拟化也因厂家不同而存在差异。云数据中心内大规模采用虚拟化技术，拥有多种虚拟化软件，例如，VMware ESXi、Microsoft Hyper-v、XEN、KVM、云计算厂商基于 XEN 或者 KVM 的发行版本等。

云数据中心内数据量规模较大，既有传统的结构化数据，又有大量的非结构化数据，给数据的安全性带来非常大的挑战。

（4）运维自动化要求。云平台的最大特性是实现资源的弹性分配与管理，具备资源实时监控、快速部署和快速更新的特点，需要运维人员能够自动化部署、维护和管理云平台，如自动扩展资源和进行软件更新等一系列的操作。云服务需要尽量减少人工干预，依靠自动化，能够全天候不间断地提供服务。实现自动化，不仅能够降低成本和提高信息系统运行效率，还能够保证云服务达到安全稳定可靠、快速响应、弹性伸缩、可持续运维与更新的要求。

（5）云平台运维监控要求。运维监控不论是在传统架构，还是在云架构，都是不可或缺的一部分。在云数据中心环境下，需要运维监控达到自动化的要求。云平台需要对云数据中心的IT资产与配置进行自动化更新，并能够对云平台相关服务器、网络、存储、虚拟化等资源进行自动化监控与更新，例如，对于新增加的服务器，云平台运维监控系统能够自动发现并纳入监控。云平台运维监控除了传统的运维监控告警功能外，还能根据采集的云平台基础设施数据进行健康、风险、运行效率的分析，并实现可视化展示，通过智能的预测性分析实现容量与性能的最佳规划与优化，并能够根据预定的指标与日志相关联，从而更快地预测、防止和排查云平台的故障。

（6）数据安全性要求。随着业务系统不断向云迁移，云平台内的数据不断增加。虽然云平台基础设施架构中有相应的数据保护机制，例如，传统存储架构中的Raid技术，分布式软件定义存储中的多副本机制等。但是，这并不意味着存放于云平台中的数据是绝对安全可靠的。云平台运维要从技术层面与运维管理层面保证数据的安全性，技术层面从数据的备份容灾考虑，运维管理层面从整个云平台的运维流程考虑，以云平台自动化的流程为基础，尽量减少人工干预造成安全事故。

（7）云安全要求。随着虚拟化技术的大规模使用，云数据中心内部的东西向流量取代南北向流量。云平台内部流量不可见，在出口部署的传统防火墙不能对虚拟机间的流量进行识别；虚拟机和虚拟机之间缺乏安全隔离，虚拟机之间ARP攻击成为普遍的安全隐患；虚拟机之间的东西向流量安全防护问题尤为突出，因此云平台运维需要重点考虑云安全问题。

2. 云平台运维流程

云平台具有自动化特点，云平台的自动化与云平台的运维流程是密切相关的，按照流程来运维是保证云平台安全稳定的基础。

1）云服务管理

云管理平台提供对外服务门户，提供云服务目录，最终用户或者租户的资源申请订单、资源使用情况等都通过云管理平台体现。云管理平台与现有基础设施运维管理平台及流程对接与整合，提供完善的云平台运维流程。

2）云平台故障管理

通过云管理平台与运维部门服务台进行故障管理与监控，云管理平台具备对云平台基础设施和云服务流程进行事件日志监控与警告功能，通过云管理平台可视化功能展示给运维人员，或者通过邮件与短信等功能通知运维人员与业务系统相关负责人。另外，通过运维部门服务台可以统一接收最终用户或者租户的故障申告，并由服务台通过运维管理系统给运维小组派发故障处理工单，同时服务台提供回访服务。

3）云平台变更管理

最终用户或者租户通过云管理平台服务门户提交变更申请，经审核通过后，能够自动完成变更并处理审核步骤，无需人工干预。但是，审核步骤需要与现有的运维管理流程进行对接与整合。

（1）创建虚拟机。云管理平台接收到创建虚拟机订单，经审核后自动完成虚拟机的创建。在自动创建虚拟机过程中，如果发生错误，则通过云管理平台故障管理体现。创建虚拟机可作为业务处理事件，将最终完成结果同步至基础设施运维管理平台。

（2）虚拟机变更。最终用户或者租户通过云管理平台服务门户提交虚拟机配置变更申请，包括虚拟机的 CPU、内存、磁盘、网络、操作系统等。对于变更申请，经过变更审核后，通过云管理平台自动化或者运维人员手工调整。完成变更后，虚拟机配置信息更新至云管理平台，同时变更结果同步至基础设施运维管理平台。

（3）云物理机变更。物理机变更包含提供给最终用户或者租户的云物理机和云平台基础设施物理服务器。云物理机变更通过云管理平台服务门户提交变更申请，与虚拟机变更流程类似。云平台基础设施物理服务器变更，通常通过走运维部门现有流程，经审核通过后执行。

（4）模板变更。云服务一般通过既定模板提供，例如虚拟机。虚拟机模板经过安全审核后发布至云管理平台服务目录。模板若有变更，例如更新虚拟机模板操作系统补丁，需要通过运维部门现有流程，人工进行全面测试与审核。

（5）网络配置变更。网络配置变更主要是云平台基础设施网络变更，例如给云平台增加新的网段，需要通过运维部门现有流程，人工进行全面测试与审核。

4）云平台配置管理

云管理平台相关配置管理包含提供给最终用户或者租户的云资源和云平台本身的配置管理，对于云平台配置变更，一般要求不影响云资源的使用。

5）云资产管理

云管理平台具备资产管理功能，能够自动更新资产信息。组织内如果拥有资产管理系统，可将云管理平台资产信息同步至现有资产管理系统，资产管理系统需要增加虚拟资源资产项目。

6）云平台技术支持服务

技术支持服务是指当最终用户或者租户的业务系统遇到问题时，需要云平台运维团队协助进行问题排查的服务。通过运维部门服务台可以统一接收最终用户或者租户的技术支持请求，并给云运维团队派发技术支持服务工单。

3. 云平台常规维护

虚拟化平台是云平台的核心，是构建云平台的基础。虚拟化平台运维在云平台运维中占据主要位置，虚拟化平台的运维涉及物理机运维、虚拟机运维、数据存储运维、网络运维、故障处理等。

1）虚拟化平台物理机运维

物理机是虚拟化平台的基础，虚拟化平台物理机运维需要重点关注硬件健康情况，以及 CPU、内存的利用率、网络上行链路情况。除了监控日常的硬件与资源使用情况外，还要关注虚拟化平台扩容与定期维护。

（1）日常监控与维护。机架式服务器通过 IPMI（智能平台管理接口）管理口进行监控与维护，刀片式服务器通过刀框的管理模块进行监控与维护。拥有集中运维监控系统的云数据中心，可结合运维监控系统对物理机资源进行统一监控。

虚拟化平台的物理机资源使用情况一般通过虚拟化管理平台进行监控，包括 CPU、内存、网络上行链路等。物理机主机的主要性能指标参考值见表 4.18。

表 4.18 物理主机主要性能指标参考值

CPU 利用率	20.00%	40.00%
I/O 吞吐量	20.00%	40.00%
CPU 等待队列	3.00%	10.00%
内存交换（Swapping）	10.00%	25.00%
内存利用率	60.00%	80.00%

网络吞吐量	20.00%	40.00%
注　释	小于此值性能最佳	大于此值性能受影响

（2）扩容与定期维护。随着业务需求的不断增长，虚拟化平台会进行扩容，扩容的方式包括纵向扩容和横向扩容。纵向扩展通常是增加物理机内存或 PCI-E（总线接口）扩展卡，服务器采购时 CPU 一般是满配插槽的，无需考虑扩展。

横向扩展主要是增加物理机节点，建议增加的物理机节点的型号和配置与现有集群的物理机相同，特别是 CPU 型号。同时还要考虑集群的规模，建议 6 ～ 8 台服务器作为一个集群。用于扩容的服务器的采购时间一般在现有系统运行一年后，因此，很难采购到与原来相同型号与配置的服务器，还会出现不同厂家服务器的情况。在这种情况下，关键要确保新服务器在虚拟化平台的兼容性列表内，扩容服务器可作为新建集群使用。

虚拟化物理机需要进行定期维护，例如除尘、更换故障部件等。在定期维护期间，可将需要维护的物理机上的虚拟机在线迁移至其他物理机，该操作不影响业务的正常使用。

2）虚拟机运维

虚拟机是云资源的核心，虚拟机的配置不仅要保证每个虚拟机拥有足够的资源与性能，还要防止资源的浪费，虚拟机的配置并不是越高越好。虚拟机的配置主要考虑虚拟机 CPU、内存、存储、网络、操作系统等。

虚拟机的组成包含 CPU、内存、硬盘、SCSI（小型计算机系统接口）控制器、网络适配器、光驱、软盘驱动器、显卡和其他设备（包含串口、并口、USB 设备、PCI 设备）。虚拟机运维的关键是只给虚拟机分配器所需求的资源，不能过度分配，造成物理机资源的浪费，例如，软盘、光驱、USB控制器、闲置的网卡与存储控制器，过度的硬件配置会消耗不必要的 CPU 中断资源。下面主要从虚拟机的 CPU、内存、硬盘三个方面讨论虚拟机的运维。

（1）CPU 配置管理。一台虚拟机可以配置多个 vCPU（虚拟 CPU），最多可达 64 个甚至128 个，但是决定一台虚拟机 vCPU 数量的因素很多，例如，物理机 CPU 具有的逻辑内核数。vCPU 数量并非越多越好，在没有特殊要求的情况下虚拟机最佳的 vCPU 数是 1 个。在为虚拟机增加 vCPU 数量前，要确保应用程序能够支持多线程，如果虚拟机不能够利用多余的 vCPU，不仅影响自身性能，还有可能会影响其他虚拟机的性能。对具有多个 vCPU 的虚拟机来说，未使用的 vCPU 仍将占用计时器中断，也会增加 vCPU 就绪时间，从而增加延迟。为了方便虚拟机在线增加 CPU 资源，通常在虚拟机 CPU 设置选项启用 CPU 热插拔功能，具体是否支持 CPU 热插拔功能，视虚拟机操作系统版本而定。

（2）内存配置管理。虚拟机内存的大小受限于物理机内存的大小，给虚拟机分配的内存一般比虚拟机平均内存使用量稍微大一点。通常应用部署前期并不明确平均内存使用量是多少，因此需要启用虚拟机内存热插功能，方便虚拟机内存的在线添加。

（3）硬盘配置管理。通过虚拟化技术，虚拟机硬盘的配置具备较大的灵活性，可以按需求增加硬盘，通常将虚拟机的硬盘配置为一个硬盘对应一个分区。在有足够存储资源的情况下，可以很方便地扩容虚拟机硬盘，但是在一个硬盘有多个分区的情况下，除了最后一个分区方便扩容以外，其他分区扩容将变得很困难。例如，安装 Windows 操作系统的虚拟机，通常将单独一个硬盘划分给 C 盘，根据操作系统版本合理确定该硬盘的大小，而将其他数据文件、日志文件等存放于另外单独的硬盘。

虚拟机硬盘通常分为精简置备和厚置备两种类型，精简置备硬盘的优势是通过数据的增加来分配硬盘，但存在风险，建议不要过度给精简硬盘分配空间。为了防止发生数据存储空间不足的情况，需要给数据存储设置告警阈值，并时刻关注。精简置备硬盘随着数据的写入而增加数据存储的使用空间，但并不会随着数据的删除而释放数据存储的空间。

当虚拟机需要存放大量数据时，RDM（Raw Device Mapping，裸设备映射，虚拟机直接使用存储中的 LUN，而不经过虚拟化层）硬盘通常是考虑的方案之一。但 RDM 硬盘会增加管理的难度，存在扩展性问题，大量使用 RDM 硬盘会增加管理员的工作量。RDM 硬盘的性能与数据存储性能差别很小，且 RDM 硬盘会带来较多限制，所以建议尽量避免使用 RDM 硬盘。

　　3）虚拟化平台数据存储运维

虚拟化平台数据存储的运维主要关注容量、可用性与性能，涉及数据存储的前期规划、后期维护和性能优化。

（1）容量管理。容量是最直观的监控参数，通过虚拟化管理平台即可获取数据存储容量情况，建议使用率不超过 80%。大多数情况下虚拟机磁盘使用精简置备模式，此模式存在严重的超额分配情况，数据存储存在随时被耗尽的风险，在给数据存储设置告警阈值的同时需要加强监控力度。

在规划与扩容数据存储时，建议每个 LUN（Logical Unit Number，逻辑单元号）运行 10 ~ 20 个虚拟机（数据事务类应用可以适当减少），并且每个 LUN 的使用量不超过容量的 80%。

如果虚拟机需要直接访问存储卷，应在存储中另外创建一个 LUN，以 RDM 方式映射到虚拟机，虚拟机以裸磁盘方式使用。LUN 容量规划的公式如下所示：

$$LUN 容量 = A \times (B + C) \times 1.25$$

其中，A= 每 LUN 上驻留 10 个虚拟机；B= 虚拟磁盘文件容量；C= 内存大小。

（2）可用性管理。数据存储的可用性非常重要，在虚拟化平台数据存储维护过程中，需要时刻关注数据存储的可用性问题。在 SAN 架构中，虚拟化物理机一般配置两块单口或双口 HBA 卡连接至 SAN 网络，保障链路的冗余与性能。日常运维需要检查存储链路是否正常，基于数据安全性考虑，需要给虚拟机做备份，降低数据丢失风险。

（3）性能管理。数据存储性能通常关注 IOPS（Input/Output Operations Per Second，每秒的读写次数）、吞吐量和延迟。对于实时性要求比较高的业务系统，往往需要很低的延迟。如果同一个 LUN 上存在多个 IOPS 较高的虚拟机，有可能出现性能瓶颈。在运维过程中，数据存储的性能数据并不是很直观，需要通过专门的监控系统或通过命令行方式在后台监控。在出现虚拟机性能问题的情况下，除了排除网络、CPU 和内存方面的问题外，很多情况是出现了数据存储性能瓶颈。此时需要关注虚拟机磁盘与所在的数据存储的 IOPS、延迟等性能参数，同时还要关注虚拟机所在物理机的 HBA 卡队列深度，HBA 卡也是影响性能的因素之一。

　　4）网络上行链路管理

虚拟化物理机一般有二至四个以太网网口作为上行链路端口，通常分为管理网络与业务网络，管理网络提供给虚拟化平台管理使用，业务网络提供给虚拟机使用。网络上行链路管理，需要确保其可用性与性能。

　　5）资源管理

虚拟化平台进入运维阶段后，资源管理是比较重要的任务。资源管理主要是对 CPU、内存和数据存储的容量管理，根据历史性能数据对资源容量需求进行预测，为资源的扩容提供有效依据。

资源管理一般通过监控工具实现，通过监控虚拟机资源的使用情况可以识别闲置虚拟机资源，为资源回收提供依据。例如，CPU 和内存资源，很多情况下给虚拟机分配了过多资源，应识别长期不使用的空闲虚拟机，以便停机或者回收资源。

资源管理还包括对未来容量的规划，根据季度、半年或一年的资源使用情况，预测剩余资源何时消耗完，预测未来一年甚至两年内的资源增长情况。

4. 云平台故障处理

云平台常见故障为物理机宕机和虚拟机故障。需要快速处理故障且在处理过程中尽量缩小故障的影响范围。故障处理首先要识别并定位故障，其次隔离故障并分析故障原因，最后测试解决方法并解决故障。下面主要讨论云平台常见故障处理的步骤和常见故障处理案例。

1）故障处理步骤。

（1）识别与定位故障。故障可分为不可用性故障和性能问题故障。引起故障的原因有很多，有效排除故障的关键是确定出现何种故障和故障原因。在确定故障现象时，一般考虑以下问题：

① 了解故障现象，是什么任务或者预期的结果未完成。

② 预期的结果是否因为有错误发生而未完成，或者相同时间内是否有其他相关错误信息和日志。

③ 确定任务完成所用的时间是否超出正常范围。

④ 确定故障现象是首次出现还是不定时出现或持续出现。

⑤ 确定故障现象是普遍性还是个别性。

⑥ 确定最近是否对平台做出可能引起故障的变更。

（2）分析故障原因。分析故障原因的关键在于准确识别并定位故障。通过故障现象分析是什么原因引起故障，分析故障原因一般考虑以下问题：

① 是否平台的软硬件故障。

② 是否存在配置错误。

③ 是否存在兼容性问题。

④ 通过共性排除不可能的原因。

⑤ 分析出现故障前的配置变更。

⑥ 重点分析错误信息和相关的日志信息，包括平台软硬件日志、操作系统日志等。

（3）确定解决方法。确定故障原因后寻找解决故障的方法。寻找解决故障的方法有很多种途径，可以查看官方故障处理技术文档、查询知识库或网络，并结合已拥有的故障处理经验得出解决方法。在进行故障处理前，需要测试解决方法，确保解决方法有效且不影响平台的正常运行，具体如下：

① 根据故障原因通过多种途径寻找多种解决方法。

② 通过测试逐个验证多个解决方法是否有效。

③ 从最有可能到最无可能的潜在问题进行系统性排除，直至故障解决。

④ 对解决方法进行测试时，每次仅修改一处，若修改后未能解决故障，则回退至上一状态，避免触发新的故障。

2）故障处理案例

云平台故障处理因技术架构而异，云平台通常涉及不同的服务器、存储、虚拟化技术，虚拟机则涉及不同的操作系统以及承载的应用系统。下面主要讨论虚拟化平台、虚拟机的常见故障处理案例。

（1）常见虚拟机故障处理。常见的虚拟机故障包括网络不通、性能不足、虚拟机操作系统卡顿、虚拟机不可用等，常见虚拟机故障处理见表4.19。

（2）常见虚拟化平台故障处理。常见虚拟化平台故障见表4.20。

表 4.19 常见虚拟机故障处理

序 号	问 题	原 因	解决方案
1	虚拟机 ICMP 连通性不可达	① 虚拟机网卡配置错 ② 操作系统防火墙阻止 ③ 网络安全策略阻止 ④ 虚拟机死机	① 检查虚拟机网卡配置，正确配置网卡 ② 关闭防火墙或者放行 ICMP，如果确认是安全性要求需要禁止 ping，可忽略该问题 ③ 协调网络安全维护人员排查 ④ 重启虚拟机
2	虚拟机网络连接出现断断续续情况	① 虚拟机死机 ② 虚拟机之间发生 ARP 攻击	① 重启虚拟机 ② 协调网络维护人员排查，找出发起 ARP 攻击的虚拟机，并将其网络断开
3	虚拟机性能问题	① vCPU 就绪时间较长 ② CPU 和内存使用率较高 ③ 磁盘 I/O 较慢	① 分配给虚拟机的 16 核心和 32 核心 vCPU 的就绪时间（Rdy）一般较长，原因是分配给虚拟机较多的核心数，未使用的虚拟 CPU 仍将占用计时器中断，所以增加了就绪时间，1vCPU、2vCPU、4vCPU、8vCPU 的就绪时间较低；在多个虚拟 CPU 中保持一致的内存视图也会消耗资源，可对虚拟机资源进行重新分配 ② 检查应用程序消耗 CPU 和内存的情况，是否因业务量增长造成资源不足，如果是则申请增加资源；如果是因为应用程序异常引起 CPU 和内存资源不足，请应用运维人员解决该问题 ③ 排除是否由存储系统故障引起，如果是则由存储系统维护人员处理，如果不是则需要检查位于相同 LUN 上的虚拟机的 IOPS 情况，如果同一个 LUN 上面存在多个 IOPS 较高的虚拟机，在这个情况下就有可能出现性能瓶颈，需要将 IOPS 较高的虚拟机分配至不同的 LUN 上
4	虚拟机操作系统卡顿	① CPU 或内存使用率过高 ② 应用程序错误 ③ 操作系统存在问题	① 解决 CPU 或内存使用率过高问题 ② 解决应用程序错误问题 ③ 寻求操作系统技术支持解决
5	虚拟机不可用（以 VMware 虚拟化平台为例）	① 数据存储空间被消耗尽，导致虚拟机无法正常运行 ② 虚拟机文件被锁定，导致虚拟机无法正常运行 ③ 虚拟机出现孤立情况，vCenter 无法管理	① 扩容数据存储或者将虚拟机迁移至容量足够的数据存储上 ② 找出锁定虚拟机文件的虚拟化主机，在虚拟化主机上将被锁定虚拟机的进程结束，重新启动虚拟机，如不能启动，需要重新引导虚拟化主机解决该问题 ③ 将虚拟机从 vCenter 清单移除，在数据存储上找到该虚拟机 .vmx 文件，重新注册该虚拟机到原来所在的虚拟化主机 注：虚拟机不可用故障无法解决时，可通过备份恢复虚拟机
6	虚拟机无法迁移（以 VMware 虚拟化平台为例）	① vMotion 网络问题 ② 虚拟机出现故障	① 检查 vMotion 网络，并保证 vMotion 网络连通性正常 ② 处理虚拟机故障问题，保证虚拟机处于正常运行状态
7	虚拟机备份失败（以 VMware 虚拟化平台为例）	无法静默虚拟机，导致快照执行失败	重启 VMware Tools 服务，如无效，则重新安装 VMware Tools 并重启操作系统，解决虚拟机无法静默问题

表 4.20 常见虚拟化平台故障处理

序 号	问 题	原 因	解决方案
1	虚拟化主机宕机	① 硬件故障 ② 机房动力系统故障 ③ 虚拟化软件出现 BUG	① 更换故障硬件，重启服务器 ② 机房动力系统恢复正常，确保存储和网络都正常后，重启启动服务器 ③ 重启虚拟化主机，并寻求虚拟化软件厂家技术分析支持
2	VMware vSphere 虚拟化平台 vCenter 故障，无法恢复	应用程序出现不可恢复性错误	vCenter 数据库完整可用的情况下，可使用原数据库重新部署 vCenter Server
3	VMware vSphere 虚拟化平台集群故障	① 虚拟化主机发生故障 ② vSphere HA 处于"网络已分区"和"网络已隔离"状况，虚拟化主机相关的网络、存储出现故障	① 解决虚拟化主机故障问题 ② 解决虚拟化主机网络和存储的连通性问题

第 **5** 章　大运维体系的指挥通信系统

> 指挥通信设施为系统之脉络，运行的神经中枢。——佚名

指挥通信系统是大型信息系统的神经中枢，是大型信息系统情报与指令上传下达的总汇，是大型信息系统的重要组成部分。它承载着大型信息系统高效运行的重担，它肩挑着快捷指挥调度的职责，它肩负着突发事件应急处理的责任。它具有有线通信、无线通信、应急通信及视频会议的功能。做好指挥通信系统的运维工作是保障大型信息系统耳聪目明、反应敏捷、令行禁止、安全运行的重要手段。

大型信息系统必以大型指挥通信系统为重要支撑；大型指挥通信系统必以大运维体系来保驾护航。本章将从介绍大型指挥通信系统的结构与特点入手，围绕指挥通信系统的管理框架，全面阐述有线通信、无线通信、应急通信及视频会议运行维护的要点与基本措施。

5.1　大运维体系指挥通信系统的运维架构与特点能力

5.1.1　大型指挥通信系统的总体架构

大型信息系统的指挥通信系统各异，结构非常复杂。下面以一个省级的大型指挥通信系统为例，进行简要介绍。

这个省级大型指挥通信系统采用分级指挥的组织架构，自上而下分为四级：部省为一级、市为二级、县区为三级、一线基层为四级。各级指挥通信分系统通过骨干网络和卫星传输实现互联和信息交互，依据辖区管理的原则实现指挥通信功能的分布式实现。省级能对市级实施指挥，市级既能接受省级指挥通信分系统的指挥，又能对下辖的县级指挥通信分系统实施指挥，以此类推，层级管理，直至最低端的各分点。在这种层级划分之下，每个层级根据实际需求配备相应的指挥通信系统，如视频会议系统、有线通信指挥系统、无线指挥通信系统、应急通信车系统等。该指挥通信系统架构如图 5.1 所示。

1. 按层级划分指挥通信系统架构

一个大型指挥通信系统必须是多层架构的，按照层级划分，指挥通信系统可划分为省部级、市级、县级、一线基层级。

（1）省部级指挥通信系统。省部级指挥通信系统作为最高层指挥中心，负责指挥调度辖区地市指挥中心、县级指挥中心及一线基层有关单位，能与各级指挥系统互联互通，具有跨区域联合作战指挥调度、重大事件现场指挥通信、情报信息收集研判，以及指挥通信业务模拟训练等功能。省部级指挥通信系统建设有视频会议系统中心、有线通信系统、无线通信系统，以及应急指挥调度中心。

（2）市级指挥通信系统。市级指挥通信系统作为承上启下的中转枢纽，负责接受上级指挥调度指令，指挥县级指挥中心及一线基层有关单位，能与省部级指挥系统、各下级指挥通信系统互联互通，具有对下级指挥调度、大型事件及其他灾害事故现场指挥通信、情报信息收集研判上报管理，以及通信指挥业务模拟训练等功能。市级指挥通信系统建设有视频会议系统、有线通信程控交换系统、无线通信交换中心及应急通信车。

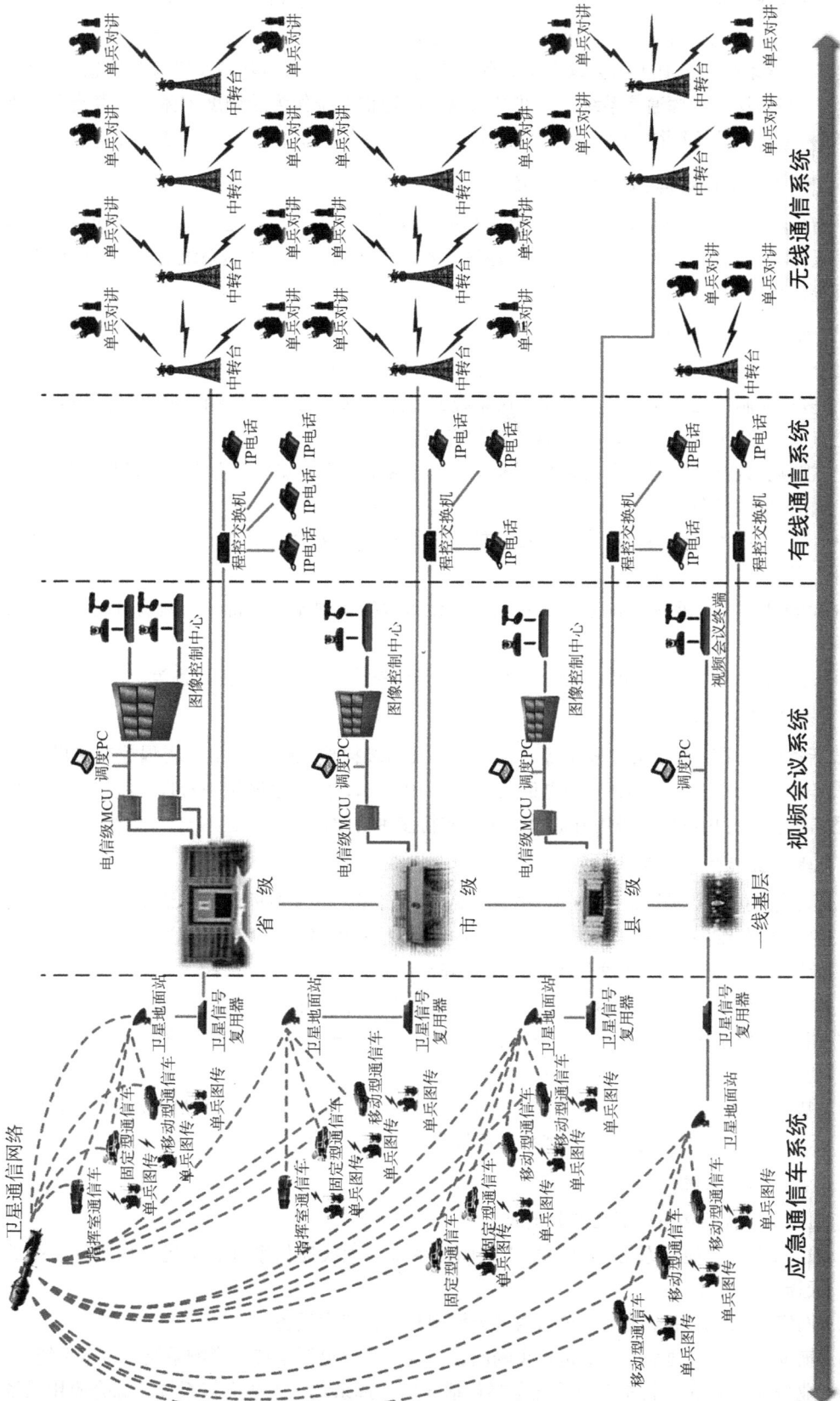

图 5.1 指挥通信系统架构图

（3）县区级指挥通信系统。县区级指挥通信系统作为受调度部门，负责接受上级指挥调度指令，指挥一线基层有关单位，能与上级部门、一线基层有关单位互联互通，对下级进行指挥调度。县区级指挥通信系统建设有视频会议系统、有线通信系统、无线通信基站及终端和应急通信系统。

（4）一线基层级指挥通信系统。一线基层级指挥通信系统作为受调度个体，负责接受上级指挥调度指令。一线基层级指挥通信系统建设有视频会议系统、电话终端、无线通信终端。

2. 按照技术划分指挥通信系统架构

通信指挥系统按照技术架构划分，主要由视频会议系统、有线指挥通信系统、无线指挥通信系统、应急通信车系统 4 个子系统构成。不同地区、不同指挥层的指挥通信系统建设，可以根据实际需求合理选定具体的通信指挥装备配置。

1）视频会议系统架构

视频会议系统由多点控制单元、视频会议终端及相关辅助设备组成。

（1）多点控制单元（MCU）。视频会议系统的多点控制单元是音视频码流的交互及转发中心，通过中心点的 MCU 可实现多个不同终端之间的音视频交互。

（2）视频会议终端。视频会议系统的视频会议终端主要用于实现视音频的编码与解码。

（3）相关辅助设备：

① 视频辅助设备。视频会议系统的视频辅助设备包括视频输入设备、视频显示设备、视频处理设备等。

② 音频辅助设备。视频会议系统的音频辅助设备包括音频输入设备、音频输出设备、音频处理设备等。

③ 其他控制设备。视频会议系统的其他控制设备包括会议主机、中控设备等。

2）有线指挥通信系统架构

有线指挥通信系统网络结构采用部、省、市、县四级树形汇接网，由专用程控交换机、NGN 软交换设备和传输网络组成。IP 专用电话网是基于 IP 技术，实行全网统一管理、统一编号、分级维护的通信平台，专用电话网采用开放式结构，支持多种协议。

3）无线指挥通信系统架构

（1）无线指挥通信系统组成架构。省、市两级部门建设无线指挥通信系统交换与网管中心。县级部门主要建设无线指挥通信系统基站，通过电路连接到市级部门无线指挥通信系统。

无线指挥通信系统交换中心采用对等结构、扁平化设计。

（2）无线指挥通信系统网管架构。无线指挥通信系统网络管理采取部、省、市三级管理架构。无线指挥通信系统网络管理应具备用户管理、性能管理、配置管理、故障管理和安全管理等基本功能。

（3）基站（BSC）的组成。无线指挥通信系统基站由基站控制器、基站收发信机、合路器、分路器、双工器、天线馈线避雷器、基站电源等设备组成。

4）应急通信车系统架构

应急通信车系统架构由以下几部分组成：

（1）通信系统。通信系统主要包括无线图传系统、无线通信系统、卫星通信系统、微波传输系统、天馈线系统等。

（2）网络系统。网络系统主要包括内部局域网和交换路由设备。

（3）辅助系统。辅助系统主要包括车辆改造系统、综合电源系统、音响系统、显示系统等。

（4）业务应用系统。业务应用系统主要包括通信指挥系统、视频会议系统、综合应用系统、视频监控系统等。

5.1.2 大型指挥通信系统的特点和能力

1. 大型指挥通信系统的特点

大型指挥通信系统一般有三个特点，为便于说明，下面仍以图5.1某省级大型指挥通信系统为例进行介绍。

（1）规模庞大。大型指挥通信系统包含的独立运行和管理的子系统甚多。视频会议系统核心设备包含MCU、视频矩阵、视频会议终端、调音台、电视墙等，有1800多套。有线指挥通信系统核心设备包含程控交换机、不间断电源、分线盒、电话终端等，有6300多套。应急通信车系统核心设备包含卫星视频终端、复用器、卫星天线、调制解调器等，有80多辆。无线指挥通信系统核心设备包含集群级服务器、数据采集单元、语音接入单元、基站控制板等，有200多套。

（2）跨地域性。大型指挥通信系统分布广阔，部署不集中。上下连接指挥通信系统设备分布在市级十几个，县级分局几十余个，一线基层百余个，户外大型无线基站几十个，户外大型卫星基站数个。

（3）数据量大。大型指挥通信系统处理的通信信息量大，存储的数据复杂，内容多且形式多样。平均年内部信息量百亿条，外部信息量数亿条，使用存储空间1200多TB。

2. 大型指挥通信系统的能力

（1）具备全域指挥通信能力。大型指挥通信系统采用全域分级指挥机制，融合通信网络、业务应用、频率使用和安全防护等多种信息，形成全域统一的通信态势图表，实现对通信网络的全程监控，为评估网络运行状态、运行趋势和任务效果提供支撑。

（2）具有指挥通信自动化、智能化能力。大型指挥通信系统对指挥数据进行分析，并与知识信息库交互，建立指挥通信效果评估模型，提供指挥通信决策方案评价、预测和选择方案，提高指挥通信的有效性，提升指挥通信的自动化、智能化水平。

（3）全域通信网络统一组织和规划。大型指挥通信系统可以通过对全域通信网络的统一规划和组织调度，实现日常值班、日常会议召开、多样化任务的指挥通信和通信保障功能，能适应多种保障任务的数据传输要求。

（4）体系结构开放，可持续升级。大型指挥通信系统采用SOA（面向服务的架构）设计，提供以服务为中心，可动态优化和功能扩展的分布式应用架构，实现服务的应用与接口分离，使底层接口的实现不影响服务应用，有利于系统平滑且持续升级。

5.2 大型指挥通信系统运维的管理

大型指挥通信系统运维的管理内容包括指挥通信设施运维管理的总体框架和指挥通信设施运维。

5.2.1 指挥通信设施运维管理的总体框架

指挥通信设施运维管理的总体框架由指挥通信设施运维的对象、运维的内容、运维的制度、运维的人员、运维的管理系统与工具这五个部分组成，如图5.2所示。

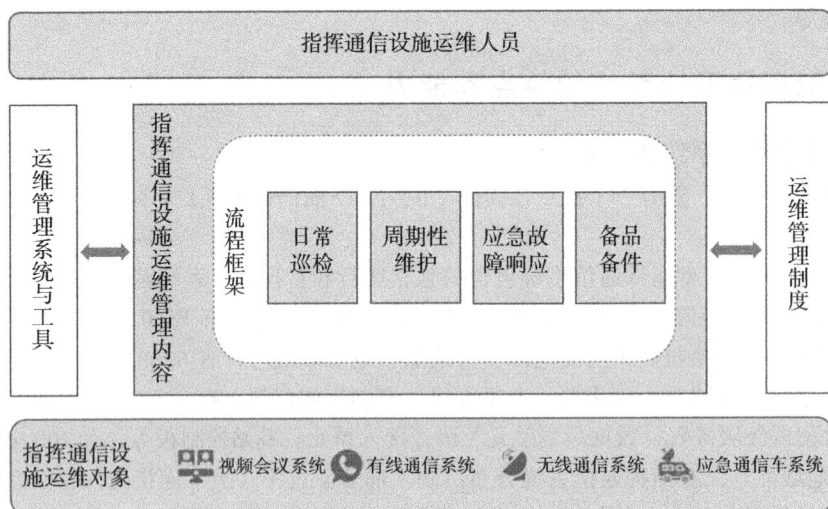

图 5.2　指挥通信设施运维管理的总体框架

1. 指挥通信设施运维的对象

指挥通信设施运维的对象主要包括视频会议系统、有线指挥通信系统、无线指挥通信系统、应急通信车系统。

（1）视频会议系统。视频会议系统利用会议电视设备，通过传输信道在两地或多地同时举办可视、可听、可讲的会议。伴随着信息通信技术的快速发展，目前的视频会议系统是一种集计算机、网络通信、演播控制、多媒体、会场环境等技术于一体的会务自动化管理系统，其强大高效的会议功能为参会人员提供了身临其境的电视会议服务，已成为党政机关、电力、消防等行业日常管理工作中的重要手段。

（2）有线指挥通信系统。有线指挥通信系统通过送话器把声音转换成相应的电讯号，用导电线把电讯号传送到远端的解码器，然后再通过解码器将这一电讯号还原为原来的声音。它具备通话性能好、使用方便、费用低廉等优点，是人们日常交往活动中不可缺少和不可替代的通信工具。随着移动电话的普及，有线电话应用已经减少。有线电话在指挥通信系统中扮演着不可或缺的角色。

（3）无线指挥通信系统。相对于有线通信而言，无线指挥通信系统将需要传送的声音、文字、数据、图像等电信号调制在无线电波上，经空间和地面传至对方，利用无线电磁波在空间传输信息。其优点是不需要架设传输线路，传输距离远，机动性好，建立迅速；缺点是传输质量不稳定，信号易受到干扰或易被截获，易受自然因素影响，保密性差。

（4）应急通信车系统。应急通信车系统利用广播指挥系统、车体、卫星通信设备、无线通信系统、自动伺服系统、图像采集和处理系统、供电及配套系统、车内办公和控制系统、车载定位系统、数据采集系统、强光照明技术等，实现前线与后方的指挥中心进行通信联络、现场指挥调度等功能。该系统目前是党政机关、公安、消防部门针对大型现场指挥、群众疏散、抢险救援所采用的综合移动平台，是现代通信技术及其他高科技技术的综合运用。

2. 指挥通信设施运维各岗位的基本要求

1）视频会议岗的基本要求

① 每日巡检，对设备进行现场检修，发现单点隐患，及时处理，保证系统各设备都有冗余备份，并提供详细的巡检报告。如有视频会议保障须提前试线，提供实时的线路、设备巡检与技术服务。

② 维护综合复用设备、视频会议终端设备及系统业务，以及到二、三级部门复用设备的维护。在维护过程中要求不仅提供对终端设备的维护，且必须配合对网络检测和网络配套设备进行故障排

除，以及配合末端业务设备的修复，使系统恢复正常使用。

③ 需要搬迁设备时，维护人员需到达现场配合，并提供技术保障。

④ 提供特殊时期 7×24 小时驻场的应急保障支持。节假日及重大活动期间的备勤，如有需要，须在接到通知后 2 小时内到达现场值守。

⑤ 定期对设备进行现场检修，并提供详细的检修报告。

⑥ 负责维护工作的人员对所有系统资料和数据负有保密的责任和义务，未经许可，不允许向第三方透露。

2）有线指挥通信岗的基本要求

① 负责严格执行施工标准及服务要求，及时修复用户宽带故障。

② 负责责任区内的线路及相关设备的日常维护工作。管控区域内设备实装情况，并根据业务需求情况及设备使用情况，及时提出小型引纤及扩容申请，并跟踪落实情况，监督完成时限，确保及时满足用户需求、业务及时开通、障碍及时修复。

③ 负责责任区内线路及相关设备的资源管理工作，确保号线资源及相关设备资源及时准确更新。

④ 满足所辖区域内所有用户的服务需求，提高用户满意度，积极探索区域化综合服务体系。

3）无线指挥通信岗的基本要求

① 每天对维护的基站和机房核心设备进行早晚远程巡检，确保设备正常运行，对讲机能正常呼入呼出；正常值班时间，每日对各个二、三级基站和机房进行无线巡检点名工作。

② 每年进行 2 次年度户外基站巡检，巡检时要对设备的运行情况进行检查，对设备的各项指标及防雷接地设施进行检测，对不合理的布线进行整改，对频率偏差、功率变化等进行调整，对微波设备运行进行检查。

③ 协助业务部门完成对讲机设备等相关无线产品的写频及调试工作。

④ 在有重大通信保障任务时，必须提前对设备进行检查。在重大活动期间，做好现场值班服务工作，保障重大活动期间设备的正常运行，指挥调度顺畅。

⑤ 对系统设备进行日常维护和检修，当设备发生故障时，维护技术人员必须能迅速判定故障并加以排除，尽量在现场处理，以不影响系统的正常运行为原则；在现场不能及时处理好的故障，要及时用备件给予替代，并配合尽快维修好故障设备。

⑥ 提供特殊时期 7×24 小时驻场的应急保障支持。对重大系统故障需 1 小时内到达现场，2 小时内定位故障并提出解决方案，尽快排除故障，确保设备正常工作；对二级中心设备则相应增加路途时间；对高山设备要增加人员上山的时间。

⑦ 负责维护工作的人员对所有系统资料和数据负有保密的责任和义务，未经许可，不允许向第三方透露。

4）应急通信车岗的基本要求

① 定期巡检的基础工作。检测动中通各个系统模块的工作状态，并对检测过程中出现的故障进行定位维护，要求对卫星地面站机房内各个机柜之间的设备进行整理，对传输线缆进行整理并打上相应的标签，对老化线缆及接头需进行更换。

② 月检。每月检查相关设备的运行状况，针对所维护的所有系统做全面安全检测。每次巡检后提出巡检报告，针对存在问题提出整改意见。

③ 周检。每周对车上设备进行例行启动测试，保证车上系统处于可用状态，故障处理提供 7×24 小时的故障支持服务，维保人员每天 24 小时在岗。

④ 提供特殊时期 7×24 小时驻场的应急保障支持。对重大系统故障需 1 小时内到达现场，2 小

时内定位故障并提出解决方案，尽快排除故障，确保设备正常工作。

⑤ 应急保障。重大事件现场值守服务，提供节假日及重大活动期间的备勤，如有需要，须在接到用户通知后 2 小时内到达现场值守。

⑥ 负责维护工作的人员对所有系统资料和数据负有保密的责任和义务，未经许可，不允许向第三方透露。

3. 指挥通信设施运维人员的基本要求

指挥通信设施运维人员的基本要求见表 5.1。

表 5.1 指挥通信设施运维人员基本要求

岗位名称	岗位概述	学历及工作年限	认证要求	工作经验要求	岗位职责	关键产出物
视频会议岗	负责视频会议系统、扩音系统、中控等有线通信保障设备运维及技术保障服务，配合业务部门对各类重大通信保障提供技术支持	要求大学专科以上计算机类或电子通信类专业学历或学历，要求 2 年以上会议系统建设、维护经验	具有通信类同级别或视频视讯或以上认证，或有其他厂商同级别或更高级别	要求 2 年以上视频指挥调度系统与视频会议系统会议操作维护经验。熟悉科达、大华等视频会议系统操作，如调音、视频头操控及视频频道转换等	① 对视频会议系统、扩音系统、中控等有线通信保障设备进行日常维护和检修 ② 当视频会议系统、扩音系统、中控等有线通信保障设备发生故障时，迅速判定故障并加以排除，在现场不能及时处理好的故障，及时用备件给予替代，并跟进维修好故障设备 ③ 配合业务部门对各类通信保障提供技术支持，对重大保障活动提供现场技术支持 ④ 提供各类通信保障及设备优化建议 ⑤ 负责职责范围内的有线通信维护知识积累，协助完善知识库 ⑥ 根据备勤情况参与重大活动保障值班 ⑦ 完成上级交办的其他工作	① 每日巡检表 ② 工作周报：一周的巡检次数、故障处理次数 ③ 建立并更新维护设备清单（月报） ④ 服务支撑反馈表
有线通信岗		通信工程、网络工程、计算机科学与技术等相关专业，本科以上学历	持有电工证、高空作业证、线务员证等证	要求 1 年以上有线通信维护经验，对通信专业的基本知识，以及有线网、无线网、数据网、业务网、业务运营支撑系统或者程控交换、软交换等通信专业的知识有一定的了解		① 每日巡检表 ② 工作周报：一周的巡检次数、故障处理次数 ③ 建立并更新维护设备清单（月报） ④ 服务支撑反馈表
无线通信岗	负责对各无线通信保障设备提供运维及技术保障服务，配合业务部门对各类重大通信保障提供技术支持	要求大学专科以上计算机类或通信类专业学历或同等学历	具有无线通信类同级别或以上认证，或有其他厂商同级别或更高级别	具备无线通信的专业知识，熟悉 QH-1327 集群系统的工作原理和系统各部件的功能，有进行无线集群通信的组网和维护经验，2 年以上无线通信网维护经验，熟悉主流品牌，如海能达、摩托罗拉、中兴无线通信系统与对讲机等系统设备维护、故障定位及相关配置操作	① 对无线通信系统设备进行日常维护和检修 ② 当无线通信系统设备发生故障时，迅速判定故障并加以排除，在现场不能及时处理好的故障，及时用备件给予替代，并跟进维修好故障设备 ③ 配合业务部门对各类通信保障提供技术支持，对重大保障活动提供现场技术支持 ④ 提供各类通信保障及设备优化建议 ⑤ 负责职责范围内的无线通信维护知识积累，协助完善知识库 ⑥ 根据备勤情况参与重大活动保障值班 ⑦ 完成上级交办的其他工作	① 每日巡检表 ② 工作周报：一周的巡检次数、故障处理次数 ③ 建立并更新维护设备清单（月报） ④ 服务支撑反馈表

岗位名称	岗位概述	学历及工作年限	认证要求	工作经验要求	岗位职责	关键产出物
应急通信车岗	负责对应急通信车保障设备提供运维及技术保障服务，配合业务部门对各类重大通信保障提供技术支持	要求大学专科以上计算机类或通信专业学历或同等学历	具有无线通信类同级别或以上认证和（或）其他厂商同级别或更高级别，C1驾照	熟悉卫星天线通信系统、音视频系统、视频会议系统、车载4G机动通信系统、3G图传系统、高清图传系统、无线通信系统、卫星地面站的卫星通信系统以及车载电源系统的使用维护、故障定位及相关配置操作，具有无线通信网维护经验，对车辆保养有一定经验	① 巡检基础工作：检测动中通各个系统模块的工作状态，并对检测过程中出现的故障进行定位维护，要求对卫星地面站机房内各个机柜之间的设备及传输线缆进行整理并打上相应的标签，对老化线缆及接头需进行更换 ② 月检：检查相关设备的运行状况，针对所维护的所有系统做全面安全检测。每次巡检后提出巡检报告，针对存在问题提出整改意见 ③ 周检：每周对车上设备进行例行启动测试，保证车上系统处于可用状态 ④ 提供各类通信保障及设备优化建议 ⑤ 负责职责范围内的应急通信车维护知识积累，协助完善知识库 ⑥ 根据备勤情况参与重大活动保障值班	① 每日巡检表 ② 工作周报：一周的巡检次数、故障处理次数 ③ 建立并更新维护设备清单（月报） ④ 服务支撑反馈表

4. 指挥通信设施运维的工具

在日常维护时需配备各种常用的工具和仪表，如综合测试仪、功率计、万用表、地阻测试仪、板级维修上门工具箱、笔式可视故障测试仪、标签机、网络测试仪等专用测试工具和仪表。工具详细内容见第10章《大运维体系的工具系统》。

5.2.2 指挥通信设施运维的内容

指挥通信设施运维的内容有日常巡检、周期性维护、应急故障响应及备品备件管理。

1. 日常巡检

系统日常巡检是对系统进行现场检查，及时发现包括硬件设备、通信网络、系统软件存在的隐患，以降低系统发生故障的概率，保证系统的稳定运行。完成日常维修保养工作后，需详细填写专门的维修保养记录工单，生成巡检报告，说明维修保养过程中遇到的问题、症状及对故障的判断、处理方法，以及保养维修后的工作状态等内容，并由维修保养人员和业主签字确认后存档。

2. 周期性维护

周期性维护是定期对系统设备进行常规设备养护工作。在养护工作中及时发现问题，防患于未然，减少设备的故障率，延长设备的使用寿命。在故障发生之前，及时检测到故障的先兆，将故障解决在萌芽阶段，尽量避免故障发生后应急抢修情况的发生。对于某些特殊情况，要根据具体情况采取相应的养护措施，在进行定期的养护前，协调好各方面的工作，确保养护工作的正常进行。

3. 应急故障响应

通过上述日常、周期性养护工作，在一定意义上保证了系统能够正常的运行，但在系统运行的过程中，必然存在突发性的故障，所以在运维服务中还需要进行应急故障响应。当系统设备突然出现故障时，需在要求的时间内到达现场进行抢修，并建立专门的抢修流程和制度，按设备故障的分类划分不同的响应级别，对不同的响应级别采取不同的响应措施，同时建立报修抢修响应机制和故障抢修全程跟踪机制，争取以最快的速度排除故障。如遇特殊原因不能及时修复，应及时向用户说明原因，并尽快修复，恢复系统工作。如遇重大节假日（活动日）、重大任务和恶劣天气等，有必要时需要提前对重点设备进行巡检，排查故障隐患，并安排专职人员全面保障。

4.备品备件管理

在日常维护中，如遇到设备质量问题而现场无法立即处理的，则需要通过备品备件来替换故障设备，以保障指挥通信系统的正常使用。

5.3 视频会议系统

视频会议系统是指挥通信系统的组成部分，它分为传统视频会议系统、扁平化视频指挥系统、云视讯可视化会议系统、会议中心与扩音系统、屏幕控制与调度系统。本节将介绍各类视频会议系统的结构原理及运维要求。

5.3.1 传统视频会议系统

传统视频会议系统一般由以下几部分组成：控制单元 MCU、流媒体服务器、监控服务器、视频会议终端、摄像头、麦克风、音箱、调音台、控制软件、操作平台以及大量的数据、传输、音频线缆等。传统视频会议系统投入使用年代较早，与新一代设备相比，存在以下诸多缺点：

① 设备冗余繁杂：系统的组成只能由单一厂商来提供，如需接入不同厂商的设备，则要求不同厂商之间通过不同的接入码方能对接，即需要更多的设备才能实现。而即使是相同厂商的设备，当使用不同系列的视频会议终端时也需要解决很多问题，比如需要端口匹配、需要进行相应网络设置等。硬件设备的对接繁杂，需要制定不一样的规则方能实现对接。

② 在使用上，网络会议的建立往往比较复杂，需要专业的 IT 人员、专业的视频会议厂商技术人员，才能做好会议的调试和前期的准备工作。对于会议的应用场景一般也比较固定，无法满足更加灵活的沟通与实战的需求。

③ 维护成本高。传统视频会议系统对于硬件和基础设施有着极高的依赖性，需要采用高性能的处理器，对网络要求高，往往需要架设专线来保证视频通信的质量。

④ 国家一直都提倡环保节能，传统视频会议系统由于使用的设备繁多、线缆的连接等需求过大，导致设备的能耗及资金等需求较大，这就给环保节能带来了一定的制约。

视频会议系统网络架构如图 5.3 所示。

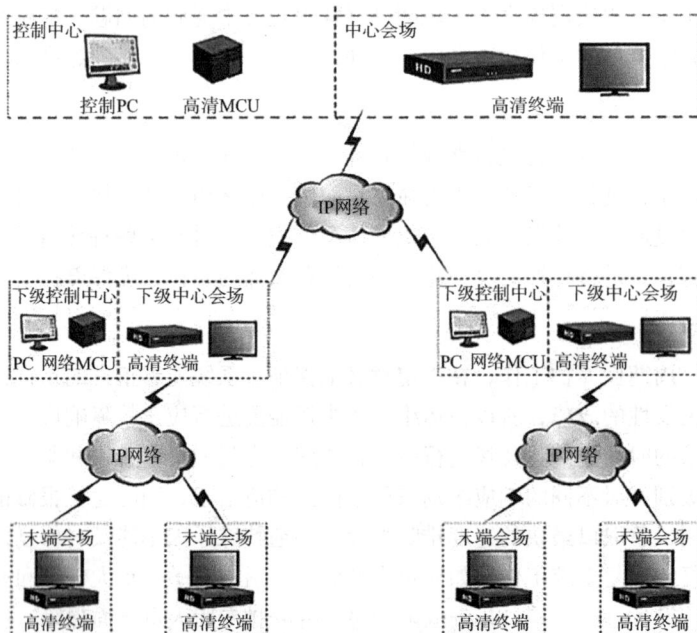

图 5.3 视频会议系统网络架构

5.3.2 扁平化视频指挥系统

1. 系统架构

扁平化视频指挥系统由可视调度中心平台、调度席、电视墙模块、录像模块、网管模块及各种形式的终端组成，终端类型包括视频会议终端、视频监控终端、IP 电话等，组成扁平化指挥调度系统或多级级联的指挥调度系统。该系统在运维上虽然方便管理，相对于传统视频会议系统，维护人员也可相应减少，但仍然需要专业的技术人员才能进行更好的设备调试及维护工作。扁平化视频指挥系统架构如图 5.4 所示。

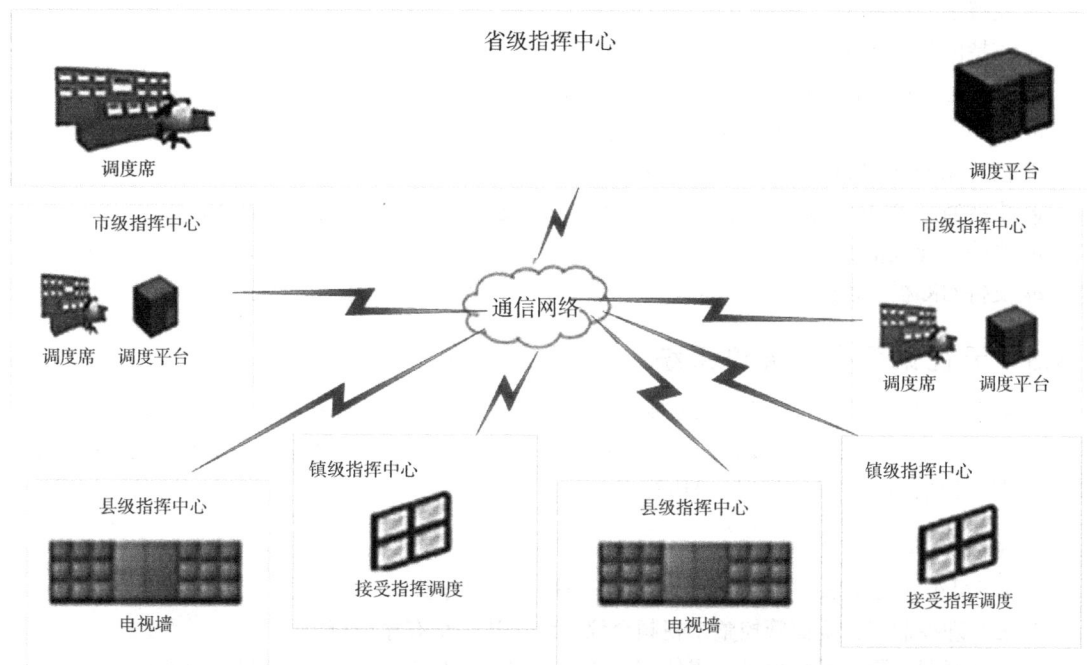

图 5.4 扁平化视频指挥系统网络架构

2. 系统功能

扁平化视频指挥系统以适合指挥调度、事件研判会商等实战应用为发展导向，以真正满足各级单位特别是基层的工作需要为目标，贴近实战，具有强大的功能。

① 操控界面简易，建有 MCU 的单位只需点击几个按钮便可完成所需的调度，建立单方或多方音视频交流。

② 任意视频指挥调度点均可快速建立临时指挥部，无论总指挥调度员身处何地，都可在就近的单位建立临时指挥部，召开各种级别的指挥调度会，远程部署工作。

③ 任意单位均可在上一级单位报备后与省内其他单位建立视频会话，开展会商工作。

3. 系统主要指标

扁平化视频指挥系统的主要指标如下：

① H.320&H.323 双协议架构，同时提供专线和 IP 接入方式。

② 大容量、模块化结构，并可实现 IP 与专线线路的自动备份。

③ 支持 MCU 的主控热备份功能。

④ 支持 N+1 备份。

⑤ 支持多级级联，可构建大型视频会议网络。

⑥ 堆栈式无阻塞以太网交换，千兆以太网信道。

⑦ 支持单板、软件升级功能。

⑧ 支持数据会议协同工作功能。

⑨ 支持卫星分散会议功能。

⑩ 支持智能包丢失恢复（IPLR）功能。

⑪ 支持 H.239 双流显示功能。

⑫ 支持画面合成板、高清及标清电视墙板。

⑬ 支持多网段接入。

⑭ 支持网管、网守、防火墙协同工作。

⑮ 会议过程中支持录放像功能、录像立即发布功能。

⑯ 支持同一会议中不同码流速率、格式的适配。

⑰ 内置 Web 服务器，支持流媒体组播。

⑱ 支持通过 Web 立即或者预约召开会议，同时支持终端主动呼叫创建会议。

⑲ 支持混音板备份。

⑳ 支持 GK 板冷备份。

5.3.3　云视讯可视化会议系统

云视讯可视化会议系统通过云服务器的集中化处理与音视频算法来实现音视频的编解码功能，不再需要通过冗余繁杂的硬件设备、网络专线和软件设计来完成，在终端产品的形态上可以完全实现"瘦身"计划，达到节约、环保的功效。

1. 系统架构

云视讯可视化会议系统可为用户构建最优的视频沟通体验：

① 云管理控制层：全面管控整个视频会议系统，让一切有序进行。

② 云资源层：集合系统内所有媒体相关资源，实现"互联、互备、互用"。

③ 网络层：可以克服各种恶劣的网络条件，使信号到达每一个用户。

④ 用户层：允许用户通过手机、iPad、电脑、网呈等多种终端形式入会，随时随地加入会议。

⑤ 应用层：提供强大的开发接口，以及定制化的解决方案。

云视讯可视化会议系统架构如图 5.5 所示。

2. 系统功能

① 能够节省 MCU 和会议控制软件的一次性投资及相应维护，节约 MCU 所需的汇聚大容量宽带费用。

② 随着分会场的增多或变迁，无需考虑 MCU 和会议控制软件的升级或更替。

③ 通过遥控器或触摸屏即可轻松召集会议。

④ 可定制开发，满足个性化、多元化需求。

⑤ 设备稳定，可 7×24 小时不间断运行；多点控制单元（MCU）可放在运营商骨干网络，使得网络质量更稳定优质。

3. 系统主要指标

① 支持嵌入式云 MCU、通用 X86 服务器或 Vmware/KVM 虚拟化平台部署，私有云、混合云部署，组网平台资源池化，支持负载均衡、平滑扩容、异地容灾。

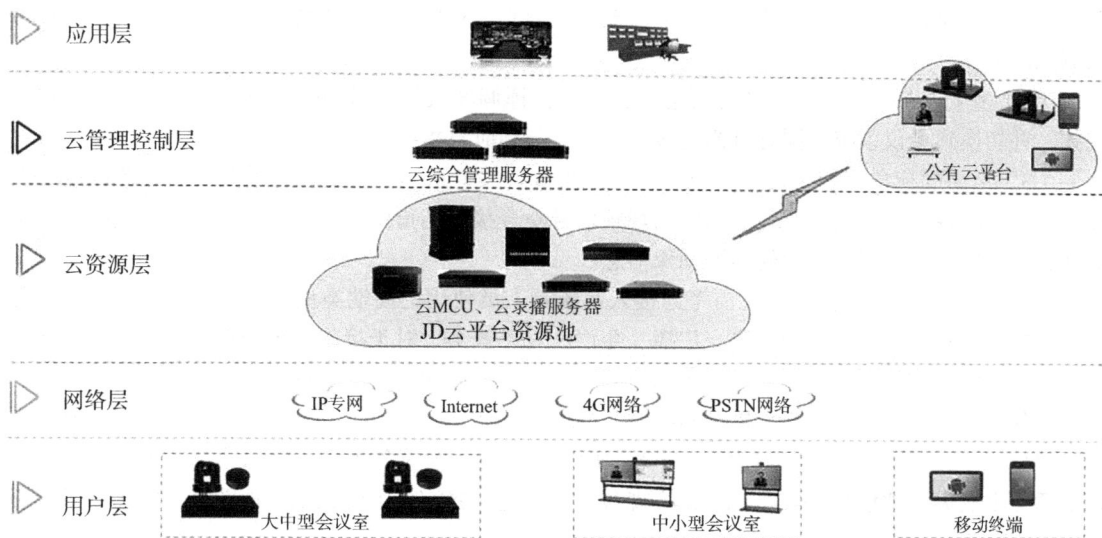

图 5.5 云视讯可视化会议系统架构

② 采用 H.265 技术，对图像进行有重点的编码，从而降低整体码率，提高编码效率。在相同的图像质量下，相比于 H.264，视频大小将减少 39% ~ 44%，512k@1080p，支持 4K 及以上超高清编码。

③ 采用"端到端"超高清全网 4K 技术，实现"端到端"4K，图像更加清晰，画面更加流畅。

④ 支持 4K 超高清画面合成、码流适配、视频录播、电视墙解码等媒体处理技术，在保证主流 4K 情况下，第二路辅流也可达到 4K 全动态超高清。

⑤ 支持不同带宽、格式、分辨率、帧率的终端加入同一会议，每个与会终端都能获得相匹配的带宽和音视频码率。

5.3.4 会议中心与扩声系统

会议中心延伸至各二、三指挥中心与各基层，形成高清化的四级视频指挥调度网，极大地提升了该系统内各级单位的快速反应、高效处置突发事件的能力。该系统可以有效地降低行政工作成本，为实战应用提供灵活、稳定、可靠、先进的可视化指挥模式。

1. 会议中心系统组成

会议中心系统集成融合了通信、多媒体处理、全 IP 网络架构等技术，满足多层级、多点协同指挥调度的需求，横向整合有线、无线、卫星、视频等通信手段，集成接入 GIS（Geographic Information System，地理信息系统）、视频及城市智慧监控、人脸识别、卫星定位、云搜索、无线数字集群、一张图等信息系统，从而实现跨网络、跨通信体制、跨业务系统的一体化资源调度、扁平化协同指挥及可视化多媒体信息掌控，系统作为综合一体化指挥通信平台，达到语音、图像、数据三位一体发展。由无线通信系统、移动图像传输系统、卫星通信系统、视频指挥调度系统等组成的通信保障基础平台，为大型活动的通信保障和应急通信保障奠定了坚实的基础。同时，可以更加方便快捷地进行信息采集和查询，遇到突发事件时，还可以通过 3G/4G 网络、单兵图传、无线指挥通信车、卫星指挥通信车迅速将现场的画面传到指挥部，使决策和调度更加科学、精确，能够更大地提高工作效率，丰富通信方式，满足实战需求。

2. 会议中心系统主要功能

（1）应急指挥过程中高清的音视频交互。在应急指挥过程中采用高清的视频和语音对讲功能，将突发事件、应急处突等现场的音视频上传至会议中心，获取第一手资料，准确判断舆情，更快做出应急决策。

（2）多个人员、多个视频的远程应急指挥。指挥调度人员可以同时查看远程发生状况的多个视频，并切换到会议系统，同时可邀请多个人员参与到应急指挥中。

（3）全面的应急监控。通过智慧城市监控系统、关卡系统和人脸识别系统及所有监控应急会商等系统，将各二、三级指挥监控系统的视频信号整合接入到指挥中心的平台上，扩大监控有效覆盖面，提供实时、直观、全面的辅助图像信息。

（4）快速启动应急机制。无需考虑接入系统及人员使用的终端类型，通过调度台即可实现各个终端的一键式语音调度（如单呼、广播、会议、对讲等）。对于接入系统的视频应用系统（如视频会议、视频监控等），可实现对视频图像的视频转发、视频分发、音视频联动等视频调度操作。简单、便捷的操作方式能够极大提高指挥调度的效率。

（5）跨系统联动作业。通过应急指挥，政府可有效实施应急预案、资源共享、事件上报、协调处置、事故灾害评估和应急演练，可实现与监控系统、3G/4G 图传系统、地图系统、集群系统等方面的互联互通。

（6）开放式应用平台，全方位服务应急指挥。系统将有线通信、各种制式的无线集群通信、公共电话网络、计算机通信、视频通信、卫星通信设备、无线图像传输设备融合到一体化综合指挥通信平台，实现前方指挥部与后方指挥部之间的视频、语音、数据通信，实现应对各类突发事件的集中应急指挥，并通过信息整合系统基本完成应急管理制度建设；通过资源管理系统基本实现应急资源的管理；通过程序共享系统实现各类信息的快速报送；通过应急指挥系统实现各种决策和调度。

一体化综合指挥通信平台基于软交换技术开发，提供开放的接口，可以实现和用户单位系统的移动终端平台、GIS 系统、人脸识别、无线数字集群、一张图等业务系统对接，实现通信系统和业务系统的联动调度和协同工作。

（7）形成一个覆盖整个机构的信息化应急决策网络。实现突发事件信息采集、传输、存储、危机判定、决策分析、命令部署、实时沟通、联动指挥、现场支持等功能。

3. 会议中心系统主要参考指标

（1）声：

① 扩声级别：厅堂建声一级标准。

② 会议室混响时间：0.3 ~ 0.5s。

③ 会议室扩声最大声压级 ≥ 98dB。

④ 会议室扩声可懂度 ≥ 0.8。

⑤ 会议室声场均匀度 ≤ 8dB。

（2）光。会议中心系统在召开视频会议或录像时应有良好的拍摄效果，按照相关建设规范要求，可根据会议室/研判室/指挥中心实际装修风格量身定制，使得灯光满足如下专业要求：

① 照度：主席台水平照度（0.75m）≥ 600，垂直照度（1.4m）≥ 400，观众区水平照度（0.75m）≥ 500，垂直照度（1.4m）≥ 300。

② 色温：光源的色温应采用 4000K 左右，并且所有光源的色温应保持一致。

③ 照明均匀度：主要区域光照均匀度应保持一致。

④ 反射率：光照应统一自上而下，避免墙面、地面或工作面的光反射，降低对现场摄像的影响。

（3）影。小间距 LED 可根据实际情况量身定制尺寸，并支持多种拼接方式。小间距 LED 显示屏与其他室内显示设备相比，具有无缝拼接、模块化维护、色彩自然真实、显示均匀性更好、色域空间更宽等优点。

（4）电。会议中心系统具备 PLC 控制系统，可实时获取屏幕背部烟雾及温度数据，可执行远程开关机操作，具备过压、过流、欠压、短路、断路以及漏电保护措施。配电设计需采用分布式延时上电方式，以减少对电网的冲击，供电方式采用 TN-S，具有定时自动开关屏的功能，可实现无人留守、多路输出和延时上电的功能。通过软件控制电源系统的开关，可实现设定任意时间开启和关闭电子显示屏电源等功能。

（5）控。集中控制系统即中央控制器，也称为集中控制器，简称中控。中控是多媒体会议室和多媒体电教系统设备，它的主要作用是通过 RS232（异步传输标准）、RS485（串行总线标准）、红外、网络等协议控制周边设备，比如投影机、大屏幕电视、音响、摄像头、电动吊架、灯光、窗帘等。一般的控制端为数字信控无线触摸屏、数字信控有线触摸屏、控制面板、墙装面板、电脑端软件和遥控器。

4. 扩声系统主要指标

① 扩声系统应采用主扩扬声器和辅助扬声器的方式。
② 调音台应根据功能要求配置带分组输出的设备，输入、输出通道应有备用端口。
③ 可采用音频处理设备，模数接口宜匹配。
④ 功率放大器额定输出功率不小于驱动扬声器额定功率的 1.5 倍。
⑤ 频率响应在全频段范围（20Hz ~ 20kHz）。
⑥ 语音清晰度高，可懂度高。
⑦ 声场均匀覆盖。
⑧ 最大声压级满足语言兼音乐类标准二级（93dB）。
⑨ 背景噪声应低于 NR-25。
⑩ 安装美观、便于隐藏。

5.3.5　屏幕控制与调度系统

大屏幕显示系统在整个指挥调度系统中扮演着"眼睛"的角色，它的作用也成为整个会议系统的关键，视频监控、灯光的处理、图像的控制、应急抢险救援的指挥调度、突发事件的处置、多级联的远程视频会议、教育等均需要用到大屏幕显示系统。因此，做好屏幕控制与调度是整个视频会议系统工作的重中之重。

1. 屏幕控制

大屏幕显示系统的核心设备是工控机，控制显示内容的关键就在于如何实现对大屏幕系统工控机的控制。中控系统的主要构成为一部无线触摸屏和一台中控主机。触摸屏以无线网络方式与中控主机通信，中控主机通过 RS232 串口实现与大屏幕工控对接，通过不同制式的矩阵（如 RGB 矩阵、DVI 矩阵等）与各大视频流、音频流等进行对接、控制及调度，并将所有的信息投到大屏幕当中。

2. 屏幕调度

中控主机是中央控制系统的核心部分，是一台连接多项控制系统的机器，中控主机的主体即中央控制系统。

中央控制系统是指对声、光、电等各种设备进行集中管理和控制的设备。它广泛应用于多媒体教室、多功能会议厅、指挥控制中心、智能化家庭等，用户可使用按钮式控制面板、计算机显示器、触摸屏和无线遥控等设备，通过计算机和中央控制系统软件控制投影机、展示台、影碟机、录像机、卡座、功放器、话筒、计算机、笔记本、电动屏幕、电动窗帘、灯光等设备。

5.3.6　视频会议系统运维

在音视频会议工作中，做好设备的日常维护保养及巡检工作，能够把设备最大的优势及产品最强大的功能发挥到极致，使视频会议工作获得事半功倍的效果。

1. 视频会议系统日常运维巡检

视频会议系统的日常运维巡检见表 5.2。

表 5.2　视频会议系统日常运维巡检内容

巡检项目	巡检内容	检查结果及记录	需要整改或维修
网络检查	连接 MCU 的网络是否接触良好，可以进行远端环回测试，判断链路是否正常		
会议终端检查	主要检查会议终端是否正常开启，终端的网络、视频各类连线是否正确连接，检查计算机图像是否能正常发送		
登录测试	连接主会场、分会场的网络是否畅通；MCU 是否能正常组会		
性能指标检测	检查会议图像质量，是否有马赛克，花屏等		
	码速是否达到标准，有无误码等		
	检查音频信号的播出是否正常，调音台需要的通路开关是否正常开启，声音是否有延迟（需远端配合）		
	检查每个发言麦克风是否正常工作		
	检查大屏幕等显示设备的图像色彩、对比度和模式是否符合会议要求		
	检查摄像机、充电设备、云台等是否能正常工作		
	检查矩阵是否运行正常，图像是否能按要求切换		
	检查 LED 是否正常工作，是否打上会标		

2. 现场通信保障

现场会议通信保障需提前做好五项准备，即会议准备、途中通信准备、现场通信准备、会议结束准备和器材保障准备，具体如下：

（1）会议准备。接收到需要召开会议的命令时，应及时安排人员对设备进行调试，准备好会场需要的相关设备。

（2）途中通信准备。会议保障过程中，会场操作人员必须拥有足够的技术能力，能够对基本故障的诊断、定位、分析，以及对故障的处理做到迅速响应，尽快使会议流畅进行，确保整个会议能够顺利完成。

（3）现场通信准备：

① 会议中会保人员需要相互联系时，需使用对讲机进行联系，并要求必须佩戴耳麦。

② 会议期间会保人员手机必须调成震动模式。

③ 会保人员必须保持良好的精神状态，注意个人形象。

（4）会议结束准备。会场主持人宣布会议结束后，会控操作员立即结束会议，摄像机操作员关闭摄像机，对会议设备如终端、调音台、麦克风等（部分常用设备除外）进行断电，清洁会场，并关闭会场所有的计算机、空调、灯光及所有电源，最后关闭门窗后离场。

（5）器材保障准备。会议结束后，必须在 1 个工作日内完成会议保障统计及整理，并上报主管部门，同时应对使用的设备，如摄像机、对讲机系统、大屏控制系统、矩阵触摸屏、麦克风、图控室的相关控制设备使用的电池进行充电或更换操作，以便下次会议召开时能正常使用。

对于会议过程中使用有问题的器材，应及时上报上级主管，并予以处理。如当时未能及时处理，应及时联系厂商予以解决，比如单板或设备损坏，应及时使用备板备件做好更换工作，并及时联系厂商将损坏的单板及设备做好返厂维修工作。

现场视频系统保障流程如图 5.6 所示。

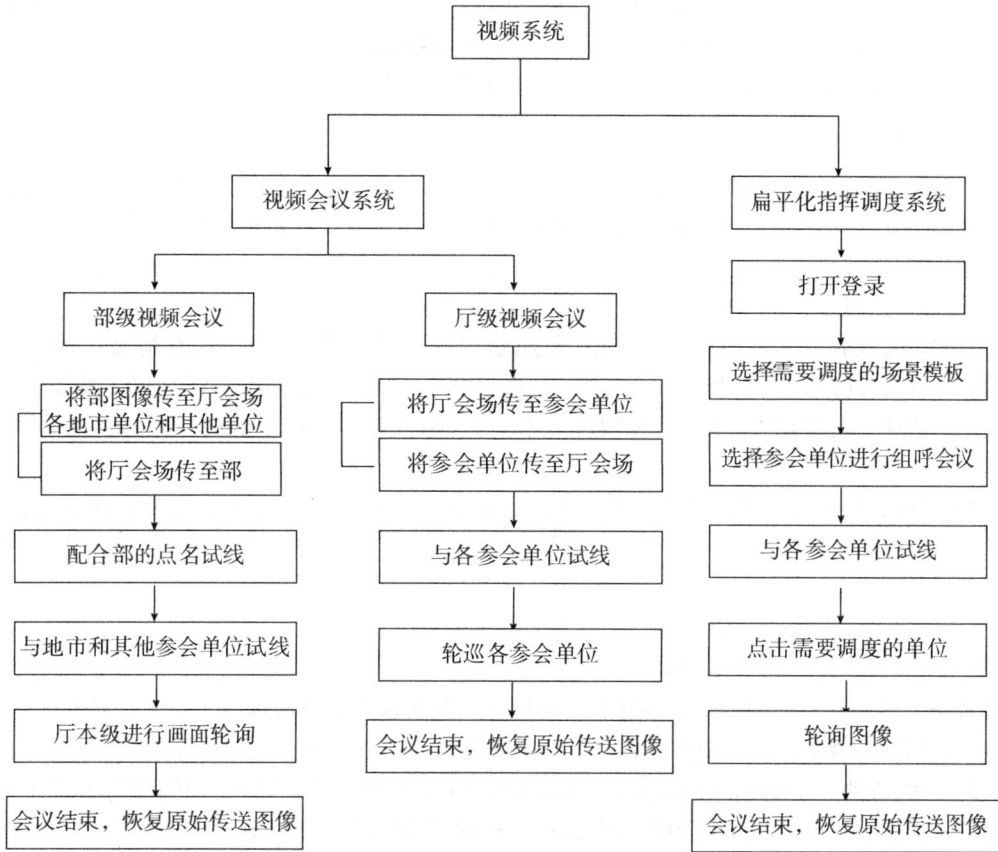

图 5.6　现场视频系统保障流程图

3. 音响系统运维工作

音响系统包含音箱、功放器、调音台、麦克风等设备。音响系统的元器件很脆弱，易受外界环境的影响，比如潮湿的环境、灰尘、强电场等均会对音响系统产生影响，极易导致出现音质损坏、衰减，甚至设备损坏的现象。因此，我们除了要做好音响系统在会议通信中的保障和维护工作之外，更要做好日常的防护、保养工作。在会议召开前，先对音箱、功放器、调音台以及麦克风等设备进行开机调试，仔细认真地逐一排查，一旦发现故障及时修复、处理。

音响系统的日常保养维护方法如下：

① 按照音响系统各设备开机的先后顺序进行开机，这样可以防止在开机时因瞬间电流过大导致信号过强而损坏功放器或音箱系统，能够有效维护会议音响系统。例如，在开启设备时，应先开启调音台等设备，最后再打开功放器，而关机时则相反，应先关闭功放器再逐一关闭所有音响设备。

② 不得使用挥发性溶液（如汽油、酒精）或水等液体清洁机器，应使用软布擦拭机器表面，而且清洁机器外壳时要先拔掉电源。会议音响一般不防水，如果不小心湿了水，务必用干布擦干水渍，待水分干透后，才能开机工作。同时应防止液体、杂物和灰尘等落入调音台推子的缝隙中而损坏设备。

③ 严禁带电拔插信号插头，以免产生电流冲击损坏机器或音箱。

④ 话筒在不使用的情况下应拆下电池，以延长话筒设备的使用寿命，并可以避免由于电池放电、漏液对话筒造成损坏。

⑤ 注意防潮、防热，潮湿和高温对电子产品的损害很大。过高的温度容易导致元器件老化，潮湿的天气则容易加速喇叭振膜的老化而直接导致音质下降，同时还会使音箱内部的某些金属配件腐蚀生锈。如果有灰尘进入音箱内部，则会造成内部电器元件短路，导致突发故障发生。所以在使用音箱时，应将音箱放置在较为干燥的地方或使用托架将音箱挂在高处。

4. 应急事件处置

为了确保突发紧急事件时，能充分发挥在保障工作与处置故障及紧急会议时的应急响应能力，配合相关部门做好应对突发事件的处置，应针对不同紧急事件快速联系相应负责人员处理。负责人在接到应急响应后，1 个小时内赶到会场处置事件，在节假日休息期间对人员去向进行报备，做好准备工作，应对各种不同的紧急事件。

应急响应完成后，负责人应将相关故障或会议过程中收到的领导批示、目前情况、事件报告、收发信息等材料及时整理并归档，总结事件处理过程中的经验，归类整理完善知识库，并集中上报。

在重大活动、大型展会、大型运动项目比赛时必须加强巡检，重大活动的通信保障有以下三种级别：

（1）三级备勤：每日日常巡检两次，时间分别为上午 9 时和下午 5 时，巡检会议系统、会场环境设备及会议使用设备。有会议召开时需提前 1 个小时对会场环境设备、会议使用设备及会议要求使用的设备进行会前巡检。

（2）二级备勤：每日日常巡检三次，时间分别为上午 9 时、中午 12 时和下午 5 时，巡检会议系统、会场环境设备及会议使用设备。二级备勤时由于随时会有指挥调度，所以重点巡查重要会议室设备，确保在指挥调度时设备能够正常运行。有会议召开时需提前 1 个小时对会场环境设备、会议使用设备及会议要求使用的设备进行会前巡检，工程师在岗执勤至晚上 20 时。

（3）一级备勤：每日日常巡检四次，时间分别是上午 9 时、中午 12 时、下午 3 时和下午 5 时，巡检会议系统、会场环境设备及会议使用设备，一级备勤时由于随时会有指挥调度，所以重点巡查重要会议室设备，确保在指挥调度时设备能够正常运行。有会议召开时需提前 1 个小时对会场环境设备、会议使用设备及会议要求使用的设备进行会前巡检，工程师在岗执勤至晚上 10 时。

5.4　有线指挥通信系统

有线指挥通信系统网络结构采用四级树形汇接网，由专用程控交换机、NGN 软交换设备和传输网络组成。下面将详细介绍有线指挥通信技术的概念、现状、基本架构、系统的日常维护及检测要求，以及 VoIP 电话指挥通信系统及其维护工作。

5.4.1　有线指挥通信技术的概念、现状和基本架构

1. 有线指挥通信技术的概念、现状

以有线电话机为例，它是通过送话器把声音转换成相应的电信号，用导线把电信号传送至远端的解码器，然后再通过解码器将这一电信号还原为原来的声音的一种通信设备。它已有 100 多年历史，目前已发展为第三代电子电话机。其数量的发展速度十分惊人，目前，全世界有线电话拥有量已超过 10 亿部，国内总量也达到 3300 多万部。它具有通话性能好、使用方便、费用低廉等优点，是人们日常交往活动中不可缺少和不可替代的通信工具。

随着移动电话的普及，有线电话越来越少，2018 年以来全国固定电话用户减少 1146.1 万户，

跌破 2 亿户，只有 1.95 亿户，同比下降 7.69%。其中农村固定电话用户退网速度有所减缓，而城市固定电话用户退网速度大大增加，使得固定电话退网速度加速下滑。这是由于农村的经济结构和人员结构基本保持稳定，固网变移动的过程已经接近尾声，而城市中随着宽带移动网络成熟，以及移动支付等生活习惯培育，加快了固定用户转化为移动用户的速度，预计固定电话数将持续减少，但下降速度有所放缓，减少的区域仍集中在城市区域。

有线电话在指挥通信系统中，特别是公安、消防、交通、火车、港口、矿业等指挥调度要求较高的行业，仍然扮演着不可或缺的角色。

2. 有线指挥通信系统基本架构

有线指挥通信系统由程控交换机、不间断电源、配线架、线缆、分线盒、电话终端、避雷器等组成。

5.4.2 有线指挥通信系统日常维护和检测要求

有线指挥通信系统的日常维护和检测要求，包括常备资料、日常工作、交换机检查手段、调度席位及业务检查、录音系统及业务检查等。

1. 常备资料

① 有线指挥通信系统交换机用户手册、系统软件（包括 OCR 盘）、数据库备份盘（更新）（软盘应特别注意防磁、防压、防潮）、调度系统运行日志、配线资料。

② 数据库编制说明（包括编号方案、联网和信令说明、本系统的特殊申明、数据修改记录）。

③ 工具（万用表、常用工具）、CPU 串口到维护终端连线、常用联络电话。

2. 日常工作

① 由于系统大量采用接插设备，需注意保持机房干净。

② 完成系统运行日志、数据修改记录（记入数据库说明中）、配线资料。

③ 及时整理数据库，删除过时和无用的数据。

④ 检查各种监控设备（如维护终端、打印机、录音设备、声光告警设备、防雷装置等），并将告警输出到监控设备，即时查询、分析并排除系统送出的告警。

⑤ 电源（包括一次电源、二次电源、蓄电池）测量及检查各种散热风扇。

⑥ 定期备份数据库（每两个月或在做较大修改后将数据库备份两份，注明日期，要求保留时间不低于一年）。

⑦ 检查 CPU 串口（将维护终端通过专用的连接电缆直接接在 CPU 的 S1 口，检验 S1 口能否正常收发数据。需要注意的是，在插拔 S1 口的连接电缆前，CPU 必须与背板接触良好，且必须将维护终端关闭）。

⑧ 定期检查中继线，重点检查中继线长时间不拆线、不可用两种情况。

⑨ 在电话高峰期注意公用信号板的使用情况（如 DTMF、MFC、中继板等），可以通过电路板的占用指示灯，确定系统的配置是否需要进行更改。

⑩ 应每年对交换机的接地系统进行一次检查。

⑪ 应定期对蓄电池进行检查，记录各个电池模块的电压及充电情况。

3. 交换机检查手段

交换机检查手段包括眼看、测量、查询和测试。

（1）眼看。检查系统是否有红灯亮起，检查接插件（如用户电缆、时隙电缆、各种电源插头及信号线）是否弹出或松动。指示灯内容说明详见表 5.3 和表 5.4。

表 5.3　XCPU 指示灯说明

标注	颜色	名称	含义
DS2	绿	HDD（硬盘）	表示硬盘正在工作
DS3	黄	STANDBY（备用）	表示系统处于备用状态
DS4	绿	ACTIVE（主用）	表示系统处于主用状态
DS5	红	FAULT（错误）	XCPU 自检失败

表 5.4　HCSU 指示灯说明

标注	颜色	名称	含义
DS1	绿	ACT	HCSU 板已激活
DS2	绿	INT	初始化完成，开始装载软件
DS3	黄	SR5	
DS4	黄	SR4	
DS5	黄	SR3	
DS6	黄	SR2	
DS7	黄	SR1	
DS8	黄	SR0	
DS9	红	CR ALM （失败）	处于启动状态
DS10	绿	MEMORY	内存测试通过
DS11	绿	SPT	软件装载完成

（2）测量。用万用表测量一些关键点的电压，对照标称值，检查是否有偏差，见表 5.5。

表 5.5　电压测量范围标准

测量点	电压标准范围（V）	电压实测值
+5V BUS BAR	4.95 ~ 5.05	
+5V PGB	4.95 ~ 5.05	
TB1/PIN12（COM）	−5.25 ~ −5.15	
TB1/PIN12（TELE）	−5.05 ~ −4.95	
TB1/PIN11	−12.30 ~ −11.70	
TB1/PIN10	11.70 ~ 12.30	
TB1/PIN7	44.0 ~ 52.0	
TB1/PIN6	−56.0 ~ −46.0	
TB1/PIN5	−56.0 ~ −46.0	
TB1/PIN4	75 ~ 105（交流）	

（3）查询。使用命令查询系统的告警记录（ALM）：

① DISPLAY：查询曾发生的告警（可输入时间参数）。

② DISPLAY/RESET：查询曾发生的系统重启动告警（可输入时间参数）。

③ STATUS：查询当前的告警记录。

（4）测试（TDD）。对电话端口进行可用性测试：

① STATUS：可查询任意电话端口的详细情况。

② TES：对电话端口进行测试。

4. 调度席位业务检查

（1）开机测试。调度台开机后，系统初始化正常，调度服务器数据正常，各项显示数据正常，并自动进入正常通信状态。

（2）键盘及显示测试。调度台与交换机连接正常后，测试以下项目：

① 键盘灯测试：所有键盘灯正常显示。

② 按键测试：对相关按键进行操作，调度台同时响应相关指令。

③ 话筒测试：音质清晰、无杂音。

④ 显示测试：正常显示调度台状态。

⑤ 颜色、亮度、对比度测试。

（3）冗余系统测试。双手机调度台应具有冗余功能，当其中一台手机对应的交换机电路出现故障时，调度台显示其故障状态，该手机不能正常使用，但另一台手机仍可正常通信，不影响调度系统的正常使用。

（4）通话测试：

① 调度台作为主叫可呼叫任意允许呼叫的热线电话和普通电话，也可应答所有的来话，并且通话清晰正常不会中断。

② 作为主叫时的通话测试。

③ 作为被叫时的通话测试。

（5）功能测试：

① 对调度台进行各项功能的测试。

② 并机测试。

③ 会议测试。

④ 强拆测试。

⑤ 强插测试。

⑥ 转移测试。

⑦ 选接测试。

（6）数据传输测试：

① 维护台修改完相应数据后，能正常发送到调度台。

② 维护台数据编辑。

③ 调度台数据接收。

5. 录音系统业务检查

① 检查一分四 / 一分二电话线转接器并接的电话线是否稳固。

② MDR-100S 管理平台运行的计算机上尽量不要运行非 MDR-100S 系统的服务程序，以免抢占系统资源，影响 MDR-100S 系统的稳定性。

③ MDR-100S 管理平台运行的计算机上建议安装正版的杀毒软件，并定时更新病毒库，防止病毒影响系统的运行或破坏系统。

④ 非录音时间段，请通过【录音时间段设置】将系统录音时间段设置为不录音，防止系统录下不必要的录音信息，增加系统负荷。

⑤ 系统数据存放盘上不要存放其他数据文件，以免影响录音文件的存储。

⑥ 如果需要长期保存语音资料，请定期备份语音文件，防止系统为了保存新的语音文件，而将还未备份的语音删除。

⑦ 如果设置为自动备份，请在设置自动备份启动时间前确认备份目的盘有足够的空间存放备份语音文件，或更换新的备份介质（MO 光盘、移动硬盘等）。

5.4.3　VoIP 电话指挥通信系统及其维护

VoIP（Voice over Internet Protocol）是将模拟信号（Voice）数字化，以数据封包的形式在 IP

网络上做实时传递的语音通话技术。VoIP 可以在 IP 网络上便捷地传送语音、传真、视频和数据等业务，其主要产品形式是 VoIP 电话。VoIP 电话基于 VoIP 技术，在基于 IP 的互联网或者局域网上实现语音通信，利用 SIP 协议、SCCP（Skinny Client Control Protocol）协议和商用专利协议对呼叫进行控制。VoIP 电话分为软电话（纯软件技术）和硬电话（需要特定硬件支持，类似于有线电话和无线电话），与有线电话的互通可以通过模拟电话适配器（ATA，Analog Telephone Adapters）来实现。

VoIP 电话系统由网关（Gateway）、网守（Gatekeeper）、计费认证中心和 IP 网络管理四个部分组成，其系统结构如图 5.7 所示。因为它的数据库系统产生各种故障的可能性始终存在，所以需要合理备份数据库中的数据。

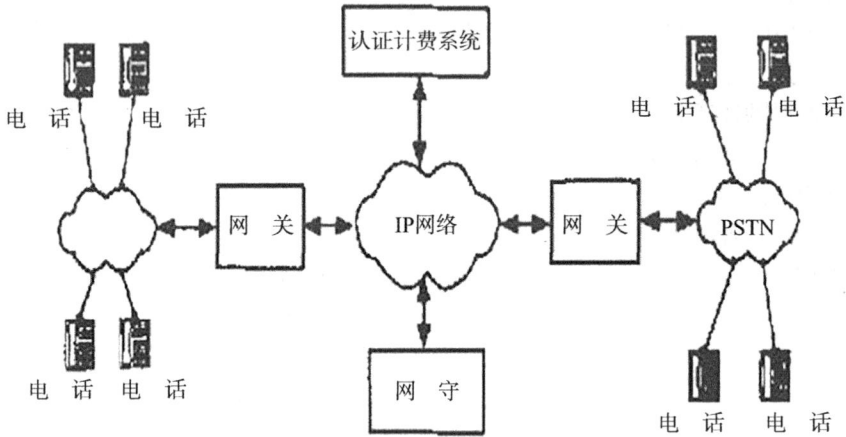

图 5.7　VoIP 电话系统结构图

1. 电话系统中数据库的备份

1）备份的内容

（1）SQL Server 数据库的系统信息分别存储在三个系统数据库中：

① master：存储 SQL Server 服务器配置参数、用户登录标识、系统存储过程等重要内容。

② model：为新数据库提供模板和原型。

③ msdb：包含有关作业、报警及操作员等信息。

如果系统数据库的介质改变，则必须重建系统数据库，因此系统数据库需要进行备份。

（2）本电话系统的用户数据库：

① User（用户）数据库：用于存放用户的各种信息。

② Account（计费）数据库：用于存放通话记录及话费等计费信息。

在呼叫的过程中，认证 / 计费代理通过查询 User 数据库进行身份认证，通话完毕产生的计费也与计费数据库的信息相关，一旦这些数据遭到破坏，所有这些工作都不能进行，那么整个 VoIP 电话系统就无法正常运转，所以用户数据库也需要进行备份。

总之，对于系统数据库和用户数据库的数据保护显得尤其重要，这两者均需要备份。

2）备份的策略

SQL Server 系统可提供满足企业和数据库活动的各种需要的四种备份方法。这四种备份方法是完全数据库备份、增量数据库备份、事务日志备份和数据库文件备份。

① 完全数据库备份用作系统失败时的基线。当执行完全数据库备份时，系统可备份在备份过程中发生的任何活动，且包括事务日志中没有提交的事务。

② 增量数据库备份是指系统只针对上一次完全备份之后所改变的数据库部分，在执行增量备份过程中发生的任何活动，以及事务日志中任何未提交的事务进行备份，以后每次备份只需备份与前一次相比增加或者被修改的文件。

③ 事务日志备份是指自上次备份事务日志后对数据库执行的所有事务的一系列记录的备份，可以备份数据库事务日志，由此来记录任何数据库的变化。

④ 本系统的数据库备份采用完全备份＋增量备份＋日志备份三者相结合的方式进行。首先在数据库初建成时完全备份数据库，以后隔一定的时间进行增量备份和日志备份，日志备份的时间间隔要比增量备份的时间间隔短得多。值得注意的是，数据库的日志备份一定要确保在该数据库的完全备份或增量备份完成以后进行；而增量备份也一定要确保在完全备份完成以后才能进行。由于 master 数据库设置 "Truncate log on CheckPoint" 选项，没有显示事务日志，当备份 master 数据库时，不能做事务日志备份，必须做数据库备份。另外由于 master 数据库的数据内容改变不是很频繁，因此仅需每周做一次完全备份。

3）备份时间间隔

由于该数据库系统的计费数据库不仅包含了用户信息，还包含了计费信息，为避免计费数据库遭到破坏，唯一的办法就是间隔较短时间进行备份。在本系统中，设定每周做一次完全备份，每天做一次增量备份，每小时做一次日志备份。这样在灾难发生时，最坏的情况下数据库也可以恢复到事发前一小时的状态。

2. 数据库的恢复

基于日志的数据库恢复技术有以下几种：

1）推迟数据库的修改

推迟数据库的修改技术，是把事务的所有写操作推迟到事务局部提交后进行；在事务局部提交后，根据日志记录中对数据库的修改信息实施被推迟的写操作，以保证事务的原始性。

2）即时的数据库修改

即时的数据库修改技术，是指允许事务在未做完的情况下可以立即执行写操作，把新的值写到磁盘上。由活动事务执行的数据修改称为"未提交的修改"。在系统故障或事务故障时，系统根据日志记录中的旧值替换新值，这种操作称为撤销（UNDO）操作。

3）检查点方法

（1）设定检查点的操作。在系统故障时，必须在日志中判断哪些事务应重做，哪些事务应撤销。如果整个日志查找速度较慢，而且实际上许多事务已把修改写入磁盘，再做无谓的重操作将会引起恢复过程的冗长。为了提高日志恢复技术的效率，目前一般采用检查点（checkpoint）的方法，就是在 DBS（数据库系统）运行时，系统保持一个日志，并周期性地（比如说 5 分钟）产生一个检查点，在检查点时刻，进行如下操作：

① 把仍在内存的所有日志记录输出到稳定存储器。

② 把数据库缓冲区中修改过的缓冲块内容输出到磁盘。

③ 写一个"检查点记录"到稳定存储器的日志中。

④ 把稳定存储器日志中检查点记录的地址写到"重新启动文件"中。

每个检查点记录应包括在检查点时刻所有活动的事务一览表，以及每个事务最近日志记录的地址。在重新启动时，恢复管理子系统先从"重新启动文件"中获得最近检查点记录的地址，从日志中找到该检查点记录的内容，通过日志往回查找，就能决定哪些事务应重做，哪些事务应撤销。

（2）检查点和系统故障的有关事务。在 DBS 运行时，在 Tc 时刻产生一个检查点，而在下一个检查点来临之前的 Tf 时刻系统发生故障。把这一阶段运行的事务分成五类，如图 5.8 所示。

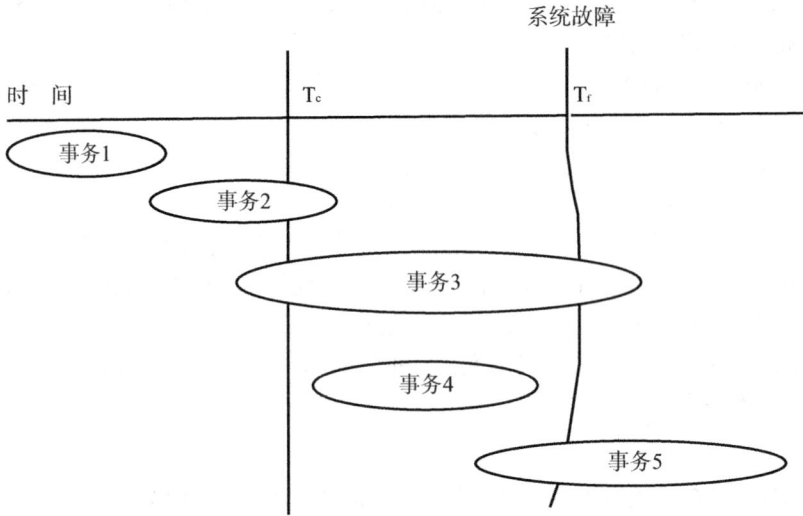

图 5.8 DBS 检查点和系统故障有关事务的可能状态图

对于图 5.8 的状态，系统故障后重新启动时，恢复工作可分为三类：

① 事务 1 不必恢复，因为它们的更新已在检查点 Tc 时写入数据库中。

② 事务 2 和事务 4 必须重做（REDO），因为它们结束在下一个检查点之前，对数据库的修改还未写到磁盘。

③ 如果采用即时的数据库修改技术，那么事务 3 和事务 5 必须撤销（UNDO）。如果采用推迟的数据库修改技术，那么可忽视日志中的日志记录，不必对事务 3 和事务 5 执行撤销操作。

3. 用户数据库的恢复

备份的目的是为了在灾难发生后能在最短的时间内将数据库的内容恢复到最近的状态，这就要从备份的数据文件中进行恢复。由于所做的备份是完全备份＋增量备份＋日志备份，因此在恢复时也应遵循这个策略，用户数据库的恢复顺序如下：

① 日志没有损坏，备份日志。

② 恢复最近的 Full Database Backup。

③ 恢复最近的 Differential Database Backup（如有）。

④ 恢复自 Differential 以后的所有日志备份（按备份的先后顺序）。

在执行数据库恢复之前，必须限制用户对数据库的访问以及备份事务日志。数据库恢复是静态的，因此应该将数据库的"dbo use only"选项设置为 TRUE。在执行数据库恢复操作时，对于那些已经破坏的数据库，系统将自动重新建立数据库文件和数据库中的对象。恢复数据库时，必须了解执行备份时使用的备份方法类型和备份是否存在。确认备份文件中包含了希望恢复的数据库备份，确认备份是有效的，并且包含备份集的全部文件。

4. 恢复时的选项设置

恢复时可以设定的选项设置有：

① Recovery：数据库恢复操作完成以后回到未完成事务的位置。

② Norecovery：数据库恢复操作完成以后不回到未完成事务的位置。

以上选项设置对数据库的影响见表 5.6。

表 5.6　选项设置对数据库的影响表

选　项	恢复后的数据库	数据的一致性	恢复后续备份	使用场合
Recovery	可　用	一　致	不可以	最后一个备份集
Norecovery	不可用	不一致	可　以	恢复的中间过程

5. 系统数据库的恢复

系统数据库控制 SQL Server 的运行，数据库损坏，轻则影响系统的性能，重则造成整个系统崩溃，使 SQL Server 无法启动。由于系统数据库的特殊作用，它的恢复方法也不同于一般的用户数据库。

如果 master 坏了，不能启动系统，可以按照下面步骤进行恢复：

① 重建系统数据库。运行 c：mssql7 binn rebuildm.exe，按照提示进行即可，过程中需要系统数据库样本的路径，可在安装光盘中找到。

② 重建系统数据库后，启动 SQL Server 服务，用系统数据库的备份数据文件恢复数据库，通常恢复顺序为 master → msdb → model。

恢复 master 的备份时要注意，必须在 single user（单用户）模式下进行，有以下几种方法可以进入单用户模式：

① 可以在命令行模式下输入 sqlservr -c -f -m 或者 sqlservr -m，其中：

-c：可以缩短启动时间，SQL Server 不作为 Windows NT 的服务启动。

-f：用最小配置启动 SQL Server。

-m：单用户模式启动 SQL Server。

② 可以在控制面板 - 服务 -MSSQLServer 的启动参数中输入 -c -f -m 或者输入 -m，点击"开始"按键。

5.5　无线指挥通信系统

无线通信是大型政企部门日常警务、应急处突、大型活动安全保障等通信联络和指挥调度的主要手段，下面将重点介绍无线通信的基本概念、无线工程技术要求、无线电台的维护保养、无线通信系统的运维工作等。

5.5.1　无线通信技术基本概念

无线通信是将需要传送的声音、文字、数据、图像等电信号调制在无线电波上，经空间和地面传至对方的通信方式。无线电波是一种频率较低、波长较长的电磁波。无线通信系统由信源、发射机、天线、接收机和信宿等组成。

1. 无线通信的特点

① 无线通信的优点：不需要架设传输线路，不受通信距离限制，机动性好，建立迅速。

② 无线通信的缺点：传输质量不稳定，信号易受到干扰或易被截获，易受自然因素影响，保密性差。

2. 电磁波信号的特性

① 传播损耗。由于发射天线辐射出去的电磁波在空间以开路方式传播，随着传播距离的增加，电磁波能量被分散到越来越大的空间中，单位接收面积上的电磁波能量密度越来越低，因此距离发射天线越远，接收天线上感应输出的载波幅度就越小。

② 多径效应。无线信道是开放式的，电磁波在空间传播时易受周围环境的影响。绝大多数情

况下，接收天线实际接收到的是经过直射、反射、衍射等多条路径传播而来的多路电磁波的合成信号，因此周围环境对无线通信的传输质量、传输距离等方面有显著影响。无线信道中这种单输入（一个发射）、多输出（多条路径信号）的传输现象被称为多径效应。多径效应主要表现为频率选择性衰落和时延扩散造成的波形展宽，甚至形成码间干扰。

3. 幅度衰落

由于不同传播路径的传播条件和长度各不相同且随机变化，各路电磁波的幅度和传播时延也各不相同，因此合成信号的幅度和相位也会出现随机变化。这种由于电磁波在传播过程中的干涉叠加导致的合成信号幅度变化现象被称作衰落。衰落可大致分成慢衰落和快衰落两大类。

4. 多普勒频移

在移动通信中多径信号的传输时延是不断变化的，因而相位也随之变化，结果产生附加的频移。由于这种频移是移动体相对基站的运动而引起的，故称多普勒频移。频移的最大值 $FM = \pm V/\lambda$。当车速为 60km/h，工作频率为 360MHz，$FM = \pm 20Hz$。工作频率越高，车速越快，频移就越大。多普勒频移造成的后果是使传输信号的频率发生小范围"晃动"，解调出的信号也随之"晃动"。

5.5.2　无线工程技术要求及无线电台的维护保养

无线工程技术要求及无线电台的维护保养不仅包括无线电通信网工程技术要求、基站站址选择、机房的基本要求，还包括天线馈线的安装要求、基站天线的安装要求、基站馈线的安装要求、馈线的安装要求、天线塔的安装要求、手台的操作、车台的操作、对讲机的使用规定和维护保养等。

1. 无线电通信网工程技术要求

① 无线通信系统采用大区制的网络结构。

② 无线工作方式采用基站双工，移动台以异频单工方式为主的工作方式。

③ 集群通信网可采用强制性通话时限的办法，缩短通话时间，保证信道有效利用。

④ 基站数量应根据通信网近远期发展规划、用户分布密度、服务区范围、基站设计参数及地形环境等情况具体确定。

⑤ 集群基站配置的频道数量应根据话务量大小具体确定，每个频道最终容纳的移动台数不应少于 50 个。

⑥ 覆盖边缘通信概率达 70%，实际上要求城区边缘覆盖区信号场强大于 -85dB，郊区边缘覆盖区信号场强大于 -95dB。

⑦ 严格禁止覆盖越区，要限制天线高度和基站发射机功率，覆盖范围以不对邻区产生有害干扰为宜，单基站实际覆盖半径与服务区半径之比应不大于 1.2。

2. 基站站址选择

① 基站站址宜选在地势较高或有高层建筑物、高塔和有可靠电源供利用的地方；基站周围应视野开阔，附近没有高于基站天线高度的高大建筑物阻挡；在基站规划区域周边，尽量选择交通方便、市电可用、中继线路容易设置、环境安全的站址，尤其是可优选移动运营商机房，借助良好的铁塔条件、机房条件、供电条件、传输链路等；郊区基站宜选在交通便利，靠近可靠电源和居民点的地方，不应选在过于偏僻的地方。

② 站址不宜选在易燃、易爆的建筑物场所附近，不宜在散发有害气体，多烟雾、粉尘、有害物质的工业企业附近，应避开有较大震动或强噪声的地方。

③ 对大区域进行电磁环境测量，考虑同频道干扰、邻频道干扰、互调干扰及其他无线电干扰等因素，以避免不同无线通信系统间的相互干扰；新建基站时，应详细了解本地区及相邻地区已有

无线通信网的使用频率、发射功率、天线高度及所处位置，进行必要的环境信号场强和干扰场强测试，使新网的频率配置避开这些干扰频点；尽量避免在大功率无线电台发射台、大功率电视发射台、大功率雷达站等大功率干扰源，以及密林、洼地、金属建筑附近等地架设基站。

④ 综合考虑基站的传输性能，基站网络的覆盖要求，覆盖区域的地物地貌和电磁环境等因素，进行初步的基站规划，尽量选择高点架设基站天线，扩大单基站覆盖范围，节省投资。同时，要注意天线架设位置应保证与其他共址的无线通信系统有一定的空间隔离。

⑤ 对于多基站网络，可在重点区域架设一个基站，通过跑车测试确定基站的覆盖范围，再在周边选择 2～3 个站址架设基站。通过上述工作的循环推进，确保整个基站网络站址选择的合理性。

⑥ 站址选择时应在满足无线覆盖区设计要求的条件下，控制基站天线的高度和辐射功率，必要时可以改变基站天线的方向，避免与其他系统产生干扰。

3. 机房的基本要求

① 机房建筑及装修应按设计要求施工，基站机房应密封；控制温度（5℃～35℃）、相对湿度（80% 以下），注意防尘；基站机房内应设置应急照明灯和烟雾、温控告警器；机房安装空调，并满足设备工作环境要求。

② 机房一般采用上走线，不得安装吊顶，布放电缆时不得堵住进风孔。

③ 机房室内装修材料应采用阻燃材料，预留孔洞应配置阻燃的安全盖板，已用的走线孔洞应用防火泥封堵；防火措施应符合国家现行消防规范标准中关于通信机房的有关规定，机房内严禁存放易燃易爆等危险品。

④ 如设备要求维护过程中需防静电破坏，应采用防静电的地面材料。

⑤ 基站无线设备室应靠近基站天线设置，以减小馈线损耗。

4. 天线馈线的安装要求

全向天线在水平面内，一般应呈现无方向性，近似一个偏心圆，不圆度小于 2dB；在垂直面内，要抑制旁瓣电平，呈现较强的方向性；由于地形的不规则性，天线的作用范围也会呈现不规则性，此时为确保通信，应采用定向天线。必要时，可采用直放站来加强某一不规则地区局部的场强。

1）天馈线共用器的要求

发射天线共用装置有两种信道隔离结构：一种是采用环行隔离器和 3dB 混合器（A），另一种是利用环行隔离器和高 Q 空腔谐振器（B）来隔离。前者是靠两信道向的传输相差来实现隔离，信道间频距可小，而后者属滤波型的频率隔离，所以要求信道间频距要大。但前者损耗大，发射功率的一半作为热损而耗散，应用中不应超过两级（插损 6dB）。对于信道数多于 4 个的系统，应采用后一种方法。一般环行隔离器顺向损耗只有 0.5dB，而逆向损耗可达 25dB。后者虽损耗小，但要求各频道间隔足够大（350MHz，应用 250kHz），否则达不到应有的隔离。

2）天馈系统的损耗要求

整个天馈系统的损耗应控制在 6dB 以内，馈线长度应不超过 100m。

3）系统天馈线配置方案

（1）信道不多，总功率不大时：

① 收发共用一套天馈设备，但必须配备一个隔离度足够大的双工器，带宽应满足系统要求，收发隔离度不小于 70dB，插入损耗应小于 1.2dB。

② 收发采用独立的天馈设备，不用双工器，可分别架设天线，接收采用天线放大器，扩大双向通信距离。

（2）信道多，功率大时：

① 发信可分成两套天馈系统，同时收信共用一套。

② 发信用两套天馈设备时，也可将其中一套加设一个双工器，收发共用。采用两个发信天馈设备时，若多个天线在空间上有一定距离，可在发信设备中都加设双工器与收信共用，实现空中分集的效果。

5. 基站天线的安装要求

① 天线选择主要取决于其工作频段，结合架设条件尽量选用高增益天线，以增大基站的覆盖区域。同时，依据馈线长度和系统设计指标选择粗芯同轴电缆、发泡馈管等合适的馈线。

② 基站天线的高度由无线覆盖区设计决定。天线的实际安装高度可在设计高度上下变化 3 ~ 5m。

③ 天线安装位置应避开周围 50m 以内的高层建筑物、广告牌、各种高塔和地形地物。

④ 基站接收天线与发射天线相邻安装时，应保持一定的水平或垂直间距。同一平面安装的收发两副天线，水平距离应大于 5 个波长，两副发射天线水平距离应大于 7 个波长；垂直共线安装的两副天线，如无足够大的平板隔离，两天线的头尾距离应大于 1 个波长。

⑤ 天线安装在铁塔上，为避免铁塔对天线方向的影响。全向天线应安装在塔顶位置（在避雷针的保护范围内），定向天线可安装在塔身侧面。

6. 基站馈线的安装要求

① 馈线采用同轴电缆。同轴电缆在室内部分应沿电缆走道或墙上的电缆上线架安装。不应直接敷设在地面或墙壁上，应沿上塔扶梯一侧安装。

② 馈线加固应均匀稳定，相邻两固定点的距离为：馈线垂直敷设宜 1.5 ~ 2m，水平敷设宜 1m。

③ 馈线在转弯处的曲率应符合产品规定的最小曲率半径要求。

7. 馈线的安装要求

① 要求走线牢固、美观，不得有交叉、扭曲、裂损情况。布放电缆时，电缆必须从外圈由缆盘的径向松开，逐步放出并保持松弛弧形，严禁从轴向乱抽电缆；当馈线需要弯曲布放时，要求弯曲角保持圆滑，其弯曲曲率半径 ≥ 70mm。

② 铁塔布线须沿铁塔线槽走线；楼顶施工须注意走横线要水平、拉直，不可捆绑在细的线缆上，要做到单独捆绑，每 1.5m 一个扎带，拐角处两端各一个扎带，扎带的头要剪齐，做到方向一致；竖线要直，做到方便检查，布局美观，扎带每 1 米一个，剪齐，方向一致。注意走线的美观，在墙上固定时使用塑料管卡。

③ 馈线尽量避免与强电高压管道和消防管道一起布放走线，确保无强电、强磁的干扰。电缆进出槽道时必须使用开孔器，然后加装锁母保护电缆。走线不能有交叉和空中飞线的现象。馈线入室前必须做滴水弯处理，严防雷电由馈线引入室内。

④ 对于特殊场所，馈线无法靠墙布放，又无走线架时，必须每隔 1.5m 安装一个馈线吊架，以供线管布线固定，且布线应与消防管道或排气管道保持一定距离。电缆布放时要做好标识以便识别。

⑤ 电缆施工时要注意保护端头，不能进水和受潮，暴露在室外的端头必须用防水胶布进行防水处理。

⑥ 馈线的连接头必须安装牢固，正确使用专用的做头工具，严格按照说明书上的步骤进行，接头不可用松动馈线芯，外皮不可有毛刺，拧紧时要固定住下部拧上部，确保接触良好，并作防水密封处理。馈线接头与主机、天线连接时，必须保持距离馈线接头 50mm 长的馈线为直出后方可转弯。

⑦ 馈线进入机房内时，需连接防浪涌避雷器，保证避雷器的接地端与建筑物大地有效连接。

避雷器接地引下线采用多股铜线，线径不小于 $\phi 6$。

⑧ 基站设备的安装位置应符合设计文件（方案）的要求，安装位置应便于调测、维护和散热。

⑨ 安装时严格按照说明书的介绍进行，使用合理的工具，安装牢固平整，无损坏、掉漆的现象。

⑩ 主设备机箱上的接地端子，通过专用的机箱接地线接引到机房大地上。

8. 天线塔的安装要求

1）天线塔的安装规定

① 天线塔的位置和高度除应满足技术要求外，还应符合航空部门的有关规定，在塔顶设置航空标志灯。

② 在天线塔体的适当位置可设置操作平台，以利于天线、馈线的安装调试和维护。

③ 天线塔在无荷载时，中线垂直倾斜度不应超过塔高的 1/1500。

④ 天线塔的抗震防裂度和抗震设计应按照现行的有关标准、要求和规定执行。

⑤ 金属天线塔应采取防腐措施。

⑥ 房顶天线塔设计应考虑屋顶的承重要求。

除上述规定外，天线塔的设计应符合 YD/T 5131-2005 的有关规定。

2）天线塔的供电、接地和防雷

（1）电源要求。电源要稳定，交流在 220V ± 22U 间使用 UPS，建议在 UPS 电源前加装稳压电源。

（2）接地要求：

① 机房内通信设备及其供电设备不带电的金属部分，以及电缆的金属护套均应做保护接地。

② 天线及其支架应与避雷接地线就近连通。天线馈线的上端和进入机房入口处，均应就近接地。

③ 机房内控制中心和基站的接地应采用联合接地的方式，联合接地应将工作接地、保护接地、防雷接地接在一起。联合接地网的工频接地电阻应满足控制中心小于 1Ω。对于联合接地方式，接地电阻应小于 1Ω；对于分散接地方式，接地电阻不大于 4Ω。

④ 集群控制中心、基站与市话局、用户交换机或微波站共用同一建筑物时，其接地应采用与其他通信系统共用同一组接地体的联合接地方式。

⑤ 接地线的长度越短，接地效果越好，其长度不宜超过 30m。

⑥ 机房楼顶的各种金属设施，均应分别与楼顶避雷接地线就近连通。

（3）天线塔的防雷接地要求：

① 基站天线塔上应设避雷针，塔上的天馈线和其他设施都应在避雷针顶端的45°夹角范围内，即避雷针顶端与天线顶端的连线与避雷针本身所在垂直线的夹角为45°。考虑45°保护角的同时，还必须考虑避雷针与天线杆之间的间距，最好不小于3m。这样才能既防直接雷击又防感应雷击。

② 避雷针的雷电流引下线应专设，引下线应与避雷针及塔基接地网相互焊接连通。

③ 天线塔上的天线支架、框架、航空标志灯架、馈线走线架都应良好接地；天线的馈线及灯塔控制线的金属外户层应在塔顶及进机房入口处的外侧就近接地，经走线架上塔的天线馈线，应在其转弯上方 0.5 ~ 1m 范围内做良好接地，在进机房入口处，天线的馈线应对地加装馈线避雷器，塔灯控制线的每根轴线均应分别对地加装氧化锌无间隙避雷器，零线直接接地。

④ 天线塔位于机房建筑物旁边时，天线塔的接地网与机房地网之间，至少应有两处（间隔 3 ~ 5m）相互焊接连通，当天线塔位于机房建筑物屋顶时，金属支撑杆和雷电流引下线至少在两个不同方向与屋顶的避雷带可靠相连。

此外，在工程实施中，还必须注意使天线杆与天线之间的接地电阻尽可能小。

（4）机房的防雷接地要求：

① 屋顶应设避雷带和避雷网，避雷网与避雷带一一焊接连通，建筑物的雷电流引下线不应少于两根，其间距不应大于 18m，该引下线可利用机房四角柱内两根以上主钢筋，上端与避雷带、下端与地网可靠焊接连通。机房屋顶上的其他金属设施也应就近与避雷带焊接接通。

② 屋顶装有天线、天线塔、烟囱或其他突出物时，应在其上部安装避雷器或架空防雷线，使屋顶上所有物体都在其保护范围内。

③ 由屋顶进入机房的馈线和太阳能电线缆线，应采用具有金属外护层的电缆，其金属外护层在进机房入口处，应就近与屋顶避雷带焊接连通，电缆内的芯线应在入口处一一就近对地加装保安器。

④ 机房内所有通信设备及供电设备正常不带电的金属部分，通信设备所设防雷保安器的接地端，以及其他金属物件应作保护接地。

⑤ 进入集群控制中心或基站的通信线路，宜采用地下通信电缆。电缆金属外护层、金属管道、电缆内的空线对在进站处应作良好接地，电缆内芯线应对地加装保安器。

⑥ 引入集群控制中心或基站的输电线路，宜采用地下直埋电力电缆，并按照电力部门的有关规定采取必要的防雷措施。电力电缆的长度不宜小于 50m，在入户端电缆金属外护层应有良好的接地，三根相线及零线在进入交流配电屏之前应分别对地加装氧化锌无间隙避雷器或其他过电压保护设备。

（5）无线机房走线要求：

① 机房走线（含电源线、地线、室外收发天线等）均为上走线，要求在机房建设中，各引线到设备机柜位置预留上走线梯架。上走线梯架的高度高于地面 1.9m。

② 机房建设中应该为室外天线馈线提供进入机房的通道，机房装修时注意解决馈线进入机房处通道的防水处理。

③ 机房装修时应该为馈线配备防雷接地铜排，防雷铜排悬空安装，位于馈线穿墙孔与走线桥架之间，距离穿墙孔约 1m，距离走线桥架约 50cm。该防雷铜排将需要接入天线铁塔防雷。

④ 所有防雷接地点，接地电阻 < 4Ω。

9. 手台的操作

1）天线安装要求

作为发射和接收电磁波的部件，天线性能的好坏直接影响通信距离和通信质量。安装天线时，要将天线端的连接头与手台上安装座中的螺纹或卡口正确对接，并适当拧紧。如果螺纹对接不正确，则会导致天线体与手台天线安装座中的芯体接触不上或接触不好，容易出现因连接不匹配而影响发射和接收性能，严重时甚至会导致功率放大器损坏。当然，安装天线时也不宜用力过大或拧得过紧，以免造成天线安装座破裂。

没有安装天线时，手台的功率放大器输出端是严重不匹配的，此时开机发射极易导致功率放大器损坏，因此严禁在天线安装好之前开启手台的发射。天线的长度和形状的改变会导致天线工作特性的改变，在使用中不应折叠或擅自改变天线的长度。当天线安装座或天线接头上有污物时，可以用干净的纸或布轻轻擦除。

2）电源开启与音量调节

对于常规或模拟集群手台，将手台握在手中，有操作键盘和显示屏的一面对着使用者，顺时针转动"电源/音量"旋钮，听到"啪哒"声、显示屏显示字符或听到开机提示音，表明手台的电源开启。开机后，如果继续顺时针转动"电源/音量"旋钮，可加大手台的输出音量；如果逆时针转动"电源/音量"旋钮，则可减小手台的输出音量。对于数字集群手台，其电源开启和音量调节方法与手机类似，在此不作介绍。

3）信道选择

手台工作信道的选择一般使用专门的信道选择旋钮。在手台中，一般预先存放有多组收发频率组合，通过信道选择旋钮选择信道时，实际是选择预先存放的某个收发频率组合，而不是单纯改变其发射或接收频率（编程模式下除外）。由于手台可以工作于常规同频单工、常规异频单工和集群异频单工三种模式，因此在选择相应的信道（实际上是相应的收发频率组合）时，同时也选择了手台工作模式。

4）环境监听

工作于常规模式或集群模式的手台，开机后未按下"PTT"键时一直处于接收状态，可以监听接收信道上的通话。为了避免在接收信道上没有人讲话时手台输出令人厌烦的"沙沙"声，有的手台上设置有"静噪"旋钮，通过调节"静噪"旋钮的位置，可以改变开启手台输出话音时的最小接收信号强度；有的手台则没有"静噪"旋钮，手台通过判断接收信号中是否有规定频率的亚音频信号来决定是否开启手台的话音输出（这要求手台均支持这种亚音频功能）。"静噪"旋钮调节的是开启手台输出话音时的最小接收信号强度，如果"静噪"旋钮调节的位置过高，则会导致手台的实用灵敏度下降，通信距离缩短，因此使用时将"静噪"旋钮调节至较少出现"沙沙"声的位置即可。

5）呼叫操作

对于工作在常规模式的手台，按下手台侧面的"PTT"键时，手台立即进入发射状态，此时使用者可以开始讲话；松开"PTT"键时，手台立即进入接收状态，使用者可以接听对方的讲话。

对于工作在集群模式的手台，首次按下"PTT"键之前需要输入对方的呼号；首次按下"PTT"键时，手台向基站申请信道；听到"信道指配成功"的提示音后，按下"PTT"键，则手台进入发射状态，此时使用者可以开始讲话；松开"PTT"键时，手台进入接收状态，使用者可以接听对方的讲话。如果在首次按下"PTT"键之后没有听到"信道指配成功"的提示音或听到的是"信道指配失败"的提示音，则需要等待一段时间后再次按下"PTT"键重新申请信道（有的集群手台可以自动重新申请信道）。

6）电池安装与存放

目前手台使用的电池大多为镍铬或镍氢可充电电池。电池的容量因材料、体积的不同而有所差异，其形状也因手台的外形而异。电池的工作时间不仅与电池的容量有关，而且与手台的发射功率设置和待机功耗有关。

电池与手台之间通过金属弹性扣锁或塑料件卡接，取电池时可一手握住手台，另一只手握住电池并用拇指或食指压住弹性扣锁部件后往上（下）推（拉），然后轻轻将电池从槽道上拉出来。安装手台电池时，首先要检查电池形状和电极位置是否与所使用手台相匹配，将电池的槽道对准手台的槽道后轻轻往前推，到位后电池的扣锁部件会将电池锁住。

手台的电池不能存放在有危险的地方，从手台上装卸电池时如遇到电火花则有可能引起爆炸，将电池投放火中也会引起爆炸，当电池在使用过程中由于簧片脱落或手台内部故障引起短路时会彻底损坏电池，严重时还会引起火灾。

7）电池充电

手台的电池在使用时不断释放电能，释放到一定程度后就必须充电。如果重复对电池进行短时间的充电，则容易引起电池的存储效应，会减小电池的容量。如果电池在充满电后长时间不使用，其电量也会不断减少，再次充电时也可能产生存储效应。为了避免产生电池的存储效应，在电池完全放电之前，应让它连续工作直至电量耗尽；再次充电时，充电时间应达到规定的时间要求。对于已经产生存储效应的电池，应在其电量使用始尽时，连续充电到规定的时间长度后再开机使用，如此往复 3 ～ 4 次可逐渐消除电池的存储效应。

当电池电量不足时，手台会有低电量指示（黄灯或提示音）；如果电池的电量消耗殆尽，手台会自动关闭。将电池放入充电器中充电时，应检查电池的电极与充电器的电极是否接触良好，充电指示灯是否亮起。充电完毕，电池的温度一般要比环境温度高，取下电池后应待电池温度下降至环境温度时再安装使用。

实际使用过程中，有时会出现电池用完而又急需充电的情况。此时可以使用快速充电器，利用 15 分钟至 1 小时的时间对电池进行快速充电。经验表明，快速充电器仅能将电池电量充到其饱和电量的 70% 左右，经常使用也会引起电池存储效应，并缩短电池的使用寿命。

8）手台使用中的其他注意事项

（1）振动、潮湿、灰尘。频繁的振动会引起手台内部元件参数（尤其是电感线圈）的变化和接插件接头的松动，因此不能将手台放置在频繁振动的物体上。在潮湿、有毒气体、灰尘弥漫等恶劣的环境中，手台内部元件参数也会发生变化，机械开关触点的接触性能也会受影响，因此应尽量避免在此类环境中携带和使用手台。

（2）使用环境。手台发射信号时，手台内部机械开关的触点间可能出现轻微的电火花，大功率的电磁波发射还可能诱发附近的导体间出现放电火花，因此在加油站、油 / 气火灾、矿井等环境中使用手台时，有可能引发火灾。此外，手台发射的电磁波还可能对飞机的导航、通信设备和医疗电子设备产生干扰，严重时甚至会引发恶性事故。在此类环境中，最好不使用手台。如果确需通信，必须详细了解引起爆炸或干扰的频段，或改用其他的通信方式进行联系。

（3）键盘。手台键盘的按键触点大多由导电橡胶或弹性金属圆片制成，触点间的距离一般只有 2 ~ 3mm，按下时会有材料的突然形变形成的按键手感。按键触点受力程度有限，受大力挤压或冲击时容易导致键盘触点材料的变形甚至损坏，因此按键力度要适中，切忌用力过猛（尤其是手台中需要频繁接下的键，如 PTT、发送、挂机）。当键盘上积有灰尘时，可能因相邻按键的摩擦而导致误按或破裂；灰尘中的无机化合物还会污染按键触点，导致按键触点接触不良或腐烂，因此应注意保持键盘清洁。

（4）使用方法：

① 第一次使用充电对讲机时，请充电 16 小时。

② 取出电池前请先关机。

③ 在使用时不要用手去拿天线，握住天线会影响无线对讲机的有效通话范围。

④ 使用对讲机时，应让它保持垂直，与脸部保持 5 ~ 7cm 的距离。

⑤ 对讲机与电视机、电脑显示器等屏幕保持大于 10cm 的距离，以免被磁化。

10. 车台的操作

车台的人机接口部件包括扬声器、话筒、信道选择旋钮、PTT 键、数字键盘、显示屏、天线等。在结构设计上，车台有一体式和分体式两种主要形式。

一体式车台是将射频收发部件与显示屏、部分开关 / 按键等安装在一起，结构紧凑，连线简单；分体式车台是将射频收发部件与包含有显示屏、部分开关 / 按键的操作显示面板分置，便于安装，但连线比较复杂。

两种形式的车台均使用车载吸盘天线或固定在车体上的天线，并通过多芯软线将集成有数字键盘、PTT 键的收 / 发话单元与车台的主体相连，如图 5.9、图 5.10 所示。

图 5.9　一体式车载台

图 5.10　分体式车载台

1）车台的天线连接

由于车台使用的天线放置在车外，因此需要通过一段 3～5m 的射频电缆与车台主体的射频接口相连。车台主体的射频接口大多使用 N 型连接座，射频电缆相应地也使用 N 型连接头，安装时需要保证连接头和连接座的螺纹正确对接，对错螺纹将导致连接头拧接困难，并可能导致连接头与连接座的芯线接触不好或接触不上，从而影响通信效果，甚至可能导致车台的功率放大器烧毁。射频电缆不宜从车门或车窗等频繁活动的部位穿过，最好沿车体内部固定的线路铺设，且在日常使用中不会受到挤压或摩擦。

2）车台的安装位置

由于车台主体的重量较大，因此不宜安装在汽车内部的顶部或侧壁；安装车台主体的表面应能长期承受其重量，并应留出足够的空间以便散热。同时，还应考虑电源走线、天线连接及其他接头的位置与形状，既要便于使用，又不能因为安装了车台而影响驾驶或乘坐。

3）车台天线的安装位置

车台天线的安装位置对其通信效果有直接影响。一般情况下，汽车顶部中心是车载吸盘天线的最佳安装位置；如果将车载吸盘天线放置在行李箱盖中心处，则需要将行李箱盖通过专门的地线与车体骨架相连；对于固定在车体上的天线，一般直接安装在车体后部，此时需要特别注意安装座的水密封性能，以及与车体的电接触性能。

从天线底座引出的射频电缆线在引入车体内部时，需要注意走线方向和弯曲角度，防止雨天时雨水顺着线缆流入车内或车台主体内引起电气故障。由于车台是负极接地的，因此要求汽车的电子系统也是负极接地，在安装车台之前应检查汽车电子系统的接地极性。

4）车台与天线的距离

车台的发射功率较大，发射时在天线附近 10cm 范围内的电磁辐射强度严重超过人体安全标准，因此当车台发射时，不要接触或靠近天线，特别是眼睛、面部或其他身体裸露部分。当距离基站的天线太近（10m 以内）时，也不宜发射信号。

5）车台使用中的其他注意事项

（1）振动、潮湿、灰尘。频繁的振动会引起车台内部元件参数（尤其是电感线圈）的变化和接插件接头的松动，因此不能将车台放置在频繁振动的物体上。在潮湿、有毒气体、灰尘弥漫等恶劣的环境中，车台内部元件参数也会发生变化，机械开关触点的接触性能也会受影响，因此应尽量避免在此类环境中携带和使用车台。

（2）使用环境。车台发射信号时，车台内部机械开关的触点间可能出现轻微的电火花，大功率的电磁波发射还可能诱发附近的导体间出现放电火花，因此在加油站、油/气火灾、矿井等环境中使用车台时有可能引发火灾。此外，车台发射的电磁波还可能对飞机的导航、通信设备和医疗电子设备产生干扰，严重时甚至会引发恶性事故。在此类环境中，最好不使用车台。如果确需通信，必须详细了解引起爆炸或干扰的频段，或改用其他的通信方式进行联系。

（3）键盘。车台键盘的按键触点大多由导电橡胶或弹性金属圆片制成，触点间的距离一般只有 2～3mm，按下时会有材料的突然形变形成的按键手感。按键触点受力程度有限，受大力挤压或冲击时容易导致键盘触点材料的变形甚至损坏，因此按键力度要适中，切忌用力过猛（尤其是车台中需要频繁接下的键，如 PTT、发送、挂机）。当键盘上积有灰尘时，可能因相邻按键的摩擦而导致误按或破裂；灰尘中的无机化合物还会污染按键触点，导致按键触点接触不良或腐烂，因此应注意保持键盘清洁。

（4）使用方法：

① 使用 12V 电源供电时，要注意正负极，电源线上要接入保险。

② 远离车台天线。在车台发射时尽可能不要靠近天线。

③ 使用车台时，注意对讲机与嘴的距离。

④ 保持车台天线远离电视机、电脑显示器等屏幕，以免被磁化。

⑤ 车台可能会干扰一些助听器、无线话筒。

⑥ 雷雨天气慎用车台。

11. 对讲机的使用规定和维护保养

1）对讲机管理规定

① 实行"统一管理、分级负责、责任到人"的原则，所有对讲机由指挥中心统一管理，统一编号登记，统一调配使用。各单位负责人是对讲机管理的第一责任人，内勤负责日常管理，使用对讲机的人员为直接责任人。

② 指挥中心负责对讲机使用保养的培训指导，负责对讲机故障的检测维修等工作。

③ 各单位督促人员做好对讲机的保管维护及规范使用，持机人对所配发的对讲机须正确使用、妥善保管，不准随意转借、更换、改频、拆卸。

④ 对讲机发生故障应及时和指挥中心联系，并送相关部门检测维修，严禁擅自送交其他单位、公司或个人修理，以防发生机器内部数据泄密。

⑤ 严格管理好对讲机，以防丢失发生泄密，各单位如出现对讲机丢失情况，要立即报告指挥中心。

2）对讲机使用规定

① 各单位的对讲机必须保持 24 小时畅通，用于对各项执勤活动进行指挥调度，同时接听指挥中心的指令或来自上级的不定期点名。因故不能开机的，需报告指挥中心。

② 人员在巡逻，处置突发性、群体性事件及执行安全保卫等活动时必须携带对讲机，保证能随时接听、应答，及时用对讲机向指挥中心反馈现场情况和到位情况，认真落实"三反馈"制度。

③ 各单位日常工作按要求统一频道或组号值守，各单位严禁私自改变值守频道或通话组。

④ 对讲机在使用时要正确操作，语言简练，不准讲与工作无关的事情，不准长时间占用频道，不得在对讲机里聊天、吵闹、粗言秽语，严禁随意改变电台频道及组号。

⑤ 各单位要加强对讲机的管理，严禁将对讲机转借他人，严禁用对讲机传递涉密信息，必要时可用暗语。

3）对讲机的通话规范要求

① 开机后正确设置对讲机频道，把音量旋钮调整到合适的位置，使用过程中不要多次开关机。每次呼叫前，应检查频道选择旋钮和开关，确保选择正确的信道。

② 正确使用对讲机。在使用对讲机过程中严格规范用语，一般应呼被叫方代号，并告知本人代号，禁止在对讲机里直呼其名。

③ 使用对讲机通话时要做到语言简练、准确，语速适中，口齿清楚，语音清晰，文明用语，通话内容言简意赅。

④ 正确的持机通信方法是：按发射键（左边 PPT 大按键）通话时，使用者应当使对讲机处于垂直位置，发话时，应保证对讲机与唇部保持 5 ~ 10cm 的距离，以保证受话方听到的话音清晰，天线和面部应保持适当距离，通话结束后，放开发射键进行收听，不可按键不语阻塞信通。

⑤ 应使用规范用语进行通信。例如进行呼叫："×××呼叫×××，听到请回答"或"×××，我是×××，听到请回答"，被呼叫方应答："×××听到，请讲"或直接答复"听到，请讲"，通话结束语："明白"、"收到"或"完毕"。遇到指挥中心通知通报事项，受话的单位或人员要依次应答，如："×××听到"或"×××明白"。讲话时要讲普通话，语言要简明扼要。

⑥ 若发现对讲机信号接收不好、通话效果不佳时，可以尝试调整接收方向或位置，尽量减少对讲机与系统基站之间的建筑物阻挡。特别是在室内使用时，最好靠近窗户。

⑦ 遇到多个使用者同时呼叫，应有序通话。通话各方讲话间隔最好大于 1s，以便其他使用者有紧急情况时可以插入，避免"撞车"。同时，重要内容应重复确认以免出错。

4）对讲机的维护保养

对讲机具有保密性和专用性，价格昂贵，作为通信装备，使用者应当小心谨慎，按照"谁使用、谁保管，谁损坏、谁负责"的原则，责任到人。

5）对讲机天线的使用注意事项

① 开机之前应检查天线是否损坏，安装连接是否紧密，特别是车台与天线之间的接头连接是否紧密。不要使用天线已破损的对讲机，如果损坏的天线触及皮肤将导致小范围的灼伤。

② 不得将对讲机天线旋转、扭弯、拆卸，未装天线时严禁开机发射。严禁在开机状态下拧下对讲机天线，否则将造成对讲机严重故障。

③ 使用对讲机时应当采用正确的握姿，用手握住机身背部及两侧，不要手拎天线或外接麦克风，更不要拎着天线将对讲机甩来甩去，以免造成天线断裂。

④ 操作时，最好保证天线与地面垂直。

⑤ 当车载式对讲机发射时，不要让人接触或靠近天线，特别是眼睛、面部或身体的其他裸露部分不能接触天线。

6）对讲机电池的使用注意事项

① 必须使用配套的充电器对电池进行充电。

② 新电池前三次充电要保证 15 小时左右，此后充电时间可以缩短。

③ 带对讲机机身充电时，必须固定好天线，在关机状态下充电。

④ 充电完毕要及时将充电器与电源断开，连续不断地充电将缩短电池寿命（请勿将充电器当作对讲机座架）。

⑤ 拆卸电池时应当先关机再卸下电池，严禁在开机状态下直接拆卸电池。

⑥ 对讲机长时间不用或有故障时，机身与电池应当分离。

⑦ 防止振动与撞击。携带手持式对讲机时，要妥善保管，防止受到强烈振动或与其他坚硬的物体碰撞。因为振动和碰撞，会损坏电池与机体之间的接触轨道，使机体与电池电极之间接触不良，轻则通话时常中断，重则造成手持式对讲机电子元器件的损坏。

⑧ 防止潮湿和浸水。保管、使用对讲机必须防止对讲机受潮和浸水，特别在阴雨天使用对讲机时一定要注意防水。一旦出现被水淋湿或跌落水中的情况，严禁打开电源，应当及时送县级指挥中心处理。在使用过程中，使用者要注意是否身处潜在爆炸大气环境中或附近是否有禁用对讲机或禁止发射无线电波的符号。在一定条件下，对讲机的发射电磁波信号能够引起易爆物的爆炸，应注

意以下事项：

·为防止意外，最好在靠近加油站、爆破区和雷管所在区域前，以及其他潜在爆炸的大气环境或场合下关闭对讲机，绝对不能发射通话，以免引起爆炸。

·不要在潜在爆炸的大气环境下更换对讲机电池或对电池进行充电，安装和拆卸电池时可能会引起接触电火花，导致爆炸或火灾。

⑨ 爱护对讲机的键盘。一是在按键时，力度要适中，切忌用力过猛；二是要防止键帽之间积满灰尘，以免影响拨号的效果和键盘的寿命。

⑩ 防止灰尘。注重对讲机的日常保养，及时用干布擦拭灰尘和雨水，保持对讲机清洁。灰尘中除含泥沙外，还有多种多样的无机化合物。这些灰尘落到手持式对讲机里面，不仅会腐蚀机体，而且会造成机器内部电子电路的损坏。

⑪ 防止金属导体（如首饰、钥匙等）触及电池的裸露电极。

⑫ 根据需要在开机前安装好耳麦，不使用耳麦时，务必盖上防尘盖。

7）监督与责任

工作人员要按照上述规定使用对讲机，违反规定的，要视情况予以通报批评或纪律处分；不得故意人为损坏和丢失对讲机，造成损坏和丢失的，视情节轻重，按照有关规定处理或照价赔偿；各单位如出现对讲机丢失情况，要立即报告相关指挥中心。

5.5.3 无线通信系统运维

无线通信系统运维包括无线通信系统的运维工作及工作结果表格的填写。

1. 无线通信系统运维工作

① 巡检之前，需要做好相关的准备工作，携带巡检记录表格、笔、通信工具（手机，以备拍照及联系相关人员使用）、通信器材（如测试仪、万用表等）、需巡检的机房门禁卡等相关物品；同时必须带上 2 台同组的手持对讲机，以备巡检过程中，发现问题及处理问题后能及时进行测试工作。

② 进入机房前，首先应检查机房的门禁卡是否完好无损，确认无异常后，电话联系运营商网管中心，进行人员、基站维护报备，获得进入机房许可后才能开门进入，并做好机房进出的登记工作。然后进行基站巡检工作，离开机房后，再次电话联系运营商网管中心，告知工作完成，进行离开报备。

③ 检查机架内各机框所有单板是否正常运行，机架内各机框之间通信是否正常，各单板指示灯运行状态如何。对设备频率偏差、功率变化等进行调整，对微波设备运行进行检查。

④ 检查传输设备有无告警信息，并对所有线路线缆的布线情况逐一进行检查，对不符合布线工艺规范标准的予以整改，未粘贴标签的，应予以标上、贴好。

⑤ 检查基站天馈部分，天线是否倾斜、松动，是否已做好防雷接地措施，馈线进入机房前是否做好回水弯，馈线进入机房后，设备机柜侧是否已接好防雷器等防范措施；检查馈线是否有损坏等。

⑥ 铁塔安全检查，室外接地检查，馈线系统检查，目测抱杆垂直度、天线方位角和俯仰角等。

⑦ 检查机架电源电压是否正常，设备运行是否正常。

⑧ 检查各单板占用时，指示灯是否正常，信道机是否正常占用，CCU 板是否正常收发。

⑨ 检查各机框工作状态及机框内单板指示灯是否正常运行。

⑩ 检查传输设备，如 PCM、界面机等是否有告警信息。

⑪ 使用手持对讲机，互相发起呼叫测试，确认是否能正常占用信道机、CCU 板等相关信道。

⑫ 检查空调运行状况，机房清洁等情况。

⑬ 检查基站传输设备运行情况，是否有告警，各类传输、线缆标签是否完整、清洁等。

⑭ 根据维护作业计划的周期要求，以及维护操作要求实施维护巡检作业。

⑮ 巡检发现异常且无法现场处理解决的故障，则进入故障处理流程。

2. 工作结果表格的填写

记录巡检结果必须按照表 5.7 进行详细填写。

表 5.7 无线基站巡检表

巡检记录表			
机房：	巡检人员：		巡检日期：
序 号	巡检项目	巡检内容（是的，在方框内√）	备 注
1	机房环境	1. 卫生清洁　正常□ 异常□ 2. 门 禁　正常□ 异常□ 3. 照 明　正常□ 异常□	
2	空调运行情况	1. 空调运行　正常□ 异常□ 2. 机房温湿度　正常□ 异常□	
3	设备运行情况	1. 各单板指示灯　正常□ 异常□ 2. 界面机　正常□ 异常□ 3. 综合复用器　正常□ 异常□ 4. 信道机　正常□ 异常□ 5. 电源模块　正常□ 异常□	
4	基站运行情况	1. 各类传输设备　正常□ 异常□ 2. 防雷接地　正常□ 异常□ 3. 馈 线　正常□ 异常□	
5	呼叫功能测试	1. 通话声音清晰　正常□ 异常□ 2. 声音嘈杂　正常□ 异常□ 3. 单方听到语音　正常□ 异常□ 4. 个 呼　正常□ 异常□ 5. 组 呼　正常□ 异常□ 6. 跨基站通话　正常□ 异常□	
存在问题			
解决问题			
未解决问题原因			

5.6　应急通信车系统

随着我国经济的快速发展，各领域日益壮大，基础设施的建设也日益完善，通信发展突飞猛进。但紧急灾害事故却仍时有发生，对社会造成巨大的影响和损失。

5.6.1　应急通信车简介

1. 应急事件

当重大事件发生时，通信不畅会导致不能及时处置。因此有效地应对紧急灾害事故（包括预防、预警、快速反应、处置、恢复等）变得十分重要，事故现场的指挥控制和调度尤为重要。当出现大的自然灾害时一般会出现以下情况：

① 现场所有通信网络阻断、中断或网络严重拥塞，导致无法正常通信，无法与外界联系。

② 现场重要的信息不能实时反馈到指挥中心或监控中心，无法有效地给后方领导提供现场情况，导致领导不能及时、有效地对发生的事件做出决策及指挥调度。

③ 对于重大活动的安保、反恐处突、突发事件的处置等行动，参与作战的人数众多，如何统

一协调作战，统一调度指挥是重中之重。因此需要联合协同作战，且必须在现场迅速搭建临时作战指挥中心，进行统一指挥调动。

由此，应急指挥通信车随之而生，它利用先进的大功率广播指挥系统、车体、卫星通信设备、无线通信系统、自动伺服系统、图像采集和处理系统、供电及配套系统、车内办公和控制系统、车载定位系统、数据采集系统、强光照明技术等，实现由车载的单兵图传或车载的卫星系统回传到指挥通信车或直接回传到前线，与后方指挥中心进行通信联络、现场指挥调度等功能。该系统目前是公安、消防部门针对大型现场指挥、群众疏散、抢险救援的综合移动平台，是现代通信技术及其他高科技技术的综合运用。

应急机动指挥通信车是固定指挥中心的扩展和延伸，能够将事件发生现场的情况迅速反馈到固定指挥中心，并可作为突发事件的现场应急指挥通信中心，在事件现场附近构成现场指挥平台，为现场各专业组提供支撑，为各级政府领导应急决策和指挥提供依托，进一步提高各级政府处置突发事件的能力。

2. 应急通信车的功能、类型和主要结构

（1）应急通信车的功能。应急通信车根据应用领域的不同具备不同的功能，主要目的是保障特殊情况下的通信能力。应急通信车已广泛应用于无线电委员会、运营商、人防、消防、部队、银行、气象，地震等行业。应急通信车与指挥中心其他应用系统相关联，在指挥车上构建多业务信息采集和处理平台，形成对现场业务的综合应用与服务，成为一线移动指挥中心。

（2）应急通信车的类型。应急通信车按用途划分为：公安应急指挥车、武警应急指挥车、电信运营商应急指挥车、桥梁应急指挥车、建委应急指挥车、城管应急指挥车、电力应急指挥车、交通应急指挥车、卫生应急指挥车、地震应急指挥车、公路应急指挥车、消防应急指挥车、环境应急指挥车、森林应急指挥车等。

（3）应急通信车的主要结构。应急通信车的主要结构包括中控系统、视频系统、广播系统、灯光系统、供电系统等，完成系统集成的全部内容后，应急指挥车到达现场，将图像和声音通过系统传送到应急指挥中心，供中心做应急处理。

5.6.2　无线应急通信车

应急指挥通信车系统主要由车体、卫星通信设备、无线通信系统、自动伺服系统、图像采集和处理系统、供电及配套系统、车内办公和控制系统、车载定位系统、数据采集系统等组成。

在应急指挥通信车上，装载不同的无线通信装备，如运营商的BTS基站等设备，使其成为运营商一个移动的无线应急指挥车。该通信车将为公众在网络或者基站信号覆盖不到的地方提供有效的网络信号或信号的补充。

消防等部门装载无线通信装备及短波、超短波、无线集群、车载4G图传、无线图传设备等各种公网的通信链路，将为各部门提供强有力的通信链路保障。便于在抢险救援、反恐处突、突发事故事件现场及大型活动的应急通信保障工作中得到通信支持。同时，还可以通过无线指挥通信车与路由转发器、信号转发器、视频会议、广播系统、供电系统、音响系统等设备组成一个简便的会议中心，构成一个应急前线指挥中心或指挥部，对现场进行指挥调度。监控中心或指挥中心可通过远程回传的音视频、图像等召开音视频会议，迅速进行远程指挥调度。

综上所述，可将无线应急通信车分为运营商的无线应急通信车和各行业使用的无线应急通信车两部分来解析，可从这两部分对无线应急通信车进行深入的了解，并熟悉如何更好地对无线应急通信车进行维护工作。

1. 运营商无线应急通信车

在运营商基站瘫痪或重大活动中，由于周围基站的建设问题导致现场话务量饱和时，可以使用无线应急通信车，以保障现场通信畅通。运营商的无线应急通信车，一般有两种情况：

① 在车上装载 BTS 系统和远端中心机房的 BSC 系统形成对接，通过车载基站将信号覆盖在通信车范围内，满足周围的通信保障工作需求。该系统各功能模块的组成通常有基站系统 BTS、传输系统 SDH、供配电系统、天线升降机构及塔顶装置、防雷系统、平衡支撑系统、集中控制系统、空调系统等。该系统的网络结构如图 5.11 所示。

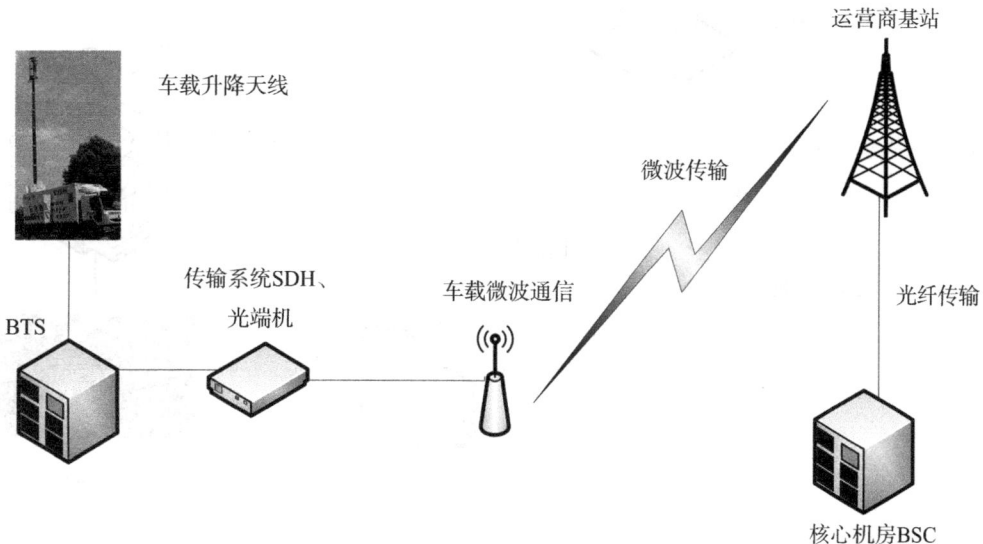

图 5.11 无线应急通信车网络结构图

这种类型的无线应急通信车在日常的维护中，需要重点对基站系统 BTS 和传输系统 SDH 进行维护工作。基站系统 BTS 是运营商应急通信车的核心，完整的 BTS 包括无线发射、接收设备、天线和所有无线接口特有的信号处理部分。BTS 可看作无线调制解调器，负责移动信号的接收和发送处理。一般情况下，在某个区域内，多个子基站和收发台相互组成一个蜂窝状的网络，通过控制收发台与收发台之间信号的传送和接收，从而实现移动通信信号的传送。

传输系统 SDH 由车载光端机和微波传输系统组成。在通信工程中，传输接入可实现网络有效管理、实时业务监控、动态网络维护、不同厂商设备间的互通等多项功能，能大大提高网络资源利用率，降低管理及维护费用，实现灵活可靠和高效的网络运行与维护。传输系统如果受到干扰，将会导致通信质量下降，语音、视频等均会受到影响，如传输误码率很大，语音出现声音嘈杂、串音、断断续续等情况。

同时，供配电系统、天线升降机构及塔顶装置、防雷系统、平衡支撑系统、集中控制系统、空调系统和上述系统环环相扣，都是重要的组成部分，需要做好日常维护工作。

② 通常出现在网络拥塞、话务量过高的情况下，如举办重大比赛、大型博览会、大型运动会等大型活动，这种情况往往人员流动量大、基站覆盖面积不足，为确保通信正常，应使用应急通信车。当出现如地震、地质灾害、突发事件等情况时，当地断水又断电，所有基站的信号全部中断，可在无线应急通信车的基础上改装车辆，装载卫星天线，如动中通天线、静中通天线。系统组成增加了卫星通信子系统的部分，卫星通信子系统包含卫星天线系统、天线伺服器系统、功放器、编解码器、IP 转换及 E1 转换器等。同时在车载体中加装视频会议子系统，通过卫星通信的方式实现应急卫星通信车与地面主站的指挥中心实时双向视频会议，实现与指挥中心视频会议系统的无缝连接，

卫星应急通信车的网络结构图如图5.12所示。

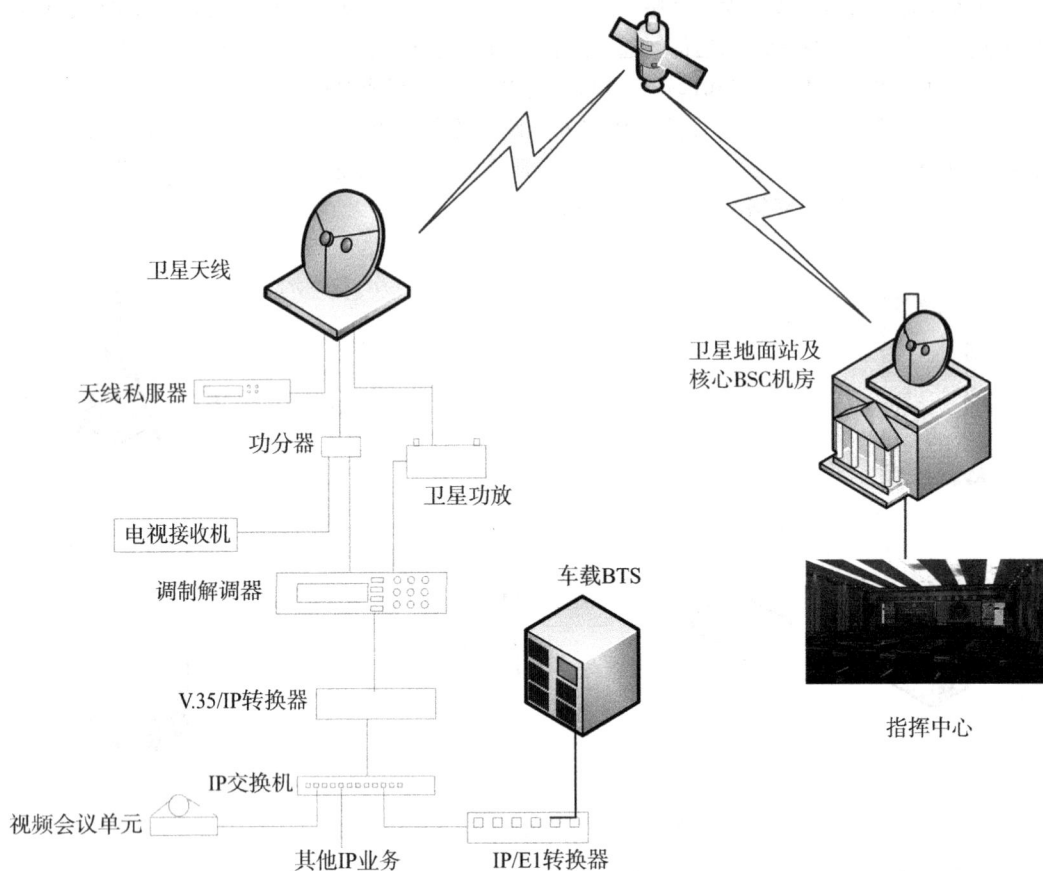

图5.12 卫星应急通信车网络结构图

卫星应急通信车系统的运维工作，除了对BTS基站等系统的维护外，还需要对卫星通信子系统和视频会议子系统有足够的知识。关于卫星通信子系统及视频会议子系统的维护将在本书的5.6.3章节中进行详细描述。

BTS基站系统的日常维护工作，必须遵守通信行业的规章制度，熟练掌握各单板的工作原理及工作性能，应完全掌握单板的告警信息、告警灯，出现告警应及时处理。同时需要经常登录维护管理平台，对基带子系统、射频子系统、天馈子系统、电源子系统和加热子系统等进行维护工作；需要对各模块各单板做细致的维护，预防天气过热、过于潮湿导致单板的元器件过早老化。在传输设备附近切记不要使用强磁场的设备，不要用力拉扯光纤，或用脚及其他重物踩压光纤，不要让光纤触碰尖锐物体，以免损坏光纤。此外，日常应多进行操作训练，以便在保障工作时能及时处理，在维护过程中应做好维护记录。具体运维巡检工作见表5.8。

表5.8 运维巡检表

检查事项	检查内容	检查结果
检查温度和湿度	检查机柜内的设备温度和湿度，同时还应检查车内的温度和湿度	
检查各单板运行情况	检查各单板运行是否正常，如有告警信息应及时处理；单板如有损坏，应及时更换	
检查电源使用情况	检查电源是否正常，如采用市电或使用车载发电，检查电源值是否正常	

续表 5.8

检查事项	检查内容	检查结果
检查天馈驻波比	在后台检查天馈驻波比信息是否正常，有无告警信息；如有，需尽快处理	
检查天馈线接头等裸露部分的防水处理	检查天馈线接头是否已做好防水，可拆除接头绝缘胶布，检查完毕后需重新包扎好	
检查防雷措施	检查车载防雷措施是否完好	
检查接地	检查车载接地线路是否完好无损	
检查发电机	检查取力发电机、车内发电机等类型的发电机，是否能正常运转及正常供电。电压值是否能达到所有设备的额定功率	
车辆需定期维护保养	车辆需定期进行维护保养，如换机油等	
车辆年检等维护工作	定期给车辆进行年检等维护工作	
车容车貌	车容车貌、表面的洁净及是否有污损	
车辆发动机的检查	检查车辆发动机工作情况是否正常	
车辆刹车的检查	检查车辆的刹车板、刹车灯等是否正常	

2. 行业专用无线应急通信车

在各类城市重大事故及突发事件频发、规模不断增大的情况下，消防等抢险部门呈现突发性强、技术要求高、处置难度大、作战时间长等特点，尤其是跨地区调集抢险救援部队力量越来越频繁，指挥协调难。与城市重大事故救援相伴而生的是公用通信网在灾害抢险的关键时刻因遭受毁灭性打击或超负荷使用而瘫痪，造成整个灾害现场成为"信息孤岛"，致使应急救援工作陷入被动。通信不畅势必会延缓救援进度，造成严重后果。快速高效地组建一套无线应急通信网，保证现场内外各级抢险救灾部门间的通信畅通，是抢险救灾行动顺利进行的关键。

多网融合通信是目前无线应急通信车发展的主流方向。

1）组成要求

多网融合通信的组成要求如下：

（1）多网融合。无线数字集群、4G 公网、4G 专网、Mesh、Wi-Fi 等宽窄带多种网络实现融合，能够快速搭建、互联互通，并通过空口协议减少设备间连线和转接，完成通信保障任务。在野外空旷地、城市建筑群、信号屏蔽场所分别进行半径不小于 5km、2km、800m 的专网信号覆盖。

（2）在轨道交通、高层、地下、隧道、超大综合体等信号屏蔽严重的环境下，支持无线组网接力方式进行信号延伸。图像接力至少支持 6 跳，每一跳中继之间至少保证穿透地下 1 层建筑、水平 2km 的传输距离，6 跳后仍可传输高清图像。语音中继至少支持 4 跳，每一跳中继之间至少保证穿透地下 2 层建筑、水平 5km 的传输距离。至少支持 5 个通信组单呼、组呼和强插，中继设备不依赖于预设的基础设施，布设快速、自动组网。

（3）形成体系。能够按照灾害事故类型和灾害现场网络的实际情况，一次性投入战斗，解决现场通信联络和指挥员信息支撑问题。

（4）统一标准。针对各种通信保障的特点，统一系统设备的网络协议、数据格式、电源接口、通信模块等标准，统一人员装备编成标准，统一系统传输能力、覆盖范围和共享展现等功能和性能标准。

（5）注重兼容。能充分利旧，保障原有设备的接入问题，避免造成浪费。

（6）模块储运。所有应急通信装备运输时要合理装箱，箱体要防水、防尘、防震、防摔，具有万向轮，箱体通过简单组合可以形成桌椅使用。

2）系统总体架构

多网融合通信系统的总体架构如图 5.13 所示。

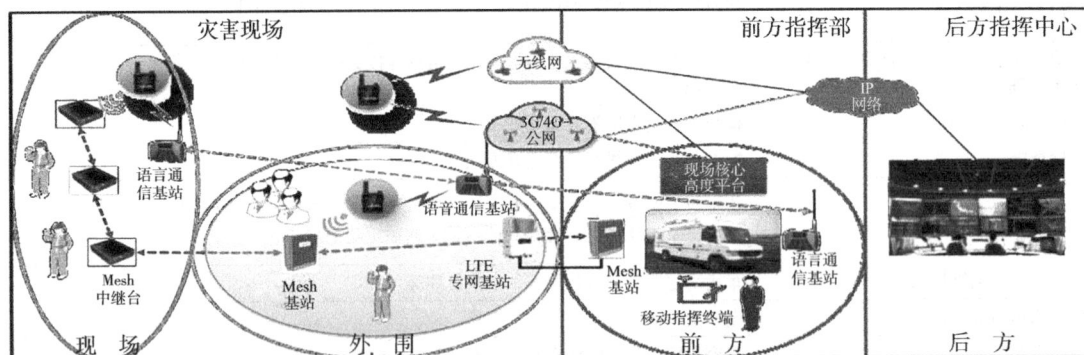

图 5.13 多网融合通信系统总体架构

当运营商公网、政府无线专网信号及建筑物内电力正常时，第一救援现场的图像信号通过运营商公网传输到后方图像综合管理平台，分发给各级指挥中心和前方指挥部；当建筑物内部电力正常时，利用 4G 图传设备接入到后方的控制室视频监控系统，采集室内视频监控图像信息，再通过运营商公网和卫星专网传输到后方图像综合管理平台，分发给各级指挥中心和前方指挥部。现场数据信号通过运营商公网传输到后方实战指挥平台，再分发给各级指挥中心和前方指挥部。现场语音信号主要通过政府无线专网传输到前方指挥部，再通过语音综合管理平台分发给各级指挥中心。

当少数区域公网、专网信号覆盖存在盲区，建筑物内电力中断时，利用 4G 专网基站实现专网信号的区域覆盖，利用 Mesh 手段将公网信号延伸至建筑物内部，利用该无线专网窄带语音自组网设备将政府无线专网信号延伸至建筑物内部，实现图像、数据、语音信号的全覆盖。

3）组网结构

（1）信息采集模块。主要指重大事故救援现场的前端信息采集设备。其中，图像及语音采集任务通过语音对讲终端以及图传终端实现。

（2）信息传输模块。信息传输管道可以是专业部门无线专网 Mesh、LTE 专网、PDT 集群网络的任一种，不同网络内的设备可以根据网络信号强度，自动切换到信号覆盖最强的通信链路，确保通信顺畅。信息传输模块作为现场传输的主要管道，包括 Mesh 基站、Mesh 中继台以及窄带语音自组网设备。

（3）现场指挥模块。主要包括移动指挥终端以及现场调度台。其中，现场调度台搭载融合指挥调度系统，用于前方指挥部对现场各类图像、语音、数据的调度和统一管理。该系统集成核心网、网管功能，实现现场通过各类无线链路接入网络的视频资源的统一融合指挥调度，同时搭载移动对讲服务器，完成多网融合的多媒体集群对讲功能。

（4）辅助保障模块。包括网线、备用电缆、野战光纤、办公桌椅等相关辅助器材。

4）城市地下场景重大事故救援应急通信系统

城市地下场景重大事故救援应急通信系统如图 5.14 所示。

城市地下场景重大事故救援应急通信系统，可以分为灾害现场部署设备、前方指挥部部署设备和后方指挥中心部署设备三部分。

（1）灾害现场部署设备：

① 信息采集模块：包括图传终端设备、无线对讲机。

② 信息传输模块：包括 Mesh 基站、窄带语音自组网设备、LTE 终端、Mesh 中继台、语音中继台。

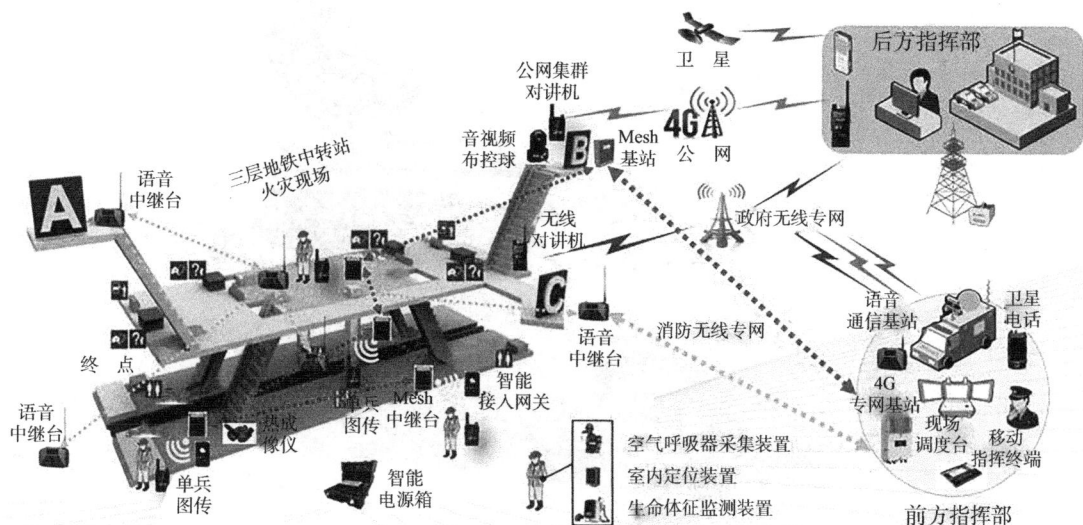

图 5.14 重大事故救援应急通信系统图

③ 辅助保障模块：包括智能电源箱和其他辅助器材等。

（2）前方指挥部部署设备。现场指挥模块包括移动指挥终端、现场三屏调度台、音视频切换控制台。

（3）后方指挥中心部署设备。后方指挥中心部署的软硬件设备包括语音、图像综合管理平台、一体化业务系统等。

5）无线通信车的运维

前面介绍的是宽窄带融合（Mesh+LTE）应急通信的工作原理，各行业各部门的无线应急通信车因部门要求不同、搭载的设备各异，使用方式也不同。对这些指挥通信车的维护工作需要注意的是，宽窄带融合通信使用的终端需要在使用结束后充满电并做好保养工作，否则对讲机、可视终端等的电池电量均会受到不同程度的损坏，导致终端的使用寿命降低。

5.6.3 卫星应急指挥通信车

1. 卫星应急指挥通信车的类型

卫星应急指挥通信车主要分两种，静中通卫星应急指挥通信车和动中通卫星应急指挥通信车。

（1）静中通卫星应急指挥通信车。静中通卫星应急指挥通信车是指装载卫星天线的车辆，它必须静止、固定在某地，才能够展开天线自动寻星、锁星和对星，再通过通信卫星接入到地面主站点的网络，建立与卫星地面主站点之间的通信连接和实时通信工作。静中通卫星应急指挥通信车的外观如图 5.15 所示。

（2）动中通卫星应急指挥通信车。动中通卫星应急指挥通信车是指车辆在行驶过程时，卫星天线依然可以实时寻星、锁星、对星，并与卫星地面主站点保持实时通信，即在高速移动中捕获跟踪卫星，最重要的是在任务保障跟随车队高速行驶中，仍可完成捕获跟踪卫星建立通信的功能。并且车辆时速达到 120km/h 以上也能正常锁星、对接到卫星链路。其工作原理主要是通过卫星通信天线系统跟踪卫星，利用卫星通信的无缝覆盖，加上本身所具备的机动灵活和行进间通信的特点，可以使动中通卫星通信车在任何时间、任何地点开通并投入使用，满足人们处理紧急突发事件的需求。动中通卫星应急指挥通信车的外观如图 5.16 所示。

图 5.15 静中通卫星应急指挥通信车外观图

图 5.16 动中通卫星应急指挥通信车外观图

动中通卫星应急指挥通信车和静中通卫星应急指挥通信车在应用和工作原理上大致相同，只是用途不一样，如可用的卫星带宽不同，静中通卫星应急指挥通信车相比动中通卫星应急指挥通信车可传输的带宽要大得多，最高速率可达 50Mbps，而动中通卫星应急指挥通信车天线最高数据数量较小，目前卫星通信技术最高速率发展到 20Mbps。

2. 卫星应急指挥通信车的系统组成

卫星应急指挥通信车在设备配置上必须遵循国家对卫星通信规范的要求，按功能可以划分为卫星通信子系统、视频会议子系统、音视频采集与处理子系统、单兵无线图像传输子系统、专网通信子系统、供配电子系统等，必须能够实现与地面指挥中心的双向图像、话音和数据的实时传输。

通常情况下可按各部门的需求进行车辆改装及安装相关的子系统业务。某卫星应急指挥通信车的系统结构如图 5.17 所示，网络拓扑图如图 5.18 所示，工作原理图如图 5.19 所示。

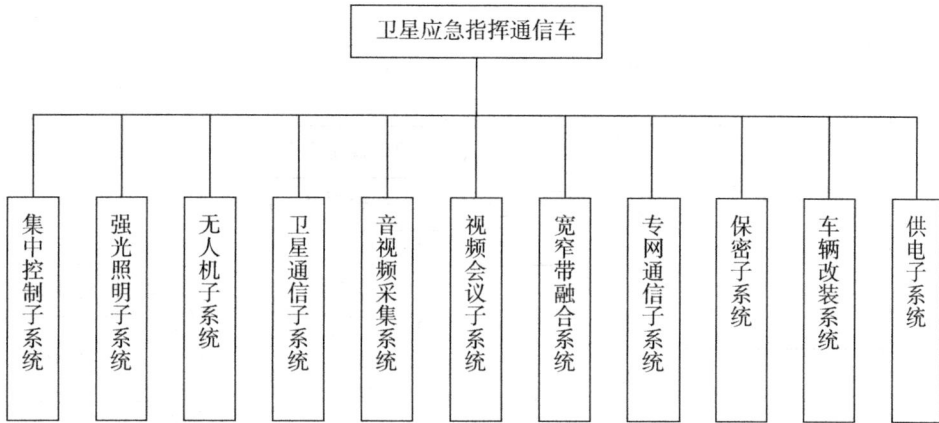

图 5.17 卫星应急指挥通信车的系统结构图

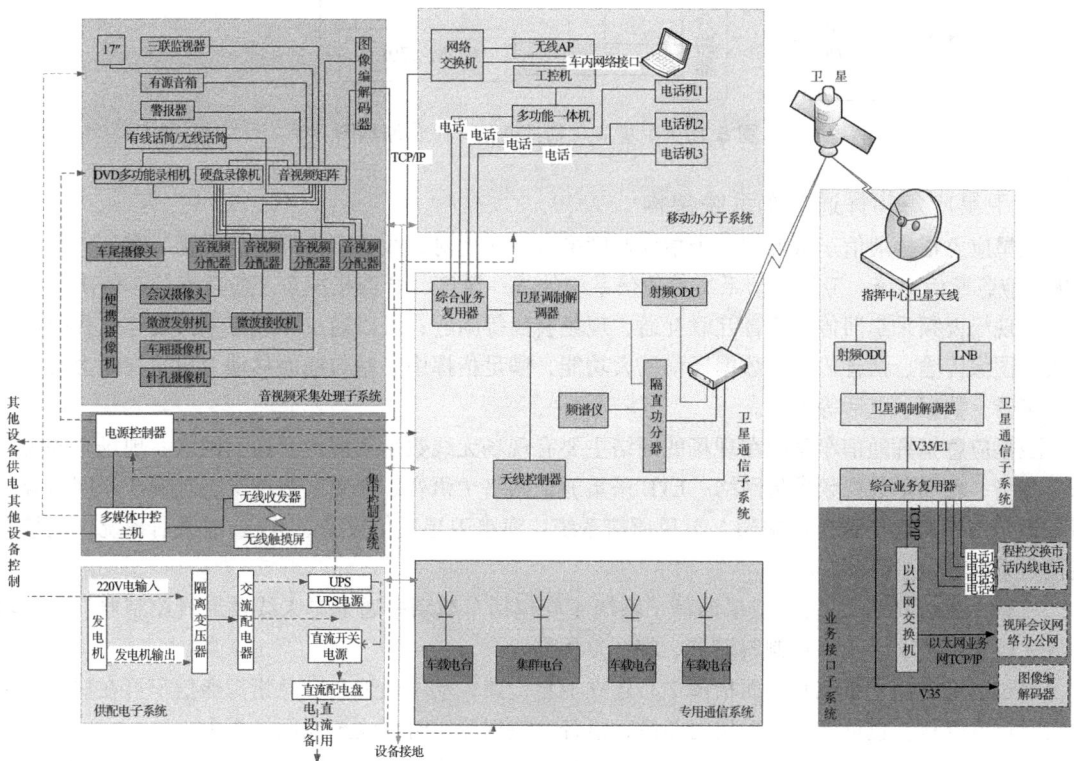

图 5.18 卫星应急指挥通信车网络拓扑图

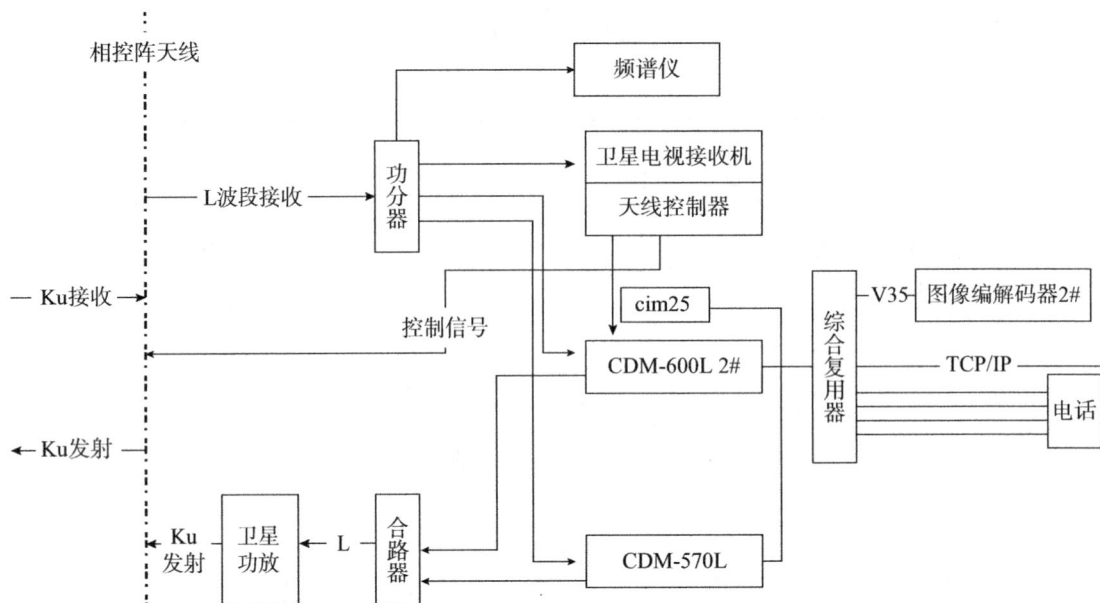

图 5.19 卫星应急指挥通信车工作原理图

3. 卫星应急指挥通信车系统架构

卫星应急指挥通信车可形成一个指挥调度平台，实现对无线数字集群通信系统、宽带集群系统LTE、应急通信系统、卫星通信系统等通信系统的统一调度，会商指挥车、应急通信车解决应急突发事件现场视频采集回传、语音互联互通、现场会商等问题；可以通过车载卫星天线与远程指挥中心实现图像传输、话音传输、数据通信三大功能，满足指挥中心站与地面移动卫星站视频会议、图像、声音、数据、电话等需求。

卫星应急指挥通信车系统在现场的网络主要有现场无线数字集群语音通信网络、现场车辆视频采集网络、现场单兵视频采集网络、LTE采集通信网络（语音、视频、数据）、车辆互联网络等；对外通信网络有动中通（静中通）卫星通信系统、海事卫星通信设备、4G公网通信系统、宽带有线接入系统等。

（1）卫星通信子系统。卫星通信子系统主要包括车载动中通卫星天线及天线控制器、卫星功率放大器（BUC）、卫星调制解调器、综合复用器等。

通过卫星通信子系统和地面指挥中心建立卫星链路，动中通卫星应急指挥通信车可在快速移动中实时调取资料，也可将现场采集的图像、语音、数据等实时传输至地面指挥中心。

（2）视频会议子系统。通过卫星通信方式实现动中通卫星应急指挥通信车与地面指挥中心的实时双向视频会议，实现与指挥中心视频会议系统的无缝连接。

（3）音视频采集与处理子系统。音视频采集设备由安装在车辆顶部的摄像机、车内的摄像机和单兵摄像机组成。音视频处理系统由音视频矩阵、音视频编码器和音箱等构成。

利用车顶、车内摄像机、单兵摄像机采集车内以及车辆四周近距离音视频信号。通过硬盘录像机进行回放和存储，并通过卫星通信车的显示器和音箱实现音视频播放。利用音视频矩阵将采集到的各种音视频信号通过卫星设备和音视频编解码器传输到指挥中心。

（4）单兵无线图传子系统。无线图传子系统可以看作音视频采集系统的一个比较独立的部分，它的主要作用是在卫星通信车无法到达或卫星受遮挡区域完成图像的采集和传输。

（5）保密子系统。安装商业或者专用的保密机，进行数据加/解密。

（6）专网通信子系统。通过部署在车辆上的无线数字集群便携基站、车载一体式转信设备、通信设备等，实现前端现场指挥部、单兵作战小组的无线语音通信功能。

通过动中通卫星系统与目前已有集群大网的互联，实现单呼、组呼、调度台互连呼叫、电话互连呼叫、系统全呼、广播呼叫等多种语音呼叫功能，以及短数据传输、短数据上拉、GPS上拉、状态消息和紧急告警等数据功能，从而实现后方指挥中心、前端现场指挥部、单兵作战小组之间的语音通信功能，并实现中心远程直接语音指挥调度现场人员。

（7）无人机及宽窄带融合子系统。通过移动指挥车的车载路由器，将无人机接入车载局域网内，并与视频专网接入路由器组成一对边界路由器，利用VPN的方式，通过3G/4G网络方式将无人机视频和GPS信号传输到视频专网中，并接入视频监控系统。移动指挥车中的用户可在车内查看无人机画面，同时对无人机进行控制，指挥中心的用户通过视频监控系统或大屏观看无人机实时画面和轨迹。

采用LTE一体化基站设备、便携式CPE、网络便携布控球和车载式CPE等设备，进行现场临时信号覆盖，并将采集的语音、数据、图像等信息根据需要传送至现场车内，并回传至省厅指挥中心。

利用部署的单兵采集设备，通过手持DV拍摄、拍照等方式灵活采集现场图像（片），利用回传设备进行回传和分享。

利用无人机搭载摄像机高空拍摄视频图像并回传，通过现场自组网系统及卫星链路进行现场和省厅指挥中心的推送和分享，为现场指挥调度提供全面的视频资源支撑。

（8）强光照明功能。通过在车辆上配备拥有先进技术的强光照明灯作为指挥车的主照明光源，使指挥车可实现夜间大范围和远距离照明，在使用中与摄像系统浑然一体，充分发挥强光照明具有的色温高、照明强度大、现场还原度好、紫外线低等特点，并运用专用电缆，安全可靠。专用移动照明灯伺服机构可实现水平旋转360°、垂直旋转180°，实现照明、摄像无死角。

4. 卫星应急指挥通信车系统运维

1）卫星应急指挥通信车管理维护的主要内容

一辆完整的卫星应急指挥通信车大体包括车体系统、通信系统、保障系统几部分，部分全功能车辆还包含会议、厨具、卧具、卫生间等生活保障设施。

① 车体系统主要包括车辆底盘、箱体、发动机等车辆基本构成，以及警灯警报、平衡支撑等部分依赖车辆自身燃油或者动力的构件，提供了指挥通信车的基本车辆性能。

② 通信系统主要包括应急保障部队标配或常用的卫星、图传、语音平台、网络、会议终端等相关设备，主要设备通常安装在车内机柜和显示区域，但是车顶区域还会外置升降杆、天线馈线、云台、摄像头等辅助设备。

③ 保障系统主要指环境控制设备和电力保障设备。

④ 车载空调有多种安装方式，能提供车内良好的乘坐和操作环境，同时保证设备的运行温度。

⑤ 电力设备主要包含有线接入、电池组、发电机等各种电力供应设备。

2）卫星应急指挥通信车日常维护的主要任务

保证通信车辆的系统正常运行，迅速而准确地排除各种故障，保障通信链路畅通；保证车辆的电气性能、机械性能、维护技术指标及各项保障质量符合标准；合理调整设备，最大限度提高设备利用率；在保证通信质量的前提下，节约能源、器材和维护费用。

3）卫星应急指挥通信车维护的常见问题及分析

（1）卫星通信设备。卫星通信设备是通信车的主要通信支撑，包括车内天线控制、调制解调器、数据接收机和车顶天线单元等。操作人员必须经过专业培训才能操作使用。卫星设备的通信故障多数是由于操作不当和环境因素造成的，平台启动自检时车体不平稳，锁定卫星时周围有遮挡物或强磁干扰，跟踪状态下因线缆的接触不良丢失信号都是经常发生的问题。车顶天线转动正常、密封紧合、接头可靠，是卫星正常工作的基础保证，要定期观察，发现问题及时修正。卫星设备集成度高，一般用户不具备拆机维修能力，所以看懂显示参数、指示状态、告警信息，是管理维护的重要步骤。

（2）图像传输。图像传输是通信车的主要功能，依赖前端各类采集手段和卫星或 4G 网络传输，因此日常维护首先是要确认网络畅通，然后从单兵采集摄像头、单兵传输到车内接收，从车顶摄像头到车内显示，逐段检测设备好用性，逐段排除故障隐患。在通过矩阵送入会议终端的过程中，图像传输通道上的各类接口线材应该深究细挖、备多备全，一条通道出现故障，能迅速接通其他冗余接口或者交叉互联，这样将不同的图像传输途径互为补充。

（3）语音通信。语音通信是应急保障部队现场通信的主要渠道，主要依赖车载语音综合平台和各类无线语音设备，由于融合设备较多，无线传输是主要手段，因此线路、接口和车外天线的维护需要作为重点。语音设备天馈线上的任何水汽、异物、老化、磨损都必须及时清除，以免造成无线话音质量下降或电磁干扰等问题。

（4）通信设备硬件维护。车载设备种类繁杂，数量较多，运行环境较为恶劣，每样设备都必须定时加电进行性能测试，严格按照设备的操作流程，以便及时发现问题。合理存放对通信设备维护也十分重要，特别是车载未固定的小、散设备，如带天线的单兵设备、卫星电话、手持电台等，就很容易因为存放不当造成天线损坏等问题。硬件本身的日常保养也必不可少，固定设备应该定期除尘，除尘前要在设备及连线上贴好位置标签，用专用清洗剂或软毛刷清除设备灰尘；除尘完成后根据记录与示意图接好设备及连接线，加电恢复正常运行；定期测试地线使其符合电力标准；定期检查进出线路，及时更换老化和磨损线材。

（5）软件系统维护。卫星通信车维护保养一个明显的特点就是故障多样性，在设备种类多、供应商多的情况下，由于每个厂商的配件可能不一样，故障后的日志收集方案不一样，故障发生时的维修授权不一样，无形中增加了沟通成本，这是通信车管理维护的一个痛点。如果出现故障之后不能及时解决，业务的稳定就得不到保障，所以在日常维护保养时必须十分重视软件系统高可靠性维护，保存好随机携带的磁盘软件，以便系统瘫痪重装时使用；正确设置并记录操作员操作权限，以免误操作或权限丢失引起系统故障；按时备份数据确保数据安全；及时处理设备告警信息，及早消灭故障隐患；同时按月对故障进行分析，并建立知识库，提高后续快速处理同类故障的能力。

5. 卫星应急指挥通信车车体维护

卫星应急指挥通信车作为高集成度的改装车辆，设备有其独特的机械特点，日常应不断地磨合运转，保持最好的设备状态。在不出现场的情况下，每天应发动车辆一次，每星期至少跑两次车，每次不低于 5 公里，并检查车辆底盘、电力、环境等各部分的工作情况。特别是潮湿多雨、高温高热、寒冷冰冻等特殊气候条件的季节，更应该多动几次，以免影响设备灵敏度，确保整车运行安全。需要重点注意车辆底盘、液压系统、水油系统、电池系统、平衡支脚等，如定时充放电、液压有无泄漏、平衡支脚的接触面、润滑过滤、防冻防滑等细节。另外由于车内设备较重，在长时间不动的情况下，为防止钢板受压变形及轮胎老化，要对车体进行静态支撑，并停放在专用车库内，避免露天停放。

目前通信车辆多数采用进口底盘、高性能发电机，所以必须高度重视油料质量，在选油时不能马虎应付，应使用正品、对应型号的油料（包括底盘发动机、发电机所用各类油料），正确地投入资金和保养会换来车辆长期稳定的工作。

6. 卫星应急指挥通信车保障系统

卫星应急指挥通信车集成通信系统较多，电力线路遍布全车，所以漏水是致命问题，车辆密闭性的检测保养是重中之重。造成漏水的主要原因通常是空调漏水和外部漏水,所以平时要认真观察空调设备的运转情况,重点注意车内出风口冷凝水滴水、车外机器制冷排水通道。另外,要主动选择在恶劣天气进行相关的户外测试,日常使用中尽量保持车体干燥。

电力保障是整个卫星应急指挥通信车的核心,而车载系统的使用环境对电力设备损耗较大,因此车内 UPS、电池组等设备通常使用寿命较短。在日常维护中要特别注意检测记录 UPS 的参数和状态,定时对电池组进行保养。车载发电机的冷却系统是日常维护中容易忽视的环节,冷却水爆出导致设备舱内漏水的现象也时有发生,危害极大,因此每次使用前都必须再次检查确认冷却水、冷却窗等设施状态正常。

7. 其 他

卫星应急指挥通信车驾驶员要根据现代化车辆技术发展的需要来选拔,应有较长的驾驶经验,需经过特种车辆驾驶培训,要求能看懂液压、电路等常用图纸,这样才能在没有专业检修维护力量的情况下,一旦发生紧急故障,能够独立地按照图纸进行分析,找出故障点,并进行简易处理和修复。同时必须熟练掌握车辆的操作使用说明和注意事项,熟悉车辆改造过程中的线路分布和走向,结合车辆的使用情况进行卓有成效的管理和维修,并逐步积累经验,掌握整车系统的各种技术参数和正确操作方法。

技术资料和原始记录是进行维护和管理工作的依据,卫星应急指挥通信车辆尤其如此。由于车载设备种类繁多、技术复杂,而应急保障人员流动较快,对通信车辆这种集成难度高、应用周期长、维护精度高的车辆来说,一套完整的车辆档案资料是必不可少的。其中主要包括以下几类:

① 各种设备的使用说明、安装接线图。

② 车体内外设备的平面布置图和各类线路的整仓布线图。

③ 竣工验收记录及机线变更登记等。

④ 日常运行、故障处理、备件油料消耗等记录。

根据车辆本身性能和车载设备的不同种类,可按日、周、月、年建立不同的保养项目和程序并建卡登记,逐步摸索规律,对每种故障现象制定处理流程,所需配件都装备齐全,进行日常故障处理的流程演练,才能保证卫星应急指挥通信车管理维护的持续性和完整性。

5.6.4 大型方舱指挥通信车

大型方舱指挥通信车一般采用进口或国产二类底盘,具有完备的会议设施和环境,集成卫星通信、LTE 宽带通信、Mesh 自组网、4G 传输、现场实时图像采集传输、数字集群和调度、短波通信设备、警报系统等,通过卫星或 4G 可以将指挥现场图像、语音等信息高质量地实时回传指挥中心,给各级领导提供分析、决策的依据,并将指挥命令传达到前指车以及一线救援人员,实现多媒体融合指挥调度,实现"可视化、扁平化、智能化"指挥。大型方舱指挥通信车外观如图 5.20 所示。

大型方舱指挥通信车的系统组成及架构类似于卫星应急指挥通信车系统,系统的架构及各系统的功能,在前文已做详细的介绍。

唯一不同的是大型方舱指挥通信车的车体比一般的动中通或静中通卫星应急指挥通信车要大,具备供 20 人以上开会决策的空间,可作为指挥通信车。前面提到的卫星应急指挥通信车一般情况下可作为前导车,或在快速行进中的车队进行图像回传及无线数字集群等专网指挥通信车相互之间的信号传导工作。方舱指挥通信车在展开方舱车厢后,可作为现场应急指挥部,供领导研讨现场情况,及时进行应急指挥调度工作。大型方舱指挥通信车内部样貌如图 5.21 所示。

图 5.20　大型方舱指挥通信车图

图 5.21　大型方舱指挥通信车内部样貌

　　大型方舱指挥通信车的运维工作内容包括以下几部分：

　　（1）由于卫星车长期在户外作业，工作条件相对恶劣（如雨雪天气，日晒雨淋等），需要定期对外接电源接口和电缆进行检测，避免出现因氧化或松动造成接口接触不良，因电缆老化或损伤造成部分铜线外露的问题。配电的开关会因开启关闭次数多、室外环境恶劣等情况出现老化、接触不良或不能复位的现象，因此需要及时检查并进行更换，以确保电源系统工作的可靠性。

　　（2）卫星天线、高功放、空调、喇叭、照明升降杆等设备通常置于车顶，容易因日晒雨淋而导致卫星锅盖、各设备元器件出现老化、漏水的情况。各线路的电源线接头、馈源馈线等因老化而导致进水的情况也时有发生。因此，需要定期对车顶的设备进行巡检，防患于未然。

　　（3）卫星通信极易受到以下干扰：

　　① 地面干扰：卫星地球站的杂波干扰、电磁干扰、交叉极化干扰。

　　② 空间干扰：邻星干扰、相邻信道干扰、人为操作不规范造成的干扰。

③ 自然干扰：雨衰、日凌、电离层闪烁。

因此，在日常使用卫星车的过程中，务必要注意规避干扰源，以实现最优的通信保障工作。此外还应注意的是，如果在南方地区使用鑫诺卫星或亚太卫星，那么卫星天线在对星时，其东南方向应尽量避开高楼、树叶等遮挡物。当动中通卫星车通过桥梁、隧洞以及高压变电站附近时，遮挡物或强电磁场对卫星天线对星的干扰极大，请尽快将车辆移至空旷位置。

除上述几点外，还需要对设备做好日常的运维工作，比如在会前或日常的工作中，定期检查天线、天控器或天线伺服器、调制解调器、视频会议终端、编解码器、调音台、摄像头、交换机、矩阵、复用器、音响系统、车辆等，做好维护保养工作，确保设备在通信应急时能得到有效的保障。

5.6.5 应急通信车运维

在日常工作中定时定期对系统进行巡检是应急通信车运维工作的重要内容，制定一个行之有效的巡检规则并加以实施必不可少，确保应急通信车可以在自然灾害、抢险救援、处突等时候提供更好的通信保障工作。

1. 日常巡检工作

应急通信车日常巡检工作包括车辆巡检项目及维护内容，应做好相关检查并如实填表记录，详见表 5.9、表 5.10。

表 5.9　车内设备巡检

巡检设备	系统维护检查内容	检查要求	巡检结果
取力发电机	检查车载电源系统能否为车载设备持续提供稳定可靠的电力供应	能正常产生 220V±20% 的工作电压，可以进行输出功率的挡位调节	
不间断电源		输入输出电压正常，无故障报警并能给车载设备提供稳定的工作输出功率	
防雷接地		进行接地放电且各触点接触良好	
配电控制盘		能正确控制各电路的供断电	
动中通卫星天线	① 检查卫星天线是否能准确对星并进行跟踪 ② 检查卫星调制解调器能否正常收发卫星频率，以及发射信号的功率是否达到要求	能正常对星并跟踪卫星位置	
GPS 北斗定位设备		能向地面站实时发送车辆位置	
卫星网管调制解调器 570L		开启功放后，能观测到卫星车已经上线	
卫星调制解调器 600L		能正常收发卫星频率	
卫星功放		地面站能收到卫星车发射的卫星信号且强度大于 8dB	
功分器		与接收线路连接稳固	
合路器		与发射线路连接稳固	
网管协议转换器		能远程控制 600L	
高清视频矩阵	① 检查车上各高/标清视频源能否通过视频矩阵正常切换到各显示器上 ② 检查车上各音源能否通过调音台实现音频输出的控制	各输入输出接口连接稳固，能正常进行高清视频源的切换控制	
标清视频矩阵		各输入输出接口连接稳固，能正常进行标清视频源的切换控制	
调音台		各音频输入输出接口连接稳固，能对各输入输出音频进行调节控制	
硬盘录像机		能正常录入指定视频信号并回放	
车内主显示器		图像显示正常无抖动、条纹	
车内会议摄像机		摄入图传清晰，可控制方向、焦距	
云台摄像机		摄入图传清晰，可控制方向、焦距	
针孔摄像头		摄入图传清晰	

巡检设备	系统维护检查内容	检查要求	巡检结果
机柜监视器		图像显示正常无抖动、条纹	
会议话筒		能将音频信号传至调音台输出，声音清晰无杂音	
BNC-VGA 协议转换器		能实现视频信号的标清转高清	
DVI-BNC 协议转换器		能实现视频信号的高清转标清	
音频功放及音箱		调音台输出到本地的声音清晰无杂音	
图传接收机	检测车上图传设备是否能正常传输图像	能接收到单兵传输的视频信号	
移动单兵图传		通过接收机能观察到传输图像	
3G 车载图传		能通过 3G 公共网络向图控平台上传本地图像	
高清视频会议终端	检测是否能分别与图控中心、卫星地面站进行高清、标清视频会议	进行高清视频会议时图像清楚、声音清晰	
网络交换机		各网口接触良好，设备网络交换正常	
智能字幕信息处理器		进行标清会议时可以叠加本地字幕	
视频会议终端		进行标清视频会议时图像清楚、声音清晰	
复用器		各项配置正确，高清会议时 CH1 收发码率为 464000，标清会议时 CH1 收发码率为 1808000	
集中控制触摸面板	检查通过中控是否能正常控制矩阵切换，摄像机云台转动	可以正常开启，输入有响应	
集中控制主机		能控制矩阵、摄像头等接入设备	
集中控制软件		控制显示内容和各功能接口一致	
熊猫车载柴油发电机	检查车载电源系统能否为车载设备持续提供稳定可靠的电力供应	能正常产生 220V ± 10% 的工作电压	
不间断电源		输入输出电压正常，无故障报警，并能给车载设备提供稳定的工作输出功率	
蓄电池		可以正常充放电，短时间内给车上直流设备提供电能	
配电控制盘		能正确控制各电路的供断电	
充电器		能给蓄电池正常供电，并给车上直流设备提供电能	
电源电缆盘		电线电缆表皮无割裂，绝缘良好，接线稳固，盘接整齐	
3G 车载图传	检测车上图传设备是否能正常传输图像，无线设备是否能正常通讯	能通过 3G 公共网络向图控平台上传本地图像	
340M 高清图传		能够接收车载发射机发射的图传信号	
4G 机动宽带		能够支持基站附近 4G 终端的视频及通话，并能通过调度台调度	
4G 天线及倒伏机构		天线在倒伏机构作用下能正常升起和放倒	
维德无线自组网		能正常连接附近无线集群手台，并能通过链路连接附近的自组网设备	
平衡支撑	检测车上辅助系统各设备工作是否正常	车底支撑腿能正常打开及收起	
电动升降杆		升降杆能正常升起 8m 并收起	
车载空调		空调设备能正常工作	
无线自组网	检测车载无线自组网系统或 LTE 工作是否正常	能正常连接附近无线集群手台，并能通过链路连接附近的自组网设备	
车载逆变器		能够为车载设备提供 220V 工作电源	

巡检设备	系统维护检查内容	检查要求	巡检结果
高清图传发射机	检查车上 3G 图传设备能否正常工作	能正常发送带宽可调的高清视频信号	
3G 图传		能通过 3G 公共网络向图控平台上传本地图像	
逆变器		能够为车载设备提供 220V 工作电源	
4G 图传	检测车上 4G 图传及车台对讲系统工作是否正常	能通过 4G 公共网络向图控平台上传本地图像	
无线车载差转台		能提供无线集群信号中继功能	
逆变器	检测车上中继设备工作是否正常	能够为车载设备提供 220V 工作电源	
中转台		能提供无线集群信号中继功能	

表 5.10 车体车况周期巡检表

序 号	巡检内容	巡检时间周期	检查结果
车辆检查			
1	车辆整体容貌	每 周	
2	刹车制动系统及离合踏板等	每 周	
3	警灯及警报器的维护	每 月	
4	轮胎的气压及车辆车轮的螺栓等	每 月	
5	发动机机油及润滑系统,冷却液、取力发电机的检查工作	每 周	
6	所有的车灯,如前后大小灯、转向灯等	每 月	
7	雨刮器、驾驶室内的各种仪表	每 周	
8	长途行车所需常用配件	每 周	
9	油路、水、电气设备等有无漏水现象	每 周	
10	启动电瓶电解液及容量	每 月	
11	汽油车的化油器外部清洗	每 年	
12	备胎气压及紧固情况	季 度	
13	整体车辆的保养工作	半 年	
车内机柜设备系统			
1	车内所有机柜设备结构完好,部件齐全	半 年	
2	各种开关动作可靠,接触面吻合严密,无发热、电蚀现象	半 年	
3	各连接线正规,布线合理	半 年	
4	天控器、调制解调器、高功放表面清洁,各功能灯显示正常,能正常连接卫星链路	每 周	
5	编解码器、复用器、矩阵	每 周	
6	调音台、音响等均正常,无电流、杂音	每 周	
7	4G 图传、Mesh、LTE 能正常回传图像	每 周	
8	车顶、车内所有摄像头均能看到清晰图像	每 周	
9	视频会议能正常入会,图像清晰、无马赛克	每天或会前	
10	集群设备能与对讲机通话	每 周	
11	微波、中转台等设备能通话	每 周	
12	各种设备和仪表的说明书、原理图、接线图、维护手册等	每 月	
13	车载设备系统图,包括各种连接、供电线路及照明系统、通信线路连接等布线图	每 月	
14	柴油发电机试机,检查仪表、机油、柴油等运行状态	每周或按需	
15	柴油发电机机组系统检查,气门间隙调整	每 年	
16	柴油发电机清洗,更换滤清器	按 需	

车辆检查			
序　号	巡检内容	巡检时间周期	检查结果
车内机柜设备系统			
17	UPS 电池定期（每月）充放电一次	每　　月	
18	UPS 电气性能符合要求，运行正常，无异响，保护继电器、告警系统正常	半　　年	
维护文档的管理			
1	制定维护文档及巡检记录表格，巡检结束必须如实填写，如设备、车辆完好率	按　　需	
2	应急通信保障任务完成后应填写记录表格	按　　需	
3	做好每次用车记录	按　　需	
4	保管好原始记录和技术档案、资料等文档	按　　需	

2. 现场通信保障

（1）出动准备。当接到指令需要出动车辆时，出车前对通信车辆的维修、检验、保险等均应按照规定进行检查，保证车辆状况良好。出车必须持有派车单，由调度员统一调配，行车要如实填写行车记录，车辆离开所在城市应有相关人员批准。同时，认真贯彻车辆保养维修计划，车辆管理人员要认真检查计划完成情况，车辆加油应填写加油记录，杜绝油料跑冒滴漏。

（2）途中通信。行车途中，调度员如果需要与前方或后方进行音视频的会议指挥调度时，若是静中通卫星指挥通信车，则需要找到东南方向无遮挡或障碍物且地势较为平坦宽广的地方，再展开天线进行卫星通信链路的对接及会议的召开等工作；若是动中通卫星指挥通信车，可实时进行卫星通信链路的对接及会议的召开工作。

（3）现场通信。卫星指挥通信车抵达现场后，应第一时间将灾害现场的图像和灾情信息，以及前线指挥部等图像回传给后方指挥部，建立并保持与指挥中心的卫星通信链路，实现现场与后方的不间断音视频通信。通过动中通卫星指挥通信车的指挥视频系统，搭建以卫星通信为主、集群无线电台和多种手段为辅的应急通信保障指挥网，迅速实现现场指挥部与指挥中心的互联互通，强化现场图像采集、处理和传输协同配合能力，解决多种通信设备之间互联互通问题，能更加有效地确保现场指挥部指令的上传下达。

（4）撤出与转移。保障任务结束或其他地方出现更大的险情时，需要以最快速度将展开的器材收拾好，装箱或把设备放到固定的位置，包括自组网（Mesh、LTE）设备、4G 单兵图传、无线图传、无线数字集群组网设备、无线自组网、取景摄像机等设备。收拾妥当后应与后方指挥部及前方指挥部联系，动中通卫星指挥通信车可在不关闭卫星链路的情况下继续赶往下一个险情地点。静中通卫星指挥通信车则需要先关闭当前的卫星链路，待到达下一个险情点后再予以展开对接卫星，并进行建立卫星链路及召开会议等工作事宜。

（5）器材保障。当卫星通信保障工作结束后，必须对相关的设备及器材做好保养及维护保障工作，如对 UPS 等供配电进行维护保养、车辆的保养、电池的充电保养等。

第**6**章 大运维体系的软件系统运维

软件为系统之魂。——佚名

软件系统是大型信息系统的灵魂，是大型信息系统运行成果的体现，是大型信息系统工作优劣的展示，是大型信息系统的重要组成部分。它承载着大型信息系统直接为国计民生服务的重担，它肩挑着使大型信息系统产生直接营运效益的职责，它托起了大型信息系统面向用户、完成各种重要一线任务的重担。它由基础平台、业务平台、服务平台构成；它是大型信息系统与用户最近、与用户最亲、为用户使用、让用户对其优劣反映最强烈的系统。它规模庞大、内涵复杂、维护难度极大，运维保障的责任举足轻重。

大型信息系统必以大型软件系统为重要支撑；大型软件系统必以大运维体系来保驾护航。本章将从介绍大型信息系统中软件系统的结构与特点入手，围绕软件系统的管理框架，全面地阐述软件系统运行维护的要点与基本措施。

6.1 大型信息系统中软件系统的架构与特点

6.1.1 大型软件系统的总体架构

大型信息系统一般由多个实现不同业务功能的软件系统共同组成，由于功能和业务自身的特点不同，往往需要采用不同的系统架构及开发技术。大型信息系统一般由基础硬件平台、应用支撑平台、数据支撑平台及应用层的各种应用组成。从图 6.1 中可以看到，从最上层的应用层，到底层的基础运行环境，每层都是由多个不同类型的子系统组成，尤其是在应用层，一个大型软件系统甚至会由数十个至上百个业务子系统组成。

由此可见，在涉及业务种类多，业务部门及使用人员跨越多个区域的情况下，整个大型信息系统的架构十分复杂。为便于说明，下面以某行业的省级大型信息系统的总体拓扑结构为例，进行简要介绍。该大型信息系统通过采用统一的应用支撑平台和数据资源平台，在统一的数据及软件架构规范下，面向不同的服务对象开发了不同的应用系统。通过统一的数据信息共享平台对外单位提供查询/比对等数据服务，其软件系统总体架构如图 6.1 所示。

图 6.1 展示了某行业的省级大型信息系统中软件系统的拓扑结构，为了帮助读者更好地了解大型软件系统的架构及主要功能模块，下面进行简单的介绍。

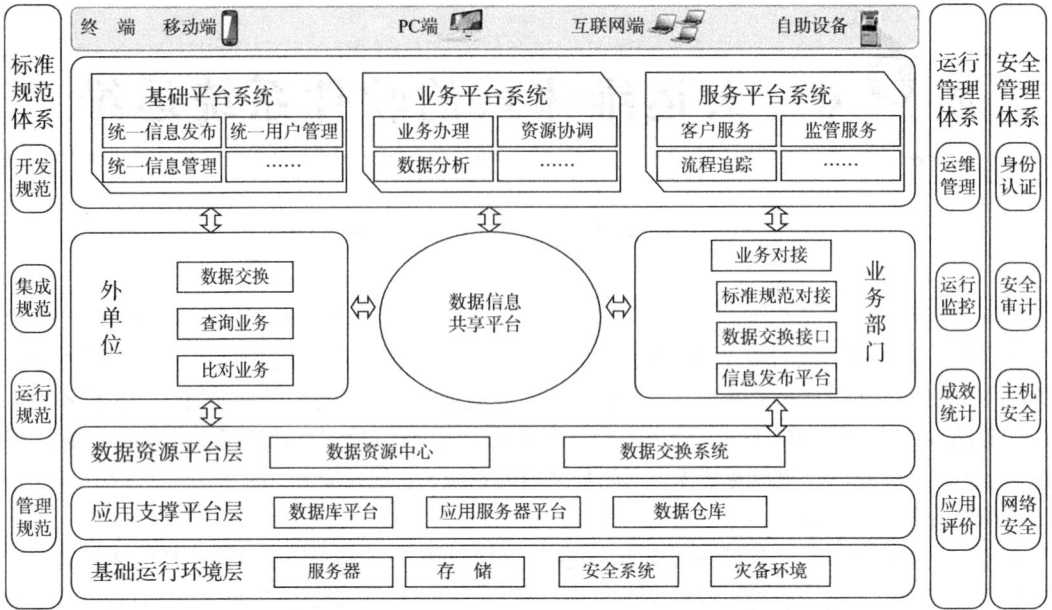

图 6.1　某行业的省级大型软件系统的总体架构

1. 基础平台系统

整个大型软件系统涉及多个业务子系统，通过制定统一的数据标准，实现统一的数据交换，统一的单点登陆，统一的计费管理，统一的门户入口，统一的呼叫服务和统一的信息发布，实现平台上所有业务子系统的数据共享，避免同一用户需要多个业务子系统维护，以及数据不一致、不同步的现象。

1）统一身份认证

统一身份认证主要实现外网用户管理、身份认证、分级权限管理和单点登录等功能，以解决门户建设过程中用户定义模糊、用户身份组织零乱、交叉权限管理和应用系统出口多样性等棘手问题。

通过网站集成身份认证将多个业务、办公系统的用户账号、密码等信息资源集中在网站统一认证鉴权中心，各个系统以中心数据作为用户认证的唯一依据，用户可以通过相应接口来实现网站已有用户账号密码信息对于相关业务系统的共享，同时通过专有模块进行各子系统权限控制。

2）统一信息发布

为企业（机构）提供作业动态信息的查询，以及相关重要信息的发布。遵循大型软件系统公共平台已有的信息发布功能，提供标准数据接口，实现门户平台对各业务子系统的信息发布调用。

3）统一权限管理

统一权限管理建立在基于统一用户目录管理的基础之上，在统一信息资源目录的管理下，对信息资源进行统一授权。

（1）应用管理。应用管理是配置用户和用户权限的源头，只有在完成应用系统维护后，才可以做后续的配置，如创建应用系统下的功能点，为应用系统创建角色，为角色分配功能点等。

（2）角色管理。角色是基于应用系统的，也就是说不同的应用拥有不同的角色和角色组。

4）统一用户管理

一般来说，每个业务子系统都拥有独立的用户信息管理功能，用户信息的格式、命名与存储方式也多种多样。当用户需要使用多个应用系统时，就会产生用户信息同步问题。用户信息同步会增加系统的复杂性，增加管理的成本。

解决用户同步问题的根本办法是建立统一用户管理系统。统一用户管理系统统一存储所有应用系统的用户信息，应用系统对用户的相关操作全部通过统一用户管理系统完成，实现统一一张用户表针对不同应用授权的模式，解决用户信息修改后不同应用的同步问题。

（1）用户角色管理。用户角色管理是对不同用户角色信息进行管理，不同用户拥有不同角色，一个用户可以有多个角色，每个角色都有其对应的权限。

（2）用户登录验证。用户登录验证是系统对平台的注册用户在登录时进行身份认证。

（3）用户状态管理。用户状态管理主要是系统对平台用户的在线情况或账户使用情况进行有效记录。

5）系统运行管理

系统运行管理主要包括信息维护、安全控制、统计分析等几部分功能内容。

（1）信息维护。信息维护指系统信息的更新，可通过远程操作实现所有信息维护。

（2）安全控制。系统建设应注意避免各种非安全因素给系统带来的安全风险。为了杜绝非法入侵，整个系统需要从网络通信安全、系统软件安全及用户访问安全等各个层次提供完整的系统安全方案，从而确保整个系统的安全可靠运行。门户产品应能为开发和管理门户应用提供完整的安全框架。安全框架应能支持对门户内系统资源和门户用户进行权限设定和管理，确保只有被授权的用户才有权限访问，保护企业敏感信息和数据，充分保障系统的安全可靠；支持用 SSL 对数据进行加密传输，以防止非法读取、资格授权及应用级访问控制列表；提供基于角色的安全性支持，并能同内在的操作系统的资格认证集成。

（3）统计分析。门户系统在日常的使用过程中，网站管理员需要实时了解网站通行情况，如门户网络流量、资源的访问情况、用户登录统计信息、Portlet 使用情况等。门户系统必须能够提供相应的统计和分析工具，提供管理员相关的统计信息，并能根据这些统计数据做出分析，显示分析报表，以提供管理员进行性能调优等管理工作的参考。

2. 业务平台系统

业务平台基于新的符合各部门业务特点的业务模式，创建面向业务部门和服务对象的整合业务系统，有效串联全过程中的各个环节，提高效率。主要围绕业务相关的资源来管理，包括因业务流向形成的信息流、数据流。

1）资源协调子系统

（1）业务接单。业务接单即托单管理，是接收用户的业务委托，处理相关的业务数据，把诸如用户信息、业务性质、业务内容等录入系统。它是整个系统中最重要的业务数据入口。

（2）业务分发。对于接收的用户委托的业务，通过统一的调度分配，保证业务在第一时间到达正确的处理单位。

（3）业务跟踪。业务跟踪功能主要提供作业跟踪信息输入功能，通过业务跟踪可以为用户提供全程的业务办理实时跟踪。

（4）接单确认。对业务申请进行审核管理，只有通过审核的业务申请，才可以派发进行办理。

（5）统计报表。统计报表为业务办理的各类详细作业信息，提供图形化与表格相结合的信息展示功能，主要包括作业监控、业务单信息查询、业务办理完结率等功能。

2）在线业务办理

用户可通过统一受理功能进行业务申请、办理进度查询和结果确认等。

（1）接单管理。提供统一受理系统的接单管理入口，用户可以从统一的门户入口进入统一受理系统。统一受理门户主要包括计划分解、计划接口、计划管理规则引擎等。计划分解主要将用户的受理需求分解成不同业务部门的受理计划；计划接口是将分解后的计划组织成业务部门可以识别的数据和报文结构；计划管理规则引擎为计划分解与计划接口提供信息处理支撑，实现动态的计划分解，以及计划接口的数据管理。

（2）业务处理。用户可通过统一受理功能进行各类具体业务的申请、查询等，包括申请的受理、发送、反馈等功能，成为各业务部门的统一受理窗口。

提供接受业务部门受理计划结果的功能，可以对受理成功或受理失败的激活加以处理，并反馈给统一受理门户，实现不同业务计划区分对待、分别处理的目的。

3. 服务平台系统

服务平台主要为用户提供一站式服务功能，充分体现业务部门面对用户的窗口作用。服务平台包括用户服务系统、业务跟踪系统等。

（1）用户服务系统。作为用户与业务部门的工作窗口，用户服务显得尤为重要。为此需要建立一个统一的用户服务平台，为用户及监管单位提供及时专业的服务。用户服务平台应包括业务管理、日常活动管理、服务质量跟踪、报表管理等。

在服务形式上可采用免费电话、电子邮件、在线客服、手机短信等常见方式。同时通过呼叫中心和网站为用户提供自助服务平台。系统从服务好用户的立场出发，建设以用户自助查询、自助操作为主的系统。

系统通过内外部信息互通的事物处理机制，构建了内外部信息交互的纽带，更准确及时地将投诉、建议、业务咨询、满意度回馈、留言等通过系统发送至内部，以便第一时间得到帮助与解决，从本质上降低用户抱怨，提高用户满意度。

系统从信息化的角度为用户提供有理有效的数据及工具，为用户提供更多便捷化服务，拓展沟通渠道。

（2）业务追踪系统。业务追踪系统为用户了解近期业务进展和未来的发展提供全面、准确、及时的依据。用户可通过服务网站查询业务办理情况、所处流程环节及办理结果等内容，同时可及时了解业务办理过程中存在的问题，如材料缺失、材料不合格等情况。业务追踪系统为用户提供业务办理的全过程跟踪与管理，提高信息完整度，为用户提供高质量的信息化服务。

6.1.2 大型软件系统的系统架构

在前面的内容中，我们对大型软件系统做了比较详细的解释，下面将以系统中某个典型的核心业务为例，对大型信息系统中软件系统的架构进行介绍。某大型软件系统拓扑结构如图6.2所示。

1. 相关规范及体系标准

进行软件架构设计时，应按照国家标准及要求进行设计，除了满足功能需求外，还应充分考虑安全管理的需要及软件后期运维的需要。开发过程中，应充分按照国家相关标准要求及规范进行开发，按照规范编制相关文档。

2. 软件系统架构

1）统一门户

实现统一入口、统一消息、一站式开展业务应用。在软件设计之初，应考虑用户的访问方式，一般常见的访问方式有PC端、移动端、互联网端、自助设备端等。门户是用户开展工作的主要途径，是实现各项业务的有效载体，在整个架构中具有综合性、基础性的重要作用。因此，提供一个统一的门户，是实现软件功能价值的重要环节。

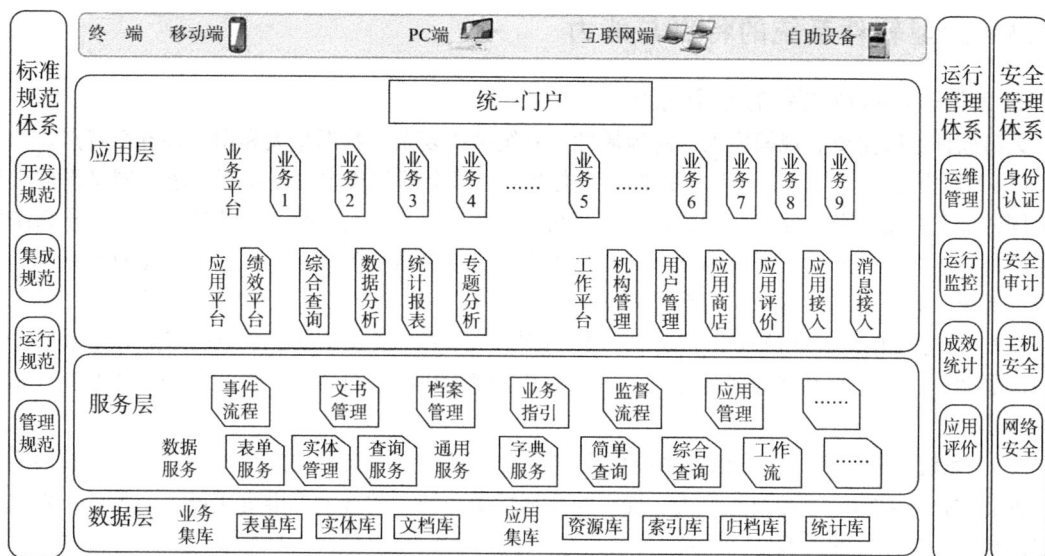

图 6.2 某大型软件系统拓扑结构

同时，因为大型业务系统往往涉及多个业务部门以及不同的角色，使用习惯和业务场景均有差异，所以需要提供一个个性化的桌面，通过定制来满足不同业务部门、不同角色的需求。

因此，统一门户应包括工作桌面、应用桌面、应用挂件、工具条、通用工具、消息中心、待办任务等功能。

2）应用模块

因为大型软件系统往往涉及多个业务、多种逻辑结构，为了能更好地适应后期维护及软件升级优化的需要，应采用松耦合的架构，结合开展服务化体系规划设计和服务标准建设，构建软件服务体系，支持移动应用、互联网应用以及创新应用的开展。

利用 HTML 5（超文本标记语言 HTML）、单页面技术、浏览器技术、本地程序技术等技术，针对用户场景实现用户交互多样化，提高使用效率，使操作更便利；根据不同场景实现引导式、分布式数据采集，可视化数据展示，以及图形化操作和分析；根据不同场景优化用户交互，实现消息快速传递和业务快速办理。

3）服务支撑层

服务层相当于中间类的作用，中间类提供了一个通用接口，让调用者可以使用接口暴露的方法，而无需关注架构或底层发生怎样的变化。核心系统往往业务逻辑及架构复杂，应根据实际需要进行分类，一般情况下可按照业务服务、数据服务和通用服务等对服务进行分类。

4）软件数据架构

核心软件系统往往是业务庞大和用户众多的实时业务系统，数据种类众多，同时数据形式也较多。为了满足业务的性能要求，需要根据不同的应用形式，在数据的存储结构、数据的形态、数据库的类型选型上做出有针对性的设计。

通过以上内容可以看出，一个大型的软件系统从设计到实现，涉及开发规范、安全体系、运维体系、软件开发技术、数据库技术等多个方面。除了软件开发本身，后期的维护过程也是非常重要的，一套完整的大型软件系统涉及几十至上千万行代码，已经不是单纯依靠个人或是几个人的经验就可以平稳运行的。一个大型软件系统必须是一个团队在相应规范基础下，共同协作才能保障系统的稳定运行，发挥软件应有的价值。

6.1.3 大型软件系统的特点与能力

1. 大型软件系统主要的五个特点

大型软件系统主要有规模庞大、跨地域性、系统结构复杂、数据量大和用户多五个特点。

（1）规模庞大。大型信息系统的业务种类繁多。每个部门和单位因实际需求不同又形成了许多不同的业务系统，各个业务之间的联系密不可分。以图6.1为例，某行业的省级大型信息系统的业务种类就超过了130个，涉及800多个计算节点，有信息数据处理系统、信息数据收集系统、电子政务系统、办公系统、软件应用系统等。

（2）跨地域性。大型信息系统分布广阔，部署不集中。根据业务子系统的特点，有采取全区统一部署和县、市分布部署等多种形式。以图6.1为例，某行业的省级大型信息系统的业务分布包含100多个县、市。

（3）系统结构复杂。大型信息系统由众多实现不同业务功能的软件系统组成，每个软件系统都有独立的拓扑架构。通过服务总线、统一的数据标准、统一的开发标准等手段，使得各个软件系统之间形成一个总体的大型信息系统。

（4）数据量大。大型信息系业务繁忙，数据增长量大，涉及结构化、非结构化等多种数据结构，往往一个管理中心的存储总量就达到1PB以上。

（5）用户多。由于业务系统多，网点分布广，内部数据共享性大，从而形成多用户访问、同时在线访问递增。以图6.1为例，部分核心系统一天的用户访问量可超过数十万人次，在业务高峰期用户访问量超过每分钟1500人次。

2. 大型软件系统应具有的基本能力

大型软件系统一般应具有的基本能力如下：

（1）全域业务办理能力。大型软件系统通过各业务子系统的建设，通过在全区域的部署，融合通信网络、业务应用和安全防护等多种技术手段，形成全域统一的业务办理环境，实现各项业务办理的数字化。

（2）提高业务办理的自动化和智能化能力。大型信息系统中的软件系统对业务办理数据进行分析，并与知识信息库交互，建立业务办理效果评估模型，提供业务办理决策方案评价、预测和选择，提高业务办理的有效性，提升业务办理的自动化、智能化水平。

（3）业务系统全域统一组织和规划。大型信息系统中的软件系统通过对业务系统的统一规划，实现数据共享，打破传统业务之间业务流程及数据的壁垒，减少业务处理环节，提升业务办理能力。

（4）体系结构开放，利于持续升级。采用面向服务的架构（SOA）设计，提供以服务为中心，可动态优化和功能扩展的分布式应用架构，实现服务的应用与接口分离，使底层接口的实现不影响服务应用，有利于系统的平滑升级和持续升级。

6.2 软件系统的运维管理架构

软件系统运维是指技术人员把软件开发完成并投入使用后，对应用系统软件进行的改正性维护、适应性维护、完善性维护、预防性维护等软件工程活动。

软件系统在开发完成投入使用后，有一部分隐藏的错误将会被带到运行阶段，在某些特定的使用环境下才会暴露出来，同时可能因为硬件、软件配置或数据环境发生变化，甚至在使用过程中用户对软件提出新的功能与性能要求，这些都将对软件系统的正常运行造成影响。为了使软件系统正常稳定地运行，满足用户使用的需求，需要对软件进行改正性维护、适应性维护、完善性维护、预防性维护等软件工程活动，同时对软件的变更、配置、发布等管理流程做好监控。

6.2.1 软件系统运维的架构与特点

从前面的内容可以看出，整个大型信息系统的架构非常复杂，除了基础运行环境外，整个软件系统的运维工作将直接决定软件系统是否能高效、稳定、安全地运行。本节将对软件系统运维的整体架构进行介绍。

软件系统运维管理的总体框架由软件系统运维的对象、运维的内容、运维的支撑要素、运维的管理体系四个部分组成。软件系统运维架构如图 6.3 所示。

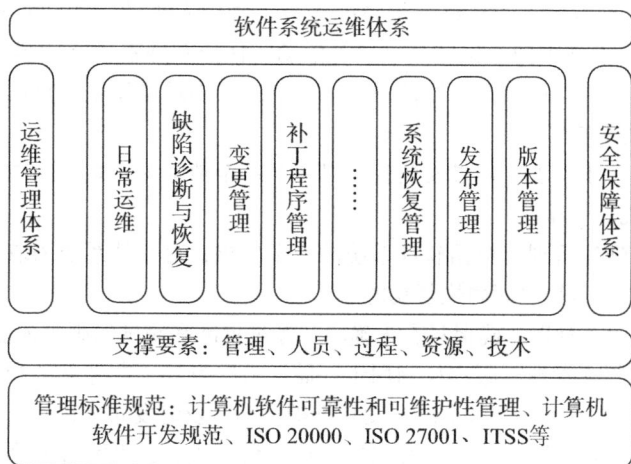

图 6.3 软件系统运维架构

1. 软件系统的分类

软件系统主要分为操作系统软件、支撑软件和应用系统软件等几种。

（1）操作系统软件。操作系统是管理软硬件资源、控制程序执行、改善人机界面、合理组织计算机工作流程和为用户使用计算机提供良好运行环境的一种系统软件。操作系统是位于硬件层之上、所有软件层之下的一个必不可少、最基本又是最重要的系统软件。它对计算机系统的全部软硬件和数据资源进行统一控制、调度和管理。常见的操作系统软件有 Windows 操作系统、Linux 操作系统和 AIX 操作系统等。

（2）支撑软件。支撑软件是在系统软件和应用软件之间，提供应用软件设计、开发、测试、评估、运行检测等辅助功能的软件，它主要包括环境数据库、各种接口软件和工具组。常见的支撑软件主要分为两大类：开发环境和数据库管理软件。

软件开发环境（Software Development Environment，SDE）是指在基本硬件和宿主软件的基础上，为支持系统软件和应用软件的工程化开发和维护而使用的一组软件。

数据库管理软件（Database Management System，DBMS）是一种操纵和管理数据库的大型软件，用于建立、使用和维护数据库。它对数据库进行统一管理和控制，以保证数据库的安全性和完整性。

（3）应用系统软件。应用系统软件是为满足用户不同领域、不同问题的应用需求而开发的实现特殊功能的软件。

2. 软件系统运维的对象

操作系统软件、支撑软件基本是从市场购买后直接投入使用的，应用软件一般是由业主自己的团队或者是由业主聘请软件开发商来开发完成的。信息系统软件运维是指在技术人员把应用系统软件开发完成并投入使用后，对信息系统软件进行的改正性维护、适应性维护、完善性维护、预防性维护等软件工程活动。因此，本章以下阐述的软件系统运维，均指应用系统软件。

3. 软件系统运维的主要内容

软件系统运维工作的目的是保障系统的稳定运行，从而实现软件的价值。一般软件系统运维工作的主要内容包含下列管理过程：

（1）软件系统的日常运维。通过对软件系统的运行环境、数据维护等进行运维，保证软件系统稳定运行。

（2）软件系统的缺陷诊断。根据软件系统运行过程中发现的问题，对软件系统进行改正性维护、适应性维护、完善性维护、预防性维护等活动，保证软件系统能持续满足用户的需要。

（3）软件系统的变更管理。保证软件系统在软件或硬件环境发生变化后，依然能稳定运行，将内外环境变化造成的影响降到最小。

（4）软件系统的补丁管理。通过安装补丁以减轻甚至消除操作系统、数据库或软件系统的安全隐患，提高软件系统的可靠性。

（5）软件系统的恢复管理。根据软件系统的安全要求，对软件系统采取合理的容灾策略，出现意外后，软件系统能在最短时间内恢复功能。

（6）软件系统的发布管理。确保只有正确的、经过批准和测试的版本才能被使用。

（7）软件系统的版本管理。版本控制用于存储、追踪目录（文件夹）和文件的修改历史，支持软件的配置管理活动，追踪多个版本的开发和维护活动，及时发布软件。

（8）软件系统"建转维"的管理。实现软件在建设完成后，平滑过渡到维护阶段，通过相关规范流程的要求，保证软件系统运维工作的顺利进行。

4. 软件系统运维工作的支撑要素

软件系统的运维服务由人员、过程、技术和资源等要素组成。

（1）人员要素要求。软件系统运维需要明确运维服务业务相关的岗位结构，以及各类运维服务的岗位职责和任职资格要求。定期对人员进行绩效考核，能够识别培训需求，并实施对运维人员的培训。软件系统运维的主要岗位及人员要求见表 6.1。

（2）过程要素要求。定义服务目录及服务级别，同时建立事件、问题的管理流程，并定义事件、问题的分类、分级机制。建立配置、变更、发布的相关管理流程，并做好记录。

（3）技术要素要求。制定运维技术研发规划，能够对运维内容进行信息采集和监控，同时应具备诊断和分析问题的手段。

（4）资源要素要求。设置与需方的沟通渠道，有专人负责处理服务请求，建立服务台管理制度。同时应有必要的监控工具，并采用过程管理工具来管理运维服务过程。

表 6.1   软件系统运维岗位人员要求

岗位名称	岗位概述	学历及工作年限	认证要求	工作经验要求	岗位职责
运维管理岗	进行整体运维管理	要求大学本科以上计算机类或电子通信类专业学历或同等学历	要求具有 PMP、ITIL 或高级项目经理认证	要求 5 年以上项目管理经验，熟悉运维管理体系	① 提供项目管理、流程管理 ② 执行绩效考核、项目跟进把控、产出物等运维管理服务
软件系统维护岗	负责软件系统维护	大学专科以上计算机类专业学历或同等学历	软件开发类同级别或以上认证优先	3 年以上软件系统软件开发与数据资源维护经验	① 负责软件系统正常运行 ② 负责对软件使用咨询进行答疑
数据维护岗	负责软件系统数据维护	大学专科以上计算机类专业学历或同等学历	软件开发类同级别或以上认证优先	3 年以上软件系统软件开发与数据资源维护经验	① 负责软件系统数据正常更新 ② 负责对系统数据治理提供建议及优化

5. 软件系统运维工作的支撑体系

软件系统运维管理必须满足 ITIL、ISO 20000、ISO 27001 等规范要求，通过日常运维、缺陷诊断与修复、变更管理、补丁程序管理、系统恢复管理、发布管理、版本管理等活动，结合 PDCA 理论，以闭环的形式完成大运维体系下的软件系统运维。

作为全面质量管理的 PDCA 理论，能有力支撑从软件开发到运维的过渡，并能指导软件系统开展整个运维工作。

PDCA 可以贯穿整个软件的生命周期，在运维阶段，根据 PDCA 理论，可以将整个运维工作分成四个阶段，如图 6.4 所示。

① P（Plan）：根据业务的需要，建立软件系统运维的目标和过程。

② D（Do）：实施运维工作。

③ C（Check）：根据方针、目标和产品要求，对过程和产品进行监视和测量，评估影响，并报告结果。

④ A（Action）：采取措施，以持续改进过程绩效。

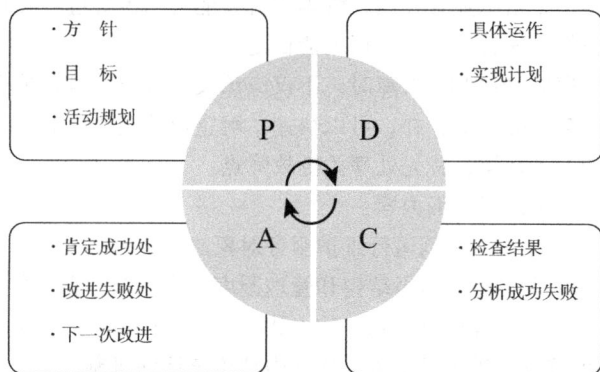

图 6.4　PDCA 模型

6.2.2　软件系统运维管理的策划

随着电子信息化的发展，各业务部门对业务系统的依赖性越来越高，尤其是大型信息系统环境下的软件系统往往涉及多个核心部门的核心业务，因此在策划运维工作时，就要充分考虑整个软件系统运维的各个方面。

软件系统运维的管理一般应具备以下基本条件：

（1）能够进行运维管理。软件系统应该是利用各类通用构件、组件和工具等搭建构造形成的，它们是具有独立性的、松耦合、可拆卸、易维护的产品集合，使得支持整个组织运行的一体化管理软件系统能够持续地支持应用的拓展和完善，能够实现自身能力和效率的可持续发展和提升，特别是其发展和提升的过程对组织运行的影响最小，给用户体验带来持续的提升。

（2）能够管理变更。运维的目的是确保在业务需求和运行环境变化时，能及时有效地支持，所以对于变更的管理直接取决于应用系统对变化响应的能力、效率和可管理性。通过直接修改应用系统代码实现运维的传统模式已不适应，且不可管理。而应让用户能够通过相应的工具，对相关构件和组件进行配置、定义和修改，以实现对业务和环境的运维，并且实现对变化过程的记录、跟踪和分析管理。

（3）能够差异化管理。整个组织的应用需求可能会因为地域差异而不同，可能会因为发展进程的覆盖面而不同，可能会因为环境配置情况而不同。新的软件系统应对这些差异，以及支持这些差异的能力，是与传统管理软件系统运维的根本区别，传统软件系统因为应用系统的固化需求，只能通过不同版本去适应差异，而新的软件系统则是在统一运行环境中，通过工具的配置和定义实现对差异的支持和管理。

（4）能够管理过程。传统的运维只是通过编码实现"变化"和"不同"，而新的运维还要拓展到对"变化"和"不同"的管理。引入数据空间的概念，记录下对业务和环境运维"变化"、"不同"、"状态"、"标准"和"历史"等要素的变更记录和发展痕迹，从而实现管理软件系统全生命周期、全功能覆盖、全面质量管理的运维管理能力。

（5）专业的管理组织。运维管理不再只是IT部门的职责，而是整个组织都需参与的过程。对于管理者要能够将管理思路和决策需求加以表述；对于业务骨干要能够自行根据管理者所表述的思路和需求，对管理软件系统进行加载和维护，以实现对它们的操作支持和用户体验；对于IT部门，更侧重于运行环境的保障，对应用系统构成部分的能力和性能的监控、分析、管控与反馈等；开发商则更关注公共构件、组件、工具产品的能力、性能、体验的完善和提升。

（6）要有管理的制度。运维管理一旦纳入整个组织的管理体系中，运维管理制度就不再是IT部门的专有制度，而是对整个组织业务发展、管理完善、能力拓展等过程和行为的管控和规范，使得运维管理实现发展可持续、完善易有序、拓展能稳定。

（7）故障影响范围评估。发现IT故障时，不仅应该关注故障本身，更应该考虑该故障对业务系统的影响。通过建立业务服务影响拓扑，可以快速了解企业的关键性业务及业务故障时的影响范围，通过了解企业具体的业务环境，优先处理关键故障点。

在运维策划时应充分考虑以下方面内容：

① 根据自身业务定位和能力，策划运行维护服务对象的服务内容与要求，并形成服务目录。

② 依据组织的业务发展需要建立组织结构和管理制度，支持服务目录的实施或实现。

③ 对人员、资源、技术和过程进行规划，建立相适应的指标体系和服务保障体系。

④ 策划如何管理、审核及改进服务质量，建立内部审核评估机制。

6.2.3   软件系统运维的实施

软件系统运维管理流程体系的建设不是一次性就能够全部实现的，需要逐步实施和优化，软件系统的运维实施要分步开展，按阶段实施。

1. 实施软件系统运维管理的主要步骤

① 信息梳理：梳理软件系统版本、基础架构图、配置清单、服务目录等基础信息。

② 制度建设：编制运维制度、实施手册、配套表单等相关文档。

③ 流程建设：根据流程编制相关流程图。

④ 支撑系统：建设监控系统、服务台、工单系统等支撑系统。

⑤ 组织体系：开展组建服务台，运维责任人、运维人员培训等工作。

2. 实施软件系统运维管理的主要阶段

（1）咨询评估阶段。该阶段主要工作是通过对企业的软件系统建设和运维管理现状进行调查研究，评估企业当前的软件系统运维服务成熟度，找出运维管理存在的问题和不足，制定运维管理建设的总体目标、功能需求和实施计划等。

（2）建设实施阶段。在前期咨询评估的成果上，建设基于ITIL理念的软件系统运维管理系统，通过系统的建设，固化运维管理流程，本阶段主要实施ITIL中最核心的运维流程，包括服务台、服务目录、事件管理、问题管理、配置管理和知识管理等。

（3）推广提高阶段。在建设实施阶段的基础上，对运维流程体系进一步深化和改进，主要实现变更管理、发布管理、服务级别管理、能力管理、可用性管理、监控系统的集成，运维 KPI 指标的制定。

（4）持续改进阶段。因为软件系统运维管理是一个不断持续满足用户需求和期望的过程，所以软件系统运维管理体系的建设应该是一个不断持续改进的过程，整个过程包括计划（Plan）、执行（Do）、检查（Check）和行动（Action）四个阶段（PDCA），并按此顺序不断循环改进，通过 PDCA 的管理思想，定期对运维流程进行分析，提出优化和改进建议，使运维流程随着组织内外部环境的不断变化而改进，保障运维流程动态满足企业的业务目标。

3. 实施软件系统运维应充分考虑的内容

① 制定满足整体策划的实施计划，并按计划实施。有运维服务能力管理计划的具体实施方案及实施记录，包括具体的任务、责任人、日程安排以及预期要达到的目标或结果。

② 建立与需方的沟通协调机制。有明确的与需方沟通的协调机制，并保留与需方有关的沟通记录。

③ 按照服务能力要求实施管理活动并记录，确保服务能力管理和服务过程实施可追溯，服务结果可计量或可评估；根据运维服务能力管理计划，将实施结果或交付物的记录或总结报告形成产出物，并按照要求进行归档。

④ 提交满足质量要求的交付物。按照运维项目及归档要求，对管理制度、服务质量报告（包括服务满意度报告内容等）等交付物进行提交。

6.2.4 软件系统运维的检查

为了保证运维工作按计划开展，需要定期对运维工作的执行情况进行检查，主要可以从以下三个方面进行检查：

（1）定期评审服务过程及相关管理体系，以确保服务能力的适宜性和有效性：

① 组织定期评审，并保存评审记录，如评审检查表、服务过程及管理体系评审记录、内审记录等。

② 依据评审结果形成评审报告。

③ 评审应覆盖全部运维服务业务。

（2）调查需方满意度，并对服务能力策划实施的结果进行统计分析：

① 调查需方满意度，检查运维服务能力管理计划的实施效果。

② 制定客户满意度管理制度。

③ 跟踪监督运维服务能力管理计划及实施计划执行情况，并保存跟踪监督记录及效果反馈。

④ 满意度调查结果形成相关报告，内容应包括满意度指标、计算方法、分析结果等。

（3）检查各项指标完成情况。检查能力指标体系中相关指标的落实情况，并保存记录。

6.2.5 软件系统运维的改进

施行软件系统运维管理的持续改进可以不断提高管理水平，使内部管理得到提升。同时也可以提高满足用户需求的能力，向用户提供更好的服务，从而在激烈的市场竞争中得到发展。

运维管理持续改进可以通过 PDCA 循环来实现，每执行完一次 PDCA 循环，运维的管理水平就会在先前水平的基础上得到一定的提高。不断执行 PDCA 循环就可以使管理水平形成螺旋式上升的趋势，达到不断改善管理水平的目的。

1. 执行 PDCA 需要的条件

在实际运维过程中，管理体系本身需要具备不断执行 PDCA 的能力，而执行 PDCA 需要两方面的条件：

（1）建立符合 PDCA 原则的管理体系。

（2）在运维过程中认真执行管理体系，并实际执行持续改进。

由于 PDCA 的持续改进循环已经在管理界得到广泛认同，主要管理标准在设计中也融入了 PDCA 的管理思想。例如，前面介绍的 ISO 9001、ISO 27001、ISO 20000 等标准都已经融入了 PDCA 的管理思想。所以按照这些管理标准建立的运维管理体系也具备了持续改进的管理基础。因此，只要管理体系是以上述标准建立的就基本满足了第一项要求。

2. 运维管理持续改进的内容

对于运维管理持续改进，可以通过以下几个方面进行：

（1）制定管理目标和管理方针。应根据软件系统本身的特点及能力制定管理目标。管理目标不宜制定得过高，也不要制定得过低，应该是软件系统目前能力无法达到但通过努力可以达到的目标，这样才具有持续改进的动力。

管理目标应该被分解到基层部门，而不能只停留在管理层，要让每个部门甚至每个人都知道自己为了实现软件系统的管理目标需要做些什么事情，自己的具体目标是什么。

（2）制定相关流程文件并执行。认真执行流程文件是 PDCA 过程的重要组成部分。因为流程文件是根据企业运维实际情况制定的，是企业管理经验的沉淀。每次对运维流程的改进最终都会落实到流程文件的规定中。若不能很好地执行流程文件，软件系统的持续改进就只能停留在纸面上而不能对数据中心的管理起到真正的作用。

（3）对执行文件的效果、运行指标进行确认，了解用户及相关方需求，找到改进点并执行改进。收集软件系统运维管理需要改进的内容，可以从以下几方面着手：

① 执行内部审核，发现流程文件执行中的问题。

② 统计各类指标的完成结果，对各部门完成目标的情况进行总结。

③ 通过用户满意度调查和用户沟通，了解用户对服务的意见。

④ 通过与相关方的沟通，了解相关方对数据中心的要求。

⑤ 了解业界管理动态。

当收集到需要改善的内容后，就要根据自身特点和业界经验对管理进行改善，并最终落实到流程文件中。

（4）通过管理者评审，确认改善效果，修订方针、目标。当完成上述工作后，管理者需要对实际管理情况重新进行评估，如果有必要则需要修订相关的方针、目标，为下一阶段的管理改进明确方向。这就是运维管理持续改进的正确思想。

6.2.6 软件系统运维的文档管理

运维文档管理，是指在一个软件系统运维过程中，将提交的文档进行收集管理的过程。通常，文档管理在运维过程中不是很受重视，当发现其重要性时，往往为时已晚。整个运维工作可能因此变得管理混乱，问题产生后无据可查。文档管理对于运维工作的顺利进行有着至关重要的作用，其关键性不容忽视。

1. 文档管理的行业标准

目前 ISO 认证的企业通用管理规范为软件系统开发提供了通用的管理规定和行业标准，它涉及文档管理的整个生命周期。文档的生命周期一般包括创建、审批、发布、修改、分发、签收、追缴、归档、废止与恢复几个环节，文档的生命周期如图 6.5 所示。

软件系统软件运维文档主要包括系统运行报告、系统开发总结报告、系统评价报告、系统维护报告、系统运行情况记录、系统日常运维记录、系统适应性运维记录、用户问题记录、维护反馈记

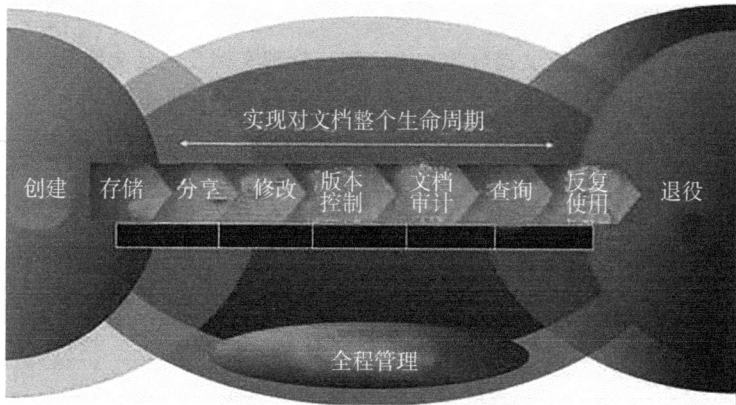

图 6.5 文档的生命周期

录、运维过程记录等。文档能提高软件运维过程的能见度，把用户反映的问题、用户提交的报告、用户增加的需求、对用户反映问题的维护反馈记录、运维过程中发生的事件以某种可阅读的形式记录在文档中，管理人员可把这些记载下来的材料作为检查软件运维进度和运维质量的依据，正确统计运维的工作量，实现对软件系统软件运维的工程管理，提高运维效率。文档作为运维人员一定阶段的工作成果和结束标志，记录运维过程中的有关信息，便于管理人员、运维人员、操作人员、用户之间的协作和交流，使软件系统软件运维更科学、更有成效。

目前常见的文档管理国家标准有：

·GB/T 16680-2015《系统与软件工程 用户文档的管理者要求》

·GB/T 23286.1-2009《文献管理 长期保存的电子文档文件格式 第 1 部分：PDF1.4（PDF/A-1）的使用》

·GB/T 32424-2015《系统与软件工程 用户文档的设计者和开发者要求》

·GB/T 26805.3-2011《工业控制计算机系统 软件 第 3 部分：文档管理指南》

·GB/T 26805.4-2011《工业控制计算机系统 软件 第 4 部分：工程化文档规范》

·GB/T 26805.5-2011《工业控制计算机系统 软件 第 5 部分：用户软件文档》

2. 软件系统运维文档管理的注意事项

软件系统运维文档管理应注意以下几个方面：

（1）文档管理制度化。形成一整套完善的文档管理制度，根据制度来协调、控制、评价软件系统软件运维中各类人员的工作。

（2）文档标准化、规范化。在软件系统软件运维前要选择或制定文档标准，在统一的标准约束下来规范地建立各类文档。

（3）落实文档管理人员。应设专人负责集中保管与软件系统软件运维相关的文档，其他人可按一定的流程向文档管理员借阅文档。

（4）保持文档的一致性。软件系统软件运维过程中如果修改了原来的需求和设计，但是文档却没有进行同步修改，造成交付的文档与实际软件系统软件不一致，使用户在使用软件系统软件参考文档对软件进行维护时出现许多误解，这将严重影响系统的质量和维护的效率。所以，在软件系统软件运维过程中，如果修改部分涉及设计文档或用户手册，一定要及时更改，这样才能达到事半功倍的效果。

（5）维护文档的可追踪性。出于软件系统软件运维的动态性，软件的某种修改最终是否有效要经过一定的时间检验，所以运维文档也应与相应的软件系统软件一样要分版本进行管理，这样软件和文档就具有可追踪性，便于持续地运维与改进。

3. 软件系统文档

根据不同性质，可将软件系统文档分为技术文档、管理文档及记录文档等若干类，见表6.2。

表6.2 软件系统文档

文档类别	文档内容	产生阶段	备 注
技术文档	系统总体规划报告	系统规划	
	系统分析报告	系统分析	
	系统设计说明书	系统设计	
	程序设计说明书	系统设计	
	数据设计说明书	系统设计	
	系统测试说明书	系统设计	
	系统使用说明书	系统实施	
	系统测试报告	系统实施	
	系统维护手册	系统实施	运行中继续完善
管理文档	系统需求报告	系统开发前	
	系统开发计划	系统规划	
	系统开发合同书	系统规划	委托或合作开发时
	系统总体规划评审意见	系统规划	
	系统分析审核意见	系统分析	
	系统实施计划	系统设计	
	系统设计审核报告	系统设计	
	系统试运行报告	系统实施	
管理文档	系统运维计划	系统实施	
	系统运行报告	系统运维	
	系统开发总结报告	系统运维	
	系统评价报告	系统运维	
	系统维护报告	系统运维	
记录文档	会议记录	各阶段	
	调查记录	各阶段	
	系统运行情况记录	系统运维	
	系统日常运维记录	系统运维	
	系统适应性运维记录	系统运维	
	用户问题记录	系统运维	
	维护反馈记录	系统运维	
	运维过程记录	系统运维	

6.3 软件系统运维的内容

软件系统运维工作对软件系统的稳定运行有着重要意义。下文中将结合软件系统运维的主要内容，说明如何通过运维工作提高系统的可靠性，及时发现问题，消除系统隐患。

6.3.1 软件系统的日常运维

软件系统日常运维的主要内容包括数据库、软件系统的日常维护。

1. 数据库的日常维护

① 检查数据库状态。

② 检查表空间。

③ 检查系统日志。

④ 检查备份情况。

⑤ 监控数据库性能。

⑥ 检查数据更新情况。

2. 软件系统的日常维护

① 检查软件系统相关服务运行情况。

② 检查软件系统功能模块运行情况。

③ 检查软件系统数据流转情况。

④ 对软件使用问题进行答疑及解决。

6.3.2　软件系统的缺陷诊断与修复

软件系统中存在的某种破坏正常运行能力的问题、错误，或者隐藏的功能缺陷都属于软件系统的缺陷。缺陷的存在会导致软件系统软件产品在某种程度上不能满足用户的需求。从软件系统软件产品内部看，缺陷是软件系统软件产品开发或运维过程中存在的错误；从软件系统软件产品外部看，缺陷是软件系统所需实现的某种功能的失效或违背。

软件系统软件缺陷一般分为五大类，见表 6.3。

表 6.3　软件系统软件缺陷

构成	细分	解释
功能缺陷	需求说明书缺陷	需求说明书可能不完全，有二义性或自相矛盾。修改软件系统功能后没有及时修改需求说明书
	功能不一致缺陷	软件实现的功能与用户要求的不一致，包括错误的功能、多余的功能或遗漏的功能
	测试缺陷	软件系统软件测试的设计与实施发生错误。软件测试自身也可能发生错误。另外，如果测试人员对系统或需求说明书缺乏了解，也会发生许多错误
	测试标准引起的缺陷	对测试标准要选择适当，若太复杂，则导致测试过程出错的可能性就大
系统缺陷	模块接口缺陷	软件系统软件内部子系统或模块之间的联系发生缺陷，与程序内实现的细节有关，如输入／输出格式错，数据保护不可靠，子程序访问错等
	软件结构缺陷	由于软件系统软件结构不合理而产生的缺陷，通常与系统的负载有关，而且往往在系统满载时才出现，如错误设置局部参数或全局参数等
	控制与顺序缺陷	如忽视了时间因素而破坏了事件的顺序，等待一个不可能发生的条件，漏掉处理步骤，存在不正确的处理步骤或多余的处理步骤等
加工缺陷	算法与操作缺陷	在算术运算、函数求值和一般操作过程中发生的缺陷
	初始化缺陷	错误地对循环控制变量赋初值；用不正确的格式、数据或类型进行初始化等
	静态逻辑缺陷	如不正确地使用分支语句，在表达式中使用不正确的否定等
数据缺陷	动态数据缺陷	动态数据是在程序执行过程中暂时存在的数据，在执行期间将共享一个存储区域，若程序启动时对这个区域未初始化，可能导致数据出错
	静态数据缺陷	静态数据在内容和格式上都是固定的，它们直接或间接地出现在程序或数据库中，由编译程序或其他程序专门对它们进行预处理，要防止预处理出错
	内容、结构和属性缺陷	数据内容缺陷是由于内容被破坏或被错误地解释而造成的缺陷；数据结构缺陷包括结构说明错误及数据结构误用错误；数据属性缺陷包括数据属性不正确地解释
代码缺陷		包括数据说明错、数据使用错、比较错、控制流错、界面错等

1. 软件系统缺陷级别

一旦发现软件系统软件缺陷，就要设法找到引起缺陷的原因，分析其对软件系统产品质量的影响，然后确定缺陷的严重性和处理这个缺陷的优先级。各种缺陷所造成的后果是不一样的，有的仅仅是不方便，有的可能是灾难性的。问题越严重，其处理优先级就越高，缺陷通常分为以下四种：

（1）微小的。对软件系统软件功能几乎没有影响的一些小问题，软件系统软件产品仍可使用。

（2）一般的。不太严重的错误，如软件系统软件次要功能模块丧失，提示信息不够准确，用户界面差和操作时间长等。

（3）严重的。严重错误指软件系统软件功能模块或特性没有实现，主要功能部分丧失，次要功能全部丧失，或出现致命的错误声明。

（4）致命的。致命的错误可造成软件系统崩溃、死机，或造成系统数据丢失，主要功能完全丧失等。

2. 软件系统软件缺陷状态

除了缺陷的严重性之外，还需要判断缺陷所处的状态，以便及时跟踪和管理。软件系统软件缺陷状态包括：

（1）活动状态。问题没有解决，软件系统软件测试人员新报告的缺陷或者验证后缺陷仍旧存在。

（2）已解决状态。软件系统开发人员针对缺陷，进行软件系统软件修正，问题已解决或通过单元测试。

（3）关闭状态。软件系统软件经过测试人员验证，确认缺陷不存在之后的状态。

以上是三种基本的状态，还有一些情况需要用相应的状态描述，如"保留"、"不一致"等状态。

3. 软件系统软件缺陷修复

发现软件系统软件缺陷后，要尽快修复。小范围内的错误不及时修复，可能会扩散成大错误，导致后期修改工作更多，成本更高。软件系统软件缺陷发现或解决得越迟，软件系统软件运维的成本就越高。

利用软件系统软件开发提供的测试检查方法、测试检查工具或第三方测试工具，按照测试规范对软件系统软件进行缺陷诊断与修复。对于诊断流程发现的缺陷，按照缺陷诊断和处理办法能够解决的缺陷问题，在此流程范围内解决。

4. 缺陷诊断与修复流程

缺陷诊断与修复流程主要包括以下方面：

① 接受问题申请后，应对问题进行初步诊断。

② 经检查分析，对属于异常的缺陷进行修复，对属于常见问题的缺陷则进行技术支持。

③ 对不能修复的异常缺陷申请重大缺陷处理。

④ 缺陷诊断与修复完成后，应编制缺陷诊断与修复报告，并同缺陷诊断与修复过程中产生的文档一并归档。

6.3.3   软件系统运维的变更管理

变更管理是指在最短的中断时间内，完成基础架构或服务的任何一方面的变更而对其进行控制的服务管理流程。通常情况，在执行一个问题管理流程、事件管理流程、服务水平管理流程后，需要通过变更管理实施事件管理流程或问题管理流程所产生的事件处理方案或问题解决措施。

变更流程对软件系统运维的重要性不言而喻。一个大型的复杂的软件系统，往往有着几十到几百万行，甚至上千万行的代码量。如果软件系统的变更无法正确及时地记录，一旦发生灾难性故障，需要恢复到原有状态时，是一件极为困难的事。这也是大型软件系统运维过程中常常面对的情况，不受控的变更的累积，在一段时间后导致软件系统成为孤本。

1. 变更管理流程的目的

变更管理流程的目的有以下几点：

① 确保所有变更活动都有明确的记录可追踪。

② 确保所有变更活动可能导致的负面影响和风险都能被正确地识别和评估，以采取必要的措施降低影响和风险。

③ 确保通过配置管理流程对配置管理数据库（CMDB）进行更新。

2. 变更管理主要角色及流程

变更管理涉及多个环节及角色，一般包含变更请求方、变更实施人、变更管理员、变更经理等角色，变更过程中的主要角色及职责见表 6.4。

表 6.4　变更管理主要角色及职责

角　色	职　责
变更请求方	① 角色定义：变更的发起方 ② 变更由变更请求、其他流程填报转入 ③ 变更被驳回后，决定是取消变更或重新编辑变更申请信息再次提交变更
变更实施人	① 角色定义：变更实施配置人员，为一线、二线、三线技术人员 ② 变更方案的执行 ③ 解决实施过程中出现的问题 ④ 对变更涉及的配置项进行快照，汇总转发配置管理员 ⑤ 当变更中有发布作业时，跟进发布管理流程至结束 ⑥ 变更失败时，执行回退计划 ⑦ 确认变更的处理结果 ⑧ 通知相关人员关于变更处理的状态
变更管理员	① 角色定义：收集整理变更请求，并安排变更作业给相应实施人员，为一线、二线、三线组长 ② 受理用户提出的变更需求，拒绝任何不切实际的变更需求 ③ 转化其他未在工单上填报的变更需求为变更申请工单 ④ 充分、准确掌握变更需求信息 ⑤ 评价变更的影响度并分类 ⑥ 回应变更审批人员即变更经理提出的有关问题 ⑦ 对于简单变更，直接提出变更实施内容，派发至变更实施人执行 ⑧ 判断为紧急变更工单时，立即上报变更经理，进入紧急变更子流程作业 ⑨ 对变更申请进行分析，提出合理的变更实施方案 ⑩ 当变更比较复杂时，需提出"变更实施方案 .doc"文件，附件上传至变更工单 ⑫ 关闭变更工单
变更经理	① 角色定义：变更的决策者，协调资源，审核变更方案，审批重大变更，为区域经理 ② 审批变更请求的内容和变更实施方案 ③ 协调资源和人员，审批紧急、高风险和重大变更方案 ④ 协调资源和人员对变更方案进行评审，如果变更方案有异常或不合理之处，给出变更审批意见，指导变更经理修改变更方案或执行变更意见 ⑤ 协调变更所需的资源 ⑥ 对变更管理进行分析报告 ⑦ 观察已完成变更工单的实施效果，及时与业务沟通确认变更成效 ⑧ 在月例会上，回顾已完成变更，给出回顾意见

图 6.6 所示的变更管理流程图展示了一个常见的变更流程，本节将根据此图介绍变更管理的主要活动。

通常，事件管理流程、问题管理流程、服务水平管理流程会启动一个变更管理流程。变更经理需要对变更请求进行审批。在这个阶段，变更经理主要对变更请求进行复核，并确定变更的优先级，然后将变更分派给相应的变更受理员进行变更操作。

变更管理员根据变更的情况制定变更执行的详细计划，这些计划应尽量详细以减少由于变更时间过长而对服务的影响。应在制定变更计划的同时制定一个变更失败后的回退计划，避免一旦变更失败对数据中心运维造成较大影响。

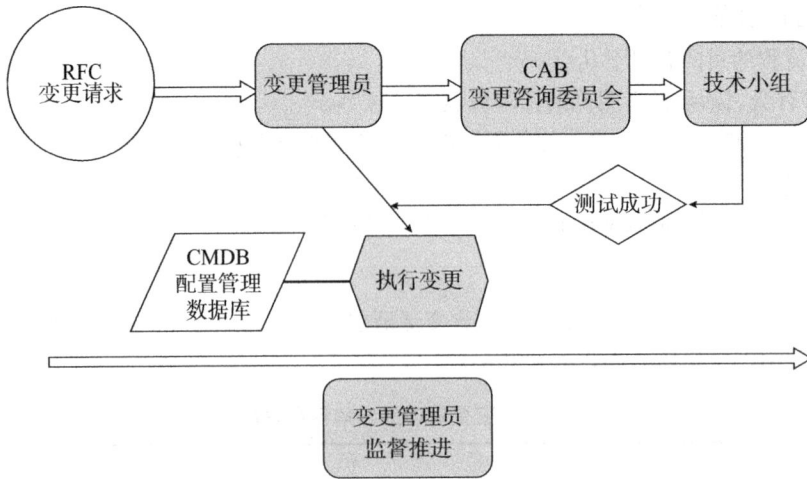

图 6.6 变更管理流程图

变更经理需要对变更受理员制定的变更计划进行审批，然后交由变更实施人员实施。变更实施后，变更受理员应对变更实施的结果进行检查，以确认变更执行有效，并将结果通报变更经理审批。变更经理完成变更审批后，变更受理员可以关闭该变更流程。

6.3.4 软件系统运维的补丁程序管理

补丁管理这一流程使组织可以对产品环境中的内部软件部署和维护进行控制。补丁管理可以帮助保持运作效率和有效性，克服安全漏洞，并保持生产环境的稳定性。

1. 补丁管理的意义

如果不能在操作系统中维持一定程度的可靠性，并且应用程序软件存在一些安全性漏洞，则一旦这些漏洞发作，就会导致财产和知识产权受到损失。要想尽量减少此类威胁，组织就应该采取相应措施，正确配置系统，使用最新的软件，以及安装建议的有效性和安全补丁。

在大型软件系统的软件运维中，由于涉及基础环境复杂、应用软件复杂，补丁的安装不是一件容易的事情。如何有效安装补丁，管理好补丁就成为软件系统运维管理的重要环节。

2. 补丁管理的主要活动内容

目前运维管理比较流行的补丁管理流程是：补丁识别、补丁跟踪、补丁分析、部署安装、疑难处理、补丁检查六个环节。同时由于补丁管理是一个长期、周而复始的工作，因此这六个工作又形成一个环状的流程，其中既有事件驱动工作，也有例行工作。该流程考虑了补丁工作的及时性、严密性和持续性，同时兼顾了补丁对业务的影响，在大型企事业中运作结果较好，下面将着重分析其中的几个环节。

（1）补丁识别。要在软件系统中做好补丁管理工作，首先需要分析信息资产、软件系统的系统环境、网络环境和信息资产重要等级，以便下一步有针对性地跟踪所需要的补丁和要采取的措施。

在软件系统环境中，确定当前所使用的操作系统类型和版本、应用软件类型和版本、网络设备类型和版本、安全策略以及相应的补丁版本。

（2）测试补丁。虽然软件生产商在发布补丁前已经进行了测试，但是测试永远是不充分的，从实际经验来看，目前软件生产商为了解决安全问题，都会尽量压制测试补丁时间，而且每个软件系统都有自己的特殊应用环境，补丁往往不稳定，会造成很多未知问题。因此，必须根据软件系统的实际环境进行补丁测试，以判断该补丁在当前软件系统环境下的兼容状况。

补丁测试关键要考虑测试的广泛性、针对性，即能在针对实际情况下尽量充分地测试。测试环境最好能有软件的各种应用，特别是一些关键应用，以便判断该补丁对关键应用的影响。测试补丁首先要从安全可靠的地方获取补丁软件，推荐从软件生产商网站上下载，如果补丁支持校验，必须进行安全校验，以验证补丁的可靠性，防止补丁被恶意用户篡改。

（3）提交补丁安装申请。提交补丁安装申请后，组织评审小组（包括安全专家、系统管理员）就变更的必要性、风险和补丁推行计划等问题进行评审。评审通过后，由系统管理员和业务代表根据各系统业务的实际情况协商变更时间，确定每个系统的变更计划。确定变更计划后，每个系统管理员各自提交变更请求进行系统变更，同时记录变更过程中提交的问题。

（4）补丁生效检查。为了确认补丁安装情况，需要对安装的系统进行检查。如果采用了工具，则可以通过工具进行全网检查，也可以通过漏洞扫描工具进行检查，还可以通过编写脚本或者人工抽查。

这样补丁管理的一个周期基本完成，但是在实际过程中，因为蠕虫爆发，就需要加快一些流程，同时配合防病毒技术人员、网络管理员一起进行处理。

以上就是补丁管理的基本流程，企业在该流程的指导下进行补丁的安装，为企业网络增强安全性，确保企业软件系统的安全稳定。但同时在补丁管理方面，企业同样很容易因为对补丁的不了解和企业安全意识的不到位产生一些误区，让企业安全存在一定的隐患。

6.3.5 软件系统运维的容灾与备份

1. 软件系统运维的容灾

面对各种可能的灾难，需要建设一个对各种情况都可以抵御或者化解的本地和异地的容灾系统。真正的容灾必须满足三个要素：

① 系统中的部件、数据都具有冗余性，即一个系统发生故障，另一个系统能够保持数据传送的顺畅。

② 具有长距离性，因为灾害总是在一定范围内发生，因此，距离足够长才能够保证数据不会被一个灾害全部破坏。

③ 容灾系统要追求全方位的数据复制，也称为容灾的"3R"（Redundance、Remote、Replication）。

2. 容灾备份的等级

国际标准 SHARE 78 对容灾系统的定义有七个层次：从最简单的仅在本地进行磁带备份，到将备份的磁带存储在异地，再到建立应用系统实时切换的异地备份系统，恢复时间也可以从几天到小时级到分钟级、秒级或零数据丢失等。在选择容灾方案时，应重点区分它们各自的特点和适用范围，结合软件系统的实际需要及对容灾系统的要求，判断选择什么等级的方案。

（1）无异地备份。无异地备份是 0 等级容灾方案，数据仅在本地进行备份，没有在异地备份数据，未制定灾难恢复计划。这种方式是成本最低的灾难恢复解决方案，但不具备真正灾难恢复能力。

在这种容灾方案中，最常用的是备份管理软件加上磁带机，可以是手工加载磁带机或自动加载磁带机。它是所有容灾方案的基础，从个人用户到企业级用户都广泛采用了这种方案。其特点是用户投资较少，技术实现简单。缺点是一旦本地发生毁灭性灾难，将丢失全部的本地备份数据，业务无法恢复。

（2）异地备份。实现异地备份是第 1 级容灾方案，是将关键数据备份到本地磁带介质上，然后送往异地保存，但异地没有可用的备份中心、备份数据处理系统和备份网络通信系统，未制定灾难恢复计划。灾难发生后，使用新的主机，利用异地数据备份介质（磁带）将数据恢复起来。

这种方案成本较低，运用本地备份管理软件，可以在本地发生毁灭性灾难后，将异地备份的数据运送到本地，进行业务恢复。但难以管理，即很难知道什么数据在什么地方，恢复时间长短依赖于何时硬件平台能够被提供和准备好。以前该方案被许多进行关键业务生产的大企业所广泛采用，作为异地容灾的手段。目前，这一等级方案在许多中小网站和中小企业用户中采用较多。对于要求快速进行业务恢复和海量数据恢复的用户，这种方案是不能够被接受的。

（3）热备份站点备份。热备份站点备份是第 2 级容灾方案，是将关键数据进行备份并存放到异地，制定相应灾难恢复计划，具有热备份能力的站点灾难恢复。一旦发生灾难，利用热备份主机系统将数据恢复。它与第 1 级容灾方案的区别在于异地有一个热备份站点，该站点有主机系统，平时利用异地的备份管理软件将运送到异地的数据备份介质（磁带）上的数据备份到主机系统。当灾难发生时可以快速接管应用，恢复生产。

由于有了热备中心，用户投资会增加，相应的管理人员要增加。技术实现简单，利用异地的热备份系统，可以在本地发生毁灭性灾难后，快速进行业务恢复。但这种容灾方案由于备份介质是采用交通运输方式送往异地，异地热备中心保存的数据是上一次备份的数据，可能会有几天甚至几周的数据丢失。这对于关键数据的容灾是不能容忍的。

（4）在线数据恢复。在线数据恢复是第 3 级容灾方案，通过网络将关键数据进行备份并在异地存放，制定相应灾难恢复计划，有备份中心，并配备部分数据处理系统及网络通信系统。该等级方案的特点是用电子数据传输取代交通工具传输备份数据，从而提高了灾难恢复的速度。利用异地的备份管理软件将通过网络传送到异地的数据备份到主机系统。一旦灾难发生，需要的关键数据通过网络可迅速恢复，通过网络切换，关键应用恢复时间可降低到一天或小时级。这一等级方案由于备份站点要保持持续运行，对网络的要求较高，因此成本相应有所增加。

（5）定时数据备份。定时数据备份是第 4 级容灾方案，是在第 3 级容灾方案的基础上，利用备份管理软件自动通过通信网络将部分关键数据定时备份至异地，并制定相应的灾难恢复计划。一旦灾难发生，利用备份中心已有资源及异地备份数据恢复关键业务系统运行。

这一等级方案的特点是备份数据采用自动化的备份管理软件备份到异地，异地热备中心保存的数据是定时备份的数据，根据备份策略的不同，数据的丢失与恢复时间达到天或小时级。由于对备份管理软件设备和网络设备的要求较高，因此投入成本也会增加。但由于该级别备份的特点，业务恢复时间和数据的丢失量仍不能满足关键行业对关键数据容灾的要求。

（6）实时数据备份。实时数据备份是第 5 级容灾方案，在前面几个级别的基础上使用了硬件的镜像技术和软件的数据复制技术，也就是说，可以实现在应用站点与备份站点的数据都被更新。数据在两个站点之间相互镜像，由远程异步提交来同步，因为关键应用使用了双重在线存储，所以在灾难发生时，仅仅很小部分的数据被丢失，恢复的时间被降低到了分钟级或秒级。由于对存储系统和数据复制软件的要求较高，所需成本也大大增加。

这一等级的方案由于既能保证不影响当前交易的进行，又能实时复制交易产生的数据到异地，所以这一层次的方案是目前应用最广泛的一类，正因为如此，许多厂商都有基于自己产品的容灾解决方案。如存储厂商 EMC 等推出的基于智能存储服务器的数据远程拷贝；系统复制软件提供商 VERITAS 等提供的基于系统软件的数据远程复制；数据库厂商 Oracle 和 Sybase 提供的数据库复制方案等。但这些方案有一个不足之处，就是异地的备份数据是处于备用（Standby）备份状态而不是实时可用的数据，灾难发生后需要一定时间来进行业务恢复。更为理想的应该是备份站点不仅仅是一个分离的备份系统，而且还处于活动状态，能够提供生产应用服务，可以提供快速的业务接管，而备份数据则可以双向传输，数据的丢失与恢复时间达到分钟甚至秒级。据了解，目前 Goldengate 公司的全局复制软件能够提供这一功能。

（7）零数据丢失。零数据丢失是第 6 级容灾方案，是灾难恢复中最昂贵的方式，也是速度最快的恢复方式，它是灾难恢复的最高级别，利用专用的存储网络将关键数据同步镜像至备份中心，数据不仅在本地进行确认，而且需要在异地（备份）进行确认。因为数据是镜像地写到两个站点，所以灾难发生时异地容灾系统保留了全部的数据，实现零数据丢失。

这一方案在本地和远程的所有数据被更新的同时，利用双重在线存储和完全的网络切换能力，不仅保证数据的完全一致性，而且存储和网络等环境具备应用的自动切换能力。一旦发生灾难，备份站点不仅有全部的数据，而且应用可以自动接管，实现零数据丢失的备份。通常在连接这两个系统的光纤设备中还提供冗余通道，以备工作通道出现故障时及时接替工作，当然由于对存储系统和存储系统专用网络的要求很高，用户的投资巨大。采取这种容灾方式的用户主要是资金实力较为雄厚的大型企业和电信级企业。但在实际应用过程中，由于完全同步的方式对生产系统的运行效率会产生很大影响，所以适用于生产交易较少或非实时交易的关键数据系统。

6.3.6　软件系统运维的发布管理

发布是指经过测试并导入实际应用环境的新增或改进的配置项的集合。发布管理负责计划与实施 IT 服务的变更，并描述变更的各个方面。

1. 发布管理的目标与类型

发布管理的主要目标是通过正规的实施变更流程及测试确保应用系统的质量。在企业应用中，发布管理多用于文档的发布，有关流程的规范、操作指导方面，有一套审批流程，在得到高层认可之后作为企业的规定实施，是 IT 管理规范化、制度化、透明化的依据，与变更管理紧密联系。

（1）发布管理的目标。发布管理是为变更管理提供支持的，发布管理贯穿变更的整个生命周期，并且发布管理流程的实施应当在变更管理流程的控制下进行。发布管理的目标：确认所有最终软件库中软件正本的拷贝是安全可靠的，负责将经测试无误的软硬件版本发布到目的变更地点，并保证相应的服务级别。

（2）发布管理的类型。发布管理的类型主要包括德尔塔发布（Delta Release）、全发布（Full Release）和包发布（Package Release）三种。德尔塔发布（又称增量发布）是指仅仅对自上次全发布或 Delta 发布以来发布单元中实际发生变化或新增的配置项进行发布。全发布是指同时构建、测试、分发和实施发布单元的所有组成组件。包发布是指将一组软件配置项以包的形式一起导入实际运作环境。

2. 发布管理运作过程中的数据库

发布管理运作过程中涉及的数据库主要有以下三个：

（1）最终软件库（Definitive Software Library，DSL）。最终软件库是一个存放和保管所有已批准的最终版本的软件配置的数据库，它是软件正本存放的物理仓库或逻辑存储空间。这个逻辑存储空间在实际中一般由一个或多个物理软件库或软件存储器组成。它们应当与待开发或待测试的文件存储空间分隔开来。DSL 也可能包括一个用来保管外购软件正本（比如防火墙软件）的物理软件仓库。由于受到变更和发布管理的严格控制，只有那些经过批准认可的软件才会被纳入 DSL 之中。DSL 并不只是为了满足配置管理的需要，更是发布管理和配置管理的共同基础。

（2）最终硬件库（Definitive Hardware Store，DHS）。最终硬件库是为安全存储最终确定的备用硬件而设置的一个区域。有关这些组件及其各自的构件和相关内容的信息必须全面记录于配置管理数据库（CMDB）。这些组件可能被其他系统或恢复重大事故时用到，但当这些临时性组件使用完成后，应将其归回最终硬件库（DHS）。

（3）配置管理数据库（CMDB）。配置管理数据库为发布管理提供信息，并由发布管理更新。

发布管理是与变更管理、配置管理紧密结合的，当新发布引起 IT 基础架构变更时，配置管理数据库也需要进行实时的更新，同时发布的内容也要保存到最终软件库中，其他如硬件规格说明、装配指南和网络配置等都要保存到最终软件库或配置管理数据库中。

3. 发布管理流程

发布管理是为变更管理提供支持的，发布管理贯穿变更的整个生命周期，并且发布管理流程的实施应当在变更管理流程的控制下进行。发布管理可应用于设计开发环境、受控测试环境和实际运作三种环境。发布管理有效保证了应用的可靠性，最终提高终端用户的满意度，发布管理流程的主要活动如图 6.7 所示。

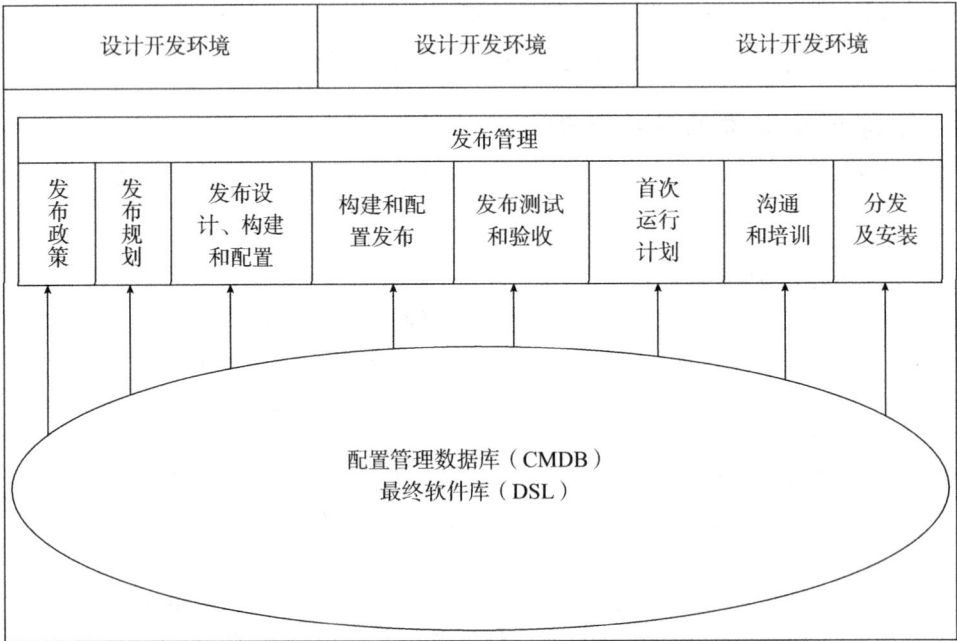

图 6.7　发布管理流程的主要活动图

6.3.7　软件系统运维的版本控制

版本控制是指对软件开发过程中各种程序代码、配置文件及说明文档等文件变更的管理，是软件配置管理的核心思想之一。

1. 版本控制的主要功能

版本控制最主要的功能就是追踪文件的变更。它将什么时候、什么人更改了文件的什么内容等信息忠实地记录了下来。每一次文件的改变，文件的版本号都将增加。除了记录版本变更外，版本控制的另一个重要功能是并行开发。软件开发往往是多人协同作业，版本控制可以有效地解决版本的同步以及不同开发者之间的开发通信问题，提高协同开发的效率。并行开发中最常见的不同版本软件的错误（Bug）修正问题，也可以通过版本控制中分支与合并的方法有效地解决。

具体来说，在每一项开发任务中，都需要首先设定开发基线，确定各个配置项的开发初始版本，在开发过程中，开发人员基于开发基线的版本，开发出所需的目标版本。当发生需求变更时，通过对变更的评估，确定变更的影响范围，对被影响的配置项的版本进行修改，根据变更的性质使配置项的版本树继续延伸或产生新的分支，形成新的目标版本，而对于不受变更影响的配置项则不应产生变动。同时，应能够将变更所产生的对版本的影响进行记录和跟踪。必要时还可以回退到以前的版本。例如，当开发需求或需求变更被取消时，就需要有能力将版本回退到开发基线版本。曾经出现过的季度升级包拆包和重新组包的过程，其实就是将部分配置项的版本回退到开发基线，将对应不同需求的不同分支重新组合归并，形成新的升级包版本。

版本控制是软件配置管理的核心功能。所有置于配置库中的元素都应自动予以版本的标识，并保证版本命名的唯一性。版本在生成过程中，依照设定的使用模型自动分支、演进。除了系统自动记录的版本信息以外，为了配合软件开发流程的各个阶段。还需要定义、收集一些元数据来记录版本的辅助信息和规范开发流程，并为今后对软件过程的度量做好准备。当然如果选用的工具支持，这些辅助数据将能直接统计出过程数据，从而方便软件过程改进活动的进行。对于配置库中的各个基线控制项，应该根据其基线的位置和状态来设置相应的访问权限。一般来说，对于基线版本之前的各个版本都应处于被锁定的状态，如需要对它们进行变更，则应按照变更控制的流程来进行操作。

2. 版本控制的主要内容

版本控制的主要内容包括检入检出控制、分支和合并、历史记录。

（1）检入检出控制。软件开发人员对源文件的修改不能在软件配置管理库中进行，对源文件的修改依赖于基本的文件系统，并在各自的工作空间下进行。为了方便软件开发，需要不同的软件开发人员组织各自的工作空间。一般说来，不同的工作空间由不同的目录表示，而对工作空间的访问，由文件系统提供的文件访问权限加以控制。

访问控制需要管理各个人员存取或修改一个特定软件配置对象的权限。开发人员能够从库中取出对应项目的配置项进行修改，并检入到软件配置库中，对版本进行"升级"；配置管理人员可以确定多余配置项并删除。

同步控制的实质是版本的检入检出控制。检入就是把软件配置项从用户的工作环境存入到软件配置库的过程，检出就是把软件配置项从软件配置库中取出的过程。检入是检出的逆过程。同步控制可用来确保由不同的人并发执行的修改不会产生混乱。

（2）分支和合并。版本分支（以一个已有分支的特定版本为起点，但是独立发展的版本序列）的人工方法就是从主版本——称为主干上拷贝一份，并做标记。在实行了版本控制后，版本的分支也是一份拷贝，这时的拷贝过程和标记动作由版本控制系统完成。版本合并（来自不同分支的两个版本合并为其中一个分支的新版本）有两种途径，一是将版本 A 的内容附加到版本 B 中；另一种是合并版本 A 和版本 B 的内容，形成新的版本 C。

（3）历史记录。版本的历史记录有助于对软件配置项进行审核，有助于追踪问题的来源。历史记录包括版本号、版本修改时间、版本修改者、版本修改描述等最基本的内容，还可以有其他一些辅助性内容，比如版本的文件大小和读写属性。

3. 版本控制流程

版本控制的基本流程如下：

（1）创建配置项。项目成员依据《配置管理计划》，在配置库中创建属于其任务范围内的配置项。此时配置项的状态为"草稿"，其版本号格式为 0.YZ。

（2）修改状态为"草稿"的配置项目。项目成员使用配置管理软件的 Check in/check out 功能，可以自由修改处于"草稿"状态的配置项，版本号格式为 0.YZ。

（3）技术评审或领导审批。如果配置项是技术文档，则需要接受技术评审。如果配置项是"计划"这类文件，则需要项目经理（或上级领导）的审批。若配置项通过了技术评审或领导审批，则转向下一步，否则转回上一步。

（4）正式发布。配置项通过技术评审或领导审批之后，配置项的状态从"草稿"变为"正式发布"，版本号格式为 X.Y。

（5）变更。修改处于"正式发布"状态的配置项，必须按照"变更控制流程"执行。

6.3.8 软件系统建转维的管理

软件系统在完成系统建设后，就需要进入到运维阶段了，这时往往就会有另外一个团队进行系统的维护工作。由于团队的变化，负责维护的团队对系统的熟悉程度将直接影响到整个软件系统的使用效果，甚至决定着软件的成败。

1. 软件项目的建转维

软件项目建转维一般分为两种情况：

① 新建项目建设完毕后，系统运维由信息建设部门移交信息运维部门。

② 原有项目建设的系统，在建设方运维一段时间后，将运维工作移交信息运维部门。

信息管理部门是信息化系统、设备和平台的管理部门，也是软件系统、设备和平台建设及运行维护的归口管理部门，统一组织和协调各类信息化项目的建设、运维以及移交工作。

2. 信息管理部门的主要职责

信息管理部门的主要职责包括：

① 负责项目建设的组织和管理工作。

② 负责项目运维的组织和管理工作。

③ 负责项目建转维的组织和管理工作，包括组织信息建设，运维部门开展待移交文档的提交和审查工作，组织信息建设，运维部门开展待移交系统的核查工作，在项目建转维过程中协调建设、运维部门相互配合开展工作。

3. 信息建设部门的职责

信息建设部门的职责包括：

① 负责组织开展项目的建设工作，包括系统的可研分析、需求调研、设计、开发、测试和实施等工作。

② 作为项目建转维的发起者，负责提交建转维申请，编制建转维计划。

③ 根据信息运维部门的要求，负责编制、收集、整理和完善待移交项目相关的文档资料。

④ 根据信息运维部门的要求，负责整改待移交系统的缺陷，整改和完善待移交项目的遗留问题。

⑤ 在项目建转维过程中，负责督促项目建设厂商对信息运维部门开展项目相关的培训工作，确保信息运维部门的运维团队能够掌握系统运维相关的技能、技术。

⑥ 在信息运维部门正式接手运维前，负责系统的运行维护管理工作。

⑦ 配合信息运维部门开展项目建转维的其他相关工作。

⑧ 在信息运维部门正式接手运维后，应运维部门要求，对运维部门提供运维管理相关的技术支持。

4. 软件项目建转维需移交的资料

建转维的工作将直接影响到软件的收益及成败，运维团队除了满足技术上的要求除外，必须有相关资料作为运维团队的支撑，才能完成运维的重任，在建转维的过程中，需要移交资料清单见表 6.5。

表 6.5 建转维移交资料清单

序　号	文档名称	序　号	文档名称
1	验收报告	8	用户使用手册

序 号	文档名称	序 号	文档名称
2	系统测试报告	9	设备安装配置手册及相关脚本
3	用户使用报告	10	设备日常维护手册
4	项目建设合同、项目运维合同及补充条款	11	设备配套相关软件介质
5	项目实施方案	12	巡检报告、故障处理报告、阶段性服务总结报告
6	项目设备清单、备品备件清单和资产配置表	13	项目关系人列表
7	系统结构图及设备设施图		

6.4 软件运维工具

开发运维是开发和运维的混合体，因为它代表了开发实践方面的文化变化，非开发人员也参与到软件开发过程中。开发人员之外的 IT 专业人员参与到构建应用程序的协作和沟通过程，让产品开发完毕后，使用产品的人有机会参与开发过程，而不是在开发结束后，对应用程序的构建发表意见。

成熟的开发运维环境往往遵循一种常见模式：一种灵活的软件定义平台上的迭代自动化。所以，许多开发运维工具采用了某种迭代动作。成功采用开发运维工具的流程既需要企业的文化变化，又需要实现这种变化的新工具。这意味着，在整个开发生命周期涉及一大批新旧工具，从规划、编码、测试、发布到监控。

本节将对常用的分发部署及版本控制软件进行简单的介绍。

1. 分发部署工具

软件的批量部署与安装可采用相应自动化工具，以实现软件的批量分发部署、内核的简单优化等。运维部署对象主要包括网络、硬件、基础软件、硬件负载均衡、应用软件等。

通过运维部署工具不仅能够提高部署效率，减少人为的部署错误，还能辅助运维人员建立基于软件包、分区、配置、监控、安全性等方面的一致性，提高设施运维的质量。

当前自动化批量安装常用的工具包括 RedHat 提供的 Kickstart Installations 自动安装解决方案、Cobbler 批量安装工具、OpenQRM、SpaceWalk 等，其中以 Kickstart、Cobbler 和 OpenQRM 最为常用，主流的运维部署工具具体说明及指标对比见表 6.6。

表 6.6 主流的运维部署工具

工具名称	性 质	特 点
Kickstart	开源	针对红帽 Linux/Fedora 等发行版的自动化安装方式，让系统在安装过程中从一个 ks.cfg 配置文件中自动获取所有需要配置的参数
Cobbler		为了实现快速网络安装环境的 Linux 安装服务器，可以为数量众多的 Linux 服务自动化执行任务 采用 Python 语言，支持命令行管理、Web 界面管理，还提供 API 接口，可以方便二次开发使用。能实现物理机与虚拟机的并行系统构建，可进行 DHCP 和 DNS 配置
OpenQRM		针对设备的部署、监控等多方面通过可插拔式架构实现自动化的目的，尤其面向云计算／基于虚拟化的业务

2. 版本控制工具

目前，主流的版本控制工具主要有三类，分别为开源集中式、闭源集中式和开源分布式，主流的版本控制工具见表 6.7。

表 6.7 主流的版本控制工具

	工具名称	特　点
开源集中式	VSS	微软的版本控制工具,仅支持Windows操作系统,简单好用,仅适用训队级开发,不能胜任企业级的开发工作;权限划分可到文件夹级,权限管理基于文件共享形式,只能从文件夹共享的权限设定对整个库文件夹的权限;版本管理和分支管理只能靠人为的手工设置,安全性不高
	CVS	典型的免费服务器/客户端软件,支持远程管理,项目组分布开发时一般都采用CVS;安装、配置较复杂,使用比较简单;安全性高,不受限于局域网;可以跨平台,支持并发版本控制,不支持文件改名,只针对文件控制版本,没有针对目录的管理;适用于几个人的小型团队
	SVN	前身是CVS,是以CVS的功能为基础设计的,除包括CVS的多数特点外,还有一些新的功能,如文件目录可以方便地改名,基于数据库的版本库,操作速度提升,权限管理更完善等
闭源集中式	ClearCase	提供全面的配置管理,包括版本控制,工作空间管理,建立管理和过程控制,而且无须软件开发者改变现有的环境、工具和工作方式;易用性差,很难上手使用,培训费用高
	StarTeam	高端工具,在易用性、功能和安全性等方面都很好;权限设置功能强大、方便;不支持并行开发,不能很好解决合并问题;不支持分支的自动合并,需要手动来处理;速度慢,在一定程度上影响开发效率;故障恢复困难,需要有专职的管理员维护;没有中文版本;集成度较高,移植过程复杂,管理负担大,需要完善的备份计划
开源分布式	GIT	免费、开源、分布式的版本控制系统,不需要服务器端软件支持,源代码的发布和交流极其方便;每一个GIT克隆都是一个完整的文件库,含有全部历史记录和修订追踪能力;支持离线工作
	Mercurial	轻量级分布式版本控制系统,简单易学、易于使用,运行快速,具有可扩展性,易于根据用户需求自行定义
	Monotone	免费的分布式版本管理系统,提供简单的文件事务版本存储,可离线操作,高效的点对点同步协议,支持历史版本敏感的合并操作、轻量级分支处理,以及集成代码评测和第二方测试工具。使用加密的版本命令方式和客户端RSA认证,不依赖第三方工具,支持跨平台

软件的运维工具在上文作了简要的介绍,其他相关内容详见第10章"大运维体系的工具系统"。

6.5　云计算服务模式下的软件运维

随着工业 4.0 的兴起,云计算已经从实验阶段转化为具体实施阶段。除了部署相应的软件、硬件和虚拟化资源,还有一个问题摆在面前,就是面向云的运维。如果没有清晰的云运维规划和手段,云将难以高效地运转起来,所以云运维对于云建设者来说是至关重要的一环。

1. 云运维与传统运维的比较

"云是数据中心的新 IT 形态",云与传统数据中心的建设目标是一致的,都是为企业提供 IT 服务。运维人员的职责都是保障 IT 服务的质量,围绕服务等级协议 SLAs 展开各种运维活动。然而在运维技术、管理模式、财务流程、服务分级、业务要求、运维职责划分等方面两者又有所不同。

相对于传统的数据中心,云数据中心的服务特征更加明显,云数据中心将基础设施(IaaS)、平台(PaaS)、软件(SaaS)以服务的形式提供给最终用户,它利用虚拟化、SDN 等技术将网络、计算、存储以及应用等资源池化,通过自动化技术按需为用户分配 IT 资源。因此,在云运维中 IT 请求交付(Request Fulfillment)流程的地位不断突出,也使得云运维显示出明显的运营性质。

云也改变了传统数据中心的财务管理模式和采购模式,传统数据中心原来的采购流程变为了服务审批流程。要申请云数据中心资源,面向云业务的计费系统也应运而生。云计费除了用于真正的收费场景外,更多的时候应用于企业内部,通过内部核算,也就是经济杠杆有效约束 IT 资源需求,形成服务质量和 IT 资源间的平衡,有效提升 IT 资源利用率。

云数据中心对 IT 服务交付速度提出了更高的要求，然而云数据中心的基础结构却比传统数据中心更加复杂，手工交付难以满足云服务交付的速度要求，更容易发生故障，自动化交付就成为云服务交付的必要手段。

在传统数据中心，运维人员需要关注基础设施的维护，而在混合云和公有云应用场景中，应用管理的地位更加突出。运维人员不必关心部署在公有云上的业务所依赖的基础设施，而业务监控的职责也转移给公有云提供商。公有云提供商不但要保障 IT 基础设施本身，还要更加关注承载业务的运行状态。

2. 云数据中心运维简介

在云数据中心维护过程中，云服务请求交付系统、计费组件以及自动化部署组件已经从云运维系统中剥离出来，形成相对独立的运营平台——云平台。云平台提供了服务目录、自助服务台、云服务自动部署，以及一体化的计费和核算功能，因此，云平台对云数据中心的正常运转至关重要。而传统的网络监控、服务器监控、机房监控、业务监控、事态管理、变更管理、问题管理、配置管理对云数据中心而言依然不可或缺。

云平台是云数据中心对外服务和展示的窗口，是云租户对云数据中心的直观体验。云数据中心运维是云服务水平的后台保障，二者就像客机上的空乘和地勤一样，在云数据中心缺一不可。

3. 云运维过程中需要关注的问题

（1）选择开放架构。云虽然已经到达了可实际部署阶段，但是云平台架构、计算虚拟化技术、网络虚拟化技术、云与大数据的配合等技术依然发展迅速。为了保障云运维的持续发展，应该优先选择正在不断演进的开放平台作为基础架构。

（2）CMDB 作用愈加明显。在私有云和混合云应用场景中，高度集中的业务、高度集中的设施、广泛应用的虚拟化技术、众多的云设施和软件供应商、多样的云服务消费者，以上这些因素组合在一起，使云运维的复杂度呈指数级增长。云数据中心的设备信息、应用信息、策略信息、维保信息、组织信息、负责人等各维度的信息交织成复杂的关系网，实际运维时如果能从这张关系网中将所关注的信息抽丝剥茧，将大幅提升云运维的效率。反之如果没有有效手段管理这些关系，云运维可能会变得混乱和无序，运维效率低下，使云服务体验大打折扣。设计合理的 CMDB（配置管理数据库）恰恰是解决这个问题的最佳途径。CMDB 自动同步配置项信息，将割裂的各维度信息关联在一起，帮助云运维人员全面、准确和及时地了解业务相关的组织、资源、环境和服务等不同维度信息，使运维人员快速准确地了解事件影响范围，做出正确的决策。

6.6　软件系统运维的发展趋势

很多组织将开发和系统管理划分成不同的部门。开发部门的驱动力通常是"频繁交付新特性"，而运营部门则更关注 IT 服务的可靠性和 IT 成本投入的效率。两者目标的不匹配，就在开发与运营部门之间造成了鸿沟，从而减慢了 IT 交付业务价值的增长速度。

目前火热的 DevOps 就给这一问题带来了解决方案。DevOps 是一个完整的面向软件系统运维的工作流，以 IT 自动化以及持续集成（CI）、持续部署（CD）为基础，优化程式开发、测试、系统运维等所有环节。

DevOps 一词来自于 Development 和 Operations 的组合，突出软件开发人员和运维人员的沟通合作，将软件开发、运维及质量保证三者互相沟通，协作和集成所采用的流程、方法和体系的集合，再通过自动化流程来使得软件构建、测试、发布更加快捷、频繁和可靠。DevOps 架构如图 6.8 所示。

DevOps 的引入能对产品交付、测试、功能开发和维护（包括曾经罕见但如今已屡见不鲜的"热补丁"）起到意义深远的影响。在缺乏 DevOps 能力的组织中，开发与运营之间存在着信息"鸿沟"，

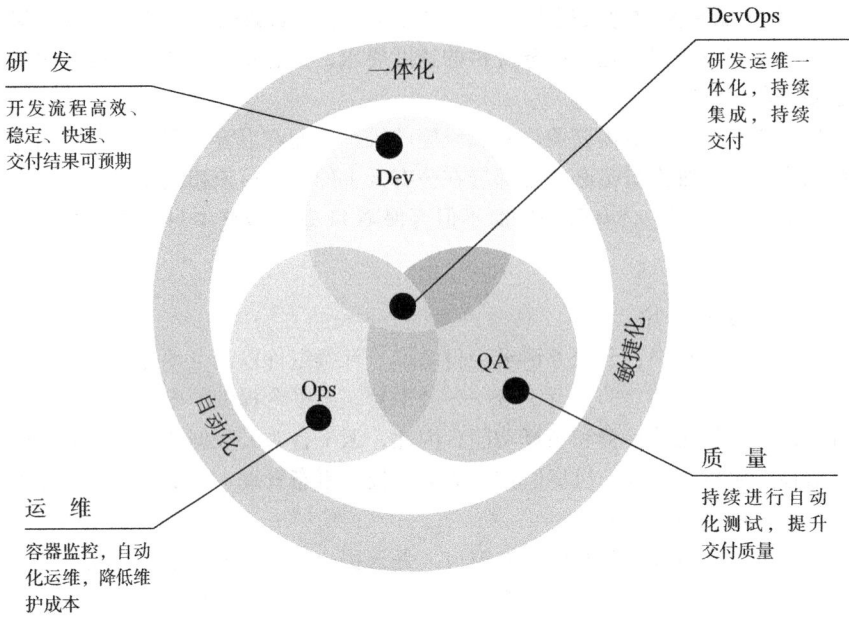

图 6.8　DevOps 架构

例如，运营人员要求更好的可靠性和安全性，开发人员则希望基础设施响应更快，而业务用户的需求则是更快地将更多的特性发布给最终用户使用。这种信息鸿沟就是最常出问题的地方。

1. 促使引入 DevOps 的因素

① 采用敏捷或其他软件开发过程与方法。

② 业务负责人要求加快产品交付的速率。

③ 虚拟化和云计算基础设施（可能来自内部或外部供应商）日益普遍。

④ 数据中心自动化技术和配置管理工具的普及。

⑤ 有一种观点认为，占主导地位的"传统"美式管理风格（"斯隆模型 vs 丰田模型"）会导致"烟囱式自动化"，从而造成开发与运营之间的鸿沟，因此，需要 DevOps 来克服由此引发的问题。

DevOps 经常被描述为"开发团队与运营团队之间更具协作性、更高效的关系"。由于团队间协作关系的改善，整个组织的效率因此得到提升，伴随频繁变化而来的生产环境的风险也能得到降低。

2.DevOps 组织中的应用程序发布

在很多企业中，应用程序发布是一项涉及多个团队、压力很大、风险很高的活动。然而在具备 DevOps 能力的组织中，应用程序发布的风险很低，原因如下：

（1）减少变更范围。与传统的瀑布式开发模型相比，采用敏捷或迭代式开发意味着更频繁的发布、每次发布包含的变化更少。由于部署经常进行，因此，每次部署不会对生产系统造成巨大影响，应用程序会以平滑的速率逐渐生长。

（2）加强发布协调。靠强有力的发布协调人来弥合开发与运营之间的技能鸿沟和沟通鸿沟；采用电子数据表、电话会议、即时消息、企业门户（Wiki、SharePoint）等协作工具来确保所有相关人员理解变更的内容并全力合作。

（3）自动化。强大的部署自动化手段确保部署任务的可重复性，减少部署出错的可能性。

与传统开发方法大规模的、不频繁的发布（通常以"季度"或"年"为单位）相比，敏捷方法大大提升了发布频率（通常以"天"或"周"为单位）。

在云计算、大数据等技术的颠覆性趋势继续在应用经济下发挥作用的同时，DevOps 也已经稳健地在业务思维方式中占有一席之地，并将在未来扮演主要角色。在应用驱动、云连接、移动化的大环境下，DevOps 战略将助力业务增值。

第**7**章 大运维体系的数据资源系统

> 数据资源，人类生存、发展的重要战略性资源。——佚名

今天，我们已经生活在一个无形的数据海洋之中。数据资源系统是大型信息系统的精灵，是大型信息系统生存、发展的重要战略性资源，是大型信息系统管理的对象与结果，是大型信息系统的重要组成部分。它承载着大型信息系统不断增值的重担，它肩挑着使大型信息系统与现有产业深度融合的职责，它托起了大型信息系统推动科技创新加快向高效协同的组织模式发展的责任。在现今数据爆炸式增长的形势下，基于大数据的新业态、新模式不断涌现，对生产、流通、分配、消费活动以及经济运行机制、社会生活方式和政府治理能力产生重要影响，更加凸显出数据资源系统运维管理的关键和紧迫。数据资源系统由数据文件、数据管理系统、存储介质、数据元等构成，类型众多、规模海量、技术复杂，运维保障任务繁重。

大型信息系统必以数据资源系统为重要支撑；数据资源系统必以大运维体系来保驾护航。本章将从介绍大型信息系统的数据资源系统入手，围绕数据资源系统的管理框架，全面阐述数据资源系统运行维护的要点与基本措施。

7.1 数据资源系统运维管理特点与架构

7.1.1 数据资源系统运维管理特点

随着信息技术的高速发展，人类社会积累的数据量急剧增长，我们已然进入了大数据的时代。大数据在为人类社会发展进步带来机遇的同时，也给数据资源系统的运维管理带来了巨大挑战。在这样的时代背景下，大型信息系统中的数据资源体量急速膨胀扩张，大型信息系统同样面临着对海量数据资源进行有效运维管理的迫切需求。大型信息系统的数据资源系统运维管理已不再局限于传统的数据资源系统运维，而是大数据框架下的数据资源系统管理和运维，主要体现在以下几个方面。

1. 数据的多源异构

"多源"是指数据源的多样性。从横向维度来说，数据的来源涉及组织内外的大型信息系统，数据的范围涵盖网上和网下，地域涉及境内和境外，获取方式包括通过技术手段获取的数据和管理类数据等。从纵向维度来说，由于大型信息系统地域分布广泛，数据从组织的基层数据中心向组织的本部数据中心汇聚，本部数据中心也可根据数据的共享范围，按需将数据分发到组织的各个层级的下级数据中心。

"异构"是指来源数据格式和存储结构的差异性。在数据格式上，来源数据涉及结构化、半结构化和非结构化数据，如各类数据集、文本、音频、视频、图片数据等。而在对接的存储系统上，各来源数据可能存在于网络文件系统、分布式文件系统、关系数据库、消息总线等。

2. 数据的规模庞大

大数据的起始计量单位至少是 P（1000 个 T）、E（100 万个 T）或 Z（10 亿个 T）。数据的规模庞大到无法通过目前主流软件工具，在合理时间内完成撷取、管理、处理，并组织成为满足各类用户需求的服务。

3. 数据间关系复杂

大型信息系统由多个业务系统组成，承载的业务繁多，业务流程复杂，其中庞大繁杂的数据通过联姻融合、转换变换、流转流通，又生成新的数据，汇聚成数据的海洋，导致数据间的逻辑关联关系也愈发错综复杂。

4. 数据处理的实效性要求高

既有的技术架构和路线已经无法高效处理如此海量的数据。但对于相关组织来说，巨大投入采集的数据无法得到及时处理并反馈有效信息，这是得不偿失的。可以说，大数据时代对人类的数据驾驭能力提出了新的挑战，也为人们获得更为深刻、全面的洞察能力提供了前所未有的空间与潜力。

5. 数据集中带来的管控风险

（1）数据存储风险。当所有数据资源都集中在一个或两个数据中心时，一旦发生数据丢失或故障，对大型信息系统的有效运行将是致命性的打击。

（2）网络通信风险。数据集中是建立在网络通信技术十分发达的基础上，一旦网络通信环境无法满足海量用户的数据传输要求，将会发生因通讯阻塞导致的大量应用服务失败。

（3）服务峰值冲击风险。在大数据时代下，大型信息系统各类用户的服务需求是不可预知的、突发的和海量的，随时可能面临计算资源处理能力的不足，这对数据集中的计算资源处理能力提出了极高的要求。

（4）遭受攻击与入侵风险。自互联网出现以来，各种各样的黑客一直存在，当数据尤其是海量数据资源集中后，这种有组织的攻击和入侵更容易导致大型信息系统的全面瘫痪。

综合以上情况，传统的数据资源系统运维架构已无法适应大数据时代背景下大型信息系统的数据资源系统的运维管理要求，亟需在大数据框架下重新进行规划设计。

7.1.2 数据资源系统运维管理架构

数据资源系统运维管理包括数据资源系统运行维护的全过程管理活动，是对各种形式数据进行收集、整理、存储、分类、排序、检索、统计、汇总、加工和传输等一系列活动的总称。

从制度的角度来看，主要有日常管理流程和应急管理制度等；从技术的角度来看，主要有数据备份技术、数据恢复技术、数据管理技术、数据利用技术等。

数据资源系统的运维包括建立数据运行与维护各项管理制度，规范运行与维护业务流程，有效开展运行监控与维护、故障诊断与排除、数据备份与恢复、归档与检索等，保障数据资源处于高可用状态，使系统可持续稳定高效地运行。数据资源系统运维管理架构如图7.1所示。

1. 数据资源系统运维的对象

数据资源系统运维的对象主要有数据文件、数据管理系统、存储介质和数据元，具体如下：

（1）数据文件。它是数据资源的物理表现形式，通常以文件的形式存储在存储介质上。数据文件存放着数据库中存储的数据，一个数据文件仅与一个数据库联系，一个数据库的数据文件包含全部数据库数据。

（2）数据管理系统。它是实现数据收集、更新、存储的管理系统，如操作系统、数据库管理系统等。其中，数据库管理系统是数据资源系统运维过程的主要管理对象。

（3）存储介质。它是存储数据的物理载体，包括磁带、磁盘、U盘、光盘等。

（4）数据元。它是数据标准的重要组成部分，是数据资源系统管理的基础工作，具有查询、导入、新增、修改、废弃等功能。

图 7.1 数据资源系统运维管理架构

2. 数据资源系统运维管理内容

1）按工作流程角度划分

从工作流程的角度可将数据资源系统运维工作分为数据接入、数据处理、数据组织、数据服务、数据治理、数据载体管理和数据备份等几个方面，如图 7.2 所示。

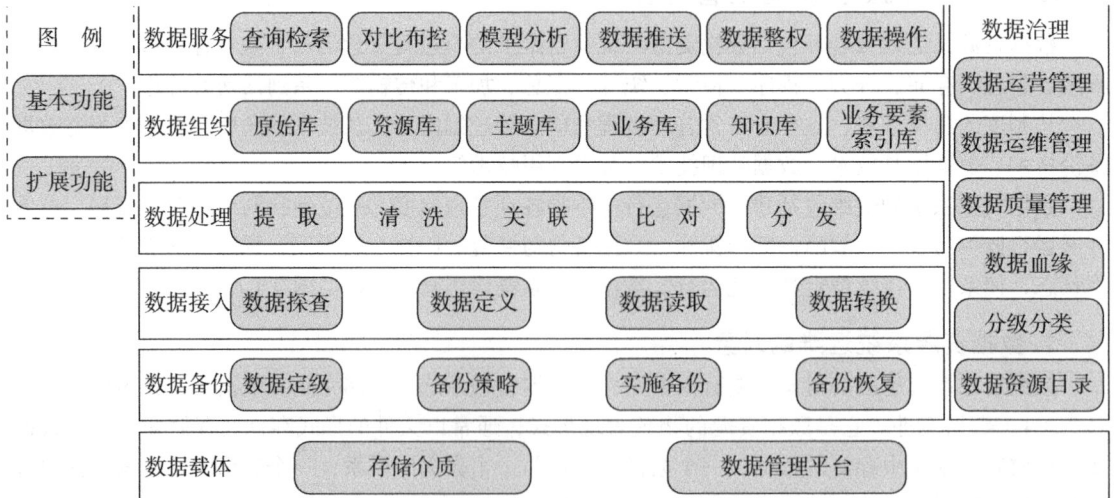

图 7.2 数据资源系统总体框架图

① 数据接入：主要包括数据探查、数据定义、数据读取、数据转换等。

② 数据处理：主要包括数据提取、数据清洗、数据关联、数据比对、数据标识、数据分发等。

③ 数据治理：主要包括数据资源目录、数据分级分类、数据血缘管理模型管理、标签管理、数据质量管理、数据监控管理、数据运营管理等。

④ 数据组织：主要包括原始库、资源库、主题库、知识库、业务库、业务要素索引库等。

⑤ 数据服务：主要包括查询检索服务、布控订阅服务、模型分析服务、数据推送服务、数据

鉴权服务、数据操作服务等。

⑥ 数据备份管理：主要包括数据定级、制定备份策略、开展备份、备份恢复等。

⑦ 数据载体管理：主要包括对数据的存储介质及管理平台的管理等。

2）按工作性质角度划分

从工作性质的角度可将数据资源系统运维内容分为例行操作、响应支持、优化改善、咨询评估四个方面，主要涉及的工作内容如下：

（1）例行操作。例行操作运维是指数据运维人员通过预定的例行服务（如巡检、监控、备份、应急测试、设备保养等），及时获取运维对象状态，发现并处理潜在的故障隐患，保证数据系统的稳定运行，包括设施监控、预防性检查、常规操作、资产与配置维护、数据服务、缺陷管理等。

① 设施监控。设施监控是指通过各类工具和技术，对数据设备的运行状态进行记录和分析，从而及时发现故障，以便进行故障的诊断与恢复。设施监控的内容主要包括数据设备状态、数据运行状况和数据变化情况等。

系统的监控由传输过程监控、实时状态监控、任务队列监控、异常过程监控、系统资源监控、业务量监控等部分组成。

② 预防性检查。预防性检查是在数据系统设施监控的基础上，为保证数据系统设施的持续正常运行，运维部门根据数据设备的监控记录、运行条件和运行状况进行检查及趋势分析，以便及时发现问题并消除和改进。

③ 常规操作。常规操作运维是对信息系统设施进行的日常维护、例行操作，主要包括定期保养、配置备份等，以保证设备的稳定运行。

④ 资产与配置维护。协助对应用系统全生命周期的资产管理，包括配置的管理、统计、操作、记录，满足应用系统运行过程中配置管理的需要。维护内容有以下方面：

·系统配置信息录入和修改。

·配置项及配置信息统计。

·配置过程记录。

·数据库、中间件等系统组件的配置维护技术支持。

⑤ 数据服务。数据处理及日常工作技术支持有以下几个方面：

·授权的系统后台数据处理：包括数据查询、数据抽取校验、数据调试、数据备份、数据恢复；数据导入、导出、数据修正、处理；数据垃圾定期清理。

·提供数据统计分析的技术支持。

·提供数据应用工作的技术支持：包括协助编制系统业务数据应用技术方案，业务数据应用需求分析、问题分析及整改建议。

⑥ 缺陷管理。系统消缺，确保系统性能正常，缺陷管理有以下几个方面：

·定期开展系统缺陷（含安全隐患）分析，制定隐患处理措施，每月不少于1次。

·针对系统缺陷（含安全隐患）、漏洞，定期对系统升级程序补丁。

·系统缺陷（含安全隐患）处理设计、调整、实施、测试工作。

·系统缺陷（含安全隐患）处理。

·技术性文档的完善和更新工作。

·定期出具缺陷分析报告，每年不少于4次。

（2）响应支持：

① 响应技术：

◆应急保障。应急情况发生时能够及时响应，特殊时期应急保障支持需要做到以下方面：

·编制应急处置预案。

· 开展应急演练（每年至少开展 1 次）。

· 按照应急预案及时响应和处置。

· 重大活动、会议、工作检查、突发事件等特殊时期提供 7×24 小时驻场的应急保障支持。

· 协助编制应急处置报告。

◆故障处置。响应服务台的派单，对用户报障/服务请求、系统告警、巡检发现的系统故障进行处理，确保恢复系统应用。具体措施如下：

· 响应服务台的派单。

· 对服务请求、系统告警信息、巡视发现的系统故障进行分析。

· 对用户进行咨询解答、业务指导、操作指导。

· 开展故障定位、原因分析、制定故障解决方案。

· 用户服务请求、告警、故障处理，协调沟通和协助指挥。

· 按维护服务响应要求保证系统恢复。

· 编制故障分析及处置报告。

◆响应支持作业。响应支持作业是运维人员针对服务请求或故障申报而进行的响应性支持服务，包括变更管理、故障管理等。响应支持作业根据响应的前提不同，分为事件驱动响应、服务请求响应和应急响应。

◆事件驱动响应。事件驱动响应是指由于不可预测原因导致服务对象整体或部分功能丧失、性能下降，触发将服务对象恢复到正常状态的服务活动。事件驱动响应的触发条件包括外部事件、系统事件和安全事件三种。外部事件指为信息系统设施运行提供支撑的、协议获得的、不可控的、非自主运维的资源，如互联网、租赁的机房等由服务中断引发的事件；系统事件指运维标的物范围内的、由自主管理和运维的系统资源服务中断引发的事件；安全事件指安全边界破坏、安全措施或安全设施失效造成的安全等级下降和用户利益被非法侵害的事件。

◆服务请求响应。服务请求响应是指由于各类服务请求引发的针对服务对象、服务等级做出调整或修改的响应型服务。此类响应可能涉及服务等级变更、服务范围变更、技术资源变更、服务提供方式变更等。

◆应急响应。应急响应是指组织为预防、监控、处置和管理运维服务应急事件所采取的措施和行为。信息系统设施运维应急事件是指导致或即将导致信息系统设施运行中断、运行质量降低或需要实施重点时段保障的事件。当出现跨越预定的应急响应阈值的重大事件，或由于政府部门发出行政指令对运维对象提出要求时，应当启动应急处理程序。

（3）优化改善。优化改善运维是指运维人员通过提供调优改进，达到提高设备性能或管理能力的目的。优化改善运维包括适应性改进、纠正性改进、改善性改进和预防性改进四种类型。

① 适应性改进。适应性改进是指在已变化或正在变化的环境中可持续运行而实施的改造。

② 纠正性改进。纠正性改进是指在已变化或正在变化的环境中对发生的缺陷或不良的指标而实施的纠正。

③ 改善性改进。改善性改进是指根据信息系统相关设备的运行需求或设计缺陷，采取相应改进措施，以增强安全性、可用性和可靠性。

④ 预防性改进。预防性改进是指监测和纠正系统运行过程中潜在的问题或缺陷，以降低系统风险，满足未来可靠运行的需求。

（4）咨询评估。咨询评估运维指运维人员根据数据资源系统应用服务的整体状况，提供数据资源管理、处理、服务的咨询评估服务，并提出存在或潜在的问题和改进建议。咨询评估作业包括被动性咨询服务、主动性咨询服务。被动性咨询服务是根据需求对服务对象进行现状调研和系统评估，识别服务对象的运行健康状况和弱点，并提出改进建议；主动性咨询服务是根据数据资源系统运维的特点和运行需求，对服务对象的运行状况、运行环境进行分析和系统评估，提出改进或处理的建议和方案。

3. 数据资源运维管理流程

数据是大型信息系统管理的对象与结果，是大型信息系统在运行过程产生的各类初始、缓存、中转或最终的资源。数据资源系统的业务流程是比较复杂的，它一般包括数据接入，数据处理、治理和组织，数据服务三个部分。通过 ETL 数据抽取工具或者部门间共享交换平台将内部数据和外部数据接入，经过数据接入、处理、治理和组织等步骤，生成原始库，再通过数据关联及重组生成相应的资源库、主题库、知识库和业务库，为最终的业务系统服务，如图 7.3 所示。

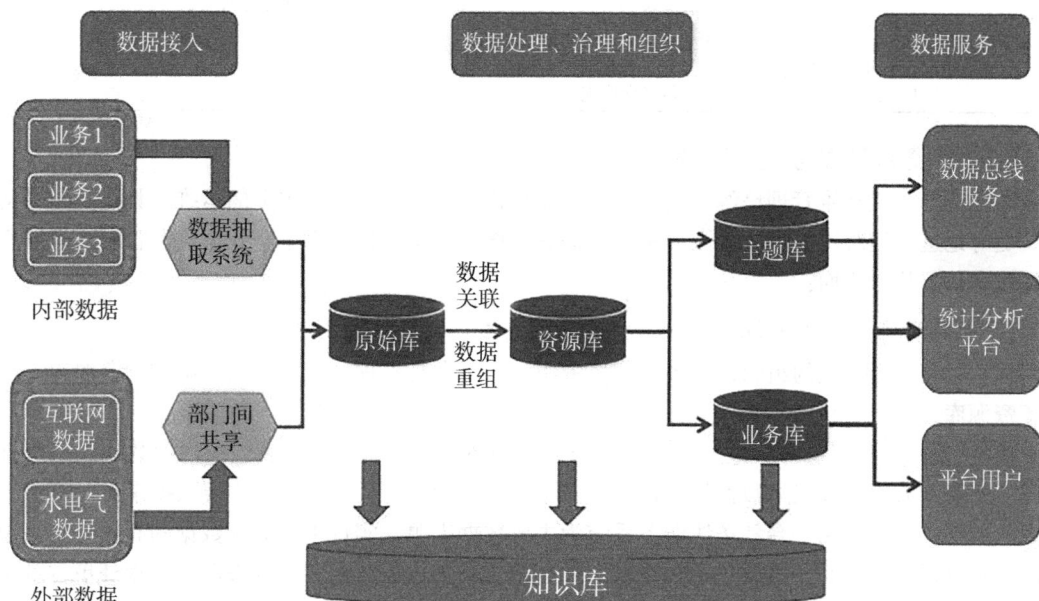

图 7.3　数据资源系统的业务流程

4. 数据资源系统运维人员

数据资源系统运维管理对大型信息系统的正常运行有非常重要的意义，因此，明确数据资源系统运维中各级别运维服务的岗位职责和任职资格要求，定期对运维人员进行绩效考核和培训十分重要。表 7.1 简要地列举了数据资源系统运维的主要岗位及人员要求。

表 7.1　数据资源系统运维岗位人员要求

岗位名称	岗位要求	岗位职责
数据库管理员	① 精通主流数据库设计、管理与优化，熟悉数据库体系结构和工作原理，熟悉 Linux 系统及 Shell 命令和脚本工具 ② 掌握监控、性能调优、备份恢复、故障诊断等技术 ③ 熟练掌握 SQL 语言	① 数据库日常监控、维护、备份和恢复；探查系统潜在的问题和可能的性能瓶颈，并进行优化 ② 对 SQL 语句进行审核，SQL 优化，及时发现并处理高负载 SQL
数据运维工程师	① 深入理解 Linux 系统，运维体系结构，精于容量规划，架构设计，性能优化 ② 掌握至少一门编程语言（Shell/Python 等），熟悉操作系统和网络知识 ③ 具备较高的故障排查能力，有良好的技术敏感度和风险识别能力 ④ 熟练掌握 SQL 语言	① 负责数据平台的运维工作，保证平台的稳定性和可用性 ② 负责数据平台的容量规划、库容、性能优化、服务/应用监控，容量管理，应急响应等 ③ 负责数据运维规范的制定，运维自动化工具与平台的研究和实现 ④ 研究数据相关运维技术，持续优化集群服务架构

岗位名称	岗位要求	岗位职责
备份工程师	① 2 年以上工作经验 ② 熟悉 Windows/Linux 客户机及服务器、熟悉虚拟化 ③ 拥有备份、归档或高可用、容灾类别项目实施经验 ④ 拥有主流数据备份厂商认证证书优先	① 在信息安全防护领域，分析客户需求、制定解决方案 ② 基于客户现状，进行解决方案的详细设计和部署
数据治理顾问	① 熟悉并掌握数据标准、数据质量、元数据管理等基本概念及实施方法论 ② 优秀的调研访谈、规划设计、方案展示、推动执行能力 ③ 工作积极主动、换位思考、团队合作、有责任心，优秀的书面与口头沟通能力 ④ 具备实际数据管控项目实操经验 ⑤ 在数据架构、数据模型、数据标准、数据质量、元数据、主数据、数据标准、数据治理、数据管控方面有一定的项目经验，团队骨干和项目经理优先	① 负责数据标准调研、客户访谈及梳理 ② 数据标准定义 ③ 数据标准评估等咨询

5. 数据资源管理与运维系统

数据资源系统运维管理已经走向规范化、流程化、智能化。依靠更多的运维工具能够帮助运维人员更好地进行运维工作，减少人力资源，提高工作效率，降低故障率。数据资源管理与运维系统主要包含以下几个方面：

1）数据资源管理子系统

根据数据资源系统的组织，将各类信息资源汇集整合与管理，主要包括基础数据资源库、应用服务资源库、元数据管理、数据资源目录管理、数据资源管理工具等。

（1）基础数据资源库。通过抽取整合组织内外各类数据资源，建设组织内部数据、组织外部数据、互联网数据、多媒体数据等实体化基础资源库，形成综合资源库的主要数据来源。其中，组织内部数据以综合应用平台和条线业务系统为主要数据来源，实现不同业务数据的有效整合；组织外部数据以通过部门间共享服务平台获取的社会单位采集数据为主要数据来源，实现外单位各类数据的规范化清洗和转换；互联网数据基础资源库以微博、微信和各类社交媒体、论坛等为主要数据来源，实现各类社交信息和组织业务信息的有效整合；多媒体数据基础资源库以组织自行获取或互联网公众发布的与组织业务相关的照片、视频、音频等为主要数据来源，实现各类多媒体数据特征信息的规范化描述。

在建设基础数据资源库时，要根据源数据库的数据结构和存储方式确定数据同步方式，确保基础数据资源库数据准确、鲜活。

（2）应用服务资源库。在完成基础数据资源库建设的基础上，通过二次抽取、索引化整合、逻辑关联等方式，建设形成专题应用资源库。一是实现基础数据资源的关联融合，在明确基本要素的前提下，对不同来源、不同类型的基础数据，按要素提取关键字段，建立要素内的关联关系；二是实现专题应用数据的整合建库，按照业务应用具体需要，在基础数据无法直接支撑保障专题应用开展的情况下，基于专题应用业务模型，通过二次抽取整合的方法建立专题应用资源库，满足业务应用需要；三是实现全文检索的索引建库，按照全文检索的要求，从基础数据中抽取部分关键字段或全部数据，建立全文数据库，满足一键式搜索和二次检索过滤等应用需要。

（3）元数据管理：

① 数据标准管理。汇集整理信息资源管理所需的标准规范信息。数据项规范从文档形式变为数据库表形式。标准信息可以利用部标准管理系统的接口同步。

② 信息代码管理。汇集整理资源库所需的信息代码。包括国标、行业标准和本省定义的标准代码信息，对应用系统自定义的代码进行采集、维护。

（4）数据资源目录管理：

① 数据资源注册。各类数据源及数据资源统一注册管理，包括关系型数据库、全文库、列存数据库等。统一注册各种类型的数据资源，包括结构化、非结构化数据库的数据对象。数据对象注册信息包括基本信息、访问密级、业务分类、更新频率、数据关联关系、数据项的引用标准、代码、日期格式、访问密级等。通过规范化的资源注册采集丰富的元数据信息，包括技术元数据、业务元数据、管理元数据等，避免元数据的重复采集及元数据的不一致问题，可以为上层查询分析应用提供元数据支持。

② 数据目录发布。按照《信息资源分类标准》和《资源目录元数据标准》等数据资源目录描述规范，对信息资源名称、信息资源摘要、信息资源提供方、信息资源分类、信息资源共享属性、信息资源公开属性、信息资源标识符、元数据标识符、数据项描述等元数据信息进行明确，建立数据资源目录并发布。

（5）数据资源管理工具。主要包括数据质量检测、数据资源状态监测等工具。

① 数据质量检测。开发专用的数据质量检测配置工具，自定义配置数据采集、应用等不同流程的数据质量监控模型，从技术监测和业务逻辑校验出发，实现数据源头采集和传输，以及应用全流程的规范性、一致性、准确性检查，实现基于不同来源数据的逻辑校验和监测管理，为进一步规范源头数据采集、规范业务流程应用提供服务支撑。

② 数据资源状态监测。对数据资源的数据量、增量、相关索引、触发器的有效性、数据存储空间的状态进行监测，包括数据库运行状态监测、双向数据服务接口状态监测、数据交换任务状态监测、数据质量检测任务状态监测等，实现数据资源流转和应用全流程的实时监控，实现监测结果的定期发布，实现异常状态的实时提醒。

2）服务资源管理子系统

以资源服务总线为核心，通过挂接本地服务接口、其他应用系统专用接口和外单位共享服务接口，为应用系统提供丰富的资源服务，分为资源服务总线、服务接口、接口配置功能和运行监控系统四个部分。资源服务总线负责服务资源的注册发布、授权管理、访问控制、路由调度和日志审计；服务接口实现具体的请求处理；接口配置功能支持用户定制各类通用服务接口；运行监控系统对资源服务总线和服务接口的运行状态进行整体监控。

（1）资源服务总线。服务总线是实现信息资源服务共享交互的传输通道，是实现服务资源统一访问调度的支撑系统。服务总线主要包括服务资源注册发布、授权管理、访问控制、路由调度和日志审计。

① 服务资源注册发布。实现接入应用、服务接口等资源注册信息的规范化描述，为服务资源的运维管理和基于服务资源的应用开发提供基础条件。

② 授权管理。实现服务提供方对服务请求方、用户群组和具体用户三个层级的授权管理。在授权规则上可以基于授权对象的岗位、地域等进行授权，也可以具体指定应用或用户。

③ 访问控制。对服务请求方（应用系统）和授权用户进行身份合法性检查和访问范围检查，通过检查的请求提交路由控制进行访问调度，否则拒绝请求。

④ 路由调度。路由调度有两种模式：一种是代理访问模式，就是将服务请求发往服务提供方所挂接的资源服务总线，由资源服务总线代理访问服务，并返回结果；另一种是直接访问模式，就是资源服务总线根据服务请求方权限信息向每次服务请求授予动态授权码，并将服务请求重新定向到服务提供方接口，服务提供方检查授权码，通过后直接向服务请求方提供服务。

⑤ 日志审计。对服务资源的注册、授权和访问三类行为进行日志审计信息采集。

（2）服务接口。服务接口分为数据服务接口和应用服务接口两类。数据服务接口包括基于本地数据资源进行规范化封装生成的通用型的数据服务接口和外单位共享的异地数据服务接口；应用服务接口包括基于特定资源或业务需求的应用接口，包括其他系统开放的应用接口。

① 本地数据服务接口。基于基础数据资源库和应用服务专题库开展建设，主要包括数据查询、数据比对、信息布控、数据下载、数据操作等接口，主要通过接口配置功能实现。

·数据查询接口。数据查询接口支持对结构化和非结构化等各种类型数据的查询接口封装，也支持对已有数据查询接口进行二次封装形成新的数据查询接口。数据查询接口包括精确查询、模糊查询、分类查询、组合查询、全文检索等多种查询接口。支持对查询结果的二次检索，支持异步的批量数据查询。

支持以服务接口的方式向各业务部门提供所掌握的所有信息资源的要素查询、业务查询、关联查询等功能，各业务部门可在自身业务系统中实现对该服务接口的直接调用，丰富业务系统数据。

支持全文检索方式或 NoSQL 数据库大表数据查询方式；支持查询服务接口的挂接应用；支持结构化与非结构化查询结果的集成展示；支持分类检索、二次检索，能够逐步缩小检索范围，获取更有价值的检索结果。

·数据比对接口。数据比对接口主要在结构化数据上提供可定制的比对服务接口封装，包括全量数据比对、增量数据比对等比对方式，提供比对时间和比对频次的定义功能。在全量比对接口设计上，支持源数据库为百万级、目标数据库为十亿级，且比对时间为 12 小时内；在增量比对接口设计上，支持准实时比对（分钟级），支持日增数据千万级，同时也支持比对任务并行运行。

·信息布控接口。信息布控接口主要包括布控接口和布控结果接收接口，用于实现信息布控服务。布控服务是指执行一定区域范围内、针对一种或多种动态实名业务活动的信息布控业务，对外提供布控信息提交、撤控、续控、布控信息查询、布控比对状态查询和布控结果查询功能；而布控结果接收接口则提供接收布控反馈消息功能。

·数据下载接口。数据下载接口主要实现结构化数据的批量下载，支持大数据量定期打包、小数据量实时打包，通过数据下载接口可实现全量数据下载和增量数据下载，支持数据定制和增量数据定时推送功能。

·数据操作接口。数据操作接口主要包括新增、修改、删除等互操作服务，在给予对方授权后，对方可基于该接口实现对本地数据库的写入、修改、删除等操作。该接口应当加强安全控制，除利用身份认证技术实现对使用人员进行授权控制外，还应当至少实现对 IP、MAC 等服务器地址的绑定。接口支持对单次、固定时间周期等条件下的操作数据量控制。

② 外接应用服务接口。外接应用服务接口是指用于接入其他应用的服务接口。

③ 数据交换服务接口。依托数据交换平台（FMQ）提供的大数据包异地传输功能封装实现，在原交换体系基础上建立一套更加方便应用的数据交换地址描述方式和调用接口，并注册发布到资源服务总线上。

（3）通用数据服务接口配置功能。基于本地数据由用户自定义数据服务接口规约并通过接口实现，支持查询、比对、布控、下载的服务接口配置生成；支持基于符合 SQL 标准的结构化数据库进行接口配置，可扩展全文数据库、NoSQL 数据库的服务接口配置，通过配置生成的服务接口的描述信息可自动同步到资源总线。服务接口可以集成硬件技术进行性能优化。

（4）服务监控系统。实现对资源服务总线、服务接口、数据库等相关资源的运行状态监控、性能监控、负载监控以及异常自动告警。基于监控日志开展运行状态分析，深入了解信息资源服务平台整体运行情况，提高信息资源服务保障能力。

3）运行服务管理子系统

用于实时监控平台所有硬件设备、数据库、应用系统等软硬件资源的运行状态和资源利用情况，及时发现故障并报警反馈；实时监控数据库对象、数据服务接口、交换任务执行、质量检测任务执行等情况，实现数据资源流转应用的全流程监控，实现监控结果的定期发布，异常状态的实时提醒；对监控采集的历史信息进行多维度统计分析，发现潜在隐患，及时解决问题；建立故障管理模块，在处理故障的同时，对于平台运行过程中发生的各类故障，详细记录故障现象、故障原因、处理方法及发生时间等相关信息，逐步形成平台运行维护管理信息库和知识库，为平台维护提供经验和技术支撑。

7.2 大型信息系统的数据接入

大型信息系统的数据接入有数据量大、数据种类多、数据类型不统一等特点，为了开展之后的数据处理、治理、组织等工作，为大型信息系统提供数据服务，还需进行数据探查、数据定义、数据读取和数据转换，对数据属性、数据实体和数据事务关联关系等进行勘探，最终汇集接入才可开展下一步的数据处理工作，具体流程如图 7.4 所示。

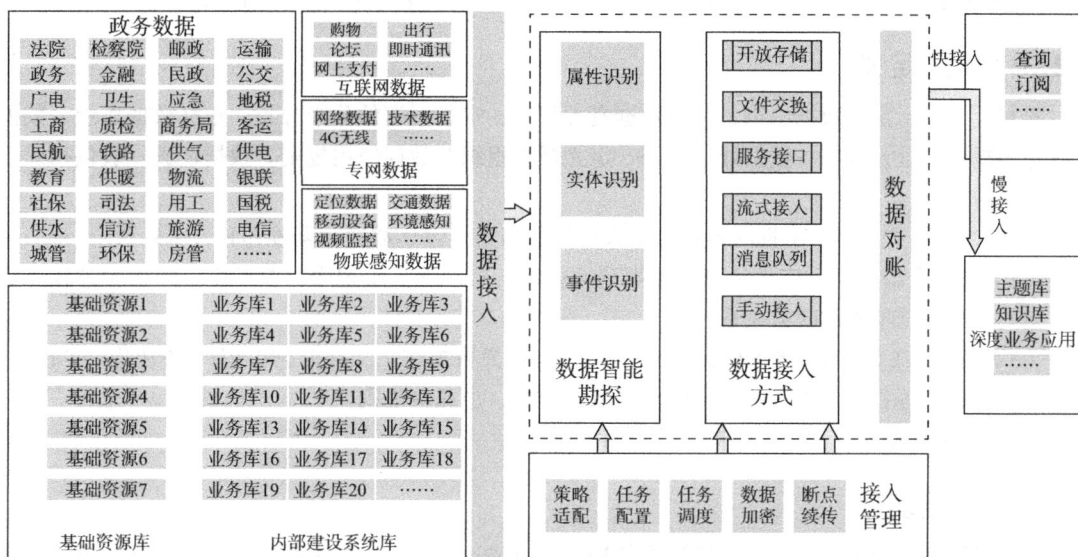

图 7.4 大型信息系统的数据接入具体流程图

7.2.1 数据接入的特点

大型信息系统的数据来源多样，来源数据格式和存储结构存在差异，因此，大型信息系统的数据接入方式是多样的。为广泛适应多源异构数据的接入，需要按照标准化模块的方式，建立可适配的多源异构数据资源接入模式，为大型信息系统的各类数据抽取汇聚提供接口通道。该通道能够支持对各种数据源的适配采集管理，支持关系型数据库、网络和分布式文件系统、MPP 数据库、消息总线、组织安全边界接入等多种数据采集方式，支持通过 RFID、各种传感器、二维码等自动采集感知技术采集的物联网设备动态信息，支持被动接受和主动拉取两种数据获取方式，支持流式、全量、增量等多种数据接入方式，并提供多通道数据传输功能。

7.2.2 数据探查

数据探查指对来源数据的业务含义、数据结构、字段格式、取值范围、统计分布、数据质量等方面进行多种维度的探查，以达到认识数据的目的，为数据定义提供依据。数据探查的主要操作包括字段探查、数据集探查、问题数据探查几个方面。

（1）字段探查。针对具体字段的数据内容进行探查，识别其代表的业务含义和数据统计情况。

主要包括以下内容：

① 空值率探查：一方面可以重点关注空值率较高的字段，另一方面可以通过与历史空值率进行比对，及时发现数据质量的动态变化。

② 值域及分布探查：对字段的值域范围以及分布情况进行探查。

③ 命名实体探查：根据数据内容识别人名、地名、机构名、手机号等命名实体，帮助理解字段语义。

④ 数据元素探查：根据字段名字及内容，探查字段的确切语义，并尝试向标准的数据元素进行映射。

⑤ 类型及格式探查：探查字段的类型及格式是否合理。

（2）数据集探查。针对来源数据集表名、引用数据元素的情况，探查数据集是否为标准数据集，探查数据更新频度、数据量、增量情况等。

（3）问题数据探查。探查字段中不合理的信息，给后续数据清洗规则的制定提供依据。

7.2.3 数据定义

数据定义是指定义数据组织，注册数据资源目录，定义数据的分级分类，定义数据血缘、数据质量检测规则、统计策略、数据处理规则，定义数据组织及数据使用规则。数据定义一般包括以下四种常见的操作：

（1）数据格式定义。根据内容探查结果进行数据集推荐、数据元素推荐和人工确认。

（2）数据血缘定义。定义从来源数据到原始库、资源库、主题库、业务库、知识库等各层数据资源间以及数据项间的映射关系。

（3）数据ETL（抽取、转换和加载）规则定义。定义数据在来源数据、原始库、资源库、主题库、业务库、知识库等各层数据资源间流转的提取、转换、加载等规则。

（4）索引策略制定。制定数据项的索引策略。

7.2.4 数据读取

从源系统抽取数据或从指定位置读取数据，用自描述文件检查数据是否与数据定义一致，一致的送到数据转换，不一致的停止接入，并重新进行数据的探查和定义，同时能够完成与数据提供方的数据对账（如数据的完整性、实时性、正确性检验等）。

7.2.5 数据转换

数据转换是指在接入阶段对各种异构数据进行相对简单的解密、解压，生成作用于数据全生命周期的记录ID，并将数据转换成符合数据处理要求的格式。数据转换的内容主要包括解压、解密、记录ID生成、账单生成及其他转换等方面。

（1）解压。支持对用常见压缩算法压缩的数据的解压，支持的格式包括GZIP、LZ4、RAR、ZIP等压缩格式。

（2）解密。通过国家密码管理局监测认证的硬件密码机对加密数据进行解密，支持对称加密算法、非对称加密算法，支持特殊加密算法的插件式开发。

（3）记录ID生成。生成作用于数据全生命周期、全局唯一的主记录ID和附件记录ID（如果存在附件），并建立主记录和附件记录的关联。

（4）账单生成。生成用于数据处理对账的主记录清单和附件记录清单，在分发环节核账。

（5）其他转换。将数据转换成符合数据处理要求的格式，如字符集的转换等。

7.3 大型信息系统的数据处理

数据处理是按照接入阶段的数据定义，对杂乱的数据进行处理，提升价值密度，为数据智能应用实现数据增值、数据准备、数据抽象，如图7.5所示。

大型信息系统的数据具有普遍的大数据特点：规模巨大、类型多样、高速流转、复杂多变、质量参差不齐、价值密度高低不一。数据处理是指基于数据的特性，以数据应用为导向，逐步对数据进行萃取，提炼数据价值，并形成对上层提供数据服务的能力。数据处理主要包含数据提取、数据清洗、数据关联、数据比对、数据标识、数据分发等环节。

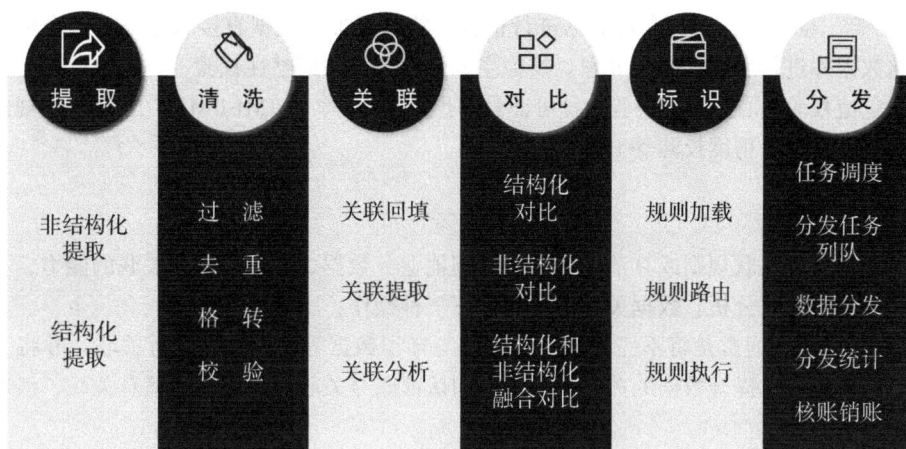

提取	清洗	关联	对比	标识	分发
非结构化提取	过滤 去重 格转 校验	关联回填 关联提取 关联分析	结构化对比 非结构化对比 结构化和非结构化融合对比	规则加载 规则路由 规则执行	任务调度 分发任务列队 数据分发 分发统计 核账销账
结构化提取					

图 7.5 大型信息系统的数据处理步骤

7.3.1 数据提取

数据提取是根据数据定义，从源格式数据中提取目的格式数据。根据数据种类的不同，数据提取可分为非结构化提取和结构化提取。

（1）非结构化提取。非结构化数据包括办公文档、各类报表、网页、文本、图像、音频和视频等，这些数据需要进行结构化提取才便于进行进一步的计算和使用。主要的提取技术有基于语义分析的全文结构化提取、音频提取、机器视觉提取等。可提取的信息包括从图片、语音、视频等多媒体数据中提取的数字、文字、图标等实体信息，以及场景、分类等标签类信息；从文本数据中提取的姓名、身份证号码、手机号、邮箱、人员编号等实体及其相互关系、事件等信息，以及情感、类别等标签类信息。

（2）结构化提取。结构化提取的来源和目的数据格式均为结构化，主要目的是根据数据组织或业务需要进行数据的转换及整合，获得按照目的数据格式组织的数据。结构化提取首先获得结构化提取策略或规则并进行解析，得到从来源数据集／字段到目的数据集／字段的映射关系、运算规则等，然后按照规则实施结构化提取。

7.3.2 数据清洗

由于数据质量参差不齐，格式多种多样，标准口径不一，无法直接以统一的方式进行使用，因此需要进行数据清洗。数据清洗是实现数据标准化的主要处理环节，需要根据清洗知识库对数据进行过滤、去重、格转、校验等操作，将数据转化为满足标准及质量要求的数据。数据清洗主要有以下四种操作：

（1）过滤。通过对信息进行辨别和分离，实现冗余信息及垃圾信息的滤除。主要实现技术有基于数据标准和过滤规则,对不合标准及规则的数据进行过滤;或基于样本分析和内容过滤,对垃圾信息进行辨别和分离。被识别为冗余或垃圾信息的数据可以直接滤除,或标识后照常处理,并交由后端模块判断如何进一步处理。

(2)去重。根据不同场景数据重复的不同判别规则和合并、清除策略,对判定为重复的数据进行合并或清除处理。

(3)格转。根据数据标准把非标准数据转换成统一的标准格式进行输出。针对不同来源的同类数据按照统一规则进行转换,如数据字典、地址门牌、手机号、IP 地址、时间、经纬度等属性的标准格式转换。

(4)校验。根据校验知识库对数据进行检验,符合标准的数据直接入库,不符合标准的数据可进入问题数据库进行后续的分析处理。校验主要包括数据的完整性校验、一致性校验等。常用的校验规则有空值校验、取值范围校验、身份证号 / 手机号 / 车牌号 /IMEI/MAC/IP 地址等规则校验、数值校验、长度校验、精度校验等。

7.3.3 数据关联

数据关联指按照关联规则或算法,将数据和其他业务数据、数据模型相关联的能力,支持关联回填、关联提取、关联分析。数据关联主要有以下三种操作:

(1)关联回填。通常是将不完备的日志数据与知识数据等根据场景进行关联,并将关联的要素等信息回填到日志,提升数据的关联及价值。如认证账号关联、手机注册信息关联、活动场所关联等。

(2)关联提取。根据提取规则,对各类原始数据资源中涉及的关键要素的时空关系及关联进行提取。

(3)关联分析。通过模型分析(如语义分析、行为模式分析及关联计算等),挖掘要素间的深层次关联。

7.3.4 数据比对

在数据处理过程中,比对通常用于搜索与查询,是指按照规则将输入的查询数据与处理的数据进行相同比较或相似度计算,并支持按要求将匹配中标的数据返回。

根据数据类型分,比对包括以下三种方式:

(1)结构化比对。通过将搜索的关键词与指定字段的取值进行比对,在海量日志中实时发现线索相关信息。支持完全匹配、模糊匹配、范围匹配、正则匹配等。

(2)非结构化比对。通过将搜索的关键词与非结构化数据比对,在海量非结构化数据中实时发现线索相关信息。支持关键词比对、文本相似度比对、二进制比对、多媒体信息比对、生物特征比对等。

(3)结构化和非结构化融合比对。规则中同时支持对结构化和非结构化信息的比对,实时发现海量数据中的线索相关信息。

7.3.5 数据标识

数据标识基于知识库,利用标签引擎对数据进行比对分析、模型计算,并对其打上标签,为上层应用提供支撑。

标签一般分为通用标签和业务标签,通用标签是数据自身所蕴含特性的显性化,通常由数据自身属性或由处理的关联比对结果来确定,如敏感级别、语言、区域等;业务标签是根据业务知识库对数据标注的具有明确业务含义的标签,如资产系统、OA 系统等。

数据标识主要内容包括以下三种操作：

（1）规则加载。对标签规则进行解析、编译，生成具体执行平台能够识别的执行任务。

（2）规则路由。根据打标类型、数据分布、系统可用资源等，智能选择合适的执行平台。

（3）规则执行。根据规则生成的可执行任务使用对应的执行平台进行执行。

7.3.6 数据分发

数据分发模块负责提供分发的统一配置、管理、执行、监控。在数据处理模块完成数据的提取、清洗、关联、比对、标识之后，根据不同数据的使用场景，按照分发策略将处理过程产生的关联、关系、标签，以及原始数据本身的信息，按照数据定义的要求进行同步或异步的相关处理，并将结果数据对应分发到原始库、资源库、主题库、业务库、知识库。

数据分发的主要内容有：

（1）任务调度。通过统一接收接口接收数据分发任务，并将任务列入分发任务队列。支持数据分发任务配置，包括分发任务注册、报文模板配置和下端模块注册。

（2）分发任务队列。分发任务队列包括任务信息、任务执行情况及结果情况。

（3）数据分发。数据分发是指根据任务注册信息获取数据，按照模板组装数据，并向指定下端模块发送组装后的数据报文。

（4）分发统计。分发统计可以统计数据分发及处理情况。

（5）核账、销账。根据接入环节生成的账单，逐一记录核账，以及完整账单的销账。

具体的数据处理过程如图 7.6 所示。

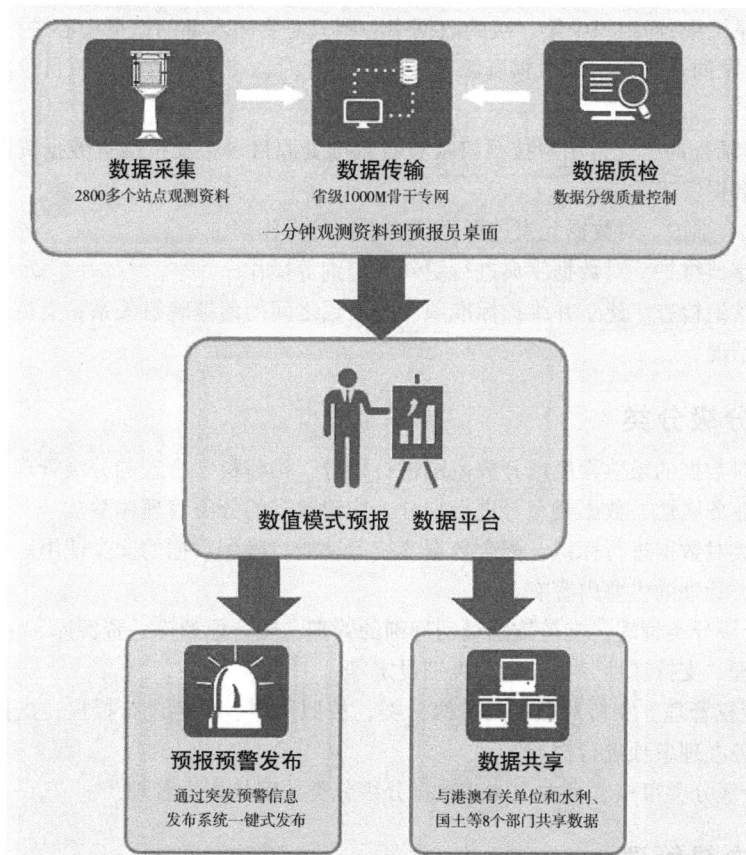

图 7.6 某行业数据处理过程

7.4 大型信息系统的数据治理

从宏观层面上讲，数据治理指的是以数据资产管理为核心，在数据管理和使用层面上的规划、监督和控制，其范畴涵盖数据资产、数据标准、数据质量、数据安全、元数据、数据生命周期等管理的相关政策、组织、流程和工具。

通过规范化的数据治理保证数据资源的透明、可管、可控，完善数据标准的落地，形成完整的数据资源目录，规范数据处理流程，提升数据质量，保障数据的安全使用，促进数据流通与价值提炼。

7.4.1 数据资源目录

为了厘清数据资产，解决数据资源"有什么"、"在哪里"、"怎么用"的问题，通过梳理大型信息系统的各类数据源、数据处理各环节的数据资源，形成标准、规范、统一的数据资源目录，结合用户分级分类访问权限管理，促进大型信息系统的数据资源科学、有序、安全地开放和共享。

数据资源目录管理的主要内容有：

（1）资源目录注册。由资源所属组织在本地数据平台的数据资源目录管理模块中填写数据资源目录信息，审核、审批通过后完成注册。支持资源分级分类配置，支持批量模板导入。

（2）资源目录更新。当数据资源发生变化时，对注册过的资源目录进行更新。

（3）资源停用。当数据资源暂时失效时，停用相关数据资源目录。

（4）资源注销。当数据资源彻底失效时，注销相关数据资源目录。

（5）资源重新启用。当数据资源恢复使用时，重新启用相关数据资源目录。

（6）资源目录汇聚。本地数据资源目录发生变化时，下层级的系统需向上级和本部级的数据中心进行资源目录汇聚，而组织中第二级的数据中心则只需要向本部的数据中心进行资源目录汇聚。

（7）资源目录同步。当本部数据资源目录发生变化时，将本部数据资源目录向各层级的数据中心同步。

（8）资源目录查询。支持用户按照权限查看数据资源目录，支持根据数据资源目录的相关属性和数据项进行数据资源的查询。

（9）数据元素维护。对数据元素进行更新、查询等操作。

（10）数据字典维护。对数据字典进行更新、查询等操作。

（11）标准落地检查。建立并维护标准项与元数据之间的落地映射关系，支持通过查询的方式检查标准的落地情况。

7.4.2 数据分级分类

数据分级针对数据的敏感程度或开放范围进行划分，构建科学合理的分级管理体系。数据分类针对数据来源、业务属性、数据类型等进行划分，构建数据的分类管理体系。

利用分级分类对数据进行标识，配合数据鉴权等功能，确保数据的安全使用。

数据分级分类管理的主要内容有：

（1）数据分级分类管理。支持敏感级别规则的管理；支持原始库、资源库、主题库、知识库、业务库等分类管理；支持属性分类设定、级别设定等。

（2）数据授权管理。支持对数据的分级分类，按照用户、角色进行授权；支持按照业务流程中的角色或者业务办理事项进行授权。

（3）数据分级分类审核、审批。支持数据分级分类的审核审批管理。

7.4.3 数据血缘管理

数据血缘是指在数据产生、加工融合、流转流通到最终消亡等过程中形成的关联关系集合，能清晰地反映数据从源头到过程以及服务间的转换关系，支持对接入、提取、清洗、关联、比对、标识、存储、计算等过程信息的描述和管理。

通过完善的数据血缘管理，建设大型信息系统数据平台数据地图，提供数据溯源、数据变更影响分析等能力。数据血缘管理的主要内容有：

（1）血缘建立。描述记录血缘信息的规则，包括元数据、数据记录、数据属性的血缘信息描述和管理。

（2）血缘分析。对数据资源进行数据流向分析、溯源和变更影响分析，并提供元数据关系的图形化展现。

（3）血缘查询。支持按照数据类别、数据项进行数据血缘的接口查询。

7.4.4　数据模型管理

数据模型管理是对所有模型以及模型的构建、验证、发布等功能的统一管理。数据模型管理的主要内容有：

（1）训练数据管理。支持对文本、图像、音视频等各类模型训练数据的离线提取、清洗、打标等处理，支持资源描述和管理、特征工程以及数据集版本管理。

（2）可视化模型构建及调优。可视化构建新的模型或对已有模型调优，支持模型内部流程编排、模型数据组织、模型训练。

（3）模型评价。建立对模型的评价指标和方法，提供反馈接口，并触发迭代优化训练。

（4）算法管理。对基础算法库的管理，包括决策树、随机森林、逻辑回归、SVM、朴素贝叶斯、K紧邻算法、K均值算法、神经网络、隐马尔科夫模型等。

（5）模型管理。对预置的通用模型（如自然语言处理、多媒体信息处理等各类模型）以及新构建的模型进行管理。

（6）模型发布。对训练好的模型进行统一注册。

7.4.5　数据标签管理

数据的标签管理可提供标签的全生命周期管理，以及标签模型（规则）的定义和管理。数据标签管理的主要内容有：

（1）标签管理。对标签进行管理，主要包括标签的注册、修改、删除、查询、导入、导出，以及标签类目管理。

（2）标签生命周期管理。包括标签启用、停用、老化规则管理。

（3）标签模型管理。指标签规则的定义和标签规则知识库的管理。

7.4.6　数据治理管理

建立数据质量评估标准和管理规范，及时发现、监测定位、跟踪解决各类数据质量问题，形成数据质量问题的闭环处理，以保证数据质量的稳定可靠。

数据治理的主要管理内容有：

（1）质量检测数据采集。负责采集数据接入及处理环节输出的指标信息，源数据、各处理环节和存储数据的样例数据采集等。

（2）数据质量检核。对数据按多种维度进行探查，并输出详细的数据质量检核报告。

①数据质量评估指标定义。建立系统数据质量评估指标体系，主要包括完整性、有效性、正确性、及时性、唯一性五个方面。

②数据质量规则制定。针对不同的数据来源、数据集、属性种类等设置数据质量检核规则，

并将规则放入数据质量知识库进行管理。

③ 检核作业调度。支持针对不同数据检核点设置不同的数据检核任务，支持检核周期定制，支持数据抽检和全量检查。

（3）告警配置。根据特定的检核任务、数据种类、检核指标等维度，设置告警规则和告警信息，告警结果可以通过消息、服务、邮件、短信等方式推送给运维系统或运维人员。

（4）问题发现及跟踪。通过数据质量检核报告和记录业务反馈问题，实现数据质量问题的发现，通过可视化管理、分析、跟踪，实现数据质量问题的闭环处理，通过分析、分类汇总，逐步实现数据质量知识的积累。

① 数据质量知识库管理。通过管理、分析、分类汇总数据质量检核报告、业务反馈的质量问题，以及相关问题的处理经验，逐步积累包含数据质量检核规则、质量问题描述、针对性解决方案在内的数据质量知识库。

② 问题处理跟踪。通过对数据质量问题提供可视化管理、分析及处理跟踪机制，实现各类数据质量问题的闭环处理。

（5）数据质量服务。提供数据质量检核接口服务、数据质量报告查询接口服务、数据质量知识库查询接口服务，供运维系统或相关人员调用。

7.4.7　数据监控管理

数据监控管理的目标，是对所有数据处理、数据服务和数据资源进行实时不间断的监控和管理，全面掌握数据接入、处理、入库等环节的数据流量，以及数据资源的总体情况和使用情况。合理设定资源状态的预警阈值，确保对任何资源状态异常进行及时通报和展示，并通过短信、邮件通知等方式，确保数据运维人员及时发现和处理问题。数据监控管理的主要内容有：

（1）数据监控日志采集。提供数据监控日志的采集能力。

（2）资源统计。对数据资源的分类统计及展现。

（3）实时数据流监测。支持在接入、提取、清洗、关联、比对、标识、分发、入库等环节设置监控点，进行多维度信息的实时采集和监测。

（4）运行状态监控。包括数据积压监测及统计，数据心跳图，数据入库异常统计，当日数据增量及存量监控，当日数据服务接口监控等。

（5）数据质量展示分析。包括数据对账（针对指定环节与上一环节进行数据对账分析），数据有值率分析，数据标准化分析等。

（6）数据运维报表。支持对系统的数据资源总体情况、上报下发情况等，从多种维度进行数据量的统计分析，形成数据运维报表。

（7）数据备份管理。支持根据数据的种类、重要性、热度等不同，对数据进行分级备份。

7.4.8　数据运营管理

数据运营管理是对数据服务、数据资源的使用情况进行计量和评估，并据此对数据服务目录进行精细化运营或驱动开发新的数据服务，从而提升数据资源使用效率，最大化发挥大型信息系统数据的价值。数据运营管理的主要内容有：

（1）数据服务目录运营管理。支持根据数据资产的开放程度和使用情况进行个性化配置和展示，主要包括数据资源目录的获取、展示以及配置管理。

（2）服务计量。支持按照数据服务的使用情况对各项数据服务进行计量和统计，评估各种数据资源的使用情况，为后续新的数据服务开发提供参考依据；支持对不同用户访问数据服务情况进行计量和统计，以便针对不同用户提供个性化服务。

7.4.9 数据治理的案例

根据前文的描述,本节以实际案例的形式展示数据治理后的相关数据内容,详见表7.2~表7.6。

表 7.2 应用系统基本信息数据表

序　号	数据项名称	内部标识符	相关限定词	数据项标识符	说　明
1	应用系统编号	SJZYML00017		YYXTBH	必　填
2	应用系统名称	SJZYML00018		YYXTMC	必　填
3	应用系统说明	SJZYML00019		YYXTSM	必　填
4	应用系统		SJZYMLDQ00001	YYXT	
4.1	事权单位代码	SJZYML00036		YYXT_SQDWDM	必　填
4.2	承建单位名称	SJZYML00020		YYXT_CJDWMC	必　填
4.3	上线日期	SJZYML00037		YYXT_SXRQ	必　填
4.4	下线日期	SJZYML00038		YYXT_XXRQ	当 XTZYBZ 为 "0" 时,方可填写
4.5	数据库类型代码	SJZYML00034		YYXT_SJKLXDM	可多选,不同类型之间用半角英文 ","分割,长度不超过 50 字符,必填
4.6	数据库产品描述	SJZYML00040		YYXT_SJCPMS	填写应用系统所使用的数据库产品,不同产品之间用英文 ","分割,长度不超过 400 字符,必填
4.7	行业类别代码	SJZYML00003		YYXT_HYLBDM	必　填
5	应用系统分类代码	SJZYML00035		YYXTFLDM	必　填
6	系统在用标识	SJZYML00039		XTZYBZ	必　填
7	应用系统访问地址	SJZYML00021		YYXTFWDZ	必　填
8	应用系统注册单位_机关机构代码	DE00060	SJZYMLDQ00016	YYXTZCDW_JGJGDM	必　填

表 7.3 数据表信息数据表

序　号	数据项名称	内部标识符	相关限定词	数据项标识符	说　明
1	数据表编号	SJZYML00022		SJBBH	必　填
2	数据表名称	SJZYML00023		SJBMC	必　填
3	数据表描述	SJZYML00024		SJBMS	必　填
4	数据表		SJZYMLDQ00002	SJB	
4.1	更新周期代码	SJZYML00011		SJB_GXZQDM	数据表中数据的更新周期,必填
4.2	更新方式代码	SJZYML00010		SJB_GXFSDM	数据表中数据的更新方式,如更新周期为 "GXZQ_BGX",此处则不填写
4.3	备　注	DE00503		SJB_BZ	限制长度不超过 200 字符
5	数据表用途分类代码	SJZYML00025		SJBYTFLDM	必　填

序 号	数据项名称	内部标识符	相关限定词	数据项标识符	说 明
6	字典表类型代码	SJZYML00026		ZDBLXDM	当 SJBFLDM 填写内容为 "TABLE_ZDB" 时，方可填写
7	所属应用系统 _ 应用系统编号	SJZYML00017	SJZYMLDQ00012	SSYYXT_YYXTBH	外键，必填

表 7.4　数据项信息数据表

序 号	数据项名称	内部标识符	相关限定词	数据项标识符	说 明
1	数据项编号	SJZYML00028		SJXBH	必 填
2	数据项名称	SJZYML00027		SJXMC	必 填
3	数据项		SJZYMLDQ00015	SJX	必 填
3.1	数据格式类型	SJZYML00029		SJX_SJXGSLXDM	必 填
3.2	数据元内部标识符	SJZYML00032		SJX_SJXSJYBZF	必填，参照《数据资源目录》填写
4	数据项长度	SJZYML00030		SJXCD	当数据项数据格式类型为 "BINARY" 时，可为空
5	数据项描述	SJZYML00031		SJXMS	数据项的含义（中文），必填
6	是否为字典项 _ 判断标识	DE00742	SJZYMLDQ00010	SFWZDX_PDBZ	必 填
7	所属数据表编号 _ 数据表编号	SJZYML00022	SJZYMLDQ00013	SSSJB_SJBBH	外键，必填
8	参照字典表 _ 数据表编号	SJZYML00022	SJZYMLDQ00004	CZZDB_SJBBH	当 "SFWZDX_PDBZ" 为 "1" 时，方可填写
9	字典表代码列 _ 数据项编号	SJZYML00028	SJZYMLDQ00007	ZDBDML_SJXBH	当 "SFWZDX_PDBZ" 为 "1" 时，方可填写
10	字典表描述列 _ 数据项编号	SJZYML00028	SJZYMLDQ00008	ZDBMSL_SJXBH	当 "SFWZDX_PDBZ" 为 "1" 时，方可填写
11	联合字典分组列		SJZYMLDQ00009	LHZDFZL	
11.1	数据项编号	SJZYML00028		LHZDFZL_SJXBH	当 "CZZDB_SJBBH" 选中表为 "DIC_LH" 联合字典表时，方可填写
11.2	分组代码	SJZYML00033		LHZDFZL_FZDM	当 "CZZDB_SJBBH" 选中表为 "DIC_LH" 联合字典表时，方可填写

表 7.5　数据资源信息数据表

序 号	数据项名称	内部标识符	相关限定词	数据项标识符	说 明
1	数据资源编号	SJZYML00001		SJZYBH	必 填
2	数据资源名称	SJZYML00002		SJZYMC	必 填
3	数据资源提供单位 _ 机构代码	DE00060	SJZYMLDQ00011	SJZYTGDW_JGJGDM	必 填
4	数据资源事权单位 _ 事权单位代码	SJZYML00036	SJZYMLDQ00005	SJZYSQDW_SQDWDM	必 填

序　号	数据项名称	内部标识符	相关限定词	数据项标识符	说　明
5	数据资源		SJZYMLDQ00006	SJZY	
5.1	更新方式代码	SJZYML00010		SJZY_GXFSDM	必 填
5.2	更新周期代码	SJZYML00011		SJZY_GXZQDM	必 填
5.3	业务分类代码	SJZYML00004		SJZY_YWFLDM	填写时参考《数据资源目录》进行填写
5.4	行业类别代码	SJZYML00003		SJZY_HYLBDM	填写时参考《数据资源目录》进行填写
5.5	所属目录编号	SJZYML00009		SJZY_SSMLBH	若数据资源在数据资源目录中不存在，可不填写
6	数据资源描述	SJZYML00012		SJZYMS	必 填
7	数据资源共享范围代码	SJZYML00013		SJZYGXFWDM	可多值，用半角英文“,”隔开，长度不超过 400 字符，必填
8	数据资源共享方式代码	SJZYML00014		SJZYGXFSDM	可多值，用半角英文“,”隔开，长度不超过 400 字符，必填
9	数据资源共享地区代码	SJZYML00015		SJZYGXDQDM	当数据资共享范围“GXSJZYGXFWDM”选择包含“ZYGXFW_02”时方可填写，可多值，用半角英文“,”隔开，长度不超过 2000 字符
10	数据资源共享部门代码	SJZYML00016		SJZYGXBMDM	当数据源共享范围“GXSJZYGXFWDM”选择包含“ZYGXFW_03”时方可填写，可多值，用半角英文“,”隔开，长度不超过 2000 字符
11	数据资源要素一级分类代码	SJZYML00005		SJZYYSYJFLDM	填写时参考《数据资源目录》进行填写，必填
12	数据资源要素二级分类代码	SJZYML00006		SJZYYSEJFLDM	填写时参考《数据资源目录》进行填写，必填
13	数据资源要素细目分类代码	SJZYML00007		SJZYYSXMFLDM	填写时参考《数据资源目录》进行填写，必填
14	数据资源属性分类代码	SJZYML00008		SJZYSXFLDM	填写时参考《数据资源目录》进行填写，必填

表 7.6　数据资源与数据项映射表数据表

序　号	数据项名称	数据元内部标识符	限定词内部标识符	数据项标识符	说　明
1	数据资源映射关系_信息主键编号	DE01115	SJZYMLDQ00014	SJZYYSGX_XXZJBH	必　填
2	数据资源编号	SJZYML00001		SJZYBH	外键，必填
3	数据项编号	SJZYML00028		SJXBH	外键，必填
4	所属目录数据项编号	SJZYML00041		SSMLSJXBH	当数据项在所属数据目录中不存在（即多于目录的数据项）时，可为空

7.5　大型信息系统的数据组织

数据组织根据大型信息系统的使用目的分类建库的要求，对数据资源形成标准统一、流程规范的组织方案，并满足各业务部门业务专题数据落地建库需求，强化组织内部关联，实施数据使用优先级策略。大型信息系统数据组织如图 7.7 所示。

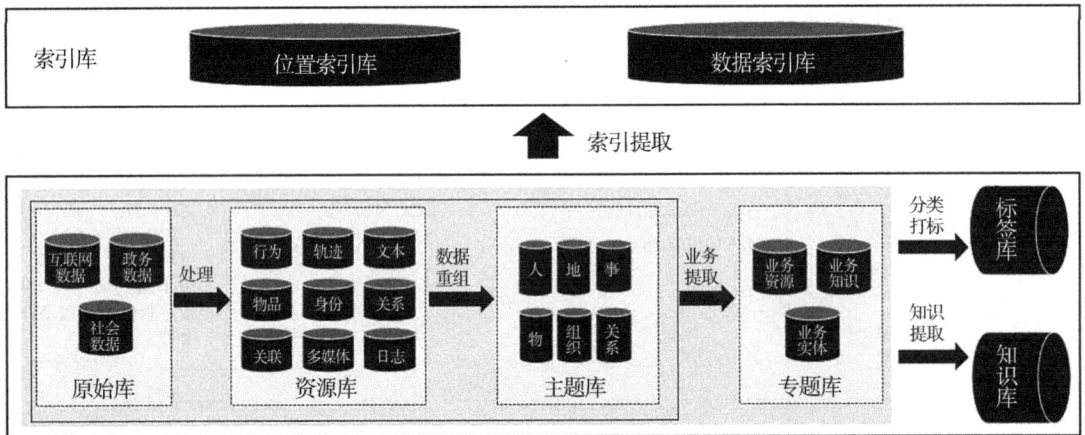

图 7.7　某行业大型信息系统数据组织

数据组织主要包括原始库、资源库、主题库、知识库、业务库、业务要素索引库等。

（1）原始库。原始库保留原始数据项，并尽可能还原原始场景，以支持数据溯源和特定业务需要；此外，还实现数据的标准化和价值增值，为数据融合、数据抽象和进一步增值完成准备。

（2）资源库。资源库综合各类数据资源，通过关联分析和提取得到的关键要素，以及要素间关系或关联的时空分布。

（3）主题库。主题库是为了便利工作、精准快速地反映工作对象全貌而建立的融合各类数据资源、长期积累的业务主题对象库。

（4）知识库。主要是指通用知识库，为组织业务领域各种通用模型分析提供知识性数据和规则模型的支撑，需要长期积累，并支持共享。

（5）业务库。业务库主要由各业务部门主导建立，包括业务生产库、业务资源库和业务知识库。业务生产库是业务处理产生的数据；业务资源库主要是由运行于大数据平台之上的各类专题应用积累的资源数据；业务知识库是为业务模型分析提供的面向专业领域的知识性数据和规则模型。

（6）业务要素索引库。业务要素索引库是对业务库的关键要素建立的全局索引。

从原始库、资源库、主题库到业务库，数据的价值密度是逐层提升的。

各类资源库和业务要素索引库汇聚到本部数据中心，构成整个组织数据资源的总索引、总关联、总导航。配合使用总索引、总关联、总导航，可实现跨数据中心数据资源的快速定位和访问。

上述各类库均需在本地数据资源目录注册。由数据资源目录汇聚到本部数据中心，分发到各层级组织。

图 7.8 是某行业数据组织实例，各个库之间的数据流转如图所示。

各种来源数据经过处理后进入原始库；对原始库进行关键要素的分析、提取，形成资源库；利用原始库、资源库进行信息分析、提取、归并等处理，形成主题库；对原始库、资源库、主题库数据按需取用，形成业务库，业务库可用于维护资源库和主题库；业务的长期积累和抽象，是知识库的主要来源，原始库、资源库、主题库的知识性数据可用于维护知识库，可用于共享的业务生产库，也是组织内大数据的重要来源。

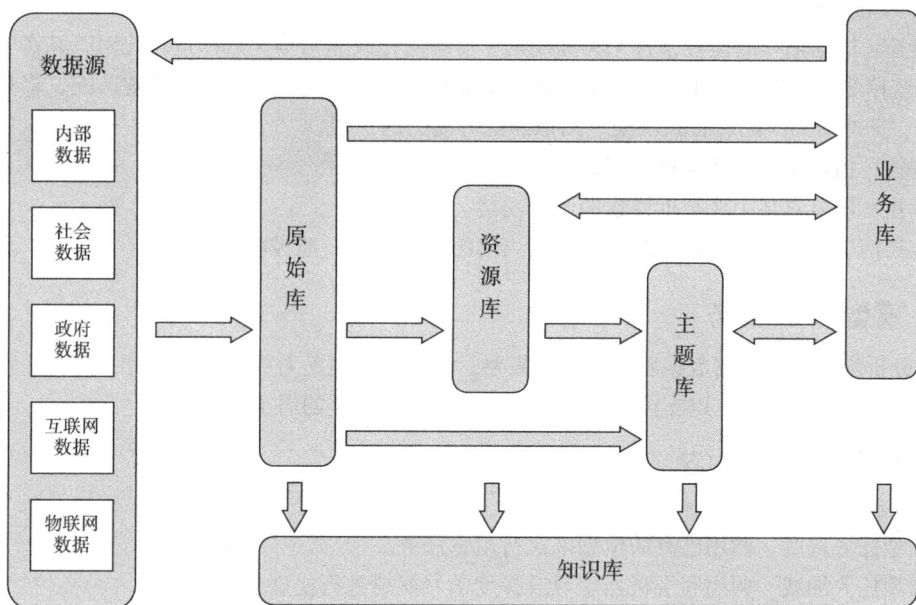

图 7.8　原始库、资源库、主题库、业务库、知识库间的数据流转

7.6　大型信息系统的数据服务

数据服务是指提供数据的访问和管理能力，包括原始库、资源库、主题库、业务库、知识库、元数据、数据资源目录等数据。

7.6.1　查询检索服务

数据查询类服务包括数据资源情况的查询接口，以及各类结构化和非结构化数据的多种查询接口，支持精确/模糊、分类、组合、批量等多种查询方式。查询检索服务的主要内容有：

（1）数据资源情况查询。对数据中心的各类数据资源情况进行查询。

（2）通用数据查询。进行结构化数据的精确匹配、模糊匹配。

（3）通用扩展查询。为结构化数据查询，可以根据查询词的类型，通过字段扩展配置，用查询值在多个同类字段进行查询，以保证查全率。

（4）全文类查询。支持基于关键词匹配或文本相似度匹配进行查询。

（5）二进制文件查询。支持根据 MD5 和文件体长度来查询与输入文件相同的全文数据。

（6）获取文件体。支持根据文件路径返回文件体，可以分为音频检索、图像检索、视频检索和生物特征检索几种方式。

① 音频检索。支持使用语音或文字，查询匹配相应内容的音频。

② 图像检索。支持输入图片或关键词检索，返回涉及类似场景的图片，以及对应的描述。

③ 视频检索。支持输入图片、关键词或视频片段，返回涉及相似场景的视频，以及命中的位置、场景描述等信息。

④ 生物特征检索。支持声纹、人像、指纹、DNA 等生物特征的检索。

7.6.2　监控订阅服务

监控订阅服务是针对一种或多种动态活动开展的监控信息订阅业务。

监控订阅服务主要完成以下内容：

① 监控。根据输入的监控条件（又称线索）与结构化或非结构化数据进行比对，并在中标时，实时返回监控落实结果信息和监控中标数据。支持完全匹配、关键词匹配、正则匹配、多条件逻辑组合匹配；支持语义匹配、音频匹配、图像匹配等能力的扩展。

② 停控。指定某个或者某批线索，停止监控。

③ 续控。恢复对某个或某批线索的监控功能。

④ 监控信息查询。针对指定线索，查询当前的监控情况、监控状态等信息。

7.6.3　模型分析服务

模型分析服务能够根据数据服务及业务需要，利用分析模型对数据进行统计、分析、规律性探索及预测等，并返回结果，以支撑应用层业务场景复杂、多变的需求。

1. 模型分析服务的内容

模型分析服务主要包括：

① 模型任务调度。调用已有的模型来执行运算任务。

② 模型任务加载。调用底层机器学习或深度学习框架进行模型任务加载。

③ 模型任务执行。提供启动执行模型任务功能。

④ 模型任务监控。通过大数据平台的服务能力，对模型任务执行的状态、占用资源、结果等信息进行实时监控。

2. 模型分析服务的主要场景

模型分析服务的主要场景有以下三种：

① 统计类服务。可以按照数据来源、数据种类、时间范围等维度或其他指定维度在后台运行统计服务，统计符合条件范围内的数据总量和数据日增量，并将统计结果返回给用户。

② 数据集碰撞。可以根据条件中需要碰撞的字段，在一个或多个数据集中比对，按照交集、并集或差集计算，并返回结果。

③ 对象化分析服务。可以利用对象化分析模型对数据进行提取、归并、归一化等计算，逐步形成主题对象。

7.6.4　数据推送服务

数据推送服务是组织内数据云平台各层级节点间、组织内部与外部间进行数据交换和信息推送的基础核心能力，主要包括数据汇聚、数据下发。

数据汇聚是指将数据资源根据需要从下级节点汇聚到本部的数据中心，或者从组织外部单向导入，汇聚到相应的各层级数据中心。

数据下发是指将数据资源根据需要从本部数据中心下发给下级数据中心。

数据推送服务主要有以下内容：

① 数据推送配置。包括推送规则、推送标准、数据种类、推送周期等配置。

② 数据封装。根据配置进行数据封装。

③ 数据推送。将数据资源推送给目标平台或系统。

7.6.5　数据鉴权服务

数据鉴权服务是基于数据的访问控制规则，实现数据的访问权限鉴别的过程。访问控制规则从内容敏感度、数据来源、数据种类、字段及字段关系分类四个维度进行资源权限的控制，资源鉴权通过用户的数据资源权限，使用数据鉴权服务实现对数据资源的访问控制。

数据鉴权服务主要内容是：服务请求方向服务提供地发起各类服务请求时，服务提供地根据请求用户地市、身份、角色，对其进行身份鉴别、权限验证，并对其服务请求和资源访问权限（权限细化到记录及字段）进行鉴别。鉴权能力覆盖本地的全部数据访问行为。鉴权服务不直接对用户提供服务，仅在鉴权服务外的其他服务中调用并进行权限验证。

7.6.6　数据操作服务

数据操作服务提供数据的增加、修改、删除等操作接口服务。

数据操作服务的主要内容有：

① 数据增加。向指定数据集增加数据，支持单条录入和批量导入。

② 数据修改。对于指定条件范围（或指定数据 ID）的记录，对指定字段值进行修改。

③ 数据删除。删除指定条件范围（或指定数据 ID）的数据。

7.7　数据载体管理与维护

7.7.1　存储介质管理与维护

数据的存储介质是指数据在产生、加工和使用的过程中寄存的载体，以及在此过程中每个环节所使用的相关技术。

1. 常见的存储介质分类

（1）DAS（Direct Attached Storage）直接附加存储。DAS 这种存储方式与普通的 PC 存储架构一样，外部存储设备都是直接挂接在服务器内部总线上，数据存储设备是整个服务器结构的一部分。DAS 存储方式主要适用以下环境：

① 小型网络。

② 地理位置分散的网络。

③ 特殊应用服务器。

DAS 结构下的数据保护流程相对复杂，如果做网络备份，则每台服务器必须单独进行备份，而且所有的数据流都需要通过网络传输。如果不做网络备份，则需要为每台服务器配置一套备份软件和磁带设备，因此，备份流程的复杂度会大大增加。

（2）NAS（Network Attached Storage）数据存储方式。NAS（网络附加存储）方式则全面改进了以前低效的 DAS 存储方式。它采用独立于服务器，单独为网络数据存储而开发的一种文件服务器来连接所有存储设备，自形成一个网络。这样数据存储不再是服务器的附属，而是作为独立网络节点存在于网络之中，可由所有的网络用户共享。

NAS 的优点如下：

① 真正即插即用。

② 存储部署简单。

③ 存储设备位置非常灵活。

④ 管理容易且成本低。

（3）SAN（Storage Area Network）存储方式。SAN 存储方式创造了存储的网络化，存储网络化顺应了计算机服务器体系结构网络化的趋势。SAN 的支撑技术是光纤通道（FC, Fiber Channel）技术，其最大特性是将网络和设备的通信协议与传输物理介质隔离开，这样多种协议可在同一个物理连接上同时传送。SAN 的优势有网络部署容易、高速存储性能、良好的扩展能力等。SAN 的硬件基础设施是光纤通道，用光纤通道构建的 SAN 由以下三个部分组成：

① 存储和备份设备。包括磁带、磁盘和光盘库等。

② 光纤通道网络连接部件。包括主机总线适配卡、驱动程序、光缆、集线器、交换机、光纤通道和 SCSI 间的桥接器。

③ 应用和管理软件。包括备份软件、存储资源管理软件和存储设备管理软件。

2. 存储介质的运维管理

存放数据资源的介质必须具有明确的标识，标识必须使用统一的命名规范，注明介质编号、备份内容、备份日期、备份时间、启用日期和保留期限等重要信息。存储介质的管理包括使用、转储、销毁等环节。

（1）存储介质使用管理。存储介质的访问应设置权限控制，根据使用人的需要，经存储介质负责人确认使用人所申请的使用时间、内容、用途的合理性后，介质管理员根据批准后的申请，方能提供备份。使用人员使用完备份后，应及时归还存储介质，由介质管理员检查确认介质是否完好。

（2）存储介质转储管理。存储介质的使用应根据数据保存时效的要求进行合理规划，对需要长期保存的数据资源，应按照制造厂商确定的存储有效寿命进行定期转储处理，防止存储介质过期导致数据失效。一般情况下磁盘、磁带、软盘等介质有效期为两年，光盘的有效期为五年，同时对使用频繁的存储介质需酌情缩短有效期。

（3）存储介质销毁管理。存储介质需要废弃或销毁时，由介质管理员提出申请，经存储介质负责人确认申请合理后，方可由介质管理员按相关流程对获得批准的介质执行废弃或销毁处理。

7.7.2 数据处理系统管理与维护

1. 数据存储技术

在大型信息系统中，由于数据源多样且异构、数据量庞大、关联性复杂、数据处理的实时性要求高，因此，需要运用大数据的处理技术进行数据的存储管理，涉及技术主要有内存数据管理、分布式 SQL 查询引擎、分布式并行计算、全文检索引擎、多样性海量存储架构。

1）内存数据管理

内存数据的存储、组织和计算。

2）分布式 SQL 查询引擎

分布式 SQL 查询引擎被设计专门用来进行高速、实时的数据分析。以应用较为广泛的 Presto 为例，它沿用了通用的 Master-Slave 架构，Coordinator 即 Presto 的 Master，Worker 即其 Slave，Discovery Service 就是用来保存 Worker 结点信息的，通过 HTTP 协议通信，而 Connector 用于获取第三方存储的 Metadata 及原始数据等。

　　Coordinator 负责解析 SQL 语句，生成执行计划，分发执行任务给 Worker 节点执行，Worker 节点负责实际执行查询任务。Worker 节点启动后向 Discovery Server 服务注册，Coordinator 从 Discovery Server 获得可以正常工作的 Worker 节点。假如配置了 Hive Connector，需要配置一个 Hive Metastore 服务为 Presto 提供 Hive 元信息，Worker 节点与 HDFS 交互读取数据。

　　3）分布式并行计算

　　分布式并行计算则是相对单机计算而言的，利用多台机器通过网络连接和消息传递协调完成计算，把需要进行大量计算的工程数据分区成小块，由多台计算机分别计算，上传运算结果后，将结果统一合并得出最终结果。

　　大规模分布式并行计算架构以谷歌提出的 MapReduce 架构应用最为广泛。Map 本意可以理解为地图，映射（面向对象语言都有 Map 集合）可理解为从现实世界获得或产生映射，就是把一个输入映射为一组（多个）全新的数据，而不改变原始数据。Reduce 本意是减少，可理解为归并前面 Map 产生的映射，就是把通过 Map 得到的一组数据经过某些方法归一成输出值。

　　Map 函数对大数据集进行分解操作得到两个或者更多的小"桶"。每台处理器对分割出来的每个桶进行操作，获取一组中间值，而 Reduce 函数则是把这些中间结果通过一定的函数进行处理来获取最终的答案。

　　总而言之，Map 是一个"分"的过程，它把海量数据分割成了若干小块并分给若干台处理器去处理，而 Reduce 是一个"合"的过程，它把各台处理器处理后的结果进行汇总操作，得到答案。

　　4）全文检索引擎

　　搜索引擎（Search Engine）是指根据一定的策略，运用特定的计算机程序从互联网上搜集信息，在对信息进行组织和处理后，为用户提供检索服务，将用户检索的相关信息展示给用户的系统，例如百度、谷歌等。

　　全文检索引擎是搜索引擎的一种，主要采用全文检索的方式进行搜索。全文检索是指计算机索引程序通过扫描文章中的每一个词，对每一个词建立一个索引，指明该词在文章中出现的次数和位置，当用户查询时，检索程序就根据事先建立的索引进行查找，并将查找的结果反馈给用户的检索方式。这个过程类似于通过字典中的检索字表查字的过程，全文搜索在搜索引擎数据库中的数据。

　　全文搜索引擎胜在快速和高效地查询大批量非结构化的文本记录，并且返回这些基于搜索匹配的结果文档，它们可以根据具体的数值或者字段进行快速高效的排序、分类等。一个系统的全文搜索功能应该是丰富且灵活的，并且还需要支持基本关键字的查询，例如，互联网式 +/- 语法、布尔运算符的使用、有限的真实或伪自然语言处理、邻近操作、查找类似等。

　　5）多样性海量存储架构

　　支持存储和处理各种类型的海量数据。例如，可以使用 MySQL 存储关系型数据，也可以使用 cassandra、HBase 等数据库存储非关系型数据。

　　2. 数据处理系统运维管理

　　数据库是一个单位或是一个应用领域的通用数据处理系统，它存储的是属于业务系统有关数据的集合。数据库中的数据是从全局观点出发建立的，按一定的数据模型进行组织、描述和存储，其结构基于数据间的自然联系，从而可提供一切必要的存取路径，且数据不再针对某一应用，而是面向全组织，具有整体的结构化特征。

　　数据库中的数据是为众多用户共享其信息而建立的，已经摆脱了具体程序的限制和制约。不同的用户可以按各自的用法使用数据库中的数据，多个用户可以同时共享数据库中的数据资源，即不同的用户可以同时存取数据库中的同一个数据。数据共享性不仅可以满足各用户对信息内容的要求，同时也可以满足各用户之间信息通信的要求。

数据库文件是存储数据资源的主要形式，目前常用的数据库管理系统有 Oracle、SQL Server、MySQL 等，虽然各种数据库的具体维护方法不尽相同，但从共性管理的角度看，数据库例行维护一般包括以下内容：

1）健康检查

（1）数据库日志检查。对数据库系统中数据的更新操作（如增加、修改、删除）、相关操作的命令、执行时间、数据的更新等信息都会以数据库日志的形式保存下来。任何数据库系统都遵循先写日志的原则，因此，数据库日志文件是数据恢复的重要基础。

（2）数据库一致性检查。对数据库的物理和逻辑一致性进行检查，以 SQL Server 系统提供的数据库控制台命令 DBCC 为例，可用于数据库的一致性检查。DBCC 语句分类如表 7.7 所示。

表 7.7　DBCC 话句分类表

语句分类	执　行
维护语句	对数据库、索引或文件组进行维护的任务
杂项语句	诸如启用行级锁定或从内存中删除动态链接库（DLL）等杂项任务
状态语句	状态检查
验证语句	对数据库、表、索引、目录、文件组、系统表或数据库页的分配进行的验证操作

2）数据库监测管理

从软件系统可用性、系统资源占用和数据库性能指标三个方面监测数据库应用的相关服务，确保数据库运行正常。数据库的关键参数有数据库系统涉及的文件存储空间、系统资源的使用率、配置情况、数据库当前的各种资源情况、监控数据库进程的状态、进程所占内存空间、可用性等，数据库监测管理包括监控并分析数据库空间、使用状态、数据库 I/O 及数据库日志文件等工作。

（1）数据库基本信息监测。对数据库的文件系统、碎片、死锁进程等进行监测。数据库运维人员应当密切注意数据库系统中是否发生死锁，一旦出现应当立即查找原因，同时应想办法避免死锁的发生。处理死锁的方法一般有两种思路：使用预防措施使系统避免进入死锁状态；或在系统进入死锁状态时，使用检测与恢复机制进行恢复。

（2）数据库表空间监测。Oracle 数据库提出了表空间的设计理念，Oracle 中很多优化都是基于表空间的设计理念而实现的。设置表空间可以用来控制用户的空间使用配额，可以控制数据库所占用的磁盘空间。数据库运维人员还可以将不同类型的数据放置到不同的表空间中，这样可以明显提高数据库输入 / 输出性能，有利于数据的备份与恢复等管理工作。

3）数据库性能优化

数据库运维人员根据用户需求和监测结果对数据库性能进行调整和优化，如执行空间释放、表的重构、索引重建、数据分片等操作。

（1）空间释放。日志文件记录用户的各种数据库操作，对于用户操作频繁的数据库，其日志空间增长速度非常快，数据库维护人员需定期检查事务日志的大小，减少磁盘空间的耗用。

（2）表的重构。数据库中的表因为不断被更新，在经过一段时间之后，表中数据及磁盘空间常会出现以下问题：表中存在记录的转移后，表的数据页中存在未回收的空间，表中的扩充不连续等；同时，数据字典中有关表的统计信息不能准确反映表中数据的真实情况。对不断被更新的表，数据库管理员应当定期或者在大批量的数据处理之后重新收集表的统计信息，检查表中数据及磁盘空间使用。如果发现存在大量记录的转移、未回收的空间，就需要重新构建表。在重构表时，首先需要导出表中数据，在删除并重建表后再装入数据。

（3）索引重建。索引是提高数据查询最有效的方法，正确的索引可以大大提高效率，而无效的索引可能会浪费数据库空间，甚至大大降低查询性能。针对有频繁的插入／更新／删除操作的表，表和索引将产生较多的碎片，索引将变得非聚簇，性能也将下降，严重的时候会产生索引阻塞等问题，为此需要进行索引重建。索引重建的方法一般有两类：一种是删除并重建索引；另一种是在现有索引的基础上进行重新整理，通过重新整理索引里的页来减少外部碎片，通过压缩索引页里的行并删除那些由此产生的不需要的页来减少内部碎片。

（4）数据分片。数据分片是将海量数据根据一定的规则分布在多个存储设备上，这样每个存储设备的数据量相对就会小很多，由此实现并行的读／写操作，满足读写量大的系统的性能需求。系统分片的策略有很多，如按记录编号的特征、按数据的时间范围、基于检索表等。

在实际操作中，选择哪种策略完全是根据系统的业务或数据特征来确定的。值得强调的是，数据分片在给系统的性能和伸缩性带来一定好处的同时，也会大大增加系统开发和维护的复杂度。因此，数据分片只在特殊需要的时候才做，它带来的运维复杂度会比集中存储的方式高出很多。

7.7.3 数据载体维护案例

下文以某个核心系统为例，介绍数据库维护的主要内容。

1. 运维情况概述

（1）运行性能分析。本月各类业务系统数据库运行比较稳定，系统负载大部分占用较低，CPU使用率整体较低，基本都维持在20%以下，内存使用率方面由于Linux操作系统的内存使用最大化使用机制，导致使用率整体相对较高，但都在合理范围之内。

通过监控软件同步数据显示，业务高峰未出现资源异常情况，没有出现造成数据库性能问题及影响业务的等待事件，各系统活动会话保持在相对稳定的状态。

（2）故障处理情况。本月除了XX系统程序备份表未监控，引起数据库归档满而导致数据库挂起，影响该系统周末正常运行外，未出现其他影响系统运行的故障。

（3）数据增长情况。本月核心系统数据库数据量保持稳定增长，其中XX系统增长最大，保持10T左右的月增长量，与其他月份持平；其次由于XX系统引入可视化分析新业务，数据月增长量首次达到2T左右；其他系统数据库增长与其他月份持平。

（4）优化调整情况。本月优化调整主要在备份方面。在新数据库备份软件上线后，将多个核心软件系统数据库迁移到新数据库备份软件，迁移后，备份速度得到很大提升，极大缩短了数据库的RTO（Recovery Time Objective，复原时间目标）和RPO（Recovery Point Objective，复原点目标）；另外，新部署了备品备件库的热备份，以及部分业务系统的本地逻辑备份，进一步完善了数据库系统的数据保护。

（5）应急演练情况。本月针对大型信息系统最核心的系统业务库进行异机恢复测试演练，恢复成功，有效地验证了数据库备份的可用性和可恢复性，从而进一步保障了数据库的灾难恢复可靠性。

（6）隐患及整改建议。隐患及整改建议见表7.8。

表7.8 隐患及整改建议

序 号	隐 患	处理建议
1	核心业务系统维护方在涉及数据库重大变更及数据修改时，未能及时告知IT运维中心部门监控或走变更流程，比如XX系统维护人员私自备份业务表，导致数据库归档撑爆，影响业务	规范相关运维操作流程，加强运维制度及运维流程的宣贯
2	XX系统数据库服务器负载相对较高，暂时对业务影响不大，但存在隐患	XX系统维护方对系统SQL语句进行优化，同时升级基础环境资源

2.核心系统技术指标抽样检查

1）系统配置信息

（1）主机配置信息。主机配置信息见表7.9。

表7.9 主机配置信息

集群RAC/单机	RAC4节点
主机名	Yxxt01/Yxxt02/Yxxt03/Yxxt04
物理IP（虚拟IP）	XX.XX.XX.189/191/193/195/219/227（190/192/194/196/220/228）
CPU	Intel（R）Xeon（R）CPU E7-4870@2.40GHz 4CPU*10Core
内 存	124G
操作系统	RedHat Enterprise Linux Server Release 5.6

（2）数据库配置信息。数据库配置信息见表7.10。

表7.10 数据库配置信息

数据库版本及补丁patch	Oracle10.2.0.5.5
数据库名	yxxt
实例名	Yxxt01/Yxxt02/Yxxt03/Yxxt04
SGA/PGA	60G/10G
数据块大小 db_block_size	8192K
数据库存储方式	ASM
是否开启归档/归档路径	归档模式/+STFRADG
进程数 processes	6000
数据库字符集/国家字符集	ZHS16GBK/AL16UTF16 （中文字符集）

2）整体情况

（1）操作系统检查。操作系统检查见表7.11。

表7.11 操作系统检查

第一部分：操作系统检查			
序 号	检查内容	检查结果	分析建议
1	◆资源使用率及系统负载 检查：CPU和内存，I/O读写繁忙度 使用命令：top/mpstat 来源：XX监控性能报表，日常巡检	CPU：峰值20%（上月25%） 平均低于12%（上月13%） 内存：峰值低于78%（上月68%） 平均低于75%（上月64%） I/O繁忙度：低于10%（上月8%）	本月系统资源使用率同比上月变化不大，资源使用比较稳定
2	◆文件系统使用率 检查：文件系统的使用情况，增长是否有异常 使用命令：df-h	根目录：/各节点使用率低于40% Oracle软件目录：/u01各节点使用率低于50%	关键文件系统使用率很低，及时清理日志，提高使用率

（2）数据库检查。数据库检查见表7.12。

表 7.12 数据库检查

序 号	检查内容	检查结果	分析建议
	第二部分：数据库检查		
1	◆ ORA 内部错误 检查：本月出现的主要 ORA 错误，是否影响业务 来源：警告日志，跟踪日志文件	ORA-00600：internal error code, arguments：[kgscCacheHit]，[0x2B4772DE9EB8]，[0x2B4772DD9F38]，[240]，[240]，[]，[]，[]； （不定时偶尔出现）	KgscCacheHit 错误是一个 BUG（8262466，ID 860965.1），需要升级到 11G 解决，错误发生时与应用确认，业务并没有受到影响
2	◆ 会话数 检查：数据库/各节点最大会话数和业务高峰期抽样活动会话数 来源：每天巡检脚本生成的巡检日志	最大会话数分别为： 1276/2682/1337/1355/1073/1069 上月： 1254/2682/1244/1245/1307/1325	最大会话数同比上月稍有变化，活动会话数业务高峰抽样（12 月 14 日 10：30）相比上月由于业务原因有一定下降
3	◆ Redo 日志文件/归档 检查：归档切换情况；归档空间使用率	归档日产生量：60～150G 归档空间使用率：低于 30%	月度内归档日产生量在 60～150G 的范围变动，符合业务变动的正常变化范围
4	◆ 日志文件大小 检查：警告日志文件/listener.log 文件大小变化情况；跟踪日志文件增长情况	所在文件系统/u01 使用率在 50% 以内	增长没有出现异常情况，部署有日志文件定时清理的脚本
5	◆ 数据库等待事件 检查：数据库的主要等待事件，是否有异常等待事件出现	本月抽样 Top 5 等待事件： ① DB CPU ② db file sequential read ③ row cache lock ④ db file scattered read ⑤ direct path read	本月没有异常等待事件。抽样时间为业务高峰期（12 月 14 日 10：30）
6	◆ 问题 SQL 语句 检查：是否有造成性能问题的 SQL	无	
7	◆ 数据库容量 检查：数据库数据量大小、增长量	表空间总分配量：9608G（上月 9538G） 已使用表空间量：6610G（上月 7302G） 本月增量：-692G（上月 1053G）	本月增长为负 692G，出现负增长是因为图片转存
8	◆ 表空间增长情况 检查：表空间的使用情况/增长情况	本月使用率前 10 位表空间使用率，表空间增长正常	表空间增长正常，没有出现异常增长的情况
9	◆ 数据库备份 检查：备份方式 备份运行是否异常 最近一次全库备份成功时间	① Rman 备份 ② 备份运行成功 ③ 最近一次全备时间：2018-6-17	本月数据库备份正常，没有出现异常情况

（3）问题（故障）处理情况。问题（故障）处理情况见表 7.13。

表 7.13 问题（故障）处理情况

序 号	发生时间	问题（故障）描述	问题（故障）原因	解决情况	预防措施或建议
	第三部分：问题（故障）处理情况				
1	无				

（4）主要处理事件。主要处理事件见表 7.14。

表 7.14   主要处理事件

序 号	时 间	事件处理过程	建 议
第四部分：主要处理事件			
1	12 月 1 日	数据库备份迁移：从旧数据库备份软件迁移到新数据库备份软件	无
2	12 月 9—11 日	新数据库备份软件备份异机恢复测试：验证新数据库备份软件备份有效性，恢复测试成功	无

（5）隐患情况、总结及建议。隐患情况、总结及建议见表 7.15。

表 7.15   隐患情况、总结及建议

序 号	隐患描述	预防措施或处理建议
第五部分：隐患情况		
1	无	
第六部分：总结及建议		
根据以上巡检的数据分析，本月数据库系统负载和资源使用率较低，整体运行比较稳定，各方面性能较好		

7.8   数据资源备份

　　系统运行会不断累积产生各类数据，这些数据是非常重要的资源，数据一旦因存储介质损毁或误操作等原因丢失，都将严重影响软件系统的正常运行，造成巨大的损失。因此，为了尽可能降低数据丢失的风险，需要采取系列措施保障数据的安全性，常用的方法就是对数据资源进行备份。数据备份就是为防止系统出现操作失误或系统故障导致数据丢失，而将全系统或部分数据集合从应用主机的磁盘或阵列复制到其他存储介质的过程。

　　数据备份系统由硬件和软件组成，硬件是用于存放数据的物理介质和运行备份软件的平台，软件主要是通用或专用的备份管理软件。在选择备份硬件时，应考虑介质的容量／费用、备份速度、数据的易保管性和硬件的可维护性。在选择备份软件时，应考虑软件的可操作性、可用性；软件的备份管理策略是否健全；备份软件对系统性能的影响程度；软件的可扩充性及运行费用等。好的备份硬件是完成备份工作的基础，而备份软件则是保证备份硬件充分发挥其效能的前提。

7.8.1   数据备份的必要性和要求

　　对数据的威胁通常比较难以防范，这些威胁一旦变为现实，不仅会毁坏数据，也会毁坏访问数据的系统。造成数据丢失和毁坏的原因主要有以下几个方面：

　　① 数据处理和访问软件平台故障。

　　② 操作系统的设计漏洞或设计者出于不可告人的目的而人为预置的"黑洞"。

　　③ 系统的硬件故障。

　　④ 人为的操作失误。

　　⑤ 网络内非法访问者的恶意破坏。

　　⑥ 网络供电系统故障等。

7.8.2   数据备份方式

　　常见的数据备份方式有以下几种：

　　（1）定期磁带：

　　① 远程磁带库、光盘库备份，即将数据传送到远程备份中心制作完整的备份磁带或光盘。

② 远程关键数据 + 磁带备份。采用磁带备份数据，生产机实时向备份机发送关键数据。

（2）数据库。在与主数据库所在生产机分离的备份机上建立主数据库的一个拷贝。

（3）网络数据。这种方式是对生产系统的数据库数据和所需跟踪的重要目标文件的更新进行监控与跟踪，并将更新日志实时通过网络传送到备份系统，备份系统则根据日志对磁盘进行更新。

（4）远程镜像。通过高速光纤通道线路和磁盘控制技术将镜像磁盘延伸到远离生产机的地方，镜像磁盘数据与主磁盘数据完全一致，更新方式为同步或异步。

数据备份必须要考虑数据恢复的问题，包括采用双机热备、磁盘镜像或容错、备份磁带异地存放、关键部件冗余等多种灾难预防措施。这些措施能够在系统发生故障后进行系统恢复。但是这些措施一般只能处理计算机单点故障，对区域性、毁灭性灾难则束手无策，也不具备灾难恢复能力。

7.8.3　备份的主要技术

备份的主要技术有 LAN 备份、LAN-Free 备份和 SAN Server-Free 备份三种。LAN 备份针对所有存储类型都可以使用，LAN Free 备份和 SAN Server-Free 备份只能针对 SAN 架构的存储。

（1）LAN 备份。传统备份需要在每台主机上安装磁带机备份本机系统，采用 LAN 备份策略，在数据量不是很大时，可采用集中备份。一台中央备份服务器将会安装在 LAN 中，然后将应用服务器和工作站配置为备份服务器的客户端。中央备份服务器接受运行在客户机上的备份代理程序的请求，将数据通过 LAN 传递到它所管理的、与其连接的本地磁带机资源上。这一方式提供了一种集中的、易于管理的备份方案，并通过在网络中共享磁带机资源来提高效率。

（2）LAN-Free 备份。由于数据通过 LAN 传播，当需要备份的数据量较大，备份时间窗口紧张时，网络容易发生堵塞。在 SAN 环境下，可采用存储网络的 LAN-Free 备份，将需要备份的服务器通过 SAN 连接到磁带机上，在 LAN-Free 备份客户端软件的触发下，读取需要备份的数据，通过 SAN 备份到共享的磁带机。这种独立网络不仅可以使 LAN 流量得以转移，而且其运转所需的 CPU 资源低于 LAN 方式，这是因为光纤通道连接不需要经过服务器的 TCP/IP 栈，而且某些层的错误检查可以由光纤通道内部的硬件完成。在许多解决方案中需要一台主机来管理共享的存储设备，以及用于查找和恢复数据的备份数据库。

（3）SAN Server-Free 备份。LAN Free 备份需要占用备份主机的 CPU 资源，如果备份过程能够在 SAN 内部完成，大量数据流无需流过服务器，则可以极大降低备份操作对生产系统的影响。SAN Server-Free 备份就是这样的技术。

7.8.4　数据备份策略

选择了存储备份软件、存储备份技术（包括存储备份硬件及存储备份介质）后，首先需要确定数据备份的策略。备份策略指确定需备份的内容、备份时间及备份方式。各个单位要根据自己的实际情况来制定不同的备份策略。目前采用最多的备份策略主要有以下三种：

（1）完全备份（full backup）。每天对系统进行完全备份。例如，星期一用一盘磁带对整个系统进行备份，星期二再用另一盘磁带对整个系统进行备份，依此类推。这种备份策略的好处是：当发生数据丢失的灾难时，只要用一盘磁带（即灾难发生前一天的备份磁带），就可以恢复丢失的数据。然而它亦有不足之处，首先，由于每天都对整个系统进行完全备份，造成备份的数据大量重复。这些重复的数据占用了大量的磁带空间，这对用户来说就意味着增加成本。其次，由于需要备份的数据量较大，因此备份所需的时间也就较长。对于那些业务繁忙、备份时间有限的单位来说，选择这种备份策略是不明智的。

（2）增量备份（incremental backup）。星期天进行一次完全备份，然后在接下来的六天里只对当天新的或被修改过的数据进行备份。这种备份策略的优点是节省了磁带空间，缩短了备份时间。

但它的缺点在于，当灾难发生时数据的恢复比较麻烦。例如，系统在星期三的早晨发生故障，丢失了大量的数据，那么现在就要将系统恢复到星期二晚上的状态。这时系统管理员首先要找出星期天的那盘完全备份磁带进行系统恢复，再找出星期一的磁带恢复星期一的数据，然后找出星期二的磁带恢复星期二的数据。很明显，这种方式很繁琐。另外，这种备份的可靠性也很差。在这种备份方式下，各盘磁带间的关系就像链子一样，一环套一环，其中任何一盘磁带出了问题都会导致整条链子脱节。比如在上例中，若星期二的磁带出了故障，那么管理员最多只能将系统恢复到星期一晚上的状态。

（3）差分备份（differential backup）。管理员先在星期天进行一次系统完全备份，然后在接下来的几天里，管理员将当天所有与星期天不同的数据（新的或修改过的）备份到磁带上。差分备份策略在避免了以上两种策略的缺陷的同时，又具有了它们的所有优点。首先，它无需每天都对系统做完全备份，因此备份所需时间短，并节省了磁带空间，其次，它的灾难恢复也很方便。系统管理员只需两盘磁带，即星期天的磁带与灾难发生前一天的磁带，就可以将系统恢复。

在实际应用中，备份策略通常是以上三种的结合。例如，周一至周六进行一次增量备份或差分备份，周日进行全备份，月底进行一次全备份，年底进行一次全备份。

7.8.5 备份的恢复等级划分

灾难恢复等级的确定是信息系统灾备建设的重要考虑因素。通常将灾难恢复能力划分为 6 级。

（1）基本支持。要求数据备份系统能够保证每周至少进行一次数据备份，备份介质能够提供场外存放。对于备用数据处理系统和备用网络系统，没有具体要求。

（2）备用场地支持。在满足等级 1 的条件基础上，要求配备灾难恢复所需的部分数据处理设备，或灾难发生后能在预定时间内调配所需的数据处理设备到备用场地；要求配备部分通信线路和相应的网络设备，或灾难发生后能在预定时间内调配所需的通信线路和网络设备到备用场地。

（3）电子传输和设备支持。要求每天至少进行一次完全数据备份，备份介质场外存放，同时每天多次利用通信网络将关键数据定时批量传送至备用场地。配备灾难恢复所需的部分数据处理设备、通信线路和相应的网络设备。

（4）电子传输及完整设备支持。在等级 3 的基础上，要求配置灾难恢复所需的所有数据处理设备、通信线路和相应的网络设备，并且处于就绪或运行状态。

（5）实时数据传输及完整设备支持。除要求每天至少进行一次完全数据备份、备份介质场外存放外，还要求采用远程数据复制技术，利用通信网络将关键数据实时复制到备用场地。

（6）数据零丢失和远程集群支持。要求实现远程实时备份，数据零丢失；备用数据处理系统具备与生产数据处理系统一致的处理能力，应用软件是"集群的"，可实时切换。

7.9 大数据资源管理、开发与利用

随着信息技术的高速发展，人们积累的数据量急剧增长，数据处理能力也越来越强，从数据处理时代到微机时代，再到互联网络时代，现如今已演变为大数据挖掘与分析的时代。大数据带来了机遇与挑战，尤其在收集了巨量数据后，已无法用人脑来推算、估测，或者用单台的计算机进行处理。怎样去优化整合、分析这些数据，占领大数据发展的至高地，是当前数据资源开发与利用的主要方向。

7.9.1 大数据概述

大数据就是大量有价值的数据，并且数据资料规模巨大到无法通过人脑甚至主流工具软件在合

理时间内进行处理和分析，加工成对部门或企业有更大价值的信息数据。它具有以下四个特性，即更大的容量（Volume，从 TB 级跃升至 PB 级，甚至 EB 级），更高的多样性（Variety，包括结构化、半结构化和非结构化数据），以及更快的生成速度（Velocity），前面三个的组合推动了第四个因素价值（Value）。

7.9.2 国家大数据发展战略

作为世界上最大的互联网市场，我国的大数据发展日新月异。党的十八大以来，在习近平网络强国战略思想的指导下，党中央审时度势，精心谋划，进行了一系列超前布局，大数据产业取得突破性发展。2015 年，十八届五中全会首次提出"国家大数据战略"，这是大数据第一次写入党的全会决议，标志着大数据战略正式上升为国家战略。

2016 年 12 月 16 日，国务院印发了《"十三五"国家信息化规划》（以下简称《规划》）。《规划》是"十三五"国家规划体系的重要组成部分，是指导"十三五"期间各地区、各部门信息化工作的行动指南。《规划》中多处提及大数据及其相关内容，其中，在第四部分"重大任务和重点工程"及第五部分"优先行动"中，强调了"建立统一开放的大数据体系"及"数据资源共享开放"的任务和行动。

2017 年 5 月 3 日，国务院发布了《政务信息系统整合共享实施方案》，该方案是继政务大数据十三五规划和《政务信息资源共享管理暂行办法》之后的又一重磅文件。大数据约有 80% 来自广义的政府数据，是数据开放共享最关键的部分。我们经常说，网络时代人人皆记者。也就是说，不论年龄、职业，只要你有相机、手机等设备，人人都可以像记者一样随时发布信息。所以说很多事情不可能再像以前那样去捂住盖住，堵不如疏，政府数据的开放势在必行。因此，方案中提出了明确的目标：2017 年 12 月底前，基本完成国务院部门内部政务信息系统整合清理工作；2018 年 6 月底前，实现国务院各部门整合后的政务信息系统统一接入国家数据共享交换平台，初步实现国务院部门和地方政府信息系统互联互通。

为保证国务院政策的真正落实，2016 年国家发改委还密集出台了《关于组织实施促进大数据发展重大工程的通知》、《促进大数据发展三年工作方案（2016-2018）》等配套政策；2017 年 1 月 17 日，工业和信息化部正式发布了《大数据产业发展规划（2016-2020 年）》，明确了十三五时期大数据产业的发展思路、原则和目标，将引导大数据产业持续健康发展，有力支撑制造强国和网络强国建设。

7.9.3 大数据采集与预处理

数据采集与预处理处于大数据生命周期中第一个环节，它通过 RFID 射频数据、传感器数据、社交网络数据、移动互联网数据等方式获得各种类型的结构化、半结构化及非结构化的海量数据。主要包括以下三种：

（1）系统日志采集。业务平台每天都会产生大量的日志数据。日志收集系统要做的事情就是收集业务日志数据，供离线和在线的分析系统使用。

（2）网络数据采集。网络数据采集是指通过网络爬虫或网站公开 API 等方式从网站上获取数据信息的过程。这样可将非结构化数据、半结构化数据从网页中提取出来，并以结构化的方式将其存储为统一的本地数据文件。它支持图片、音频、视频等文件的采集，且附件与正文可自动关联。对于网络流量的采集则可使用 DPI 或 DFI 等带宽管理技术进行处理。

（3）数据库采集。一些企业会使用传统的关系型数据库 MySQL 和 Oracle 等来存储数据。除此之外，Redis 和 MongoDB 这样的 NoSQL 数据库也常用于数据的采集。这种方法通常在采集端部署大量数据库，并对如何在这些数据库之间进行负载均衡和分片进行深入的思考和设计。

7.9.4   大数据存储与管理

根据数据类型，大数据的存储和管理可分为三类：

（1）针对大规模结构化数据存储。通常采用新型数据库集群，它们通过列存储或行列混合存储以及粗粒度索引等技术，结合 MPP（Massive Parallel Processing）架构高效的分布式计算模式，实现对 PB 量级数据的存储和管理。这类集群具有高性能和高扩展性等特点。

（2）针对半结构化和非结构化数据存储。采用基于 Hadoop 开源体系的系统平台，实现对半结构化和非结构化数据的存储和管理。

（3）针对结构化和非结构化混合的大数据存储。采用 MPP 并行数据库集群与 Hadoop 集群的混合，实现对百 PB 量级、EB 级数据的存储和管理。利用 MPP 管理计算高质量的结构化数据，提供强大的 SQL 和 OLTP 型服务，同时用 Hadoop 实现对半结构化和非结构化数据的处理。这种混合模式将是大数据存储和管理未来发展的方向。

7.9.5   大数据挖掘与分析

随着信息技术的高速发展，人们积累的数据量急剧增长，动辄以 TB 计，如何从海量的数据中提取有用的知识成为当务之急。数据挖掘就是为顺应这种需要而发展起来的数据处理技术，是知识发现（Knowledge Discovery in Database）的关键步骤。

1. 数据挖掘步骤

数据挖掘的实现步骤有三个阶段：数据准备阶段、挖掘阶段、结果分析和评价阶段，如图 7.9 所示。

图 7.9   数据挖掘的基本步骤

数据挖掘一般包括定义问题、数据准备、数据挖掘、结果分析和知识运用等步骤。

（1）定义问题。清晰地定义业务问题，确定数据挖掘的目的。

（2）数据准备。选择数据，在大型数据库和数据集市目标中提取数据挖掘的目标数据集；数据预处理，进行数据再加工，包括检查数据的完整性及数据的一致性、去噪声、填补丢失的域、删除无效数据等。

（3）数据挖掘。根据数据功能的类型和数据的特点选择相应的算法，在净化和转换过的数据集上进行数据挖掘。

（4）结果分析。对数据挖掘的结果进行解释和评价，转换成为能够最终被用户理解的知识。

（5）知识运用。将分析所得到的知识集成到业务信息系统的组织结构中去。

2. 数据挖掘类型

数据挖掘方法分为两大类：预测型和描述型。

1）预测型数据挖掘

预测型模式是可以根据数据项的值精确确定某种结果的模式。挖掘预测型模式所使用的数据也都是可以明确知道结果的。常用方法有如下几种：

（1）分类（Classification）。分类就是找出一个类别的概念描述，它代表这类数据的整体信息即该类的内涵描述，并用这种描述来构造模型，一般用规则或决策树模式表示。分类是利用训练数据集通过一定的算法而求得分类规则。

（2）回归分析（Regression）。回归分析是根据具有已知值的变量来预测其他变量的值。它与分类模式相似，差别在于分类模式的预测值是离散的，回归模式的预测是连续的。

（3）时序分析（Time Series）。时序分析模式是指通过时间序列搜索重复发生概率较高的模式。与回归分析一样，它也是用已知的数据预测未来的值，但这些数据的区别是变量所处的时间不同。

2）描述型数据挖掘

描述型模式是对数据中存在的规则做一种描述，或者根据数据的相似性进行数据分组。常用方法有如下几种：

（1）关联分析（Association Analysis）。两个或两个以上变量的取值之间存在某种规律性，就称为关联。数据关联是数据库中存在的一类重要的、可被发现的知识。关联分为简单关联、时序关联和因果关联。关联分析的目的是找出数据库中隐藏的关联网，一般用支持度和可信度两个阈值来度量关联规则的相关性，并不断引入兴趣度、相关性等参数，使得挖掘的规则更符合需求。

（2）聚类分析（Clustering）。聚类是把数据按照相似性归纳成若干类别，同一类中的数据彼此相似，不同类中的数据相异。聚类分析可以建立宏观的概念，发现数据的分布模式，以及数据属性之间可能存在的相互关系。

3. 数据挖掘算法

数据挖掘算法是创建数据挖掘模型的机制。为了创建模型，算法首先分析一组数据并查找特定模式和趋势。算法使用此分析的结果来定义挖掘模型的参数，然后将这些参数应用于整个数据集，提取可行模式和详细统计信息。常用的算法如下：

（1）关联算法。查找数据集中不同属性之间的相关性。这类算法最常见的应用是创建可用于顾客购买行为模式分析的关联规则，关联模型基于包含各事例的标识符及各事例所包含项的标识符的数据集生成。

（2）聚类分析算法。基于数据集中的其他属性，预测一个或多个离散变量。聚类分析算法是一种分段算法，该算法使用迭代技术将数据集中的事例分组为包含类似特征的分类。在浏览数据、标识数据中的异常及创建预测时，这些分组十分有用。聚类分析模型标识数据集中了可能无法通过随意观察在逻辑上得出的关系。

聚类分析算法不同于决策树算法等其他数据挖掘算法，区别在于无需指定可预测列，便能生成聚类分析模型。聚类分析算法严格地根据数据，以及该算法所标识的分类里存在的关系来定型。

（3）决策树算法。决策树算法由分类和回归算法组成，用于对离散和连续属性进行预测性建模。

① 对于离散属性，该算法根据数据与输入列之间的关系进行预测，它使这些列的值预测指定为可预测的列的状态。具体地说，该算法标识了与可预测列相关的输入列，决策树根据朝向特定结果发展的趋势进行预测。

② 对于连续属性，该算法使用线性回归确定决策树的拆分位置。

如果将多个列设置为可预测列，或输入数据中包含设置为可预测的嵌套表，则该算法将为每个可预测列生成一个单独的决策树。

（4）Naive Bayes 算法。Naive Bayes 算法是一种分类算法，用于预测性建模。Naive Bayes 算法使用贝叶斯定理，但未将可能存在的依赖关系考虑在内，因此，该假定称为理想化假定。

（5）神经网络算法。神经网络算法组合输入属性的每个可能状态和可预测属性的每个可能状态，并使用定型数据计算概率，之后可以根据输入属性，将这些概率用于分类或回归，并预测被预测属性的结果。

使用神经元网络算法构造的挖掘模型可以包含多个网络，这取决于用于输入和预测的列的数量，或者取决于仅用于预测的列的数量。一个挖掘模型包含的网络数取决于挖掘模型使用的输入列和预测列包含的状态数。

（6）顺序分析和聚类分析算法。顺序分析和聚类分析算法是一种顺序分析算法。可以使用该算法来研究通过下面的路径或"顺序"链接到的事件的数据，该算法通过对相同的顺序进行分组或分类来查找最常见的顺序。

该算法在许多方面都类似于聚类分析算法。不过，顺序分析和聚类分析算法不是查找包含类似属性的事例的分类，而是查找顺序中包含类似路径的事例的分类。

（7）时序算法。时序算法提供了一些针对连续值（例如，一段时间内的产品销售额）预测进行优化的回归算法。时序算法的一个重要功能就是可以执行交叉预测，如果用两个单独但相关的序列为该算法定型，则可以在生成的模型中根据一个序列的行为预测另一个序列的结果。

（8）线性回归算法。线性回归算法是决策树算法的一种变体，有助于计算依赖变量和独立变量之间的线性关系，然后利用该关系进行预测。该关系采用的表示形式是最能代表数据序列的线的公式，可以使用线性回归确定两个连续列之间的关系。

（9）逻辑回归算法。逻辑回归算法是神经网络算法的一种变体。逻辑回归是一种众所周知的统计方法，用于对二进制结果（如 Yes-No 结果）建模。

第8章 大运维体系的安全系统

明者远见于未萌，而智者避危于无形。——西汉　司马相如《谏猎书》

大型信息系统的信息安全直接关系到国家安全、经济发展和社会稳定。当前，全球信息安全威胁的环境发生了较大变化，安全威胁的数量不断上升，攻击手段日益复杂。国家对大型信息系统的信息安全提出了更高的要求，大运维体系的人员责任重于泰山。如何加快信息安全建设，保障大型信息系统整个生命周期的安全，提升大型信息系统应对新环境下各种威胁的能力，是大型信息系统安全运维建设面临的新的契机和挑战。

8.1 大运维体系安全系统概述

8.1.1 大型信息系统面临的安全威胁

当前，各国都把信息安全作为国家安全和经济安全事务中的首要工作。随着信息网络的社会属性日趋明显，现实社会同信息网络的互动更加密切，大型信息系统在国家政治、经济、通信等诸多领域应用更广、作用更突出。

目前我国大型信息系统存在信息安全防护体系尚未完善、核心技术受制于人、安全运维保障难度大等问题，导致大型信息系统无法应对新环境下可能存在的安全威胁，信息安全形势日趋严峻，主要表现在以下几个方面：

1. 信息安全保障体系尚未完善，被动安全防护模式无法抵御高强度攻击

安全事件频发不穷，国家、军队、企业等对信息安全问题给予了高度重视。近年来，国家初步建成了涵盖信息安全防护、检测、响应与评估的信息安全保障体系，形成了信息安全保障组织管理、标准规范、技术研究体系。但是，由于我国信息安全起步较晚，很多大型系统在信息化建设初期并没有考虑信息安全问题，或是仅依靠堆砌防火墙、防病毒、入侵检测等安全产品形成安全防护体系。由于缺乏信息安全防护体系的顶层设计，缺乏有效的整体防御体系和规划，导致大型信息系统现有的安全防护措施无法抵御来自网络空间的高强度攻击。与此同时，很多大型信息系统主要采用"打补丁"的安全防护模式，这种被动安全防护模式一方面会造成系统运行效能和可靠性降低，另一方面也会造成安全防护能力不够，在高强度攻击下无法实施有效的安全保障。开展信息安全防护体系顶层设计，信息安全保障逐步由传统的被动防护转向"监测-响应式"的主动防御，构建完整、联动、可信、快速响应的综合防护防御体系，是大型信息系统信息安全建设面临的挑战之一。

2. 核心技术受制于人，安全隐患日益严重

我国关键基础设施、核心技术受制于人的问题十分严重，国防、政府、金融、通信、工业控制等领域的大型信息系统建设所采用的芯片处理器、元器件、网络设备、存储设备、操作系统、通用协议和标准等，很大部分都依赖国外产品和技术，给大型信息系统安全可靠运行带来无法控制的安全隐患，比如这些产品自身安全性尚不明确，可能存在难以控制的木马、漏洞和后门等问题，使得网络和系统易遭受攻击，面临敏感信息泄露、系统无法正常运行等安全风险，整体安全防护能力不受控。随着国家对自主可控的需求越来越迫切，近年来，操作系统、数据库、CPU、网络设备等实

现了国产化，初步形成了国产关键软硬件产品体系，但是目前国产化程度还不高，主要是软硬件平台性能不高、兼容性较低、接口开放性较差、应用软件国产化迁移难度较大等。大型信息系统关键设备、核心技术要全部实现国产化、高效可用、安全可信，仍存在很大的差距。加强自主可控、安全可信的核心基础设施建设，构建稳固根基。提升整体安全防护效能，是大型信息系统信息安全建设面临的挑战之一。

3. 新技术新应用带来新的安全挑战，传统安全防护模式难以应对

随着虚拟化、大数据、跨域安全等新一代信息技术在大型信息系统中应用，对信息安全提出了更高的要求。大型信息系统采用虚拟化技术后，所有的计算资源、网络资源和存储资源都是虚拟的，系统和上层的安全防护产品都运行在虚拟基础设施之上，需要确保虚拟基础设施的安全。大型信息系统根据业务和安全性需要，通常划分为多个安全域，安全域之间存在资源访问的需求，需要保障信息资源的跨域安全流转，由传统的基于物理边界的安全防护向不同动态安全域之间的访问控制转变。大型信息系统包含各种类型的海量数据，数据更加复杂、敏感，数据的大量聚集给数据的存储和防止篡改、窃取带来了技术上的难题，传统的安全防护手段无法跟上数据量非线性增长的步伐，研究应用新技术并解决其存在的安全问题是大型信息系统信息安全建设面临的挑战之一。

4. 安全事件层出不穷，安全运维难度增大

大型信息系统包含的设备种类众多，数量大，管理难度大，系统安全防护策略难以感知，无法实现安全资源的动态调动。大型信息系统自身存在的安全脆弱性使其容易遭受各种已知或未知的安全威胁，面临各种安全风险。即使采取了防护措施，仍可能存在残留风险，从而导致信息泄露、业务中断、网络瘫痪等信息安全事件发生。

大型信息系统中的数据中心机房火灾时有发生，触目惊心。2018 年 9 月 30 日，投资 220 亿的青岛惠普数据中心发生起火事件，现场图片如图 8.1 所示 [1]；2017 年 4 月 5 日，拥有"信息黄埔"之称的北京邮电大学校园核心机房着火受损，众多北京高校校园网纷纷崩溃；2014 年 7 月 20 日，重庆农商行数据中心发生重大火灾，整个机房全部烧毁，直接损失达到一亿元以上。

图 8.1　青岛西海岸惠普数据基地火灾现场图片

1）注：此信息来源于搜狐新闻刊登的《青岛 220 亿的数据中心遭遇火灾，突发状况谁来买单？》一文。

安全事件的发生不可避免，单一的以安全技术为主的应对策略在应对大规模网络突发事件时已无能为力。准确掌握大型信息系统的安全状态，找准安全防护工作的薄弱环节，提升应对各类安全事件的能力，保证大型信息系统的强生存性，是大型信息系统信息安全建设过程中面临的挑战之一。

综上所述，大型信息系统在安全建设过程中面临"技术要素多，管理过程杂，实施难度大"的问题，现有的安全防护体系无法抵御来自网络空间的高强度威胁，因此大力推进大型信息系统安全体系化和自主化建设，提升强信息对抗环境下的防护能力刻不容缓。

8.1.2　大型信息系统的安全需求

大型信息系统的安全性需要从物理环境、链路与网络、计算机系统、应用系统等构成要素和人为因素的各个方面来全面考虑防卫的问题。

1. 物理环境的安全

保证大型信息系统所有设备、机房及其他场地的安全，是整个大型信息系统信息安全的前提。为保护计算机设备、设施（含网络）以及其他媒体免遭地震、水灾、火灾、有害气体和其他环境事故（如电磁污染等）破坏，应采取各种保护措施和手段。

2. 链路与网络的安全

数据链路与网络的通信连接就安全而言是较为薄弱的环节。网络层是网络入侵者进攻大型信息系统的渠道和通路。许多安全问题都集中体现在网络层的安全方面，其具体表现如下：

（1）网络拓扑结构。保证网络安全的首要问题就是要合理划分网段，利用网络中间设备的安全机制控制各网络间的访问。

（2）网络协议。由于网络系统内运行的 TCP/IP 协议并非专为安全通讯而设计，所以网络系统存在大量安全隐患和威胁。

3. 计算机系统的安全

没有计算机系统的安全就没有大型信息系统的安全。目前所使用的计算机操作系统并不是完美无缺、无懈可击的，其系统本身在结构和代码设计时偏重于考虑系统使用的方便性，所以易导致系统的安全机制不健全，存在很多安全漏洞。

而数据库管理系统的安全与操作系统的安全又密不可分，所以随之而来的就是一系列必须防范的安全问题，绝不可掉以轻心。

4. 应用系统的安全

大型信息系统应用系统的安全，包括各个业务系统的应用系统，例如，内部办公自动化系统、网上审批系统等。目前，应用层安全的解决往往依赖于网络层、操作系统、数据库的安全。由于应用系统复杂多样，没有特定的安全技术能够完全解决某些特殊应用系统的安全问题。但对一些通用的应用程序，如 Web Server 程序、FTP 服务程序、E-mail 服务程序、浏览器、MS Office 办公软件等，网络安全巡警系统或系统漏洞扫描可以帮助检查这些应用程序自身的安全漏洞和由于配置不当造成的安全漏洞。

5. 人为因素

不管什么样的大型信息系统都离不开人的管理，大型信息系统安全系统中最关键、最核心和最活跃的因素是人。有一批品德优良、遵纪守法、业务过硬的工作人员，加上严格与完善的管理制度，才能保证数据中心的安全运行。

8.1.3　大型信息系统的安全系统结构

　　不同行业的大型信息系统的安全系统各异，但是其结构都是十分复杂的。为便于说明，下面以一个典型的某行业的省级大型信息系统的网络安全架构为例，进行简要的介绍，其网络安全系统架构如图 8.2 所示。

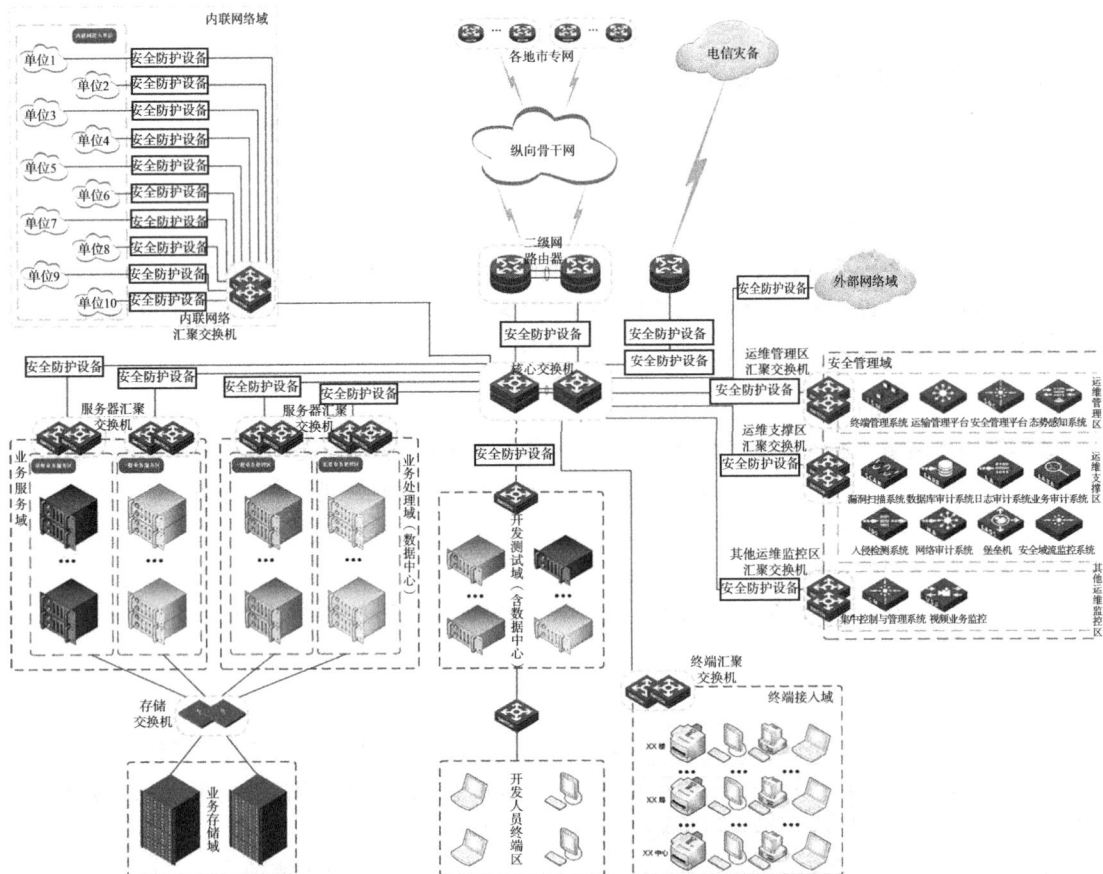

图 8.2　某行业的省级大型信息系统的网络安全结构

1. 外联网络域

　　某行业的省级大型信息系统外联网域涉及外部网络接入，依据各外联链路的业务需求不同，所配置的边界也各不相同。除了对边界平台进行规划外，在各个边界接入到外联网络汇聚交换机进行双向访问控制，避免各链路之间或链路与信息网之间越权访问，入侵防护和防病毒问题通过一体化安全设备解决，配置设备为第二代防火墙。

2. 内联网络域

　　各内联单位由于其自身工作的需要，都通过专线接入，组成某行业的省级大型信息系统的一部分。但是由于自身的特殊性，其内部网络的管理相对薄弱，且应用人员为其行业人员，可控性一般，因此需要重点加强行业的接入管理控制。在每个接入点部署一套综合安全网关进行安全管控。综合安全网关具备防火墙、入侵防御、防病毒三个基本功能，起到访问控制、端口过滤、入侵防御、网络病毒过滤等效果。保护网络系统主体安全不受来自外界的病毒传播、网络入侵影响。依据各内联网链路的业务需求不同，综合安全网关主要分为两大类：

（1）业务流量较小。因业务流量较小，可以通过一体化安全设备解决，需要具备防火墙、防入侵和防病毒等功能，配置设备为第二代防火墙，可以依据情况独立配置或多个内联网单位共用一套（双冗余）。

（2）业务流量较大。因业务流量较大，需要满足各个业务需求的开展，部署独立设备实现防火墙、防入侵和防病毒等功能，配置设备为防火墙、入侵防御系统和防病毒网关，每个大流量单位独立配置一套（双冗余）。

3. 业务应用

业务应用主要包含业务服务域、业务处理域和业务存储域。

1）业务服务域

应用系统主要分为基础性平台系统及各业务系统，依据各业务的重要程度，主要分为一般业务服务区和重要业务服务区两大类。需要分别就业务服务的安全需求进行设计，具体如下：

（1）一般业务服务区：主要进行访问控制及防攻击控制，配置设备为防火墙和 Web 应用防火墙。

（2）重要业务服务区：主要实现访问控制、身份认证、URL 过滤、内容审计等功能，配置设备为防火墙和数据安全交换平台。

2）业务处理域（数据中心）

（1）主要功能。某行业的省级大型信息系统建设省级共享资源库平台，其主要功能包括数据归集和数据共享：

① 数据归集。数据归集主要是将各业务部门的业务数据归集后经过清洗形成标准化数据，并录入共享资源库。

② 数据共享。数据共享指的是内部各业务部门之间的共享，以及将自身的数据共享给其他政府部门。

（2）数据特点：

① 数据种类很多，包括自身产生的数据和外部归集过来的数据。

② 数据体量非常大，且呈现几何式增长。

③ 数据类型混杂，有基础数据和敏感数据。

④ 数据对内及对外共享应用要求高。

（3）安全防护设备。安全防护设备依据各业务数据的重要程度，主要分为一般业务处理区和重要业务处理区两大类。分别就业务数据的安全要求进行设计，具体如下：

① 一般业务处理区：主要进行访问控制及防攻击控制，配置设备为防火墙和数据库防火墙。

② 重要业务处理区：主要实现访问控制、身份认证、URL 过滤、内容审计等功能，配置设备为防火墙和数据安全交换平台。

3）业务存储域

建设省级业务存储平台，将各类业务及数据进行存储和备份，保证数据完整、保密及可用。由于业务存储域与应用服务器和数据库服务器通过存储交换机直接连接，相关服务器前端已设置安全防御手段，为了保证数据存储和读取的高效，存储域前端暂未做相关安全防御设备。

4. 开发测试域

某行业的省级大型信息系统的应用系统繁多，随着信息化应用的要求不断增加，新增应用也相应增多，对各类新应用需要进行开发，在开发和测试过程中可能需要接入网络进行各类测试，所以需要独立划分一个开发测试域。

在普通开发和简单测试阶段，可以进行隔离内网测试（断开与内网连接），软件上线前和试用阶段，需要在用户初使用时，通过安全数据交换平台可对访问的数据和内容进行强力隔离和控制。

5. 终端接入域

某行业的省级大型信息系统拥有的各类终端数量较大，具备的终端安全措施主要有终端入网检测、杀毒软件、保密 U 盘管理、终端助手等，可对终端的资产、终端行为、终端外设、终端软件等进行全方位的管理。

6. 安全管理域

安全管理域分为三个区，分别为运维管理区、运维支撑区、其他运维监控区。

（1）运维管理区。运维管理区主要解决整体运维管理的问题，主要部署最终管理和展示相关系统，主要包含终端管理系统、运维管理系统、安全管理平台和态势感知系统等。

因安全相关信息流量较大，需要满足各个管理平台的性能需求，需要独立设备实现防火墙、防入侵和防病毒等功能，配置设备为防火墙、入侵防御系统和防病毒网关。

（2）运维支撑区。运维支撑区主要采集运维管理中信息采集及分析的支撑信息，主要部署信息安全事件采集、归纳、审计和存储等系统，主要包含漏洞扫描系统、入侵检测系统、数据库审计系统、网络审计系统、日志审计系统、堡垒机、业务审计系统和安全域流量监控系统等。

其中本区域设备的管理口均汇聚到运维支撑区交换机上，安全设备配置主要解决越权访问的问题，独立配置防火墙进行访问控制即可。

（3）其他运维监控区。其他运维监控区主要部署非本业务应用相关的监控与管理系统，主要包括视频业务监控、集中控制与管理系统等。

为避免各运维监控系统之间或运维监控系统与信息网之间越权访问、入侵防护和防病毒问题，依据各运维监控系统的需求配置不同性能的安全防护设备，配置的设备为第二代防火墙。

8.1.4　安全运维管理的概念、范畴与标准

1. 安全运维管理的概念

按照 ISO/IEC 27001《信息技术安全技术信息安全管理体系要求》标准，安全运维管理是指企业或组织按照信息安全管理体系相关标准和要求，制定信息安全管理的方针和策略，并采用风险管理的方法进行信息安全管理计划、实施、评审、检查、改进的信息安全管理工作，是集方法、技术、手段、制度、流程于一体的一套完整的管理体系。

安全运维管理是对信息系统进行安全管理的技术支撑手段，通过安全运维管理系统，实现对网络安全设备统一监控管理，对安全事件集中采集和存储，对全局安全状态进行统一分析和呈现，对安全风险进行预警和处置，对安全策略进行统一配置和管理，对应急任务进行统一安排和协同，对运维保障能力进行量化分析和评估，从而实现网络安全管理的智能化、精确化、科学化、可视化，简化管理复杂度，提升信息系统的整体安全防护水平。

2. 安全运维管理的定位及作用

网络安全通常体现在三个方面：

① 系统自身安全防护，是各应用系统和安全对象自身的基础防护措施，降低自身的安全风险。

② 安全产品防护，是在各系统自身基础防护措施之上，对应用系统和安全对象采取的外围防护措施，主要应对外部的安全威胁。

③ 统一安全运维管理，是通过安全集中监控管理将系统自身安全防护和外围安全防护产品所产生的大量安全信息进行统一分析和管理，以提高安全防护效率和整体安全水平。

安全管理运维产品并不是取代原有的安全产品，而是在这些安全产品的基础上，面向具体安全需求，从业务安全角度出发，构建一体化的技术集成平台，是日常开展网络安全管理运维活动的上层支撑平台，可提供对各种安全产品及系统的整合和协调，实现对各种安全对象、安全事件及数据的统一管理、集中分析、融合展现。

3. 国内信息系统安全标准

为了加强信息安全标准化工作的组织协调力度，国家标准化管理委员会批准成立了全国信息安全标准化技术委员会（简称"信安标委会"，编号为 TC260）。在信安标委会的协调与管理下，我国已经修订了几十个信息安全标准，为信息安全产品检测认证提供了技术基础，发布了国家标准《计算机信息系统安全保护等级划分准则》（GB 17895-1999）、《信息系统安全等级保护基本要求》等技术标准和《信息安全技术 信息系统安全管理要求》（GB/T 20269-2006）、《信息安全技术信息系统安全工程管理要求》（GB/T 20282-2006）、《信息系统安全等级保护基本要求》等管理规范，并引进了国际上著名的《ISO 17799：2000：信息安全管理实施准则》、《BS7799-2：2000：信息安全管理体系实施规范》等信息安全管理标准，制定了《信息安全技术信息安全风险评估规范》（GB/T 20984-2007）。

8.2 大运维体系安全系统的运维架构

8.2.1 安全运维架构

信息系统安全运维框架主要由安全运维组织架构、安全运维策略架构、安全运维系统架构、安全运维流程及规范、安全运维评审及改进组成。运维组织架构的设立，是安全运维工作开展的有力保障，依赖于安全运维系统，遵循安全运维流程及规范，制定合规性的安全运维策略，同时对服务进行有效的评审并持续改进，实现自我纠错、逐步提升。安全系统的运维架构如图 8.3 所示。

1. 安全运维组织架构

安全运维组织的建设，是保证网络安全管理工作的必备条件。安全保障体系建设除了接受国家信息安全管理机关（如公安部门、网信办等）的宏观管理外，在内部还应建立自己的信息安全组织。安全管理机构对信息系统的安全管理工作是垂直的、自上而下的，网络延伸到哪里，信息安全工作就要管到哪里。岗位由信息安全运维组织根据系统安全要求设定，可依据管理对象或安全职责设立相应的安全管理岗位。

根据大运维体系建设的要求，应建立包括决策层、管理层和执行层的三层信息安全管理的组织体系架构，对三个层面涉及的部门、角色的安全职责进行明确划分，并进行相应的岗位人员建设，进一步健全信息安全管理责任制。

（1）决策层的主要职责。审议和批准信息安全保障体系建设规划、信息安全策略、规章制度和信息安全工程建设方案等，为本单位信息安全保障体系建设提供各类必要的资源，对信息安全的宏观问题进行决策，审定信息安全重大突发事件应急预案。

（2）管理层的主要职责。制定并贯彻落实信息安全保障体系建设设计、安全策略、规章制度，监督、检查规章制度的执行情况，组织实施信息安全建设项目、人员安全、安全教育与培训，协调信息安全日常工作中的各项事宜等。

（3）执行层的主要职责。管理维护本单位信息安全设备，监测本单位信息安全状态，进行安全审计，在发生安全事件后及时组织有关技术人员进行事件响应。原则上信息安全管理员不应由系统管理员、网络管理员、数据库管理员等兼任。

大运维体系安全系统的运维架构

安全运维过程

风险识别与评估

风险处置

风险加固

运维策略架构

物理环境安全策略

网络平台安全策略

主机系统安全策略

应用系统安全策略

安全设施及安全策略

信息数据安全策略

运维组织机构

安全组织架构设计

岗位设置

安全运维系统

安全防护

物理安全防护　　网络安全防护

系统安全防护　　应用安全防护

数据安全防护

安全检测

环境监控　　网络监控

系统监控　　应用监控

系统测评

安全审计与应急响应

备份与恢复

流程建设

机房出入管理流程　　终端入网管理流程

系统变更管理流程　　设备维修报废流程

系统上线测试流程　　信息安全考评指标

应急与事件处置　　网站信息发布流程

规范建设

终端安全规范

资产分类分级规范

操作系统安全配置规范

数据库系统安全配置规范

网络设备安全配置规范

信息安全事件分类分级规范

安全运维评审及改进

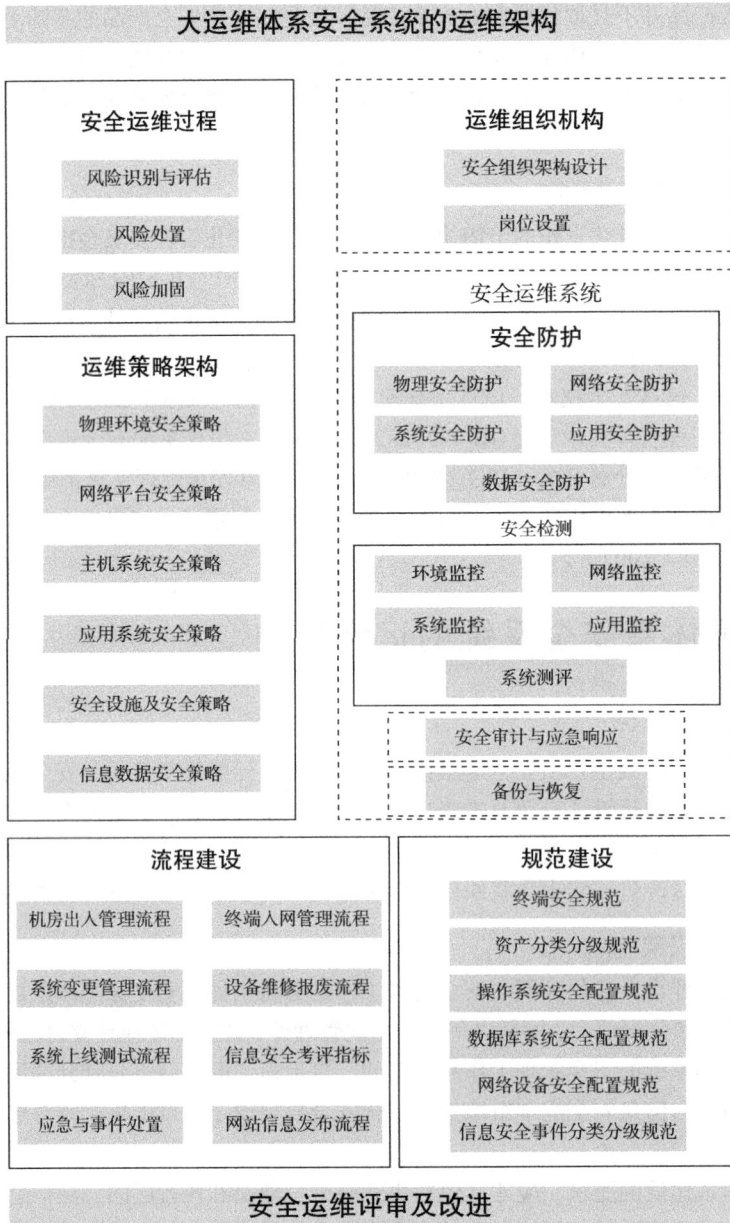

图 8.3　安全系统的运维架构

2. 安全运维策略架构

安全运维策略体系作为信息安全保障体系的核心，是各级单位开展信息安全工作的主要目标和依据，主要包括总体方针和分项安全策略两部分内容。

1）总体方针

总体方针是指导所有信息安全工作的纲领性文件，也是信息安全决策机构对信息安全工作的决策和意图的表述，主管运维部门应制定安全总体方针，并且该总体方针应围绕行业的发展战略，以网络安全等级保护等国家各类合规性标准、行业信息安全保障体系建设指南、ISO 27001 的"安全策略"为依据，阐述信息安全保障体系建设的目的、适用范围、安全定义、体系结构、安全原则、关键性成功因素和声明等内容，使得该"安全方针"成为安全工作的总体指导性文件，所有的安全规划、安全建设、安全管理行为等都必须遵循总体方针的要求。

2）安全策略

安全策略是在总体方针的指导下，对信息安全某一方面工作的目标和原则进行阐述的文件，应根据总体方针的要求建立自身的信息安全策略体系和用户信息安全的"统一"策略管理机制，真正实现信息安全方面的统一管理。

3. 安全运维系统架构

信息安全技术体系主要遵守"一个核心、三个维度、四个过程"的设计思路，即以CA体系建设为核心，从安全域、系统层次、威胁路径三个维度进行安全防护设计，最终建设具备防护、检测、响应和恢复能力的动态安全防护体系。安全运维系统架构如图8.4所示。

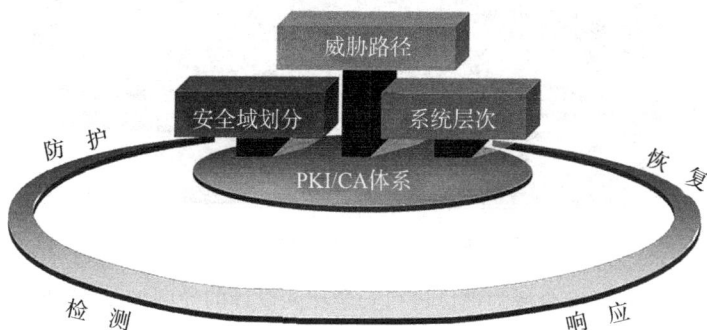

图8.4 安全运维系统架构图

1）一个核心

以行业统一标准PKI/CA（公钥基础设施/认证中心）认证体系为切入点，不断拓展数字证书认证、数据加密、时间戳和数据签名等安全应用，结合统一门户平台建设，逐步实现内部用户的统一管理、业务系统权限的集中分配，并利用CA系统的审计功能对用户系统访问行为进行记录，实现安全责任的可追查、可认定。同时，逐步将基于数字证书的高强度身份认证机制应用到网络准入、系统管理员登录、VPN（虚拟专用网络）登录等方面，从而提高网络和系统层面的安全控制能力。

2）三个维度

"三个维度"主要是指从安全域、系统层次、威胁路径三条主线进行设计和防护，如图8.5所示。

（1）安全域：

① 定义：安全域是在同一工作环境中，具有相同或相似的安全保护需求和保护策略，相互信任、相互关联或相互作用的IT要素的集合。

② 安全域的划分：根据各单位的实际网络情况，安全域可划分为计算域、网络边界域、网络通信域、DMZ域（隔离区）、用户域。其中计算域主要包括应用系统服务器资源、安全系统服务器资源等；网络边界域主要包括互联网外联域、外部单位连接域、行业网出口等；网络通信域主要包括核心网络设备、边界网络设备、汇聚层网络设备与接入层设备等；DMZ域主要包括对外开放的门户网站服务资源和对外提供服务的Web应用系统；用户域主要包括办公计算机、维护终端、外来终端等。

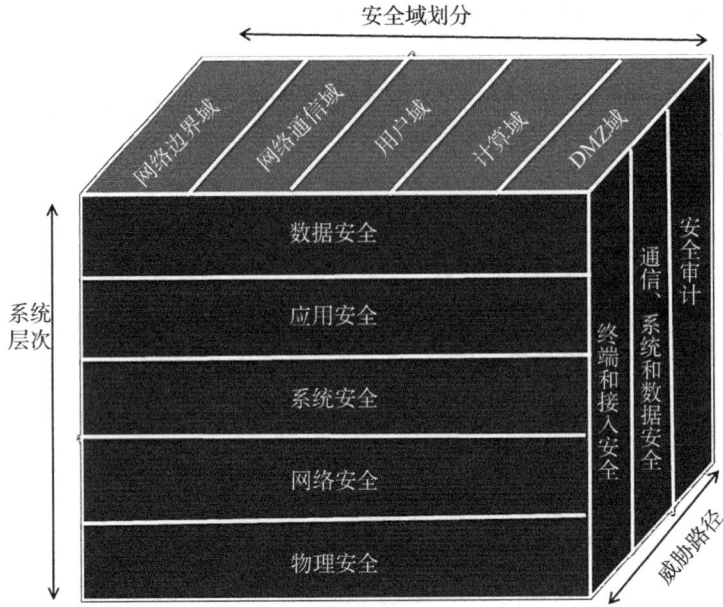

图 8.5　"三个维度"描述图

③ 安全域的功能设计：以安全域为单位进行安全功能设计的导图如图 8.6 所示。

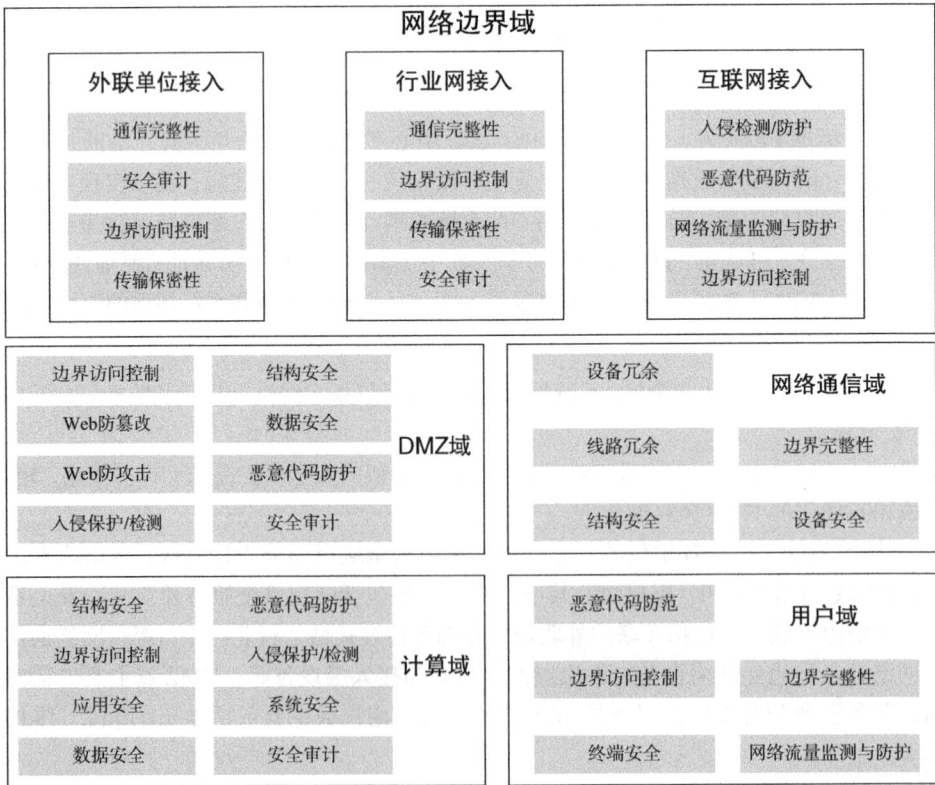

图 8.6　安全域功能设计导图

·计算域：主要包括系统冗余、数据备份与恢复、数据保密性、系统访问控制、系统层面双因素认证、应用层面双因素认证和访问控制、主机防病毒、系统漏洞管理、系统安全基线、抗抵赖、通信完整性、通信保密性、数据可恢复性、数据保密性、系统入侵检测、应用程序漏洞管理、系统安全审计、应用安全审计等。

·网络边界域：主要包括网络边界访问控制、网络边界病毒防护、网络入侵防御、网络准入控制、上网行为管理、网络入侵检测等。

·网络通信域：主要包括网络冗余、网络流量监测、网络区域划分、网络漏洞管理、网络安全基线、网络行为安全审计等。

·用户域：主要包括终端准入控制、安全审查、终端资产管理、移动存储介质管理、恶意代码防范、上网行为管理等。

·DMZ 域：主要包括网站防篡改、Web 站点安全检测、应用程序代码审计、应用程序漏洞管理、恶意代码防范、流量监测等。

（2）系统层次保护。根据系统层级进行安全功能设计的导图如图 8.7 所示。

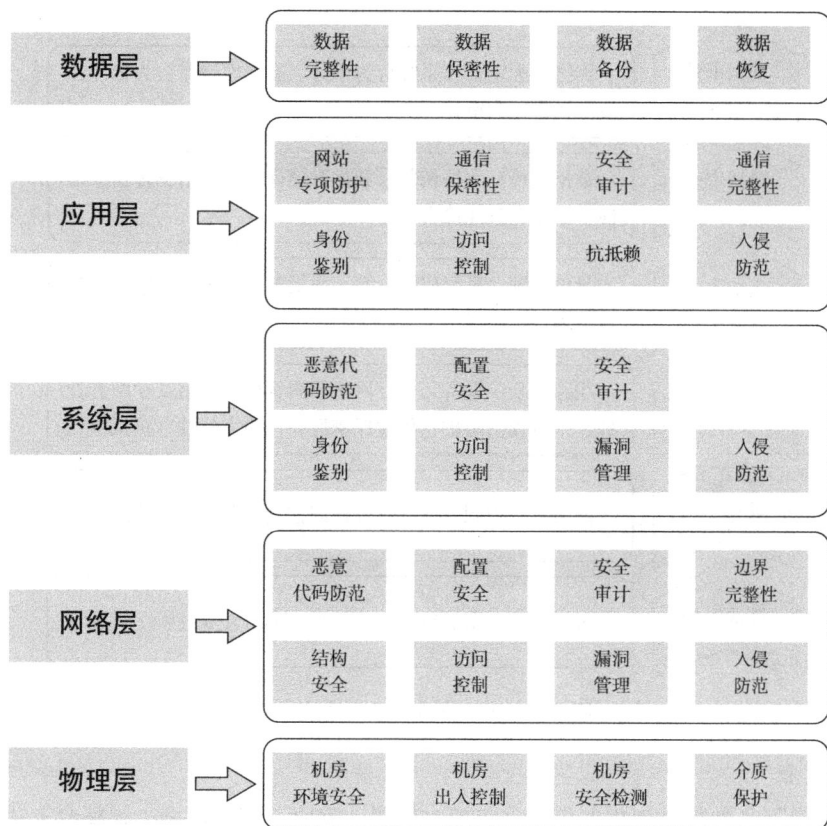

图 8.7 系统层次保护导图

① 物理层：主要包括机房门禁系统、机柜双锁机制、配电安全、防雷接地、机房内部安全监控、消防安全。

② 网络层：主要包括网络区域划分、网络冗余、网络边界防护、网络行为审计、流量监测与 QOS 保证、网络漏洞管理、网络安全基线。

③ 系统层：主要包括系统冗余、系统权限分配、系统访问控制、系统安全审计、主机防病毒、系统漏洞管理、系统安全基线。

④ 应用层：主要包括应用层面双因素认证和访问控制、抗抵赖、通信完整性、通信保密性、应用程序漏洞管理、网站防篡改、Web 站点安全检测、应用安全审计。

⑤ 数据层：主要包括数据备份与恢复、数据保密性。

（3）威胁路径保护。威胁路径保护主要指基于威胁来源的判断和对应脆弱点的识别，从而逐项进行设计，形成端到端的防护体系。一般威胁路径的保护主要包括终端安全、接入控制、通信安全、系统安全、数据安全和安全审计六个环节，具体如下：

① 终端安全：主要包括终端资产管理、策略管理、补丁管理。

② 接入控制：主要包括网络准入控制、网络边界访问控制。

③ 通信安全：主要包括网络漏洞管理、网络配置安全、传输保密性、传输完整性。

④ 系统安全：主要包括身份鉴别、权限控制、系统安全配置管理、系统漏洞管理。

⑤ 数据安全：主要包括数据保密性、数据完整性。

⑥ 安全审计：主要包括系统行为审计、网络行为审计、业务操作行为审计。

基于威胁路径的功能导图如图 8.8 所示。

安全审计	·网络行为审计、系统行为审计、数据库操作行为审计、业务操作行为审计
数据安全	·数据备份、数据恢复、数据存储保密性、数据传输保密性、数据完整性检查
系统安全	·身份鉴别、系统权限控制、系统漏洞管理、系统安全配置管理、防病毒
通信安全	·线路冗余、设备冗余、网络漏洞管理、网络安全配置管理、入侵攻击防护、传输保密性、传输完整性、抗抵赖
接入控制	·网络准入控制、网络边界访问控制、非法链接检测
终端安全	·资产管理、防病毒、策略管理、非法外联、补丁管理

图 8.8 基于威胁路径的功能导图

3）四个过程

"四个过程"主要参照 PDRR 模型（防护、检测、响应、恢复模型），整合上述三个维度中的所有安全功能控制点，最终形成一套具备防护措施、检测功能、响应和恢复能力的动态安全防护体系。它可以分为以下四大类：

① 防护类功能主要包括访问控制、网络结构安全、网络边界防护、系统访问控制、身份认证、终端安全防护、数据安全防护。

② 检测类功能包括物理环境安全的检测、网络和系统安全检测、网站安全检测等。

③ 响应能力包括网络安全审计、系统安全审计、应急响应。

④ 恢复功能主要包括网络和系统冗余、数据恢复等。

PDRR 防护体系如图 8.9 所示。

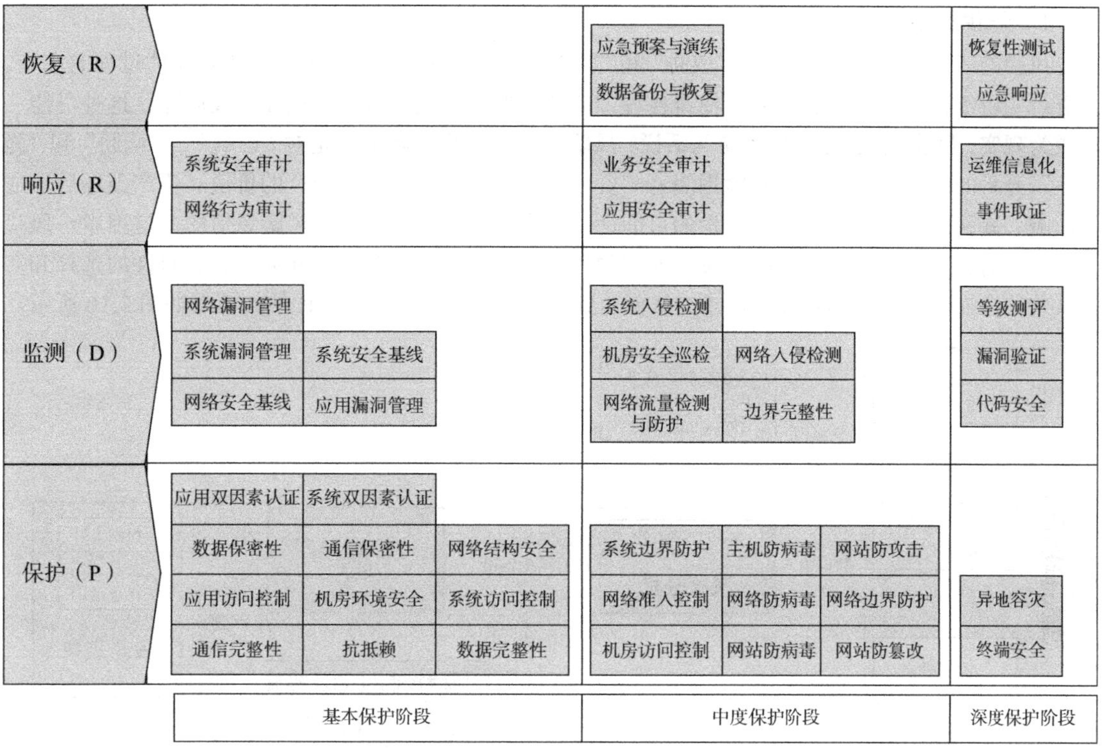

恢复（R）				应急预案与演练			恢复性测试
				数据备份与恢复			应急响应
响应（R）	系统安全审计			业务安全审计			运维信息化
	网络行为审计			应用安全审计			事件取证
监测（D）	网络漏洞管理			系统入侵检测			等级测评
	系统漏洞管理	系统安全基线		机房安全巡检	网络入侵检测		漏洞验证
	网络安全基线	应用漏洞管理		网络流量检测与防护	边界完整性		代码安全
保护（P）	应用双因素认证	系统双因素认证					
	数据保密性	通信保密性	网络结构安全	系统边界防护	主机防病毒	网站防攻击	
	应用访问控制	机房环境安全	系统访问控制	网络准入控制	网络防病毒	网络边界防护	异地容灾
	通信完整性	抗抵赖	数据完整性	机房访问控制	网站防病毒	网站防篡改	终端安全
	基本保护阶段			中度保护阶段			深度保护阶段

图 8.9　PDRR 防护体系图

4. 安全运维流程和规范

1）流程和规范的概念

流程和规范是指规定信息安全运行维护工作的具体内容，规范信息安全运行维护工作方式和次序的一系列文件。流程和规范的作用是将信息安全维护工作规范化和标准化，保障信息安全策略和规章制度有效落实并便于审查。

2）流程和规范的内容

① 运维体系流程应包括入网测试、应急响应与事件处置、信息安全风险评估、安全策略、第三方人员出入管理、系统变更管理、设备维修或报废管理各方面。

② 运维体系规范应包括代码编程规范、网络设备配置规范、操作系统配置规范、防火墙安全配置规范、安全状况综合度量指标等。

8.2.2　安全运维过程设置

1. 风险识别与评估

信息部门应把风险评估作为一项常规化周期性的工作，建立日常自评估和周期性专业评估机制。借鉴业界领先的风险评估框架和方法，针对选定的范围进行一次全面、科学的信息安全风险评估，在识别重要信息资产所面临的风险的同时，摸索总结并建立一套符合实际情况的风险评估规范，为后续风险评估的开展提供依据。

信息部门每年至少进行两次风险评估工作，风险评估主要依托各级信息部门自身的技术力量开展自我评估，如力量不足可选择拥有国家"信息安全风险评估服务资质"的单位提供技术支持，将风险评估工作作为技术服务进行外包。风险评估应该包括以下内容：

1）评估模型

风险的三个要素为"资产"、"威胁"和"脆弱性"，风险要素是整个安全风险评估过程的主导。"资产"由于自身的"脆弱性"，使得各种"威胁"的发生成为可能，从而形成风险，这种可能一旦成为现实，则会造成"影响"。换句话说，风险分析的过程实际上就是对"影响"、"威胁"和"脆弱性"分析的过程，但它们都紧紧围绕着"资产"。在风险评估中，资产的价值、资产破坏后造成的影响、威胁的严重程度、威胁发生的可能性、资产的脆弱程度都成为风险评估的关键因素。风险分析结束后，可以客观地根据所有资产面临的风险状况提出安全需求，并通过有针对性的选择和实施某些安全控制措施来满足安全需求，从而达到降低风险的目的。风险评估的模型如图 8.10 所示。

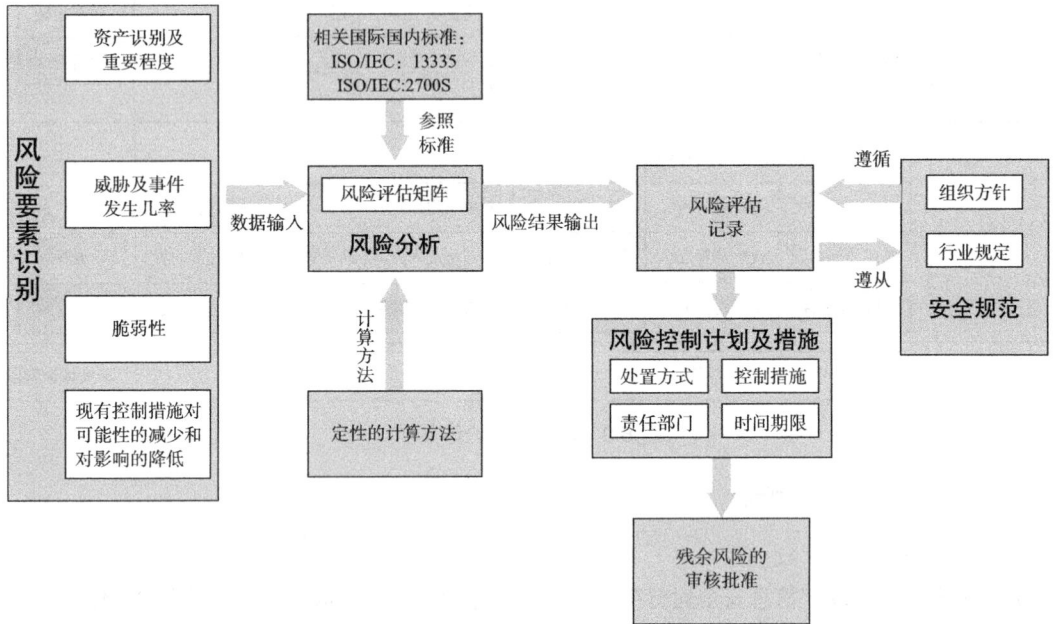

图 8.10 风险评估模型图

2）评估流程

风险评估流程主要分为六个阶段，具体内容如下：

① 确定评估范围阶段，调查并了解系统业务的流程和运行环境，确定评估范围的边界以及范围内的所有网络系统。

② 资产识别阶段，对评估范围内的所有资产进行识别，并调查资产破坏后可能造成的影响，根据影响的大小为资产进行相对赋值。

③ 威胁评估阶段，即评估资产所面临的每种威胁发生的可能性。

④ 脆弱性评估阶段，包括从技术、管理、策略方面进行脆弱程度检查，特别是技术方面，以远程和本地两种方式进行系统扫描和人工检查的评估。

⑤ 风险分析阶段，即通过分析评估数据，进行风险值计算、区分和确认高风险因素。

⑥ 风险管理阶段，主要是总结整个风险评估过程，制定相关风险控制策略，建立风险评估报告，实施某些紧急风险控制措施。

风险评估的流程如图 8.11 所示。

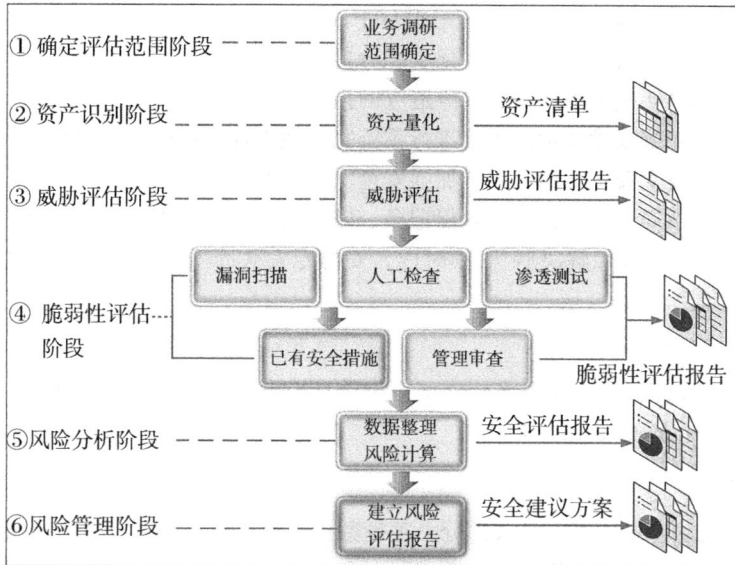

图 8.11 风险评估流程图

2. 风险处置

网络安全的发展日新月异，信息部门对安全事故作出反应的资源和能力较弱，当发生紧急安全问题时，要及时发现问题、解决问题就必须依靠应急响应技术来实现。

信息部门系统大集中模式在提高了工作效率和投资效率的同时，无疑同样面临着巨大的安全运维压力，为了能够提高对意外安全事件的迅速响应和处置能力，各级单位可根据自身实际情况聘请拥有"国家应急响应服务资质"的安全服务商承担应急响应工作，加强信息安全保障能力。其中应急服务的内容一般主要包括：

1）安全事件定义

安全事件是指网络或系统中的计算机或网络设备系统的硬件、软件、数据因非法攻击或病毒入侵等安全原因遭到破坏、更改、泄漏，而造成系统不能正常运行，或已经发现的有可能造成上述现象的安全隐患。

信息部门应急体系的首要任务是根据国家及行业内部相关标准建立安全事件的定义标准，以及安全事件的分级和处理要求。

2）安全事件响应流程

安全紧急响应的服务流程一般应包括以下几个环节：

（1）故障情况通知和确定。服务商应向信息部门提供安全响应热线电话/手机和用户专用的E-mail联系方式，并在接到用户紧急安全响应请求后10分钟内，通过电话、专用E-mail或远程监测等多种方式，确定故障类型，定义故障等级。

（2）远程支持响应。对于能够通过电话或网络方式远程支持解决的重要故障，服务商应承诺在故障等级情况确定后，尽快由远程帮助信息部门从远程修复系统，解决故障，使故障造成的损失降到最小。

（3）现场支持响应。在接到紧急安全响应请求后2小时内，在远程不能确定安全故障类型或故障情况严重且不能通过远程解决的情况下，服务商应承诺安排工程技术人员到达现场解决问题，到达现场时间以交通工具到达时间为限。

（4）安全故障解决。安全故障解决应遵循以下流程：

① 故障诊断：对故障情况进行诊断、记录和分析。

② 故障修复：尽可能减少用户安全故障造成的损失，并修复系统。

③ 系统清理：对安全故障发生的系统进行系统完整性审计、系统安全检查和清理。

④ 系统防护：对发生安全故障的系统加强安全保护措施。

⑤ 证据收集：对由安全故障造成的入侵记录、破坏情况、直接损失情况收集证据。

安全服务商应承诺在故障解决后 72 小时内，安排专人从远程或本地跟踪客户系统运营情况，确保故障从根本上得到解决。

3）安全事件处理报告

安全事件处理完毕后，安全服务商应在两个工作日内提交安全事件处理报告，报告内容应包括事件描述、处理过程、经验及总结等。

3. 安全加固

系统安全是信息安全中的基础组成部分，关键数据和信息直接由系统平台提供。支持分布式计算环境中不断增长的系统平台面临各种安全威胁，包括数据窃取、数据篡改、非授权访问等，需要专业的安全服务以保障运行和存储在这些系统平台上的数据的机密性、完整性和可用性。

1）安全加固手段

系统安全加固是指通过一定的技术手段，提高操作系统或网络设备安全性和抗攻击能力，通常这些技术手段只能为实施这项技术的这一台主机服务。常见的安全加固服务手段有：

① 基本安全配置检测和优化。

② 密码系统安全检测和增强。

③ 系统后门检测。

④ 提供访问控制策略和工具。

⑤ 增强远程维护的安全性。

⑥ 文件系统完整性审计。

⑦ 增强的系统日志分析。

⑧ 系统升级与补丁安装。

2）安全加固原则

经过良好配置的系统或设备的抗攻击性有极大增强。在对系统做相应的安全配置后，结合定期的安全评估和维护服务能够使系统保持在一个较高的安全线之上。

其中，在加固方案设计和加固实施过程中应遵循以下原则：

① 标准性原则。加固方案的设计与实施应依据国内或国际的相关标准进行。

② 规范性原则。工作中的过程和文档，具有很好的规范性，便于项目的跟踪和控制。

③ 可控性原则。加固的方法和过程要在双方认可的范围之内，加固服务的进度要跟上进度表的安排，保证用户本身对于加固工作的可控性。

④ 整体性原则。加固的范围和内容应当整体全面，包括安全涉及的各个层面，避免因遗漏造成未来的安全隐患。

⑤ 最小影响原则。加固工作应尽可能小地影响系统和网络的正常运行，不会对正在运行的业务产生显著影响。

⑥ 保密原则。对加固的过程数据和结果数据严格保密，未经授权不得泄露给任何单位和个人，不得利用此数据进行任何侵害组织的行为。

信息部门的重要系统设备在通过漏洞扫描、渗透测试等评估手段发现安全漏洞后，应依托自身技术力量或聘请外部安全服务商协助进行安全加固工作，并要求系统建设商、系统维护商等共同参加安全加固工作。

8.3 安全运维组织

合理的信息运维管理组织结构是实现信息运维体系高效执行的有力保障。基于信息运维服务体系的发展目标、框架及运维模式，规划信息运维管理组织，明确组织架构和职责分工，保障机构网络和信息系统稳定运行，有效支撑信息运维服务业务的开展。

8.3.1 成立安全组织架构

根据各行业的特性和自身的行政组织架构情况，可在一级、二级部门建立信息安全组织架构，如图 8.12 所示。

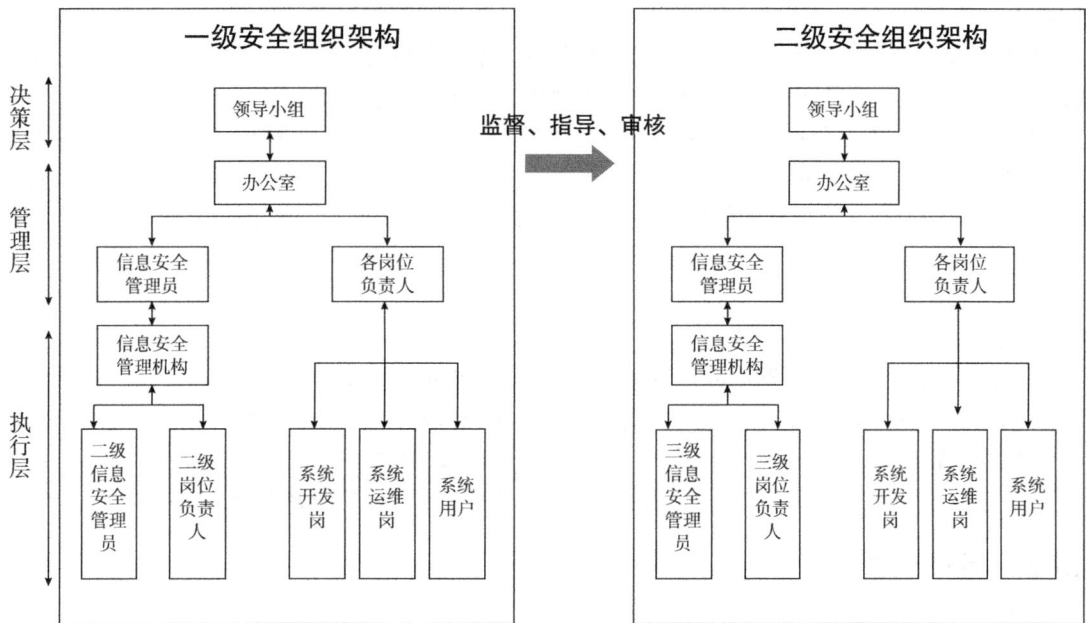

图 8.12 安全组织架构图

1. 一级安全组织架构说明

一级信息安全组织机构除了负责一级单位的信息安全管理工作之外，同时负责下属各级单位的信息安全工作的监督和指导。在决策层建立信息安全领导小组，并下设办公室，负责信息安全的管理工作；一级信息安全管理员和各岗位负责人直属于办公室，并在一级信息安全管理员下设信息安全管理机构（主要由各二级信息安全管理员和二级单位各岗位负责人构成）；而一级各岗位负责人需要负责对应系统开发商、系统维护商和系统用户的协调工作。其中各角色具体职责为：

① 信息安全工作领导小组是最高安全决策机构，主要对信息安全工作的重大事项进行决策、指导和监督，同时负责对各二级单位领导小组的垂直监督和指导。

② 信息安全工作办公室、一级安全管理员以及各岗位负责人构成信息安全工作的管理机构，办公室负责组织协调各项信息安全工作的具体实施，并监督和管理安全工作的进度，宣传和贯彻国家及行业信息安全相关政策；一级信息安全管理员主要负责组织协调各二级信息安全管理员执行具

体的安全策略，管理本单位的信息安全相关工作；一级各岗位负责人主要协调相应的系统维护商、系统开发商及系统用户积极配合安全管理员开展本单位的信息安全工作。

③ 各二级信息安全管理员和各岗位负责人、一级系统维护商、系统开发商及系统用户共同组成一级安全组织架构的执行层。各二级单位信息安全管理员主要根据一级部门的要求负责本单位的安全管理工作，各岗位负责人配合本单位安全管理员积极开展各项信息安全工作，一级部门系统维护商、系统开发商及系统用户主要配合一级岗位负责人落实具体的安全要求。

2. 二级安全组织架构说明

各二级单位信息安全组织机构除了负责本单位的信息安全管理工作之外，同时负责本片区内各三级单位的信息安全工作的监督和指导。在决策层建立信息安全领导小组，并下设办公室，负责信息安全工作的管理工作；二级单位信息安全管理员和各岗位负责人直属于办公室，并在各二级信息安全管理员下设置信息安全管理机构（主要由各三级单位信息安全管理员和岗位负责人构成）；而二级单位各岗位负责人下设角色主要包括系统开发商、系统维护商和系统用户。其中各角色主要职责为：

① 信息安全工作领导小组是各二级单位的最高安全决策机构，主要对本单位信息安全工作的重大事项进行决策、指导和监督，同时接受一级部门领导小组的垂直监督和指导。

② 信息安全工作办公室、二级单位各安全管理员以及各岗位负责人构成各二级单位安全工作的管理机构，办公室负责组织协调各项信息安全工作的具体实施，监督和管理安全工作的进度，宣传和贯彻一级部门下发或转发的信息安全相关政策；二级信息安全管理员主要负责组织协调各三级单位信息安全管理员执行具体的安全策略，管理本单位的信息安全相关工作；二级单位各岗位负责人主要协调相应的系统维护商、系统开发商及系统用户积极配合安全管理员开展本单位的信息安全工作。

③ 各三级单位信息安全管理员和各岗位负责人、二级单位系统维护商、系统开发商及系统用户共同组成各二级单位安全组织架构的执行层。三级单位信息安全管理员主要根据上级的要求负责本单位的安全管理工作，各岗位负责人配合本单位安全管理员积极开展各项信息安全工作，二级单位系统维护商、系统开发商及系统用户主要配合本级岗位负责人落实具体的安全要求。

8.3.2　岗位设置

根据网络安全等级保护的相关要求，并结合行业自身的实际情况，信息中心应联合人事部门对信息安全组织架构中的各个岗位进行人员配置，并明确各岗位人员的具体工作职责，以正式文件的形式在指定范围内统一发布，从而指导今后单位的信息安全工作。

人员岗位设置如下：

（1）安全主管。作为安全管理负责人，总体负责安全相关的组织建设、日常管理、沟通协调、监督考核等工作；负责组织制订、评审部门安全策略及各项安全管理制度，及时向安全分管领导汇报各项安全工作情况，并推动信息安全工作的持续改进。

（2）安全规划建设岗。负责安全规划及建设工作；负责新建、扩容、改造、升级类安全项目的计划、组织、实施以及进度管理和质量控制，负责管理和跟踪项目建设交付中安全需求目标的达成情况；审核各类项目规划、建设中提出的安全需求和安全设计方案；在项目建设验收阶段，对安全需求和安全设计的实现情况进行审核。

（3）安全管理岗。负责安全策略管理工作，负责组织制订、发布信息安全管理制度与安全技术规范，组织内外部人员的安全培训，定期开展安全应急方案演练工作，牵头处理重大安全事件，负责编制和发布安全运营通报。

（4）安全监督检查岗。负责安全工作执行情况的督促和检查工作，组织开展定期安全评估与合规性检查，督促问题整改，负责建立安全考核评价指标体系，评价和考核日常安全运营管理工作。

（5）安全维护岗。主要负责安全系统、专业安全设备的日常维护管理工作，执行日常安全维护作业，同时还负责协调各业务运行部门实施落实各项安全管理策略和技术措施的执行，配合执行各项信息安全检查工作。

（6）安全审计岗。负责安全审计管理工作，按照国家和内部的各项安全法规、标准开展日常、专项的安全审计工作，制订审计策略和工作计划，督促审计工作执行，提交各项安全审计报告，并复查整改结果。

8.4　安全运维策略

安全运维策略定义了安全运维要实现的安全目标，以及实现这些安全目标的途径和规则，是组织经过领导层批准并正式发布和实施的纲领性文件。安全运维策略是实现安全运维技术手段和管理措施的前提，其目标是避免信息安全事故的发生，或将信息安全事故的影响与损失降到最低。本节首先介绍信息安全策略的相关知识，使读者对安全策略有一个基本的认识，随后详细讲述安全运维策略制定方法及安全策略的内容。

8.4.1　安全运维策略概述

国家标准 GB / T 22081—2008 定义"策略"是管理者正式发布的总的宗旨和方向。国家标准 GB / T 25069 2010《信息安全技术术语》中对于"安全策略"的定义是：安全策略（Security Policy）是用于治理组织及其系统内在安全上如何管理、保护和分发资产（包括敏感信息）的一组规则、指导和实践，特别是那些对系统安全及相关元素具有影响的资产。

安全运维策略与组织的安全策略是一致的，安全策略明确了安全运维活动要实现的安全目标和实现这些安全目标的途径，是经过领导层批准，正式发布和实施的纲领性文件。安全策略为组织提供了基本的规则、指南、定义，在组织中建立一套信息资源保障标准，防止不安全行为引入风险。安全策略就像是一份工程管理计划书，描述了应该做什么，而不是如何去做，隐藏了执行的细节，是进一步制定控制规则、安全程序的基础。任何组织，无论大小都应该有信息安全策略，并有相应的监督管理措施保证安全策略能够被执行。

具体而言，安全策略为安全运维活动提供了一个框架、一个总体规划，明确了安全保护的对象范围，提供了管理安全的方法，规定了组织内部的行为规范及应负的责任，保证了后续的控制措施被合理执行，对安全产品的选择及安全管理实践起到指导和约束作用。遵循安全策略的各类安全保障措施将会形成一个统一的安全管理体系，使安全运维活动有切实的依据。

8.4.2　安全运维策略制定原则

理想情况下，制定策略的最佳时间应当是系统设计规划时期，与系统同步建设，在系统运维期间定期修订安全策略。但实际上，在系统生命周期中尽早制定安全策略有利于安全管理员了解什么需要保护，以及可以采取什么措施。安全策略的制定需要明确的目的，同时还需要遵循相应的原则和要求，在制定安全策略的过程中需要强有力的组织保障和科学的操作步骤，并遵循以下原则：

（1）适应性原则。安全策略是在一定条件下采取的安全措施，必须和组织的实际业务环境相结合。因此，信息安全策略的制定应充分考虑组织的实际需求。

（2）动态性原则。安全策略是在一定时期采取的安全措施，而安全措施是防范性的、持续不断的，所以制定的信息安全策略必须能够随着信息系统安全风险以及安全需求的变化而变化，应容易修改和升级。

（3）系统性原则。安全管理是一个系统化的工作，必须考虑到组织的方方面面，因此，在制定信息安全策略时，应全面考虑信息系统的用户、设备、软件、数据以及各种情况，有计划有准备地采取相应的策略。任何一点疏漏都会造成整个信息系统安全性的降低。

（4）最小授权原则。从信息安全的角度考虑，开放的服务越多，出现安全漏洞的可能性就会越大。因此，在设置信息安全策略时应考虑信息系统中账号设置、服务配置、主机间信任关系为信息系统正常运行所需的最小限度。

（5）日志审计原则。为便于管理员在发生安全事件后进行追溯，通过分析及时发现安全事件源头、安全事件类型、影响范围等，在设置信息安全策略时必须启用相关审计策略。

8.4.3 安全运维策略内容

安全运维策略是安全运维工作具体要求和实现的可行性目标，是指导和规范安全运维工作开展的依据。根据安全运维所涉及的运维主体、运维活动、运维对象和运维流程可分为物理环境安全策略、网络平台安全策略、主机系统安全策略、应用系统安全策略、安全设施安全策略、信息数据安全策略，以及应急响应安全策略等。具体安全策略内容包括机房选择、机房环境、网络边界防护、访问控制、安全接入、设备安全、口令策略及数据备份、数据保密等。

1. 物理环境安全策略

物理环境安全是指信息系统所处的物理环境的安全。物理环境安全策略的目的是：保护信息系统的网络设备、安全设备、主机系统等硬件实体和通信链路免受自然灾害、人为破坏和搭线攻击；验证用户的身份和使用权限，防止用户越权操作；确保信息系统有一个良好的电磁兼容工作环境；建立完备的安全管理制度，防止非法进入计算机控制室和各种偷窃、破坏活动的发生；保证计算机网络设备硬件自身的安全和信息系统相关硬件的安全稳定运行。虽然物理环境安全在信息安全控制中相对简单且容易理解，但其往往是内部人员恶意入侵的攻击链中很重要的起始环节，是内部安全控制中不可或缺的重要内容。

物理环境安全的防护目标是防止内部或外部人员通过破坏业务系统的外部物理特性以达到使系统停止服务的目的，或通过物理接触业务系统相关的硬件设施以对系统进行入侵。物理环境安全防护要求在信息安全事件发生时能够执行对设备物理接触行为的审核追查。

信息系统相关的硬件服务器、网络及安全设备必须存放于专用的物理机房中进行管理，以确保这些设备处于特定的物理环境安全防护措施的保护之下。物理环境安全策略主要包含以下内容：

1）机房场地选择

① 基本要求：按一般建筑物的要求进行机房场地选择。

② 防火要求：避开易发生火灾和危险程度高的地区，如油库和其他易燃物附近的区域。

③ 防污染要求：避开尘埃、有毒气体、腐蚀性气体、盐雾腐蚀等环境污染的区域。

④ 防潮及防雷要求：避开低洼、潮湿及落雷区域。

⑤ 防震动和噪声要求：避开强震动源和强噪声源区域。

⑥ 防强电场、磁场要求：避开强电场和强磁场区域。

⑦ 防地震、水灾要求：避开有地震、水灾危害的区域。

⑧ 位置要求：避免在建筑物的高层以及用水设备的下层或隔壁。

⑨ 防公众干扰要求：避免靠近公共区域，如运输邮件通道、停车场或餐厅等。

2）防盗窃和破坏

① 将主要服务器、网络设备和安全设备放置在物理访问受限的机房范围内。

② 应对硬件设备或主要部件进行固定，并设置明显的、不易除去的标记。

③ 应将通信线缆铺设在隐蔽处，如铺设在地下或管道中等。

④ 将设备或存储介质携带出工作环境时，应受到监控和内容加密。

⑤ 应利用光、电等技术设置机房的防盗报警系统，以防进入机房的盗窃和破坏行为。

3）访问控制

① 机房各出入口应安排专人值守并配置电子门禁系统，控制、鉴别和记录人员的进出情况。

② 没有机房管理人员的明确准许，任何记录介质、文件材料及各种被保护品均不准带出机房，磁铁、私人电子计算机或电设备、食品及饮料、香烟、吸烟用具等均不准带入机房。

③ 严格控制进入机房的人员，并根据其访问级别授予访问权限，进入机房的来访人员应经过申请和审批流程，并限制和监控其活动范围。

④ 应对机房划分区域进行管理，一般分为主机区、数据处理操作区、辅助区等，应根据每个工作人员的实际工作需要确定其能进入的区域。区域和区域之间设置物理隔离装置，在重要区域前设置交付或安装等过渡区域。

⑤ 对外部人员或者没有访问权限的内部员工，如需进入机房，需要执行审批流程，并进行备案。

⑥ 在机房内部关键位置部署监控摄像头，观察区应覆盖全部区域，如不能，至少应包括进入机房的走道、关键业务服务器的物理控制台、应急通道等。

4）防火防水

① 机房及相关的工作房间和辅助房间应使用符合 TJI6-1974 中规定的二级耐火等级的建筑材料。

② 机房应采取区域隔离防火措施，防止外部火灾进入机房，特别是应在重要设备区域安装防火门，使用阻燃材料装修等。

③ 要求设置火灾自动报警系统。包括火灾自动探测器、区域报警器、集中报警器和控制器等，能对火灾发生的部位以声、光或电的形式发出报警信号，并启动自动灭火设备、切断电源、关闭空调设备等。

④ 机房内应当正确安装烟感和温感探测报警装置。烟雾探测器应部署在所有的关键区域内，包括部署服务器、UPS、应急发电机、空调的区域。

⑤ 机房应当使用本地消防部门推荐的防火设备，包括防毒面具、小型灭火器。对于大型机房，应该根据实际需求部署大型的防火系统。

⑥ 对机房工作人员进行灭火设施的使用培训，并定期进行消防演习，熟悉火灾处理流程和人员责任。

⑦ 应采取措施防止机房内水蒸气结露和地下积水的转移与渗透，所有机房都应备有防水遮盖材料（如塑料布），以便在天花板漏水的情况下保护设备。

⑧ 水管安装不得穿过机房屋顶和活动地板下部，计算机设备应远离供水管道及供水管道的下方，以防止水管爆裂对设备造成损害。

⑨ 应安装对水敏感的检测仪表或元件，对机房进行防水检测和报警。

⑩ 应对机房窗户进行密封处理，防止雨水渗透。

5）空调和供应

① 机房供电系统应将计算机系统供电与其他供电分开，并配备应急照明装置。

② 应在机房供电线路上配置稳压器和过电压防护设备，防止故障（电涌、高压脉冲等）对计算机设备造成破坏。

③ 机房应配备精密空调系统，以保持机房恒湿、恒温的工作环境，使机房温度、湿度的变化在设备运行所允许的范围之内。

④ 机房应配置 UPS 备用电源系统。电池续航时间不少于 2 小时，以保证主要设备在断电状态下的正常运行。

⑤ 应设置双路市电接入，采用双路自动切换供电方式。

⑥ 设置冗余或并行的电缆线路为计算机系统供电。

⑦ 应建立备用供电系统（如备用发电机、应急供电车），以备常用供电系统停电时启用。

6）接地与防雷击

① 应采用地桩、水平栅网、金属板、建筑物基础钢筋构建接地系统等，确保接地体良好接地。

② 应设置信号地与直流电源地，注意不造成额外耦合，保障去耦、滤波等的良好效果。

③ 应设置避雷针，以深埋地下、与大地良好相通的金属板作为接地点，避雷针的引线则应采用粗大的紫铜条，或者使整个建筑的钢筋自地基以下焊连成钢筋网作为"大地"与避雷针相连。

④ 应设置安全防护地与屏蔽地，采用阻抗尽可能小的良导体的粗线，以减小各种地之间的电位差。

⑤ 应设置交流电源地线，交流供电线应有规范连接位置的三芯线，即相线、中线和地线，并将该"地线"连通机房的地线网，以确保其安全保护作用。

7）防静电和电磁防护

① 机房应设置交流电源地线，关键设备应采用必要的接地防静电措施。机房应采用防静电板。

② 应采用接地等方式防止外界电磁干扰和设备寄生耦合干扰。

③ 应采用屏蔽方法减少外部电器设备对计算机的瞬间干扰。

④ 电源线和通信线缆应隔离，避免互相干扰。

⑤ 在适度保护的指导思想下，对关键设备和磁介质实施电磁屏蔽。

⑥ 对磁带、磁盘等磁介质设备的保管存放，应注意电磁感应的影响，如使用铁制柜存放。

2. 网络平台安全策略

网络平台是面向信息系统整体支撑性网络，为各安全域提供网络支撑平台的网络环境设施，网络平台环境具体包括网络中提供网络连接及数据交换功能的路由、交换设备、网络基础服务设施、网络边界及网络环境等。进行网络平台安全防护的目标是防范恶意人员通过网络对信息系统进行攻击，同时阻止恶意人员对网络设备发动攻击。在安全事件发生前可以通过集中的日志审计及入侵检测事件分析等手段发现攻击意图。在安全事件发生后可以通过集中的事件审计系统及入侵检测系统进行事件追踪、事件源定位，以发现实施恶意行为的人员位置，或及时完善相应的安全策略防止事件再次发生。网络平台安全策略主要包含以下内容：

1）网络边界安全策略

网络边界安全防护关注如何对进出该边界的数据流进行有效检测和控制，有效的检测机制包括基于网络的入侵检测（IDS）、对流经边界的信息进行内容过滤，有效的控制措施包括网络访问控制、入侵防护、虚拟专用网（VPN）以及对于远程用户的标识与认证等访问控制措施。

进行网络边界安全防护的目标是使边界的内部不会受到来自外部的攻击，同时也用于防止恶意的内部人员跨越边界对外实施攻击，或外部人员通过开放接口、隐通道进入内部网络。在发生安全事件前期能够通过对安全日志和入侵检测事件的分析发现攻击企图，安全事件发生后可以提供入侵事件记录以进行审计追踪。

（1）网络边界访问控制：

① 应当在网络边界部署边界网络访问控制措施，并制定严格的访问控制规则。

② 对于边界防护设备的策略违背行为应当进行日志记录，并定期进行分析处理。

③ 对于下级单位与互联网存在接口的情况，应在上级单位层面对防火墙策略进行统一集中管理。

④ 应在互联网边界防护设备上控制网络最大流量及并发连接数。

（2）远程安全接入：

① 对于远程办公及信息系统远程维护所需要建立的远程连接，应当采用 IPSec 或 SSL VPN 等安全接入方式。

② 对于远程接入主机应当采用网络准入控制系统等机制进行安全状态检查（如是否安装了防病毒软件、病毒特征码是否更新、是否安装了主机防火墙、是否安装了必要的操作系统补丁），满足准入控制安全要求后方可接入网络或访问资源，不满足安全要求的远程接入终端必须进行安全处理后方可允许接入。

③ 如果采用拨号方式进行远程接入，在建立拨号连接后，应当附加采用 IPSec 或 SSL 等安全机制进行信息访问。

④ 远程接入应当进行身份认证，应当在采用用户名／口令认证的基础上附加采用数字证书、动态口令等强认证机制进行身份认证；应当对口令长度、复杂度、生存周期等进行强制要求；应当制定用户登录错误锁定及会话超时断开等安全策略以保证远程接入安全。

⑤ 仅对必要的用户赋予远程接入权限，对于接入用户的权限应当进行严格限制，由相关负责人审批后方可开通，并依据其业务访问需求制定访问控制策略。

⑥ 对于第三方远程系统维护，禁止建立永久专用线路，应当采用 VPN 等按需方式进行系统连接，并进行定期审核、严格管理。

⑦ 应对远程用户访问行为进行日志记录，并定期进行日志分析处理。

（3）信息入侵检测。应当采用入侵检测系统对流经边界的信息流进行入侵检测，入侵检测系统应当对主要的攻击行为进行检测，防止使用常用端口传输恶意信息，防止对服务器发动应用层攻击。当检测到攻击行为时，入侵检测系统应当记录攻击源 IP、攻击类型、攻击目的、攻击时间，在发生入侵事件时应能提供及时的报警信息。

（4）防御隐性边界。应采用管理手段结合专用技术措施（如采用专用的防非法外联系统、采用桌面终端安全管理系统）防止内部主机非法外联，并对其行为进行定位、阻断。

2）网络设备安全策略

网络设备安全包括在基础网络及各安全域中提供网络运营支撑的路由器、交换机、无线设备等自身的安全防护，对于为各域均提供网络支撑服务的设备，按满足等级保护三级基本要求进行安全防护，各域的网络设备按该域中信息系统所属的最高等级进行安全防护。

（1）安全接入控制：

① 对服务器、桌面终端等进行接入控制，建议采用 802.1X 等网络准入控制手段进行认证后方可允许接入网络。

② 应当采用 IP 与 MAC 地址绑定等手段以防止网络地址欺骗。

③ 应当制定相应的申请、审批流程以配合实现主机接入控制。

（2）设备安全管理：

① 本地或远程进行设备配置管理，应当以用户名／口令等方式进行身份认证。同时应当依据允许进行远程管理的 IP 地址列表进行 IP 地址认证，禁止多个管理员共享用户名／口令。

② 应制定登录错误锁定、会话超时退出等安全策略。

③ 应实现特权用户的权限分离，如配置管理员不应拥有更改或删除操作日志的权限。

④ 应使用安全的口令策略，制定口令长度、复杂度及生存周期等规则。

⑤ 应采用 HTTPS、SSH 等安全远程管理方式，而不应采用 HTTP、TELNET 等非安全协议进行远程管理。

⑥ 如网络设备采用基于 SNMP 的网络管理系统进行监控及管理，建议使用 SNMP V3 版本。网络管理系统的 Community 不应使用 Public、Private 等默认字段。

（3）设备安全加固。网络设备可能默认存在不安全的配置，应当对配置信息根据具体情况进行安全配置修改及安全加固，如升级存在漏洞的设备操作系统文件、禁止不必要的协议响应、禁止 ARP 转发、设定安全的口令策略、制定会话超时自动结束策略等。

（4）安全弱点扫描。应当对网络设备定期进行弱点扫描，以发现网络设备中存在的系统漏洞和配置弱点，并及时进行修补，扫描应制订相应的回退计划并在非关键业务时段进行。

（5）安全事件审计。应当采用集中日志服务器对网络设备的运行状况、异常流量、用户行为等事件进行记录。

（6）配置文件备份。每次更新网络设备配置信息后，应当定期进行配置文件备份，防止配置意外更改或丢失。

（7）处理能力。应保证关键网络设备的业务处理能力具备冗余空间，保证网络带宽满足业务高峰期需要。应按照业务服务的重要次序指定带宽分配优先级别，通过在网络设备上设定 QoS 策略等手段，保证在网络发生拥堵的时候优先保证重要业务信息流传输畅通。

（8）设备链路冗余。应当采用硬件双机等方式保证关键网络设备、通信线路在发生故障或安全事件时的冗余可用。

3. 主机系统安全策略

主机系统安全防护包括对服务器、桌面终端操作系统和数据库的安全防护。服务器包括业务应用服务器、网络服务器、Web 服务器、文件与通信等；桌面终端是指作为终端用户工作站的台式机与笔记本计算机。

保护主机系统安全的目标是采用信息保障技术确保业务数据在进入、离开或驻留服务器时保持可用性、完整性和保密性，采用相应的身份认证、访问控制等手段阻止未授权访问，采用主机防火墙、入侵检测等技术确保主机系统的安全，进行事件日志审核以发现入侵企图，在安全事件发生后通过对事件日志的分析进行审计追踪，确认事件对主机的影响以进行后续处理。主机系统安全策略主要包含以下内容。

1）服务器安全策略

信息系统服务器承载着信息系统及业务数据，对信息系统服务器的安全应当重点从操作系统安全这个层面进行分析。

操作系统是承载业务应用、数据库应用的基础载体，是业务应用安全的主要防线，操作系统的安全性一旦出现问题，将对业务系统和业务数据安全造成严重威胁。关于操作系统安全，主要考虑以下安全策略：

（1）操作系统安全策略：

① 对于外网重要应用服务器可考虑采用安全操作系统。

② 应当在操作系统层面，依据操作系统厂商或专业安全组织所提供的安全列表，对服务器操作系统进行安全加固。

③ 操作系统应遵循最小安装的原则，仅安装需要的组件和应用程序。

④ 应采用主机防火墙等组件进行主机网络层面的访问控制，采用主机入侵检测或入侵防护手段检测对服务器的入侵行为。入侵检测防护系统应当能够记录入侵的源 IP、攻击类型、攻击的时间，并在发生入侵事件时进行及时报警或阻断攻击。

⑤ 应当在采用 Windows 系统的主机层面安装病毒防护系统，可采用集中管理的网络版病毒防护系统或服务器专用的服务器版防病毒软件。

⑥ 应当采用主机入侵检测系统组件或专用安全软件定期对重要操作系统文件和业务系统应用程序以数字签名检查的方式进行完整性检查，以避免系统被植入木马或设置后门程序。

⑦ 应当使用弱点扫描工具定期对系统漏洞及配置弱点进行扫描。漏洞库应当及时更新，扫描应当在非关键业务时段进行并制订详细的回退计划，对于扫描发现的漏洞及配置弱点应及时进行处理。

⑧ 应当及时更新厂商发布的核心安全补丁，更新补丁之前应当在测试系统中进行测试，并制订详细的回退计划。

⑨ 进行远程系统管理维护，应当采取加密、散列等措施对经网络传输的认证信息进行处理，禁止明文传送敏感信息。

（2）身份认证及账号管理：

① 应当制定安全策略实现账号及权限申请、审批、变更、撤销流程，定义用户口令管理策略以限定用户口令的长度、复杂度、生存周期等。

② 禁止多个用户共享账号，应当制定用户登录错误锁定、会话超时退出等安全策略。

③ 应当限制管理员权限使用，一般日常操作中，应当使用一般权限用户，仅在必要时切换至管理员账号进行操作。

④ 应根据管理用户的角色分配权限，实现管理用户的权限分离，仅授予管理用户执行业务操作所必需的最小权限，操作系统特权用户不得同时作为数据库管理员。

⑤ 应严格限定默认账号的访问权限，重命名系统默认账号，修改账号的初始口令，及时删除不用的、过期的账号。

（3）访问控制。应当对系统资源启用访问控制功能，依据安全策略严格限定用户对敏感资源的访问。

（4）安全审计：

① 应当以系统日志方式对用户行为、系统资源异常访问等重要安全事件进行审计。

② 审计记录应包括事件的日期、时间、类型、主客体标识和事件结果等。

③ 加强对日志记录的保护，避免被意外删除、修改或覆盖。

④ 审计范围应当覆盖服务器每个操作系统用户和数据库用户。

（5）资源控制：

① 应采用网管系统或其他方式对重要服务器的 CPU、硬盘、内存、网络等资源的使用状况进行监测，服务水平降低到预定的最小值应当进行报警。

② 进行操作系统远程管理维护时，应以终端接入方式（如 RDP、SSH）、网络地址范围等条件限制终端登录。

③ 应采用磁盘限额等方式限制单个用户对系统资源的最大使用限度。

（6）系统备份：

① 应当定期对操作系统和运行在操作系统之上的业务应用系统、数据库系统程序进行备份。

② 应当定期或在操作系统环境、数据库、应用系统发生变更时进行备份恢复测试。

2）数据库安全防护

数据库是业务系统数据的承载体，通常都保存着重要信息，如员工个人资料以及敏感的业务数据（如交易记录、商业事务和用户数据等）。

保证数据库安全，应当从以下几个方面考虑：

① 对于数据库连接账号应当使用安全的口令策略，制定口令长度、复杂度及生存周期等规则，应当制定管理用户登录错误锁定、会话超时退出等安全策略。

② 应当采用最小授权原则，授予用户执行业务操作所需的最小数据访问权限。

③ 在对数据库性能不造成重大影响的前提下，进行数据库事件审计，并定期检查数据库审核记录，应加强对日志记录的保护，避免被意外删除、修改或覆盖。

④ 应当对权限较敏感的存储过程加强管理，如删除不必要的敏感存储过程。

⑤ 对经网络跨安全域传输的数据进行加密保护。

⑥ 应当对远程数据库调用进行地址限制。

⑦ 及时更新经过安全测试的数据库管理系统补丁，更新应在非关键业务时段进行，并制订详细的回退计划。

⑧ 应当定期对存储于数据库中的业务数据进行备份，并定期或在系统环境发生变化时进行备份恢复测试。

3）桌面终端安全防护

企业级用户的员工每天使用个人PC、笔记本电脑等终端设备进行办公。由于终端设备有流动性大、位置分散、数量众多、难于管理等特点，除了需要安装防病毒软件进行计算机病毒防护外，还需要进行终端级的防火墙控制、入侵检测、补丁管理，以更好地保护桌面终端的安全。有效地保障个人办公桌面终端的安全，也在很大程度上降低了整个信息系统所面临的安全风险。

保障桌面终端安全应当部署基于主机的安全措施，并从以下几个方面进行相关安全防护：

（1）桌面终端病毒防护：

① 桌面终端必须安装网络版防病毒系统并集中进行管理，及时更新病毒特征库及防病毒引擎，设定防病毒策略，定期进行病毒查杀。

② 应集中监测防病毒软件事件报告，了解网络中的病毒感染及处理情况。

（2）恶意代码防护：

① 应当选择采用防病毒套件的防恶意代码模块或专用的防恶意代码系统进行恶意代码防护。

② 应当定期更新软件特征码，以保证特征码及时有效更新。

③ 制定严格的安全策略，禁止用户自行下载安装不明的软件。

（3）补丁管理：

① 应当及时更新操作系统及核心应用安全补丁，采用集中补丁分发系统。

② 应当监测各桌面终端安全补丁更新情况，发现问题后应及时进行处理。

（4）桌面终端安全管理。结合采用终端准入控制措施对主机的安全状态进行检查，只有桌面终端的安全状态（如是否为安全防病毒软件、病毒特征码是否更新、是否安装主机防火墙）满足要求，并进行身份认证后方允许接入网络（有线连接、无线连接、拨号以及VPN接入）或访问资源。

4. 应用系统安全策略

应用安全防护包括对应用系统本身的防护、用户接口安全防护和对系统访问数据接口的安全防护。

应用安全防护的目标是通过采取身份认证、访问控制等安全措施，保证应用系统自身的安全性，以及与其他系统进行数据交互时所传输数据的安全性；采取审计措施在安全事件发生前发现入侵企图或在安全事件发生后进行审计追踪。应用系统安全策略主要包含以下内容：

1）应用系统安全策略

应用安全策略的目的是防止对应用系统本身的攻击，以及防止攻击导致的应用系统中数据的错误、遗失、篡改和误用。

应用系统在为实现数据共享、提供决策支持等需求而持续不断更新的同时，也引入了新的信息安全风险，这要求不仅应当在边界、网络及操作系统、数据库层面进行安全防护，还应当对应用安全考虑如下安全策略。

（1）应用系统安全：

① 对于 Oracle、Apache 等通用组件系统，应当依据厂商或第三方安全机构提供的安全配置加固列表进行安全设置，在厂商推出安全修补程序后应及时进行安全补丁更新。

② 应当定期对采用通用程序（如 Apache，Websphere 等）的应用系统进行弱点扫描，并及时解决所发现的问题；扫描应当在非关键业务时段进行，并制订详细的回退计划。

③ 应当对应用系统传输的数据流进行入侵检测，并根据具体的应用服务类型、传输对象定制入侵检测规则库。

（2）对外发布服务安全：

① 对于跨越互联网边界提供的对外服务，应当于边界访问控制设备上强化访问控制列表，限制由应用服务器发起的外发连接，在 IP 地址、协议、端口等层次细化访问控制策略。

② 应基于对外提供服务的类别（如 HTTP、DNS）进行入侵防护，对所传输协议内容进行监控，防止通过公用协议传输攻击代码，发现入侵行为应及时阻断并进行报警及日志记录。

③ 采用网页防篡改系统或其他方式保证对外发布的 Web 服务页面文件不被恶意篡改，或安全事件发生后能够及时恢复。

④ 应当采用专用的防 DoS（拒绝服务）攻击系统，或在防火墙等边界防护设备上采用技术手段防止 DoS 攻击。

（3）身份认证机制：

① 应用系统应当提供用户登录身份认证功能，采用用户名 / 口令进行认证时，应当对口令长度、复杂度、生存周期进行强制要求，系统应提供用户身份标识唯一和鉴别信息复杂度检查功能，禁止口令在系统中以明文存储。

② 系统应当提供制定用户登录错误锁定、会话超时退出等安全策略的功能。

（4）用户权限及访问控制：

① 应当对权限的赋予、变更、撤销制定严格的审核、批准、操作流程，权限变动经相关人员审核批准后方可执行或生效。

② 应当依据权限最小化原则给用户赋予适当的权限，执行角色分离，禁止多人共用同一账号，并定期进行权限复核。

③ 应用系统应支持访问控制功能，制定访问控制策略以管理访问相关主体、客体及访问类型、访问权限。

（5）应用安全审计：

① 应用系统应当对每个用户及应用系统相关的安全事件进行日志记录，并提供对日志进程和日志记录的保护，避免进程被意外停止，日志记录被意外删除、修改或覆盖等。此外，安全运维人员应及时对日志记录进行审计分析，并将应用日志定期归档保存。

② 应用系统审计记录的内容应至少包括事件的时间、日期、发起者相关信息、访问类型、访问描述和访问结果。

③ 应用系统应当提供对审计记录进行统计、查询、分析及生成审计报表的功能。

（6）资源控制：

① 当系统进行交互访问时，通信双方中的一方在一段时间内未做出任何响应，另一方应能够自动结束会话。

② 系统应能够对系统的最大并发会话连接数进行限制。

③ 系统应能够对单个账号的多重并发会话进行限制。

2）用户接口安全策略

用户远程连接应用系统需进行身份认证，制定数据加密、访问控制等安全措施，并采用密码技术保证通信过程中数据的完整性。

用户接口安全主要指的是用户认证安全，包括以下几个方面的内容：

① 对于用户认证登录应制定安全控制措施，包括认证错误锁定、认证时间超出则强制退出，应当对认证情况进行日志记录。

② 用户认证成功登录系统，空闲一段时间无操作后，应当锁定登录状态并重新进行认证。

③ 系统应当对口令长度、复杂度、生存周期等进行强制要求。

3）系统数据接口安全策略

系统数据接口安全主要指的是系统间直接与数据接口交换的安全，具体如下：

① 应当在接口数据连接建立之前进行认证，认证方式可采用共享口令、用户名/口令等方式。

② 采用共享口令或用户名/口令认证时，应当对口令长度、复杂度、生存周期等进行强制要求。

③ 在认证过程中经网络传输的口令信息应当禁止明文传送，可通过哈希（HASH）单向运算、SSL加密、SSH加密等方式实现口令传输。

5. 安全设施及安全策略

安全设施包括在基础网络及各安全域中提供网络安全防护的防火墙、IPS和安全网关等自身的安全防护，对于为各域均提供网络安全防护的设备，按满足等级保护三级基本要求进行安全防护，各域的安全设备按该域中信息系统所属的最高等级进行安全防护。安全设施及安全策略主要包含以下内容：

（1）设备安全管理：

① 本地或远程进行设备配置管理应当以用户名/口令等方式进行身份认证，同时应当允许通过远程管理的IP地址列表进行IP地址认证，禁止多个管理员共享用户名/口令。

② 应当制定登录错误锁定、会话超时退出等安全策略。

③ 应实现特权用户的权限分离，如配置管理员不应拥有更改或删除操作日志的权限。

④ 应当使用安全的口令策略，制定口令长度、复杂度及生存周期等规则。

⑤ 应当采用HTTPS、SSH等安全远程管理方式，而不应采用HTTP、TELNER等非安全协议进行远程管理。

⑥ 如安全设备采用基于SNMP的网络管理系统进行监控及管理，建议使用SNMP V3版本。网络管理系统的Community不应使用Public、Private等默认字段。

（2）设备安全加固。安全设备可能默认存在不安全的配置，应当对配置信息根据具体情况进行安全配置修改及安全加固，如升级存在漏洞的设备操作系统文件，禁止不必要的协议响应，禁止ARP转发，设定安全的口令策略，制定会话超时自动结束策略等。

（3）安全弱点扫描。应当对安全设备定期进行弱点扫描，以发现安全设备中存在的系统漏洞及配置弱点并及时进行修补，扫描应制订相应的回退计划并在非关键业务时段进行。

（4）安全事件审计。应当采用集中日志服务器对安全设备的运行状况、异常流量、用户行为等事件进行记录。

（5）配置文件备份。应当在每次更新安全设备配置信息后，定期进行配置文件备份，防止配置意外更改或丢失。

（6）处理能力。应保证关键安全设备的业务处理能力具备冗余空间，保证网络带宽满足业务高峰期需要。

（7）设备链路冗余。应当采用硬件双机等方式保证关键安全设备、通信线路在发生故障或安全事件时的冗余可用。

6. 信息数据安全策略

信息数据保障主要包括数据存储及传输安全，对数据保密及传输过程的完整性提出明确要求，数据加密技术是保证数据在存储和传输过程中的完整性的重要手段。对数据服务器中的数据库必须做安全备份，通过网络备份系统可以对数据库进行远程备份存储。信息数据安全策略主要包含以下内容：

（1）数据存储保密。系统应采用加密等保护措施实现系统管理数据、认证信息和重要业务数据存储保密。

（2）数据存储完整。系统应采用校验码等技术，以便能够检测到管理数据、认证信息和重要业务数据在存储过程中完整性受到破坏，并在检测到完整性错误时采取必要的恢复措施。

（3）数据传输保密：

① 对于用户通过客户端或 Web 方式访问应用系统重要数据应当进行加密传输。

② 对于经网络传输的用户名、口令等认证信息应当杜绝明文传输。

③ 加密算法的选择应符合国家密码管理有关规定，同时需结合业务应用场景以及安全性要求等多种因素综合考虑。在对称密钥算法中，硬件实现推荐选用 SM2 算法，软件实现可采用自定义加密算法；在非对称密钥算法中，可选用 ECC（椭圆曲线密码体制）（256bit 以上）或 RSA（1024bit 以上）算法。

（4）数据完整性检测。系统应采用校验码等技术，以便能够检测到管理数据、认证信息和重要业务数据在传输过程中完整性受到破坏，并在检测到完整性错误时采取必要的恢复措施。

（5）数据的备份与恢复：

① 应提供本地数据备份与恢复功能，数据备份至少每天进行一次。备份介质应当场外存放。

② 应当在环境发生变更时或定期进行备份恢复测试，以确保其所备份数据的可恢复性。

③ 日常业务数据的备份策略要求每周在访问量比较小的时候做一次全备份，每天对业务数据做一次全备份或增量备份，每次业务数据做大调整后立即做一次全备份。

④ 应采用硬件双机等冗余技术保证关键应用的可用性。

⑤ 建立灾难恢复计划，提供灾难恢复手段，在灾难事件发生之后，快速对被破坏的信息系统进行恢复，并对人员进行灾难恢复培训，定期进行灾难恢复的模拟演练。

7. 应急响应安全策略

① 要求应急响应工作组必须有具体的领导、部门、执行人员负责预案的落实，以及具体的制度保证和应急响应需要的技术条件，并且保证预案的传达与实施，应急预案要在相关部门（信息安全领导小组）进行备案。

② 全面分析系统运行、信息内容和网络的管理与控制等方面的安全隐患、漏洞、威胁和风险，确定应急事件及其优先次序。

③ 应急处理工作组根据应急预案，将紧急事件的响应处理落实责任人，明确定义责任与分工。确定并且落实应急预案所需的运维服务商、网络服务提供商和信息安全服务商的联系渠道和方式，以及上级安全部门的联系渠道及方式。

④ 完善应急预案所需的备用资源，包括备用的软件资源、设备资源、电源、安全产品、异地容灾系统，以及涉及的候补人员。

⑤ 建立健全应急预案所需的技术措施，包括防御、检测、控制、恢复、审计手段。建立信息系统实时监测及应急报警制度，加强系统安全运行管理。

⑥ 每种应急事件建立应急响应流程，流程应该明确定义事件的报告、影响范围预测、抑制处理、消除、恢复、证据收集、事后审计与分析等操作环节。

⑦ 对于编制的应急预案应定期进行演练，使每个工作人员都知晓应急知识，以及在应急预案中应采取的措施和应负的责任，并完善和修订预案。

⑧ 当不能判断事件发生原因时，一定要保留现场，保留痕迹，追查原因。重大事件要上报有关部门，直至追究行政或刑事责任。

8.5　安全运维系统

本书阐述的安全运维系统所涉及的安全功能和目标设计充分考虑了国家信息安全等级保护的基本要求，以及国家各行业制定的信息安全相关政策和规范，从而在合规方面能够按照主管部门的要求贯彻执行。部分涉密系统，需根据国家保密局颁发的《涉及国家秘密的信息系统分级保护技术要求》、《涉及国家秘密的信息系统分级保护管理规范》等文件与规范进行建设，此书不予赘述。

8.5.1　安全防护

安全防护主要是对物理、网络、系统、应用和数据这五个方面进行防护。

1. 物理安全防护

（1）机房门禁系统。各级单位应对本单位的计算机机房建立门禁系统，加强对机房人员的进出访问控制。

（2）机柜双锁。计算机机房内对于存放重要应用系统的机柜应采用双锁机制，分别由系统管理员和机房管理员保管。

（3）机房配电系统。各单位计算机机房的市电供电线路和 UPS 配电线路均应采取双冗余机制，机柜供电应由独立开关控制。

（4）消防安全。各单位计算机机房内部应建立气体灭火系统，依照电子机房消防建设标准建设消防系统，并根据消防法相关规定与大楼消防控制中心对接。

（5）防雷接地安全。各单位计算机机房内部应具有完善的接地系统，同时建立零地电压的日常测量机制，并建立机房防雷系统。

2. 网络安全防护

（1）网络区域划分。各单位信息部门应重新梳理 VLAN 的规划以及 IP 地址资源的分配，尽量细化 VLAN 区域，防止广播风暴的影响蔓延。同时根据各单位整体网络结构特征，以单位为原则进行网络区域的合理划分，并在单位内部根据区域特征进一步细分，如可分为计算域、网络通信域、用户域、网络边界域等安全域。

（2）网络边界访问控制。各单位应在关键网络区域的边界处部署访问控制设备（如防火墙系统），并建立严格的访问控制策略。

（3）网络入侵防御。各单位应在外网边界处部署入侵防御系统，能够实现针对 DDOS 攻击、端口扫描、木马后门攻击、IP 碎片攻击、网络蠕虫攻击等行为的防护。

（4）网络病毒防护。各单位应根据实际情况并结合自身需求，在外网出口处部署网络防病毒系统，在 DMZ 区边界处部署防病毒网关，实现对病毒的及时过滤。

（5）上网行为管理。各单位应在互联网出口处部署上网行为管理系统，并根据管理要求制定上网管理策略，严格控制用户终端对互联网的访问行为。

（6）网络准入控制。各单位应建立统一的网络准入控制系统，制定合理的网络接入控制策略，防止非法的外来电脑接入网络，影响内部网络的安全，并防止感染病毒、木马的桌面电脑和笔记本电脑直接接入内部网络，影响网络的正常运行。

（7）网络漏洞管理。应配置专业的漏洞扫描工具，定期对路由器、交换机、防火墙等网络设备进行漏洞扫描，并形成扫描报告；各级单位应根据漏洞检查的结果，通过对设备进行安全加固的方式实现对高风险漏洞的修复。

（8）网络安全基线。应建立统一的网络安全基线和标准，对于各种类型和厂家的路由器、交换机、防火墙的配置安全制定统一的规范要求。各级单位应对新上线系统的网络设备进行安全基线评估，以保障新上线设备的配置安全，避免导入新的安全隐患。

3. 系统安全防护

（1）系统层面双因素认证。各级单位信息部门应对登录操作系统和数据库系统的用户进行身份标识和鉴别，其中登录用户的身份标识应采用用户名，鉴别方式采用口令。以远程方式登录服务器设备，身份鉴别应采用用户名、口令与数字证书认证组合的方式。

（2）系统访问控制。各级单位重要系统应实现以下访问控制方面的功能：

① 应关闭各系统不必要的端口和服务。

② 应根据安全策略限制用户访问文件的权限及关闭默认共享。

③ 数据库系统应限制主体（如用户）对客体（如文件或系统设备、数据库表等）的操作权限（如读、写或执行）。

④ 应根据管理用户的角色对权限做出标准细致的划分，并分配该角色使用系统或数据库所需的最低权限。

⑤ 应为操作系统和数据库系统设置不同特权用户，并合理分离分配特权用户权限。

⑥ 应删除系统多余和过期的账户，如 Guest（Guest 是指让给客人访问电脑系统的账户）。

⑦ 不允许多人共用一个相同的账户。

⑧ 操作系统应遵循最小安装的原则，仅安装需要的组件和应用程序，并通过设置升级服务器等方式保持系统补丁及时得到更新。

（3）主机防病毒。各单位终端和主机应安装防恶意代码软件，并及时更新防恶意代码软件版本和恶意代码库。主机防恶意代码产品应具有与网络防恶意代码产品不同的恶意代码库。

（4）终端安全防护。各级单位信息部门的所有终端安全防护工作应遵守以下要求：

① 病毒/木马防护：对蠕虫病毒、恶意软件、广告软件、勒索软件、引导区病毒、BIOS 病毒的查杀。

② 补丁管理：对全网计算机进行漏洞扫描，把计算机与漏洞进行多维关联，可以根据终端或漏洞进行分组管理，并且能够根据不同的计算机分组与操作系统类型将补丁错峰下发，在保障企业网络带宽的前提下可以有效提升企业整体漏洞防护等级。

③ 资产管理：通过定义网络 IP 段分组，对指定的网络分组进行周期性地发现（采用多协议、多机制方式）统计网络中的终端数量及类型。

④ 单点维护：对单台终端具有全面的安全运维管理功能，包含终端的硬件资产管理、软件资产管理、系统服务管理、进程管理、账号管理、网络管理、系统事件管理、补丁管理、终端安全威胁管理等功能。

⑤ 流量管控：能够了解指定终端的网络流量情况，包括终端的实时网络速度，一段时间内的下载上传流量。

⑥ 非法外联管控：针对企业中经常遇到的通过 3G 网卡、随身 Wifi 等方式使内网电脑通过非法途径连接外网，导致企业核心数据泄漏等问题进行有效阻断隔离。

⑦ 外设管控：支持硬件准入管理，可帮助管理员对终端 USB 口、1394、串口、并口、

PCMCIA 卡等接口进行启用和禁用控制，支持的设备有 USB 移动存储、非 USB 移动存储、存储卡、冗余硬盘、软驱、打印机、扫描仪、磁带机、键盘、鼠标、红外、蓝牙、摄像头、手机 / 平板等常用设备，可对其进行禁用管理，也支持光盘的读写控制功能。

（5）系统漏洞管理。应配置专业的漏洞扫描工具，定期对各种类型的操作系统和数据库系统进行漏洞扫描工作，并形成扫描报告；各级单位应根据漏洞检查的结果，通过对操作系统和数据库系统进行安全加固的方式，实现对高风险漏洞的修复。

（6）系统安全基线。应建立统一的系统安全基线和标准，对于各种类型和厂家的操作系统、数据库系统、中间件的配置安全制定统一的规范要求；各级单位信息部门应对新上线系统的操作系统、数据库系统、中间件等进行安全基线评估，以保障新上线设备的配置安全，避免导入新的安全隐患。

4. 应用安全防护

1）应用层面双因素认证

各级单位重要应用系统应实现以下身份认证方面的功能：

① 应用系统应具有专用的登录控制模块，对登录用户的用户名 / 密码进行核实。

② 应用系统应采用用户名 / 密码 + 数字证书两种鉴别技术来实现身份鉴别。

③ 应为应用系统中的不同用户分配不同的用户标识，即用户名或用户 ID 号，确保身份鉴别信息不被冒用。

2）应用层面访问控制

各级单位重要应用系统应实现以下访问控制方面的功能：

① 应用系统和数据库系统开发过程中，应设置必要的访问控制机制，保证用户对信息和应用系统功能的访问遵守已确定的访问控制策略。

② 应用系统的访问控制机制应覆盖其所有用户、功能和信息，以及所有的操作行为。

③ 应根据应用系统的重要性设置访问控制的粒度，一般应用系统应达到访问主体为用户组级，访问客体为功能模块级，重要信息系统应达到访问主体为用户级，访问客体为文件、数据表级。

④ 应严格限制默认用户的访问权限。

3）网站"三防"

拥有对外开放使用的 Web 系统的单位应加强以下防护工作：

① 应针对门户网站及各对外开放的 Web 应用系统部署防攻击系统，以能够针对 SQL 注入攻击、DDOS 攻击、跨站攻击等攻击行为进行有效防范。

② 应针对门户网站及各对外开放的 Web 应用系统部署防病毒和防篡改系统，以能够对蠕虫病毒、网页木马病毒等进行有效防范，并能够对 Web 页面进行防护，以防止出现页面被替换、页面发布内容被篡改等现象。

4）抗抵赖

各单位可根据需求建设以下抗抵赖方面的功能：

（1）重要应用系统应采用数字签名等非对称加密技术，保证传输的数据是由确定的用户发送的，没有被篡改破坏且能够在必要时提供发送用户的详细信息。

（2）重要应用系统应采用数字签名等非对称加密技术，保证传输的数据是由指定用户接收的，没有被篡改破坏且能够在必要时提供接收用户的详细信息。

5）通信完整性

各单位可根据需求建设以下完整性保护功能：

① 应用系统中通信双方应利用密码算法对数据进行完整性校验，保证数据在传输过程中不被替换、修改或破坏。

② 对完整性检验错误的数据，应予以丢弃，并触发重发机制，恢复正确的通信数据并重新发送。

6）通信保密性

各单位可根据需求建设以下通信保密性功能：

① 在通信双方建立连接之前，应用系统应利用密码技术进行会话初始化验证。

② 应用系统应采用符合国家密码局规定的加密算法，如采用数字证书、SSL 等实现方式对传输中的信息数据流加密，以防止通信线路上的窃听、泄漏、篡改和破坏。

5. 数据安全防护

（1）数据可恢复性。建立层次化的数据保护体系，按照应用对数据丢失的容忍级别实现实时数据备份恢复、定期数据备份恢复、数据异地备份等备份恢复体系。

（2）数据保密性。各单位可根据需求建设以下数据保密性功能：

① 应对网络设备操作系统、主机操作系统、数据库管理系统和应用系统的系统管理数据、鉴别信息和重要业务数据采用加密算法、数字证书等方式加密后传输。

② 应对网络设备操作系统、主机操作系统、数据库管理系统和应用系统的系统管理数据、鉴别信息和重要业务数据采用加密算法、数字证书等方式加密后存储。

8.5.2　安全监测

安全监测主要包括环境监控、网络监控、系统及应用监控和系统测评等。

1. 环境监控

（1）机房安全监控。各级单位信息部门应建立机房环境安全监控系统，对机房内部的温湿度控制、电气参数、负载情况、漏水情况、消防安全情况、进出情况等进行监控，并应建设机房内部视频监控系统。

（2）机房安全巡检。应建立定期的机房巡检机制，由专门人员对机房内部的环境安全、出入记录、硬件设施状况包括系统 CPU、内存、硬盘等使用情况进行检查，并形成巡检报告。

2. 网络监控

（1）网络入侵检测。各级单位信息部门应在互联网网络边界处或在必要情况下，在计算域边界处部署入侵检测 / 防御设备监视以下攻击行为：端口扫描、强力攻击、木马后门攻击、拒绝服务攻击、缓冲区溢出攻击、IP 碎片攻击和网络蠕虫攻击等；当检测到攻击行为时，记录攻击源 IP、攻击类型、攻击目的、攻击时间，在发生严重入侵事件时应提供报警。

（2）网络流量监测。各单位应对关键网络链路的带宽使用情况进行安全监测，并对关键应用服务建立 QoS 保证的技术措施，以保护重要业务应用数据流的优先级，从而提高业务活动行为的稳定进行。

3. 系统及应用监控

（1）系统入侵检测。各级单位应部署主机安全防护或入侵检测软件，并启用报警功能，以检测到对重要服务器进行入侵的行为，能够记录入侵的源 IP、攻击的类型、攻击的目的、攻击的时间，并在发生严重入侵事件时提供报警。

（2）应用程序漏洞管理：

① 拥有 Web 应用系统的单位应配置专业的 Web 应用扫描工具，定期对门户网站等 Web 应用程序进行漏洞扫描工作，并形成扫描报告。

② 应定期采取人工渗透测试的方式对上述 Web 应用系统进行入侵测试，以深度检测系统的安全隐患。

③ 应根据漏洞检查的结果，通过对 Web 应用程序进行改进或其他补救措施，实现对高风险漏洞的修复。

（3）应用程序代码审计。各单位对于新上线的对外开放的 Web 应用系统，可通过人工或工具的方式对应用源代码进行安全审计，发现代码编写的不规范之处，指导开发人员进行整改；对于已上线运行的 Web 应用系统，也可采取代码审计的方式对源代码进行检查，对于发现的代码漏洞可通过开发人员的改进或其他补救措施进行修复。

（4）Web 站点安全检测。针对行业门户等对外开放的 Web 系统建立 7×24 小时的实时检测机制，检测内容应包括页面内容、网页木马、网站漏洞、网站平稳度等方面；应定期形成针对 Web 站点的安全检测报告，对于已发现的安全漏洞、网页挂马等安全事件应及时采取相应的处置措施。

4．系统测评

根据国家、行业及网络安全等级保护的相关要求，开展等级保护的相关单位应选择经省级以上网络安全等级保护工作协调小组办公室审核并备案的第三方测评机构（参见《全国信息安全等级保护测评机构推荐目录》，网址：http://www.djbh.com），对第二级以上的信息系统进行信息安全等级保护测评，并且对于第三级信息系统后续每年需进行一次等级测评工作。

8.5.3 安全审计与应急响应

1．安全审计

（1）网络行为安全审计：

① 各级单位应在互联网网络边界处部署专业的安全审计系统，实现对上网行为、安全事件和网络操作行为的安全审计功能。

② 用户上网记录应包括：登录网络时间、离开时间、登录地点、使用网络资源。

③ 安全事件记录应包括：安全事件发生的时间、导致安全事件产生的使用者、事件的类型及事件造成的结果。

④ 网络操作行为的审计记录应包括：登录方式、登录时间、源地址、目的地址等。

（2）系统安全审计。各级单位重要系统应遵守以下安全审计要求：

① 应开启系统本身的日志审计功能或部署专业的系统安全审计系统，实现对系统行为、安全事件的审计。

② 系统行为审计记录应包括登录网络时间、离开时间、登录地点、使用网络资源；若是维护人员还应包括维护系统的操作命令记录。

③ 安全事件记录应包括安全事件发生的时间、导致安全事件产生的使用者、事件的类型及事件造成的结果。

（3）应用安全审计。各级单位重要系统应遵守以下应用安全审计要求：

① 应启用应用系统的安全审计功能，并覆盖到每个用户。

② 应用系统应能够对每个用户的重要操作（例如，用户登录、退出、增加、修改、删除关键数据等操作）和系统的异常事件进行记录。

③ 审计记录至少包括事件日期、事件、发起者信息（如用户名、IP 地址等）、类型、描述和结果（操作是否成功等）等内容。

④ 应用系统应具有对审计记录进行查询、统计和分析的功能，以及按照用户的要求生成审计报表的功能。

（4）漏洞验证与事件取证：

① 各级单位应对已发现的系统漏洞进行验证，以核实系统安全隐患的真实情况，保证漏洞扫描的准确性，并通过漏洞验证演示系统可能遭受的入侵攻击路径。

② 对于突发的安全事件，在恢复业务活动的同时，应尽可能保留原始证据，并通过人工或工具的方式进行事件取证。

2. 应急响应

各级单位应配置充分的应急响应资源（包括人力资源和应急工具），对于突发的大规模 DDOS 攻击、病毒爆发、系统入侵、系统宕机等安全事件进行及时的响应和分析；应在意外安全事件突发的情况下，保证及时恢复重要业务活动的正常运行，尽可能减小损害程度，同时保存事件证据的完整性。

8.5.4　备份与恢复

1. 冗余设计

（1）网络冗余：

① 各级单位应保证主要网络设备和通信线路有冗余，避免网络设备或线路出现故障时引起数据通信中断。

② 应对主要的网络设备建立备份机制，有备机备件。

③ 主要的网络设备、通信线路在发生故障时可以主备自动切换，不影响业务运行。

（2）系统冗余。对于重要系统，各级单位应根据实际情况采取硬件和软件层面的冗余机制，保证信息系统的高效运行，同时在意外情况发生时，可保障系统不间断切换，从而维持正常业务活动的继续运行。

2. 数据备份与恢复

① 各级单位对关键主机操作系统、网络设备操作系统、数据库管理系统和应用系统配置文件变更前后进行备份，每天对关键数据库和应用系统重要信息进行备份，备份介质场外存放。

② 根据国家等级保护基本要求，拥有三级系统的单位应对重要的数据提供异地数据备份，保证当本地系统发生灾难性后果时，能利用异地保存的数据对系统数据进行恢复。

8.5.5　统一安全运维管理

统一安全运维管理主要包括资产统一管理、威胁统一管理、日志采集和分析、拓扑管理、漏洞管理等。

1. 资产统一管理

各级单位需部署资产统一管理相关系统或设备，做到对网内资产的扫描发现、手工管理、资产变更比对、资产信息整合展示等基本功能。资产发现部分可以通过 IP 扫描、SNMP 扫描、流量发现等手段对网内 IP 的存活情况进行跟踪，一旦发现超出当前管理范围的 IP，用户可以导出相关数据进行编辑再录入资产数据库。而对于已经录入资产数据库的资产，用户可以通过分组、标记等方式对资产进行更加细致的管理，同时提供长期的服务、流量、威胁等相关监控，并提供可视化界面对资产详情进行查看。如果涉及资产信息，用户均可直接在告警上查看到相关资产的基本信息，并能够快速切换到资产页面查看对应详情。在资产详情中将展现资产属性基本信息、资产相关告警信息、资产相关漏洞信息及资产相关账号信息，可视化呈现资产的多维度信息。系统支持对资产自定义各种维度的可视化统计分析，这些维度包括资产 IP 地址、资产组、责任人、责任部门、网关标识、操作系统类型、权重、厂家等，可以进行两个维度的对比使用，统计出各种维度的资产数量或待处置漏洞。用户可以生成各种所需维度的视图并进行展示，展示方式为统计视图，视图种类包括柱状图、折线图、条形图、面积图、饼图、词云图、玫瑰图、表格等，同时可视化的资产视图可以被仪表板和报表系统调用。

2. 威胁统一管理

各级单位需部署威胁统一管理相关系统或设备，需要具备面向威胁全生命周期的管理功能，可以通过多种威胁检测手段发现威胁，并集中呈现全网的各种威胁情况。用户可结合各自需要对威胁进行筛选、标记、处置，同时支持针对威胁的处置工单下发，管理者可以指定对应威胁的处置责任人，通过邮件、短信、消息中心等方式进行通知，由其对威胁进行处理，并跟踪工单流转状态。支持根据设定的动作进行自动化通知下发告警，提升日常运营工作的效率。支持对威胁告警自定义各种维度的可视化统计分析，这些维度包括源 IP、目的 IP、危害等级、告警类型、告警状态、关注点、告警 IOC（Indicator of Compromise，入侵指示标记）等，可以进行两个维度的对比使用，统计出各种维度的告警数量。用户可以生成各种所需维度的视图并进行展示，展示方式为统计视图，视图种类包括柱状图、折线图、条形图、面积图、饼图、词云图、玫瑰图、表格等，同时可视化的告警视图可以被仪表板及报表系统调用。针对告警用户可以指定告警加白策略，指定哪些条件下的告警内容不进行告警展示。

3. 日志采集和分析

各级单位需部署日志采集和分析相关系统或设备，实现对各种安全设备、网络设备的 syslog 和 flow 日志进行采集，并能够提供适配 Linux 与 Windows 双平台的专业 Agent，针对数据库、系统日志、中间件日志、其他文本日志提供全方位的采集能力。同时需要支持原始流量行为的还原与采集，可对流量中的会话行为、事务、应用动作进行还原并形成相关日志进入存储和分析环节。

同时需要提供针对事件 / 流量日志 / 终端日志的查询、检索模式，用户可以对日志中的各种字段进行查询，支持与或非等逻辑语法，精确匹配、模糊匹配、通配符查询多种匹配方式，支持时间段、地址区间、数值范围等一系列区间查询，为用户提供多样化的查询条件。

4. 拓扑管理

各级单位需部署拓扑管理相关系统或设备，能够对企业网络拓扑进行扫描和发现，用户可以将管理好的资产直接添加到任何一个自定义网络拓扑中，并对拓扑进行相关编辑。在拓扑管理页面，用户可以连接任意资产，调整拓扑的展示布局，隐藏连接关系，隐藏资产名称，查看资产详情，完成拓扑绘制相关的所有工作。

5. 漏洞管理

各级单位需部署漏洞管理相关系统或设备，可直接调度指定厂家的漏洞扫描器和人工漏扫报告，实现扫描任务的创建和下发，同时支持导入多种厂家的漏洞报告，且能够灵活自定义漏洞报告的解析规则，轻松适配不同场景的漏洞管理需求。对于导入的漏洞，可以按照资产的情况进行漏洞的归并展示，帮助用户直观地掌握资产漏洞情况。漏洞详情描述支持关联查询漏洞知识库，漏洞详细信息为处置提供依据。系统支持对漏洞自定义各种维度的可视化统计分析，这些维度包括资产 IP 地址漏洞名称、发现时间、CNNVD 编号、CVE 编号等，可以进行两个维度的对比使用，统计出各种维度的漏洞数量。用户可以生成各种所需维度的视图并进行展示，展示方式为统计视图，视图种类包括柱状图、折线图、条形图、面积图、饼图、词云图、玫瑰图、表格等，同时可视化的漏洞视图可以被仪表板和报表系统调用。

8.6 安全运维流程及制度

8.6.1 安全运维流程

安全运维流程包括终端计算机入网流程、系统变更管理流程、设备维修与报废流程、系统上线测试流程、应急响应与事件处置流程、机房出入管理流程、网站信息发布流程、信息安全工作考评流程等。

1. 终端计算机入网流程

（1）流程定义和目的。终端计算机入网流程主要是规范各单位的内部员工办公终端，外来业务人员以及IT外包服务人员自带终端设备的网络接入控制工作，提高内部网络办公环境的安全性。

（2）流程适用范围。本流程适用于各单位的终端计算机安全管理工作。

（3）流程关键活动：

① 提交申请。由终端计算机使用者向信息部门提交入网申请，需要说明入网原因及所需资源。

② 安全审核。信息部门组织相关人员对申请入网的终端计算机进行安全检查，查看是否安装有恶意软件、非法扫描工具以及其他违规软件等。

③ 软件安装。根据相关要求，对于入网计算机需要统一安装防病毒软件、终端监测软件等。

④ 资源分配。由信息部门根据申请者的使用需求，向其分配合理的IP地址资源以及接入网口等。

⑤ 注册备案。对于审核通过，允许接入网络的终端计算机，信息部门要对其进行登记备案，统一管理。

2. 系统变更管理流程

（1）流程定义和目的。系统变更管理流程主要是指当系统组件发生变化或补丁升级时，需要遵守的操作流程。其主要目的是规范系统变更管理工作，避免因系统变更而产生新的安全风险。

（2）流程适用范围。本流程适用于各级单位所有重要系统的变更管理工作。

（3）流程关键活动：

① 变更请求的提出与分析。受理各需求部门提出的安全变更需求，同时分析安全变更需求类型，其中日常变更或预审批变更直接转入变更实施，已实施的紧急变更直接转入变更评审。

② 制定变更技术方案。对于需要制定安全变更技术方案的特殊变更，参考相关技术规范，制定变更需要的安全技术方案（含技术方案、倒回措施、影响范围等）。

③ 分析安全变更影响。根据现网系统和网络的安全配置情况，评估变更方案可能产生的影响和风险。

④ 审批安全变更方案。根据方案及其对现有网络和系统的影响评估，对"是否同意变更"进行审批。

⑤ 实施安全配置变更。由系统建设厂商及维护商等，根据安全变更技术方案或安全变更申请，实施安全配置变更。

⑥ 评审安全配置变更。对成功实施的安全配置变更进行评审，检查是否对系统或网络的安全运行造成影响。

⑦ 更新系统变更状态。根据安全变更的结果更新网络拓扑、资产清单或系统清单，保持系统管理的时效性。

3. 设备维修与报废流程

（1）流程定义和目的。在系统设备因变更、故障或退服等原因需要维修或报废时，对可能会在其他系统中使用的信息采取适当的方法将其安全地转移或暂存到可以恢复的介质中，确保将来可以继续使用，同时采用安全的方法彻底清除系统中的信息。

（2）流程适用范围。本流程适用于各级单位的设备维修或报废工作。

（3）流程关键活动：

① 维修或报废申请。所有设备或存储介质在外出维修或报废前，都应由资产责任人提出申请，阐述资产信息及维修报废理由。

② 识别制定数据处置方案。应由相关人员识别设备中所包含的关键数据，并制定针对数据的备份或清除等处置方案。

③ 备份关键数据。根据数据处置方案由相关人员将设备中所有的关键数据备份到其他存储介质中。

④ 审核备份记录。由资产责任人和其他安全负责人员对已经备份的数据记录进行确认，保证数据已经完整备份，确保未来可以重复利用。

⑤ 清除关键数据。由相关人员根据数据处置方案对设备中的关键数据进行彻底清除。

⑥ 审核清除记录。资产责任人和其他安全负责人员对已经清除的数据记录进行审核，以保证敏感数据已经彻底清除，避免数据泄漏。

⑦ 更新资产清单。资产责任人在设备维修或报废后，应及时更新资产清单，以确保资产信息与实际情况相一致。

4. 系统上线测试流程

（1）流程定义和目的。入网测试流程是指新建系统或设备在上线正式运行之前，需要对其安全功能、配置以及代码的安全性进行检查，避免给生产环境引入新的威胁和风险，从而影响业务活动的正常运行。

（2）流程适用范围。本流程适用于各级单位所有新建系统或新设备上线之前的测试工作。

（3）流程关键活动：

① 测试申请。由系统建设厂家根据入网测试要求递交安全测试申请，并交由相关部门或人员进行审批。

② 测试方案准备。由安全测试方准备详细的系统测试方案，并邀测试申请方及信息部门相关人员共同评审。

③ 测试环境搭建。由测试申请方及信息部门相关负责人员根据测试方案的要求搭建系统测试环境，并提供相应的资源支持。

④ 测试实施。由安全测试人员根据测试方案逐项对系统和设备进行安全功能、配置及代码方面的测试，并对测试结果进行记录。

⑤ 测试报告编制及确认。由安全测试人员对测试结果进行整理，并由测试申请方进行确认后，形成系统安全测试报告。

⑥ 测试结果上报。安全测试方将系统安全测试报告递交至信息部门相关负责人员或部门，以及测试申请方。

5. 应急响应与事件处置流程

（1）流程定义和目的。应急响应与事件处置流程是指如何识别并预警信息安全事件的发生，在事件发生后如何组织相应的资源进行处置，并描述事件通报、分析、上报、总结等相关流程，主要目的是强化对于安全事件的应急和处置能力。

（2）流程适用范围。本流程适用于各级单位的应急与事件处置工作。

（3）流程关键活动：

① 事件的分类分级。根据国家及行业相关标准，结合自身的情况，对信息安全事件进行类别

和级别的定义、划分。

② 应急预案的编制。根据信息安全事件的类别和级别，制定不同的应急预案。

③ 事件监控与预警。通过各种安全审计设备、入侵检测系统等，对网络和系统安全状况进行监测，对于可疑行为和事件，及时通知相关管理人员。

④ 事件处置。根据应急预案的计划，组织相关的厂商、安全专家、岗位负责人员对信息安全事件进行处置，及时恢复业务系统的正常运行。

⑤ 事件分析与取证。以安全专家为主导，系统相关厂商、维护商以及岗位负责人员配合进行信息安全事件的日志分析、取证等工作。

⑥ 事件报告与总结。根据事件分析与取证的结果，对安全事件的起因、过程及损害程度进行总结，并形成信息安全事件报告上交至相关部门。

6. 机房出入管理流程

（1）流程定义和目的。机房出入管理流程主要目的是规范各级单位针对计算机机房人员出入的管理工作，尤其是加强针对施工人员出入机房的控制。

（2）流程适用范围。本流程适用于各级单位的计算机机房安全管理工作。

（3）流程关键活动：

① 提交申请。由于工作原因需要进入机房的施工人员、系统维护人员等需要首先提交进入申请，并阐述进入机房事由及操作内容。

② 部门审批。信息部门需要对施工人员的进入申请进行核实和审批。

③ 进入登记。在进入机房之前，施工人员和系统维护人员需要登记个人信息和进入时间等内容。

④ 安全监测。在施工期间，各单位相关人员应安排专人陪同第三方人员进行现场操作。

⑤ 退出确认。施工结束后，各单位信息部门相关人员应对机房环境进行检查确认，并由施工人员登记退出时间等内容。

7. 网站信息发布流程

（1）流程定义和目的。本流程主要是对内部网站信息的发布制定合理的审核流程，以保障网站信息的安全性，防止非法言论、不良信息通过网站平台散播而损坏自身形象。

（2）流程适用范围。本流程适用于门户网站的信息发布工作。

（3）流程关键活动：

① 信息创建。由信息发布者根据相关部门或人员的要求，创建所需要发布的网站信息。

② 发布申请。信息发布者需要将所需发布信息提交至网站主管人员进行审核，网站主管人员应核实信息的安全性。

③ 信息审核。网站主管人员对所需发布信息审核通过后，协调具体的网站维护人员进行信息发布工作。

④ 信息发布与更新。网站维护人员根据网站主管的要求，执行具体的操作活动，发布并更新网站信息。

8. 信息安全工作考评流程

（1）流程定义和目的。安全考评流程是指通过入侵检测日志、数据库日志、防病毒日志、安全审计日志等获取相关安全状态信息，综合呈现出各单位某一阶段内的整体安全状态，主要目的是使安全工作度量化、可视化，从而作为单位和个人工作业绩指标。

（2）流程适用范围。本流程适用于内部单位或个人的信息安全考评工作。

（3）流程关键活动：

① 考评指标的制定。由安全相关负责人指定可以反映信息安全整体状态的一系列指标，并对每个安全指标赋予相应的权重，建立一套比较科学合理的测量计算方法。

② 指标信息的采集。可组织系统维护人员、安全维护人员等对防病毒日志、入侵检测信息、安全审计日志等进行分析，以采集所需要的安全指标信息。

③ 信息的分析和计算。对已搜集的安全日志信息与安全指标集进行对比分析，并对指标信息进行赋值打分，最终计算出整体安全状态分数。

④ 考评结果报告。对安全指标的测量结果和整体安全状态形成考评报告，向上级主管部门或相关负责人员进行汇报。

8.6.2　安全运维制度规划

大运维体系的安全运维从终端计算机安全、网络设备安全配置、操作系统安全配置、数据库系统安全配置、资产分类分级、信息安全事件分类分级、信息安全考评指标等方面加以规范。

1. 终端计算机安全规范

（1）编制目的。本规范的主要目的是加强各级单位对于终端计算机的安全管理工作，包括内部员工的办公计算机，外来业务人员和IT外包服务人员自带的终端计算机。

（2）适用范围。本规范适用于各级信息部门对于终端计算机的安全管理工作。

（3）主要内容：

① 配置规范。主要是终端计算机操作系统的安全配置规范，包括主机命名规范、防火墙配置、漏洞管理等内容。

② 软件安装。主要针对外围应用软件的安装管理，个人不得私自安装恶意代码程序，包括病毒、木马、窃听软件、扫描软件等。

③ 使用行为。内部终端用户应负责保护所使用办公计算机的安全性，不随意破坏单位信息资产。

④ 账号口令。内部终端用户应保管所使用办公计算机的账号口令，应采取复杂口令，并定期进行更换，以提高终端计算机的安全性。

2. 网络设备安全配置规范

（1）编制目的。本规范的主要目的是建立统一的网络安全配置基线，主要对象包括各厂商的路由器和交换机。

（2）适用范围。本规范适用于各级单位网络设备的安全管理工作，可作为新设备入网安全检查、运维中安全评估以及安全加固的参考依据。

（3）主要内容：

① 账号管理、认证授权：包括账号、口令、授权、认证等方面的安全配置要求。

② 日志安全要求：主要是针对网络设备日记配置的要求。

③ IP协议安全要求：主要包括基本协议安全、路由协议安全、SNMP协议安全、MPLS安全等。

④ 其他安全要求：主要包括端口配置安全、登录配置安全等。

3. 操作系统安全配置规范

（1）编制目的。本规范的主要目的是建立统一的操作系统安全配置基线，主要对象包括Windows系统、Solaris系统、HP-UNIX系统、AIX系统等。

（2）适用范围。本规范适用于各级单位系统安全管理工作，可作为新系统入网安全检查、运维中的安全评估以及安全加固的参考依据。

（3）主要内容：

① 账号管理、认证授权：主要包括账号、口令、授权、认证等方面的安全配置要求。

② 日志安全要求：主要是针对网络设备日记配置的要求。

③ IP 协议安全要求：主要包括 IP 协议安全、路由协议安全。

④ 其他安全配置要求：主要包括屏幕保护、文件系统及访问权限、物理端口设置、补丁管理、服务管理、内核调整、启动项等。

4. 数据库系统安全配置规范

（1）编制目的。本规范的主要目的是建立统一的数据库系统安全配置基线，主要对象包括 MSSQL 数据库系统、Oracle 数据库系统、Informix 数据库系统等。

（2）适用范围。本规范适用于各级单位数据库安全管理工作，可作为新系统入网安全检查、运维中的安全评估以及安全加固的参考依据。

（3）主要内容：

① 账号配置要求：主要包括共享账号、默认账号以及账号权限等方面的安全配置要求。

② 口令配置要求：主要包括针对各种数据库用户账号的口令管理方面的安全配置要求。

③ 日志配置要求：主要包括对数据库系统日志功能的开启、记录信息等方面的安全配置。

④ 其他安全要求：主要包括针对存储过程安全、通信协议加密、补丁管理等方面的安全配置要求。

5. 资产分类分级规范

（1）编制目的。本规范的主要目的是建立信息资产的分类分级标准，为资产管理工作提供可参考的依据。

（2）适用范围。本规范适用于各单位信息资产的管理工作。

（3）主要内容：

① 信息资产的分类标准。参考相关标准并结合实际情况，可对信息资产进行分类，如实物资产、软件资产、数据资产等。

② 信息资产的分级标准。根据信息资产的重要程度，将信息资产分成不同的等级，如非常重要资产、重要资产、一般重要资产等。

6. 信息安全事件分类分级规范

（1）编制目的。本规范的目的是建立信息安全事件的分类分级标准，为各单位的应急响应与事件处置工作提供参考依据。

（2）适用范围。本规范适用于各级单位的信息安全事件处置和应急管理工作。

（3）主要内容：

① 信息安全事件的分类标准。参考国家及行业相关标准，对信息安全事件进行分类，如攻击类事件、病毒类事件、故障类事件等。

② 信息安全事件的分级标准。参考国家及行业相关标准，对信息安全事件进行分级，如非常重大事件、重大事件、一般安全事件等。

③ 信息安全事件的处置标准。根据不同类型和级别的事件，对其制定相应的处置标准和规范。

7. 信息安全考评指标

（1）编制目的。本规范的主要目的是为安全考评工作提供参考指标集，这些考评指标可包括设备安全状态指标、病毒爆发指标、入侵攻击指标等相关信息。

（2）适用范围。本规范适用于各级单位的安全考评工作，可将本指标集作为收集信息的重要参考依据。

（3）主要内容：

①信息安全管理体系运行指标。

②员工信息安全意识管理指标。

③信息系统开发安全管理指标。

④信息系统运维安全管理指标和业务连续性管理指标。

8.7 安全运维评审及改进

安全运维评审和改进包括运维评审和持续改进，其中运维评审的主要目的是对安全运维的过程进行有效性评估。传统行业各项业务对安全的要求越来越高。如何提高安全运维有效性，降低运营成本是组织迫切需要解决的问题。安全运维有效性的提高，要以对安全运维有效性客观评估为基础。

持续改进是安全运维模型的最后一个环节，也是再次运维的需求来源之一和促进再次运维的主要原因之一。改进是持续无止境的，这符合事物螺旋式发展的基本规律。

8.7.1 过程有效性评估

1.概　述

安全运维的过程有效性评估是运维工作的核心，是决定整个安全运维成败的关键，也是一个安全运维项目是否成功的最根本标志，过程有效性要贯穿于安全运维工作的始终。过程有效性评估就是要保证安全运维的质量，提高了安全运维质量也就保证了运维过程的有效性，所以两者是相辅相成的，也是有机融合的。而质量控制是安全运维保证质量的重要手段，通过质量控制可以保障安全运维过程的有效性，对过程有效性的评估也就是对安全运维主要质量控制点的评估。

1）过程有效性评估概念

安全运维过程有效性评估是指在力求实现信息系统安全运维项目总目标的过程中，为满足信息系统安全运维项目总体质量要求所开展的有关监督管理活动。过程有效性评估是一个系统过程，贯穿全过程，安全运维单位的过程有效性评估主要是安全运维实施过程的有效性，以及运维实施结果与服务的有效性评估。过程有效性评估就是运维管理人员采取有效的措施，监督运维事件的实施过程以及具体的实施结果，判断是否符合相关标准，并确定消除产生不良结果的方法。过程有效性评估贯穿于安全运维的始终。

2）过程有效性评估原则

过程有效性评估贯穿于运维策划、准备、实施等阶段，主要包括方案制订、运维商工作能力考核、运维事件过程跟踪及结果质量评价等。过程有效性评估应把握如下原则：

（1）过程有效性评估要与运维服务商对运维质量监督紧密结合。就信息系统安全运维的有效性目标而言。衡量信息系统安全运维项目有效性是否达到预期标准和要求，需要运维服务管理者、运维服务的用户担负对信息系统安全运维项目质量监督管理的职责。

（2）过程有效性评估是一种系统过程的控制。安全运维项目的实施也是其质量形成的过程。安全运维过程的每个运维事件解决过程的有效性，都是安全运维工作总体工作过程有效性的一个重要组成部分。要使信息系统安全运维项目的过程有效性能够产生预期效果，运维单位及其运维工程师就要对信息系统安全运维项目的实施全过程不间断地进行过程有效性评估。

（3）过程有效性评估要实施全面控制。由于信息系统安全运维项目具有广泛性，所以信息系统安全运维项目需要实施全面的过程有效性评估。对信息系统运维项目有效性实施全面控制，要把控制重点放在各种干扰有效性的因素上，做好风险分析和管理工作，预测各种可能出现的质量偏差，并采取有效的预防措施。运维单位工作重点是监督重要运维事件的处理过程，检查所有运维事件的处理结果，判定其是否符合预定的有效性要求，最终对所有运维过程的工作状态运用绩效考核的方法量化加以评价，具体如下：

① 对于不同的运维工作分类，应采取不同的质量控制方法。

② 以信息系统运维合同、SLAs 等为依据，督促运维服务商全面实现运维合同约定的有效性目标。

③ 对运维服务商的人员、设备、方法、环境等因素进行全面的质量监督，督促运维服务商的质量保证体系落实到位。

④ 对信息系统安全运维全过程实施过程有效性评估，以质量预控为重点。做好运维服务流程控制、服务过程监督、服务成果评价及相关文档审查。

⑤ 确定安全运维项目过程有效性评估的关键事件，进行重点控制。不仅运维工程师要严格把关，还要组织专家顾问组进行集体论证。论证通过后方可通过质量审核。

⑥ 对安全运维服务的关键操作和重要运维事件过程进行跟踪参与，及时发现质量问题，及时纠正，消除质量隐患。

3）过程有效性评估特点

信息系统安全运维的过程有效性评估与其他运维的过程有效性评估相比，有其特殊性。下面举例说明信息系统安全运维特点以及质量影响要素。

（1）信息系统安全运维的实施过程是人的智力劳动过程，个人发挥的空间比较大，而且人员"跳槽"的现象比较普遍，因此要控制有效性，首先要控制人。但是，运维单位对运维服务商的人员控制并非人事权的控制，而应通过以下方法实现人员控制：

① 审查安全运维项目主要负责人是否具有运维投标文件中承诺的人员资格证书，以保证安全运维项目经理的合法性。

② 审查运维服务商的安全运维项目过程质量控制体系，以保证安全运维项目能够在有序的状态下进行，最大可能减少个人的随意性。

③ 督促运维服务商建立有效的版本控制体系和文档管理体系，最大可能减小人员流动所带来的损失。

（2）定位故障比较困难。比如一个信息系统的性能问题可能是由网络性能、主机性能、数据库性能、中间件性能和应用软件性能共同决定的。某一部分出现故障，就会影响整体的性能，因此在进行质量控制时既要切实控制单体的质量，又要有全局观。

（3）改正错误的代价往往较大，并且可能引发其他的质量问题。比如在应用信息系统安全运维过程中，即使发现了软件的错误，也不能随意修改。因为修改一个安全问题，可能会由此引起其他衍生安全问题，因此在过程有效性评估时要做好有效性改进评估。

2. 评估要点

1）安全设备运维过程有效性评估要点

安全设备运维的过程有效性评估要点主要体现在安全设备监控与巡检、备品备件的准备以及安全策略配置三个方面。

（1）安全设备监控与巡检。安全设备的监控与巡检具体内容如下：

① 审查运维商巡检计划及内容。在计划方面，要重点分析对业务高峰期和特殊业务保障时期的巡检安排；在内容方面，要详细审查对安全设备的巡检内容是否足够详细，阈值设定是否合理，巡检内容与业务系统的匹配是否完全。

② 抽查安全运维人员工作状态。在业务高峰期或业务重点保障期抽查监控人力保障是否到位等情况。

③ 审查运维商巡检报告。对照故障报告、故障日志等信息，还原故障发生过程，进而评定巡检工作是否认真执行或者巡检内容是否存在疏漏。

（2）备品备件的准备。备品备件的准备是安全设备运维的核心支撑资源，毕竟事前能够发现的故障只是所有故障中的一部分。对于突然发生的设备故障，需要有强大的备品备件库进行支撑，才能保证及时更换。在备品备件准备中，安全运维应该着重注意以下几点：

① 需要预先采购的备品备件的数量、型号是否符合合同要求。

② 重要设备的备品备件是否为正品，是否已经被使用过。

③ 合同中明确的替代设备、应急设备是否准备齐全。

④ 在运维期内，安全运维人员应当不定期抽查备品备件库，以防有缺失导致隐患。

（3）安全策略配置的审查。安全设备运维服务商有义务对目前安全设备进行安全基线加固配置，但是必须提前向用户提交安全策略配置方案。在得到用户批准同意后方可实施。在安全策略配置方案的审查方面应重点审查下述内容：

① 对安全设备的安全基线加固配置时要注意审查 UPS 和电源的设计，保证供应满足需要；进行 UPS 测试、优化、扩容和更换时，要考量到实施过程中的突发情况，UPS 的支撑系统满负荷运转的时间应满足业务要求。

② 对安全设备安全基线加固配置方面，必须以保证业务系统平稳运行为前提。参考业务系统的设计方案，了解业务系统对资源使用的最优化要求，才能很好地完成对安全设备安全基线加固配置的工作。防火墙、入侵检测等设备的更换和优化需注意业务系统的需要（比如数据库的长连接和短连接等），不能盲目使用默认配置。

2）应用系统运维过程有效性评估要点

应用系统安全运维的过程有效性评估与信息系统建设过程中的类似，升级改造的工作相当于新建应用系统，而软件修正完善相当于新建应用系统中的测试修正环节，增加的内容只是对信息系统软件的监控。

（1）协助运维服务商完善运维过程中阶段性过程有效性评估。应用系统安全运维的有效性是在实施运维中逐渐形成的，应用系统安全运维中各阶段的过程有效性评估是实施有效性的核心。只有严格控制好每个阶段的安全运维有效性，才有可能保证安全运维服务的整体质量。安全运维人员应该协助运维服务商完善阶段性过程有效性评估，及时检查和审核运维服务商提交的质量统计分析资料和过程有效性评估图表。

应用系统安全运维各阶段实施中，过程有效性评估主要包括实施中每个阶段的运维实施和阶段实施结果两方面的过程有效性评估，具体内容如下：

① 运维实施条件的控制。运维实施条件是指运维服务在各阶段的工作内容要素和实施环境条件，基本控制内容包括人员、运维服务、设备、程序、方法和环境条件等。控制方法主要可以采取检查、测试、评审、跟踪监督等方法。

② 运维服务阶段性实施结果的过程有效性评估。应用系统运维阶段性实施结果的过程有效性评估主要反映在阶段性运维服务的质量特征和特性指标方面，对阶段性实施结果的过程有效性评估就是控制阶段性运维服务的质量特征和特性指标是否达到技术要求和实施标准。

（2）质量控制的基本步骤。阶段性实施结果的质量控制一般属于事后质量控制，其控制的基本步骤如下：

① 测试或评审：指测定阶段性实施结果的有关质量特征和特性的指标值。

② 判断：判断阶段性实施效果是否达到设计质量和运维服务需求所规定的质量标准要求。

③ 认可或纠偏：若阶段性实施结果的质量特征和特性指标达到有关标准的要求，对该过程实施质量进行认可，并验收签证，才允许运维下一流程或阶段开工，否则对该阶段实施结果进行必要的纠偏。经纠偏后，应重新检查，达到质量标准要求才予以认可。

现场安全运维人员应自始至终把对实施阶段性过程有效性评估作为对安全运维服务过程有效性评估的工作重点，并应详尽深入地分析影响阶段有效性的因素，分清主次，抓住关键，开展对阶段性有效性的全面控制。

（3）关键过程有效性评估的实施要点：

① 制订阶段性质量控制计划是实施阶段性过程有效性评估的基础。阶段性过程有效性评估计划包括确定控制内容、技术质量标准、检验方法及手段，建立阶段性过程有效性评估责任制和有效性检查制度。

② 进行阶段分析，分清主次，抓住关键是阶段性运维结果过程有效性评估的目的。运维各阶段分析是指从众多影响安全运维有效性的因素中，找出对特定安全运维阶段重要的或关键的质量特征、特性指标起支配作用或具有重要影响的主要因素，以便在运维实施中对这些主要因素制订相应的控制措施和标准，开展对运维实施过程中关键质量的重点控制。

③ 设置阶段性过程有效性评估要点，实施跟踪控制是安全运维过程有效性评估的有效手段。过程有效性评估要点是实施过程有效性评估的重点。在实施过程中的关键过程或环节及隐蔽运维，对后续运维实施或后续阶段质量和安全有重大影响的工序、部位或对象，实施中无足够把握的、实施条件困难或技术难度大的过程或环节，在采用新技术应用的部位或环节等处，都应设置过程有效性评估要点等。

（4）协助安全运维服务商对严重质量隐患和质量问题进行处理。在必要情况下，安全运维单位可按合同行使质量否决权，下述情况，运维总工程师有权下达停工令：

① 运维实施中出现质量异常情况，经提出后运维服务商仍不采取改进措施，或者采取的改进措施不力，未使质量状况发生好转趋势的。

② 对已发生的质量事故未进行处理和提出有效的改进措施，仍继续运行的。

③ 擅自变更设计和运维实施方案自行实施工作的。

④ 未经技术资质审查的人员进入现场参与运维实施工作的。

运维工程师遇到运维中有不符合要求情况并且严重时，可报总运维工程师下达停工令。运维开工和停工后的复工，均应严格遵照规定的管理流程进行。

（5）过程有效性评估的其他方法。组织定期或不定期的现场会议，及时分析、通报安全运维有效性状况，并协调有关单位之间的业务活动等，坚持安全运维日志的记录工作。

3）基础设施运维过程有效性评估要点

信息系统基础设施运维过程有效性评估要点主要体现在核心设备监控与巡检、备品备件的准备和系统优化方案的审查三个方面。

（1）核心设备监控与巡检。信息系统核心设备的监控与巡检在安全运维工作的过程有效性评估有下述三个要点：

① 审查运维商巡检计划及内容。在计划方面，要重点分析对业务高峰期和特殊业务保障时期的巡检安排；在内容方面，要详细审查对数据库、中间件的巡检内容是否足够详细，阈值设定是否合理，巡检内容与业务系统是否完全匹配。

② 抽查监控人员工作状态，如在业务高峰期或业务重点保障期的监控人力保障是否到位等情况。

③ 审查运维商巡检报告,对照故障报告、故障日志等信息,还原故障发生过程,进而评定巡检工作是否认真执行或者巡检内容是否存在疏漏。

（2）备品备件的准备。备品备件的准备是信息系统基础设施运维的核心支撑资源,毕竟事前能够发现的故障只是所有故障中的一部分,对于突然发生的设备故障,需要有强大的备品备件库进行支撑,才能保证及时更换。在备品备件准备中,运维应着重注意以下几点:

① 需要预先采购的备品备件的数量、型号是否符合合同要求。

② 重要设备的备品备件是否为正品、是否已经被使用过。

③ 合同中明确的替代设备、应急设备是否准备齐全。

④ 在运维期内,运维人员应当不定期抽查备品备件库,以防有缺失导致隐患。

（3）系统优化方案的审查。基础设施运维服务商有义务对目前基础环境、设备、数据库等内容进行优化,但是必须提前向运维及用户提交系统优化方案,在得到用户批准同意后,方可实施。在系统优化方案的审查方面,运维应注意以下重点:

① 对基础环境的优化要注意审查 UPS 和电源的设计,保证供应满足需要;进行 UPS 测试、优化、扩容和更换时,要考量到实施过程中的突发情况,UPS 的支撑系统满负荷运转的时间要满足业务要求。

② 对设备优化方面必须以保证业务系统平稳运行为前提,参考业务系统的设计方案,了解业务系统对资源使用的最优化要求,才能很好地完成对设备优化的工作。在对存储扩容的设计方面,要以近几年业务的增速和近期开展的新业务数量对存储的预估为出发点,争取做到一次投资可以满足两年以上系统要求。防火墙、入侵检测等设备的更换和优化需注意业务系统的需要（比如数据库的长连接和短连接等）,不能盲目使用默认配置。

③ 对操作系统、数据库、中间件等“软”设备进行优化是审查的重点,因为一旦考虑不周将可能给业务系统运行带来严重影响,一般在业务系统的运行效率或需求不能被满足时才进行这方面调整。操作系统、辅助软件的升级和补丁需要有安全运维商负责参与和审核;数据库中间件的优化要遵从业务系统运行的实际需要,使用许可的购买要根据业务发展的需要认真考虑。

3. 评估指标

1）过程有效性评估指标的内容

安全运维过程有效性评估指标要根据各单位的需求可定制、可扩充。各类安全运维服务的过程有效性评估指标通常包括但不限于以下内容:

① 运维监控与分析服务:异常报告及时率、异常漏报率。

② 日常巡检服务:维护作业计划的及时完成率、故障隐患发现率、异常主动发现率、故障服务请求及时满足率、业务服务请求及时满足率、问题解决率等。

③ 应急响应服务:平均响应时间、问题解决比率、服务响应及时率、到达现场及时率、故障修复及时率。

④ 安全检查服务:漏洞扫描覆盖率、安全报告呈报及时率、安全漏洞遗漏数量、安全漏洞遗漏率、加固设备覆盖率、安全补丁安装及时率、安全事件次数等。

2）过程有效性评估指标量化管理

安全运维服务量化管理的供需方和具体内容如下所述:

（1）安全运维服务的供方。安全运维服务的供方,既包括提供安全运维服务的独立供应商,也包括组织内部提供安全运维服务的内部组织和人员,需要通过对服务过程能力和服务质量的量化,检查自身存在的问题和改善机会,帮助服务组织以最符合成本的方式提供满足用户需求的安全运维服务产品。

（2）安全运维服务的需方。在这里为了简化关系，安全运维服务需方既包括安全运维服务的用户，也包括安全运维服务的客户，需要通过对供方安全运维服务能力的量化评价，选择符合需要的供应商；同时也需要通过对服务质量的量化来检验供方提供的实际服务是否满足双方确定的服务等级，也是确定安全运维服务费用结算的依据之一。

（3）安全运维服务第三方评估评测和管理机构。安全运维服务的第三方，包括进行安全运维服务评审的第三方机构和进行资质等管理评审工作的服务平台，需要将对供方服务能力和实际服务绩效的量化考评作为授予资质和颁发证书的有效依据。

由于安全运维服务是以过程和方法等手段满足用户要求的一种产品形态，在产品实现过程中需要通过供需双方的互动来实现，所以在产品测量过程中应考虑需方不断变化的要求，这在客观上给服务量化带来了较大的不确定性。同时，由于服务产品的生产过程和服务提供过程同步发生，这也是影响服务量化管理的难点之一。

3）过程有效性评估量化指标选择

一般情况下，选择的量化指标都应落在模型的某个交叉点上。比如人员要素与有形性交叉点可以具体对应人员的外表形象指标，在设计、协商和实施阶段分别对应设计人员形象指标、商务人员形象指标和运维服务交付人员形象指标；对于某类人员的形象指标，既可以是能力方面的，也可以是实际服务过程中客户体验到的质量方面的指标值。根据不同指标的具体需要，量化出不同的可测量数值。

在设计量化指标时，既可以设计选择单个交叉点上的指标（如设计人员形象），也可以选择某条线上的指标（如设计活动流程成熟度），还可以设计某个面上的指标值（如设计能力）。

对于不同要素、属性和运维阶段的评价（即对线和面的评价），应按照该"线"或"面"上所有"点"指标的加权平均值计算。权重应可以按照评价方需求、业务发展重点等进行调整。在构建安全运维服务指标体系过程中，对测量指标的设置和选择应满足以下原则：

（1）以业务目标为基础。所有设置的测量指标应与实现业务目标相关联，避免为了设置测量指标而设置一些没有实际价值的指标。

（2）SMART 原则：

① 选择的指标应针对一个明确的流程或活动，如果设定的指标值由两个不同流程或活动的各自一部分决定，则两个流程的责任人都不会对指标反映出的问题负责并采取改善措施。

② 选择的指标应该是可衡量的，只有提供适当的工具或方法保证指标数据的获得，该指标才有意义。

③ 选择的指标应该是可达到的值，即该指标值应该是通过运维服务活动可以实现的值，无法确切了解指标是否达到的测量值是没有意义的。

④ 选择的指标应该是与过程目标相关的，避免设置和选择一些没有实际价值的测量值。

⑤ 选择的指标应该是有时限性的，时限性既可以指某个时段的指标，也可以是指某个时间节点的值。

（3）测量深度和广度。任何测量活动都是有成本的，实际的测量活动应做到适度，避免选择获取数据复杂、实际意义不大的测量指标值。

安全运维服务量化指标体系就是以该量化模型为基础，参考安全运维服务客户需求、业务目标和运营目标等因素建立的测量指标集合。

4）过程有效性评估量化指标应用

通过安全运维服务量化模型，可以系统设计和识别许多安全运维服务量化测量指标，但有了这些指标并不能真正提高安全运维服务质量，也不能真实反映服务提供方的服务能力。只有通过对测量指标的选择和使用，才能体现测量指标的实际价值。

（1）安全运维目标的识别。应根据组织业务目标，制定满足业务需要的安全运维服务目标，包括服务能力目标和服务质量目标。只有识别出有效的安全运维服务目标，后续测量指标的选择和使用才能有的放矢，才能真正达到安全运维服务质量测量的目的。在该阶段应做好安全运维管理者与组织管理层、业务管理者的有效沟通。安全运维服务目标的选择既要考虑运维服务通用性要求，也要兼顾不同组织在不同阶段的不同关注点，同时还应注意服务提供方、服务需方或第三方评价机构的需求差异。

（2）指标的收集。使用工具自动收集、针对用户及内部人员的问卷和访谈等方式收集选择的测量指标，并以适当的方式展示收集的数据结果。对于某些客观性、技术性指标应尽量通过安全运维服务工具自动收集，如流程性指标值和网络技术参数等。

数据展示应简单明确，易于理解。在进行数据展示时，应根据数据关注对象的不同选择不同的展示方式。对于技术人员关注的指标采用技术方法展示，针对管理人员的指标应采用管理语言展示。指标的收集应确保数据的真实准确，同时应确保指标收集方式的简化与经济，最大限度降低指标收集的成本和复杂性。

（3）指标的分析与反馈。指标的收集和展示是安全运维服务量化工作的重要组成部分。许多组织存在重数据收集，轻数据分析、反馈和利用的错误倾向。对安全运维服务的量化，最根本的目的应该是通过对量化数据的分析了解服务各项指标的趋势，通过对趋势和潜在问题的分析，帮助安全运维服务管理者采取必要的预防措施，降低服务问题发生的概率和损失。同时，测量指标也是内部员工与外部客户进行沟通的重要内容之一。

在设计和选择量化指标时，应对所有量化指标指定唯一责任人，指标责任人负责对指标趋势进行分析并承担采取进一步行动的责任。指标的分析可以是进行自身比较，也可以是使用相同指标与同行业进行比较。

8.7.2   持续改进

信息系统安全运维的持续改进主要包括两个方面：信息系统的持续改进和安全运维能力的持续改进。

1. 信息系统的持续改进

信息系统改进的前提是存在着错误和不一致，或者潜在的、可能的不一致，这些不一致可能引入安全风险。所谓的不一致是指安全运维实施过程与安全需求、安全设计的不一致。引发不一致的原因至少包括管理和技术两个方面。管理上考虑运维管理、安全管理、流程管理等诸多方面因素；技术上着重考虑团队能力成熟度、技术水平问题等方面。

运维在实施过程中总会出现这样或那样的问题，例如管理机制问题、文档问题、人员管理问题、运维过程问题、配置问题、事件问题等，需要根据发现的问题，不断进行总结，不断优化信息系统。

2. 安全运维能力的持续改进

运维组织也在不断成长和成熟，运维组织利用信息安全方针、安全目标、审核结果、监视事态的分析、纠正和预防措施以及管理评审，持续改进信息系统安全运维的能力。

安全运维组织利用自我成熟能力进行评估，发现自身不足，掌握自身能力，不断提高自身的安全保障能力。应用领域在发展变革，技术在发展更新，团队和组织在发展、成熟和壮大，持续改进是组织发展的重要驱动力，是一个组织常态化的工作，它能够保持一个组织向前发展的趋势和势头。

第 **9** 章　大运维体系的咨询与监理服务

咨询、监理为大运维体系出谋、护航。——佚名

大型信息系统有规模庞大、跨地域性、网络结构复杂、业务种类多、数据量大、用户多等特点，这些特点决定了运维管理的复杂性，建立并实施符合大型信息系统特点的运维体系是一项专业性较强的工作。

很多大型信息系统的企业（机构），被复杂的运维管理、人员管理、技术管理、业务管理压得喘不过气来。随着安装设备的老化，设备和业务量的不断增加，运维管理将举步维艰，甚至使系统有陷入崩溃的危险。因此，需要有水平、有经验的第三方咨询与监理服务专业团队介入大型信息系统运维管理工作，为信息化运维选择合适的管理模式，搭建高效的组织架构，规范运维管理制度，引入先进的管理经验，改进、优化传统运维管理方式，确保大型信息系统高效、可靠、健康、经济、安全地运行。

9.1　引入咨询监理的必要性

对于大型信息系统的运维管理者而言，他们将面对的是十几个或者几十个运维服务商，大量的信息应用系统，成千上万的终端，还有数亿计的信息化资产。在这种情况下，如何做好管理工作，采用什么样的流程和方法已经比技术上的需求来得更重要。这个问题，虽然在多年前已经被国际和国内诸多信息化管理领域的前辈所重视，进而不断提出了各种版本的信息系统管理标准，包括ITIL、ISO2000、ITSS等。可是，面对大型信息系统这些标准如何落地执行，执行效果如何评价，应该采取什么样的具体方法在保证管理有效的前提下持续改进，这些问题并没有得到很好的解决。

专业的咨询团队和运维监理团队介入运维管理工作，可以在现场为企业（机构）运维管理提供定制化的解决方案与落地实施方案，起到事半功倍的效果。

9.1.1　引入咨询监理势在必行

在大型信息系统运维过程中，很多企业（机构）缺少了解和熟悉信息技术的人才，缺乏对信息系统的控制能力，这就使得企业（机构）和运维方在信息系统运维中存在严重的信息不对称问题，很难保证运维工作的有效性、安全性和可靠性，而建立大型信息系统的运维体系需要创新性的思维和做法，引入专业的管理团队可以为企业（机构）带来事半功倍的效果。咨询团队可以结合企业（机构）实际情况，根据最新的国际标准提供最优的解决方案和建议。体系建立起来后，运维监理团队的主要作用就是将相关的制度、流程进行有效落地，并可以把执行情况和优化建议不断反馈给咨询团队，经过不断计划—执行—检查—改进，使大型信息系统的运维体系进入一个不断改进的良性循环。因此，在大型信息系统的运维管理中，引入第三方专业的咨询管理和运维监理队伍势在必行。

9.1.2　咨询管理为大运维体系出谋划策

近年来我国已经建设了大量的信息系统，信息化工作重心已从"建设"逐渐转变为"运维"，但目前的运维管理工作仍然处于原始、落后的阶段，运维体系建设已严重制约信息化的发展，而大型信息系统由于存在涉及面广、执行效率要求高、流程复杂等特点，运维管理工作显得尤为重要。

大型信息系统的运维工作是一项以全局整体业务支撑为导向，涉及跨厂商、跨系统、跨业务，技术、业务及管理综合性强，资金预算的编制、执行、决算过程相对独立的大型工程。除此之外，运维工程与建设工程最大的区别在于，运维工程是一项长期持续性的工程，没有建设工程那样明确的竣工成果；其成果体现为组织与支撑大型信息系统业务连续稳定运行，并在此基础上，结合对业务发展趋势和信息系统运行现状的分析，提出对下一步信息化建设支撑业务发展的决策依据，这种结论正是信息化系统运行的核心目标所在。综上所述，运维工程同样或者说更需要专业化，有综合技术、业务及管理经验的第三方咨询，同时还要开展长期可持续优化的咨询活动，使大型信息系统的运维工作能与时俱进。

一方面，与信息化建设工程一样，专业化的运维管理咨询单位可以弥补企业（机构）在运维专业技术知识、管理体系及管理经验方面的不足；另一方面，第三方咨询将站在中立和公平的角度，为企业（机构）设计适应自身业务运行和战略需要的信息化运维方案；最后，第三方咨询单位拥有跨行业、数十年积累的行业经验，可以将在其他项目、其他企业（机构）中遇到的问题加以屏蔽，将可持续的好的经验和最新的方案不断地带给企业（机构），使企业（机构）持续受益。如果从另一个侧面说明问题，当咨询方与企业（机构）探讨运维管理中所遇到烦恼和问题时，往往会发现这些问题在其他企业（机构）同样存在或早已被解决，那么，第三方咨询机构将站在专业领域的角度，将好的方案和遇到的问题在不同的企业（机构）之间不断地加以共享，这将是企业（机构）自身成立运维咨询团队所无法比拟的。

鉴于管理咨询对大运维体系建设成败的重要性，IT 特点对运维管理的专业化要求，在现实中对于大多数企业（机构）而言，由于不了解 IT 专业化知识，缺乏成体系的运维管理经验，自身并不具备管理咨询能力。因此，企业（机构）在大型信息系统运维体系建设中引入专业的咨询管理团队是一种少花钱、处大事的明智之举。

9.1.3 运维监理为大运维体系保驾护航

目前，我国信息系统工程项目运维风险较大，市场还需要进一步规范。为了减少信息系统运维的风险，规范信息系统运维市场，保证企业（机构）和运维单位双方利益，对大型信息系统的运维进行有组织、规范化的监理就显得更加迫切和重要。大型信息系统运维监理的作用如下：

（1）解决用户在大运维情况下的协调难题。大型信息系统具有跨部门、跨地域、受众群体广、运维方多等特点，大型信息系统的升级、优化、调整都是牵一发而动全身的操作，这对整体协调工作提出了更高的要求；而运维监理作为运维制度、流程、体系的落地监督者角色，推动大型信息系统统一运维标准、统一服务标准的执行。

（2）解决用户在运维过程中信息不对称的问题。作为信息系统的用户单位，往往不具备信息系统运维的专业知识，使得用户单位和运维单位在信息系统运维中存在严重的信息不对称，用户单位很难依靠自身力量来保证运维的质量、进度、费用达到预期，运维的有效性、可靠性和安全性也难以保证，实际运维的流程难以管控。

（3）解决信息系统运维期用户单位的直属人力资源不足。用户单位特别是政府行业，从事运维工作的在编人员严重不足，这些人员同时从事运维及行政业务，导致系统运维工作时常出现脱节、脱管的状况，难以对运维工作进行有效管理。引入运维监理可以提高信息系统运维的管理水平，减少用户单位人员的工作量，提高本职工作效率。运维监理可代表用户加强对运维单位运维过程中的团队管理，保障运维质量，规范运维人员的行为，提高人员工作效率，减少人员管理成本，使信息系统的开发过程实现规范化、文档化。

（4）解决用户单位在运维工作中专业技能方面的问题。信息系统运维专业化已成为运维行业的大趋势，这需要专业的运维团队和管理团队，用户单位在编人员因技能上的不足难以提供专业化的管理手段，而运维监理不仅进行专业化的监督，还能提供详细的运维资料，有助于用户单位对信息系统的维护管理。

（5）解决用户单位在运维管理经验和突发事件处理经验方面的不足。由于大型信息系统的特点，如发生故障或突发事件将影响信息系统的正常使用，对用户单位造成极其不利的影响。这需要专业化的应急处理，高效率的故障解决，运维监理凭借丰富的运维经验可以进行现场指挥、调度资源，采用最优手段尽快解决系统故障。

因此，在信息系统工程中实施监理制度是极为必要的，这也是提高信息系统运维效率、质量、技术性能，延长大型信息系统使用周期的可靠保证。

9.2 大运维体系的管理咨询

大运维体系的管理咨询是为确保大型信息系统运维顺利进行的一种服务，管理咨询团队作为公正、专业、独立的第三方介入项目，不仅可以使运维顺利实施，还可以解决企业（机构）在运维管理中的问题。

9.2.1 大运维体系管理咨询的需求

在组织人员方面，大型信息系统存在跨地域、跨部门等特点，分散运维的现状突出，需要统一对信息化运维管理的认识，整合信息化运维管理资源，设计科学合理的信息化运维管理组织结构和职责分工，建立集中的运维管理模式。集中运维管理模式的建立，可以使组织从目前以技术为中心的管理模式转向面向业务、以服务为中心的管理模式，并通过对组织服务资源的统筹安排和共享使用，在服务环节上加强沟通协作，提高组织整体信息化运维管理的有效性。

在管理规范方面，大型信息系统迫切需要对信息化运维工作程序进行规范和标准化，建立统一的信息化运维管理流程，以适应业务用户对信息化服务端到端的需求。同时，作为管理流程执行的保障手段，组织需要建立信息化运维管理工作的管理控制点，如开发转运维的上线管理、运行监控管理、下线管理等，以及覆盖全面的管理制度，并清晰定义信息化服务的考核目标，按照管理流程、角色岗位进行分解，配套实施支持考核的技术手段，实现科学量化评价信息化运维服务工作的效率和效果，促进运维服务工作的高效运行。

在技术工具方面，需要从业务和管理需要出发，制定一套符合大型信息系统的可从整体上指导运行维护工作的技术规范，采用业界成熟的专业工具来弥补现有工具手段的功能局限，建立一套统一完整的技术管理体系；同时需要实现技术工具之间的集成与整合，逐步实现信息化运维工作流程和监控管理的自动化。

综上所述，无论从组织人员、管理规范还是技术工具方面，组织都希望能够从整体结构上考虑这三方面内容的有机结合，从而建立一套适应业务和管理成熟度的信息化运维管理体系，高效支持业务的稳定运行与发展。

9.2.2 大运维体系管理咨询的目标与思路

运维管理咨询是指由专业的第三方咨询单位，利用自身的专业技术知识，结合行业、领域内成功的运维管理咨询和实施经验，以信息系统运维管理目标为基础，在充分分析企业（机构）运维体系及运维管理现状的前提下，依据企业（机构）未来的IT运行规划，为其量身设计运维管理体系。

1. 运维体系管理咨询的目标

运维体系管理咨询服务的目标是：

（1）使运维管理由单纯技术管理向综合管理转变。

（2）建立科学的运维绩效评价体系，由粗放管理向精细管理转变。

（3）实现集中、统一的信息化运维管理。

（4）建设统一、高效、规范的运维管理体系，实现流程管理。

（5）采用先进、高效的信息化运维管理工具，实现主动运维管理。

（6）实现管理咨询的三大目标：

① 质量目标：达到预期的效果。

② 成本目标：为达到质量目标，项目开支在费用和预算约束范围内。

③ 进度目标：按项目进展计划开展咨询工作，按合同约定时间提交咨询报告。

2. 信息化运维管理体系建设思路

按照信息化运维管理理论、方法和标准，结合组织实际和建设需要，遵循立足需求、统一规划、保障重点、分步实施、务求实效的原则，建立一套融合组织、制度、流程、人员、技术的信息化运维管理体系，建立组织机构，制定规章制度，规范管理流程，明确职责分工，强化技术支撑，实现对各类软、硬件运维资源及信息系统的综合管理监控和日常技术支持，快速响应和及时解决信息系统运行过程中出现的各种问题和故障，确保各类软、硬件运维资源及信息系统正常、稳定、高效运行。

9.2.3　大运维体系管理咨询的优势

为大型信息系统运维管理引入专业的咨询团队有如下优势：

1. 引入第三方咨询，提升大运维体系建设效果

借鉴第三方咨询团队的经验，提升体系建设的效果。一方面，咨询团队通过对信息化运维管理现状的调研，结合业界最佳实践进行差距分析和评估，提出有针对性的规划方案，"对症下药"，从而保证项目目标的达成。另一方面，咨询团队借鉴其在业内开展信息化运维管理服务项目咨询的经验，以国内外同类组织信息化运维管理体系建设项目的最佳实践作为参考，提升运维体系的建设效果。

2. 有利于从全局出发构建服务型运维体系

有利于从业务需求的角度和全局的高度对信息化运维管理体系进行规划，该方法从组织的业务需求和信息化资产现状出发，对业务流程进行分析和需求调研，分清重点和难点，排定优先级别，确保运维目标的达成；同时从全局整体的高度，构建融合人员、组织结构、流程、管理制度和工具的服务型运维管理体系，最大限度地提高组织的效益和运维服务质量。

3. 可以降低风险

引入外部咨询团队作为独立第三方，负责梳理信息化运维管理体系建设需求，从业务、资产、管理、流程、制度、组织与人员、技术选型等方面规划信息化运维管理体系。

在实施阶段，实施厂商在规划的基础上，结合具体产品实施信息化运维管理体系。外部专家顾问将全程参与后期运维管理体系实施的全过程，为集成实施提供管理服务和考核服务，设定实施里程碑和基线；定期对项目计划和阶段目标进行核查，保证项目如期顺利完成，降低实施风险。

咨询、实施和产品三者独立，有助于降低信息化运维管理体系建设项目的风险，最大效益地发挥信息化运维管理体系的作用，开创适合组织需求的创新型信息化运维管理之路。

4. 构建交流平台，提升运维人员水平

第三方咨询团队在整个体系建设过程中，可以对相关人员进行信息化运维管理最佳实践和方法论的培训和咨询指导，搭建业务部门、信息化部门、集成商、产品提供商之间的沟通平台，使各方对项目目标和实施方法有统一的认知，以保证项目的顺利实施；同时，在管理体系构建完成和系统

平台建设完成后，咨询团队还可以负责组织相关人员进行培训，实现知识转移和知识共享，培养信息化运维管理的专业人才。

5. 持续优化大运维体系

咨询团队可以主持制定《信息化运维管理系统需求说明书》，对体系架构和流程的各功能点进行详细的定义和说明，并针对目前业内流行的方案进行评测和比较分析，提供分析数据和决策支持。咨询团队对项目的各个功能点的技术和开发风险进行评估，提供相应的解决措施，从而降低实施过程中的风险；此外，还将参与后期运维管理平台的产品选型和集成方案招投标工作，对集成实施和产品选型进行专家审定和把关，对各项投资进行预期的绩效评估，以确保将资金用于项目的关键点上，降低实施成本。在体系建设完成后，咨询团队将定期分析业务需求，持续优化组织信息化运维管理体系，对管理体系执行情况进行审计并提出改进建议。

9.2.4 大运维体系管理咨询的效益

为大型信息系统引入管理咨询团队，可以达到事半功倍的效果，产生的效益有以下几点：

1. 推动大运维体系建设，获得最佳的效率

（1）提升信息化的效益。"三分建设，七分管理"，信息化80%的效益体现在运行维护阶段中。对信息化运维管理体系的建设，可以规范运维管理工作，降低信息化运维成本，通过"用好信息系统"，更加有效地支持业务，提供公共服务，进一步推进业务工作的公开和透明。

（2）降低信息化的风险。通过开发与运维职责分离，合理分配权限，避免"篡改数据，内外勾结"等风险发生，规避了系统性风险。通过规范化的操作，减少人为错误引发的风险；通过主动监控和趋势分析，预防事故的发生；通过对重大变更的审批和授权，减少因变更不善导致的风险；通过制定运维应急预案，减少重大故障的影响。使信息化运维工作将不再是"黑箱"，变得可管可控，降低了信息化的风险。

（3）支持领导宏观决策。建设信息化运维管理系统，能够记录并分析运维过程中发生的各种故障及其解决方案，通过报表工具，展示全局视图，让领导了解运维工作各方面情况，支持领导宏观决策。

（4）提升信息化科学管理水平。面向业务，以业务需求和目标为出发点，制定信息化运维管理的愿景、目标和策略，建立科学的信息化运维管理机制和治理型组织结构，理顺组织机构和职责划分，规范信息化运维管理过程中各个参与要素（人、流程、工具）的管理制度与工作流程，建立绩效考核评价体系，规范运维费用，实现精细化管理，提升信息化科学管理水平。

2. 规范用户行为，提升用户感知

（1）进一步规范用户行为。信息化运维管理体系的用户端管理系统，通过批量进行软件分化和补丁安装，有助于提高用户端管理的效率和效果；通过监控用户端，有助于规范用户使用计算机的行为（如非法下载或安装程序、内网非法外联等），有效避免信息泄露和信息安全事件发生。

（2）提升服务质量和服务感知。信息化运维管理体系的服务台，面向用户，统一受理服务请求，实行"一站式服务"。通过服务台开通的用户服务网站，用户可自行查询服务请求所处的状态或通过查询知识库进行自主服务；通过持续优化服务流程和服务水平，信息化运维管理体系将提高业务的用户满意度，进一步提升信息化服务的整体形象。

3. 有效防范故障，提升专业水平

（1）主动监控和预防故障发生。应用先进、实用、高效的信息化运维管理工具，运维工作人员可以实时监控各系统的运行状态。当系统超过设定阈值自动报警时，通过系统间的关联分析，工

作人员可以主动发现并解决故障，并通过趋势分析，寻找潜在故障，防患于未然，改变"被动救火"的局面，更加有效地防范故障和提高工作效率，有效支持业务工作的顺利开展。

（2）提升运维工作人员的专业化水平。实行建设与运维的专业分工，通过在组织层面的资源整合，不断积累知识库，加强部门间、工作人员间的沟通和协作，传承和共享成功经验，提升工作人员的专业化水平，促进信息化工作向专业化方向发展。

9.2.5   大运维体系管理咨询的内容

图 9.1   管理咨询的主要工作内容

专业的咨询管理团队在运维体系管理咨询方面的主要内容有运维模式、组织架构、岗位职责、管理制度、管理流程、绩效考核、技术管理等规划，其中运维模式和组织架构规划是核心，它们决定了后续规划的实施基础条件，需企业（机构）管理层与实施方共同讨论确定，后续规划才能逐步开展，如图 9.1 所示。

1．运维模式选择规划

信息化运维模式的选择需要根据组织的发展战略、管理模式的特点进行针对性的评估，结合业务、人员、技术、安全、财务等多方面的因素，以及总服务台、架构、人员组成、服务机制等内容，解决如何设置运维工作的层级管理，如何打破"谁建设谁运维"的陈旧思想，通过定性或定量分析，明确组织应该采取哪种信息化运维模式。

大型信息系统运维工作非常专业化，需要专业的运维团队参与管理，目前国内大型信息系统的运维模式主要有以下三种：

1）总包 + 分包模式

优点：运维资源的集中和共享，能够减少事件处理环节，进而缩短事件响应时间；通过总包的统一管理，加强运行管理的可控性，能够降低安全风险，提高管理效率和管理质量，也有利于上级单位对运维部门系统应用情况的统一监控和集中管理，有利于运维单位进行运维工作汇报，将专业性非常强的技术部分（如存储、数据库等）分包给相关原厂和专业团队，也有利于设备维护。

缺点：短时间内可能总包技术力量不强，运维团队庞大，技术人员与信息系统的磨合需要时间，因此可能会出现运维效率下降的情形。长期来看，有一支稳定的队伍，通过不断培训和业务积累，将使运维费用可控，整体效率提高，服务能力提升。但服务单位对总包依赖性非常高，总包单位出现问题时，将对服务单位造成很大影响。

2）分散外包式

优点：通过将运维工作分割成不同标包，分散外包，使相关专业设备和系统都能得到行业中优秀的团队进行管理，由专业的外包单位提供专业服务，可以有效降低运维经费，使运维团队获得专业性更强的运维人员，对应用信息系统也更为熟悉，这不仅能够提高信息化运行维护的质量，还可以节约资金，精减人员，提高服务效率与效能，用户单位对外包单位的依赖性下降，可根据服务质量和用户需求有效地进行替换。

缺点：由于外包单位较多，管理协调难度大，界面不清，流程效率低，而且存在扯皮的可能，相比总包方式，人力资源不能得到有效利用，人员不稳定，管理风险加大。

3）硬件总包 + 软件总包 + 分包

结合以上两种模式的优缺点，采取混合模式，分别采用硬件、软件总包，并将专业性很强的设备软件进行分包，加强运行管理的可控性，把控运维费用，培养队伍。

缺点：完全切割难度大，会出现推诿扯皮，影响系统的运行。

咨询团队应从用户的角度和目的出发，结合实际情况交付最客观最适合的规划方案。

2. 运维组织架构规划

咨询团队为企业（机构）以"体系化"的思路构建一整套行之有效的"持续改善机制"，面向业务和应用，以服务为导向，创建符合大型信息系统运维的组织架构。

运维组织架构规划是运维体系咨询的第一步，咨询团队根据用户现状和需求，结合 ITIL 规范，搭建符合大型信息系统运维的组织架构。本节以总包＋分包的运维模式为例，设计运维中心的组织架构，其岗位主要有服务台、调度组、二线运维岗、三线专家岗、运维监理岗等。运维中心组织架构如图 9.2 所示，运维中心职责描述见表 9.1。

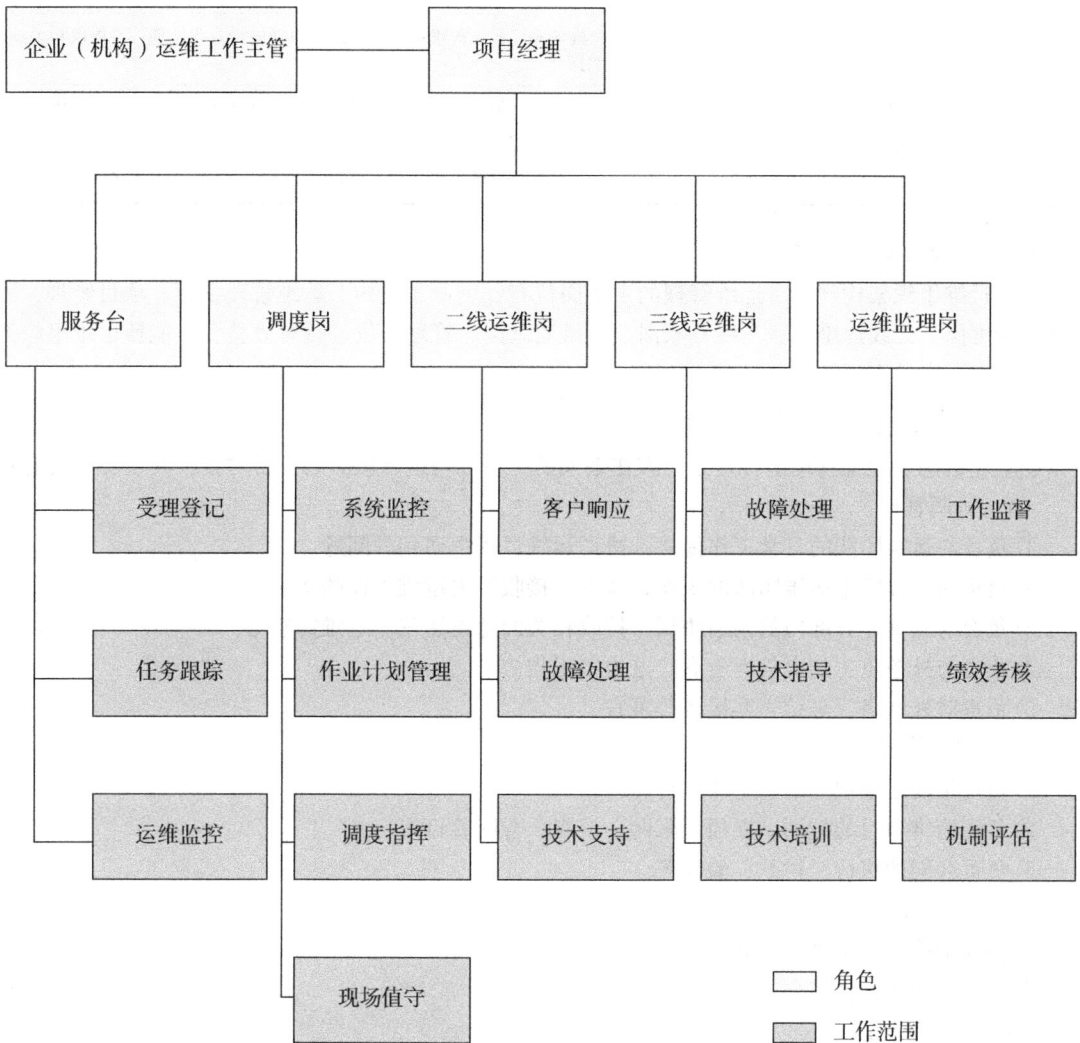

图 9.2 运维中心组织架构（总包＋分包模式）

表9.1　运维中心职责描述

岗　位	值班方式	职责描述
企业（机构）运维工作主管	5×8 小时驻场	企业（机构）运维负责人，负责协调及监督运维团队
项目经理	5×8 小时驻场	运维现场负责人，对整体运维质量负责
服务台	7×24 小时驻场	运维问题与运维事件（故障、变更、问题）受理、登记、任务派发、跟踪、恢复核对、回访与闭环；运维管理流程执行指导与能力介入、基础设施的运维监控
调度岗	7×24 小时驻场	对信息运维作业的计划安排，对信息系统、IT 设备实施运行状态及运维作业的监控、组织、指挥和协调。主要包括日常作业计划管理、系统运行监控与分析、运维事件的调度指挥
二线维护岗	5×8 小时驻场	具备原厂认证的维护员，对设备故障进行专业处理，并提供相关技术指导
三线专家岗	7×24 小时远程	为原厂人员或运维专家，对疑难设备故障进行处理，并提供优化建议和方案咨询
运维监理岗	5×8 小时驻场	对运维工作进行全过程监督和质量评价，并提供优化建议

3. 运维岗位职责规划

根据运维组织架构规划，运维管理的主要岗位有：企业（机构）运维管理主管、项目经理、服务台、调度岗、二线运维岗、三线专家岗、运维监理岗。管理岗位进行有效整合才能使运维组织架构成为有血有肉的有机体。

1）企业（机构）运维管理主管职责

企业（机构）运维管理主管是用户方在编人员，负责与运维团队的日常对接，其主要职责有：

（1）协调管理：

①负责与运维团队的日常工作衔接，协调运维过程中遇到的问题。

②负责向上级汇报运维团队的工作，从上级接收有关运维工作的指示。

③负责与其他业务部门的沟通协调，接收相关的意见建议、运维需求等。

④负责与外单位（如电信运营商、电力）工作协调。

⑤负责对外联络、来访宾客接待等事宜。

（2）项目管理：

①负责年度运维预算的制定和执行。

②负责运维项目的规划、立项、采购、谈判、合同签订等。

③负责合同的执行、付款、验收等。

（3）供应商管理：

①协助采购部门运维供应商的遴选。

②负责组织运维供应商的考评。

（4）办公管理：

①负责运维中心岗位职责、规章制度、流程规范建设工作。

②负责运维中心文件资料、档案、合同等的管理。

③负责运维中心宣传、信息、通知、公文等上传下达。

④负责所承担的各项工作的改进完善和创新。

⑤对运维中心各项管理工作的改进提出合理化建议。

⑥完成上级领导交办的其他工作。

⑦ 配合其他部门的相关工作。

2）项目经理职责

项目经理是整个运维团队的负责人，是运维单位派驻用户现场的项目人员，对运维质量整体负责，其主要职责有：

（1）质量管理：

① 负责统筹运维中心日常维护、问题反馈，保证运维中心系统可靠运行。

② 负责落实各项制度制定和监督实施。

③ 负责运维人员资质审核，运维作业计划的执行检查和审核。

④ 负责运维中心人员绩效管理，执行奖惩机制。

⑤ 负责运维服务质量监督、服务评价、投诉管理。

（2）人力资源管理：

① 负责区域运维中心运维团队的建设和人员的日常管理。

② 负责组织运维中心组织机构、岗位职责说明书的维护。

③ 负责收集各岗位培训计划，组织开展培训、考评。

④ 负责人员绩效管理，包含绩效考评、识别存在问题、总结分析。

⑤ 负责运维人员准入准出管理，包括门禁办理与注销、保密协议签订等。

⑥ 负责运维人员人事档案信息维护。

（3）成本管理：

① 负责编制运维中心的运维预算使用计划、方案，以及预算管理。

② 负责备品备件的需求收集、计划制定和采购。

（4）办公管理：

① 负责定期召开运维项目组周会、月例会。

② 负责运维中心办公环境、安全保卫、清洁卫生、设备设施、固定资产、办公用品、车辆及其他后勤保障管理。

（5）其他事项：

① 负责运维中心岗位职责、规章制度、流程规范建设工作。

② 负责所承担的各项工作的改进完善和创新。

③ 对运维中心各项管理工作的改进提出合理化建议。

④ 完成上级领导交办的其他工作。

3）服务台职责

服务台是运维单位的派驻人员，负责运维问题与运维事件（故障、变更、问题）受理、登记、任务派发、跟踪、恢复核对、回访与闭环；运维管理流程执行指导与能力介入。其主要职责有服务受理、登记跟踪、运维指导等。

① 负责 7×24 小时服务台值班，通过电话、微信、邮件等多种方式受理用户的服务请求，解答用户咨询及疑问。

② 实施首问责任制，对无法解决的问题和故障，在运维管理平台上进行登记，及时分配工单、跟踪督办和工单关闭。

③ 负责通过电话、微信等多种方式指导用户解决故障。

④ 负责受理用户投诉，跟踪督办投诉处理过程，对投诉结果进行回访。

⑤ 负责用户满意度电话回访工作，并提出分析改进意见。

⑥ 负责基础设施的运维监控，发现问题时及时报告管理部门。

4）调度岗职责

调度岗是专职的运维调度人员，也是运维单位的派驻人员，执行 7×24 小时驻场工作，负责对设备告警、系统性能、资产统一监控、操作执行与事件发起，负责机房维护及应急指挥，其主要职责有：

（1）系统监控：

① 负责信息系统、IT 设备实施运行状态的 7×24 小时监控。

② 记录值班日志，对上一天或上一周的运行情况进行统计分析和汇报。

（2）现场值守：

① 负责运维中心 7×24 小时现场值守工作。

② 负责运维中心的日常维护工作。

③ 填写监控系统告警和运维事件记录，根据事件类型联系相关人员，并推动事件处理流程。

④ 日常故障处理，无法处理故障通过事件工单派至相应岗位。

⑤ 负责机房进出管理，跟进人员、设备进出申请表，执行机房现场监督作业。

（3）日常作业管理：

① 负责收集、汇总维护作业计划，并对计划合规性、计划可行性进行审查。

② 负责跟踪、监督维护作业计划的完成情况。

③ 负责重大作业计划的信息通报。

（4）调度指挥：

① 对系统投退运、复杂变更、故障处理、应急演练和应急抢修等作业的执行过程进行协调跟踪及指挥。

② 负责事件管理、问题管理、变更管理、发布管理、应急管理的调度指挥工作。

③ 负责重大事件的信息通报。

（5）其他事项：

① 执行本岗位的事件、问题、配置、变更、发布等相关运维流程。

② 负责本岗位所承担的各项工作的改进完善和创新。

③ 完成上级领导交办的其他工作。

④ 配合其他部门的相关工作。

⑤ 参与重大活动保障值班。

5）二线运维岗职责

二线运维岗具备原厂认证的维护员、5×8 小时驻场人员，对设备故障进行专业处理，并提供相关技术指导，其主要职责有：

（1）用户响应：

① 组织开展服务目录梳理，负责收集用户需求和意见，定期维护服务目录。

② 提供用户现场技术支持服务，并定期组织用户培训。

③ 组织开展制定服务类别、服务等级、服务响应及处理时限等工作。

④ 响应及解决用户的技术要求、疑问以及系统使用过程中遇到的各种问题。

（2）技术支持：

① 负责运维中心日常系统维护，提供 IT 软硬件方面的服务和支持。技术支持可具体分为机房岗、主机岗、网络岗、存储岗、数据库岗和安全岗。

② 负责编制技术 SOP（标准作业程序）手册，并根据实际情况做好 SOP 的维护和更新。

③ 收集维护技能和经验，及时录入知识库。

④ 负责本岗位的作业计划制定和执行。

（3）故障处理：

① 负责相关故障、疑难问题排查处理，编制汇总故障、问题，定期提交故障分析报告。

② 负责平台性能的分析与调优，及时发现异常并快速处理。

（4）其他事项：

① 负责运维中心软硬件设备资产管理。

② 执行本岗位的事件、问题、配置、变更、发布等相关运维流程。

③ 负责本小组所承担的各项工作的改进完善和创新。

④ 对运维中心各项管理工作的改进提出合理化建议。

⑤ 完成上级领导交办的其他工作。

6）三线专家岗

三线专家岗为原厂人员或运维专家，不在用户单位驻场，采用远程支撑、有需求上门的方式对疑难设备故障进行处理，并提供优化建议和方案咨询，其主要职责有：

① 负责重大项目设计咨询与设计评审。

② 负责对系统进行定期深度检查，定期提供检测报告和建议。

③ 负责系统疑难故障处理。

④ 负责应急预案、演练技术评审与现场保障。

⑤ 负责系统的配置审计与评估，解决存在隐患。

⑥ 负责系统的优化建议。

⑦ 负责系统的日志审计与专家评估。

⑧ 负责重大事件保障（含事前检查与评估、远程＋现场值守）。

7）运维监理岗

运维监理岗是第三方监理单位人员，执行 5×8 小时驻场，对运维工作进行全过程监督和质量评价，并提供优化建议，其主要职责包括工作监督、绩效考核、结果评估。

（1）工作监督：

① 负责监督相关运维制度、流程的落地实施。

② 负责监督上级领导交办的相关工作落地实施，并反馈结果。

③ 负责运维工作中的巡检、故障处理、应急管理的质量监督。

（2）绩效考核：

① 负责定期对运维单位的工作进行评价，提供考核依据。

② 负责对运维单位运维人员进行考勤，并定期进行工作评价。

（3）结果评估：

① 负责对运维资产的状态和使用效率进行评估。

② 负责对运维机制中的组织架构、人员职责、考核体系进行评估。

③ 负责对运维工作量和运维预算的执行情况进行评估。

4. 运维管理制度规划

按照运维组织的目标定位，咨询团队将运维制度体系的制度文件分为政策标准、管理办法、实施细则、运维文档进行设计和交付，运维管理制度构成如图 9.3 所示。

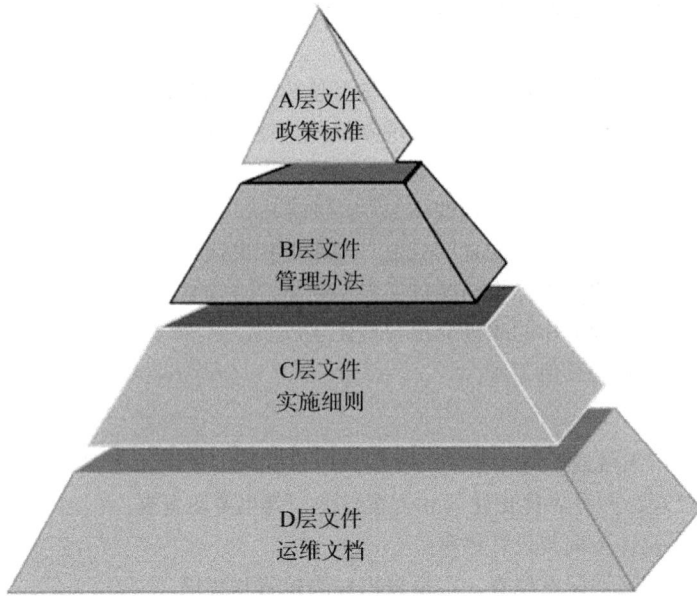

图 9.3　运维管理制度构成

1）政策标准

包括国家、行业颁发的信息系统运行相关制度，相关监管机构运行管理制度，企业（机构）内部管理制度，以及签署的有法律效应的合同文件等，政策标准文件是指导整个运维制度编制的指导性文件。

2）管理办法

在政策文件的基础上，对企业（机构）的信息系统运行管理的各组织职责等关键点做出具体规定，包括组织架构、岗位职责、考核办法等。

3）实施细则

它是结合客户信息系统运维服务实际情况，针对管理工作需要而制定的具体实施办法，其范围涵盖主机、数据库、中间件、应用系统、网络、机房、信息安全、备品备件、文档等，主要用于明确操作职责并规范流程。

4）运维文档

根据实施细则中描述的职责分工和操作流程，结合精细化管理需要，形成各类操作指南、工作表单和维护记录等。

运维管理制度示例见表 9.2。

表 9.2　运维管理制度示例表

运维制度类型	文件名（例）
政策标准 （A 层文件）	ITSS 相关标准
	国家电子政务工程建设项目管理暂行办法
	关于印发 ×××电子政务工程建设项目管理暂行办法的通知
	××××政府采购项目履约验收管理办法
	××××项目管理办法
	相关合同

运维制度类型	文件名（例）
管理办法 （B 层文件）	IT 服务制度流程管理办法
	《运维组织机构及岗位职责》
	《备品备件管理办法》
	《运维人员绩效考核办法》
	《知识库管理办法》
实施细则 （C 层文件）	《信息服务人员行为规范指导书》
	《工单录入规范》
	《服务用语规范》
	《信息系统机房测试设备管理办法》
	《信息系统数据库管理员安全职责》
	《信息系统网络维护人员移动存储介质管理办法》
	《信息系统机房测试设备管理办法》
运维文档 （D 层文件）	《信息系统运维中心 _ 日常维护巡检 _ 存储设备 SOP》
	《信息系统运维中心 _ 故障处理 _ 存储设备 SOP》
	《信息系统运维中心 _ 日常维护巡检 _ 数据库 SOP》
	《信息系统运维中心 _ 故障处理 _ 数据库 SOP》
	《×××资源申请表》
	《××××年××月总结报告》
	《×××系统巡检表》

5. 运维管理流程规划

流程和制度是紧密相连的，流程是制度执行过程的详细诠释，制度是流程执行的总体要求和执行标准。

运维流程设计规划的基础是组织架构和岗位职责。当一个组织的机构和岗位职责明确后，运维流程便可基本确定，具体流程要根据平衡效率与风险的原则进行设计规划。效率与风险一直是天平的两端，当效率提升时，势必造成风险的增加，同样要设计一个低风险的流程，势必以牺牲效率为代价。因此在设计流程时，需要考虑平衡效率和风险的因素，在可控的风险下实现效率的最高化。

多种服务流程贯穿整个运维服务体系，其中，运维管理流程主要有两大类，包括通用类及业务类流程。服务管理流程主要有服务事件流程、服务变更流程、发布管理流程、配置管理流程、问题管理流程等；技术流程主要有备机更换流程、设备升级流程、策略变更流程、故障处理流程、网站监控流程等。

6. 运维绩效考核规划

运维绩效考核就是为持续提高运维服务质量，保证信息系统平稳运行，加强对日常运维工作的管理，进而优化系统运维成本与服务效果，为所有参与运维工作的组织和个人，进行绩效目标的制定、培训、考核和奖惩而开展的运维管理活动。

1）绩效考核对象

绩效考核对象分为运维单位、运维员工两类：

（1）绩效考核对象为运维单位时，考核结果可以作为各运维商全年工作成果评价的依据，为运维商全年服务质量、服务水平和合同履行等完成情况提供客观的分析数据；为各运维商下一年服务合同签订提供参考依据；为各运维商本年度工作量统计及服务费用支付的依据。

（2）绩效考核对象为运维员工时，将有效提高每个员工的工作积极性，能使强者赢得更高的地位和利益，使弱者有压力和向上的动力，最终促进整体目标的实现。

2）考核指标类型

运维绩效考核主要就是围绕运维管理各项关键工作进行考核，主要考核指标可以分为日常类、财务类、运营类、服务类和团队建设类，考核对象可以是运维单位或运维人员。

（1）日常类指标。日常类指标主要是针对日常工作而设计的考核指标，具体指标包括出勤率、巡检及时率、文档完整率等。

（2）财务类。财务类考核指标主要有运维资产指标、运维预算指标等，具体指标包括预算执行率、备件完整率、运维资产完整率、费用节省率、付款及时率等。

（3）运营类。运营类指标主要有设备运行指标、安全管理指标等，具体指标包括故障修复及时率、隐患发现率、工单处理及时率、问题解决率、漏洞扫描率、补丁及时率、故障次数、安全事件次数等。

（4）服务类。服务类指标主要有话务指标、满意度指标、投诉指标等，具体指标包括呼叫次数、接电总时长、投诉次数、未接次数、客户满意率、投诉率等。

（5）团队建设类。团队建设类指标主要包括培训指标、人员流失指标、员工满意度指标等。

3）绩效考核执行

在大型运维体系建设中，由于运维监理在运维团队中作为第三方出现，能公平公正地行使考核职责，且运维监理具备相应的专业和丰富的运维管理经验，可以将绩效考核以合适的方法贯彻实施，是绩效考核执行角色的不二人选。

7. 运维技术管理规划

运维管理技术规划是为运维体系提出运维管理智能化的解决建议，通过建设运维管理平台、呼叫系统、智能监控、运维 APP、标准作业程序、大数据动态分析等智能化手段，为解放一线工作人员、减少人为失误、把被动运维向主动运维转变而提供的技术解决规划。

运维技术管理涉及内容较多，先进的运维管理技术在本书第 11 章中有详细论述，本节只对标准作业程序（SOP）进行讨论。

运维管理要实现持续稳定的传承，技术上不依赖某些运维供应商或某些运维工程师，需要把技术、经验以文档的形式留存下来，以便新进人员可以快速查找和快速解决问题。因此，咨询团队需对 SOP 进行有效规划和设计，并根据规划组织相关人员将某一事件（日常巡检、故障处理等）的标准操作步骤和要求以统一的格式描述出来并形成 SOP，用于指导和规范日常的工作。标准作业程序能够缩短新进人员面对不熟练且复杂的环境的学习时间，只要按照步骤指示就能避免失误与疏忽，标准作业程序不仅可以节省时间，还可以节省资源的浪费，标准作业程序可以获得技术管理上的稳定性，因为稳定是系统运维的关键。某信息系统的标准作业程序（SOP）清单见表 9.3。

9.3　大运维体系的监理服务

通过运维监理服务可以将大运维体系的建设成果有效落地，并在实施中不断反馈优化调整建议，为大运维体系保驾护航。

9.3.1　大运维体系监理服务的目标

运维体系的监理服务主要有两大目标，一个是确保运维工作按计划进行，一个是不断完善运维管理。

1. 运维工作按计划进行

从运维中心层面，运维监理为了确保运维管理的目标、要求以及各项决策、工作、措施的贯彻落实，推动运维的顺利进行，同时进一步提高企业（机构）的运维工作效率，运维监理将切合实际地协助企业（机构）按照既定的规划、年度计划推动运维工作按时开展。

表9.3 标准作业程序（SOP）清单

序号	操作内容	工作项	序号	操作内容	工作项
		标准作业程序（SOP）清单			
1	操作系统安装	安装 Windows 系统以及初始化	24	群集软件操作	Linux 负载均衡
2		安装 Linux 系统以及初始化	25		Sun Cluster 双机热备
3		安装 solaris 系统以及初始化	26	虚拟化平台资源调整	虚拟化平台（CPU、内存、磁盘空间）
4	虚拟化软件安装	hyper-v 虚拟机	27		kvm 虚拟机（CPU、内存、磁盘空间）
5		kvm 虚拟机	28		hyper-v 虚拟化（CPU、内存、磁盘空间）
6		E9000 云平台虚拟机	29	操作系统安全加固以及监控添加	Windows 系统
7	设备开关机	小型机	30		Linux 系统
8		刀片服务器	31		solaris 系统
9		PC 服务器	32	系统服务维护	DNS 服务日常操作
10		华为虚拟化平台	33		域控（AD）日常操作
11	操作系统开关机	Windows 系统	34		DHCP 日常操作
12		Linux 系统	35		IPMP 日常操作
13		solaris 系统	36	存储设备维护	存储设备初始化操作（用户名、网络、服务）
14	硬件设备更换	小型机	37		存储设备划分 raid、LUN 操作等配置
15		刀片服务器	38		存储设备映射操作（含服务器端）
16		PC 服务器	39		存储设备多路径软件安装
17	数据库日常问题处理	数据库空间检查	40	数据库定期维护	数据库碎片整理
18		数据库复制检查	41		数据库统计值刷新
19		数据库备份检查	42		GP 库回收空间
20		数据库日志检查	43		备份可用性检查
21		数据库连通性检查	44		灾备演练
22		数据库集群检查	45		……
23		Abase 监控	46		……

从各个岗位层面，运维监理将监督作业计划的按时按质完成，确保日常巡检、故障处理、应急管理能按既定计划进行，及时发现隐患，及时完成故障处理，促进运维工作由被动管理向主动管理转变。

2. 完善运维管理

运维体系的完善是一个逐步过程，各方配合的默契程度也是随着时间和工作的不断深入而逐渐加强的。在运维工作的开展过程中，监理应该注重工作流程和制度的优化。运维监理应该定期根据企业（机构）对于运维工作的最新工作部署，并结合积累的工作经验，对各项运维制度流程进行完善，使得监理工作更加高效、更加切合实际。同时对信息系统运维管理工作中存在的问题和风险提出监理意见及解决办法，并协助企业（机构）规避和有效处理运维过程中出现的各类问题。

在运维单位方面，监理应不断与企业（机构）的运维单位探讨更加合理的工作方式，通过不断改进工作,使得各方工作分工更加明确,相互之间的配合更加默契,工作流程更加优化,工作效率进一步提高。监理应定期组织运维单位进行运维工作总结,并根据整改要求和意见,以相应的通知方式,督促运维商进行整改,以提高下一期的运维工作质量。

为实现以上运维管理目标,运维监理工作如图 9.4 所示。

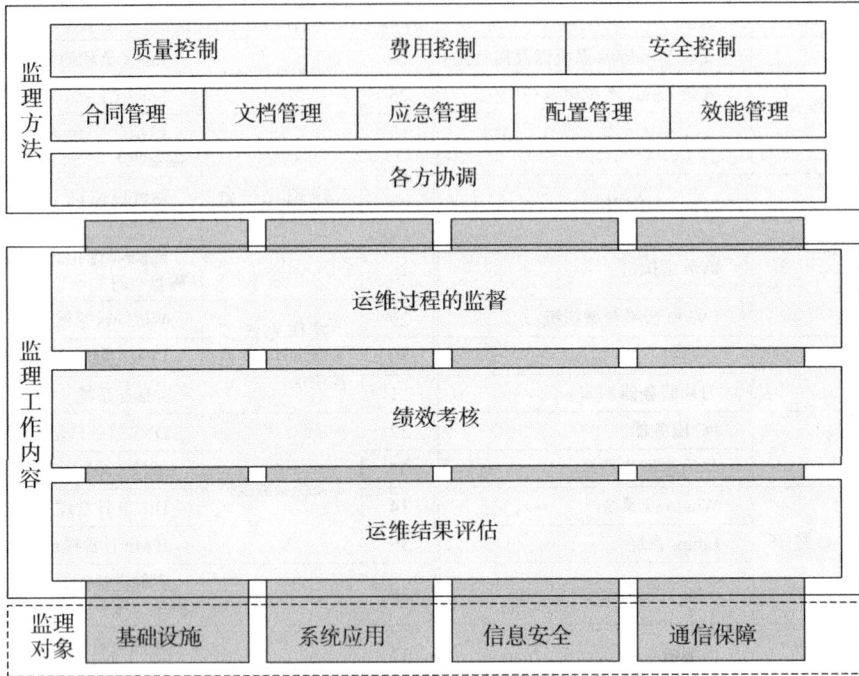

图9.4 运维监理工作图

9.3.2 大运维体系监理服务的任务

运维监理作为项目第三方监督机构,针对信息化运维的全生命周期提供质量、风险以及沟通协调的监督,同时配合企业(机构)开展运维服务质量考核工作,对各运维服务商的运维服务质量提供第三方的评估意见,为企业(机构)信息化运维服务工作提供公正、客观的监督服务,确保信息化运维活动的正常开展。

监督服务整体工作任务是"四控、五管、一协调"。"四控"指的是质量控制、成本控制、进度控制与安全控制;"五管"指的是合同管理、文档管理、应急管理、配置管理、效能管理;"一协调"是指运维各方工作协调。

1.质量控制

每日对采购单位运维岗位人员日常工作规范、工作质量及制度执行情况进行监督。对运维工作的关键点和关键流程进行重点监控,重要工序环节旁站记录,参与系统变更评估方案和施工方案的评审。根据用户满意度管理制度,制定调查计划,组织实施用户满意度调查,出具调查报告。接受、记录运维工作相关投诉并协调处理,落实运维体系内部各项奖惩制度的执行。跟进监督实施方案及会议决策的落实情况。对运维事故进行处置责任判定,提交整体处置情况与整改报告。

① 依据企业(机构)的运维管理要求,针对不同的信息资产梳理出日常运维工作服务内容。

② 按照梳理完成的日常运维工作内容,明确各运维服务商的日常运维服务目录。

③ 针对各运维服务商的日常运维工作目录划定各自的工作边界。

④ 针对每项日常运维服务工作要求，落实相应服务工作的责任人员，制定相应的日常运维工作检查机制。

⑤ 审核各运维服务商提交的日常运维工作方案，确保日常运维工作内容覆盖完整，实施方式合理。

⑥ 组织各运维服务商按约定时间开展日常运维服务工作，对于关键日常运维工作，如数据备份、关键核心设备巡检要实施监督。

⑦ 督促各运维服务商实时记录日常运维服务，核实日常运维效果，审核日常运维实施报告。

2. 成本控制

依据合同约定开展运维服务费用支付审核工作。

根据信息系统运维预算体系规划和信息系统运维预算核算管理流程，对采购单位信息系统运维费用进行测算，并提出优化建议。

3. 进度控制

依据合同开展对运维服务商的进度控制工作，主要内容如下：

① 对运维服务提供商的整体运行维护计划进行审核。

② 根据进度计划设置关键进度检查点。

③ 针对进度检查点进行审核，发现偏差时可以组织多方会议会商，修正进度计划。

4. 安全控制

根据《运维安全管理制度》，制定具体的运维安全实施方案，每日监督各运维岗执行，每周提交安全监理巡查记录，每月提交整体运维安全情况报告与改进建议。

① 监督运维服务商在信息系统运维监理过程中，保证信息系统安全的可用性、保密性、完整性与信息系统运维的可维护性在技术环节上没有冲突。

② 在成本控制的前提下，确保信息系统运维安全设计上没有漏洞。

③ 督促运维服务商的信息系统运维应用人员，在安全管理制度和安全规范下严格执行安全操作和管理，建立安全意识。

④ 监督运维服务商按照技术标准和实施方案施工，检查运维服务商是否存在设计过程中的安全隐患行为或现象等，确保整个运维监理过程中的安全实施和安全应用。

5. 合同管理

合同管理主要包括合同的签订管理、合同的档案管理和合同的履行管理，它对于预防合同风险、化解合同纠纷、提高经济效益具有至关重要的作用。

（1）合同管理的内容。合同管理的内容具体如下：

① 拟定信息系统工程的合同管理制度，其中应包括合同草案的拟定、会签、协商、修改、审批、签署、保管等工作制度及流程。

② 协助企业（机构）拟定信息系统工程合同的各类条款，参与企业（机构）和运维单位的谈判活动。

③ 要求运维服务商根据合同提供相关实施方案，审核确认实施方案符合合同要求。

④ 及时分析合同的执行情况，并进行跟踪管理。

⑤ 协调企业（机构）与运维单位的有关索赔及合同纠纷事宜。

⑥ 严格按规定的程序和时限办理项目计量与支付、项目变更、费用索赔。

⑦ 任何形式对运维服务质量、数量、内容的变动，均须总监理工程师审核同意，并报施工单位批准后，变更令方能生效。

⑧ 协调、处理合同争端，及时记录处理服务单位的违约情况。

⑨ 监理机构应对服务合同的变更结果作工程备忘录。

（2）合同管理的工作范围和要点。合同管理的工作范围和要点如下：

① 监理单位协助企业（机构）确定合同管理范围。

② 监理单位协助企业（机构）参加上述各种合同在签订前的谈判，拟订起草合同初稿（或提供合同示范文本）并提出决策方面的建议，防止合同出现缺项少款或存在严重缺陷等问题。

③ 在合同实施过程中，实行全过程和全方位及多目标的监督控制和合同管理。针对上述各种合同的履行、检查和管理等日常工作，应视为监理的要点。

④ 监理单位应协助企业（机构），参与合同纠纷的协商、调解，秉公处理工程建设各个阶段发生的索赔，必要时，参与仲裁甚至法院解决合同争议和纠纷。

⑤ 对与合同管理有关、已涉及第三方等关系的问题，协助企业（机构）处理。

⑥ 协助企业（机构）对合同终止、解除或违约责任等事项进行处理。

⑦ 在合同评审阶段，对合同内容进行审查，以确保：

·合同实施范围明确，各项需求规定足够明确。

·任何与投标时不一致的要求已得到解决。

·标识出可能的意外和风险。

·保护知识产权信息。

·系统建设方有能力满足合同要求。

·双方关于术语的使用达成一致协议。

·规定系统建设方关于子合同的工作责任。

·企业（机构）有能力满足合同义务。

⑧ 其他条款。除合同其他常规条款外，还应有如下质量条款：

·项目验收准则。

·处理企业（机构）在系统建设期间提出的需求变更。

·对系统验收后出现的问题进行处理，包括与质量有关的索赔和企业（机构）的投诉。

·企业（机构）提供哪些设施和资源。

·采用的标准和规程。

·委托监理合同的合同管理。

6. 文档管理

审核运维管理过程中产生的各类文档，保证各类文档真实、规范、齐全。依据合同要求，提交监理过程监督工作中产生的各类文档。

信息系统运维文档是项目参与各方主体从事信息系统运维实施及运维管理过程中产生的信息文档的总和。在信息系统运维过程中，能及时、准确、完善地掌握与信息系统运维有关的大量信息，处理和管理好各类运维实施信息，是信息系统运维管理的重要工作内容，也是运维监理单位监督管理的重要内容。

运维监理单位的文档管理工作是指收集并整理本运维项目的运维监理信息，作为信息系统运维监理信息的一部分。督促承包单位建立以信息系统运维项目为目标的管理体系，在运维的各个阶段，对所产生的、面向信息系统运维管理业务的信息进行收集、传输、加工、储存、维护、使用和整理；协助运维服务商建立文档管理制度，接收信息系统运维资料，对这些资料进行归整、保管和使用。

7. 配置管理

对系统变更、配置、发布三项流程进行监督，确保过程准确可控。配合企业（机构）开展运维配置基线管理，实现运维配置的可视化、流程化管理。配合企业（机构）引入运维配置基线管理机制，组织各运维服务商完成初始基线的整理。当运维基线发生变更后，运维服务商要及时申报变更结果，监理方配合企业（机构）完成配置基线的变更和记录。

8. 效能管理

实施效能管理，评价运维服务的效率、质量和成本。

① 依据企业（机构）的运维管理要求，明确运维服务质量考核角色、职责、分工以及流程等内容。

② 协助企业（机构）编制运维服务质量考核办法，确定考核周期。

③ 协助企业（机构）针对不同的运维项确定质量考核目标，形成 KPI（Key Performance Indicator，关键绩效指标考核法）考核指标表。

④ 与企业（机构）讨论确定运维项的质量考核目标，明确质量考核指标项及其权重比例。

⑤ 按照确定的运维服务质量考核表，定期开展运维服务商的质量考核。

⑥ 依据考核结果编写运维服务质量考核报告。

⑦ 组织分析运维服务质量报告，帮助运维服务商提升运维服务质量。

⑧ 组织运维服务商讨论运维服务质量考核结果，提出运维服务商存在的问题。

⑨ 督促运维服务商进行整改。

⑩ 开展运维服务人员的能力分析评估工作，提出运维服务人员配置建议。

9. 应急管理

完善和监督应急管理工作，保障突发事件得以妥善处置。

（1）应急演练：

① 协助企业（机构）制订年度应急演练计划。

② 组织各运维服务商编写应急演练方案，并进行可行性和风险审核。

③ 定期组织开展应急演练，结束后进行演练总结，上报企业（机构）。

（2）应急处置：

① 在信息系统故障发生后，及时配合企业（机构）召开故障分析讨论会。

② 故障问题定位后，落实故障处理责任单位和配合实施单位。

③ 审核故障处理单位提出的处置方案，重点审核处置方案的过程合理性和配合内容及工作边界是否明确。

④ 审核故障处理方案中的风险预案是否满足要求，处理过程中的影响范围是否界定清楚。

⑤ 参与协调会议，协助确定参与故障处理的单位、工作内容以及相应工作的完成检查方法和工作完工标准。

⑥ 对于重大故障的处理，监理方要实时全程监督，督促运维人员按照处置方案操作。

⑦ 对于处置过程中的突发事件进行评估分析，确定故障处置不会造成二次损害和影响。

⑧ 通过相应的技术措施，核实故障处置效果。

⑨ 配合企业（机构）审核补损材料、设备的数量、参数等。

（3）总结改进：

① 配合企业（机构）审核现场材料、设备损失情况。

② 协调其他运维服务商开展验证测试工作，检验故障处置的效果。

③ 组织故障处理单位进行故障处理总结，分析故障原因，给出避免故障再次出现的建议。

④ 针对类似故障，形成故障处理案例库，为后续故障处理积累经验。

10. 各方协调

协调各运维商与企业（机构）运维部门之间的工作关系；协调各运维商与企业（机构）运维部门在运维过程中产生的各类纠纷和矛盾；协调各运维商与企业（机构）运维部门有关人员的人际关系、组织机构之间的关系、供求关系、协作关系、法律关系以及其他可能发生的问题。

建立畅通的沟通平台和沟通渠道，采取有效措施使项目信息在有关各方之间保持顺畅流通，积极协调项目各方之间的关系，推动项目实施过程中问题的解决。

9.3.3 运维监理与工程监理的区别

信息系统建设监理和运维监理的工作目标和工作形式是相同的，都是通过驻场服务为企业（机构）提供项目管理和质量监督服务，但这两项监理服务在工作方法上是存在差异的。

信息系统传统工程监理的工作方法为"三控、三管、一协调"。"三控"包括质量控制、进度控制、投资控制；"三管"包括合同管理、文档资料管理和知识产权管理；"一协调"指的是各方面关系协调。

信息系统运维监理的工作方法为"四控、五管、一协调"。"四控"指的是质量控制、成本控制、进度控制和安全控制；"五管"指的是合同管理、文档管理、应急管理、配置管理、效能管理；"一协调"是指运维各方工作协调。

其中在质量控制上，建设监理与运维监理差异最为明显，主要体现在以下两点：

1. 质量目标

信息系统建设的质量目标可以聚焦到最终成果上，只要在工期和成本准许的范围内，成果物的质量达成就意味着工程质量目标的达成。而运维工作的质量目标除了有成果性（如升级、改造），还有过程性，它要求在执行过程中都要保证某种要求的实现或不可突破。比如要求核心设备故障必须在3小时内解决、备品备件的更换事件不超过12小时、应用系统可用时间在99%以上等条件，对于这些质量目标，需要以过程来体现。

2. 质量控制方法

除了常规的监理质量控制方法之外，运维监理工作的另一项重要的质量控制方法就是绩效考核。通过执行客观、量化的绩效考核，可以评价运维服务商的工作态度，也可以实时发现问题，督促运维服务商改进工作。

9.3.4 大运维体系监理对象及职责

1. 运维监理对象

运维监理对象按专业进行分类，主要分为基础设施、系统应用、信息安全、通信保障等。

1）基础设施

基础设施监理工作包括：为软件运行提供基础运行环境的设施，如综合布线系统、电子计算机场地等；为软件提供安全网络环境的设备设施，如路由器、交换机、防火墙、入侵检测器、负载均衡器、电信线路等；计算机设备，如服务器、存储设备等；安装运行在计算机硬件中，构成软件的支撑性软件，如系统软件、数据库软件、中间件等。还包括在数据库管理系统存储和操作，与业务、配置和日志相关的结构化数据；以计算机文件形式存储和操作，与业务、配置和日志相关的非结构化数据。

2）系统应用

应用系统监理工作包括：企业管理软件、辅助设计与辅助制造软件等；行业应用软件，如通信软件、金融财税软件、工业控制软件等。

3）信息安全

信息安全监理工作包括：信息安全咨询，如信息安全规划、信息安全管理体系优化、信息安全风险评估；信息安全实施，如信息安全加固和优化、信息安全检查和测试、信息安全监控等；信息安全培训。

4）通信保障

通信保障监理工作包括：有线或无线通信等通信保障系统、视频会议系统、视频监控系统及指挥调度系统。

2. 运维监理的职责

在大型信息系统运维体系中，往往按专业来设置运维人员的岗位，为了方便监理的跟进和监督，通常也对监理岗位按专业来区分，根据监理人员的专业技术水平划分其监理工作范围，更能体现监理的专业性。

根据相关信息技术服务标准和实践经验，各类监理工作职责宜划分为基础设施监理、应用系统监理、信息安全监理、通信保障监理。

1）基础设施监理

（1）例行操作监理。基础设施类运行维护服务，例行操作监理要点如下：

① 监理机构应监督检查例行操作的计划性和完整性。

② 监理机构应对设施监控的不间断性、问题汇报和分析的及时性进行监督。

③ 监理机构应监督检查定期保养、配置备份等常规操作的计划性、准确性、记录的完整性及可追溯性。

④ 监理机构宜要求供方利用运行维护系统和工具对基础设施开展运行维护活动，系统和工具应包括资源管理、监测与分析、阈值预警、监控管理和过程管理等功能。

（2）响应支持监理。基础设施类运行维护服务，响应支持监理要点如下：

① 监理机构应检查供方的响应支持服务与运行维护 SLAs 的符合性。

② 监理机构应依据运行维护 SLAs、维护手册或维护规程监督、检查供方响应支持服务，包括处理的及时性、处理过程的严谨性及准确性、文档提交的准确性等。

③ 监理机构应要求供方建立故障诊断知识库，包括常见故障的原因与现象、故障排除步骤、故障诊断方法、故障诊断与修复原则等。

④ 监理机构应对供方响应支持服务中存在的问题，及时提出纠正和改进建议。

（3）优化改善监理。基础设施类运行维护服务，优化改善监理要点如下：

① 监理机构应对优化改善方案进行审核，方案应明确优化改善的目标、内容、步骤、人员、预算、进度、衡量指标、风险预案和回退方案等内容。

② 监理机构应对优化改善建议报告进行审核，报告应区分不同的优化改善类型（适应性改进、纠正性改进、改善性改进、预防性改进）。监理机构应评估报告内容的合理性并给用户合理建议。

（4）调研评估监理。基础设施类运行维护服务，调研评估监理要点如下：

① 监理机构应对调研评估计划进行审核，计划应明确调研评估的目标、内容、步骤、人员、进度、交付成果和沟通计划等内容。

② 监理机构应持续跟踪调研评估的执行和评估结果的改进。

③ 监理机构应对调研评估报告进行审核，报告应包括现状评估、访谈调研、需求分析和评估建议等内容。

2）应用系统监理

（1）例行操作监理。软件类运行维护服务，例行操作监理要点如下：

① 监理机构应督促供方根据软件运行维护对象的特点，确定例行操作的周期、范围、人员、内容、目标，并编制运行维护指导手册。

② 监理机构应对软件例行的巡检、缺陷管理、变更管理、补丁程序管理、发布管理、版本管理、文档管理等运行维护活动实施监督管理。

③ 监理机构应对系统恢复过程进行跟踪和监督，重点审核系统恢复申请信息、数据备份情况、故障原因分析结果、恢复方案等文档。

④ 监理机构应依据维护计划、维护手册或维护规程，监督供方的例行维护活动，审核供方提供的例行维护实施方案、维护记录、维护报告等文档。

⑤ 监理机构应跟踪系统变更过程，监督变更过程的规范性。

⑥ 监理机构应督促供方在运行维护过程中记录运行状态、异常处理记录，提供趋势分析及可能的风险消除建议，以及例行操作交付过程中的其他报告。

⑦ 监理机构应督促供方对软件缺陷实施统一管理，形成缺陷管理表，并定期对缺陷状态进行确认。

⑧ 监理机构可要求供方利用运行维护管理平台自动实现对软件各类资源的数据采集、状态监控、性能分析、更新软件分发。

（2）响应支持监理。软件类运行维护服务，响应支持监理要点如下：

① 监理机构应检查供方的响应支持服务与运行维护SLAs的符合性。

② 监理机构应依据运行维护SLAs、维护手册或维护规程监督、检查供方响应支持服务，包括处理的及时性、处理过程的严谨性及准确性，文档提交的准确性等。

③ 监理机构应对供方响应支持服务中存在的问题及时提出纠正和改进建议。

④ 监理机构应要求供方建立故障诊断知识库，包括常见故障的原因与现象、故障排除步骤、故障诊断方法、故障诊断与修复原则等。

（3）优化改善监理。软件类运行维护服务，优化改善监理要点如下：

① 监理机构应跟踪系统缺陷诊断分析和修复过程，督促供方及时对缺陷进行修复。

② 监理机构应跟踪软件优化过程，评估优化效果。

③ 监理机构应对软件优化方案的合理性、可行性进行审核。

④ 监理机构应监督供方将例行操作、响应支持服务过程中发现的问题和解决过程进行分类汇总，形成运行维护常见问题集与知识库。

（4）调研评估监理。软件类运行维护服务，调研评估监理要点如下：

① 监理机构应对调研评估计划进行审核，计划应明确调研评估的目标、内容、步骤、人员、进度、交付成果和沟通计划等内容。

② 监理机构应持续跟踪调研评估的执行和评估结果的改进。

③ 监理机构应对调研评估报告进行审核，报告应包括现状评估、访谈调研、需求分析和评估建议等内容。

3）信息安全监理

（1）例行操作监理。信息安全类运行维护服务，例行操作监理要点如下：

① 监理机构督促供方按照基础设施、应用系统和数据等对象安全属性的不同，采用不同的运行维护方法，设计详细的安全运行维护方案，并对方案进行审核。

② 监理机构依据安全运行维护相关管理制度和系统安全定级情况，督促供方对基础设施、应

用系统和数据定期开展安全巡检、安全加固、脆弱性检查、渗透性测试、安全风险评估等服务，以旁观其是否能符合需方的安全要求。

（2）响应支持监理。信息安全类运行维护服务，响应支持监理要点如下：

① 监理机构督促供方提供安全事件应急响应支持方案，并对方案进行审核。

② 监理机构对影响核心应用系统和数据安全的事件进行全程跟踪检查，审核事件处理过程的合规性、技术处理手段的正确性，并记录处理过程。

③ 监理机构督促供方及时纠正响应支持过程中的问题，如安全功能、安全性能等，监理机构对问题进行审核。

④ 监理机构督促供方在安全事件处理后，提交分析报告，对报告中的风险判定、分析、解决方案、预防或整改措施等内容进行审核。

（3）优化改善监理。信息安全类运行维护服务，优化改善监理要点如下：

① 监理机构依据安全运行维护相关管理制度和系统安全定级情况，督促供方对安全运行维护方案进行调整和适应性改进，包括但不限于安全巡检、安全加固、脆弱性检查、渗透性测试、安全风险评估、应急保障等方案和措施。

② 监理机构应建议供方在安全运行维护过程中，优化完善安全运行维护方案，并对优化完善后的方案进行评审。

③ 监理机构可根据对安全运行维护记录、趋势的分析，结合安全运行的需求，发现安全运行过程的脆弱点，督促供方有针对性地进行改进性作业和预防性改进。

（4）调研评估监理。信息安全类运行维护服务，调研评估监理要点如下：

① 监理机构对调研评估计划进行审核，计划应明确调研评估的目标、内容、步骤、人员、进度、交付成果和沟通计划等内容。

② 监理机构持续跟踪调研评估的执行和评估结果的改进情况。

③ 监理机构应对调研评估报告进行审核，报告应包括现状评估、访谈调研、需求分析和评估建议等内容。

4）通信保障监理

（1）例行操作监理。通信保障类运行维护服务，例行操作监理要点如下：

① 监理机构应监督检查例行操作的计划性和完整性。

② 监理机构应对设施监控的不间断性、问题汇报和分析的及时性进行监督。

③ 监理机构应监督检查定期保养、配置备份等常规操作的计划性、准确性，记录的完整性及可追溯性。

④ 监理机构应要求供方利用运行维护系统和工具对基础设施开展运行维护活动，系统和工具应包括资源管理、监测与分析、阈值预警、监控管理和过程管理等功能。

（2）响应支持监理。通信保障类运行维护服务，响应支持监理要点如下：

① 监理机构应检查供方的响应支持服务与运行维护 SLAs（Service-Level Agreement，服务等级协议）的符合性。

② 监理机构应依据运行维护 SLAs、维护手册或维护规程监督、检查供方响应支持服务，包括处理的及时性、处理过程的严谨性及准确性、文档提交的准确性等。

③ 监理机构应要求供方建立故障诊断知识库，包括常见故障的原因与现象、故障排除步骤、故障诊断方法、故障诊断与修复原则等。

④ 监理机构应对供方响应支持服务中存在的问题及时提出纠正和改进建议。

（3）优化改善监理。通信保障类运行维护服务，优化改善监理要点如下：

① 监理机构应对优化改善方案进行审核，方案应明确优化改善的目标、内容、步骤、人员、预算、进度、衡量指标、风险预案和回退方案等内容。

② 监理机构应对优化改善建议报告进行审核，报告应区分不同的优化改善类型（适应性改进、纠正性改进、改善性改进、预防性改进）。监理机构应评估报告内容的合理性并给用户合理建议。

（4）调研评估监理。通信保障类运行维护服务，调研评估监理要点如下：

① 监理机构应对调研评估计划进行审核，计划应明确调研评估的目标、内容、步骤、人员、进度、交付成果和沟通计划等内容。

② 监理机构应持续跟踪调研评估的执行和评估结果的改进。

③ 监理机构应对调研评估报告进行审核，报告应包括现状评估、访谈调研、需求分析和评估建议等内容。

9.3.5 大运维体系监理服务的主要工作

在运维过程中，运维监理的主要工作体现在运维过程监督、运维绩效考核、运维结果评估三方面。

1. 运维过程监督

运维过程监督是根据运维合同以及上级领导的工作要求，按照系统运维管理制度、规范、流程和表单，监督、督促日常运维服务的合规性，判断结果是否符合有关质量标准，同时对运维工作中存在的问题和风险提出监理意见及解决办法。

因此，运维过程监督的对象主要包括日常质量监督和任务督查督办两部分，日常质量监督包括日常监督、变更监督、故障监督等；任务督查督办主要是针对上级领导安排或计划外的临时工作进行督办。运维过程监督对象如图 9.5 所示。

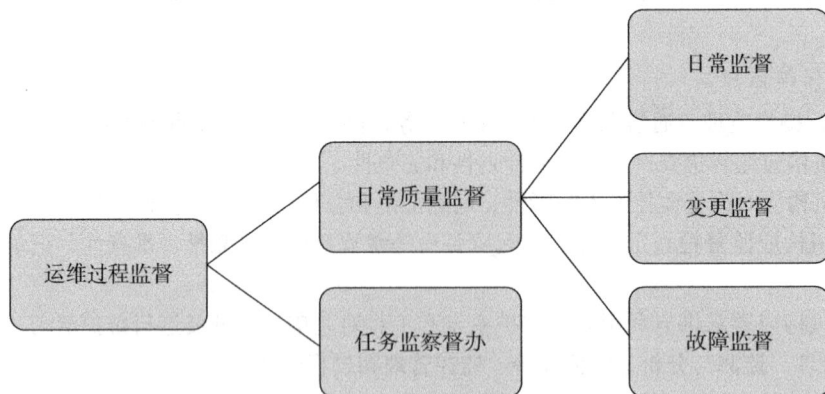

图 9.5 运维过程监督对象

1）日常监督

日常监督的对象包括人员出勤、运维作业的执行等，为了保证运维工作进度计划的顺利实现，运维监理按照企业（机构）运维工作的规范和要求，监督、管理各运维服务商的出勤和请假及销假情况，定时对各运维服务商的出勤情况进行统计汇报。为了使运维项目过程中一切服务环节规范、流畅，保证良好的服务质量。运维监理负责按照管理制度、规范、流程和表单，监督检查日常运维作业的合规性和相应运维工作的完成质量。

2）变更监督

在运维项目过程中数据变更和系统变更是正常的，为了减少由变更引起的损失，运维监理负责组织对各级运维服务商的系统变更进行需求实现的功能验证，并在变更实施时，监督实施过程严格按照论证方案进行，确保变更达到预期效果。

3）故障监督

运维过程中的故障是无法避免的，为使故障能够得到及时处理，避免影响范围的扩大，运维监理有必要对故障处理过程进行监督，监督有三方面，分别是：监督人员到位、处理、解决情况；监督故障通报机制的执行；监督按现有故障流程进行处置。

2. 运维绩效考核

绩效考核是企业（机构）和运维监理在既定运维项目的目标下，运用特定的标准和指标，对运维服务商、运维人员的过去工作及取得的工作业绩进行评估，并运用评估的结果对运维服务商、运维人员将来的工作行为和工作业绩产生正面引导的过程和方法。运维监理协助企业（机构）在制定发展规划、战略目标时，为了更好地完成这个目标，需要把目标分阶段分解到各个运维服务商，最终落实到每一位工作人员身上。绩效考核就是对运维服务商完成目标情况的一个跟踪、记录、考评。绩效考核不仅是对被考核主体的过去进行评价，并且要对其将来产生影响。

运维监理落实绩效考核工作，定期向信息运维管理部门汇报，对考核结果存在差距的运维服务商进行重点监控并采取相应的监理措施。绩效考核工作可分为年度和月度绩效考核。

1）年度绩效考核

一般来说可以以年为单位，按照企业（机构）对年度运维工作所做的最新部署和运维合同，将运维商的运维任务进行合理分解，以便适应新形势下的运维管理工作。在对运维工作进行充分分析的基础上，协助企业（机构）和运维商制定年度运维目标、月度运维任务、日常运维工作。

在确定运维工作后，从基本情况、巡检、故障/问题处理、用户反馈意见、日常维护类服务等方面建立对运维商、运维人员的运维绩效考核机制。这里需要强调的是，应该采用尽量精细的评分标准来对运维商的工作情况进行考核，可以将每个考核项，根据严重程度划分出不同级别，不同级别扣除不同的分数。级别的划分应充分考虑动机、结果、影响等因素，使得考核标准更加具体、合理、易操作。同时，应形成书面的年度运维绩效考核评分说明，便于企业（机构）和运维商的理解和执行。

2）月度绩效考核

可以采取量化考核的方法，以月度为单位，综合日常考勤、运维文档评审、企业（机构）意见、巡检情况、故障/事故处理等多维度对运维商的运维工作进行评价。

通过完成运维项目绩效管理工作，可以进一步加强对总包商、分包商日常工作的督促和检查。运维绩效考核对象如图9.6所示。

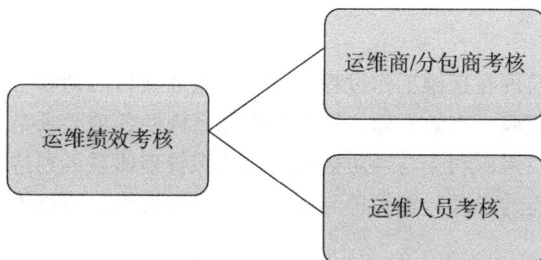

图9.6 运维绩效考核对象

3. 运维结果评估

通过阶段运维数据统计，对系统运维的软硬件和安全体系等各方面的制度、流程、设备、人力、费用投入进行分析，结合当前系统运行状态，通过评估模型，科学评估现阶段的资产、运维机制、预算的运行情况，并给出下阶段建议。因此，运维结果评估包括对运维资产、运维机制、运维费用三方面的评估。运维评估分析内容如图 9.7 所示。

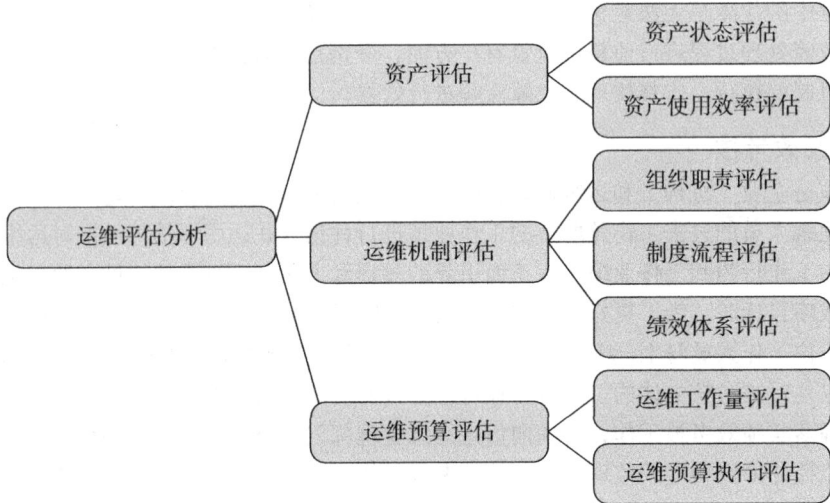

图 9.7 运维评估分析内容

1）运维资产的评估

全面摸清"家底"，用好"家底"，是运维资产评估的主要目的，因此，运维资产评估包括资产完整性清查、资产效率评估两方面工作。通过评估可以全面掌握运维资产的现状和使用状态，这里的运维资产主要指按照财务部门定义的、用于运维工作的资产，包括备品备件、硬件、软件等。

资产完整性清查主要是指运维监理组织相关运维岗位人员对资产进行调查，摸清所有运维资产使用时间、原值、位置、状态、IT 属性、使用人、管理人等信息，并与财务系统的资产数据进行一一对应，做到账物相符，如发现盘盈、盘亏的情况需及时上报。对于一些实际已经报废、损毁或完全失去使用价值的资产，应尽快完成财务处置流程；对于账外资产，没有及时入账的，容易被随意处置，从而造成单位资产流失，应尽快完成财务入账流程。

资产效率评估是在完成运维资产清查的基础上，针对资产的使用情况进行评估和调整，确保"家底"发挥最大效益，这包括调查资产与应用系统关联图，电费、CPU、内存、日志、巡检、故障等运行信息，通过调查评估资产使用率，做好下一步优化建议。针对利用率较高的核心资产，建议增加设备分担负荷；对于利用率较低的资产，建议进行合并，有效提升资产使用效率；对于上电的闲置资产，建议下架处理，节省能源。

2）运维机制的评估

运维机制评估是运维监理在运维工作过程中，通过验证项目活动和有关结果是否符合计划的安排，确认管理体系是否被正确、有效实施，以及管理体系内的各项要求是否有助于达成预期的方针和目标，并适时发掘问题，采取纠正与预防措施，以确保管理体系得到持续不断地改进和完善。运维监理以半年为期，对现行的各项运维管理流程制度、组织架构、绩效体系进行适用性评估。

3）运维费用的评估

为评估运维预算的合理性，为下一年度的运维预算编制提供可靠的依据和可参照的标准，运维监理有必要对运维费用进行有效评估,包括运维工作量评估和运维预算执行评估两方面。

特别是在编制运维预算的第一年,没有编制标准可以参考,运维预算基于信息系统建设合同的成交价计算,由于信息系统运维的技术复杂度强等因素,运维商提供的预算金额与企业(机构)的预期相差很大,这主要是由于双方计算口径、计算标准不一致造成的。

在进行一定时间的运维工作后,运维监理可以作为公正的第三方介入运维费用评估计算,运维费用评估的关键是运维工作量的评估,通过工作量的评估可以核定运维人员数量需求。例如,经过统计一段时间的工作量,发现某个驻场岗位工作量不足,运维监理可以结合下一年度的运维工作计划,建议在下一年度缩减岗位人数;而某个非驻场岗位工作量很少,运维监理可以建议在下一年度将非驻场岗位改为按次服务方式,从而减少运维成本的支出。

运维预算执行评估是指对当年度的运维预算执行进度、是否满足运维需求的情况进行评估。运维预算的执行有一定的季节特点,特别是能源费用根据季节的变化而变化,而某些配件在气候变化时容易发生故障,备件的采购和储备数量会有不同,因此在制定每月预算执行计划时需要充分考虑季节特点。通过评估,运维监理协助企业(机构)制定更加合理的预算总体需求和执行计划。

第 *10* 章 大运维体系的工具系统

> 工欲善其事，必先利其器。——《论语·魏灵公》

随着数字化时代的到来，在企业（机构）信息化建设不断推进的过程中，信息系统对企业（机构）管理体制、运作流程和商业模式等的影响日益深化，日渐庞大的业务使得企业（机构）对信息系统的依赖程度越来越高，信息系统已经成为企业（机构）重要的核心竞争力。特别是对于大型的企业（机构）来说，大型信息系统一般都是处于企业（机构）的核心地位，规模庞大、用户量庞大、结构复杂、关联性复杂、对可靠性和可用性要求极高，这就导致了对其开展运维和管理的难度不断加大，对运维技术的要求也不断提升，企业（机构）必须依赖各种先进、实效、专业的运维工具的强大支撑才能确保其大型信息系统的稳定、可靠和高效地运行。此外，由于信息系统运维与企业（机构）的系统架构息息相关，对于新兴技术的运用非常敏感，近年来，随着"大智移云"等技术在大型信息系统中的广泛应用，运维工具也在环境的引导下积极与新兴前沿信息技术紧密结合，形成了很多自动化、智能化的运维工具，例如 3D 机房、日志分析系统、智能监控预警系统等，这些工具都极大地提升了运维的效率，有力地推动了大型信息系统的运维朝着可视化、一体化、自动化和智能化的方向发展。

10.1 运维工具的分类

目前，运维工具尚未有标准和统一的分类。从不同的角度，可对工具进行不同的划分。

1. 按商业性质分类

按性质划分，运维工具可以划分为开源工具和商用工具两大类。

开源工具的使用者主要是中小企业（机构）和互联网公司。目前市场上比较流行的开源运维工具主要有监控类的 Zabbix[1]、Nagios[2]、Open-falcon[3]，运维管理类的 iTop[4]，自动作业类的 Ansible[5]、Jenkins[6]（用于实现持续集成/持续部署流水线平台）等。开源产品横向扩展能力强，

1）是一个基于 Web 界面的提供分布式系统监视以及网络监视功能的企业级的开源解决方案。能监视各种网络参数，保证服务器系统的安全运营，并提供灵活的通知机制让系统管理员快速定位/解决存在的各种问题。zabbix 由两部分构成，zabbix server 与可选组件 zabbix agent。zabbix server 可以通过 SNMP，zabbix agent，ping，端口监视等方法提供对远程服务器/网络状态的监视，数据收集等功能，它可以运行在 Linux，Solaris，HP-UX，AIX，Free BSD，Open BSD，OS X 等平台上。

2）是一款开源的免费网络监视工具，能有效监控 Windows、Linux 和 Unix 的主机状态，交换机路由器等网络设备，打印机等。在系统或服务状态异常时发出邮件或短信报警第一时间通知网站运维人员，在状态恢复后发出正常的邮件或短信通知。

3）是小米运维团队从互联网公司的需求出发，根据多年的运维经验，结合运维工程师、系统分析师、开发工程师的使用经验和反馈，开发的一套面向互联网的企业级开源监控产品。

4）是 IT 运营门户（IT Operation Portal）的简称，是一个开源 Web 应用程序，适用于 IT 服务的日常运维管理。它基于 ITIL 最佳实践，适应符合 ITIL 最佳实践的流程，同时又很灵活，可以适应一般的 IT 服务管理流程。

5）是新出现的自动化运维工具，基于 Python 开发，集合了众多运维工具（puppet、cfengine、chef、func、fabric）的优点，实现了批量系统配置、批量程序部署、批量运行命令等功能。

6）是一个开源软件项目，是基于 Java 开发的一种持续集成工具，用于监控持续重复的工作，旨在提供一个开放易用的软件平台，使软件的持续集成变成可能。

具有分布式、轻量级、模块化的特点，能够赋予用户更大的自主权和灵活性。不过由于开源软件的操作复杂、界面简陋、功能相对有限，对于企业（机构）运维人员的素质要求比较高。商用工具虽然价格昂贵，但相比开源工具拥有更加强大的功能和美观的界面，使用操作更加简单和人性化。

不同行业对信息系统运维管理的需求各有特色，运维工具厂商会在通用型运维工具之外推出行业解决方案，而针对个性化的需求则会进行相应的定制。

2. 按发展趋势分类

按照工具的发展状况来看，传统的运维工具侧重于运维的"管理"，即对过程的管理、对资源对象的管理、对对象状态的管理等，称为 IT 运维管理（ITOM，即 IT Operations Management）类的工具。随着运维发展的深入，企业（机构）对信息系统运维管理提出了更高的要求，企业（机构）对运维的需求已不仅仅是追求系统的稳定和健康运行，以运维数据指导业务和决策是 ITOM 发展到一定阶段的必然产物，因此，IT 运维分析（ITOA，即 IT Operations Analytics）类的工具逐渐开始涌现。

ITOA 是指运用大数据分析技术，通过收集、处理和分析运维数据，识别信息系统中潜在的风险和问题，协助企业（机构）进行业务决策，而具备 ITOA 相关功能的工具则称为 ITOA 工具。但 ITOA 工具与传统的 ITOM 工具间的关系并非是割裂的，相反，企业（机构）进行大数据分析所需要的数据正是来源于原有的 ITOM 工具，即 ITOA 必须建立在传统运维的基础之上，两者的发展应当是相辅相成的。

ITOA 工具主要有四类数据源：第一类是机器数据，利用服务器、网络设备等产生的日志进行分析；第二类是通信数据，通过网络抓包进行使用分析；第三类是代理数据，在 .net、PHP、Java 字节码里插入代理程序，从字节码里统计函数使用、堆栈使用等信息，进行代码级别的监控；第四类是探针数据，即布点拨测，在各地模拟 ICMP ping、HTTP get 请求。

3. 按功能分类

按运维人员的使用惯例，无论是开源的还是商用的，一般可将运维工具按功能和专业归为五大类：对运维对象实时状态进行监控的监控类工具、对运维对象和服务对象进行过程管理的运维管理类工具、对运维资源的属性和关系进行管理的资源管理类工具、对信息系统各层级进行安全保障管理的信息安全类工具和提高运维实操工作效率的自动作业类工具，如图 10.1 所示。

从目前的行业发展来看，越来越多的运维工具开发商倾向于将运维工具一体化，即将运维管理甚至运维分析的功能以松耦合、可扩展、可拔插、可定制的方式整合为一个一体化的运维平台，为用户提供一站式的、全面的整体解决方案。

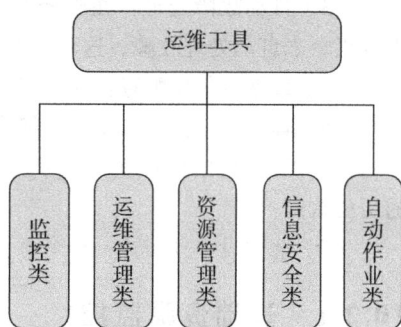

图 10.1 运维工具分类

10.2 监控类工具

一个组织的大型信息系统是由各种复杂的设备和软件组成，无法获知这些对象的状态则对其运维就无从谈起。运维人员的核心工作之一就是要了解它们运行的状态如何、有哪些隐患，以便进行维护，确保这些软硬件资源的正常运转从而确保业务系统的正常稳定运行。所谓"知己知彼百战不殆"，监控工具是运维的"眼睛"，其主要任务就是如何高效、精准、实时地做到"知"。例如，对机房的温度和湿度、硬件基础设施的状态、软件运行的状态、程序中的应用程序接口（API）、程序执行脚本的过程、数据库的负载、SQL 语句执行的快慢、应用的性能，以及完成一个业务功能相关的各个流程的状态等均需要进行监控。而这一切都离不开监控工具。

一个完整的监控系统应包含四大领域的内容：基础资源监控、应用性能监控、业务流程监控、机房环境监控。

1. 监控系统的组成

一个监控系统的组成要考虑以下几个方面的问题：

（1）原始数据如何收集。

（2）数据收集后如何存储。

（3）数据存储好了如何展示，以及告警。

基本每一个监控系统都是围绕这三个核心展开的，不同的是对于这三个核心而言使用了不同的软件而已。对于数据采集一般使用客户端方式，其工作模式可以分为"被动模式（服务器端到客户端采集数据）"和"主动模式（客户端主动上报数据到服务器端）"两种。通常，大多数监控系统能同时支持这两种模式，被动模式对服务器的开销较大，适合小规模的监控环境；主动模式对服务器的开销较小，适合大规模的监控环境。对于数据采集来说还有一些不同的协议，也可以分为两种，一种是专用客户端采集，另一种是公用协议（SNMP/SSH/TELNET）采集。

对于数据存储和分析告警展示部分都是在服务器端完成，而数据存储和分析告警展示有的监控系统都是在系统本身完成，而有的监控系统则使用了开源组合，即数据存储是一个组件，分析展示是一个组件，告警又是一个组件。

2. 监控系统的关键功能

一个好的监控系统要具备以下功能：

（1）仪表盘（Dashboard）人性化展示：多维度的数据展示、用户自定义仪表盘等功能。

（2）告警智能化：比如支持最大告警次数、告警级别、告警恢复、告警暂停、支持维护周期，以及告警依赖设置，即在网络故障与服务之间设置依赖关系，若网络有问题会告警而服务不会告警，避免重复性告警太多。

（3）自动故障处理：在告警的基础上往上伸展就是不仅能够报警，还能够支持用户自定义脚本或指令来自动处理故障，这对及时解决问题和故障自愈非常重要。

（4）数据采集免配置：支持代理（agent）自发现、支持插件（Plugin）、主动推送模式等。

（5）容量水平扩展：生产环境中数据收集、告警、存储、绘图等。

（6）历史数据高效查询：对数据存储系统有很高的要求，需要做到秒级返回上百个指标一年的历史数据。

（7）架构设计分布式：整个系统无核心单点、易扩展、易运维、易部署。

10.2.1　基础资源监控

基础资源监控是监控系统中最基本的，主要是对数据中心内的 IT 相关的软硬件资源进行监控。其中硬件基础资源指计算资源、存储资源、网络资源和安全资源相关的硬件设备；软件基础资源指支撑应用系统运行的基础软件平台，例如操作系统、各种类型的中间件、数据库、容器、IP 资源、镜像资源、虚拟资源等。

1. 网络监控

网络监控一般可分为网络设备监控和网络流量监控，具体如下：

1）网络设备监控

（1）一般监控软件监控网络设备通过 SNMP 协议进行监控，关于 SNMP 协议的四个概念如下：

① SNMP（Simple Network Management Protocol）：简单网络管理协议，由一组网络管理的标准组成，网络管理员可以通过 SNMP 协议采集和查看网络设备运行信息。目前 SNMP 版本有 SNMPv1，SNMPv2 和 SNMPv3 三个版本。

② SNMP Community：SNMP 团体名称，用于在访问设备之前进行认证管理。SNMP Community 权限可以设置为只读或读写。

·RO（只读）：只能读取设备的信息，比如设备 interface，interface traffic 等。

·RW（读写）：除了读取设备的信息之外，还能更改设备的配置信息。

③ MIB（Management Information Base）：管理信息库。MIB 是被管理对象的集合，它定义了被管理对象的一系列属性：对象的名称、对象的访问权限和对象的数据类型等。

④ OID（Object Identifier）：对象标示符。被管理的对象通过 OID 表示。

（2）网络设备的监控，主要从以下两个方面进行监控：

① 网络设备的端口流量：比如说要监控 48 口的交换机流量，先用类似于 getif 的工具扫描出交换机每个端口的 OID，然后添加 48 次 Incoming 流量，再添加 48 次 Outgoing 流量。

② 网络设备的性能监控：常见的网络设备性能监控主要是对内存和 CPU 监控，下面是 netscreen 常见的 OID：

▌内存监控：

·剩余内存：1.3.6.1.4.1.3224.16.2.2.0

·使用内存：1.3.6.1.4.1.3224.16.2.1.0

▌CPU 监控：

·CPU 平均利用率：1.3.6.1.4.1.3224.16.1.1.0

·CPU 过去 1 分钟利用率：1.3.6.1.4.1.3224.16.1.2.0

·CPU 过去 5 分钟利用率：1.3.6.1.4.1.3224.16.1.3.0

·CPU 过去 15 分钟利用率：1.3.6.1.4.1.3224.16.1.4.0

▌session 会话监控：

·nsResSessAllocate：1.3.6.1.4.1.3224.16.3.2.0

·nsResSessMaxium：1.3.6.1.4.1.3224.16.3.3.0

·nsResSessFailed：1.3.6.1.4.1.3224.16.3.4.0

▌其他方面的监控：

·sysUpTime：1.3.6.1.2.1.1.3.0

（3）报警阈值的设置：

① 流量报警：最近一段时间流量超过多少 M 报警。

② 内存报警：使用内存超过 80%（阈值）报警或者剩余内存少于多少报警。

③ CPU 报警：CPU 利用率超过 80%（阈值）报警。

（4）通过图形化的方式将网络拓扑关系展示出来，可以支持树形结构和平面结构的联动展示，也可以按片区、按地域、按层级等多种布局方式划分网络。在拓扑中以不同颜色设备图标实时展现设备的状态信息。

通过拓扑图对设备、设备资源、链路进行管理，并在链路上实时显示流量信息。图 10.2 所示为某监控工具网络拓扑监控功能部分截图。

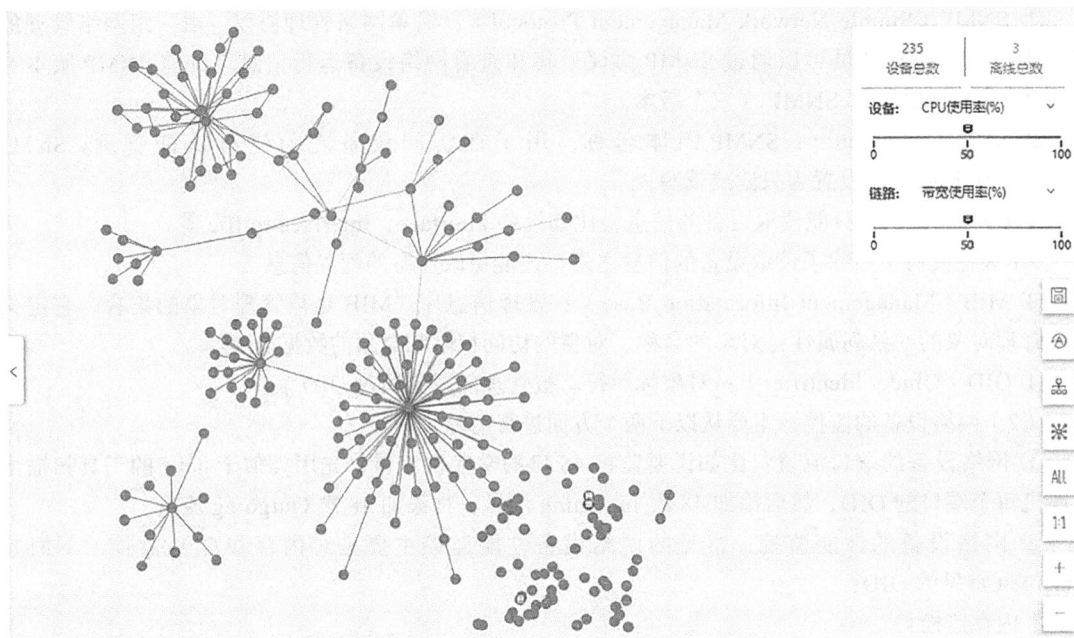

图 10.2 某监控工具网络拓扑监控功能部分截图

2）网络流量监控

网络流量是指能够连接网络的设备在网络上所产生的数据流量。网络流量监控是一种分析网络状况的有效方法，通过实时收集和监视网络数据包的流量信息，检查是否有违反安全策略的行为和网络工作异常的迹象，并为优化网络性能提供参考。网络流量反映了网络的运行状态，是判别网络是否正常运行的关键。如果网络所接收的流量超过其实际运载的能力，就会引起网络性能下降。通过流量监测不仅能反映网络设备（如路由器、交换机等）工作是否正常，而且能反映出整个网络运行的资源瓶颈。所以，企业（机构）网中网络流量的健康程度，就如同人体中的血液健康一样重要。

业界一般将网络监听的关键技术概括为以下三个方面：

（1）数据流采集技术。数据流采集技术解决"如何从网络的不同位置获取我们所需要的网络数据流"这一问题。从数据采集的位置看，可以分为基于网络、基于主机及混合采集三种。

（2）流量监测技术。流量监测技术主要包括基于 SNMP 的流量监测和基于 NetFlow 的流量监测。

① 基于 SNMP 的流量信息采集：通过提取网络设备代理提供的 MIB 收集一些具体设备和与流量信息有关的变量。基于 SNMP 收集的网络流量信息包括输出字节数、广播包数、丢包数和输出队长列长度等。

② 基于 NetFlow 流量信息采集：基于网络设备提供的 NetFlow 机制实现的网络流量采集，在此基础上实现的流量信息采集效率和效果均能够满足网络流量异常监测的需求。

基于以上的流量检测技术，目前有很多流量监控管理软件，此类软件是判断异常流量流向的有效工具，通过流量大小变化的监控，可以帮助网管人员发现异常流量，特别是大流量异常流量的流向，从而进一步查找异常流量的源地址和目的地址。

（3）协议分析技术。协议分析技术用于了解掌握用户具体使用什么协议和应用，主要包括协议和应用识别、数据包解码分析等。

2. 应用资源监控

应用资源监控的内容包括采集管理、数据管理、资源状态、仪表盘和监测器。

1）采集管理

（1）采集对象。分为五大子类：

① 设备物理特征：监视硬件设备的物理健康特征，如温度、电压、风扇工作状态、电源状态等。

② 存储设备：磁盘阵列、光纤交换机。

③ 操作系统：AIX、BSD、HPUX、Linux、Solaris、Windows 等。

④ 软件系统：各类数据库、中间件。

⑤ 虚拟化平台：VMware vSphere、docker 容器等。

（2）采集方式。要解决数据如何采集的问题，一般有两种采集方式：Agent 和 Agentless，即代理和非代理的方式：

① Agent 监控方式。就是在被监控主机或被监控应用所在的主机上面，安装轻量级的 Agent 软件，通过代理软件实现对数据的采集和管理，从而实现对主机及主机上应用的监控。

Agent 监控方式具有以下特点：

·由于大部分工作通过监控资源端，即被监控主机或被监控应用所在的主机上的 Agent 软件完成，Agent 监控方式对监控服务器的影响相对较小。

·在监控资源端采集的数据可以经过压缩处理后，再传输给监控服务器，所以 Agent 监控方式对网络带宽的占用较少，适用于有限带宽的网络环境。

·Agent 监控方式支持二次开发，但是，Agent 监控方式需要占用一定的 CPU 和内存来运行 Agent 软件本身，每个 Agent 软件独立运行、扫描、配置较为繁琐，且每台主机都需要部署安装，部署起来相对麻烦。

② Agentless 监控方式。不需要在被监控主机或被监控应用所在的主机上面安装代理软件来采集相应的数据，而是由监控服务器通过一些标准的协议，如主机使用的 SNMP 协议、远程登录协议（Telnet）、安全外壳协议（SSH）、Windows 管理规范（WMI）等，包括应用所使用的 Java 管理扩展（JMX）、Java 数据库连接（JDBC）、开放数据库互连（ODBC）等来采集监控资源端的数据。目前，采用 Agentless 方式的监控软件主要有：Cacti、Zenoss、AdventNet、OpenNMS 等，其中，Zenoss 和 OpenNMS 支持分布式操作。

Agentless 监控方式具有以下特点：

·监控服务器负责所有的扫描、配置，只需要向被监控主机或被监控应用所在的主机开通相应的协议和端口，就可以实现监控，所以 Agentless 监控方式对 CPU 和内存的影响相比 Agent 方式小很多，且不需要对监控资源端进行部署。但是，由于所有工作通过监控服务器远程连接监控资源端实现，Agentless 监控方式对监控服务器的影响相对较大。

·监控资源端采集的数据直接传输给监控服务器，数据传输量较大，需要占用较多的网络带宽。

·在 Agentless 监控方式中，监控指标相对固定，不支持二次开发。

通过以上分析可以看出，采用 Agent 监控方式和 Agentless 监控方式的监控软件各有优缺点，随着用户对监控业务的要求越来越高，单纯采用某一种监控方式已不能很好地满足用户监控的需求，所以目前的监控软件往往会根据不同的情景、不同的对象采用不同的监控方式。

2）数据管理

信息采集得到的海量数据，一般包括被采集对象的基础数据（该部分数据可以作为信息运维域的主数据）和各种运行数据。对这些数据进行存储和加以处理分析，同时使其具备高可用性，是数据管理这个平台需要解决的问题。一般需要以下三大能力：

① 数据存储：数据平台需要具备数据的存储和整合能力，具备数据流实时处理的技术，保证数据的正常读写，且需保存原始的数据。由于运行数据庞大，故需要数据平台具备多种类型数据存储的技术解决方案。

② 数据分析：对于基础数据和运行数据，平台需要提供分析建模的能力。

③ 数据处理：平台需提供数据处理能力，包括检索、可定制的数据报表、验证回溯算法可行性、数据消费接口等。

3）资源状态

展示被监控对象各个监控指标的（准）实时状态，可根据需要以条状图、环状图和热力图等各种形式进行展现。同时，还应可以整体展示各个监控对象的状态，使得运维人员可以一目了然地看到所有监控对象的全景信息。图 10.3 为某监控工具单台主机的实时状态展示。

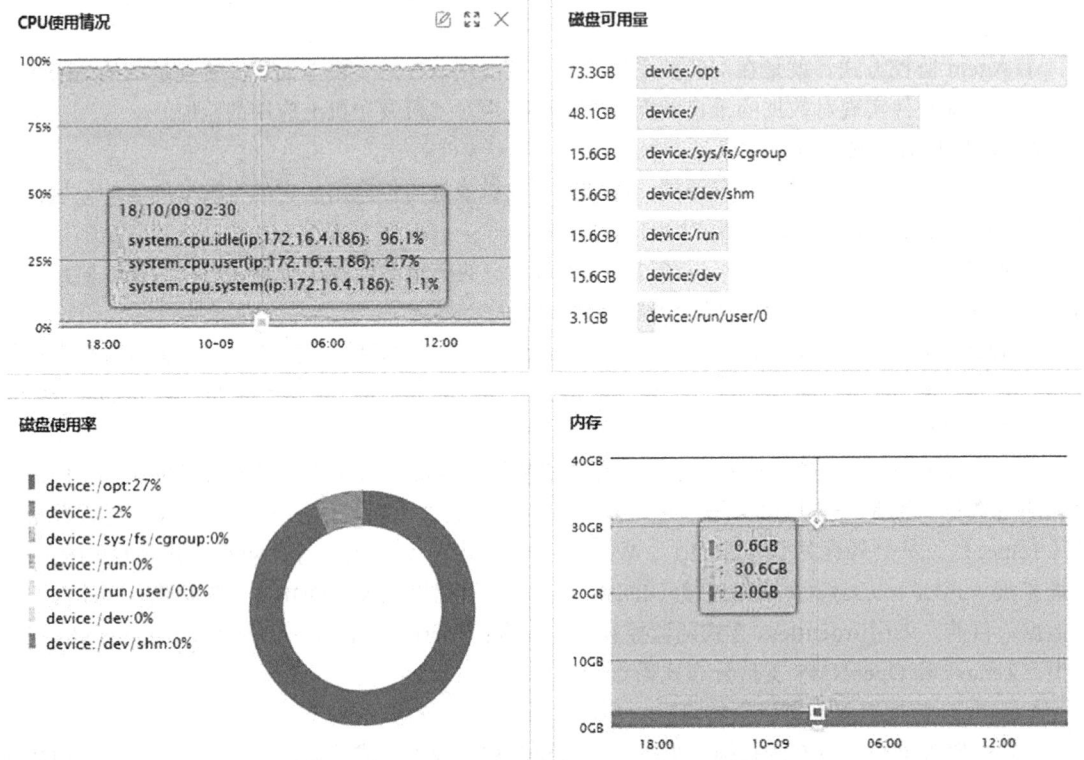

图 10.3　单台主机的实时状态展示

4）仪表盘

仪表盘（Dashboard）为数据的最终可视化和展现，一般放在首页进行展示，包括一些统计分析后的数据指标，例如告警的数量、趋势，监控对象的数量、分类等。仪表盘上的数据应可以点击钻取，例如点击告警数量应可以查看告警的明细，且仪表盘应可允许用户根据自身实际需要进行定制，并能够以拖、拉、拽等方式改变各个仪表盘的顺序。被监控对象各个监控指标的（准）实时状态可根据需要以条状图、环状图和热力图等各种形式进行展现。同时，还应可以整体展示各个监控对象的状态，使得运维人员可以一目了然地看到所有监控对象的全景信息，如图 10.4 所示。

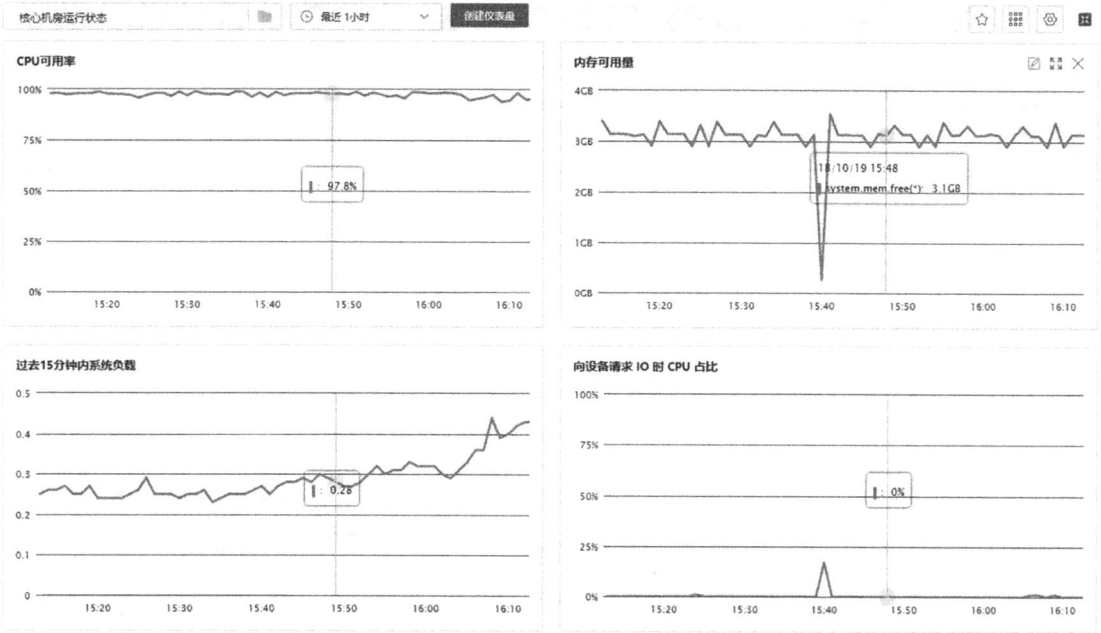

图 10.4 某监控系统仪表盘

5）监测器

对各类对象的各种指标的监测是告警信息的来源。传统的监测器主要是提供告警阈值设置功能，可针对监控的对象设置其监控指标的阈值，根据需要可将该设置作用于某种类型的一批对象，也可单独作用于单个对象，当监控到某一指标超过设置的阈值时系统自动发出告警，如图 10.5 所示。

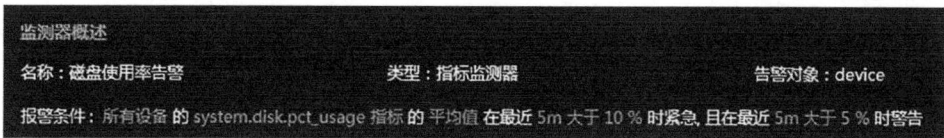

图 10.5 设置监测器报警条件

传统的运维思路以事件为核心，侧重对故障的定位。然而，随着业务系统数据的日渐庞大和结构的日趋复杂，以阈值告警为主的被动式救火运维早已不能适应当前大型信息系统的复杂环境。首要原因是主动运维已成为当前业界的主流趋势，运维人员需要的是当故障发生前有某种"苗头"时，系统就能感知并且发出预警；其次，监控对象的某个指标超过了阈值并不一定表明其为异常，而是需要观察该指标一段时间内的变化并结合对象所处的环境进行综合分析，因此监测器还需要具备大数据分析建模的能力，对指标进行动态的分析和预警。

因此，运维人员需要的是结合大数据技术来设置"阈值"。即需要对业务系统的运行状态和环境，包括网络、系统、数据库等数据进行长期收集，将海量监控数据集中后，通过分析、机器学习和建模等各种手段确定基线值和健康值，根据基线值和健康值确定阈值，即主动预警的临界点。但由于业务并不是一成不变的，因此健康指标数据也是动态的需要跟随业务的变化而变化。主动预警需要智能地感知业务的变化。

以高负载主机为例，当管理对象加入监控后，系统自动启用与该主机相符的指标和模型，当其出现高负载的表象后，系统不仅可以过滤偶发的 CPU 冲高现象，还能横向扩展分析，结合历史数据进行自动判断，告知运维人员这个偶发现象是否有关联、是否影响业务系统的整体健康。如果被确定为长期高负载主机，系统将提出优化处理步骤。图 10.6 为利用机器学习设置阈值。

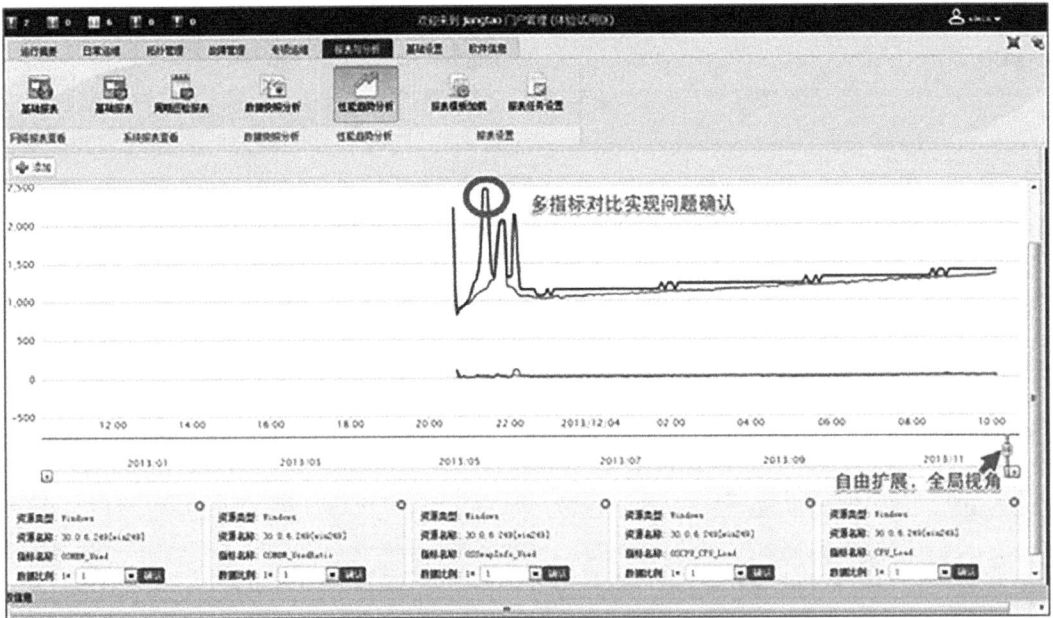

图 10.6 利用机器学习设置阈值

6）事件台

监测器发出告警信息后，事件台功能模块负责展示该信息，并提供查询、过滤、转发功能。

① 告警统计查询：提供告警信息的统计查询功能，告警信息可按多维度进行统计查询，也可按用户设置的条件进行统计查询。

② 告警过滤压缩：针对同一时间段内频繁出现的相同告警，可设置规则进行过滤、归并或压缩。

③ 告警转发：支持将告警信息按设置的条件或规则转发至相关人员的 ITSM 待办、邮箱或手机。

监控系统事件台示例如图 10.7 所示。

图 10.7 某监控系统事件台

10.2.2 应用性能监控

应用性能监控，或称为应用性能管理（APM—Application Performance Management），也称为用户体验管理，是指对企业（机构）的关键业务应用进行监测、优化，比如客户端到端的体验情况怎么样、性能瓶颈在哪里等，保证用户得到良好的服务，提高企业（机构）应用的可靠性和质量，降低 IT 总体拥有成本（TCO），为企业（机构）带来更多的商业利益。APM 主要包括四个功能：应用检测、检测数据存储及多维度查询、服务调用跟踪和监控告警。应用性能管理能够对整个企业（机构）的 IT 系统各个层面进行集中的性能监控，并对有可能出现的性能问题进行及时、准确地分析和处理。它能轻松地从一个 IT 应用系统中找到故障点，并提供相关解决建议或方法，从而提高整体的系统性能。一个企业（机构）的关键业务应用的性能强大，可以提高竞争力，并取得商业成功，从而产生巨大的商业利益。

1. 应用检测

1）应用检测的内容

应用检测包括对应用系统是否存活的检测、应用程序性能指标的检测（CPU 利用率、内存利用率等）、应用程序关键事件的检测以及对用户响应时间的检测。

2）系统监控

在编写应用程序的时候，通常会记录日志以便事后分析，在很多情况下是产生问题之后再去查看日志，是一种事后的静态分析。运维人员可能需要了解整个系统在当前或者某一时刻运行的情况，比如当前系统中对外提供了多少次服务，这些服务的响应时间是多少，随时间变化的情况是什么样的，系统出错的频率是多少。这些动态的准实时信息对于监控整个系统的运行健康状况来说很重要。

一些应用程序，比如对外提供接口或者服务的 WebService，对整个系统的实时运行情况进行监控显得尤为重要，就像操作系统里面的资源管理器一样，如果能够实时或者准实时地看到整个系统耗费的 CPU、内存等资源，有利于运维人员快速对系统做出响应和优化。对于一些高级应用场景，比如服务的熔断机制（需要实时统计系统出错比例和响应时间），只有做到实时监控才能提供实时的性能参数信息，才能提高系统的稳健性。

同样，对于 WebService 的监控，比如在某个地方某台机器上，花了多少 CPU、多少内存，以及每一个服务的响应时间和出错的次数频率等，将这些信息记录下来，运维人员就可以看到服务在运行时的动态的表现，更加容易找出错误或者定位问题点来进行系统优化。

最简单的做法是，在应用系统的关键地方或者所有程序的出入口进行埋点，然后将这些采样信息不断地发送到某一个消息队列或者内存 DB 中，由其他系统进行读取分析和展示。

3）监控指标

上述做法将涉及度量的指标。Java 程序运行时性能指标可通过 Java.lang.Runtime、Java.lang.Management 中的方法采集。除此之外，著名的 Metrics 类库也能够通过这些底层技术获取 Java 程序性能指标。CPU 利用率等基础数据的采集仅仅是性能监控的一部分，Metrics 提供了更为丰富的五个基本度量类型，可在此基础上开发满足需求的监控指标：度量（Gauges）、计数器（Counters）、直方图数据（Histograms）、TPS（事务数/秒，Transactions Per Second）计算器（Meters）、计时器（Timers）。

收集了海量的数据之后，就需要把度量数据进行保存，以及实时动态展示，如图 10.8 所示。

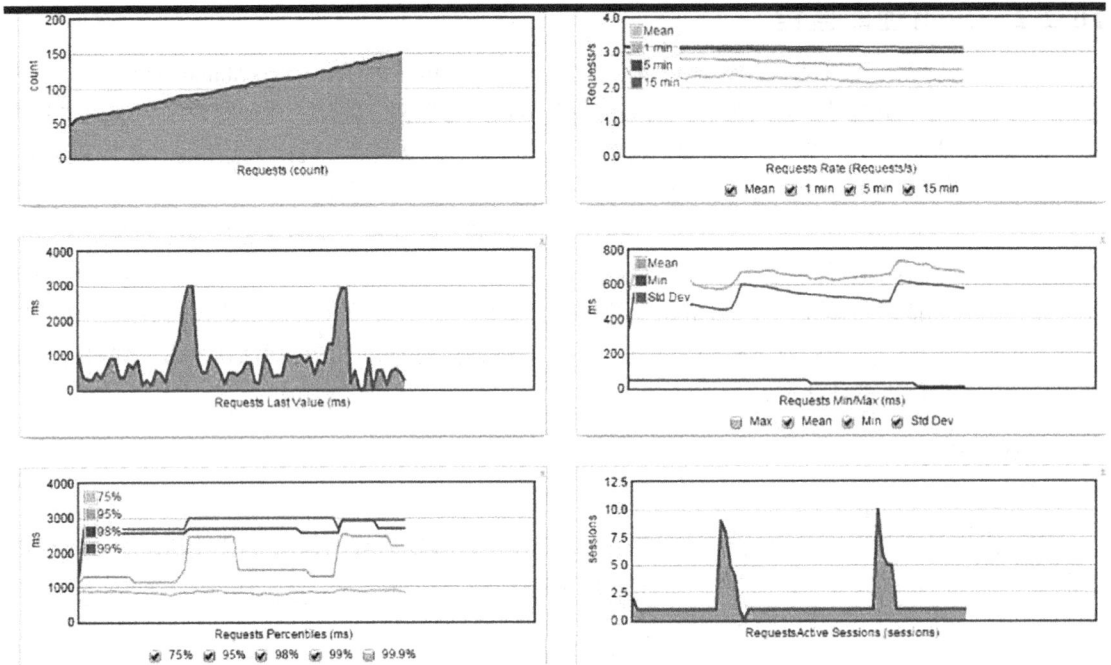

图 10.8　度量数据实时展示

2. 检测数据存储及多维度查询

将采集到的数据进行存储并支持多维度的快速查询。应用程序向 APM 发送的采集数据，通常都是 <Timestamp、Metrics Name、Value> 格式，为了实现节约存储空间、计时查询，通常使用时间序列数据库存储采集数据，如图 10.9 所示。

```
[timestamp],[d1],[d2]...[dn],[v1],[v2]...[vn]
```

图 10.9　时间序列逻辑数据模型

其中：d1 ~ dn 是维度，比如 ip，idc，country 之类的值。v1 ~ vn 是值列，比如 cpu_usage，free_memory_bytes 之类的值。

而时间序列数据库应选择具备以下优点的：

（1）不要限制数据模型。支持多个维度，支持多个值，维度可以支持中文，允许一个周期内存多个值。

（2）能够按时间范围快速读取原数据（索引首先为时间维度优化）。

（3）对于选择性高或者常用的维度，应能够彼此隔离，即指定维度去查询时可以不用扫描所有的数据（索引可选的为重要维度优化）。

（4）服务器端高效地完成维度聚合。

（5）聚合不用每次都做，支持预先计算。

（6）尽可能地利用时间维度和其他维度的重复性减少存储空间，存储自身是压缩的，占用内存越小越好。

（7）分布式，能够用增加机器解决性能和可靠性问题。

3. 服务调用跟踪

大型系统中每次请求往往都由若干个独立的服务调用组成,一次从上游到下游的调用被称为一次 Trace。为了监控程序性能,需要知道每个独立服务的执行时间以及网络通信开销时间,Trace 系统设计的核心技术就是拦截每次服务请求,在请求中加入标识符,记录一次完整的 Trace 各阶段的执行时间。当然也可以侵入式地写监控代码主动向 Trace Server 发送执行时间。

4. 监控告警

当采集到应用程序的性能数据后,除了人为主动地在系统上查看之外,另一个主要功能点就是监控系统根据设定的报警规则主动报警。实现触发告警有多种方法,常见的方法有周期性主动轮巡采集到的性能数据,并且根据报警规则,进行报警处理;除此之外,通过流式计算方法也可以进行报警处理,例如使用基于 postgresql 数据库的 pipelinedb,通过 sql 的方式设定监控规则,当到达报警条件时,通过数据库触发器调用外部函数进行告警处理。

10.2.3 业务流程监控

业务流程监控,也称为业务活动监控(Business Activity Monitoring,BAM),该术语在 2002 年由高德纳咨询公司(Gartner Group)提出,是基于企业(机构)应用集成的一种用于监控企业(机构)运营状况的软件技术。它提供对业务绩效指标的实时访问,以改进业务运作的速度和效率。用于描述一些新兴的能力,这些能力将一些关键技术集中起来,从根本上改变业务系统的状况。

随着信息化建设的深入,越来越多的大型企业(机构)基于管理方式的转变——由原来粗放的"面向结果管理"转化为精细的"面向过程管理",需要对其核心业务流程进行相关的监控,包括对所有完成一个核心业务流程所包括的技术相关和应用相关的功能监控,以保证业务流程的稳定并进行持续优化。企业(机构)可通过业务流程监控获得业务流程运行的现状、动态和趋势,找出关键业务问题,衡量和分析业务流程的性能,从而提升业务流程的质量和效率。

BAM 是建立在集成平台基础上的,它将事件捕获引擎嵌入集成平台之中,随时捕获异常事件。集成是 BAM 的基础,如果没有集成,那么 BAM 必须在每个应用系统中都嵌入一个引擎,每个引擎都要随时提供信息。考虑到如今众多企业信息系统的技术架构、规模及用途不一,只有借助目前日臻完善的集成技术才有可能把所有这些迥然不同的信息集成起来用于实时分析。企业(机构)有了集成平台,不仅使 BAM 系统的实施费用更低,而且使其运行速度更快。

现在的大型企业(机构)里至少都会有几十个,甚至上百个应用系统,如果其中的某个引擎出现故障,根本无法及时发现,并且检查也很繁琐。集成平台将所有的应用系统联系起来,所有的信息都要流通于这个平台,那么只需要一个引擎就可以捕获所有的信息,而且也便于管理。在该平台上同时集成业务流程管理(BPM),且 BAM 可以实时地调用它。同时 BAM 将异常事件通报给信息门户,BPM 也将异常事件的处理结果告知信息门户。信息门户将所有的信息在 portal(一个门户网站,例如 sina 就采用了 Portal 技术,它是 .net 的一个开源的网站模版)上进行反馈,并将紧急信息向相关人员报警。BAM 模块在整个系统中的位置如图 10.10 所示。

一个 BAM 系统主要由以下四个部分构成:事件捕获引擎、上下文查找、实时分析、告警。而事件捕获引擎和告警是 BAM 与外部系统的接口。

1. 事件捕获引擎

事件捕获引擎嵌入集成平台中,对通过平台的所有的事件进行过滤、收集。消息是 BAM 的核心,它们反映底层业务流程的状况。BAM 系统通过消息嗅探器、适配器、代理等捕获各种来自应用、系统软件、外部交易伙伴的事件,在对所有经过的事件进行收集和过滤后,将它们标识优先级后存入 BAM 的数据存储区。

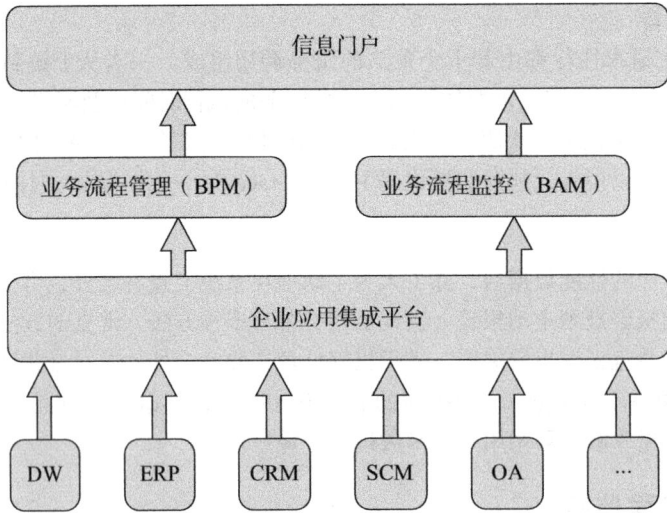

图 10.10 BAM 模块在整个系统中的位置

2. 上下文查找

上下文查找模块主要提供与异常相关的实时和历史信息。在数据存储区中存在优先级队列，上下文引擎将对队首的事件进行归类、划分，并提供其对应的应用系统或部件的相关信息，然后将其送入实时分析模块的事实库，同时将其从数据存储队列中删除。

3. 实时分析

实时分析模块调用规则引擎来分析事件的性质。其按照预定的频度扫描事实库，根据分析模型和规则将相关事件联系起来，如果有待处理事件就立刻通知规则引擎。规则引擎被触发后迅速测试工作区中的数据对象，从规则库中发现符合条件的规则，生成规则的执行实例。事件经过规则引擎的模式匹配器匹配后，如果正常就丢弃事件，等待应用程序的触发；反之就将异常事件提交给 BPM 进行处理，并且将错误类型及性质提交信息门户发布，如图 10.11 所示。

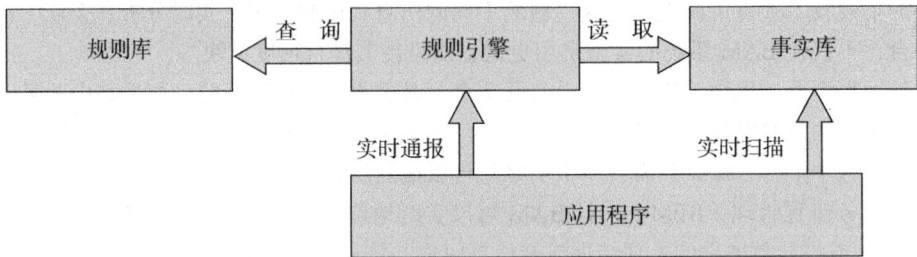

图 10.11 实时分析模块组成

为了提高系统的效率，规则引擎采用基于 Pete 算法的 Java 规则引擎。Pete 算法是在规则匹配中利用推理机的时间冗余性和规则结构的相似性，通过保存中间运算来提高推理效率的一种模式匹配算法。

业务规则存储在规则库中，完全独立于数据和程序。规则库可以依托于文件系统或数据库管理系统，文件格式一般符合可扩展标记语言（XML）的元数据交换（XMI）标准，遵循与元数据表示和交换相关的规范。

4. 告　警

告警模块使用报告引擎向用户提出警告或将信息发送到信息门户，以便运维人员在必要时进行控制。

10.2.4　机房动环监控

电源系统、空调系统、消防系统、安防系统等动力设备及机房环境是保障信息通信系统安全稳定运行的基础，因此动力设备的维护必须及时、可靠。机房动力及环境集中监控管理系统（以下简称动环监控系统）主要是对机房设备（如供配电系统、UPS 电源、防雷器、空调、消防系统、保安门禁系统等）的运行状态、温度、湿度、洁净度、供电的电压、电流、频率、配电系统的开关状态、测漏系统等进行实时监控并记录历史数据，实现对机房遥测、遥信、遥控、遥调的管理功能，为机房高效的管理和安全运营提供有力的保证。通过动环监控系统可以及时发现故障，提示维护人员采取必要的措施解决问题，提高维护质量，成为动力维护一种必要而且有效的手段。

动环监控系统基本基于以下技术实现：

（1）机房动力设备通过智能数据接口（RS232、RS485、RS422）或者增加采集传感设备接入动力环境监控系统，实现设备运行正常状态监测、异常状态预测、在线智能故障诊断等功能。

（2）动力设备及服务器、传输交换设备的工作环境，如温湿度、漏水、消防等环境参量监测、机房空调监测接入动力环境监控系统，实现数据实时监测、告警阈值设定、告警预测、告警时结合应急预案采取相应处理策略，确保工作环境处于健康状态，为设备可靠运行提供有力保障。

（3）机房作为重要的区域，机房的安防环境需接入动力环境监控系统，实现对机房门禁管理、入侵防盗报警管理、视频监控、IP 对讲等功能，确保机房的安全防范，实现远程无人值守管理，节约人力资源。

（4）机房服务器、网络设备（交换机、路由器、交换机等）支持 SNMP（简单网管协议），接入动力环境监控系统，实现对设备工作状态监控，设定告警阈值实现预警功能，及时掌握提供核心服务各设备健康指数。

（5）监控系统需支持灵活的组网方式，可根据现场提供的资源组建监控网络，支持现场数据总线（RS485、RS422、RS232 等）、TCP/IP、E1、ADSL、GPRS、3G（EVDO、HSDA、WCDMA）等方式组网。

（6）对于分散的机房，需采用分布式应用、集中监控、统一管理的原则，实现机房无人值守。

目前运维工具市场上常见的机房动环监控系统包括四个基本功能：集中实时监视、告警管理、用户管理和运行历史数据记录及趋势。

1. 集中实时监视

传统的机房管理采用的是定时定点巡视的制度，比如早晚各一次检查，并且进行人工笔录后存档，然而数据只是特定时段，工作单调又浪费人力。而集中实时监控功能将机房各种设备接入之后可对其状态进行实时监控。

2. 告警管理

与其他监控类工具类似，对动环的监控也应具备告警管理的相关功能，对设备运行中出现异常情况，如停电、漏水等发出实时的告警事件，并支持告警阈值的设置、告警的转发等。

3. 用户管理

用户管理主要是对监控系统的使用者进行权限管理，避免未授权的人员查看或者随意修改参数设置。而授权需要进行分级控制，不同级别的用户只能进行级别内所允许的操作。

4. 运行历史数据记录和趋势

对机房的管理者来说，除了系统的报警功能以外，系统的另一个重要的功能就是记录历史数据和趋势功能。因为机房只是一个存放计算机和网络设备的场所，随着事件的推移，机房内的设备数量、型号等都会发生变化，按照目前的趋势，一般都是越来越多。因此，从机房管理角度来看，需要能够拥有机房设备运行的历史资料，这样可以通过分析找出发展趋势，并发现故障隐患，从而大幅度提高机房的管理水平。

10.3　运维管理类工具

对规模庞大、复杂、跨地域的大型信息系统开展运维工作势必需要依靠各种完善的机制和流程使得各岗位的技术人员和相关资源可以高度紧密地配合和协调。而运维管理类工具则是采用信息化的技术手段将运维体系的各种制度、流程、规范进行固化，通过对各种流程的各个环节的管控，来确保运维工作得以正常、有序、高效地开展。

10.3.1　IT 服务管理系统

运维管理类工具中运用最广泛的是 IT 运维服务管理系统。IT 服务管理（IT Service Management，ITSM）是国际上公认的解决目前 IT 管理问题的有效方法。基于 ITSM 的信息服务管理系统是日常运维管理和工作的支撑系统，可划分为运维管理和服务管理两大子模块。其中运维管理的对象主要针对运维组织内部，支撑巡检、应急保障、故障和隐患处理以及内部的资源申请等运维组织内部的日常管理工作；服务管理的对象主要针对业务用户，包括请求、事件、变更和发布管理等与用户交互有关的事务。

1. 运维管理

运维管理包括供应商管理、巡检管理、作业计划管理和缺陷管理。

1）供应商管理

供应商管理的目的在于与合格的第三方服务提供商建立良好的供需合作关系和双边责任，监管服务交付，以检验并确保其符合协议，从而向用户提供质量良好的服务。

2）巡检管理

巡检部门制定信息系统定检计划（包括巡检项目及周期），生成相应类型的巡检任务并分配给巡检人员执行。巡检人员根据巡检任务要求和内容定期对机房环境、服务器、数据库、中间件、应用系统、网络设备、安全设备、存储备份系统等进行巡检，及时发现存在的各种安全隐患，根据定制的作业表单，将巡视结果记录并提交，同时可对作业进行查询跟踪。如巡检人员在巡检过程中发现问题，可通过调度核实后，发起事件或缺陷工单解决缺陷问题，持续跟进。

巡检计划的设备要关联配置项，并支持从配置管理渠道可查询当前设备的巡检情况。

3）作业计划管理

作业计划管理负责各类信息系统作业计划的填报申请、审批与发布、执行与反馈、查询与统计。信息系统投、退、运以及运行维护相关的所有变更、发布、常规巡检作业也纳入计划管理，通过拟定相关的计划，然后执行不同的作业，如变更、发布、巡检等作业。

（1）作业计划申请：信息系统管理员应定期梳理影响信息系统安全运行的风险点，进行风险分析，并关联相关的作业风险库，完成作业计划填报申请。

（2）作业计划审查：通过对作业计划的审查，驳回无法完成或不必要的作业计划。

作业计划执行情况可以通过作业计划被关联的次数查看。一个作业计划可以被多次关联，被关联的作业计划可以在查询作业计划详情中展示。

取消作业流程可直接由申请人取消或由当前流程节点人直接结束流程，每个流程节点都支持回退到上一节点和最开始节点。

实际结束时间是指该作业的所有变更、发布单等都完成（无论成功失败或取消），才能标志为计划实际结束时间。

4）缺陷管理

缺陷管理主要是通过对不同来源的缺陷进行识别、分析处理及管理，通过逐级上报的机制，发现信息系统中的异常或存在的隐患（包括信息安全漏洞）。消除这些异常或隐患以保证信息系统安全可靠运行，减少或避免用户服务受到中断，最小化对业务影响的服务管理活动。

（1）缺陷管理流程：实现缺陷登记、缺陷审核、缺陷处理、缺陷回顾、缺陷关闭等流程。

（2）缺陷查询：根据缺陷登记信息、处理信息、流程信息等相应条件查询缺陷工单，支持上传和下载附件，并可导出缺陷工单。

2. 服务管理

服务管理包括服务级别管理、事件管理、变更管理、问题管理、需求管理和报表管理。

1）服务级别管理

实施服务级别管理是为了保证服务级别协议（SLAs）能够符合企业（机构）业务战略目标，确保服务级别管理流程能够得到正常的监控及优化。

实现在系统上编制服务协议，并设置 KPI 值。根据设定的 KPI 值反馈至服务支持管理流程，实时提醒服务指标。

2）事件管理

事件管理的主要功能是尽快解决出现的事件，保证业务系统的可用性，在成本允许的范围内尽快恢复 IT 服务。

（1）事件管理流程：实现事件工单的登记受理、处理、回访关闭等流程；可对流程进行流转、转发、回退、终止等。支持多层级分类；支持对自助事件工单的受理；支持事件工单处理过程和及时了解超时情况；支持流程外对事件工单进行关注跟踪、填写关注意见和重点标记；支持事件管理流程启动缺陷管理流程；支持将事件工单的处理办法整理形成知识，以文字的形式进行收录，并支持知识的导出；支持系统自动根据工单的标题进行相关知识的推送到事件工单中以供参考。

（2）事件查询：根据事件登记信息、处理信息、流程信息等相应条件查询事件工单，支持上传和下载附件，并可导出事件工单。

3）变更管理

变更管理通过对 IT 生产环境中的变更请求进行有效的管控，使变更可能带来的风险或影响最小化，从而保障整个生产环境的稳定运行。

发起变更要求关联配置项，且当变更完成时能同步更新配置项信息。

4）问题管理

问题管理区别于事件管理、缺陷管理，是将事件或缺陷重复发生频率高的内容归纳为问题，统一进行问题管理。问题管理目的在于深入分析问题的根本原因，并提出相关解决方案，力求能够彻底解决问题。

（1）问题管理流程：实现缺陷管理、事件管理转问题；支持问题工单关联事件、缺陷工单；可对问题流程进行流转、转发、回退、终止等；支持多层级分类；支持问题工单处理过程和及时了解超时情况；支持流程外对问题工单进行关注跟踪、填写关注意见和重点标记；支持将问题工单的处理办法整理形成知识，以文字的形式进行收录，并支持知识的导出。

（2）问题查询：根据问题登记信息、处理信息、流程信息等相应条件查询问题工单，支持上传和下载附件，并可导出问题工单。

5）需求管理

需求管理的主要功能是通过不同来源的需求进行初步审核，快速识别，通过逐级上报审核机制，将初步审核的需求进行统一快速的流转至最终的立项，并且用户可通过需求查询页面进行需求进度的查询，避免减少需求在途被遗漏的情况。

（1）需求管理流程：主要实现需求登记、审核、处理等流程。

（2）需求查询：可通过需求登记信息、处理信息、流程信息等条件进行需求查询，支持上传和下载附件，并可导出需求记录。

6）报表管理

报表管理的目的在于加深用户对 IT 服务的认知程度，对服务表现、级别水平和工作量等进行持续的监控，与服务级别协议目标进行对比和管理。

依照用户管理的需求，自动计算相应指标，并形成服务报告。

10.3.2 信息调度管理系统

调度管理是对信息运维作业的计划安排，对信息系统、IT 设备实施运行状态及运维作业的监控、组织、指挥和协调，包括值班监测和调度指挥。

1. 值班监测

值班监测用于调度值班的排班、值班、交接班、调班及机房维护等日常性管理工作，保证值班任务的规范执行，建立值班监测中问题处理的快速响应机制。

（1）排班计划填报：值班管理员根据系统运行需要填报排班计划，并按计划通知相应值班人员执行值班任务。

（2）值班日志记录：值班日志记录值班信息，值班日志由值班人员填写。值班过程中值班人员可以处理的，应按相关规定直接处理，值班人员无法或不宜直接处理的，应通知值班管理员及时处理并监控处理结果，类似此种情况，需记载到值班日志中；值班日志支持全网用户查询，支持导出。

交接班过程需填写交接班日志，由值班人员记录包括交接班时系统运行情况和需要注意的事项、值班日志、本班未完成的工作及其他有关重要事项。交接班发生时间、值班人员变动内容可自动生成，值班日志支持上传；交接班日志支持全网用户查询和导出。

2. 调度指挥管理

调度指挥管理可对变更、发布、任务、作业计划等正在实施和即将实施的信息系统运维作业进行综合查询，从而对信息系统运行方式进行统一规划和对信息运维资源进行统筹管理、统一分配，统一管理对运行方式有较大影响的运维操作方案，同时对来自监控告警的事件进行登记和分派。调度管理是对信息运维作业的计划安排，对信息系统、IT 设备实施运行状态及运维作业的监控、组织、指挥和协调，包括作业计划管理、运行监控与分析、运维调度指挥业务事项。

10.4 资源管理类工具

资源管理类工具作用是对运维的对象进行管理。一般包括配置管理数据库、IT 资产管理系统和 IT 资源管理系统，这三者间有较大的差异却互有关联和包含。

1.配置管理数据库（CMDB）

配置管理数据库是与 IT 系统相关的核心组件的信息库，CMDB 存储与管理企业（机构）IT 架构中可自动获得的各种组件的配置信息，它与所有服务支持和服务交付流程都紧密相连，支持这些流程的运转、发挥配置信息的价值，同时依赖于相关流程保证数据的准确性。CMDB 是组织内信息业务域的核心数据和主数据，它包含两种核心的数据：属性和关系，信息资源（配置项）的属性（详细信息）和各个资源间的关系。

2. IT 资产管理系统

IT 资产管理系统更侧重于 IT 硬件资产的管理，其管理的对象主要是服务器、存储设备、网络设备、机柜和安防设备等硬件资产，以及硬件资产所附属的软件资产，针对的是其从需求申请、购置、上架、运行、维保直至停运、报废等一系列的生命周期中各个阶段的管理。IT 资产管理的内容包含设备的采购管理、合同的管理、授权的管理、设备状态的评价、资产的估值、设备的检修管理、设备的缺陷管理等。

3. IT 资源管理系统

IT 资源管理系统是更大的范畴，它管理的对象则涵盖了 CMDB 和 IT 资产管理的对象，不仅包括企业（机构）所有的 IT 系统核心组件、IT 硬件资产，更包括所有 IT 相关的软件资产，例如组织结构、应用系统、数据库、中间件、操作系统、IP、镜像、虚拟化平台、容器等，与 CMDB 类似，IT 资源管理系统更侧重于对资源的状态、属性以及相互关系的管理。在本文中 IT 资源管理系统不再做详细介绍。

简言之，将 IT 资源中核心的、便于自动获取关系、属性和状态的对象抽取出来就形成了 CMDB；将 IT 资源中的硬件设备抽取出来，对其进行全生命周期的管理就形成了 IT 资产管理系统。

10.4.1 IT 资产管理系统

在很多拥有大型信息系统的企业（机构）中，仅靠人工维护的 Excel 格式的 IT 资产列表，是无法对日趋庞大的 IT 资产进行有效管理的，因为电子表格无法自动地根据资产状态的变化而改变，久而久之，列表与实际之间的差异只有使用昂贵耗时的资产盘点或存货审计才能消除。

IT 资产管理系统是指企业（机构）中以计算机为基础的综合资产管理系统，通常情况下是企业（机构）能够将 IT 资产信息与人、物、财、场地等资源相结合，从而达到企业资产管理和企业运营高效率的实现。IT 资产管理系统有助于企业（机构）的 IT 部门降低成本，自动化资产生命周期管理以及使用单个集成解决方案来优化供应商和合同，同时了解资产成本、风险和合同，从而明智地做出战略决策。

IT 资产的生命周期如图 10.12 所示。

IT 资产管理系统应包含五个功能模块：资产管理、软件资产管理、软件许可管理、资产生命周期管理、资产跟踪管理。

1.资产管理

资产管理的主要内容有：

（1）通过定期扫描，自动获取企业（机构）网络中的硬件、软件。管理 Windows、Linux、Mac、AIX、Solaris 主机、打印机、路由器、交换机等 IT 资产及其具体信息（如制造商、保修期限、价格等），并可对资产进行分组分类的管理。

（2）能够跟踪所有软件资产以及软件许可，可根据软件类型、许可类型、厂商名称等对软件进行分组。

（3）可通过动态的可视化图表直观呈现企业（机构）网络中软件的合规性。

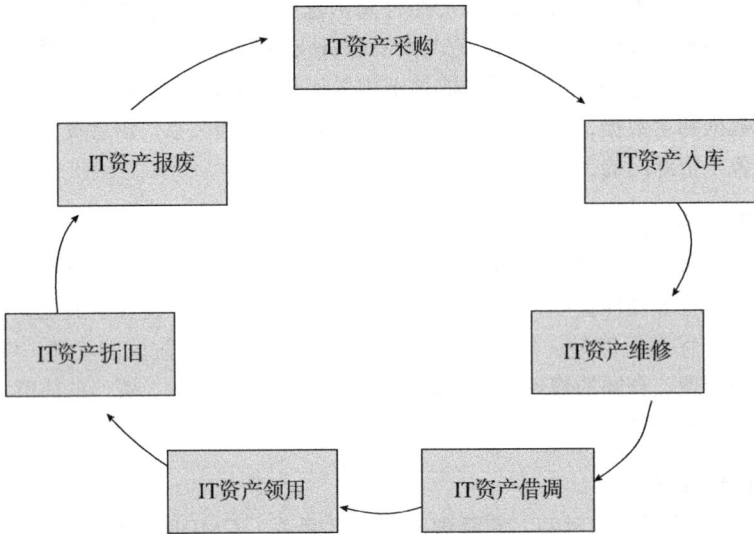

图 10.12 IT 资产的生命周期

2. 软件资产管理

自动获取每个工作站中已安装的软件，准确记录软件的版本、用户、许可、安装时间等信息，并分析软件的使用频率，便于购买或更新软件时做出正确的决定。实时监测非法软件和禁用软件使用，产生告警通知。

3. 软件许可管理

软件许可管理的主要内容有：

（1）掌控已购买和已安装的软件。

（2）支持所有软件许可类型，如 OEM、并发、商业、免费、命名用户、节点锁定、试用版、CAL、批量和个人许可等。跟踪软件的许可，许可过期时提前通知管理员，并可将已购买许可数与安装数进行对比，从而保证软件许可的合规性。通过定期扫描工作站，并在发现安装有未授权软件时发出告警，从而持续地保证软件的合法使用。

（3）对被管软件分配软件许可。

（4）支持许可协议管理，当许可过期时发生通知。

（5）跟踪软件许可的合规性。当发现用户安装未经授权的软件时，系统自动产生告警。

4. 资产生命周期管理

支持从资产购买到报废整个生命周期全程的管理，并且提供内建丰富的报表，包括资产报表、审计报表、采购与合同报表等，帮助管理者从不同角度了解企业（机构）IT 资产的情况。

5. 资产跟踪管理

提供完整的资产清单，通过资产分类清晰管理企业（机构）资产。呈现资产的详细信息，如工作站的操作系统、CPU、内存以及硬盘等，并能够跟踪资产的所有权、状态、变更（如，软件的安装／卸载，硬件变动等重要信息）以及与资产间的相互关系。

10.4.2 配置管理数据库

实施 ITIL 最佳实践的核心就是配置管理数据库（CMDB）。CMDB 将 IT 基础架构的所有组件储存为配置项，它不仅能维护每个配置项的详细数据，而且能维护各配置项之间的关系数据。同时，CMDB 还能维护各配置项中包括其事件和变更历史在内的管理数据。通过将这些数据整合到中央存储库，CMDB 可为企业（机构）了解和管理数据类型之间的因果关系提供保障。更为关键的是，CMDB 可实现 IT 服务支持、IT 运维及 IT 资产管理内部及三者之间的流程整合与自动化，为业务服务管理（BSM）全面、统一的 IT 运行平台奠定坚实基础。

业内普遍认为，一个精心架构的 CMDB 能为 IT 部门奠定坚实的基础，提高服务基础架构的透明度、可靠性以及可控性，并能自动化服务的配置管理，同时确保信息系统运维持续遵从企业（机构）政策、政府法规、行业标准和最佳实践。为实现这种高水平的集成度和自动化，CMDB 需满足以下六项重要标准，即联合、灵活的信息模型定义、标准合规、支持内置策略、自动发现和严格的访问控制。

1.CMDB 的基本构成

CMDB 主要由 CI（Configuration Item，配置项）、CI 属性、关联关系构成。

（1）CI：即具体的实体对象，例如 A 机房核心交换机 1、B 业务系统应用服务器 1 等。

（2）CI 属性：即配置项的具体属性，例如路由器的 IP、端口、型号、品牌等，图 10.13 所示为某个业务系统的属性。

（3）关联关系：为配置项间的相互关联关系。

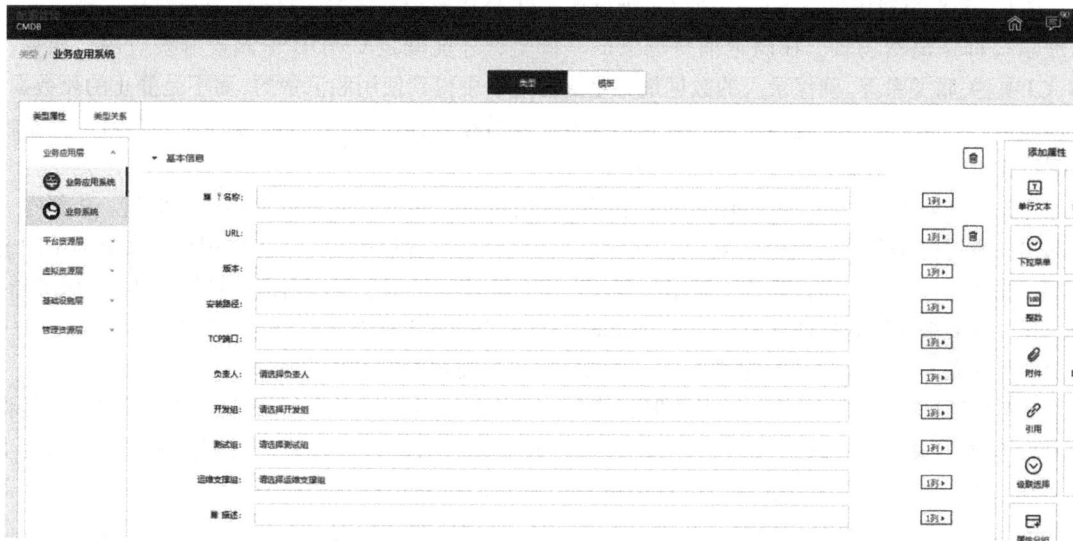

图 10.13 某 CMDB 配置项模型

2. CMDB 的作用

CMDB 用来存放 CI（Configuration Item，配置项）和配置关系。CI 就是在 IT 环境中所要管理的对象，包括软件、硬件、服务、应用、人乃至部门，都可以是一个 CI。有了基本的 CI 与 CI 关系，就可以描述一个 IT 环境。CMDB 最基本、也是最重要的作用就是为 IT 环境中的管理对象建立一个标签，并成为 IT 管理系统中从对象视角进行管理的信息索引，进而解决以下问题：

（1）信息整合：将众多 IT 设备、IT 服务、甚至使用它们的部门与人员整合在一个完整的库中，使有效高效地管理 IT 设备与服务成为可能，并可自动发现各种主机、网络设备、应用，同时支持全网发现、指定子网、指定配置项三种发现方式。

（2）关系映射：将硬件、软件以及 IT 服务之间的物理和逻辑关系映射可视化，使得 IT 人员可以看到其互相之间的依赖关系，并确定该 IT 组件对用户带来的潜在影响。若 IT 人员可以实时看到其对企业或用户业务的影响，将大大有助于提高 IT 服务水平。关系映射使用拓扑图的形式，可视化展示 IT 资源、部门、人员之间的关联关系，并可通过在拓扑图上直接拖拽，实现关联关系的定义与维护。CMDB 不仅存储 IT 资源的属性与关联关系，还自动关联 IT 资源及其发生过的事故、问题、变更、发布。

（3）流程支持：可以为其他 IT 运维流程提供准确的 IT 设备、IT 服务的配置信息（包括当前设备或服务发生过的事故、问题、变更、发布等信息），对服务台和事故管理、问题管理、变更管理、发布管理来说，准确的配置信息将极大地提高流程的运作效率。在服务台和事故、问题、变更、发布流程中，均可快速查看当前流程涉及的 IT 资源的全面、准确的信息。

（4）软件库与硬件库：保证 IT 环境质量是提供稳定 IT 服务的前提条件。通过支持 DSL（Definitive Software Library，最终软件库）与 DHS（Definitive Hardware Store，最终硬件库），保证在发布管理中使用的软件与硬件均是通过授权与测试的。

3. 配置数据建模

CMDB 建模要面向数据的消费场景，面向应用服务，要实现数据可回写，要保证数据一致性、完整性和准确性，要实现配置的生命周期持续改进管理。因此，一个符合实际使用要求的CMDB，应做好以下几项：

（1）定义消费场景：各种自动化运维操作、IT 环境监控和告警、ITSM 流程对接、资产管理和展示等都是消费场景。在确定消费场景的基础上，才能确定 CMDB 中涵盖哪些应用、业务、CI、CI 项、关联关系等。确保录入的数据最终是能在场景中得到使用和消费的，而不是静止的死数据，数据能被使用起来，并且通过工具和流程将实现配置数据的读写闭环之后，数据的一致性、完整性和准确性是必然的结果。

（2）以应用为主导，框好维度和颗粒度：应用本身可能分不同业务部门，A 部门、B 部门、C 部门；也可能是分不同应用环境，生产环境、测试环境、备份环境。每个应用环境又分为不同的模块：服务器模块、中间件模块、数据库模块、安全模块等；每个模块内部分具体的如 PC 服务器、刀片机、机架服务器等物理资源，以及 Oracle 数据库、MySQL 数据库、Sybase 数据库等逻辑资源；每个资源对象本身都有自己的配置信息，对象之间有各类相关的关联关系。

（3）联通相关运维流程，实现数据更新与读写闭环：与流程平台对接的过程，事实上也是将CMDB 配置生命周期管理纳入企业（机构）统一的运维流程管理的过程。所谓实现"配置的全生命周期管理"并不是要为配置管理专门生造一个流程，IT 对象的生命周期管理过程中本身就涵盖了配置管理；配置管理的生命周期是随着 IT 对象生命周期而运行的，不存在单独的配置管理生命周期（ITIL 中的配置管理流程事实上是与对象的生命周期管理紧密关联的，是变更管理和事件管理等其他流程的结果）。

如图 10.14 所示，基于 ITIL 范式的运维工单流，已将 CMDB 与运维流程打通，保障 CMDB数据一致性、准确性和完整性。

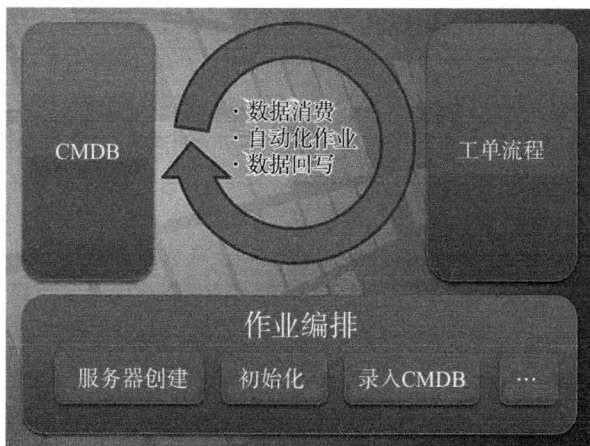

图 10.14 运维流程闭环

4. 配置数据采集

CDMB 配置数据的自动采集和维护、批量导入和导出是 CMDB 建设的基本要求。

（1）配置项来源：CMDB 配置数据采集可以把一个配置项大致分为 5 类来源，如表 10.1 所示。

表 10.1 配置项来源

需求来源	配置项（以服务器为例）
需要记录的配置项（CI）本身	品牌、型号、所属机房、IP、额定功率、用途
IT 资产维护需要	厂商、供应商、维保信息（维保开始时间、维保结束时间、维护单位、维护人、维护电话、维护岗位、维护合同）、购买日期、报废日期、序列号
IT 服务财务管理需要	合同名称、年份、合同编号
IT 服务管理流程需要	各类有关服务器性能信息（物理CPU数、CPU频率、CPU总核数、内存总容量、磁盘总容量）
配置项（CI）管理需要	管理信息（责任人、管理部分、责任科室、所属应用系统、维护编号）、配置分类、CI 信息等

数据源的多样性和复杂性，决定了数据采集要通过不同的维度来进行。

（2）数据采集的指标和方式：数据采集从指标上划分可以分为四类指标，收集方式也各有不同，如表 10.2 所示。

表 10.2 数据采集的不同收集方式

指标类型	采集方式
业务指标	人工录入
应用指标	人工录入、监控软件采集
系统指标	监控软件采集
系统软件监控指标	监控软件采集

（3）监控软件数据采集的方式和手段：需人工录入收集的业务指标及部分应用指标根据实际业务内容，由人工收集后录入 CMDB；需监控软件采集的系统指标数据、系统软件监控指标按采集方式也分为两类，如表 10.3 所示。

表 10.3 系统软件采集方式

系统监控数据采集方式	采集手段
主动采集	通过 SNMP、ssh、telnet、IPMI、JMX 等手段进行远程采集
客户端采集	需要在每一个要监控的主机中部署一个客户端进行数据采集并发送到远程服务端进行接收

建设大型运维体系下的 CMDB，有上万的物理管理对象，涉及几十种 CI，百万级的关系数据，因此必须使用自动化的采集平台。通过多种形式的接口，将从服务器、存储、数据设备同步进行数据采集、解析、入库，任何大型运维基础下的 CMDB，不以自动化采集手段来实现都是不现实的。另一方面，结合实际运维需求，对于 IT 服务财务管理需要，IT 资产维护需要可以手工录入和自动化维护相结合，如图 10.15 所示。

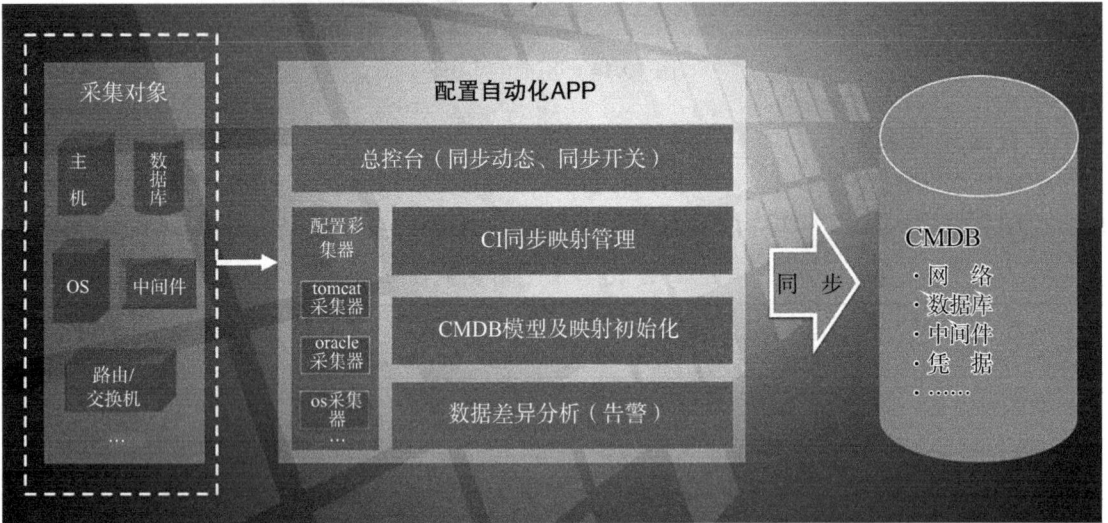

图 10.15 CMDB 数据流向图

5. 配置数据维护

基于 ITIL 所讲的配置管理是从软件工程管理角度出发的，把一切对象都当作配置，比如说源代码、文档、人员、服务器甚至硬盘和内存等。而配置管理包括变更管理、事件管理、问题管理、告警管理、可用性管理、发布管理等运维流程。作为 ITIL 实施成功的关键与保障，CMDB 相当于整个"网络列车"前行的动力源泉。由于它可以代替以往手工存储和管理企业（机构）IT 架构中设备的各种配置信息，因此更多地采用自动获取的方式存储 IT 基础设备的各种配置项信息，然后将其与 ITIL 的所有流程都紧密相连，提供有效数据支持 ITIL 其他流程的运转。CMDB 配置库可以被比喻成企业（机构）网络中的"眼睛和大脑"，这个特殊的动态数据库作为 ITIL 标准流程里一个核心的组成部分，记录了 ITIL 流程运转的过程，从开始启动、发现事件、问题处理、变更管理、版本发布，到最后的关闭，中间的所有过程都会被自动记录到 CMDB 中，并实时、真实地展现出来。

因此，CMDB 数据维护更多依靠的是基于场景的配置管理规范，在这个里面需要做两个核心的工作：

（1）配置项的规范化管理。

（2）面向配置项的流程规范化管理。

识别配置管理的场景，把每个流程清晰的画出来，比如服务器管理，就涉及服务器上架、服务器搬迁、服务器下线、服务器申请、服务器回收等流程。

6.配置数据应用

CMDB 数据应用要场景化，真正的场景化主要有：

（1）基于流程的场景识别：这是最传统的场景识别方式，通过 ITIL 认识到 IT 服务管理的核心流程，这些流程即为运维的场景。这个场景还有两个方面需要改进：第一，在企业（机构）落地的过程中要结合实际，细分成一些核心流程；第二，具体的场景流程需要基于角色进行分类细化，比如说网络运维、服务器运维、机房运维、业务运维等。以流程联动实现配置变更管控为例，图10.16 所示为配置变更流程。

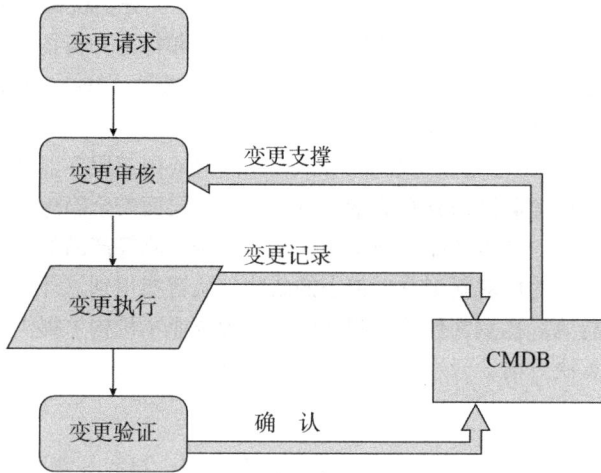

图 10.16 配置变更流程

CMDB 变更管理的流程化管控：让变更有章可循，在变更实施过程中使用标准的方法和步骤，尽快地实施变更；让变更有据可查，流程记录变更的事由和变更的内容；让变更有人监管，通过变更的审核，有效地控制随意的变更；对变更的风险控制，通过配置的关系和对历史变更的关联分析，提前获知变更的风险。

（2）基于服务化的场景识别：把角色＋维护的 IT 服务对象二维考虑起来，把自动化＋可视化当作目标，服务化（API 化）的能力结果就是必然。同一个角色可能维护了很多 IT 服务对象，把这个 IT 服务对象的管理能力 API 化，供外部服务集成。

（3）基于应用交付流的场景识别：这是应用运维场景的垂直识别。如果按照云计算的三个层次来说，IaaS 和 PaaS 依然是底层的运维支撑能力，面向应用的运维能力才是真正直接作用于用户的。面向用户的价值流梳理对应的就是应用交付流的识别，里面有几个核心的场景：应用上线场景、应用维护升级场景、应用迁移场景、应用下线场景等，贯穿整个应用交付的生命周期管理。

10.5 信息安全类工具

在运维工作过程中，信息安全主要是关注如何快速安全地接入企业（机构）内部 IT 业务系统而不用担心数据安全、信息安全的问题，如何管理授权运维人员账号并审计运维人员操作。信息安全类工具是为了在有限资源的情况下能最大化支撑 IT 运维管理系统，实现信息安全和 IT 运营绩效。

10.5.1 安全监测预警系统

安全监测预警系统主要包括网络安全、主机安全、应用安全和行为安全。

1. 网络安全

网络基础设施是信息时代应用保障的基础性关键支撑要素。通过事前检查工具、事中监控工具和事后分析工具，最终实现对网络安全的监控和运维。

（1）防火墙或一体化安全网关。一般应用于总部和分支机构网络 Internet 出口或内部服务器区，可以全面抵御来自互联网的病毒和攻击威胁。防火墙或安全网关除了实现状态检测和防火墙功能，同时还支持 VPN、抗拒绝服务攻击（Anti-DoS）、内容过滤等多种安全技术，并且全面支持 QoS、高可用性（HA）、日志审计等功能，为网络边界提供全面实时的安全防护。

（2）入侵检测系统。可灵活部署在网络核心、网络边界、分支机构等不同的位置，用以检测网络上发生的各种入侵行为。综合运用智能识别、环境感知和行为分析技术，精确识别传统的木马后门、间谍软件、DDoS 攻击等恶意流量。对于新型的应用威胁、Web2.0 安全威胁，也能够给予及时报警，在各类攻击对系统产生危害前主动响应。

（3）入侵防御系统。应用于企业（机构）Internet 出口或内部服务器区，能够全面抵御来自互联网的攻击威胁。能够准确监测网络异常流量，自动应对各层面安全隐患，第一时间将安全威胁阻隔在企业（机构）网络外部。这类产品弥补了防火墙、入侵检测等产品的不足，能够提供动态的、深度的、主动的安全防御。为应对新型攻击带来的威胁，从智能识别、环境感知、行为分析三方面加强对应用协议、异常行为、恶意文件的检测和防护，为企业（机构）提供一个看得见、检得出、防得住的全新入侵防护解决方案。

2. 主机安全

通过监控网络设备的接口通断、丢包率、CPU/内存占用、温度等情况，主要实现对操作系统、数据库、中间件、机房动环的监控。

（1）漏洞扫描产品。能够发现网络资产，识别资产树形并根据漏洞库扫描安全漏洞，定性安全风险，给出修复建议和预防措施。

（2）防病毒系统。为笔记本、台式机和服务器提供病毒和安全威胁防御。

（3）补丁管理系统。应用在政府或企业（机构）内网发现终端设备的系统漏洞并自动分发补丁。

3. 应用安全

通过采用各种技术和管理措施，使系统正常运行，从而确保数据的可用性、完整性和保密性。

（1）网页防篡改系统。通过文件底层驱动技术对 Web 站点目录提供全方位的保护，防止黑客、病毒等对目录中的网页、电子文档、图片、数据库等任何类型的文件进行非法篡改和破坏。

（2）文档加密系统。采用透明加解密技术保护企业（机构）和员工的电子文档，防止企业（机构）机密数据主动和被动泄密。

（3）数据库加密。基于数据库字段级透明加解密技术，采用为授权访问控制而设计的面向服务的数据库安全管理体系。覆盖数据库安全加固、数据泄密防护、用户授权访问、敏感数据保护、对应用透明的计算机数据库层面实施安全防护。

4. 行为安全

行为安全主要用于企业（机构）内部的日志集中存储、审计和分析服务。包括日志过滤与归并、海量日志标准化、日志关联分析、日志查询和日志源管理等五个功能。

（1）日志过滤与归并。系统能够对采集到的日志进行基于策略的过滤和归并，提升日志审计的效率。通过过滤操作，可以剔除掉无用的日志信息，降低日志噪声；通过归并操作，可以把短时间内满足一定条件的多条日志合并成一条日志，减少日志的存储量。

（2）海量日志标准化。能通过广泛和灵活的安全日志映射，对安全日志做标准化处理，如类别定义。可以按照安全设备识别名、事件类别、事件级别、事件关联情况等所有可能的条件和各种条件的组合对事件严重级别进行重定义。

（3）日志关联分析。支持日志在线分析和历史关联分析功能，在完成规则的编写后，关联分析规则能够对规则产生之前的事件进行分析，发现历史事件中是否有符合关联分析规则的内容产生。

（4）日志查询。基于 Web 的搜索界面，可执行简单搜索，也可以输入符合一定公式规范的关键字组合执行复杂查询，对查询结果可以使用数据钻取功能进一步查看详细信息。

（5）日志源管理。支持对日志接收管理对象的管理功能，能够对发生日志设备的频度进行监控。通过日志源管理功能，系统能够周期统计安全监测子系统中系统接收事件的趋势、设备的接入百分比、接入日志的范式化情况、设备事件量排行等，能够从采集器、安全域两种角度去查看资产事件采集情况。

10.5.2　安全风险管控系统

安全风险管控系统主要包括配置基线、漏洞管理和威胁情报三个功能。

1. 配置基线

构建政府或企业内的配置基线检查体系，对不合规的配置进行统一管控和跟踪。所有的配置项都可以在实际核查的时候设置具体的核查参数，即比对基线值，以适合真实需要。

2. 漏洞管理

漏洞管理功能能够计算资产的脆弱性。通过多种方式展示各业务系统的弱点信息，支持时间趋势分析和横向对比分析。

（1）漏洞属性。漏洞属性包括漏洞名称、漏洞等级、知识库参考、漏洞 ID、相关的所有人等。

（2）漏洞资产关联。可定期完成对所管辖资产的漏洞关联，形成漏洞报告。

（3）漏洞维护。可与第三方漏洞扫描产品集成，将第三方漏洞扫描结果导入。支持列表显示漏洞库，支持漏洞与资产的关联显示，支持漏洞分布状态统计。

3. 威胁情报

威胁情报是一种基于证据的知识，包括情境、机制、指示器、隐含和实际可行的建议。威胁情报描述现存的或者是即将出现针对资产的威胁或危险，并可以用于通知主体针对相关威胁或危险采取某种响应。

10.5.3　安全综合运营系统

安全综合运营系统主要包括安全态势感知、安全事件溯源和攻击路径可视化三个功能。

1. 安全态势感知

从宏观的角度对整体网络安全和整体安全管理建设的水平进行评估，为提升安全防护能力提供决策支持，同时也为提升信息安全管理体系建设成熟度提供决策支持。系统为用户提供两个维度的态势感知能力：

（1）从安全本身的发展变化入手，通过对事件和威胁的分析来评估当前网络的整体安全态势，分为地址熵态势分析、热点事件分析和威胁态势分析。

（2）从管理角度借助系统达成的安全管理水平入手，通过对一系列管理指标的度量，来评估当前某个网络区域的安全管理水平，称作关键安全管理指标评分。

2. 安全事件溯源

对已发生的安全事件提供追踪溯源应用，提供网络流量元数据（Flow）、日志和事件、威胁情报等的存储与分析，通过多种分析方法发现威胁。通过不同类型数据的综合关联，实现从"威胁攻击告警"追溯到相关的"安全事件"，再追溯到相关的"网络流量信息"，最终追溯到威胁和攻击的"原始数据包"。通过对原始数据包的还原与分析，完成对安全威胁和攻击的调查取证。通过MapReduce的处理机制，实现对历史数据的快速检索和查询。追溯相关数据，完成调查取证的功能。

3. 攻击路径可视化

攻击路径可视化基于汇总互联网上相关攻击行为的信息，通过统计分析、关联融合等手段对攻击信息进行处理，从而获得全景式的攻击态势监视。攻击路径可视从遭受攻击、攻击的类型、分布、攻击关系、趋势、攻击结果等维度进行攻击态势的呈现。包括分别从内部和外部的视角监视受攻击和发起攻击的态势，攻击在网络、主机、应用、数据层面上的分布和趋势，攻击的源目关系态势，攻击类型在不同安全域及业务系统或资产类型上的分布，攻击成功与否的结果态势等。

10.6　自动作业类工具

自动作业类工具主要包括传统的、针对日常运维场景的、自动执行自编脚本的自动作业系统和近年来较为热门的针对运维开发（DevOps）的、自动执行程序的构建、测试和部署的一种持续集成与持续部署（CI/CD）平台。

1. 针对日常运维

尽管大型信息系统运维管理的技术在不断进步，但实际上运维人员并未真正解放。这是由于在日常运维工作中存在大量重复的日常工作任务，这些任务有的复杂繁琐数量大，有的严重依赖执行次序，有的需要等待各种条件具备之后方可执行，例如文件的分发、OS安装、应用启停、补丁更新、系统巡检和应急操作等。而在目前大型组织中，绝大多数类似这样的工作都需要运维人员手工操作，占用了大量的运维资源。因此，需要通过智能化、自动化的作业工具，将运维人员从简单重复的工作中解放出来。

2. 针对运维开发

近段时间来国内认同度和关注度持续上升的运维新理念DevOps，和前些年的敏捷开发一样，对企业（机构）来说非常重要，是支撑企业（机构）业务创新的核心能力。运维开发（DevOps）是关于如何使开发和运维团队更简便进行合作开发和发布软件的一系列想法和推荐的实践。

从历史上看，开发团队研发了产品，但没有像用户那样以常规、可重复的方式安装/部署它们。在整个产品周期中，这些安装/部署任务（以及其他支持任务）留给运维团队负责，而运维团队在后期才开始介入，且必须在短时间内完成运维工作，因而经常导致很多混乱和问题产生。同样，开发团队没有充分测试产品的安装/部署功能，他们可能会对该过程中出现的问题感到惊讶。这往往导致开发和运维团队之间严重脱节和缺乏合作。对于开发人员和运维人员来说，需要一个自动化的技术平台去支撑开发与运维的整合，使得产品从研发到交付的过程变得可控。

可以说自动化一定是信息系统运维最高层面的重要属性之一。

10.6.1　自动作业系统

自动作业系统的用户主要是处理日常运维事务的运维人员，目的是使他们将日常运维场景中执行频率高、重复率高的工作尽可能规范化、程序化、自动化，降低人工操作带来的风险，减轻运维人员的负担，提升信息系统运维的质量、效率，降低成本。

作为核心的运维支撑系统，自动作业系统的核心是资源对象、脚本和场景，配置管理数据库（CMDB）中的资源对象数据是自动作业系统的基础主数据，自动作业的各种场景都是围绕CMDB中的各种资源对象展开。同时，自动作业系统还与监控系统和 IT 服务管理系统紧密关联，实现外部系统的流程驱动。例如：在监控系统中发出告警之后，会自动启用自动作业系统的故障自愈作业流程；在 IT 服务管理系统中的资源申请到执行环节之后，会自动启用自动作业系统的资源自动分配流程和配置管理自动变更流程。

以下是自动作业应用的六个常见场景，均为耗时量大且执行频率高的作业，涵盖了绝大多数信息系统运维人员的日常工作。

（1）日常巡检自动化：日常巡检工作是信息部门日常运维工作中每天都要定时执行的工作。巡检工作内容简单但是需要重复执行，占用信息系统运维人员的大量工作时间。通过自动化巡检可以将硬件状态、设备负载、系统时间、磁盘空间、线路流量、数据库表空间使用率、网络设备的端口状态、流量等进行自动巡检，并形成符合要求的巡检报告。

（2）故障修复自动化：日常监控是传统信息系统运维软件的基本功能。当告警明确后，人员就需要进行故障处理。故障处理可以分为四个阶段：源头发现、告警确诊、修复授权和故障维修。在这四个阶段中，源头发现和告警确诊主要将大量的告警进行收敛，将真正需要处理的告警进行明确化，并找到故障的原因（如一个业务进程僵死或者进程宕机）。在沟通授权阶段，当不能真正做到无需知会直接处理的时候，就必须进行人工干预和确认，将已经明确的故障根据原因进行自动修复（例如重启服务进程），需要人工确认的故障则需要人员参与半自动化修复。

（3）容灾切换操作自动化：灾备中心切换是运维工作的一个重要组成部分。以容灾作业流程的方式实现容灾切换操作自动执行，也可以结合监控和脚本的逻辑判断实现智能化切换，尽可能减少宕机时间。

（4）软件分发配置自动化：多应用系统 Bug 修复与厂商对产品的定期升级，会导致频繁的低风险变更，通过 Server 端发起批作业方式可自动实现大批量的软件配置分发与安装部署。通过向客户端下发备份脚本，备份业务数据、配置信息、环境参数，并停止客户端应用服务，然后批量下发新版本的安装配置文件、DLL 文件等，最后启动客户端应用服务对应用的服务状态与相关日志信息进行检查，确认软件分发和配置工作成功完成。

（5）配置管理自动化：配置管理数据库（CMDB）是记录和管理 IT 系统运行环境的基础组件。当企业的运行环境越来越庞大时，对这些基础组建的管理变成配置管理员的一个巨大的工作量，尤其是这些组件还在不停地变化和关联。最好的方式是能自动从生产环境中提取配置库信息，自动更新到配置库中，保持配置库和生产环境的一致性。要实现对配置库的自动更新和同步，需要对应用系统进行标准化改造，比如规范化的安装路径、统一版本等，这将有助于工具能提取到应用程序配置项的基本信息，最终实现配置项和属性的自动更新。

（6）资源申请自动化：企业（机构）一个新业务的推出，往往很难评估业务量的增长速度和规模。如果资源准备不足，可能影响最终用户的用户体验和消费行为，如果一步到位投入过多的资源，有可能导致极大的资源浪费。因此，可以结合资源监控的手段，对一组或多组资源指标进行有效监控，根据资源使用情况进行动态伸缩。当资源不足时，按约定的规模比例部署节点，并加入到当前的运行环境。当资源利用率很低时，又可以回收资源，避免资源的浪费。类似的需求还包括文件系统、内存、CPU 等动态添加或减少等。

一般自动作业系统会包括三大功能模块：脚本库管理、作业任务管理（或操作任务管理）、作业流程管理（或流程编排管理）。

1. 脚本库管理

脚本是自动作业系统中最小颗粒度的可执行对象，也是系统的核心与灵魂。判断一个自动作业系统是否"好用"与该系统的脚本是否丰富紧密相关，而脚本则是大量运维人员技术及长期实践经验的沉淀与总结。自动作业系统实质上是对脚本的各种编排与执行。

脚本库管理模块就是对系统中最原始的脚本进行管理，包括脚本的增、删、改、查以及执行的记录和是否成功记录。脚本的编写语言应支持目前业界通用流行的脚本语言：PowerShell、Shell、Python 以及 SQL，并对脚本的变量、编写的格式和规范做出详细说明，方便用户编写符合系统要求的脚本。此外，该模块还应内置丰富的常用预设脚本。某自动作业工具脚本编写界面如图 10.17 所示。

图 10.17 某自动作业工具脚本编写界面

2. 作业任务管理

该模块一般以 CMDB 中的主机数据为基础，作业任务即将脚本设置为在指定的时间内并在指定的主机上执行。对于系统安装、补丁安装以及其他难以通过脚本完成的操作场景，也可以固化为功能。作业任务可并行或串行执行，主要功能包括：

（1）脚本执行：可指定单台或批量主机执行指定的脚本。

（2）文件分发：可将文件同时分发至指定的主机上。

（3）系统安装：可对指定的多台裸机远程安装操作系统。

（4）补丁安装：可对指定的多台主机进行操作系统补丁的安装和系统的升级。

（5）软件安装：可对指定的多台主机安装数据库、中间件等软件系统。

（6）作业任务管理：提供作业任务的增、删、改、查等日常操作功能。

（7）执行历史查询：可查看执行过的任务记录。

3. 作业流程管理

一些复杂的运维业务场景需要多个作业任务按先后顺序执行，例如：重启数据库时需要先检查数据库状态和主机状态，如果状态不正常需要先执行排错操作，如执行不成功则重启数据库。如上所述，将多个作业任务按一定的规则和步骤进行编排即形成作业流程。

作业流程管理主要实现作业流程的编排功能，可通过图形化的拖、拉、拽将多个任务编排为复杂的作业流程，如图 10.18 所示。

▼ 编排流程

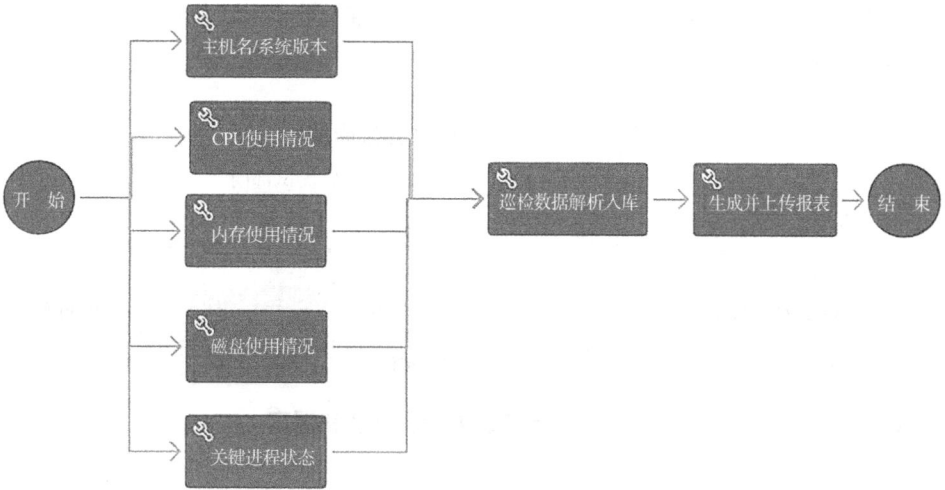

图 10.18 某自动作业工具流程编排

此外，还应支持流程的嵌套，即流程中的某个环节嵌套着流程，如图 10.19 所示，步骤 1 和步骤 2 即为嵌套的子流程。

图 10.19 流程嵌套

无论是脚本、任务或流程都需要在指定的机器上执行，而系统则可以通过本文提到的代理（Agent）或非代理（Agnetless）的方式向目标主机发送需执行的脚本和下达执行的指令，此两种方式在上文中有详细说明，这里不再赘述。

10.6.2　持续集成与持续部署平台

软件从研发到交付用户使用，需要研发人员、运维人员和测试人员的共同配合，分工协作，如图 10.20 所示。

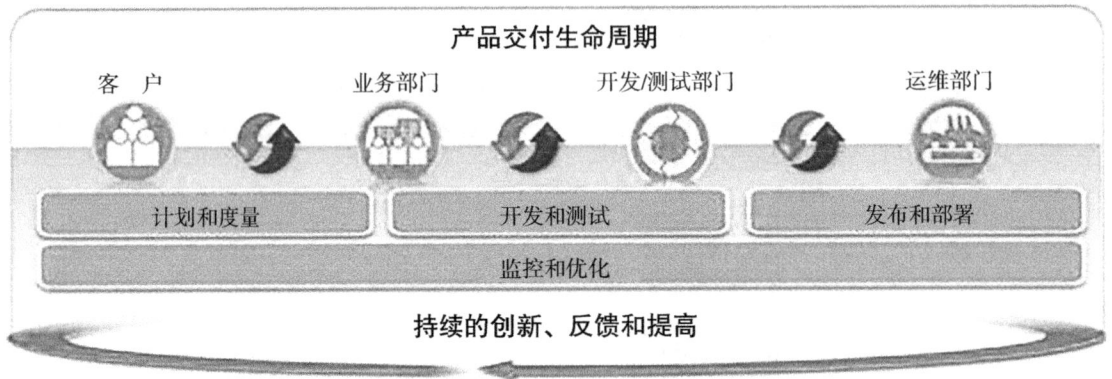

图 10.20　产品交付生命周期

工厂里的装配线以快速、自动化、可重复的方式从原材料生产出消费品，同样地，软件交付管道以快速、自动化和可重复的方式从源代码生成发布版本。如何完成这项工作的总体设计称为"持续交付"；启动装配线的过程称为"持续集成"（CI）；确保质量的过程称为"持续测试"（CT）；将最终产品提供给用户的过程称为"持续部署"（CD）；一些专家让这一切简单、顺畅、高效地运行，这些人被称为运维开发 DevOps 践行者。

持续交付是一种 DevOp 软件开发实践。"持续"并不意味着"一直在运行"，而是"随时可运行"。它包括四个核心概念和最佳实践：频繁发布、自动化流程、可重复、快速迭代。因此，CICD 平台（也称为 CICD 流水线或持续交付管道）成为推动 DevOps 理念落地的最佳实践之一。它将源代码转换为可发布产品过程中的多个不同的任务（task）和作业（job），并串联成一个软件"管道"，一个自动流程成功完成后会启动管道中的下一个流程。持续交付管道是多个 DevOps 理念的实现。产品开发的后期阶段（如打包和部署）始终可以在管道的每次运行中完成，而不必等待产品开发周期中的特定时间。同样，从开发到部署过程中，开发和运维都可以清楚地看到事情何时起作用，何时不起作用。要使持续交付管道循环成功，不仅要通过与开发相关的流程，还要通过与运维相关的流程。

1. 选择 CI/CD 的关键要素

选择 CI/CD 平台需要评估的十大关键要素：

（1）快速构建。CI/CD 平台的主要目标是为开发者提供代码检测的快速反馈，例如：有一个存储库，每天进行 2 次更新，每年约有 500 次更新，如果此存储库的构建速度加快 5 分钟，将节省（5×500）/（60×8）=5.2 个工作日。因此，若包含多个存储库就会发现，即使在构建时仅仅加快几分钟，也能大大提高生产效率。

（2）集成。CI/CD 平台应该与构建所需的语言和第三方工具相结合，支持源代码管理系统以及编程语言、测试工具、打包工具和推送应用程序包的存储库及部署端点。平台应轻松地将它们集成起来并进行工作，一般情况下，应使用具有规模大的平台，以便后续可以不受限制地采用不同工具。

（3）免费方案。免费方案或试用期是选择 CI/CD 平台的关键因素，若没有免费方案，无法确切了解原理，也很难与有竞争力的产品进行比较做出决策。智能 CI/CD 平台应说服潜在用户试用免费方案或无限制免费试用，用户一旦了解高级功能的价值，则会做出明智选择。

（4）快速简便设置。CI 服务需要快速方便地安装使用，如果条件允许，则提供优秀的使用文档和案例，且可以通过在线聊天系统即时询问。

（5）容器的支撑。Docker 逐渐成为主流，应该选择具有支持 Docker 的平台。即便尚未使用容器，也应未雨绸缪，提前进行部署，如此 CI 平台才不会成为迁移到 Docker 的瓶颈。

（6）多点运行、版本、环境。平台支持多点运行，这样可以确保应用在不同场景中都能正常使用，同时也对测试语言的环境有所帮助，并能在采用新语言版本之前发现潜在问题。

（7）代码覆盖率、测试结果可视化。能在不使用任何其他工具的情况下，显示代码覆盖率和测试结果的信息，充分实现可视化。

（8）Build-as-Code。可通过命令行的通用语法（如 YAML 文件）进行简单的配置，该文件可以与命令行一起使用并进行版本控制。UI 配置相对比较笨重，使用命令行可以改善。

（9）灵活的基础设施选择。支持基础设施处理和满足安全要求。如果是资源密集型构建，需要可以购买更大的节点。如果是严谨的金融技术型企业，应用开发放在内网，则 CI/CD 平台要有企业版。

（10）客户支持团队。应了解 CI/CD 平台是否有客户支持团队，并要求不需要太繁琐的手续或操作即可对开发人员进行询问，因为传统的客服对产品或用户场景无法很好理解，只提供表面的支持。如果 CI/CD 平台组建客户支持团队，表明愿意采取主动的方式来帮助用户解决问题。

2. 三种常用开源的 CI/CD 平台

排除收费的和先开源再收费的产品，常用的 CI/CD 平台有 Jenkins、Gitlab Ci 和 Go CD，如图 10.21 所示。

	商用 / 免费	是否开源	开发语言	部署方式	是否支持分布式	是否支持 docker	是否支持工作流	支持的源码管理仓库
Jenkins	免费	开源	Java	本地	支持	支持	支持	Git, SVN
Gitlab CI	社区版免费 企业版收费	社区版开源	Ruby+GO	本地 云端托管	支持	支持	支持	Git, SVN
Go CD	社区版免费 企业版收费	社区版开源	Java	本地	支持	支持	支持	Git.SVN
Flow.ci	免费	开源	Java	本地	支持	支持	支持	Git
Circle CI	单实例免费 多实例收费	非开源	未知	云端托管	收费版支持多实例	未知	支持	目前只支持托管在 glthub 上的项目
TeamCity	收费	非开源	Java	本地	支持	支持	支持	Git, SVN
Travis CI	对开源的项目免费 非开源的项目收费	非开源	未知	云端托管	未知	未知	支持	目前只支持托管在 glthub 上的项目

图 10.21 常见的 CI/CD 平台

（1）Jenkins。Jenkins 是一款用 Java 编写的开源的跨平台的 CI 工具，可以通过插件扩展功能。Jenkins 插件非常好用，用户可以很容易地添加自己的插件。除了它的扩展性之外，Jenkins 还有另一个非常好的功能，就是可以在多台机器上进行分布式地构建和负载测试。Jenkins 是根据 MIT 许可协议发布的，因此可以自由地使用和分发。

总的来说，Jenkins 是最好的持续集成工具之一，它既强大又灵活。但其 UI 比较古老，同时学习起来比较费时。如果需要一个灵活的持续集成解决方案，那么学习如何使用它将是非常值得的。

（2）Gitlab CI。GitLab CI 是 GitLab 的一个组成部分，GitLab CI 能与 GitLab 完全集成，可以通过使用 GitLab API 轻松地作为项目的钩子。GitLab 的执行部分（流程构建）使用 Go 语言编写，可以运行在 Windows，Linux，OSX，FreeBSD 和 Docker 上。

Go Runner 可以同时运行多个作业，并具有内置的 Docker 支持。对基于 Gitlab 找寻私有源码仓库的企业（机构）来说，可以考虑使用 Gitlab CI 作为其 CI/CD 平台。

（3）Go CD。Go CD 是 ThoughtWorks 公司 Cruise Control 的化身。让 Go CD 脱颖而出的是它的流水线概念，使复杂的构建流程变得简单。流水线功能可以消除构建过程的瓶颈，也能够并行地执行任务。

每个方案各有其优势：

① Jenkins 拥有广泛的群众基础，社区活跃，插件丰富，同时还有 Jenkins Job Builder 这种 Job 自动化插件，很多开源项目都使用 Jenkins 作为其 CI 平台。

② GitLab CI 能与 GitLab 完全集成是非常重要的优势，同时其 GoRunner 机制相当灵活，最新版本引入 DevOps 流程，同时支持 K8S。

③ Go CD 脱颖而出的是它的流水线概念，使复杂的构建流程变得简单。

但具体选择哪一款，还是得根据项目团队的实际需要来定。对于刚起步构建自动化流水线的企业（机构）来讲，Jenkins 基本能满足需求，可优先使用 Jenkins 并收集使用过程中碰到的问题与新需求，同时在资源允许的情况下可事先安排人员深入分析和研究这三个平台，以供日后所需。

第11章 "大智移云"新技术在大运维体系的应用

> 科学就是创造未来的金钥匙。——佚名

今天，我们正步入一个"大智移云"的时代。"大智移云"是大数据、智能化、移动互联网和云计算的统称。当前，以"大智移云"为代表的网络信息技术日新月异，成为创新最活跃、应用最广泛、辐射带动作用最大的技术创新领域。

大型信息系统催生了大运维体系，大运维体系的高度集中化使得核心网络更加复杂，管理难度增大；面临着数据量急速膨胀、运营成本高昂、能耗大、安全性差、业务连续能力低等一系列挑战。因此，在"大智移云"时代引入新理念与新技术，向自动化、虚拟化、数据化、绿色化（节能减排）发展，构建新一代大运维体系已经是势在必行。

11.1 技术的发展推动运维模式进步

11.1.1 运维模式的演变

早期的运维团队在人员较少的情况下，主要是进行信息中心建设、基础网络建设、服务器采购和服务器安装交付工作，很少涉及线上服务的变更、监控、管理等业务。这个时候的运维团队更多属于基础建设的角色，提供一个简单、可用的网络环境和系统环境即可。

随着业务产品的逐渐成熟，对于服务质量方面就有了更高的要求。这个时候服务变更更多的是逐台手工操作，或者有一些简单批量脚本的出现。由于业务规模和复杂度的持续增加，运维团队会逐渐划分为应用运维和系统运维两大块。应用运维开始接手线上业务，逐步开展服务监控梳理、数据备份以及服务变更的工作。

技术的进步使应用运维工程师有能力开始对服务进行一些简单的优化；同时，为了应对每天大量的服务变更，技术员开始编写各类运维程序，针对某些特定的服务能够很方便地批量变更。随着业务规模的增大，基础设施由于容量规划不足或抵御风险能力较弱导致的故障也越来越多，运维人员开始将更多的精力投入到信息中心容灾、预案管理的方向上。

"大智移云"新技术的出现，使得机器的运算和处理能力大幅度提升，智能算法不断优化。对运维提出了智能化运维管理（AIOps）的概念，即基于算法的信息系统运维。算法的高效率提升了AIOps的价值，通过持续学习，智能运维将把运维人员从纷繁复杂的告警和噪声中解放出来，运维插上了机器学习和算法的虎翼，将变得更加自动化、智能化。Gartner（高德纳咨询公司，第一家信息技术研究和分析公司）的报告宣称，到2020年，将有近50%的企业会在他们的业务和信息系统运维方面采用AIOps，远远高于今天的10%。

我们将运维发展过程划分为5个阶段，如图11.1所示。

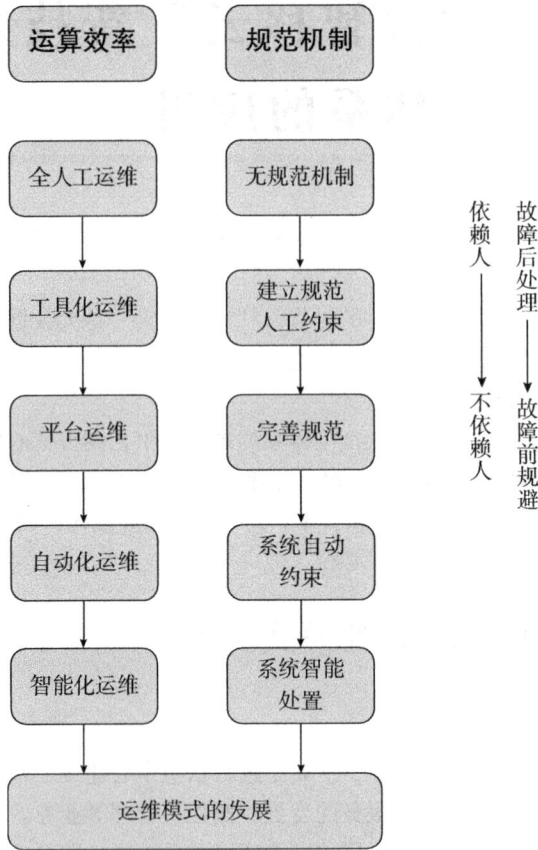

图 11.1 运维模式的发展

11.1.2 各技术阶段运维模式的特点

信息系统在以下五个阶段的运维特点是现代信息技术进步的展映。

1. 人工 / 脚本运维阶段（Human/Scripts Ops）

业务流量不大，服务器数量相对较少，系统复杂度不高。对于日常的业务管理操作，大家更多的是逐台登录服务器进行手工操作，属于各自为战，每个人都有自己的操作方式，缺少必要的操作标准、流程机制，比如业务目录环境都是各式各样的。

2. 工具化运维阶段（Tools Ops）

随着服务器规模、系统复杂度的增加，全人工的操作方式已经不能满足业务快速发展的需要。因此，运维人员逐渐开始使用批量化的操作工具，针对不同操作类型出现了不同的脚本程序。但各团队都有自己的工具，每次操作需求发生变化时都需要调整工具。这主要是因为对于环境、操作的规范不够，导致可程序化处理能力较弱。此时，虽然效率提升了一部分，但很快又遇到了瓶颈。操作的质量并没有太多的提升，甚至可能因为批量执行而导致出现更大规模的问题。人们开始建立大量的流程规范，比如复查机制，先上线一台服务器观察 10 分钟后再继续后面的操作，一次升级完成后至少要观察 20 分钟。这些主要还是靠人来监督和执行，但在实际过程中执行往往不到位，反而降低了工作效率。

3. 平台型运维阶段（DevOps）

在这个阶段，对于运维效率和误操作率有了更高的要求，人们开始建设研发运维一体化平台，进入平台型运维阶段（DevOps）。通过平台承载标准、流程，进而解放人力，提高质量。这个时候对服务的变更动作进行抽象，形成操作方法、服务目录环境、服务运行方式等统一的标准，如程序的启停接口必须包括启动、停止、重载等。通过平台来约束操作流程，如上面提到的上线一台服务器观察 10 分钟。在平台中强制设定暂停检查点，在第一台服务器操作完成后，需要运维人员填写相应的检查项，然后才可以继续执行后续的部署动作。

4. 自动化运维阶段（AutoOps）

自动化运维阶段系统又称自调度阶段。更大规模的服务数量、更复杂的服务关联关系、各个运维平台林立，原有的将批量操作转化成平台操作的方式已经不再适合，需要对服务变更进行更高一层的升华。将每一台服务器抽象成一个容器，由调度系统根据资源使用情况，将服务调度部署到合适的服务器上，自动化完成与周边各个运维系统的联动，比如监控系统、日志系统、备份系统等。通过自调度系统，根据服务运行情况动态伸缩容量，能够自动化处理常见的服务故障。运维人员的工作也会前置到产品设计阶段，协助研发人员改造服务使其可以接入到自调度系统中。

5. 智能化运维阶段（AIOps）

建立在大数据分析和自动化运维基础上的智能化运维是用机器学习方法做决策分析。算法的效率提升了 AIOps 的价值，通过持续学习把运维人员从纷繁复杂的告警和噪声中解放出来。面对异构化的环境，对数据分析和自动化的要求越来越高，人们借助海量的运维数据优化改进当前工作方法，使日常工作实现无人值守的机器运维。

随着技术的演变，大型信息系统的运维从被动救火式向主动精细化转型，从问题驱动向价值驱动转型，从操作运维向运维开发转型，从依靠经验向智能化驱动运维转型，这不仅是技术能力的转型而且是运维系统化思路的转型。时代在变化、技术在升级，支撑大型信息系统的新一代大运维体系已经是呼之欲出。

11.2 大型信息系统的自动化、智能运维应用

伴随着经济全球化的深入发展和"中国制造 2025"的推进，自动化技术如今已经进入万物互联、高度智能的新格局，人工智能的突飞猛进、大数据的爆炸式增长，推动了智能自动化技术的发展，掀起了新一轮科技革命和工业创新的浪潮。毫无疑问，人工智能技术、移动互联技术、物联网技术使得自动化与之融合后为传统的制造业、流程工业等赋予了新的活力。可以想象的是，21 世纪是智能制造获得重大发展和广泛应用的时代，智能制造将引发制造业革命，并将重新构筑全球制造业的竞争格局。

工业 4.0、"中国制造 2025"、CPS、中国人工智能 2.0 等规划和理念的涌现，以精准感知、分散智能、资助协同、全局优化、主动防御为特征的大型信息系统（自动化 + 网络化 + 智能化）应运而生，同时大型信息系统的运维模式向自动化、智能化发展。

11.2.1 大型信息系统的自动化运维

1. 大型信息系统自动化概述

1）工业自动化的发展

1946 年，美国福特公司的机械工程师 D.S. 哈德最先提出"自动化"一词，用来描述发动机汽缸的自动传送和加工的过程。

20 世纪 50 年代末起至今是综合自动化时期，这一时期空间技术迅速发展，迫切需要解决多变量系统的最优控制问题，于是诞生了现代控制理论。现代控制理论的形成和发展为综合自动化奠定了理论基础。

近年来，伴随着德国工业制造 4.0、"中国制造 2025"等国内外重大战略的提出，自动化行业进入了全新的发展阶段。目前，自动化技术正在和人工智能等相结合，体现着鲜明的时代特征，自动化技术广泛应用于工业、农业、军事、商业、医疗、服务和家庭等方面。采用自动化技术不仅可以把人从繁重的体力劳动、部分脑力劳动以及恶劣的工作环境中解放出来，而且能扩展人的器官功能，增强人类认识世界和改造世界的能力。因此，自动化是工业、农业、国防和科学技术现代化的重要条件和显著标志。

2）大型信息系统运维自动化必要性

信息系统运维管理的技术在不断进步，但实际上很多信息系统运维人员并没有真正解脱出来，原因在于目前的技术虽然能够获取信息系统设备、服务器、网络流量，甚至数据库的告警信息，但成千上万条告警信息堆积在一起根本没办法判断问题的根源在哪里。另外，目前许多企业更新管理的绝大多数工作都是手工操作的，即使一个简单的系统变更或更新往往都需要运维人员逐一登录每台设备进行手工变更，当设备数量达到成百上千时，其工作量之大可想而知。而这样的变更和检查操作在信息系统运维中往往每天都在进行，占用了大量的运维资源。因此，实现运维管理工作的自动化对企业来说已迫在眉睫。大型信息系统作为"国之重器"，运维自动化的应用能够极大提升大型信息系统的运维速度和效率，提升服务可用，提高准确度，增强可见性，减轻运维人员的工作压力，对运维工作具有重要意义。

2. 大型信息系统自动化运维应用

信息系统不断发展，而运维管理工作的复杂度和难度也大幅度增加，仅靠过去几个"运维英雄"或"技术大拿"来包打天下已经行不通了，企业需要运用专业化、标准化和流程化的手段来实现运维工作的自动化管理。

现在信息系统的复杂性已经在客观上要求信息系统运维必须能够实现自动化维护。所谓信息系统运维管理的自动化是指通过将日常信息系统运维中大量的重复性工作（小到简单的日常检查、配置变更和软件安装，大到整个变更流程的组织调度）由过去的手工执行转为自动化操作，从而减少乃至消除运维中的延迟，实现"零延时"的信息系统运维。

信息系统运维自动化基于流程化的框架，将事件与信息系统流程相关联，一旦被监控系统发生性能超标或宕机，会触发相关事件以及事先定义好的流程，可自动启动故障响应和恢复机制。通过自动化手段帮助信息系统运维人员完成日常的重复性工作（如备份、杀毒等），提高信息系统运维效率。同时，信息系统运维的自动化还要求能够预测故障，在故障发生前能够报警，让信息系统运维人员把故障消除在发生前，将产生的损失减到最低。

3. 大型信息系统自动化运维功能

大型信息系统自动化运维有自动监控、自动巡检、配置变更自动检测、维护事件自动提醒、系统健康自动检测、自动容灾切换操作、自动软件分发配置、自动申请资源、任务自动分发、服务请求自动分发接口、维护报告自动生成等功能。

（1）自动监控。对各类重要的信息系统设备实施主动式监控，如路由器、交换机、防火墙等。

（2）自动巡检。对硬件状态、设备负载、系统时间、磁盘空间、线路流量、数据库表空间使用率、网络设备的端口状态、流量等进行自动巡检，并形成符合用户要求的巡检报告。

（3）配置变更自动检测。大型信息系统设备配置参数一旦发生变化，将触发变更流程转给相关技术人员进行确认，通过自动检测协助信息系统运维人员发现和维护配置。

（4）维护事件自动提醒。大型信息系统设备和应用活动可实时监控，当发生异常事件时系统自动启动报警和响应机制，第一时间通知相关责任人。

（5）系统健康自动检测。能够定期自动地对信息系统设备硬件和应用系统进行健康巡检，配合信息系统运维团队实施对系统的健康检查和监控。

（6）自动容灾切换操作。灾备中心切换是运维工作的一个重要组成部分，以容灾作业流程的方式实现容灾切换流程批量自动执行，并通过搭建双活数据中心实现核心业务系统双活，结合监控和脚本的逻辑判断实现智能化切换，尽可能减少宕机时间。

（7）自动软件分发配置。向客户端下发备份脚本，备份业务数据、配置信息、环境参数，并停止客户端应用服务，然后批量下发新版本的安装配置文件、DLL 文件等，最后启动客户端应用服务，对应用的服务状态与相关日志信息进行检查，确认软件分发和配置工作成功完成。

（8）自动申请资源。结合资源监控的手段，对一组或多组资源指标进行有效监控，根据资源使用情况进行动态伸缩。当资源不足时，按约定的规模比例部署节点，并加入到当前的运行环境。当资源利用率很低时，可以回收资源，避免资源的浪费。

（9）任务自动分发。从历史处理事件中自动建立系统和人员的对应关系，系统将自动根据最近处理的对应规则智能选择待办人员，这对于用户不明确该任务属于哪类服务类别时将会更加方便、快捷。

（10）服务请求自动分发接口。打通大型信息系统等多个系统的接口，实现在一个地方集中处理，对于一些常用的服务请求，通过定义接口自动完成，实施时在配置接口自动在配置库中进行登记。实现各类资源申请、防火墙策略、网络端口调整、文件摆渡需求等服务请求。

（11）维护报告自动生成。定期自动对系统进行日志的收集分析，记录系统运行状况，并通过阶段性的监控、分析和总结，定时提供信息系统运维的可用性、性能、系统资源利用状况分析报告。

11.2.2　大型信息系统的智能运维

"大智移云"新技术不断推进大型信息系统运维的发展与融合，信息系统从过去的救火式、烟囱式、人肉式运维逐渐向自动化、智能化的大型信息系统运维模式转变。它打破传统运维"被动低效难以保证业务连续性、缺乏统一的运维监控体系和技术工具、海量的运维数据的价值无法充分挖掘、缺乏全方位端到端的运维监控手段"的诸多痛点，逐步实现"面向业务维度实现异常检测、提供业务全局关系视图、采用动态阈值的异常检测、重视故障的全流程管理、立体化监控体系的建设"的智能运维。

1. 智能运维概述

智能运维是通过一体化智能运维平台整合实现"自动化 + 大数据 +AI+ 流程策略"，自动化系统是平台对象，大数据是生产资料，AI 是人工智能（Artificial Intelligence），流程策略是生产关系。要实现运维智能化，要做到的是：依托运维自动化平台，通过收集海量运维数据和日志作为生产资料，以配置管理数据库（CMDB）为核心基础对象，通过算法对各业务系统间关联和运维组织、流程策略等生产关系进行综合分析，能够做到预测、分析、研判、故障定位及处理。

2. 智能技术在大型信息运维应用

（1）智能感知。通过物联网感知、网络嗅探等监控手段，实现智能异常检测、多维度异常分析，感知满足时效性和准确度的异常事件。

（2）智能决策。将机器学习、深度学习等人工智能算法应用于信息系统运维工具和业务系统所采集的大型数据集，尝试模拟人类行为（如发现、判断、响应）实现智能决策机制，充分利用机器学习、人工智能成果，提供决策可靠性，并沉淀人对问题的决策经验，做到经验可迁移。

（3）智能执行（智能巡检机器人）。智能巡检机器人借助先进的深度学习算法、领先的机器视觉技术，真正做到自动巡检、人体追踪与跟随、数据识别与分析，从而解决传统人工巡检的成本、效率、准确率、数据管理、人员安防等问题。智能巡检机器人如图 11.2 所示。

图 11.2　京东发布新一代智能巡检机器人

智能巡检机器人集成了六个自由度可升降机械臂、视觉检测相机、深度摄像头、红外热成像仪、温湿度传感器、激光雷达、超声波传感、声光报警等多个工作单元和传感器，结合 OCR 识别、人脸识别、ReID 识别（行人再识别）、RFID 识别（射频识别）、UWB 定位、SLAM（即时定位与地图构建）导航等领先技术，能实现自动导航与避障、自主充电、环境温湿度检测、设备编码识别、设备指示灯识别、设备故障码识别、环境异物识别、人员身份验证、引导和跟随等功能，并可通过实时数据传输，在巡检管理后台进行远程监测和结果查询。

3. 大型信息系统的智能运维平台功能

大型信息系统运维贯穿了整个系统的生命周期，需要借助智能化的平台帮助运维工程师以最低的成本和最快的速度完成面向用户的服务交付和服务质量保障。大型信息系统智能运维平台的功能如下：

（1）面向业务维度实现异常检测。业务运维是运维的大趋势，需要从最复杂的业务维度入手，根据业务维度指标（如 PV、响应时间、错误率、GC 等）的异动进行异常检测，提前预警。

（2）提供业务全局关系视图。业务应用维度的复杂性是运维过程中最高的，往往是二线和三线运维之间界限最模糊的区域，所以智能运维先解决的就是向用户提供全面、清晰的业务关系视图，让运维人员对业务应用的掌控得心应手。

（3）KPI 可视化与下钻定位。KPI 指标可以通过丰富的可视化手段展示给运维人员，业务系统的故障可以清晰地体现在可视化终端，同时支持详细的下钻手段，直至定位到发生故障的环节，甚至代码段。

（4）采用动态阈值的异常检测，避免传统固定阈值告警的弊端，引入机器学习算法实现阈值动态化的异常检测效果。

（5）重视故障的全流程管理。故障发生时，可以提供一定的手段将业务层面的KPI异常与引起故障的原因联系起来，支持手动下钻之余还可以自动定位和关联。

（6）立体化监控体系的建设，覆盖从资源、平台层、应用监控到微服务调用链的立体化运维分析能力。

4. 大型信息系统智能运维核心要素

大型信息系统智能运维体系架构应该考虑如下因素：

（1）海量数据存储。运维数据的量级是亿级、TB甚至PB级别的，所以存储系统一定要具备高容量和扩展性。

（2）数据多样化。运维过程产生的数据多种多样，如应用产生的性能数据，服务器基础监控产生的CPU/IO/Net数据，服务间调用链数据、日志数据等，因此需要针对不同类型数据进行区别化的存储结构的设计，保证数据存储的扩展性，同时建立数据之间的关联支点。

（3）分析能力。分析能力体现了大型信息系统智能运维体系的核心能力，应用大数据＋机器学习的分析能力，大型信息系统数据分析要与应用场景结合，有效识别数据的各维度规律，才能准确分析周期性、趋势结果等。分析能力可以随着时间的推移不断演进，也可以将新数据的特性带入到模型中，不断提高算法的准确度。

11.2.3 大型信息系统智能运维平台功能模型

一个通用化的大型信息系统智能运维平台功能模型如图11.3所示。

图11.3 大型信息系统智能运维平台功能

在图11.3所示的架构设计中包含以下内容：

1）用户层

面向业务的智能运维所面向的用户，不只是面向于传统的运维人员，业务监控人员、业务部门主管、客服人员都可以在系统上找到自己所需要的数据，看到自己想看到的东西。

2）视图层

提供 Web 端丰富的可视化视图，大屏方式的业务状态视图，以及满足移动办公需求的手机端 APP。

3）服务层

业务智能运维将给用户提供业务视图服务、拓扑服务、性能 KPI 服务、运维分析服务、告警服务、报表服务以及系统服务等，为用户提供丰富的监控、分析和告警视图功能。

4）核心能力层

智能运维系统最关键的部分，可以分为三个较大的模块，即"智能监控"、"智能分析"和"智能告警"。

（1）智能监控。实现针对各个层面的监控覆盖，包括用户体验的监控、应用性能的监控、中间件监控、基础设施的监控，只有收集了全面的数据，才有可能从数据中寻找关联，并从关联中发现规律，丰富运维知识库。

（2）智能分析。智能分析是整个核心能力层中最核心的部分，该部分应该涵盖离线算法的训练模块和在线实时分析模块。

① 离线算法训练模块要根据历史数据来以离线的方式训练和修正算法模型，然后生成的算法模型就类似于一个个由 [if else] 判断形成的规则组合，当最新的数据输入到算法模型，就可以实时给出推测，用于预测、异常检测、故障定位等场景，这里面当然就需要机器学习和深度学习的算法来撑场面了。

② 在线实时分析模块要实现实时的算法分析，并不依赖于训练历史数据得出的离线模型，而是进行实时的计算，这里需要大数据的实时计算技术。

（3）智能告警。智能告警需要有效地遏制"告警风暴"，这是告警系统必须面对的问题，需要提供较高效的分析算法，以实现告警的自动归类、自动消除功能。归类中最合适的方法就是寻找告警之间的关联关系，将相近的告警合并为一条发送，避免告警风暴。

智能告警还可以动态调整告警短信/邮件发送的频率和周期，还有告警通知对象的智能配置，保证运维人员处理告警的专注性，不会被突如其来的海量告警所淹没。

大型信息系统智能运维最终实现的目标就是减少系统对人的依赖，逐步信任机器，实现机器的自判、自断和自决。技术都是在不断进步，AI 技术将来会解决很多需要花费大量人力和时间才能解决的事情。但是 AI 不是一个很纯粹的技术，它也需要结合具体的企业场景和业务，通过计算驱动和数据驱动，才能产生一个真正可用的产品。智能运维技术在企业的落地，不是一蹴而就的，是一个渐进和价值普及的过程。

11.3 新技术推动大型信息系统运维能力提升

"大智移云"新技术是产业互联网的重要技术载体和推动力，"大智移云"新技术普遍认为是大数据、智能化、移动互联网和云计算这四个技术及发展方向。具体来说，"智能化"包括物联网和大数据挖掘支撑的人工智能，从而丰富用户体验；移动互联网、物联网的结合，又使得大数据的产生与收集成为可能。"大智移云"彼此间相互关联，移动互联网和物联网的应用需要云计算支撑；大数据的深入分析和挖掘，反过来助推移动互联网和物联网的发展，使软硬件更加智能化。云计算、大数据等信息技术交融渗透，不仅改变了人们的生活，也有望掀起新一轮产业变革。"大智移云"技术的快速发展与应用，很大程度上改变了大型信息系统运维的模式，全方位提升信息系统运维的效能。

11.3.1 大数据技术在大型信息系统运维的应用

当前，大数据的处理分析成为新一代信息技术融合应用的结点，大数据成为信息产业持续高速增长的新引擎，对大数据技术的利用将成为提高核心竞争力的关键因素。同时，大数据时代科学研究的方法手段也将发生重大改变。在大数据时代，可通过实时监测、跟踪研究对象产生的海量行为数据，并进行挖掘分析，揭示出规律性的东西，提出研究结论和对策。

运维大数据系统提供构建运维指数评估分析的模型，根据历史数据变化规律，挖掘业务、指标、故障等关联信息，为用户真正建立一套完整的运维数据分析和数据挖掘展现平台。通过运维大数据系统，用户可以轻松管理全网各业务资源状态、告警及运维和资产，并根据数据分析模型了解运维工作整体情况和资源运行使用情况，为用户运维工作优化和信息系统业务发展提供依据。聚焦业务系统长期运行变化数据，自动化学习构建业务个性化健康标准。定期"体检"，及时发现业务系统潜在"短板"和可能影响业务的"亚健康"设备。全方位通过相关性、周期性等挖掘算法，协助排查影响健康的问题指标根源。

（1）应用容量分析。建立应用容量分析评估模型，按网络资源、计算资源、存储资源、数据库资源、中间件资源、用户规模、业务指标、用户体验等指标集，并考虑应用集群架构，实时计算应用容量指数。支持通过指标变更进行应用容量预测分析，辅助应用变更决策分析。应用容量分析评估模型如图 11.4 所示。

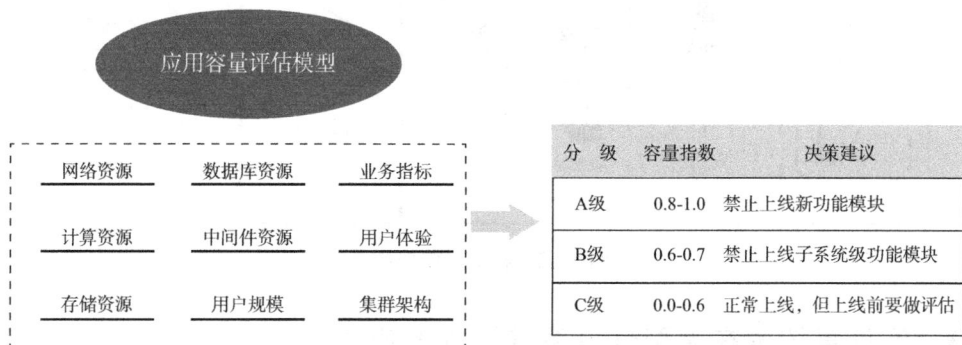

分级	容量指数	决策建议
A级	0.8-1.0	禁止上线新功能模块
B级	0.6-0.7	禁止上线子系统级功能模块
C级	0.0-0.6	正常上线，但上线前要做评估

图 11.4 应用容量分析

（2）应用健康分析。通过对各个业务的海量数据进行综合分析，可以给出任何一个业务场景中每个 IT 资源的运行状态和趋势，从而对资源进行健康度评分，还可以针对业务场景建立综合健康度分析模型，让运维人员清晰地掌握每个业务场景的健康水平。

（3）应用风险分析。根据长期跟踪和监控设备的运行数据、故障数据和运维数据，通过 CMDB 为主数据串联各类运维数据，基于大数据、AI、专家经验，进行针对 IT 资源或业务系统的运行趋势分析和运行风险分析，及时对潜在风险点进行预警，并结合历史积累的风险应对措施的知识库给出风险应对建议，指导运维人员及时处置，避免风险和灾难性故障的出现。通过大数据找出关联性，发现趋势，引领趋势，即大数据能够辅助实现运维更加精、更加准。

11.3.2 移动互联网技术在大型信息系统运维的应用

随着宽带无线接入技术和移动终端技术的飞速发展，人们迫切希望能够随时随地乃至在移动过程中都能方便地从互联网获取信息和服务，移动互联网应运而生并迅猛发展。但是，移动互联网在移动终端、接入网络、应用服务、安全与隐私保护等方面还面临着一系列的挑战。其基础理论与关键技术的研究，对于国家信息产业整体发展具有重要的现实意义。《计算机学报》刊登的"移动互联网：终端、网络与服务"一文，从移动终端、接入网络、应用服务及安全与隐私保护四个方面对移动互联网的研究进展进行阐述与分析,并对未来的研究方向进行了展望。

1. 移动互联网技术与运维

移动互联网技术的发展及智能终端的普及,使移动信息化出现日新月异的变化,让世界各地的人们享受着无处不在的便利。对于企业而言,能够更加快捷地采集、处理和运转数据信息,是提升企业竞争力的一个重要依据。作为移动信息化的重要分支,IT 运维管理在移动运维的应用普及也得到广泛重视。

2. 移动运维的核心思想

移动运维的核心思想是将 IT 运维事件从传统的电脑、现场处理转移到移动手机终端处理。当接收到事件请求时,运维人员可以通过手机在出差地、家中等非工作场所进行工单的接收、处理和派发,摆脱电脑的束缚。通过移动终端,运维人员可以及时对监控告警进行工单的创建和转派,可以对服务请求、事件、问题、变更、备件、任务、发布等工单进行提交和审批处理,对运维系统内部工单处理情况进行查询,对系统知识库进行查询和引用,还可查看系统最新公告等。移动通信架构如图 11.5 所示。

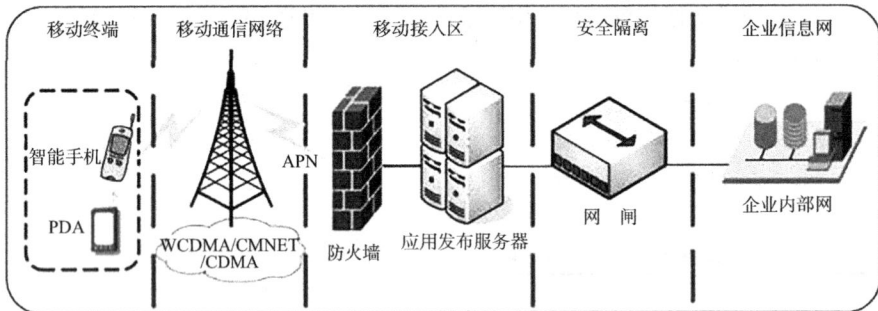

图 11.5　移动通信架构

11.3.3　云计算技术在大型信息系统运维的应用

随着越来越多的企业拥有云计算,为了支持业务系统的快速上线、灵活伸缩以及更高的 SLAs 要求,再加上有限的 IT 运维成本,运维人员将面临比以往更大的运维压力。在运维拥有海量设备且高度复杂的云数据中心环境时,如何提供 99.95% 或以上的高质量 IT 服务,提升效率,降低成本,是运维团队当前面临的最大挑战。当云数据中心的设备规模从几十 / 几百向几万 / 几百万数量级演进时,海量硬件设备的使用对硬件故障的快速定位和隔离将带来巨大挑战;同时,采用虚拟化和分布式弹性技术也加剧了云数据中心的复杂度。这些都会导致运维难度增加,小概率故障成为常态且影响加大,用户级的 99.95% 或以上的服务质量承诺(SLAs)很难保障。

虚拟化技术和众多开源技术的引入使得运维变得越来越复杂,传统人工运维模式处理速度慢、出错概率高。此外,传统人均 50 ~ 100 台设备的维护效率,在大规模云化环境下,需要投入大量人力。企业 IT 向云架构迁移不是一蹴而就的,而是一个长期共存的过程。两种架构导致运维工具差异大,给运维人员带来了更大的挑战。如何实现两种 IT 架构统一、集中的维护管理,是运维系统面临的新课题。

1)云计算的运维新理念

以云计算开发服务为核心的数据中心运维管理,是一种新型的管理理念。数据中心运维管理是其生命中后期一个阶段,也是历时较长的一个阶段,从前期应用架构设计、软硬件资源配置评估、应用服务性能瓶颈评估到安全防护和系统优化等工作,都需要运维人员全程参与。

云计算服务的运维管理集中体现在对云计算服务生命周期的管理。服务的生命周期在 IT 服务的标准 ITILv3 中有明确定义，其核心架构是基于服务的生命周期。服务的生命周期以服务战略为核心，以服务设计、服务转换和服务运营为实施阶段，以服务改进来提高和优化对服务的定位及相关的进程与项目。

2）云计算下信息系统运维方向

信息系统运维领域迫切需要对以云计算为核心的下一代数据中心提供更好的运维支撑解决方案，将各种先进的运维管理技术进行有效整合，对新增虚拟网络、数据存储、虚拟机、宿主机、集群对象采用全新管理方式，从日常监控、周期巡检、服务受理、故障处理、平台维护、配置管理、安全管理等方面着手，利用自动化运维工具，实现对物理资源、虚拟资源统一管理，提供资源管理、统计、监控、调度、服务管控等端到端的综合管理能力，从而实现对云数据中心统一、便捷、高效、智能的一体化运维管理。

（1）业务导向放首位。根据国家标准化管理委员会下发的文件，运行维护服务是供方依据需方提出的服务级别要求，采用相关的方法、手段、技术、制度、过程和文档等，针对运行维护服务对象提供的综合服务。为确保提供的运行维护服务符合与需方约定的质量要求，供方应具备实施运行维护服务的基本条件和能力。

云计算体系下的运维目标首先应该以业务为导向，如新业务的快速部署、系统容量的平滑扩容、随需而变的资源分配等，保证服务达到要求的等级标准，通过自动化的运维工具实现系统预备、配置管理以及监控报警等功能。降低故障发生率，提升故障发生后的响应处理效率，实现业务的快速恢复，并通过改进运行维护服务能力管理过程中的不足，持续提升运行维护服务能力。

（2）打造智能化运维管理模式。信息中心需要建立集中高效、性能优质、快速响应的智能一体化运维生产管理模式，对信息中心的网络、系统、设备、设施实行集中监控、集中 IT 平台支撑、垂直专业管理、统一运行调度。建立合理的运维服务管理制度，包括完善的管理组织结构、明确的岗位职责、人员素质能力要求、工作流程和管理制度。建设智能集中监控信息化平台，包含集中动环监控系统、集中网络监控系统、集中电子运维系统、集中 IT 运营支撑等系统，实现可用性、安全性和预警控制。建立降本增效、绿色节能的效益管理模式。

为保证故障响应、解决问题和交付结果可控，供方应在人员管理和岗位结构以及人员的知识、技能、经验、安全意识等方面满足所需水平，组建掌握网络、动力、安全、消防、IT 软硬件等核心专业技术的运维支撑队伍。

3）云计算技术提升运维质量

云计算技术将为运维体系带来新的理念，通过一体化、自动化、智能化的 IT 系统，将传统运维工作中大量简单、重复性的手工工作通过软件实现，使运维人员有更多精力、条件投入到整个服务生命周期当中。IT 运维服务企业需要构建完善、成熟的 IT 运维服务体系，从制度、流程、人员、技术、资源等方面入手，提高 IT 运维质量。

11.3.4　其他新技术在大型信息系统运维的应用

在大型信息系统运维中应用的新技术有网络运维可视化、可信安全、三维可视化等技术。

1. 网络运维可视化技术

长期以来网络运维的可视化并不是真正的可视化，那些通过大屏将端口流量、设备 CPU、Memory 等运行状态显示出来只是可视化的一部分，网络真实的运行状态还未能显现出来。下面介绍三个网络可视化新技术，也许是未来网络运维的技术演进方向。

（1）sFlow（RFC3176）。sFlow 是由 InMon、HP 和 FoundryNetworks 联合开发的一种网络

监测技术，它采用数据流随机采样技术，可提供完整的第二层到第四层甚至全网络范围内的流量信息，可以适应超大网络流量（如大于 10Gbit/s）环境下的流量分析，让用户详细、实时地分析网络传输流的性能、趋势和存在的问题。

（2）gRPC（Google Remote Procedure Calls，谷歌远程过程调用）。谷歌发布了一个开源的 RPC 框架，RPC 定义了客户端和服务端进行通信的数据结构，服务端提供的服务等，然后编译生成相应的代码供客户端和服务端使用。gRPC 是 RPC 框架正式的实现版本，是在 2015 年初开源的通信框架。gRPC 采用 protocol buffer 来做数据的序列化与反序列化，用 http 2 作为数据传输协议，性能更优。gRPC 可以灵活定义数据格式和数据推送的阈值，从而实现网络设备自身运行状态的主动推送数据能力，实现周期性推送网络设备丰富的运行状态，尤其当发生缓存不足导致丢包时，也会实时通知监控服务器，实现网络运行数据的可视化。gRPC 具有响应速度快、实时性高、采集数据全面的优点。

（3）INT（In-band Network Telemetry，带内网络遥测）。INT 是由 Barefoot、Arista、Dell、Intel 和 VMWARE 共同提出的技术。INT 是被设计用来收集和报告网络状态的一个框架，它通过数据平面实现，不需要控制平面的干涉，Facebook 根据这个协议和相应厂商的网络设备设计了一套系统，未来可能会开源。INT 的思想是在第一跳的网络设备上收到相应报文，对其进行封装特定报文，然后扔给下一跳，直到最后一跳网络设备，每一跳网络设备都会收集相应的信息，封在报文里面。最后，在最后一跳网络设备剥离报文里面收集到的信息，然后把原始报文扔给服务器，收集到的网络设备信息扔给监控端处理。这样既不影响正常业务转发，又能收集到经过网络设备的信息，在黑盒不知道网络拓扑的情况下还能探测出网络拓扑。初步协议给定的有：交换机 ID、入端口信息、入端口时间戳、出端口 ID、出端口时间戳、出端口链路利用率及缓存信息。INT 是一个类似 OAM 的协议，INT 根据沿路设备的信息，就能够知道报文如何传送，哪里有性能瓶颈，解决了网络转发路径和转发时延不可见的问题。

2. 可信安全技术

将可信芯片提供的加解密方法应用于远程移动终端控制信息的传输，能有效解决重要数据的传输安全。在移动警务终端的运维中，将设备的远程锁定、远程销毁、远程系统备份还原指令，通过授权流程进入运维员管控设备、设备使用者维护设备、授权领导下达指令控制设备，由此来管理移动终端。

这是应用可信芯片加密与短信收发相结合的机制。将信息安全要素融入运维体系，可信芯片提供的 SM2、SM3 加密算法等典型的对称、非对称算法，再加上主流的 CPU，能快速对信息进行加解密；结合短信机制，可快速、安全、高效地解决设备丢失后的应急处理。可远程对设备系统进行还原，以及远程对系统数据进行销毁等。

3. 三维可视化技术

三维可视化的管理方式在大型信息系统运维中越来越受到关注，逐渐取代人工管理。三维可视化技术有智能巡检机器人、增强现实技术（AR）技术、虚拟现实 VR 技术等几类。它通过一个"所见即所得"的平台（图 11.6），将资产、容量、能源、电力、告警、信息系统监控等软件集中呈现，使得运维人员可以一目了然地看到当前信息中心的运行状态和问题所在。这种方式逐渐得到行业认可，3D 机房管理平台被越来越多的运营商、企业所采纳，从而在行业内掀起了可视化管理的风暴。

（1）机器人智能巡检。很多年前，机器人的企业级应用就已开始得到重视。由于近年来无轨化导航技术的不断完善，机器人本身更加轻量灵活，用机器人代替人类进行一些复杂或者高危的巡检工作，逐渐成为各行各业的应用趋势。巡检机器人完全可以胜任在信息中心内部的巡检工作。信息中心巡检机器人，集成了视频分析、图像采集、数据存档、环境探测、语音播放等功能，在对机

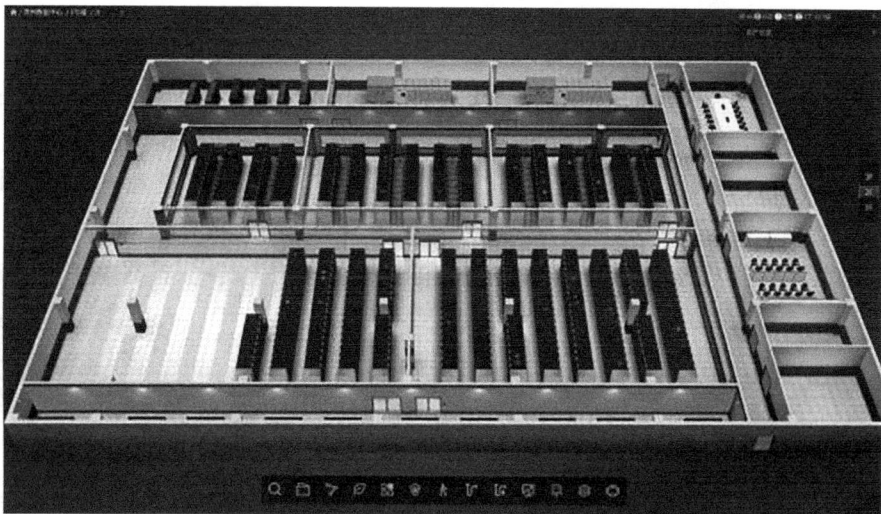

图 11.6 三维可视化整体图

房进行 360° 全方位监控的同时，还可以同步采集热成像、声音、温度、湿度、烟雾等信息，支持同步传递实时画面，实现信息中心真实场景的实时可现，大大延伸信息中心工作人员和管理人员的管理视角。

另外，由于机器人自身工作的稳定性与较强的环境适应性，即使是在信息中心发生意外，且人工无法进入故障现场时，依旧可以照常工作，找出故障点与故障原因，为应急计划的指定提供有效信息支撑。机器人的维护巡检如图 11.7 所示。

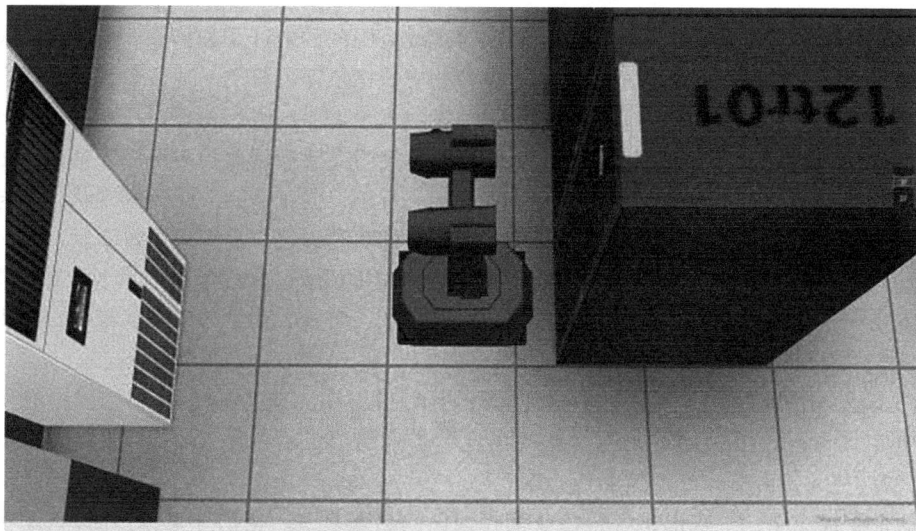

图 11.7 机器人维护巡检

机器人维护巡检，不仅可以大大减少人力资源消耗，同时，其全天候、全自主、无死角的工作，可以提升维护效率，提升信息安全水平，提升运维及故障解决效率，对于信息中心智能化运维来说具有划时代的意义。

（2）增强现实（AR）技术在运维的应用。在不少科幻大片中，我们时常可以看到电影主人公一伸手，半空中就会浮现一块半透明的面板，上面有各种各样的信息。人只要挥一下手便可以切换面板，动一动手指便可以对面板上的指令进行操作，看上去既酷炫又高效。

现在，在 AR 技术的支持下，科幻片里的场景也能够搬到机房运用中，不仅能给运维带来全新的视觉体验，更能切实提升机房运维的高效灵活性，如图 11.8 所示。

AR 技术，也就是增强现实技术，是一种将真实世界信息和虚拟世界信息 "无缝" 集成的新技术。它可以把原本现实世界中无法直接体验到的实体信息（比如机房中某一机柜设备的型号、编号、负责人等）通过技术进行呈现并叠加到真实物件（机柜）上，被人类感官所感知，从而达到超越现实的感官体验。

图 11.8　增强现实技术（AR）技术设备管理

通过 AR 技术，运维信息中心可以真正做到对视线范围内的资产了如指掌。戴上 AR 眼镜，通过手势操作，可以迅速选定想要查看的机柜，设备的虚拟标签即可自动浮现，运维人员可查看设备的动态运行状态。

除了可以更加便捷直观地查看设备外，AR 运维模式还支持远程监控与协助。通过 AR 运维引擎调用远程协助模块，远程专家可与运维一线人员同一视角，同步看到故障现场现状，并与一线工程师实时沟通，调取数据进行综合分析，保障一线运维的顺利进行，提升运维效率。

（3）虚拟现实（VR）技术在运维的应用。虚拟现实（Virtual Reality），简称 VR，是利用电脑模拟产生一个三维空间的虚拟世界，提供用户关于视觉、听觉、触觉等感官的模拟，让用户如同身临其境一般（图 11.9）。

根据艾瑞发布的《2017 中国 VR 虚拟现实行业研究报告之市场数据篇》，中国将成长为全球主要的 VR 市场，预计 2021 年，中国 VR 市场规模将达到 790.2 亿元；其中企业级内容市场规模将增长到 87.7 亿元，占整体市场的 11%。

VR 的企业级应用，一直都是各行各业都在谈论的热点之一。据国外媒体预测，VR 在未来五年内将成为主流。随着越来越多的人开始关注虚拟现实，这种热门趋势预计在未来 5 年将变得更热。

VR 技术能带来特有的沉浸式体验，能给视觉带来三维空间的真实感，是其他技术无法比拟的。身临其境的视觉体验，能够帮助人更好地了解周围环境，从而对周边情况进行决策处理。

对于信息中心来说，VR 技术的应用对运维的意义重大。一方面，身处三维空间带来的视觉感受，远高于从屏幕中获取信息的体验。对运维人员来说，可以从更加直观的视角了解信息中心房间、机柜、设备的分布等信息。另一方面，VR 技术是一种极佳的展示手段。通常来说，数据中心是企业的核心区域，除了工作人员，其他人是无法进入的。有了 VR 技术的支持，前来参观的人员无需亲

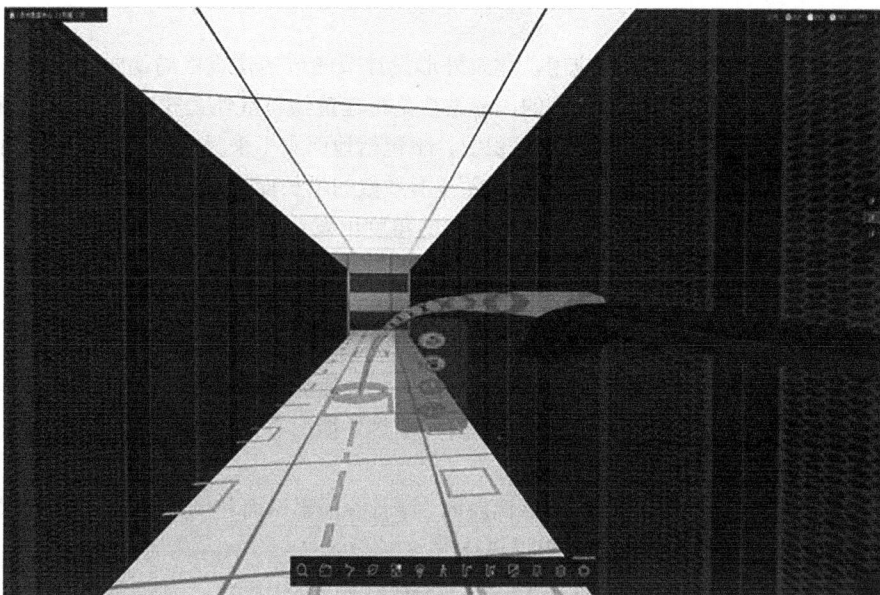

图 11.9　虚拟现实（VR）技术机柜管理

自进入信息中心，也可以有身在信息中心的体验。

　　大型信息系统智能运维的二次革命已经悄然开始，多种新技术与运维的结合已成必然趋势，让人拭目以待。

11.4　大型信息系统的绿色运维

　　近年来，云计算、大数据、移动互联网、物联网的持续驱动，国内数据中心建设进入高峰期，大量的资本进入 IDC 行业，新建数据中心数量明显增加。研究显示，全球 IDC 市场整体市场份额已达到 534.7 亿美元，中国信息中心市场规模为 987 亿人民币，增长 38.2%，增速远高于全球平均水平。移动互联网、云计算和大数据业务迅猛发展，全球的数据中心建设步伐正在加快。与此同时，数据中心的节能降耗问题也进一步凸显。如何运用新技术、新工艺、新产品降低机房制冷所消耗的电能，建设绿色环保机房，开展绿色运维，已成为业界关注的核心问题。

　　大运维体系数据中心所需要的能耗很大，往往占据整个大型信息系统总能耗的 20% 以上。节能减排是全社会的责任和目标，大运维体系管理者和运维者责无旁贷，可通过"大智移云"技术降低磁盘转速，对使用硬盘与空量硬盘的配比、制冷设备与设备的组成、机房设计、电力分配、带宽分配、机柜使用率等多方面进行优化，降低大运维体系的能耗。

　　绿色数据中心是数据中心发展的必然。总的来说，可以从建筑节能、运营管理、能源效率等方面来衡量一个数据中心是否为"绿色"。绿色数据中心的"绿色"具体体现在整体的设计规划以及机房空调、UPS、服务器等 IT 设备、管理软件应用上，要具备节能环保、高可靠可用性和合理性。

11.4.1　节能技术在大型信息系统的应用

　　节能技术可以节约能源消耗，减少能源损失，提高能源利用率。节能技术在满足舒适使用的前提下，采用新型保温围护结构、高效采暖空调、节能照明设备及利用可再生能源达到节能的目的。根据云计算数据中心绿色节能的需要，很多节能技术可以在云计算数据中心建设中借鉴和应用，促进云计算数据中心的绿色节能高效。

1. 节能技术的应用

（1）建筑外形设计节能技术的应用。建筑外形设计节能包括建筑格局朝向、外形结构设计、体形系数、表面面积系数设计等。建筑物的体形系数是指建筑物与室外大气接触的外表面积 A（m^2）与其所包围的体积 V（m^3）的比值。外表面积中，不包括地面和不采暖楼梯间隔墙及户门的面积。在其他条件相同的情况下，建筑物耗热量指标随体形系数的增长而增长。研究表明，体形系数每增大 0.01，能耗指标大约增加 2.5%。从有利于节能的角度出发，体形系数应尽可能地小。在相同体积的建筑中，以立方体的体形系数为最小。

（2）建筑围护结构节能技术的应用。墙体可采用岩棉、玻璃棉、聚苯乙烯塑料、聚氨酯泡沫塑料及聚乙烯塑料等新型高效保温绝热材料以及复合墙体，降低外墙传热系数。

采取增加窗玻璃层数、窗上加贴透明聚酯膜、加装门窗密封条、使用低辐射玻璃（low-E玻璃）、封装玻璃和绝热性能好的塑料窗等措施，改善门窗绝热性能，有效阻挡室内空气与室外空气的热传导。

采用高效保温材料保温屋面、架空型保温屋面、浮石沙保温屋面和倒置型保温屋面等节能屋面。在南方地区和夏热冬冷地区采用屋面遮阳隔热技术。

适当的外遮阳布置，对减少日射热量会比内遮阳更为有效。有的时候甚至可以减少70%～80%的日射热量。外遮阳可以依靠各种遮阳板、建筑物的遮挡、窗户侧檐、屋檐等发挥作用。

（3）暖通空调系统节能控制技术应用。暖通空调系统的控制技术是对既有热网系统和楼宇能源系统进行节能改造，实现优化运行节能控制的关键技术。主要有三种方式：VWV（变水量）、VAV（变风量）和VRV（变容量），其关键技术是基于空调系统中"冷（热）源—输配系统—末端设备"各环节的物理特性的控制。

（4）热泵技术的应用。热泵技术是利用低温低位热能资源，采用热泵原理，通过少量的高位电能输入，实现低位热能向高位热能转移的一种技术，主要有空气源热泵技术和水（地）源热泵技术。可以向建筑物供暖、供冷，有效降低建筑物供暖和供冷能耗，同时降低区域环境污染。

（5）新风处理及空调系统的余热回收的技术应用。变新风量所需的供冷量比固定的最小新风量所需的供冷量少20%左右。新风量如果能够从最小新风量到全新风变化，在春秋季可节约近60%的能耗。对于新风量的大小，需要在舒适健康、经济环保和节约能源之间找到平衡点，这是其节能的关键所在。通过全热式换热器将空调房间排风与新风进行热湿交换，可实现空调系统的余热回收。

（6）相变储能技术的应用。相变储能技术具有储能密度高、相变温度接近恒定温度等优点，可提供很高的蓄热、蓄冷容量，并且系统容易控制，可有效解决能量供给与需求时间上的不匹配问题。例如，在采暖空调系统中应用相变储能技术，是实现电网的"削峰填谷"的重要途径；在建筑围护结构中应用相变储能技术，可以降低房间空调负荷。

（7）新能源技术的应用。新能源是在新技术基础上系统地开发利用的一次能源，如太阳能、风能、生物质能、海洋能、地热能等，它们都属于可再生清洁能源。太阳能一体化建筑是当前太阳能利用的发展趋势。利用太阳能为建筑物提供生活热水、夏季空调，同时可以结合光伏发电技术为建筑物供电。

（8）照明节能技术的应用。采用智能照明系统，实现按需照明；尽量利用自然光（顶部天窗、屋顶采光等）；推广使用节能灯，目前普遍使用的白炽灯的发光效率只有大约10%，荧光灯的发光效率为30%～40%，而高效节能灯的发光效率则可达70%～80%。

2. 节能技术应用案例介绍

2015年9月，采用湖水制冷的某互联网企业浙江千岛湖数据中心正式启用，预计全年平均

PUE1.3，无论是水冷本身，还是数据中心的设计和建设，以及所采用的硬件和软件技术，都引起了各方关注。千岛湖数据中心采用了大量节能环保的创新技术，例如数据中心采用水冷制冷。大部分时间不需要电制冷，深层湖水通过完全密闭的管道流经数据中心，帮助服务器降温，再流经 2.5 公里的青溪新城中轴溪，作为城市景观呈现，自然冷却后回到千岛湖。

采用水力发电、光伏太阳能等可再生能源，信息系统设备余热也可被回收用作办公区采暖。先进的环境管理系统，按需制冷技术纳入动态环境管理，通过智能算法模型综合判断，监测服务器的功率与温度变化，实时调整冷量输出，把制冷所需的能耗降至最低。该企业自主研发的数据中心微模块、整机柜服务器、PCI-E 固态硬盘，比传统服务器节约大量能耗。

千岛湖地区年平均气温 17℃，其常年恒定的深层湖水水温，可让数据中心 90% 的时间都不依赖湖水之外的制冷能源，制冷能耗节省超过 80%。也就是说千岛湖数据中心比普通数据中心全年节电约数千万度，减少碳排放量达一万多吨标煤。预计可实现年平均 PUE1.3，最低时 PUE1.17，设计年平均 WUE（水分利用率）可低至 0.197。

11.4.2 人工智能助推绿色运维

人工智能这一当下最"火"的概念正在与数据中心绿色运维产生越来越多的联系。"谷歌近期使用了一个新系统，可以大幅削减数据中心的能源消耗，可以削减约 40% 的能耗。"能源专家指出，遍布全球的这些数据中心目前已经消耗了全球约 1/3 的能源，"如果可以大幅减低此类消耗，对于环境改善帮助极大"。数据中心不仅是处理人工智能生成数据的关键部分，而且还可以直接受益。现在可以部署人工智能，并与数据中心基础架构管理技术配合使用，检查数据中心的功耗、冷却、系统状态，以及容量等方面。

人工智能在绿色数据中心的应用主要包括以下两个方面：

（1）机器学习降能耗。2014 年，谷歌最早采用人工智能管理数据中心。谷歌能够利用机器学习将冷却能源的使用量减少 40%。谷歌采用人工智能减少功耗，显著降低数据中心的运营成本，通过关键分析和自动化运营，可以显著提高数据中心的效率。

（2）大数据分析实现关键制冷技术。我国行业领先企业也在数据中心节能方面不断尝试。腾讯公司采用了一项间接蒸发制冷技术，可实现 30% 的节能。过去，数据中心通常采用直接蒸发制冷技术，其对于户外的气候环境要求很高。如果空气里有粉尘、雾霾、电子化学物质、花粉，或者湿度比较高，就会对室内数据中心造成影响。而间接蒸发制冷技术通过把制冷系统移到户外，可实现与室内机房的解耦，并利用空空热交换器隔绝室内外空气（室外新风和信息系统空气是完全隔离的），从而达到零污染、零接触，避免了户外气候对室内机房的影响，同时也能利用外部自然空气的能量。基于该技术的间接换热制冷设备，可最大化利用贵阳市当地 15℃ 的平均温度，建成后极限 PUE 将达 1.1 左右，远低于国内新建数据中心的平均值。

第12章 大运维体系建设案例

他山之石，可以攻玉。——《诗经·小雅·鹤鸣》

我国大型信息系统的运维体系在探索中求发展，在实践中求创新，目前已经取得较好的成绩。"他山之石，可以攻玉。"。中国华为公司助力尼日利亚E用户构建云运维体系、广西电网公司大型信息系统运维体系、消防移动监督检查系统大运维体系、城市电子政务云安全大运维中心、商业银行数据中心大运维管理体系、移动警务平台大运维服务体系、税务数据中心大运维管理体系、广西某政府单位大运维体系的咨询与监理等，都是大运维体系建设效果较好的案例。本章将对这些案例 进行简要的介绍，以启迪关心大运维体系建设事业的同仁，为我国大型信息系统运维体系的建设与发展起一点促进作用。正是：

"华为"跨国云维护，

"博联"护电开新路。

"海邻科"筑墙伏火，

"奇安信"设盾防误。

"宏景"倾情守银心，

"易通"立移动政务。

"华资"匠心保国税，

"联信"献智当太傅[1]。

八强呈能催春早，

大运维路迈阔步。

12.1 助力尼日利亚E用户构建云运维体系

——华为跨国云维护

12.1.1 建设背景

尼日利亚E用户是世界第13大移动网络提供商E公司在非洲的最大子网。2014年1月，中国华为技术有限公司与E用户签订了ITO合同，采用华为OWS（Operation Web Services，基于云计算和微服务架构的在线应用开发平台）、ManageOne运维工具等实现云平台运维自动化，提供IT策略、规划、建立、运维、业务运营支持、IT技术架构优化、应用系统维护、企业应用管理、业务流程支持、基于业务需求的容量管理和扩展、对50多个厂家的管理等服务，业务范围涵盖融合计费系统、存储服务器等IT基础设施改造升级，以及IT系统运维、人员转移、资产转移、第三方管理等IT服务。

该项目已实施至第4年，已完成部分第三方厂商设备的替换。为了完成降本指标，并且结合云化战略，已对运维结构进行调整优化。之前项目基本采用传统运维方式，ITO运维团队的日常维

1）太傅原意为皇子的老师，此处作咨询指导之意。

护活动没有做到系统化、工具化，云化平台也没有使用起来，主要有以下问题：

① 机房的设备厂商较多，涉及设备类型较多，导致运维难度大，对运维人员的要求较高。

② 缺少专业的云平台运维人员，虚拟化资源池现由 Windows 团队监管，只具备简单的发放虚拟机的能力，后续云平台正式使用后，当前团队没有能力承接云平台的运维。

③ 现网资产管理流程缺失，设备信息靠原始的手工记录，且由于没有专人记录，导致信息无法对齐；由于设备信息不明确，导致对现有运维人员依赖度较大，更换其他不熟悉现网的运维人员阻力比较大。

④ 虚拟化资源池类型及数量较多，涉及不同厂商、不同版本，导致运维难度较大，缺乏统一的资源管理系统。

⑤ 工具系统散乱，种类较多，导致每个运维小团队都有多个工具需要使用，增加了运维人员的工作量；缺乏统一的告警监控工具系统，告警监控信息无法同步；HP 工具系统比较复杂，部分工具现网没有能力使用。

⑥ 缺乏自动化报表系统，包括资源使用情况、工单处理情况，以及监控告警报表，当前报表工作多为手工记录。

针对上述问题，中国华为公司引入云运维的新技术，下文将介绍对现有系统进行云化工具化统一管理后的运维方案。

12.1.2　当前运维现状

1. 数据中心概况

ITO 项目数据中心概况如图 12.1 所示。

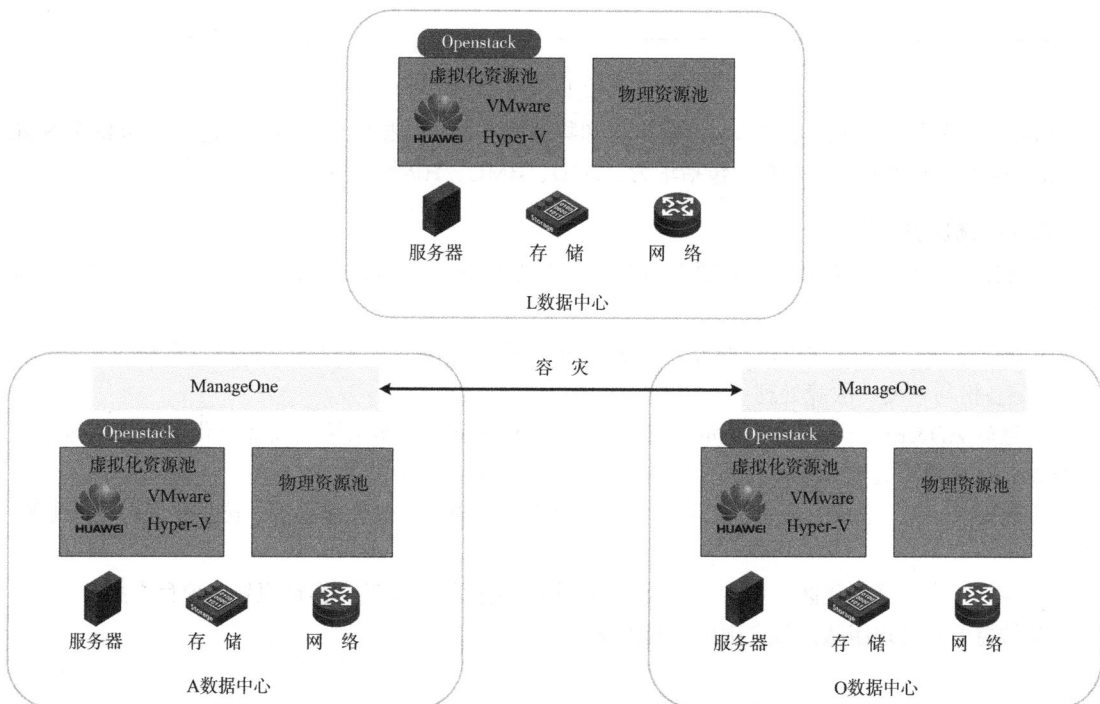

图 12.1　ITO 项目数据中心概况

当前 E 用户 ITO 项目共有三个数据中心，其中，L 为主数据中心，部署了大部分业务。该数据中心虚拟化资源池包括两套 FusionSphere3.0，一套 FusionSphere5.1，两套 VMware5.5，一套

HyperV2008，一套 HyperV2012。设备类型比较多，大部分为 HP 和 HW 设备，还包括部分思科、Oracle、BMC 等厂商设备。该数据中心涉及厂商比较多，维护难度大，将被停用。ITO 项目主要使用另外两个数据中心。

A 数据中心为未来的主数据中心，所有物理设备均为华为设备，当前部署了一整套 VRM 版本的 DC²2.0 云产品，包括一套 FusionSphere6.0 和 ManageOne3.0.5。目前，该数据中心的云平台没有部署业务，也无专人维护，故障主要由一位 IT 集成的本地员工进行处理，无主动运维。

O 数据中心为未来的容灾站点，当前该数据中心暂时没有设备上线。计划后续在该数据中心部署一套 DC²2.0 容灾场景产品，为 Abuja 数据中心提供容灾服务。该数据中心后续也计划全部使用华为设备，云平台组件版本为 FusionSphere5.0+ManageOne3.0.5。

三个数据中心总体资源现状如图 12.2 所示。

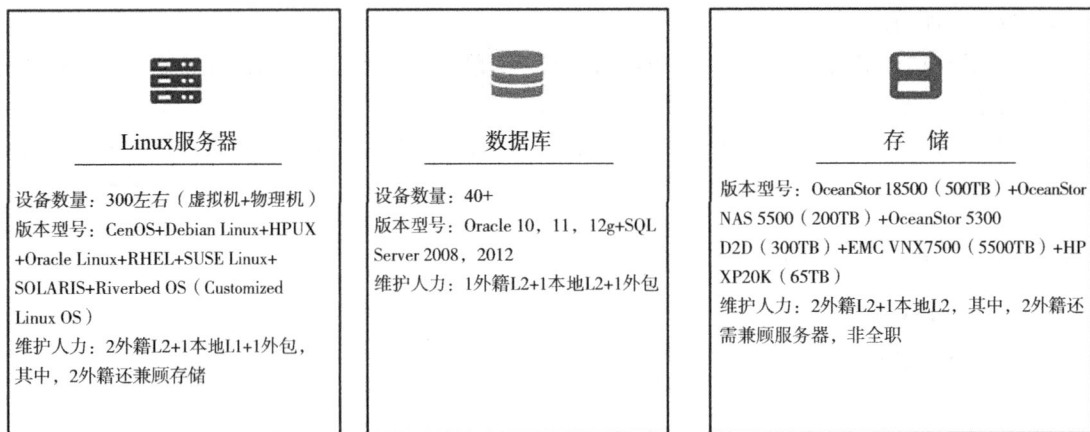

Linux服务器

设备数量：300左右（虚拟机+物理机）
版本型号：CenOS+Debian Linux+HPUX+Oracle Linux+RHEL+SUSE Linux+SOLARIS+Riverbed OS（Customized Linux OS）
维护人力：2外籍L2+1本地L1+1外包，其中，2外籍还兼顾存储

数据库

设备数量：40+
版本型号：Oracle 10，11，12g+SQL Server 2008，2012
维护人力：1外籍L2+1本地L2+1外包

存　储

版本型号：OceanStor 18500（500TB）+OceanStor NAS 5500（200TB）+OceanStor 5300 D2D（300TB）+EMC VNX7500（5500TB）+HP XP20K（65TB）
维护人力：2外籍L2+1本地L2，其中，2外籍还需兼顾服务器，非全职

图 12.2　数据中心总体资源现状

Linux 服务器共 300 台左右，包括虚拟机和物理服务器；数据库数量 40+，包括 Oracle 和 SQL Server；存储资源共 1600T 左右，包括华为、D2D、BMC、HP 等设备。

2. 组织机构概况

当前各个业务管理组织结构如图 12.3 所示。运维团队主要由自有人员和外包人员组成。运维团队分为 5 个小团队：

① 操作系统、存储、中间件团队。负责 Linux、存储设备的日常维护，包括日常检查、告警监控、存储备份与恢复、故障处理、升级扩容等操作。

② 微软 AD&Exchange 团队。负责 E 用户所有 Windows 操作系统以及虚拟化资源池的维护，包括 Windows 故障处理、升级打补丁、虚拟资源发放等操作。

③ 数据库团队。负责数据库实例的运维，包括日常检查、容量性能管理、安全补丁、问题处理，报告等。

④ 网络和流量管理团队。负责网络设备的维护，包括问题处理、容量规划、项目支撑等。

⑤ 监控中心管理团队。负责现网工具的维护。

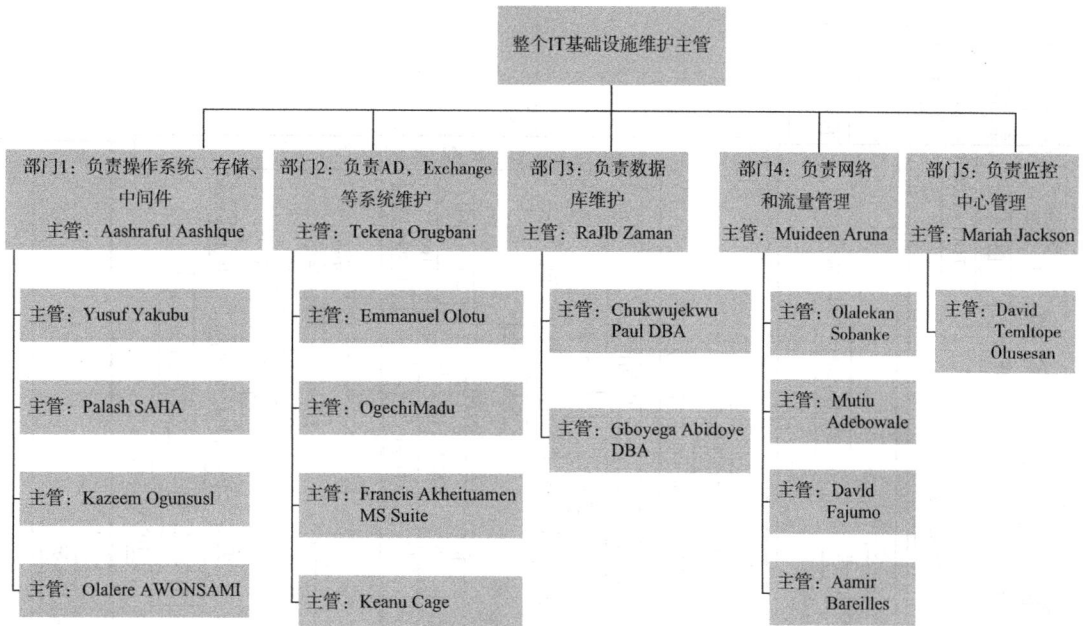

图 12.3 当前各个业务管理组织结构

3. 运维工具概况

现网的工具方案比较复杂（图 12.4），共有 30 余种工具被不同的团队使用。工具使用不集中，缺乏统一的工具管理方案，导致工具使用工作量较大。现有工具系统主要为 HP 的一整套工具系统，其中，服务器、存储、网络、数据库均有对应的工具供相关团队使用。

现网的 ITSM 工具使用的是 HP 的 NMS 工具，通过该工具提取故障单后，由 ServiceDesk 接收并转发给相关运维人员进行处理。

12.1.3 云运维系统演进思路

根据项目规划以及路标，总结出 ITO 项目的云化演进整体规划，如图 12.5 所示。该项目的云化演进共分为 6 个步骤：O 数据中心云平台搭建、虚拟化资源池改造、资源统一管理、工具系统改造、应用迁移以及最终的关闭 L 数据中心。

12.1.4 云运维体系建设

1. 容灾云平台搭建

在项目云化演进过程中，当前阶段即为 O 数据中心云平台的搭建。该云平台作为 Abuja 数据中心的容灾中心，为生产中心提供云容灾服务，如图 12.6 所示。

底层存储设备采用传统的容灾方式，使用 FC 交换机将两个数据中心的存储相连并进行数据同步；上层虚拟机采用 DC²2.0 产品的云容灾服务，通过 BCManager 工具将虚拟机以操作系统的级别进行复制并实时更新增量数据。两个数据中心的云平台使用同一套 Keystone，主生产站点发生灾难后切换到容灾站点。两个数据中心分别部署一套 ManageOne，形成主备模式，日常只使用主站点 ManageOne，发生灾难后才使用容灾站点 ManageOne。

在该容灾云平台部署完成后，可以实现云化的容灾服务，相比传统的容灾场景，云容灾场景会大大减少运维人员的工作量。发生灾难后，只需在容灾云平台上点击按钮即可完成容灾虚拟机的切换。

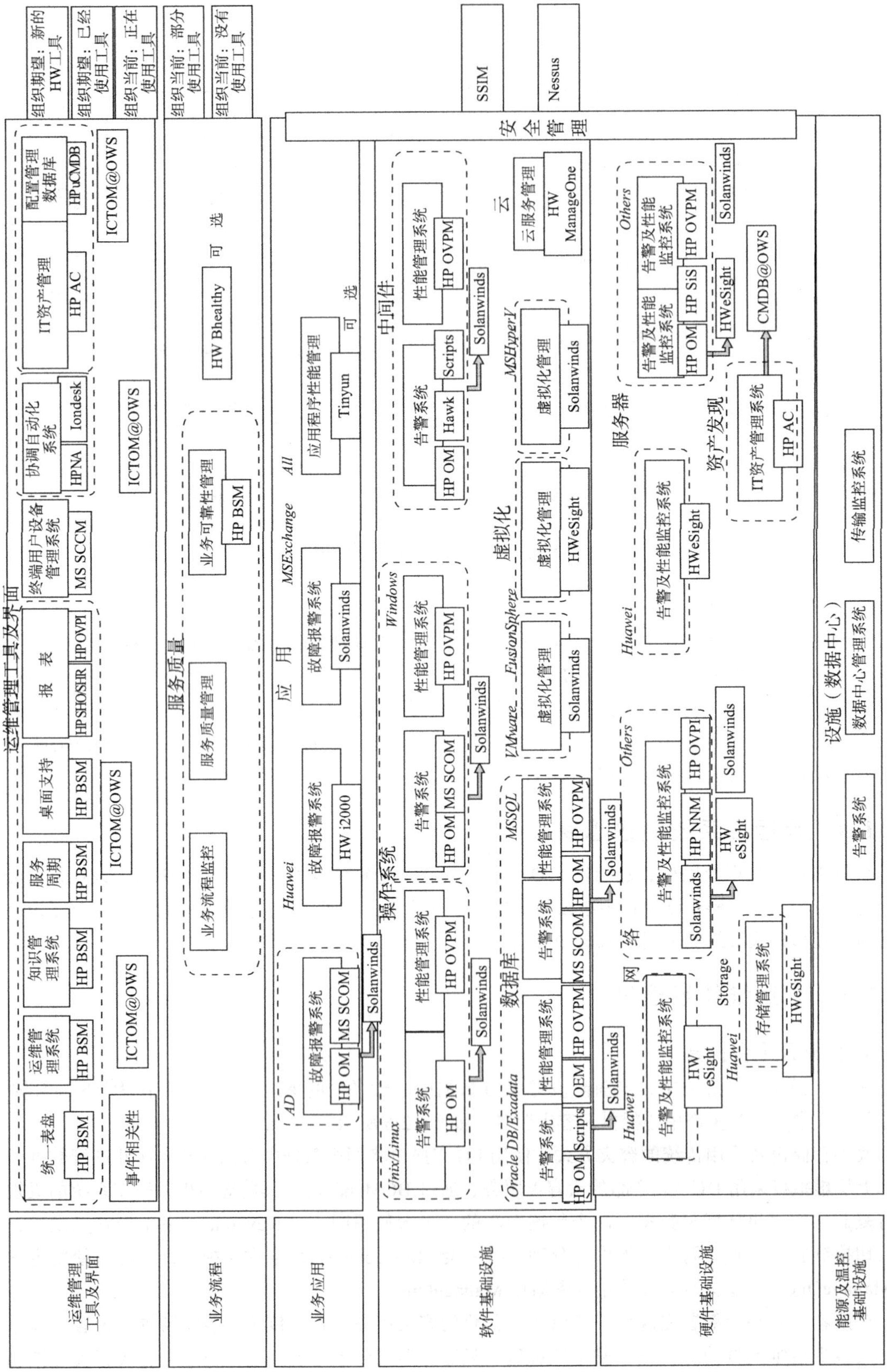

图 12.4 现网的工具配置

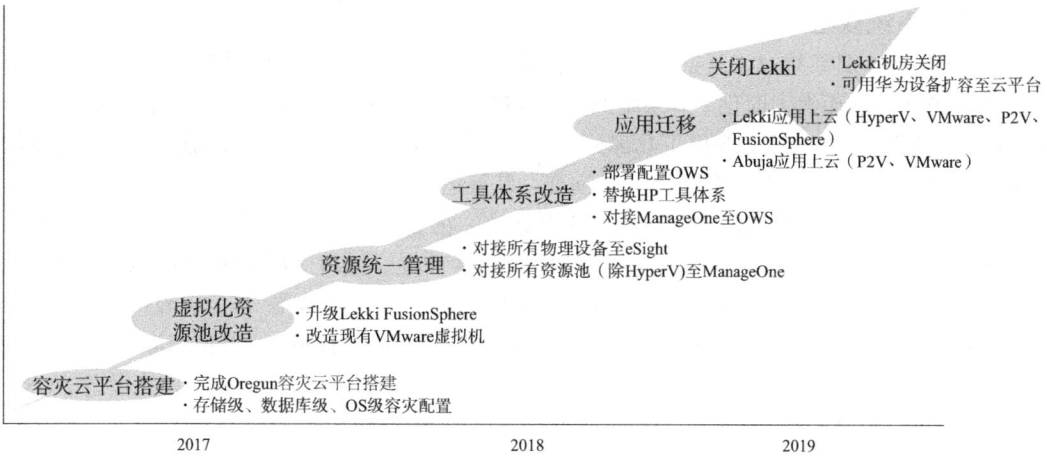

图 12.5　ITO 项目云化演进整体规划

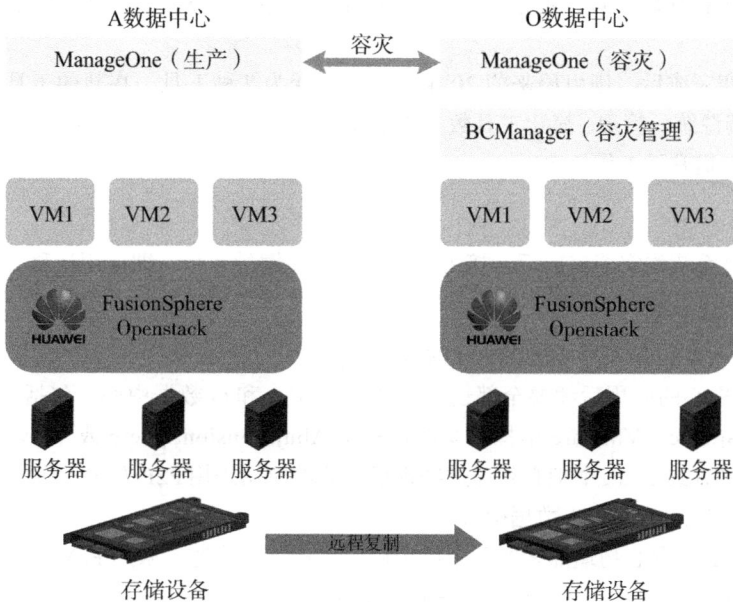

图 12.6　云平台为生产中心提供云容灾服务

2. 资源统一管理

虚拟资源改造完成后，可以将现网的 FusionSphere 和 VMware 资源池统一纳入 A 数据中心云平台中，实现虚拟资源的统一管理。虚拟资源池对接到云平台后，可在 Servie Center 界面选择不同的资源池进行虚拟机发放，实现真正的统一资源管理。L 机房的 HyperV 虚拟资源池目前还无法对接到该云平台，只能暂时单独管理，后续将该资源池的所有虚拟机迁移至 FusionSpere 进行统一管理。

对于物理资源，可以统一对接至 eSight，完成对物理硬件的统一告警监控，并实现统一资源管理。将物理设备对接至 eSight 后，可以看到各个设备当前的状态、告警信息，以及各设备之间的组网关系。eSight 上的拓扑管理功能可以实现资产管理，并且当 eSight 对接 OC 后，可以实现拓扑信息和告警信息的上报，可以在 OC 上进行统一的查看和处理。

3. 工具系统改造

由于当前的工具系统过于复杂，目前运维团队没有能力充分使用 HP 的整套工具，项目组计划后续引进 OWS，从而大大简化工具系统的复杂程度，将当前 30 余种工具简化为十几种，方便运维人员和用户使用。具体演变分为以下几部分：网络设备运维工具演变、存储 & 服务器运维工具演变、OS& 虚拟化运维工具演变、应用运维工具演变、其他运维工具演变等。

完成演变后，主要的工具系统为 OWS 工具系统。在 OWS 工具系统中，底层资源分为 3 部分：微软资源、华为资源和第三方资源。微软资源包括 MS SQL、微软应用 /OS 和 HyperV 虚拟化资源池，通过微软的 MS SCOM 工具进行监控告警的信息采集并上报至 OWS；华为资源包括华为的计算、存储、网络设备，以及华为的 FusionSphere 虚拟化资源池和 VMware 虚拟化资源池，通过 eSight 和 OC 进行告警信息的收集，并进一步上报至 OWS；第三方资源包括第三方的网络设备、OS、DB 以及其他应用，通过 Solarwinds 工具进行告警配置等信息的上报。

告警信息上报至 ICTOM 后，可以设置规则自动转工单至 ICTSM，由 ServiceDesk 接单后转给相应的运维人员。同时，告警信息会记录在 ICTOM 系统中，需要时可以生成报表。当用户有服务请求或者故障申报操作时，可以通过 ICTSM 系统生成工单，由 ServiceDesk 接单后推送给相关运维人员进行处理。

工具系统演变完成后，则由原来的 20 余种工具演变为 7 种工具。在新的工具系统中，实现了统一告警监控、资源统一管理、简化工具数量与操作的功能，从而极大地减少了运维人员的工作量，降低了工作难度，提升了工作效率。

4. 应用迁移

云平台和工具系统均实施完成后，接下来就是比较关键的一步，即应用迁移。

1）应用迁移的步骤

（1）为了统一云化管理尽可能将所有的应用上云。

（2）L 数据中心的应用后续要全部迁移至 A 数据中心和 O 数据中心，包括 HyperV 虚拟机全部迁移至 FusionSphere，VMware 虚拟机全部迁移至 Abuja FusionSphere 或 VMware，物理部署的应用尽量采用 P2V 方式上云，个别必须通过物理机部署的应用采用 P2P 方式迁移至 Abuja 数据中心，需要容灾的应用同时也迁移至 O 数据中心。

（3）当前 A 数据中心物理部署的几个应用后续尽量进行改造，采用 P2V 方式迁移至云平台；A 数据中心当前的 VMware 资源池要纳入华为云平台。

（4）后续 O 容灾数据中心建好后，为缩短容灾响应时间，尽量将所有容灾应用均部署在容灾云平台上。

（5）将应用按照重要程度和类型进行分类，划分为不同批次进行迁移，并为不同类型的应用创建不同的 VDC 进行统一管理。

2）现网的应用批次划分

项目组与用户讨论后，初步将现网的应用批次划分如下：

（1）该批次应用具有对业务应用、IT 基础设施硬件和用户的监控和管理功能，首先迁移该批次应用，可以方便后续的应用迁移和容灾实施。

（2）该批次应用是最重要的业务应用，且该批次应用比较容易实现容灾机制。

（3）业务的集成性和依赖性是该批次划分的主要依据，该批次应用之间的依赖度较高，为保障某些关键流程共同工作。

（4）该批次应用除了 BI/EDW 外，都不是非常重要的运维应用，但决定了公司的销售和收入，且这些应用之间也有一定的依赖关系。

（5）该批次应用除了 BES@CRM 外，均为相对不重要的应用，将 BES@CRM 放在该批次，主要因为其生产站点还在实施过程中。

3）目前存在的困难

项目组将部分计划设置容灾机制的应用进行迁移分析，现网部分应用无法实现上云的困难有：

（1）应用部署在 Unix 操作系统中，当前技术不支持将 Unix 系统迁移至云平台。

（2）为了满足性能要求，当前计划所有数据库服务器保持物理机安装。

（3）个别特殊功能的应用要求必须部署在物理机上。

4）采取的应对措施

针对以上问题，华为采用以下对策，使其满足上云条件：

（1）将现有 Unix 系统的服务器全部转换为 Linux 系统，迁移至云平台。

（2）为数据库专门规划高性能设备的资源池，使其能够满足数据库高性能的要求，此规划也可为后续的容灾机制提供保障，发生灾难后直接切换至容灾中心的数据库虚拟机，既可以实现业务切换，又能够提高容灾的反应速度。

（3）对于有特殊要求的应用，首先分析其是否可以采用数据库模式，单独创建满足其性能要求的资源池；若要求必须使用物理机部署，则可以在云平台上部署裸金属的服务组件，实现将物理设备也纳入云平台进行管理。

进行上述操作后，当前现网的绝大部分应用即可满足上云要求，实现资源的云化统一管理。

5. 关闭原有数据中心

完成 L 数据中心的所有应用迁移后，即可关闭 L 数据中心，并将 L 机房未到 EOF 周期的设备（主要为华为设备）扩容至云平台进行使用。

关闭 L 数据中心后，现网的运维复杂度会大大降低：

（1）几乎所有应用都部署在云平台上，能够实现高效的云运维模式。

（2）三个数据中心变为两个数据中心，且无需继续维护组网最复杂、设备类型最复杂的数据中心，运维工作量大大减少。

（3）监控告警自动化，可以通过云平台实时进行所有设备的监控，且可直观地看到设备的拓扑结构，无需手工记录设备信息。

（4）报表功能强大，引入华为 OWS（Operation Web Services，基于云计算和微服务架构的在线应用开发平台）后可实现运维自动化报表，在云平台上可以实现资源使用情况报表与容量趋势分析。

12.1.5　云运维体系人员调整

在云化演进的各个阶段，根据各个团队工作量的变化，对人力配比进行调整。

在 O 云容灾数据中心搭建过程中，主要是 IT 集成的人力投入，由于没有业务上线，运维人员的职责和任务量基本没有变化，配置保持不变。

在虚拟化资源池改造阶段，涉及 L 数据中心旧版本 FusionSphere 资源池和 VMware 资源池的改造。该操作由 IT 集成人员牵头，由 Windows& 虚拟化团队配合，由于涉及中断业务，只能在夜间操作，不占用正常工作时间，当前人力配比可以满足。

在资源统一管理阶段，需要一个云平台的维护人员，由于项目使用华为的云产品，因此，配置一名自有员工。虚拟化资源池由云平台运维人员接管后，Windows 和 Linux 团队的工作量会明显减少，Windows 团队减少自有员工；Linux 团队还兼顾存储和备份，也可以减少自有员工；数据库团队由于工作几乎没有变化，则人力配置保持不变；将设备信息全都对接至 eSight，然后由云平台维护人员进行统一的监控告警管理，因而网络团队工作量也有所减少。

在工具系统改造阶段，工具团队由于引入了 OWS，而 OWS 不止涉及基础设备层也包括应用层，将在基础设备和应用层配置 OWS 的专业运维员，可裁减当前工具团队的数十名外包人员。

在应用迁移阶段，由于华为进行的是云化迁移，即所有业务基本都在云平台进行统一管理，且设备基本全部为华为设备，团队的运维难度与工作量再次明显降低；同时由于服务器、存储设备具有通性，数据库的运维也比较稳定，且迁移至云平台后由云平台运维人员承接监控告警工作，可以将 Windows、Linux、存储、备份、数据库团队合并为一个团队，进行底层服务器、存储、OS、数据库的整体运维。

在关闭 L 数据中心阶段，主要的变化是网络团队无需再维护 L 数据中心复杂的网络环境，考虑到网络团队的日常工作中，配合业务团队进行网络改造和操作的场景较多，因此，可裁减一些外包人员；其他团队工作量相比上一阶段变化不大，可保持人力配比不变。

该 ITO 项目在云化、工具化演进完成后，IT 基础设施运维将减少一批自有员工和外包员工。

12.1.6　运维单位介绍

华为公司成立于 1987 年，是一家由员工持有全部股份的民营企业，目前有 18 万员工，业务遍及 170 多个国家和地区。华为和运营商一起，在全球建设了 1500 多张网络，帮助超过世界三分之一的人口实现连接。华为携手合作伙伴，为政府及公共事业机构，金融、能源、交通、制造等企业用户，提供开放、灵活、安全的端管云协同 ICT 基础设施平台，推动行业数字化转型；为云服务用户提供稳定可靠、安全可信和可持续演进的云服务。华为智能终端和智能手机，帮助用户享受高品质的数字工作、生活和娱乐体验。

华为是 ICT（信息与通信）基础设施和智能终端提供商，致力于把数字世界带入每个人、每个家庭、每个组织，构建万物互联的智能世界。华为在通信网络、IT、智能终端和云服务等领域为用户提供有竞争力、安全可信赖的产品、解决方案与服务，与生态伙伴开放合作，持续为用户创造价值，释放个人潜能，丰富家庭生活，激发组织创新。

12.2　某省级电网公司大型信息系统运维体系
——"博联"护电开新路

某省级电网公司（以下简称"公司"）承担着为全省经济社会发展提供可靠优质电力保障的重任，供电面积超过 20 万平方公里，供电用户超过 1000 万户。该省级电网公司在国家电网"西电东送"工程中起着重要的支撑作用。

12.2.1　信息化系统概况

近十多年来，随着该省经济的飞速发展，电网规模不断扩大，系统的数据规模也随之不断扩大。截至 2017 年，公司拥有核心信息系统 100 多个，大型数据中心两个，主机超过 500 多台，网络安全设备 200 多台，全年公司投入信息化运维的资金累计约 3.8 亿元。

12.2.2　大运维体系的组织结构与业务架构

公司本部设有近 20 个职能部门、16 个业务支撑和实施机构，下设 5 个分子公司以及十多个市级供电局、四十多个县级供电企业。各职能部门专业性强，不同部门专业差异性较大。该省级电网公司的组织机构如图 12.7 所示。

公司组织机构图

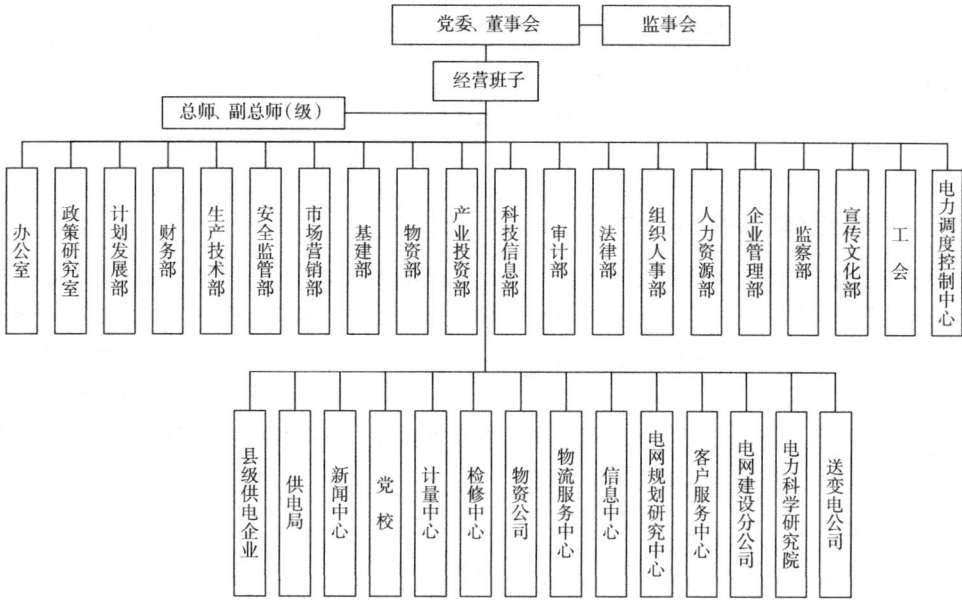

图 12.7 公司组织机构图

公司信息化工作主要由科技信息部（以下简称"科信部"）牵头组织，科信部主要负责公司科技创新和信息化职能发展规划，制定公司科技和信息化工作相关制度、流程和标准，并组织实施；统筹公司科技、信息项目的组织立项、计划编制和实施；科技、信息新技术、新工艺、研究成果的试点、推广；科技、信息成果管理，信息数据管理等。

信息中心主要承担公司的信息系统、机房、网络、服务器、终端外设等基础设施的日常性维护和管理工作，信息中心组织机构如图 12.8 所示。

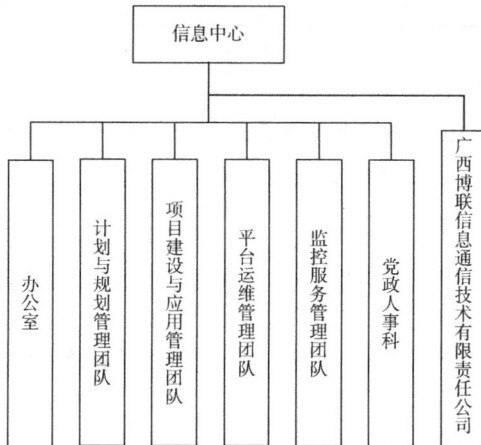

图 12.8 信息中心组织机构

在公司内承担信息化运维的主要科室有：

① 计划与规划管理团队：主要负责制度与指标管理、创新与技术管理、项目前期管理、合同与验收管理、项目管理、项目综合管理。

② 项目建设与应用管理团队：主要负责应用系统建设、应用系统运维、数据资产管理、大数据应用建设、大数据平台建设和运维安全管理。

③ 平台运维管理团队：主要负责IT资产管理、基础支撑环境运维、云平台运维、网络安全管理、信息安全管理、项目管理、系统运维。

④ 监控服务管理团队：主要负责运行方式管理、作业计划管理、调度管理、服务受理、服务质检与分析、终端运维、资产及账号管理。

博联公司是信息中心的外延部门，主要负责承接信息中心的信息化咨询、建设和运维工作，为信息中心信息化工作的开展提供技术支撑和保障，是公司信息化工作的执行机构。

12.2.3　大运维体系的运行机制

随着电网企业的发展，企业信息系统集约化、精益化管理需求日渐突出，应用系统趋向于完全集中模式，各类"大集中"式企业级管理信息系统建设完成，并陆续上线，应用系统运维管理也体现出"大集中"模式。2013年起，电网公司信息运维服务体系基于ITIL、ISO 20000、ISO 27001等国际标准，以"两级三线"为基础，借鉴电网生产运行调度思路，逐步建立"网省调度、三线服务"的运维模式，实现企业管理信息系统集中运维服务的统一指挥和风险控制，在保证信息系统正常、可靠、高效、安全运行方面取得很好成效。

1. 组织保障

随着企业级信息系统全面集中推广上线，电网公司信息化从"大建设"转向"大运维"。为了解决信息系统"建转运"过程中出现的问题，保障系统稳定运行，提出了"建运一体化"工作机制，在公司本部信息中心设立建运一体化组织架构，如图12.9所示。

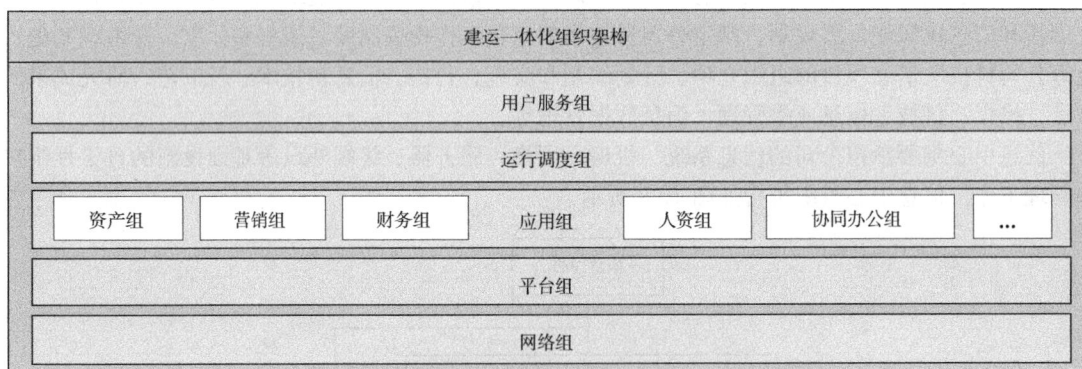

图12.9　建运一体化组织架构

1）用户服务组

用户服务组负责用户服务类项目管理（立项、招标及验收等），包括一线客服人员和二线桌面运维人员。

（1）一线客服人员负责向用户提供业务咨询，受理故障报修、服务请求，对事件进行登记、分配、跟踪、督办、回访。

（2）二线桌面运维人员负责信息终端设备硬件、桌面软件、桌面网络的现场维护和业务系统用户端技术支持工作。

2）运行调度组

运行调度组包括运行方式人员和调度人员。

（1）运行方式人员负责信息系统运行方式的统一规划，对信息运维资源的统筹管理与统一分配，并对运行方式有较大影响的运维操作方案进行统一管理，包括方式安排业务事项。

（2）调度人员负责对信息运维作业的计划安排，对信息系统、IT设备实施运行状态及运维作业的监控、组织、指挥和协调，包括作业计划管理、运行监控与分析、运维调度指挥业务事项。

3）应用组

应用组负责对应用系统软件及所依赖的中间件，数据库套装软件的运行维护、信息安全及保密工作，以应用系统为单位设立；负责应用系统类项目管理（立项、招标及验收等）。

4）平台组

平台组负责对服务器（含操作系统）、虚拟平台、磁盘阵列、磁带库等软硬件平台进行运行维护、信息安全及保密工作；负责平台类运维项目的项目管理（立项、招标及验收等）。

5）网络组

网络组负责网络设施、负载均衡、机房动力及环境设施等硬件平台的运行维护、信息安全及保密工作；负责网络类建设和运维项目的项目管理（立项、招标及验收等）。

2. 制度保障

电网公司按照"体系化、规范化、指标化"原则，结合信息运维服务体系的运维模式，以《信息运维管理办法》、《IT服务管理办法》作为信息运维服务体系运行的制度基础，对各项业务操作、规范进行指导。

1）制度体系框架

信息运维服务体系制度框架展示信息运维服务领域制度标准的统一规范策略，详见表12.1。

表12.1 信息运维服务领域制度标准的统一规范

序号	核心业务	业务事项	业务流程	统一规范策略	管理制度		作业标准		
					网公司制度	分子公司制度	作业标准类型	网公司作业标准	分子公司作业标准
1	运维管理	日常运维管理		全网统一	公司信息运维管理办法	/	作业指导书	公司信息系统启停作业指导书 公司信息系统定期维护作业指导书 公司信息机房巡检作业指导书 公司信息系统数据备份作业指导书 公司信息系统数据恢复作业指导书 公司计算机终端初始化配置作业指导书 公司计算机终端报废作业指导书 公司计算机终端及外设定期巡检作业指导书 公司计算机终端AD域作业指导书 公司网络布线作业指导书 公司运行调度管理业务指导书	
2		巡检管理		全网统一					
3		故障管理		全网统一					
4		缺陷管理		全网统一					
5		系统优化		全网统一					
6		运维资源管理		全网统一					
7		运维管控		全网统一					
8	运行调度管理	作业计划管理		全网统一					
9		方式安排		全网统一					
10		运行监测与分析		全网统一					
11		运维调度指挥		全网统一					

序号	核心业务	业务事项	业务流程	统一规范策略	管理制度		作业标准		
					网公司制度	分子公司制度	作业标准类型	网公司作业标准	分子公司作业标准
12	服务管理	服务支持管理	服务台管理 请求管理 事件管理 问题管理 变更管理 发布管理 配置管理 知识管理	全网统一	公司 IT 服务管理办法	/	业务指导书	公司信息运维服务人员行为规范典型业务指导书 公司信息运维服务质检管理业务指导书 公司信息运维服务工单录入规范 公司信息服务数据分析业务指导书	
13									
14									
15									
16									
17									
18									
19									
20		服务交付管理	服务级别管理 服务连续性管理 服务能力管理 服务报告管理	全网统一					
21									
22									
23									

2）制度说明

（1）管理制度。管理制度包括《信息运维管理办法》和《IT 服务管理办法》。

① 《信息运维管理办法》规范统一运行维护的过程，明确各级运维服务组织在信息运维中的职责要求，保障运维对象的安全、可靠、高效运行，实现公司信息运维工作的科学化、规范化、制度化。同时，统一运行调度工作内容及相关角色工作职责，体现运行调度工作对运维服务的监督、审核、指挥，明确运行调度与运维服务之间的关联关系，指导信息运维服务中日常维护管理、巡检管理、缺陷管理、故障管理、系统优化、运维资源管理和运维管控等 7 项运维管理工作和方式安排，以及作业计划管理、运维调度指挥、运行监测分析等运行调度工作的开展。

② 《IT 服务管理办法》规范公司 IT 服务的流程，规范 IT 服务人员的服务方式，明确 IT 服务管理职责。包括服务支持、服务交付两项业务事项及服务级别管理、服务能力管理、服务连续性管理、服务报告管理、业务关系管理、变更管理、发布管理、配置管理、服务台管理、事件管理、请求管理、问题管理、知识管理等 13 个标准业务流程。同时，明确服务流程与运维职能的关联关系，以及网省地三级运维服务组织在企业管理信息系统运维过程中的协作关系。

（2）作业标准。作业标准包括运维管理类作业标准和服务管理类作业标准。

① 运维管理类作业标准包括公司信息系统启停作业指导书、公司信息系统定期维护作业指导书、公司信息机房巡检作业指导书、公司信息系统数据备份作业指导书、公司信息系统数据恢复作业指导书、公司计算机终端初始化配置作业指导书、公司计算机终端报废作业指导书、公司计算机终端及外设定期巡检作业指导书、公司计算机终端 AD 域作业指导书、公司网络布线作业指导书、公司运行调度管理业务指导书等。

② 服务管理类作业标准包括公司信息运维服务人员行为规范典型业务指导书、公司信息运维服务质检管理业务指导书、公司信息运维服务工单录入规范、公司信息服务数据分析业务指导书等。

3. 运维模式特色

1）两级三线运维服务体系

"两级"即以网、省两级作为运维服务管控的枢纽，进行协同管理、指标联动和对标评价；"三线"指由服务台（一线）、桌面运维人员（二线）、系统管理员和专业厂商（三线）构成的多层次运维服务执行机构,各线人员围绕资源调配、运行维护、监测分析协同开展工作。两级三线运维服务体系如图 12.10 所示。

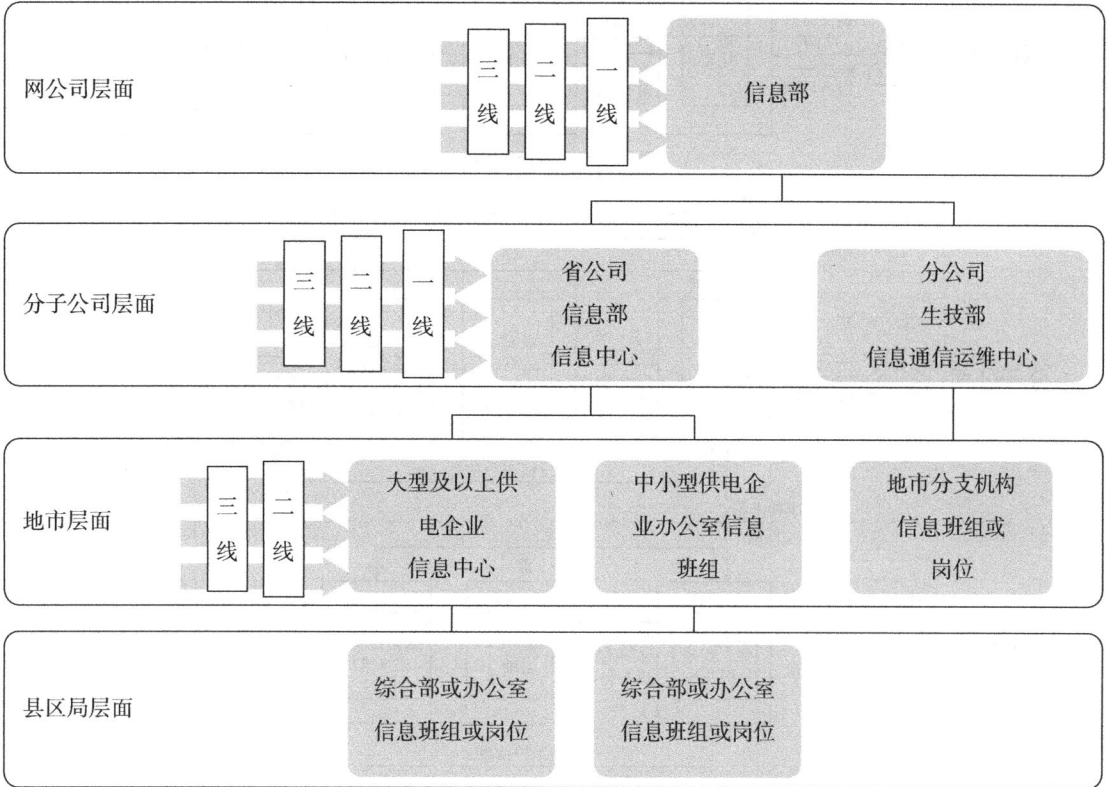

图 12.10 两级三线运维服务体系

(1)总部运维、下级运维单位运维关系。电网公司企业级信息系统采取"集中式运维"模式,即应用系统实现"大集中"以后,由总部的运维单位完全负责系统的运维工作,下级单位不设置运维团队,或者下级运维团队只负责网络、用户终端的运维。集中运维模式的特点在于运维资源的集中和共享,减少事件处理环节,缩短事件响应时间。通过统一集中管理,加强运行管理的可控性,降低安全风险,提高管理效率和管理质量;并有利于上级单位对基层部门的系统应用情况进行统一监控、集中管理。这种模式要求对下级单位特殊业务和改进需求情况掌握充分。

(2)IT 部门运维、业务部门运维关系。电网公司信息中心与各业务部门属于 IT-业务联合运维关系,即在应用系统运维过程中,由 IT 运维人员和业务人员共同配合完成运维工作。IT-业务联合运维模式中,往往由业务人员担任和最终用户直接沟通的角色,他们能够深刻把握用户需求,提供快速响应。这种模式适用于已运行稳定、成熟的信息系统运维。

两级三线的组织形式清晰界定了各级运维组织和人员的层级关系及工作职责,形成人力这一企业关键要素的资源集约化,并实现"网省调度、三线服务"模式顺畅运行,如图 12.11 所示。

① "网省调度"。在网省两级设立运行调度管理组织,加强计划管理,充分发挥调度职能,对运行维护工作进行平衡调整和计划安排,降低运行维护操作的潜在风险。通过计划管理、请求管理、事件管理、问题管理、发布管理、变更管理、任务管理等流程开展运行调度业务。网省调度作为网省共同完成任务的上传下达通道,上级公司总部调度负责统筹管理各分子公司调度相关工作,本省电网公司省级调度遵从网级调度的监督指挥。

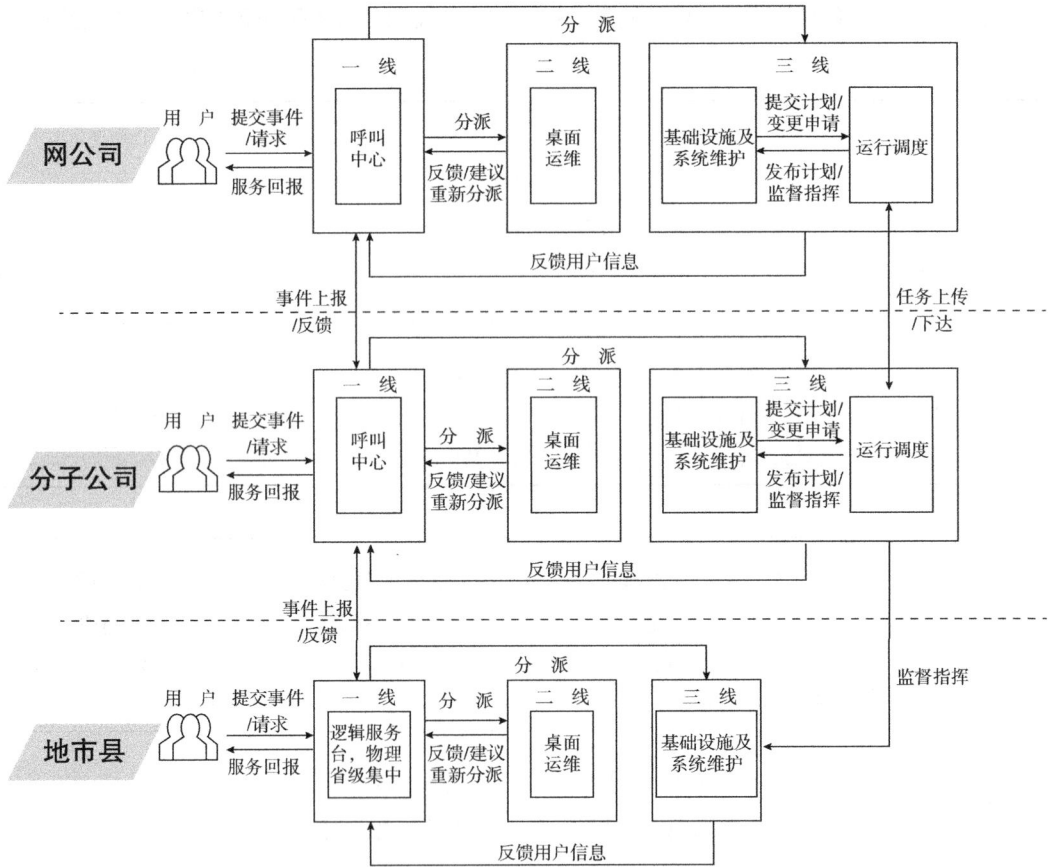

图 12.11 "网省调度、三线服务"示意图

② "三线服务"。"三线"指的系统运维服务人员的逻辑组织，分别是：一线技术支持人员，指通过电话、即时通信工具、邮件等方式受理用户事件的座席工程师，也称服务台人员；二线技术支持人员，指一线技术支持人员将无法解决的问题提供给计算机终端相关现场服务的工程师，主要是桌面运维人员；三线技术支持人员，指运行调度人员和各系统的管理员，以及常驻现场的开发商技术支持人员、运维外委厂商驻场工程师，主要负责提供基础设施运维、系统后台支持及代码维护。一、二、三线技术支持人员共同为 IT 用户提供三线服务，一线响应用户事件，自行处理或调用本单位事件处理相关的二线资源及三线资源处理事件。三线运行调度监控三线运维人员事件处理过程，在必要情况下对事件处理进行干预。

在各地配置本地一线二线技术支持人员，其中，一线的本地化指各地依据实际情况，设置省级物理或逻辑集中的服务台，始终向用户提供本地化的服务，确保用户始终感受本地座席服务，并及时获得必要的二线服务。另外，各地配置三线技术支持人员对本地基础设施及本地系统进行维护，企业管理信息系统三线运维服务力量集中配置于网省，利于资源的进一步集中和共享。打通服务台、事件管理的网省两级流转流程，统一由各级服务台负责网省地三级事件处理相关的信息流转，打通网省两级服务台之间电话、邮箱系统的联系渠道，在规范事件的准确记录、跟踪和关闭的管理条件下，实现事件的快速处理和解决。

2）运调协同机制

电网公司在运维调度管理模式中，设置网省地三级信息系统调度，遵照"统一调度、分级管理"和"集中化"原则，实现信息系统协同保障、一体化运行。信息中心设置信息调度、信息运维、信息建设、信息客服部门，分别承担信息的调度、运维、建设、客服工作。

（1）信息调度部门（平台科）职责：方式管理、作业计划管理、调度值班及应急管理等。

（2）信息运维部门（平台科）职责：负责缺陷管理、环境准备、缺陷消缺、检修计划制定、申报、执行，现场监护及检修完成后的验收工作。

（3）信息建设部门（建设科）职责：负责信息系统的建设、实施、验收及培训等相关工作。

（4）信息客服部门（监控服务科）职责：通过统一的客服电话受理全省信息客服请求，负责用户桌面维护，全面协助和解决用户使用。

3）运调管理模式中的分级管理制度

在运调管理模式中，实现"分级管理"制度，配备运行方式人员和调度人员，成立运行调度团队，加强各运维专业之间的统筹协调工作，形成"网省地三级调度管理制度"，运行调度团队承担本单位和下属单位的运行调度管理职责，负责本单位和下属单位的信息系统及IT设备的运行方式、调度指挥管理工作。

（1）作业计划管控。在作业计划管控中，调度许可并监督计划作业的实施，对计划作业按日、按周、按月、按年进行管控。组织系统管理员填报作业计划申请，涉及系统投运发布、程序升级的作业申请需要通过安全、性能、功能测试，涉及运维信息系统的作业需获得业务部门许可，并同时申请开通运维审计系统及临时运维权限；对未列入作业计划的作业需提交临时作业申请。调度人员通过IT服务管理系统、作业计划表等每日查看检修计划、已检修作业、遗留问题、变更票状态、是否有重大检修等，通过企信、电话、邮件等进行信息通报、监督，严格依照"无计划不派工，无方案不开工，无监护不施工"的原则对作业计划进行管控。

（2）方式安排。方式安排工作是对信息系统现阶段及下一阶段状态的统计、分析、判断的汇总，是确保网络与信息系统安全稳定运行，信息专业检修、开发、运维等多项工作的重要参考依据。电网公司信息运行方式安排工作按照"统一审批、分级管理、合理规划、动态调整"的原则开展，方式安排工作涉及变更管理、请求管理等内容。

① 在变更管理中，变更申请人要提前发起变更，运行方式人员进行确认，根据不同的变更类型执行不同的流转策略，实行分级审批制度。涉及重要网络与信息重大运行方式调整，如需要2个以上关键应用系统配合停机，或关键应用系统大版本升级等作业影响范围大、风险高的操作，需信息中心分管领导审批。

② 在请求管理中，运行方式人员接到从服务台流转来的软硬件资源类别的请求后，对请求内容进行统筹安排，派单给请求实施人员处理，负责工单关闭。

（3）运行监控与分析。信息运行监控与分析通过对系统运行指标及运维活动指标的运行监测与评估分析结果，识别潜在缺陷并进行预警。系统运行指标包括应用系统可用率、服务器CPU使用率、服务器内存使用率和数据库运行指标等；运维活动指标包括巡检、故障、缺陷、应用维护等任务的处理量、处理时效等。运行监控与分析包括值班监控、日常巡检、缺陷管理等。

① 值班监控。设立信息调度台，执行 7×24 小时值班制，设置正副值调度，每班各1人，按三班制轮班。调度值班工作包括接听值班电话、机房巡检、信息系统巡检、信息安全巡检、信息设备巡检、互联网出口巡检、监控系统巡检等；协调二、三线支持人员开展运维任务处置。

② 日常巡检。针对企业级管理信息系统开展重要保供电的特巡特维工作，通过全面识别系统运行中可能存在的各类风险，制定管控措施，并纳入日常巡视、维护计划中，重点解决长期存在或经常出现的问题。

③ 缺陷管理。运行监控中若发生故障，调度值班员负责尽快确认故障发生时间、影响范围和故障现象，形成初步故障定位和处理意见，通知相关运维人员处理；根据故障级别向相关负责人通

报故障发生时间、影响范围、处理人员到位情况等信息，根据故障情况协同服务台通过话务、门户等方式进行发布通知，全程跟踪处理进度，必要时启动应急预案，指挥协调运维资源，并对故障进行闭环，汇报处理结果。调度值班员负责对监控和巡检发现的缺陷进行梳理、登记、协调处理，记录、统计、定期回顾消缺情况。紧急或严重缺陷，调度值班员需承担问题经理角色，在规定时限内上报，协调运维人员分析缺陷原因，提出解决措施，组织协调问题专家进行处置。运行方式人员定期开展运行调度分析，针对信息运行调度、缺陷管理、故障处理分析汇总，通过值班日志、故障报告、缺陷分析记录等提出整改措施。

4）运调管理模式中的调度应急指挥

信息调度台负责对变更作业、故障处理、应急演练和应急抢修等作业的执行过程进行协调跟踪及指挥，所有可能导致企业级信息系统、网络及安全系统运行方式改变的操作都必须经信息调度台许可。

（1）事件、缺陷处理中的调度指挥。事件处理人响应分派的事件工单，确认为缺陷的，提交到信息调度台，进入缺陷管理流程，调度台确认缺陷登记，经过审核、分析，并分派给相应的缺陷处理负责人，按处理时限进行监督跟进。

（2）应急管理中的调度指挥。巡检中发现信息系统或IT设备运行异常时，需告知信息调度台，调度台协助系统管理员进行故障定位，如涉及下属单位设备时，调度台通过调度令指挥责任单位值班人员进行确认，责任单位信息调度联络人在信息调度台调度指挥下协调本单位信息人员配合开展故障处置工作，并在规定时限内反馈处理情况给信息调度台。必要时值班调度员启动应急预案，值班调度人员通过短信、企信等工作平台对处理进展进行通报、发布。故障涉及综合数据网等通信、自动化业务的，信息调度台负责与数据网公司中心调度台进行沟通协调，公司所属各单位信息调度联络人负责与本单位通信、自动化联络人协调，并向信息调度台反馈工作进展。

信息中心通过落实"网省地"信息调度三级联动机制，有效提升协调沟通和工作效率，实现问题闭环和信息系统数据质量、服务指标的可控在控。网省联动，纵向贯通确保工作执行到位，横向协同打破信息、通信专业壁垒。

5）运维服务分工专业化

（1）服务台统一入口。服务台作为用户诉求受理的统一入口，提供诉求受理、进度查询及处理结果反馈等服务。服务提供渠道包括统一服务热线电话（服务台）、短信、邮件、网页、即时通信工具（QQ群、企业微信）以及问题管控平台等多样化支撑工具。服务涵盖系统咨询类事件、系统缺陷、故障类事件、系统账号及权限变更类请求等。在服务过程中，服务台严格执行各项工作规范。

① 服务首问负责制。服务台对用户通过电话或信函等方式，反映、投诉或举报IT服务等问题，或咨询、办理信息业务的，第一个被问到或接到的，都要负责答复或转交相关信息运维部门进行办理，并由受理经办人回访用户。用户申报的请求不属于IT运维服务范围内但涉及其他信息化业务的，首问负责人应当积极联系转交办理或为用户联系并引见衔接。如果有关人员出差或暂遇责任不明确的事项，首问负责人应当及时向上一级领导报告，并负责给对方答复。用户申报请求完全不属于服务范围内的，首问负责人应当耐心解释，并尽自己所知给予帮助。

② 一次性告知制。服务台对用户通过电话或信函等方式，反映、投诉或举报IT服务等问题，或咨询、办理信息业务的，要一次性告知用户服务请求，或资源请求的办理流程和注意事项，需要时提供请求表单，并指导用户填写。

③ 服务闭环机制。服务台通过派发工单的形式，对其受理的业务进行统筹调度，对后续处理服务过程进行监控，确保用户需求得到快速响应和满意答复。得到技术支持人员处理结果答复后，服务台对完结工单及时进行回访，对反馈不满意的情况进行核实，将用户具体意见、需求、建议反

馈给相关负责人,对处理过程进行跟踪督促,对处理结果进行再次回访,实现服务全过程闭环管理。服务台主管组织处理用户不满意事件,定期形成用户满意度分析报告。

在电网公司省级呼叫平台大集中模式下,主要的一线技术支持力量全部由省级服务台人员承担,自 2012 年公司信息运维服务台成立到现在,由最初的 4 人逐步发展为 40 人的专业团队,岗位职责分工更为细化。服务台人员统称为一线技术支持,根据业务划分为综合坐席及专业坐席,如图 12.12 所示。

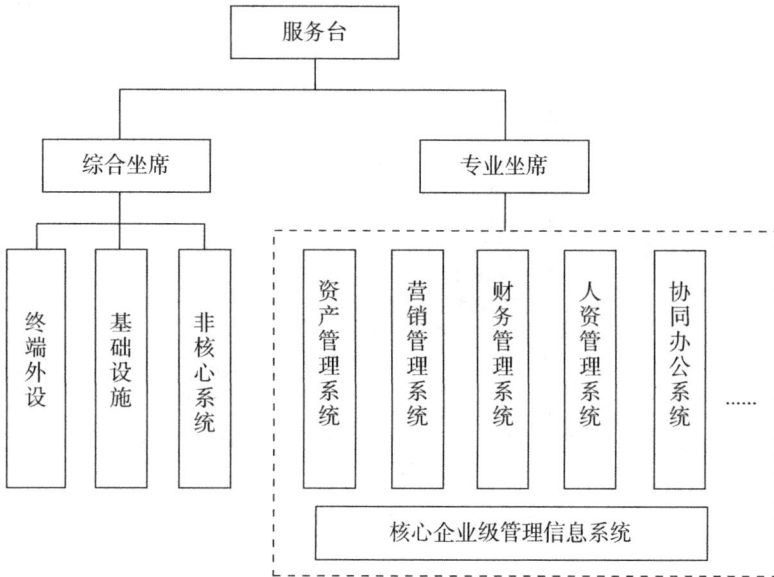

图 12.12　服务台组织架构图

·综合坐席职责:负责终端外设、基础设施、除核心系统以外的信息系统运维业务受理,尝试解决;无法解决的分派工单到各级技术支持人员处理,对过程进行跟踪、督促,与用户保持联系沟通,反馈处理进度,对处理结果进行回访,记录满意度情况;全面受理用户投诉,跟踪、督促投诉处理;引导、转接企业级信息系统用户电话到专业坐席。综合坐席要求具备一般的信息通信、计算机等基础知识,了解整体的信息运维业务,熟练使用办公自动化软件及信息化办公设备,具备较好的服务意识和客服技能。综合坐席重在业务面了解广,综合能力较好,一般由一线客服岗担任,核心指标要求一线解决率达到 20% 以上。

·专业坐席职责:负责企业级信息系统运维业务受理,解决一定程度的问题;将疑难问题分派工单给三线技术支持人员处理,对过程进行跟踪、督促,与用户保持联系沟通,反馈处理进度,对处理结果进行回访,记录满意度情况。专业坐席人员以项目为单位,每个项目组建独立的专业坐席团队,分别由所属系统项目经理 / 主管负责,同时接受信息中心的统一管理。专业坐席人员由初级运维岗担任,重在对专项信息系统的业务了解程度较深,具备一定程度的运维能力,核心指标要求一线解决率达到 50% 以上。

加强服务台的专业化分工和人力资源投入,使得大部分简单、重复性的运维问题可以在一线得到及时解决,减少流程环节,降低运维成本,提升服务效率。

(2)质检管控。在客服组设置质检团队,依据各项指标要求针对整个运维过程开展质量检查,动态跟踪服务过程规范性和服务质量情况,定期形成质检数据和分析报告,提出完善和改进意见建议,并督促改进情况。质检人员主要由一线技术支持人员担任,要求熟悉运维服务流程和业务,具备一定的运维服务和管理经验。质检指标设置见表 12.2。

表 12.2 质检指标设置表

评价对象		指 标	计算方法	目标值	评分办法
一线人员	工作量	接通量	接通量＝实际接通的来电数量	无	无
	工作质量	平均用户满意度	Σ（满意度）/统计次数	≥80	目标值区间法
		派单超时率	在目标时间之内一线人员按照优先级分派的事件量/（事件总数量－一线解决的事件数量）	＜10%	目标值区间法
		录单率	生成事件总数/（坐席接听电话总数＋自助服务事件数）	≥90%	目标值区间法
		工单合格率	抽检符合工单录入规范的工单数量/抽检的工单总数量	≥90%	目标值区间法
		一线解决率	一线解决率＝一线解决的问题数量/所有问题数量×100%	≥20%	目标值区间法
		事件响应超时率	事件响应超时率＝超过响应时间要求的事件数量/所有事件数量×100%	＜10%	目标值区间法
		来电呼损率	来电呼损率＝接通的来电数量/所有来电数量×100%	＜10%	目标值区间法
		有效投诉量	有效投诉量＝接收到且属实的用户投诉数量	0次	目标值区间法
	工作态度	出勤情况	出勤情况＝正常出勤（无迟到、早退、旷工）的人天数/应正常出勤的人天数×100%	100%	目标值区间法
		违规次数	违规次数＝实际违规行为次数	0次	①无违规情况出现的，得100分 ②出现一次或以上违规行为的，得0分
		知识贡献数	知识贡献数＝实际贡献的知识数量	由各级运维单位制定当年该指标的目标值	①每月贡献知识数大于等于3条，得100分 ②每月贡献知识数2条，得80分 ③每月贡献知识数1条，得60分 ④每月未贡献知识的，得0分
二线人员	工作量	事件量	事件量＝实际接收到的事件数量	无	无
	工作质量	平均用户满意度	Σ（满意度）/统计次数	≥80	目标值区间法
		事件解决率	事件解决率＝评价周期内评价对象的平均事件解决率	≥80	目标值区间法
		响应超时率	响应超时事件数/事件总数	＜10%	目标值区间法
		到达现场超时率	超出优先级要求时限的到位次数/现场处理事件总数	＜10%	目标值区间法
		解决超时率	解决超时率＝超过解决时间要求的事件数量/所有事件数量×100%	＜10%	目标值区间法
		工单合格率	抽检符合工单录入规范的工单数量/抽检的工单总数量	≥90%	目标值区间法
		有效投诉量	有效投诉量＝接收到且属实的用户投诉数量	0次	目标值区间法
		出勤情况	出勤情况＝正常出勤（无迟到、早退、旷工）的人天数/应正常出勤的人天数×100%	100%	目标值区间法
		违规次数	违规次数＝旷工次数＋迟到次数＋早退次数＋其他违规次数	0次	①无违规情况出现的，得100分； ②出现一次或以上违规行为的，得0分

评价对象		指　标	计算方法	目标值	评分办法
二线人员	工作态度	知识贡献数	知识贡献数 = 实际贡献的知识数量	由各级运维单位制定当年该指标的目标值	① 每月贡献知识数大于等于5条，得 100 分 ② 每月贡献知识数 3 或 4 条，得 80 分 ③ 每月贡献知识数 1 或 2 条，得 60 分 ④ 每月未贡献知识的，得 0 分
三线人员	工作量	工单量	工单量 = 实际接收到的工单数量	无	无
	工作质量	响应超时率	响应超时事件数 / 事件总数	< 10%	目标值区间法
		问题解决超时率	问题解决超时率 = 超过解决时间要求的问题数量 / 所有问题数量 ×100%	< 10%	目标值区间法
		问题成功解决率	标记为成功解决的问题数量 / 问题总数量 ×100%	≥ 80%	目标值区间法
		工单合格率	抽检符合工单录入规范的工单数量 / 抽检的工单总数量	≥ 90%	目标值区间法
		有效投诉量	有效投诉量 = 接收到且属实的用户投诉数量	0 次	目标值区间法
		识别问题数	识别问题数 = 识别的问题数量	2 条	目标值区间法
	工作态度	出勤情况	出勤情况 = 正常出勤（无迟到、早退、旷工）的人天数　/　应正常出勤的人天数 ×100%	100%	目标值区间法
		违规次数	违规次数 = 旷工次数 + 迟到次数 + 早退次数 + 其他违规次数	0 次	① 无违规情况出现的，得 100 分 ② 出现一次或以上违规行为的，得 0 分
		知识贡献数	知识贡献数 = 实际贡献的知识数量	由各级运维单位制定当年该指标的目标值	① 每月贡献知识数大于等于5条，得 100 分 ② 每月贡献知识数 3 或 4 条，得 80 分 ③ 每月贡献知识数 1 或 2 条，得 60 分 ④ 每月未贡献知识的，得 0 分

通过质检人员的专业化分工，并通过严格的指标体系管控运维质量，是推动和落实运维体系中"PDCA"持续改进的有力措施。

（3）流程管控。日常运维工作通过事件管理、问题管理、发布管理、变更管理等核心流程进行服务支持管理，流程管控尤为重要。信息中心针对核心关键信息系统设置主要流程的专职流程经理岗，如事件经理，负责对运维事件进行统筹管理并推动解决，主要职责包括负责协助服务台、运维工程师对事件优先级进行定级；负责协助运维工程师对其无法处理的事件进行分析，组织资源处理；负责分析、判断事件是否需要升级为问题；负责定期分析重复性事件，转为问题跟进；组织日常运维知识的积累和应用。事件经理由具备一定运维经验和综合能力的运维岗担任，分析判断、沟通协调能力较好。事件经理在事件流程中起到重要的管控作用，如图 12.13 所示。

以此类推，其他流程中分别设置问题经理、发布经理、变更经理等，有利于对流程进行统筹管理，推动和解决运维问题。流程经理属于人员角色，不限于专岗人员，特别是对于运维量不大或触发频率不高的流程，流程经理可以 1 人兼多岗，如同项目的问题经理、发布经理、变更经理等一般由项目经理担任，或由项目经理针对不同的场景指定不同的业务负责人担任，加强流程管控，更好地发挥流程的服务支持作用。

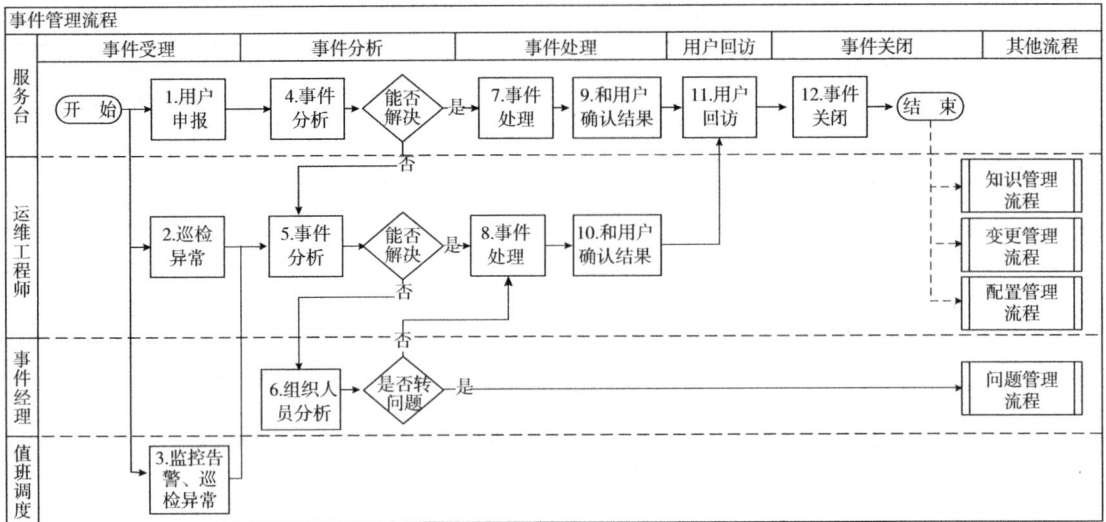

图 12.13　事件管理流程

12.2.4　大运维体系的运维服务管理系统

人、流程和工具是支撑运维体系的三个要素，在组织结构、运行机制以及规范制度确立之后，需要程序化、自动化的支撑工具将这些要素固化下来，成为一个完整的运维体系，以信息化支撑整个体系的正常运转，促进体系的不断完善。

1. 系统介绍

以公司 IT 服务管理工作现状及需求为基础，结合现用系统的不足之处，基于整体的 IT 服务管理业务架构，以构建一体化、智能化的 IT 服务管理系统为目标，全新定制化开发公司 IT 服务管理系统。

2. 功能结构

运维服务管理系统功能结构如图 12.14 所示。

1）运维管理

运维管理主要是对缺陷进行管理，缺陷管理则主要实现"缺陷管理流程"、"缺陷查询"2 个功能子项。

（1）缺陷管理流程：实现缺陷登记、缺陷审核、缺陷处理、缺陷回顾、缺陷关闭等流程；支持多层级分类；支持对自助工单的受理；支持缺陷工单处理过程及时了解超时情况；支持流程外对缺陷工单进行关注跟踪、填写关注意见和重点标记；支持将缺陷工单的处理办法整理形成知识，以文字的形式进行收录，并支持知识的导出；支持系统自动根据工单的标题把相关知识推送到缺陷工单中，以提供参考。

（2）缺陷查询：根据缺陷登记信息、处理信息、流程信息等相应条件查询缺陷工单，支持上传和下载附件，缺陷工单导出。

2）服务支持管理

（1）事件管理。事件管理主要是对缺陷类型、故障类型的事件工单进行有效管理，主要实现"事件管理流程"、"事件查询"2 个功能子项。

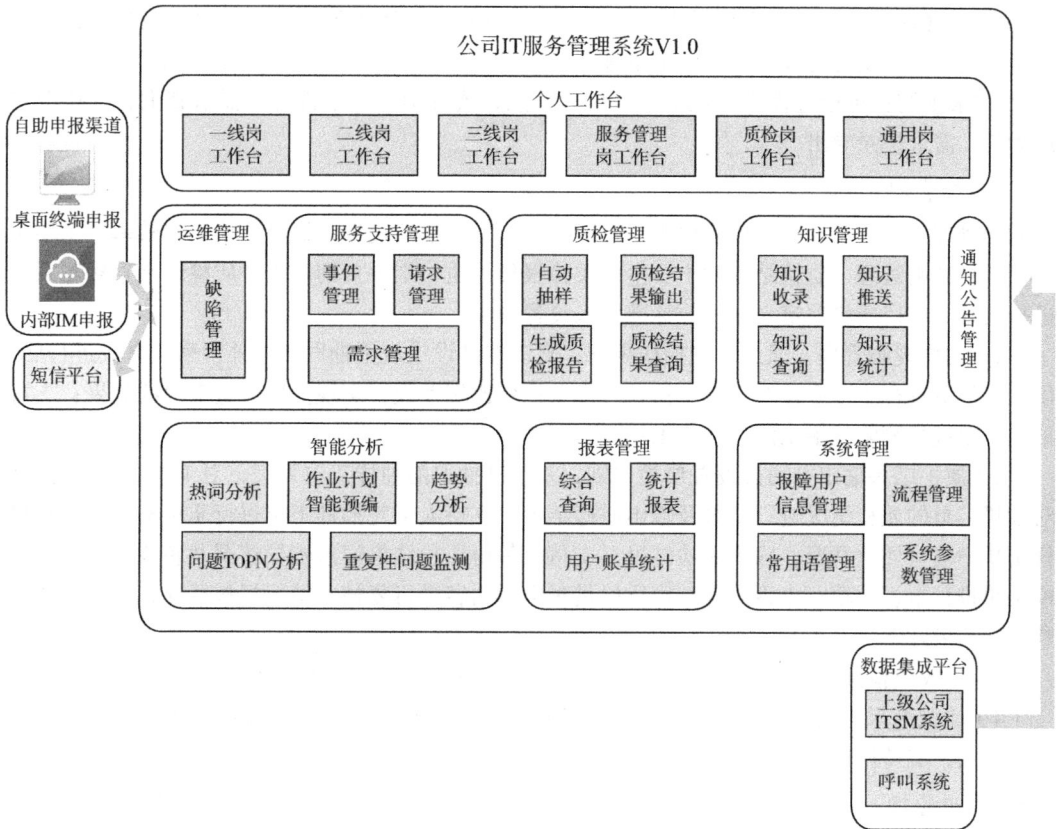

图 12.14 运维服务管理系统功能结构

① 事件管理流程：实现事件工单的登记受理、处理、回访关闭等流程，可对流程进行流转、转发、回退、终止等。支持多层级分类；支持对自助工单的受理；支持事件工单处理过程及时了解超时情况；支持流程外对事件工单进行关注跟踪、填写关注意见和重点标记；支持事件管理流程启动缺陷管理流程；支持将事件工单的处理办法整理形成知识，以文字的形式进行收录，并支持知识的导出；支持系统自动根据工单的标题把相关知识推送到事件工单中，以提供参考。

② 事件查询：根据事件登记信息、处理信息、流程信息等相应条件查询事件工单，支持上传和下载附件，事件工单导出。

（2）请求管理。请求管理主要是对咨询类型、投诉及建议类型、数据处理类型、功能需求类型、其他请求的请求工单进行管理，主要实现"请求管理流程"、"请求查询"2 个功能子项。

① 请求管理流程：实现请求工单的登记受理、处理、回访关闭等流程；可对流程进行流转、转发、回退、终止等。支持多层级分类；支持对自助工单的受理；支持请求工单处理过程及时了解超时情况；支持流程外对请求工单进行关注跟踪、填写关注意见和重点标记；支持请求管理流程启动需求管理流程、事件管理流程；支持将请求工单的处理办法整理形成知识，以文字的形式进行收录，并支持知识的导出；支持系统自动根据工单的标题把相关知识推送到请求工单中，以提供参考。

② 请求查询：根据请求登记信息、处理信息、流程信息等相应条件查询请求工单，支持上传和下载附件，请求工单导出。

（3）需求管理。需求管理的主要功能是通过对不同来源的需求进行初步审核，快速识别，通过逐级上报审核机制，将初步审核的需求进行统一快速流转至关闭，并且用户可通过需求查询页面进行需求进度的查询，避免或减少需求在途被遗漏的情况。主要实现"需求管理流程"、"需求查询"2 个功能子项。

① 需求管理流程：主要实现需求登记、审核、处理、关闭等流程。支持多层级分类；支持对自助工单的受理；支持流程外对需求工单进行关注跟踪、填写关注意见和重点标记。

② 需求查询：可通过需求登记信息、处理信息、流程信息等条件进行需求查询，支持上传和下载附件，需求记录导出。

3）质检管理

质检管理主要实现在线开展质检工作，以减少人工质检的过程，提高质检工作效率。主要子功能包括抽样规则管理、质检结果输出、生成质检报告、质检结果查询。支持质检结果直接与系统工单进行关联。支持质检项定义、评分标准导入设置等。

（1）抽样规则管理。通过设置抽样规则，自动按已设定规则抽取工单并以列表方式进行展示，提供给质检员进行工单质量检查。支持通过设置抽样比例系数，实现抽取全量工单的效果；支持对已抽样工单进行删除或手工添加抽样工单。

（2）质检结果输出。通过设置质检规则，基于已抽取的抽样工单列表，对工单质量进行检查，并对抽样工单的质检情况进行记录及输出质检结果；支持人工对抽样工单进行质量检查后，直接在抽样工单中填写质检情况，输出质检结果。支持对每份质检结果记录辅导情况及整改情况；支持对质检结果进行申诉，填写申诉内容，由质检员对申诉内容进行复核，填写复核情况，根据复核情况调整质检结果。

（3）生成质检报告。通过设置过滤条件，系统自动生成质检报告，并支持报告导出。

（4）质检结果查询。可通过质检时间、所属系统、质检人员、被检人员等条件进行查询，支持记录导出；支持质检历史情况周期对照。

4）知识管理

（1）知识收录。实现将工单的处理办法整理成知识，以文字的形式收录在本系统中。

（2）知识推送。实现系统以工单标题为过滤条件，自动将类似工单已形成的知识内容推送到工单界面中以供参考，提高处理效率，提升知识的利用率，保障知识的有效性。

（3）知识查询。实现根据不同查询条件，查询所需的知识内容，支持查询结果导出 Excel 表。

（4）知识统计。根据不同的统计条件，汇总统计知识的信息。如按知识收录的人员、所属系统等维度进行汇总统计，支持统计结果导出 Excel 表。

5）通知公告管理

完善原系统的通知公告管理模块，实现对发布的内容进行用户权限控制，对发布内容的类型进行区分。

新增"自动警示"子功能，定期对个人的待办工单进行轮巡，将快超时或已超时的工单信息以弹框的方式进行警示提醒。

6）智能分析

（1）热词分析。通过提取运维服务数据，利用分词技术，系统可对一个时间段的工单内容信息进行智能提取，自动统计词频较高的电网行业专业热词，分析请求服务最多的问题，形成分析结果。

（2）问题 TOPN 分析。提取本系统工单及 IT 服务管理系统事件管理工单数据，利用分类汇总的方法，建立数据模型，分别对工单标题和工单解决方案信息进行聚类分组。分析工单内容出现频率最高的组，按业务线分别展示 TOP 的工单分组。支持用户在系统前端界面手工合并或调整聚类分析的结果，以便快速适应工单分组需求的变化。

通过对工单标题和工单解决方信息进行分析，得出标准工单标题录入规范和标准解决方案，并更新至知识管理。

通过计算每组工单的数量变化、持续出现时长等信息，辅助分析重复性工单解决趋势。

（3）重复性问题监测。用户可将线下收集的问题数据导入本系统中，通过重复性检测功能，将导入的问题与已存在的工单问题进行对比分析，提供重复性检测分析结果。

（4）趋势分析。提供工单分布趋势分析，对一定时间段内，按全省、各供电局分单位分析不同业务系统、不同类型工单请求量的变化趋势，协助分析各单位在业务系统应用上比较突出的问题。

提供工单请求趋势分析，对不同业务系统、不同类型的工单增长率绘制对比趋势图，分析不同业务系统工单请求的变化趋势。

（5）作业计划智能预编。应用智能分析结果，归纳合并需要变更消缺的内容，自动形成下月应用系统类的预编作业计划表，支持预编作业计划的导出。

7）报表管理

（1）综合查询。完善查询条件，将所有查询选项在界面中进行展示，支持用户进行多条件查询。支持查询结果导出 Excel 表格。支持对数据集成平台抽取的 IT 服务管理系统事件单数据和 IT 呼叫系统话务数据进行查询。

（2）用户账单统计。实现以业务部门或各单位为分析维度，统计分析信息部门为各业务部门、各单位、各用户提供的服务内容、数量、服务质量情况，以图片的方式或其他方式生成一份简易、美观的报告，让各业务部门或各单位知晓信息部门的工作成绩。同时支持供电局信息中心生成对本局各单位提供的服务账单。实现所有用户登录系统后可自行查看自己的账单。

（3）统计报表。实现对服务管理日常工作相关的报表数据进行统计，以不同的报表格式要求进行展示，以支持考评、数据上报、分析等工作。支持已生成的报表可导出 Excel 表。具体报表内容包括：

① 《服务质检表》：按规则要求统计服务商考核、运维人员考核、投诉和满意度、呼损率、超时事件单、处理时长和解决率、企信考核、置忙数、置忙时长明细、工作指标等 11 项质检内容，即 11 个子表，并按每个合同维度对 11 项质检内容分别统计，形成报表。

② 《服务台工单收集表》：按核心系统业务维度，统计每个业务系统一级功能模块对应的工单数，并按工单类型分类汇总，非核心系统则按工单类型统计；分析出现频率高的问题，提出整改计划措施并跟进，形成《服务台工单收集》。

③ 通过《服务台工单收集》的基础数据，按业务类型和工单分类，分别统计服务台工单数量变化，并计算同比、环比，分析服务台工单趋势，形成《服务台工单数据统计分析》。

④ 《各企业级系统工单量统计表》：分别按网区和系统模块两个维度，统计各企业级系统工单数量，分析各单位企业级系统实用化情况，形成《各企业级系统工单量统计表》，包括按网区统计、按系统模块统计两个子表。

⑤ 《各网区企业级系统前 20 用户统计表》：按网区和业务系统两个维度，统计各个网区报单最多的用户，分析用户特征，为能够提供个性化和多样化的服务创造基础。按网区进行统计共 15 个子表。

⑥ 《全网常见用户申报企业级系统事件统计表（前 20 名）》：按业务系统维度，统计全区报单最多的用户，分析用户特征，为能够提供个性化和多样化的服务创造基础。

⑦ 《信息建设月例会》PPT、《工单问题分析周报》PPT，依据报表数据统计分析结果，按照汇报 PPT 模板形成 PPT 初稿，PPT 内容包括报表统计饼图、折线图、柱状图等图表，并附有分析结论。支持对 PPT 进行手工调整并保存导出。

12.2.5 运维单位介绍

广西博联信息通信技术有限责任公司（以下简称"博联公司"）现为广西电力科学研究院全资

控股企业——广西能汇投资公司旗下的一级子公司，截至2018年，公司拥有员工335人，其中本科以上学历221人。

博联公司主要从事通信自动化工程项目建设、计算机及外设销售、计算机系统集成、软件开发、传输业务及自动化工程设计及建设、技术服务业务。2003年以来，公司陆续通过了ISO 9001：2000质量管理体系认证、"计算机信息系统集成二级"、"涉及国家秘密的计算机信息系统集成乙级"等企业资质认证。

博联公司一直作为省级电力信息通信核心技术支持公司，为该省电力公司及其下属单位提供信息、通信基础设施建设和软件规划、开发、实施、运维一体化的软硬件集成解决方案。

12.3 消防移动监督检查系统大运维体系
——"海邻科"筑墙伏火

国家某应急部门组织全国范围各个救援局大力开展基于4G的新一代移动执法建设，消防移动监督检查系统是新一代国家某应急部门移动执法建设的重要组成部分。它满足一线消防人员移动执法办案、现场业务办理、远程异地办公等移动化业务办公需求，提高消防工作快速反应、高效服务的能力。

大型消防监督管理系统应用于全国23个省、4个直辖市，消防移动监督检查系统和消防监督管理系统无缝对接。移动执法基于4G移动互联网技术，研发专用的一体化软硬件实战装备，集成执法现场证据采集、信息录入、文书生成打印、文件上传等多项功能，支持与消防内网信息系统和数据资源的灵活交互，简单易用，携带方便，以最终减少工作环节，实现"任务下达、即刻出发、现场完成"的高效消防监督检查执法模式。该系统累计投入约2亿资金，建成了一套结构复杂、跨省的大型信息系统，服务器采用分布式部署进行异地热备份，当系统崩溃的时候，能切换服务器恢复数据，还能持续业务。深圳市海邻科信息技术有限公司（以下简称"海邻科"）担任了消防移动监督检查系统的研发、建设和运维工作，它们在各地消防系统配置了机柜500多个，各种服务器600多台，网络安全设备100多台。

12.3.1 消防移动监督检查系统大运维体系结构

1. 消防移动运维中心组织机构

消防移动运维中心"以流程为导向，以用户为中心，以技术为支点，提供低成本、高质量的IT服务，满足业务快速发展的需要"。消防移动运维中心的组织机构如图12.15所示。

2. 消防移动运维体系结构

消防移动监督检查系统运维体系结构从人力运维转变为技术运维，从救火队转变为主动预防，建立前后端沟通模型，技术的价值以服务的形式体现；维护人员数量增加及能力建设、规范的流程、自动化的工具这三个方向同步推进。

（1）消防移动运维队伍：建立高素质的运维队伍，职责分工明确。一线人员对故障和问题进行预判，以恢复业务为主，保留日志等痕迹；二线专家分领域对故障进行追根溯源，不断将更深技术前移至一线。

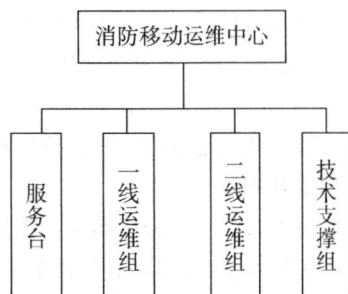

图12.15 消防移动运维中心组织机构

（2）消防移动运维流程制定：运维流程规范化，有据可依、有迹可循。增强各角色责任感，加强前后端沟通，形成PDCA闭环。

（3）消防移动运维支撑手段：自动化支撑手段可以减少手工重复性操作的成本，提升对操作的控制性。

（4）消防移动运维模板、技术手册：标准化的模板和手册，固化技术经验，适用于多平台分布、人员流动大的公司。

（5）消防移动运维指标：制定具有业务意义的管理指标，可以评估人员和流程的性能表现。

该运维体系结构如图 12.16 所示。

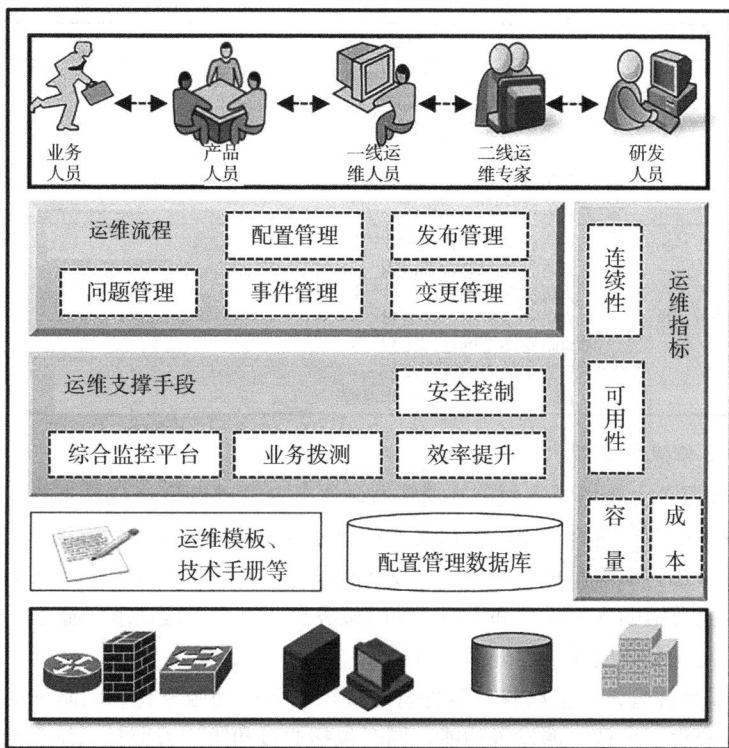

图 12.16 消防移动运维体系结构

12.3.2 消防移动运维体系措施

1. 消防移动运维队伍职责分工

按照机房物理地点划分，安全组管理所有产品，消防运维队伍职责分工如下：

（1）消防服务台：负责消防移动产品线故障电话受理，将消防故障问题指派给一线运维工程师，并跟踪事件处理状态；由故障处理的发起人负责进行维护故障统计、用户满意度统计等工作。

（2）消防一线运维组：负责消防移动产品接入前的部署，接入前的技术支撑、接入中的调试，接入后的问题解决，全面监控消防移动生产环境、告警和投诉及故障的及时响应，一线问题梳理，协助二线对系统进行优化。

（3）消防二线运维组：负责应用深度运维，消防业务线一名专员在产品、研发阶段随工；产品设计阶段规划系统方案；做成消防维护手册前移至一线团队；消防移动监督检查系统排障；处理复杂投诉；负责系统质量指标制定和系统优化工作；负责网络、主机的深度，运维制定主机、网络运维方案，维护及优化生产环境物理设备，响应一线团队的告警、排障需求。

（4）消防技术支撑组：负责消防产品线自动化工具研发与新技术研究，研发监控、部署、商户调试等自动化运维工具；研究业界先进的运维技术并立项。

2. 消防移动运维流程制度

1) 消防运维流程制度

制定消防运维管理流程制度，涉及服务台、事件管理、问题管理、配置管理、变更管理、发布管理、知识管理、工单管理、应急预案实施流程等，随着运维活动的不断深入和持续改进，其他流程可能会逐步独立并规范。消防运维流程制度见表12.3。

表12.3 消防运维流程制度

分　类	流程制度	备　注
运维部门内部流程制度	消防移动服务台管理制度规范 消防移动配置管理流程 消防移动知识管理流程 消防移动工单管理流程 消防移动应急预案实施流程 消防移动的安全规范、制度	
运维部门与外部的流程制度	消防移动事件管理流程 消防移动变更管理流程 消防移动上线流程 消防移动需求管理流程 消防移动投诉处理流程 消防移动问题管理流程 消防移动运维服务工作流程	

2) 消防移动运维流程制度

（1）消防移动服务台管理制度规范。消防移动服务台管理制度规范是支持运维服务的核心功能，与各个流程联系密切。所有管理流程都要通过服务台为消防移动用户提供单点联系，解答用户的相关问题和需求，或为消防用户寻求相应的支持人员。流程中，消防移动服务台是接收各种来源服务请求和相关信息反馈的唯一入口和出口，同时服务台还负责一般请求、通过知识库（历史事件）能够解决的请求，也是复杂问题二线处理的桥梁。

（2）消防移动事件管理。消防移动事件管理提供消防移动服务台和消防移动事件管理者对于事件记录、处理、查询、审核、派发等功能。同时包括通过和第三方监控系统对接，发送报警形成事件的功能。

（3）消防移动问题管理流程。消防移动问题管理流程的主要目标是预防问题和事故的再次发生，并将未能解决的事件的影响降到最小。消防移动问题管理流程包括诊断事件根本原因，确定问题解决方案所需要的活动，通过合适的控制过程，尤其是变更管理和发布管理，负责确保解决方案的实施。根据事件及处理方案，问题处理人经过调查、诊断，提出最终解决方法。

（4）消防移动配置管理流程。消防移动配置管理流程负责核实基础设施和应用系统中实施的变更，以及配置项之间的关系是否已经被正确记录下来；确保配置管理数据库能够准确地反映现存配置项的实际版本状态。配置管理实际上是全部资源统一管理的功能，包括对资源整个生命周期的参数或配置变化记录的管理。管理信息主要涉及分类、型号、消防移动版本、位置、状态、相关资料等基本信息，还包括核心参数等。

（5）消防移动变更管理流程。消防移动变更管理流程实现所有基础设施和应用系统的变更，变更管理应记录并对所有要求的变更进行分类，应评估变更请求的风险、影响和业务收益。其主要目标是以对服务最小的干扰实现有益的变更。变更管理要有对重大资源的新增、变更、升级等运维活动进行审核的功能，以免这些活动对现有资源的可用性造成没有必要的影响和破坏，同时还要实现对工单中产生的变化进行后审计的功能。

（6）消防移动发布管理。消防移动发布管理过程与消防移动变更管理流程、消防移动配置管理流程一起计划、监视、确保消防移动软件和相关硬件成功、安全地导入到消防移动生产环境，避免发布过程引起大量的事件，减小发布对其他业务系统的影响，提高消防移动产品服务的可用性。

（7）消防移动知识库管理。消防移动知识库给消防移动运维人员提供重要的技术资料内容，汇集工作中遇到的典型案例，归纳总结知识要点，形成全面实用的资料手册。在本系统中，知识库管理提供便于使用的人机接口、快速查询的技术手段和维护手段。

（8）消防移动工单管理。消防移动工单是现场运维、二线支持的任务载体，运维工程人员依据所接收工单进行运维工作。工单管理能够对工单实现创建、变更、查询浏览、派发、监督等功能。

（9）消防移动应急预案实施流程。消防移动运维过程中出现重要故障或紧急情况时，按规定流程进行处理并汇报。应急预案涉及通信线路中断、路由故障、流量异常；服务器软件异常，切换备机；流量网络攻击时，立即联系机房及时处理；服务器硬件故障时，联系硬件设备厂商，要求其快速上门处理；业务数据损坏时，检查和备份当前业务数据，再调用备份数据来恢复等。

3）运维服务工作流程图

运维的标准化和流程化以文档的形式展示，且能够指导日常运维工作。相比开发、测试等其他岗位，运维工作直面生产环境，每一步运维操作与生产系统能否正常运行息息相关，稍有不慎就容易导致生产事故，而且运维自动化的落地实施也基于运维的标准化和流程化，因此，标准化和流程化作为运维管理体系的基石和运维自动化的第一步，在运维管理工作中必不可少，同时要实现彻底的标准统一。在实施的过程中，适当与运维自动化并行，加快自动化的脚步，只有这样才能最大程度减少人为失误，减少人力成本，提高运维的效率和质量。消防移动运维服务工作流程如图 12.17 所示。

3. 消防移动运维支撑手段

消防移动运维自动化支撑手段可以减少手工重复性操作的成本，提升对操作的控制性。

1）消防移动运维自动化监控工具

（1）基础监控：服务器监控，如 CPU、Memory、I/O、并发量等；操作系统监控，如堆栈监控、线程栈监控等；网络监控，如连通性、流量等。

（2）应用监控：对检查状态（返回码、Exception）监控；用户端 URL 监控；进程和端口的存活状态监控；负载均衡监控等。

（3）业务监控：对使用次数、业务量、成功率进行监控等。

2）消防移动运维自动化部署工具

（1）自动化配置：快速且一致地对集群内所有设备的系统参数进行配置，如管理配置文件、用户、软件包、系统服务等；对设备系统参数的修改进行记录和跟踪，矫正个别设备的异常配置，包括应用的配置文件。

（2）自动化上线：统一进行上线、发布；及时、准确地进行应用回滚。

（3）监控工具无缝集成：根据上线内容进行自动化监控，并对各业务线之间的影响关系进行分析。

3）消防移动运维数据分析工具

（1）应用日志分析：实时日志分析、非实时日志分析、用户行为分析、产品成功率分析。

（2）安全分析：网络异常流量分析、外部攻击行为分析、内部人员行为审计。

（3）系统信息分析：容量分析、性能分析等。

4. 消防移动运维模板、技术手册

消防移动运维标准化的模板和手册，固化技术经验，通过对消防移动运维服务过程中使用的文

档进行统一管理,达到充分利用文档提升服务质量的目的,确保消防移动运维资源符合消防移动运维服务的要求。

5.消防移动运维指标

消防移动运维指标主要指的是人员相关指标、资源相关指标、运维服务过程指标(包括事件、问题、配置、变更、发布等)。

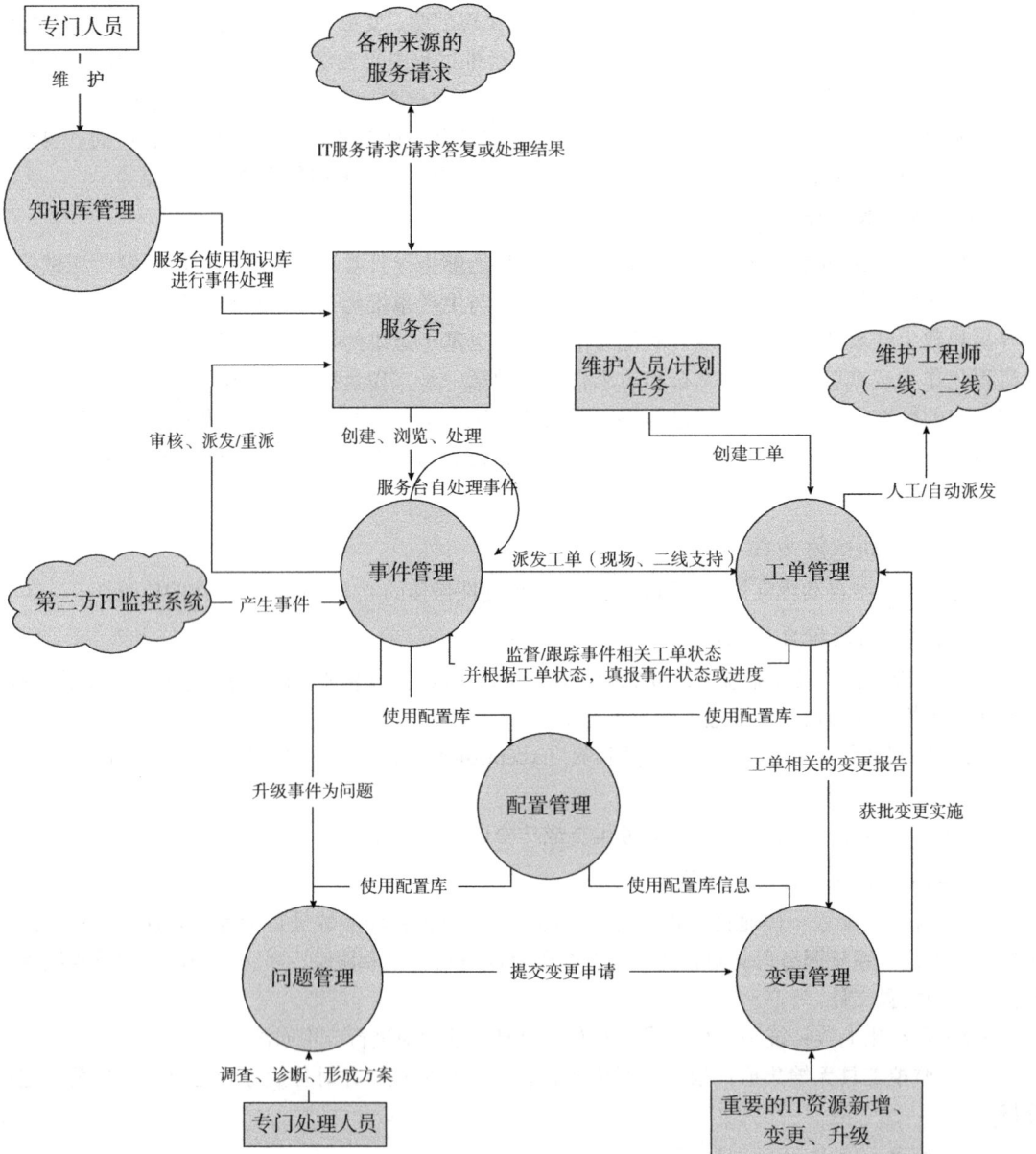

图 12.17 消防移动运维服务工作流程图

12.3.3 消防移动运维模式特色

1.消防移动运维队伍之研发和运维协同工作

(1)消防移动二线运维人员常驻开发部门,全程参与开发流程。运维人员参与开发会议,分享产品计划，分享新技术的重点和心得，搜集功能性需求（指开发人员的需求）的同时也要搜集运维方面的需求，把对于"发布、备份、监控、安全、配置管理和系统功能"的测试作为一项独立的产品流程。软件产品在开发时解决的问题越多，在使用时暴露给用户的问题就越少。

（2）消防移动运维人员遇到问题时把开发人员加进来，大家一起解决问题，邀请开发人员参与会议，分享产品进度，并且共同修订工作计划。运维人员务必要了解开发部门下一步的工作方向，从而确保产品运行的底层平台能够良好地支持最新技术。开发人员也会带来相关的技术、知识和工作，帮助改善产品的运行环境，使其更加易于维护、简单有效。

研发和运维的关系如图 12.18 所示。

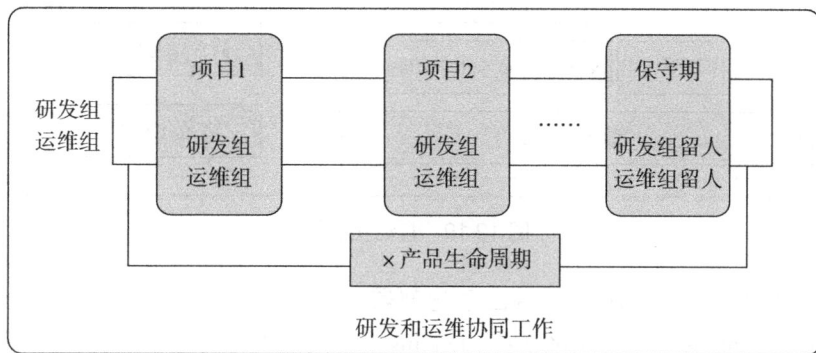

图 12.18 研发和运维关系

2. 消防移动运维支撑手段之后台自动化监控

消防移动运维后台监控系统是通过融合开源 Zabbix 高度集成的网络监控解决方案自主研发的运维监控管理平台。

（1）网络性能监控：统一监控和管理基础架构的可用性与性能，支持业界主流的服务器、路由器、交换机、防火墙、UPS 等。借助自动发现、实时轮询、趋势预测以及故障告警，使运维人员具备主动识别、定位、诊断和解决性能问题的能力。

（2）服务器性能监控：监控物理服务器，如 Windows、Linux、Unix 服务器，虚拟服务器如 VMware、Hyper-V 服务器的关键性能指标，包括 CPU、内存、磁盘、进程、服务、事件等。

（3）存储设备监控：全面管理包含多厂商、多设备的存储网络，展示存储网络的结构、设备及其相互关系。实时监控存储设备的状态，识别使用过度或不足的资源，确保存储网络的优越性能。

（4）接口监控：监控移动端请求接口，统计请求接口数量、异常接口数量、存储接口日志、涉及用户 ID、请求时间、接口名称、请求状态、返回值等。

（5）业务服务管理：从业务角度展示各业务系统的核心组件架构并分析问题。系统为整个业务环境提供统一直观的视图，帮助运维部门了解系统与业务之间的逻辑关系，快速定位故障的根本原因，避免系统宕机对业务造成严重影响。

（6）可视化管理：动态展现设施和业务服务的运行状态。

（7）故障自愈：对可直接处理类故障快速解决，提升效率，快速恢复业务可基于 CMD 命令行、Shell 脚本、Python 脚本、SNMP、SQL 等，实现故障的自动化处理。

自动化监控如图 12.19 所示。

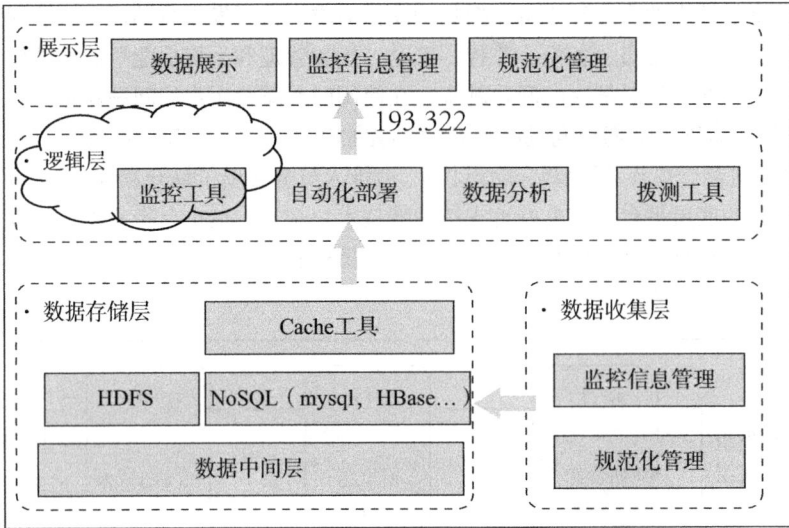

图 12.19　自动化监控

3. 消防移动运维支撑手段之后台自动化部署

采用 Ansible+Jenkins 实现自动化部署，Jenkins 是持续集成工具，用于监控持续重复的工作，Ansible 是一种自动化运维工具，集合了众多运维工具的优点，集成 IT 系统的配置管理、应用部署、执行特定任务的开源平台。

（1）实现批量系统配置、批量程序部署、批量运行命令等功能。批量任务执行可以写成脚本，而且不用分发到远程就可以执行。

（2）不需要在被管控主机上安装任何客户端；无服务器端，使用时直接运行命令即可。

（3）Ansible 基于模块工作，可使用任意语言开发模块；使用 Python 编写，维护更简单。

（4）借助于插件完成记录日志邮件等功能。

自动化部署如图 12.20 所示。

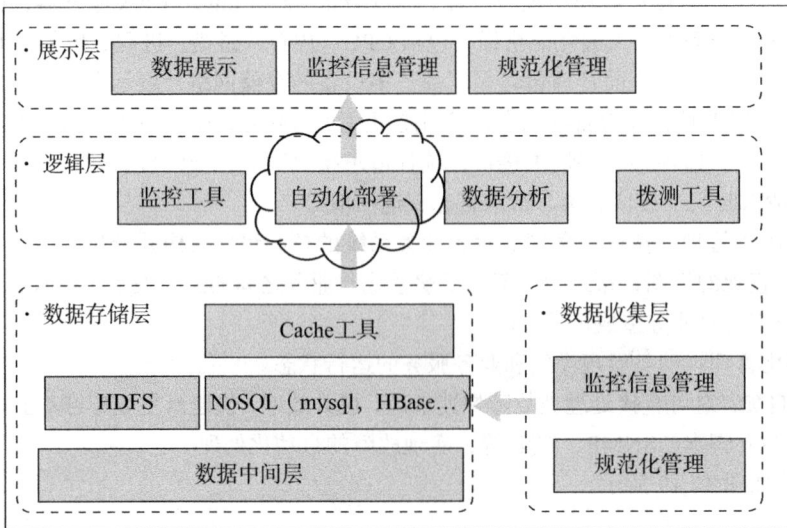

图 12.20　自动化部署

4. 消防移动运维支撑手段之缺陷管理工具

采用开源禅道系统进行缺陷管理，实现缺陷提交、缺陷解决、缺陷关闭等流程，具体如下：

（1）对缺陷优先级进行排序：1—紧急、2—高、3—中、4—低。

（2）问题严重程度：1—致命、2—严重、3—一般、4—轻微。

（3）缺陷处理过程设置截止日期：超出日期进行提醒，以便及时了解超时情况。

（4）上传和下载：包括问题截图、动态视频、文档附件。

（5）缺陷查询：可设置多组查询条件，自动统计缺陷数量和未解决数量。

（6）缺陷清单：可导出 Excel, xml, html 多种格式文件。

5. 消防移动运维支撑手段之后台上线自动化测试

采用 Jmeter+Jenkins 进行接口自动化测试，也能进行接口性能测试，而且是开源软件，基于 Java 的构建工具，可以跨平台。

（1）部署后通过 Jenkins 自动执行 Jmeter 接口脚本，模拟移动端发送接口请求。

（2）设置定时任务，自动化测试在凌晨执行，对用户影响较小。

（3）通过设置断点来检查测试中得到的相应数据等是否符合预期，设置检查点来判断接口失败还是通过。

（4）脚本中的某些输入用参数来代替，在脚本运行时指定参数的取值范围和规则；参数可以定义函数，也可以采用 CSV 数据配置等多种方式。

（5）引入 Jar 包连接数据库，执行数据库查询语句，查询结果验证。

（6）支持分布式测试，控制机布置脚本，代理机只需开通 Jmeter-server 服务；执行时，控制机会把脚本发送到每台代理机上，执行后，代理机会把结果回传给控制机。

（7）监听器对测试结果数据进行处理和可视化展示，并且能自定义模版，生成测试结果文件。

（8）测试结果文件能自动发送邮件到指定邮箱，运维人员通过邮件查看结果。

（9）配置接口脚本并发数，可以进行接口性能测试。

6. 消防移动运维支撑手段之移动端硬件安全

消防移动执法终端系列有 X3、X3 Pro、X6、X6-S，其中，X6 是一款 12 寸超薄二合一移动执法终端，它基于 Intel 第六代酷睿平台 CPU，集成触摸屏、主动电容笔、双硬盘、4G、Wi-Fi，可扩展 NFC、刷二代身份证、指纹录入等接口功能，涉及移动端硬件安全如下：

（1）移动端设备双物理硬盘：通过对硬盘控制器及相关模块供电的管理，保证工作系统和生活系统的硬盘的工作，同时保证硬盘间的数据隔离。

（2）定制主板 BIOS：确保非法 U 盘 PE 启动系统，防止通过旁路入侵系统和非法重装系统，防止盗取系统数据；定制 BIOS 加密，防止非法盗刷 BIOS 程序。

（3）数字硬盘加密功能：采用定制加密 SSD 硬盘，通过加密接口与设备绑定，只能在海邻科合法终端上工作，其他环境不能工作，防止非法拆卸硬盘后盗取数据。

（4）远程锁定，销毁硬盘：管理端由管理员使用；对于客户端则在终端上安装软件，后台服务运行；终端丢失后，管理员可以通过后台向遗失终端发短信指令，终端模块收到短信后可锁定设备（无法进入操作系统，可远程解锁），可格式化硬盘，销毁数据（不可恢复）。

（5）锁卡功能：4G 模块与 SIM 绑定，一旦锁定无法换卡使用，防止私自更换外网 SIM 卡。

12.3.4 运维单位介绍

深圳市海邻科信息技术有限公司（以下简称"海邻科公司"）是国家移动信息产业技术创新战略联盟（NMT）理事成员，已与公安部警用无线数字通信重点实验室、公安部大数据应用重点实验室、哈尔滨工业大学、中科院深圳先进技术研究院等知名科研机构院所建立了技术合作关系；与某消防总队共同成立联合项目组，优化防火监督检查的工作流程，细化具体软硬件功能需求，研发专用的消防监督检查移动信息化实战装备；与哈尔滨工业大学通信技术研究所签订了《专网通信与网络新技术联合实验室》战略合作协议。2017年度公司获得了国家高新技术企业认定证书，同时也通过了ISO 9001质量体系的认证。

海邻科公司具备自主设计、研发、集成部署、运维能力，已拥有自主知识产权的专利32件，已授权的专利10件，进入实审的发明专利9件，申请中的专利10件。研发中心由一批资深科技研发人员组建而成，其主要职责是为公共安全等行业用户，基于智能硬件、移动互联、大数据应用等关键技术，提供专业软硬件产品和行业解决方案。海邻科公司自成立起已开展立项研发21个科技项目，成功研制移动执法终端系列产品和解决方案系列产品，其中移动执法终端系列有X3、X3 Pro、X6、X6-S执法笔记本、执法一体箱；解决方案系列有智慧案管解决方案、车载智慧系统、消防移动监督检查系统。

12.4 城市电子政务云安全大运维中心
——"奇安信"设盾防奸保业

12.4.1 建设概述

1. 建设背景

随着我国电子政务建设的发展，越来越多的政府机构意识到电子政务集中建设的必要性和优越性。很多政府机构逐渐实现了从网络到应用的集中共享建设模式。随之而来的是相应的资源利用、数据安全、业务需求多样性及管理的复杂性等问题。为了更好地服务经济和社会的发展，可以通过将云计算架构应用于电子政务平台建设，从而有效地整合资源，实现经济的快速增长。利用云计算不仅有助于降低电子政务成本、减小信息共享和业务协同难度，而且能提高电子政务部署效率和政府服务效率，从而促进"生产型制造"向"服务型制造"转变，加快推动制造业向数字化、网络化、智能化、服务化的转变。

电子政务云的构建将采用大数据、云计算等新兴技术，新技术的应用同样伴随着新的安全风险，会出现网络安全事件等问题，影响到电子政务云的整体安全运行。在基础设施构建的同时也要同步考虑网络安全的管理和防护，为了实现全天候、全方位的安全监测响应，还需要构建科学合理的安全运维体系，以支撑电子政务云的安全运行，保障业务系统的安全，做好为民服务。

2. 现网架构分析

某市电子政务中心从云安全、大数据安全、应用安全和电子政务外网安全等方面入手，利用先进及创新的技术架构设计，打造涵盖网络安全、主机安全、虚拟化安全、云管理安全、平台安全、应用安全及数据安全等多个维度的立体式安全防护模型，构建完善的安全技术体系，详细安全技术体系框架如图12.21所示。

1）云计算基础架构安全技术保障

云计算基础架构的安全聚焦在计算资源池、网络资源池和云管理平台三个层面。由于云计算引入虚拟化技术、云计算引擎和云计算管理平台，为主机和网络带来了新的安全挑战。下面将从计算资源池、网络资源池和云管理平台三个维度实现安全保障。

（1）计算资源池安全保障。围绕物理服务器、虚拟机及Hypervisor三个维度开展安全防护工作，解决基于主机层的恶意代码防范，并关注上述三个维度的漏洞检测及防护，避免类似虚拟机逃逸攻击等恶性安全事件发生。同时，基于操作系统层面通过安全基线加固、安全漏洞加固、防暴力破解、防弱口令等各类安全手段实现防护效果。

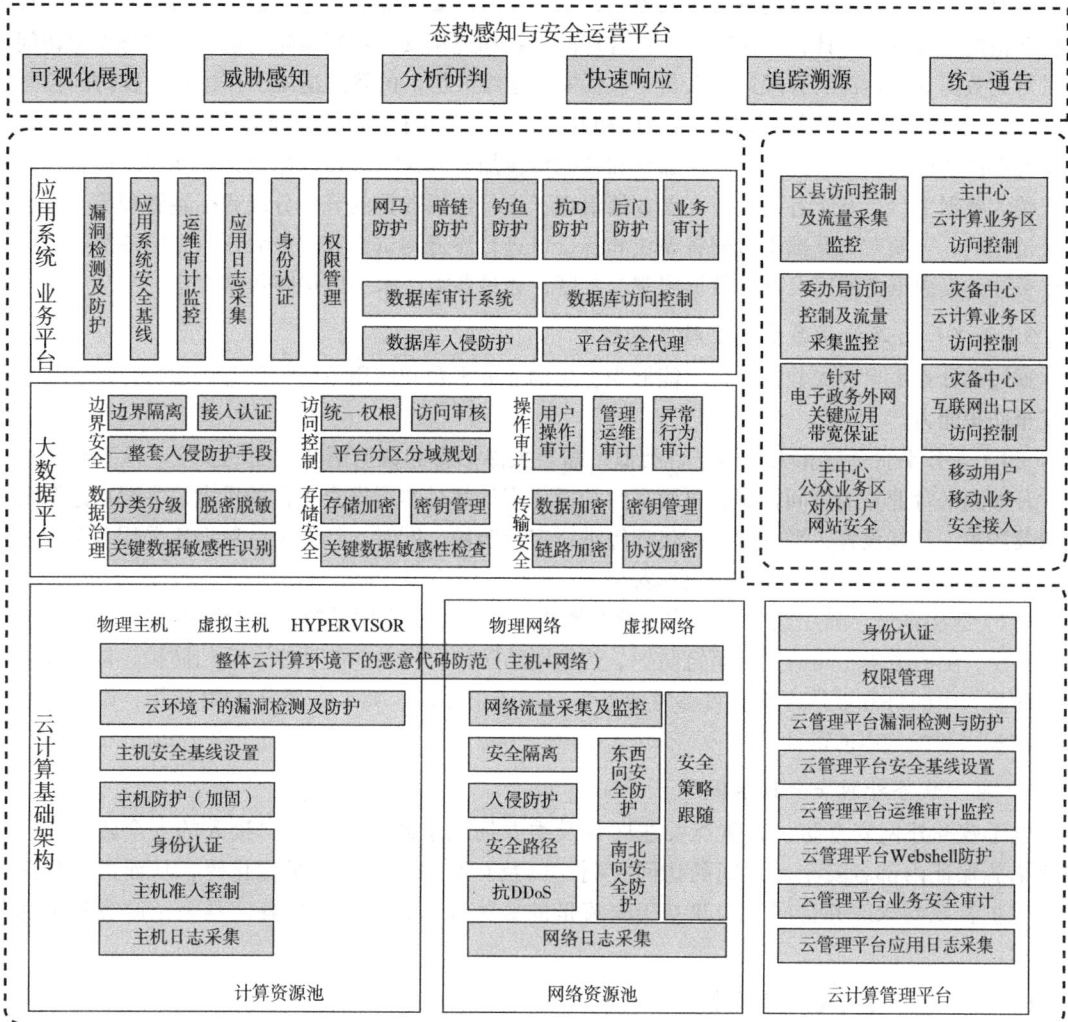

图 12.21 某市电子政务云安全技术体系框架

（2）网络资源池安全保障。围绕物理网络和虚拟网络实现恶意代码的防范，关注东西向流量和南北向流量的安全防护，即保障入云业务或租户 VPC 内部（东西向流量）及外部（南北向流量）的安全隔离、访问控制、业务安全等，实现在虚拟化环境下的安全策略跟随。

（3）云管理平台安全保障。关注平台安全，将云管理平台当作平台应用进行安全防护，做好云平台的访问认证及授权控制，并对平台设置安全基线。通过漏洞检测和防护技术，从多维度对云平台进行日志收集及审计操作，保障云平台本身的安全。

2）大数据平台安全技术保障

大数据平台是构建在云计算平台之上的一个分布式大数据系统，也就是依托云计算基础架构，为大数据平台提供运行环境，为构建基础库、主题库、大数据共享交换平台提供支撑。所以大数据平台的安全技术保障主要围绕平台和数据两个维度开展工作。

（1）平台层。主要通过边界安全、访问控制和操作审计实现安全防护。首先是对平台边界的安全防护，外部访问用户进入大数据平台之前，要先通过平台边界的安全检查，这是大数据平台的首道安全防线,直接暴露在外部,因此,在大数据平台的平台边界处可以实施访问控制、接入身份认证及边界入侵防护。其次,当用户实现正常访问时,需要对用户进行授权管理,并根据平台的安全策略对用户在平台内的活动进行访问控制,采取相应的安全隔离措施。最后,对用户的访问行为进行严格的全程行为审计,以保障用户在合理的授权和遵从安全控制策略的前提下进行正常访问,同时对大数据平台内部的管理运维人员(包括安全运维人员)的管理运维工作进行全程访问控制。

(2)数据层。主要围绕数据的生命周期开展安全保障工作,配合平台层的防护,在数据采集、传输及存储的过程中,关注数据存储加密和数据传输加密的保障。在数据交换和使用之前,更多需要依赖大数据平台,基于各类业务开展数据治理工作,包括数据的分类分级和标签管理等。在数据交换过程中,需要对大数据平台的各模块和各接口进行渗透测试服务。最后在数据的使用过程中,重点关注外发数据防泄密及外发数据限制等维度,通过各类技术手段保障数据安全。

3)业务平台及应用系统安全技术保障

通过云计算平台和大数据平台,能够为上层的业务平台和应用系统提供基础运行环境支撑和基础安全防护能力。

(1)业务平台。它和大数据平台类似,需要关注平台和数据两个层面的安全。从平台的边界防护开始到平台业务的访问控制,再到平台的操作审计都是本层安全工作的重点,主要通过漏洞的检测及防护、基线设置、平台的访问代理等进行安全防护。同时,针对平台数据库采用各类安全防护手段,能够有效保障业务平台的数据安全。

(2)应用系统。其主流的应用均为B/S架构,所以对于应用系统的安全防护重点主要在Web应用安全,全面考虑木马防护、暗链防护、钓鱼网站防护、抗DDoS防护、后门防护,以及业务审计等内容。中间件和数据库安全可参考业务平台的防护手段,如果有部分APP应用,则需要做到APP的加固和源代码的审计。

4)电子政务外网安全技术保障

电子政务外网安全防护,重点关注区县及委办局电子政务外网横向接入的安全建设,通过安全措施保证内部各安全域之间的访问控制,以及互联网出口的流量优化等,从而进一步满足等级保护合规要求。并且同步构建基于全流量的威胁分析,重点突出各区县电子政务外网的分级展示。

5)态势感知与安全运营技术保障

安全保障工作内容多、涉及面广,其核心是安全运维,为支持安全运营工作的高效开展,需要一体化态势感知与安全运营平台作为工具支撑。通过在云计算中心、委办局及区域政务外网出口边界部署网络流量收集器,依托全局日志采集器(主机、网络、平台)及文件鉴定器,汇总本地基础数据。利用一体化态势感知与安全运营平台,安全服务或安全运维人员可以有效开展威胁持续监测、威胁分析研判、事件及时通告、快速响应处置与威胁追踪溯源等关键工作,一体化态势感知与安全运营平台是安全保障工作的统一监测响应与指挥调度中心。

3. 安全运维目标

某城市电子政务云已经构建了完善的安全技术体系,电子政务云安全运维服务是基于政务云安全运行保障的需要,建立科学的安全运维体系,匹配专业安全运维人员构建威胁预测、威胁防护、持续检测、响应处置的全闭环安全运维能力,通过能力构建快速实时对电子政务云安全态势做出判断,找出安全技术不足之处,不断提升安全技术防护体系,真正让安全技术防护措施发挥最大效能,安全运维服务最终将安全技术、安全管理、安全运维贯穿整体电子政务云安全运行保障全生命周期,融合可以满足安全合规监管的要求,最终实现电子政务云合规安全运行。其服务目标如下:

（1）威胁预测：通过内部威胁预测、外部威胁情报等手段，进行平台暴露面分析，监控外部威胁，实现攻击预测、提前预防的目标。

（2）威胁防护：面对持续攻击，降低受攻击面，实现"攻击减速"的目标。

（3）持续检测：面对电子政务云，进行 7×24 小时在线检测和响应，减少威胁停留时间，及时发现并控制事件，实现防止事件升级的目标。

（4）响应处置：深度威胁分析，联动响应与处置，对发生的重大安全事件进行回溯分析，实现及时处置、止损、追踪溯源的目标。

12.4.2 安全运维服务实施方案

安全运维服务的实施包括安全运维规划、安全运维体系建设、安全设备运维、安全管理咨询、安全合规监管、监控分析处置、上线安全评估、周期安全评估、重保时期保障、应急响应处置、攻防对抗演练等内容。

1. 安全运维规划

电子政务云安全运维体系是安全工作的抓手，其主要工作是对现有（新建）系统进行安全检测分析并发现问题，对发现的安全问题由各自责任方（云服务商、云租户）进行整改，利用各类技术手段对系统进行全天候的安全监测，安全运维人员对其状态进行全面监控，对发现的问题及安全事件快速分析，选择相应的处置方法快速解决问题，通过安全运维做到问题早发现、快响应、早根除，可以有效保障云上业务系统的安全稳定运行。电子政务云安全运维体系设计从持续监控与分析保障和全生命周期服务保障两个维度进行设计。

借鉴国内外成熟安全架构，贯彻"安全运营闭环管理并基于持续监控与数据分析为核心"的安全运维理念，结合电子政务云现实业务及安全需求进行设计，形成威胁预测、威胁防护、持续检测、响应处置的闭环安全运维体系，安全运维体系设计如图 12.22 所示。

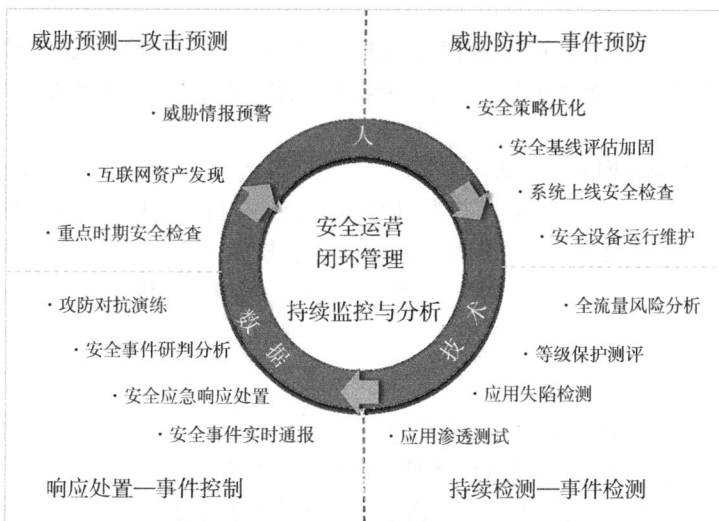

图 12.22　持续监控与数据分析保障

（1）威胁预测。从攻击预测的角度开展互联网资产发现服务，梳理基础设备信息、基础设备开放端口信息、基础设备部署应用类型等，掌握信息资产运行情况；重点时期开展主机、网络、应用、终端的安全检查，发现问题并及时整改；威胁情报预警通过收集云端数据、第三方曝出的安全漏洞，并经过安全人员信息审核验证确认后，第一时间推送给相关用户，实现安全威胁预警。

（2）威胁防护。从事件预防的角度开展对主机系统、网络设备、业务应用的安全基线评估加固工作，发现存在的安全风险以及防护短板，通过安全加固增强内外部防护能力。开展安全设备运行维护服务，包括设备故障、系统维护以及配置备份更新等内容，保障安全设备高效可靠运行。基于预测及安全基线评估中发现的安全策略不足，对防护体系进行优化，提升防护能力；对访问控制进行优化，增强访问控制，杜绝越权访问带来的威胁；对行为审计进行优化，实现全面审计无"死角"，实现安全策略优化效果。开展系统上线安全检查服务，通过代码检测、渗透测试、APP 检测发现新上线系统中存在的安全风险，避免系统"带病"上线影响全局。实现安全事件可预防。

（3）持续检测。从事件检测的角度定期开展应用系统渗透测试、应用失陷检测工作，及时发现存在的各类漏洞并进行验证，经确认后及时整改；通过实时全流量风险分析服务，对内部失陷、内部攻击、内部违规、外部攻击等行为进行事件分析，快速发现问题并及时制止，提高防护策略；按照等级保护三级要求，定期开展等级保护三级系统测评工作。

（4）响应处置。从事件控制的角度出发，对于出现的安全事件，安全工程师基于安全运维数据开展安全事件研判分析，为安全应急响应提供决策依据；安全应急响应处置时由安全工程师参考上述信息，进行响应处置，内容包括抑制、清除、恢复并形成处置报告；同时也会开展实时安全通报，按周、月、年或突发事件等维度对安全事件进行通报，保障信息及时传达，对特殊安全事件提供安全应对方案；定期开展攻防演练来检验安全技术、管理、运营体系的健壮性，以应对重点时期安全保障要求。

通过上述威胁预测、持续检测发现问题，可以辅助提高威胁防护能力，威胁预测及持续检测形成的数据可以支撑响应处置，从而实现安全运维的闭环管理。

2. 安全运维体系建设

围绕业务系统全生命周期以合规、标准、规范为出发点，在业务系统全生命周期各阶段开展有效的安全管理、合规指导、评估检测、分析验证服务工作，实现全过程安全运行，具体安全运维体系设计如图 12.23 所示。

安全运维体系贯穿业务系统全生命周期，在规划、建设、运营等阶段通过专业安全服务人员使用安全运维工具，以提供服务的方式全天候维护业务系统安全运行，产出各类交付物报告。具体说明如下：

（1）五类人：安全咨询人员、基础运营人员、攻防渗透人员、代码安全人员、安全分析人员。

（2）六类工具：标准规范、防护类工具、检测类工具、分析类工具、演练类工具、运营类工具。

（3）七类服务：咨询规划、安全建设、安全评估、监控分析、应急响应、实战演练、重大保障。

（4）七类文档（报告）：设计方案、合规文档、资产清单、分析报告、运维报告、评估报告、处置报告。

3. 安全设备运维

（1）设备运行安全监测。电子政务云安全设备运行过程中，面临安全设备和其他重要系统运行异常、发生安全故障的情况，出现这些情况需要第一时间发现并进行有效处理。对安全设备运行状态进行监测，每天对安全设备进行至少一次巡检，查看设备运行状态，巡检采用远程登录和本地检查的方式进行，在出现设备故障时快速处理、及时恢复，保障安全设备的可用性、实效性。

（2）安全策略优化。收集安全策略信息后，结合实际业务安全需求，对现有安全策略进行差距分析，发现策略缺失、策略冗余、策略未废止等问题，制定相应工作方案，开展策略优化工作，内容包括访问控制策略优化、安全防护策略优化、行为审计策略优化等，通过安全策略优化完善策略可用性，提升防护能力。针对所有需要安全策略优化的安全设备输出安全策略优化报告，该报告内容包括优化前和优化后的策略变化情况。

交付

规划阶段	建设阶段	运营阶段	
云安全差距分析报告	云等保整改建设方案	安全监控分析处置报告	安全设备巡检报告
云安全设计方案	云等保初测评报告	安全策略优化报告	安全设备故障处置报告
安全管理体系文档	代码安全检测报告	资产分析确认清单	应急响应处置报告
安全标准规范文档	应用渗透测试报告	全流量风险分析报告	应用失陷检测报告
应用安全设计文档	APP安全评估报告	应用渗透测试报告	APP安全评估报告
	安全基线评估报告	攻防对抗演练方案及报告	

服务

规划阶段	建设阶段	运营阶段	
云安全差距分析	云等保整改建设	安全监控分析处置	安全设备/组件运维
云安全方案设计	云等保协助测评	安全策略优化	安全事件通报
安全管理体系咨询	源代码安全检测	资产发现分析	应急响应服务
安全标准规范咨询	应用渗透测试（上线）	全流量风险分析	应用失陷检测
应用安全设计咨询	APP安全评估（上线）	应用渗透测试	APP安全评估
	安全基线评估	攻防对抗演练	安全合规检查指导
		重保时期安全检查	重保时期安全值守

工具

规划阶段	建设阶段	运营阶段
政务云安全标准规范	代码/APP安全检测工具	
安全类差距分析表	安全基线评估/合规安全检查工具	
	身份认证及授权系统	资产发现工具
	安全合规审计系统	应用失陷检测工具
	云安全管理平台	重保检查工具
	终端/边界安全防护系统	攻防演练平台
	数据安全系统	观星威胁分析平台
	应用安全监测及防护平台	态势感知及安全运营平台

人

安全咨询服务人员
基础安全运营人员
高级攻防渗透人员
代码安全检测人员
专业安全分析人员

奇安信　新一代网络安全

| 规划阶段 | 建设阶段 | 运营阶段 |

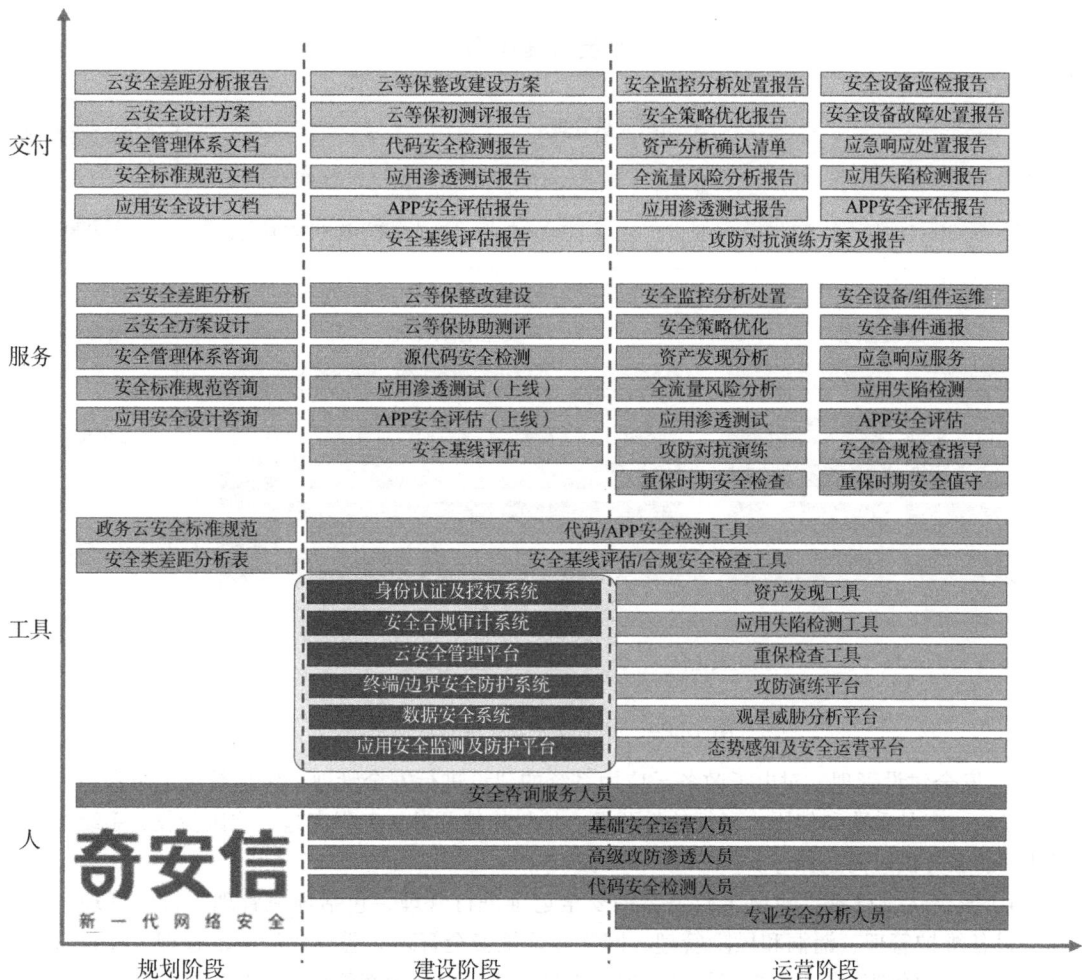

图 12.23　全生命周期安全运维体系

（3）配置及备份更新。电子政务云的整体安全防护是通过全面落实安全策略、合理配置安全产品防护规则，对来自各网络区域的网络攻击行为进行防护，具体实施方法是通过日常的策略配置、设备升级使安全防护有效发挥作用，通过不断对策略进行优化，提高安全防护效率。同时，通过对安全产品的策略和配置进行备份等日常维护，保证安全产品的稳定运行，在出现故障时及时恢复，不会严重影响安全防护水平。

4. 安全管理咨询

电子政务云建设及运行具有多方角色参与的特点，包括云监管方、云服务方、云服务用户、云安全服务方等主要的"四方"，以及相关的产品厂商和服务厂商。安全管理咨询主要针对电子政务云安全管理提供合规咨询服务，规划设计电子政务云安全管理体系，如图 12.24 所示。

（1）组织人员管理。建立符合政务云体系的安全管理组织，定义并明确电子政务云各参与方的安全职责，配备安全岗位人员，建立人员和岗位管理相关制度，梳理并形成授权和审批流程规范，建立与外部机构的沟通和合作机制，建立审核和检查机制，开展安全意识教育和培训，实现电子政务云组织人员安全管理。

（2）制度策略管理。制定电子政务云安全工作总体方针、安全策略，完善安全流程和管理制度，建立和完善日常管理操作规程、手册等，以指导安全操作；定期对安全管理制度体系进行评审并加以修订。

安全管理体系

图 12.24 电子政务云安全管理体系

（3）安全建设管理。对电子政务云应用系统的建设进行安全管理，包括系统定级和备案、安全方案设计、产品采购和使用、自行软件开发、外包软件开发、工程实施、测试验收、系统交付、等级测评、服务供应商选择等。

（4）安全运维管理。对电子政务云的安全运维进行管理，包括环境管理、资产管理、介质管理、设备维护管理、漏洞和风险管理、网络和系统安全管理、恶意代码防范管理、配置管理、密码管理、变更管理、备份与恢复管理、安全事件处置、应急预案管理、外包运维管理等。

（5）安全管理流程。规范电子政务云安全管理流程，基于信息系统全生命周期管理，从系统规划建设、上线运行、系统下线等维度将各参与方日常安全工作紧密结合，通过安全管理流程实现组织人员管理、制度策略管理、安全建设管理和安全运维管理的全面安全管理。

通过安全管理咨询服务建立电子政务云安全管理体系化流程、制度，确定各方职责，形成适用的安全管理体系，实现安全技术、安全运行维护工作全流程管理，提升整体安全运维能力。

5. 安全合规监管

电子政务云作为政府主导建设的新形态的网络及业务系统，有很强的安全合规需求，安全合规监管服务围绕电子政务云建设安全标准规范体系，并在运维过程中持续开展合规安全检查和指导工作，如图 12.25 所示。

（1）安全标准规范体系建设。制定电子政务云安全标准规范体系，统一规范电子政务云安全运维，建设安全管理、安全技术、安全运营体系的相关标准，符合国家关于网络及关键信息基础设施、云计算、大数据、政务数据开放共享和电子政务外网相关的安全标准、法令法规和指导文件的要求。

（2）合规性检查及指导。根据国家网络安全法、信息安全等级保护等相关政策要求，持续落实合规性要求，对各业务单位信息系统进行合规性检查，对重要信息系统安全等级保护整改进行指导，并通过国家权威测评机构测评，获得公安部门备案认可。

安全合规监管围绕信息系统全生命周期，从规划、建设、运行等方面提供规范标准，指导系统安全建设，建设完成后进行合规检测，保障系统不"带病"上线，运行过程提供全面监测、检测和定期的安全评估，对出现的问题快速发现、快速改进，实现全面安全运行。

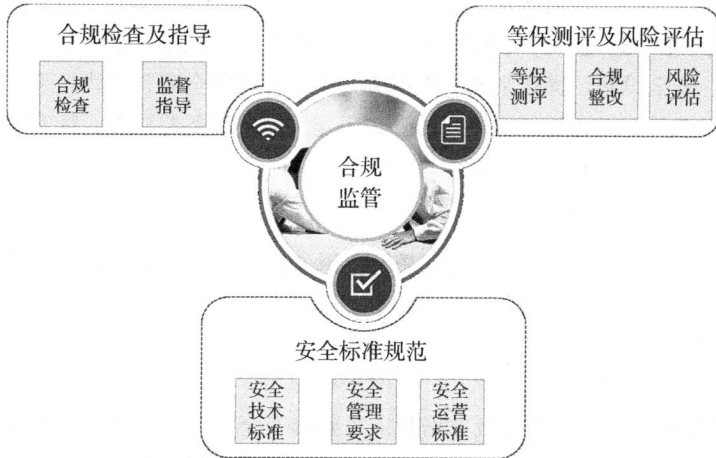

图 12.25　安全合规监管服务

6. 监控分析处置

（1）资产发现分析。针对用户互联网暴露的域名/IP进行梳理，通过字典穷举、DNS数据发现、搜索引擎数据挖掘、IP段扫描、大数据关联等多种方式，充分识别用户对外开放的已知的和未知的互联网资产，通过被暴露资产的扫描和梳理可以进一步明确可正常访问网站域名或IP、不可访问域名或IP、异常访问域名或IP等信息。

针对用户网内需要明确的资产部署位置，通过部署流量采集设备，分析所采集流量数据，建立网内有访问的IP地址列表，基于IP完善相关资产属性，包括但不限于资产类别、资产属性、版本和运行环境等信息。

（2）安全事件监控分析。安全服务人员日常对安全防护设备、安全管理平台、安全监测系统等类型的安全设备进行查看，对所产生的告警信息结合政务云资产进行分析，结合外部威胁情报数据分析验证告警的真实性、影响范围及程度，经过分析验证后给出相应的解决方案，通报给相应的用户，协助用户进行整改，整改后进行验证，对于重大安全事件，驻场人员请求二线专家进行响应快速处置。

（3）安全通告服务。建立安全通告机制，对出现的安全问题、威胁情报信息等进行全面传达和定期通告，每周以邮件形式向用户通告业内安全态势、重要系统漏洞及补丁信息等。非定期对于紧急重大类漏洞信息，将以最快时间通过邮件或电话向用户告知漏洞危害、影响范围及应对方案等信息。对于政务云上系统发现的安全事件及漏洞、威胁等快速通告相应单位负责人。

7. 上线安全评估

（1）代码安全检测。代码安全检测是对业务系统开发框架、应用程序、云端程序、接口及第三方组件和应用配置等方面进行深入的安全分析，从而发现系统源代码存在的安全缺陷，并采用安全测试等技术手段进行漏洞验证。

（2）应用渗透测试。采用各种手段模拟真实的安全攻击，从而发现黑客入侵信息系统的潜在可能途径。渗透测试工作以人工渗透为主，辅助以攻击工具的使用。主要的渗透测试方法包括信息收集、端口扫描、远程溢出、口令猜测、本地溢出、云服务客户端攻击、中间人攻击、Web脚本渗透、

B/S 或 C/S 应用程序测试、社会工程等。

（3）APP 安全评估。APP 安全评估通过对 APP 网络通信、服务器端、云服务客户端、数据和业务逻辑等多个层面进行细致的梳理、测试和分析，发现 APP 面临的安全风险。APP 安全评估包含手机端（IOS，Android）和服务端。

（4）安全基线评估。通过"自动化工具配合人工检查"的方式参考安全配置基线进行检查，主要包括网络设备、安全设备、操作系统、数据库、中间件等安全配置基线，采用主流的安全配置核查系统或检查脚本工具，以远程登录检查的方式工作，完成设备的检查，针对物理隔离或网络隔离的设备，使用检查脚本工具来补充完成检查工作。

8. 周期安全评估

（1）应用失陷检测。由专业的攻防人员采用专用工具结合威胁情报数据，对应用系统的访问日志进行安全审计，找出日志中存留的攻击者痕迹，发现并复盘曾经发生过的入侵事件。可以获知应用系统是否已被黑客成功入侵、应用系统安全事件复盘线路图、应用系统被成功利用等漏洞信息以及安全事件可能造成的损失。

（2）深度风险分析。利用威胁情报数据和采集到的安全大数据，采用专业攻防思路构建分析模型，提供内部失陷主机、外部攻击、内部违规和内部风险等关键信息安全问题的周期性检测、发现和响应服务。提升主动应对安全威胁的能力，在信息安全方面构建最后一道"防火墙"。主要包括内部失陷主机检测、外部攻击检测、内部攻击检测、内部违规检测和事件分析研判溯源四大类服务。深度风险分析服务结合电子政务云实际情况，周期性地开展工作，提供交付成果全流量风险分析报告。

（3）应用渗透测试。应用系统渗透测试采用的服务方法与系统上线安全检查中的渗透测试服务内容、服务方法、服务交付成果相同，不同的是，此项服务是对电子政务云在线运行的关键应用系统每半年开展一次的应用系统渗透测试，发现运行过程中存在的安全漏洞及时进行修复。

（4）安全合规评估。按照安全合规及监管要求，由监管机构聘请第三方等级保护测评机构开展此项工作，实现合规及监管的要求。

9. 重保时期保障

（1）重点时期安全检查。在重点时期（包括两会、春节、互联网大会等）之前对现有网络运行的服务器、终端、网络设备、安全设备、网站及应用系统等开展安全检查，从而发现硬件、软件、协议的实现或系统安全策略上的缺陷问题，对发现的问题提供安全整改建议，在重点时期做好安全加固及防护，保障信息系统安全稳定运行。通过重点时期安全检查，可以及时发现信息系统中存在的安全漏洞，通过对服务器及安全设备漏洞的整改，可以及时消除安全漏洞可能带来的安全风险。

（2）重保现场安全职守。安全服务人员在现场进行 7×24 小时值守，合理使用安全设备，对系统的安全状态进行监控，并根据实际环境完善安全管理平台及其他安全设备的告警规则，通过合理的规则配置，及时发现正在发生的安全事件以及潜在的安全风险，及时定位问题，处理问题。会议期间发生安全事件时，应急响应实施人员及时采取行动限制事件扩散和影响的范围，限制潜在的损失与破坏；实施人员协助用户检查所有受影响的系统，在准确判断安全事件原因的基础上提出基于安全事件的整体安全解决方案，排除系统安全风险并协助追查事件来源，提出解决方案，协助后续处置。

10. 应急响应处置

基于电子政务云出现重大安全事件开展专家应急响应，实施安全事件检测、安全事件抑制、安全事件根除、安全事件恢复、安全事件总结，与本地驻场人员快速形成协调联动机制，快速开展现场（远程）应急工作，增强应急技术能力，健全应急响应机制。安全事件处置完成，使系统得到恢复。找到安全事件发生原因并提供安全解决方案。提供重大安全事件应急响应报告。

11. 攻防对抗演练

每年定期组织防守方和攻击方进行实际的攻击演练，攻击方采用各种技术手段模拟黑客攻击，发起各类攻击事件，防守方检测和发现外部攻击，并对攻击采取相应的防护措施，导演方负责演练导演、监控进程、全程指导、应急处置、演习总结、技术措施与策略优化建议等技术咨询工作。通过攻防演练和实战，真刀真枪地检验电子政务云的安全产品、安全策略、安全体系、人员能力和协同处置等多方面内容，检验电子政务云已有的防御体系有效性，检验电子政务云内部安全协同和应急处置的能力。

12.4.3　安全运维价值

（1）以安全军师的身份为电子政务云安全出谋划策，合规设计方法指导，共同应对网络安全问题。

（2）以安全管家的身份做好安全运维，以"管家"模式分工、监督和验收，管好政务云的安全。

（3）以安全技师的身份用专业安全技能服务于政务业务，保障安全运行。

12.4.4　运维单位介绍

北京奇安信科技有限公司（原360企业安全集团，以下简称奇安信）以"保护大数据时代的安全"为使命，以"数据驱动安全"为技术思想，能够提供大数据安全分析、终端安全、边界安全、网站安全、移动安全、安全审计、开发安全、虚拟化安全、云安全等多类创新型安全产品及服务。

为了应对网络安全面临的挑战，2015年奇安信提出"数据驱动安全"的创新理念，就是用大数据分析的方法，改变过去传统的安全防护思路，树立动态的、综合的防护理念。基于大数据安全分析和威胁情报，奇安信打造出"云＋端＋边界"的新一代安全体系，结合用户本地轻量数据分析，可以让用户及时发现和响应各类未知威胁。

未来，奇安信将用大数据分析等"互联网＋"创新手段，助力国内政企用户更好地应对安全威胁，全面提升中国政企安全防护能力与水平，为经济发展打造可靠的网络环境，与全社会一起构建互联网安全命运共同体。

12.5　商业银行数据中心大运维管理体系
——"宏景"倾情守银心

某省商业银行拥有21个地级市分行、20个县级市分行，建立了22个大型数据中心机房，占地面积达23000余平方米，有办公OA系统、个人网银系统、CIF系统、理财产品销售系统等70多个业务系统，面向全国用户提供服务。

12.5.1　商业银行数据中心基本架构

1. 系统架构

数据中心管理系统分为物理层、网络层、系统层、数据层、应用支撑层及应用层等。数据中心管理系统架构如图12.26所示。

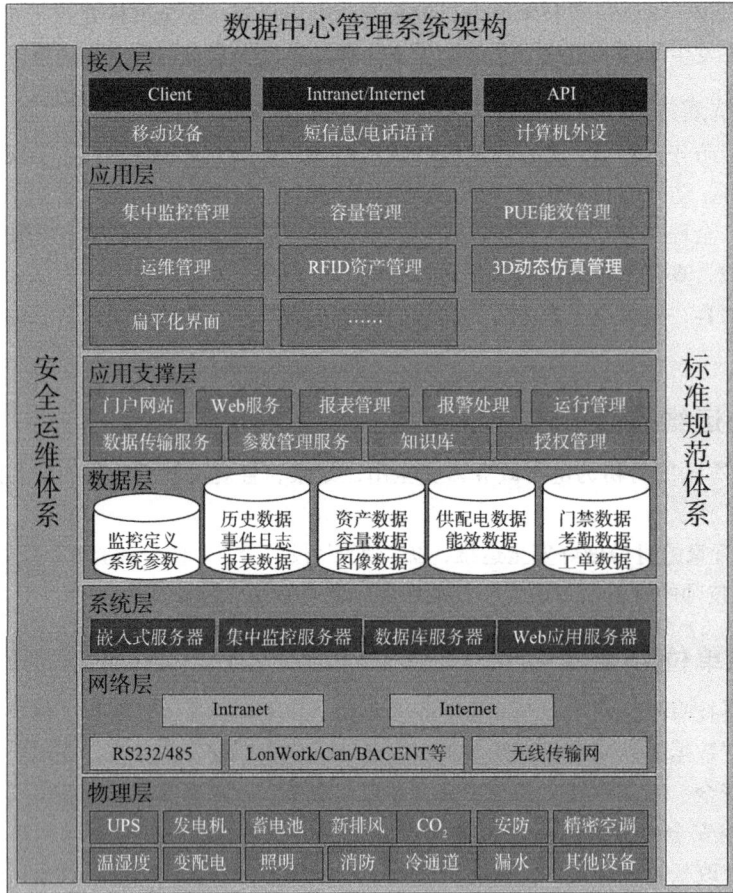

图 12.26 某商业银行数据中心的系统架构

2. 应用架构

该数据中心管理系统包括集中监控管理、运维管理、容量管理、PUE 能效管理、RFID 资产管理、3D 动态仿真管理和界面展示等，可综合有效地管理机房动力及环境、消防和安防等设备，以及各设备的运行情况，引导用户合理配置资源，并为用户提供有价值的报表和工作流管理。

数据中心管理系统应用架构如图 12.27 所示。

3. 数据架构

数据中心管理系统通过各监控子系统采集现场设备的实时数据，并将各数据分类存储于各数据库，以便于服务器进行数据的分析处理，从而在系统平台上实现人性化显示。数据中心管理系统数据架构如图 12.28 所示。

4. 系统部署

在数据中心管理系统中，机房动力环境监控子系统的嵌入式主机负责各区域的现场监控，将现场设备的各种信息进行存储、实时处理、分析和输出，或将控制命令发往前端智能模块，同时将信息上传至主备用服务器。安防、照明、消防及变配电等各智能系统集成入管理平台后，其运行状态及报警信息上传至主备用服务器。

系统的集中管理平台负责各子系统的统一管理，对数据进行分析，完成各种统计报表，并在平台上实现各种高端管理应用，如报表管理功能、PUE 能效管理功能、运维管理功能、运行管理功能等。用户可在该平台上通过客户端轻松地了解数据中心的运行状况。

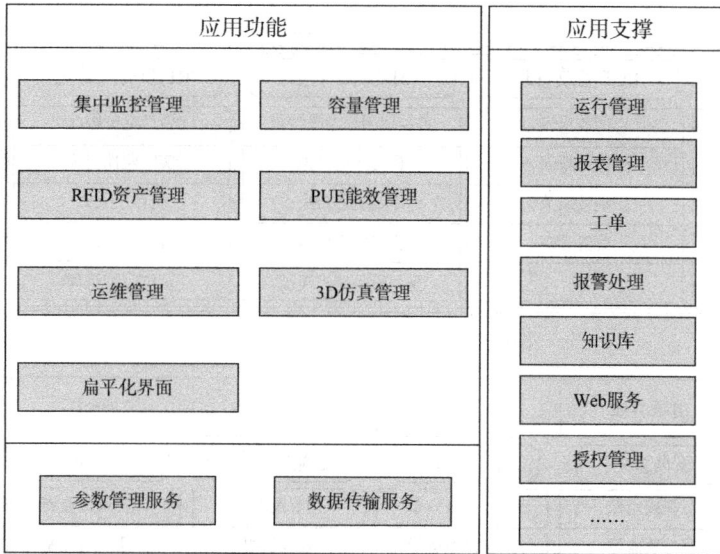

图 12.27 数据中心管理系统应用架构

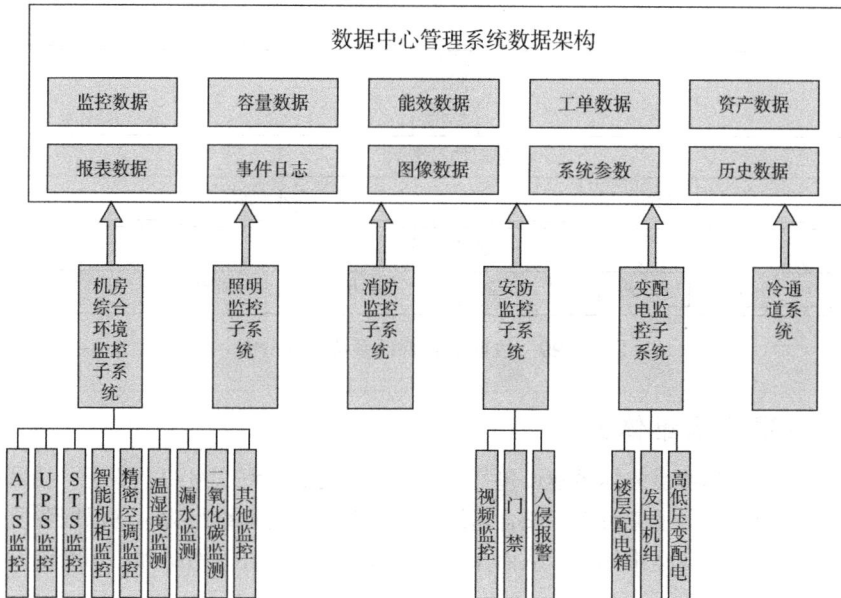

图 12.28 数据中心管理系统数据架构

5. 系统功能

数据中心管理系统的功能主要包括集中监控管理、容量管理、PUE能效管理、3D动态仿真管理、RFID资产管理和运维、报表及运行管理。其中，集中监控管理功能为其他管理功能提供监控数据，并进行数据的处理、分析及统计；运行管理为其他管理功能提供运行配置基础数据；运维管理和报表管理为其他应用功能提供支撑，从而综合有效地管理数据中心的设备，并且为用户提供有价值的报表和工作流管理。

数据中心管理系统功能分布如图 12.29 所示。

数据中心管理系统功能分布

容量管理	PUE能效管理	3D仿真管理	RFID资产管理	运维管理
空间容量管理	能效报表	各楼层俯视及漫游图	资产定位跟踪	各类工单管理
电力容量管理	能耗报表	机房热场模拟	实时监控资源	知识库管理
统计分析	能效调节	3D热成像图	资产出入库	排班管理
资源计划	配置管理	机房资产模拟	资产维保盘点	工单统计分析
		重要设备监控模拟	资产门禁管理	**报表管理**

集中监控管理

电子地图	组态界面	告警管理	双机冗余热备	监控分析	子系统报表

机房监控	安防监控	消防监控	变配电监控	照　明
UPS监控	视频监控	消防设备分布	楼层配电箱	照明设备监测
ATS监控	门禁监控	消防设备运行	发电机组	照明设备控制
蓄电池监控	红外探测监控	消防报警统计	高低压变配电	
智能机柜监控		消防报警报表		
机房环境监控				

报表管理：自定义报表、报表管理、我的报表

运行管理：应用项目配置、事件规则配置、角色管理配置、设备地点维护、系统配置管理

监控数据

接口协议管理　协议管理配置　数据处理转发

数据采集　动力　环境　安防　消防　照明　变配电　资产　IT设备

图 12.29　数据中心管理系统功能分布

12.5.2　商业银行运维体系

该银行数据中心的运维服务体系建设包括运维服务制度、流程、组织、队伍、技术和运维对象等方面的内容。根据银行的业务特点，整合运维服务资源，规范运维行为，确保服务质效，形成统一管理、集约高效的一体化运维体系，从而保障银行数据集中条件下网络和应用系统安全、稳定、高效、持续运行。

1. 智能化运维系统架构

该银行数据中心以"平台化、集成化、自动化、数据驱动"为目标，其智能化运维体系技术框架包括基础设施层、数据算法服务层、自动化运控层、交互管理层、智能化监测层、开发与质量控制层等六个层面。各个层面有机协同，共同构成智能化运维体系的技术平台支撑，如图12.30所示。

（1）基础设施层。基础设施层主要是指数据中心的"运维对象"，是智能化运维体系的"地基"，由传统集中式架构下的"两地三中心"环境、新建分布式私有云环境、云化资源管理系统三部分构成。

（2）数据算法服务层。"数据驱动"是智能化运维体系的重要特征。使用配置管理数据库（CMDB）管理应用部署信息、网络配置等静态数据，使用大数据智能算法平台对性能容量、日志、网络流量包等动态数据进行集中收集、存放；利用统计算法、图算法、数据挖掘算法，对多源数据

进行关联发掘分析，供智能监控、生产安全管理等上层平台进行模型的训练优化与消费，从而将信息激活并转化为知识和洞察力，作为辅助决策和智能自主判断的依据。

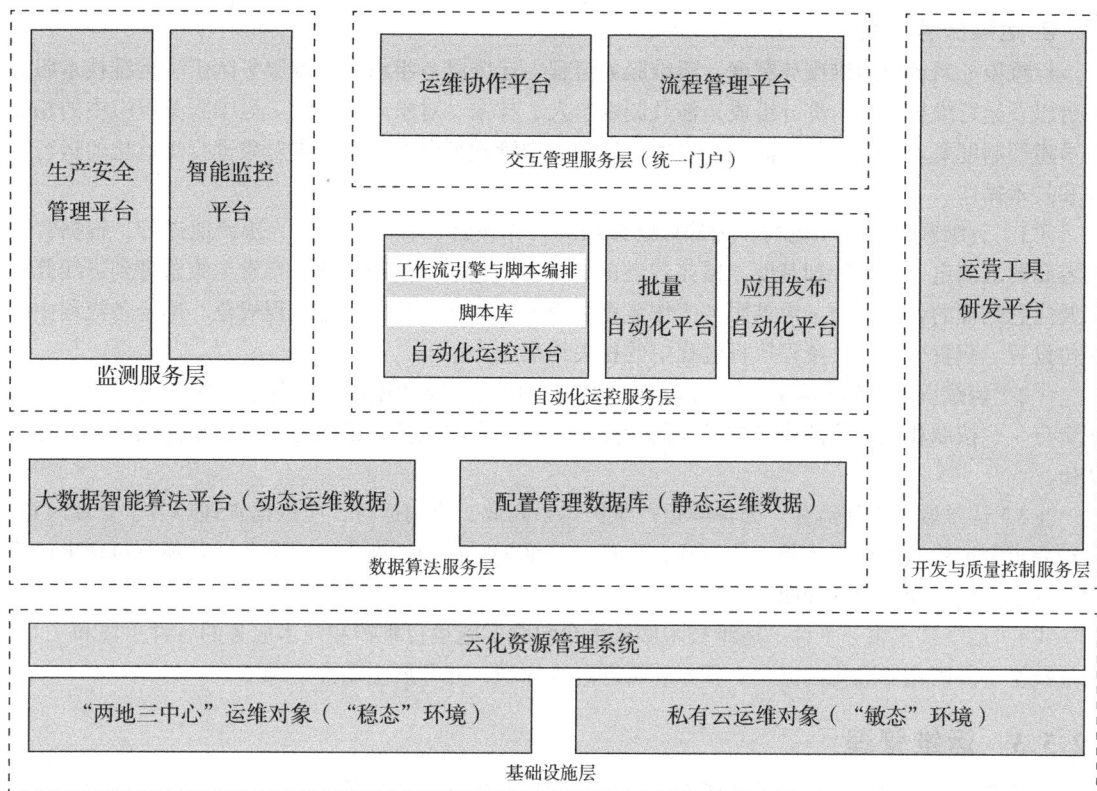

图 12.30　智能化运维系统架构

（3）自动化运控服务层。日常运维自动化、资源供给自动化和应用发布自动化，是数据中心自动化管理的三个关键领域。通过自动化运控服务层，对分散的工具进行整合，集中管理各领域的自动化脚本，以组合编排的方式形成跨应用、跨平台的关联自动化调用能力，延长自动化链条。同时参考敏捷开发流程和 DevOps 工程理论，形成以版本交付为核心的开发、测试、投产上线一体化流程。批量自动化平台可以与大数据算法平台联动，用于分析优化批量关键路径，预估批量执行窗口等场景。

（4）交互管理服务层。该层的核心是流程管理和运维协作两个平台，主要用于承载数据中心大型工程项目跨团队协作所依赖的两条信息流，即流程管理信息流和技术交互信息流。流程管理平台需要进一步发展，使之与自动化的运维操作相适应，逐步实现基于规则的自动化变更审核、自动化流程审批和智能化工单分派。运维协作平台将技术信息的交互过程由线下转为线上，与自动化运控平台、配置管理数据库和云化资源管理系统联动，使配置信息的生产和消费形成闭环，实现数据驱动的完整自动化过程。

（5）监测服务层。在智能化运维体系中，监测服务层一方面是数据的重要提供者，另一方面也是数据的消费者。监控管理和安全管理，既是运营管理的关键领域，也是落地运用数据挖掘、机器学习、人工智能等新技术的主要场景方向。未来，监测服务层将构建面向应用的监控视图，基于数据算法服务层和自动化运控服务层支持，提升威胁智能化分析、精准告警、问题快速定位等能力，辅助事中决策，并实现应急处置、安全防护，以及用户行为审计的自动化。

（6）开发与质量控制服务层。通过制定统一的运营工具研发标准，建设运维工具的集成开发测试基础设施，设计中心级运维平台工具的开发框架和公共服务，兼顾共性与个性的运维需求，实现前述各平台工具的有效集成，形成平台化、整体化的运维工具体系。

2. 运维服务系统

运维服务系统由运维服务制度、运维服务流程、运维服务组织、运维服务队伍、运维技术服务平台以及运行维护对象六部分组成，涉及制度、人、技术、对象四类因素。运维服务组织中的相关人员遵照制度要求和标准化的流程，采用先进的运维管理平台对各类运维对象进行规范化的运行管理和技术操作。

（1）运维服务制度和流程。为确保运维服务工作正常、有序、高效、协调地进行，根据管理内容和要求制定一系列管理制度，覆盖各类运维对象，包括从投产管理、日常运维管理到下线管理以及应急处理的各个方面。运维服务工作流程的规范化和标准化，制定流程规范，确定各流程中的岗位设置、职责分工以及流程执行过程中的相关约束。

（2）运维服务组织和队伍。根据其运维服务工作的内容和流程确定各项工作中的岗位设置和职责分工，按照相应岗位的要求配备不同专业、不同层次的人员，组成专业分工下高效协作的运维队伍。

（3）运维服务工作流程。为保障运行维护体系高效、协调运行，应依据管理环节、管理内容、管理要求制定统一的运行维护工作流程，实现运行维护工作的标准化、规范化。其环节包括事件管理、问题管理、变更管理和配置管理。

（4）运维技术服务平台。运维技术服务平台包含实施运行维护和技术服务的各种手段和工具，通过技术手段固化标准化的流程、积累和管理运维知识，并开展主动性运维工作。

12.5.3　运维管理

运维管理主要包括运行维护队伍建设、运行维护制度建立、工单管理、知识库管理、报表管理等，这些功能共同为系统的应用功能提供支撑，使整个系统更加安全、高效地运行。

1. 运行维护队伍建设

（1）队伍组建：针对目前信息系统 IT 资源和机房现状以及对技术支持的需求，组成各类别维护人员的专家队伍，集中开展运行维护工作。

（2）人员管理：对各级运行维护人员尤其是高级运行维护人员进行管理，制定一套切实可行的管理办法，包括人员配置、职责划分、人才库建立、人员培训、人员考核、人员待遇等。通过科学的管理办法和有效的激励机制充分调动各级运行维护人员的工作积极性和责任心，为做好信息系统运行维护工作打好基础。

2. 运行维护制度建立

为确保运行维护工作正常、有序、高效地进行，必须针对运行维护的管理流程和内容，制定相应的运行维护管理制度，实现各项工作的规范化管理。运行维护管理制度可分为以下几个方面：

（1）网络管理制度：包括网络的准入管理制度、网络的配置管理制度、网络的运行 / 监控管理制度等。

（2）系统和应用管理制度：包括对主机、数据库、中间件、应用系统的配置管理制度、运行 / 监控管理制度、数据管理制度等。

（3）安全管理制度：包括网络、主机、数据库、中间件、应用软件、数据的安全管理制度及安全事故应急处理制度。

（4）存储备份管理制度：包括备份数据的管理制度和备份设备的管理制度。

（5）故障管理制度：包括对故障处理过程的管理制度、故障处理流程的变更管理制度、故障信息利用的管理制度及重大故障的应急管理制度等。

（6）技术支持工具管理制度：包括对日常运行维护平台、响应中心、运维流程管理平台、运行维护知识库、运维辅助分析系统等的使用、维护的有关制度。

（7）人员管理制度：包括对运行维护人员的能级管理制度、奖惩制度、考核制度、人民银行系统外部人力资源使用的管理制度等。

（8）质量考核制度：制定相关制度，对以上各类制度的执行情况进行考核。

3. 工单管理

工单管理是运维管理系统的重要组成部分，也是运维管理系统的核心。工单包括故障单、保养单、事件异常单、资产库存提醒单、库存备件提醒单、自定义任务单、资源低容量报警单、能效调节处理单等八种工单。每一个工单模块都是互相独立的，记录各自的内容信息，有各自相应的工单流转规则。

工单处理属于流程类的工作，可以灵活地定制工作流程，比如将来可以动态扩展成在每一个环节处理后进行短信自动提醒的功能。所有工单的流转过程都遵循：登记（人工和自动登记）→等待处理→处理（流转、撤单、回退等）→等待办结→已办结（流转结束），所有这些过程都是通过一个工作流引擎来控制实现的。工作流引擎控制工单按事先制定好的规则、步骤去执行，负责每个工作流实例的生命周期，而应用程序则处理输入和输出数据、状态的展现，编写每个步骤中对于数据的处理。流引擎将工单事件的小部分信息发送给相应的用户，通知用户去处理。用户通过工作流引擎记录的信息，链接到各个事件的处理页面，从而实现对机房设备故障、资产库存、库存备件等的自动监控，使得更多人处理的问题得到很好的进度监控和协调处理，提高运维的效率和准确率。

（1）工单登记。用户登记好工单，点击保存，把此工单提交工作流，由工作流控制流转。系统可实现工单的自动登记。

（2）工单处理。工单处理页面与工单登记页面基本一样，在处理页面中显示工单的详细信息，当前用户根据工单信息进行流转、处理完成、回退给上一处理人等操作。

① 工单流转：选择工单下一步骤的处理人，可以选择不同部门的多个处理人。

② 工单回退：填写回退原因后可以把工单回退给上一处理人，上一处理人可以根据回退原因进行进一步的处理。

③ 撤销工单：在下一处理人处理工单之前，可以进行撤销工单操作，填写好撤销原因就可以撤单。

（3）工单办结。工单处理完成后等待工单者办结确认，办结的页面和工单登记、处理的一样，办结人可以看到所有处理人的处理意见，然后给出办结意见，至此，这个工单在工作流就流转结束。

（4）保存至知识库。从已办结工单列表里可以把办结的工单添加到知识库，将工单的解决处理方法收集保存起来，作为以后处理相似工单的参考。

（5）查看工单。用于查看工单的流程详细信息，可以看到工单从登记到已办结的整个处理流程信息。

（6）故障单归并处理功能。把问题相似的几个工单先进行归并，然后只针对父故障单进行处理，由于其他子故障单都和父故障单相似，所以对父故障单的处理方法也适用于子故障单，提高了对同类型故障的处理效率。具体如下：

① 在未处理列表中点击右上角的按钮就可以进行归并操作。

② 归并工单，把归并后的工单全部提交工作流，子工单的处理方法和父工单一样，所以直接进入未办结状态，父工单则进入未处理状态，等待处理，其处理方法直接适用于子工单。

③ 在子工单的办结页面，可以查看父工单的处理流程，从而得到此子工单的处理流程信息。

（7）工单统计。工单统计可分为以下几种形式：

① 部门人员任务量统计：按工单办结人员统计本部门或不同部门的工作人员任务量。

② 分类任务量统计：可显示本部门或不同部门已处理的工单分类任务量。

③ 统计报表：关于工单的各种统计数据。

4. 知识库管理

知识库是指为方便和有效地使用和管理大量的知识，而把人类已经具有的知识以一定的形式表示存储到计算机中所构建的系统。用户可将能效调节、故障处理等的处理方式、效果或经验集中到此平台上，为后续相似问题的处理提供经验，避免进入误区或者重复无效工作。

知识库适用于知识积累型企业，可以有效地积累、管理和共享知识，成为企业具有核心竞争力的重要环节。

（1）知识库模型。知识库模型如图 12.31 所示。

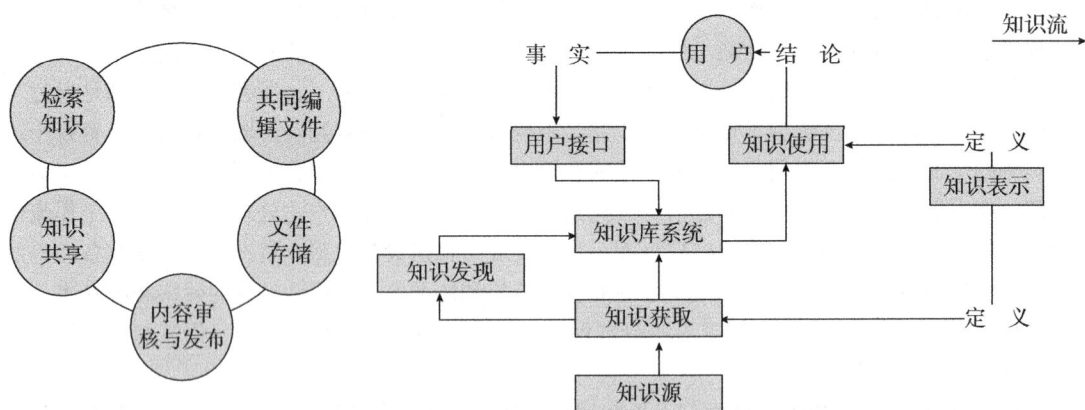

图 12.31　知识库模型

（2）知识库功能模块。知识库功能模块包括知识库录入、知识库管理、知识库检索。

① 知识库录入。用户可以将知识录入到系统，录入后根据录入知识完整性选择是否流转，流转的知识库内容经过相关知识库管理人员审核通过后发布。所有人员都可以检索已发布的共享知识。

② 知识库管理。用户对于已发布的共享知识可以添加批注、疑问，上传知识库相关文档。知识库管理人员审核通过后发布。

③ 知识库检索。用户可以通过友好的操作界面对知识库进行分类检索、关键字检索、全文检索等，快速查找到相应的知识。

5. 报表管理

数据中心管理系统提供了丰富的报表管理功能，包括各种报表的浏览界面、报表格式定义、报表发布管理等。报表可由模板生成，报表模板可根据业务需求进行编辑修改。

报表分为日报表、周报表、月报表、年报表和监控报表等，系统的报表提供电子表格和曲线图形两种格式，可导出 Excel 或 PDF 格式的文件，也可以直接打印。

系统平台报表类型多种多样，系统支持报表管理、报表订阅、报表查询、报表自定义、事件日志报表、极值报表等。报表展示包括表格和二维图表、三维图表三种模式。

（1）报表管理。系统管理员将报表分类后发布，将不同的报表分配给不同的运维人员，一般权限的运维人员只能查看自己所负责设备的报表。

（2）报表订阅。运维人员根据需求订阅需要的报表或者退订不需要的报表，订阅后，系统自动将订阅后的报表推送给订阅人。

（3）报表查询。根据报表名称查找相应报表，支持模糊查询（报表名称、报表类型、所属部门、发布人、发布时间等）。可显示机房运维人员负责的设备的日常运行报表，包括该设备每天各个时段内的各属性的值，比如电量仪的电压、电流，并且可以查看一段时间内的设备某属性的曲线走势。

（4）自定义报表。用户可以自定义报表，将自己关心的某些设备的某些属性定义为一张报表，支持 Excel 导出。

（5）事件日志报表。系统提供基于数据库的日志功能，包括用户操作日志、系统运行状态日志、告警日志等，以实现对机房人员操作、系统运行、事件告警的跟踪管理。日志以一定的格式生成日志报表，并可以导出 Excel 进行二次编辑。实现监控系统日志的分组分条显示。

（6）极值报表。查询所监控属性每天的最高值、最低值和平均值的历史曲线。统计的是被监控属性的极值和平均值。一般来说，被监控属性每天的极值要么是大致相等，要么是递增或者递减的。因此，极值反映出来的曲线应该是平滑的，通过曲线的平滑度，可以直观反映被监控属性每天的情况是否正常。

12.5.4　运维单位介绍

宏景科技股份有限公司（以下简称"宏景科技"）是这家省级银行数据中心的运维服务单位。宏景科技总部设立于广州科学城，在南宁、汕头、昆明、北京、重庆、海口、沈阳、深圳、珠海、佛山等城市设立了分支机构，服务用户涵盖医疗、交通、教育、能源、金融、通讯、政府、地产、旅游、物流等行业，连续 7 年获得全国智能建筑行业六十强企业。

宏景科技长期专注于智慧城市相关领域理论发展和工程工艺及技术进步，通过多年积累的设计、实施经验和对行业前沿技术的研究成果，整合各类有利资源，为用户提供咨询、设计、建设、督导、运营、维护、改造等智慧建筑全过程服务。

公司立足于智慧建筑，面向智慧城市，以智慧园区（建筑）为突破口，开展城市智慧化建设，提供宏景科技智慧医疗、智慧交通、智慧政务、智慧旅游、云•数据中心等解决方案，以实现城市智慧化、信息化管理为目标，让城市管理更简单，让市民工作、生活更便捷。

随着"互联网+"风暴席卷各大领域、各个行业，智慧城市设计、建设理念也将发生重要变化，以此为契机，宏景科技将用新的发展视角和新的实现模式，与业内同行一道，共同推动智慧城市与互联网的融合发展，搭建开放、互动、参与、融合的公共新型服务平台，更好地服务城市管理，建设智慧民生。

12.6　移动政务平台大运维服务体系
——"易通"为移动政务站岗

随着移动互联技术的不断发展，人们可以随时随地接入网络，各种终端和网络自由互联互通，移动技术的发展，已经引起各国公共服务部门的重视。响应公共服务一线及公众本身的信息及服务需求，利用手机、PDA 及其他手持移动设备，通过无线接入基础设施为一线政府工作人员和社会公众提供信息和服务已经成为常态，可以预计未来几年移动电子政务等新应用将成为我国电子政务建设的重要内容之一。

12.6.1 新一代移动政务平台运维体系的特点

新一代移动政务平台运维体系的特点有：

（1）建设树立面向业务服务的 IT 服务管理理念，建立科学合理的绩效考核指标，由粗放管理向精细管理转变。

（2）实行集中统一的 IT 服务管理模式，由分散管理向集中管理转变。

（3）建立统一、高效、灵敏的运维服务管理平台，由无序服务向有序服务转变。

（4）建立规范标准的运维服务管理流程，由职能管理向流程管理转变；应用先进、实用、高效的运维服务管理工具，由被动管理向主动管理转变。

新一代移动政务平台运维体系为移动政务平台的运维制定科学有序的管理流程和规章制度，建立统一的运行维护、用户服务模式和规范，应用先进的技术工具，搭建统一高效的运维服务支撑体系。

12.6.2 移动政务平台的组成

新一代移动政务平台由基础平台建设、安全建设、应用体系建设、平台运维建设等四个子项组成。

（1）基础平台建设。主要涵盖移动互联网服务子平台建设、联网服务子平台建设、移动安全接入子平台建设、信息网服务子平台建设等四个部分。

（2）安全建设。主要围绕"一个中心三层安全"，即集中安全管控中心、区域边界安全、计算机（终端）环境安全、网络通信安全等展开。

（3）应用体系建设。主要涵盖应用体系架构建设、应用支撑建设、移动政务统一资源等方面。

（4）平台运维建设。主要涵盖运维体系建设、运维平台建设。

12.6.3 移动政务平台运维要点

（1）规范运维管理，建立一支专业的运维团队。根据移动政务运维规范，制定运维管理制度，建立运维服务流程，建立专业运维团队，制定具体的运维内容。

（2）加强问题跟踪，实现闭环管理。系统将问题分为非常高（Very High）、高（High）、中（Medium）、低（Low）4 个等级。为保证移动政务系统遇到问题后能够及时解决，将影响最小化，制定了规范的问题提报流程。运维人员登录统一的运维管理平台解决用户提报的问题，形成痕迹管理，实现问题上报、解决、确认关闭的闭环管理，规范日常运维流程，提高工作效率。

（3）借助运维工具，提高监控水平，变被动为主动。实施主动的问题管理，化被动为主动，在移动政务系统故障发生之前发现并解决有关问题和常发、易发故障，是运维工作的重点之一。

建设各种软硬件监控平台，对系统运行情况进行实时监控，并形成早期预警报告，及早发现问题、处理问题，消除系统瓶颈，变被动的紧急救火为主动预防。实现集中管控平台与运维管理平台的集成，实现无缝连接，在系统监控和问题服务管理上更加方便快捷。

强化数据及日志的采集分析能力，通过对移动政务平台整体运维数据的统一分析呈现，为运维提供强有力的数据支撑，驱动业务的正常运行。

12.6.4 运维体系建设

建设单位通过对移动政务平台业务流程和技术特点的深入调研，基于"体系化"的思路建立一套行之有效的"持续改善机制"。整个体系面向整个移动政务平台业务，以服务为导向，涵盖组织人员建设、制度规范和技术支撑三个层面的内容。

1. 运维组织及人员建设

1）运维服务组织机构设计

针对本项目售后运维服务项目，依据《某移动政务运维规范》设立运行维护中心，运维中心由总负责人、项目经理、技术专家组、商务经理、运维主管以及项目的专项运维人员组成。其中，项目经理是项目组的负责人，全面负责本项目的售后服务管理，除此之外还负责了解需求、制定服务计划、监督服务执行、跟踪并改进服务质量、提交各类服务报告、处理投诉等。

运维中心组织架构如图 12.32 所示。

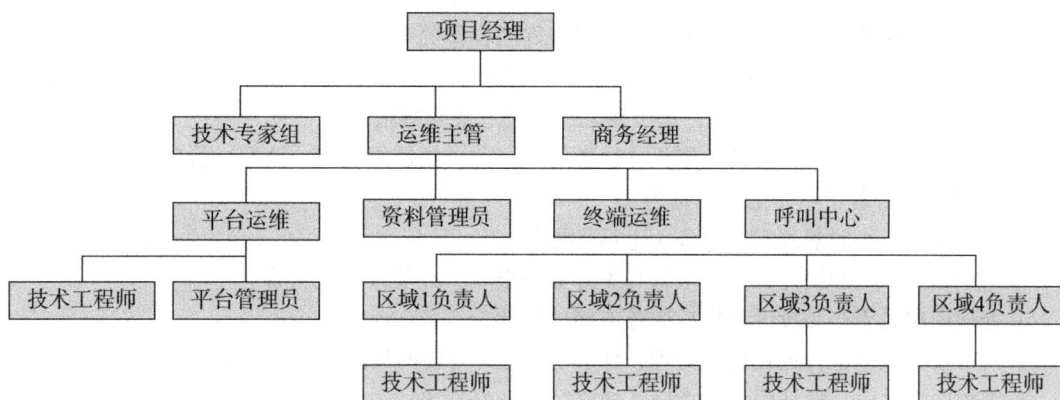

图 12.32 运维中心组织架构图

2）运维人员及职责设计

（1）项目经理若干名，主要职责为：

① 承担整个项目各方面的组织协调管理工作。

② 做好项目的职能分工，组织运维人员学习并深入了解各自职能，做好项目管理工作。

③ 建立高效的项目管理制度。组织例行检查，保证各区域工作顺利、高效、按质按量完成。

④ 对项目中遇到的疑难问题进行资源协调。

⑤ 负责对知识库内容进行审定。

⑥ 负责了解用户需求、制定服务计划、监督服务执行、跟踪并改进服务质量、提交各类服务报告、处理投诉等。

（2）技术专家由项目各个厂家组成，主要职责为：

① 协助项目经理开展工作，全面负责项目中全部的技术归口管理工作。

② 根据项目需要，为技术人员提供专项培训。

③ 协调团队内部资源，牵头进行问题讨论、分析。

④ 协调公司相关资源，保证现场重大技术问题的及时解决并跟踪到关闭。

⑤ 根据项目需求，及时组织协调对需求进行分析，并形成新的解决方案。

⑥ 对其他团队需求及时进行协调。

⑦ 定期对技术方案及配置变更情况进行汇总。

⑧ 跟踪新技术，向技术人员及用户提供新技术讲座。

（3）运维主管若干名，主要职责为：

① 运维主管对项目经理负责。

② 负责对各小组进行日常管理，将各组故障处理及巡检等工作质量情况纳入绩效考核。

③ 监控故障处理情况，同时负责整理故障处理报告，并汇总上报。

④ 负责后台管理系统的更新和各类报表的统计，保证后台管理系统数据的准确。

⑤ 负责紧急重大故障的处理，同时向其他现场技术支持人员提供技术指导。

⑥ 按照与用户约定的时间，提交各类报告报表。

（4）商务经理若干名，主要职责为：

① 承办各项商务工作，协助公司与用户及其他组织进行联络。

② 建立、维护与用户及其他组织的良好合作关系，负责商务购销流程管理。

③ 负责项目合同管理工作，组织合同交底，确保合同条款得到充分理解和领会。

④ 定期检查合同执行情况，不断完善合同的各项条款。

⑤ 解决与合作伙伴之间的商务冲突，保持良好的合作关系。

⑥ 组织和领导商务工作。根据项目经理意见，结合本项目工作实际制定工作计划及进度要求，随时检查工作，发现问题及时处理，提出意见、改进方法和措施。

⑦ 组织做好材料、机械设备、工具、能源等物资的进场使用供应、调配、管理。

（5）呼叫中心若干名，主要职责为：

① 提供 7×24 小时热线支持服务（电话 / 网络）。

② 用户信息录入和统计，按要求认真做好业务报表，并及时上交主管。

③ 处理用户关于产品投诉及售后服务方面的问题。

④ 对申报的故障进行远程初步处理，对于不能远程处理的故障，按照工作流程进行派单工作。

⑤ 维护用户关系，保证用户满意度，树立公司良好形象。

（6）区域负责人若干名，主要职责为：

① 与运维主管配合工作。

② 及时了解、跟进各项目日常工作、临时性工作、计划性工作等的进展情况。

③ 与各技术工程师及时沟通，了解驻点人员的工作状态及工作质量。

④ 负责区域内用户日常故障的排查、设备巡检，与用户沟通，对区域内工程师进行针对性的技术指导、培训。

⑤ 稳定人员梯队，开展团队建设等工作。

⑥ 对片区内驻点人员落实相应的考勤考核制度。

⑦ 积极执行、安排、反馈部门每月的相关工作任务，以确保任务能高质量、高效率完成。

⑧ 及时跟进、协调、处理、反馈相关的突发事件，以确保突发问题及时解决，降低突发事件的影响面，及时传递现场情况及处理进度。

⑨ 定期与运维主管进行沟通，确保满意度达到公司要求，确保每月设备评估达标。

（7）技术工程师若干名，主要职责为：各项现场技术支持工作，包括巡检、故障处理、软件升级及维护等。

（8）资料管理员若干名，主要职责为：为每个用户建立一份档案，详细记录每个用户的设备情况、故障情况，并及时更新，按照要求上报各类报表。

2.制度流程建设

制度流程建设的内容主要有服务台、运维服务考核指标等。

1）服务台

服务台的功能是为运维人员提供个性化的工作空间，为所有运维活动提供理想的工作平台。

在每个运维人员的工作区中，显示和个人相关的运维工作内容。配置管理、变更管理、请求 / 事件 / 故障、问题管理、知识库管理等所有运维活动，也都可以在这个服务台上衔接完成。

2）运维服务考核指标

运维服务考核指标包括事件相关指标、问题相关指标、配置相关指标、变更相关指标、发布相关指标、服务级别相关指标。

（1）事件相关指标。事件相关指标见表 12.4。

表 12.4　事件相关指标

序号	衡量指标	指标计算说明		目标值
1	事件/服务请求总数	事件/服务请求总数（周、月、季、半年、年）　用途：当前事件/服务请求的总数，用于了解系统中记录的事件数量		
2	事件响应及时率	数量：在事件/服务请求中过滤【是否在规定时间内响应】＝"是"		
		比率：数量/不同等级事件或服务请求总数 ×100%		100%
3	事件解决及时率	数量：在事件/服务请求中过滤【是否在规定时间内完成】＝"是"		
		比率：数量/事件或服务请求总数 ×100%		100%
4	事件完成率	数量：在事件/服务请求中过滤【是否完成】＝"是"		
		比率：数量/事件或服务请求总数 ×100%		100%
5	事件平均解决时间	累加不同等级事件或服务请求的【解决时间（小时）】/不同等级事件或服务请求总数		2h
6	用户满意率	数量：在事件或服务请求中过滤【满意度调查内容】＝"满意"		
		比率：数量/事件或服务请求总数 ×100%		90%

（2）问题相关指标。问题相关指标见表 12.5。

表 12.5　问题相关指标

序号	衡量指标	指标计算说明	目标值
1	问题总数	用途：当前问题的总数（月、季、年），用于了解统计周期内记录的问题数量	
2	问题审批率	数量：在《问题申请表》中，审批意见为"同意"的问题	
		比例：问题成立的数量/提交问题的数量 ×100%	100%
3	问题解决率	数量：在《问题信息记录表》中过滤【问题状态】＝"已解决"解决	
		比率：数量/问题总数 ×100%	100%
4	问题平均解决时间	平均解决时间：累加问题解决时间/解决问题的数量	2h

（3）配置相关指标。配置相关指标见表 12.6。

表 12.6　配置相关指标

序号	衡量指标	计算方法说明	目标值
1	配置项记录出现错误的比率	数量：记录出现错误的配置项（按配置项类别统计）	
		比例：记录出现错误的配置项数量/所属类别配置项的数量 ×100%	1%
2	新增配置项的比率	用途：用于统计不同类别配置项的更新情况	
		比率：新增配置项的数量/配置项数量（类别）×100%	10%
3	修改配置项的比率	用途：用于了解配置项的审计情况	
		比率：修改配置项的数量/配置项数量（类别）×100%	5%

（4）变更相关指标。变更相关指标见表 12.7。

表 12.7　变更相关指标

序号	衡量指标	说　明	目标值
1	变更总数	周期内（月、季、半年、年）统计变更的数量	
2	紧急变更的数量比率	紧急变更的数量/变更总数 ×100%	10%

序号	衡量指标	说　明	目标值
3	重大变更的数量比率	重大变更的数量 / 变更总数 ×100%	5%
4	变更成功比率	变更成功数量 / 变更总数 ×100%	100%

（5）发布相关指标。发布相关指标见表 12.8。

表 12.8　发布相关指标

序号	衡量指标	说　明	目标值
1	发布总数	周期内（月、季、半年、年）统计发布的数量	
2	发布成功的数量比率	发布成功的数量 / 发布总数 ×100%	100%
3	发布及时率	计划时间内完成的数量 / 发布总数 ×100%	100%

（6）服务级别相关指标。服务级别相关指标见表 12.9。

表 12.9　服务级别相关指标

要　求	指标计算说明	服务指标
单次最长故障时间	系统单次最长的非计划性不可用时间	＜ 8 小时
重大事件（一级或二级事件）发生个数	在约定的服务时间内，发生重大事件的数量	＜ 4 个 / 年
系统灾难恢复时间	在发生灾难时，系统通过停机、维修、解决到恢复的整个时间	＜ 24 小时
响应时间	服务台完成事件记录到工程师受理事件所耗费的时间	按事件优先级处理标准处理
工程师到达现场时间	工程师受理时间后到达乙方现场所需要的时间	按事件优先级处理标准处理
每月巡检内容	包括协议规定的所有业务系统的运行状态检查	1 次 / 月，巡检日期安排在月底
服务报告	6 个月向甲方提交半年的服务报告，明确上半年的系统运维情况，并对系统提出合理的整改建议	服务报告的内容包括每月事件和问题统计分析，每类事件的趋势分析，可用性和连续性统计、能力监测情况、每月变更情况、配置项的变更统计，以及服务目录的服务项的请求更新统计
各系统可用性	系统或网络的可用性是指在整个承诺的系统运行时间内，系统正常运行的时间占全部承诺的运行时间的比例	≥95%（补充：系统的承诺运行时间为 5×8，"5" 表示从周一到周五，"8" 表示每天上午 8：00-12：00，下午 14：00 到 18：00，其他系统承诺正常运行时间每天 24 小时，即 7×24）
信息安全风险控制率	采取控制措施的风险 / 已识别的风险数量 ×100%	90%

3. 事件处理流程设计

事件处理的流程设计是本运维方案的核心部分，从事件处理的受理、处理、保障、巡检、应急、重保、备品备件、培训八个环节进行设计，满足某市新一代移动政务项目的整体运维的需求。事件处理流程如图 12.33 所示。

1）业务问题处理流程

问题的处理一般按照先发生先处理的顺序进行处理，但比较严重的问题须优先处理，问题严重的等级由问题对移动政务平台运行的影响决定。业务问题处理流程如图 12.34 所示。

2）巡检流程设计

设备巡检服务是指定期对系统进行健康检查、优化系统，对系统进行二次评估，将"被动救火服务"改为"主动防火服务"，是实现改进系统性能极为有效的工作方式。

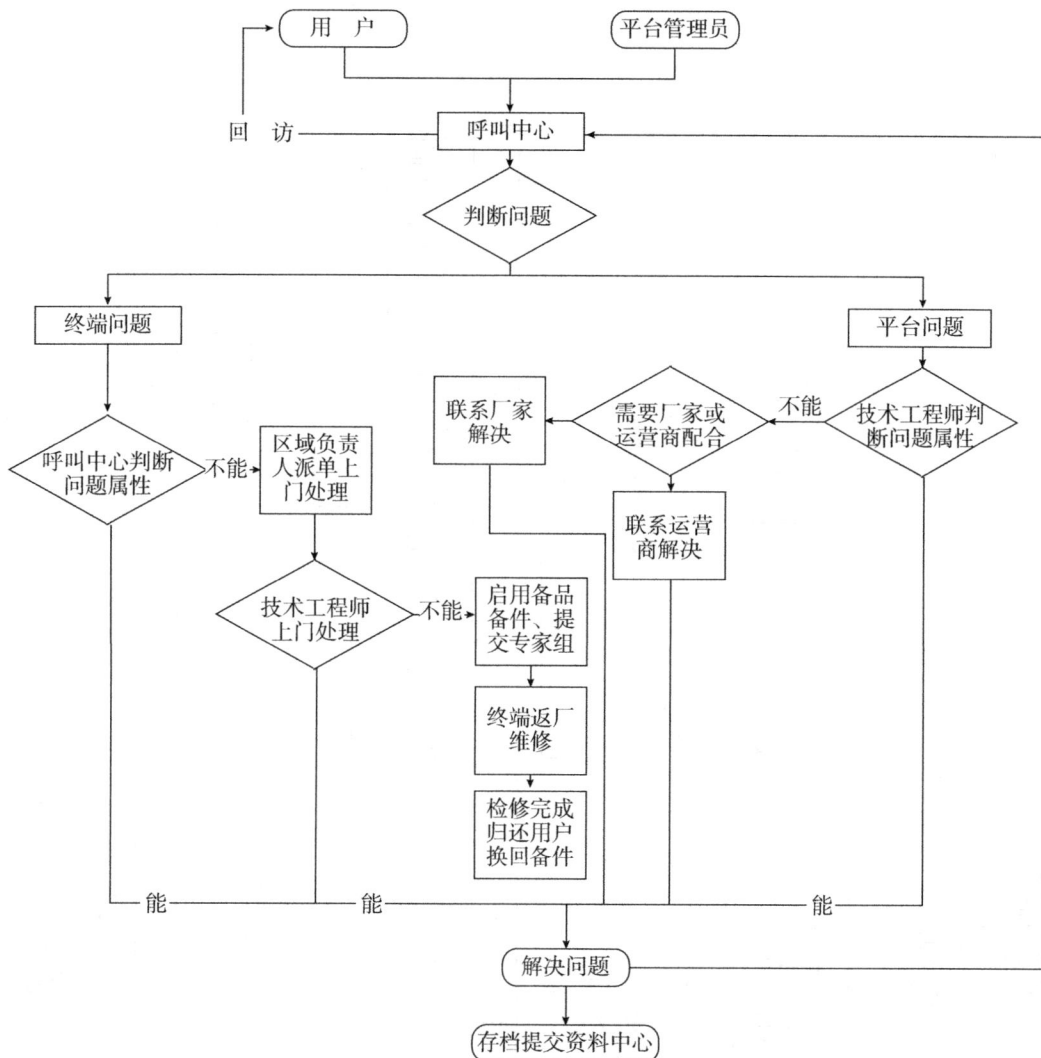

图 12.33 事件处理流程

巡检的目的是掌握设备运行状况及周围环境的变化，发现设施缺陷和危及安全的隐患，及时采取有效措施，保证设备的安全和系统稳定。

运维中心特设专职人员负责记录维护、巡检工作，对巡检、维修、保障、清洁保养等工作进行详细的工作记录，形成维护工作小结向招标人、维护监理报告，形成维护工作总结提交维护监理审核，经审核后向招标人报告。系统基础资料每年进行一次更新，专职人员应配合用户进行系统基础资料的整理工作。

巡检时应按照预先制定的巡检计划及各种设备的巡检作业指导书进行巡检工作。

巡检时做到不跳点、不漏项，认真填写巡检记录，巡检一轮后整理文档上报并存档。

巡检、维修、保障等工作随时向系统值班员报告进展情况，由值班员录入用户维护管理系统。维护管理系统内的维护记录、维护工作月总结均作为对工程人员的考核依据。其中，以维护管理系统内的维护记录为主要考核依据。

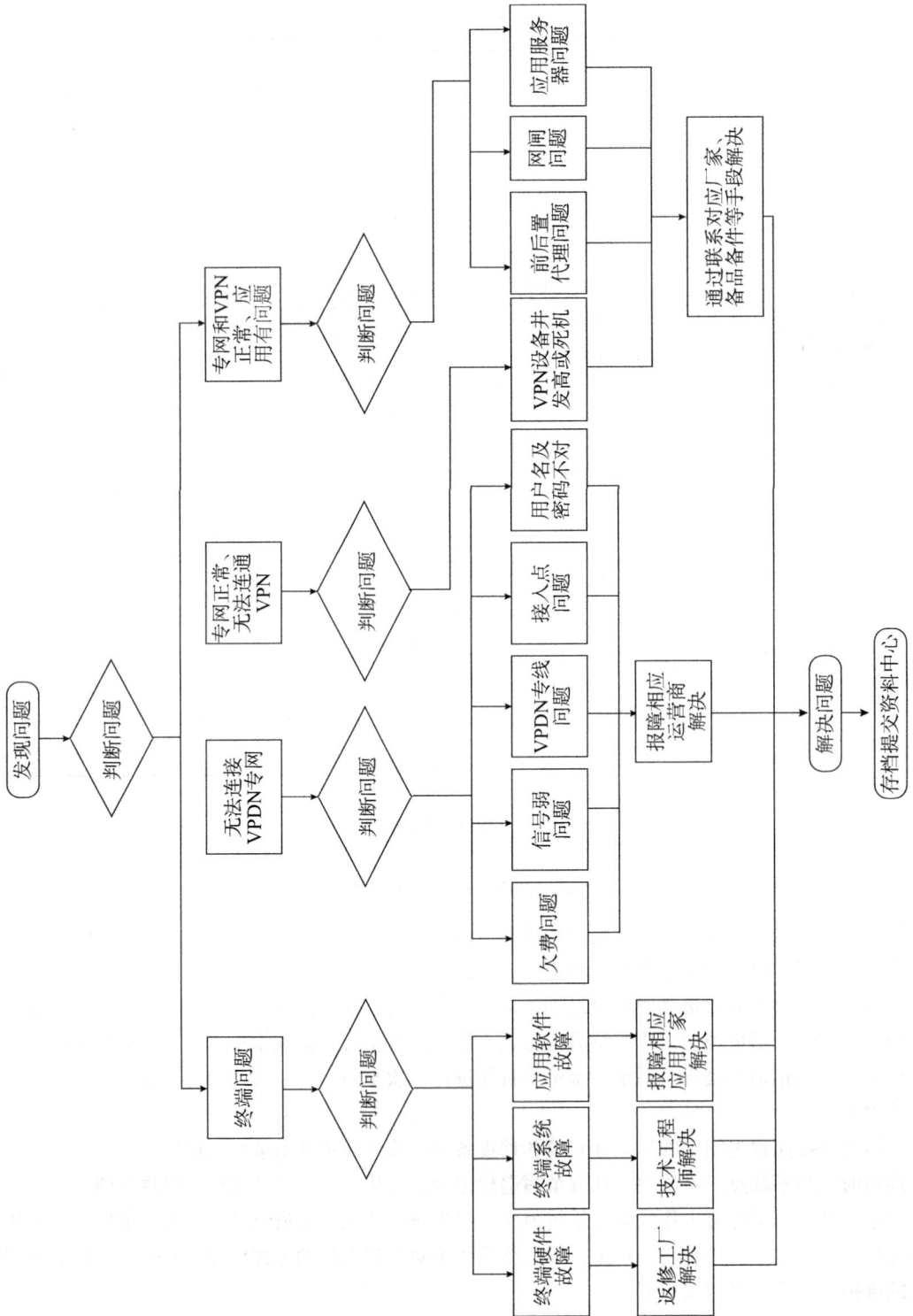

图 12.34　业务问题处理流程

3）巡检工作

（1）巡检内容。运维中心每季度进行一次现场巡检，并提供巡检报告，主要巡检的内容包括：

① 硬件设备运行情况。

② 互联网络运行情况。

③ 软件系统运行情况。

④ 整体平台运行情况。

（2）巡检流程。巡检的流程关键在于以下四点：

① 巡检计划制定与执行。

② 巡检报告的填写。

③ 巡检完成情况的统计。

④ 巡检处理未果的处理（转向故障处理流程）。

巡检流程如图12.35所示。

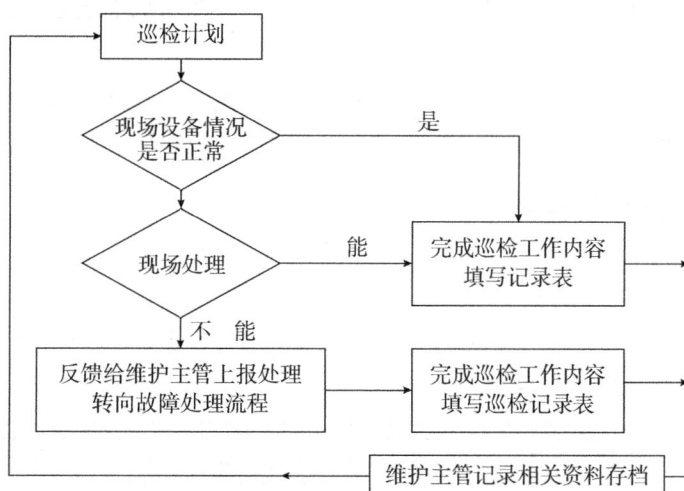

图 12.35 巡检流程

4）预案的工作流程

预案的工作流程主要有启动预案、应急处置方法、情况报告、发布预警、预案终止。

（1）启动预案。一旦发生突发性事件，立即启动应急预案，进入应急预案的处置程序。值班人员按照预先设定程序上报主管部门和相关负责人，并通知预案关联部门。

（2）应急处置方法。

① 流程一：当发生的突发性事件为自然突发性事件时，应根据当时的实际情况，在保障人身安全的前提下，保障设备安全。具体应当包括设备的断电、拆卸与搬迁等。

② 流程二：当发生人为或其他突发性事件时，先判断破坏来源与性质，具体为：

·如果为硬件故障，断开影响安全与稳定的系统设备，修复被破坏的设备，恢复系统。抢修人员接到抢修任务后，首先应了解抢修的性质和发生故障的位置，携带好发生故障点位的详细资料，规划好线路，根据得到的现场情况做好充分准备工作，制定应急维护抢修方案。

·如果为软件故障应立即修复应用（包含应用备份和重新配置）。处理应用软件的故障前一定要备份好相关用户数据，做好回退方案，才可以重新安装应用或配置；网络链路故障应立即上报用户，并联系此链路的运营商，协调运营商立即解决故障。

·其他没有列出的不确定因素造成的突发性事件，可根据总的安全原则，结合具体的情况，做出相应的处理。不能处理的可以请求相关的专业人员。

（3）情况报告。发生突发性事件时，一方面按照应急处置方法进行处置，同时需要判定突发性事件的级别。在突发性事件发生时或上级领导通知的特殊时间内发生的突发性事件，可以先向项目经理汇报，并及时报告处置工作进展情况，直至工作结束。

情况报告内容包括突发性事件发生的时间、地点、级别、造成的后果、应急处置过程、结果、结束时间，为以后提供如何防范类似突发性事件发生的建议与方案等。

（4）发布预警。发生突发性事件时，可根据突发性事件的危害程度适当地发布预警，特别是一些在其他地方已经出现，或在其他系统发布了预警而本系统还没有出现相应的突发性事件，除了在技术上实行防范以外，还应当向用户发布预警，直至突发性事件警报解除为止。

（5）预案终止。经运维中心专家组鉴定，突发性事件险情或灾情已消除，或者得到有效控制后，由双方应急工作小组宣布险情或灾情应急期结束，并予以公告，同时预案终止。突发性事件应急防治是一项长期的、持续的、跟踪式的、深层次的和各阶段相互联系的工作，是有组织的科学与社会行为，而不是随每次突发性事件的发生而开始和结束的活动，因此必须做好应急保障工作。

5）应急处理流程

系统突发情况的应急预案依据《某移动政务运维规范》编写，原则上应能应对应急保障管理工作的全面考验，在确保人员安全、财产损失最小化的基础上，必须符合国家相关法律法规。

12.6.5   技术支撑系统架构

技术支撑系统整体分为三层架构，分别是审计数据源、采集层、展示层。通过采集框架将多种需要审计的数据源统一采集到存储中心，并对审计日志进行规范和分类，以便审计员进行后期的审计操作。展示层是最终提供给用户的界面，能够简单查询审计日志，进行安全审计，也能够自定义报表和统计分析。系统架构如图12.36所示。

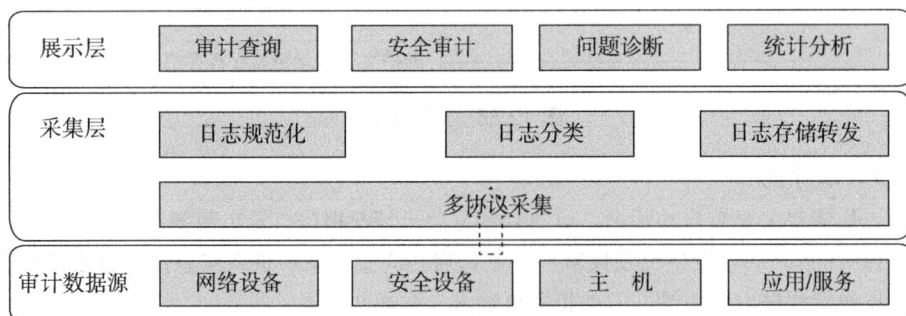

图 12.36   技术支撑系统架构

技术支撑系统主要包括设备资产监控及自动化、应用运维管理系统、运维监控大屏、审计系统、日志采集分析系统等。

1.设备资产监控及自动化

建设资产管理系统，将各厂家的设备进行分类和识别，可实时监控设备状态，包括设备的基本信息、接口信息、性能数据和告警信息，同时还可以在增加其他组件的情况下，显示扩展后的业务信息。采用高效自动运维工具，提高运维效率。

2.应用运维管理系统

提供展示各类应用运行状态数据页面，可以查看各个应用的使用情况，展示的数据包括应用使用时长、运行状态、应用启动时间、应用停止运行时间、使用频率。通过数据展示、统计图、报表等多种形式展现各个应用使用情况。应用数据展示的维度包含且不仅限于以下几种：

（1）图表结合：用曲线图、柱状图、圆饼图展示统计数据，列表展现详细数据。

（2）按部门穿透：在图表上对部门向下穿透展示，应具有首页、上一层、下一层、导出、发送手机（政务微信）等功能。

（3）横向展示：按自己部门在同层级部门之间的展示。

（4）应用安装情况统计：统计应用商城中各个应用在所有终端上的安装情况，可以分部门分时段统计。

（5）应用使用情况统计：统计应用商城中各个应用在所有终端上的使用频率，可以分部门分时段统计。

（6）数据采集情况统计：统计指定的应用通过终端采集上来的数据条数，可以分部门分时段统计。

（7）数据统计：从各种类型应用、各个时间、使用时长等多个围度多重数据进行多样化数据查询，并可对各种数据进行统计分析。

（8）应用拓扑管理：提供应用之间的依赖关系描述信息管理，动态生成系统的拓扑图。

3. 运维监控大屏

支持全屏展示和自动刷新，可以将各类产品指标添加到监控大屏后在运维大屏上全屏展示。根据不同业务数据需求对既定的数据分析内容进行实时展示。

4. 审计系统

将离散采集的终端日志、应用日志、平台日志、服务日志进行整合关联分析，提供串并的能力，能够从用户、终端、应用、服务、内容等几个不同的维度对数据进行整体检索和串联。系统含审计概览、应用审计、人员审计、终端审计、威胁规则管理、审计报表、第三方日志接入、审计模型调整、关联分析、审计报表等。

5. 日志采集分析系统

通过主被动结合的手段，实时不间断地采集用户网络中各种不同厂商的安全设备、网络设备、主机、操作系统，以及各种应用系统产生的海量日志信息，并将这些信息汇集到审计预警中心，进行集中化存储、备份、查询、审计、告警、响应，出具丰富的报表报告，获悉全网的整体安全运行态势，实现全生命周期的日志管理，同时提供日志信息的防篡改功能。具体如下：

（1）日志采集。通过数据监测服务采集到的各类数据。

（2）日志规范化和日志分类。对收集的各种日志进行规范化处理，将各种不同表达方式的日志转换成统一的描述形式。审计人员不必再去熟悉不同厂商不同的日志信息，从而大大提升审计工作效率。与此同时，也将原始日志都原封不动地保存下来，以备调查取证之用，审计员也可以直接对原始日志进行模糊查询。

（3）基于策略的安全事件分析。系统为用户在进行安全日志及事件的实时分析和历史分析时提供一种全新的分析体验——基于策略的安全事件分析过程。用户可以通过丰富的事件分析策略对全网的安全事件进行全方位、多视角、大跨度、细粒度的实时监测、统计分析、查询、调查、追溯、地图定位、可视化分析展示等。

（4）可视化日志审计。为用户提供丰富的可视化审计视图，充分提升审计效率，包括审计对象拓扑图、IP 在线世界地图定位、IP 离线世界地图定位、事件分时图、事件拓扑图、事件多维分析图等。

（5）丰富灵活的报表报告。出具报表报告是安全审计系统的重要用途，内置丰富的报表模板，包括统计报表、明细报表、综合审计报告，审计人员可以根据需要生成不同的报表。系统内置报表生成调度器，可以定时自动生成日报、周报、月报、季报、年报，并支持以邮件等方式自动投递，支持以 PDF、Excel、Word 等格式导出，支持打印。

系统还内置了一套报表编辑器，用户可以自行设计报表，包括报表的页面版式、统计内容、显示风格等。

12.6.6　运维支撑系统架构

运维支撑系统可分为组织管理层、制度规范管理层和技术支撑层，系统架构如图 12.37 所示。

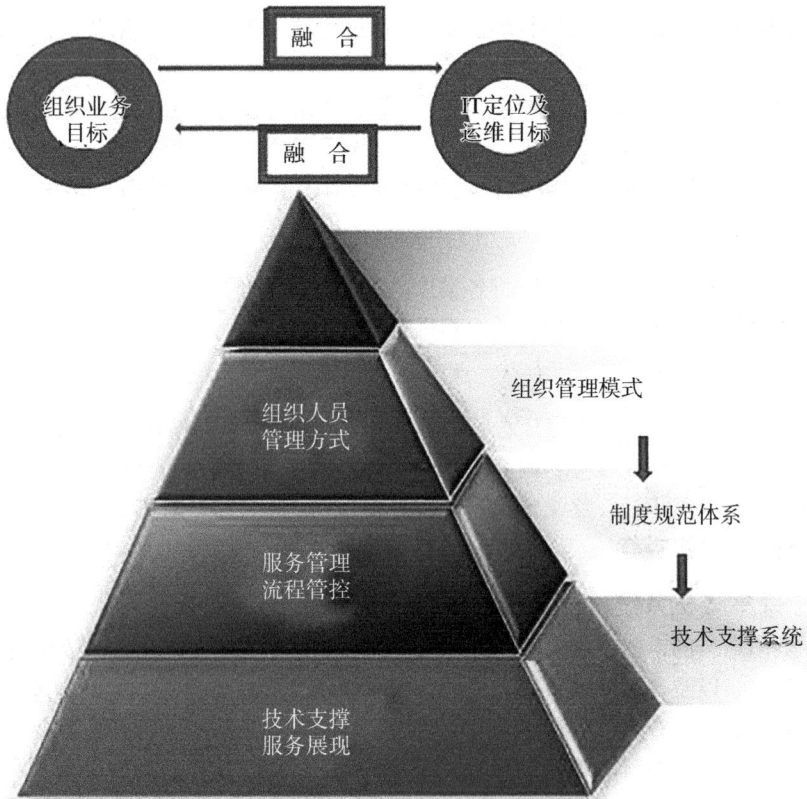

图 12.37　运维支撑系统架构

1. 组织管理层

确定和规范运维服务管理体系运行的管理方式以及与之相配套的人员岗责安排、机构设置，将运维服务管理相关的全部活动进行统一规划和决策，结束分散的管理模式，形成集中统一的运维管理机制。在集中统一的运维管理模式下，按照运维服务管理任务、服务目录等因素，科学设置或调整运维组织机构、角色、岗位，合理配置运维服务管理各方面资源，达到人、技术、流程的有机融合。

2. 制度规范管理层

分别从管理和操作两个方面出发，建立在运维服务管理过程中各参与要素（人、技术、流程）的行为准则和工作程序（流程规范），从运维服务管理体系总体运行、流程执行和岗位职责建立实现运维服务的量化管理，约束、监督、提升服务质量，具体内容包含管理制度的制定、管理流程的设计、评价考核的建立。

3. 技术支撑层

高效敏捷的运维需要技术上的保证，IT基础设施运行监控、应用及系统的监控等综合管理系统的建立，自动化运维工具的采用，都将大大提高运维的整体效率和服务质量，建立监控大屏、审计系统、日志及数据采集分析系统等来强化技术支撑，确保移动政务业务的正常、稳定、高效运行，实现高水平、高质量的运维服务。

12.6.7 运维单位介绍

北京电信易通信息技术股份有限公司是移动政务平台运维体系的建设单位，是国家认定的软件企业和高新技术企业。该公司立足北京、面向全国，以诚信服务为宗旨，以市场为导向，以扎实的技术为基础，以先进、可靠的产品为抓手，以开拓、创新为引领，立志以优质的产品和服务回报社会，为用户创造更高的价值。

该公司秉承"应用创新、服务至上"的发展战略，经过多年探索与实践，在软硬件系统集成领域积累了丰富的成功经验；在融合通信及移动安全管控、智慧城市建设等方面拥有多项核心技术；在云计算、大数据、物联网等方面形成独具特色的产品及服务。公司本着"以人为本、用户至上"的经营理念，高度重视人才培养，着力打造技术服务队伍，建立起一支稳定、团结、向上的运营团队。公司每年有大量投入用于研发，根据行业发展规划和特点，建立了以先进的集成产品开发流程为主导的研发体系，并持续开展流程变革与管理优化，输出经得起市场检验的、能够为用户创造价值的产品和应用。产品、技术研发涵盖自主品牌的网络产品和管理运营平台。

近年来，该公司紧密围绕公安部"十三五"发展规划，以及大力推进基础信息化建设的意见，依托移动互联网、大数据、云计算等先进技术手段，配合"互联网+"政务战略，与业内知名研究机构以及平台、终端等厂商形成战略合作，研发并制定出符合公安部规范要求的新一代移动政务建设解决方案，涉及移动政务安全管控平台解决方案、移动政务应用支撑平台解决方案、移动政务平台一体化运维方案，以及联络融合通信平台应用，助力公安科技信息工作向规范化、高效化、现代化的转变。

12.7 税务数据中心大运维管理体系
——"华资"匠心保税务

某税务局数据中心规模巨大，信息基础设备数量多、设备高端、品牌繁杂，7×24小时响应，运维维护要求极高。该局建设了两个数据中心，一个位于本部大楼，机房面积约500平方米；另一个位于异地信息处理中心，机房面积约1000平方米，双中心互为灾备。经过多年的信息化建设，该局数据中心积累了海量的数据，承载了如征管系统、网上办税、发票在线等近百套业务系统。

12.7.1 运维环境现状与管理体系选择

1. 运维环境现状

某税务局作为面向全省税务服务的重要部门，信息系统的安全稳定运行将直接影响全省税务工作是否能正常有序地开展。在基础架构层面，某税务局已经通过采用高端高可靠性的设备、完善的备份策略、异地容灾中心等手段强化基础架构的可靠性，但是面对规模庞大的设备、复杂的业务结构，信息系统维护工作仍然面临诸多挑战。

某税务局拓扑图如图 12.38 所示。

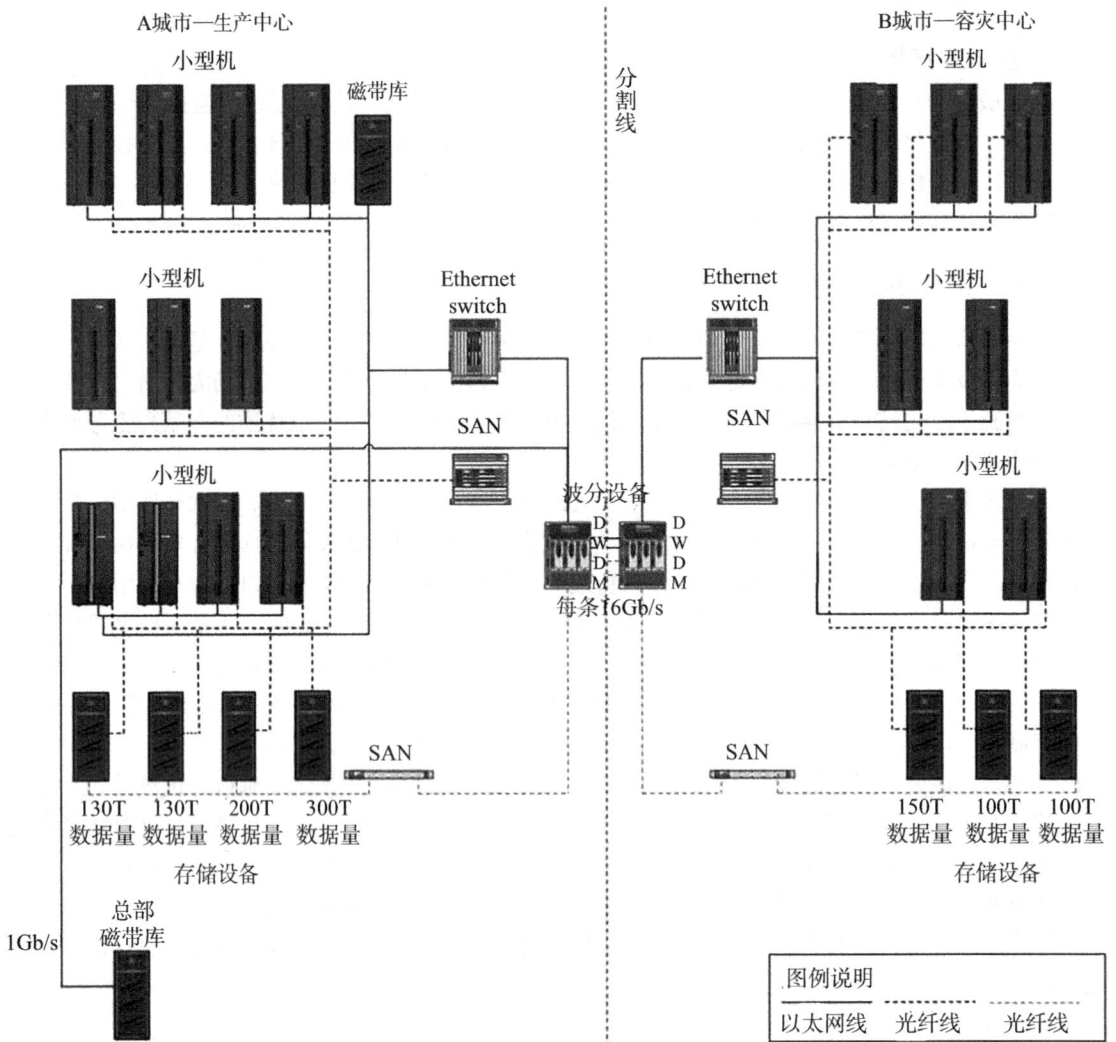

图 12.38 某税务局拓扑图

某税务局建设的两个数据中心互为灾备，其中核心信息系统每年在两个数据中心进行切换，保证系统的高可用性。某税务局的主生产环境数据量超过 700T，高端小型机、高端存储近百台，各品牌 PC 服务器与网络设备 3000 多台，基础软件（数据库、中间件、备份系统、虚拟化平台）500 多套，因承载着涉及全省的税务业务，对运维工作要求极高。面对复杂的业务环境，高难度的维护工作要求，信息系统运维工作主要面临着如下挑战：

（1）快速恢复业务。某税务局基础设施规模大，涉及多个厂家多种类型产品。一旦主要系统出现异常，将对全省税务工作造成重要影响，如何预防故障的发生，以及在故障发生后，对故障准确定位和迅速恢复系统可用都对运维团队有着较高的要求。

（2）运维团队结构的设置与管理。面对复杂的基础架构，运维团队成员组成同样复杂，涉及主机、网络、安全、虚拟化、数据库、中间件、应用系统等多个维护岗位，数十名维护人员。如何合理制定人员岗位结构，明确各岗位分工与职责，将直接影响到运维工作的正常开展。

（3）快速消除老旧设备硬件损坏造成的影响。随着信息化建设的不断开展，其中不乏一些多年运行的老旧设备，有些老旧设备可能面临着出现硬件故障后无法找到备件的问题，如果无法解决这一问题，将无法保证整个信息系统安全稳定的运行。

（4）通过应用先进技术提高管理效率。面对规模庞大的基础设施、架构复杂的信息系统以及人数众多的运维团队，如何通过先进科学的管理理念，依托成熟有效的管理体系开展运维管理工作，对提高运维工作效率，促进各团队高效协作，保障整体运维工作质量将有着至关重要的影响。

2. 运维管理体系的选择

运维管理体系的选择不是简单地套用某一种标准或体系，而是应充分结合现场实际情况进行选择。一个合适的管理体系能将运维工作从被动式服务变成主动预防服务，通过流程贯穿整个运维管理过程，实现运维管理的标准化、规范化和流程化，提高运维工作的效率和质量。

ITSS汇聚了中国本土优秀IT企业的经验与最佳实践，ITSS充分借鉴了质量管理原理和过程改进方法的精髓，规定了IT服务的组成要素和生命周期，并对其进行标准化，ITSS体系的提出主要从产业发展、服务管控、业务形态、实现方式和行业应用等几个方面考虑，分为基础标准、服务管控标准、服务外包标准、业务标准、安全标准、行业应用标准6大类，目前ITSS已经在很多大型项目上进行了推广与应用，收益巨大。

为了解决上述困难，根据实际情况并结合ITSS相关标准，重点选择和参考了以下标准来改进IT服务能力：

（1）《信息技术服务 运行维护 第1部分：通用要求》。

（2）《信息技术服务 运行维护 第2部分：交付规范》。

（3）《信息技术服务 运维服务 第3部分：应急响应规范》。

（4）《信息技术服务 运行维护 第4部分：数据中心规范》。

12.7.2 运维组织架构

某税务局项目运维团队专业齐全，根据工作技术要求不同，合理配置高级工程师、工程师等维护人员，所有岗位均配备具有多年维护经验的维护人员，团队成员均具有相关岗位高含金量的资质证书，能高标准、高质量地完成运维管理及实施工作。

1. 组织架构

为保障地税软硬件系统的正常运行，确保信息应用系统的稳定，组建实力强劲的现场维护团队：高级项目经理（PMP认证、高级项目管理师认证、15年IT服务项目实施经验），主机、数据库、网络、备份等工程师（AIX高级管理员认证、OCP认证、CCIE认证、NBU认证等，5年以上运维工作经验）。安排工程师7×24小时值班，有效保证在任何时间都能及时响应故障，及时分析并解决问题；当一线无法解决时，安排公司二线技术专家人员或原厂人员到场处理。运维组织架构如图12.39所示。

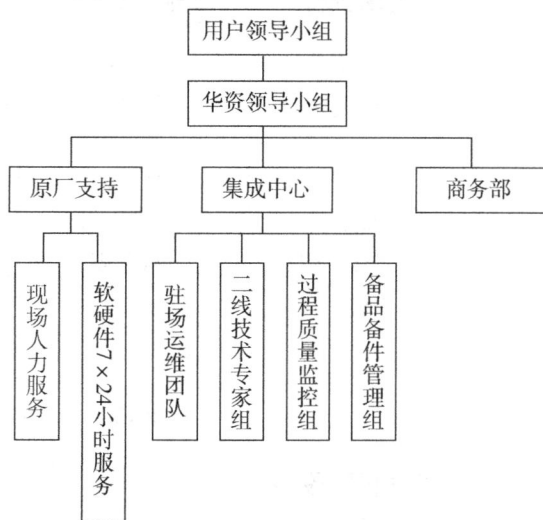

图12.39 运维组织架构

2. 人员职责

相关人员的主要职责为：

（1）项目经理。独立完成项目生命周期内启动、深化设计、实施、验收阶段成果，通过项目实施管理、团队管理，组织安排、跟踪和监控项目生命周期各个阶段的工作，对项目质量、项目进度、项目成本负责。

（2）运维工程师。根据运维负责部门相关规定及运维体系相关要求，在项目经理的工作安排下，负责（或协同）完成项目生命周期内的各阶段工作，对项目经理分配的工作任务、项目技术质量负责。

12.7.3 运维服务系统建设

根据运维环境及运维工作开展情况，按阶段制定短期、中期的服务体系规划。第一阶段主要是解决面临的紧迫问题及效果明显的管理过程，以增强改革的信心，包括事件管理、配置管理、变更管理、发布管理、服务报告管理、服务级别管理、服务目录管理等过程。第二阶段主要对运维管理过程进行细化及优化改善，规范现场工作内容，包括信息安全管理、问题管理、上线基准管理、项目验收基准等过程。第三阶段是在已完成的前两个阶段成果下，建立主动预防的运维管理过程，提高运维工作质量，包括财务管理、连续性管理、容量管理等过程。具体服务体系规划如图 12.40 所示。

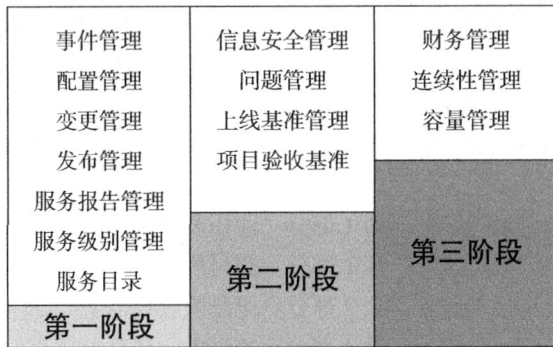

图 12.40 服务体系规划

在 IT 运维服务中根据服务需方的实际需求，结合供方的实际情况，借鉴 PDCA 方法论来实现过程控制和改进。在 IT 运维服务中实施 ITSS，同样也包含需求分析、规划设计、部署实施和优化改进四个阶段，结合原有运维规范，分步实施，如图 12.41 所示。

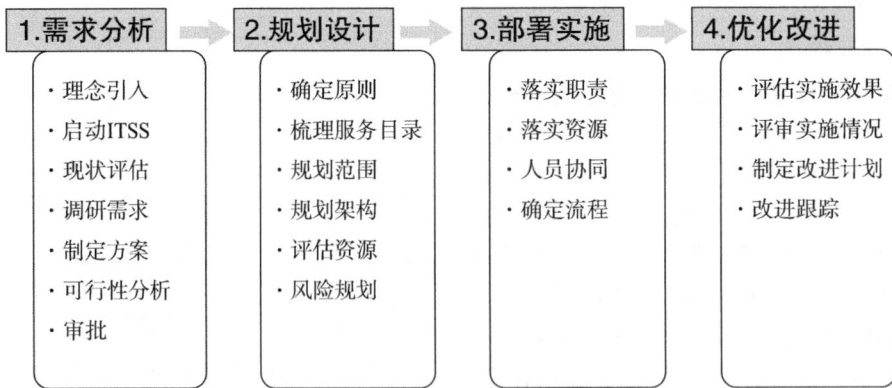

图 12.41 ITSS 实施的四个阶段

1. 需求分析阶段

需求分析是开展运维服务工作的第一步，主要包括理念导入，对运维服务现状进行评估，调研需求，制定评估方案，制定可行性分析和获得审批等。

运维服务工作的开展不是越细致越周全就越好。IT 运维服务实施的方式方法和实施颗粒度的大小，应综合考虑和评估服务需方对运维服务的实际需求和服务供方的服务能力现状。因此，IT

运维服务的实施应通过对现状的评估和服务供需双方的管理需求的调研，分析总结出实施组织现状与实施要求的差距，再制定 IT 运维服务实施的目标和确定实施方案。

IT 运维服务实施过程中需求分析阶段的主要活动如下：

（1）获得供需双方领导与相关管理人员的支持，启动 IT 运维服务项目。

（2）对供需双方管理人员及运维主要负责人进行 IT 运维服务培训。

（3）对服务需方的 IT 服务现状做全面评估。

（4）全面了解组织现有 IT 运维状况。

（5）分析服务需方历史信息，进行问卷、满意度调查。

（6）找出 IT 运维与 IT 运维服务标准差异，确定关键改进方向。

（7）制定初步实施方案，对四要素进行初步规划。

（8）进行可行性分析，并通过服务需方领导审批。

2. 规划设计阶段

规划设计阶段是 IT 运维服务的实施需求得到确定和审批后，从组织战略出发，以用户需求为中心，参照 ITSS 对 IT 运维服务进行全面系统的规划设计，建立业务战略，IT 战略与 IT 服务之间清晰的匹配和链接关系，确定运维服务所需要的服务组件，为 IT 运维服务的部署实施做好准备的阶段。规划设计阶段的主要活动包括确定实施原则，梳理服务目录，规划实施范围，规划运维服务体系架构，规划实施所需资源，风险管理规划等。

规划设计阶段的主要活动如下：

（1）根据服务需方的特点和目标，确定全面实施 IT 运维服务相关的标准，并按三个阶段来分步实施。

（2）从服务台、业务系统服务、主机系统服务、网络服务、安全服务、基础软件服务、数据管理、机房环境和其他服务等 9 个方面梳理出服务目录。

（3）对所有运维团队进行 IT 运维服务培训。

（4）设计服务管理体系，确定运维服务标准覆盖的人员、组织、设备、系统、工作流程、规章制度等的范围和程度。

（5）细化实施方案，对实施 IT 运维服务所需的人员、过程、技术及资源等进行全面系统的规划。

（6）全面估算实施所需资源，分析可能的风险，编制风险管理计划。

3. 部署实施阶段

部署实施阶段是将需求分析及规划设计阶段所确定的各种策略、方针和计划，按照一定的规范，使用有效的方法和工具，进行落实和执行，交付符合实施 IT 运维服务目标的产物的阶段。部署实施阶段的工作主要包括落实职责、落实资源、人员协调、确定流程等。

在部署实施阶段，管理层的支持是 IT 运维服务实施成功最重要的因素之一，管理层人员包括组织中各种资源的所有者和决策者，如高层决策者领导、部门领导者等。落实管理层职责主要包括确定目标、负责人指派、资金支持、人员支持和项目控制等。

部署实施阶段的主要活动如下：

（1）落实管理层职责，确保各种资源的所有者与决策者参与体系建设。

（2）落实资金与进行管控。

（3）编写 IT 服务能力管理策划文件。

（4）编写运维体系流程文件与操作手册。

（5）编写质量记录模板。

（6）运维团队试运行管理体系和工作流程，收集与跟踪试运行出现的问题。

（7）正式发布管理体系文件和工作流程文件。

（8）服务团队按照流程要求对服务过程进行有效、准确的记录。

（9）根据数据中心运维服务规范，执行设备的响应支持和例行操作服务。

（10）按交付规范提供服务和相应的产出物。

（11）建立知识库，并录入知识库管理软件中。

（12）按应急响应规范制定应急场景，并制定应急响应手册，每年进行一次应急演练。

（13）对维护工作梳理出操作、技术支持、管理三大类，定义工程师的等级与分工。

（14）建立培训课程，识别培训需求，有效组织培训，并对效果进行考核。

（15）完善 ITSM 系统，直观展现服务状态。

（16）分析历史硬件损坏信息，制定现场备件策略，保证响应及时。

（17）梳理数据中心、业务系统的性能指标及建立合理的阈值。

4. 优化改进阶段

优化改进是管理体系的重要原则，结合需求分析、规划设计、部署实施三个阶段，IT 运维服务管理体系通过本阶段成为一个闭环，它既是 IT 运维服务体系一次循环的终点，又是下一次循环的起点。该阶段对 IT 运维服务的实施效果进行评价、评审和改善，从而确保在需求分析阶段确定的 IT 运维服务实施目标得以达成。优化改进阶段的工作主要包括评估实施效果、评估实施情况、制定改进计划，以及改进活动的跟踪和验证等。

优化阶段的主要活动如下：

（1）定期收集评价信息并整理分析，提出改进措施，主要从用户满意度、IT 运维服务实施成本和进度、服务质量改善度、实施目标达成度等方面进行评估。

（2）各项目组进行内部审核，并请公司专家到现场进行审核。

（3）收集四要素在各活动过程中出现的问题，分析原因，提出改进措施。

（4）计划第二阶段、第三阶段实施内容。

（5）应用六西格玛管理方法论，通过设计和监控过程，将可能的失误减少到最低限度，从而使用户可以做到质量与效率最高，成本最低，过程的周期最短。

12.7.4 实施效果

1. 关键指标

通过 IT 运维服务的优化及持续改进，服务需求方在服务能力、人员、资源、技术、过程等五个方面有明显提升，服务流程及服务质量得到持续改进。统计分析了 ITSS 标准实施前后几个关键指标数据，通过对 IT 服务中常见要素进行分解，以表 12.10 运维体系自评表为例，运维要素主要分为运维体系和运维团队两大要素，再根据 ITSS 体系中的相关要求，对运维要素进一步细分成 9 个子要素，通过对比每个要素的实施前得分与实施后得分，可以直观地了解到现有 IT 服务中薄弱、最需要改进加强的环节，以及在各方面的提升。运维体系自评效果如图 12.42 所示。

表 12.10　运维体系自评表

运维要素	要素分解	实施前	实施后
运维体系	日常运维	3.30	4.00
运维体系	事件管理	3.50	4.00
运维体系	问题管理	3.49	4.00

运维要素	要素分解	实施前	实施后
运维体系	配置管理	2.84	3.50
运维体系	变更发布管理	3.00	3.50
运维团队	技术能力	3.52	3.89
运维团队	人员配备	4.30	4.30
运维团队	管理规范	2.50	3.50
运维团队	持续改进	3.00	4.00

备注：本表分值最低 1 分，满分 5 分，目标值可以根据实际情况进行设定

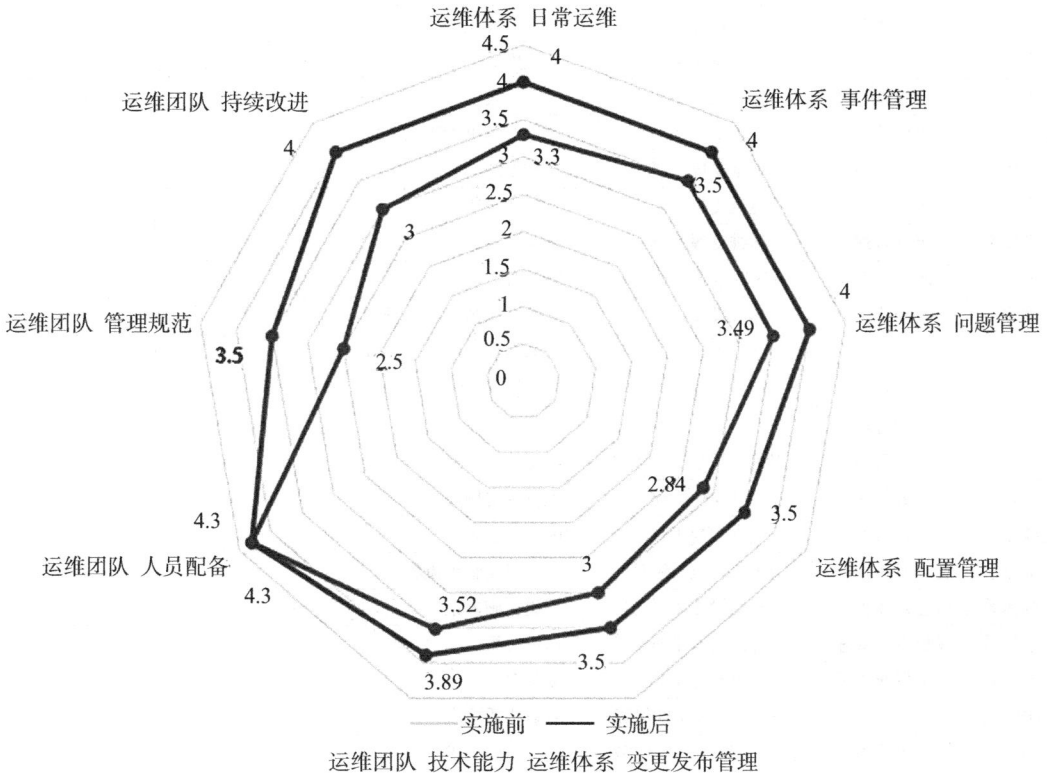

图 12.42 运维体系自评效果图

通过上述自评表和效果图，能直观地了解现有 IT 服务前后所取得的成绩，以及现有的 IT 运维服务与目标的差距。可以发现，现有 IT 运维服务阶段的管理规范和持续改进做得比较薄弱，在对 IT 服务进行优化改进后，已经有了明显的提升。

为了能更加客观地得到自评表中的各项数据，根据实际运维需求将运维要素进一步分解为指标表，通过客观的数据，迅速发现现状与目标的差距，在优化阶段进行优化完善。指标表可以简单列出一些常见的运维要素指标，针对每项指数进行打分，然后再按照要素分解项为大项取平均值，作为体系自评表中要素分解项的得分值，如表 12.11 所示。

表 12.11　运维体系指标表

运维要素	要素分解	支撑维度	项　目	规划	执行	效果	计分	问题分析
运维体系	日常运维	流程 / 规范 / 制度	日常巡检制度					
运维体系	日常运维	流程 / 规范 / 制度	备份 / 恢复制度					
运维体系	日常运维	流程 / 规范 / 制度	补丁升级制度					
运维体系	日常运维	标准操作手册	日常巡检操作手册					
运维体系	日常运维	标准操作手册	巡检结果模板					
运维体系	日常运维	标准操作手册	备份 / 恢复操作手册					
运维体系	日常运维	运维支撑工具	系统扫描工具					
运维体系	日常运维	运维支撑工具	系统补丁测试环境					
运维体系	事件管理	流程 / 规范 / 制度	事件管理流程					
运维体系	事件管理	标准操作手册	知识库					
运维体系	事件管理	标准操作手册	应急预案					
运维体系	事件管理	运维支撑工具	事件、工单管理系统					
运维体系	事件管理	运维支撑工具	监控系统					
运维体系	事件管理	运维支撑工具	事件记录表					
运维体系	事件管理	运维支撑工具	满意度调查记录表					
运维体系	问题管理	流程 / 规范 / 制度	问题管理流程					
运维体系	问题管理	标准操作手册	问题分析与处理手册					
运维体系	问题管理	运维支撑工具	问题管理系统					
运维体系	问题管理	运维支撑工具	知识管理系统					
运维体系	问题管理	运维支撑工具	问题记录表					
运维体系	配置管理	流程 / 规范 / 制度	配置管理流程					
运维体系	配置管理	标准操作手册	配置变更操作手册					
运维体系	配置管理	运维支撑工具	配置记录表					
运维体系	变更发布管理	流程 / 规范 / 制度	变更发布管理流程					
运维体系	变更发布管理	标准操作手册	变更实施方案					
运维体系	变更发布管理	标准操作手册	回退方案					
运维体系	变更发布管理	运维支撑工具	变更单					
运维团队	技术能力	能力 / 资源 / 制度保障	专业资质要求					
运维团队	技术能力	能力 / 资源 / 制度保障	工作经验要求					
运维团队	技术能力	管理工具	技术能力评估标准					
运维团队	技术能力	管理工具	技术培训计划					
运维团队	人员配备	能力 / 资源 / 制度保障	服务台管理制度					
运维团队	人员配备	能力 / 资源 / 制度保障	一线人员管理制度					
运维团队	管理规范	能力 / 资源 / 制度保障	人员绩效考核办法					
运维团队	管理规范	管理工具	绩效考核 KPI					
运维团队	持续改进	管理工具	团队协作、沟通、共享平台					
运维团队	持续改进	管理工具	团队激励机制					

备注：本表分值最低 1 分，满分 5 分。1 分为没有，2 分为大部分没有，3 分为部分有执行，4 分为大部分执行，5 分为完全执行或不适用。问题分析栏可填得分较低或是不适用的原因，以便对得分较低的指标进行分析

2. 业务成效

通过此项目，客户建立并完善 IT 运维服务管理体系，该体系能够有效缩短故障的响应时间和恢复时间，提高服务的可视化。从结果来看，很大程度上提高了用户业务系统的可用性，并提升了用户的满意度。同时，对 IT 服务进行量化和指标管控，在服务功能性、安全性、可靠性、响应性、

有形性及友好性等方面不断提升用户体验感受，最大限度地实现IT对业务的支持。

3.管理成效

实现服务质量的量化管理，通过各指标的监控、测量、评估、分析等实现闭环管理；实现了服务的流程化、标准化，极大地提升了服务质量和管理效率；建立了一整套客观、公正的考核指标，对服务人员进行客观考核，提高了服务人员的工作积极性；通过知识库的逐步积累，一定程度上提升了故障的处理效率，并降低了人员之间由于能力差异而导致服务的不稳定性。

为了实现运维信息化、自动化，现场运用了运维管理工具和运行维护监控工具。事件管理、问题管理、配置管理、变更管理、发布管理等流程全部集成到运维管理工具中，得到有效扭转。所有基础设备均纳入运行维护监控工具中进行监控，并实现监控工具与运维管理工具间的联动。经多年优化，现场梳理了大量的监控关键指标与阈值，同时实现了邮件、手机短信息报警功能。建立专职的服务台和服务专线，保证服务入口统一，事件得到有效跟进。为了实现7×24小时快速响应，针对常见易损件准备了现场备件50多件，本地备件库20分钟能到数据中心，45分钟到现场。每月梳理现场工作清单，每季针对工作清单撰写或更新对应的操作手册；同时，每月对维护日志、故障分析报告、配置文档、技术规程、应急预案等进行总结，形成知识文档，统一归档。在团队建设方面，我们针对现场梳理出具体的职责、级别、所需知识、技能，撰写大量对应的学习材料，制定具体的月度学习目标并进行考核。每月组织一次技术交流，每季度组织一次团队活动，倡导参加新产品、新技术的讲座、论坛，活跃学习气氛，有效提升相关人员的技能。

12.7.5 运维单位介绍

广州华资软件技术有限公司（以下简称"华资软件"）是该省税务数据中心大运维管理体系的建设方。该公司专业从事信息应用平台研发和IT咨询服务，以行业应用解决方案的研发为核心，以计算机信息系统集成为主营业务，致力于行业信息化的建设，承担公安、人社、民政、医疗卫生、食品药品监督等领域的省部级大型信息系统建设，为用户提供电子政务解决方案。

华资软件现有员工1100多人，分别在广州、武汉、济南、福州、南宁建立了软件研发基地，并在武汉、长沙、贵阳、南宁、福州、深圳、北京等地设立了分支机构，建立了以用户为中心的组织结构和业务流程。华资软件拥有一支富有激情的专业服务队伍，高度关注用户需求，专业服务队伍中有良好技术背景的行业专家及业务管理专家，为用户提供行业信息化建议及规划；有通过国际权威认证的资深技术专家，如华为认证专家、IBM认证专家、Oracle认证专家、微软认证工程师、CISO认证专家、H3C认证专家、CISSP、CISAW等，为用户提供权威的技术咨询服务；有富有实践经验的本地化服务团队，为用户提供细致贴心的服务。

该公司的业务流程建立在ISO 9000、ISO 20000、ISO 27000、ITSS、CMMI、ISCCC等管理标准和管理体系的基础上，有效地保证了公司产品和服务的质量及效率，最大限度地保障了用户利益。同时密切关注用户需求的变化，紧跟行业趋势和技术进步，通过持续地为用户提供满足业务需求的通用信息平台、个性化软件产品和专业服务，赢得用户的广泛信任。

12.8 广西某政府单位大运维体系的咨询与监理
——"联信"献智当谋士

广西某政府单位党委高屋建瓴，提出"以信息系统集中运维工作为抓手，从底层深化信息应用融合"的工作模式，打造大运维体系。为了做好这项工作，该单位根据我国工业和信息化部、国家标准化管理委员会提出的信息技术服务标准体系（ITSS 4.0）和GB/T 19668.3-2017《信息技术服务 监理 第3部分：运行维护监理规范》的要求，引入咨询与监理机制，通过公开招标，选择咨询与监理服务团队，协助对大运维体系进行规划设计和驻场运维监理，获得了较好的效果。

12.8.1   项目背景

广西某政府单位（以下简称"某政府单位"）是广西壮族自治区政府的直属职能部门，随着信息化建设不断深入，信息化已经成为工作中的重要手段。与此同时，信息系统运维工作逐渐成为信息化工作的重点。2016年底，为了推动科技战略的实施，提高信息系统运维水平，形成集约、高效、安全的运维工作格局，该单位党委提出了"统一规划、资源整合、共建共享、安全有序"的理念，决定建立信息系统运维体系，对该单位信息系统、通用软硬件等基础资源、机房基础设施实行集中运维管理，将原来分散于各个系统的运维工作整合至统一的管理架构当中，创建新的集中式的运维模式，实现技术人才的集中管理和灵活调配，实现集约分散资源、把控核心数据、降低运维成本、提升运维效率、辅助信息化建设决策的目标。

为了达到集中运维管理的目标，2017年初该单位整合内外部力量，开始筹备集智能监控、应急保障、服务响应、协同处置于一身的信息系统运维中心，并以信息服务部门负责管理的设备、系统为试点开展集中运维工作。试运行期间，为解决集中运维管理中遇到的问题，引入 ITIL、ITSS 等国内外成熟先进的运维理念，为信息化运维选择合适的管理模式，搭建高效的组织架构，规范运维管理制度，引入先进的管理经验，改进、优化传统运维管理方式，确保大型信息系统高效、可靠、健康、经济、安全地运行。该单位决定聘请有水平、有经验的第三方管理咨询与监理服务专业团队指导大型信息系统运维管理工作。

12.8.2   项目组织机构及人员

广西某政府单位咨询与监理服务项目团队专业齐全，高级工程师、工程师和助理工程师的人员结构合理，所有监理人员都取得了注册信息系统监理师证书或系统规划与管理师证书，主要咨询成员取得了注册咨询工程师和 ITIL 专家认证。在咨询监理团队中聚集了比较优秀、有经验的监理和咨询人才，能高标准、高质量地完成监理咨询工作。

1. 组织架构

咨询监理团队组建了一支9人的驻场团队，包括项目经理1人、总监理工程师1人，专业监理人员5人、咨询人员2人。项目经理具有多年信息系统运维管理相关工作经验，具备 IT 信息化管理专业知识，熟悉信息化系统具体流程运作；监理人员专业工种配套，机房、应用系统、网络、服务器、安全专业齐全，所有人员都长期从事运维监理工作，具有丰富的监理经验和过硬的专业理论知识；咨询人员熟悉 ITIL、ITSS 等服务体系理念，承担过多个企业（机构）的运维体系建设项目，熟悉组织架构与制度流程建设。咨询监理团队成员"老、中、青"结合，年龄结构合理，所有人员均持证上岗，其中高级工程师2人，工程师4人，助理工程师3人。

现场咨询监理团队组织架构如图 12.43 所示。

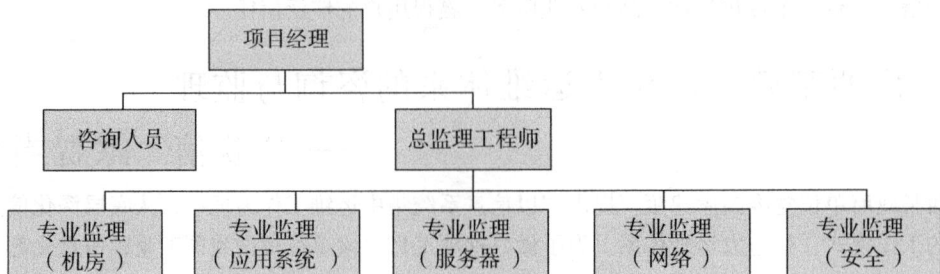

图 12.43   咨询监理团队组织架构

2. 人员职责

咨询监理团队人员职责如下：

（1）项目经理。负责整个咨询监理团队的管理，负责各个成员的绩效考核，并对团队的工作质量、进度、成本负责，负责与企业（机构）对接以及收集企业（机构）的需求。

（2）咨询人员。配合项目经理开展运维体系建设工作，负责对接用户的运维需求，并具体进行运维体系的调研、分析。主要工作是基于 ITIL、ITSS 等服务体系理念，结合信息系统运维实际情况，优化完善集中运维模式，组织梳理、编制运维体系建设的相关流程、制度、规范、办法、方案，并进行讲解、培训及指导实施落地。在整个运维体系建设范围内，为企业（机构）提供现场咨询服务。

（3）总监理工程师。配合项目经理开展运维监理工作，依据运维合同，以及 ITIL、ITSS 等体系标准对各维护商提供的运行维护方案进行审核。在服务管理过程中，对重要的升级、改造方案进行审核，对应急突发运维事件进行监管与协调，组织人员对运维体系进行评估反馈，并指导专业监理人员的监理工作。

（4）专业监理人员。负责监督管理流程、管理制度的落地实施，对合同以及管理过程中产生的文档进行审核与管理，负责对现场整体信息系统（包括机房、应用系统、服务器、网络、安全等）的日常运维工作与日常故障处置进行协调、控制及监督，同时负责对运维商以及运维人员的工作质量进行考核。在运维过程中，对运维资产、运维机制、运维预算进行评估、分析和反馈。

12.8.3 运维体系建设思路

根据服务方运维现状，对运维管理体系进行重新规划建设，这种规划是对信息系统运维管理工作进行统一设计，主要包括组织信息化业务和资产的梳理、运维组织模式规划和岗位职责设计及组建、运维流程制度规划、运维绩效考核的实施、运维管理再评价等，使运维管理形成一个相对严谨、可持续运行的管理体系，最终实现对 IT 运行环境（如硬软件环境、网络环境等）、IT 业务系统和 IT 运维人员的综合有效管理。

一个完整的大运维体系管理咨询活动包括三个阶段，即现状调研阶段、运维体系设计阶段和实施指导优化阶段。下面简单介绍每个阶段的含义和工作内容。

1. 现状调研阶段

现状调研阶段是从依据咨询服务合同着手准备咨询工作开始，经过咨询机构和用户的相互了解、访谈、制作调研表格、收集数据，直至完成现场调研工作为止的全过程。此阶段主要包括以下内容：

（1）与用户洽谈获取咨询需求信息。

（2）进驻用户单位前的准备。

（3）召开项目启动会。

（4）进行现状预调查。

（5）编写调研需求表格。

（6）与用户方商量调研进度安排。

（7）现场调研和数据收集。

2. 运维体系设计阶段

运维体系设计阶段是从分析调研数据开始，经过调研分析明确用户存在的问题、理清体系建设过程中的难点和重点，通过详细设计使之成为可操作的、得到用户相关方面认可的解决方案文件的全过程。此阶段包括如下内容：

（1）现场调研资料数据分析。

（2）提交现状调研报告。

（3）大运维体系思路形成。

（4）大运维体系建设初稿汇报。

（5）大运维体系建设研讨和修订。

（6）大运维体系建设方案的汇报与提交。

3. 实施指导优化阶段

实施指导优化阶段是指建设方案被用户认可后，咨询监理团队在一定时间段内指导、培训企业（机构），让企业（机构）理解实施方案，由监理团队协助用户对方案进行落地实施，并定期提交优化改进建议，由咨询团队进一步优化完善，最终实现良性的 PDCA 循环。此阶段包括如下内容：

（1）制定实施计划。

（2）对用户进行相关指导、培训。

（3）对实施中的重点部分进行辅导。

（4）解决实施中出现的问题，并对方案进行修改与完善。

（5）监理对实施效果进行评估反馈。

（6）咨询团队进一步优化机制。

12.8.4 广西某政府单位运维体系现状调研

大运维体系管理咨询现状调研是第一阶段最为重要的工作，直接影响后续方案设计的准确性。

1. 运维体系调研目的和范围

通过对用户的管理部门信息系统的全面调研，清查企业（机构）各部门的信息化资产情况，调查信息化基础设施建设和应用情况，以及系统运维情况，详细了解信息系统对业务的支撑能力，各部门对目前信息系统运维服务的意见与建议，充分沟通，由下至上，寻求解决方案，使信息化整体的运行维护工作更加贴近用户的实际业务管理需要，真正做到量身定制服务，制定最优的运维总体规划和切合实际的需求，最终实现项目目标。

涉及用户的大型信息系统的调研，范围应该包括信息系统的使用方、管理方、建设方、运维方等。由于大型信息系统的特点，可能存在跨地域、跨行业的调研，但为了了解系统现状，必须进行调研。

2. 运维体系调研方法

根据企业（机构）信息系统的特点，选择较好的更能真实反映大型信息系统现状的调研方法，对于开展调查研究工作是特别重要的，可采用以下几种调研方法：

（1）现场调研法。现场调研法就是身临其境地去现场了解，掌握第一手资料的调研方法。其优点是调研内容生动、直观；缺点是花费较多调研时间，且调研真实性与调研人的主观性联系较大。

（2）问卷调研法。将所要了解的情况通过问卷或表格的形式发放出去，通过统计收回问卷中的信息以获取调研信息的一种调研方法。这种调研方式在短时间内就可获得相关调研信息，但是信息准确性不高。

（3）会议调研法。请调研对象以座谈会的形式进行沟通，从而直接了解想要获得信息的一种调研方法。这种方法是比较常用的一种调研方法，其优点是所用时间短，调研工作效率高；缺点是调研对象的心理会直接影响调研信息的准确性。

（4）访谈调研法。通过走访不同的人群和不同的调研对象来获取调研信息的一种调研方法。

其优点是调研所获得的信息准确性高，有助于问题的深入了解；缺点是工作量大、耗时长、成本高，不宜大规模开展。

（5）文献调研法。顾名思义，就是通过查阅相关文献来获得调研信息的调研方法。这种调研方法主要是为了获取调研事物的一般性发展规律或其演变过程而采取的一种调研方法。其优点是调研不受时间空间的限制；缺点是这种方式只是一种理论探讨，其结果没有现实依据。

3. 运维体系调研内容

为了真实反映广西某政府单位运维工作的现状，调研内容务必从当年的管理、人力、用户、资源、财务、资料、流程、运维预期等方面进行。为了全面掌握信息系统情况，调研内容不应局限于运维工作，还应包括信息系统的建设、业务管理等方面的工作，而信息系统的历史信息也必须了解，才能掌握信息系统的下一步发展和演变。

如在召开管理咨询项目启动会后，项目团队就应立即组织开展调研工作，首先列出需要调研的内容，并根据内容、结合现状选取合适的调研方法，调研方法务必真实反映信息系统的现状。主要调研内容见表 12.12。

表 12.12　运维体系调研表

调研类别	具体内容
管理方面	组织架构、管理制度、岗位职责、岗位要求等
人力方面	人员组成、持证情况、工作经验、工作内容、工作量等
系统方面	系统平台清单、服务要求、核心业务、使用频率、备份情况、安全管理情况
财务方面	运维费用构成以及项目构成、与建设费用及运维需求的对比、审批情况
客户方面	用户情况（数量、级别、分布等）、用户分级情况、用户需求内容及频率与对应工作量等
资源方面	运维维护平台、服务台、备件、知识库建设等
资料方面	项目、平台的建设和运维文档保存情况（判断系统健康度）
流程方面	流程和标准情况、服务级别情况、事件分级和管理、问题及处理情况、配置管理情况、变更管理、发布管理情况等
运维预期方面	目前运维现状与领导、用户、运维人员的预期差异等

本次运维系统的调研主要以现场调研和问卷调研为主，会议调研、访谈调研、文献调研为辅的方式进行。下面将主要介绍现场调研和问卷调研。

1）现场调研

为了不过多地打扰用户日常工作，提升调研效率，现场调研工作应以用户部门为单位组织进行调研，调研前将调研计划安排表与用户进行充分沟通，避免浪费时间。调研时，部门内相关负责人或熟悉情况的人员应全数到场。

为了确保调研质量，调研前咨询团队应根据用户情况设计好调研内容和表格，并准备好调研使用的录音笔等工具仪器。

《运维体系 ×× 部门现场调研表》运维体系现场调研表格设计见表 12.13。

表 12.13　运维体系现场调研表

运维体系 ×× 部门现场调研表
一、调研须知
1. 调研工作目的就是要了解 ×× 部门信息系统现有情况和存在的问题
2. 调研采样过程中需要注重取样的全面性和精准性，调研工作目的性要强，设计的必答问题对 ×× 部门信息化工作很重要
3. 调研过程中需要明确用户为首的运维主导地位
4. 调研对象为 ×× 部门信息化人员，包括用户方、建设方、运维方、原厂方

二、调研反馈表

调研时间：	年　　月　　日　　上午
调研人员：	

□ 对调研工作关注问题的反馈意见如下：

问题编号	问题内容	问题解释	受访者公司／姓名／负责项目	受访者反馈意见
1	请介绍部门信息化项目系统应用情况 访谈要点（包括但不限于）：相关的信息化系统有哪些、使用人员数量、归本部门管理的 IT 资产数量、使用时间：5*8/7*24、负责本部门 IT 运维的人员情况及值班方式、故障率多少等	了解信息系统的使用情况	信息系统使用方	
2	请介绍部门信息化项目建设、运维工作实施人员架构和组织情况 访谈要点（包括但不限于）：人员配置、岗位职责、管理架构、技术人员数量、运维方驻场情况，工作时间：5*8/7*24，值班方式是现场值班还是电话值班？节假日如何安排值班？运维服务工作中是否存在核心技术人员单人单岗的情况	了解运维人员架构和组织情况	部门信息系统负责人	
3	请介绍主要信息化人员技术履历、人员学历、资质和从业经验等 访谈要点（包括但不限于）：负责人技术履历、项目团队素养、快速反应能力、判断能力等	了解现有团队主要技术负责人履历；了解团队成员人数、投入人员学历、资质和从业经验等	部门信息系统负责人／信息系统运维方	
4	请介绍部门执行的信息化管理制度、流程，包括建设、运维、业务管理方面 访谈要点（包括但不限于）：制度名称、流程名称、执行情况等	了解现有信息化管理制度、流程情况	部门信息系统负责人	
5	请介绍部门的信息系统运维和建设经费情况 访谈要点（包括但不限于）：各系统的运维经费情况，并与建设经费进行对比	了解运维和建设经费的情况，了解用户单位对信息系统运维的重视程度	部门信息系统负责人	
6	请运维方介绍除了人力资源、资金外，其他项目资源投入情况 访谈要点（包括但不限于）：投入专业工具情况、投入培训情况，了解运维方的主营业务是否与运维体系内容匹配？除运维项目外，是否还与用户的其他承建项目有交集	了解其他必要投入资源情况	信息系统运维方	
7	请运维方结合合同条款，说明在项目运维的认知、执行上与用户沟通情况 访谈要点（包括但不限于）：对运维合同的理解、对合同的执行，以及对项目的理解，是否与用户期待有偏差	了解合同履约情况	信息系统运维方	
8	请说明运维方是否根据运维项目建立对应的运维工作计划和运维服务目录？对运维支撑工作是否建档、存档？有无可执行标准 访谈要点（包括但不限于）：工作计划、工作服务分类、有无编写运维年报、资料编制有无标准	运维公司对于所承接运维项目是否足够了解，有无完整的资料链条支撑？有无可参照执行标准	信息系统运维方	
9	请举例说明运维方与客户工作负责范围和交叉部分工作 访谈要点（包括但不限于）：所负责用户负责人／对接人，所负责对接部门；故障处理的触发方式，如：负责用户通知、其他人员负责通知、巡检等；与用户的分工：哪些问题用户可以自行处理	掌握更多资料，判定工作边界	信息系统运维方	

续表 12.13

10	请说明运维方负责项目中有哪些内容属于客户的核心业务？假设该系统一旦瘫痪，是否了解影响层面和范围？有无应对措施？ 访谈要点（包括但不限于）：是否核心业务？为什么？影响面、紧急程度、故障概率 问题多发点、常见故障、风险点 曾经发生过哪些重大故障，如何处理？ 有无故障处理记录、系统维护手册	了解系统整体状况	信息系统运维方
11	请说明信息系统的建设情况 访谈要点（包括但不限于）：承建单位、开始建设时间、竣工时间、相关文档情况（合同、设备清单、安装地点、项目实施方案、安装配置手册、维护手册）	了解系统健康度	信息系统承建方 / 运维方
12	请说明运维方负责系统的使用年限？近期是否出现过重大故障告警或者重要业务升级？处理情况如何？ 访谈要点（包括但不限于）：服务响应、故障等级、现象、处理方式（响应方式、时间）、故障解决 / 降级时间	了解系统运行状况	信息系统运维方
13	请结合实际工作，尽量说明目前项目运维工作还存在哪些困难点 访谈要点（包括但不限于）：有无运维服务以外的其他工作（区分运维、保障、打杂） 遇到最难处理的一次运维事件是什么？难点在哪里？怎么解决的？ 对所负责运维系统服务边界界定是否清楚	了解运维工作难点痛点	部门信息系统负责人 / 信息系统运维方
14	请提供项目干系人名单，包括姓名、qq、微信、邮箱等 访谈要点（包括但不限于）：业务部门项目对接人名单、本公司服务人员名单、其他可能需要协助公司服务人员名单	要求提供干系人列表	部门信息系统负责人 / 信息系统运维方

2）问卷调研

问卷调研主要是通过向信息系统的运维部门和建设部门收集系统建设和运维基本情况，由于涉及后续的运维体系建设，信息表中的运维信息（如巡检次数、巡检时长、故障次数、故障时长、出差天数、维护需求）以及维保、备件要求尤为重要，这些信息直接与运维工作量、运维经费息息相关，因此，问卷调研收集的资料需与现场调研进行相互验证，确保资料的一致性和准确性。问卷调研表有以下几种类型：

（1）××部门信息系统调研表。《××部门信息系统调研表》见表12.14。

表 12.14　××部门信息系统调研表

序号	系统名称	建设类型	填报人员	系统累计建设费用（万元）	一年运维费估算（万）	竣工时间	过保时间	原开发厂商	联系人	电话
例子1	本地局域网	自建	×××	60	20	2014	2015	××公司	×××	×××

（2）××部门硬件维保明细表。《××部门硬件维保明细表》见表12.15。

表 12.15　××部门硬件维保明细

序号	建设单位	设备类型 参考：安全设备 /网络设备/通信 设备/服务器等	设备 名称	设备 型号	数量	采购价格 （万元）	维保 费用	备件 需求	投入使用 时间	过保 时间	所属 系统	运维 单位	备 注
例 1	×× 部门	网络设备	交换 机	×××	1套	20	约4 万	1套	2016年 12月1日	已过 保	×× 系统	×× 部门	
2													

（3）××部门备品备件明细表。《××部门备品备件明细表》见表12.16。

表 12.16　××部门备品备件明细表

序号	建设单位	设备类型参考：安全设备/网 络设备/通信设备/服务器等	设备名称	设备型号	备件需求 数量	所属系统	存放地点
例1	××部门	通信设备	信道机 电源	×××	2	××系统	
2							

（4）××系统资料清单。《××系统资料清单》见表12.17。

表 12.17　××系统资料清单

序　号	文档资料名称	文档介质	备　注
1	验收报告	扫描件	□
		电子版	□
2	系统测试报告	扫描件	□
		电子版	□
3	用户使用报告	电子版	□
		电子版	□
4	项目建设合同、项目运维合同及补充条款	扫描件	□
		电子版	□
5	项目实施方案	扫描件	□
		电子版	□
6	项目设备清单、备品备件清单和资产配置表	扫描件	□
		电子版	□
7	设备安装位置图	电子版	□
		电子版	□
8	用户使用手册	扫描件	□
		电子版	□
9	设备安装配置手册及相关脚本	扫描件	□
		电子版	□
10	设备日常维护手册	扫描件	□
		电子版	□
11	设备配套相关软件介质	扫描件	□
		电子版	□
12	巡检报告、故障处理报告、阶段性服务总结报告	扫描件	□
		电子版	□
13	项目干系人列表	扫描件	□
		电子版	□

4. 运维体系调研报告

调研报告应真实反映广西某政府单位信息系统的运维情况，它由以下几个部分组成：

（1）调研基本情况：包括完成了哪些部门现场调研，资料收集总体情况。

（2）总体情况：包括机房情况、信息系统的数量、基础设施情况等信息。

（3）现状分析：包括现有信息系统的管理制度、流程、组织、人员、资产管理现状、运维手段和工具、经费保障等，还应该包括现有的第三方维护公司和人员的情况分析。

（4）存在问题及对策：包括运维组织模式、运维管理体系的监理、组织架构、岗位及人员存在的问题，以及下一步对策等。

完成调研报告后，咨询团队应与用户方进行汇报，直面运维工作中存在的问题，统一咨询团队与用户方下一步的工作思路，进一步明确咨询团队的工作目标，此时大运维体系思路初步形成。

12.8.5 广西某政府单位运维体系规划

根据 ITIL 标准的要求，结合广西某政府单位信息系统的现状，对运维管理制度、管理流程、用户服务、组织结构、人员职责岗位、技术管理、应急管理要求进行标准化设计，解决传统运维工作中头痛医头、脚痛医脚的问题。

1. 运维模式

运维模式设计是运维体系设计的第一步，确定好运维模式才能确定组织架构、岗位职责、制度流程等其他运维体系设计要素。咨询团队根据该单位的发展战略、管理模式的特点进行针对性的评估分析，综合考虑业务因素、人员因素、技术因素、安全因素、财务因素等多方面的因素，以及服务台、架构、人员组成、服务机制等内容，从而选择合适的信息化运维模式。

信息系统集中运维前，该单位的运维工作分散在各个业务部门，基本由各个承建商负责，各自为政，没有进行统一的管理和规范。在进入集中运维后，为了最大限度地保持系统运维工作的稳定，在集中运维初期 2～3 年内，尽量选择原有服务商，采取分散外包的运维模式进行管理；进入集中运维稳定期 4 年后，在合作的服务商基础上，选取实力较强的服务商作为总承包商，采用总包 + 分包的运维模式。

通过将整体运维工作分割成不同标包，分散外包，使相关专业设备和系统都能得到行业中优秀的团队进行管理，由专业的外包公司提供专业服务，可以有效降低运维经费，使运维团队获得专业性更强的运维人员，对应用信息系统也更为熟悉，这不仅能够提高信息化运行维护的质量，还可以节约资金，精减人员，提高服务效率与效能。

分散外包后，服务公司较多，管理协调难度大，这为后续的运维管理工作提出了更高的要求。

2. 组织架构

组织架构设计与运维模式设计是运维体系设计的基础，咨询团队根据广西某政府单位现状和需求，结合 ITIL 规范搭建了符合大型信息系统运维的组织架构。主要岗位包括服务台、调度组、二线运维员、三线厂家专家、运维监理岗、运维咨询岗等。组织架构如图 12.44 所示。

图 12.44 组织架构图

岗位职责如表 12.18 所示。

表 12.18 岗位职责表

岗 位	值班方式	人 数	职 责
服务台	7×24 小时驻场	6 人	处理用户请求、进行服务访问控制、维护用户关系、监视服务级别、维护配置管理的完整性,以及对基础设施的监视和维护等
调度组	7×24 小时驻场	6 人	对信息运维作业的计划安排,对信息系统、IT 设备实施运行状态及运维作业的监控、组织、指挥和协调。主要包括日常作业计划管理、系统运行监控与分析、运维事件的调度指挥
二线维护员	7×24 小时驻场	24	具备比一线更高的技术和业务能力及经验,响应一线分派的任务,是用户日常业务恢复的主要技术支撑;并为三线处理更复杂、更高难度的问题提供协助
三线厂家支撑	5×8 小时驻场 / 远程	18	为原厂或原厂认证工程师,处理二线无法解决的技术性问题,涉及平台级、原代码等问题;对设备故障进行专业处理,并为二线工程师提供相关技术指导,为运维团队提供技术培训,促进整体运维能力提升
运维监理	5×8 小时驻场	6	负责现场整体信息系统(机房、应用系统、服务器、网络、安全)的日常运维工作,对日常故障处置进行协调、控制及监督。具体负责对运维商以及运维人员的工作质量进行考核。在运维过程中,对运维资产、运维机制、运维预算进行评估、分析、反馈
管理咨询	5×8 小时驻场	2	是基于 ITIL、ITSS 等服务体系理念,结合信息化系统运维实际情况,优化完善集中运维模式,组织梳理、编制运维体系建设相关流程、制度、规范、办法、方案,并进行讲解、培训及指导实施落地。在整个运维体系建设范围内,为企业(机构)提供现场咨询服务

3. 用户服务

咨询团队结合运维需求,根据运维合同,与各个业务部门协定交付的服务,确定各个业务部门的服务目录,服务目录中包括服务和服务组件之间的依赖关系,这些服务组件主要包含服务的名称、服务方式、服务类型、服务频率、服务价格等信息。

服务协议是运维中心与各业务部门之间签订的书面协议，协议中定义了关键服务目标和双方的职责。所交付的每个服务，与用户协定在一个或多个服务级别协议（SLAs）中。当创建服务级别协议时，咨询团队会考虑服务需求、预期服务目标、工作量特性和用户期望等。

在完成服务目录制定、服务协议签订后，咨询团队在运营期内主要负责服务级别管理工作，这些工作指 SLAs 的规划、协调、起草、协议、监控和报告过程，运营期应对服务绩效不断进行评审，以保证所约定和要求的服务质量得以保持并逐步得到改进。服务目录如表 12.19 所示。

4. 管理制度

按照运维组织的目标定位，咨询团队将运维制度体系分为政策标准、管理办法、实施细则、运维手册四层体系架构进行设计和交付。

（1）政策标准。主要包括国家、行业颁发的信息系统运行相关制度、相关监管机构运行管理制度，以及签署的有法律效应的合同文件等。本部分内容以收集为主。

（2）管理办法。它是在政策文件的基础上，对用户信息系统运行管理的各组织职责等关键点做出规定。这部分是本项目交付的主要内容，包括《运维组织架构及职责说明书》、《运维中心绩效考核办法》、《运维中心驻场人员管理制度》、《运维中心运维值班管理制度》、《运维中心运维事件投诉管理办法》、《运维中心服务台工作流程及管理办法》、《运维中心机房管理制度》等。

（3）实施细则。它是结合用户信息系统运维服务实际情况，针对管理工作需要而制定的具体实施办法，其范围涵盖主机、数据库、中间件、应用系统、网络、机房、信息安全、备品备件、文档等，明确管理职责并规范操作要求。这部分是本项目交付的主要内容，包括《数据库管理员职责》、《网络管理员职责》、《机房管理员职责》、《保密管理员职责》等。

（4）运维手册。它是根据实施细则中描述的职责分工和操作流程，结合精细化管理需要，在运维过程中形成的各类操作指南、工作表单和维护记录等，包括《日常维护巡检＿存储设备 SOP》、《故障处理＿存储设备 SOP》、《故障处理＿数据库 SOP》、《值班巡检记录表》、《故障处理记录表》等。

5. 管理流程

管理流程主要有两大类，多种服务流程贯穿整个运维服务体系，包括通用类及业务类流程。通用类流程主要包括服务事件流程、服务变更流程、发布管理流程、配置管理流程、问题管理流程等；业务类流程主要包括备机更换流程、设备升级流程、策略变更流程、故障处理流程、网站监控流程等。

6. 人员管理

人员管理主要通过以下几方面进行：

（1）入场管控。根据运维服务要求，针对人员录用管理工作制定《运维中心驻场人员管理制度》。对待入职人员从政治背景审查、岗位职责、业务知识、专业知识及运维服务流程制度方面分别进行考核，做到持证上岗，确保运维服务质量，提升运维服务效益。服务提供单位须按合同要求向运维中心派驻规定数量满足资质要求的运维人员；运维中心用人部门主管进行面试，面试合格后对其进行面谈，通过方可安排上岗。面试不合格者，退回原单位。该入场人员受单位委派需持委派证明、个人身份证、学历证、毕业证、相应岗位要求的资格证书、职称证书原件交监理核验。

（2）岗位职责手册。信息化运维人员岗位按照运维任务，划分为多个运维服务组及多个运维服务岗位。根据不同的岗位需求制定《运维组织机构及职责说明书》，明确岗位类型（管理岗、操作岗）、岗位所需技术能力以及岗位职责，关键岗位建立备岗管理制度。

（3）知识技能培训。咨询团队根据用户业务需要，面向用户单位及信息化运维人员，每年制定专业培训计划，培训内容包括管理、业务、技术三大类培训，从而不断加强用户业务的深度应用以及运维服务水平的持续提升。

表 12.19　服务目录表

服务编码	信息产品	应用目录/任务分级	维护服务要求	级别	人/年	人工费用	职责定位 A	职责定位 B	服务名称	项目	指标值	周期	目标	可接受	不接受	描述	记录文档
				人工需求									服务级别协议				
A01	××系统	系统检查	定期检查××系统，登录××综合信息管理系统，进入各子系统检查	L	0.5	¥××××	××	××	××系统业务支持服务	问题处理时间	5分钟	次	5	5-15	>15	接到用户咨询问题后反馈解答或解决方案时间间隔	项目执行
		问题处理	接到用户咨询类问题后反馈解答或解决方案				××	××		数据纠正及时性	30分钟	次	30	30-60	>60	接到用户书面数据纠正申请至数据纠正完成的时间	项目执行
		纠正错误数据	接到用户书面数据纠正申请及时进行数据纠正，用户书面纠正申请与实际纠正后的结果比对准确							数据纠正准确率	100%	次	100%	100%	<100%	用户书面数据纠正申请与实际纠正后的结果比对分析	项目执行
		数据移送和查询	确保数据信息向各级复制的及时性及各级××向××复制数据的及时性，根据查询条件（统计条件）准确查询信息查询统计结果	M	0.3	¥××××	××	××		数据人工移送及时性	30分钟	次	30	30-60	>60	数据信息向各级××人工复制的及时性及各级××向××复制数据的及时性	应用检查记录
		软件升级	根据软件升级说明，不影响用户正常使用	M	0.2	¥××××	××	××		定制数据查询服务	1天	次	1	1-2	>2	根据查询条件统计出结果统计结果的完成时间	应用检查记录
A02	××管理系统	××系统检查	每日检查××管理系统状态，访问 http://129.0.43/xfslweb/，用测试账号登录、点击查询看看是否正常	L	0.2	¥××××	××	××	××信息管理系统业务支持服务	问题处理时间	5分钟	次	5	5-15	>15	接到用户咨询类问题后反馈解答或解决方案的时间间隔	项目执行
		××业务数据统计	每季度导库进行××业务数据统计				××	××		数据统计准确率	100%	次	1	1	<100%	××业务数据统计与实际××业务量的比值	应用检查记录

服务编码	信息产品	任务分级	维护服务要求	级别	人/年	人工费用	职责定位 A	职责定位 B	服务名称	项目	指标值	周期	目标	可接受	不接受	描述	记录文档
服务产品		应用目录		人工需求									服务级别协议				
		纠正错误数据	接到用户纠正数据申请及时进行数据纠正，用户书面数据纠正申请与实际纠正后的结果比对准确	M	0.1	¥××××	××		××信息管理系统业务支持服务	数据纠正及时性	30 分钟	次	30	30-60	>60	接到用户书面纠正数据申请至数据纠正完成的时间	项目执行
		问题处理	及时、准确地处理××管理系统出现的问题				××	××		数据纠正准确率	100%	次	100%	100%	<100%	用户书面数据纠正申请后分析纠正后的结果比对分析	项目执行
		软件升级	软件升级、发布，不影响用户正常使用	M	0.1	¥××××	××	××		问题处理时间	5 分钟	次	5	5-15	>15	接到用户咨询类问题反馈答复或解决方案的时间间隔	项目执行
		××系统检查	每日检查××系统状态，登录综合信息管理系统，进入××子系统，查看××信息是否显示正常	L	0.2	¥××××	××	××									
		纠正错误数据	接到用户申请及时进行数据纠正，用户书面数据纠正申请与实际纠正后的结果比对准确							数据纠正及时性	30 分钟	次	30	30-60	>60	接到用户书面纠正数据申请至数据纠正完成的时间	项目执行

（4）绩效考核管理。结合运维任务编制《运维中心绩效考核制度》，针对运维人员进行专业知识及业务技能考核评优工作，对考核结果进行评审，同时编写《运维中心服务人员技能考试专题报告》，进行同比环比分析，对不足项提出改进优化方案，持续进行改进。

7. 技术管理

咨询团队组织运维人员将某一事件（日常巡检、故障处理等）的标准操作步骤和要求以统一的格式描述出来以形成标准作业程序（SOP），用于指导和规范日常的工作。标准作业程序能够缩短新进人员面对不熟练且复杂的学习时间，只要按照步骤指示就能避免失误与疏忽，标准作业程序不仅可以节省时间，还可以避免资源的浪费，标准作业程序可以获得技术管理上的稳定性，稳定则是系统运维的关键。

咨询团队根据运维中心岗位和维护对象，结合实际工作制定标准作业程序计划表，提供 SOP 模板和内容要求，并落实负责编写人员和完成时间要求，上报运维中心分管领导同意后，由监理人员监督执行完成情况。标准作业程序计划表详如表 12.20 所示。

表 12.20　标准作业程序计划表

标准作业程序（SOP）计划表					
岗　位	对　象	操作程序名称	操作类型	负责人	完成时间
数据库岗	ORACLE	巡检操作	检查类	×××	×月×日
		安装操作	业务类	×××	×月×日
		数据恢复操作	应急类	×××	×月×日
		启动和关闭操作	应急类	×××	×月×日
		××× 故障处理	业务类	×××	×月×日
	SQL 数据库	巡检操作	检查类	×××	×月×日
		安装操作	业务类	×××	×月×日
		数据恢复操作	应急类	×××	×月×日
		启动和关闭操作	应急类	×××	×月×日
		××× 故障处理	业务类	×××	×月×日
机房岗	艾默生 UPS	机房巡检操作	检查类	×××	×月×日
		启动和关闭操作	应急类	×××	×月×日
		××× 故障处理	应急类	×××	×月×日
	艾默生空调	机房巡检操作	检查类	×××	×月×日
		启动和关闭操作	应急类	×××	×月×日
		××× 故障处理	应急类	×××	×月×日
网络岗	华为交换机	巡检操作	检查类	×××	×月×日
		安装操作	故障类	×××	×月×日
		数据恢复操作	应急类	×××	×月×日
		启动和关闭操作	应急类	×××	×月×日
		××× 故障处理	故障类	×××	×月×日
	360 防火墙	巡检操作	检查类	×××	×月×日
		安装操作	故障类	×××	×月×日
		数据恢复操作	应急类	×××	×月×日
		启动和关闭操作	应急类	×××	×月×日
		××× 故障处理	故障类	×××	×月×日
虚拟化岗	…	…	…	×××	×月×日
		…	…	×××	×月×日

8. 应急管理

咨询团队基于以往丰富的运维实战经验，协助运维中心成立运维应急小组，负责突发事故及灾难事故的应急预案制定、应急处置、对外信息发布、总结报告等工作。

运维团队在编制可执行的应急流程时，从分析应急事件的核心问题及受影响范围入手，控制关键应急操作环节，明确应急操作动作及措施失效后的返回环节点，并明确应急预案中各操作环节的执行者和责任范围。应急响应流程如图 12.45 所示。

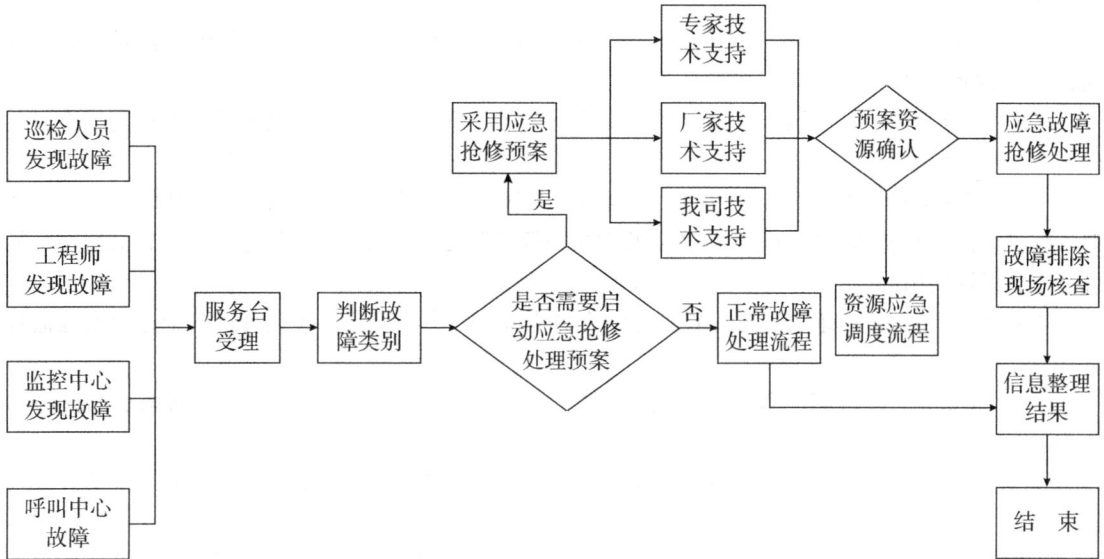

图 12.45 应急响应流程图

应急演练是验证应急预案的过程，是训练和提高运维中心人员应急响应能力的重要环节，是完善信息化运维管理体系的必要手段。

运维团队在编写应急预案时，从应急预案培训和演练计划入手，包括如下要素：应急预案操作流程及操作手册、应急预案培训手册、应急预案培训及应急预案演练时间频率、参与团队和人员、考评策略等。

应急演练可根据是否通知和计划来区分，将演练分为计划性演练和非通知性演练；也可按照业务类型分为网站故障应急演练、空调冷却塔故障应急演练等。

12.8.6 广西某政府单位运维体系实施监督

聘请驻场的运维监理团队作为第三方独立机构，是确保运维体系制度和流程落地实施的重要手段，为广西某政府单位提供信息系统运维工作的客观、量化的绩效考核、系统运维工作评价和运维费预算评估。

本项目驻场的监理人员由 1 名总监理工程师及 5 名专业监理工程师组成，总监理工程师负责运维监理的全面工作，5 名专业监理工程师分别负责机房、应用系统、服务器、网络、安全 5 个专业的运维监理工作，主要通过质量控制、成本控制、进度控制、安全控制、合同管理、文档管理、效能管理、配置管理、应急管理、组织协调等方式实现对运维过程的监督。

（1）质量控制：是运维项目的核心，是决定运维项目成败的关键，主要是对各个运维商、各个岗位运维质量及合同落实情况进行监督控制，质量控制贯穿于运维项目的招投标阶段、设计阶段、验收阶段。

（2）成本控制：收集运维工作量信息，对运维预算提供决策依据。运维阶段审核各个维护费用支出，确保不超合同金额。协助企业（机构）审核招投标、合同文件中的支付条款。

（3）进度控制：收集运维服务提供商的整体运行维护计划进行审核；根据进度计划设置关键进度检查点；针对进度检查点的执行情况进行审核，发现偏差时可以组织多方会议会商，修正进度计划。

（4）安全控制：包括系统安全、环境安全、数据安全，主要负责各项安全管理制度的监督执行，监督运维服务商按照技术标准和实施方案施工，检测运维服务商是否存在设计过程中的安全隐患行为或现象。

（5）合同管理：合同签订管理、合同档案管理；合同履行管理：合同分析、合同控制、合同监督、索赔管理。

（6）效能管理：对运维服务商进行绩效考核与能力管理。通过考核促进运维商提高运维服务能力。

（7）信息文档管理：对所产生的、面向信息系统运维业务的信息进行收集、传输、加工、存储、维护、使用和整理。协助运维服务商监理文档管理制度，接收信息系统运维资料，对这些资料进行规整保管使用。

（8）配置管理：运维监理对配置管理的变更流程、发布、配置三大流程进行全过程实施监督管理。

（9）应急管理：监理工程师为预防、监控、处置和管理运维服务应急事件所采取的措施和行为。

（10）组织协调：组织协调各个运维提供商、企业（机构）之间的工作沟通，确保信息畅通无阻。

为保证企业（机构）运维工作的顺利进行，运维监理的主要工作内容分为运维过程监督、绩效考核、运维结果评估三方面。相关内容已在本书的9.3.5节"大运维体系监理服务主要工作"中进行了全面阐述，此处不再赘述。

12.8.7　广西某政府单位运维体系建设成效

咨询团队对运维管理体系重新进行规划建设后，搭建了符合大型信息系统运维的组织架构，基本建立基于ITIL的用户运营运维服务流程和管理制度，部署了自动化运维管理平台；在运维团队的管理下，成为承接服务外包的专业团队，技能高、响应快、运维质量优；自有人员聚焦核心业务，对各业务部门业务需求响应快、用户满意度高。成效主要体现在以下几点：

1. 建立符合大型信息系统运维的组织架构

咨询团队根据该单位现状和需求，结合ITIL规范搭建符合大型信息系统运维的组织架构。主要岗位有服务台、调度组、二线维护员、三线厂家专家、运维监理岗、运维咨询岗等。

2. 用户满意度提升

通过IT运维管理体系的规划和建设，在实践中不断改进，整个运维环境从系统设备使用效率、服务质量、管理水平、用户满意度上得到了不同程度的提升，并获得了领导的高度认可。这主要体现在故障率下降，系统风险可控，系统设备健康度提升；IT用户服务能力提升，用户满意度提升；服务质量及服务成本得到有效优化；系统及管理持续改进，管理水平持续提升。

3. "三个放心"

运维团队通过专业、标准的信息化运维管理体系，从运维服务管理的维度，带给用户信息化主管领导、业务用户、信息化工作人员多方面的成效，具体体现在以下"三个放心"：

（1）领导放心：提升信息化效益，降低信息化的风险，支持领导宏观决策，提升信息化科学管理水平。

（2）用户放心：进一步规范用户行为，提升服务质量和服务感知。

（3）运维人员放心：主动监控和预防故障发生，提升用户信息化工作人员的专业化水平。

12.8.8　咨询与监理服务单位介绍

广西某政府单位的大运维体系咨询与监理服务的团队是广西联信科技顾问有限责任公司（以下简称广西联信）。该公司成立于 2005 年，业务范围涵盖信息系统工程建设大部分过程技术服务领域，主要服务项目包括电子政务工程建设前期咨询服务（含项目规划、建议书、可行性研究报告、初步设计方案及投资概算报告的编制及评估）、智慧城市建设顶层设计及相关规划设计、信息化类项目 PPP 咨询、信息系统工程监理、信息系统运维管理规划咨询与监理等。

广西联信是广西专家咨询服务协会信息专业委员会的核心成员单位，拥有较强大的协作专家团队作为公司项目的后备支撑力量，了解和掌握国内外最新的 IT 产品信息和技术发展趋势。

广西联信立足于电子信息技术服务领域，努力向"全产业链、全程严密监控"的经营模式业务方向布局，并将提供信息系统工程建设的规划、前期咨询、设计、监理、第三方工程检测、信息安全等级保护测评、工程财务审计、验收咨询、信息系统运维管理规划咨询与运维监理等全过程技术服务（即信息系统工程建设项目管理服务）。

第 **13** 章　敢为人先，打造公安大型信息系统集中运维的广西模式

关山初度尘未洗，策马扬鞭再奋蹄。——佚名

广西公安厅党委结合广西实际，将科技信息化建设置于基础性、战略性、全局性位置，围绕"一年打基础、两年有变化、三年上台阶"、"在中西部争一流，在全国争上游"的工作目标，敢为人先，开拓进取，打造了公安大型信息系统集中运维的广西模式。

13.1　三年探索，初见成效

广西地处祖国南疆，是全国唯一的沿海、沿边、沿江少数民族自治区，也是革命老区。这里有名满天下的桂林山水；有被誉为"亚洲第一滩"的北海银滩；有"千里边关、山水画廊"的边境风光。这里是歌的海洋，是"天下民歌眷恋的地方"！近年来，在习近平总书记"构建面向东盟的国际大通道、打造西南中南地区开放发展新的战略支点、形成'一带一路'有机衔接的重要门户"、"三大定位"的指引下，广西经济社会发展取得了显著成就，广西公安工作和队伍建设也取得了长足的进步。

自 2015 年以来，在公安部和自治区党委政府的坚强领导下，公安厅党委结合广西实际，将科技信息化建设置于基础性、战略性、全局性位置，围绕"一年打基础、两年有变化、三年上台阶"、"在中西部争一流，在全国争上游"的工作目标，牢牢把握"一盘棋"的工作原则，主动拥抱大数据、人工智能新时代，积极优化基础设施、完善支撑平台、推进深度应用，构建数据支撑、信息引领的新型警务机制，不断加强和创新新时代社会治理，为维护国家政治安全、确保边疆稳定、服务国家外交战略做出了重要贡献。

其中，在公安信息化与业务实战深度融合的背景下，广西公安厅党委高屋建瓴，提前谋划，提出"以厅机关信息系统集中运维、线路资源整合工作为抓手，从底层深化公安信息应用融合"的工作模式，打造全国首个省级公安机关运维中心，该模式将厅机关百余个信息系统运维项目整合成 30 余个集中运维项目，借鉴国际先进的 DEVOPS 和 ITIL 理念，形成规范化、自动化、一体化的运维架构，为公安工作提供了强有力的支撑。在此基础上，2017 年全厅系统运维与线路租费同比下降了 46%。

经过近几年的努力，广西公安科技信息化工作基本实现厅党委提出的"打基础、有变化"目标，部分领域已实现"上台阶"，为全区公安机关警务实战化、执法规范化、队伍正规化建设和社会治安防控体系建设提供了强有力支撑，得到公安部和自治区党委、政府充分肯定，群众安全感和满意度创历史新高。

13.2　众志成城，推动广西公安信息化化蛹成蝶

13.2.1　高起点规划部署广西公安科技信息化新格局

近年来，广西公安机关按照公安部的部署，主动适应大数据、人工智能新时代的风险挑战，围绕打造智慧警务体系，按照公安部"三横三纵"的总体技术架构，打造以公安厅为枢纽、以地级市公安局为节点的全区公安"一朵云"，形成了规划清晰、建设集约、应用活跃、运维精细、安全可

控的信息化发展格局，探索出了一条后发展欠发达地区公安科技信息化之路。

1. 顶层设计破"壁垒"

广西公安科技信息化建设曾走过互设壁垒、各自为战、自成体系的弯路，出现信息资源"孤岛"化、信息系统"烟囱"化现象，为彻底打破这个困局，广西公安积极贯彻落实公安部关于"统一领导、统一规划、统一标准"的要求，从顶层设计入手，做好战略布局。并成立公安厅科技信息化委员会，负责全区公安机关科技信息化建设及应用的统筹规划和组织领导。同时完成了广西公安信息化顶层设计，明确了以大数据应用为核心的公安科技信息化发展方向，明确了公安厅与各市、县公安机关，各级科信部门与业务警种在科技信息化工作中定位和责任，从源头上保证了"领导统一、规划统一、标准统一"。

2. 数据整合破"孤岛"

实施公安大数据战略，实现数据共享是关键。广西公安厅党委提出"数据资源共享是绝对的、不共享是相对的"理念，以铁的决心、铁的手段、铁的毅力推动资源整合，打造共建共享共用的数据资源服务中心，取得明显成效。

通过对公安机关内部各类数据及外部行业数据的信息资源整合，为各级公安机关提供服务约49亿次。正是得益于信息共享和内外数据整合，推进了"互联网＋政务服务"建设，为政府各职能部门提供数据服务4亿余次；实时为群众提供网上查询、网上监督等100余项在线服务，进一步优化了营商环境，打通了为群众办实事的"最后一公里"。

3. 平台联通破"烟囱"

为避免科技信息系统难兼容、资源难整合、上下难对接等突出问题，广西公安厅统筹各警种资源、力量、手段，着力打造"1+8+X"警务信息体系。目前，"1+8+X"警务体系已与22个省级公安机关警务信息平台实现资源共享，汇总整合了23个警种核心系统，实现了不同层级、不同来源、不同种类海量数据的有序汇聚。同时通过大数据分析和人工智能，深入挖掘数据信息，打造智能化、可视化、实战化的"广西公安情报气象站"预警系统。

13.2.2 以集约化手段扎实推进警务科技实战化

在自治区公安厅的强力推动下，广西各级公安机关按照自治区公安厅的顶层设计，结合本地实际，积极推动各类科技信息化成果在八桂大地开花结果，使大数据成为打造数据警务、建设智慧公安，推动公安工作创新发展的新"引擎"、新"利器"、新"法宝"。

1. 构建动态感知体系推进基础信息化

实施公安大数据战略，关键是运用物联网，强化各类动态数据的自动采集、智能采集，构建社会动态感知体系。正是基于这样的认识，广西公安机关创新建设了"微察"系统、立体化自动化大数据感知网、"地网"、智慧小区等具有广西特色的社会动态感知网络，拓宽了数据获取渠道，实现了各类动态数据的自动采集和有效汇聚。这些数据经后台处理和智能分析后，又生成动态信息、预警信息推送给一线民警，反哺基层实战。

截至2017年，广西公安机关处警信息采集率达95.48%，为提高主动打击和精准破案能力奠定了基础。"微察"系统得到了中央领导的高度评价，目前在全国公安机关推广应用。

如果说"微察"系统是基层公安结合实战自发的警务创新，那么立体化自动化大数据感知网就是一场自上而下有意识推动的警务创新。为加强统筹规划，广西公安机关将大数据感知网建设项目整体打包，由自治区公安厅统一立项。目前，立体化自动化大数据感知网环桂、环市、环县、环边境包围圈已经建成，为实战应用提供了有力的数据支撑。

在加强立体化自动化大数据感知网建设的同时，针对广西城乡电动车数量多、被盗现象比较严重等问题，以二轮电动车管控为切入点，形成物联社会治安管控网——"地网"。目前已在广西各地全面推开。各市基本完成基站安装和防盗芯片安装工作，基本实现了基站全覆盖和防盗芯片全安装。据统计，全区公安机关依托"地网"已侦破电动车被盗案件1000余起，破获率超90%，抓获嫌疑人300余名，找回被盗电动车1700余辆。

2. 建立现代化的指挥调度体系

全区实现自治区、市、县、派出所四级扁平化的"集成、互通、智能、共享'警务'一张图"指挥平台，与图像综合平台、警综平台、综合资源库等多个平台系统实现了对接，提高了快速反应能力。建成合成作战指挥平台，实现了网上视频会商、案件合成等功能，极大提高了接处警、应急处突、警卫安保等警务实战工作的效率和质量。

3. 推行执法全流程记录促进执法规范化

随着QQ、微博、微信等新媒体的广泛应用，公安机关的执法司法活动时刻处在公众的视野里、媒体的"聚光灯"下，执法司法问题极易成为社会关注的焦点、舆论炒作的热点，甚至成为诱发突发事件的导火索。

广西公安机关认真落实公安部"四个一律"的要求，以柳州市鹿寨县和柳北区、城中区、柳江区，桂林市阳朔县、梧州市藤县等县级公安机关为试点，依托省级建库的"警综平台"执法办案模块和强大的数据支撑功能，进一步完善基础设施、技术手段和工作机制，将单纯办案区升级为集执法办案、案件管理、物证管理、执法执纪监督"四位一体"的执法办案管理中心，促使民警从"凭经验办案"向"按规矩办案"转变，把严格规范公正文明的执法要求落到了实处。

4. 拓展科技信息化应用领域助力队伍正规化

民警是科技信息化应用的主体，人民群众是信息化的最终受益者。广西公安科技信息化工作始终坚持"以人民为中心"的发展理念，大力拓展科技信息化在行政管理、政务服务、便民惠警等领域的应用。

建设完成公安移动信息网，是全国率先严格按照公安部总体架构和规范要求完成新一代移动警务平台建设的省份。基于新一代移动警务建设的"八桂警信"，具备业务交流、文件传输、应用接入等功能，既为民警的沟通交流、业务协作提供了极大的便利，又消除了以前通过微信沟通、办理工作带来的安全隐患。公安厅还基于新一代移动警务，开发了远程办公室开门、订餐等应用，为厅机关民警的办公和生活带来了极大的便利。

大力推进互联网＋政务服务建设，搭建了"网上公安局"、"网上派出所"、"网上警务室"等网上政务平台，依托新一代移动警务的总体架构，上线运行了广西公安网上便民服务平台，实现了治安、交警、出入境、禁毒、消防等210多项自治区本级行政审批业务网上受理，实时为群众提供网上查询、网上监督、网上会见、网上互动等100多项在线服务，打造"一站式服务、一体化办事、一键式管理、一网通互动"的便民服务机制，实现了"让数据多跑路，让群众少跑腿、甚至不跑腿"的目标。

近年来，从防城港出境越南旅游人数呈"井喷"式增长，2014年同比增长40%，2015年同比猛增193%，2016年同比猛增174%，弹跃式的增长与办证时间长、办证程序复杂之间的冲突日益明显。在自治区公安厅的支持下，2016年7月，防城港市公安局研出国内首个边境游网上预约办证系统，申请人可在全国范围内网上查询、申请和预约，现场办证时间从原来的1小时压缩到10分钟。目前，网上预约发证率基本达到100%。办证速度快，群众愿意来，节假日边境游人员同比增长43%，2017年出境人数突破900万人次。

除了边境游越来越方便，机动车异地年检、手机缴纳罚款和电子身份证也让群众切切实实地感受到信息化带来的好处。

目前，广西已实现区内机动车异地年检。2017年以来，全区异地车辆年审量达到22万多辆，平均每月1.8万多辆。

丘某是南宁市埌东村的一位房东，如何识别租户身份证的真假一直是困扰他的现实问题，2016年以来南宁市公安局创新研发的"电子身份证"有效解决了这一问题。12月28日晚，丘某的出租屋里迎来了一名新租客。丘某立即要求这名新租客注册"i微警"公众版APP进行实名验证，不到5分钟，这名租客就注册了自己的"电子身份证"。通过扫描租客的电子身份证二维码，丘某很快就核验了他的真实身份信息，与其签订了租住合同。

市民使用"电子身份证"，无需重复注册，一次认证多方受用，除了租房、酒店入住以外，还可以用于开锁、公安身份核验、租车时的身份验证，推广一年多来，注册用户已经超过20万人，支撑网上政务办理超过200万次，网上支付达230万元。

在推进信息化惠警惠民的同时，大力推进短信评警系统建设，将接处警、受立案、户籍、身份证、护照办理以及交警车驾管等涉及群众切身利益问题纳入评警范围，把公安工作评价权交给群众。

2016年7月至2017年10月，短信评警系统共发送短信1043万多条（群众回复"满意"1021万多条，"基本满意"17.2万多条，"不满意"5.2万多条）；各级公安机关对所有的群众不满意事项进行回访整改，整改落实满意率达93%。

13.2.3 合力抒写广西公安智慧警务新篇章

在全区"一盘棋"总体框架下，各市、县公安机关利用自治区公安厅的数据资源，按照公安厅的总体规划，充分发挥主观能动性，结合本地实际，建立适合本地实际的数据应用模型，有效推动了建设成果落地应用，形成了百花齐放、百舸争流的科技信息化建设应用格局。

南宁市公安局从智慧顶层设计、智慧警务云建设、智慧战略合作、智慧公众服务、智慧指挥情报、智慧反恐维稳、智慧打击防范、智慧交通管理、智慧基础建设、智慧机制创新等方面着手，构建"三大体系、三大平台"，将信息化与警务工作高度融合，实现警务模式物联化、数据化、智能化，助推警务流程再造，极大提高了打、防、管、控效能。

柳州市公安局按照信息共享共用、平台互联互通、实战实用实效的原则，建设人脸识别、社会风险预测预警等科技信息化子项目，构建以"人"为核心，构建"六位一体"社会管控模式，打造了指挥更加精准、运转更加高效、机制更加完善、队伍更具活力的现代警务运行机制，有效提升了社会动态感知能力、合成作战能力和综合管控能力。

贵港市公安局强化大数据和人工智能的应用，构建"可视化防控、一体化指挥、合成化作战"三大"体系"，实现了信息采集从全警采集向全民采集转变，信息流转从少数警种应用向全警共享转变，有效提高了精准打防能力。

防城港市公安局通过大数据平台建设及应用，推动进警务模式转变，创新研发了"神眼"、"神算"系统等实用功能模块，并先后推出了便民服务类的边境游网上预约办证系统、边境贸易网上预约办证系统，监所视频会见系统等20多个实用小系统、小平台，涵盖了打击破案、边境管控和服务群众的方方面面。

依靠科技信息化的引领和支撑，2016年，广西社会治安呈现"八降五升"的良好态势（即八类严重暴力刑事案件发案全面下降，刑事案件破案率、打击黑恶犯罪团伙数、打击盗抢骗犯罪团伙数、抓捕网上逃犯数、群众安全感上升）。

2017年，打击犯罪又取得新成效，实现了"三个翻番"（打击黑恶犯罪案件、侦办传销案件、缴获毒品数量翻番）、"四个减半"（爆炸、绑架、涉枪案件和群体性事件发生数减半）和"五个全面下降"（刑事警情数、治安警情数、火灾事故、道路交通事故、八类严重暴力犯罪全面下降）和"一个明显提升"（群众安全感达 93.11%，同比上升 3.46%，再创新高）。

2018 年，广西信息化建设以实施警务大数据战略为核心，以"惠警、惠民"作为价值取向，以打造广西公安智慧警务为总目标，以建设集约化、应用实效化为根本要求，统筹规划全区公安信息化建设与应用，坚持信息共享和安全并重，加速推进全区公安业务和信息技术的深度融合，将不断推进我区公安科技信息化提档升级。广西公安厅信息化发展历程如图 13.1 所示。

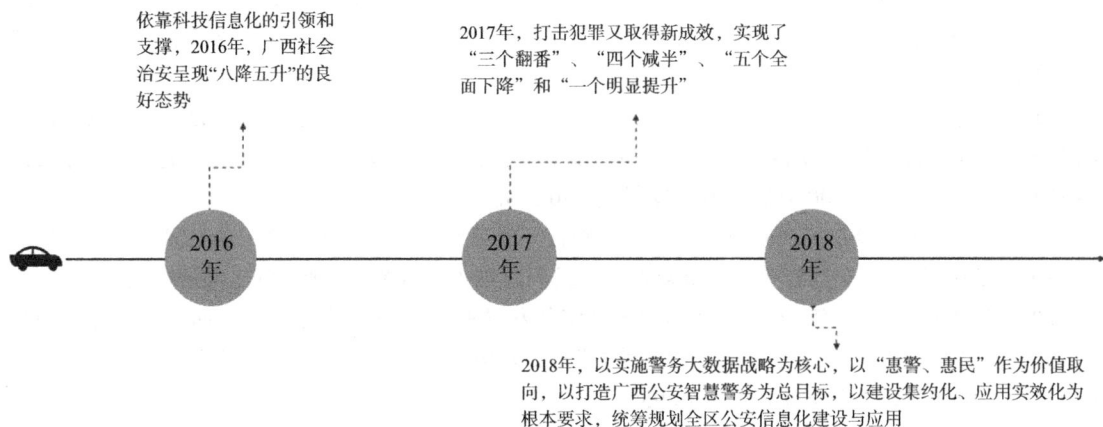

依靠科技信息化的引领和支撑，2016年，广西社会治安呈现"八降五升"的良好态势

2017年，打击犯罪又取得新成效，实现了"三个翻番"、"四个减半"、"五个全面下降"和"一个明显提升"

2016 年　2017 年　2018 年

2018年，以实施警务大数据战略为核心，以"惠警、惠民"作为价值取向，以打造广西公安智慧警务为总目标，以建设集约化、应用实效化为根本要求，统筹规划全区公安信息化建设与应用

图 13.1　广西公安信息化发展历程

13.3　锐意进取，全国首创省级公安大型信息系统集中运维模式

"千里之行，始于足下"，广西公安首创提出的省级公安大型信息系统集中运维模式是厅党委开展集约化发展，破解信息化发展难题的一步重要且务实的创新举措。

随着公安信息化建设不断深入，信息化已经成为其预防和打击违法犯罪活动，维护社会治安秩序的重要手段。特别是随着公安大数据战略的深入实施，信息化已成为引领公安发展的赖以生存的基础环境，截至 2017 年，广西壮族自治区公安厅已建成业务系统百余套，极大地提升了工作效能，将信息化转化为战斗力，为公安工作提供了强有力的支撑。公安厅已成为全区公安信息化警务工作的"心脏"，一旦系统发生故障，将影响全区 4 万多民警办公办案，以及为全区 5000 多万人民群众服务。在此背景下，广西公安厅创新提出省级公安大型信息系统集中运维模式，首创省级公安机关运维中心，从广西公安信息系统集中运维到城市智慧警务应用，从牢固信息化根基到完善信息资源共享服务体系，从系统平台建设到惠警惠民服务应用。

13.3.1　集约化归口管理各类基础资源

以"一步到位、分步实施、用管分离"为原则开展厅机关网络、机房及维护力量等基础支撑要素的整合工作。目前运维中心已实现厅机关 85% 的信息系统的集中运维，实现对网络、通信保障系统、各类终端外设、资源库数据资源、天网平台及机房环境进行监控和运维管理，构建"建设与运维并重"的发展格局，逐步破解公安信息化各类"孤岛"问题，为我区实施云计算、大数据发展战略奠定了良好的基础。广西公安大运维体系建设取得的总体成效如图 13.2 所示。

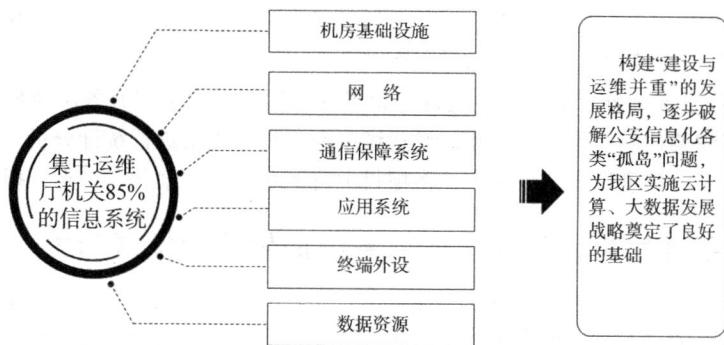

图 13.2　广西公安大运维体系建设总体成效

13.3.2　构建先进的组织结构，支撑大运维体系

广西从优化整体运维架构出发，充分参考行业标准及先进企业管理经验，结合厅机关公安信息系统运维现状，"化项目管理为岗位管理"，创新提出了公安机关集中运维管理架构，逐步构建符合广西公安信息化发展的运维团队。人员服务范围不再局限于其所在企业承建的系统，而是厅机关所有系统，从而增进了各岗位间技术交流，有效提高运维技术人员工作能效与专业水平。

13.3.3　完善机制，提升运维故障处置与分析能力

完善的运维机制是系统稳定运行的有力保障，广西公安信息系统运维中心从机制建设出发先后出台各类规范制度 30 余份，通过统一运维平台，采用运维工单记录运维过程中处理的事件、问题、变更、配置和发布内容，实现运维全流程管理。逐步推进运维工作向规范化、自动化、一体化发展。

据统计，运维中心上线运维一年内，运维中心为民警及群众提供电话号码查询及公安业务咨询千余次，技术巡查 1500 多次，处置各类故障工单近万条，支撑实战部门数据查询 2 千多万次，重大通信保障提供现场技术支持 35 场（次），组织开展运维岗位人员技术培训 25 次。发现并处置各类基础环境隐患 17 项，形成知识库近 300 条，保证了厅机关信息系统的稳定运行。及时处置"永恒之蓝"病毒事件，及时进行病毒排查与安全补丁升级，恢复与重建受病毒感染的应用服务器；有效解决各类直接影响全局实战的紧急突发事件，圆满完成"两会一节"安保工作。

13.3.4　整合资源，提升厅机关资源使用效益

资源整合不仅带来运维效率的提升，还带动了经费效益的提升，有效降低了公安厅信息运行的管理成本。

（1）对厅机关百余个信息系统运维项目进行了论证与规划，整合成 30 多个系统集中运维项目。在确保全厅运维保障工作的同时，严格审核运维项目内容，共核减运维成本近 30%。

（2）对统一归口管理的两百余条线路资源，通过集约资源完成近 50 条线路的整合工作，核减成本近 20%。

（3）集中谈判。统一与运营商、运维商谈判，确保获得"最优的技术、最好的服务和合适的价格"。使厅机关采购线路、流量价格得到大幅降低。其中，厅机关短信费用核减成本 100 万元。

（4）开展信息系统运维费用测算标准制定工作。在开展运维招标采购过程中，因没有相应标准，存在运维成本制定较为随意，反复核算等问题，延长招标采购时间，极大降低了工作效率。为此，运维中心在 2018 年开展了公安厅信息系统运维费用测算标准制定工作。通过制定标准，改变以往项目预算基于专家经验、项目比对的测算方法，有效防止项目预算的主观性、随意性和片面

性等问题，合理测算运维项目运行成本，同时通过搭建测算体系，使公安厅信息化资源得到合理利用，提高工作效能，有效提升公安厅信息系统运维管理水平。

（5）开展工作量统计分析工作。经过近一年半的试运行，运维中心各岗经培训及工作磨合已逐渐步入正轨，组织架构趋于稳定。因此，对运维中心人员工作量进行统计分析，通过对各岗位工作量的分析，评估下一年度运维项目成本，将项目中可能存在的"水分"挤走，提高资金利用率。

13.3.5 发挥平台优势，为公安信息系统提供持续发展动力

通过集中运维，运维技术人员不再是一盘散沙，而是凝成了一股力量，形成了一个团体。在提高运维事务协同效率的同时，还促进了技术的融合交流，运维中心这个平台持续为公安信息系统提供持续发展动力。

（1）以集中运维工作为切入点，积极探索前沿技术应用创新，提升信息化服务实战能力。建立广西警务技术联合实验室，探索与高、精、新技术企业的合作模式，充分利用社会资源进行科研体制创新，紧密结合当前区公安形势任务和基层实战需求，创新开展相关项目研发及课题研究；与实战结合，在基层构建前沿技术先试、转化基地，提供产品测试评估与实战推演环境，力争孵化出更多符合公安实战的科研创新成果，提升区公安机关核心战斗力。

（2）发挥机制平台优势，提高公安信息化顶层规划与论证能力。利用运维中心的机制与平台优势集约技术专家力量，组建规划咨询专家团队，作为第三方力量对业务部门建设的信息系统进行论证与评估，为广西公安提供与国内外信息化专家、学者深度交流的平台，为业务部门制定 IT 战略规划，指导业务系统建设，辅助领导开展信息化建设与应用决策，提升厅机关信息化规划指导能力水平。

（3）把控核心技术，深入参与多业务、多警种信息化集成项目。根据发展需要组建自主研发力量，深入参与多业务、多警种信息化集成项目，对信息系统进行持续改进和完善，实现核心技术自主掌控，有效提升信息系统的生命力。

13.4 总结与思考

13.4.1 开展集中运维是破解当前制约信息化集约发展的必由之路

在信息化与业务深度融合的背景下，运维管理水平高低已成为制约信息化应用深化发展的瓶颈，信息运维工作逐渐成为信息化工作的重点。近五年来，随着运维行业的快速发展，瓶颈也逐渐显现，业界思考的重点已变为"如何更好地整合资源、高效运维和持续交付，以便将 IT 与业务应用深度融合"，因此，ITIL、ITSS、DevOps 等运维界的最佳实践或理念标准开始被广泛引入和接受，信息运维行业开始逐步从初步的基础运维发展到深度的业务运营。其最终的目的在于以流程为导向，以客户为中心，在考虑组织实际的 IT 需求的基础上通过技术创新和整合、业务流程重组和内部管理变革实现 IT 和业务的最大程度的融合，建立规范化、一体化、自动化和智能化的 IT 运维体系，从而使 IT 成为真正能够支持组织业务运作的第一驱动力。

1. 构建合理的 IT 服务组织架构是开展集中运维的基础

人员是数据中心运维的基础，也是数据中心的运维核心。一个好的数据中心运维组织架构，少不了合适的技术和管理人员。近年来，有人提出要建设无人值守的数据中心，建设自动化运维的系统，以降低人力成本，尽力去提升个人运维的工作效率，在实际应用中，合理的 IT 服务组织架构仍是数据中心运行好坏的最为关键因素。

2.构建完善的运维机制是系统稳定运行的有力保障

参考 ITIL、ITSS、DevOps 等运维界的最佳实践或理念标准制定符合实际运维业务运转流程是开展集中运维运行体系的保障。IT 运维服务管理流程涉及服务台、事件管理、问题管理、配置管理、变更管理、发布管理、服务级别管理、财务管理、能力管理、可用性管理、服务持续性管理、知识管理及供应商管理等，随着运维活动的不断深入和持续改进，其他流程可能会逐步独立并规范。主要流程概述如下：

（1）服务台。服务台是支持运维服务的核心功能，与各个流程联系密切。所有管理流程都要通过服务台为用户提供单点联系，解答用户的相关问题和需求或为用户寻求相应的支持人员。服务台是接收各种来源服务请求和相关信息反馈的唯一入口和出口，同时服务台还负责一般请求、通过知识库（历史事件）能够解决的请求；他也是复杂问题二线处理的桥梁。

（2）事件管理流程。用于运维范围内的事件处理，包括故障、业务咨询、服务请求、监控告警等事件的处理。事件管理流程如图 13.3 所示。

（3）问题管理流程。用于业务系统运维过程中对问题产生原因进行识别、分析、处理直至关闭，最小化影响业务的服务管理活动。问题管理流程如图 13.4 所示。

（4）变更管理流程。用于运维范围内的信息系统中一个或多个配置项的变更，变更管理流程如图 13.5 所示。

（5）发布管理流程。用于运维范围内的 IT 服务组件的发布，包括系统软件上线、软硬件设备移交、软件版本更新、大批量数据改动等。发布管理流程如图 13.6 所示。

（6）配置管理流程。用于运维范围内的信息系统配置项（CI）的管理，包括系统运行环境的部署环境设备、系统软件、服务环境中涉及的客户信息等配置信息的识别、定义、控制、维护、审计、报告。配置管理流程如图 13.7 所示。

13.4.2　集中管理与业务外包实现大型信息系统稳定运行

组织信息化运维模式的选择需要根据组织的发展战略、管理模式的特点进行针对性的评估，考虑到业务因素、人员因素、技术因素、安全因素、财务因素等多方面的因素，通过定性或定量分析，明确组织应该采取哪种信息化运维模式。而针对大型信息系统的运维本身具有业务复杂、基础架构复杂、运维服务门类多的特点，传统单一大集中模式及运维业务全外包的方式均无法有效提供业务支撑。

1.传统大集中模式

完全从组织本身中构建运维团队。

优点：运维资源的集中和共享，能够减少事件处理环节进而缩短事件响应时间；通过统一集中管理，加强运行管理的可控性，能够降低安全风险，提高管理效率和管理质量，也有利于上级单位对基层部门的系统应用情况的统一监控，集中管理。

缺点：短时间内可能技术力量不强，团队的培养需要时间，会出现运维效率更低的情形。同时，在大型信息系统复杂环境下，组织内部难以聚合多领域运维人才进行构建。

事件管理流程

	服务台	运维工程师	事件经理

事件受理

开　始

1. 用户申报

2. 系统巡检

事件分析

3. 事件分析

是否高优先级或紧急　否

能否解决　否

5. 事件分析

能否解决　否

6. 组织人员分析

是否转为问题

是

否　是

4. 通知事件经理和调度值班

否

事件处理

7. 事件处理

8. 事件处理

回访用户

9. 回访用户

是否高优先级或紧急

否　是

事件关闭

10. 通知事件经理和调度值班

11. 事件关闭

结　束

其他流程

变更流程

发布流程

问题流程

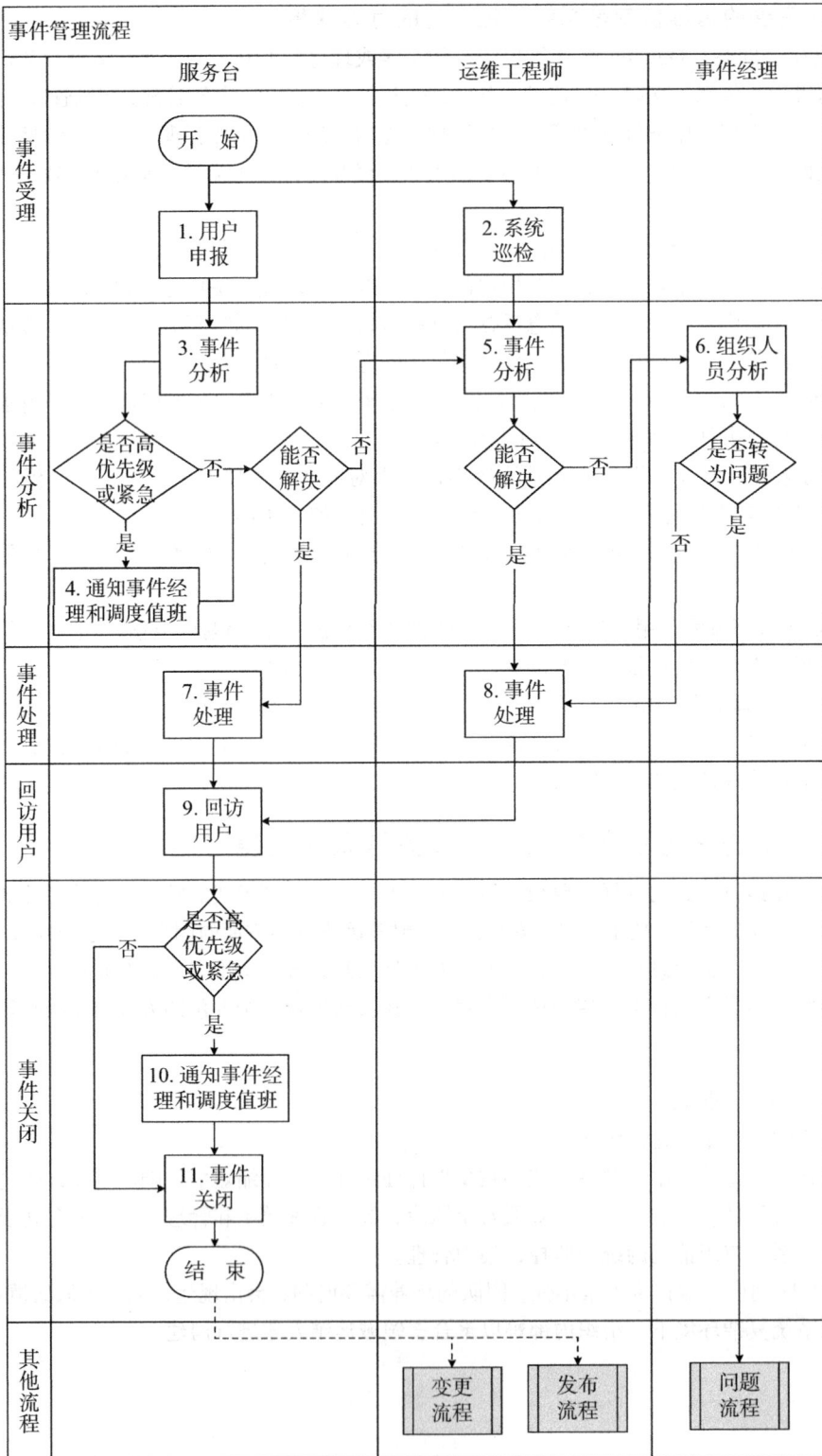

图 13.3　事件管理流程图

问题管理流程		
	运维工程师	问题经理
问题登记	开 始 → 1.登 记	
问题审核		2.问题审核 → 是否通过 —否→ 是
问题分析	能否解决 —否→ 是	3.组织人员分析问题 → 4.形成问题解决方案 是否需要变更发布 否 ← →是
问题处理	5.处理问题 能否解决 —否→ 是	
解决确认		6.问题解决确认
问题关闭	是否需要回访 —否→ 是 7.用户回访 → 结 束	8.问题关闭
其他流程	事件流程	知识管理流程 变更流程 发布流程

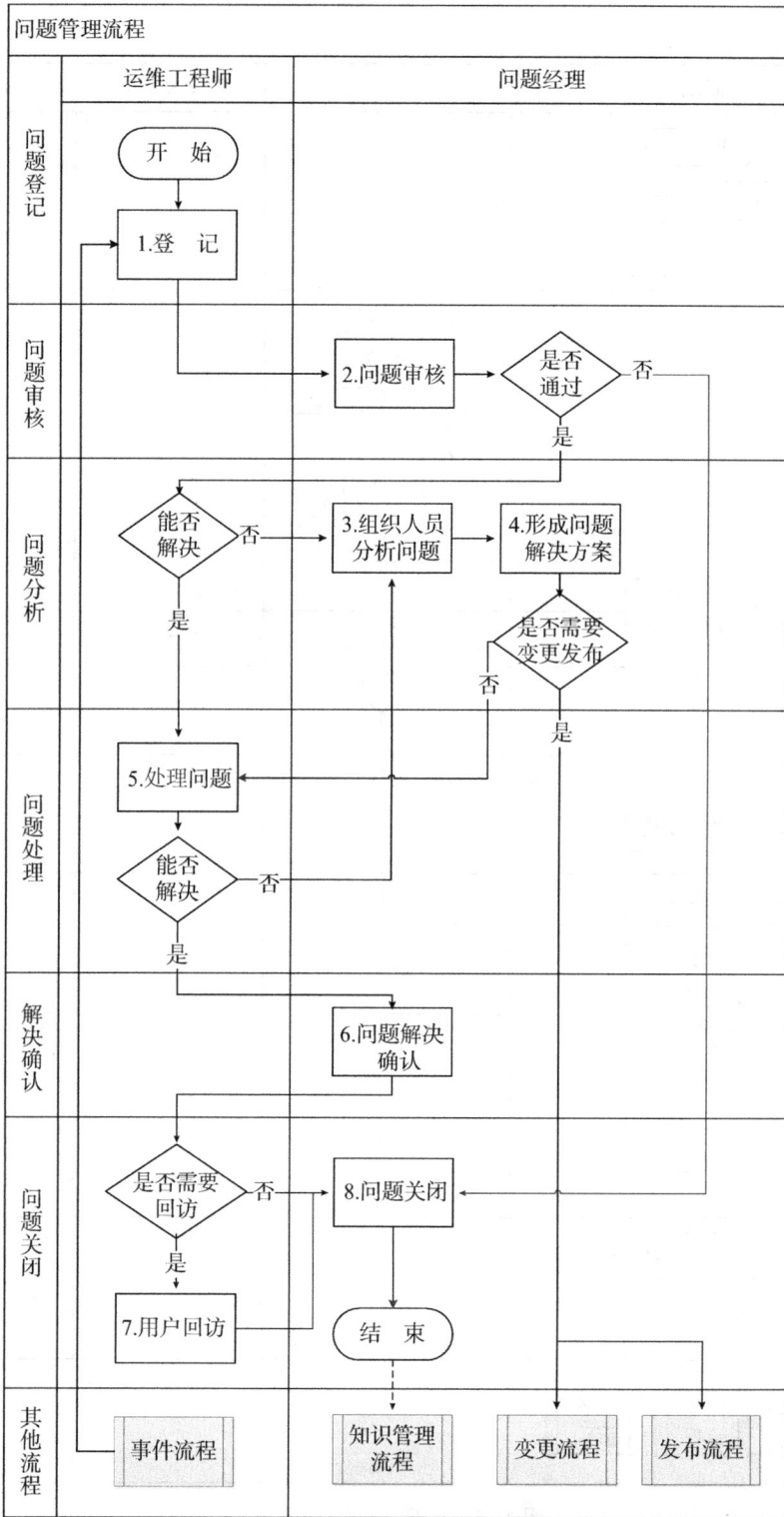

图 13.4 问题管理流程图

变更管理流程

	运维工程师	变更经理	变更委员会	输出物
提出变更	开 始 / 1.提出变更请求			变更工单
审核变更	3.编写变更实施方案	2.确定变更分级 / 标准变更 重大变更 紧急变更 / 是否需要测试	4.审核变更实施方案	
测试变更	5.测试变更			变更测试报告
实施变更	6.实施变更 / 验证是否通过 / 7.回 退	8.确认变更结果		
变更关闭	9.变更关闭 / 结 束			变更工单
其他流程	事件流程 问题流程 配置流程			

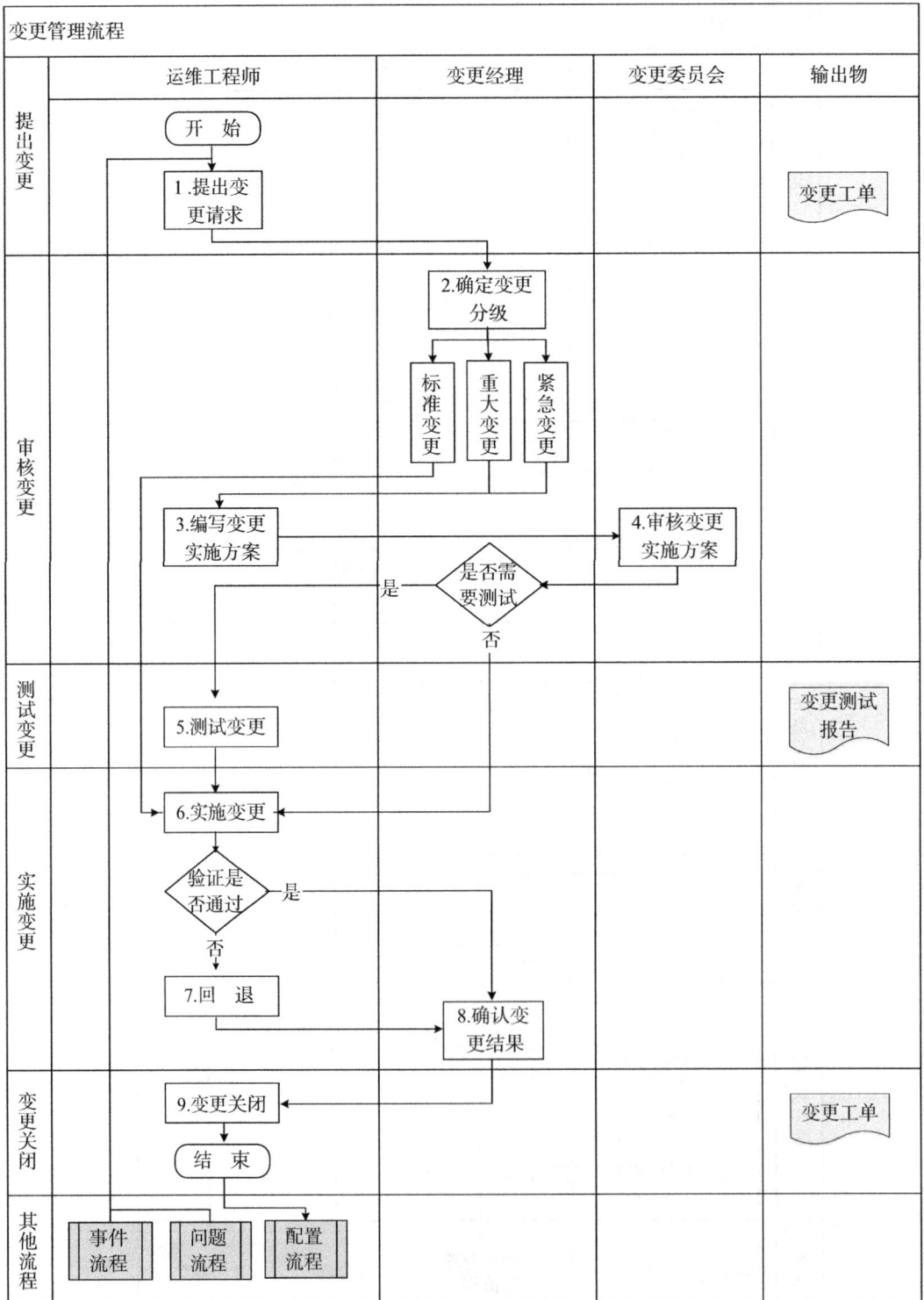

图 13.5　变更管理流程图

发布管理流程			
	运维工程师	发布经理	输出物	其他流程

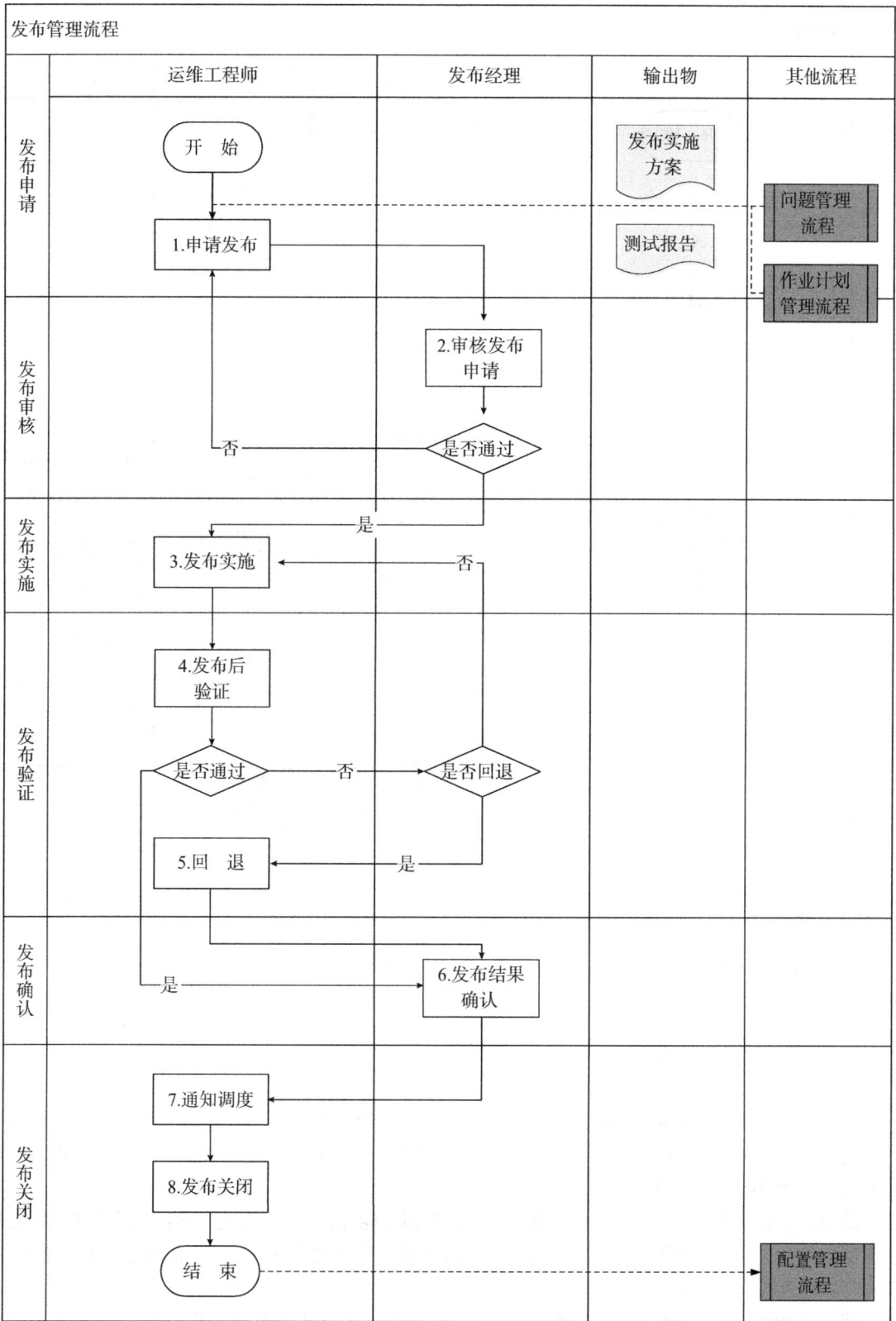

图 13.6　发布管理流程图

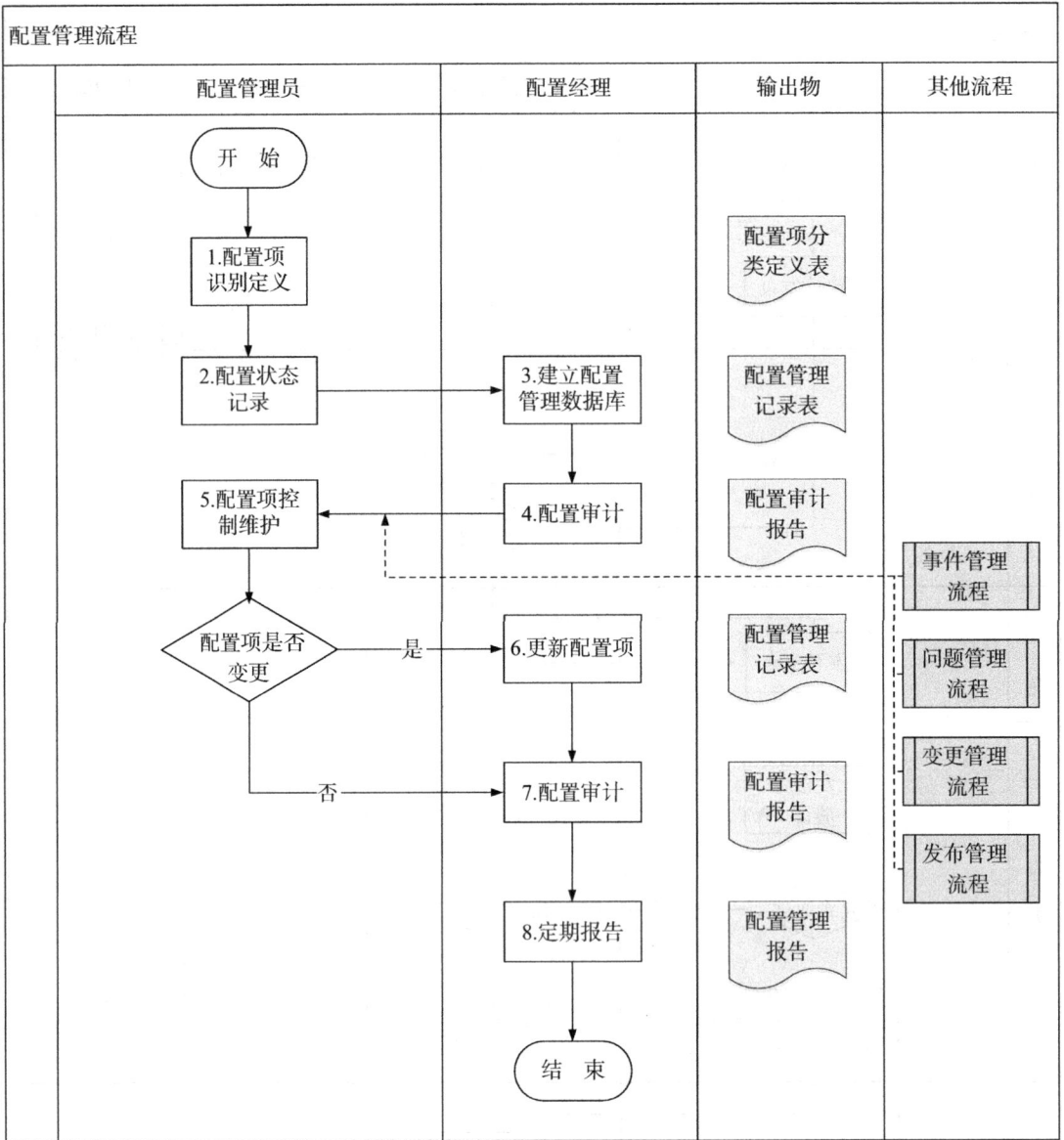

图 13.7 配置管理流程图

2. 运维业务全外包模式

完全依赖外包服务进行维护。

优点：通过外包，能够把组织从具体的技术工作中解脱出来，使其能够集中精力做好信息化项目的规划和管理工作，同时由专业的外包公司提供服务，可以充分利用其在技术、融资、管理等方面的优势，为组织提供优质的系统运维服务。

缺点：运维费用随着时间推移可控度降低，运维团队庞大，人员不稳定，管理风险加大。同时，在大型信息系统复杂环境下，难以将所有运维内容形成一个整体进行外包，不同外包服务商之间的合作与协调也将成为一个问题。

综合以上情况，只有通过集中管理+业务外包式，即结合以上两种模式的优缺点，采取混合模式，逐步将"项目外包转化为统一的岗位架构"，才能实现大型信息系统的统一集中管理，加强运行管理的可控性，把控运维费用，培养队伍。

13.4.3 信息化可持续发展与快速迭代是开展集中运维的发展方向

"持续交付"已成为业界的主流和趋势。Google 前 CEO 埃里克·施密特提出的"反摩尔定律"指出，"如果 18 个月后卖出和今天相同的产品，就只能得到和今天相比一半的价值。"在信息化快速演进的背景下，业务系统的快速上线才能够更好地发挥其价值。要想适应当前业务的快速变化，使得信息化更快地服务到基层，引入"持续交付"的理念和模式势在必行。

运维与研发的边界在逐渐模糊。为了实现系统快速、持续交付，运维、研发和质量管理已经逐渐趋向于一体化，即所谓的"DevOps"（整合研发、运维以及质量管理为一体的软件方法论，简称为"研发运维一体化"）。将运维团队和开发团队融合在一起，打造一体化的研发运维体系是实现系统持续、快速交付的最有效手段。目前，全球 81% 的公司已经开始实践研发运维一体化的方法论，并由此实现自身运维与开发团队的转型，提高自身资源流动效率，达到效益最大化的目的。

集中运维是实现信息系统可控管理、确保一致服务的有效手段，也是研发运维一体化的基础；只有将组织内信息系统、技术手段与技术人才的高度集约，才能逐步演进为研发运维一体化的格局。根据业务运维发展，随着组织内部运维自动化、开发平台化的发展，运维工程师将逐步演进为运维研发工程师，且研发工作占比将根据组织内信息化快速发展而提高。

13.4.4 运维管理向自动化、智能化迈进

"工欲善其事，必先利其器"，运维工具是我们实现各种运维操作的有效手段，伴随着单位 IT 信息化的不断深入，单位中 IT 设备量呈现爆发性的增长，以某 IT 企业为例，最初的运维部门负责维护只有区区 10 来台主机，几个数据库。然而 2013 ~ 2018 年期间，维护系统规模上升了数十倍，但运维团队规模只增加了不到一倍。单纯采取人工运维的方式已无法满足现实运维发展的需要，在当前的 IT 系统建设及数据中心规模扩强的速度下，没有一套合适的运维管理平台，运维工作将举步维艰，因此建设一个自动化、智能化的运维管理平台就显得尤为重要。为实现这个目标，当前运维工具的发展趋势包括如下几个方面内容：

1. 集中采集的监控与告警子系统，快速发现处置故障

随着技术的深入，监控覆盖越发全面，针对监控告警子系统的建设也越发要求具备强大的数据采集功能。设备覆盖的完整性和监控指标的完整性成为运维工具能力首要考察的标准。同时监控告警子系统不仅用来监控和告警，更承担整个运维平台的数据采集任务，为后续的数据分析、自动化、智能化提供数据分析。因此，监控告警工具还应具备数据采集融合的能力。

2. 自动化运维处置子系统，逐步替代人工操作

相较于传统依赖人工进行运维操作的模式，随着 IT 企业内容知识库的积累及技术的更新，针对软硬件的操作将越发趋向于自动化，通过算力逐渐替代人力对信息系统进行运维管理。通过技术将网络设备、主机、存储、数据库、中间件、云平台、硬件及应用程序接口的操作、作业及任务等行为集成到运维工具当中，并通过流程的编排实现安装部署、健康巡检、资源划拨、脚本策略下发、故障排查与修复等自动化作业的功能，如图 13.8 所示。

3. 智能化运维数据分析子系统，构建运维智慧大脑

随着大数据、人工智能（Artificial Intelligence）等新型技术的发展，AI 将成为运维管理的未来发展方向之一。原来通过人的经验对问题、故障的分析将逐步通过计算实现，甚至机器分析结果可能比人工分析更高效、更准确。智能化运维数据分析子系统通过大数据技术对各类运维监控告警日志进行分析，提供关键字搜索、统计、告警、趋势分析等能力，同时利用各种人工智能、机器学习算法，进行基于人工智能的运维分析与诊断，如图 13.9 所示。

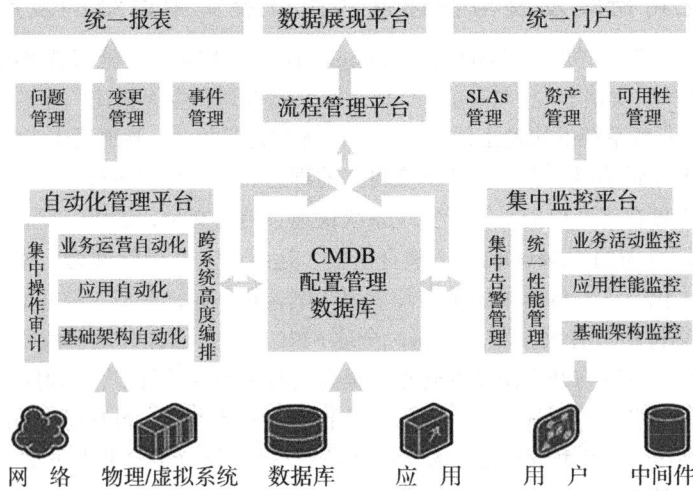

图 13.8   自动化运维处置逻辑结构

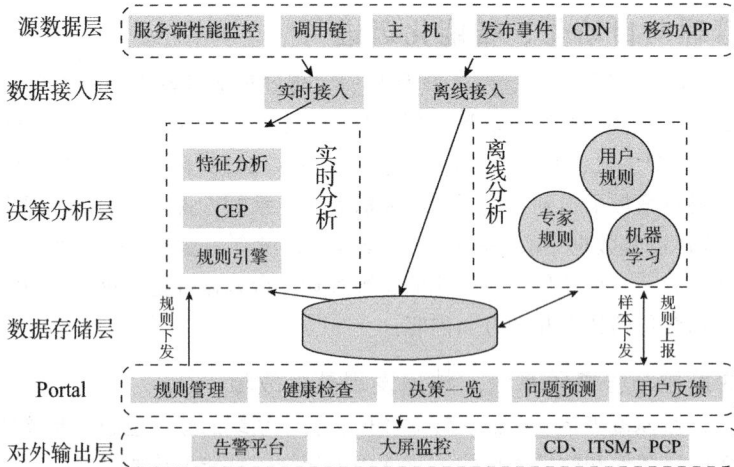

图 13.9   智能化运维数据分析模型

4. 综合全面的资源配置管理子系统（CMDB），奠定运维核心基础

资源配置管理子系统已不单纯只是一个孤立的记录存储资产配置信息的平台，而演变为整体运维平台的资源基础。如果资源配置管理子系统搭建不好，运维自动化、智能化也将成为无稽之谈。资源配置管理子系统以业务应用为中心，提供对整体 IT 资源的管理，有效展现资源配置情况，包括网络设备、主机、存储、数据库、中间件、云平台、硬件及应用程序的资源属性及属性之间的关联关系，在此基础上提供整体资源的系统视图、逻辑视图、物理视图及应用视图，如图 13.10 所示。

5. 门户及展示子系统，实现数据价值最大化

门户及展示子系统可以让用户整合数据中心内分散的各种专业监控工具（如动环监控、安防监控、网络监控、主机监控、应用监控等），把多种监控数据融为一体，建立统一监控窗口，改变监控数据孤岛现象，实现监控工具、监控数据的价值最大化。

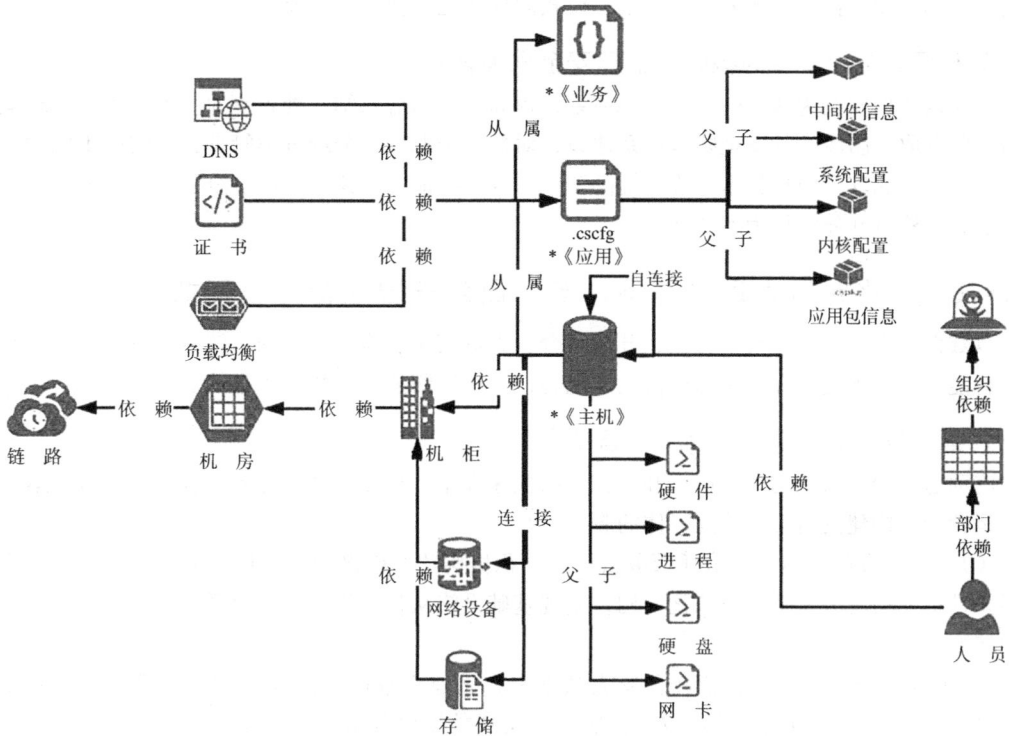

图 13.10　CMDB 关联关系案例

13.5　工作展望

创新之道，贵在落实，创新越是往后，越是难啃的硬骨头，创新的复杂程度和困难程度不断加大。扬帆无需艳阳日，奋进还要看今朝。广西公安大运维体系的构建一直在改革创新的征途当中，只有持续不断地创新发展方能跟上时代的步伐，驱动广西公安数字航母不断前行。

13.5.1　广西公安科技信息化迈向新征程

以习近平新时代中国特色社会主义思想为指引，牢固树立国家安全观，以人民安全为宗旨，以政治安全为根本，广西公安全面实施公安大数据战略，构建公安大脑，努力打造国之重器，全面提升区公安工作智能化、现代化水平，切实提高态势感知、预测预警、精确打击、动态管控、扁平指挥、社会服务等核心战斗力，化解各种风险矛盾，有效应对新形势带来的新挑战，牢牢把握维护新时代国家安全和社会稳定的主动权。

1. 构建以大数据服务为基础的警务智能化应用体系

构建以大数据智能应用为核心的智慧警务新模式，提升警务工作效率、能力和智能化水平，释放警力资源。为人民群众提供便捷高效、安全放心、正能量满满的"网上办、一网办"便民服务。为政府部门和相关行业提供政务运行、背景审查、动态监管等信息共享服务。为各警种提供宏观决策、预警预判、综合研判等战略性、全方位、深层次智能服务。

2. 构建一体化通信融合的扁平化指挥调度体系

主动适应"看得见、呼得通、调得动、判得准、防得住"的警务实战需求，建设覆盖全区"横向一体化、纵向扁平化"的一体化通信指挥平台，整合多种通信手段，实现跨地区、跨层级、跨部门统一指挥调度，推动全区公安警务指挥模式向现代化、智能化发展。

3. 构建以数据安全为核心的信息安全保障体系

构建以数据安全为核心的安全保障体系，提高安全态势感知与处置能力。加强大数据环境下防攻击、防盗取、防泄密的安全防范体系建设，对数据资源实行分级分类管理，并实施不同的备份机制、授权策略和安全防护技术手段，提高网络自身防护能力。建立应用安全体系，加强对数据访问行为的自动检测和异常行为的预警。

13.5.2　优化升级大运维体系，谱广西公安智慧警务新篇章

以数据为中心，构建安全可控、开放融合、先进实用、集约高效的运营运维体系。建立起自动化、智能化、可视化、标准化的运营运维能力，支撑广西公安大数据战略的实施。

1. 建设以服务为导向的运维运营中心

主动适应警务需求的高速增长和新技术的快速催生，从"管理"走向"服务"，从"运维"走向"运营"，构建集运维运营为一体的服务中心。

（1）基础设施的运营。依托警务云平台，积极构建基础设施资源运营模式，利用按需分配、灵活弹性扩展的警务云平台虚拟化架构，实现基础设施从各自为战、分散低效向按需调配、集约高效的转变。

（2）数据服务的运营。依托公安大数据平台，建立数据资源服务运营模式，全警采集，全警共享，让民警随时随地能够获取后台服务，实现数据服务从信息孤岛、效率低下向数据融合、智能高效转变。

（3）业务应用的运营。筑巢引凤，充分借助互联网思维搭建众创平台，构建公安应用运营生态环境，引进支持技术力量在众创平台上进行创新开发，并根据应用效果配套经费投入。鼓励民警立足岗位开展小发明、小创造，以小革新推动全警大创新。实现信息应用从就事论事、被动应对向预警预置、智能警务转变。

2. 推动传统运维向自动化、智能化、可视化发展

建设高精度监控感知系统，通过机器学习、神经网络等技术实现智能问答、智能决策等功能；建设自动故障处置系统，实现机器运维机器，自动化统一管控，确保信息系统安全、稳定。建设可视化全景展示平台，实现多维度、多视角、多层次、多场景的可视化呈现。

3. 促进运维开发一体化的深度融合

推动公安业务应用微服务化，依托开放的架构进行快速迭代，打造一体化的研发运维团队，在此基础上，通过引入支撑研发运维一体化运作的系统和平台，逐步实现研发和运维的融合，让运维告别与业务的龟兔赛跑，真正支撑业务需求的快速发展和变化，实现系统的快速、持续交付。

参 考 文 献

［1］习近平出席全国网络安全和信息化工作会议并发表重要讲话.新华网，2018.4.21.

［2］中共中央办公厅、国务院办公厅.国家信息化发展战略纲要.2016.7.27.

［3］国务院."十三五"国家信息化规划.国发〔2016〕73号，2016.12.15.

［4］国家发展改革委员会.18大以来高技术成就之五－我国在数字经济领域取得突出成就.2017.10.6.

［5］国家互联网信息办公室等.数字中国建设发展报告（2017年）.

［6］数字中国开启我国信息化发展新征程［J］.人民邮电报，2018.5.15.

［7］苗圩.制造强国和网络强国建设迈出坚实步伐－党的十八大以来我国工业和信息化发展新成就.

［8］宣言.改革开放天地宽.人民日报，2017.8.13.

［9］胡坚波.构建国家信息化评价指标衡量数字中国发展进程.2018.5.11.

［10］谢小权，王斌等.大型信息系统信息安全工程与实践.北京：国防工业出版社，2015.12.

［11］葛世伦，尹隽.信息系统运行与维护.北京：电子工业出版社，2016.7.

［12］罗文.信息系统运维管理咨询与监理服务.北京：人民邮电出版社，2014.9.

［13］佚名.新一代数据中心－探路一体化运维管理.金融新观察，2018.2.13.

［14］Bryan Woo.DevOps的核心三原则.冰块IT观察，2018.7.28.

［15］摘抄自：https://theagileadmin.com/what-is-devops/.

［16］摘抄自：https://aws.amazon.com/cn/devops/what-is-devops/.

［17］杜屹东.DevOps从理论到实践.杜屹东的博客，2017.7.14.

［18］彭盛华.组织专业化."运维之路"微信公众号，2018.4.8.

［19］应用性能管理.MBA智库.

［20］业务活动监控.MBA智库.

［21］ISO20000管理体系文件.

［22］中华人民共和国国家标准GB／T 19668.1-2014信息技术服务监理 第1部分：总则.中华人民共和国国家质量监督检验检疫总局&中国国家标准化管理委员会，2015.4.1.

［23］中华人民共和国国家标准GB／T 19668.3-2017信息技术服务监理 第3部分：运行维护监理规范.中华人民共和国国家质量监督检验检疫总局&中国国家标准化管理委员会，2017.7.31.

［24］国家税务总局教材编写组.全国税务系统干部教育培训系列教材 信息技术 中级［M］.中国税务出版，2016.

［25］吴兴勇.实用网络技术［M］.北京：中国农业大学出版社，2015.

［26］张成泉等.机房工程－智能建筑工程技术丛书［M］.北京：中国电力出版社，2007.

［27］周洪波.云计算：技术、应用、标准和商业模式［M］.北京：电子工业出版社，2011.

［28］叶毓睿.软件定义存储［M］.北京：机械工业出版社，2016.

［29］李国庆.公安卫星通信综述.中国知网，1999.1.10.

［30］吴斌，高大鹏.公安无线通信融合发展研究.中国知网，2016.7.7.

［31］张鸽，王红.公安应急通信保障实践与思考.中国知网，2018.9.5.

［32］牛晋.公安应急通信车建设和使用情况.中国知网，2007.8.1.

［33］曹志强.城市无线通信的保障策略.中国知网，2015.7.30.

［34］王德春.刍议有线通信电话线路检修与维护的途径及策略.中国知网，2015.4.15.

［35］吴浩辉.电力系统应急通信车的设计.中国知网，2013.5.25.

［36］张宏钧.基于企业局域网环境的IP电话系统实现.中国知网，2016.04.18.

［37］运维管理词条.百度百科.

［38］周宇洁.IT运维管理的最佳实践.洛阳理工学院学报（自然科学版）［J］，2009.

［39］万天翼.基于 ITIL 的运维管理系统的设计.数字技术与应用［J］，2010.

［40］软件缺陷词条.360 百科.

［41］容灾词条.360 百科.

［42］张锦，王如龙，邓子云等.IT 项目管理：从理论到实践（第 2 版）.北京：清华大学出版社，2014.10.

［43］任永昌.软件项目管理.北京：清华大学出版社，2012.7.

［44］骆斌，邵栋，任桐炜.软件工程与计算（卷一）软件开发的编程基础.北京：机械工业出版社，2012.12.

［45］版本控制词条.百度百科.

［46］数据治理词条.百度百科.

［47］数据管理词条.百度百科.

［48］备份词条.百度百科.

［49］基于 NBU 备份系统的磁带库优化与增容方案研究.中国知网，2017.4.2.

［50］双机热备系统的技术研究和具体实现.中国知网，2017.4.2.

［51］云计算在电力系统数据灾备业务中的应用研究.中国知网，2017.4.2.

［52］容灾备份系统中的同步策略研究及效率分析.中国知网，2017.4.2.

［53］Oracle 数据库优化探究.中国知网，2017.4.2.

［54］前兆管理系统数据库冷备份及恢复方法实现.中国知网，2017.4.2.

［55］容灾的理论与关键技术分析.中国知网，2017.4.2.

［56］磁带机控制程序的研究与实现.中国知网，2017.4.2.

［57］大数据词条.百度百科.

［58］6 个用好大数据的秘诀.中国大数据，2016.2.2.

［59］大数据时代还有隐私吗.中国大数据，2016.2.2.

［60］大数据仍然离不开人的赋予.中国大数据，2016.1.4.

［61］大数据时代要有大数据思维.中国大数据，2015.11.03.

［62］张剑.信息系统安全运维.成都电子科技大学出版社，2016.5.

［63］王东红.信息系统运维基础.北京理工大学出版社.2012.7.

［64］冯万贵.IT 运维服务质量改进与 IT 服务管理体系建设［J］.价值工程，2013(8):168–171.

［65］于科.基于 ITIL 的 IT 运维管理体系应用研究.西安建筑科技大学，2014.

［66］韦明.基于 ITIL 的信息运维管理体系解决方案研究.电力信息化，2011,(04):83–86.

［67］张先哲.信息系统安全运维管理平台建设研究［J］.软件工程师，2015(5):38–39.

［68］中华人民共和国国家标准 GB ／ T 19668.1–2014 信息技术服务 监理 第 1 部分：总则.中华人民共和国国家质量监督检验检疫总局 & 中国国家标准化管理委员会，2015.4.1.

［69］中华人民共和国国家标准 GB ／ T 19668.3–2017 信息技术服务 监理 第 3 部分：运行维护监理规范.中华人民共和国国家质量监督检验检疫总局 & 中国国家标准化管理委员会，2017.7.31.

［70］彭东稳.运维监控系统简单阐述.运维那点事，2016.4.3.

［71］应用性能管理.MBA 智库.

［72］Socrates1024.应用性能管理 (APM，Application Performance Management) 总结.简书，2017.6.29

［73］yangecnu.使用 Metrics 监控应用程序的性能.博客园，2015.4.30.

［74］三少 GG.时间序列数据库的秘密.CSDN，2016.1.30.

［75］业务活动监控.MBA 智库.

［76］丁明，孙文智，陈宗利.可视化业务流程监控设计与实现［J］.信息通信，2018, 2.

［77］Byf157.AM:Business Activity Monitoring 业务活动监控.iteye，2010.4.21.

［78］机房动环系统.百度百科.

［79］汇多物联公司产品主页.

［80］360linker.智能化运维的运用场景和实践.CSDN.

［81］Brent Laster.什么是持续集成（CI）／持续部署（CD）.知乎，2018.8.17.

［82］Ethan 遗忘 .CICD 与流水线 . 简书，2018.6.1.

［83］simiam.CI/CD 方案分析 . 个人笔记收藏，2018.7.13.

［84］艾瑞咨询 .2018 年中国企业 IT 运维管理市场研究报告 .2018.3.12

［85］Pavan Belagatti，DevOps Zone.10 Things to Consider While Choosing a CI Platform（选择 CI 平台的 10 大要素）.2017.6.22.

［86］IT 资产管理系统 . 百度百科 .

［87］Zabbix. 百度百科 .

［88］Nagios. 百度百科 .

［89］Ansible. 百度百科 .

［90］Jenkins. 百度百科 .

［91］赵成 . 进化：运维技术变革与实践探索 . 北京：电子工业出版社，2018.5.

［92］杨欢 . 云数据中心构建实战：核心技术、运维管理、安全与高可用 . 北京：机械工业出版社，2014.11.1.

［93］闫诺 . 学习 Chef：云时代的配置管理与自动化运维技术。北京：清华大学出版社，2016.7.

［94］大数据支撑信息化实战 公安科技信息化建设“广西模式”. 新华网，2017.2.2.

［95］广西公安持续推动科技信息化建设应用提档升级［J］. 人民公安报，2018.3.

［96］公安科技信息化建设的“广西模式”［J］. 法制日报，2018.5.

［97］广西公安开创科技信息化新局面：融合系统严防控搭建平台便民生［J］. 人民日报，2018.8.

专业术语中英文对照

英文的专业术语尤其是缩略语有不少是一词多义的，对不同专业往往有不同的词义，以下专业术语中的中英文对照仅针对本书主题所涉及的专业内容进行解读。

【A】

ADSL：Asymmetric Digital Subscriber Line　非对称数字用户线路

Agent：代理

AI：Artificial Intelligence　人工智能

ALM：Application Lifecycle Management　应用程序生命周期管理

Anti-DoS：Anti-denial of service attacks　防拒绝服务攻击

API：Application Programming Interface　应用程序编程接口

APM：Application Performance Management & Monitoring　应用性能管理

APP：Application　应用程序

AR：Augmented Reality　增强现实技术

ARP：Address Resolution Protocol　地址解析协议

Association Analysis：关联分析

ATA：Advanced Technology Attachment　高技术配置

【B】

BAM：Business Activity Monitoring　业务活动监控

BGP：Border Gateway Protocol　边界网关协议

BSC：Base Station Controller　基站控制器

BSI：British Standards Institution　英国标准协会

BTS：Base Transceiver Station　基站收发信台

BUC：Block Up-Converter　上变频功率放大器

【C】

CA：Certificate Authority　证书颁发机构

CAL：Client Access License　客户访问授权

CCTA：Central Computing and Telecommunications Agency　英国中央计算机与电信总局

CCU：Communication Control Unit　通信控制器

CDN：Content Delivery Network　内容分发网络

Check out：检查

Check in：登记

CI：Configuration Item　配置项

CI/CD：Continuous Integration/Continuous Deployment　持续集成与持续部署

CIO：Chief Information Officer　首席信息官

Classification：分类

Clustering：聚类分析

CMDB：Configuration Management Database　配置管理数据库

CMMI：Capability Maturity Model Integration　软件能力成熟度集成模型

CNNVD：China National Vulnerability Database of Information Security　中国国家信息安全漏洞库

COBIT：Control Objectives for Information and Related Technology　信息系统和技术控制目标

CPE：Customer Premise Equipment　用户端设备

CPU：Central Processing Unit　中央处理器

CVE：Common Vulnerabilities & Exposures　公共漏洞和暴露

【D】

DAS：Direct-Attached Storage　开放系统的直连式存储

DB：Database　数据库

DBA：Database Administrator　数据库管理员

DBCC：Transact-SQL 编程语言提供作为 Microsoft SQL Server™ 2000 的数据库控制台命令

DBMS：Database Management System　数据库管理系统

DBO：The Database Owner　数据库所有者

DBS：Database System　数据库系统

DDOS：Distributed Denial of Service　分布式拒绝服务攻击

Delta Release：德尔塔发布 / 增量发布

DevOps：Development 和 Operations 的组合词　开发和运维

DHCP：Dynamic Host Configuration Protocol　动态主机设置协议

DHS：Definitive Hardware Store　最终硬件库

Differential Backup：差异备份

Differential Database Backup：差异数据库备份

DLL：Dynamic Link Library　动态链接库

DMZ：Demilitarized Zone　隔离区

DNS：Domain Name System　域名系统

DoS：Denial of Service　拒绝服务攻击

DSL：Definitive Software Library　最终软件库

DTMF：Dual Tone Multi Frequency　双音多频

DV：Digital Video　数码摄像机

DVI：Digital Visual Interface　数字视频接口

DWDM：Dense Wavelength Division Multiplexing　密集型光波复用

【E】

ECC：Elliptic Curve Cryptography　椭圆曲线密码体制

E-mail：Electronic-mail　电子邮件

ERP：Enterprise Resource Planning　企业资源计划

ESB：Enterprise Service Bus　企业服务总线

eSCM：E-Supply Chain Management　电子供应链

EVDO：Evolution-Data Optimized　一种可以满足移动高速数据业务的技术

【F】

Flow 日志：流量日志

FMQ：File & Message Queue　文件和消息队列

FTP：File Transfer Protocol　文件传输协议

Full Backup：完全备份

Full Database Backup：完整数据库备份

Full Release：全发布

【G】

Gartner：高德纳咨询公司

GC：Garbage Collection　垃圾回收机制

GPRS：General Packet Radio Service　通用分组无线服务技术

GRE：Generic Routing Encapsulation　通用路由封装

gRPC：Google Remote Procedure Calls　谷歌开源的一种远程通信协议

【H】

HA：High Available　高可用性

HBA：Host Bus Adapter　主机总线适配器

HCI：Hyper Converged Infrastructure　超融合基础架构

HSDA：High-Speed Data Acquisition　高速数据采集

HTML：Hyper Text Markup Language　超文本标记语言

HTTP：Hyper Text Transfer Protocol　超文本传输协议

HTTPS：Hyper Text Transfer Protocol over Secure Socket Layer　超文本传输安全协议

【I】

IaaS：Infrastructure as a Service　基础设施即服务

ICMP：Internet Control Message Protocol　网络控制报文协议

IDC：Internet Data Center　互联网数据中心

IEC：International Electro Technical Commission　国际电工委员会

IMEI：International Mobile Equipment Identity　国际移动设备识别码

Incoming：引入

Incremental Backup：增量备份

Information Technology-Service Management Part-1:Specification ISO/IEC 20000：ISO/IEC 20000 标准（即信息技术服务管理国际标准）第一部分：规范

Information Technology-Service Management Part-2:Code of practice ISO/IEC 20000：ISO/IEC 20000 标准（即信息技术服务管理国际标准）第二部分：实践规则

INT：In-band Network Telemetry　带内网络遥测

IO：Input Output　输入输出

IOC：Indicator of Compromise　入侵指示标记

IOPS：Input/Output Operations Per Second　每秒的读写次数

IP：Internet Protocol　网络之间互连的协议

IPMI：Intelligent Platform Management Interface　智能平台管理接口

IPsec：Internet Protocol Security　互联网安全协议

IPv6：Internet Protocol Version 6　互联网协议版本 6

IP 地址：互联网协议地址

Iscsi：Internet Small Computer System Interface　Internet 小型计算机系统接口

ISMS：Information Security Management System　信息安全管理体系

ISO：International Organization for Standardization　国际标准化组织

ISO 20000：世界上第一部针对信息技术服务管理领域的国际标准

IT：Information Technology　信息技术

ITIL：Information Technology Infrastructure Library　信息技术基础架构库

ITOA：IT Operations Analytics　IT 运维分析

ITOM：IT Operations Management　IT 运维管理

ITSM：IT Service Management　IT 服务管理

ITSS：Information Technology Service Standards　信息技术服务标准

【J】

JDBC：Java Database Connectivity　Java 数据库连接

JMS：Java Message Service　Java 消息服务

JMX：Java Management Extensions　Java 管理扩展

【K】

KCI：Key Competency Index　关键胜任能力指标

KPI：Key Performance Indicator　关键绩效指标

KVM：Kernel-based Virtual Machine　基于内核的虚拟机

【L】

LAN：Local Area Network　局域网

LDAP：Lightweight Directory Access Protocol　轻量目录访问协议

LED：Light Emitting Diode　发光二极管

LTE：Long Term Evolution　通用移动通信技术的长期演进

LU：Logic Unit　逻辑单元

LUN：Logical Unit Number　逻辑单元号

LVS：Linux Virtual Server　Linux 虚拟服务器

【M】

MAC 地址：Media Access Control Address　媒体访问控制地址

MCU：Multi Control Unit　多点控制单元

MD5：MD5 Message-Digest Algorithm　MD5 消息摘要算法

Mesh：无线网格网络

MFC：Microsoft Foundation Classes　微软基础类库

MIB：Management Information Base　管理信息库

MIS：Management Information System　管理信息系统

MIT 协议：The MIT License　MIT 许可协议之名源自麻省理工学院，又称"X 许可协议"或"X11 许可协议"

MPLS：Multi-Protocol Label Switching　多协议标签交换

MPLS VPN：Multi-Protocol Label Switching Virtual Private Network　多协议标签交换虚拟专网技术

MPP：Massive Parallel Processing　大规模并行处理

MPT：Multipath TCP　多路传输控制协议

MQ：Message Queue　消息队列

MS Office：Microsoft Office　微软办公软件

MSO：Multi System Operator　多系统运营商

【N】

NAS：Network Attached Storage　网络附件存储设备

NetFlow：一种网络监测功能

NGN：Next Generation Network　下一代网络

NTP：Network Time Protocol　网络时间协议

【O】

OA：Office Automation　办公自动化

OAM：Operation Administration and Maintenance　操作、管理、维护的简称

OCR：Optical Character Recognition　光学字符识别

ODBC：Open Database Connectivity　开放数据库连接

OEM：Original Entrusted Manufacture　原始委托生产

OGC：Office of Government Commerce　英国商务部

OID：Object Identifier　对象标识符

Ops：Operations　运维技术人员

OS：Operating System 操作系统

OSI：Open System Interconnection 开放系统互联

OSPF：Open Shortest Path First 开放式最短路径优先

Outgoing：输出

【P】

PaaS：Platform-as-a-Service 平台即服务

Package Release：包发布

PB：Petabyte 拍字节

PC：Personal Computer 个人计算机

PCM：Pulse Code Modulation 脉冲编码调制

PDCA：Plan、Do、Check、Act 计划、执行、检查、处理

PDRR：Protection、Detection、Reaction、Recovery 防护、检测、响应、恢复模型（安全生命周期模型）

PDT：Professional Digital Trunking 专业数字集群

PGIS：Police Geographic Information System 警用地理信息系统

PIOIS：规划设计（Planning & Design）、部署实施（Implementing）、服务运营（Operation）、持续改进（Improvement）和监督管理（Supervision）5 个阶段

PKI/CA：Public Key Infrastructure / Certificate Authority 公钥基础设施 / 认证中心

PLC：Programmable Logic Controller 可编程逻辑控制器

PMP：Project Management Professional 项目管理专业人士资格认证

PPTR：人员（People）、流程（Process）、技术（Technology）和资源（Resource）

PTT：Push to Talk 一种移动电话服务

PUE：Power Usage Efficiency 电源利用率

PV：Page View 页面浏览量

RGB：Red Green Blue 红绿蓝色彩模式

【Q】

QA：Quality Assurance 质量保证

QoS：Quality of Service 服务质量

【R】

RAID：Redundant Array of Inexpensive Disks 独立冗余磁盘阵列

RDM：Raw Device Mapping 裸设备映射

RDP：Remote Desktop Protocol 远程桌面协议

Redundance：冗余

Regression：回归分析

Remote：远程

Replication：恢复

RFID：Radio Frequency Identification　射频识别

RO：Read Only　只读

RPO：Recovery Point Objective　恢复点目标

RSA：RSA Algorithm　RSA 加密算法

RTO：Recovery Time Objective　恢复时间目标

RW：Read Write　读写

【S】

SaaS：Software-as-a-Service　软件即服务

SAN：Storage Area Network　存储区域网络

SCCP：Skinny Call Control Protocol　信令连接控制协议

SDE：Software Development Environment　软件开发环境

SDH：Synchronous Digital Hierarchy　同步数字体系

SDN：Software Defined Networking　软件定义网络

SDS：Software Defined Storage　软件定义存储

Sflow：Sampled Flow　流量采样

Singer User：个人用户

SIP：Session Initiation Protocol　会话初始协议

SLAs：Service-Level Agreement　服务等级协议

SLAM：Simultaneous Localization and Mapping　即时定位与地图构建

SM：国家密码管理局发布的一系列由我国自主研发的商用密码标准算法

SM2：椭圆曲线公钥密码算法

SM3：密码散列函数标准

SMTP：Simple Mail Transfer Protocol　简单邮件传输协议

SNMP：Simple Network Management Protocol　简单网络管理协议

SOA：Service-Oriented Architecture　面向服务的架构

SOAP：Simple Object Access Protocol　简单对象访问协议

SOP：Standard Operating Procedure　标准作业程序

SQL：Structured Query Language　结构化查询语言

SQL Server：Structured Query Language Server　结构化查询语言服务器

SSH：Secure Shell　安全外壳协议

Standby：备用

Syslog：系统日志记录

sysUpTime：代理进程从启动开始的时间长度

【T】

TB：Terabyte　太字节

Total Cost of Ownership　总拥有成本

IP：Transmission Control Protocol/Internet Protocol　传输控制协议 / 因特网互联协议

D：Test-Driven Development　测试驱动开发

lnet：远程终端协议

Time Series：时序分析

TN-S：Terre Neutre Separe(法文)　五线制系统

Truncate Log on Checkpoint：在检查点截断日志

【U】

UC：Underpinning Contract　支持合同

UI：User Interface　用户界面

UNDO：撤销

UPS：Uninterruptible Power System/Uninterruptible Power Supply　不间断电源

URL：Uniform Resource Locator　统一资源定位符

UWB：Ultra Wideband　超宽带（一种无载波通信技术）

【V】

Value：商业价值

Variety：数据类型

Velocy：处理速度快

VLAN：Virtual Local Area Network　虚拟局域网

VMware：威睿公司，提供云计算和硬件虚拟化的软件和服务

VoIP：Voice over Internet Protocol　一种语音通话技术

Volume：数据体量

VPN：Virtual Private Network　虚拟专用网络

VR：Virtual Reality　虚拟现实

【W】

WCDMA：Wideband Code Division Multiple Access　宽带码分多址移动通信系统

WWW：World Wide Web　全球广域网 , 也称为万维网

Web Server：World Wide Web Server　网站服务器

Web Service：Web 服务

Wi-Fi：WIreless-Fidelity　无线局域网

Windows NT：Windows New Technology　新技术视窗操作系统

WMI：Windows Management Instrumentation　Windows 管理规范

【X】

XML：Extensive Markup Language　可扩展标记语言